U0569923

加快全面绿色转型的管理变革研究

吴　宝　解学梅　等　著

国家社会科学基金重大项目（20&ZD059）
国家社会科学基金重点项目（23AGL016）　研究成果

科学出版社

北　京

内 容 简 介

本书在系统梳理国内外生态文明思潮演化和制度变迁的基础上,搭建了一个面向全面绿色转型战略关键要求和企业管理变革主要方向的"三+二"综合分析框架:建立了"治理变革→协同转型""技术变革→创新转型""生态变革→安全转型"的三大关键领域,形成了"个体→组织"(全员转型到组织转型)和"理论→政策"(理论转型到实践转型)两大逻辑支柱,并在企业绿色转型的微观心理学机理、机构投资者 ESG 积极主义的作用、绿色创新生态网络化的影响、家族传承与绿色转型、制度环境与绿色转型等方面做出边际贡献。

本书适合从事企业 ESG 管理、绿色转型产业政策分析等领域的科研工作者、智库工作者或学生以及政府工作人员阅读参考。

图书在版编目(CIP)数据

加快全面绿色转型的管理变革研究 / 吴宝等著. -- 北京 : 科学出版社, 2024. 12. -- ISBN 978-7-03-080588-1

Ⅰ. F272

中国国家版本馆 CIP 数据核字第 2024JU1254 号

责任编辑:魏如萍/责任校对:王晓茜
责任印制:张 伟/封面设计:有道设计

科 学 出 版 社 出版

北京东黄城根北街 16 号
邮政编码:100717
http://www.sciencep.com

北京汇瑞嘉合文化发展有限公司印刷

科学出版社发行 各地新华书店经销

*

2024 年 12 月第 一 版 开本:787×1092 1/16
2024 年 12 月第一次印刷 印张:48 3/4
字数:1 000 000

定价:398.00 元
(如有印装质量问题,我社负责调换)

本书主要著者名单

吴　宝　　　解学梅

孙庆洲　　　张旭亮

方汉青　　　徐　磊

李鸽翎　　　叶许红

序 一

近年来我一直关注公司绿色治理与上市企业环境、社会与治理（environmental social and governance，ESG）实践的理论研究。习近平总书记指出，"绿色发展是高质量发展的底色"①，"推动经济社会发展绿色化、低碳化是实现高质量发展的关键环节"②。党的二十届三中全会将加快经济社会发展全面绿色转型纳入进一步全面深化改革的总目标。紧接着，《中共中央 国务院关于加快经济社会发展全面绿色转型的意见》，成为中国首部系统推进全面绿色转型的中央文件。在建设美丽中国进程中，将推动经济社会发展绿色化、低碳化作为解决资源环境生态问题的基础之策，加快形成绿色发展方式和生活方式，全方位全过程推行绿色规划、绿色设计、绿色投资、绿色建设、绿色生产、绿色流通、绿色生活、绿色消费。企业是经济社会全面绿色转型的关键主体，是全方位全过程推动绿色发展方式转变的微观基础和实现经济社会发展全面绿色转型的活力之源。我与吴宝教授认识多年，该书是他近十年持续关注企业绿色创新和治理变革的系统总结，具有较高的学术价值。因此，吴宝教授要我给该书写个序，我欣然应允。

通览全书，该书在以下三个方面令人印象深刻。

第一，探索构建理论与实践统一的研究框架。该书基于解读全面绿色转型国家政策文件、企业在全面绿色转型过程中面临的管理困境和管理变革方向，构建了"三+二"综合分析框架："治理变革→协同转型""技术变革→创新转型""生态变革→安全转型"三大关键领域，"个体→组织"（全员转型到组织转型）、"理论→政策"（理论转型到实践转型）两大逻辑支柱。该框架既是对企业全面绿色转型理论研究领域的系统总结，也是探索"战略牵引、问题导向"的中国特色现代企业制度的理论尝试。

第二，推进时代热点与理论创新的交融。该书在高管团队、合作者、消费者的个体视角下构建了企业全面绿色转型的微观基础；通过切入 ESG 视角，探索了针对股东和上下游关联企业的绿色治理变革要点；结合大数据赋能，完善了技术变革对企业绿色技术创新和绿色创新网络重构的双重解释；提出了基于生态种群进化要素论的企业绿色安全转型关键领域，形成了管理学、经济学、心理学、计算机科学、系统科学与系统工程、环境科学、传播学等跨学科的新见解。

第三，学术价值与社会影响相得益彰。据悉，依托该书部分重要内容凝练而成的论

---

① 《习近平在中共中央政治局第十一次集体学习时强调：加快发展新质生产力 扎实推进高质量发展》，https://www.gov.cn/yaowen/liebiao/202402/content_6929446.htm，2024 年 2 月 1 日。

② 《习近平：高举中国特色社会主义伟大旗帜 为全面建设社会主义现代化国家而团结奋斗——在中国共产党第二十次全国代表大会上的报告》，https://www.gov.cn/xinwen/2022-10/25/content_5721685.htm，2022 年 10 月 25 日。

文刊发于 *Academy of Management Journal*、*Information Systems Research*、《管理世界》、《心理学报》等国内外高水平期刊，下载量超过 25 万次，被引量超过 5500 次，入选国际基本科学指标（Essential Science Indicators，ESI）0.1%热点论文和 ESI 高被引论文十余篇，在国内外形成较大反响。

该书是国内近年来企业绿色转型和绿色创新领域不可多得的一部学术作品，为该研究领域的一部重要之作，相信该书可以为从事相关研究的高等院校教师、硕博研究生以及政府相关部门人员提供有价值的参考。

国家级高层次人才

南开大学讲席教授

中国公司治理研究院院长

2024 年 12 月 6 日

序 二

伴随全球气候变暖、环境污染、资源能源枯竭等问题的日益严峻，社会各界对于环境保护和绿色发展的呼声日益高涨，绿色转型已经成为企业可持续发展的必由之路。企业不仅能追求传统产业的经济效益，又能挖掘新兴绿色产业的市场机遇；企业不仅要追求经济效益，更要承担起环境保护的社会责任，在"共赢"中推动经济发展与生态环境的和谐共生。党中央明确提出要加快经济社会发展全面绿色转型，并进一步明晰了我国全方位、全过程、全领域、全地域推进经济社会全面绿色转型的具体目标和行动路线。

企业是经济社会全面绿色转型的关键主体，系统深入地研究通过管理变革加快全面绿色转型的有效路径，既是对重大现实问题的理论回应，也是面向中国式管理现代化构建中国绿色转型自主知识体系的有益探索。该书是吴宝教授团队十余年持续深入研究企业绿色创新和绿色治理变革成果的系统总结，具有重要的学术价值。因此，应吴宝教授邀请，我欣然作序。

通览全书，该书在以下三个方面令人印象非常深刻。

一是主题内容前沿。该书以推进全面绿色转型为题开展管理变革研究，通过体系化的理论探索回应"加快经济社会全面绿色转型"的时代需求。该书讨论了企业全面绿色转型的微观理论基础、股东积极主义变革推进全面绿色转型、产业链协同变革推进全面绿色转型、技术创新变革推进全面绿色转型、创新生态网络化变革推进全面绿色转型、家族传承变革推进全面绿色转型、制度创新变革推进全面绿色转型，以及积极稳妥推进全面绿色转型的重要专题与政策建议。吴宝教授团队面向全面绿色转型这一重大国家部署，立足国际视野铺陈中国叙事，开拓性地构建了企业绿色转型管理变革的整体分析框架，将会引领该学术方向的研究与发展。

二是理论积淀深厚。该书对全面绿色转型的管理变革开展跨学科阐释，前期研究成果在《管理世界》《社会学研究》《心理学报》《管理科学学报》《南开管理评论》等中文重要期刊以及 *Academy of Management Journal*、*Information Systems Research*、*Entrepreneurship Theory and Practice*、*Journal of Business Venturing* 等国际顶级期刊和知名期刊发表论文 40 余篇，体现出该书很强的学术理论积淀。

三是富有学术生命力。该书撰写得到了国家社会科学基金重大项目、国家社会科学基金重点项目等的资助，在股东积极主义等议题上形成了国际细分领域话语权，国际学术影响持续得到提升。前期研究成果入选 ESI 热点论文和高被引论文十余篇，在国内外的总下载次数超过 25 万次，总施引超 5500 次，学术影响正在持续扩大之中。同时，吴宝教授团队就推进全面绿色转型提出的政策建议还多次获得中央领导和省部级领导批示并转化为了相关政策。

　　该书的出版对于经济社会全面绿色转型领域的专家学者、企业家、政府官员等都具有很大的参考价值。当然，生态文明中国式现代化还有很长的路要走，这不仅是学者和业界的努力方向，也是全社会的责任所在。

　　全面绿色转型，从我做起，让我们一起努力！

发展中国家科学院院士

国际系统与控制科学院院士

中国科学院大学特聘教授

中国系统工程学会前理事长

2024 年冬于北京

序　三

推动经济社会发展绿色化、低碳化，是新时代党治国理政新理念新实践的重要标志，是实现高质量发展的关键环节，是解决我国资源环境生态问题的基础之策，是建设人与自然和谐共生现代化的内在要求。《中共中央　国务院关于加快经济社会发展全面绿色转型的意见》的出台，更加明确了我国全方位、全过程、全领域、全地域推进经济社会全面绿色转型的具体目标和行动路线。该书是吴宝教授团队十余年持续深入研究企业绿色创新和绿色治理变革成果的系统总结。我很认同吴宝教授"企业是经济社会全面绿色转型的关键主体"的基本观点。以管理变革研究加快全面绿色转型方略的有效推进是我们这代学者面向重大现实问题深入开展"负责任研究"的使命担当。因此，应吴宝教授邀请，我欣然作序。

通览全书，我认为该书有三个特点令人印象非常深刻。

一是选题重大，引领前沿。该书是国内首部系统阐述全面绿色转型管理变革的学术论著，直接回应党中央和国务院关于加快经济社会全面绿色转型的重大关切，具有很高的学术价值。关于股东积极主义、产业链协同变革、创新生态网络等加快全面绿色转型的议题引领学术前沿且对产业现实具有很好指导意义。

二是体系全面，内容新颖。该书既深入讨论了企业全面绿色转型的微观理论基础，又从股东积极主义变革、产业链协同变革、技术创新变革、创新生态网络化变革、家族传承变革、转型风险防范、制度创新变革等七大专题讨论如何具体推进全面绿色转型，开拓性地构建了企业绿色转型管理变革的整体分析框架，呈现了学术界关于该问题的最新思考。

三是理论厚重，影响力大。据我了解，该书前期成果发表于《管理世界》《社会学研究》《心理学报》《管理科学学报》等中文权威期刊和 *Academy of Management Journal*、*Information Systems Research*、*Entrepreneurship Theory and Practice*、*Journal of Business Venturing* 等国际顶级期刊，总下载次数超过 25 万次，总施引超 5500 次，入选国际 ESI 热点论文和高被引论文十余篇，已经产生了较大的学术影响。

　　该书是国内近年来企业绿色转型和绿色创新领域不可多得的一部学术作品，堪称该研究领域的一部扛鼎之作，相信该书可以为从事相关研究的高等院校教师、硕博研究生以及政府相关部门人员提供有价值的参考。

"国家杰出青年科学基金项目"获得者

国家级高层次人才

清华大学经济管理学院教授

2024 年 12 月 12 日

前　　言

联合国将气候危机视为人类面临的决定性危机。全球气候变化引发的广泛影响正在迅速演变为社会现实。2024 年成为有气象记录以来最暖的年份，全球表面平均温度较工业化前水平高出 1.49℃，且 2023 年 6 月至 2024 年 6 月全球表面平均温度连续 13 个月突破同期历史极值。同时，高温热浪、干旱、洪涝、飓风、强风雹等极端天气事件进入频发期，威胁广大人民群众生命健康，对我国和全球其他地区造成严重经济损失。绿水青山就是金山银山！党的二十届三中全会以来，中央反复强调要积极稳妥推进碳达峰碳中和，提出要推动绿色发展，促进人与自然和谐共生，加快发展方式绿色转型。近年来，我国在绿色低碳发展道路上砥砺前行，不仅在国内取得了令人瞩目的成就，在国际舞台上也展现出大国担当。我国能源体系含"绿"量不断提升，清洁能源消费比重提高，煤炭消费比重下降；产业体系持续优化升级，新能源产业链壮大，新兴产业成新支柱；生态环境质量持续改善，$PM_{2.5}$ 浓度下降，重污染天数减少，美丽中国建设步伐坚实。

2024 年 7 月，中共中央、国务院印发《关于加快经济社会发展全面绿色转型的意见》，这是中央层面首次对加快经济社会发展全面绿色转型进行系统部署，并对我国绿色转型进行了顶层设计。企业是推进经济社会全面绿色转型的市场主体。全面绿色转型需要以企业为主体推进全方位的科技创新、政策制度创新、商业模式创新，推进绿色低碳科技革命，因地制宜发展新质生产力。因此，如何推动广大企业实施绿色管理变革、实现责任可持续发展，成为能否牢固树立"绿水青山就是金山银山"的理念，将绿色转型的要求融入经济社会发展全局，全方位、全领域、全地域推进绿色转型，构建人与自然生命共同体的关键所在，也成为理论界和实务界都十分关注的重大议题。

据检索，本书是第一部系统研究全面绿色转型管理变革的理论著作。本书正是基于我国加快推进经济社会全面绿色转型的重要发展背景，充分汲取本书课题组前期研究成果，旨在通过前沿理论探讨、数理模型构建、行为实验研究、统计实证分析、典型案例解剖和应用对策研究等综合方法，研究构建推动中国企业全面绿色转型管理变革的理论体系，为我国站在新的发展起点上加快推进经济社会全面绿色转型提供理论指导和政策启示。

在深入调研后，我们发现企业在绿色化转型过程中，同时面临多维度的管理困境，这些困境贯穿于战略定位、组织结构、市场营销、供应链管理以及研发创新等多个核心环节。为应对这些困境，发挥"人"的主观能动性非常重要，体现在组织层面，就是处理好与几类关键利益相关者的关系，如股东、管理层、消费者、供应链伙伴等。从治理变革层面来看，股东 ESG 积极主义与产业链供应链的协同绿色转型是两个至关重要的方向，而深化中国特色现代企业制度改革和加强绿色产业链供应链建设是重中之重。从技术变革层面来看，企业的技术变革凸显有效性不足的问题，应当强化企业作为绿色技术创新的主体地位，优化企业绿色创新生态网络。从生态变革层面看，企业要应对转型风险，也必然要在二代传承、多元绿色投资和制度适应性等方面采取有效措施与积极行动。因此，本书在系统梳理国内外生态文明思潮演化和制度变迁的基础上，搭建了一个面向全面绿色转型战略关键要求和企业管理变革主要方向的"三+二"综合分析框架：建立了"治理变革→协同转型""技术变革→创新转型""生态变革→安全转型"的三大关键领域，形成了"个体→组织"（全员转型到组织转型）、"理论→政策"（理论转型到实践转型）两大逻辑支柱。

其一，本书提出了企业全面绿色转型的微观基础理论。具体讨论了传统制造业实现绿色"华丽转型"的注意力基础观、企业绿色创新破解"和谐共生"难题的合法性理论、全面绿色转型中突破"绿色孤岛"困境的合作行为、绿色循环利用推动消费模式转型的市场聚焦分离效应、网络营销情景下绿色消费决策的脑科学机制等前沿理论问题。相关支撑成果发表于《管理世界》、《心理学报》和 Information Systems Research、Technological Forecasting and Social Change 等国内外顶级期刊上，多维度推进企业绿色转型变革的微观基础研究。

其二，本书论证了股东积极主义变革推进全面绿色转型的实现路径。不仅引介了股东积极主义与公司治理范式变革，而且深入研究了机构投资者 ESG 偏好生成逻辑，以及机构投资者和线上散户投资者推动目标企业绿色转型的注意力基础观。本书聚焦研究股东积极主义驱动上市公司绿色创新的治理新范式，研究成果集中反映了股东积极主义与绿色创新研究的前沿进展。本书课题组是国际学术界该学术细分领域的活跃推进者，系列研究成果被美国、英国等 42 个国家、381 个科研团队正面引用，2022 年至 2024 年国际引用量超 500 次，其中期刊引证报告（Journal Citation Report，JCR） Q1 区期刊施引占比 51.4%，入选 ESI 前 1‰热点论文 6 篇，ESI 前 1%高被引论文 8 篇。

其三，本书推进了产业链协同变革推进全面绿色转型的作用机制。主要讨论了机构投资者 ESG 积极主义与产业链技术依赖对绿色供应链管理的影响，基于绿色创新的供应链企业协同转型的机理研究和绿色供应链管理实践对企业转型绩效影响等。前期支撑论文发表于《中国管理科学》、《管理工程学报》和 Technological Forecasting and Social Change 等，将产业链引入全面绿色转型的管理变革之中，构建产业链上下游大中小企业协同绿色转型的新理论。

其四，本书分析了技术创新变革推进全面绿色转型的理论机理。主要包括家族与非家族企业绿色投资决策的差异研究、绿色工艺创新战略与制造业行业财务绩效研究，以及新兴行业发展、社会认知与企业创新努力等。前期支撑成果中有 3 篇论文发表于国际创新领域顶刊 Journal of Product Innovation Management，在家族/非家族企业场景中研究了推进全面绿色转型的技术创新变革决策。

其五，本书研究了创新生态网络化变革推进全面绿色转型的前沿理论。主要包括平台生态系统超模块创新体系的价值创造机制研究、开放式创新生态网络结构对价值共创的影响研究、垂直和水平协同创新网络与中小企业绿色创新绩效研究，以及协同创新网络特征、知识吸收能力与绿色创新绩效研究，创业生态系统嵌入、大数据结构转变与企业绿色转型研究等。前期支撑成果发表于国际管理学顶级期刊 Academy of Management Journal 和国内管理学顶级期刊《管理世界》《管理科学学报》《南开管理评论》，形成了较强的学术影响力。

其六，本书展开了家族传承变革推进全面绿色转型研究。重点在于家族控制、机构投资者网络 ESG 偏好与家族企业低碳创新研究，代际传承、机构投资者 ESG 积极主义与异质性家族企业绿色转型回应研究，以及代际差异、ESG 绩效与家族企业国际投资机会研究。前期支撑成果发表于 *Global Strategy Journal*、*The British Accounting Review*、*Technological Forecasting and Social Change* 等国际权威期刊，着重分析了家族企业场景中推进全面绿色转型的特殊变革动量，对我国广大民营企业具有重要启示意义。

其七，本书专题讨论了积极稳妥推进全面绿色转型研究的风险问题。探索性研究从风险情感心理学入手，分析绿色行为决策中的概率估计偏差，以及投资决策偏差对绿色转型的影响。同时，还特别考虑了家族企业战略持久性、女性决策角色对绿色转型的具体影响，以及企业绿色形象保护策略。前期支撑成果发表于 *Journal of Management Studies*、*Entrepreneurship Theory and Practice*、*Journal of Experimental Social Psychology*、*Personality and Social Psychology Bulletin*、*Journal of Business Research* 等 FT50、ABS 4 星等国际顶级期刊上，专题研究成果为我国企业绿色协同转型和安全转型提供了宝贵的理论支撑。

其八，本书专门研究了制度创新变革推进全面绿色转型的政策机制。以坚实的实证研究为基础，深入讨论了环境规制与政治关联在企业绿色创新中的重要角色，研究了排污权交易试点对推动企业绿色转型的有效性，同时还讨论了支撑全面绿色转型的企业间网络。

本书主题内容前沿，理论积淀深厚，富有学术生命力。本书是课题组吴宝教授、解学梅教授等团队成员关于绿色创新、绿色转型十余年潜心研究的成果，集中体现了理论界对该议题的前沿思考。40 余篇前期支撑论文发表于《管理世界》《社会学研究》《心理学报》《管理科学学报》《南开管理评论》等中文权威期刊以及 *Academy of Management Journal*、*Information Systems Research*、*Entrepreneurship Theory and Practice*、*Journal of Business Venturing* 等国际顶级期刊和知名期刊，充分体现出本书深厚的学术理论积淀。基于前期研究，本书课题组在股东积极主义、绿色创新等议题上形成了国际细分领域话语权，国际学术影响持续得到提升。截至 2024 年，前期研究成果入选国际 ESI 0.1%热点论文和 ESI 高被引论文 15 篇次，在国内外的总下载次数超过 25 万次，总施引超 5500 次，取得了强有力的学术影响。

同时，本书在深刻总结中国企业推进全面绿色转型管理变革的理论分析结果的基础上，与当前最新的政策实践紧密结合，经过广泛调研后整理成 20 余篇政策研究报告，并体现于本书各个章节，为政府决策提出了翔实可靠的咨政建议。多份研究报告以内参形式呈送中共中央办公厅、国务院办公厅、国家部委和浙江省委省政府领导，并获得中央领导和省部级主要领导批示，相关建议被工业和信息化部、浙江省经济和信息化厅、浙江省商务厅等政府职能部门采纳及应用。

本书是国家社会科学基金重大项目"我国市场导向的绿色技术创新体系构建研究"（20&ZD059）、国家社会科学基金重点项目"ESG 推动产业链协同绿色转型的数字机制与对策研究"（23AGL016）和国家自然科学基金优秀青年科学基金项目"创新管理"

（71922016）等国家重大重点项目的阶段性研究成果。本书在研究和撰写过程中，得到了全国哲学社会科学规划办公室、国家自然科学基金委员会、教育部社会科学司、中国共产党浙江省委员会办公厅、浙江省人民政府办公厅、浙江省社会科学界联合会、浙江省科学技术厅、浙江省经济和信息化厅等政府相关部门及机构的大力支持，对本书前期的实地调研、资料搜集、数据完善和项目开展等工作提供了极大的帮助，在此一并表示感谢。

全书主要由吴宝、解学梅、孙庆洲、张旭亮、方汉青、徐磊、李鸽翎、叶许红负责，吴宝负责整体策划、组织和统撰工作。全书包括十章内容，具体分工如下：第一章为绪论，由吴宝、李鸽翎、周添龙主笔；第二章为企业全面绿色转型的微观基础研究，由吴宝、孙庆洲、解学梅、叶许红、黄文欣主笔；第三章为股东积极主义变革推进全面绿色转型研究，由吴宝、李兰花、刘子嘉、章羽欣主笔；第四章为产业链协同变革推进全面绿色转型研究，由吴宝、解学梅、任康俊主笔；第五章为技术创新变革推进全面绿色转型研究，由吴宝、方汉青、涂明珊主笔；第六章为创新生态网络化变革推进全面绿色转型研究，由吴宝、解学梅、徐磊、葛心宇主笔；第七章为家族传承变革推进全面绿色转型研究，由吴宝、方汉青、陈时城、潘萌萌主笔；第八章为积极稳妥推进全面绿色转型研究的风险专题研究，由吴宝、孙庆洲、方汉青、汪夷娟主笔；第九章为制度创新变革推进全面绿色转型研究，由吴宝、金陈飞、陈锋主笔；第十章为研究总结与政策建议，由吴宝、张旭亮、黄佳琦主笔。

在本书十余年漫长的研究过程中，另有王宏伟、王侠丽、左蕾蕾、朱琪玮、乔宇豪、华丹妮、江程铭、池仁勇、汤临佳、严璐璐、李正卫、吴瑶瑶、何德峰、余生辉、沈心妍、罗丹、俞磊、顾秋阳、高彦茹、高倾德、郭浩智、黄靖茹、曹烈冰、韩宇航、程聪、傅瑶、虞晓芬、窦军生、霍佳阁（以姓名笔画为序）和 Abel Monfort、Alfredo de Massis、Daniel T. Holt、Esra Memili、Evan Polman、Federico Frattini、FuSheng Tsai、Gady Jacoby、Hock-Hai Teo、Huanren Zhang、James J. Chrisman、Jiaqiang Liu、Jingyi Lu、Josip Kotlar、Keng L. Siau、Kimberly Boal、Lloyd Steier、Mattia Bianchi、Neng Xia、Scott L. Newbert、Shu Yang、Xinwei Wang、Xixian Peng、Yongfang Liu、Yu Liu、Zhenyu Wu（以姓名字母为序）等国内外学者和硕博士研究生曾参与课题组的前期研究工作，不同程度上为本书的前期研究成果做出了贡献，在此也一并表示感谢！

同时，科学出版社专业编辑团队为本书的出版付出了很多心血和努力，她们严谨的态度和专业的操作保证了本书的顺利出版。本书集中体现了课题组十余年的前沿研究成果，内容十分丰富，由于整理时间仓促，再加上笔者能力所限，很多理论需要进一步研究阐释，许多实践经验需要进一步总结，还存在不少细节上的疏漏。本书内容如有不足或者其他不妥之处，还请各位读者批评指正。

吴宝 教授

2024 年 12 月于小和山脚

目　录

第一章　绪　　论

本章首先介绍了全书的研究背景，梳理了全球生态文明发展脉络，中国"绿水青山就是金山银山"（简称"两山"）理念和"两山"转化时代拓展，总结了迈向全面绿色转型的制度变迁；其次，着重分析企业在中国推进全面绿色转型进程中应当关注的重点领域，识别了其绿色转型面临的管理困境，明确未来绿色管理方向；再次，提出本书研究思路与研究内容，并给出章节安排和章节概述；最后，分析本书的学术贡献与创新。

第一节　践行"两山"理念，迈向全面绿色转型

一、全球生态文明理念发展脉络

（一）全球生态文明理念缘起

大约在公元前 5 世纪，老子在《道德经》中就提出了"道法自然"的生态文明理念。探寻并维持食物、衣着、住所、能源和其他物质需求与生态环境之间的平衡，是贯穿人类历史文明的永恒话题。这种环境主义的叙事在西方可以追溯到大约 1000 年后中世纪的哲学流派对"乌托邦"的畅想，12 世纪末至 13 世纪初，产生了基督教进步观念下的"生态学家的守护圣人"；此后，培根和笛卡儿描绘了可持续发展愿景和范式；18 世纪，卢梭提出了在与自然和谐相处的环境伦理下运作的小规模、稳态经济的概念；以可持续发展为核心议题的全球生态文明理念在 18 世纪中叶至 19 世纪引起了激烈讨论，当时对政治经济学的资本主义道德问题，特别是对亚当·斯密的自由派视角和卡尔·马克思的视角进行了深入阐释（Lumley and Armstrong，2004）。

Heilbronner（1985）发现斯密的《国富论》强调了资本积累，而物质进步与道德衰退的相互作用以一种微妙的辩证法形式存在，物质进步可能是以道德衰退为代价。这种道德衰退突出表现为公平正义的缺失，如发展、代际公平缺失和环境正义缺失（Agyeman et al.，2003）。马克思对资本主义生成贫困和危机进行了理论阐释，他对权力、阶级关系、政治意识和社会变革的关注深刻影响了可持续发展话语体系。马克思在系列著作中都深切关注人与自然的关系，创造性地提出了包括人类在内的自然生产力的概念。具体来说，在资本主义生产方式下，自然生产力的发挥往往受到一定程度的限制和扭曲——劳动资料往往被资本家所垄断，成为剥削工人的手段，而自然资源和环境承载力却并不受资本家的控制，由此产生了资源枯竭和生态危机。因此，必须要处理好人与自然和谐相处的关系，不能盲目追逐经济扩张而罔顾自然承受力。同时，随着科学技术的发展和人类认知水平的进步，人类通过不断发现新资源，提高旧资源回收和利用率，提升生产力效能。此外，在不同的社会形式与社会关系下，人与自然的对象性关系具有显著的差

异。资本集中、协作与分工、机器等生产工具变革以及伴随而来的制度因素都促成生产关系的演化，预示着自然生产力在生产关系中的跃迁，只有打破资本主义旧的生产关系，以新的社会主义生产方式进行革命，才能从根本上解决生态危机。正如秦书生和鞠传国（2017）所言，"马克思、恩格斯的资本主义生态批判，开创了生态文明思想的先河"。

18 世纪以来，欧美地区也涌现出大量的具有生态萌芽思想的哲学家和科学家（表1-1）。他们讨论了社会正义、环境管理和经济增长的关系，这些讨论为全球当代生态文明观的系统形成奠定了深厚的思想基础。在美国环保主义者利奥波德去世后出版的《沙乡年鉴》，系统阐述了"大地伦理"，标志着当代生态中心主义的兴起（秦书生和鞠传国，2017）。

表 1-1　欧美地区典型哲学家和科学家及其生态萌芽思想

国家	代表人物	代表著作	主要观点
法国	让-雅克·卢梭（Jean-Jacques Rousseau，1712~1778 年）	《论人类不平等的起源和基础》（1755 年）、《社会契约论》（1762 年）	在自然状态下，人类与自然界的互动是和谐且可持续的，私有制和社会制度的兴起导致了社会不平等和环境破坏；通过社会契约，个人应当保留对自然的权利，而不是将其转让给政府或任何其他机构
法国	皮埃尔-约瑟夫·蒲鲁东（Pierre-Joseph Proudhon，1809~1865 年）	《什么是财产？》（1840 年）、《贫困的哲学》（1846 年）等	私有制导致了社会的不公和资源的浪费；自然资源是社会的共同财富，不应该被个人或少数人独占和滥用；通过改革来消除社会不公和资源浪费，实现社会的可持续发展
德国	亚历山大·冯·洪堡（Alexander von Humboldt，1769~1859 年）	《新大陆赤道地区游记》（1807 年）、《自然观》（1807 年）、《宇宙》（1845 年）等	整体自然观，强调"万物之联结"；人类与自然之间是一种对等的关系；欧洲殖民扩张和资本主义破坏环境
德国	路德维希·安德列斯·费尔巴哈（Ludwig Andreas Feuerbach）（1804~1872 年）	《基督教的本质》（1841 年）等	宗教和唯心主义将人类置于自然界中心地位，忽视了自然界的客观性和规律性；建立更加公正合理的环境伦理观
英国	约翰·斯图亚特·穆勒（John Stuart Mill，1806~1873 年）	《论自由》（1859 年）等	自然资源是有限的，人类的需求是无限的，必须合理利用自然资源，避免浪费和过度开发；人类追求个人利益，同时也要尊重他人的权利和利益，以及保护自然环境
美国	亨利·戴维·梭罗（Henry David Thoreau，1817~1862 年）	《瓦尔登湖》（1854 年）、《缅因森林》（1864 年）、《马萨诸塞州的早春》（1881 年）等	人类是自然的一部分，自然不应以人类利益而改变；人类在自然面前应谦卑，尊崇资源节约的价值观和生活方式
美国	约翰·缪尔（John Muir，1838~1914 年）	《夏日走过山间》（1894 年）、《我们的国家公园》（1901 年）等	自然不仅是人类利用的对象，更有独立于人类意志的内在价值；比起荒野开发，荒野保护更重要
美国	奥尔多·利奥波德（Aldo Leopold，1887~1948 年）	《沙乡年鉴》（1949 年）等	提出"大地伦理"，认为人类与大地是一个命运共同体，人类的伦理道德观念应从人与人、人与社会的关系扩大到人与大地之间的关系；提出生态整体主义的理论体系，强调非中心化的生态整体价值

（二）当代全球生态文明理念演化

1950 年以后，全球生态文明理念在曲折实践中发展，经历了起步时期（20 世纪 50 年代至 70 年代末）、停滞时期（1980~1986 年）、发展时期（1987~2006 年）和变革时期（2007 年至今）。

20 世纪 50 年代和 60 年代，第二次世界大战后的西方国家聚焦经济增长，不可避免地造成了气候异常、资源枯竭和环境污染等生态危机。到了 20 世纪 70 年代初，发展中国家贫困日益严重，对没有分享到西方经济增长果实却要分担生态危机后果产生强烈不满。全球各地关于批判资本主义牺牲生态环境可持续的抗议运动此起彼伏。蕾切尔·卡森的《寂静的春天》（1962 年）通过描述滥用农药对土壤和鸟类等生物的负面影响，揭露了工业污染对生态平衡的破坏，提出了人与自然协调共生的观点，被认为是当代生态文明思想迸发的里程碑。爱德华·戈德史密斯的《生存的蓝图》（1972 年）揭示了人口增长、环境污染、资源枯竭等生态问题的内在联系，提出了具体的解决方案和战略建议，推动了绿党（生态党）等绿色政治力量的形成和发展。1972 年，罗马俱乐部递交的首部研究报告《增长的极限》全景式地提出了"生态危机论"，引发了对全球环境问题的关注和对可持续发展理念的思考。同年，联合国人类环境会议在斯德哥尔摩举行。会议首次将环境问题列入国际政治议程，通过了《斯德哥尔摩宣言》，该宣言包含 26 项关于保护和增强人类环境的原则，以及一个包含 109 项建议的行动计划，并直接促成联合国环境规划署的建立，成功形成了全球生态文明共识。新中国成立后，毛泽东非常重视环境保护，提出了"绿化祖国"的号召[①]，开展系列环保工作部署，并派代表团出席联合国人类环境会议。1973 年，中国召开首届全国环境保护会议。1978 年，邓小平在延续毛泽东环保理念的基础上，强调"集中力量制定一批重要法律，这其中包括森林法、草原法和环境保护法等林业、绿化和生态环境保护的法律"[①]，标志着新中国生态文明建设开启新篇章。

进入 20 世纪 80 年代，全球生态文明理念的政治角力陷入短暂的停滞期（Waas et al.，2011）。1980 年，国际野生生物保护学会发表《世界保护战略——为可持续发展而保护生物资源》，虽然它主要提出了通过保护生物资源实现可持续发展，但它并未成功整合环境和发展两个目标；1984 年，联合国世界环境与发展委员会成立，由挪威前首相格罗·哈莱姆·布伦特兰领导；次年，联合国世界环境与发展委员会发布《全球环境对话可执行计划》；此后数年该组织一直在酝酿"全球变革议程"（Pearce et al.，1989）。

1987 年，联合国世界环境与发展委员会终于发布了著名的报告《我们共同的未来》（也称为《布伦特兰报告》），标志着全球生态文明理念实践进入以推进可持续发展为核心的蓬勃发展阶段。该报告成功定义了可持续发展，并建立了全球政治伙伴关系，将不同政策领域、不同利益相关者汇聚在一个议题框架中，特别调和了北方的环境利

---

① 《中国共产党领导新中国 70 年生态文明建设历程》，http://theory.people.com.cn/n1/2019/0930/c40531-31381902.html，2019 年 9 月 30 日。

益和南方的发展需求（Quental et al., 2011），并为 1992 年在里约热内卢举行的联合国环境与发展会议铺平了道路（Waas et al., 2011）。在联合国环境与发展会议通过了《21 世纪议程》和《里约宣言》后，可持续发展成为全球政府、企业、非政府组织、工会、学术机构、公民等的普遍和统一口号。此后，联合国围绕可持续发展，自然资源，生物多样性，气候变化，ESG 投资等问题积极行动，促进全球协同推进生态文明建设（表 1-2）。其他国际组织和跨国非政府机构通过建立基金等专项资金池、签订国际公约细分公约、开展人道主义援助等方式将各类生态文明建设实践落到实处。世界各国也在《21 世纪议程》等框架下，研究并发布符合自身国情的经济、环境、发展相协调的战略规划以及法律法规和特别行动等。例如，1990 年，美国出台《清洁空气法案修正案》；1994 年，德国颁布《循环经济及废弃物法》；2000 年，日本国会发布《循环型社会形成推进基本法》；2003 年，英国颁布《我们的能源未来：创建低碳经济》等。在此期间，中国也通过担任国际环保组织重要理事和成员单位、积极参与全球生态文明建设国际会议、签订国际公约、开展环保等相关立法工作等与国际生态文明理念传播与发展开展对话。1995 年，江泽民首次提出"在现代化建设中，必须把实现可持续发展作为一个重大战略"[①]；1996 年，环境保护成为我国的基本国策。

表 1-2　发展时期（1987~2006 年）联合国推进全球生态文明建设大事记

年份	国际组织/会议	发布文件/倡议/报告	主要内容
1987	联合国世界环境与发展委员会	《我们共同的未来》	提出可持续发展理念；构建环境合法性政策框架；建立南北对话环境对话机制等
1989	联合国环境规划署	《巴塞尔公约》	提出降低危险废料数量，遏制跨境转移，督促资源节约，注重源头"节流"等
1992	联合国环境与发展会议	《21 世纪议程》《里约宣言》等	发布全球可持续发展行动计划；提出 27 项可持续发展原则；推进全球生态治理等
1992	联合国环境规划署	《生物多样性公约》	以法律保护促进全球生物多样性
1992	联合国世界环境与发展会议	《联合国气候变化框架公约》	根据"共同但有区别的责任"原则，要求发达国家作为温室气体的排放大户，采取具体措施限制温室气体的排放，并向发展中国家提供资金以支付他们履行公约义务所需的费用等
1997	联合国环境与发展会议	《京都议定书》	规定工业化国家在 1990 年排放基础上减排 5%；确立灵活的减排机制等
1998	联合国环境规划署、联合国粮食及农业组织	《鹿特丹公约》	形成国际贸易危化品的环境安全责任分担机制；加强危废处理；促进生物多样性；深化气候问题处理等
2000	联合国经济及社会理事会、联合国亚洲及太平洋经济社会委员会	《可持续发展政策》	提出减少贫困、社会动员和可持续发展相结合的政策实施框架
2001	瑞典斯德哥尔摩全权代表会议	《斯德哥尔摩公约》	承接《里约宣言》，保护人类环境不受有机污染物损害等

① 《中国共产党领导新中国 70 年生态文明建设历程》，http://theory.people.com.cn/n1/2019/0930/c40531-31381902.html，2019 年 9 月 30 日。

续表

年份	国际组织/会议	发布文件/倡议/报告	主要内容
2002	联合国可持续发展世界首脑会议	《约翰内斯堡可持续发展宣言》	具体承诺和行动执行《21世纪议程》；提出环境保护、经济发展、社会平等"三支柱"等
2004	联合国全球契约组织、多家金融机构	《有心者胜》	首次提出了ESG，探讨将其纳入资产管理、证券服务和相关研究；提出企业必须学习治理ESG议题，以提升企业价值和股东权益，并促进社会可持续发展等
2006	联合国责任投资原则组织	《联合国责任投资原则》	鼓励将ESG纳入决策和实践的负责任投资，以创建一个可持续金融体系

2007年美国次贷危机席卷全球，证明了资本和商品价格泡沫难以维持经济可持续发展。于是，西方国家在推进"再工业化"进程中将可持续经济增长点聚焦于新能源汽车和可再生能源等领域，纷纷出台政策刺激产业和技术创新，以实现绿色经济转型。以节能减排、污染治理、可再生资源能源利用等为重要内容的绿色经济发展成为全球生态文明建设的重中之重。2015年，全球多国签署《巴黎协定》，引领全球气候治理新格局。

2007年，党的十七大首次提出"生态文明"[①]，并将其纳入全国战略性行动纲领，开启了中国向全球生态文明建设加深"中国印记"的新时代。同时期，中国的"新三样"（电动汽车、锂电池、光伏产品）产业发展也开始进入资金和政策全力扶持阶段，为十年后的全球市场份额"领跑"打下坚实基础。2012年，党的十八大报告将生态文明视为融入"五位一体"建设各方面和全过程的统筹因素。此后，以习近平同志为核心的党中央在十九大、二十大等历届会议中都将"生态文明""美丽中国""绿色低碳"等作为改革和发展的关键词，推进了中国式现代化生态观的形成。此间，学者围绕"人与自然的关系"这一根本命题，全面阐述了马克思主义生态理论与"两山"理念的承续，特别从"六个观""十个坚持""四个以"等不同层面的宏观视角阐释了中国式现代化生态观，并形成对全面建设生态文明社会的殷切期盼（卢宁，2016；郇庆治，2023；张涛，2023；燕连福和赵莹，2024）。生态文明社会涵盖四个方面特征：一是形成全社会保护生态环境的道德风尚；二是人民在生态环境中享受到幸福感；三是实现全社会生态公平；四是建成生态文明制度保障体系（秦书生和鞠传国，2017）。

这个时期，中国生态文明理念逐渐得到世界认可。例如，2013年，联合国环境规划署理事会第二十七次会议公开以决议的形式支持中国生态文明理念；2014年联合国又采纳中国生态文明提法，设立生态文明小组委员会；2016年，第二届联合国环境大会发布了《绿水青山就是金山银山：中国生态文明战略与行动》报告，向世界介绍了中国"两山"理念的内涵与实践经验（李昕蕾，2023）。

与此同时，在国际生态文明传播舞台上，中国也从参与者向引领者转变。2018年，全国生态环境保护大会正式确立了习近平生态文明思想[②]；同年，"生态文明"被写入

《中华人民共和国宪法修正案》。2020 年 9 月，习近平在第七十五届联合国大会一般性辩论上的重要讲话，展现出应对气候变化威胁、推进全球减贫进程的中国表率[①]。2021 年，在《生物多样性公约》第十五次缔约方大会第一阶段会议上，中国推动大会通过了《昆明宣言》；2022 年，在《生物多样性公约》第十五次缔约方大会第二阶段会议上，中国作为主席国引领各方达成了"昆明-蒙特利尔全球生物多样性框架"，成为全球生物多样性治理历史上的最新里程碑。2023 年，习近平在黑龙江考察期间首次提出"新质生产力"[②]，此后"新质生产力就是绿色生产力"的理论阐释纵深推进。2024 年第 1 期《求是》杂志发表习近平重要文章《以美丽中国建设全面推进人与自然和谐共生的现代化》，重点阐述了"双碳"承诺和自主行动的关系等五大关系，反映了党和国家在全球"碳洗牌"中树立自主"碳治权"的决心和信心。中国正在通过以协同推进"降碳、减污、扩绿、增长"向世界各国展现大国担当和话语权，引领发展中国家摆脱西方绿色"霸权主义"，走出一条"人与自然和谐共生"的可持续发展之路。

（三）当前全球生态文明理论研究热点

生态社会主义理论、企业社会责任（corporate social responsibility，CSR）理论、绿色经济理论、环境库兹涅茨曲线理论、"两山"理论、生态补偿理论被认为是当前全球生态文明研究的代表性基础理论（杜建国等，2021）。这些理论与全球气候变化、政治经济局势动态、公共卫生事件等现实背景紧密结合，形成当前生态文明理论研究热点。当前全球生态文明理论相关研究主要聚焦在可持续发展、循环经济、低碳经济、绿色复苏、ESG/CSR 等领域（表 1-3）。

表 1-3 国内外学者关于全球生态文明理论的研究

研究视角	研究主要内容或观点	文献示例
可持续发展	（1）既满足当代人的需求又不危及后代人满足其需求的发展； （2）特征：包容性、联结性、公平性、谨慎性、安全性； （3）强调可持续经济、可持续环境和可持续社会三方面协调统一； （4）可持续发展的动力机制和实现路径	王梦奎（2007）；Avrampou 等（2019）等
循环经济	（1）以"废物"资源循环再利用为核心的自循环经济； （2）操作原则：减量化、再利用、再循环； （3）测度方法：生态效率指标； （4）实施路径：企业小循环、园区/区域中循环、社会大循环、再生资源产业	曹光辉和齐建国（2006）；诸大建（2017）等

---

① 《世界变局中的中国担当——习近平主席在第七十五届联合国大会一般性辩论上的重要讲话系列解读之一》，https://www.gov.cn/xinwen/2020-09/23/content_5546546.htm，2020 年 9 月 23 日。

② 《习近平在黑龙江考察时强调 牢牢把握在国家发展大局中的战略定位 奋力开创黑龙江高质量发展新局面》，http://jhsjk.people.cn/article/40073774，2023 年 9 月 9 日。

续表

研究视角	研究主要内容或观点	文献示例
低碳经济	（1）减少高碳能源消耗的经济发展模式； （2）企业能源效率是节能降碳的关键； （3）双碳视角下企业绿色转型的协同路径研究； （4）环境规制政策的作用效果	厉以宁等（2017）；邬彩霞（2021）；Geels（2004）等
绿色复苏	（1）在受疫情等负向冲击后，将环境保护和可持续发展融入经济复苏的范式； （2）主要经济体绿色复苏政策动向与评估； （3）稳经济目标下的绿色低碳转型机制； （4）绿色金融助力绿色低碳复苏	郑馨竺等（2021）；Yu等（2021）等
ESG/CSR	（1）兼顾环境保护、社会责任和公司治理的可持续发展理念； （2）ESG/CSR标准、评级、披露投资等制度建设； （3）企业ESG治理绩效及其影响因素； （4）ESG/CSR表现对企业绩效的影响机制	王大地和黄洁（2021）；Pedersen等（2021）等

企业作为链接生态与经济平衡的重要市场主体，近年来也不断得到学者的关注。学术界关于企业生态绿色发展提升路径的研究主要聚焦在绿色创新、绿色转型、绿色治理、新质生产力等方面（表1-4）。

表1-4　国内外学者关于企业生态绿色发展提升路径的研究

研究视角	研究主要内容或观点	文献示例
绿色创新	（1）企业绿色技术创新效率及损失来源； （2）影响因素：环境规制、企业环境管理、公司治理、企业资源、能力及战略、利益相关者压力、社会资本等； （3）作用机制：可持续竞争优势、环境绩效等	曹洪军和陈泽文（2017）；陈菊红等（2019）；Albort-Morant等（2016）等
绿色转型	（1）驱动因素：绿色技术创新、数智化水平、政策管制与激励、绿色金融、产业协同集聚等； （2）影响后果：全要素生产率、绿色核心竞争力等； （3）企业绿色转型机理、测度与路径分析	曹裕等（2020）；解学梅和韩宇航（2022）；潘爱玲等（2024）等
绿色治理	（1）影响因素：股东绿色积极主义、管理层环保意识、公众与媒体等； （2）绿色治理的评价指标体系构建； （3）企业ESG履责行为、绿色治理背离行为； （4）绿色治理政策的执行效果评价； （5）绿色协同治理机制与网络治理机制	李维安等（2019）；张云等（2024）；Krueger等（2020）等
新质生产力	（1）创新动能：推进新智能技术和新生产工具，激发绿色创新活力； （2）实现路径：加大技术创新投入、推进数字化转型、新质态产业布局、高素质人才培养、优化营商环境等； （3）新质生产力提升全要素生产率，催生新型生产组织形态	李建军和吴周易（2024）；石敏俊等（2024）

二、"两山"理念与"两山"转化时代拓展

（一）"两山"理念的基本内涵

"两山"理念是习近平生态文明思想的根本基调和基本内核，是基于实践并日益发展、丰富内涵、与时俱进、不断创新的科学理论，是中国新时代生态文明建设的精神牵引和方向指引。

1. 习近平总书记关于"两山"理念的重要论述

2003 年，时任浙江省委书记习近平在《浙江日报》"之江新语"专栏发表《环境保护要靠自觉自为》，归纳了人们对环境保护和生态建设的认识过程"像所有的认知过程一样，人们对环境保护和生态建设的认识，也有一个由表及里、由浅入深、由自然自发到自觉自为的过程"："只要金山银山，不管绿水青山"，只要经济，只重发展，不考虑环境，不考虑长远，"吃了祖宗饭，断了子孙路"而不自知，这是认识的第一阶段；虽然意识到环境的重要性，但只考虑自己的小环境、小家园而不顾他人，以邻为壑，有的甚至将自己的经济利益建立在对他人环境的损害上，这是认识的第二阶段；真正认识到生态问题无边界，认识到人类只有一个地球，地球是我们的共同家园，保护环境是全人类的共同责任，生态建设成为自觉行动，这是认识的第三阶段①。这是习近平总书记首次在官方媒体发表"两山"理念的书面阐述。此后二十年，习近平总书记就"两山"理念提出了一系列重要论述，其中部分内容摘选如表 1-5 所示。

表 1-5　习近平总书记关于"两山"理念的重要论述（摘选）

论述出处	重要论述原文
2005 年 8 月 15 日，在浙江湖州安吉县余村考察时讲话	我们过去讲，既要绿水青山，又要金山银山。其实，绿水青山就是金山银山 1)
2005 年 8 月 24 日，《之江新语·绿水青山也是金山银山》	如果能够把这些生态环境优势转化为生态农业、生态工业、生态旅游等生态经济的优势，那么绿水青山也就变成了金山银山 1)
2006 年 3 月 23 日，《之江新语·从"两座山"看生态环境》	这"两座山"之间是有矛盾的，但又可以辩证统一。可以说，在实践中对这"两座山"之间关系的认识经过了三个阶段……我们种的常青树就是摇钱树，生态优势变成经济优势，形成了一种浑然一体、和谐统一的关系 2)
2013 年 9 月 7 日，在哈萨克斯坦纳扎尔巴耶夫大学的演讲	我们既要绿水青山，也要金山银山。宁要绿水青山，不要金山银山，而且绿水青山就是金山银山。我们绝不能以牺牲生态环境为代价换取经济的一时发展 3)
2014 年 3 月 7 日，参加十二届全国人大二次会议贵州代表团的审议时讲话	绿水青山和金山银山决不是对立的，关键在人，关键在思路。保护生态环境就是保护生产力，改善生态环境就是发展生产力 4)
2016 年 3 月 7 日，参加十二届全国人大四次会议黑龙江代表团审议时讲话	划定生态保护红线，为可持续发展留足空间，为子孙后代留下天蓝地绿水清的家园。绿水青山是金山银山，黑龙江的冰天雪地也是金山银山 5)

①　《环境保护要靠自觉自为》，http://www.ningdu.gov.cn/ndxxxgk/c100882/202207/2eb9f8f1d4ab4ad1b39e762ae0382b65.shtml，2022 年 7 月 28 日。

续表

论述出处	重要论述原文
2017年12月18日至20日，在中央经济工作会议上的讲话	只有恢复绿水青山，才能使绿水青山变成金山银山。要实施好"十三五"规划确定的生态保护修复重大工程[6]
2018年4月26日，在深入推动长江经济带发展座谈会上的讲话	生态环境保护的成败归根到底取决于经济结构和经济发展方式……要坚持在发展中保护、在保护中发展……不能把生态环境保护和经济发展割裂开来，更不能对立起来……要积极探索推广绿水青山转化为金山银山的路径[7]
2021年9月13日，在陕西榆林考察时讲话	要深入贯彻绿水青山就是金山银山的理念，把生态治理和发展特色产业有机结合起来，走出一条生态和经济协调发展、人与自然和谐共生之路[8]
2023年7月17日，在全国生态环境保护大会上的讲话	牢固树立和践行绿水青山就是金山银山的理念，把建设美丽中国摆在强国建设、民族复兴的突出位置……以高品质生态环境支撑高质量发展……加快推进人与自然和谐共生的现代化[9]
2023年8月15日，在首个全国生态日的讲话	做绿水青山就是金山银山理念的积极传播者和模范践行者，身体力行、久久为功，为共建清洁美丽世界作出更大贡献[10]
2024年2月2日，在主持中共中央政治局第十一次集体学习时的讲话	绿色发展是高质量发展的底色，新质生产力本身就是绿色生产力。必须加快发展方式绿色转型，助力碳达峰碳中和。牢固树立和践行绿水青山就是金山银山的理念，坚定不移走生态优先、绿色发展之路[11]

资料来源：1)《习近平：绿水青山就是金山银山》，http://theory.people.com.cn/n1/2017/0608/c40531-29327210.html，2015年11月10日。

2)《之江新语——从"两座山"看生态环境（习近平）》，https://www.ningshan.gov.cn/Content-667739.html，2014年7月9日。

3)《习近平在哈萨克斯坦纳扎尔巴耶夫大学发表重要演讲》，https://jhsjk.people.cn/article/22843681，2013年9月8日。

4)《习近平李克强张德江俞正声刘云山王岐山张高丽分别参加全国人大会议一些代表团审议》，https://jhsjk.people.cn/article/24571035，2014年3月8日。

5)《习近平参加黑龙江代表团审议：冰天雪地也是金山银山》，https://jhsjk.people.cn/article/28178832，2016年3月7日。

6)《中央经济工作会议在北京举行 习近平李克强作重要讲话》，https://jhsjk.people.cn/article/29719987，2017年12月21日。

7)《在深入推动长江经济带发展座谈会上的讲话》，https://www.gov.cn/gongbao/content/2018/content_5306809.htm，2018年4月26日。

8)《习近平在陕西榆林考察时强调 解放思想改革创新再接再厉 谱写陕西高质量发展新篇章》，https://jhsjk.people.cn/article/32227920，2021年9月15日。

9)《习近平在全国生态环境保护大会上强调 全面推进美丽中国建设 加快推进人与自然和谐共生的现代化》，https://jhsjk.people.cn/article/40038459，2023年7月18日。

10)《全社会行动起来做绿水青山就是金山银山理念的积极传播者和模范践行者》，https://jhsjk.people.cn/article/40057576，2023年8月16日。

11)《加快发展新质生产力 扎实推进高质量发展》，https://jhsjk.people.cn/article/40171526，2024年2月2日。

2. "两山"理念的研究动态

近年来，以沈满洪、赵建军、卢宁等学者为代表的学术界围绕"两山"理念的科学内涵和发展模式，聚焦"两山"理念实践成效评估，探讨践行"两山"理念的瓶颈和突破路径（表1-6）。

表 1-6 国内学者关于"两山"理念内涵解读的研究

研究视角	研究主要内容或观点
"两山"理念的科学内涵	（1）人与自然和谐统一的辩证关系； （2）经济发展与生态保护协同并进； （3）以人民为中心的生态价值追求； （4）资源优化配置和有效转化的重要演绎
"两山"理念的发展模式	（1）生态资源经济化模式：生态资源补偿、生态修复、生态资源产权交易、生态特色产业经营等； （2）经济发展生态化模式：绿色科技创新、供给侧结构性改革、产业生态转型升级等
践行"两山"的制约瓶颈	（1）生态产品价值实现低效转换； （2）政府公共管理的体制机制缺陷； （3）经济产业结构调整滞后； （4）资源环境监测监管薄弱； （5）人才和基础资金缺乏
践行"两山"的突破路径	（1）市场化生态补偿机制； （2）建立政府生态制度保障体系和环境监管机制； （3）多元生态环境共治体系； （4）技术优化提升发展效率
"两山"理念的践行成效	（1）"两山"生态产品的价值实现； （2）"两山"特色评价指标体系； （3）"两山"转化衡量：指数合成、耦合协调、互动关系、绿色核算； （4）"两山"转化成效的时间与空间特征

3. "两山"理念的科学内涵

总体来说，"两山"理念不仅阐述了经济发展和生态环境保护之间的和谐关系，还揭示了保护生态环境与促进生产力发展的紧密联系。

首先，强调生态环境保护与经济价值并重。在"两山"理念中，"绿水青山"代表着生态环境的保护和自然资源的可持续利用，而"金山银山"则象征着经济发展和社会进步。生态环境保护与经济发展并非对立关系，而是可以相互促进、协同发展的统一体。保护好生态环境，可以实现经济的可持续发展；同时，经济的发展也可以为生态环境的改善提供物质基础和动力。

其次，强调生态优先，绿色发展。该理念明确指出了生态环境保护的重要性，强调在发展经济的过程中应优先考虑生态环境的承载能力，避免以牺牲环境为代价的短视行为。它倡导绿色、低碳、循环的发展模式，推动形成节约资源和保护环境的空间格局、产业结构、生产方式和生活方式。

再次，强调发展与保护的辩证统一。"两山"理念的本质在于实现经济发展和生态环境保护的辩证统一。它要求人们在追求经济发展的同时，必须注重生态环境的保护和改善，确保两者之间的平衡和协调。这种平衡不仅体现在当前的发展与未来可持续发展的关系上，也体现在不同区域、不同领域之间的协调发展上。

最后，强调以人民为中心的发展思想。"两山"理念还体现了以人民为中心的发展思想，强调生态环境是关系民生的重大课题。它要求把满足人民日益增长的优美生态环境需要作为出发点和落脚点，通过改善生态环境质量，不断提升人民群众的获得感、幸福感和安全感。

（二）"两山"转化的典型实践

1. "两山"理念三阶段论

2006年3月23日，习近平在《浙江日报》发表《从"两座山"看生态环境》的专栏文章，进一步从金山银山与绿水青山之间对立统一的角度阐述两者的内在关系，总结对"两山"三个阶段的认识论："第一个阶段是用绿水青山去换金山银山，不考虑或者很少考虑环境的承载能力，一味索取资源。第二个阶段是既要金山银山，但是也要保住绿水青山，这时候经济发展和资源匮乏、环境恶化之间的矛盾开始凸显出来，人们意识到环境是我们生存发展的根本，要留得青山在，才能有柴烧。第三个阶段是认识到绿水青山可以源源不断地带来金山银山，绿水青山本身就是金山银山，我们种的常青树就是摇钱树，生态优势变成经济优势，形成了一种浑然一体、和谐统一的关系，这一阶段是一种更高的境界，体现了科学发展观的要求，体现了发展循环经济、建设资源节约型和环境友好型社会的理念。"[①]党的十八大报告指出，"必须树立尊重自然、顺应自然、保护自然的生态文明理念"[②]。此后，"绿水青山就是金山银山"深化为一种发展理念、一种生态文化，广泛融入城乡协调发展、地方发展导向、生产力布局、政绩考核等多个层面，保护生态环境就是保护生产力、改善生态环境就是发展生产力的理念逐渐树立，为正确处理好经济发展同生态环境保护的关系提供系统理论支撑。

2. 全国践行"两山"转化的典型模式

截至2023年10月，全国共建成生态文明建设示范区572个，"绿水青山就是金山银山"实践创新基地240个，形成了具有借鉴价值的"两山"转化发展模式。生态环境部自然生态保护司副司长蔡蕾在2022年的中国生态文明论坛南昌年会上总结了四个"两山"转化模式：一是生态安全屏障地区，通过转移支付、生态补偿、生态管护员等实现"守绿换金"；二是生态环境本底较差或生态环境脆弱地区，通过复绿、增绿等生态环境保护与建设，不断夯实绿色可持续发展根基，实现"添绿增金"；三是生态环境本底好、特色产业比较发达的地区，以发展"生态+"产业和打造生态品牌为主要抓手，延伸上下游产业链，提升产业绿色化水平，将生态优势转化为高质量发展优势，实现"点绿成金"；四是生态环境优良、资源丰富、区域生态文明体制改革创新能力较强的地区，以

---

① 《从"两座山"看生态环境》，https://zjrb.zjol.com.cn/html/2006-03/23/content_61711.htm，2003年3月23日。

② 《胡锦涛在中国共产党第十八次全国代表大会上的报告》，https://www.12371.cn/2012/11/17/ARTI1353154601465336_all.shtml，2012年11月17日。

建立绿色资本市场、发展绿色金融为主要路径和突破口，实现"借绿生金"。

全国各地以此为契机，纷纷开展"两山"转化实践探索，围绕"两山"转化三阶段目标，形成了各具特色的生动案例（表1-7）。

表1-7　全国"两山"转化典型案例（示例）一览表

"两山"理论三阶段	目标	主要参与主体	实践路径	典型做法	典型案例
第一阶段：从穷山恶水到绿水青山	改善生态环境	政府、企业、村民、社会组织、科研机构等	关停矿山、污水纳管等	生态修复	浙江安吉
		浮梁县政府、大鄣山乡乡政府等	拆除影响生态的电站等	维护核心自然保护区生态	江西浮梁
		固原市政府、干部、护林员、河道管理员等	退耕还林还草、水土流失等综合治理	重点生态建设工程	宁夏固原
第二阶段：从绿水青山到金山银山	提高生态价值	政府、企业、村民、公益组织	发展生态型产业等	生态价值实现	浙江宁波
		宁陕县政府、企业、农户、生态护林员等	建设自然保护区等五大林业产业基地	发展生态经济	陕西宁陕
		四川省政府、企业、农户等	与生态受益地区建立起利益联结机制	建立健全生态补偿机制	四川阿坝
第三阶段：从金山银山到大金山银山	深化生态资本	政府、企业、村集体和农户等	绿色期权认购	绿色金融	浙江衢州
		政府、林农、企业、金融机构等	生态资源整合、流转、经营等	森林生态银行	福建南平
		政府、企业、评估机构等	林业碳汇、排污权融资	绿色金融	重庆

3. 践行"两山"转化的浙江探索

浙江践行"两山"理念是自觉的、系统的和一贯的，在战略深化中开展先行先试，在实践探索中涌现典型样本。

1）先行先试"两山"理念的浙江举措

第一，深化战略引领作用。浙江在践行"两山"重要思想方面，始终坚持一条主线，坚持以"八八战略"为总纲，实现了从生态环境建设、绿色浙江建设、生态省建设、生态浙江建设、"两美"浙江建设的战略创新与深化，把建设生态文明作为改善民生、落实好以人民为中心的发展思想的重要抓手，把生态文明建设融入经济建设、政治建设、文化建设、社会建设的各方面和全过程，处理好生态文明建设与其他方面建设的关系，统筹"山水林田湖"生态系统，推动形成"两山""绿色"引领的现代化建设新格局，为美丽中国建设提供先行示范样本。

第二，积极开展实践探索。浙江积极开展生态省建设"十大重点工程"、"811"环境整治行动、循环经济"991行动计划"、"五水共治"、"三改一拆"、"四换三名"、"四边三化"、"剿灭劣Ⅴ类水"行动、"大花园"建设等系列一整套组合拳实践，打造

"两美"浙江行动方案，率先走出一条科技含量高、经济效益好、资源消耗低、环境污染少的"两山"实践新路径。其中，"千村示范、万村整治"工程是浙江"绿水青山就是金山银山"理念在基层农村的成功实践，造就了万千美丽乡村。2018年，该工程被联合国授予"地球卫士奖"中的"激励与行动奖"，并于2019年在全国进行推广。

第三，不断创新体制机制。浙江承担着多项国家生态文明建设的任务，在自然资源资产产权制度、国土空间开发保护、空间规划体系、资源有偿使用和生态补偿制度等方面不断创新体制机制。在全国最早开展区域之间的水权交易，最早实施排污权有偿使用制度，最早实施省级生态保护补偿机制，编制生态环境功能区规划，创立新型环境准入制度等，克服长期制约生态文明建设的体制性障碍，通过体制机制创新破解生态难治理问题，形成践行"两山"理念的生态制度优势，成为浙江推动生态文明建设的强大动力。

2）践行"绿水青山就是金山银山"理念的浙江样本

由于各地资源禀赋和发展阶段的差异，浙江践行"两山"理念有多种不同典型样本，大致可以分为三个类型，一是经历突出矛盾后，"放弃金山保青山，保得青山换金山"的转型发展路径；二是后发地区走"宁保绿水青山，发展山水产业"的跨越发展路径；三是发达地区"重返绿水青山"的倒逼发展路径。

第一，安吉余村"两山"转型发展。安吉余村在"两山"实践样本中，有着特殊的地位和意义。安吉余村不仅是"两山"理念的首践地和首发地，而且真正经历了"放弃金山保青山，保得青山换金山"的转型历程。安吉余村在"靠山吃山"的开矿模式下，造成了严重的山体破坏、水土流失、空气污染，与人民美好生活产生巨大矛盾。2003年，余村下决心关停矿山，探索绿色转型。在"两山"理念的指引下，凭借其区位优势，大力建设美丽乡村，发展乡村旅游，进而延伸到高端服务业。通过15年的实践与摸索，找到一条"绿水青山"和"金山银山"互动互促的发展路径，真正实现"生态本身就是经济"。

余村的发展实践表明，将"绿水青山"转化为"金山银山"要做到因地制宜，不能照搬照抄别人的成功经验，而是要针对具体情况采用不同的策略。将"绿水青山"转化为"金山银山"的道路不止一条，但只有把经济发展和生态环境协调起来，才能找到实现转化的正确切入点。

第二，浙江26个加快发展县"两山"跨越发展。传统工业化道路与绿色发展之路是"欠发达地区"必须面对并做出的抉择。在传统发展理念下，这些生态资源丰富但区位偏远的县域，经济发展与生态保护之间的矛盾始终无法调和。浙江欠发达县工业化水平普遍较低，工业化进程大大落后于发达县。经济结构、产业基础等处于劣势地位，但在循环经济、低碳经济转型过程中，这些地区反而更具低成本优势。在"两山"重要思想的指引下，"绿水青山"成为一个更为开放的发展平台，这些地区只要把握有利时机，实行绿色改革，创新绿色发展模式，以"宁保绿水青山，发展山水产业"为导向，便能绕过传统发展模式的"破坏式开发"，领先一步踏上绿色发展跨越路径，迈向绿色发展的新阶段。

浙江26个加快发展县的实践表明，环境整治、生态保护是跨越式发展的前提，但是绿水青山不会自动转化为金山银山，必须找到"两山"转化的科学路径和方法。

第三，"五水共治"倒逼绿色产业发展。水环境约束对浙江全面协调可持续发展造成困扰。2013 年底，浙江省委、省政府做出了治污水、防洪水、排涝水、保供水、抓节水的"五水共治"决策部署，以治理水环境质量为切入口，以修复生态环境为重要目标，以倒逼推动产业转型升级为根本方向，是践行"绿水青山就是金山银山"发展理念的具体实践。"五水共治"倒逼重塑浙江经济结构，在大破大立中推进"腾笼换鸟、凤凰涅槃"，以新产业、新业态、新模式为特征的"三新"经济比重不断攀升，浙江经济社会不断向形态更高级、结构更合理、质量效益更好的方向转变。

"五水共治"的实践表明，发展国内生产总值和保护环境是可以兼得的，绿水青山与金山银山能够两全其美。"五水共治"不仅还原了浙江的生态底色，带动了美丽乡村建设，而且为"两山"转化提供了无穷的发展后劲，"绿水青山就是金山银山"的转化道路越走越宽广。

4. 打造"两山"转化"重要窗口"的浙江思路

2020 年，习近平在浙江考察时赋予浙江"努力成为新时代全面展示中国特色社会主义制度优越性的重要窗口"的新目标新定位[①]。为此，浙江不仅要高质量打通"两山"转化通道，成为全国生态文明建设示范的"重要窗口"，而且要放眼全球，成为致力世界生态发展的"重要窗口"。

1）对标"重要窗口"，打造更高质量"两山"转化通道

第一，以"全域美丽"的更高要求，擦亮浙江"重要窗口"的生态底色。一是高标准打赢污染防治攻坚战。围绕蓝天、碧水、净土、清废四大行动，坚持高标准与严要求同步，长效与攻坚协同，确保生态底色"永不褪色"。二是推动生态环境治理的数字化转型。构建生态环保大数据智慧平台，建立健全"监测预警—快速响应—精准治理"的生态环境治理机制；坚持科技创新，着力提升现代化生态环境治理能力。三是坚持全域创建，高质量建设美丽大花园。加快编制美丽浙江建设规划，持续深化"千万工程"，打造美丽乡村升级版，补齐美丽城镇建设短板，统筹美丽城市、美丽城镇和美丽乡村建设，形成全域美丽的大格局。

第二，"全民参与"共建共享，培育生态文化。一是加强"两山"理念宣传，营造全民共治生态的氛围。创新高效开展全民生态环境宣传教育和舆论引导工作，推动生态环保理念深入人心。二是进一步拓展全民参与生态文明建设的渠道。开展全民绿色行动，不断培育群众的环保意识、生态道德、绿色生活习惯和绿色消费行为等，以实际行动减少能源资源消耗和污染排放。三是挖掘文化与生态的结合点，打造浙江"生态文脉"。浙江自然地貌独特，历史积淀深厚，生态文化丰富，需进一步梳理浙江生态、历史、文化资源等，打造浙江"生态文脉"。

第三，"全面转化"生态优势，打造绿色经济新增长点。一是坚持经济生态化发展，全面构建绿色产业体系。大力发展数字经济、循环经济、节能环保绿色产业、"无烟工

---

① 《奋力谱写新时代建设"重要窗口"的壮丽篇章》，https://epaper.gmw.cn/gmrb/html/2020-08/17/nw.D110000gmrb_20200817_1-06.htm?from=singlemessage，2020 年 8 月 17 日。

业",加快淘汰高耗能高污染产业,逐步形成环境友好型的产业经济体系。深入推进"腾笼换鸟""凤凰涅槃",加快新旧动能转换,引导企业加大绿色化技改力度,推动取得更有质量、更有效益的绿色发展成果。二是推动生态经济化发展,培育绿色经济新增长点。积极探索生态产品价值实现机制,大力打造文旅健康幸福产业、高效循环生态农业等绿色产业体系,让生态资源更好地成为生态资本、生态红利。推动生态产品转化市场化运行,探索建立生态资产确权、交易体系等。积极推动生态补偿机制横向拓展,向长效化、常态化、一体化发展。

第四,"全链条"制度集成创新,保障"两山"转化路径畅通。一是构建"源头—过程—后果"的"全链条"制度体系。在"源头"端实行最严格的生态环境保护制度,"过程"端健全完善生态资源高效利用制度,"后果"端严明生态环境损害赔偿制度和责任终身追究制度,构建"全链条"的整套制度体系。二是"自下而上—自上而下"有机结合的"全链条"制度创新。坚持制度创新与制度运行并重,加强制度理论设计和地方实践的集成,有机结合自下而上的制度实践创新和自上而下的制度供给创新,促进制度成链,及时将制度转化为法律法规、行为准则。三是强化制度运行的"全周期"系统意识。着力加强制度的系统综合建设及协调高效实施;着眼制度制定、实施、监督、完善的"全周期"循环,健全制度运行机制、保障机制。

2)打造全国示范的"重要窗口",提供生态文明建设的"浙江经验"

第一,总结两山转化的"浙江模式"。一是结合全国生态保护与建设典型示范区创建工作,积极探索"绿水青山就是金山银山"的浙江模式,强调"因地制宜、特色创新"展开示范推广。二是建设浙江"两山"转化试点示范区,打造"窗口的窗口"。选取不同类型的地区进行不同的试点示范,增添窗口成色,拓宽窗口视野,如生态经济化试点示范区、经济生态化试点示范区、生态经济协调发展试点示范区、生态经济转型发展试点示范区等。三是凝练浙江两山转化的"典型案例"。对浙江涌现出的一批两山转化典型案例进行凝练总结,推进典型工程纪实,借助纸媒、网媒、新媒体等,通过"两山转化示范案例"栏目予以展示和推广。

第二,制定两山转化的"浙江标准"。一是把"绿色标准"纳入全省标准化战略重大项目建设。加快构建涵盖绿色制造、绿色环境、绿色服务、绿色农业、绿色金融等领域的"绿色标准"体系。二是组织开展各级各领域标准化试点。通过示范点、示范带的创建,树立标准化样板,推动标准应用,展现标准化提升作用,形成可看可学的现成经验,以点带面,形成示范效应。三是持续完善"绿色标准"评价认证体系。加快建立自我评价、社会评价与政府引导相结合的三方绿色评价认证机制,构建统一的绿色产品标准、认证、标识体系。

第三,构建两山转化的"浙江制度"。一是坚持顶层设计"八八战略"的引领。"八八战略"是践行"两山"科学论断的总纲,为浙江的可持续发展指明了方向,也是浙江"重要窗口"建设的主题色。二是总结先行先试的"浙江制度"创新。更加聚力"生态产品价值实现机制"、绿色金融体系、生态文明绩效评价考核和责任追究制度等先行先试,着力在构建生态文明制度体系上取得创新突破,总结"浙江制度"方案。三是构建"两山"转化动态监测指标体系和"两山"指数。制定"两山"转化动态监测指标体系,建立情况统计分析报告和信息反馈机制。科学开发"两山"指数，量化表征"两山"转化工作成效，将"两山"指数作为国内生产总值-生态系统生产总值双核算、双考核的核心参考依据。

3）打造放眼全球的"重要窗口"，建构世界生态发展的中国话语体系

第一，助推"两山"理念走向世界，提升中国在世界生态发展中的话语权。一是践行"两山"理念，打造《巴黎协定》低碳示范窗口。浙江作为中国率先加入《巴黎协定》的签署地，在美国退出《巴黎协定》的情况下，应做出负责任大国的表率，维系气候变化国际治理体系的稳定，打造落实《巴黎协定》的低碳示范窗口。二是突出联合国气候变化大会"中国角"的两山元素，提升"两山"理念的国际影响力。"中国角"是全方位展示中国应对气候变化的政策和行动的国际窗口。浙江应充分利用联合国气候变化大会这一平台，发出浙江声音，贡献浙江力量，用"两山"行动向世界表明中国诚意。三是申办联合国气候变化大会，达成"两山路线图"。浙江杭州应积极申办联合国气候变化大会，以"两山"理念为核心，形成在技术上、经济上可行的"两山路线图"，做出样板与发展中国家分享。

第二，打造更高标准、更高质量的国际合作"绿色名片"。一是以"重要窗口"的新角色，打造绿色"一带一路"共建共享平台。浙江应积极打造绿色发展政策对话沟通平台、绿色发展案例展示平台、环境知识和信息平台、绿色技术交流与转让平台等，谋划研究将浙江杭州作为绿色"一带一路"国际合作高峰论坛永久会址。二是聚焦核心领域，全方位开展国际绿色交流与合作。浙江为主或参与的国际绿色标准仅个位数，缺乏国际标准的影响力，浙江应以国际领先为目标，全方位开展国际交流与合作，积极引进先进技术、设备与管理，参与国际绿色标准制定。三是坚持"两山"理念先行，加大"绿色"援助。浙江应积极主动对接发展中国家绿色发展规划，提高"绿色"在国际合作中的比重，对标国际最佳绿色项目实践，实行严格绿色标准，当好绿色国际合作的排头兵。四是探索建立境外绿色发展示范区。结合浙江牵头实施的"一带一路"境外经贸合作区，鼓励和引导浙江各类企事业单位围绕合作区内的绿色产业、绿色技术等开展合作创新与投资，构建境外绿色合作高效互动的平台。

第三，为"美丽世界"建设提供完整的中国思路、浙江故事。一是打造为"美丽世界"提供中国方案的展示窗口。浙江应以"重要窗口"站位，深化"两山"重要思想，使之融入经济、政治、社会、文化建设的方方面面，开创社会主义现代化建设新局面。用事实证明"两山"理论、道路、制度是成功的，向世界展示制度优势。二是通过"重要窗口"，讲好浙江故事。习近平曾指出，"讲故事，是国际传播的最佳方式"[1]。浙江应"把握好细节，记录好情节"，定位每个浙江人都是传播大使，注重人民生活改变的小故事纪实，为讲好"浙江故事"准备好丰富的素材。充分利用数字经济的优势，通过数字化、人工智能等新兴技术，向其他国家和地区展示"浙江故事"，向全世界推广"绿水青山就是金山银山"的理念。

---

[1] 《习近平：讲好中国故事，传播好中国声音》，https://china.huanqiu.com/article/43NnbGWaVEx，2021年6月3日。

（三）"两山"转化的时代拓展

面对新时代全球视野下的社会、技术、制度等多重挑战和变革，"两山"理念的精神内核和理论边界有待进一步深化。基于"社会-技术-制度"三维分析框架，从文明互鉴、技术进步、目标升级三条路径探索"两山"理念时代拓展的优化方向，有助于归纳总结时代变迁在"两山"理论体系中的新表达规律。

1. 以文明互鉴彰显"两山"理念中国特色

当前国际对于中国生态文明建设，特别是"两山"理念实践有一定认识，但是仍然存在认识肤浅、偏颇、曲解等问题（曹顺仙和林一卿，2022；李昕蕾，2023）。这既有国际学者自身政治背景、知识结构、身份策略等方面的原因，也与中国高水平国际对话能力建设息息相关。习近平指出，"打造融通中外的新概念、新范畴、新表述，更加充分、更加鲜明地展现中国故事及其背后的思想力量和精神力量"[①]。因此，加强与全球可持续发展思想以及各国实践的文明互鉴，在融入西方主流绿色发展话语体系中，进一步彰显中国发展情境下"两山"理念的独特意义和普遍价值，是新时代中国学者肩负的重要使命。

企业作为人类经济活动的基本单元和主要社会组织，是推动可持续发展和生态文明建设的中坚力量（王大地和黄洁，2021）。ESG 作为商界生态文明建设的具体投射，成为近年来世界各国推进可持续发展的重要理念和市场工具。国际 ESG 实践与中国"两山"实践都注重以可持续发展为导向的多方共赢，但是两者在主导力量和实践范式等方面存在差异（表 1-8）。未来，学者须在梳理 ESG 等主流绿色发展实践脉络的基础上，对比分析其与"两山"转化的异同，明确"两山"理念在全球生态文明建设全景谱系中的精准定位，围绕中国特色"两山"理论自主话语体系，提升对外输出的针对性和有效性。

表 1-8 中国"两山"实践与国际 ESG 实践的模式比较

类别	中国"两山"实践			国际 ESG 实践		
	广东	浙江	河北	美国	欧洲	日本
主导力量	政府+金融机构	地方政府+社区	政府+龙头企业	机构投资者	监管机构	社会公众
实践范式	绿色金融与环保投资	山海协作与生态产业发展	清洁能源与重工业转型	ESG 投资与 ESG 积极主义	强制性 ESG 披露与市场监管	社会责任履行与循环经济
重点案例	广发证券：绿色债券 平安银行：绿色信贷	丽水云和：农旅融合 湖州安吉：竹林碳汇改革	河北钢铁：超低排放改造 新奥集团：清洁能源开发	贝莱德：ESG 投资整合 苹果公司：供应链碳中和	荷兰壳牌：净零排放改革 法国达能：有机农业	丰田汽车：氢燃料车开发 资生堂：环保包装

---

① 《习近平在中共中央政治局第三十次集体学习时强调 加强和改进国际传播工作 展示真实立体全面的中国》，
http://jhsjk.people.cn/article/32120102，2021 年 6 月 2 日。

2. 以人工智能激活"两山"转化新机制

2023 年 7 月，习近平在全国生态环境保护大会上强调，"深化人工智能等数字技术应用，构建美丽中国数字化治理体系"[①]。作为"大数据+大算力+强算法"结合的产物，人工智能大模型的多模态能力、多场景支持、开放性路径催生"两山"转化的新业态、新模式，成为推动全球绿色发展变革的最大的技术变量（表 1-9）。未来，关于如何将人工智能挑战转变为"两山"转化提质增效的新契机，探索人工智能时代"两山"转化新机制，挖掘多跨新场景是值得研究的方向之一。

表 1-9　人工智能加快"两山"转化的新业态、新模式示例

典型案例	地区	具体举措	人工智能数字技术嵌入	新业态	新模式
"两山"银行	安吉	生态产品交易机制、生态产品品牌体系、生态产品质量监管	以生态系统生产总值核算为支撑的生态资源数字管理、生态产品数字交易平台	旅游新业态、农业新业态、工业新业态	数字生态银行模式
数字"两山"平台	德清	生态系统生产总值核算应用平台、生态资产数字地图	高分卫星、无人机遥感、网格化监测	民宿经济、数字经济、数字环保等	国内生产总值—生态系统生产总值转化模式
竹小汇科创聚落	嘉善	低碳智慧农田、低碳建筑、三生系统无废管理	数字孪生平台、数据监测、智能监管	生态农业新业态、生态旅游业等	"三生"融合模式
生态产品"三级市场"	福建	生态资源向生态资产转变、生态资产向资本转变、资本向股本转化	生态产品数字交易平台、人工智能算法应用	智慧旅游、智慧金融、智能管理服务等	生态市场模式
"大数据+生态产业"协同	贵阳	集医药"种研造服游"一体的医药产业链	健康大数据全产业链、人工智能算法应用	农文旅一体融合	"生态+"复合产业模式

3. 以新质生产力引领"两山"转化政策创新

当前，中国国家层面没有直接关于"两山"转化的政策文件，绝大部分相关政策表述散落在生态文明、绿色发展、乡村振兴、美丽中国等政策文件中。总体来看，以朱竑、柯水发、王晓毅等为代表的学者聚焦"两山"转化的政策层次、政策阻碍、政策评估指标、政策评估方法及政策对策（表 1-10）。2024 年以来，新质生产力已经成为中国深化改革的重要推力和支撑。新时代，践行"两山"理念必然从生态价值升级为培育新质绿色生产力。如何以新质生产力为统领，提升涉及"两山"转化政策的组合协同效应，以政策创新实现"两山"转化政策体系化可能成为未来的又一重要研究方向。

---

① 《习近平在全国生态环境保护大会上强调　全面推进美丽中国建设　加快推进人与自然和谐共生的现代化》，http://jhsjk.people.cn/article/40038459，2023 年 7 月 18 日。

表 1-10　国内学者关于"两山"转化政策体系的研究

研究视角	研究主要内容或观点
政策层次	（1）产业转型、产业融合与产业创新； （2）平台建设与绿色金融； （3）区域合作与城乡统筹； （4）绿色"一带一路"建设与全球生态治理
政策阻碍	（1）社会共识不足； （2）市场机制不完善； （3）利益冲突； （4）资金与技术瓶颈
政策评估指标	（1）评估指标体系：经济效益、生态效益、社会效益等； （2）评估指标：两山转化指数、生态系统生产总值、生态质量指数等； （3）评估指标分析：耦合水平、转化效率、转化空间格局等
政策评估方法	（1）实现路径：生态产业化经营、生态资源指标产权交易、高附加值生态产品服务转化； （2）运行机制：生态补偿机制、生态产品价值实现机制、绿色金融机制； （3）发展模式：生态环境导向的开发模式、三产融合发展模式
政策对策	（1）国家宏观层面：政策组合、机制完善； （2）社会组织中观层面：媒体报道、影视传播； （3）企业微观层面：直接经验、因地制宜

三、迈向全面绿色转型的制度变迁

（一）关于全面绿色转型的中央文件正式出台

1. 现实背景

党的十八大以来，中国的绿色低碳发展赢得瞩目成就。突出表现在以下几个方面。

第一，环境质量持续改善。例如，2013~2023 年，细颗粒物（particulate matter 2.5，$PM_{2.5}$）平均浓度累计下降 54%；地表水优良水质断面比例由 2016 年的 67.8%升至 2023 年的 89.4%；全国水土保持率从 2011 年的 68.9%提高到 2023 年的 72.6%；森林覆盖率由 2012 年的 21.63%上升为 2023 年的 24.02%；截至 2023 年末，90%的陆地生态系统和 74%的重点野生动物种群得到有效保护。

第二，能源结构加快转型。例如，煤炭消费量占能源消费总量比重从 1980 年的 72.2%下降至 2023 年的 55.3%；能源加工转换效率由 1980 年的 69.5%提升至 2022 年的 73.2%；截至 2023 年底，风电、光伏发电装机规模较 10 年前增长了 10 倍，提前 6 年实现 2030 年目标；清洁能源发电装机占总装机的 58.2%，超过全球的一半，累计装机规模占全球比重接近 40%，新增清洁能源发电量占全国全社会用电增量的一半以上。

第三，资源利用效率提升。例如，与 2012 年相比，2023 年单位国内生产总值能耗、碳排放强度分别下降 26%、35%，单位国内生产总值水资源消耗量、化学需氧量分别下降 57.94%、54.89%，主要资源产出率提升 60%以上；2012 年以来，累计培育了 196 家国家绿色数据中心，5G 基站单站址能耗相较于商用初期降低 20%以上；在信息传输、软件和信息技术服务业，数据要素投入每增加 1%，产出就增加约 3%；在科学研究和技术服务业，数据要素投入每增加 1%，产出就增加约 1.57%。

第四，绿色产业蓬勃发展。例如，2023 年，我国新能源汽车产销量分别达 958.7 万辆和 949.5 万辆，同比分别增长 35.8%和 37.9%；高技术制造业增加值占规模以上工业增加值比重达 15.7%；在国家层面累计培育绿色工厂 5095 家、绿色工业园区 371 家、绿色供应链管理企业 605 家，绿色工厂产值占规模以上制造业产值比重超过 17%；2024 年，环保装备制造业总产值预计近万亿元。

第五，绿色文化渐入人心。例如，截至 2023 年，全国注册环保志愿者已近 320 万人，全国环境保护类志愿服务项目已超过 130 万个，涉及生态环保科普教育、环境社会调查、野生动植物和栖息地监测、生态修复、环境公益诉讼、生物多样性保护等诸多领域；全国各地个人"碳账户"涌现，如北京市通过北京绿色生活平台为 670 万市民建立了个人碳账本，累计带动市民践行减碳行为超过 4 亿人次，累计减碳量达 1.2 亿吨。

与此同时，中国绿色转型仍然面临着困难与挑战。例如，能源结构偏煤、产业结构偏重、环境约束偏紧的国情没有改变；化石能源和传统产业占比仍然较高，生态环境质量稳中向好的基础还不牢固；绿色转型进程面临波折，环境和气候议题政治化趋势增强，绿色贸易壁垒升级等。

2024 年 7 月，党的二十届三中全会审议通过的《中共中央关于进一步全面深化改革推进中国式现代化的决定》提出：聚焦建设美丽中国，加快经济社会发展全面绿色转型，健全生态环境治理体系，推进生态优先、节约集约、绿色低碳发展，促进人与自然和谐共生；必须完善生态文明制度体系，协同推进降碳、减污、扩绿、增长，积极应对气候变化，加快完善落实绿水青山就是金山银山理念的体制机制。

2. 路线图

2024 年 7 月，《中共中央 国务院关于加快经济社会发展全面绿色转型的意见》（以下简称《意见》）公开发布。《意见》提出了全面绿色转型的总体要求和两个阶段目标，围绕空间布局、产业结构、能源转型、交通运输、城乡建设五大领域，绿色生产、绿色消费、绿色科技三大环节，财税政策、金融工具、投资机制、价格政策、市场化机制、标准体系六大政策要点，以及国际合作和组织保障等方面提出了重点改革方向与具体实施路径（图 1-1）。

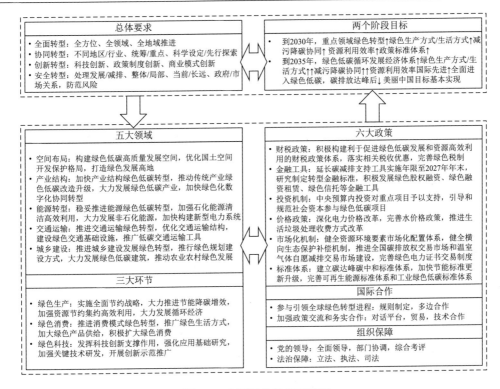

图 1-1 全面绿色转型路线图

资料来源：根据《中共中央 国务院关于加快经济社会发展全面绿色转型的意见》整理

3. 立意高度

《意见》是对既往中国涉及绿色转型制度的再梳理、再强调、再凝练、再统一、再升级，充分体现了国家对推进全面绿色转型的立意高度。

第一，战略定位新高。《意见》是中共中央首次对加快经济社会发展全面绿色转型进行系统部署，也是党的二十届三中全会以来第一份抓落实、抓实施的中央文件，表明了推行全面绿色转型是实现"美丽中国"、达成人民美好生活愿景的根本路径，是通过全面改革攻坚大幅提高全要素生产率、激发新质生产力、促进经济社会高质量发展的重中之重，是通过"降碳、减污、扩绿、增长协同推进"的全球可持续发展贡献中国智慧的具象表达。

第二，发展要求新高。《意见》以全面转型、协同转型、创新转型和安全转型为总体要求，四者环环相扣、相辅相成、辩证统一，既是对中国过去绿色转型经验的科学总结，也是对未来绿色发展的根本要求。首先，《意见》强调了"两山"理念统领全面转型的根本内核——"全方位、全领域、全地域"。当前中国绿色发展压力大、任务重，绝非某些方面、某些领域、某些地区集中发力即可一蹴而就的，必须最大范围调动积极性和能动性，"全面"挖掘发展潜力。其次，以动态发展观强调协同转型。提出要充分考虑不同地区、不同行业的发展实际，坚持统筹推进与重点突破相结合，是对全面发展的方法论阐释。再次，强调创新发展的核心作用。强调科技创新、政策制度创新、商业模式创新等全面创新激发新质生产力，是全面转型的重要抓手。最后，强调基于稳定和可持续的安全转型，提出在绿色转型这一改革实践中平衡发展和风险，包括时间、内容、程度、主体间关系的冲突，强调能源安全、粮食安全、产业链供应链安全。

第三，发展目标新高。一是关键领域具体目标新高。例如，"到2030年，节能环保产业规模达到15万亿元左右"，上述目标意味着，2023年到2030年节能环保产业年均复合增速预期在8%左右，明显高于2020年到2022年约3%的年均增速。二是区域发展目标新高。例如，"深入推进粤港澳大湾区建设和长三角一体化发展，打造世界级绿色低碳产业集群"，粤港澳大湾区和长三角地区为中国"新三样"实现弯道超车打下坚实基础，以"四小时"新能源整车全产业链等为代表的绿色产业创新资源集聚，具备打造具有强大国际竞争力的巨大优势和使命。三是数绿融合目标高。《意见》通篇将数字化、智能化、绿色化融入其中，如产业结构、能源转型、交通运输等部分明确提出相关要求。四是绿色消费要求高。《意见》是首次对绿色消费进行全面谋划。例如，"建立产品碳足迹管理体系和产品碳标识认证制度"，碳足迹相关建设要求在生产、消费、政策、国际合作部分均有涉猎。

（二）全面绿色转型的政策演化分析

1. 关于构建绿色低碳高质量发展空间格局的重要政策演化

党的十八大以来，以习近平同志为核心的党中央高度重视统筹推进国土开发、利用、保护和整治，并逐渐形成绿色低碳高质量发展空间格局战略要求，相关政策演化呈现出以下特点：一是政策发布由部委推进向中央统筹转变，原本散落在自然资源部、生态环境部的政策逐渐由中央集中推行；二是政策对象由全局治理向重点区域引领转变，更加强调长三角等重点区域加强联动协作，共同打造绿色发展新高地；三是政策内容由重点整治向全面覆盖转变，即从红线、管控等局部警戒到与经济社会可持续发展目标相适应，强调了统筹优化农业、生态、城镇等各类空间布局，并积极拓展海洋经济发展空间。具体如表1-11所示。

表1-11 关于构建绿色低碳高质量发展空间格局的文件一览表

发布日期	文件名称	签发单位	政策要点
2015年9月	《生态文明体制改革总体方案》	中共中央、国务院	到2020年，构建起由自然资源资产产权制度、国土空间开发保护制度、空间规划体系、资源总量管理和全面节约制度、资源有偿使用和生态补偿制度、环境治理体系、环境治理和生态保护市场体系、生态文明绩效评价考核和责任追究制度等八项制度构成的产权清晰、多元参与、激励约束并重、系统完整的生态文明制度体系，推进生态文明领域国家治理体系和治理能力现代化，努力走向社会主义生态文明新时代

续表

发布日期	文件名称	签发单位	政策要点
2017 年 2 月	《全国国土规划纲要（2016—2030年）》	国务院	全面推进国土开发、保护和整治，加快构建安全、和谐、开放、协调、富有竞争力和可持续发展的美丽国土。深入实施区域发展总体战略、主体功能区战略和三大战略，以资源环境承载能力为基础，推动国土集聚开发和分类保护相适应，立足比较优势，促进区域协调发展，切实优化国土空间开发格局
2017 年 2 月	《关于划定并严守生态保护红线的若干意见》	中共中央办公厅、国务院办公厅	依托"两屏三带"为主体的陆地生态安全格局和"一带一链多点"的海洋生态安全格局，采取国家指导、地方组织，自上而下和自下而上相结合，科学划定生态保护红线。落实地方各级党委和政府主体责任，强化生态保护红线刚性约束，形成一整套生态保护红线管控和激励措施
2019 年 12 月	《长江三角洲区域一体化发展规划纲要》	中共中央、国务院	发挥上海龙头带动作用，苏浙皖各扬所长，加强跨区域协调互动，提升都市圈一体化水平。在科创产业、基础设施、生态环境、公共服务等领域基本实现一体化发展，全面建立一体化发展的体制机制。整体达到全国领先水平，成为最具影响力和带动力的强劲活跃增长极
2021 年 3 月	《中华人民共和国国民经济和社会发展第十四个五年规划和2035年远景目标纲要》	十三届全国人民代表大会	深入实施区域重大战略，加快推动京津冀协同发展，全面推动长江经济带发展，积极稳妥推进粤港澳大湾区建设，提升长三角一体化发展水平，扎实推进黄河流域生态保护和高质量发展。积极拓展海洋经济发展空间，建设现代海洋产业体系，打造可持续海洋生态环境，深度参与全球海洋治理
2024 年 1 月	《中共中央 国务院关于全面推进美丽中国建设的意见》	中共中央、国务院	优化国土空间开发保护格局，健全主体功能区制度，完善国土空间规划体系，统筹优化农业、生态、城镇等各类空间布局。建设美丽中国先行区。聚焦区域协调发展战略和区域重大战略，加强绿色发展协作，打造绿色发展高地
2024 年 3 月	《中共中央办公厅 国务院办公厅关于加强生态环境分区管控的意见》	中共中央办公厅、国务院办公厅	到 2025 年，生态环境分区管控制度基本建立，全域覆盖、精准科学的生态环境分区管控体系初步形成。到 2035 年，体系健全、机制顺畅、运行高效的生态环境分区管控制度全面建立，为生态环境根本好转、美丽中国目标基本实现提供有力支撑
2024 年 7 月	《中共中央 国务院关于加快经济社会发展全面绿色转型的意见》	中共中央、国务院	健全全国统一、责权清晰、科学高效的国土空间规划体系，严守耕地和永久基本农田、生态保护红线、城镇开发边界三条控制线，优化各类空间布局；打造绿色发展高地，如推进京津冀协同发展，支持雄安新区建设成为绿色发展城市典范，深入推进粤港澳大湾区建设和长三角一体化发展，打造世界级绿色低碳产业集群等

资料来源：根据 https://www.gov.cn/ 等政府网站资料整理

2. 关于加快产业结构绿色低碳转型的重要政策演化

近年来，中国政府在加快产业结构绿色低碳转型方面制定的政策显示出以下特征。一是目标导向、层层递进，提出在"十四五"期间，产业结构和能源结构调整优化取得明显进展，"十五五"期间，产业结构调整取得重大进展，并且着重强调了中央企业应当在推进国家绿色低碳发展中发挥示范引领作用。二是明确依据、提供参考，结合工业重点领域产品能耗、规模体量、技术现状和改造潜力等，确定工业重点领域能效标杆水平和基准水平；结合绿色发展新形势、新任务、新要求，修订产业指导目录等，为相关主体提供发展水平参考和转型决策依据。三是聚焦重点、细化指导，强调制造业绿色化发展，推动制造业全方位转型；提出数字化绿色化协同转型发展，明确实施主体、发力方向和融合创新布局，为实现绿色低碳转型提供新的思路和方法。整体来看，相关政策表现出从单一到整体、从企业治理变革到供应链产业链协同、从末端治理到数智化高端化演进的转型趋势。具体如表 1-12 所示。

表 1-12　关于加快产业结构绿色低碳转型的文件一览表

发布日期	文件名称	签发单位	政策要点
2021 年 11 月	《"十四五"工业绿色发展规划》	工业和信息化部	深入实施绿色制造，加快产业结构优化升级，大力推进工业节能降碳，全面提高资源利用效率，积极推行清洁生产改造，提升绿色低碳技术、绿色产品、服务供给能力，构建工业绿色低碳转型与工业赋能绿色发展相互促进、深度融合的现代化产业格局
2023 年 6 月	《工业重点领域能效标杆水平和基准水平（2023 年版）》	国家发展和改革委员会、工业和信息化部、生态环境部、国家市场监督管理总局、国家能源局	结合工业重点领域产品能耗、规模体量、技术现状和改造潜力等，进一步拓展能效约束领域。对标国内外生产企业先进能效水平，确定工业重点领域能效标杆水平。结合各行业能耗限额标准制修订工作，科学划定各行业能效基准水平
2024 年 2 月	《绿色低碳转型产业指导目录（2024 年版）》	国家发展和改革委员会、工业和信息化部、自然资源部、生态环境部、住房和城乡建设部、交通运输部、中国人民银行、国家金融监督管理总局、中国证券监督管理委员会、国家能源局	《目录》共分三级，包括 7 类一级目录、31 类二级目录和 246 类三级目录。《目录》及其解释说明，明确了节能降碳产业、环境保护产业、资源循环利用产业、能源绿色低碳转型、生态保护修复和利用、基础设施绿色升级、绿色服务等绿色低碳转型重点产业的细分类别和具体内涵，对推动经济社会发展绿色低碳转型提供支撑，为各地方、各部门制定完善相关产业支持政策提供依据
2024 年 2 月	《工业和信息化部等七部门关于加快推动制造业绿色化发展的指导意见》	工业和信息化部、国家发展和改革委员会、财政部、生态环境部、中国人民银行、国务院国有资产监督管理委员会、国家市场监督管理总局	改造升级传统产业，巩固提升优势产业，加快推动新兴产业绿色高起点发展，前瞻布局绿色低碳领域未来产业，培育绿色化数字化服务化融合发展新业态，建立健全支撑制造业绿色发展的技术、政策、标准、标杆培育体系，推动产业结构高端化、能源消费低碳化、资源利用循环化、生产过程清洁化、制造流程数字化、产品供给绿色化全方位转型，构建绿色增长新引擎，锻造绿色竞争新优势，擦亮新型工业化生态底色
2024 年 7 月	《中共中央 国务院关于加快经济社会发展全面绿色转型的意见》	中共中央、国务院	推动传统产业绿色低碳改造升级，如推广节能低碳和清洁生产技术装备，推进工艺流程更新升级，建立健全产能退出机制等；大力发展绿色低碳产业，如加快发展战略性新兴产业，积极鼓励绿色低碳导向的新产业、新业态、新商业模式加快发展等；加快数字化绿色化协同转型发展，如深化人工智能、大数据、云计算、工业互联网等应用，支持企业用数智技术、绿色技术改造提升传统产业，推动绿色低碳数字基础设施建设等

续表

发布日期	文件名称	签发单位	政策要点
2024 年 8 月	《数字化绿色化协同转型发展实施指南》	中央网络安全和信息化委员会办公室秘书局、国家发展和改革委员会办公厅等 11 个部门	按照"323"总体框架进行布局。明确双化协同三类实施主体：由各地方政府和相关部门抓统筹落实，由行业协会和高校科研院所等机构推动行业转型和创新研发，由企业作为双化协同转型发展核心主体。指明双化协同两大发力方向：加快数字产业绿色低碳发展，推动数据中心、通信基站、电子信息产品等关键领域的绿色化转型；发挥数字科技企业创新作用，促进电力、采矿、冶金、石化、交通、建筑、城市、农业、生态等九个重点领域的绿色化转型。提出双化协同融合创新三方面布局：在全面推进双化协同实施过程中，要积极布局双化协同基础能力、融合技术体系、融合产业体系，充分发挥双化协同对各地区、各行业的创新驱动作用，助力产业高端化、智能化、绿色化

资料来源：根据 https://www.gov.cn/等政府网站资料整理

3. 关于稳妥推进能源绿色低碳转型的重要政策演化

近年来，为稳妥推进能源绿色低碳转型，中国相关政策侧重点发生转变：一是由化石等传统能源利用节约向可再生能源开发利用转变，以在推动化石能源清洁高效利用的同时，大力提升非化石能源占比为能源结构调整主线；二是加强能源替代阶段性和稳妥性，注重经济发展安全与能源结构转型辩证统一；三是注重产业结构升级和能源消费模式转变等多领域协同转型新目标、新任务、新路径。具体如表 1-13 所示。

表 1-13　关于稳妥推进能源绿色低碳转型的文件一览表

发布日期	文件名称	签发单位	政策要点
2022 年 1 月	《国家发展改革委 国家能源局关于完善能源绿色低碳转型体制机制和政策措施的意见》	国家发展和改革委员会、国家能源局	深化能源领域体制改革，更好发挥政府作用，在规划引领、政策扶持、市场监管等方面加强引导，营造良好的发展环境
2022 年 5 月	《关于促进新时代新能源高质量发展的实施方案》	国家发展和改革委员会、国家能源局	对创新能源开发利用模式、加快构建适应新能源占比逐渐提高的新型电力系统、深化新能源领域"放管服"改革等方面做出部署。例如，加快推进以沙漠、戈壁、荒漠地区为重点的大型风电光伏基地建设。促进新能源开发利用与乡村振兴融合发展。全面提升电力系统调节能力和灵活性。着力提高配电网接纳分布式新能源的能力
2022 年 6 月	《"十四五"可再生能源发展规划》	国家发展和改革委员会、国家能源局、财政部、自然资源部、生态环境部、住房和城乡建设部、农业农村部、中国气象局、国家林业和草原局	在"三北"地区优化推动风电和光伏发电基地化规模化开发，在西南地区统筹推进水风光综合开发，在中东南部地区重点推动风电和光伏发电就地就近开发，在东部沿海地区积极推进海上风电集群化开发，稳步推动生物质能多元化开发，积极推动地热能规模化开发，稳妥推进海洋能示范化开发

续表

发布日期	文件名称	签发单位	政策要点
2023 年 10 月	《国家发展改革委等部门关于促进炼油行业绿色创新高质量发展的指导意见》	国家发展和改革委员会、国家能源局、工业和信息化部、生态环境部	明确推动产业优化升级、推进能源资源高效利用、加快绿色低碳发展、加强科技创新引领等重点任务
2024 年 7 月	《加快构建新型电力系统行动方案（2024—2027 年）》	国家发展和改革委员会、国家能源局、国家数据局	聚焦近期新型电力系统建设亟待突破的关键领域，选取典型性、代表性的方向开展探索，以"小切口"解决"大问题"，提升电网对清洁能源的接纳、配置、调控能力。在 2024—2027 重点开展 9 项专项行动，推进新型电力系统建设取得实效
2024 年 7 月	《中共中央 国务院关于加快经济社会发展全面绿色转型的意见》	中共中央、国务院	加强化石能源清洁高效利用，如加强能源产供储销体系建设，坚持先立后破，推进非化石能源安全可靠有序替代化石能源；大力发展非化石能源；加快构建新型电力系统

资料来源：根据 https://www.gov.cn/等政府网站资料整理

4. 关于推进交通运输绿色转型的重要政策演化

交通运输是国民经济中基础性、先导性、战略性产业和重要的服务性行业，推动交通运输绿色转型，能够提高运输效率，降低物流成本，对于促进经济的可持续增长具有重要支撑作用。近年来，相关政策演化特征如下：一是从传统交通线网规划向数智线网规划转变，聚焦利用数智技术优化交通运输结构，促进数智交通、多式联运新发展；二是更强调绿色交通基础设施建设，推进老旧设备更新换代以及节能低碳技术在交通基础设施的应用；三是从强调安全向开发新型绿色交通工具和新经济转变，支持"绿色交通+"旅游、文化、商贸等新业态发展，大力发展绿色低空经济。具体如表 1-14 所示。

表 1-14 关于推进交通运输绿色转型的文件一览表

发布日期	文件名称	签发单位	政策要点
2021 年 2 月	《国家综合立体交通网规划纲要》	中共中央、国务院	推进绿色低碳发展，促进交通基础设施与生态空间协调，加强科研攻关，改进施工工艺，从源头减少交通噪声、污染物、二氧化碳等排放，加大交通污染监测和综合治理力度，优化调整运输结构，加强可再生能源、新能源、清洁能源装备设施更新利用和废旧建材再生利用
2021 年 12 月	《"十四五"现代综合交通运输体系发展规划》	国务院	全面推动交通运输规划、设计、建设、运营、养护全生命周期绿色低碳转型，协同推进减污降碳，形成绿色低碳发展长效机制，让交通更加环保、出行更加低碳。推动交通用能低碳多元发展，落实船舶大气污染物排放控制区制度。研究制定交通运输领域碳排放统计方法和核算规则，加强碳排放基础统计核算，建立交通运输碳排放监测平台，推动近零碳交通示范区建设。建立绿色低碳交通激励约束机制，分类完善通行管理、停车管理等措施

发布日期	文件名称	签发单位	政策要点
2021 年 12 月	《推进多式联运发展优化调整运输结构工作方案（2021—2025 年）》	国务院办公厅	推进京津冀及周边地区、晋陕蒙煤炭主产区运输绿色低碳转型。加快区域内疏港铁路、铁路专用线和封闭式皮带廊道建设，提高沿海港口大宗货物绿色集疏运比例。提高技术装备绿色化水平，推进港站枢纽绿色化、智能化改造，制定推动多式联运发展和运输结构调整的碳减排政策
2024 年 3 月	《通用航空装备创新应用实施方案（2024—2030 年）》	工业和信息化部、科学技术部、财政部、中国民用航空局	搭建产业协同创新平台，加强区域通用航空科技创新服务平台建设。面向新装备、新技术、新领域，支持建立未来空中交通装备创新研究中心，打造绿色智能安全技术创新联合体
2024 年 5 月	《交通运输大规模设备更新行动方案》	交通运输部等 13 个部门	立足各地交通运输发展实际和能源资源禀赋，实施城市公交车电动化替代、老旧营运柴油货车淘汰更新、老旧营运船舶报废更新、老旧机车淘汰更新、邮政快递老旧设备替代、物流设施设备更新改造、标准提升七大行动，大力促进先进设备和北斗终端应用，促进交通能源动力系统清洁化、低碳化、高效化发展，有序推进行业绿色低碳转型
2024 年 7 月	《中共中央 国务院关于加快经济社会发展全面绿色转型的意见》	中共中央、国务院	优化交通运输结构，如构建绿色高效交通运输体系，大力推进多式联运发展等；建设绿色交通基础设施，如推进既有交通基础设施节能降碳改造提升，加快建设城市智慧交通管理系统，推动配送方式绿色智能转型，实施城市公共交通优先发展战略等；推广低碳交通运输工具，如推广新能源汽车，推动城市公共服务车辆电动化替代等
2024 年 8 月	《交通运输行业节能低碳技术推广目录（2024 年度）》	交通运输部	交通运输行业各领域节能低碳技术及推广建议

资料来源：根据 https://www.gov.cn/ 等政府网站资料整理

5. 关于推进城乡建设发展绿色转型的重要政策演化

城乡建设发展绿色转型事关人民幸福生活获得感，也是扩大内需、促进产业融合转型升级的重要抓手。近年来，相关政策演化呈现如下特征：一是建设规划由城镇、农村各自发展向城乡一体化建设转变，更加强调城乡融合发展；二是政策内容由单一重点向多元发展转变，从关注无废、农机、建筑等某一领域的绿色发展，拓展到经济、建筑、农业等多元绿色协同转型，并强调此进程中的数绿融合等重点任务。具体如表 1-15 所示。

表 1-15 关于推进城乡建设发展绿色转型的文件一览表

发布日期	文件名称	签发单位	政策要点
2018 年 12 月	《"无废城市"建设试点工作方案》	国务院办公厅	实施工业绿色生产，推动大宗工业固体废物贮存处置总量趋零增长。推行农业绿色生产，促进主要农业废弃物全量利用。践行绿色生活方式，推动生活垃圾源头减量和资源化利用
2018 年 12 月	《国务院关于加快推进农业机械化和农机装备产业转型升级的指导意见》	国务院	加强绿色高效新机具新技术示范推广。围绕农业结构调整，加快果菜茶、牧草、现代种业、畜牧水产、设施农业和农产品初加工等产业的农机装备和技术发展，推进农业生产全面机械化

续表

发布日期	文件名称	签发单位	政策要点
2021 年 10 月	《关于推动城乡建设绿色发展的意见》	中共中央办公厅、国务院办公厅	推进城乡建设一体化发展，如促进区域和城市群绿色发展，建设人与自然和谐共生的美丽城市，打造绿色生态宜居的美丽乡村。转变城乡建设发展方式，如建设高品质绿色建筑，提高城乡基础设施体系化水平，实现工程建设全过程绿色建造，推动形成绿色生活方式
2021 年 11 月	《"十四五"推进农业农村现代化规划》	国务院	推进质量兴农绿色兴农，提升农业标准化水平，强化农产品质量安全监管，提升绿色发展支撑能力。加强农业面源污染防治，持续推进化肥农药减量增效，循环利用农业废弃物，加强污染耕地治理
2022 年 1 月	《关于加快推进城镇环境基础设施建设的指导意见》	国家发展和改革委员会、生态环境部、住房和城乡建设部、国家卫生健康委	提升绿色底色。采用先进节能低碳环保技术设备和工艺，推动城镇环境基础设施绿色高质量发展，强化环境基础设施二次污染防治能力建设，加强污泥无害化资源化处理。提升再生资源利用设施水平，推动再生资源利用行业集约绿色发展
2024 年 3 月	《加快推动建筑领域节能降碳工作方案》	国家发展和改革委员会、住房和城乡建设部	提升农房绿色低碳水平。坚持农民自愿、因地制宜、一户一策原则，推进绿色低碳农房建设。推进绿色低碳建造。加快发展装配式建筑，提高预制构件和部品部件通用性，推广标准化、少规格、多组合设计
2024 年 7 月	《深入实施以人为本的新型城镇化战略五年行动计划》	国务院	推进绿色智慧城市建设。加快建立地级及以上城市生活垃圾分类处理系统，推广绿色建材、清洁取暖和分布式光伏应用。推进基于数字化、网络化、智能化的新型城市基础设施建设
2024 年 7 月	《中共中央 国务院关于加快经济社会发展全面绿色转型的意见》	中共中央、国务院	推行绿色规划建设方式，在城乡的规划、建设、治理各环节全面落实绿色转型要求；大力发展绿色低碳建筑，如建立建筑能效等级制度，提升新建建筑中星级绿色建筑比例，推动超低能耗建筑规模化发展等；推动农业农村绿色发展，如实施农业农村减排固碳行动，推进农村人居环境整治提升，培育乡村绿色发展新产业新业态等

资料来源：根据 https://www.gov.cn/等政府网站资料整理

6. 关于实施全面节约战略的重要政策演化

近年来，关于绿色节约的相关政策演化特征如下：一是相关政策重点由生产领域节能降碳向生产方式、生活方式全面集约和基于产品和服务的全生命周期节约转变，即从生产领域拓展到生活消费等领域，强调构建循环利用体系，除了电力、钢铁、有色、建材、石化、化工等重点行业企业，鼓励大力发展资源循环利用产业，推动再制造产业等未来绿色产业高质量发展；二是政策覆盖面从产业经济领域向政府自身建设节约履职等更广范围延伸，更加强调政府机关、中央企业等主体发挥模范带头作用，积极推进实施全面节约战略，如公共机构能源资源节约和生态环境保护工作持续推进，节约型机关评价纳入政府部门考核等；三是政策工具由能耗双控向碳排双控转变，探索碳排放预警管控机制，完善企业节能降碳管理制度；四是加强对绿色算力等新一代信息基础设施节约利用统筹布局，推动软件硬件协同联动节能。具体如表 1-16 所示。

表 1-16 关于实施全面节约战略的文件一览表

发布日期	文件名称	签发单位	政策要点
2021 年 2 月	《国务院关于加快建立健全绿色低碳循环发展经济体系的指导意见》	国务院	健全绿色低碳循环发展的生产体系,如推进工业绿色升级,加快农业绿色发展,壮大绿色环保产业等。健全绿色低碳循环发展的流通体系,如打造绿色物流,加强再生资源回收利用,建立绿色贸易体系等。健全绿色低碳循环发展的消费体系,促进绿色产品消费,倡导绿色低碳生活方式。加快基础设施绿色升级,如推动能源体系绿色低碳转型,提升交通基础设施绿色发展水平等
2021 年 10 月	《国家发展改革委等部门关于严格能效约束推动重点领域节能降碳的若干意见》	国家发展和改革委员会、工业和信息化部、生态环境部、国家市场监督管理总局、国家能源局	突出抓好重点行业,分步实施、有序推进重点行业节能降碳工作。稳妥推进改造升级,推动重点行业存量项目开展节能降碳技术改造。加强数据中心绿色高质量发展,鼓励重点行业利用绿色数据中心等新型基础设施实现节能降耗
2021 年 12 月	《"十四五"节能减排综合工作方案》	国务院	实施重点行业绿色升级、园区节能环保提升、城镇绿色节能改造、交通物流节能减排、农业农村节能减排、公共机构能效提升等节能减排重点工程。健全能耗双控、污染物排放总量控制等节能减排政策机制
2022 年 6 月	《中央企业节约能源与生态环境保护监督管理办法》	国务院国有资产监督管理委员会	中央企业应积极践行绿色低碳循环发展理念,将节约能源、生态环境保护等导向和目标要求纳入企业发展战略和规划,围绕主业有序发展壮大节能环保等绿色低碳产业。将节能降碳与生态环境保护资金纳入预算,保证资金足额投入
2023 年 10 月	《算力基础设施高质量发展行动计划》	工业和信息化部、中央网络安全和信息化委员会办公室、教育部、国家卫生健康委员会、中国人民银行、国务院国有资产监督管理委员会	促进绿色低碳算力发展。提升资源利用和算力碳效水平,持续开展国家绿色数据中心建设,鼓励企业加强绿色设计,加快高能效、低碳排的算网存设备部署,推动软硬件协同联动节能。引导市场应用绿色低碳算力,赋能行业绿色低碳转型
2024 年 1 月	《国管局关于 2024 年公共机构能源资源节约和生态环境保护工作安排的通知》	国家机关事务管理局	严格执行能源消费总量与强度"双控"制度,抓好电、油、气等能源节约,强化能耗定额指标管理,完成能源消费年度下降指标。推广运用先进的节水技术、设备和产品,开展公共机构节水器具普及行动,切实提升水资源利用效率。抓实反食品浪费工作,全面实施机关食堂反食品浪费工作成效评估和通报制度。推进生活垃圾分类工作,推动公共机构废弃物循环利用体系建设
2024 年 2 月	《国务院办公厅关于加快构建废弃物循环利用体系的意见》	国务院办公厅	推进废弃物精细管理和有效回收,如加强工业废弃物精细管理,完善农业废弃物收集体系,推进社会源废弃物分类回收。提高废弃物资源化和再利用水平,如加强再生资源高效利用,推进废弃物能源化利用,推广资源循环型生产模式。加强重点废弃物循环利用,培育壮大资源循环利用产业
2024 年 5 月	《2024—2025 年节能降碳行动方案》	国务院	实施化石能源消费减量替代、非化石能源消费提升以及钢铁行业、石化化工行业、有色金属行业、建材行业、建筑、交通运输等节能降碳行动,加大节能监察力度,加强能源消费和碳排放统计核算

续表

发布日期	文件名称	签发单位	政策要点
2024 年 7 月	《中共中央 国务院关于加快经济社会发展全面绿色转型的意见》	中共中央、国务院	大力推进节能降碳增效,如构建碳排放统计核算体系,推动企业建立健全节能降碳管理机制等;加强资源节约集约高效利用,如完善资源总量管理和全面节约制度、落实水资源刚性约束制度等;大力发展循环经济,如深入推进循环经济助力降碳行动、健全废弃物循环利用体系等
2024 年 7 月	《加快构建碳排放双控制度体系工作方案》	国务院办公厅	完善企业节能降碳管理制度。制修订电力、钢铁、有色、建材、石化、化工等重点行业企业碳排放核算规则标准。制定出台重点用能和碳排放单位节能降碳管理办法,将碳排放管控要求纳入现行重点用能单位管理制度,推动重点用能和碳排放单位落实节能降碳管理要求。发挥市场机制调控作用。完善全国碳排放权交易市场调控机制,逐步扩大行业覆盖范围,探索配额有偿分配机制,提升报告与核查水平,推动履约企业减少碳排放

资料来源:根据 https://www.gov.cn/等政府网站资料整理

7. 关于推动消费模式绿色转型的重要政策演化

推动消费模式绿色转型对于贯彻新发展理念、构建新发展格局、推动绿色低碳的高质量发展具有重要意义。近年来,相关政策表现出以下特征:一是政策内容从重点领域突破向多领域布局转变,即由文化、旅游等拓展到衣食住行娱等方方面面;二是政策重点由消费产品向产品与服务并重转变,强调构建现代物流体系,提升消费者服务体验;三是政策对象也由行业产业向政府机构延伸,如加强绿色采购,有效扩大绿色消费。具体如表 1-17 所示。

表 1-17　关于推动消费模式绿色转型的文件一览表

发布日期	文件名称	签发单位	政策要点
2016 年 12 月	《国务院办公厅关于建立统一的绿色产品标准、认证、标识体系的意见》	国务院办公厅	统一绿色产品内涵和评价方法,构建统一的绿色产品标准、认证、标识体系,实施统一的绿色产品评价标准清单和认证目录,创新绿色产品评价标准供给机制,健全绿色产品认证有效性评估与监督机制,加强技术机构能力和信息平台建设,推动国际合作和互认
2019 年 8 月	《国务院办公厅关于进一步激发文化和旅游消费潜力的意见》	国务院办公厅	顺应文化和旅游消费提质转型升级新趋势,深化文化和旅游领域供给侧结构性改革,从供需两端发力,不断激发文化和旅游消费潜力。努力使我国文化和旅游消费设施更加完善,消费结构更加合理,消费环境更加优化,文化和旅游产品、服务供给更加丰富。推动全国居民文化和旅游消费规模保持快速增长态势,对经济增长的带动作用持续增强

发布日期	文件名称	签发单位	政策要点
2022 年 1 月	《促进绿色消费实施方案》	国家发展和改革委员会、工业和信息化部、住房和城乡建设部、商务部、国家市场监督管理总局、国管局、中直管理局	全面促进重点领域消费绿色转型，如加快提升食品消费绿色化水平，鼓励推行绿色衣着消费，积极推广绿色居住消费，大力发展绿色交通消费等。强化绿色消费科技和服务支撑，如推广应用先进绿色低碳技术，加快发展绿色物流配送，构建废旧物资循环利用体系等。建立健全绿色消费制度保障体系，如优化完善标准认证体系，推动建立绿色消费信息平台等
2022 年 5 月	《"十四五"现代物流发展规划》	国务院办公厅	深入推进物流领域节能减排，加强配套布局建设，推动物流企业强化绿色节能和低碳管理，推广合同能源管理模式，积极开展节能诊断。加快健全逆向物流服务体系，探索符合我国国情的逆向物流发展模式，鼓励相关装备设施建设和技术应用，推进标准制定、检测认证等基础工作，培育专业化逆向物流服务企业
2022 年 9 月	《国务院办公厅关于深化电子电器行业管理制度改革的意见》	国务院办公厅	精简整合节能评定认证制度，持续规范能效标识制度，鼓励企业不断提升产品能源效率。将节能产品认证制度、低碳产品认证制度整合为节能低碳产品认证制度。加快构建统一的绿色产品认证与标识体系。统筹环境标志认证、节能低碳产品认证、节水产品认证、可再生能源产品认证和绿色设计产品评价制度，纳入绿色产品认证与标识体系实行统一管理，实施绿色产品全项认证或者分项认证
2023 年 7 月	《关于恢复和扩大消费的措施》	国家发展和改革委员会	开展绿色产品下乡。有条件的地区可对绿色智能家电下乡、家电以旧换新等予以适当补贴，按照产品能效、水效等予以差异化政策支持。推广绿色消费。积极发展绿色低碳消费市场，健全绿色低碳产品生产和推广机制，促进居民耐用消费品绿色更新和品质升级
2024 年 6 月	《政府采购领域"整顿市场秩序、建设法规体系、促进产业发展"三年行动方案（2024—2026 年）》	国务院办公厅	制定出台面向绿色产品的政府采购支持政策。对获得绿色产品认证或符合政府绿色采购需求标准的产品实施优先采购或者强制采购，促进绿色低碳发展。扩大政府采购支持绿色建材促进建筑品质提升政策实施范围。由 48 个城市（市辖区）扩大到 100 个城市（市辖区），要求医院、学校、办公楼、综合体、展览馆、保障性住房以及旧城改造项目等政府采购工程项目强制采购符合标准的绿色建材，并适时研究进一步扩大政策实施范围
2024 年 7 月	《中共中央 国务院关于加快经济社会发展全面绿色转型的意见》	中共中央、国务院	推广绿色生活方式，如大力倡导简约适度、绿色低碳、文明健康的生活理念和消费方式，开展绿色低碳全民行动等；加大绿色产品供给，如引导企业开展绿色设计、选择绿色材料、推行绿色制造、采用绿色包装、开展绿色运输等；积极扩大绿色消费，如健全绿色消费激励机制，优化政府绿色采购政策等

资料来源：根据 https://www.gov.cn/等政府网站资料整理

8. 关于发挥科技创新支撑作用的重要政策演化

科技创新是推动中国经济转型升级、实现高质量发展的关键驱动力，传统产业的绿色转型升级、新兴产业的绿色发展壮大都需要科技创新发挥支撑作用。近年来，相关政策演化特征主要表现在两个方面：一是具体内容由宏观指导向具体行动转变，即基于构建市场导向的绿色技术创新体系，逐渐深入电力装备、生态环境等具体领域，并且在生态环境领域进一步细分出监测与预警、保护修复与安全、污染综合防治等重点任务；二是政策方向由广泛布局向重点突破转变，从早期强调创新主体培育和导向机制建立，到中期注重特定行业关键技术攻关和平台建设，再到后期聚焦低碳减碳和专利转化。总体来看，科技创新已经在科技研发、成果转化、产业发展、知识产权保护及科技金融等诸多方面形成了较为完整的政策体系，可以为全面绿色转型提供重要助力。具体如表 1-18 所示。

表 1-18　关于发挥科技创新支撑作用的文件一览表

发布日期	文件名称	签发单位	政策要点
2019 年 5 月	《国家发展改革委科技部关于构建市场导向的绿色技术创新体系的指导意见》	国家发展和改革委员会、科技部	培育壮大绿色技术创新主体，如强化企业的绿色技术创新主体地位，激发高校、科研院所绿色技术创新活力，推进"产学研金介"深度融合等。强化绿色技术创新的导向机制，如加强绿色技术创新方向引导，强化绿色技术标准引领，推进绿色技术创新评价和认证等。推进绿色技术创新成果转化示范应用，如建立健全绿色技术转移转化市场交易体系，完善绿色技术创新成果转化机制等
2020 年 12 月	《绿色技术推广目录（2020 年）》	国家发展和改革委员会办公厅等部门	节能环保、清洁生产、清洁能源、生态环境等产业绿色技术的核心技术工艺介绍及推广建议
2022 年 8 月	《加快电力装备绿色低碳创新发展行动计划》	工业和信息化部、财政部、商务部、国务院国有资产监督管理委员会、国家市场监督管理总局	开展装备体系绿色升级行动，如加速发展清洁低碳发电装备，提升输变电装备消纳保障能力等。开展电力装备技术创新提升行动，如加快关键核心技术攻关，加强创新平台建设等。开展技术基础支撑保障行动，如加强技术标准体系建设，推动绿色低碳装备检测认证等。开展推广应用模式创新行动，如开展试验验证及试点应用，培育推广应用新模式新业态等
2022 年 9 月	《"十四五"生态环境领域科技创新专项规划》	科技部、生态环境部、住房和城乡建设部、气象局、林草局	以改善生态环境质量、防范生态环境风险为重点目标，深化生态环境健康、化学品安全、全球气候变化等重大生态环境问题的基础研究；研发环境污染防治、生态保护与修复、固废减量与资源化利用、生态环境监测预警与风险控制等关键核心技术，形成高端新技术、新材料、新装备，引领环保产业跨越式发展和国际竞争力提升；完善适合生态环境学科、产业特点的科技创新模式，构建面向现实与未来、适应不同区域特点、满足多主体需求的生态环境科技创新体系
2022 年 12 月	《关于进一步完善市场导向的绿色技术创新体系实施方案（2023—2025 年）》	国家发展和改革委员会、科技部	强化绿色技术创新引领，壮大绿色技术创新主体，促进绿色技术创新协同，加快绿色技术转化应用，完善绿色技术评价体系，加大绿色技术财税金融支持，加强绿色技术人才队伍建设，强化绿色技术产权服务保护，深化绿色技术国际交流合作

续表

发布日期	文件名称	签发单位	政策要点
2023 年 8 月	《绿色低碳先进技术示范工程实施方案》	国家发展和改革委员会等部门	通过实施源头减碳、过程降碳、末端固碳等重点方向的绿色低碳先进技术示范工程，逐步完善一批示范项目落地实施，一批先进适用绿色低碳技术成果转化应用，若干有利于绿色低碳技术推广应用的支持政策、商业模式和监管机制，为重点领域降碳探索有效路径
2023 年 10 月	《专利转化运用专项行动方案（2023—2025 年）》	国务院办公厅	大力推进专利产业化，加快专利价值实现，如梳理盘活高校和科研机构存量专利，以专利产业化促进中小企业成长等。打通转化关键堵点，激发运用内生动力，如强化高校、科研机构专利转化激励，加强促进转化运用的知识产权保护工作等
2024 年 7 月	《中共中央 国务院关于加快经济社会发展全面绿色转型的意见》	中共中央、国务院	强化应用基础研究，创新人才培养模式，优化高校学科专业设置，夯实绿色转型智力基础等；加快关键技术研发，如聚焦能源绿色低碳转型、低碳零碳工艺流程再造、新型电力系统等领域技术攻关；开展创新示范推广，如实施绿色低碳先进技术示范工程，加快先进适用技术示范应用和推广等

资料来源：根据 https://www.gov.cn/等政府网站资料整理

9. 关于加强绿色转型国际合作的重要政策演化

2015 年，中国向《联合国气候变化框架公约》秘书处提交了《强化应对气候变化行动——中国国家自主贡献》，积极与世界各国分享自身绿色发展的政策理念与实践经验。此后，中国在加强绿色转型国际合作的政策领域凸显主动性、广泛性和科学性：一是拓宽发声渠道和平台，如通过承办联合国环境规划署会议发布倡议，通过参与重要绿色标准制定发表意见；二是积极开展双边或多边的绿色政策对话，如签署《中华人民共和国国家发展和改革委员会与美利坚合众国加利福尼亚州政府关于加强低碳发展和绿色转型合作的谅解备忘录》，与共建"一带一路"国家签订能源、商贸、技术、服务等各类绿色合作倡议和协议；三是加强金融支持等政策手段鼓励中国企业开展国际绿色投融资、跨国经营和技术合作等。具体如表 1-19 所示。

表 1-19　关于加强绿色转型国际合作的文件一览表

发布日期	文件名称	签发单位	政策要点
2017 年 5 月	《关于推进绿色"一带一路"建设的指导意见》	环境保护部、外交部、国家发展和改革委员会、商务部	从加强交流和宣传、保障投资活动生态环境安全、搭建绿色合作平台、完善政策措施、发挥地方优势等方面进行系统部署
2021 年 10 月	《昆明宣言》	联合国《生物多样性公约》第十五次缔约方大会第一阶段会议	建设性地提出应对气候变化、生物多样性保护等全球问题解决方案
2021 年 11 月	《达喀尔行动计划（2022—2024 年）》《中非应对气候变化合作宣言》	中非合作论坛第八届部长级会议	通过实施减缓和适应气候变化项目、共同建设低碳示范区、开展能力建设培训等方式为非洲应对气候变化提供支持

续表

发布日期	文件名称	签发单位	政策要点
2022 年 1 月	《对外投资合作建设项目生态环境保护指南》	生态环境部办公厅、商务部办公厅	引导企业开展可持续基础设施投资和运营，不断提高项目环保的管理水平，为政府间的国际交流合作和企业"走出去"提供有力指导
2022 年 3 月	《国家发展改革委等部门关于推进共建"一带一路"绿色发展的意见》	国家发展和改革委员会、外交部、生态环境部、商务部	统筹推进绿色发展重点领域合作；统筹推进境外项目绿色发展；统筹完善绿色发展支撑保障体系；统筹加强组织实施
2023 年 1 月	《新时代的中国绿色发展》	国务院新闻办公室	总结宣传新时代十年来中国绿色发展的实践和成效，进一步凝聚绿色发展国际共识，呼吁各国团结合作，汇聚构建人类命运共同体强大合力
2023 年 5 月	《绿色金融支持"一带一路"能源转型倡议》	中国进出口银行等 11 家金融机构	呼吁有关各方共同行动，加强国际合作，切实发挥绿色金融"源头活水"作用，持续加大对共建"一带一路"国家能源绿色低碳转型领域的支持
2023 年 10 月	《"一带一路"绿色发展北京倡议》《绿色发展投融资合作伙伴关系》《中亚区域绿色科技发展行动计划》	第三届"一带一路"国际合作高峰论坛	倡导各方加强应对气候变化、污染防治、绿色基础设施、绿色能源、交通、金融等领域合作，深化"一带一路"绿色发展伙伴关系；探索开展绿色投融资与绿色项目评价工作，创建共建"一带一路"绿色标准体系，有效解决绿色"一带一路"建设中面临的投融资瓶颈问题，充分利用中国和中亚各国在生态治理、生物多样性保护等领域的经验和技术，搭建对话机制，通过一系列绿色科技成果的落地转化，为绿色可持续发展提供科技支撑
2024 年 7 月	《中共中央 国务院关于加快经济社会发展全面绿色转型的意见》	中共中央、国务院	参与引领全球绿色转型进程，积极参与应对气候变化、海洋污染治理、生物多样性保护、塑料污染治理等领域国际规则制定，推动落实全球发展倡议；加强政策交流和务实合作，拓展多双边对话合作渠道，加强绿色发展领域的多边合作平台建设，加强绿色投资、贸易合作、学术交流，加强绿色标准与合格评定国际合作
2024 年 9 月	《国务院办公厅关于以高水平开放推动服务贸易高质量发展的意见》	国务院办公厅	助力绿色低碳发展，大力发展绿色技术和绿色服务贸易，研究制定绿色服务进出口指导目录；鼓励国内急需的节能降碳、环境保护、生态治理等技术和服务进口，扩大绿色节能技术和服务出口；加强绿色技术国际合作，搭建企业间合作平台
2024 年 10 月	《"一带一路"绿色能源合作行动计划（2024—2029）》	国家能源局及"一带一路"成员国能源部门	共同提升绿色能源安全保障能力，共同加强绿色能源技术创新合作，共同加强绿色能源领域能力建设，共同强化绿色能源金融服务力度，共同加强绿色能源政策和制度创新，共同推动能源青年人才交流合作，共同营造有利的能源发展环境等

资料来源：根据 https://www.gov.cn/等政府网站资料整理

10. 关于完善绿色转型政策体系的演化

随着中国生态文明战略的纵深推进，国家层面的支持和保障政策层出不穷、不断完善：一是市场型政策工具愈加丰富，成为命令型政策工具的有力补充；二是政策针对性日益增强，如加大对全国统一碳市场、碳技术、碳计量等国际通用、国内紧缺的政策工具的研究和制定；三是政策范围逐渐拓展，目前已经形成财税政策、金融工具、价格机制、标准建设、市场机制、国际合作等全方位政策支撑体系。具体如表 1-20所示。

表 1-20 关于完善绿色转型政策体系的文件一览表

发布日期	文件名称	签发单位	政策要点
2016 年 8 月	《关于构建绿色金融体系的指导意见》	中国人民银行、财政部、国家发展和改革委员会、环境保护部、中国银行业监督管理委员会、中国证券监督管理委员会、中国保险监督管理委员会	大力发展绿色信贷；推动证券市场支持绿色投资；设立绿色发展基金，通过政府和社会资本合作（PPP）模式动员社会资本；发展绿色保险；完善环境权益交易市场、丰富融资工具；支持地方发展绿色金融；推动开展绿色金融国际合作
2021 年 4 月	《关于建立健全生态产品价值实现机制的意见》	中共中央办公厅、国务院办公厅	建立生态产品调查监测、价值评价、经营开发、保护补偿、价值实现保障与推进机制，如开展生态产品信息普查，建立生态产品价值评价体系，推动生态资源权益交易，完善纵向、横向生态保护补偿制度，加大绿色金融支持力度，推进试点示范等
2024 年 2 月	《碳排放权交易管理暂行条例》	国务院	地方人民政府有关部门按照职责分工，负责本行政区域内碳排放权交易及相关活动的有关监督管理工作。全国碳排放权注册登记机构和全国碳排放权交易机构应当按照国家有关规定，完善相关业务规则，建立风险防控和信息披露制度
2024 年 4 月	《生态保护补偿条例》	国务院	国家通过财政转移支付等方式，对开展重要生态环境要素保护的单位和个人，以及在依法划定的重点生态功能区、生态保护红线、自然保护地等生态功能重要区域开展生态保护的单位和个人，予以补偿。鼓励、指导、推动生态受益地区与生态保护地区人民政府通过协商等方式建立生态保护补偿机制，开展地区间横向生态保护补偿。国家充分发挥市场机制在生态保护补偿中的作用，推进生态保护补偿市场化发展，拓展生态产品价值实现模式
2024 年 5 月	《关于建立碳足迹管理体系的实施方案》	生态环境部等 15 个部门	建立健全碳足迹管理体系；推动产品碳足迹规则国际互信；持续加强产品碳足迹能力建设等
2024 年 7 月	《中共中央 国务院关于加快经济社会发展全面绿色转型的意见》	中共中央、国务院	健全绿色转型财税政策，如积极构建有利于促进绿色低碳发展和资源高效利用的财税政策体系，完善绿色税制等；丰富绿色转型金融工具，如积极发展绿色股权融资、绿色融资租赁、绿色信托等；优化绿色转型投资机制，如创新和优化投资机制，鼓励各类资本提升绿色低碳领域投资比例等；完善绿色转型价格政策，如深化电力价格改革等；健全绿色转型市场化机制，如完善绿色电力证书交易制度，加强绿电、绿证、碳交易等市场化机制的政策协同等；构建绿色发展标准体系，如加快节能标准更新升级等

发布日期	文件名称	签发单位	政策要点
2024 年 8 月	《电力中长期交易基本规则——绿色电力交易专章》	国家发展和改革委员会、国家能源局	绿色电力交易的组织方式主要包括双边协商、挂牌交易等。可根据市场需要进一步拓展交易方式，鼓励发用双方签订多年期绿色电力购买协议。常态化开展中长期分时段交易的地区应按照相关规则，开展分时段或带电力曲线的绿色电力交易。鼓励各地通过绿电交易方式落实跨省跨区优先发电规模计划，扩大跨省区绿色电力供给，满足跨省区绿色电力消费需求
2024 年 10 月	《中国人民银行 生态环境部 金融监管总局 中国证监会关于发挥绿色金融作用 服务美丽中国建设的意见》	中国人民银行、生态环境部、国家金融监督管理总局、中国证券监督管理委员会	将绿色金融服务美丽中国建设纳入构建中国特色现代金融体系、推动金融高质量发展总体安排，坚持深化改革、政策引导、市场主导、系统推进，完善绿色金融产品和服务，优化金融市场资源配置与供给，拓展绿色金融新业态新模式，加强金融监管与风险防范，健全金融支持美丽中国建设的政策体系，更好发挥绿色金融资源配置、风险管理和市场定价功能，以绿色金融高质量发展支撑美丽中国建设

资料来源：根据 https://www.gov.cn/等政府网站资料整理

第二节　推进全面绿色转型的管理变革需求

一、企业全面绿色转型的重点领域

对照《意见》重点领域，结合《绿色低碳转型产业指导目录（2024 年版）》，企业全面绿色转型的重点领域主要包括：节能降碳、环境保护、资源循环利用、能源绿色低碳转型、生态保护修复和利用、基础设施绿色升级和绿色服务。

（一）节能降碳

随着全球气候变化问题的日益凸显，节能降碳已成为全球发展共识。各国政府纷纷出台相关政策，推动节能降碳产业迎来更多的发展机遇和市场空间。企业既可以通过加强研发，以新的低碳技术、产品和服务赢得新的市场份额，也可以通过优化生产流程，实施清洁生产等措施，降低生产过程中的碳排放和能源消耗，提高企业生产效率和市场竞争力。节能降碳主要包括高效节能装备制造、先进交通装备制造、节能降碳改造、重点工业行业绿色低碳转型、温室气体控制等细分领域（图 1-2）。

（二）环境保护

环境保护是人类实现生存和生活可持续的重要途径。企业积极参与环境保护产业，既可以树立良好的品牌形象，增强消费者对企业的信任和支持，又可以发掘新的增长点和发展赛道。环境保护主要包括先进环保装备和原料材料制造、大气污染治理、水污染治理、土壤污染治理、其他污染治理和环境综合整治等细分领域（图 1-3）。

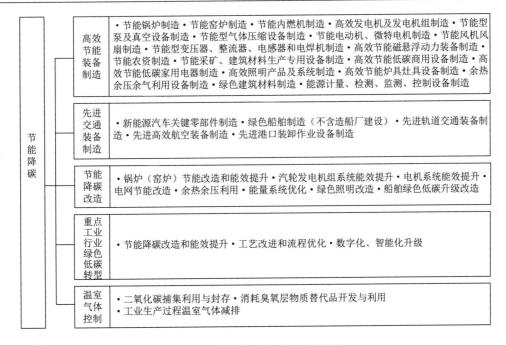

图 1-2 节能降碳主要细分领域图

资料来源：根据《绿色低碳转型产业指导目录（2024 年版）》整理

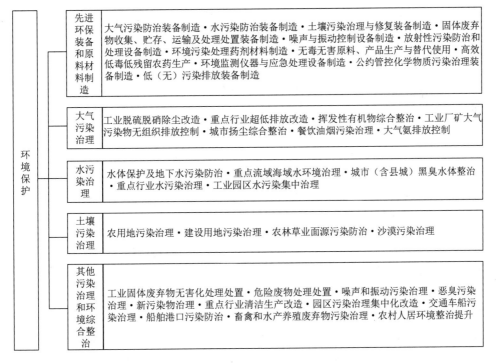

图 1-3 环境保护主要细分领域图

资料来源：根据《绿色低碳转型产业指导目录（2024 年版）》整理

（三）资源循环利用

近年来，中国高度重视发展绿色循环经济。特别是国家重大战略实施和重点领域安全能力建设（"两重"）以及大规模设备更新和消费品以旧换新（"两新"）政策持续发力，给资源循环利用产业带来了新的市场机遇。资源循环利用主要包括资源循环利用装备制造和资源循环利用（图1-4）。

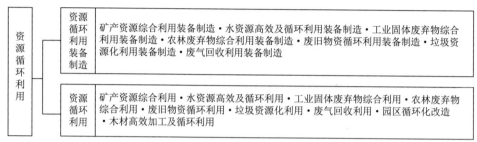

图1-4　资源循环利用主要细分领域图

资料来源：根据《绿色低碳转型产业指导目录（2024年版）》整理

（四）能源绿色低碳转型

能源产业是全面绿色转型的核心领域之一。企业需要加快清洁能源的开发和利用，减少化石能源的依赖，推动能源结构的优化和升级。能源绿色低碳转型主要包括新能源与清洁能源装备制造、清洁能源设施建设和运营、能源系统安全高效运行、传统能源清洁低碳转型等（图1-5）。

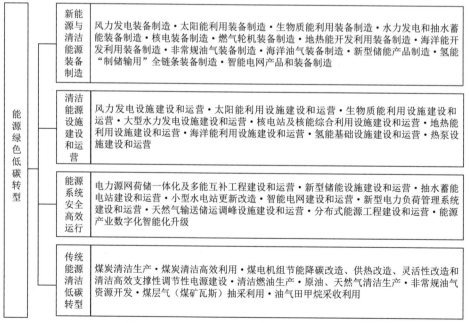

图1-5　能源绿色低碳转型主要细分领域图

资料来源：根据《绿色低碳转型产业指导目录（2024年版）》整理

（五）生态保护修复和利用

当前，全球和中国生态修复行业市场规模呈现出快速增长态势，已经形成原材料供应、技术研发、生态监测、维护管理等完整产业链条，并呈现多业态融合发展趋势，如森林修复+康养休憩。其主要相关细分领域包括生态农林牧渔业、生态保护修复和国土综合整治（图1-6）

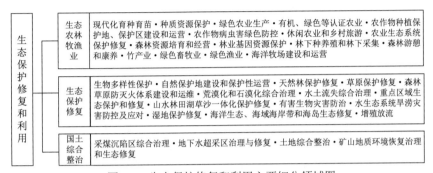

图1-6　生态保护修复和利用主要细分领域图

资料来源：根据《绿色低碳转型产业指导目录（2024年版）》整理

（六）基础设施绿色升级

伴随新型城镇化、乡村振兴、数字中国等国家战略实施，全面推进基础设施绿色升级成为以区域协调助力中国式现代化建设的重要内容。基础设施绿色升级与建筑节能与绿色建筑、绿色交通、绿色物流、环境基础设施、城乡能源基础设施、信息基础设施等细分领域息息相关（图1-7）。

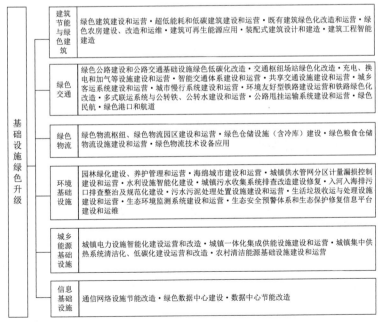

图1-7　基础设施绿色升级主要细分领域图

资料来源：根据《绿色低碳转型产业指导目录（2024年版）》整理

（七）绿色服务

企业的全面绿色转型离不开高效的绿色治理。不是所有的企业都有能力和实力依靠自身建设完成绿色治理,很多时候需要依托专业的中介或者外包机构进行绿色低碳管理。绿色服务主要包括咨询监理、运营管理、监测检测、评估审查核查、绿色技术产品研发认证推广、资源环境权益交易等多个细分领域（图1-8）。

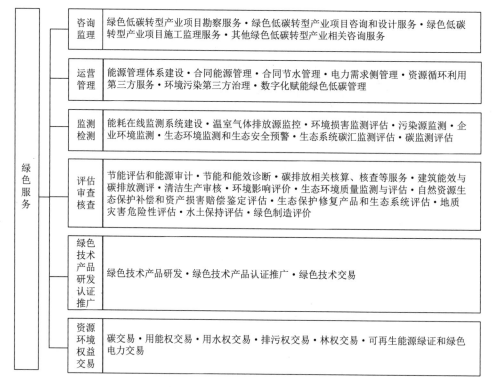

图 1-8　绿色服务主要细分领域图

资料来源：根据《绿色低碳转型产业指导目录（2024年版）》整理

二、企业全面绿色转型的管理困境

《2024中国企业可持续发展指数报告》显示,2024年中国企业可持续发展指数为65,较上一年度小幅提升了0.5,显示出中国企业在可持续发展方面稳步前进。然而,企业在环境维度上的得分相对较低,仅为66.3,其中"资源"二级指标得分仅为45.3,成为影响企业环境维度表现的关键因素。由此表明,企业实现全面绿色转型仍然面临较大的管理困境。

（一）战略层面

虽然,国家全力推进全面绿色转型,但是,对于企业而言,仍然面临"转不转""转向哪""怎么转"的战略困境。

首先，"转不转"考验企业的战略定力。当前，全球绿色发展如火如荼，主流社会价值导向和绿色市场新机遇都给企业带来巨大商机。但是，一方面，绿色技术和产品的研发需要大量投入，且"外部性"问题可能影响企业的战略先机，巨大的投入产出风险性成为战略转型的掣肘。另一方面，随着世界经济增速的放缓，地缘政治博弈加剧，绿色贸易壁垒重启，美国退出《巴黎协定》，企业本身经营面临更大压力，在"生存"面前，"绿不绿"可能相对不太重要。

其次，"转向哪"考验企业的战略方向。由于环保政策的实施和监管存在不确定性，绿色产品和服务的需求市场还不成熟；政府在环保、能源利用等方面的政策不断调整，增加了企业绿色转型的战略不确定性。企业需要不断适应政策环境的变化，制订灵活的战略规划。环保法规的严格化可能导致企业面临更高的合规成本，甚至可能由于不符合新规定而面临罚款或停产整顿等风险。到底是在本行业倒逼转型升级，还是跨行业另谋出路，是摆在企业家面前的战略方向难题。

最后，"怎么转"考验企业的战略能力。绿色转型是一项长远而复杂的艰巨任务，企业推行绿色转型战略，对企业整体资源和能力提出了更高的要求，特别是面对复杂的动态环境，如何统筹解决好技术、资金、人才、市场等生产、经营、管理等各个环节的问题，直接影响绿色转型战略的实施效果。

（二）组织层面

首先，企业在绿色转型过程中需要面临组织架构的变革。传统企业的组织架构往往注重短期经济效益，而绿色转型要求企业更加注重长期可持续发展。这种转变需要企业重新设计组织架构，使其更加适应绿色生产和经营的需求。然而，组织架构的变革往往伴随着利益格局的调整和权力关系的重新分配，容易引发内部矛盾和冲突。

其次，企业在绿色转型过程中需要克服员工观念和技能的挑战。绿色转型要求员工具备环保意识、节能意识和创新能力，但部分员工可能由于长期形成的习惯和思维方式而难以适应这种转变。同时，绿色转型需要员工掌握新的技能和知识，而企业往往缺乏相应的培训体系和资源，导致员工技能提升缓慢。

最后，企业在绿色转型过程中还需要解决管理层决策和执行力的问题。管理层需要制定明确的绿色转型目标，通过加强内外部资源编排确保这些战略和目标得到有效执行。然而，部分管理层可能对绿色转型缺乏深入了解或担心转型带来的风险而犹豫不决，导致转型进程缓慢或停滞不前。同时，企业代际传承和管理层更迭，也可能引发执行力不足的问题。

（三）营销层面

首先，企业绿色转型往往伴随着产品创新和品牌重塑，这需要企业在营销策略上进行相应调整。然而，传统营销手段如人员推销、发送传单等已难以满足绿色产品的宣传需求。企业需要采用更加创新、环保的营销方式，如绿色广告、绿色公关等，以吸引消费者的注意并提升品牌形象。但这类营销方式的成本较高，且效果难以预测，给企业带来了一定的风险。

其次,绿色营销需要企业在产品包装、促销手段等方面更加注重环保和可持续性。然而,这往往意味着企业需要放弃一些传统的、高污染的包装材料和促销方式,转而采用更加环保、可降解的材料和方式。这不仅增加了企业的成本,还可能影响产品的吸引力和市场竞争力。

最后,绿色营销还需要企业积极传播绿色理念,培养消费者的环保消费习惯。但当前部分消费者对绿色产品的认知度和接受度仍然不高,这就需要加强对绿色消费心理的研究,这可能导致绿色营销在挖掘绿色消费潜在市场、培养绿色消费者黏性等方面的投入产出风险较高。

（四）供应链层面

首先,绿色转型要求供应链上下游企业都具备相应的环保能力和绿色生产标准。然而,在实际操作中,往往存在供应链不匹配的问题。部分上游供应商可能无法提供符合环保要求的原材料或零部件,而下游分销商和消费者也可能对绿色产品的认知度与接受度不高,导致整个供应链无法形成有效的绿色闭环。

其次,绿色转型需要产业链上下游企业之间的紧密协作和信息共享。然而,由于产业链各环节的利益诉求和环保标准存在差异,往往难以实现无缝对接和高效协同。这可能导致绿色转型过程中的信息传递不畅、资源浪费和效率低下等问题。

最后,绿色转型还需要企业在供应链管理上更加注重环保和可持续性。这要求企业不仅要关注产品的生产成本和质量,还要关注产品的全生命周期环境影响,包括原材料采购、生产制造、运输配送、使用消费和废弃处理等各个环节。然而,这种全生命周期的环保管理需要企业投入大量的资源和精力,增加了企业的运营成本和管理难度。

（五）研发层面

首先,绿色技术的研发和应用需要巨额的前期投资,且研发周期长,技术难度大。这导致许多企业在绿色技术研发上投入不足,难以形成具有自主知识产权的绿色技术体系。同时,由于绿色技术的复杂性和不确定性,企业在研发过程中可能面临技术失败的风险,进一步增加了企业的投资顾虑。

其次,绿色技术的推广和应用也面临诸多挑战。一方面,部分绿色技术可能尚未达到商业化应用的阶段,其稳定性和可靠性仍需进一步验证。另一方面,绿色技术的推广需要得到产业链上下游企业的支持和配合,但往往由于利益分配、技术标准等问题难以达成共识,绿色技术的推广进度缓慢。

最后,绿色技术的更新迭代速度较快,企业需要不断投入资源进行技术研发和升级,以保持其竞争优势。然而,许多企业在绿色技术研发上的投入有限,难以跟上技术更新的步伐,导致其在市场竞争中处于不利地位。

三、企业全面绿色转型的管理变革方向

（一）治理变革

治理变革是推动企业绿色转型的关键，包括企业内部治理和企业外部治理。

企业内部治理是指加强制度化的建设，使"股东—管理层—员工"的管理链条清晰有效。它主要通过公司内部的组织机构和规章制度来实现对公司的管理和监督。内部治理结构通常包括股东大会、董事会、监事会和经理层。绿色内部治理变革可以通过优化组织结构，提高绿色决策效率和执行力；通过优化职能配置和人员配置，实现绿色资源协调和高效利用；通过跨部门协作，打破部门壁垒，共同应对绿色转型中的挑战和问题；通过组建专门的绿色团队或部门，推动绿色发展相关工作的实施；通过加强绿色团队建设和培训，提高员工绿色专业素养和能力等。近年来，随着现代企业制度在中国的不断普及与应用，投资者日益高涨的 ESG 偏好推动股东投身积极主义，通过投票、监督和施压等方式推动企业绿色转型，成为除传统的管理层和员工绿色治理领域之外的企业管理变革新方向。

企业外部治理是指其为适应外部市场所做的治理制度安排。它主要通过处理与外部利益相关者（如上下游企业、消费者、政府、社区、社会组织、社会公众等）的关系，以适应市场变化、遵守法律法规、获得政府和社会支持等，从而赢得企业发展空间。通过加强与政府、社会、媒体等利益相关方的沟通和交流，及时回应利益相关方的绿色关切和诉求，增强企业的环境责任感和绿色声誉。更为重要的是，企业通过与利益相关方建立绿色合作共赢的关系，实现资源共享、优势互补和互利共赢，更好地激发企业绿色转型的主动性。企业绿色转型往往投入大、周期长、风险高、回报不确定，且经常"独木难支"，因此，如何充分嵌入绿色产业链供应链，以"众人拾柴火焰高"推动企业绿色转型，也是当前企业绿色治理变革的又一新方向。

（二）技术变革

技术变革是企业通过绿色创新实现可持续发展的核心推动力。与治理变革一样，企业的技术变革既要向内求研发，也要向外求资源。因此推进企业绿色转型的技术变革主要包括绿色技术创新和创新生态网络优化。

当前及未来一段时期，绿色技术创新的方向大体包含以下四个方面。一是绿色技术研发与创新，包括清洁能源技术、节能降耗技术、环保材料技术等，旨在降低生产过程中的能耗和排放，提高资源利用效率。二是智能化与数字化技术的融合应用，通过引入人工智能、大数据、云计算等智能化技术，实现对生产过程的精准控制和优化管理，提高生产效率和产品质量，同时帮助企业实现数据驱动的决策和管理，提高运营效率和资源利用效率。三是传统技术的升级与改造，通过对传统技术进行升级和改造，提高其性能和环保性能，避免其被传统产业淘汰出清。四是跨领域技术的融合与创新，如将生物技术应用于环保领域，可以开发出更加高效、环保的废水处理技术和固废处理技术。这些方向对企业绿色技术获取、采纳和利用提出了新的要求。

创新生态网络优化也成为支撑企业绿色技术变革的重要源泉。从企业角度来看，未来创新生态管理变革的方向主要包括：创新主体多元化与协作模式革新，推动主体间的深度协作，通过跨界融合、资源共享、联合研发等形式，打破传统界限，构建开放协同的创新网络；创新平台的数字化与智能化升级，通过构建数字化的创新平台，对创新过程进行智能化管理，降低创新门槛，加速创新成果的转化与应用等。

（三）生态变革

如果说在全面绿色转型中，治理变革和技术变革更多是从企业自身能力建设的角度来考虑，那么企业的生态变革则更多从面临外部不确定性环境和风险抵御的角度来考虑。企业开展全面绿色转型就好比生态种群进化，考验着企业应对气候变化和"百年未遇"大变革的韧性。生态种群进化是基因突变与遗传变异、环境压力、适应性选择以及种群规模与多样性等要素相互作用、共同推动生态种群的进化过程。对企业而言，二代传承如同基因遗传变异，多元化风险投资如同种群多样性，制度创新如同环境压力和适应性选择，三者共同形成企业以生态变革推动绿色转型的重要方向。

第一，二代传承的机遇与风险。一般情况下，二代传承者往往比一代创业者接受更高水平的教育和更现代化思潮的洗礼，可能更容易在承担环境责任、开展绿色创新、谋求绿色机遇、开展现代化组织变革等方面表现出主动性和进取性。但是，也容易在组织领导力和执行力、风险防控、理解政策不确定性以及处理政商关系等方面存在劣势。因此，如何深刻理解二代传承在企业绿色转型过程中的规律性问题，扬长避短，是企业生态变革的重要方向之一。

第二，多元化绿色投资的机遇与风险。多元化绿色投资对企业绿色转型具有深远影响。例如，在推动绿色技术创新与产业升级、促进绿色产业链的构建与完善、提升企业的社会形象和声誉、增强企业的市场竞争力等方面发挥积极作用，能够为企业绿色转型提供有力的支持和保障。但是，企业多元化绿色投资也面临一些风险和挑战。例如，技术风险、市场风险、政策风险等都可能对绿色投资项目的实施和回报产生不利影响。因此，如何认清企业绿色投资内在机理，同时谨慎评估风险，制定合理的投资策略和风险管理措施，是企业生态变革的又一重要方向。

第三，制度创新的机遇与风险。近年来，中国为推动产业绿色化和绿色产业化，鼓励绿色技术创新、流程创新、产品创新的奖补、退税、信贷等支持政策越来越多，包括碳交易、碳汇、碳信用等在内的市场工具越来越丰富。同时，环保法律法规也越来越严格，环境违法行为惩处力度越来越大。随着信息技术的蓬勃发展和政府职能转变的不断推进，中国的制度基础建设进入了新阶段。如何顺应制度变迁、利用好制度优势、规避不确定带来的政策风险，也是企业通过生态变革实现绿色安全转型的重要方向。

第三节　本书研究思路与主要内容

一、本书研究思路

过去两百多年，西方国家在取得巨额财富的同时，也付出了资源枯竭、环境污染、生态失衡的惨痛代价，并在转嫁"危机责任"中开启了漫长的环境保护、生态修复和可持续发展探索之路。习近平总书记指出，"我国人均能源资源禀赋严重不足，加快发展面临更多的能源资源和环境约束，这决定了我国不可能走西方现代化的老路"[①]，同时还要"承担大国责任、展现大国担当，实现由全球环境治理参与者到引领者的重大转变"[②]；而企业作为推动社会经济发展的重要市场主体，在其中发挥突出作用，"要强化企业责任，加快技术改造，淘汰落后产能，发展清洁生产，提升企业生态环境保护建设能力"[③]。但是，不同于西方企业，中国企业在发展中具有以下特点。

第一，重工业化后期企业迎来绿色转型重大机遇。一方面，中国具有全球最完整的制造产业链条，规模居全球首位，是全世界唯一拥有全部工业门类的国家。纺织、家电、钢铁、石化、建材五大传统优势产业对原材料和能源供给产生巨大需求。另一方面，新能源、新材料、人工智能等战略性新兴产业和未来产业的蓬勃发展，助力中国绿色创新赶上时代步伐，"新三样"赢得全球主要份额。新能源、新材料、新制造、新服务催生绿色新业态和新市场。尽管其知识密集度在大幅度提升，但仍呈现类似传统工业的发展模式特征（李江涛等，2024）。因此，传统工业化理论和西方经验仍然值得借鉴，绿色技术创新成为重中之重。

第二，绿色转型体制机制改革进入新阶段。如前所述，当前中国已经形成推进经济社会高质量发展、生态环境高水平保护、人民群众高品质生活相得益彰、人与自然和谐相处的发展战略。《中共中央　国务院关于加快经济社会发展全面绿色转型的意见》系统指明了绿色转型体制机制改革的重点，为企业全面绿色转型保驾护航。但是，中国基础制度建设和固有的人情社会所形成的"关系"在这些改革中是否形成不同影响，值得在特殊情境下加以研究。

第三，企业成长壮大还有很大空间。改革开放以来，中国企业进入快速成长期。2024 年《财富》世界五百强企业榜单中，中国企业数量已经直逼美国。但是，中国企业寿命仍然偏短，且百年企业数量远远少于日本、美国、德国等发达国家。因此，中国企业相对西方国家而言更加"稚嫩"，"生存"是摆在绝大多数企业前的首要任务，而积极参与全面绿色转型战略可能是之后考虑的问题；且大多数企业尚未建立完备的

[①]《中国式现代化是强国建设、民族复兴的康庄大道》，http://jhsjk.people.cn/article/40057111，2023 年 8 月 15 日。

[②]《习近平在全国生态环境保护大会上强调　全面推进美丽中国建设　加快推进人与自然和谐共生的现代化》，http://jhsjk.people.cn/article/40038459，2023 年 7 月 18 日。

[③]《习近平：加强改革创新战略统筹规划引导　以长江经济带发展推动高质量发展》，http://jhsjk.people.cn/article/29953331，2018 年 4 月 27 日。

现代企业制度，叠加"二代"接班潮，企业绿色转型的战略、经营、管理等方面都存在诸多难题。

第四，大中小企业融通发展还需进一步加强。近年来，中国国有企业营业收入占国内生产总值的比重都在 60%以上，大大高于西方国家。这些企业在能源、通信、交通、石化、钢铁等关键和重要领域占据较大份额，有利于发挥绿色转型"领头羊"作用。但是量大面广的民营企业，特别是中小企业，在传统产业绿色转型升级压力下，如何调动整合利益相关者资金、技术、人力等资源，更好地嵌入国有企业、大企业引领的产业链供应链，成为重要问题。同时，随着大企业单独减排"低果先摘"效益收窄，中小企业绿色转型难以独立推进，产业链与供应链协同减排显得更加紧迫。此外，企业间绿色合作可能形成好的"同群效应"，也可能带来坏的"风险传染"，影响绿色安全转型。

有鉴于此，本书在研究过程中坚持以下几个重要导向。

第一，坚持全球视野。如前所述，中国的新型工业化仍然具备传统工业化特征，因此仍需充分学习、借鉴西方国家绿色转型理论，并在中国实践中内化为具有中国特色的绿色发展观。

第二，坚持系统视角。企业全面绿色转型是一项长期复杂且风险较高的工程，既需要企业自身努力，也需要外部资源和政策助力；既要开展个体微观基础研究，也要开展组织层面的深度研究。

第三，坚持问题导向。立足中国绿色转型情境，直面中国管理变革困境，围绕全员转型、协同转型、创新转型、安全转型的目标，重点分析企业治理变革、技术变革和生态变革的焦点问题。

本书遵循"提出问题—分析问题—解决问题"的经典研究思路，具体研究思路如图 1-9 所示。首先，基于研究背景，提出问题；其次，分别从微观基础层面和组织整体层面分析四大重点研究领域；最后，总结相关研究并提出政策建议。

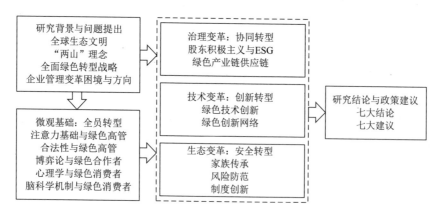

图 1-9　研究思路示意图

二、本书主要内容

（一）本书研究内容

本书的研究内容包括以下六个方面。

第一，构建研究框架。在梳理全球生态文明理念发展脉络、"两山"理念在中国的实践与"两山"转化时代拓展的基础上，全面阐述中国迈向全面绿色转型新时代的战略升级与政策演化。结合全面绿色转型的中央文件部署，分析企业全面绿色转型的重点领域和管理困境，提出基于微观基础分析，构建以治理变革、技术变革、生态变革实现协同转型、创新转型、安全转型的企业全面绿色转型管理变革分析框架。

第二，开展微观基础研究。个体行为是研究组织行为的微观基础。微观基础的行为特征和心理机制能显著影响企业整体绿色转型效用。本书基于注意力基础观、博弈论、利益相关者、印象管理理论、绿色消费心理学等基础理论，分别从高管团队、合作伙伴、消费者等不同主体视角解释企业开展全面绿色转型的内外部动因、复杂机理及其影响机制。

第三，聚焦治理变革研究。企业绿色转型难的核心是资源投入和资源整合问题。争取机构投资者 ESG 投资，激发股东积极主义并促进供应链产业链协同转型是企业通过治理变革促进绿色转型的有效途径。因此，本书主要从股东和上下游关联企业两个层面入手，一方面分析股东积极主义如何影响企业绿色转型绩效，另一方面分析股东 ESG 压力如何通过产业链供应链传导推进绿色转型。

第四，聚焦技术变革研究。技术创新变革作为推动绿色转型的核心动力，离不开企业与创新系统的共同作用。因此，本书一方面分析探讨技术创新变革如何通过不同路径影响企业的绿色转型，特别研究了企业异质性、行业异质性以及外部环境等情境因素的重要作用；另一方面深入分析创新生态网络化变革如何推动企业的绿色转型，探讨如何通过构建和优化创新网络促进价值共创，从而挖掘创新生态网络的结构特征、知识吸收能力与绿色创新绩效之间的相互作用机制。

第五，聚焦生态变革研究。决定生态种群进化的三个关键要素是遗传变异、种群多样性和自然选择。企业绿色转型好比生态种群进化，代际传承、多元投资和制度变革都在其中发挥重要作用。本书探讨了企业如何通过自身的传承变革以及与机构投资者、政府等外部力量协同，开展绿色低碳创新，加快提升 ESG 绩效。具体而言，本书重点挖掘传承中的家族企业开展绿色低碳创新的动因、创新策略、国际化影响，家族企业战略持久性对绿色转型的影响，绿色风险投资决策中的性别偏见问题，以及社会认知线索如何影响绿色投资决策。

第六，提出政策建议。在总结上述研究结论的基础上，从理念和意识、现代企业制度改革、绿色供应链产业链建设等方面提出政策建议。

（二）本书结构

根据上述思路和内容，本书分为十章，各章之间的逻辑如图 1-10 所示。

1. 绪论

第一章是研究背景和研究问题的提出，是本书的起点。第一章首先分析了全球和中国绿色转型发展的背景，主要梳理了全球生态文明理念的发展脉络，包括缘起、演化和当前理论研究热点；然后梳理了"两山"理念的基本内涵、典型实践和时代拓展，并以此为引领，阐述了全面绿色转型的中央政策文件要义与政策演化特征。其次，围绕国家政策，分析了企业全面绿色转型的七大领域，提出了企业绿色转型面临的五大管理困境，由此提出了三大管理变革方向。最后，对全书的研究框架和内容安排进行了设计，对章节的具体安排进行说明。

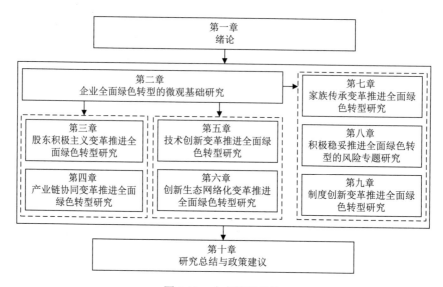

图 1-10　本书篇章结构

2. 企业全面绿色转型的微观基础研究

第二章重点关注企业全面绿色转型背后的微观逻辑，是整个研究的基础。首先对企业全面绿色转型的微观理论基础进行回顾和评述，然后针对高管团队、合作者和消费者三类主体，深入探讨个体行为上升为组织动能，进而推动企业绿色转型的背后逻辑，最后提出企业全面绿色转型微观理论研究的未来展望。

该章主要包括以下内容。①高管团队角度：基于企业四种绿色转型模式与三种跃迁路径，深入探讨管理层注意力配置在推进机构投资者 ESG 影响企业绿色转型的内在机制；二元合法性和高管团队领导风格在企业通过绿色创新提升可持续发展绩效中的作用；家族企业管理层在可持续发展责任合规战略的选择中，采取印象管理和实质性回应两种策略。②合作者角度：基于合作博弈行为心理学机制，通过四个行为实验，深入探讨自尊等个体特征对绿色合作行为的影响，重点解析给予型合作困境和获取型合作困境两类情境下的异质性。③消费者视角：基于偏向性信息加工理论和自我评估相关理论，剖析聚焦分离效应在绿色循环交易中买卖双方的心理机制；通过眼动追踪和自我报告的方法，探讨绿色消费决策中网页印象形成的理论路径模型及其后果。④未来研究展望：包括企业全面绿色转型中的注意力动态配置与整合研究、企业全面绿色转型中的利益相关者网络关系与印象管理研究、全面绿色转型下的绿色消费心理机制拓展研究三个方面。

3. 股东积极主义变革推进全面绿色转型研究

当前，股东积极主义已成为推动企业政策和实践变革的重要驱动力，甚至被学者称为"新的公司治理规范"。近年来，股东积极主义关注的重心逐渐从企业财务绩效转向ESG绩效及环境治理问题，成为推动企业通过治理变革实现全面绿色转型的重要途径。第三章在回顾股东积极主义与公司治理范式变革文献的基础上，深入分析机构投资者ESG积极主义及散户积极主义的形成机理及对企业绿色创新绩效的影响。

该章主要包括以下内容。①以2012~2021年中国上市公司22 941个观测值为样本，探讨媒体报道如何影响聚集在企业周围的机构投资者网络ESG偏好，并分析分析师关注和公众关注在其中起到的重要作用。②结合2007~2021年2726家中国上市公司数据，分析机构投资者ESG积极主义如何通过两种注意力机制影响企业的绿色创新；基于代理框架中的注意力基础观，探讨媒体报道和产业链关联在其中发挥的作用，并区分数字化企业和非数字化企业的差异。③探究散户投资者发起的线上环境积极主义如何影响管理者对环境问题的注意力强度和注意力优先级，进而引发实质性的企业环境承诺，促进企业绿色转型的问题。④在加强ESG报道监管和ESG投资激励、鼓励投资者实践股东积极主义、推动数字化与企业绿色创新的深度融合等方面提出政策建议。

4. 产业链协同变革推进全面绿色转型研究

由于全面绿色转型是一项系统而艰巨的工程，靠企业"单打独斗"是无法实现的。因此，企业除了实践股东积极主义外，还可以通过产业链供应链网络关系治理变革，缓解产业链供应链中隐含的可持续发展风险，通过风险共担、利益共享的绿色创新投资，帮助企业及其供应链伙伴共同创造长期价值。第四章分别从绿色供应链管理实践的前因、运行机制及后果三方面展开系统性研究。

该章主要包括以下内容。①基于2012~2021年中国上市公司制造业的8557家公司数据，探讨机构投资者ESG积极主义、技术整合和技术影响力对企业改善绿色供应链管理绩效的影响机制。②通过长三角企业的实际调研数据，揭示供应链企业协同向绿色化转型的过程中，如何驱动全链条实现更高效的协同效应与战略制定。③深入剖析企业绿色供应链管理实践、绿色创新与企业绩效之间深层次的作用机制，揭示绿色供应链管理所特有的知识流特征与供应链网链结构通过优化资源配置、提升运营效率等方式，能有效释放企业全面绿色转型期间绩效的增长动能。④从绿色供应链管理实践的顶层设计、供应链协同转型的企业内外部驱动力、供应链数智化和绿色化协同发展等方面提出政策建议。

5. 技术创新变革推进全面绿色转型研究

技术创新变革作为推动绿色转型的核心动力，在降低绿色技术成本、推动规模化应用、加强数字化转型以及完善市场导向的创新体系方面发挥着至关重要的作用。第五章从三个维度系统分析技术创新变革对企业全面绿色转型的影响：一是技术创新与绿色转型之间的直接影响；二是技术创新、企业特征与绿色转型的间接影响；三是外部环境与企业绿色转型的情境机制。

该章主要包括以下内容。①探讨家族企业与非家族企业在绿色技术采纳方面的差异以及技术保护机制在其中发挥的作用。②家族企业与非家族企业在绿色投资决策中存在差异，通过分析家族企业在权衡盈利和控制目标时的表现，揭示其在面对绿色投资机会时的独特决策逻辑。③从清洁生产技术创新和末端治理技术创新两个维度分析绿色工艺创新对财务绩效的具体影响。④研究新兴行业的发展、社会认知与企业创新努力之间的关系，以及集体认同不一致性和行业协会对企业在新兴行业绿色创新策略和决策中的影响。⑤从三类绿色技术创新重点、绿色技术创新主体协作、绿色技术创新长期投入等方面提出政策建议。

6. 创新生态网络化变革推进全面绿色转型研究

新一代信息技术极速发展不仅促进了绿色技术创新，也为创新生态网络化变革提供了新动能。创新生态网络化已成为推动绿色创新、实现全面绿色转型的关键路径。第六章重点分析创新生态网络化变革如何推动企业的绿色转型，并探讨如何通过构建和优化创新网络促进价值共创，从而挖掘创新生态网络的结构特征、知识吸收能力与绿色创新绩效之间的相互作用机制。

该章主要包括以下内容。①通过提炼创新生态系统价值创造的理论基础，揭示平台生态系统和开放式创新生态系统在促进价值共创中的关键作用。②聚焦于垂直和水平协同创新网络对中小企业绿色创新绩效的影响，揭示不同类型协同创新网络的作用机制和效果差异。从知识吸收能力的角度，分析协同创新网络特征与绿色创新绩效的关系。③探讨创业生态系统嵌入、大数据结构转变与企业绿色转型之间的关系，展示大数据技术如何通过决策过程和认知模式的转变，嵌入创业生态系统，从而推动企业绿色转型。④从多层次协同创新网络、智能化生态化创新平台、跨区域绿色技术投资、绿色创业生态系统等方面提出政策建议。

7. 家族传承变革推进全面绿色转型研究

改革开放以来，缘起于"前店后厂"的家族企业成为中国经济社会发展的重要推动者，更是维护社会稳定和履行环境责任的中坚力量。随着"二代"接班潮的到来，家族企业代际传承成为企业能否安全实现绿色转型的一大变量。因此，如何通过自身的传承变革以及与机构投资者等外部力量的合作，开展绿色低碳创新，加快提升 ESG 绩效，是家族企业在全面绿色转型背景下面临的全新挑战。第七章基于利益相关者理论、社会情感财富理论、"意愿-能力"框架等理论深入挖掘家族企业开展绿色低碳创新的动因、创新策略及国际化影响后果，并进一步剖析代际传承在家族企业推进全面绿色转型中的关键作用。

该章主要包括以下内容。①以 2007~2019 年 2181 个中国上市家族企业数据为样本，研究新涌现的集体 ESG 偏好如何促进其所投资家族企业大力发展碳减排技术,以及绿色金融、家族控制程度、二代管理者加入在其中发挥的作用。②利用 2012~2020 年 14 425 个中国家族企业数据样本,研究不同代际背景的家族企业对机构投资者 ESG 积极主义的差异化回应策略,讨论社会情感参考点的代际差异导致第一代和第二代家族企业应对机构投资者 ESG 积极主义的差异。③基于 2010~2019 年 2083 家中国上市公司数据,探讨"逆全球化"背景下绿色治理是否有助于家族企业积累资源、把握国际投资机会。④从家族企业绿色金融、代际传承自我革新、家族企业 ESG 国际投资环境等方面提出政策建议。

8. 积极稳妥推进全面绿色转型的风险专题研究

企业在推行绿色决策时,面临着一系列复杂的风险,包括决策偏差、决策不确定性、决策的风险评估、决策后的风险以及形象风险等,这些风险贯穿于决策过程的各个阶段,并对企业的可持续发展产生深远影响。第八章构建一个综合性分析框架,聚焦全面绿色转型过程中的风险管理与决策行为,重点研究个体与集体决策者的心理机制、市场不确定性下的投资决策偏差、家族企业战略持久性、企业慈善捐赠策略以及风险投资中性别角色的影响。

该章主要包括以下内容。①在微观心理学层面探讨行为决策者如何处理风险和不确定性。主要剖析个体与人际决策者如何在个人收益预期与全局环境保护间寻求平衡,并分析人际决策中可能出现的四重模式反转现象及其对绿色转型决策的影响;基于社会距离对概率估计偏差的影响,研究其在绿色转型决策中的作用。②在企业决策层面关注绿色转型中的投资决策和战略选择。分析市场的高度不确定性以及投资决策中的偏差对企业绿色转型的影响,探讨如何在复杂多变的市场环境中准确识别并把握绿色转型的机遇;聚焦家族企业在绿色转型中的战略持久性,探讨这种持久性如何成为绿色转型的潜在障碍。③揭示绿色转型中社会责任和性别平等的重要性。探讨企业如何通过慈善捐赠来维护绿色形象,特别是在不同社会阶层中的策略选择;强调风险投资决策中的女性角色,以及这种角色如何影响绿色金融的发展。④从情感共鸣、决策优化、市场监管、风险承受心理等方面提出政策建议。

9. 制度创新变革推进全面绿色转型研究

制度创新是助推企业克服绿色创新负面外部性,推动全面绿色转型的重要力量。但是制度变迁叠加市场不确定性可能会削弱其正面作用。要实现全面绿色安全转型,必须正确处理好政府和市场的关系。第九章从三个层面对制度创新变革推动企业全面绿色转型进行研究:一是整体环境规制(包括正式规制和非正式规制)对企业绿色转型的影响;二是正式规制创新工具对企业绿色转型的影响;三是非正式规制网络对企业绿色转型的作用机理。同时,着重探讨政商关系、制度环境等在其中发挥的特殊作用。

该章主要包括以下内容。①通过对 4924 家中国民营企业进行抽样调查,探讨环境规制(包括正式规制和非正式规制)对企业绿色创新的影响,以及政治关联在其中发挥的作用。②基于 2002~2014 年中国民营企业数据,从新结构经济学角度探讨排污权交易试点对产业创新的影响以及制度环境的作用,进一步研究波特假说在哪些制度环境下能更好地发挥作用。③基于中国企业融资信任网络的实证分析，重点探讨企业间信任如何通过社会资本的跨层次生成影响绿色转型中的合作网络，以及企业过度嵌入封闭网络，形成风险传染的机制和路径。④从规则制度、社会资本、风险防范等方面提出政策建议。

10. 研究总结与政策建议

本书对以企业管理变革推进全面绿色转型的三个方面及八个重点内容进行理论研究。但是，经济管理的应用特性决定了研究成果要能够切实指导实践。因此，第十章在对全书进行总结的基础上，得到关于企业绿色管理变革的七大研究结论；同时针对研究发现的问题，提出助力企业全面绿色转型的七大政策建议。

第四节　本书学术贡献与创新

本书的学术贡献和创新主要体现在以下五个方面。

第一，在解构全面绿色转型中央文件的基础上，针对企业绿色转型面临的管理困境，构建了基于全面绿色转型战略关键要求和企业管理变革主要方向为指引的"三+二"综合分析框架：建立了"治理变革→协同转型""技术变革→创新转型""生态变革→安全转型"三大关键领域，形成了"个体→组织"（全员转型到组织转型）、"理论→政策"（理论转型到实践转型）两大逻辑支柱。该框架是对现有企业绿色转型发散式研究的系统总结和提炼，也是对国家战略牵引、问题导向的企业绿色管理中国式现代化理论的有益探索，为未来企业全面绿色转型相关研究指明方向。

第二，建立了高管团队、合作者、消费者等个体视角下，企业绿色全员转型的微观基础理论。一是率先构建了三阶段管理层注意力焦点的动态演化和基于注意力配置动机和方向的绿色转型模式矩阵，创新性地识别出企业四种绿色转型模式；二是深入探讨了自尊等个体特征对博弈合作行为的影响，通过克服"绿色孤岛"困境，实现跨区域、跨主体的有效绿色合作；三是通过二手循环交易促进机制、网络绿色营销脑科学机制的深入挖掘，明晰了企业全面绿色转型中的微观社会心理学机理，填补了脑科学机制在相关交叉领域研究中的不足。

第三，明确了针对股东和上下游关联企业的治理变革要点，融合了企业治理理论的内外部视角。一是创新性地提出了筛选和生成两种潜在逻辑，解释媒体报道如何影响机构投资者的网络 ESG 偏好；二是开创性地提出机构投资者 ESG 积极主义通过加强公司内部的注意力分配和公司间的分配整合来影响企业的绿色创新，并增加了产业链关联和数字化情境；三是探索了小股东对企业绿色转型影响机制；四是将股东 ESG 积极主义对企业全面绿色转型行动的影响范围拓宽至供应链管理领域，并创新性地建立了以绿色创新为核心的供应链协同转型综合理论框架。

第四，完善了技术变革对企业绿色技术创新和创新网络重构的双重解释。一方面，改变了过去仅仅研究技术创新对绿色转型直接关系的模式，将企业特征及外部环境的情况综合考虑，进一步丰富和深化了现有的关于技术创新与绿色转型的研究。同时，就企业的技术创新活动、绿色投资决策、工艺创新实践以及新兴行业的发展情况，建立综合数据库，弥补了绿色转型研究中数据不足的问题。另一方面，构建了一个关于创新生态网络化变革、价值共创、绿色创新绩效以及大数据技术应用的整体分析框架，拓展了数字时代的创新网络理论。

第五，提出了基于生态种群进化要素论的企业绿色安全转型关键领域。一是以家族传承类比种群发展遗传变异因素，全面揭示了不同代际背景下家族企业进行探索性绿色创新背后的基本逻辑和行动策略，发展了家族企业的社会情感财富参考点理论；二是以家族企业多元化绿色投资类比种群多样性，构建了一个聚焦全面绿色转型过程中风险管理与决策行为的综合研究框架，包含个体与集体决策者的心理机制、市场不确定性下的投资决策偏差、家族企业战略持久性、企业慈善捐赠策略以及风险投资中性别角色影响等；三是以制度建设类比种群自然压力和选择，基于正式制度与非正式制度综合视角，探讨两者对企业绿色转型的不同影响机制，以及制度环境和政商关系在其中发挥的作用，为验证"波特假说"提供了宝贵的新兴市场国家经验；四是采用边缘切割的前沿模块化算法计算机构投资者集群 ESG 偏好的结构性指数，创新了相关领域的测度方法。

第二章　企业全面绿色转型的微观基础研究

在可持续发展备受社会各界关注的当下，绿色转型已成为企业高度重视的战略挑战与机遇，不仅关乎企业自身的长期发展和竞争力提升，更对整体经济转型升级和社会发展产生深远影响。为揭开企业绿色转型的内在机理，本章聚焦于企业全面绿色转型的微观基础研究，深入剖析企业推进全面绿色转型的驱动因素及影响机制。本章基于注意力基础观、利益相关者与印象管理理论、绿色消费心理学等多学科理论视角，致力于阐明企业绿色转型背后的微观逻辑；通过提供理论支撑与实践指引，助力企业在全面绿色转型之路上稳健前行，同时也为学术界在该领域的深入研究开辟新的思路。

第一节　企业全面绿色转型的微观研究回顾与问题提出

一、企业全面绿色转型的微观理论基础与研究述评

企业全面绿色转型的微观基础理论主要包括注意力基础观、利益相关者与印象管理理论、绿色消费心理学等，这些理论从高管团队、合作伙伴及客户等不同主体视角解释了企业开展全面绿色转型的内外部动因、复杂机理及其影响。以下分别是各个理论的理论内涵及其在企业绿色转型领域的应用以及目前研究进展的述评。

（一）注意力基础观

在对企业全面绿色转型动机及战略行为选择的相关研究中，根植于认知理论框架的注意力基础观发挥着重要作用。注意力基础观是由奥卡西奥（Ocasio）受卡内基学派启发后提出的。早在 1995 年，西蒙（Simon）就提出管理者决策的关键是分配其有限的注意力，这为注意力基础观的诞生奠定了基础。随后 Ocasio（1997）提出，企业行为决策往往取决于管理者如何选择和解释特定的问题与机会，注意力分配对企业的战略决策有关键作用。

随着学术界对组织认知、行为和战略过程的深入研究，学者对注意力基础观进行了相关扩展，得出注意力具有选择性、转移性、情境依赖性。第一，注意力具有有限性。注意力的有限性造就了注意力的选择性，即企业管理者能够根据自身的兴趣、目标、需求、价值观等因素，有意识地将注意力集中在某些特定的信息或外部刺激上。这是通过增强对任务相关信息的处理和抑制无关信息的处理来实现的（Desimone and Duncan，1995）。第二，注意力具有转移性。尤其是在执行多任务时，注意力可根据任务需求和目标灵活分配，在不同任务之间转移（Kramer et al.，2014）。这种转移性反映了管理者对不同信息或活动关注程度的变化，通常受到外部环境变化或内部战略需求的影响。第三，注意力配置很大程度上受企业内外部环境和政策法规等情境因素的影响。情境嵌入

性强调管理者的注意力应与内外部环境相适应，从而增强组织灵活性和适应性。

自注意力基础观提出后，学者开始用注意力相关理论来解释创新创业、组织变革等企业行为。例如，在创新变革领域，高管团队的注意力对企业创新战略具有积极的推动作用。具体而言，当高管团队将注意力聚焦于创新方面时，会更倾向于制定和实施创新战略，旨在把握新的发展机遇和增强竞争优势。当总经理和董事长由同一人担任时，或者企业存在一定程度的组织冗余时，会进一步强化高管团队创新注意力对企业创新绩效的积极影响，促使企业在创新方面投入更多资源，采取更激进的创新举措（吴建祖等，2016）。在创业领域，创业者注意力配置不同会导致其选择不同的策略，如注意力侧重于"成长""获得"的创业者更倾向于选择探索式的创业策略，而注意力聚焦于"安全""责任"的创业者更愿意选择保守的创业策略（姜诗尧等，2019）。随着多维度研究的深入，注意力基础观逐渐发展为一种微观层面的重要理论，强调在多变的外部环境中，企业通过注意力的情境化分配来识别并响应新兴的市场需求、优化战略决策。

近年来，鉴于绿色发展理念的重要性日益上升，学者开始使用注意力基础观对企业绿色转型的内外部动机进行多方面探索。就外部驱动因素而言，政府在环保方面的注意力对企业环境绩效的提升有着显著影响。当政府高度关注环保问题时，会通过制定严格的环保政策法规、加大环保执法力度、开展环保宣传教育等多种方式，向企业传递明确的环保信号，进而引导企业选择绿色战略（许能锐等，2024）。此外，政府环境审计能够显著提升国有企业的绿色创新质量，其作用机制在于提升企业及政府层面的环境注意力强度与持续性（叶邦银等，2023）。从内部驱动因素来看，高管团队在环境保护议题上的关注程度越高，企业产出的绿色创新专利数量越多，并且组织冗余和政府补贴能够增强这种正向影响（吴建祖和华欣意，2021）。而高管的环境注意力取决于其个人经历和特征。例如，具备学术经历的首席执行官（chief executive officer，CEO）能够通过提高环境注意力，促进企业开展产学研合作，从而提高企业的绿色创新水平（尹建华和双琦，2023；张增田等，2023）。

总体而言，现有学者的研究涵盖了政府及高管团队等多元主体对企业环境注意力配置的影响，从不同层次解释企业绿色转型的复杂认知传导机制。运用注意力基础观来解释企业绿色转型行为是一种创新性尝试，这一视角突破了传统的从经济利益或外部强制力等角度的分析，有助于更深入地理解企业绿色转型决策背后的认知因素。然而，企业的全面绿色转型是一项以长周期、复杂性和动态性为典型特征的系统性工程。现有文献对于企业全面绿色转型中注意力的情境嵌入性和动态适应性的研究尚不够深入，未能充分揭示多阶段、一体化的复杂转型过程和内在机理，这在一定程度上限制了政策制定者和管理者对全面绿色转型完整图景的认识和实践有效性。

（二）利益相关者与印象管理理论

利益相关者视角下的印象管理理论在组织行为、战略选择等企业微观研究中占据着重要的位置。利益相关者理论强调识别和重视对组织有重要影响的个体或群体，这些利益相关者可能包括股东、员工、客户、供应商、社区成员等（Mitchell，1969）。根据利益相关者理论，企业实施全面绿色转型，不仅是顺应时代发展趋势的必然选择，更是利益相关者的殷切诉求。已有研究充分证实了利益相关者对企业绿色创新、绿色并购以及环境绩效提升的显著影响。例如，利益相关者的环保压力会促使企业采用外部知识，加快企业绿色创新（王娟茹等，2021），对企业环境伦理和前瞻型环境战略也存在显著的正向影响（潘楚林和田虹，2016）。肖小虹等（2021）研究发现内外部利益相关者的环保导向能够促进资源型企业开展绿色创新，其中组织环境文化在二者关系中起到中介作用。李慧和唐晓莹（2017）提出虽然利益相关者导向对企业绩效的直接作用不显著，但是通过绿色创新这一中介变量，能够对企业绩效产生显著的提升。彭雪蓉和魏江（2015）进一步提出政府、客户、竞争者等不同利益相关者对企业生态创新的影响各不相同。同时，企业绿色转型目标的实现也离不开利益相关者的紧密协作与支持。黄维娜和袁天荣（2022）研究发现，绿色并购通过提升政府、供应商和客户等利益相关者对企业的认可和支持，从而促进绿色创新。另外，企业也可以通过与利益相关者组建战略联盟获得互补性资源，进而加快绿色创新和可持续发展进程（焦俊和李垣，2011）。因此，如何有效维护利益相关者关系、获得利益相关者资源支持成为企业实现全面绿色转型需要解决的关键问题。

在此背景下，印象管理理论被广泛应用于分析企业如何通过战略性沟通提升各类利益相关者对其环境责任和可持续发展的认同。作为社会学和心理学领域的一种经典分析框架，印象管理理论最早由 Goffman（戈夫曼）提出，主要关注个体或组织如何通过信息的控制和呈现来塑造他人对其看法（Morrison and Bies，1991）。在组织管理领域，印象管理理论强调企业通过不同的印象管理策略来影响利益相关者对其形象的认知，以达成对企业更有利的社会评价，从而增强企业声誉和竞争优势。

随着 CSR 和可持续发展趋势的兴起，印象管理逐渐成为企业面对利益相关者诉求和压力时常用的策略工具。根据印象管理理论，企业在面对不同利益相关者时，会根据利益相关者的权力影响力、合法性和紧迫性来灵活调整印象管理策略（Mitchell，1969）。比如，对于那些具有较高权力和合法性的利益相关者，组织更有可能采取积极和透明的印象管理行为，以确保这些关键群体的支持和信任。通过精准有效地识别和管理利益相关者，并巧妙运用印象管理策略塑造其在利益相关者中的形象，企业有望更好地实现自身目标，在绿色转型的道路上稳健前行。Chen 等（2022）的研究指出，印象管理动机能够增强员工的绿色自我效能感，从内部为企业绿色转型注入动力。黄艺翔和姚铮（2016）研究表明，企业在编制社会责任报告时，若能巧妙运用印象管理理论，可成功塑造其环保形象，且印象管理程度越高，市场评价越佳。此外，在应对危机事件方面，冯锐和张爱卿（2015）提出，企业会利用印象管理，通过实施有效的沟通策略来减轻负面影响，确保企业在面临危机时仍能保持良好形象，维护利益相关者的信心，重建公众信任。然而，值得注意的是，并非所有企业的印象管理行为都是积极正面的。黄溶冰等（2019）的研究揭示，部分企业可能会采取"漂绿"等手段进行印象管理，以此掩盖其实际环境绩效的不足，这对企业绿色转型和可持续发展构成了潜在威胁。

上述研究深入剖析了利益相关者视角下印象管理理论在企业绿色转型进程中的关键作用，为理解企业在多元利益相关者群体影响下如何借助印象管理策略加快推动绿色转型提供了丰富且有价值的理论依据，同时也关注到印象管理手段对企业可持续发展造成的潜在风险。虽然利益相关者与印象管理理论在企业全面绿色转型领域的应用与探讨已较为广泛，但仍存在明显不足。总体而言，印象管理作为一种具有象征性的绿色转型策略，旨在帮助企业建立积极的绿色形象，然而在实施过程中可能导致企业绿色转型停留于表面，缺乏实质性的绿色投入和环境治理举措（Bansal and Kistruck，2006）。因此，应将印象管理与实质性绿色回应视为两种截然不同的企业可持续发展责任合规策略，并进一步讨论两者在企业全面绿色转型中的差异性角色。

（三）绿色消费心理学

在全面绿色转型的趋势下，绿色消费具有不可忽视的现实意义。经济层面上，绿色消费能引导绿色产业发展，创造经济和就业机会，加快经济结构调整和产业转型升级。环境层面上，可减少对环境的有害消费，降低资源消耗和污染排放，保护生态。社会层面上，能提升公众环保与社会责任意识，营造绿色文化，推动社会价值观念转变。为推动绿色消费的大力发展，从微观心理学角度全面剖析绿色消费中的心理认知机制具有重要价值，绿色消费心理学也因此应运而生。绿色消费心理是指消费者在消费进程中所展现出的对其消费行为产生影响的绿色消费意识（柴民权等，2024）。

针对绿色消费心理的产生，学者通过构建三元理论模型对其进行了解释。绿色消费行为是消费者"认知过程-情绪过程-意志过程"相统一的结果（王向阳，1998）。消费者受广告宣传等外界刺激，对绿色消费品形成初步认知印象，并在刺激积累后不断强化该印象。在需求的激发下，消费者权衡心理需求和社会需求以及各个需求层次匹配后，形成绿色消费欲望，再经过障碍克服的意志过程最终开展绿色消费活动。陈凯等（2013）则进一步指出，认知过程受消费者环境知识、意识和感知效力的影响，情绪过程受文化、价值观、环境态度、意愿的影响，意志过程则会受到主观规范、感知行为控制的影响。上述关于绿色消费心理产生机制的研究为绿色消费心理学的发展奠定了理论基础。

目前，绿色消费心理学的研究主要集中在消费者心理特征、绿色产品特征、外部环境与社会因素影响三个方面。早期研究显示，绿色消费者倾向于成为意见领袖和谨慎的购物者，他们寻求广告推广中的产品信息，但对广告持怀疑态度（Shrum and McCarty，1995）。张露等（2013）从绿色消费的行为态度、主观规范和知觉行为控制三个维度来刻画消费者购买绿色产品的心理特征。具体来说，知觉行为控制通过行为意向间接影响实际行为，外向型消费者的购买意向受主观规范影响大，内向型受行为态度影响大。吴波等（2016）通过道德认同理论对绿色消费行为进行了解释，提出道德认同内化程度高的人，道德关怀的边界更宽泛，更倾向于把绿色消费认定为符合自我认知的行为，因此会积极地进行绿色消费。除此之外，盛光华和解芳（2019）发现心理控制源对绿色购买意愿有显著影响。比如，内控型特质的消费者更相信自身行动能缓解环境问题，所以更愿意购买绿色产品。

聚焦产品本身，绿色属性中心性、产品类别、包装颜色等产品特征也对消费者的绿色消费意愿存在不同程度的影响。例如，龚思羽和盛光华（2021）使用绿色属性中心性来表征消费者在决策过程中对产品绿色属性的重视程度，并通过研究表明高绿色属性中心性的产品能够显著提升消费者的购买意愿，尤其是在享乐型产品中，这种影响更为显著。此外，信号理论也被用于解释绿色产品信息不对称与绿色消费行为之间的关系。Chang 等（2021）研究发现，过度包装完全中介了绿色产品信息不对称与绿色购买行为之间的关系。在绿色产品的广告设计和营销过程中，陈凯和肖兰（2016）研究发现，利己广告诉求相较于利他广告诉求，更能有效激发消费者的绿色购买意愿，这为企业通过绿色营销推进绿色消费发展提供了新的思路。

在外部环境与社会因素影响方面，现有文献关注气候环境、技术环境以及政策环境对于绿色消费的影响。从神经伦理学的角度来看，气候变化意识可以唤醒消费者的生态意识，进而促进环保消费。通过事件相关电位方法探索气候变化条件下的神经机制，发现前额叶 N300 和后部 P300ERP 成分的激活与生态意识相关，该关联促使实验人员做出环保产品的购买选择（Yin et al.，2022）。针对外部技术环境，李磊和刘长有（2022）在数字经济的背景下，将绿色消费行为分为"实利型""积极型""萌芽型"，发现直播电商对居民绿色消费有积极影响。具体来说，实利型绿色消费是当前主流，但随着直播电商普及，不同绿色消费类型的可替代效应增强。针对外部政策环境影响的研究发现，政策干预在绿色消费发展中发挥着重要的促进作用。

总体而言，绿色消费心理学作为一个融合心理学、市场营销、社会学等多学科理论与方法的研究领域，致力于探索消费者在购买决策过程中对环境友好型产品的态度、行为及其背后的心理机制。然而，目前绿色消费心理学方面的研究还存在以下不足。一方面，脑科学能够深入揭示消费者潜意识中的决策过程，但当前研究尚未充分释放脑科学这一前沿研究手段对绿色消费心理学的支撑作用。若能引入脑科学研究，企业能够更精准地把握消费者对绿色产品的真实心理反应，进而优化营销手段，促进绿色消费的科学发展。另一方面，在数字经济蓬勃发展的当下，网络购物已成为主流消费模式，绿色消费心理学尚未充分考虑网络情景下绿色消费行为的独特性。深入研究网络情景下的绿色消费心理学，对于企业在网络平台开展绿色营销具有重要的指导意义，最终将推动线上绿色消费市场的繁荣与发展。

二、问题提出与研究内容

（一）传统制造业实现绿色"华丽转型"的注意力基础观研究

在当今社会，传统制造业面临着巨大的环保压力和可持续发展挑战，实现全面绿色转型已成为必然趋势。尽管已有不少研究关注制造业的绿色转型，但对于企业内部究竟通过何种内在认知和管理机制来推动这一转型过程，尚未得到充分解答。传统制造业的绿色转型涉及企业内部各主体的认知决策以及它们之间的相互作用。例如，股东的态度和行为如何影响企业的绿色发展方向？在内外部压力下，管理层如何分配注意力来推动绿色转型？数字媒介在这一过程中扮演着怎样的注意力牵引角色？这些都是亟待深入研究的问题。对此本章将通过案例与实证研究一一解决上述问题。

（二）企业绿色创新破解"和谐共生"难题的合法性理论研究

绿色创新，包括绿色工艺创新和绿色产品创新，是推动企业实现可持续发展的重要手段。尽管人们日益认识到绿色创新的重要性，但目前尚缺乏绿色创新是通过何种认知机制来影响全面绿色转型效果的深度微观研究。首先，现有研究多聚焦于绿色创新对企业绩效的影响，对于绿色创新如何通过影响利益相关者对企业的认知评价进而影响企业合法性及其"和谐共生"关系的研究相对较少。本章将综合运用合法性理论、利益相关者理论以及印象管理理论，探讨企业绿色创新对企业可持续发展绩效的影响机理，以及二元合法性在其中发挥的中介作用。此外，作为中国经济的重要构成主体，本章将关注家族企业全面绿色转型实践，探索家族企业如何基于二元合法性选取印象管理与实质性回应等不同绿色合规策略。

（三）全面绿色转型中突破"绿色孤岛"困境的合作行为研究

在全面绿色转型的实际推进过程中，给予型和索取型社会困境不仅限制了绿色转型的效率，也加剧了"绿色孤岛"现象的发生。在这一背景下，研究如何通过有效的合作机制，促进不同主体之间的协同，从而突破"绿色孤岛"困境显得尤为重要。本章深入挖掘影响社会困境中合作行为的关键因素，揭示其在给予困境和索取困境中促进合作行为的不同策略，并结合理论建模结果提出不同困境下推进全面绿色转型的战略和措施，以提升绿色合作效率。

（四）绿色循环利用推动消费模式转型的市场聚焦分离效应研究

循环经济强调经济效益、环境效益和社会效益的统一，其本质是减少资源消耗，提高资源利用效率，最终推动经济的高质量发展。在循环经济模式下，二手交易作为一种绿色消费行为，能够有效激活闲置的二手资源，减少资源浪费，推动绿色消费发展。因此，应深入挖掘二手交易的运行机理和运行效果。本章提出，在循环经济的背景下消费者更加看重商品的绿色属性，同时企业对自身产品的绿色属性不足更加敏感，在两相作用下绿色消费更加容易达成，形成"集聚分离效应"。本章以二手交易为出发点，深入探讨"聚焦分离效应"在促进二手交易达成中的作用机制，从而揭示该效应如何推动绿色消费模式转型。

（五）网络营销情景下绿色消费决策的脑科学机制研究

作为研究人类大脑结构和神经功能的科学，脑科学通过功能性磁共振成像等脑成像技术，能够全面揭示消费者在绿色产品消费决策过程中的大脑活动模式（Liu et al.，2023），为理解绿色消费心理提供了新的视角。本章系统地梳理了网络营销与绿色消费决策的理论前沿，并选取视觉美学作为核心变量，深入探究消费者形成网页印象的心理机制。此外，我们还对绿色网络消费进行了拓展性分析，旨在解构网络营销环境下绿色消费决策的微观脑科学基础。

三、主要创新

本章研究的主要创新点如下。第一，综合运用案例分析、层级回归分析和文本分析等方法，率先构建了企业绿色转型中的多阶段、多维度注意力配置机制。本章阐明了传统发展期、绿色转向期和绿色转型期三个阶段中管理层注意力焦点的动态演化，并构建了基于注意力配置动机和方向的绿色转型模式矩阵，创新性地识别出隐形冠军绿色追赶模式、多重响应绿色蝶变模式、供应链绿色整合模式、产业链绿色集成模式四种绿色转型模式，从而全面揭示了企业绿色转型的基本逻辑和完整过程。

第二，通过探索绿色创新提升企业合法性、构建和谐共生关系的机制，推动了全面绿色转型中利益相关者理论、合法性理论与印象管理等理论的融合和深化。本章从多元理论视角系统探究制造业企业绿色创新对可持续发展绩效的作用机制，明确了适应合法性和战略合法性在绿色创新与可持续发展绩效关系中的中介作用。同时，引入伦理型领导这一变量，深入研究其对绿色工艺创新与二元合法性之间关系的正向调节作用，为企业通过培养伦理型领导推动绿色创新提供了理论依据。

第三，本章通过对社会困境中绿色合作机制、二手循环交易促进机制、网络营销情景下绿色消费脑科学机制的深入挖掘，明晰了企业全面绿色转型中的微观社会心理学机理。以绿色消费脑科学机制研究为例，本章构建了视觉美学作用于消费者网页印象形成及绿色消费决策的理论模型，系统阐述了网页经典美学和表现美学通过唤醒与注意力机制塑造消费者的网页印象，进而影响其绿色消费决策，填补了脑科学机制在网络营销与绿色消费决策交叉领域研究中的欠缺。本章通过眼动追踪和自我报告相结合的实证研究方法，为网络营销中优化网页设计以促进绿色消费提供了科学依据。

第二节　传统制造业实现绿色"华丽转型"的注意力基础观研究

本节研究基于注意力基础观，将制造业企业绿色转型划分为传统发展期、绿色转向期和绿色转型期三个阶段，总结出四种绿色转型模式与三种跃迁路径。同时，深入探讨机构投资者 ESG 积极主义对企业绿色转型的影响机制，并分析管理层注意力配置的中介效应，以及数字媒介与数字智造的分段调节效应。实证结果揭示了机构投资者 ESG 积极主义推动企业绿色转型中注意力配置优化的作用路径。此外，结合数字化背景探讨股东积极主义的绿色监督治理作用，对中国数字化与绿色化协同发展战略实施具有重要启示。

一、基于注意力基础观的制造业企业绿色转型过程与模式构建

（一）企业绿色转型多阶段过程中管理层注意力焦点演化分析

注意力基础观主张企业通过引导与分配其决策者注意力，进而产生相应的组织行为。该理论解释了个体、社会与组织层面的注意力如何相互影响，进而塑造企业行为，为洞察企业认知模式、组织结构与战略决策提供了综合视角（Barnett，2008）。企业战略转型是否成功在很大程度上依赖于管理层注意力的有效配置。这一过程涵盖了对于外部环境的扫描、诠释与评估，以及将注意力聚焦于核心议题并制定战略决策（张璐等，2020），而且还涉及了关键问题识别与注意力引导下的资源配置（解学梅和韩宇航，2022）。

基于注意力基础观，根据管理层注意力焦点的演化特征，本节首先将制造业企业绿色转型划分为传统发展期、绿色转向期和绿色转型期三个阶段（图 2-1）。在传统发展期，企业往往将注意力聚焦于扩大生产以占据更多的市场份额，而非关注少部分顾客的绿色需求。受企业注意力的影响，管理者也会产生选择性注意力，致力于整合大量的内外部资源，从而形成自身的资源组合。此时，大致有三种资源协调与配置方式：一是通过企业并购、外部专利购买等方式获取外部资源；二是通过配置内部创新资源、寻找重要利益相关者并建立关系等方式积累内部资源；三是通过无用资源丢弃、非核心业务外包等方式优化资源配置。通过这三种方式，企业可以将内外部资源整合为自身的资源组合，为绿色创新和转型提供基础，但此时尚未形成企业的绿色能力，仍是主要依靠节能技改、三废处理等末端治理手段来减少污染排放和提高资源利用效率。虽然扩大产能、抢占市场是此时的注意力焦点，但随着政府绿色政策的导向、客户绿色需求的增加以及竞争者的绿色技术升级，企业也会将绿色发展纳入制定未来战略的考量。当基于末端治理的绿色技术创新达到"临界点"，企业和管理层的注意力也会随之发生转移，从而进入绿色转向期。

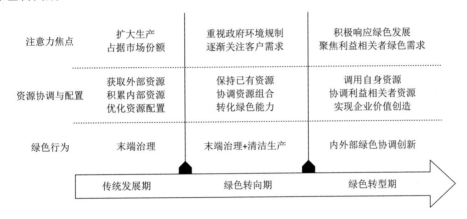

图 2-1　传统制造业企业绿色转型的注意力演化阶段

在绿色转向期，企业逐渐将注意力聚焦于外部环境和主体的绿色发展要求，希望满足客户持续增加的多样化绿色需求以及重视政府环境规制（李春发等，2021）。此时，大致有三种绿色能力转化方式：一是通过保持已有资源来维持现有的绿色能力；二是从已有的资源组合中调动部分资源补充到当前的绿色能力资源库之中，从而丰富当前的绿色能力范畴；三是改变原有知识创造的依赖路径，将从要素市场获得的新资源和已有资源进行组合，从而提高绿色能力。通过这三种方式，企业可以基于已有资源和新资源的组合形成自身的绿色能力，进而为企业的绿色创新提供支撑，此时企业已经具备了一定的绿色能力，并逐渐形成末端治理与清洁生产并重的绿色创新模式。绿色转向期作为绿色转型期的前置过渡期，见证着长期的绿色创新从"量变"达到"质变"的飞跃——获得国家级"绿色认证"，这标志着企业至少在供应链、产品、工厂的某一方面取得了行业领先且国家认可的绿色创新成果。自此，企业也正式步入了绿色转型的高质量发展阶段。

在绿色转型期，企业在积极响应国家绿色发展战略和政府绿色政策之余，逐渐将注意力聚焦于客户、供应链等重要利益相关者的绿色需求。此时，大致有三种资源使用方式：一是通过调用自身资源和绿色能力来促进企业的价值创造；二是通过资源协调来拉动不同的利益相关者参与企业的价值创造；三是基于企业的资源优势判断市场走向与识别市场需求，进而通过资源配置实现企业的价值创造。通过这三种方式，企业可以充分使用各方资源来实现企业绿色价值创造，从而为深化绿色创新与转型提供持续的竞争优势。此时，在原有绿色创新的基础上，企业开始注重内外部绿色协同创新，以绿色价值创造为导向，尝试与其他利益相关者进行合作，跨越组织边界的绿色创新行为不断出现。

（二）注意力配置视角下企业绿色转型模式识别与跃迁路径分析

1. 企业绿色转型的模式识别

企业管理层注意力配置动机和方向的不同会引发相应的行为和结果（Garg et al., 2003）。本节进一步对绿色转型的不同模式进行识别，构建出绿色转型模式矩阵（图2-2）。其中，横轴代表注意力配置的动机（被动和主动）。被动指企业出于遵循政府环境规制、响应绿色发展政策等目的进行绿色创新，主动指企业希望满足客户、供应链等利益相关者的绿色需求而积极主动地进行绿色创新（解学梅和朱琪玮，2021）。纵轴代表管理层注意力聚焦的方向（短视和长视）。短视指企业注重当下的利益最大化，侧重于自身产品和服务流程的改进（胡楠等，2021）；长视指企业注重未来的战略发展，侧重于探索新市场，寻求潜在客户和价值创造，着眼于未来的利益最大化（王君等，2021）。基于动机和方向两个维度，本节将绿色转型区分为被动型的隐形冠军绿色追赶模式、多重响应绿色蝶变模式，以及主动型的供应链绿色整合模式、产业链绿色集成模式。

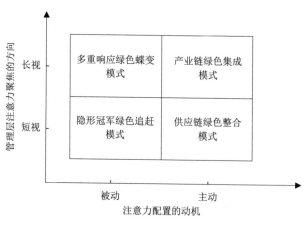

图 2-2　企业绿色转型的不同模式

被动型绿色转型企业的注意力配置往往关注政府的环境规制与绿色政策，基于此，根据注意力聚焦的是当前阶段还是未来阶段，进一步区分为隐形冠军绿色追赶模式和多重响应绿色蝶变模式。隐形冠军绿色追赶模式是指拥有"隐形冠军"身份的后发企业通过绿色追赶来缩小与先进企业的绿色技术差距。具体而言，采取这一模式的企业更加关注当前政府的环境规制与绿色政策等，倾向于优化企业自身的生产流程和经营活动等来进行响应。与此同时，加快绿色产品的研发与产业化进程，保持与已有供应商的密切合作，努力寻求多方资源参与企业绿色价值创造，以达到绿色追赶的目的。多重响应绿色蝶变模式是指企业积极响应政府、供应商等多方利益相关者当前和潜在的绿色需求与价值主张。具体而言，采取这一模式的企业更加关注未来的政府规制与政策环境等，倾向于顺应高质量发展理念以及满足绿色需求，进而调整企业可持续发展目标，协调多方利益相关者参与，通过资源配置形成绿色制造能力和自主研发能力，打造自身绿色优势，实现绿色价值共创。

　　主动型绿色转型企业的注意力配置往往关注客户需求，基于此，根据注意力聚焦的是当前需求还是未来需求，进一步区分为供应链绿色整合模式、产业链绿色集成模式两种模式。供应链绿色整合模式指企业在管理监督的基础上将绿色供应链主体整合到绿色价值共创进程中。具体而言，采取这一模式的企业更加关注当前的客户需求，倾向于整合当前内外部资源用于后续绿色创新，协调上下游供应商共同优化产品生产和服务流程，从而整合绿色供应链的绿色响应和绿色实践，提高企业环境绩效，实现绿色价值创造（Khaksar et al.，2016）。产业链绿色集成模式指企业协同多方利益相关者共同参与，实现产业链可持续发展和深度绿色集成。具体而言，采取这一模式的企业更加关注市场中潜在的绿色需求。企业会倾向于多渠道整合内外部资源，形成绿色创新能力、绿色智能制造能力以及自主创新能力，并广泛协调各方利益相关者共同参与绿色价值创造。

2. 企业绿色转型的跃迁路径

　　随着时间的推移，大部分管理者逐渐意识到企业绿色战略的边界在不断拓宽，制造业企业如何调整注意力配置，实现绿色转型尤为关键。由此，基于上述绿色转型模式矩阵，本节分析了企业实现深度绿色转型这一战略目标的长视引领、价值重构与双重预见三条跃迁路径（图2-3）。

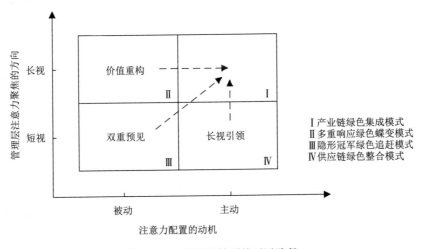

图2-3　企业绿色转型的跃迁路径

长视引领绿色跃迁路径是调整注意力方向，使企业更加"长视"，并增强前瞻性战略布局的意识，促进供应链绿色整合模式向产业链绿色集成模式转变。首先，在内部绿色整合过程中，企业要充分认识自身的绿色资源组合，努力拓宽绿色资源渠道；其次，在供应商绿色整合过程中，应当选择可以成为"绿色互补者"的供应商，打造多方参与的绿色信息交流平台（Wong et al.，2018；王君等，2021），避免其由于跟随焦点企业进行绿色转型引发成本增加而转向选择其他合作者；最后，在其他利益相关者整合方面，企业要扩大注意范围，将产学研联盟、民间环保组织、行业协会等主体纳入利益相关者网络，建立良好的交流合作关系，共同推进绿色转型进程。

价值重构绿色跃迁路径是调整注意力焦点，使企业更加主动地关注市场，聚焦客户等利益相关者的绿色需求，促进多重响应绿色蝶变模式向产业链绿色集成模式转变。首先，在环境规制与规范方面，企业在关注政府政策之余，应当开始重视企业所处的社会规范与价值观等，从而响应当地的绿色需求与偏好；其次，在环境公民行为方面，已有研究认为管理者的绿色意识与行为对环境公民行为有正向影响（Boiral et al.，2018）；最后，在国际化方面，企业需要重视不同客户的绿色转型压力，加快构建更可持续的商业运营模式，以满足客户的绿色需求。

双重预见绿色跃迁路径是同时调整注意力方向和焦点，使企业更加"长视"且关注市场，促进隐形冠军绿色追赶模式向产业链绿色集成模式转变。已有研究认为当"隐形冠军"企业开始技术追赶时，技术差距越小，企业绿色技术升级的驱动作用越明显；而技术差距越大，市场空间变化的驱动作用越明显（彭新敏和刘电光，2021）。因此，企业应当基于"隐形冠军"与后发企业的双重身份，选择合适的追赶战略，并重视市场需求的变化，从而实现绿色转型的跃迁。

二、股东 ESG 积极主义、管理层注意力配置与绿色技术升级

（一）股东 ESG 积极主义与企业绿色技术升级

股东积极主义是指股东利用所有权参与并影响公司实践、政策和优先事项的行动（DesJardine and Durand，2020），是推动公司管理变革和绿色转型的重要治理机制。在股东群体中，机构投资者表现得尤为活跃，对公司战略决策具有举足轻重的影响。近年来，随着全球气候变化风险的不断升级，众多机构投资者日益认识到 ESG 因素对其长期资源配置的关键作用（Krueger et al.，2020）。然而，实践中仍有大部分目标投资企业缺乏推进绿色转型的内部驱动力，从而减缓了企业绿色转型的进程。鉴于此，机构投资者可以基于其自身的 ESG 投资需求，采取积极主义行动来影响企业的绿色转型，而绿色转型的重要表现之一就是绿色技术升级。

首先，机构投资者能够向目标投资企业施加实质性的经济压力，利用企业价值可能遭受的潜在损失来左右其绿色技术升级的战略决策。在积极主义策略下，机构投资者常借助退出威胁来强化其在 ESG 议题上的影响力。作为金融市场投资趋势的指示器，机构投资者的退出威胁可被视为企业价值受损的预警信号，进而波及其他市场主体的交易动向，加剧目标投资企业股票市场的波动性或未来股价大幅下跌的风险（王谨乐和史永东，

2018）。因此，企业会积极响应机构投资者的 ESG 投资需求，加速绿色技术升级的进程。

其次，机构投资者凭借所有权优势，能够对企业绿色技术升级的决策施加影响。机构投资者通常持有较高比例的股份，其既可通过提交股东议案、反对管理层决策等手段介入企业的 ESG 管理，也可以积极运用投票权制约管理层，迫使其关注 ESG 投资需求，或推荐董事会成员直接参与企业的战略规划与资源配置（DesJardine and Durand，2020）。此外，机构投资者有能力揭示关联交易和定价转移中所掩盖的管理层自我牟利行为以及控股股东的侵占公司资产行为，从而抑制内部人员为个人利益而进行的非效率投资，有效监督企业资源向绿色技术升级倾斜。

最后，机构投资者可以通过游说管理层来影响企业绿色技术升级的决策。相较于公开的积极主义行为，私下沟通更能促使决策者全面考量并积极采纳积极主义股东的建议（张云等，2024）。这是因为通过会议讨论、电话交流、实地考察等多种途径，机构投资者能与企业管理层就治理结构、运营状况展开深入对话与分析，经过持续的沟通与理念渗透，促使企业更精确地评估自身经营风险，并重视 ESG 管理和可持续发展。这种协商方式有助于规避直接对抗，促进双方达成和谐共识。综上，本节认为机构投资者 ESG 积极主义可以促进企业绿色技术升级。

（二）管理层注意力配置的中介作用

管理层注意力配置作为组织战略决策的内在基石，已吸引学术界的广泛关注。鉴于管理层的有界理性和信息处理能力的局限性，其注意力作为一种稀缺资源，对企业的战略方向选择及资源配置具有重要影响（Joseph and Wilson，2018）。具体而言，管理层注意力搜索决定了绿色转型是否被纳入未来的战略规划。同时，管理层在资源配置上的权威地位，意味着其注意力的转移将有效引导关键战略资源的调动，确保企业绿色技术升级所需的资源供给。因此，本节将深入探讨管理层注意力配置在机构投资者 ESG 积极主义推动企业绿色技术升级过程中的中介作用。

一方面，ESG 积极主义提升了管理层对绿色技术升级的注意力搜索。机构投资者凭借关键的投票权，对董事会构成、高管薪酬及任命具有决定性影响（Goranova and Ryan，2014），这促使管理层将其视为关键利益相关者，并优先回应其 ESG 诉求，进而增加对 ESG 治理及绿色技术升级相关信息的关注。此外，持续的 ESG 积极主义行动可以不断激发并更新管理层的认知框架，促使其主动拓宽对绿色技术升级的搜索范围。

另一方面，ESG 积极主义增强了管理层对企业绿色技术升级的资源承诺与投入力度。在 ESG 理念的引领下，机构投资者觉察到绿色业务的长期价值，促使管理层超越资本市场的短期波动，以更强的内在动力投身于绿色转型，加大对绿色技术升级的资源投入。

管理层对 ESG 议题的关注，无疑会重塑其认知框架与决策逻辑，进而影响其行为策略的选择（Ocasio，1997）。在运营层面，管理层致力于优化传统管理模式与升级环保设施，引导资金向高能效与高效资源配置项目流动，推动企业绿色技术升级。在战略层面，管理层倾向于制定绿色组织政策与规范，将绿色创新实践融入企业文化。此外，他们还通过会议与日常交流向员工传播 ESG 理念，以自上而下的方式构建企业内部的 ESG 共识，促进资源的跨部门流动、协调与整合，加速企业绿色技术升级。综上，本节认为：

机构投资者 ESG 积极主义通过管理层注意力配置推动企业绿色技术升级。

（三）数字媒介在企业注意力搜索中发挥的聚焦功能

在数字化背景下，数字媒体的即时连通性和"核裂变式"的信息传播机制（Nambisan et al.，2019），极大地提高了信息的扩散速度并扩大了信息的传播范围，在短时间内产生了"聚光灯效应"。鉴于此，ESG 积极主义的相关信息能够迅速通过数字平台开放获取并广泛传播，这种数字聚焦效应进一步增强了管理层对 ESG 议题的重视。

首先，机构投资者在数字媒介的赋能下，拥有了更多的发声平台与施压手段，能有效利用其传播绿色发展理念。一方面，数字媒介倾向于选择并推广具有新闻价值或吸引公众注意力的内容，塑造公众舆论并推动社会共识的形成（Anderson，2011）。机构投资者的 ESG 积极主义行动契合媒体偏好及全球 ESG 趋势，相关报道加速了 ESG 理念的普及。另一方面，基于数字媒介的开放性和易获取性（Nambisan et al.，2019），利益相关者能轻松获取关于积极主义行动及企业回应的信息，并在虚拟社群中引发广泛讨论。这促使 ESG 积极主义更加显性化，更容易吸引管理层的注意。

其次，数字媒介还加强了 ESG 积极主义对企业合法性的压力，促使管理层即时关注 ESG 问题。当企业行为从机构投资者的偶然关注转变为社会广泛关注时，企业将承受更大的监管压力，包括客户、供应商、投资者及第三方等在内的群体通过数字媒介紧密跟踪企业的环保实践。群体智慧的汇聚对企业的组织合法性构成挑战（王霞等，2013），任何非绿色行为一旦被揭露，都可能增加企业的融资成本与运营负担（潘爱玲等，2024）。同时，非目标企业也可能捕捉到数字媒体传递的关键信号，将 ESG 责任视为超越竞争对手的机遇（Shi et al.，2020），进一步威胁目标企业的合法性地位。因此，管理层会加大对 ESG 议题及其解决方案的探索，更加聚焦于 ESG 治理与绿色技术升级。综上，本节认为：数字媒介在机构投资者 ESG 积极主义与管理层注意力配置之间起到正向的调节作用。

（四）研究设计

1. 样本选取与数据来源

本节选取 2012~2022 年中国沪深 A 股的 2660 家上市公司作为初始样本。自 2012 年起，中国研究数据服务平台（Chinese Research Data Services Platform，CNRDS）较为系统、完整地收录了本节测度机构投资者 ESG 积极主义所需的机构投资者关系管理数据，所以本节将研究起点设为 2012 年。遵循相关实证研究规范，对初始样本进行如下处理：①剔除金融、保险类行业和特别处理（ST）、退市预警（*ST）等类型的公司样本；②剔除变量观测值缺失的公司样本；③为了消除异常值的影响，对所有连续变量按照上下 1%进行缩尾处理。经过上述处理后，最终获得 12 801 个公司年度观测值。

2. 变量定义

1）被解释变量：绿色全要素生产率

企业绿色技术升级以绿色全要素生产率为代理指标。绿色全要素生产率是考虑了能源消耗和污染产出的新型全要素生产率，兼顾了经济和环境效益，是衡量绿色技术升级的合理指标。参考代表性文献的做法（Wu et al.，2022a），采用非期望产出超效率（slacks based measure-global Malmquist-Luenberger，SBM-GML）模型对企业绿色全要素生产率进行测算。将每个企业视为一个决策单元（decision making units，DMU），并假设每个 DMU 使用 N 类要素投入 X_n，生产 I 类期望产出 y_i 和 J 类非期望产出 b_j，在时期 $t(t=1,2,3,\cdots,T)$ 第 $k(k=1,2,\cdots,K)$ 企业的投入产出为 $\left(x_k^t,y_k^t,b_k^t\right)$。定义生产可能性集为

$$P^t(x^t)=\left\{(x^t,y^t,b^t)\,|\,x^t\geqslant\sum_{j=1,\neq k}^n\lambda_jx_j^t,y^t\leqslant\sum_{j=1,\neq k}^n\lambda_jy_j^t,b^t\leqslant\sum_{j=1,\neq k}^n\lambda_jb_j^t,\lambda_j\geqslant0\right\}\quad(2\text{-}1)$$

其中，λ_j 表示 j 维权重向量，$\lambda_j\geqslant0$ 满足规模报酬不变（constant returns to scale，CRS）条件，$\lambda_j\geqslant0$ 且 $\sum_{j=1,\neq k}^n\lambda_j=1$ 满足规模报酬可变（variable returns to scale，VRS）条件。令 (s^-,s^g,s^b) 为投入与产出的松弛变量。考虑到规模报酬可变更符合企业绿色全要素生产率增长的真实情境，本节构建基于规模报酬可变条件的超效率 SBM 模型：

$$\rho^*=\min\frac{\dfrac{1}{N}\sum_{n=1}^N\dfrac{x_n}{x_{nk}}}{\dfrac{1}{I+J}\left(\sum_{i=1}^I\dfrac{y_i}{y_{ik}}+\sum_{j=1}^J\dfrac{b_j}{b_{jk}}\right)}$$

$$\text{s.t.}\begin{cases}x\geqslant\sum_{j=1,\neq k}^n\lambda_jx_j\\[2mm]y\leqslant\sum_{j=1,\neq k}^n\lambda_jy_j\\[2mm]b\geqslant\sum_{j=1,\neq k}^n\lambda_jb_j\\[2mm]x\geqslant x_k,y\leqslant y_k,b\geqslant b_k\\[2mm]y_j\geqslant0,\ b_j\geqslant0,\ \lambda_j\geqslant0,\ \sum_{j=1,\neq k}^n\lambda_j=1,\ j=1,2,\cdots,N,\ j\neq k\\[2mm]x_n=x_{nk}+s^-,\ n=1,2,\cdots,N\\[2mm]y_i=y_{ik}+s^g,\ i=1,2,\cdots,I\\[2mm]b_j=b_{jk}+s^b,\ j=1,2,\cdots,J\end{cases}\quad(2\text{-}2)$$

其中，ρ^* 表示 DMU 效率值，ρ^* 越大表示企业的绿色全要素生产率越高。

GML 指数定义如式（2-3）所示：

$$\text{GML}_t^{t+1}=\frac{1+\overline{D^G}(x^t,y^t,b^t;y^t,-b^t)}{1+\overline{D^G}(x^{t+1},y^{t+1},b^{t+1};y^{t+1},-b^{t+1})}\quad(2\text{-}3)$$

其中，GML 指数大于 1 表示绿色全要素生产率增长，GML 指数小于 1 表示绿色全要素生产率下降。参考已有研究，将样本开始年份 2012 年设为基期并假定基期的企业绿色全

要素生产率为 1，通过各期 GML 指数累乘得到各期企业绿色全要素生产率。

由于缺乏企业层面的污染排放数据，本节基于市级数据衡量企业的污染排放量。SO_2、粉尘和废水排放的计算方法如下：首先，计算污染物 p（p=1,2,3）在企业所在城市 u（u=1,2,3,$\cdots$,n）的调整系数，即 $W_p = \dfrac{P_{pu}/\sum P_{pu}}{O_u/\sum O_u}$，$P_{pu}$ 表示城市 u 排放的污染物 p，$\sum P_{pu}$ 表示国家污染物 p 的总排放量，O_u 表示城市 u 的总工业产值，$\sum O_u$ 表示国家当年的工业总产值。计算加权调整系数后，城市 u 的污染物 p 的排放量调整为 $em_{pu} = W_p Y_{pu}$，Y_{pu} 表示城市 u 污染物 p 的原始排放。企业 k（k=1,2,3,$\cdots$,n）在城市 u 的污染物 p 的排放为 $em_{kp} = em_{pu} \dfrac{O_k}{O_u}$，$O_u$ 表示城市 u 的总工业产出值；O_k 表示企业 k 的工业产值。由于企业能源投入的数据同样缺失，基于市级数据，其计算公式为 $IP_{kp} = IP_{pu} \dfrac{O_k}{O_u}$，其中 IP_{pu} 表示企业所在城市的总耗电量。企业绿色全要素生产率测量中使用的投入和产出指标如表 2-1 所示。

表 2-1　企业绿色全要素生产率测量中使用的投入和产出指标

变量	指标	计算方法	数据来源
投资指数	资本投入	当期资本存量	中国经济金融研究数据库（China Stock Market & Accounting Research Database，CSMAR 数据库）
	固定资产投入	当期新增固定资产投入	
	劳动力投入	企业期末员工人数	
能源投入	工业电力	$IP_{kp} = IP_{pu} \dfrac{O_k}{O_u}$	《中国城市统计年鉴》
期望产出	工业产出	主营业务收入	CSMAR 数据库
非期望产出	SO_2 排放	$em_{kp} = em_{pu} \dfrac{O_k}{O_u}$	《中国城市统计年鉴》
	粉尘排放		
	废水排放		

2）解释变量：机构投资者 ESG 积极主义

机构投资者参与公司治理的重要途径之一是实地调研，访谈数据中涉及提问与回答等关键互动信息，在一定程度上反映了机构投资者对公司治理的意见（张云等，2024）。借鉴 Cao 等（2022）的研究，本节从 CNRDS 中获取了实地调研的访谈记录，通过文本分析，以访谈数据中 ESG 关键词词频占全部文本的比例来衡量机构投资者 ESG 积极主义。

ESG 关键词词库通过以下五个步骤构建。第一步，收集 2012 年至 2022 年上市公司的 ESG 报告和 ESG 委员会规则文件，使用 Python 将其转换为文本（txt）格式并提取文本。第二步，基于 Python 的结巴（Jieba）中文分词功能对选定好的样本进行分词处理，并进行词频统计，剔除年份，连词等关联度较低的词语后，筛选出与 ESG 相关的高频词汇 630 条。第三步，进一步缩小关键词范围。基于第二步形成的词汇从上市公司总样本中提取其前后文本，并寻找出现频率较高的文本组合。第四步，参考 Lee 和 Raschke（2023）的研究，对关键词进行补充，形成最后的分词词典。第五步，基于自建的分词词典，使用 Jieba 功能对所有样本进行分词处理，从环境、社会、治理及总词数四个维度进行统计。

3）中介变量：管理层关注

参考冯健等（2022）的研究，本节基于公司年报中"管理层讨论分析"部分，通过文本分析来测量管理层注意力，以衡量管理层关注，即基于上述 ESG 词库，使用 Jieba 功能对该部分文本进行分词处理，统计 ESG 关键词词频占该部分文本的比例。

4）调节变量：数字媒介

参考 Wei 等（2017）的研究，本节将股吧帖子数量的自然对数作为数字媒介的代理指标。具体而言，将公司以股票代码、公司简称、公司全称等为关键字的股吧帖子数进行年度加总。帖子的数量越多，说明公司受到的数字媒介的关注度越高。

5）控制变量

本节还控制了可能对企业绿色全要素生产率有显著影响的变量。资产规模是指总资产的规模并取自然对数。现金持有量以现金和现金等价物占扣除了现金和现金等价物的总资产净额的比例来衡量。资产负债是年末总负债与总资产的比率。资产增长率是指本年资产总额与上一年资产总额的差额比上一年资产总额。持股集中是前 10 名股东的持股比例之和。高管规模是指董监高人数。两职合一为董事长是否同时兼任总经理职务的虚拟变量，是则取 1，否则取 0。上市年用当年与上市年份之间的时间差并取对数来衡量。研发占比是指企业研发费用总额占销售收入总额的比例。企业规模用公司员工的总人数并取对数来衡量。

3. 模型设定

首先对样本数据进行豪斯曼检验，检验结果显著拒绝进行随机效应的原假设，故选择固定效应模型检验机构投资者 ESG 积极主义对企业绿色技术升级的影响，设定模型为

$$GTFP_{i,t} = \alpha_0 + \alpha_1 IIEA_{i,t} + \alpha_i \sum Control_{i,t} + Year + Industry + \varepsilon_{i,t} \quad (2-4)$$

其中，$GTEP_{i,t}$ 表示企业 i 在 t 年的企业绿色全要素生产率；$IIEA_{i,t}$ 表示企业 i 在 t 年经历的机构投资者 ESG 积极主义；$\sum Control_{i,t}$ 表示控制变量集合；纳入年份固定效应（Year）和行业股东效应（Industry）以分别控制时间变化和行业异质性；$\varepsilon_{i,t}$ 表示随机扰动项。

（五）实证结果与分析

1. 描述统计和相关性分析

主要变量的描述性统计结果如下，企业绿色全要素生产率的均值为 1.08，最大值为 1.79，中位数为 1.07，且标准差为 0.135，说明不同样本公司的绿色全要素生产率差异较大。机构投资者 ESG 积极主义的均值和中位数均为 0.05，标准差为 0.032，说明半数以

上的机构投资者有 ESG 偏好。同时，在回归分析之前，本节还进行了多重共线性检验，计算了各变量的方差膨胀因子。结果显示，各变量方差膨胀因子远小于临界值 10，因此变量之间不存在多重共线性问题。

2. 基准回归分析

表 2-2 列示了基础回归分析的结果。模型 1 报告了仅控制行业固定效应和年份固定效应时，机构投资者 ESG 积极主义与企业绿色全要素生产率之间的关系，结果显示，机构投资者 ESG 积极主义的估计系数为 0.851，且在 1%的水平上显著。模型 2 至模型 5 加入控制变量并逐步控制固定效应，结果显示，机构投资者 ESG 积极主义的估计系数均为正值且在 1%的水平上显著，表明控制了企业异质性相关变量后，机构投资者 ESG 积极主义仍能够显著提升企业绿色全要素生产率，推动企业绿色技术升级。这与股东积极主义文献表明的观点一致（王谨乐和史永东，2018），即机构投资者参与是一种积极的治理机制，其具有更强的内驱力监督和引导企业的绿色治理行动，并加大对企业的绿色投资，从而有效促进企业的绿色技术升级。特别是近年来，中国政府为机构投资者参与公司治理提供了良好的政策环境，其中，由中国证券监督管理委员会发布的《关于加快推进公募基金行业高质量发展的意见》提出，要"推动公募基金等专业机构投资者积极参与上市公司治理，既要'用脚投票'，更要'用手投票'，助力上市公司高质量发展"，强调了机构投资者参与治理的重要性，上述实证结果为此提供了相关的经验证据。

表 2-2　基准回归分析

变量	模型 1	模型 2	模型 3	模型 4	模型 5
	企业绿色全要素生产率	企业绿色全要素生产率	企业绿色全要素生产率	企业绿色全要素生产率	企业绿色全要素生产率
机构投资者 ESG 积极主义	0.851***	1.657***	1.628***	0.697***	0.674***
	(0.052)	(0.045)	(0.045)	(0.055)	(0.053)
控制变量	不控制	控制	控制	控制	控制
常数项	1.035***	0.789***	0.790***	1.126***	1.155***
	(0.003)	(0.039)	(0.040)	(0.035)	(0.037)
行业固定效应	控制	不控制	控制	不控制	控制
年份固定效应	控制	不控制	不控制	控制	控制
观测值	12 801	12 801	12 801	12 801	12 801
调整 R^2	0.327	0.201	0.208	0.332	0.339

注：括号中为企业层面的聚类标准误

***表示 1%的显著性水平

3. 中介机制检验

中介机制检验结果如表 2-3 所示，模型 1 为基准回归结果，与上述研究结果一致。模型 2 为管理层关注对机构投资者 ESG 积极主义的回归结果，机构投资者 ESG 积极主义的估计系数为 1.875，且在 1%的水平上显著，表明 ESG 积极主义显著增强管理层对 ESG 问题的关注。模型 3 为企业绿色全要素生产率对管理层关注的回归结果，管理层关注的估计系数为 5.170，且在 1%的水平上显著，表明管理层关注可以有效提升企业绿色全要素生产率。模型 4 用企业绿色全要素生产率同时对机构投资者 ESG 积极主义和管理层关注进行回归，结果显示，机构投资者 ESG 积极主义和管理层关注的估计系数分别为 0.350 和 4.967，且在 1%的水平上显著。这表明管理层关注在机构投资者 ESG 积极主义与企业绿色全要素生产率间起到部分中介作用。对于机构投资者而言，尽管他们借助信息优势和大股东地位可以引导企业进行绿色技术升级，但企业战略决策和资源配置的决定权仍掌握在管理层手中。因此，机构投资者 ESG 积极主义需要通过管理层注意力作用于企业绿色技术升级。这一管理层注意力机制在战略管理领域同样得到证实（解学梅和韩宇航，2022），即外部环境可以改变管理层的注意力焦点，管理层在注意力牵引下选择与组织战略相适配的资源行动，推动企业战略变革。在本节中，机构投资者 ESG 积极主义作为关键环境线索，促使管理层将更多注意力聚焦于企业 ESG 治理，并据此调动企业资源以加快企业绿色转型。

表 2-3　管理层注意力配置的中介效应

变量	模型 1	模型 2	模型 3	模型 4
	企业绿色全要素生产率	管理层关注	企业绿色全要素生产率	企业绿色全要素生产率
机构投资者 ESG 积极主义	0.674***	1.875***		0.350***
	(0.053)	(0.178)		(0.048)
管理层关注			5.170***	4.967***
			（0.151）	(0.151)
控制变量	控制	控制	控制	控制
常数项	1.155***	5.620***	0.788***	0.769***
	(0.037)	(0.137)	(0.035)	(0.035)
行业固定效应	控制	控制	控制	控制
年份固定效应	控制	控制	控制	控制
观测值	12 801	12 801	12 801	12 801
调整 R^2	0.339	0.360	0.425	0.429

注：括号中为企业层面的聚类标准误

***表示 1%的显著性水平

4. 数字媒介的调节效应检验

表 2-4 显示了管理层关注对机构投资者 ESG 积极主义与数字媒介交互项的回归结果，机构投资者 ESG 积极主义×数字媒介的估计系数为 0.012，且在 1%的水平上显著，表明数字媒介加强了机构投资者 ESG 积极主义对管理层关注的促进作用。对机构投资者而言，数字媒介的普及加强了市场主体和企业间的交流与互动，利益相关者通过数字媒

介可以及时获取企业信息，如机构投资者对目标企业发起的 ESG 积极主义，并通过具有社交属性的数字媒介发表观点和意见，由此形成的社会性压力促使目标企业尽快遵循机构投资者的 ESG 治理建议，加快绿色技术升级；对企业而言，数字媒介加强了管理层对外界信息的聚焦，数字媒介通常会传播具有趣味或争议的热点议题，因此，数字媒介所传递的信息会促使企业更加重视 ESG 积极主义，从而有利于企业采取机构投资者建议以大力推进绿色技术升级。

表 2-4　数字媒介的调节效应

变量	管理层关注
机构投资者 ESG 积极主义	−0.037
	（0.030）
数字媒介	−0.001***
	（0.000）
机构投资者 ESG 积极 主义×数字媒介	0.012***
	（0.003）
控制变量	控制
常数项	0.083***
	（0.004）
行业固定效应	控制
年份固定效应	控制
观测值	12 801
调整 R^2	0.216

注：括号中为企业层面的聚类标准误

***表示 1%的显著性水平

三、注意力牵引下数字智造与绿色技术升级绩效

（一）数字智造在企业注意力配置中发挥的牵引功能

在当今快速变化的市场环境中，企业如何高效配置其有限的注意力资源，成为其构建竞争优势和促进可持续发展的关键因素之一。数字智造是将自动化和数字化的多种智能技术纳入组织架构的新模式（陈剑等，2020），其作为企业绿色转型的核心驱动力之一，正逐步重塑企业的运营模式和管理体系，提升其战略柔性，特别是在企业注意力配置中展现出强大的牵引功能。

数字智造可以显著提升管理层跨部门跨组织的协调能力，有利于管理层传播自身的ESG 理念，从而实现组织中 ESG 理念的协同整合。数字技术开放包容的特性允许其他主体共同参与和分享信息（Nambisan et al.，2019），这使管理层可以借助各类数智工具与员工、客户以及供应链上下游相关利益者建立即时连接和高效沟通的渠道，并积极传递 ESG 理念。高效的信息交流与互动可以在组织内部将管理层的 ESG 认知转化为组织

层面统一的主导文化（张璐等，2020），从而将组织中各部门的注意力牵引至 ESG 实践与绿色转型的进程上，提高部门间资源协调的一致性；与此同时，对于组织外部广泛的利益相关者，可以联合供应链上下游共同确立 ESG 导向（Jin et al.，2024），从而提高供应链整体的绿色转型意识，为企业绿色技术升级提供更强的驱动力。

（二）数字智造对企业绿色技术升级的赋能效应

数字智造将管理层以及企业内外部利益相关者的注意力牵引至绿色转型，不仅增强了管理层对企业生产经营各环节的洞察力和调动内外部资源的能力，也有助于提高企业绿色技术升级的速度和效率。由于管理层注意力有限，全面掌握所有业务环节的信息是一项巨大的挑战。然而，数字技术为解决这一问题提供了可能。一方面，数字技术具有可供性，即数字技术基于功能与形式、内容与媒介的有效分离而带来的行动潜力（刘洋等，2020），使管理层可以构建全场景覆盖的数字化系统，实现供应链数据和信息的全局可视化，进而赋能企业的绿色技术升级。具体而言，数字技术可以通过实时数据的收集与分析，辅助管理层迅速识别并解决供应链中的瓶颈问题，减少不必要的资源浪费。信息的透明化使各环节间的协作更为流畅，决策过程得以加速，进而降低信息不对称造成的额外成本。这极大地减少了管理层在企业生产经营过程中的对接成本、沟通障碍和协调复杂度，提升了供应链的整体运行效率。

另一方面，数字技术具有自生长性，即数字技术因适应环境而产生自发变化的能力（Nambisan et al.，2019），这为分析和响应市场需求提供了技术支持。例如，智能传感设备作为数字技术的典型应用，可自发从外部环境中获取信息并利用智能算法对市场行为进行建模、预测和分析，为管理层针对性投放资源以开发新的功能和产品，或改良当前的功能和产品提供决策参考。与此同时，数字技术也能促进绿色技术的自我迭代与创新，进一步提升企业绿色转型的速度和效率。综上，本节认为：数字智造在管理层注意力配置与企业绿色技术升级之间起到正向调节作用。本节的整体理论框架如图 2-4 所示。

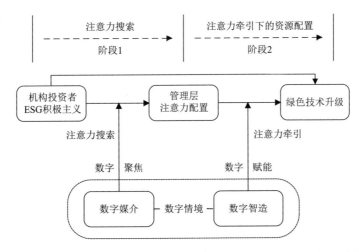

图 2-4　股东 ESG 积极主义、管理层注意力配置与绿色技术升级的理论框架

（三）实证结果与分析

1. 变量定义

数字智造。公司年报中的"管理层讨论分析"部分更多地体现管理层注意力聚焦数字化的程度，而非更多地体现企业在产品生产与经营管理中数字技术的应用程度。因此，本节借鉴吴非等（2021）的研究，选取上市企业公布的年度报告，使用其中非"管理层讨论分析"部分的数字化转型词频的自然对数来进行统计。

2. 数字智造的调节效应检验

表2-5检验了数字智造的调节效应，结果显示，管理层关注×数字智造的估计系数为0.894，且在1%的水平上显著，表明数字智造在管理层注意力配置与绿色技术升级之间起到正向调节作用。近年来，数字化已成为企业转型的必然趋势，《中共中央 国务院关于促进民营经济发展壮大的意见》中明确指出，"加快推动数字化转型和技术改造"。这是由于数字智造可以将繁杂的业务体系整合到统一的技术架构中，并打造企业内部的数字生态联动，赋能各业务环节的运作优化。在本节研究中，数字智造赋能企业业务实践，提升了管理层注意力牵引下资源合理配置的响应速度和效率，加强了管理层推动绿色技术升级的行动和能力。

表2-5　数字智造的调节效应

变量	企业绿色全要素生产率
管理层关注	3.454***
	(0.269)
数字智造	−0.024***
	(0.005)
管理层关注×数字智造	0.894***
	(0.136)
控制变量	控制
常数项	0.862***
	(0.034)
行业固定效应	控制
年份固定效应	控制
观测值	12 801
调整 R^2	0.440

注：括号中为企业层面的聚类标准误

***表示1%的显著性水平

第三节　企业绿色创新破解"和谐共生"难题的合法性
理论研究

随着环境问题的日益严峻，探索企业与环境"和谐共生"的可持续发展路径已成为学术界广泛关注的焦点（李维安等，2019）。现有研究多从合法性角度出发，分析环境法规（Yu et al.，2017）及市场绿色需求等外部因素对企业绿色创新的影响（Lin et al.，2023）。部分研究还强调，合法性能显著增强企业可持续发展绩效（Wei et al.，2017；Zhang et al.，2018）。这表明，合法性战略已被视为促进企业全面绿色转型的重要手段。本节首先从二元合法性的视角，探讨制造业企业绿色创新影响其可持续发展绩效的作用机制。基于 2013~2018 年中国制造业重污染上市公司的数据，实证研究发现绿色创新可以促进企业可持续发展绩效，二元合法性在这一关系中发挥了中介作用。同时，伦理型领导可以正向调节绿色工艺创新与二元合法性之间的关系。其次，在中国的经济结构中，家族企业占据着突出地位。因此，基于对 2977 个有效样本的实证分析，本节探讨家族企业可持续发展责任合规战略的选择。结果显示，家族企业同时采用印象管理和实质性回应两种策略。并且，公众压力对印象管理的使用有积极的调节作用，而政治关联对实质性回应有负向调节作用。这些发现为企业通过印象管理和绿色创新等实质行动提升组织合法性、推进全面绿色转型提供了启示。

一、企业可持续发展合法性构建的文献回顾

（一）企业可持续发展的合法性理论基础

Suchman（1995）将合法性阐释为"在一个由规范、价值、信念和定义构建的社会体制内，认定一个实体的行为是可取的、恰当的、合适的等一般性的感知和假定"。在组织层面，合法性源自组织行为与其所处社会环境期望之间的一致性，它反映了组织在社会环境中获得资源拥有者认可的程度（冯天丽和井润田，2009）。此外，合法性是制度理论最重要的假设之一，因此，早期关于合法性的研究多从"制度理论"视角展开，强调企业需嵌入特定制度环境，并顺应此环境以获得合法性，从而确保其存续与发展（DiMaggio and Powell，1983）。这种基于"制度逻辑"的合法性理论称为适应合法性，它将合法性视为企业须遵从相关规范与行为标准的一种约束（Tornikoski and Newbert，2007）。随着相关研究的不断深入，学者发现，组织合法性的提升不仅要求企业通过行为趋同（包括强制、模仿及规范趋同）获得社会参与者的认可，进而获取资源，而且需通过优化资源配置来高效利用资源，将资源投入转化为创新产出，并塑造可信的企业形象，以获取持续的竞争优势（Tornikoski and Newbert，2007）。

在经济转型期，企业常通过两种战略来获取合法性：一是构建关系网络，特别是政治关联，以优化企业制度环境；二是通过慈善捐赠等手段改善企业形象与经营模式（Tornikoski and Newbert，2007；冯天丽和井润田，2009）。因此，合法性理论得到了新的解读，即合法性被视为企业的关键资源，有助于企业获取生存与发展所需的资源、信

息、技术、政府支持及顾客信任等（Zimmerman and Zeitz，2002）。还有一种基于"效率逻辑"的合法性理论，即战略合法性，其强调合法性是通过企业战略获得的一种资源，关注企业如何主动采取合法行动以迅速调配资源、优化资源配置（Tornikoski and Newbert，2007）。基于此，学者开始从"制度逻辑"与"效率逻辑"的综合视角探讨二元合法性问题，即适应合法性与战略合法性（Tornikoski and Newbert，2007）。二元合法性既体现了利益相关者对企业行为是否符合期望的正面评价（Suchman，1995），也反映了企业在资源投入与配置上的合理性及其资源协调战略（Tornikoski and Newbert，2007；魏江等，2020）。

随着气候变化风险问题愈发凸显，全人类面临着环境变化、气候风险、民生福祉等可持续发展挑战（Avrampou et al.，2019）。企业作为社会中的基本组织形式，在实现可持续发展目标的过程中处于关键地位（Silva et al.，2018）。而二元合法性框架为企业打造绿色形象，构建可持续发展合法性提供了理论支撑。一方面，从适应合法性的视角出发，企业可以在产品生产、运营管理、绿色创新等方面使其行为与社会期望相一致，提高相关社会参与者的满意度与认可度，构建企业绿色形象，进而增强其适应合法性，获取相关资源以促进企业可持续发展。另一方面，从战略合法性的视角出发，企业可以通过积极承担环境责任、大力推进绿色转型以及整合与优化各方资源等措施来提升其核心竞争优势，同时通过慈善捐赠等手段提升企业绿色形象，进而增强其战略合法性，改善其可持续发展绩效。这两种视角并不是非此即彼、相互排斥的，企业的外部社会环境与主观能动性均会对其行为和战略产生影响，因此，兼顾适应合法性与战略合法性才能更好地构建企业可持续发展合法性。

（二）合法性框架下企业可持续发展的影响因素梳理

在新兴市场，特别是亚洲市场，企业的可持续发展不仅受到经济因素的驱动，还深受制度压力和利益相关者的深刻影响。制度理论为理解这些市场中的企业决策行为提供了关键的理论框架。该理论强调，合法性追求是企业履行社会契约的主要动力。企业需通过合法的经济和社会活动来证明其存在的正当性，并利用制度和社会信仰来维持自身的合法性与社会稳定。当利益相关者认为企业行为不合法时，可能会对企业实施严厉制裁（DiMaggio，1997）。

在合法性框架下，环境绩效已成为企业可持续发展的重要目标。消费者环保意识的提升影响了消费习惯，降低了对环境不友好产品的购买意愿，同时增强了对具有绿色形象、环保声誉较高的企业的认同感。"绿色"品牌在消费品市场中的传播，进一步推动了企业绿色形象对品牌购买的积极影响。因此，出于对企业财务绩效和环境社会责任绩效的考量，企业开始采取对环境负责的行动，如绿色创新，并将其视为合法性的重要来源。

在可持续发展背景下，制度压力促使企业在经济发展与环境保护之间寻找平衡（Wang et al.，2019）。为响应利益相关者的环保需求，企业实施可持续发展承诺，以提升其合法性（Bansal and Clelland，2004）。随着《2030 年可持续发展议程》等国际倡议的推动以及国家环境政策的加强，新兴市场中的中小企业面临的环境监管压力日益增大（Patton et al.，1994)。这些公众压力与环境规制加剧了中小企业环境行为与可持续发展责任之间的差距，给其品牌形象和合法性带来了额外风险。

为了维护绿色形象和应对声誉损失风险，中小企业采取多种策略。一方面，它们通过绿色创新等实际行动有效减少污染和碳排放，从而获得政府、客户等利益相关者的认可（Cadez et al.，2019）；另一方面，它们通过慈善捐赠提高企业声誉和合法性，以抵消环境不当行为带来的负面影响（Block and Wagner，2014）。在新兴国家，由于绿色消费尚处于初级阶段，消费者往往难以区分环境合法性与一般合法性（Zhang et al.，2018）。因此，企业可能通过在不相关领域展现良好行为来维护声誉，掩盖或粉饰环境不当行为（Bansal and Clelland，2004）。慈善捐赠就常被用作危机管理策略，以修复受损的企业形象和声誉（Godfrey，2005）。然而，随着营销导向的慈善活动增多，消费者对慈善捐赠背后的动机持怀疑态度（Foreh and Grier，2003）。过度吹嘘慈善行为可能导致伪善和商业主义的指责（Brammer et al.，2009）。因此，企业的慈善捐赠策略变得日益复杂，特别是部分捐赠活动涉及多元化的隐藏议程（Foreh and Grier，2003）。例如，中小企业可能通过慈善捐赠减少监管处罚（Du，2015）、获得政治偏袒、加强政治关联以及提升企业声誉。

因此，本节旨在分析企业环境行为对可持续发展绩效的影响与作用机制，同时分析企业可持续发展责任合规策略的选择及其决策调节因素，期望为企业在合法性框架下实现可持续发展提供新的视角和启示。

二、企业绿色创新、二元合法性与可持续发展绩效

（一）企业绿色创新与可持续发展绩效

企业绿色创新是由产品开发、流程改进、服务改良及管理变革等组成的创新，它不仅为企业与客户创造价值，还显著减轻了对环境的负面影响（Hojnik and Ruzzier，2016）。与传统创新模式不同，绿色创新着重运用新技术与新理念，旨在实现资源高效利用与污染有效减少，同时确保企业的财务绩效（王彩明和李健，2019）。因此，企业越来越将绿色创新视为在竞争环境中获取可持续竞争优势的关键策略（Fernando et al.，2019）。根据现有研究，绿色创新可细分为绿色工艺创新与绿色产品创新（el-Kassar and Singh，2019）：绿色工艺创新包括清洁生产和末端治理的技术创新，通过优化或开发新工艺减少有害物质生成、降低污染物排放及提升能源使用效率（Xie et al.，2019）；绿色产品创新则强调在原材料选择、产品设计与包装等环节融入环保理念，旨在减轻产品全生命周期的负面环境影响（Chan et al.，2016）。已有文献基于资源基础观探讨了这两类创新的作用机制，如绿色工艺创新对企业财务绩效的影响（Xie et al.，2016）；以及两者对企业环境绩效（Huang and Li，2017）与竞争优势的作用。然而，这些研究主要聚焦于绿色创新的重要性，未能深入探讨不同类型绿色创新作用机制的深层次差异。

尽管这两种类型的绿色创新对企业可持续发展均有积极影响，但其作用路径有所不同。绿色工艺创新通过替代能源使用、工艺改进及资源循环利用等手段，提高能源效率、

减少废弃物，确保生产合规，避免环境处罚（Xie et al.，2016；Yu et al.，2017），并通过工艺优化提升生产效率，降低成本（Xie et al.，2016），同时获得技术领先并提升环境治理能力（Chiou et al.，2011）。绿色产品创新则通过采用环保材料降低产品能耗，完善回收体系（Chan et al.，2016），减少产品全生命周期的环境负面影响，并通过环保特性构建差异化竞争优势，如提升企业绿色形象，赢得利益相关者信任，获取环境溢价，提高财务绩效。综上，企业在实施绿色创新时，既能通过绿色工艺创新节约资源、改进技术、保护环境，又能通过绿色产品创新获取环境溢价、提升绿色形象，从而增强可持续竞争优势。因此，本节认为绿色工艺创新和绿色产品创新可以改善企业环境社会责任绩效与财务绩效，进而促进可持续发展绩效。

（二）二元合法性的中介机制

基于合法性视角的绿色创新研究主要关注其适应合法性，探讨了政府环境法规对企业绿色创新活动的推动作用（Hojnik and Ruzzier，2016），而关于企业利用特定战略主动获取合法性的探索尚不充分。在中国独特的制度文化背景下，政府始终占据主导地位，企业必须遵守环境法规。然而，随着经济转型的推进，企业通过向消费者提供"环境溢价"产品，有效降低合法性的成本，进而增强自身的竞争优势。因此，企业倾向于积极抢占绿色市场，并通过优化资源配置来获取所需资源。在此背景下，绿色创新战略不仅体现了企业对政府规制的被动遵循，更成为企业主动获取合法性的有力手段。具体而言，实施绿色创新首先表明企业具备承担环境社会责任的自觉（Poussing，2019）；其次，在环保主义盛行的当下，绿色创新被视为一种普遍认同的企业特性和核心理念；最后，企业实施绿色创新是对政府绿色补贴及消费者购买"溢价"环保产品的积极回应。合法性不仅塑造了利益相关者对企业的看法，还影响了他们对企业经济行为的理解与认知。因此，政府、消费者等利益相关者通常认为具备合法性的企业更具可预测性、价值性、社会使命感及可信度。基于此，本节从二元合法性的角度出发，深入探究企业绿色创新与可持续发展绩效的内在机制。

1. 适应合法性的中介效应

一方面，企业的绿色创新实践对于提升其适应合法性具有显著作用。具体而言，绿色工艺创新通过改进生产工艺等手段，从源头上阻止污染及有害废弃物的产生，达成环境治理目标（Xie et al.，2016），进而助力企业满足清洁生产和减少污染排放等环境法规要求，从而增强企业的适应合法性（Shu et al.，2016）。而绿色产品创新则旨在减少产品生命周期内的负面环境影响（Chan et al.，2016），通过采用环保材料、优化包装设计、实施回收再制造等措施，降低能源消耗，提升产品质量，进而赢得客户等利益相关者对企业环保行为的认可（Shu et al.，2016；Wei et al.，2017）。

另一方面，从"制度逻辑"视角来看，适应合法性能够正向影响企业的可持续发展绩效。鉴于中国政府在经济活动中的核心地位，适应合法性可以给企业带来丰富的稀缺资源和优惠政策，推动企业成长（Wei et al.，2017；郭海等，2018）。近年来，中国政府已将"绿色发展"确立为制造业未来发展的核心战略。这意味着，在中国制造业绿色转型的关键时期，企业若能采取与政府环境规划相契合的环境战略，将有助于其获取政府提供的资源和技术支持，如税收减免、污染治理专项资金、优惠贷款、行业准入资格等（Xie et al.，2016）。此外，获得政府的官方认可不仅能有效减少政府对企业经营活动的过多干预，而且政府与消费者对产品的认可还能为企业拓展市场和进入新市场提供便利，进而推动企业可持续发展绩效的提升（Wei et al.，2017）。

综上，适应合法性不仅体现了企业环保行为与社会期望的一致性，还能缓解社会环境规制的压力，赢得利益相关者的认可；并且，政府会由于感知到企业的绿色创新价值而将合法性作为一种回报，这有助于企业获得生存与发展所需的资源，从而提高企业的可持续发展绩效。因此，本节认为绿色创新可以通过增强企业的适应合法性，从而提高企业的可持续发展绩效。

2. 战略合法性的中介效应

一方面，企业的绿色创新举措能够增强其战略合法性。其中，绿色工艺创新助力企业达成资源高效利用与环境保护的战略目标，有效规避环境污染相关的负面媒体曝光，塑造积极的企业绿色形象（Xie et al.，2016）；绿色技术创新能赢得行业伙伴的信赖，进而有利于企业构建稳固的业务合作关系网络（Shu et al.，2016；Wei et al.，2017）；绿色产品创新则彰显了企业积极承担环境社会责任的姿态，可以满足甚至创造消费者的绿色需求，提升消费者的附加价值。

另一方面，战略合法性的提升对企业可持续发展绩效具有积极作用。首先，具备高度战略合法性的企业通常拥有卓越的资源配置能力，确保经营过程中资源的有效投入与高效产出；同时，战略合法性还增强了企业的议价优势，有助于降低运营成本。其次，良好的战略合法性促使顾客价值观与企业内部价值观相契合，形成情感共鸣，进而提升顾客的购买意愿与忠诚度（Wei et al.，2017）。最后，高战略合法性可以为企业构建广泛的社会关系网络，提供丰富的信息与知识资源。具体而言，战略合法性促进了企业与外部环境的深度交互，使企业能够整合各方利益相关者的信息与资源，助力企业知识体系的重构与市场机遇的把握（Huang and Li，2017），从而推动可持续发展绩效的提升。

综上，战略合法性体现了企业在履行环境社会责任方面的主动性，通过"效率逻辑"优化了资源配置，积极响应市场导向；同时，认识到绿色创新价值的消费者将合理的环境溢价视为对企业环保产品的正向回馈。此外，战略合法性有助于企业引导社会舆论，进一步提升企业声誉与绿色形象。因此，本节认为，绿色创新可以通过增强企业的战略合法性，提高企业的可持续发展绩效。

（三）伦理型领导在企业绿色创新中的促进作用

伦理型领导兼具"伦理个体"与"伦理管理者"的双重特质，即那些展现出诚实、正直及关怀等社会典范行为的管理者，他们往往身体力行，激励并引导员工效仿此类行为（Brown et al.，2005）。基于中国的传统文化，伦理道德与"和谐共生"的理念不谋而合:"仁者爱人"的伦理准则映射出自我约束与人性尊重的价值观,而"道法自然"的伦理共识则揭示了尊重自然与法制的精神(Xing and Starik, 2017)。此外,Jones 等(2017)在可持续发展框架下,指出伦理框架包含关怀伦理与可持续发展伦理两大支柱。据此,本节认为,伦理型领导不仅应具备正直、诚信、公正等伦理特质(Brown et al., 2005),还应秉持环保与可持续发展的理念(Jones et al., 2017),即展现人文主义与环保主义的双重关怀。

首先,本节探讨伦理型领导对绿色创新与企业适应合法性关系的调节作用。伦理型领导所塑造的企业文化有助于提升企业的社会责任表现,使之符合多方利益相关者的期望(Pasricha et al., 2018)。然而,领导者对环境规则的不同解读(如视为阻碍或挑战)会导致不同的响应策略(积极支持、被动顺应或消极抵抗),进而影响绿色创新的实施。一方面,通过"意义赋予"机制,伦理型领导能更准确地把握社会对环境规范的要求,并通过自身的伦理示范,促进员工对绿色生产必要性的认同,提升企业的环保意识(徐建中等,2017)。因此,企业更倾向采用清洁能源与环保设备,提升绿色工艺创新水平,以符合环保要求的经济活动赢得社会认可,即适应合法性。另一方面,基于"情感共鸣"机制,伦理型领导更易获得员工的"信任回馈",激发员工对企业有利的工作行为(仲理峰等,2019),并通过明确的奖惩机制,促进资源节约,强化企业的环保实践。由此,企业通过保障绿色产品质量,更易获得政府的认可,从而增强其适应合法性。因此,本节认为伦理型领导在绿色创新与适应合法性关系中发挥正向调节作用。

其次,本节探讨伦理型领导对绿色创新与企业战略合法性关系的调节作用。伦理型领导的正直、公平与诚实原则不仅有助于构建节约资源的企业文化,促进内部沟通与知识共享,激发创新思维,提高资源利用效率(Mo et al., 2019),还能影响社会整体的环保氛围,塑造良好的企业形象。在企业运营中,伦理型领导利用对关键资源的调配权,影响员工行为,推动绿色创新。一方面,通过"资源调配"机制,伦理型领导更倾向于支持绿色创新活动,提供必要资源,激发员工的绿色创造力,获取绿色工艺改进的建议(Tu and Lu, 2013)。同时,伦理型领导的言行示范能激发员工的道德认同,强化其环保责任感(Schaubroeck et al., 2012)。因此,企业能更有效地利用资源,加速创新产出,在绿色市场中占据先机,提升战略合法性。另一方面,基于"信号传递"机制,伦理型领导通过关怀员工,塑造公正、奖惩分明的领导形象(Mayer et al., 2012),营造企业伦理文化,促进绿色产品创新,提升战略合法性。此外,伦理型领导还传递企业积极履行社会责任的信号,助力企业构建高质量的社会网络(仲理峰等,2019),加速绿色产品推广,增强战略合法性。因此,在伦理型领导的关怀下,员工具有强烈的环保意愿,并将其融入工作中,促使绿色创新活动获得公众认可,强化绿色创新与战略合法性之间的积极联系。因此,本节认为伦理型领导在绿色创新与战略合法性关系中发挥正向调节作用。本节的理论框架如图 2-5 所示。

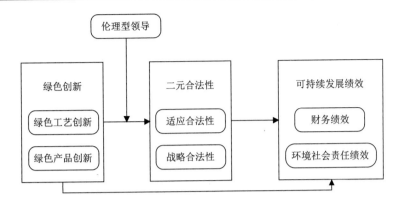

图 2-5 企业绿色创新、二元合法性与可持续发展绩效的理论框架

(四)研究设计

1. 样本选择与数据来源

本节选取上海证券交易所、深圳证券交易所的 A 股上市制造业企业作为研究样本。由于中国制造业上市公司对环境信息披露暂无统一规定,借鉴现有研究(Mallin et al., 2013;Albertini,2014),除了源自 Wind 等数据库的二手数据,本节主要采用内容分析法对制造业重污染上市公司 2013~2018 年的 CSR 报告进行数据挖掘。本节通过以下步骤筛选研究对象:①通过 Wind 数据库中国证券监督管理委员会制造业分类获得按行业分类排序的上市公司名录,共 2300 家;②根据《上市公司环保核查行业分类管理名录》(环办函〔2008〕373 号),进一步筛选出中国制造业重污染上市公司,共 1205 家;③删除特别处理(ST)和特别转让(PT)的上市公司及样本期内未公布 CSR 报告的上市公司,最终获得 227 家上市公司研究数据。为保证样本容量,采用回归插补法对缺失值进行填补,最终获得 2013~2018 年由 227 家重污染制造业上市公司共 1362 个研究样本构成的平衡面板数据。

2. 研究方法

内容分析法是指对研究内容进行客观、系统量化并加以描述的方法(Mallin et al., 2013;Albertini,2014)。本节采用内容分析法对 CSR 报告进行数据挖掘,步骤如下。①确定研究目标、选择样本和信息载体。本节研究目标是获取绿色创新、二元合法性和伦理型领导等变量的数据;选择 CSR 报告作为信息载体进行数据量化。②明确类目和分析单元,制定编码规则。内容分析法要求各变量的衡量指标应详尽且互斥,本节研究通过梳理大量文献明确各变量含义,并使用现有的成熟量表来衡量相应变量,从而确保编码的可靠性。同时,根据 Mallin(2013)和 Albertini(2014)等提出的内容分析法编码准则,对各个变量制定了评分标准。③预编码与信度分析。编码是对文本信息的量化,结合内容分析法编码过程的操作要求,本节研究采取合适方法提高编码者信度。本节研究使用克里彭多夫（Krippendorff）的 α 系数来检验编码者之间的信度。结果显示，绿色创新、二元合法性和伦理型领导对应的各个衡量指标的 Krippendorff 的 α 系数均大于 0.667，说明这些指标具有良好的可靠性。

3. 变量定义

1）解释变量：绿色创新

借鉴 Chiou 等（2011）的研究，绿色创新分为绿色工艺创新和绿色产品创新。其中，绿色工艺创新采用 5 个指标进行测度；绿色产品创新采用 4 个指标进行衡量。此外，根据 Mallin 等（2013）使用的内容分析法量化环境信息的编码准则，绿色工艺创新和绿色产品创新的赋值方法如下：如果 CSR 报告对相关指标有文字描述，评分为 1；如果涉及量化或详细描述，评分为 2；如果没有描述，评分为 0；最终数值分别为所有测度指标的评分之和。

2）被解释变量：可持续发展绩效

参考 Alexopoulos 等（2018）的研究，将可持续发展绩效分为财务绩效和环境社会责任绩效。如表 2-6 所示，参照 Xie 等（2016）研究，采用总资产报酬率测度财务绩效，并以百分比形式表示（邵帅和吕长江，2015）；参照贾兴平和刘益（2014）的研究，采用第三方机构发布的企业环境社会责任指标评级得分衡量企业的环境社会责任绩效。

表 2-6　主要变量测度与数据来源

变量	维度	测度方法	文献来源	数据来源
绿色创新	绿色工艺创新	①低能耗，生产过程中减少了水、电、煤、石油等能源的使用； ②使用清洁生产技术，以节约能源和防止污染物产生； ③回收、再利用和再制造材料； ④制造过程中有效减少了有害物质和废弃物排放； ⑤制造过程中有效减少了原材料使用	Chiou 等（2011）	2013~2018 年的 CSR 报告（内容分析法）
	绿色产品创新	①产品改进和设计过程中选择环境友好型产品材料； ②对已有或新产品采用可降解型包装； ③产品改进和设计过程中评估该产品是否易于回收、再利用和分解； ④产品改进和设计过程中使用较少资源，并且采用绿色产品标签		
可持续发展绩效	财务绩效	总资产报酬率	Xie 等（2016）；邵帅和吕长江（2015）	Wind 数据库
	环境社会责任绩效	企业环境社会责任指标评级得分	贾兴平和刘益（2014）	和讯网数据库

续表

变量	维度	测度方法	文献来源	数据来源
二元合法性	适应合法性	①达到政府环保部门监管要求，获得政府认可；②获得同行、供应商、销售商、中介、消费者、员工和股东等利益相关者认可；③获得社区、公众和环保机构认可	Wei 等（2017）；郭海等（2018）	2013~2018 年的CSR 报告（内容分析法）
	战略合法性	①积极与政府构建战略合作关系，参与政府部门主管的环保协会，提升政府对企业的信任度；②积极制定明确具体的环境管理战略规划（如绿色供应合作协议、绿色培训等），提升供应商、消费者、员工和股东等利益相关者对企业的信任度；③积极参与环保公益活动（如慈善捐助、致力于保护环境和节约资源等），提升社区、公众和环保机构对企业的信任度	Tornikoski 和 Newbert（2007）；冯天丽和井润田（2009）；刘洋等（2020）	
伦理型领导	人文关怀导向	①对来自员工的批评和不同意见持开放态度；②将员工的利益置于最重要的位置；③与员工讨论伦理和价值问题；④在道德上树立合理处理问题的榜样	Brown 等（2015）	
	环境可持续发展导向	①关注环境问题并倡导回收利用；②以社会利益为重；③关心可持续发展问题；④提倡环境友好型工作方式	Wang 等（2017）	

3）中介变量：二元合法性

参考 Tornikoski 和 Newbert（2007）的研究，将二元合法性分为适应合法性和战略合法性。如表 2-6 所示，结合 Wei 等（2017）和郭海等（2018）的研究，对适应合法性采用 3 个指标进行测度；结合 Tornikoski 和 Newbert（2007）、冯天丽和井润田（2009）以及刘洋等（2020）的研究，对战略合法性采用 3 个指标进行测度。

4）调节变量：伦理型领导

参照 Jones 等（2017）研究，从人文关怀导向和环境可持续发展导向两个方面测度伦理型领导。如表 2-6 所示，基于 Brown 等（2015）和 Wang 等（2017）研究，分别采用 4 个指标对人文关怀导向和环境可持续发展导向进行测度。

5）控制变量

鉴于企业可持续发展绩效会受多方面因素的影响，如组织特征、组织资源与研发能力等，本节选取 11 个相关变量作为控制变量，包括企业规模（总资产的自然对数）、企业人数（总员工人数的自然对数）、企业上市年限（上市年份至 CSR 报告汇报年份的年数）、成长性（营业总收入同比增长率）、销售利润率（营业利润与营业总收入的比值）、财务杠杆（资产负债率）、研发强度（研发支出总额占营业总收入的比例）、环境管理认证（公司是否通过 ISO14000 认证）、制度环境（市场化指数）、独立董事比（独立董事人数/董事会人数）和环境监管（公司是否受到环境监管部门处罚）。前 7 个变量数据均来自 Wind 数据库；后 4 个变量数据分别来自信息服务平台、市场化指数报告、CSMAR 数据库和 CNRDS。同时，为了使研究更加严谨，本节研究引入了时间虚拟变量、行业虚拟变量以及地区虚拟变量。

（五）实证结果与分析

1. 直接效应检验

表 2-7 为绿色创新对可持续发展绩效的回归结果。模型 2 的结果显示，绿色工艺创新、绿色产品创新对财务绩效的回归系数分别为 0.071、0.370，且均显著。模型 6 的结果显示，绿色工艺创新、绿色产品创新对环境社会责任绩效的回归系数分别为 2.395、2.969，也均显著。因此，回归结果表明绿色工艺创新和绿色产品创新可以改善企业的环境社会责任绩效与财务绩效，进而促进可持续发展绩效。

表 2-7　绿色创新对可持续发展绩效的直接效应检验

变量		财务绩效				环境社会责任绩效			
		模型 1	模型 2	模型 3	模型 4	模型 5	模型 6	模型 7	模型 8
解释变量	绿色工艺创新		0.071*	0.049	0.047		2.395***	1.992***	1.891***
			(0.041)	(0.040)	(0.039)		(0.630)	(0.548)	(0.531)
	绿色产品创新		0.370***	0.318***	0.284***		2.969***	2.001***	1.163**
			(0.056)	(0.053)	(0.053)		(0.772)	(0.674)	(0.560)
中介变量	适应合法性			0.826***				15.388***	
				(0.099)				(1.287)	
	战略合法性				0.676***				14.225***
					(0.073)				(1.017)
控制变量	企业规模	0.225	0.049	−0.083	−0.120	9.514***	7.987**	5.526**	4.436*
		(0.238)	(0.238)	(0.231)	(0.243)	(3.363)	(3.111)	(2.555)	(2.369)
	企业人数	0.251	0.287	0.324*	0.379**	0.461	0.558	1.260	2.494
		(0.197)	(0.182)	(0.180)	(0.174)	(2.552)	(2.119)	(1.835)	(1.597)
	企业上市年限	−0.039	0.106	0.406	0.588*	−13.580***	−13.629***	−8.055	−3.512
		(0.355)	(0.317)	(0.315)	(0.311)	(5.106)	(4.969)	(4.980)	(4.704)
	成长性	0.561**	0.640***	0.597***	0.623***	1.474	2.308	1.508	1.954
		(0.216)	(0.213)	(0.200)	(0.198)	(2.207)	(2.200)	(1.936)	(1.680)
	销售利润率	5.120***	5.310***	5.431***	5.296***	1.655	3.697	5.949**	3.401
		(1.075)	(1.085)	(1.097)	(1.017)	(3.321)	(3.177)	(3.006)	(3.473)
	财务杠杆	−1.748**	−1.500*	−1.616*	−1.583**	−11.060	−8.826	−10.990*	−10.574*
		(0.870)	(0.868)	(0.851)	(0.761)	(6.999)	(6.997)	(6.118)	(5.714)
	研发强度	1.624	3.499	3.418	2.733	−13.520	10.640	9.133	−5.460
		(5.091)	(5.003)	(4.957)	(4.732)	(60.330)	(61.060)	(55.510)	(49.96)
	环境管理认证	−0.214	−0.167	−0.134	−0.100	−5.603	−4.157	−3.555	−2.762
		(0.349)	(0.315)	(0.310)	(0.284)	(3.970)	(3.756)	(3.596)	(2.955)

续表

变量		财务绩效				环境社会责任绩效			
		模型 1	模型 2	模型 3	模型 4	模型 5	模型 6	模型 7	模型 8
控制变量	制度环境	−0.271	−0.234	−0.168	−0.157	0.080	0.048	1.277	1.669
		(0.179)	(0.162)	(0.157)	(0.154)	(2.079)	(1.930)	(1.682)	(1.652)
	独立董事比	1.367*	1.562**	1.357**	1.077*	8.179	9.498	5.677	−0.708
		(0.719)	(0.682)	(0.622)	(0.610)	(11.01)	(10.59)	(8.872)	(8.348)
	环境监管	0.571***	0.449**	0.255	0.157	11.870***	10.520***	6.915***	4.400**
		(0.191)	(0.191)	(0.178)	(0.184)	(2.306)	(2.382)	(1.836)	(2.029)
常数项		0.012	1.616	−0.321	−1.579	−37.140	−5.947	−42.061	−73.144
		(6.414)	(6.168)	(6.157)	(6.226)	(102.500)	(94.389)	(84.279)	(76.662)
时间虚拟变量		控制	控制	控制	控制	控制	控制	控制	控制
行业虚拟变量		控制	控制	控制	控制	控制	控制	控制	控制
地区虚拟变量		控制	控制	控制	控制	控制	控制	控制	控制
R^2		0.220	0.287	0.343	0.351	0.101	0.183	0.358	0.438
F 统计量		7.260***	9.470***	13.550***	18.470***	14.730***	18.170***	26.970***	22.110***

注：括号中为聚类稳健性标准误；样本量=1362

***表示 1%的显著性水平，**表示 5%的显著性水平，*表示 10%的显著性水平

2. 中介效应检验

表 2-8 中模型 2 的结果表明，绿色工艺创新、绿色产品创新对适应合法性的回归系数分别为 0.026、0.063，且均显著；表 2-7 的模型 3 和模型 7 的结果显示，在控制绿色工艺创新和绿色产品创新的情况下，适应合法性对财务绩效和环境社会责任绩效均产生显著的正向效应。因此，适应合法性在绿色创新和可持续发展绩效关系之间发挥中介作用。

表 2-8　中介效应与调节效应检验

变量		适应合法性			战略合法性		
		模型 1	模型 2	模型 3	模型 4	模型 5	模型 6
解释变量	绿色工艺创新		0.026*	0.026*		0.035**	0.035**
			(0.015)	(0.015)		(0.018)	(0.018)
	绿色产品创新		0.063***	0.060***		0.127***	0.125***
			(0.016)	(0.016)		(0.022)	(0.022)
中介变量	伦理型领导			0.015			0.033
				(0.024)			(0.030)

变量		适应合法性			战略合法性		
		模型 1	模型 2	模型 3	模型 4	模型 5	模型 6
调节变量	绿色工艺创新×伦理型领导			0.053**（0.022）			0.071**（0.034）
	绿色产品创新×伦理型领导			0.038（0.029）			0.006（0.042）
控制变量	企业规模	0.191***（0.068）	0.160**（0.066）	0.174***（0.065）	0.311***（0.117）	0.250**（0.112）	0.264**（0.111）
	企业人数	−0.050（0.064）	−0.046（0.062）	−0.049（0.063）	−0.147（0.103）	−0.136（0.093）	−0.139（0.094）
	企业上市年限	−0.377***（0.079）	−0.362***（0.081）	−0.369***（0.089）	−0.754***（0.117）	−0.711***（0.116）	−0.737***（0.118）
	成长性	0.037（0.068）	0.052（0.069）	0.058（0.069）	−0.004（0.117）	0.025（0.117）	0.028（0.117）
	销售利润率	−0.183（0.137）	−0.146（0.133）	−0.148（0.132）	−0.048（0.228）	0.021（0.233）	0.015（0.233）
	财务杠杆	0.096（0.212）	0.140（0.216）	0.146（0.211）	0.036（0.347）	0.123（0.357）	0.138（0.356）
	研发强度	−0.291（1.982）	0.099（1.978）	0.018（1.950）	0.433（2.791）	1.132（2.758）	0.940（2.764）
	环境管理认证	−0.056（0.082）	−0.040（0.082）	−0.043（0.081）	−0.121（0.115）	−0.098（0.114）	−0.103（0.111）
	制度环境	−0.084（0.056）	−0.080（0.056）	−0.087（0.055）	−0.125（0.080）	−0.114（0.077）	−0.121（0.076）
	独立董事比	0.217（0.268）	0.248（0.265）	0.257（0.267）	0.652*（0.362）	0.717**（0.349）	0.723**（0.353）
	环境监管	0.258***（0.083）	0.235***（0.082）	0.235***（0.082）	0.475***（0.092）	0.430***（0.089）	0.430***（0.090）
常数项		1.932（1.943）	2.347（1.881）	2.184（1.898）	4.061（3.090）	4.724（2.961）	4.767（2.947）
时间虚拟变量		控制	控制	控制	控制	控制	控制
行业虚拟变量		控制	控制	控制	控制	控制	控制
地区虚拟变量		控制	控制	控制	控制	控制	控制
R^2		0.057	0.086	0.099	0.098	0.151	0.160
F 统计量		9.020***	9.060***	9.230***	19.500***	19.310***	17.420***

注：括号中为聚类稳健性标准误；样本量=1362

***表示 1%的显著性水平，**表示 5%的显著性水平，*表示 10%的显著性水平

表 2-8 中模型 5 的结果表明，绿色工艺创新、绿色产品创新对战略合法性的回归系数分别是 0.035、0.127，且均显著；表 2-7 中模型 4 和模型 8 的结果显示，在控制绿色

工艺创新和绿色产品创新下，战略合法性对财务绩效和环境社会责任绩效均具有显著的正向影响。因此，战略合法性在绿色创新和可持续发展绩效关系之间发挥中介作用。

3. 调节效应检验

表 2-8 中模型 3 和模型 6 的结果表明，绿色工艺创新与伦理型领导的交互项的系数分别为 0.053、0.071，且均显著，即对适应合法性和战略合法性均具有显著的正向影响。因此，伦理型领导正向调节绿色工艺创新与二元合法性之间的关系。对于绿色产品创新，表 2-8 中模型 3 和模型 6 的结果显示，绿色产品创新与伦理型领导的交互项对适应合法性和战略合法性的影响均不显著。因此，关于伦理型领导调节绿色产品创新与二元合法性之间关系的预测并不成立。

三、家族企业可持续发展责任合规策略分析

（一）家族企业可持续发展责任合规挑战

可持续发展创新与 CSR 正逐渐成为家族企业研究领域的焦点，作为全球新兴经济体中重要的一员，中国对于全球可持续发展战略目标的实现至关重要，而其家族企业则为探索经济转型期的合规策略提供了宝贵的实践案例，并在节能减排方面取得显著进步。然而，这些家族企业长期面临资源匮乏与遵守环境法规之间的矛盾（Wu et al.，2021），且力求在现有运营模式与不断增长的环保责任之间寻求平衡（Patton et al.，1994）。

家族企业的一大显著特征为家族参与及对社会情感财富的保护（Gomez-Mejia et al.，2017）。相较于非家族企业，家族企业对环境丑闻引发的家族声誉损害更为敏感。环境失当行为可能对家族的社会情感财富造成重大损害，且家族企业常常宁愿牺牲经济利益以维护社会情感财富（Chrisman and Patel，2012）。因此，环境丑闻对家族企业的潜在负面影响可能更为深远。尽管有研究表明家族企业在承担 CSR、实行可持续发展方面表现更佳（Cennamo et al.，2012），但这一观点并非定论。部分学者认为，家族企业由于优先考虑家族利益及社会情感财富，可能减少其在 CSR 以及可持续发展方面的投入（McGuire et al.，2012；Marques et al.，2014；Wu et al.，2021）。还有部分学者认为，对于多数家族企业，特别是新兴市场中的企业来说，技术、资金及人力资源方面的限制，外加公司治理、加工设备与环境管理方面的不足，削弱了其可持续发展的能力（Delmas and Burbano，2011）。

关于家族企业是否比非家族企业更愿意提出可持续发展承诺，学界尚未形成共识。一种观点认为，将家族利益置于首位可能削弱 CSR 参与度，不利于其可持续发展（McGuire et al.，2012；Marques et al.，2014；Wu et al.，2021）。另一种观点则基于家族企业的 CSR 追求、家族纽带及长期定位，认为家族企业的 CSR 参与度高于非家族企业，这有利于其可持续发展（Bingham et al.，2011；Uhlaner et al.，2012；Zellweger and Kammerlander，2015）。然而，现有文献对家族企业可持续承诺的探讨更为复杂。例如，Block 和 Wagner（2014）发现，家族所有权减少了企业关注的可持续发展领域的数量，但家族或创始人担任 CEO 的企业则表现出更多的可持续发展关注。总体而言，家族企业

采取怎样的可持续责任合规策略对于其增强可持续发展承诺具有关键作用。

（二）实质性回应与印象管理的二元合规策略

家族企业如何应对公众对环境责任的认知是一项重要议题。实现可持续发展承诺需通过科学、技术和创新相结合的新方法进行实质性变革。企业层面的合规战略对可持续发展至关重要。当前学者长期关注"手段-目的脱钩"现象，他们的关注点已经从政策采纳者不执行商定的政策，转移到政策采纳者在不透明的领域"糊弄"行事，对于商定的可持续目标大打折扣（Wijen，2014）。在可持续发展领域，新兴市场普遍存在"手段-目的脱钩"现象，由于实质性回应需大量资源投入，小型企业难以承担。基于二元合法性框架，现有文献提出了两种策略：一方面，从适应合法性出发采取实质性回应，旨在通过绿色创新等措施有效减少污染和碳排放，从而获得政府、客户等利益相关者的认可（Cadez et al.，2019）。另一方面，从战略合法性出发采取印象管理，侧重于塑造受尊重的形象，寻求利益相关者的支持，而非采取实质性环境措施（Talbot and Boiral，2015）。

Cadez 等（2019）指出，实质性回应策略包括：使用环保材料（如再生材料）替代碳基材料（如塑料）、用非碳基产品（如钢材）替代碳基产品、采用新技术减少碳足迹（如可再生能源）以及修改公司内部流程（Cadez and Czerny，2016）。企业应该将环境意识融入产品设计、技术和投资中，通过提高现有技术和流程效率实现战略整合。高度可持续发展的家族企业常建立与利益相关者的联系流程，通过重申承诺加强关系（Sabrina and Thomas，2020）。因此，家族企业可以通过回应利益相关者的环境意识、展示良好环境实践及高质量社会倡议等来提高其可持续发展承诺，进而增强可持续发展的适应合法性。

相比之下，印象管理具有象征性，包括一系列能激发社会欲望、形象或身份的行为策略，旨在人为影响利益相关者的看法（Bansal and Clelland，2004），而缺乏实质性回应的明确承诺（Bansal and Kistruck，2006）。研究表明，企业承担社会责任（包括慈善捐款和企业基金会）是印象管理的手段之一，影响着利益相关者对企业的期望（Monfort and Villagra，2016）。家族声誉是社会情感财富的重要外部来源（Gomez-Mejia et al.，2010；Wu et al.，2021），对家族声誉的高度关注使家族企业对环境失责造成的潜在威胁更加敏感（Wu et al.，2021）。在多数情况下，印象管理可用于修复或至少减缓环境失责造成的声誉损失，从而挽回其企业的绿色形象，增强其可持续发展的战略合法性。

因此，本节提出，追求或保持社会情感财富是驱动家族企业履行可持续发展责任的关键动机，通过生产和经营过程中的实质性改变实现可持续发展是回应公众意识的重要途径。鉴于实质性回应的高成本与资源限制之间的矛盾，对于众多家族企业而言，采用印象管理进行战略性回应也不失为一种合理选择。综上，本节认为污染型企业倾向于对可持续发展责任采取实质性回应/印象管理，且污染排放的严重程度与实质性回应/印象管理呈正相关。

（三）合法性视角下公众压力对二元合规策略选择的影响

在探讨环境 CSR 议题时，众多研究揭示，企业践行此类责任主要源于对利益相关者期望的回应及监管要求的遵从（Wu et al.，2018a）。随着气候变化议题日益受到重视，利益相关者，尤其是拥有显著影响力的客户、供应商及当地社区（Delmas and Toffel，2008；Boiral et al.，2018），对碳密集型企业施加的压力增加。公众施加的压力在促使家族企业遵循高标准可持续发展路径上扮演了关键角色。延迟减排或高污染行为会损害企业声誉及社会情感财富（Luo，2019），迫使家族企业在财务目标与社会情感财富的维护间做出权衡。因此，文献普遍认同，公众压力能强化家族企业减少污染的决心与行动，增强其可持续发展承诺（Sangle，2011；Sprengel and Busch，2011）。

道德观念驱动的个人在决策时往往考量组织的社会责任，公众强烈诉求加速了企业响应可持续发展责任的紧迫感。研究表明，公众压力正面促进了企业在产业创新方面的实质性响应（Cadez et al.，2019）。面对巨大压力，企业倾向于通过加强实质性行动来自我防护（Delmas and Toffel，2008）。然而，也有研究指出，资源限制与环境监管压力的增长之间的矛盾，可能促使企业采取象征性策略，即仅仅影响利益相关者的认知，而非实质性地提升可持续发展绩效（Laufer，2003）。考虑到成本因素，相较于实质性响应，家族企业更倾向于选择印象管理，因为实质性响应涉及内部变革与创新承诺，需要高昂的成本（Lin and Ho，2018）。对于资源有限的企业，增加慈善捐赠或许更为经济可行。在新兴市场，对可持续发展问题做出实质性回应所带来的家族声誉，与慈善捐款（尤其是以环境问题的名义）所获得的声誉不可相提并论。因此，在公众压力较高的情境下，企业更可能采用慈善捐赠等印象管理手段来强化或修复其环境声誉（Fombrun and Shanley，1990；Sen and Bhattacharya，2001）。综上，公众压力可能是影响实质性回应或印象管理的调节因素。基于此，本节认为公众压力正向调节污染排放与实质性回应/印象管理之间的关系。

（四）合法性视角下政治关联对二元合规策略选择的影响

政府在环境保护的监管框架中扮演着举足轻重的角色。企业与政府机构间广泛存在的政治关联（Wu et al.，2021）在环境监管领域内具有显著的重要性。

地方政府承担着执行与监督各类环境法规的职责。对于家族企业的环境违规行为，地方政府有权施加额外的规定或实施过度的处罚（Dinh and Calabrò，2019）。鉴于新兴市场国家存在制度不健全、竞争活力不足等问题，家族企业倾向于构建政治关系，以此应对制度不完善的问题（Dinh and Calabrò，2019）。政治关联及企业与政府的关系构成了家族企业社会资本的一部分。拥有政治关系的企业在与地方政府就环境法规议题进行协商时，往往能占据优势地位。当前的监管体系赋予了地方政府充分的裁量权及监管实践的灵活性。这种灵活性可能在很大程度上促使家族企业寻求制度漏洞。因此，政企关系为家族企业提供了逃避或缓解实质性履行可持续发展责任压力的另一路径。因此，这可能会削弱家族企业在绿色创新方面采取实质性回应的动力。

当企业与政府关系融洽时，印象管理策略可能更受欢迎。已有研究表明，慈善捐赠有助于获取政治庇护并加强与政府的关系（Su and He，2010）。印象管理已成为获取政治正当性及政府支持的一种途径（Du，2015；Gao and Hafsi，2015）。相较于那些缺乏良好政商关系的企业，印象管理策略在政商关系紧密的企业中更容易被采用。因此，这类家族企业倾向于采用印象管理策略作为对可持续发展责任的回应。综上，政治关联可以视为一个调节变量。本节认为，政治关联对污染排放与实质性回应之间的关系起负向调节作用，对污染排放与印象管理之间的关系起正向调节作用。本节的理论框架如图2-6所示。

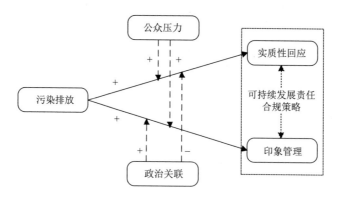

图2-6　家族企业实施可持续发展责任合规策略的理论框架

（五）研究设计

1. 样本选择与数据来源

本节研究的数据来自中国社会科学院、全国工商业联合会和国家工商行政管理总局联合开展的第十二次中国私营企业调查。调查范围覆盖31个省、自治区、直辖市的所有行业、所有规模、所有类型的民营企业。这次调查共收集了8111个样本。家族所有制的平均比例为79.9%，约58.4%的抽样企业完全由家族所有，95.8%的抽样企业中家族所有制占比超50%。由数据可知，中国大多数民营企业是家族所有制企业和小型企业。在删除数据缺失的样本后，最终有效样本数为2977个。

2. 变量定义

1）被解释变量

实质性回应：产业创新以及生产流程、产品设计、供应链和物流方面的其他重大更新通常被视为实现可持续发展的实质性途径；以技术创新、流程创新、产品创新和设备升级等形式出现的实质性更新，可以显著减少对环境的破坏，同时给重点企业带来生态效益（You et al.，2019），因此是实现可持续发展的关键方式。参照以往研究中的定义（Antonioli et al.，2013；Yuan and Xiang，2018），本节根据第十二次中国私营企业调查中的四个项目构建了实质性回应的衡量标准：①为适应环境变化，贵公司将把改进技术以提升产品档次、减少污染作为2015年转型战略的重要组成部分；②为适应环境变化，贵公司将把改进生产工艺以减少原材料浪费、降低生产成本作为2015年转型战略的重要组成部分；③贵公司在2015年创新了某种环保设备或产品；④贵公司升级了环保领域的技术设备或提升了产品的环保质量。每个项目的编码为0和1，总和重新编码为李克特五点测量法。即如果没有开展上述活动，则实质性回应的测量值编码为1，如果开展了一种活动，则编码为 2，以此类推。

印象管理：在以往的研究中，慈善捐赠被认为是一种广泛使用的印象管理方法，可以缓解企业潜在的不当行为（Chen et al.，2008；Delmas and Burbano，2011；Du，2015），使其重新获得或维持利益相关者的信任并转移他们的注意力（Wu et al.，2021），以及管理未来危机（Du，2015），避免对其家族声誉和社会情感财富造成损害（Godfrey，2005；Du，2015）。企业慈善捐赠通常通过捐赠支出及其自然对数、捐赠强度和虚拟变量（Chen et al.，2008；Gao and Hafsi，2015）来衡量。本节研究构建了李克特五点测量法，将捐赠规模的自然对数（+1）按其量级（20%、40%、60%和 80%）进行分类，作为印象管理的替代指标。

2）解释变量

污染排放：在中国的行政管理实践中，污染企业直接排放污染物的费用是根据污染物的种类和数量收取的。中国的生产企业必须安装污染排放监测设备，这项收费的数额能很好地衡量中国制造业日常污染情况。因此，本节研究采用收费金额的对数来衡量污染物排放量。

3）调节变量

公众压力：根据以往的研究（Delmas and Toffel，2008；Roxas and Coetzer，2012），本节研究使用三个项目来测量受访者对当地社区、消费者意识和行业竞争者影响环保行为程度的感知。测量项目如下："贵公司在环境保护方面是否感受到来自当地社区在环境问题上的压力？"类似的项目还包括来自消费者意识的压力和行业竞争对手在环境保护方面的升级行为。这三个项目采用李克特五点测量法进行测量（从 1="无压力"到 5="高压力"）。根据这三个项目的平均值，构建企业层面的变量。

政治关联：本节研究试图通过以下三个项目来说明企业与地方政府之间的关系：①地方政府领导曾访问过贵公司或为贵公司当场解决了行政问题；②贵公司曾成功说服地方政府调整或改变相关政策；③贵公司与地方官员非常熟悉。每个项目如果回答"是"，则编码为"1"，否则编码为"0"。

4）控制变量

与之前的文献一致，以利润的对数以及年收入为控制变量。社会地位通过三个关于经济地位、社会地位和政治地位的李克特五点测量法来衡量，以控制其对慈善捐赠的影响。同时对行业多样性、公司治理和公司历史进行控制。教育背景用高中及同等学力、大专及以上学历的虚拟变量进行控制，默认值为"初中及以下"。以往的研究中经常提及行业影响，因此本节研究使用虚拟变量来控制制造业的行业影响。与以往研究一致，本节研究也考虑了地区异质性，使用虚拟变量来控制中国中部和西部的地区效应，默认值为"中国东部"。此外，还对创业者的社会地位和年龄进行了控制。

（六）实证结果与分析

1. 描述性统计

表 2-9 报告了相关变量的描述性统计和相关性。结果显示，40%的受访企业进行过

表 2-9 描述性统计和相关性

变量	观测值	均值	标准差	1	2	3	4	5	6	7	8	9	10	11	12	13	14	15	16
实质性回应	2977	2.53	1.10	1.00															
印象管理	2977	2.64	1.59	0.18*	1.00														
污染排放	2977	1.12	1.71	0.46*	0.30*	1.00													
公众压力	2977	2.38	1.14	0.15*	0.02	0.28*	1.00												
政治关联	2977	2.12	1.00	0.17*	0.18*	0.20*	0.10*	1.00											
机构空白	2977	0.49	0.50	0.03	0.02	0.05*	0.04*	0.04*	1										
公司治理	2977	1.23	1.04	0.14*	0.21*	0.23*	0.03	0.13*	0.00	1									
公司利润	2977	0.15	0.26	-0.02	-0.05*	-0.10*	0.02	0.06*	-0.01	-0.13*	1								
年收入	2977	6.92	2.49	0.28*	0.46*	0.47*	0.05*	0.17*	0.05*	0.37*	-0.37*	1							
行业多样性	2977	0.24	0.43	0.00	0.16*	0.00	-0.03	0.04*	-0.02	0.12*	-0.02	0.09*	1						
公司规模	2977	3.75	1.71	0.30*	0.48*	0.50*	0.07*	0.23*	0.06*	0.37*	-0.19*	0.81*	0.13*	1					
家族参与	2977	3.44	1.13	-0.08*	-0.06*	-0.05*	0.07*	0.00	-0.01	-0.15*	0.05*	-0.08*	-0.11*	-0.12*	1				
公司历史	2977	10.07	6.74	0.14*	0.31*	0.25*	0.06*	0.11*	0.05*	0.16*	-0.13*	0.44*	0.03	0.46*	0.04*	1			
社会地位	2977	5.67	1.75	-0.14*	-0.29*	-0.22*	-0.06*	-0.21*	-0.05*	-0.19*	0.07*	-0.39*	-0.07*	-0.40*	-0.02	-0.27*	1		
教育背景	2977	2.69	0.75	0.12*	0.18*	0.11*	-0.01	0.09*	0.11*	0.12*	-0.05*	0.28*	0.13*	0.28*	-0.17*	0.09*	-0.14*	1	
年龄	2977	45.37	9.28	0.09*	0.13*	0.18*	0.04*	0.04*	0.04*	0.15*	-0.14*	0.27*	-0.07*	0.28*	0.06	0.39*	-0.24*	-0.15*	1

*表示 5% 的显著性水平

慈善捐赠，38%的受访企业在可持续发展创新方面进行过投资。受访企业在2015年平均承担了57.92万元人民币的污染排放费用。政治关联的平均值为2.12，表明中国企业普遍与地方政府保持着密切的关系。公众压力的均值约为2.38，表明中国企业在履行可持续发展责任方面受到的公众压力越来越大。

2. 基本回归分析

表2-10显示了Probit基本回归结果。模型1表明，污染排放与实质性回应显著正相关（系数=0.245，$p<0.001$）。模型2显示，污染排放与印象管理之间存在类似的显著正相关关系（系数=0.063，$p<0.01$）。总体来看，污染企业倾向于对可持续发展责任采取实质性回应或印象管理，验证了实质性回应和印象管理方法的有效性。

3. 调节效应检验

表2-10中模型3和模型4检验了公众压力对污染排放与两种策略之间关系的调节作用。在模型3中，污染排放与公众压力之间的交互项仅在10%的水平上显著（$p<0.10$），这表明公众压力可能会促进实质性回应方法选择的假设得到弱验证，即作用不太明显。在模型4中，交互项显著且为正（系数=0.047，$p<0.01$），即公众压力可能促进印象管理的选择。

表2-10　基本回归结果与调节效应检验

变量	模型1 实质性回应	模型2 印象管理	模型3 实质性回应	模型4 印象管理	模型5 实质性回应	模型6 印象管理
污染排放	0.245*** (0.013)	0.063** (0.019)	0.230*** (0.014)	0.053* (0.022)	0.252*** (0.013)	0.050* (0.021)
公众压力			0.036* (0.017)	−0.036 (0.023)		
污染排放× 公众压力			0.015+ (0.009)	0.047** (0.015)		
政治关联					0.073*** (0.020)	0.078** (0.026)
污染排放× 政治关联					−0.034** (0.012)	0.028+ (0.016)
公司治理	0.000 (0.019)	0.009 (0.027)	0.000 (0.019)	0.010 (0.027)	−0.001 (0.019)	0.005 (0.027)
公司利润	0.292*** (0.072)	0.556*** (0.098)	0.289*** (0.072)	0.555*** (0.097)	0.265*** (0.073)	0.527*** (0.099)
年收入	0.032* (0.013)	0.147*** (0.019)	0.033* (0.013)	0.141*** (0.019)	0.035** (0.013)	0.147*** (0.019)
行业多样性	0.015 (0.044)	0.349*** (0.062)	0.017 (0.044)	0.349*** (0.062)	0.018 (0.044)	0.346*** (0.063)

续表

变量	模型 1	模型 2	模型 3	模型 4	模型 5	模型 6
	实质性回应	印象管理	实质性回应	印象管理	实质性回应	印象管理
公司规模	−0.008	0.176***	−0.006	0.177***	−0.019	0.172***
	(0.020)	(0.029)	(0.020)	(0.028)	(0.020)	(0.029)
家族参与	−0.059***	−0.007	−0.061***	−0.004	−0.060***	−0.009
	(0.017)	(0.023)	(0.017)	(0.023)	(0.016)	(0.023)
公司历史	−0.003	0.026***	−0.003	0.027***	−0.003	0.026***
	(0.003)	(0.005)	(0.003)	(0.005)	(0.003)	(0.005)
社会地位	−0.014	−0.078***	−0.013	−0.079***	−0.007	−0.072***
	(0.012)	(0.016)	(0.012)	(0.016)	(0.012)	(0.016)
教育背景	0.076**	0.026	0.076**	0.026	0.077**	0.022
	(0.027)	(0.037)	(0.027)	(0.037)	(0.027)	(0.037)
年龄	−0.001	−0.007*	−0.001	−0.007*	−0.001	−0.006*
	(0.002)	(0.003)	(0.002)	(0.003)	(0.002)	(0.003)
国内生产总值	−0.031	0.023	−0.031	0.020	−0.035+	0.021
	(0.021)	(0.031)	(0.021)	(0.031)	(0.021)	(0.031)
行业虚拟变量	控制	控制	控制	控制	控制	控制
地区虚拟变量	控制	控制	控制	控制	控制	控制
常数项	2.481***	0.919*	2.402***	1.047**	2.344***	0.777*
	(0.274)	(0.389)	(0.277)	(0.392)	(0.276)	(0.391)
观测值	2977	2977	2977	2977	2977	2977
伪 R^2	0.239	0.283	0.240	0.287	0.245	0.286

***表示 0.1%的显著性水平，**表示 1%的显著性水平，*表示 5%的显著性水平，+表示 10%的显著性水平

　　表 2-10 中的模型 5 和模型 6 报告了政治关联调节作用的检验结果。模型 5 的结果表明，政治关联对污染排放与实质性回应方法选择之间的关系具有负向调节作用（系数= −0.034，$p<0.01$）。在模型 6 中，污染排放与政治关联之间的交互项仅在 10%的水平上显著（$p<0.10$）。这说明与地方政府关系良好的企业可能较少采用实质性回应方法，表明印象管理更受青睐的作用比较微弱。

第四节　全面绿色转型中突破"绿色孤岛"困境的合作行为研究

　　在全面绿色转型过程中，往往面临着绿色合作的社会困境。但当前对于绿色转型中合作行为的研究，尤其是从心理学角度探讨自尊等个体特征对合作行为影响的研究还相对匮乏。在全面绿色转型的背景下，如何克服"绿色孤岛"困境，实现跨区域、跨主体

的有效合作，不仅需要我们从制度设计、政策引导等宏观层面入手，更需要深入探讨自尊等个体特征对合作行为的影响，从而为推动绿色转型提供更加全面、深入的理论支持和实践指导。因此，本节旨在填补这一研究缺口，探讨全面绿色转型中自尊在给予和获取型困境中与合作行为的关系，为推动绿色转型提供新的思路和方法。通过四个行为实验，本节发现个体在面对社会困境时，其自尊水平对合作行为具有双重影响：在给予型困境中，高自尊个体更倾向于合作；而在获取型困境中，高自尊个体则可能表现出较少的合作意愿。这一发现为我们研究绿色转型中的合作行为提供了新的视角和启示。

一、全面绿色转型中的给予型困境与获取型困境

（一）绿色转型困境

在全面绿色转型过程中，不同区域、不同主体之间由于利益诉求、资源分配、环境保护意识等差异，往往陷入"绿色孤岛"困境。这种困境表现为不同区域或主体之间难以形成有效的合作机制，导致绿色转型的推进步履维艰。一个典型的案例便是"公地悲剧"。公地作为公共资源，本应由所有使用者共同维护和管理，但个体追求短期利益而忽视长远利益，最终导致公地资源的过度开发和破坏。某些地区或主体为了自身经济利益而过度开采资源、忽视环境保护，这不仅损害了公共利益，也阻碍了绿色转型的整体进程。

（二）社会困境在绿色转型中的体现

在绿色转型的背景下，给予型困境与获取型困境成为制约合作行为的重要因素。给予型困境指的是在绿色转型过程中，需要个体或组织向公共账户（如绿色基金、环保项目等）贡献资源或资金，以支持绿色转型的推进（Dawes，1980）。这种贡献是自愿的，但群体成员往往面临着个人利益与公共利益之间的冲突。如果个体过于关注个人利益，可能会减少向公共账户的贡献，从而影响绿色转型的整体进程。举个例子，假设一个社区设立了一个绿化基金，旨在通过筹集资金来改善社区的公共绿化环境。每个居民都可以选择将自己的一部分资金捐入该基金。只有当筹集到的资金达到或超过一定数额时，这些资金才会被用于绿化项目，并惠及整个社区。如果资金不足，则项目无法实施，资金也会退还。在这个案例中，居民面临的是一个给予型困境。他们必须决定自己向基金贡献多少资金。由于资金的最终使用是公共的，每个居民的行为都会影响整个社区的利益。

相反，获取型困境则表现为个体或组织在绿色转型中试图从公共资源中获取更多利益，而忽视对公共资源的保护和可持续利用，从而导致公共资源的枯竭和环境破坏（Orbell and Dawes，1981）。这种困境同样阻碍了绿色转型的顺利进行。举个例子，假设一个村庄共同拥有一片森林资源，村民可以从中获取木材用于自己的生活。然而，森林资源的总量是有限的，如果每个人都过度砍伐，那么森林将很快被毁，导致资源枯竭。在这个案例中，村民面临的是一个获取型困境。他们必须决定自己从森林中获

取多少木材。由于资源的有限性，每个人的行为都会影响到其他人和整个村庄的利益。

这两种社会困境的区别在于：在给予型困境中，群体成员必须向公共账户贡献资源，其贡献决定了公共资源的增长。而在获取型困境中，群体成员必须从公共账户中提取资源用于个人账户，其提取量决定了剩余公共资源的恢复速度（Thielmann et al.，2020）。

二、给予型困境与获取型困境的合作行为理论研究

（一）自尊对合作行为的影响

自尊可定义为个体对自身能力和自我价值的主观感知（Orth and Robins，2014）。它是一种内在的心理自我监控机制，使个体能够认识和评价自己（如自己在所属或希望加入的社群中是否有价值、有生存能力、受欢迎）（Leary and Baumeister，2000），从而促进个体与社会之间和谐关系的维持。在给予型困境中，高自尊个体更倾向于表现出合作行为。他们可能将向公共利益贡献视为一种展示自身能力和价值的方式，从而增强了其合作意愿（Sun et al.，2024a）。相反，在获取型困境中，高自尊个体可能更倾向于追求个人利益，表现出较少的合作行为（Sun et al.，2024a）。他们可能认为从公共资源中提取更多利益能够彰显其个人能力和地位，从而忽视了合作的重要性。

我们设置了等价的给予型和获取型困境，并比较了在这两种情境下自尊对合作行为的影响。

1. 实验设计

1）参与者

使用功效分析（Faul et al.，2007）来确定目标样本量。鉴于上述元分析估计的两因素交互作用效应量较小（$f^2=0.05$），包含两个预测变量、95%功效、α 错误率为 5% 的线性多元回归模型至少需要 312 名参与者。我们通过问卷星平台招募了 322 名有效参与者（女性 161 名，男性 161 名，平均年龄 29.7 岁，标准差 10.61 岁）。

2）实验设计和程序

自变量包括自尊水平和困境类型。其中自尊水平为连续变量，困境类型为分类变量，包括给予型困境和获取型困境。因变量为参与者的合作行为。

参与者被告知他们需要玩一个四人游戏，完成后填写一份后续问卷，并根据游戏表现获得报酬。其被随机分成两组：一组面对给予型困境，另一组对获取型困境。在设计研究时，我们确保两组参与者的结果结构相同。

给予型困境：参与者被告知要玩一个涉及四名匿名且无法相互沟通玩家的游戏。每名玩家初始拥有 75 个代币（3 个代币可兑换 1 元）。他们可以选择将个人账户中的一些或全部初始代币放入公共账户。当公共账户中的代币总数超过 120 个时，最终公共账户的总数将增加到 300 个，然后平等分配给四名玩家。如果公共账户中的代币总数未达到 120 个，最终公共账户的代币总数将减少到 0。参与者需要说明他们打算向公共账户给予多少个代币。

获取型困境：参与者被告知要玩一个涉及四名匿名且无法相互沟通玩家的游戏。四名玩家的公共账户初始拥有 300 个代币，每名玩家可以选择从公共账户中取出一些（每人最多拿 75 个）放入个人账户。如果从公共账户中取出的代币总数少于 180 个，则公共账户中剩余的代币将增加到 300 个，然后平等分配给四名玩家。如果从公共账户中取出的代币总数超过 180 个，则公共账户中剩余的代币将减少到 0。参与者需要说明他们打算为个人账户取出多少个代币。

游戏规则理解测试：为评估参与者对游戏规则的理解，我们进行了两项与规则相关的理解测试。

在给予型困境中，提出了两个问题：如果四名玩家总共向公共账户给予 150 个代币，最终公共账户的总数将是：A. 0，B. 150，C. 300（正确答案为 C）；如果四名玩家总共向公共账户给予 100 个代币，每名参与者将从公共账户中获得多少个代币？A. 0，B. 25，C. 75（正确答案为 A）。在获取型困境中，提出了两个问题：如果四名参与者从公共账户中总共取出 150 个代币，最终公共账户的总数将是：A. 0，B. 150，C. 300（正确答案为 C）；如果四名参与者从公共账户中总共取出 200 个代币，每名参与者将从公共账户中获得多少个代币？A. 0，B. 25，C. 75（正确答案为 A）。未通过理解测试的参与者被排除在外。

参与者还需填写一份 10 题的自尊量表（Rosenberg，1965）以评估其自尊水平。该量表包括五个正面评价问题（如"我对自己感到满意""我认为自己有许多优点"）和五个负面评价问题（如"我有时确实觉得自己一无是处""有时我认为自己一无是处"；1=强烈不同意，5=强烈同意）。本节中使用量表的克龙巴赫内部一致性系数为 0.86。

考虑到游戏任务中的实验操作和反应可能会影响参与者对自尊的报告或感知，我们在研究中随机平衡了自尊测量和游戏任务的顺序。

另外，参与者提供了人口统计学信息，包括性别和年龄。

2. 结果与讨论

合作行为的计算。根据 van Dijk 和 Wilke（2000）的研究，参与者在给予型困境中给予代币的数量或在获取型困境中留在公共账户中的代币数量被计算为合作行为的指标。数量越大，表示参与者的合作程度越高。

我们进行了分层多元回归分析，将自尊水平和困境类型作为预测变量，合作行为作为结果变量，性别和年龄作为控制变量。分析结果（表 2-11）显示，自尊水平并不能显著预测合作行为（β=0.03，p=0.542，95% CI[1] [−0.07, 0.13]）。困境类型则能显著预测合作行为（β= −0.39，p<0.001，95% CI [−0.49, −0.29]）：处于给予型困境中的参与者比处于获取型困境中的参与者表现出更多的合作行为。

---

① CI 表示 confidence interval（置信区间）。

表2-11　分层回归

说明：(一) 为「自尊对合作行为的影响」；(二) 为「账户关注度与感知能力路径」。β 为回归系数，SE 为标准误。

变量	一 模型1 β	一 模型1 SE	一 模型2 β	一 模型2 SE	一 模型3 β	一 模型3 SE	实验二 模型1 β	实验二 模型1 SE	实验二 模型2 β	实验二 模型2 SE	实验二 模型3 β	实验二 模型3 SE	实验二 模型4 β	实验二 模型4 SE	实验三 模型1 β	实验三 模型1 SE	实验三 模型2 β	实验三 模型2 SE	实验三 模型3 β	实验三 模型3 SE	实验三 模型4 β	实验三 模型4 SE	实验三 模型5 β	实验三 模型5 SE
性别	-0.05	0.06	-0.02	0.05	-0.04	0.05	0.01	0.04	0.04	0.04	0.05	0.03	0.05	0.03	-0.04	0.05	-0.03	0.04	-0.03	0.04	-0.02	0.04	-0.02	0.04
年龄	0.06	0.06	0.05	0.05	0.05	0.05	0.10**	0.04	0.08*	0.04	0.07*	0.03	0.07*	0.03	0.07	0.05	0.04	0.04	0.06	0.04	0.06	0.04	0.06	0.04
自尊水平			0.03	0.05	0.06	0.05			-0.03	0.04	0.01	0.03	0.01	0.03			0.04	0.04	-0.18*	0.08	-0.18*	0.08	-0.18*	0.08
困境类型			-0.39***	0.05	-0.39***	0.05			0.04	0.04	0.04	0.03	0.04	0.03			-0.06	0.04	-0.07	0.22	-0.07	0.22	-0.07	0.22
账户关注度									0.46***	0.04	0.46***	0.03	0.46***	0.03			0.10*	0.04	0.31	0.22	0.31	0.22	0.31	0.22
感知能力路径																	0.33***	0.04	-1.13**	0.22	-1.14***	0.22	-1.14***	0.22
自尊水平×困境类型					-0.29***	0.05					0.02	0.03	0.02	0.03					0.02	0.22	0.04	0.23	0.04	0.23
自尊水平×账户关注度											0.26***	0.03	0.26***	0.03					-0.21	0.22	-0.23	0.23	-0.23	0.23
自尊水平×感知能力路径																			1.53***	0.22	1.47***	0.23	1.48***	0.23
自尊水平×困境类型×账户关注度													-0.02	0.06									-0.06	0.07
自尊水平×困境类型×感知能力路径																					0.02	0.07	0.01	0.07
自尊水平×账户关注度×感知能力路径																					0.08	0.07	0.08	0.07
账户关注度×感知能力路径																							0.01	0.11
自尊水平×困境类型×账户关注度×感知能力路径																								
R^2	0.02		0.17		0.25		0.01		0.22		0.29		0.29		0.01		0.13		0.21		0.21		0.21	
ΔR^2	0.02		0.15		0.10		0.01		0.21		0.07		0.01		0.01		0.12		0.08		0.01		0.01	

注：β 为回归系数，SE 为标准误。***表示 0.1%的显著性水平，**表示 1%的显著性水平，*表示 5%的显著性水平。

更重要的是，自尊水平和困境类型的交互作用显著预测了合作行为（$\beta = -0.29$，$p < 0.001$，95% CI [-0.39, -0.19]）（图 2-7）。具体而言，在给予型困境中，自尊水平正向预测合作行为（$\beta = 0.38$，$p < 0.001$，95% CI [0.22, 0.49]）；即自尊水平越高，个体给予公共账户的代币越多。在获取型困境中，自尊水平负向预测合作行为（$\beta = -0.25$，$p = 0.002$，95% CI [-0.37, -0.08]）；即自尊水平越高，个体留在公共账户中的代币越少。

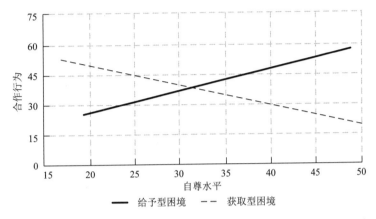

图 2-7　给予型困境与获取型困境中自尊与合作行为的关系（95%置信区间）

（二）账户关注度与感知能力路径

本节研究推测当账户关注度发生变化时，给予型困境和获取型困境中自尊与合作行为之间的关系也会随之改变。基于这一推导，我们根据行为的方向来操纵账户关注度。在典型的给予型困境中，我们设定了两种行为方向：部分给予和部分保留。主要区别在于，处于部分给予型困境中的群体成员必须决定向公共账户给予多少，而处于部分保留型困境中的群体成员则必须决定为个人账户保留多少。同样，在典型的获取型困境中，我们也设定了两种行为方向：部分获取和部分留存。主要区别在于，处于部分获取型困境中的群体成员必须决定从公共账户中获取多少为个人所用，而处于部分留存型困境中的群体成员则必须决定在公共账户中留存多少。根据 van Dijk 和 Wilke（2000）关于决策诱导聚焦的研究，决策决定了群体成员的关注焦点。部分给予和部分留存型困境会引发对公共账户的类似关注，而部分获取和部分保留型困境则会引发对个人账户的类似关注。因此，我们认为当关注焦点集中在公共账户上时（如部分给予和部分留存型困境），自尊正向预测合作行为；而当关注焦点集中在个人账户上时（如部分保留和部分获取型困境），自尊负向预测合作行为。

此外，本节研究还推测，如果账户关注度通过改变感知能力的途径来影响自尊与合作行为之间的关系，那么当感知能力的途径发生变化时，这种关系也会随之改变。在通过为公共利益作贡献来诱导感知能力的途径时，高自尊者会比低自尊者更倾向于合作；而在通过追求个人利益来诱导感知能力的途径时，高自尊者会比低自尊者更缺少合作意愿。因此，我们认为在给予型困境和获取型困境中，当通过为公共利益作贡献来诱导感知能力的途径时，自尊正向预测合作行为；而当通过追求个人利益来诱导感知能力的途径时，自尊负向预测合作行为。

为此，本节进行了三项实验来验证以上说法。实验一对比了给予型困境和获取型困境在账户关注度以及感知能力路径上的差异。实验二通过构建部分给予、部分保留、部分留存和部分获取的困境框架，来操纵账户关注度。实验三旨在探讨感知能力的途径是否会改变给予型困境与获取型困境中自尊和合作行为之间的关系。

1. 实验一

实验一探讨了给予型（相对于获取型）困境是否会激活不同类型的账户关注度，并引发不同的感知能力路径。参与者通过关注个人账户和公共账户以及感知能力，来评估他人在等同的给予型困境和获取型困境中的合作行为。评估是从第三方视角（评估合作行为）而非第一方视角（评估自身行为）进行的，以避免社会认同或压力对参与者的态度和感知造成干扰。

1）参与者

基于功效分析（95%的功效，5%的 α 错误率，采用 2×2 混合设计的方差分析模型）（Faul et al.，2007），研究至少需要 432 名参与者来检测从上述元分析中估计的双向交互作用的小效应量（$f^2=0.08$）。我们使用问卷星平台招募了 457 名有效参与者（254 名女性和 203 名男性；平均年龄为 31.38 岁，标准差为 16.24 岁）。通过游戏规则理解测试筛选出了 33 名无效参与者。

2）实验设计和程序

研究采用 2（困境类型：给予型困境和获取型困境）×2（合作行为：高合作和低合作）的混合设计，其中困境类型为被试间变量，合作行为为被试内变量。因变量包括评估他人对个人和公共账户的关注度以及感知他人的能力。

我们告知参与者，研究的目的是作为第三方来评估先前四人游戏中其他玩家的行为。参与者被随机分成两组：一组评估给予型困境中的其他玩家，另一组评估获取型困境中的其他玩家。

给予型困境中的评估任务：参与者阅读给予型困境游戏规则，然后呈现先前游戏中两名玩家的表现：玩家 A 给予了 15 个代币，玩家 B 给予了 60 个代币（基于个人账户的初始值[75 个代币]和"（一）自尊对合作行为的影响"实验中参与者给予的代币数量[46.51±14.88]，我们分别选择 15 个代币和 60 个代币作为高合作和低合作行为）。参与者评估了两名玩家的个人账户关注度（你认为玩家 A[玩家 B]怎么样？1=完全不关心个人利益；7=非常关心个人利益）、公共账户关注度（你认为玩家 A[玩家 B]怎么样？1=完全不关心公共利益；7=非常关心公共利益）以及两名玩家的感知能力（你认为玩家 A[玩家 B]怎么样？1=非常无能；7=非常能干）。

获取型困境中的评估任务：参与者阅读获取型困境游戏规则（与研究 1 相同），然后呈现先前游戏中两名玩家的表现：玩家 A 拿走了 60 个代币，玩家 B 拿走了 15 个代币（基于公共账户可处置代币值[最多 75 个代币]和研究 1 中参与者拿走的代币数量[33.07±16.32]，我们分别选择 60 个代币和 15 个代币作为高合作和低合作行为）。参与者还需要就个人账户关注度和公共账户关注度来评估两名玩家的行为，并确定两名玩家的能力（同上）。

游戏规则理解测试：为了评估参与者对游戏规则的理解，我们进行了两项游戏规则理解测试，未通过测试的参与者将被剔除。

控制变量：参与者提供了包括性别和年龄在内的人口统计学信息。

3）结果与讨论

我们对比了在给予型困境与获取型困境中，个体对他人个人账户关注度、公共账户关注度以及感知能力评价的差异。

个人账户关注度。采用 2（困境类型：给予型困境和获取型困境）×2（合作行为：高合作和低合作）的方差分析，结果显示困境类型与合作行为之间存在显著的交互作用（$F(1, 226)=15.19$，$p<0.001$，$\eta_p^2=0.03$，95% CI [0.02, 0.13]）［图 2-8（a）］。具体而言，在给予型困境与获取型困境中，相同的合作行为引发了不同的评价：参与者认为拿走 60个代币的玩家（均值 $M=4.72$，标准差 SD=1.25）比给予 15 个代币的玩家（$M=4.30$，SD=1.29）更关注个人利益（$F(1, 227)=6.39$，$p=0.012$，$\eta_p^2=0.03$，95% CI [0.00, 0.08]），而认为拿走 15 个代币的玩家（$M=2.22$，SD=0.98）比给予 60 个代币的玩家（$M=2.68$，SD=1.42）对个人利益的关注度更低（$F(1, 227)=8.37$，$p=0.004$，$\eta_p^2=0.04$，95% CI [0.00, 0.09]）。然而，在获取型困境中，评价拿走 60 个代币的玩家与评价拿走 15 个代币的玩家在个人账户关注度上的差异，显著大于在给予型困境中评价给予 15 个代币的玩家与评价给予 60 个代币的玩家之间的差异。这表明，与给予型困境相比，处于获取型困境中的参与者对个人账户更加敏感。

公共账户关注度。采用 2（困境类型：给予型困境和获取型困境）×2（合作行为：高合作和低合作）的方差分析。结果显示，困境类型与合作行为之间存在显著的交互作用（$F(1, 226)=17.47$，$p<0.001$，$\eta_p^2=0.04$，95% CI [0.02, 0.14]）［图 2-8（b）］。具体而言，一方面，在给予型困境与获取型困境中，相同的合作行为引发了不同的评价：参与者认为给予 60 个代币的玩家（$M=5.56$，SD=1.01）比拿走 15 个代币的玩家（$M=5.02$，SD=1.57）更关注公共利益（$F(1, 227)=9.66$，$p=0.002$，$\eta_p^2=0.04$，95% CI [0.01, 0.10]），而认为给予 15 个代币的玩家（$M=3.18$，SD=1.17）比拿走 60 个代币的玩家（$M=3.62$，SD=1.22）对公共利益的关注度更低（$F(1, 227)=7.84$，$p=0.006$，$\eta_p^2=0.03$，95% CI [0.00, 0.09]）。然而，在给予型困境中，评价给予 60 个代币的玩家与评价给予 15 个代币的玩家在公共利益关注度上的差异，显著大于在获取型困境中评价拿走 15 个代币的玩家与评价拿走 60 个代币的玩家之间的差异。这表明，与获取型困境相比，处于给予型困境中的参与者对公共账户更加敏感。

感知能力。采用 2（困境类型：给予型困境和获取型困境）×2（合作行为：高合作和低合作）的方差分析，结果显示困境类型与合作行为之间存在显著的交互作用（$F(1, 226)=85.14$，$p<0.001$，$\eta_p^2=0.16$，95% CI [0.18, 0.36]）［图 2-8（c）］。具体而言，参与者认为给予 60 个代币的玩家（$M=5.17$，SD=1.20）比给予 15 个代币的玩家（$M=3.44$，

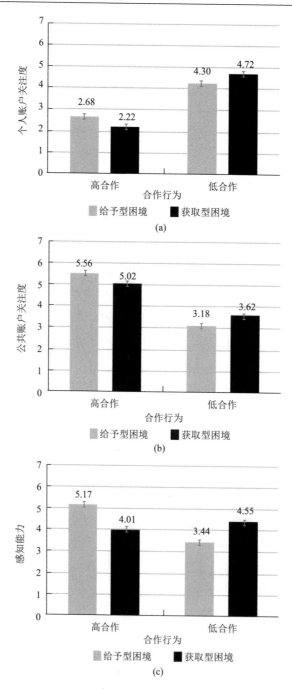

图 2-8　个人账户关注度、公共账户关注度和感知能力（±SE）与困境类型和他人合作
行为的函数关系

SD=1.38）更有能力（$F(1, 226)=101.80$，$p<0.001$，$\eta_p^2=0.31$，95% CI [0.22, 0.40]），而
认为拿走 60 个代币的玩家（$M=4.55$, SD=1.38）比拿走 15 个代币的玩家（$M=4.01$, SD=1.28）
更有能力（$F(1, 228)=9.44$，$p=0.002$，$\eta_p^2=0.04$，95% CI [0.01, 0.10]）。这表明，在给予

型困境与获取型困境中，感知能力的路径是不同的；在给予型困境中，给予更多被视为更有能力，而在获取型困境中，拿走更多被视为更有能力。

实验一表明，在给予型困境与获取型困境中，个人账户关注度、公共账户关注度及感知能力的路径存在差异：获取型困境比给予型困境更能激活对个人账户的关注度，而给予型困境比获取型困境更能激活对公共账户的关注度。此外，在给予型困境中，给予更多被视为更有能力，而在获取型困境中，拿走更多被视为更有能力。在后续实验中，我们操纵了给予型困境与获取型困境中的账户关注度和感知能力的路径，以进一步探索它们如何影响自尊与合作行为之间的关系。

2. 实验二

实验二探讨了账户关注度是否会影响给予型困境与获取型困境中自尊与合作行为之间的关系。我们通过操纵账户导向来改变个体对个人账户和公共账户的关注度。具体而言，基于 van Dijk 和 Wilke（2000）的方法，我们为给予型困境设置了两种账户导向：一种是面向公共账户的，要求每位成员向该账户贡献一定数量的资源（部分给予型困境）；另一种是面向个人账户的，要求每位成员在该账户中保留一定数量的资源（部分保留型困境）。同样地，我们也为获取型困境设置了两种账户导向：一种是面向个人账户的，要求每位成员向该账户存入一定数量的资源（部分获取型困境）；另一种是面向公共账户的，要求每位成员在该账户中留下一定数量的资源（部分留存型困境）。我们预测，当账户关注度指向公共账户（如部分给予和部分留存型困境）时，高自尊的个体比低自尊的个体更具合作性。当账户导向指向个人账户（如部分保留和部分获取型困境）时，高自尊的个体比低自尊的个体合作性更低。

1）参与者

基于效力分析（95%效力，α 错误率为5%，具有三个预测变量的层次多元回归模型；Faul et al.，2007），研究至少需要 348 名参与者才能检测到上述元分析中估计的小效应量（$f^2=0.05$）的双向或三向交互作用（$f^2=0.05$）。为避免在线平台可能存在的抽样偏差，本节从问卷星平台收集了 352 名参与者，并从见数平台（https://www.credamo.com）额外收集了 351 名参与者（我们比较了两个平台的数据，发现主要结论稳定，不受在线平台来源的影响）。因此，我们总共招募了 646 名有效参与者（女性 337 名，男性 309 名；平均年龄 31.22 岁，标准差 7.38 岁）。通过与游戏规则相关的理解测试筛选出了 57 名无效参与者。

2）实验设计和程序

自变量为自尊水平、困境类型和账户关注度。因变量是合作行为。自尊水平是连续变量，社会困境类型是涉及给予型困境和获取型困境的分类变量，账户关注度是涉及个人账户和公共账户关注度的分类变量。

参与者被要求玩一个四人游戏，并完成一份后续问卷，报酬将根据他们的表现而定。我们将其随机分为四组：部分给予型困境（关注公共账户）、部分保留型困境（关注个人账户）、部分获取型困境（关注个人账户）和部分留存型困境（关注公共账户）。

部分给予型困境：游戏规则与实验一中的给予型困境相同。参与者被要求说明他们打算向公共账户贡献的代币数量。

部分保留型困境：游戏规则与给予型困境相同，但参与者被要求说明他们打算在个人账户中保留的代币数量。

部分获取型困境：游戏规则与实验一中的获取型困境相同。参与者被要求说明他们打算为个人账户拿取的代币数量。

部分留存型困境：游戏规则与获取型困境相同，但参与者被要求说明他们打算在公共账户中留下的代币数量。

游戏规则理解测试：理解测试与实验一类似（针对保留和留存困境，陈述内容做了相应调整）。未通过游戏规则测试的参与者被排除在外。

自尊：参与者的自尊测量与实验一中描述的方法相同。在本节中，克龙巴赫内部一致性系数为 0.93，我们确保了自尊测量与游戏任务顺序的平衡。

另外，参与者提供了包括性别和年龄在内的人口统计信息。

3）结果与讨论

合作行为的计算：根据 van Dijk 和 Wilke（2000）的方法，我们计算了参与者给予或留在公共账户中的代币数量，以此作为合作行为的指标。与实验一类似，代币数量越大，表明参与者的合作程度越高。

我们进行了分层多元回归分析，以自尊水平、困境类型和账户关注度为自变量，合作行为为因变量，性别和年龄为控制变量。该分析（表 2-11）表明，自尊水平（$\beta= -0.03$，$p=0.459$，95% CI [-0.10, 0.04]）和困境类型（$\beta=0.04$，$p=0.244$，95% CI [-0.03, 0.11]）并不能显著预测合作行为。账户关注度则能显著预测合作行为（$\beta=0.46$，$p<0.001$，95% CI [0.39, 0.53]）：相较于关注个人账户的参与者，关注公共账户的参与者表现出更高的合作性。自尊水平与困境类型的交互作用（$\beta=0.02$，$p=0.625$，95% CI [-0.05, 0.08]）以及自尊水平、困境类型和账户关注度三者之间的交互作用（$\beta= -0.02$，$p=0.812$，95% CI [-0.12, 0.11]）均不能显著预测合作行为。

更重要的是，自尊水平与账户关注度的交互作用显著预测了合作行为（$\beta=0.26$，$p<0.001$，95% CI [0.19, 0.33]）（图 2-9）。具体而言，在关注公共账户的条件下，自尊

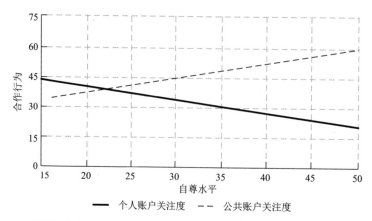

图 2-9　不同账户关注度条件下自尊与合作行为之间的关系（95%的置信区间）

水平正向预测合作行为（β=0.28，$p<0.001$，95% CI [0.15, 0.35]），即高自尊的参与者比低自尊的参与者更倾向于合作。在关注个人账户的条件下，自尊水平负向预测合作行为（β=−0.27，$p<0.001$，95% CI [−0.34, −0.15]），即高自尊的参与者比低自尊的参与者合作性更低。

实验二表明，在给予与获取型困境中，自尊与合作行为之间的关系可以通过账户关注度来改变：当账户关注度指向公共账户（如部分给予和部分保留型困境）时，高自尊的参与者比低自尊的参与者更倾向于合作；而当账户关注度指向个人账户（如部分留存和部分获取型困境）时，高自尊的参与者比低自尊的参与者的合作性更低。由此推测，账户关注度通过改变感知能力的途径来影响自尊与合作行为之间的关系（当账户关注度指向公共账户时，通过贡献公共利益来诱导感知能力的途径；而当其指向个人账户时，则通过追求个人利益来诱导感知能力的途径）。因此，在实验三中，我们操控了感知能力的途径。我们预测，当自尊与感知能力的关联发生变化时，给予型困境与获取型困境中自尊与合作行为之间的关系也会发生变化。

3. 实验三

实验三旨在探讨感知能力的途径是否会改变给予型困境与获取型困境中自尊与合作行为之间的关系。我们通过将贡献公共利益与能力以及追求个人利益与能力相关联来操控感知能力的途径。我们预测，当贡献公共利益与能力相关联时，在给予型困境与获取型困境中，高自尊的个体将比低自尊的个体更倾向于合作；而当追求个人利益与能力相关联时，高自尊的个体在这两种困境中的合作性将低于低自尊的个体。

1）参与者

基于效力分析（95%效力，α 错误率为 5%，包含四个预测变量的分层多元回归模型）（Faul et al.，2007），研究至少需要 377 名参与者才能检测到上述元分析中估计的双向、三向或四向交互作用的小效应量（f^2=0.05）。我们总共通过问卷星平台招募了 476 名有效参与者（女性 289 名，男性 187 名，平均年龄为 29.76 岁，标准差为 7.19 岁）。通过使用与游戏规则相关的理解测试，筛选出 41 名无效参与者。

2）实验设计和程序

自变量为自尊水平、困境类型、账户关注度及感知能力的途径。因变量是合作行为。其中，自尊水平是连续变量，困境类型是包含给予型困境和获取型困境的分类变量，账户关注度是包含关注个人账户和公共账户的分类变量，而感知能力的途径则是将贡献公共利益和追求个人利益与能力相关联的分类变量。

参与者被告知实验旨在评估他们的应聘表现。他们阅读了一家公司的招聘要求，完成了应聘申请，并获得了报酬。参与者被随机分配到两种困境类型（给予型困境与获取型困境）、两种账户关注度类型（关注个人账户与关注公共账户）以及两种感知能力的途径（贡献公共利益与能力以及追求个人利益与能力）中，共形成八个实验组。困境类型和账户关注度的操控方式与研究 3 相同。感知能力的途径则通过招聘要求的表述进行操控，以给予型困境为例进行说明。

通过贡献公共利益感知能力的途径：X 公司是你所仰慕的公司。该公司近期正在招聘员工。他们希望招聘具备强大工作能力的员工。你高度重视这一工作机会并进行了申请。公司通过一场基于集体收益表现来评判应聘者能力的游戏进行筛选。集体收益越多，应聘者的能力越强。请阅读应聘问题并完成应聘申请。

通过追求个人利益感知能力的途径：X 公司是你所仰慕的公司。该公司近期正在招聘员工。他们希望招聘具备强大工作能力的员工。你高度重视这一工作机会并进行了申请。公司通过一场基于个人收益表现来评判应聘者能力的游戏进行筛选。个人收益越多，应聘者的能力越强。请阅读应聘问题并完成应聘申请。

应聘问题：游戏需要四人一组进行；系统将随机为你匹配三位应聘者。每位应聘者拥有 75 个代币（3 个代币可兑换 1 元人民币）。四位应聘者中的每一位都可以决定将其中的一些或全部代币捐赠给公共账户。当公共账户代币总额超过 120 个时，最终公共账户的代币总额将增加到 300 个，并在这四位应聘者中平均分配。当公共账户代币总额未达到 120 个时，最终公共账户的代币总额将减少到 0 个。游戏是匿名的，应聘者之间无法相互沟通！请说明你打算捐赠给公共账户的代币数量：____个代币。

操控检验：为确保感知能力路径的操控有效性，我们设置了两个操控检验来检测参与者在游戏规则中感知能力的途径（对于 X 公司而言，哪种收益拥有更多代币反映了更强的能力？A. 个人收益；B. 集体收益）以及感知能力与自我认知的关联（你认为哪种收益拥有更高金额反映了更强的能力？A. 个人账户；B. 集体账户）。

游戏规则理解测试：为评估参与者对游戏规则的理解程度，我们进行了两个游戏规则理解测试（与研究 3 相同），未通过测试的参与者被排除在外。

自尊测量：参与者的自尊测量与研究 1 相同，克龙巴赫内部一致性系数为 0.95。在本节中，我们还平衡了自尊测量与游戏任务的顺序。

控制变量：参与者提供了人口统计学信息，包括性别和年龄。

3）结果与讨论

操纵检验。操纵性检验结果显示，在感知能力路径有助于公众利益的条件下，100%的参与者表示，对于 X 公司而言，集体收益越多，候选人的能力越强（χ^2 (N=237)=66.67，p<0.001，φ=0.58），71.7%的参与者表示，对于自己而言，集体收益越多，候选人的能力越强（χ^2(N=237)=10.17，p<0.001，φ=0.23）。在感知能力路径是追求个人利益的条件下，100%的参与者表示，对于 X 公司而言，个人利益越多，候选人的能力越强（χ^2(N=239)=66.67，p<0.001，φ=0.58），87.9%的参与者表示，对于自己而言，个人利益越多，候选人的能力越强（χ^2(N=239)=33.75，p<0.001，φ=0.41），这表明对感知能力路径的操纵是成功的。

合作行为按照之前实验中描述的方法进行计算。采用分层多元回归分析，以自尊水平、困境类型、账户关注度及感知能力路径为自变量，合作行为为因变量，性别和年龄为控制变量。结果（表 2-11）显示，自尊水平（β=0.04，p=0.403，95% CI [-0.05, 0.12]）和困境类型（β= -0.06，p=0.162，95% CI [-0.15, 0.02]）对合作行为没有显著的预测作用。账户关注度对合作行为有显著的预测作用（β=0.10，p=0.027，95% CI [0.01, 0.18]）：关注公共账户的参与者比关注个人账户的参与者更倾向于合作。感知能力路径对合作行为有显著预测作用（β=0.33，p<0.001，95% CI [0.25, 0.42]）：在能力与集体收益相关联的

条件下，参与者的合作程度高于能力与个人利益相关联条件下的参与者。

除自尊水平与感知能力路径之间的交互作用外（$\beta=1.53$，$p<0.001$，95% CI [1.09，1.97]）（图 2-10），未发现其他显著的交互效应（表 2-11）。具体而言，当能力与更多集体收益相关联时，自尊水平正向预测合作行为（$\beta=0.38$，$p<0.001$，95% CI [0.25, 0.48]），而当能力与更多个人利益相关联时，自尊水平负向预测合作行为（$\beta=-0.27$，$p<0.001$，95% CI [−0.37，−0.13]）。

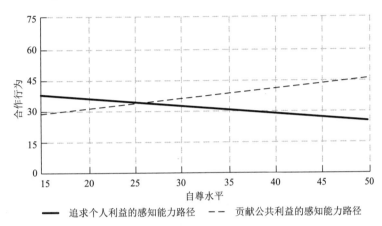

图 2-10　不同感知能力路径下自尊与合作行为之间的关系（95%的置信区间）

实验三表明，在给予型困境和获取型困境中，感知能力路径可以改变自尊与合作行为之间的关系。在给予型困境和获取型困境中，当通过贡献公众利益来诱导感知能力路径时，高自尊的参与者比低自尊的参与者更倾向于合作；而当通过追求个人利益来诱导感知能力路径时，高自尊的参与者也比低自尊的参与者更倾向于合作。

三、给予型困境与获取型困境的绿色转型合作策略

第一，给予型困境的绿色转型合作策略。在给予型困境中，企业、组织（如行业协会、研究机构等）和城市地区需要向绿色转型的公共目标贡献资源或努力，而他们的贡献程度将直接影响公共资源的增长和整体绿色转型的成效。首先，企业应加大绿色研发投入，投资于清洁能源、节能减排等绿色技术的研发，以提升自身的绿色竞争力；企业应共享绿色成果，与其他企业共享绿色技术和经验，共同推动行业内的绿色转型；企业应在内部培养绿色文化，鼓励员工参与绿色行动，提升企业的社会责任感和品牌形象。其次，组织应该联合行业内的企业，共同制定绿色生产、绿色消费等标准，引导行业向绿色转型；应为企业和员工提供绿色转型相关的培训，提升其绿色转型的能力和意识。最后，城市地区应该合理规划城市绿地、公园等绿色空间，提升城市的生态环境质量；应鼓励和支持绿色建筑的建设，降低建筑物的能耗和排放；应发展公共交通、鼓励绿色出行，减少城市交通对环境的影响。

第二，获取型困境下的绿色转型合作策略。在获取型困境中，企业、组织和城市地区需要从绿色转型的公共目标中提取资源或利益，而它们的提取程度将直接影响公共资

源的减少和整体绿色转型的成效。首先，企业应该在绿色转型过程中，合理配置资源，确保绿色转型的可持续性；应开展绿色营销，通过绿色营销手段，提升产品的绿色价值，满足消费者对绿色产品的需求；应建立绿色供应链，与供应商共同推动绿色转型，确保整个供应链的绿色和可持续。其次，组织应搭建绿色技术、绿色产品等交流平台，促进企业之间的绿色合作；应为企业和产品提供绿色认证服务，提升其绿色信誉和市场竞争力；应加强对企业绿色转型的监管，确保其符合绿色标准和政策要求。最后，城市地区应该制定和实施绿色政策，如绿色税收、绿色信贷等，引导企业和个人向绿色转型；应鼓励和支持绿色创新，如绿色技术、绿色产业等，推动城市地区的绿色转型和升级；应与其他城市地区加强绿色合作，共同应对环境挑战，推动区域绿色转型的协同发展。

第五节　绿色循环利用推动消费模式转型的市场聚焦分离效应研究

近年来，绿色循环理念的兴起极大地促进了二手交易市场的繁荣。从小型的跳蚤市场、闲鱼 APP（application，应用）上的日常闲置物品交换，到大型平台如链家、瓜子网中的二手房、二手车交易，无不体现着绿色循环的魅力。然而，近三分之一的交易问题集中在买卖双方的信息不一致、交易物品质量认知差异及价格虚报等方面，这些问题不仅导致交易过程中的摩擦，还阻碍了市场的有效出清，降低了资源的绿色流动效率。基于偏向性信息加工理论和自我评估相关理论，本节研究提出并证实了提升建构水平会导致买卖双方的关注点分离：卖方更倾向于关注交易物品的积极属性而忽视消极属性，而买方则更关注消极属性而忽视积极属性，从而增大了买卖双方的出价差距；降低建构水平则会出现相反的情况。这一现象被本节研究称为买卖双方的聚焦分离效应，其揭示了绿色循环交易中买卖双方的心理机制。

一、循环经济背景下绿色消费模式转型文献回顾

（一）绿色消费的现状与挑战

在循环经济日益成为全球共识的背景下，作为推动这一经济模式深入发展的关键一环，绿色消费却面临着诸多挑战。尽管生产领域在绿色转型上已迈出重要步伐，如采用清洁能源、提高资源利用效率等，但绿色消费的实践却明显滞后于生产领域的进步（李慧明和刘倩，2008）。这种滞后不仅仅体现在消费者对绿色产品的认知度和接受度上，更在于不合理的消费结构和方式持续对资源与环境造成负面影响。过度消费、一次性用品的滥用以及资源回收利用率低下等问题，严重阻碍了循环经济的深入发展。同时，值得注意的是，随着生产领域绿色转型速度的放缓，消费领域内的绿色消费趋势也呈现出下滑的迹象，这进一步加剧了循环经济发展的压力（王宇等，2020）。

（二）绿色消费的内在动力

循环经济的发展离不开绿色消费的支撑。绿色消费不仅是循环经济在消费领域的具体实现形式，更是推动其持续发展的内在动力。通过选择环保产品、减少资源消耗和废弃物排放，绿色消费不仅直接促进了资源节约和环境保护，还通过市场机制激励企业在生产过程中采用更加环保的技术和材料，从而推动整个产业链的绿色转型。因此，绿色消费的普及和深化，对于构建循环经济体系、实现可持续发展目标具有重要意义。

（三）绿色消费与循环经济的关系

绿色消费与循环经济之间存在着密切的联系和互动关系。绿色消费作为循环经济发展的内在动力，通过促进资源的节约和环境的保护，为循环经济的实现提供了重要的市场支撑。同时，绿色消费的需求也推动了循环经济系统的不断创新和完善，使其更加适应可持续发展的要求（吴飞美，2011）。反过来，循环经济的发展又为绿色消费提供了更多的选择和可能性，如绿色产品的多样化和环保技术的不断创新等。因此，绿色消费与循环经济的相互促进和共同发展，是实现经济社会全面绿色转型的重要途径。在循环经济背景下，推动绿色消费模式的转型不仅有助于解决当前的环境和资源问题，更为未来的可持续发展奠定了坚实基础。

（四）推动绿色消费的策略与建议

为了有效推动绿色消费的发展，需要从多个层面入手。首先，国家应建立可持续消费的总体战略，明确绿色消费在国家发展中的重要地位和作用，为绿色消费提供政策导向和制度保障。其次，政府应出台一批具有针对性和可操作性的绿色消费政策，如税收减免、补贴奖励等，以激励消费者和企业积极参与绿色消费和绿色生产。同时，政府应加快发展方式的绿色转型，倡导绿色消费理念，通过教育和宣传提高公众的环保意识，形成全社会共同推进绿色消费的良好氛围。此外，政府还应强化对企业产品的绿色规制，制定严格的环境标准和监管措施，确保市场上的绿色产品真正符合环保要求，维护消费者的合法权益。

二、二手交易情境下买卖双方的聚焦分离效应研究

（一）二手市场中买卖双方的出价差异

1. 二手市场存在的问题

在二手交易市场中，存在着一系列亟待解决的问题。首先，二手交易市场的行业准入门槛相对较低，这导致市场上存在大量未经严格审核的卖家和商品。部分平台在监管方面存在缺失，使一些不良商家或卖家能够轻易进入市场，从而增加了交易的风险。其次，由于缺乏有效的信用评估和监管体系，买家和卖家之间的信任度较低。这导致在交易过程中，双方往往需要花费更多的时间和精力来核实对方的身份与商品信息，增加了

交易的复杂性和不确定性。再次，二手商品的信息透明度较低，买家往往难以准确了解商品的真实状况。一些卖家为了获取更高的利润，可能会故意隐瞒商品的瑕疵或缺陷，甚至以次充好。这种行为不仅损害了买家的利益，也破坏了市场的公平性和信誉。最后，在二手交易中，售后服务往往缺失或不完善。一旦商品出现问题，买家往往难以得到有效的售后支持或解决方案。同时，由于二手交易的特殊性质，买家在维权过程中也面临诸多困难。例如，一些平台可能不提供有效的投诉渠道或仲裁机制，导致买家的权益无法得到保障。

2. 买卖双方出价差异

在推动绿色循环的二手交易过程中，两个关键因素直接影响最终交易能否成功达成：一是卖方愿意接受的最低售价，它代表了卖方对于出售物品的底线；二是买方愿意支付的最高购价。这两者之间的出价差值（即卖方出价减去买方出价）越大，交易达成的难度就越高，反之则越容易实现绿色循环中的物品流转。研究表明，人们在拥有某件商品后，对其的估价往往会显著高于拥有前的估价，这一现象称为禀赋效应（Morewedge and Giblin，2015）。在二手商品交易中，禀赋效应的体现尤为明显：作为物品的当前拥有者，卖方所期望的出售价格往往高于那些尚未拥有该物品的买方所愿意支付的购买价格。

以两个经典的实验为例（Knetsch and Sinden，1984；Knetsch，1989）。在交换实验中，一组被试事先获得了一个咖啡杯，随后有机会用咖啡杯来交换400克的巧克力棒；而另一组被试则事先获得了400克的巧克力棒，并有机会用巧克力棒来交换咖啡杯。实验结果显示，前组中高达89%的被试选择保留咖啡杯，仅有11%的被试愿意用咖啡杯交换巧克力棒；而后组中则有90%的被试选择保留巧克力棒，仅有10%的被试愿意进行反向交换。在评估实验中，一组被试事先获得了一个咖啡杯，并有机会将其出售给实验者；而另一组被试则未事先获得咖啡杯，并有机会从实验者那里购买。结果显示，前组被试愿意以7.12美元的价格出售咖啡杯，而后组被试则只愿意支付2.87美元进行购买。

3. 属性聚焦与出价差异

偏向性信息加工理论指出，由于角色差异，买卖双方在信息搜索和关注时会倾向于优先处理与自身认知框架相吻合的信息，从而导致对同一物品估价的不同。具体而言，个体对自己持有的物品会赋予更多的正面认知偏向和更高的评价，而对他人持有的物品则可能持较少的正面认知偏向和较低的评价。在绿色循环交易中，"以物换钱"的角色促使卖方更加关注可能失去的物品，因此他们更可能优先搜索和关注物品的积极属性以及金钱的消极属性，从而倾向于提高售价；相反，买方则更加关注可能失去的金钱，因此他们更可能优先处理金钱的积极属性和物品的消极属性，从而倾向于降低购价（Ashby et al.，2012）。例如，Carmon和Ariely（2000）观察到，在绿色循环交易中，卖方往往会自动聚焦于交易商品本身，而买方则更关注交易价格。他们让被试模拟钢笔的绿色循环交易，并记录下他们对钢笔的想法。实验发现，卖方更倾向于关注钢笔的积极特征，而买方则更关注其消极特征。当诱导卖方关注钢笔的消极特征时，其售价会降低；而当诱导买方关注钢笔的积极特征时，其购价则会提高。这种属性聚焦对出价的影响得到了多项研究的支持（Pachur and Scheibehenne，2012）。

（二）买卖双方聚焦分离现象

1. 建构水平与属性聚焦

在绿色循环背景下，建构水平理论为我们提供了一种理解个体如何看待和处理二手物品的新视角（Trope and Liberman，2010）。该理论区分了个体在认知过程中形成的两种心理表征：一是高建构表征，它聚焦于事物的抽象、主要、本质层面；二是低建构表征，它则关注事物的具体、次要、情境化层面。以"二手书交易"为例，高建构水平者可能将"读书"表征为"获取知识、传承文化"，而低建构水平者则可能更侧重于"书本的磨损程度、具体页码的内容"等细节。在绿色循环交易中，个体的建构表征会随着与交易物品心理距离的变化而动态调整。当思考未来可能进行的交易、远处的物品、他人的需求或低概率的交换事件时，个体倾向于采用高建构表征；而当面对当前的交易、近处的物品、自我需求或高概率的交换事件时，则更倾向于低建构表征（Trope and Liberman，2010）。这种建构水平的变化不仅影响着个体的信息搜索和关注焦点，还进一步对其在绿色循环中的态度和行为产生深远影响。

在绿色循环中提升建构水平能够促使个体更加关注物品的积极属性，而相对减少对消极属性的关注。例如，通过提高建构水平，个体能够更积极地看待自己曾经使用过的物品，并赋予它们更高的价值（Williams et al.，2014）。此外，高建构表征下的个体在参与绿色循环活动时，可能更倾向于写下更多正面的评价、表达更多的赞同意见，并在交易中更关注物品的潜在价值而非其瑕疵。相反，进行具体表征的个体则可能更加关注物品的实际损失、责任和义务等方面。

2. 买卖双方聚焦分离差异

在探讨建构水平对属性聚焦的影响时，需要思考这种影响是否同样适用于买卖双方？通过对现有研究的细致分析，我们发现这一推论主要局限于个体对自我相关（而非他人相关）事物的认知上。根据自我评估的相关理论，个体普遍存在自我提升偏差，这既表现为对自己拥有事物的过度正面评价，也体现为对他人拥有事物的相对贬低（Dufner et al.，2019；Zell et al.，2020）。特别是在双方存在竞争关系的情境下，这种偏差尤为显著（Zell et al.，2020）。在绿色循环的二手交易中，交易物品在交易前属于卖方，而与买方无直接关联，且双方往往存在明显的竞争关系，即卖方希望售价尽可能高，而买方则希望购价尽可能低。因此，当提升建构水平时，卖方可能会更加关注交易物品的积极属性，而买方则可能更加聚焦于其消极属性，这种对属性聚焦的差异可能会进一步拉大双方的出价与购价之间的差值。相反，降低建构水平则可能促使买卖双方更加全面地看待交易物品，减少由自我提升偏差导致的属性聚焦分离现象。具体而言，已有研究表明，提升建构水平能够增强个体对自我的积极评价，同时降低对他人的积极评价（Garcia et al.，2020）。在绿色循环中，这可能导致卖方更加肯定自己手中物品的价值，而买方则更加挑剔地审视这些物品。此外，提升建构水平还可能使个体更加肯定内群体的优越性，同时更加否定外群体的优越性。在二手交易中，卖方可能将自己视为内群体，即拥有并出售物品的一方，而买方则被视为外群体，这种内外群体的划分可能进一步加剧买卖双方对交易物品属性聚焦的差异。

3. 出价波动的不对称性

在探讨建构水平对出价波动的影响时，需要明确这种影响在买卖双方之间是否表现出相同的效应。尽管在绿色循环的二手交易中，卖方和买方在表面上扮演着看似对等的角色，但交易的核心——物品的所有权，却在无形中为卖方赋予了某种优势感。这种优势感源于物品所有权的差异，使双方在心理层面上并不完全对等。在绿色循环的交易过程中，卖方通常拥有先出价的优势，他们可以通过故意抬高价格来设定一个较高的锚定点，并预留出相对宽松的议价空间。随后，卖方可能会采取虚高报价后故意降价的策略，营造出一种大幅度降价的假象（Morewedge and Giblin，2015）。这种策略使卖方在价格谈判中具有更大的灵活性和升降空间，相比之下，买方则处于相对被动的地位。因此，我们可以推测，在绿色循环中，建构水平对出价变动的影响可能在卖方身上表现得更为显著。此外，买卖双方对"物"和"钱"的敏感度也可能存在差异。卖方往往对与物品相关的信息更加敏感，他们可能更加关注物品的瑕疵、优点及市场价值等因素；而买方则可能对支出相关的信息更加敏感，他们可能更加关注价格、性价比以及自身的预算约束等因素（Carmon and Ariely，2000）。这种敏感度的差异可能导致双方在评估交易物品时产生不同的心理预期和出价策略。特别是在涉及交易物品的瑕瑜属性时，卖方可能具有更高的敏感度，他们可能更加擅长利用物品的积极属性来提升价格，同时可能更加关注并试图掩盖物品的消极属性。相比之下，买方可能更加关注价格因素，以及如何在保证质量的前提下获得最大的性价比。

三、研究设计与结果分析

（一）不同建构表征的议价策略对买卖双方出价的影响

本实验以中国二手房交易为例，通过分析房产中介过往的议价手段和交易档案，探究不同建构水平的议价策略对卖方、买方在谈判前与结束后的出价变化及最终交易的影响。

1. 实验设计和过程

使用 G^*power 软件，将效应量设定为 $f^2=0.15$，$\alpha=0.05$，统计功效 power=0.95，进行多元回归分析，至少需要 107 名参与者（Faul et al.，2007）。实际招募 110 名参与者，他们全部是来自 6 家二手房交易公司的房产中介人员（调研时段为 2019 年 6 月至 12 月）。在这 110 名参与者中，女性有 41 名；平均年龄为 31.12 岁，标准差为 8.70 岁；平均从事房产工作年限为 5.09 年，标准差为 7.61 年。在后续的数据分析中，我们剔除了 4 名参与者的数据：其中 1 名未通过理解力测试，另外 3 名所填写的信息与公司记录存在不符。

参与者需完成一项关于议价策略的回溯性调查问卷。首先，他们需阅读有关建构水平定义的阐述、高建构与低建构表征之间的差异，并通过三个实例来加深理解，如在制作清单方面，高建构表征可以理解为"以系统和有序的方式规划任务"，而低建构表征则是"简单地将任务逐条列出"。随后，参与者需完成两个关于建构表征的理解力测试题目（高建构表征的"吃饭"对应选项：A. 获取必要营养，B. 进行咀嚼与吞咽动作。低建构表征的"洗衣服"对应选项：A. 去除衣物上的异味，B. 将衣物放入洗衣机中），以确保他们能够准确区分高建构表征、低建构表征。接着，参与者需查阅自己近三次的房屋交易记录，并详细填写每次交易的房屋面积、买卖双方的起始报价与最终成交价、交易结果（成功或失败），以及在谈判过程中所采用的建构水平议价策略[在说服卖方降价（问题1）或说服买方提价（问题2）时，你更倾向于使用哪种表征方式？其中，1代表完全采用低建构表征方式，7代表完全采用高建构表征方式]。最后，参与者还需填写个人的年龄、性别以及从事房产中介工作的年限等信息。调研结束后，我们将对所有填写的信息与公司的相关记录进行比对，以确保信息的真实性。

2. 实验结果与分析

1）出价变动指数的计算

以卖方初始价格与卖方最终价格之间的差值除以房屋面积作为卖方降价指数[式（2-5）]，其数值越大表示降价幅度越大；以买方最终价格与买方初始价格之间的差值除以房屋面积作为买方升价指数[式（2-6）]，其数值越大表示升价幅度越大。具体见式（2-5）和式（2-6）：

$$卖方降价指数 = \frac{卖方初始价格 - 卖方最终价格}{房屋面积} \quad (2\text{-}5)$$

$$买方升价指数 = \frac{买方最终价格 - 买方初始价格}{房屋面积} \quad (2\text{-}6)$$

2）建构水平议价策略对买卖双方的出价变动的影响

以房产中介针对卖方所采取的建构水平议价手段作为预测变量，将卖方降价指数设定为因变量，同时将年龄、性别及从业年限作为控制变量，进行分层回归分析。分析结果（表 2-12）清晰地揭示出，房产中介对卖方的建构水平议价策略与卖方降价指数之间存在负相关关系（$\beta = -0.25$，$p<0.001$，95% CI [-0.14, -0.35]），即若中介更多运用低建构的议价策略，卖方会展现出更大的降价幅度。同样地，我们以房产中介针对买方所采用的建构水平议价策略作为预测变量，买方升价指数作为因变量，控制变量保持不变，再次进行分层回归分析。分析结果（表 2-12）进一步显示，房产中介对买方的建构水平议价策略同样与买方升价指数负相关（$\beta = -0.13$，$p=0.021$，95% CI [-0.24, -0.02]）：即中介若倾向于使用低建构的议价策略，买方则倾向于表现出更大的升价幅度。

表 2-12　出价变动指数及最终成交状况的层次回归分析

变量	卖方降价指数		买方升价指数		最终成交情况		
	第1层	第2层	第1层	第2层	第1层	第2层	第3层
	β（SE）	β（SE）	β（SE）	β（SE）	B（SE）	B（SE）	B（SE）
对卖方的建构水平议价策略		−0.25***				−0.22	−0.28
		（0.06）				（0.16）	（0.15）
对买方的建构水平议价策略				−0.13*		−0.17	−0.18
				（0.06）		（0.16）	（0.15）
对卖方×买方的建构水平议价策略							−0.24
							（0.13）
年龄	0.10	0.09	0.01	0.01	−0.30*	−0.32*	−0.33*
	（0.07）	（0.06）	（0.07）	（0.07）	（0.15）	（0.16）	（0.16）
性别	0.01	0.02	−0.03	−0.01	0.18	0.24	0.24
	（0.06）	（0.06）	（0.06）	（0.06）	（0.14）	（0.15）	（0.15）
工作年限	−0.11	−0.09	−0.03	−0.03	−0.03	−0.02	−0.01
	（0.07）	（0.06）	（0.07）	（0.07）	（0.14）	（0.15）	（0.15）
ΔR^2	0.01	0.06***	0.00	0.02*	0.02	0.02	0.01
R^2	0.01	0.07***	0.00	0.02*	0.02	0.04	0.05

注：β 为回归系数，SE 为标准误

***表示 0.1%的显著性水平，*表示 5%的显著性水平

3）建构水平议价策略对最终交易状况的影响

以房产中介在面对卖方和买方时所采用的建构水平议价策略作为预测变量，将双方交易的最终结果（失败赋值为 0，成功赋值为 1）作为因变量，并将年龄、性别及工作年限等作为控制变量，进行了二元 Logistic 回归分析。分析结果显示（表 2-12），房产中介对卖方和买方的建构水平议价策略并未能显著地预测交易的最终结果（$B=-0.22$，Wald=2.03，$p=0.154$，OR=1.25，95% CI [−0.92, −1.69]；$B=-0.17$，Wald=1.15，$p=0.285$，OR=1.19，95% CI [−0.87, −1.62]）。然而，值得注意的是，卖方和买方的建构水平议价策略的交互项对交易结果表现出微弱的预测效应（$B=-0.24$，Wald=3.20，$p=0.074$，OR=1.27，95% CI [−0.98, −1.64]）。具体而言，若房产中介对买方采用低建构水平的议价策略，则对卖方采用的建构议价策略越低，交易成功的可能性就越大（$B=-0.31$，Wald=5.59，$p=0.018$，OR=0.74，95% CI [0.57, 0.95]）。相反，若房产中介对买方采取高建构水平的议价策略，则对卖方所采用的议价策略（无论高低建构）对交易结果并无显著影响（$B=-0.04$，Wald=0.13，$p=0.723$，OR=0.96，95% CI [0.78, 1.19]）。这表明，房产中介的议价策略在某种程度上存在协同作用：当同时对买卖双方采用低建构的议价策略时，更易促成交易的成功；而当对其中一方采取高建构的议价策略时，对另一方所采用的议价策略则不再对交易结果产生显著影响。

本实验通过对二手房交易策略进行剖析，初步阐明了在采取低建构水平议价策略时，

买卖双方的价格差异会缩小，并且由建构水平所引发的价格变动在卖方身上相较于买方而言，展现出轻微的优越性。该实验的核心贡献在于：它基于真实的交易报价数据，极大地提升了研究的实际应用价值；通过记录谈判前后买卖双方报价的动态调整，从时间层面深入分析了建构水平所产生的影响；同时，它也揭示了议价过程中卖方与买方在运用建构策略时所呈现出的微弱协同效果。然而，需要强调的是：二手房作为一类重要的不动产，其交易报价可能与日常消费品存在显著不同。此外，本实验所测量的是第三方（即房产中介）对买卖双方议价策略的评估，而非买卖双方自身的建构策略。后续研究将转向以日常商品为实验对象，直接测量买卖双方（而非第三方）的建构水平，更深入地探究建构水平如何影响买卖双方的出价，并同时对比双方在关注属性上的差异，以此检验买卖双方的聚焦分离效应。

（二）建构表征诱发的买卖双方聚焦分离效应

本实验以二手电子阅读器交易为例，详细记载了买卖双方在这一交易过程中所产生的一系列想法。我们依据建构水平和属性聚焦这两个维度，对这些思绪进行了系统的编码与分类。本实验旨在探讨以下几个问题：卖方相较于买方，是否展现出更高的建构水平，并且更加倾向于关注商品的积极特性？当建构水平较低时，买卖双方之间的出价差异是否会相应缩小？此外，我们还试图分析，建构水平与属性聚焦之间的关联性是否会由于交易双方所扮演角色的不同而发生分化。

1. 实验设计和过程

使用 G*power 软件，将效应量设定为 $d=0.50$，$\alpha=0.05$，power=0.95，进行独立样本 t 检验，至少需要 210 名参与者（Faul et al., 2007）。实际在问卷星平台招募 359 名参与者，女性 142 名；平均年龄为 30 岁，标准差为 7.36 岁；其中 1 名参与者由于未通过理解力测试被剔除。

参与者需要参与一项模拟的二手电子阅读器交易活动，他们会先接收到有关这台阅读器的详细资料（表 2-13）。紧接着，参与者被随机分配到两个不同的组别中。对于那些被归入卖方组的参与者，他们需要设想自己正持有并计划出售这台阅读器，随后记录下自己对这台产品的六点看法，并给出一个愿意接受的最低出售价格。而对于买方组的参与者，他们则需要设想自己想要购买这台阅读器，同样记录下对这台产品的六点看法，并标明一个愿意支付的最高购买价格。为了确保研究的严谨性，我们把标记出价和列出想法的顺序进行了组间平衡。在完成上述任务后，所有参与者还需要填写一份问卷，内容包括他们在二手交易平台上每月的交易频次、是否拥有电子阅读器、交易意愿的强烈程度、日常每月的消费水平、年龄及性别等基本信息。

表 2-13　二手电子书阅读器的相关信息

项目	Kindle Paperwhite 经典版		
	原价：749 元		
情况介绍：使用一年，八成新，功能正常，字体清晰，不带阅读灯，屏幕有个黑点，有轻微使用痕迹，送充电线，包邮，不退不换			
产品基本属性			
屏幕尺寸	6 英寸	续航时间	一次充电支持数周
防水功能	IPX8-60 分钟 2 米水深	重量	182 克
分辨率	300 PPI	设备尺寸	167 毫米×116 毫米×8.2 毫米
存储容量	4GB	机身设计	流线型机身设计
供电方式	USB	WiFi 连接	支持 IEEE、WEP、WPA 接入

注：IPX8 表示 ingress protection X8（防护等级 X8），是国际工业防水等级标准和日本工业防水标准中规定的防水等级之一；PPI 表示 pixels per inch（每英寸像素数），是图像分辨率的单位；USB 表示 universal serial bus（通用串行总线），一种用于计算机及其外部设备之间进行数据传输和电源供应的接口标准；WiFi 表示 wireless fidelity（无限保真度），一种允许电子设备通过无线局域网连接到互联网或其他网络的技术；IEEE 表示 Institute of Electrical and Electronics Engineers（电气和电子工程师协会），一个国际性的专业组织，致力于促进电气、电子、计算机工程和相关领域的技术发展和应用，制定了众多重要的技术标准，如 IEEE 802.11 系列标准（关于无线局域网的标准）；WEP 表示 wired equivalent privacy（有线等效保密），一个用于无线局域网的安全性协议；WPA 表示 WiFi protected access（WiFi 保护访问）表示无线网络安全标准；1 英寸=2.54 厘米

2. 实验结果与分析

1）卖方与买方出价对比

卖方出价（$M=427.83$，$SD=154.40$）显著高于买方出价（$M=315.10$，$SD=167.95$）（$t(357)=6.62$，$p<0.001$，Cohen's $d=0.70$，95% CI [0.49, 0.91]）。

2）卖方比买方建构水平更高、更关注积极属性

在本节研究中，我们依据建构水平和属性聚焦这两个维度，对参与者所填写的想法进行了编码处理（这一工作由两位独立的编码者分别完成，对于存在编码分歧的条目，我们会邀请备用编码者参与集体讨论，并最终达成一致决定）。具体而言，我们将高建构水平的想法赋值为 1，低建构水平的想法赋值为 0。根据 Trope 和 Liberman（2010）提出的建构水平理论，我们从以下三个维度来区分参与者想法的建构水平：一是信息表征的抽象程度，其中抽象表征被编码为 1，具体表征被编码为 0，如"屏幕瑕疵影响使用体验"被视为抽象表征，标记为 1，而"显示屏上有一个黑点影响观看效果"则被视为具体表征，标记为 0；二是关注点的差异，即关注使用目的还是使用手段，关注使用目的的想法被标记为 1，关注使用手段的想法被标记为 0，如"我购买它是为了获取更多知识"属于关注使用目的，标记为 1，而"我担心是否能在阅读器的电子书城下载大量书籍"属于关注使用手段，标记为 0；三是信息的重要性程度，即关注主要信息还是次要信息（在预研究中，我们已对同质样本进行了二手电子阅读器主次信息的调研，结果显示，主要信息包括分辨率、存储容量、屏幕尺寸等，次要信息则包括充电方式、是否包邮等），关注主要信息的想法被标记为 1，关注次要信息的想法被标记为 0。我们共收集到 2154

条想法，其中高建构水平的想法有 1501 条，低建构水平的想法有 653 条，两位编码者之间的一致性信度达到了 0.85。在属性聚焦方面，我们将关注物品积极属性的想法标记为 1，关注消极属性的想法标记为 0，如"物品具备防水功能很不错"被视为关注积极属性，标记为 1，而"物品屏幕存在瑕疵"被视为关注消极属性，标记为 0。统计结果显示，积极属性的想法共有 1155 条，消极属性的想法共有 999 条，两位编码者之间的一致性信度高达 0.94。最后，我们运用式（2-7）（其中 a_i 代表第 i 个想法的建构水平编码数值，i 代表想法的序号）和式（2-8）（其中 b_i 代表第 i 个想法的属性聚焦编码数值，i 代表想法的序号）分别计算了每位参与者的建构水平得分和属性聚焦得分。得分越高，参与者的建构水平越高，同时也越倾向于关注积极属性。

$$\left(\sum_{i=1}^{6} a_i\right)\bigg/6 \tag{2-7}$$

$$\left(\sum_{i=1}^{6} b_i\right)\bigg/6 \tag{2-8}$$

比较买卖双方的建构水平和属性聚焦差异，结果表明：卖方（$M=0.80$，SD=0.27）比买方（$M=0.59$，SD=0.39）具有更高的建构水平（$t(357)=5.98$，$p<0.001$，Cohen's $d=0.63$，95% CI [0.42, 0.84]）；卖方（$M=0.71$，SD=0.33）比买方（$M=0.38$，SD=0.38）更关注交易物品的积极属性（$t(357)=8.67$，$p<0.001$，Cohen's $d=0.92$，95% CI [0.70, 1.13]）。

3）关注积极属性时出价更高

买卖双方在物品出价上的行为可由其聚焦的属性进行正向预估（$\beta=0.58$，$p<0.001$，95% CI [0.50, 0.67]）。无论是卖方（$\beta=0.46$，$p<0.001$，95% CI [0.35, 0.64]）还是买方（$\beta=0.56$，$p<0.001$，95% CI [0.44, 0.69]），他们对物品积极属性的关注度越高，其出价也就相应越高。

4）高建构的买卖双方出价差值更大

采用层次回归分析的方法，我们探讨了建构水平及交易角色（其中，0 代表买方，1 代表卖方）对物品出价的影响，同时将月二手交易次数、物品拥有状况、交易意愿、月消费额、年龄及性别（0 代表女性，1 代表男性）作为控制变量。分析结果（表 2-14）揭示，建构水平对物品出价的预测效应不显著（$\beta=0.02$，$p=0.684$，95% CI [−0.08, 0.12]）。然而，交易角色（$\beta=0.31$，$p<0.001$，95% CI [0.21, 0.41]）以及建构水平与交易角色的交互项（$\beta=0.60$，$p<0.001$，95% CI [0.33, 0.87]）均对物品出价具有正向预测作用。

表 2-14 买卖双方出价及属性聚焦的层次回归分析

变量	物品出价			属性聚焦		
	第1层 β（SE）	第2层 β（SE）	第3层 β（SE）	第1层 β（SE）	第2层 β（SE）	第3层 β（SE）
建构水平		0.02 (0.05)	−0.12* (0.06)		0.01 (0.05)	−0.22 (0.06)***
交易角色		0.31*** (0.05)	−0.18 (0.12)		0.40*** (0.05)	−0.37** (0.11)

续表

变量	物品出价			属性聚焦		
	第1层 β（SE）	第2层 β（SE）	第3层 β（SE）	第1层 β（SE）	第2层 β（SE）	第3层 β（SE）
交易角色×建构 水平			0.60*** （0.14）			0.94*** （0.13）
月二手交易 次数	0.07 （0.05）	0.05 （0.05）	0.04 （0.05）	0.08 （0.05）	0.06 （0.05）	0.05 （0.05）
物品拥有状况	0.03 （0.05）	0.01 （0.05）	−0.01 （0.05）	0.04 （0.05）	0.02 （0.05）	−0.03 （0.04）
交易意愿	0.21*** （0.05）	0.19*** （0.05）	0.18*** （0.05）	0.18** （0.05）	0.16** （0.05）	0.14** （0.05）
月消费额	0.10 （0.05）	0.12* （0.05）	0.13* （0.05）	0.11* （0.05）	0.13** （0.05）	0.14** （0.05）
年龄	−0.10 （0.05）	−0.11* （0.05）	−0.09 （0.05）	−0.04 （0.05）	−0.05 （0.05）	−0.02 （0.05）
性别	0.03 （0.05）	0.01 （0.05）	−0.01 （0.05）	0.08 （0.05）	0.06 （0.05）	0.04 （0.05）
ΔR^2	0.08***	0.10***	0.04***	0.08***	0.16***	0.10***
R^2	0.08***	0.18***	0.22***	0.08***	0.24***	0.34***

注：β 为回归系数，SE 为标准误

***表示 0.1%的显著性水平，**表示 1%的显著性水平，*表示 5%的显著性水平

根据简单效应分析的结果（图 2-11），我们可以发现，在卖方群体中，建构水平的高低与物品出价呈现出正相关关系，即建构水平越高，物品的出价也就越高（$\beta=0.33$，$p<0.001$，95% CI [0.21, 0.56]）；而在买方群体中，这种关系则表现为一种边缘显著的负相关，即建构水平越高，物品的出价反而越低（$\beta=-0.14$，$p=0.053$，95% CI [−0.25, 0.002]），

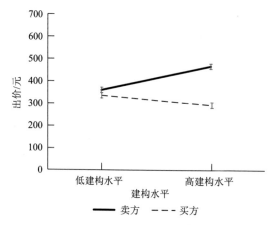

图 2-11　不同建构水平下买卖双方的出价差异（误差线为标准误）

这进一步说明，在建构水平较高的情况下，卖方与买方的出价差异会更为显著。此外，我们还发现，建构水平对物品出价的影响效应（以斜率的绝对值来衡量）在卖方身上表现得更为突出，与买方相比具有更明显的差异（$\beta=0.42$，$p=0.005$，95% CI [0.13, 0.70]）。

5）聚焦分离：高建构的卖方更关注积极属性、买方更关注消极属性

我们采用层次回归分析，探究了建构水平和交易角色对属性聚焦（其中，0 代表关注消极属性，1 代表关注积极属性）的预测作用，同时控制了之前提及的控制变量。分析结果（表 2-14）显示，建构水平对属性聚焦的预测效果并不显著（$\beta=0.01$，$p=0.855$，95% CI [−0.09, 0.11]）。而交易角色则对属性聚焦具有正向预测作用（$\beta=0.40$，$p<0.001$，95% CI [0.30, 0.50]），表明卖方相较于买方，更倾向于关注物品的积极属性。此外，交易角色与建构水平的交互项也对属性聚焦展现出正向预测效果（$\beta=0.94$，$p<0.001$，95% CI [0.69, 1.18]）。我们还进一步进行了简单效应分析并发现，在卖方群体中，建构水平越高，他们对交易物品的积极属性的关注度也随之提高（$\beta=0.48$，$p<0.001$，95% CI [0.39, 0.69]）。相反，在买方群体中，建构水平越高，他们越倾向于关注交易物品的消极属性（$\beta=−0.25$，$p=0.001$，95% CI [−0.33, −0.09]）。上述结果有力地支持了建构水平对属性聚焦的影响在买方和卖方之间确实存在显著差异。

本实验通过对交易双方关于交易物品的想法进行编码分析，发现卖方相较于买方展现出更高的建构水平，更加聚焦于物品的积极属性，这在一定程度上初步验证了买卖双方的聚焦分离效应。然而，在编码过程中，部分想法难以单纯从抽象构建程度或属性聚焦的角度进行明确划分。鉴于此，下一项实验采用更为客观、量化的测量手段来进一步探究这一问题。

（三）交易双方的建构层次特征

本实验评估了交易双方的建构层次特征。根据建构水平理论，个体对事物的建构表征反映了其内在的建构特质，具体而言，高建构层次的个体更可能采用高水平的建构方式来表征事物，而低建构层次的个体则相反（Trope and Liberman，2010）。因此，我们通过评估交易双方的建构水平特质，进一步探究了建构水平对交易双方出价的影响。同时，本实验还通过双方对二手商品积极与消极特性的再确认判断，来衡量他们在交易过程中对这些特性的关注度，以此检验高、低建构水平的交易双方在属性聚焦上是否存在差异效应。

1. 实验设计和过程

使用 G*power 软件，将效应量设定为 $f^2=0.035$，$\alpha=0.05$，power=0.95，进行多元回归分析，至少需要 445 名参与者（Faul et al.，2007）。实际在问卷星平台招募 482 名参与者，女性 235 名；平均年龄为 30.55 岁，标准差为 6.69 岁。

在实验中，参与者需模拟一次二手扫拖机器人的交易场景，并被随机分配至两个组别：卖方组需设想自己拥有一台扫拖机器人并计划出售，需注明愿意接受的最低售价；

买方组则需设想自己有意购买此类机器人，并标明愿意支付的最高价格。他们将会接收到该商品的原价、使用状况以及 8 条属性描述（扫拖噪声、工作时长、路径智能化、APP 功能丰富性、扫拖自动化程度、清洁剂自动添加、避障性能、自动换水功能，具体见表 2-15），其中包含 4 条积极属性和 4 条消极属性。在预实验（N=69）阶段，我们已事先评估了相同样本群体对每条属性的重视度评分，并在正式实验中通过平衡设置正面属性（M=1.91，SD=1.08）与负面属性（M=1.90，SD=1.04）的权重 $t(68)$=0.09，p=0.928，以确保属性权重差异不会对研究结果造成干扰。

表 2-15　二手扫拖机器人的相关信息

有关该产品的描述	产品名称：自洗拖布一体吸尘智能扫拖机器人水箱版	
①扫拖过程安静，几乎没有噪声	原价：3400 元	
②每次扫拖任务耗时非常长	情况介绍：使用一年，八成新，功能正常，有轻微使用痕迹，包邮，不退不换	
③路径智能管理，扫地从近到远，拖地由远及近，避免脏拖布二次污染		
④APP 功能较为单一，不能自定义划区清扫	产品基本属性	
⑤扫拖不能同时进行，需手动更换扫拖模块	功能：拖扫吸式	续航时间：3 小时
⑥可自动添加清洁剂，感应到抹布脏了会自动回洗和热风烘干抹布	清扫路线：规划式	导航类型：激光导航
⑦避障能力相对较差	水箱类型：电控水箱	电池容量：5200 毫安时
⑧附有自动上下水装置，不用本人亲自换水	附加功能：预约烘干	尘盒容量：0.43 升

完成出价后，参与者需填写行为识别表（behavior identification form，BIF）问卷以评估其建构层次，该问卷包含 25 个条目，每个条目均设有一个目标行为及两个表征选项，分别为高建构层次和低建构层次的描述。例如，对于"补牙"这一行为，高建构层次的描述为"维护口腔健康"，而低建构层次的描述则为"访问牙科医师"。参与者需根据自身对这些行为活动的常规理解进行选择。我们根据参与者选择高建构层次选项的数量来计算其建构层次得分，得分越高表示建构层次越高。在本实验中，该问卷的内部一致性系数为 α=0.83。

随后，参与者需对之前接收到的 8 条属性信息进行再认判断，以评估其对积极和消极属性信息的关注程度。例如："运行噪声程度：A. 扫拖时非常安静，几乎无噪声　B. 扫拖时噪声较大"；"清扫路径规划：A. 扫地从近至远，拖地由远及近，避免脏拖布造成二次污染　B. 扫拖均从近至远，以提升效率"。再认判断的准确性能够反映参与者对某条属性信息的关注程度：对某一属性的判断正确率越高，表明在浏览交易信息时对该属性的关注度越高。

最后，参与者还需提供自己在二手交易平台上的月交易次数、物品拥有状况、交易意愿、日常月消费额、年龄及性别等信息。

2. 实验结果与分析

1）高建构的买卖双方出价差值更大

采用层次回归分析，将建构水平和交易角色（其中，0代表买方，1代表卖方）设为预测变量，物品出价作为结果变量，同时将月二手交易次数、物品拥有状况、交易意愿、月消费额、年龄和性别作为控制变量。分析结果（表2-16）揭示，建构水平对物品出价具有正向预测作用（$\beta=0.13$，$p=0.006$，95% CI [0.04, 0.22]），交易角色（$\beta=0.23$，$p<0.01$，95% CI [0.14, 0.32]）以及建构水平与交易角色的交互项（$\beta=1.36$，$p<0.01$，95% CI [1.11, 1.61]）也均对物品出价展现出正向预测效应。

进一步通过简单效应分析（图2-12）我们发现，在卖方群体中，建构水平越高，其物品出价也相应越高（$\beta=0.57$，$p<0.001$，95% CI [0.42, 0.62]）；而在买方群体中，则呈现出相反的趋势，即建构水平越高，物品出价反而越低（$\beta=-0.35$，$p<0.001$，95% CI [-0.51, -0.24]）。这一结果说明，在高建构水平的买卖双方之间，出价差异会更为显著。此外，我们还观察到，建构水平对物品出价的影响效应（以斜率的绝对值来衡量）在卖方身上更为突出，且与买方有更明显的差异（$\beta=0.28$，$p=0.030$，95% CI [0.03, 0.54]）。

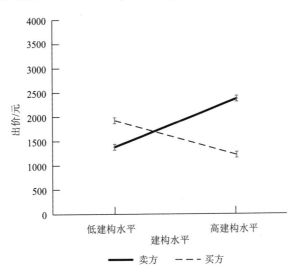

图2-12　不同建构水平的买卖双方出价差异（误差线为标准误）

2）聚焦分离：高建构的卖方更关注积极属性、买方更关注消极属性

我们采用再认正确率作为衡量属性关注度的指标，其中积极属性再认正确率代表积极属性聚焦程度，消极属性再认正确率代表消极属性聚焦程度。随后，以建构水平和交易角色为预测变量，积极属性聚焦和消极属性聚焦为结果变量，并控制了月二手交易次数、物品拥有状况、交易意愿、月消费额、年龄和性别等变量，进行了层次回归分析。结果（表2-16）表明，建构水平对积极属性聚焦具有正向预测作用（$\beta=0.16$，$p<0.001$，95% CI [0.07, 0.25]），而对消极属性聚焦则具有负向预测作用（$\beta=-0.14$，$p=0.003$，95% CI [-0.23, -0.05]）。交易角色同样对积极属性聚焦有正向预测作用（$\beta=0.24$，$p<0.001$，

表2-16 买卖方出价及属性聚焦的层次回归分析

变量	物品出价			积极属性聚焦（积极属性再认正确率）			消极属性聚焦（消极属性再认正确率）		
	第1层 β（SE）	第2层 β（SE）	第3层 β（SE）	第1层 β（SE）	第2层 β（SE）	第3层 β（SE）	第1层 β（SE）	第2层 β（SE）	第3层 β（SE）
建构水平		0.13** (0.05)	-0.36** (0.06)		0.16*** (0.05)	-0.35*** (0.06)		-0.14** (0.05)	0.34*** (0.06)
交易角色		0.23** (0.05)	-1.03** (0.12)		0.24*** (0.04)	-1.08*** (0.12)		-0.17*** (0.05)	1.08*** (0.13)
交易角色× 建构水平			1.36** (0.13)			1.43*** (0.12)			-1.34*** (0.13)
月二手交易 次数	-0.02 (0.05)	-0.03 (0.05)	-0.03 (0.04)	-0.02 (0.05)	-0.02 (0.05)	-0.37 (0.04)	-0.02 (0.05)	-0.02 (0.05)	-0.02 (0.04)
物品拥有状况	0.06 (0.05)	0.05 (0.05)	0.04 (0.04)	0.05 (0.05)	0.02 (0.05)	0.70 (0.04)	-0.02 (0.05)	0.01 (0.05)	-0.01 (0.04)
交易意愿	0.01 (0.05)	0.02 (0.05)	0.05 (0.04)	-0.06 (0.05)	-0.06 (0.05)	-0.02 (0.04)	-0.04 (0.05)	-0.04 (0.05)	-0.07 (0.04)
月消费额	0.05 (0.05)	0.03 (0.05)	0.03 (0.04)	0.08 (0.05)	0.06 (0.05)	0.05 (0.04)	0.01 (0.05)	0.02 (0.05)	0.03 (0.04)
年龄	-0.07 (0.05)	-0.06* (0.05)	-0.03 (0.04)	-0.12** (0.05)	-0.11** (0.04)	-0.08* (0.04)	0.07 (0.05)	0.06 (0.05)	0.04 (0.04)
性别	0.02 (0.05)	0.02 (0.05)	0.02 (0.04)	-0.02 (0.05)	-0.01 (0.04)	-0.02 (0.04)	-0.02 (0.05)	-0.02 (0.05)	-0.02 (0.04)
ΔR^2	0.01	0.06***	0.18***	0.03	0.07***	0.20***	0.01	0.04***	0.18***
R^2	0.01	0.07***	0.25***	0.03	0.10***	0.30***	0.01	0.05***	0.22***

注：β为回归系数，SE为标准误
***表示0.1%的显著性水平，**表示1%的显著性水平，*表示5%的显著性水平

95% CI [0.15, 0.33]），对消极属性聚焦有负向预测作用（β= −0.17, p<0.001, 95% CI [−0.26, −0.08]），这意味着卖方相较于买方更关注商品的积极属性，而买方则更关注消极属性。此外，建构水平与交易角色的交互项对积极属性聚焦有正向预测作用（β=1.43, p<0.001, 95% CI [1.19, 1.67]），对消极属性聚焦则有负向预测作用（β= −1.34, p<0.001, 95% CI [−1.60, −1.09]）。

进一步进行简单效应分析发现，对于卖方来说，建构水平越高，他们越倾向于关注交易商品的积极属性（β=0.56, p<0.001, 95% CI [0.45, 0.65]），同时越容易忽视商品的消极属性（β= −0.59, p<0.001, 95% CI [−0.63, −0.44]）。而对于买方而言，建构水平越高，他们则越关注交易商品的消极属性（β=0.34, p<0.001, 95% CI [0.23, 0.51]），同时越容易忽视商品的积极属性（β= −0.36, p<0.001, 95% CI [−0.47, −0.23]）。

3）属性聚焦的中介效应

我们将建构水平作为自变量，积极属性聚焦和消极属性聚焦作为中介变量，分别将买方和卖方的物品出价作为因变量，进行了中介效应分析。结果（图 2-13）揭示出以下结果。

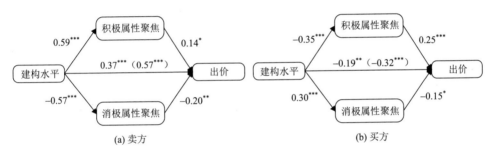

(a) 卖方　　　　　　　　　　(b) 买方

图 2-13　建构与角色的聚焦分离效应分析

***表示 0.1% 的显著性水平，**表示 1% 的显著性水平，*表示 5% 的显著性水平

对于卖方群体，建构水平高，他们更倾向于关注交易商品的积极属性（β=0.59, p<0.001, 95% CI [0.49, 0.69]），因此给出的价格更高（β=0.14, p=0.030, 95% CI [0.01, 0.27]）。相反，建构水平低的卖方更关注商品的消极属性（β= −0.57, p<0.001, 95% CI [−0.67, −0.47]），因此出价更低（β= −0.20, p=0.002, 95% CI [−0.33, −0.08]）。而对于买方来说，建构水平高，他们更关注交易商品的消极属性（β=0.30, p<0.001, 95% CI [0.18, 0.42]），因此出价更低（β= −0.15, p=0.026, 95% CI [−0.29, −0.02]）。相反，建构水平低的买方更关注商品的积极属性（β= −0.35, p<0.001, 95% CI [−0.47, −0.23]），因此出价更高（β=0.25, p<0.001, 95% CI [0.13, 0.42]）。bootstrap 分析进一步验证了积极属性聚焦和消极属性聚焦在建构水平与出价之间的中介作用。具体而言，对于卖方，积极属性聚焦的中介效应值为 b=0.08（0.04），95% CI 为[0.01, 0.15]，消极属性聚焦的中介效应值为 b=0.11（0.04），95% CI 为[0.04, 0.18]；对于买方，积极属性聚焦的中介效应值为 b= −0.09（0.03），95% CI 为[−0.17, −0.04]，消极属性聚焦的中介效应值为 b= −0.05（0.03），95% CI 为[−0.11, −0.01]。这些结果有力地支持了买卖双方在属性关注上的分离假设。

本实验通过评估具有不同建构层次的买卖双方对于交易物品积极与消极属性信息的再识别判断，来探测其属性关注倾向，这一做法进一步为买卖双方的聚焦分离效应提供了支持。在接下来的实验中直接操纵了买卖双方的属性聚焦，检验建构水平对买卖双方物品出价的影响是否会随着属性聚焦的改变而改变。

（四）顺向聚焦与逆向聚焦情形下买卖双方的价格差异

本实验操控了交易双方对二手商品积极与消极属性的重视程度，对比了在符合交易双方属性关注倾向（即正向聚焦）与违背交易双方属性关注倾向（即逆向聚焦）的情形下，买卖双方的价格差异，验证了建构水平对买卖双方报价的影响是否会随着属性聚焦的转变而有所变化。

1. 实验设计和过程

使用 G*power 软件，将效应量设定为 $f=0.25$，$\alpha=0.05$，power=0.95，进行 3×2×2 的方差分析，至少需要 251 名参与者（Faul et al.，2007）。考虑到本节研究事先需要筛选出高、低建构水平的被试，因此，至少需要 2 倍到 3 倍的样本量。实际在问卷星平台招募 633 名参与者，女性 337 名；平均年龄为 32.17 岁，标准差为 8.99 岁。

在实验中，参与者须模拟一次二手无线蓝牙耳机的交易过程，并被随机分配到两个角色组：卖方组需设想自己持有并欲出售该耳机，记录下愿意接受的最低售价；买方组则需设想自己欲购买此耳机，并标明愿意支付的最高金额。接着，参与者需完成 BIF 问卷以评估其建构水平，根据得分的前后 27% 划分为高、低建构水平组，并随机将他们分配至以下三种情境。

①无干预状态：不对参与者的属性关注点进行任何干预。②顺向聚焦：根据交易角色的不同，遵循其属性聚焦的自然倾向，即让高建构水平的卖方更多关注积极属性，高建构水平的买方更多关注消极属性；相应地，低建构水平的卖方更多关注消极属性，低建构水平的买方更多关注积极属性。③逆向聚焦：则与交易角色的自然属性聚焦倾向相反，即让高建构水平的卖方转而关注消极属性，高建构水平的买方关注积极属性；低建构水平的卖方关注积极属性，低建构水平的买方关注消极属性。

关于属性关注的操控，具体做法如下：向参与者展示二手蓝牙耳机的六项属性信息（音质效果、使用情况、降噪能力、续航时间、蓝牙距离、质保余期），并将使用情况、续航时间和质保余期，这三项在使用过程中易损耗的属性，设定为操纵属性。无干预组的参与者面对的是一款描述如下的耳机：音质效果为真无线入耳式动态耳机，使用情况为八成新，降噪能力中等，续航时间为 20 小时，蓝牙距离为 10 米，质保余期为 5 个月。积极属性关注组的参与者除了看到上述交易耳机外，还会看到一款参照耳机［图 2-14（a）］，该参照耳机在使用情况（六五成新）、续航时间（10 小时）、质保余期（0 个月）上均劣于交易产品，其余属性相同。这种对比设计旨在促使交易者更加关注操纵属性，并将交易耳机的这些属性视为积极属性。消极属性关注组的参与者则会同时看到交易耳机和另一款参照耳机［图 2-14（b）］，这款参照耳机在使用情况（九五成新）、续航时间（30 小时）、质保余期（10 个月）上均优于交易耳机，其余属性保持不变。这样的对比设计同样是为了引导交易者关注操纵属性，但此时交易耳机的这些属性会被视为消极属性（Wilcox et al.，2011）。这种方法确保了属性效价发生变化时，属性的具体内容保持不变，从而避免了属性内容的不同对研究结果的干扰。出价完成后，参与者需指出在出价过程中最为关注的三项属性信息，并对交易耳机的各项属性进行主观评价（如1 分表示非常差，7 分表示非常好），以此作为属性关注操控效果的检验。

你要购买(出售)的二手蓝牙耳机	其他二手蓝牙耳机

原价　　　1199 元	
音质效果　　真无线入耳式动态耳机	真无线入耳式动态耳机
使用情况　　八成新	六五成新
降噪能力　　中等	中等
续航时间　　20 小时	10 小时
蓝牙距离　　10 米	10 米
质保余期　　5 个月	0 个月

（a）积极属性关注

你要购买(出售)的二手蓝牙耳机	其他二手蓝牙耳机

原价　　　1199 元	
音质效果　　真无线入耳式动态耳机	真无线入耳式动态耳机
使用情况　　八成新	九五成新
降噪能力　　中等	中等
续航时间　　20 小时	30 小时
蓝牙距离　　10 米	10 米
质保余期　　5 个月	10 个月

（b）消极属性关注

图 2-14　交易物品积极属性关注和消极属性关注的实验材料

参与者还需提供自己在二手交易平台的月交易次数、无线蓝牙耳机的拥有状况、交易意愿、日常月消费额、年龄及性别等信息。

2. 实验结果与分析

属性关注的操纵检验结果显示，三组参与者在针对操控属性的关注度上存在显著差异（$F_{(2, 357)}=8.39$，$p<0.001$，$\eta_p^2=0.09$，95% CI [0.01, 0.09]），莱文尼（Levene）方差同质性检验表明各组方差齐性（$F_{(2, 357)}=0.97$，$p=0.379$）。事后最小显著差异分析揭示，相较于无干预组（$M=1.42$，SD=0.67），积极属性关注组（$M=1.89$，SD=0.71）与消极属性关注组（$M=1.85$，SD=0.67）均展现出对交易产品操控属性更高的关注度（$p<0.001$，95% CI [0.30, 0.65]；$p<0.001$，95% CI [0.26, 0.60]）；而积极属性关注组与消极属性关注组之间则无显著差异（$p=0.632$，95% CI [−0.13, 0.22]）。此外，三组参与者在操控属性效价感知上也存在显著差异（$F_{(2, 357)}=65.42$，$p<0.001$，$\eta_p^2=0.27$，95% CI [0.19, 0.34]），Levene 方差同质性检验再次表明各组方差齐性（$F_{(2, 357)}=1.41$，$p=0.246$）。事后最小显著差异分析进一步指出，积极属性关注组（$M=5.55$，SD=0.77）相较于无干预组（$M=5.01$，SD=0.76）对操控属性的效价感知更为积极（$p<0.001$，95% CI [0.33, 0.75]）；而消极属性关注组（$M=4.34$，SD=0.89）则相较于无干预组感知到更负面的效价（$p<0.001$，95% CI [−0.87，−0.47]）；同时，积极属性关注组相较于消极属性关注组，对操控属性的效价感知更加积极（$p<0.001$，95% CI [1.00, 1.41]）。这些结果均表明，本节研究中关于属性关注的操控是有效的。

随后，我们对不同情境下的出价差异进行了对比分析，这些情境包括无干预状态、顺向聚焦（即符合交易双方的属性关注倾向）以及逆向聚焦（即违背交易双方的属性关注倾向）。我们采用了 3（属性聚焦：无干预状态/顺序聚焦/逆向聚焦）×2（交易角色：买方/卖方）×2（建构水平：低水平/高水平）的方差分析框架，并将月交易频次、产品持有状况、交易意愿、日常月消费额、年龄及性别等因素作为协变量纳入分析之中。分析结果显示，属性聚焦的主效应并未达到显著水平（$F_{(2, 342)}=0.19$，$p=0.829$）；而交易角色的主效应则极为显著（$F_{(1, 342)}=50.15$，$p<0.001$，$\eta_p^2=0.13$，95% CI [0.07, 0.19]），具体表现为卖方的出价（$M=644.30$，SD=197.94）显著高于买方（$M=508.61$，SD=196.90）；建构水平的主效应同样未达到显著水平（$F_{(1, 342)}=0.01$，$p=0.928$）。此外，属性聚焦与交易角色、属性聚焦与建构水平以及建构水平与交易角色之间的二次交互效应也均未达到显著水平（$p>0.064$）。

然而，更为关键的是，属性聚焦、交易角色及建构水平之间的三次交互效应达到了显著水平（$F_{(2, 342)}=25.54$，$p<0.001$，$\eta_p^2=0.13$，95% CI [0.07, 0.19]）。我们进一步进行了简单效应分析，深入探讨了无干预状态、顺向聚焦及逆向聚焦这三种情境下，建构水平对买卖双方出价的具体影响。具体分析结果如下。

1）无干预状态：低建构的买卖双方出价差值更小

2（交易角色：买方/卖方）×2（建构水平：低水平/高水平）的方差分析结果显示，

交易角色的主效应显著，具体表现为卖方的出价明显高于买方（$F(1, 121)=15.09$，$p<0.001$，$\eta_p^2=0.11$，95% CI [0.03, 0.22]）；而建构水平的主效应则不显著，（$F(1, 121)=0.58$，$p=0.446$）。此外，交易角色与建构水平之间的交互作用达到了显著水平（$F(1, 121)=8.25$，$p=0.005$，$\eta_p^2=0.06$，95% CI [0.01, 0.16]）。

进一步的简单效应分析［图 2-15（a）］揭示，在卖方群体中，高建构水平者的出价（$M=712.94$，SD=174.20）显著高于低建构水平者（$M=585.71$，SD=206.77），（$F(1, 67)=7.66$，$p=0.007$，$\eta_p^2=0.10$，95% CI [0.01, 0.25]）；而在买方群体中，高建构水平者（$M=476.52$，SD=218.21）与低建构水平者（$M=550.26$，SD=175.43）的出价则无显著差异（$F(1, 54)=1.93$，$p=0.171$）。从另一个角度来看，高建构水平的卖方（$M=712.94$，SD=174.20）相较于高建构水平的买方（$M=476.52$，SD=218.21）出价更高（$F(1, 62)=23.24$，$p<0.001$，$\eta_p^2=0.27$，95% CI [0.10, 0.43]）；而低建构水平的买方（$M=550.26$，SD=175.43）与低建构水平的卖方（$M=585.71$，SD=206.77）在出价上则无显著差异（$F(1, 59)=0.51$，$p=0.480$）。这些结果表明，在无干预的状态下，低建构水平的买卖双方之间的出价差异相对较小。

2）顺向聚焦：低建构的买卖双方出价差值更小

2（交易角色：买方/卖方）×2（建构水平：低水平/高水平）的方差分析结果显示，交易角色的主效应极为显著，卖方相较于买方出价更高（$F(1, 116)=20.45$，$p<0.001$，$\eta_p^2=0.15$，95% CI [0.05, 0.27]）；而建构水平的主效应则不显著（$F(1, 116)=1.56$，$p=0.214$）。同时，交易角色与建构水平之间的交互作用也达到了显著水平（$F(1, 116)=31.64$，$p<0.001$，$\eta_p^2=0.21$，95% CI [0.10, 0.33]）。

简单效应分析［图 2-15（b）］进一步揭示，在卖方群体中，高建构水平者的出价（$M=756.61$，SD=154.11）明显高于低建构水平者（$M=546.97$，SD=148.89）（$F(1, 60)=29.49$，$p<0.001$，$\eta_p^2=0.33$，95% CI [0.14, 0.48]）；而在买方群体中，情况则相反，高建构水平者的出价（$M=447.13$，SD=181.22）低于低建构水平者（$M=580.59$，SD=181.11）（$F(1, 56)=7.83$，$p=0.007$，$\eta_p^2=0.12$，95% CI [0.01, 0.29]）。从另一个维度来看，高建构水平的卖方出价（$M=756.61$，SD=154.11）也显著高于高建构水平的买方（$M=447.13$，SD=181.22）（$F(1, 57)=49.38$，$p<0.001$，$\eta_p^2=0.46$，95% CI [0.27, 0.60]）；而低建构水平的买方与卖方在出价上则无显著差异（$F(1, 59)=0.63$，$p=0.429$）。这表明，在顺向聚焦情境下，与无干预状态的情况类似，低建构水平的买卖双方之间的出价差异相对较小。

3）逆向聚焦：低建构的买卖双方出价差值更大

采用 2（交易角色：买方/卖方）×2（建构水平：低水平/高水平）的方差分析，结果显示交易角色的主效应依然显著，卖方出价高于买方（$F(1, 111)=12.24$，$p=0.001$，$\eta_p^2=0.10$，95% CI [0.02, 0.21]）；建构水平的主效应仍然不显著（$F(1, 111)=1.24$，$p=0.269$）；但交易角色与建构水平之间的交互作用再次达到显著水平（$F(1, 111)=17.08$，$p<0.001$，$\eta_p^2=0.13$，95% CI [0.04, 0.25]）。

简单效应分析［图 2-15（c）］发现，在逆向聚焦情境下，卖方群体中低建构水平者的出价（M=733.56，SD=170.84）高于高建构水平者（M=542.19，SD=214.75），（$F(1, 51)$=12.94，p=0.001，η_p^2=0.20，95% CI [0.04, 0.38]）；而买方群体中，高建构水平者的出价（M=565.32，SD=142.94）则高于低建构水平者（M=455.09，SD=229.64）（$F(1,$

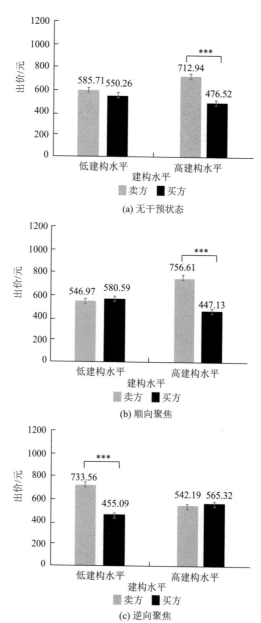

图 2-15　无干预状态、顺向聚焦和逆向聚焦中建构水平与交易角色的交互作用

（误差线为标准误）

***表示 0.1% 的显著性水平

60)=4.89，$p=0.031$，$\eta_p^2=0.08$，95% CI [0.00, 0.22]）。另一方向上，高建构水平的买方与卖方在出价上无显著差异（$F(1, 52)=0.22$，$p=0.641$）；而低建构水平的卖方出价（$M=733.56$，SD=170.84）显著高于低建构水平的买方（$M=455.09$，SD=229.64）（$F(1, 59)=27.55$，$p<0.001$，$\eta_p^2=0.32$，95% CI [0.13, 0.47]）。这表明，在逆向聚焦情境下，高建构水平的买卖双方之间的出价差异相对较小，而低建构水平的买卖双方之间的出价差异则相对较大。

本实验进一步指出，当改变买卖双方对交易物品积极和消极属性的关注焦点后，建构水平对买卖双方出价的影响也会发生相应变化。具体而言，当低建构水平的卖方更加关注积极属性，而低建构水平的买方更加关注消极属性时，低建构水平的买卖双方之间也会出现较大的出价差异。

四、市场聚焦分离效应在绿色消费中的应用拓展

第一，绿色循环交易策略差异化。本节研究揭示了一个重要现象，即低建构（注重具体细节）的买卖双方在二手市场中更容易达成交易。这一发现为企业在制定营销策略时提供了宝贵的启示。为了更有效地促进绿色循环经济的发展，企业需采取更为精细化的市场细分策略，针对不同建构水平的消费者实施差异化的交易策略。对于低建构消费者，企业应侧重于提供详尽的产品信息，包括但不限于产品的实际使用状况、磨损程度、维修记录等。通过高清图片、视频展示以及详细的文字描述，帮助消费者全面了解产品，消除购买疑虑，增强购买信心。此外，企业还可以考虑提供一定期限内的质量保证或退换货服务，进一步降低消费者的购买风险。对于高建构消费者，他们更看重产品的环保属性、循环利用价值以及社会影响力。因此，企业应着重强调产品的绿色认证、环保材料使用、节能减排效果以及参与循环利用的社会贡献等方面。通过故事化营销、情感共鸣等方式，激发消费者的环保意识和责任感，满足他们更高层次的情感和价值需求。同时，企业可以探索建立积分奖励、会员特权等激励机制，鼓励高建构消费者积极参与绿色消费和循环利用。

第二，强化绿色属性聚焦。本节研究发现，买卖双方在交易过程中存在聚焦分离效应，即卖方更关注产品的积极属性，而买方更关注消极属性。为了推动绿色循环，企业应引导买卖双方更多地关注产品的绿色属性。企业应组织针对卖家的绿色属性培训，教授他们如何有效地展示产品的环保特点和循环利用价值。这包括了解绿色标签、环保认证的意义，以及如何撰写吸引人的产品描述，突出产品的环保优势。同时，鼓励卖家提供产品的环保使用建议，如延长使用寿命的方法、可回收材料的再利用等，以吸引更多关注绿色消费的买家。对于买方，企业可以通过线上平台、线下活动、社交媒体等多种渠道，普及绿色消费理念，提升消费者对绿色属性的认知和重视程度。例如，举办绿色生活讲座、环保知识竞赛、二手商品交换会等活动，增强消费者的环保意识和参与感。同时，通过优惠券、积分奖励等方式，激励消费者购买绿色产品，特别是二手商品，使其形成绿色消费习惯。

第三，优化平台设计与服务。作为二手交易的媒介，平台的设计和服务对于交易的

达成至关重要。为了促进绿色循环，平台需不断优化其设计和服务，降低交易难度和成本，同时确保交易的公平、公正和透明。平台应简化交易流程，减少烦琐的操作步骤，提高交易效率。例如，提供一键发布、智能匹配、快速支付等功能，降低买卖双方的交易门槛。此外，平台还应建立完善的监管机制，对虚假宣传、欺诈行为等违规行为进行严厉打击，维护良好的绿色交易环境。这包括加强商品审核、用户信用评估、交易纠纷处理等机制，确保交易的真实性和安全性。同时，平台还应关注用户体验，提供优质的客户服务，如在线客服、售后支持等，及时解决用户在交易过程中遇到的问题。通过用户反馈机制，不断优化平台功能和服务，提升用户满意度和忠诚度。

第六节　网络营销情景下绿色消费决策的脑科学机制研究

近年来，随着网络技术的迅猛发展和环保意识的日益增强，网络营销情景下的绿色消费决策成为学术界和业界关注的焦点。尽管相关研究层出不穷，但对于绿色消费决策背后的认知机制，尤其是脑科学层面的探讨，仍显不足。本节研究深入探讨绿色消费决策中网页印象形成的理论路径模型及其影响，通过眼动追踪和自我报告的方法，为网页视觉美学如何影响用户印象提供了强有力的实证支持。结果发现网页的经典美学和表现美学均对网页印象有积极影响，即更高的古典或表现美学水平会导致更积极的网页印象，唤醒和注意力机制在其中起到中介作用。本节研究不仅有助于我们更全面地理解绿色消费决策的形成机制，还能为网络营销策略的制定提供科学依据，从而更有效地引导消费者做出绿色消费选择，推动可持续发展目标的实现。

一、网络营销与绿色消费决策理论前沿

（一）网络口碑对绿色消费的影响

在当今数字化时代，网络口碑成为影响消费者决策的重要因素之一，尤其是在推动绿色消费方面扮演着至关重要的角色。正面网络口碑不仅能够促进消费者产生绿色消费的意向，还对其绿色消费态度、主观规范及知觉行为控制产生显著的正向影响（张伟等，2023）。具体而言，当消费者在网络上看到其他用户对产品或服务环保特性的积极评价时，他们更可能形成正面的绿色消费态度，认为选择绿色产品是一种负责任且值得推崇的行为。这种正面口碑强化了消费者的主观规范，即感受到来自社会或群体的压力，促使他们遵循绿色消费的标准。同时，知觉行为控制也得到了提升，消费者相信自己有能力通过选择绿色产品来实践环保理念，从而在实际购买中更倾向于绿色选项。

（二）电子商务环境下的绿色消费行为

电子商务的蓬勃发展，特别是在新冠疫情期间，极大地促进了消费者绿色消费行为的增强（刘紫瑶和胡若痴，2022）。随着线上购物成为常态，产品质量、服务质量、信息质量及价格因素成为影响消费者购前决策及购后实践以及互动行为的关键要素。消费者在购买绿色产品时，更加注重产品的环保认证、生产过程的可持续性以及商家的环保

承诺等信息质量，这些信息直接影响其购买意愿。同时，高质量的服务，如快速响应的客服、便捷的退换货政策，也增强了消费者对绿色消费的信心。在价格方面，虽然绿色产品往往价格稍高，但消费者愿意为环保支付溢价，前提是这些信息透明且合理。此外，电子商务平台的互动功能也促进了消费者对绿色消费实践的分享与讨论，进一步强化了绿色消费行为的形成。

（三）直播电商与心理契约

直播电商的普及化推广给绿色消费带来了新的动力，积极影响居民的绿色消费偏好与行为。直播形式直观展示了产品的环保特性，使消费者能够更直观地理解绿色消费的价值。在这种模式下，实利型绿色消费成为主流类型，消费者倾向于选择那些既能满足自身需求又具有环保效益的产品。此外，直播电商中的可替代效应对绿色消费决策产生了重要影响，即当消费者了解到某些绿色产品可以有效替代传统高污染产品时，他们更可能做出绿色选择。这种选择背后，隐含着消费者与商家之间的一种心理契约，即相信通过购买绿色产品，自己也在为环境保护作贡献，从而增强绿色消费的内在动机。

（四）在线互动对绿色产品购买意愿的影响

在线互动模式，如社交媒体评论、直播问答、在线论坛等，与顾客感知价值之间存在正相关关系，这种感知价值在顾客互动模式与绿色产品购买意愿之间起重要的中介作用（De et al.，2019）。通过在线互动，消费者能够获取更多关于绿色产品的详细信息，包括其他用户的使用体验、产品的环保性能等，这些信息提升了他们对绿色产品的感知价值。当消费者感知到绿色产品不仅有益于环境，还能带来个人满足或社会认可时，他们的购买意愿会显著增强。因此，企业应加强在线互动平台的建设，通过高质量的互动促进消费者对绿色产品的正面感知，进而提升购买意愿。

二、视觉美学对消费者网页印象形成影响的理论模型

本节研究构建了一个理论模型，该模型解释了网页经典美学与表现美学对网页印象的影响，以及网页印象随后产生的影响，如图2-16所示，下面对模型进行详细阐述。

（一）网页印象形成的初步阶段

个体初次接触网页时，会迅速基于网页的经典美学（如清晰、整洁和有序的设计）与表现美学（如启发性、不寻常的布局）形成初步感知。这种感知在网页加载时即刻、自动产生。若时间充裕，个体将进入确认性的自下而上的视觉确认阶段，将注意力聚焦于特定设计特征，以验证和调整初步印象。这一过程遵循线索利用理论，即高唤醒性特征能吸引注意力，但可能限制注意范围。当再次遭遇相同网页时，初步印象将持续影响用户的接近或回避倾向（Deng and Poole，2010）。

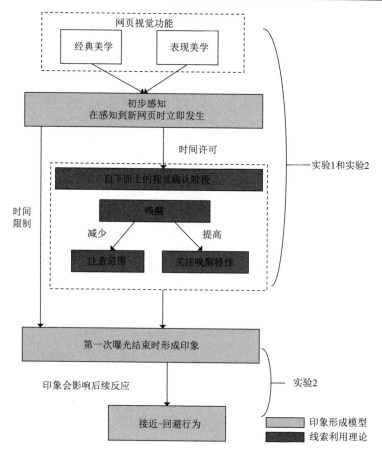

图 2-16　网页印象形成的理论框架

（二）视觉美学对印象形成的直接影响

经典美学与表现美学是影响网页印象的关键因素。经典美学强调设计的条理性与逻辑性，而表现美学则体现设计的创新性与吸引力。Fiske 和 Neuberg（1990）及 Leder 等（2004）的模型认为，人们能快速形成对视觉刺激的印象，实证研究表明，这一过程甚至可以在 50 毫秒内完成。因此，拥有高水平经典美学与高水平表现美学水平的网页能迅速引发用户的积极印象（Cai and Li，2018）。网页经典美学水平越高，网页印象越积极；同时，网页表现美学水平越高，网页印象越积极。

（三）视觉美学通过唤醒和注意力机制对印象形成的间接影响

视觉美学通过唤醒和注意力机制间接影响印象形成。Jacobsen 和 Hofel（2002）发现，在初步美学评估后约 300 毫秒时，开始产生更深入的评估。若时间允许，用户将细致审视网页特征，确认初步印象。然而，唤醒状态如何影响这一过程尚待明确。线索利用理论指出，唤醒会减少注意力范围，但增强对特定刺激的集中。我们推测，经典美学由于减少不确定性而降低唤醒，而表现美学则由于其启发性与新颖性增加唤醒。唤醒水平的升高会导致对特定刺激的注视时间延长，注视次数减少，瞳孔大小、注视持续时间和次数成为衡量唤醒与注意力的关键指标（Bradley et al., 2011）。

（四）注意力对网页印象的影响

注意力是人类对即时物理环境做出反应的一种感知和认知形式，是评估外部刺激的重要预测因素（Rahinel and Ahluwalia, 2015）。在视觉信息处理中，参与度与分配的注意力成正比，进而影响说服力和态度。本模型认为，较长的注视峰值持续时间和更多的注视次数表明更高的参与度，从而增强积极网页印象。目光聚焦区域与更好的记忆和识别相关，因此，注视时间越长、次数越多，网页印象越积极（Teixeira et al., 2012）。

（五）网页印象对接近-回避倾向的影响

网页印象深刻影响用户的接近-回避倾向。Schwarz（1990）的情感即信息理论指出，人们倾向于接近积极刺激，回避消极刺激。积极的网页印象传递出安全与可信度（Lindgaard et al., 2011），促进用户的进一步探索与互动。相反，消极印象则诱发回避行为。因此，我们认为网页审美设计特征引发的用户积极印象对其接近该网页的倾向具有积极影响。

三、实验设计与结果分析

我们采用眼动追踪法进行了两项实验。实验 1 旨在达成两个目标。首先，它试图为以下命题提供初步支持：在足够长的曝光时间条件下，视觉美学会直接影响网页印象，同时也会通过唤醒和注意力机制间接影响网页印象。其次，它旨在确定用户经历注意力分配过程以形成初步感知所需的网页曝光时长。实验 2 旨在通过一组受控的网页刺激材料复制实验 1 的发现，并提供网页印象对接近-回避倾向影响的证据。

（一）视觉美学对网页印象的影响

1. 实验设计和过程

本实验旨在探究在足够曝光时间条件下，网页印象形成过程的初步机制，从而为商家提供关于其网站质量的反馈。我们选择了真实的中国电子商务网页作为实验刺激材料，这些网页在网页表现美学和经典美学上各具特色，且对参与者而言具有新颖性，以确保激发的是第一印象。通过预研究，我们最终确定了 24 个具有不同经典美学和表现美学水平的真实网页作为正式实验的刺激材料。在实验中，我们利用自陈量表对经典美学、表现美学及网页印象进行了评估，并借助眼动追踪法（采用 EyeLink 1000 plus 设备）捕捉参与者的唤醒和注意力。我们招募了 59 名具有 3~4 年互联网经验和每月 3~5 次网购经验的大学生作为参与者，每人获得 25 元人民币作为补偿。尽管最初有 65 名符合条件的参与者参加了实验，但由于设备故障，6 名参与者的眼动数据未完全捕获，因此最终数据来自 59 名参与者，共获得了 1416 个有效观测值。

在实验开始前，我们向参与者详细解释了研究目的、评估过程及眼动追踪设备的工作原理，并获得了他们的同意。随后，参与者被带到研究室，学习如何操作设备。我们调整了眼动追踪设备以校准参与者的视线焦点，并确保显示器与参与者眼睛之间的距离约为 70 厘米。为了减少头部运动对眼动追踪系统准确性的影响，我们要求参与者将下巴放在下巴托上，并调整下巴托的高度，以保持他们的眼睛处于屏幕中央 2/3 位置。只有当参与者完全理解实验程序且视线焦点成功校准后，实验才开始。

在实验过程中，24 个网页截图以随机顺序连续展示给参与者。每个网页展示前，屏幕上会先呈现一句引导语，然后在屏幕中央呈现一个十字准线，以确保所有参与者都从相同的起点观看屏幕。遵循以往研究的做法（Lindgaard et al., 2011; Kim and Fesenmaier, 2008），我们向参与者展示每个网页的时间为 3 秒。展示结束后，要求参与者完成一份在线问卷，以测量他们对网页的印象。此过程一直重复，直到每位参与者都观看并评估了所有 24 个网页。为避免疲劳，参与者在评估完所有网页后，可以根据需要闭上眼睛休息一段时间。休息后，实验进入重复迭代过程，即在展示每个网页后，要求参与者回答测量两种美学构念的混合问题。整个研究耗时约 40 分钟。

2. 实验结果与分析

采用多层次结构方程模型，结合随机系数模型，进行数据分析。为了更深入地理解视觉美学、唤醒、注意力和网页印象效价之间的关系，我们还使用了多层次中介模型（Bauer et al., 2006）来检验唤醒和注意力的中介效应。在进行这些分析之前，所有数据均以每个个体的均值为中心进行处理，以消除个体间的差异（即组均值中心化），从而使估计值代表纯粹的个体内关系。我们提出了两个重要的控制变量，因为它们可能存在潜在的混淆效应。首先，人类对于不同物体的搜索模式可能有所不同：有时可能倾向于大范围扫视或扫描，有时则可能只倾向于在特定范围内观察。因此，我们检验了平均眼跳幅度（即眼睛在移动过程中"移动"的平均距离）对网页印象效价的影响。我们发现这一影响是正向且显著的（$p<0.05$），表明那些眼睛习惯性地从一个注视点"移动"到另一个更远注视点的人对网页的印象更积极。其次，参与者可以选择将视线从网页上移开。因此，我们还检验了总持续时间（即参与者观看网页的总时间）对网页印象效价的影响。我们发现这一影响是正向的，但不显著（$p=0.52$）。更重要的是，分别纳入或排除这两个与个体独特的眼动习惯和总观看时间相关的控制变量，并不会对结果产生任何实质性影响。因此，此后我们仅报告研究变量的效应。

以网页印象效价为因变量，以网页经典美学和表现美学为自变量，进行了多层次结构方程模型分析。结果显示，经典美学（$B=0.290$, $SE=0.052$, $p<0.001$）和表现美学（$B=0.198$, $SE=0.064$, $p<0.01$）均具有显著的正向效应。随后，我们以唤醒、注视次数和峰值持续时间为中介变量。结果显示，经典美学对唤醒有显著的负向效应（$B=-0.093$, $SE=0.042$, $p<0.05$）。相反，表现美学对唤醒有显著的正向效应（$B=0.191$, $SE=0.046$, $p<0.001$）。唤醒对峰值持续时间有显著的正向效应（$B=0.137$, $SE=0.023$, $p<0.001$），而唤醒对注视次数有显著的负向效应（$B=-0.156$, $SE=0.027$, $p<0.001$）。此外，结果显示，峰值持续时间对网页印象效价的影响是正向的，但不显著（$B=0.032$, $SE=0.030$, $p=0.287$），而注视次数对网页印象效价的影响是正向且显著的（$B=0.081$, $SE=0.037$, $p<0.05$）。

为了理解唤醒的中介作用，我们还检验了间接效应的显著性。我们同时在多层次结构方程模型中估计了四个间接效应，以分别检验唤醒、注视次数和峰值持续时间的中介效应。具体而言，根据 Bauer 等（2006）关于间接效应估计的建议，间接效应是通过"a"路径（即自变量到中介变量）和"b"路径（即中介变量到因变量）的乘积，再加上它们之间的协方差（间接效应=ab+$cov(a, b)$）来计算的。这些间接效应的标准化系数如表 2-17 所示。经典美学和表现美学通过唤醒对注意力的两个维度产生的间接效应是显著的，表明视觉美学对注意力分配的影响是通过唤醒来中介的。

表 2-17 多层次结构方程模型分析

变量	因变量	预测变量	估计系数	t 值
直接效应	网页印象效价	经典美学	0.290^{***}	5.535
		表现美学	0.198^{**}	3.101
	唤醒	经典美学	-0.093^{*}	-2.199
		表现美学	0.191^{***}	4.170
	注视峰值持续时间	唤醒	0.137^{***}	6.005
	注视次数		-0.156^{***}	-5.897
	网页印象效价	注视峰值持续时间	0.032	1.029
		注视次数	0.081^{*}	2.190
间接效应	经典美学 → 唤醒 → 注视次数		0.015^{*}	2.228
	经典美学 → 唤醒 → 注视峰值持续时间		-0.013^{*}	-2.189
	表现美学 → 唤醒 → 注视次数		-0.030^{***}	-3.578
	表现美学 → 唤醒 → 注视峰值持续时间		0.026^{***}	3.749

***表示 0.1%的显著性水平，**表示 1%的显著性水平，*表示 5%的显著性水平

在实验 1 中，通过眼动追踪和自陈报告方法收集的数据为理论模型提供了实证支持。具体而言，我们发现经典美学和表现美学对唤醒的影响方向不同——表现美学（强调设计灵感和原创性）导致高唤醒，而经典美学（强调清晰度和有序设计）则导致低唤醒。与线索利用理论一致，我们发现视觉美学引发的唤醒与注视峰值持续时间正相关，但与注视次数负相关。结果还显示，注视次数对人们的网页印象有正向影响。然而，注视峰值持续时间与网页印象效价之间的正向联系并未得到数据支持。对此缺乏实证支持的可能解释有几种。首先，网页刺激材料来源于现实世界，与表现美学相关的设计元素可能有所不同。例如，一些网页可能使用图像，而另一些则可能使用颜色。这种不一致性可能会抵消注视峰值持续时间的影响。其次，现实世界中网页元素数量不同的网页也可能削弱注视峰值持续时间的影响。本节研究刺激材料的这些特性可能导致注视峰值持续时间变得不显著，因此，有必要进行进一步检验。在接下来的实验中，我们在控制其他可能的干扰因素（如设计元素数量、产品图片大小和文本内容）的同时，对经典美学和表现美学进行了操控。除了实现重复实验 1 的目的外，实验 2 中对经典美学和表现美学的直接操控还将使我们能够在不受任何未控制的网页设计元素干扰的情况下，阐明它们对网页印象的影响。此外，实验 1 中设定的 3 秒时间限制使我们无法区分通过自动快速处

理形成的初步感知和涉及视觉注意分配的确认过程。因此，在实验 2 中，我们改变了暴露时间，旨在展示网页印象形成的各个阶段。最后，实验 2 还将揭示网页印象对网页接近倾向的影响。

（二）网页印象对接近倾向的延续效应

1. 实验设计和过程

我们从中国一所大学中招募了 76 名大学生作为参与者。由于设备故障，7 名参与者的眼动数据未能完全采集。在剔除这 7 名参与者的数据后，我们从剩余的 69 名参与者中获得了 1104（即 16×69）个有效观测值。

本实验采用 2（经典美学：低水平/高水平）×2（表现美学：低水平/高水平）×2（暴露时间：1 秒/3 秒）的混合实验设计。暴露时间为被试间变量。根据实验 1 的结果，3 秒是充分的暴露时间条件，而 1 秒则是有限的暴露时间条件。经典美学和表现美学均为被试内变量，并根据先前验证过的操作定义对其进行操控。通过改变网页元素的布局来操控网页的经典美学。对于一个典型的电子商务网页，通常有三个重要元素：标题、导航器和产品列表。我们通过逻辑组织网页元素来设计高水平的经典美学，即标题显示在顶部，导航栏显示在左侧，六个产品以有序的方式排列在导航栏旁边。相反，通过应用自由形式的布局来设计低水平的经典美学，即导航栏和六个产品在屏幕上杂乱无章，没有任何逻辑组织感。

基于以往研究，我们通过改变背景颜色、表格阴影和文本字体来操控网页的表现美学（Kupor et al.，2018）。为了控制产品类型带来的混淆效应并提高研究的普适性，我们采用了四种不同的产品类别（搜索型产品——笔记本电脑和 U 盘；体验型产品——衣服和鞋子）。对于每个产品类别，我们根据对经典美学和表现美学的操控创建了四个版本的网页，且每个版本中都展示了相同的六款产品。因此，总共有 16 个网页（4 种美学组合×4 种产品类别）作为实验刺激。

参与者在表明参与同意后，浏览了 16 个网页（随机呈现），每个网页的呈现时间为 1 秒或 3 秒，然后报告他们对每个网页的印象。在浏览完每个网页后，参与者需迅速用 3 个五点计分项目来表明他们对网页印象的效价：这是一个好的网页吗？（其中，1=不好，5=好）；这个网页吸引人吗？（其中，1=不吸引人，5=吸引人）；你喜欢这个网页吗？（其中，1=不喜欢，5=喜欢）。评分量表以从左到右递增的顺序在线性上表示为五个点。在完成所有 16 个网页的浏览后，参与者可以自行决定闭眼休息的时间。然后，他们再次浏览这 16 个网页，但这一次他们有足够的时间来仔细查看每个网页的细节。在每个网页后的问卷中，参与者回答了 4 个关于他们对网页的接近倾向的问题，以及用于检查经典美学和表现美学操控效果的问题。网页印象效价、接近倾向、经典美学和表现美学的测量工具的克龙巴赫内部一致性系数分别为 0.86、0.93、0.93 和 0.92，表明这些量表具有良好的信度。

2. 实验结果与分析

1）操纵检验

以网页经典美学操控为被试内因素的重复测量方差分析结果显示，具有逻辑组织的网页（M=3.87）显著高于无逻辑组织的网页（M=2.64）的经典美学水平（$F(1, 68)$=148.06，$p<0.001$）。同样，我们也进行了类似的重复测量方差分析来检查网页表现美学的操控，结果表明，在色彩操控（M=3.07）与无色彩操控（M=2.49）的网页之间，美学水平存在显著差异（$F(1, 68)$=40.48，$p<0.001$）。

2）经典美学与表现美学对网页印象的直接影响

我们以经典美学（低水平/高水平）、表现美学（低水平/高水平）为被试内因素，曝光时间（1 秒/3 秒）为被试间因素，产品类型为协变量，对网页印象效价进行了 2×2×2 的重复测量方差分析。结果显示，曝光时间的主效应不显著（$F(1, 67)$=1.02，p=0.316），这与先前发现人们能在不同呈现时间内形成稳定一致的网页印象的结果一致。研究结果显示，经典美学和表现美学的主效应显著。正如预期，参与者对高水平经典美学网页（M=3.24）的印象比低水平经典美学网页（M=2.80）更积极（$F(1, 67)$=34.25，$p<0.001$）；同样，高水平表现美学网页（M=3.16）也比低水平表现美学网页（M=2.88）产生了更积极的网页印象（$F(1, 67)$=17.18，$p<0.001$）。

此外，我们还观察到经典美学与表现美学之间存在显著的交互效应（$F(1, 67)$=6.00，$p<0.05$），即在低水平经典美学的网页中，表现美学的影响更为显著（$F(1, 67)$=27.75，$p<0.001$），而在高水平经典美学的网页中，表现美学的影响相对较小（$F(1, 67)$=5.03，p=0.03），如图 2-17（a）所示。这与先前的研究发现相一致，即人们通常会优先关注经典美学，而表现美学特征只有在呈现时间增加时才变得与经典美学特征同样具有影响力。为了更好地理解经典美学的优先效应，我们根据曝光时间对数据集进行了分离，并进行了两次重复测量方差分析。结果表明，经典美学与表现美学的交互效应仅在呈现时间为 1 秒时显著（$F(1, 34)$=9.85，$p<0.01$），而在 3 秒时交互效应不显著（$F(1, 33) < 1$），如图 2-17（b）和图 2-17（c）所示。这些结果间接表明，在有限的曝光时间内，通过视觉美学的自动处理形成的网页印象可能是不完整的，而确认过程会通过将注意力分配给特定的设计属性或元素来对其进行补充。接下来，我们通过唤醒和注意力机制来考察这一确认过程。

3）通过唤醒和注意力机制产生的经典美学与表现美学的间接效应

采用随机系数模型进行了多层次结构方程模型测试。结果如图 2-18 所示。在 1 秒曝光时间条件下，除表现美学对唤醒的影响（B=0.146，SE=0.011，$p<0.01$）和唤醒对注视次数的影响（B=−0.136，SE=0.064，$p<0.05$）外，大多数路径系数不显著。基于 Bauer 等（2006）研究的间接效应测试表明，网页美学通过唤醒对注意力的间接效应不显著。

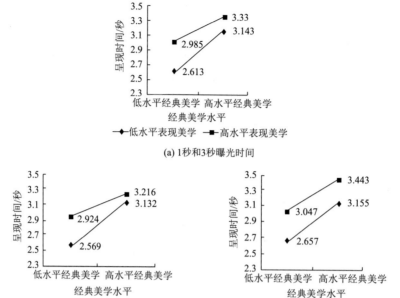

(a) 1秒和3秒曝光时间

(b) 1秒曝光时间

(c) 3秒曝光时间

图 2-17　经典美学和表现美学对网页印象的交互作用

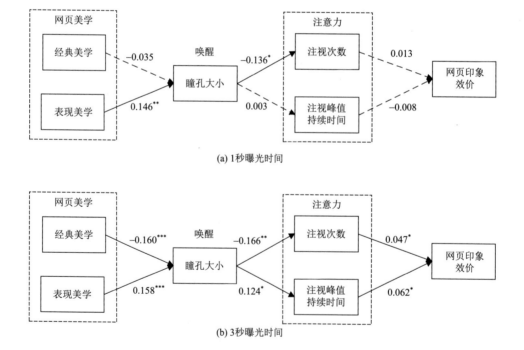

(a) 1秒曝光时间

(b) 3秒曝光时间

图 2-18　多层次结构方程模型结果

***表示 0.1%的显著性水平，**表示 1%的显著性水平，*表示 5%的显著性水平

相比之下，对 3 秒曝光时间条件下的数据进行的多层次结构方程模型测试显示，图 2-18 中的所有路径系数均具有统计学意义上的显著性。具体而言，经典美学对唤醒有显著的负向影响（$B = -0.160$，SE=0.038，$p < 0.001$），而表现美学对唤醒有显著的正向影响（$B = 0.158$，SE=0.037，$p < 0.001$）；唤醒对注视次数有负向影响（$B = -0.166$，SE=0.062，$p < 0.01$），但对注视峰值持续时间有显著的正向影响（$B = 0.124$，SE=0.056，$p < 0.05$）；注视次数（$B = 0.047$，SE=0.023，$p < 0.05$）和注视峰值持续时间（$B = 0.062$，SE=0.029，$p < 0.05$）均对网页印象效价有显著的正向影响。更重要的是，间接效应测试显示，经典美学通过唤醒对注视次数的间接效应估计值为 0.027（$p < 0.05$），具有显著性。表现美学通过唤醒对注视峰值持续时间的间接效应边缘显著（$B = 0.020$，SE=0.011，$p = 0.07$），如表 2-18 所示。

表 2-18　中介效应

中介效应	影响路径	估计系数	t 值
视觉美学唤醒注意力的间接影响	经典美学 → 唤醒 → 注视次数	0.027*	2.341
	经典美学 → 唤醒 → 注视峰值持续时间	−0.020（$p = 0.08$）	−1.740
	表现美学 → 唤醒 → 注视次数	−0.026*	−2.292
	表现美学 → 唤醒 → 注视峰值持续时间	0.020（$p = 0.07$）	1.809
视觉美学通过网页印象效价对接近倾向的间接影响	经典美学 → 网页印象效价 → 接近行为	0.137*	2.379
	表现美学 → 网页印象效价 → 接近行为	0.093*	2.251

*表示 5% 的显著性水平

4）网页印象的延续效应

为探究网页印象是否能在网页美学对接近-回避倾向的影响中起到中介作用，我们以接近倾向为因变量，以经典美学和表现美学为自变量，进行了 2×2 重复测量方差分析。结果显示，经典美学和表现美学均存在显著的主效应：相较于低水平经典美学网页（$M = 2.76$），参与者对高水平经典美学网页（$M = 3.38$）表现出更强的接近倾向（$F_{(1, 67)} = 53.14$，$p < 0.001$）；同样，相较于低水平表现美学网页（$M = 2.88$），参与者对高水平表现美学网页（$M = 3.26$）也表现出更强的接近倾向（$F_{(1, 67)} = 18.79$，$p < 0.001$）。此外，我们还观察到经典美学与表现美学之间存在显著的交互效应（$F_{(1, 67)} = 5.24$，$p < 0.05$）。

先前，我们已发现经典美学与表现美学在 1 秒曝光时间条件下对网页印象存在显著的交互效应，而在 3 秒曝光时间条件下则未发现此效应。若网页印象确实对后续的接近倾向有持久影响，则我们预期经典美学与表现美学对接近倾向的交互效应也仅会在 1 秒曝光时间条件下出现。若网页印象的影响不持久，则 1 秒曝光时间和 3 秒曝光时间条件下的接近倾向应无差异，因为所有参与者在第二轮指示接近倾向前均有充足的时间浏览网页。因此，我们根据曝光时间对数据进行了分离，并分别进行了两次重复测量方差分析。正如预期，当曝光时间为 1 秒时，经典美学与表现美学的交互效应显著（$F_{(1, 34)} = 9.90$，$p < 0.01$），而在 3 秒曝光时间条件下则不显著（$F_{(1, 33)} = 0.24$，$p = 0.63$），如图 2-19 所示。这为网页印象对接近倾向的持久影响提供了间接支持。

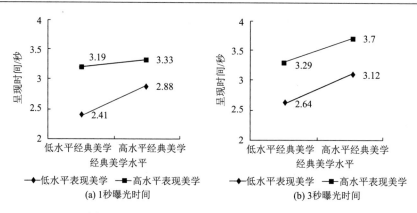

图 2-19　经典美学和表现美学对接近倾向的交互效应

为直接探究网页印象的延续效应，我们以经典美学和表现美学为自变量，网页印象效价为中介变量，接近倾向为因变量，进行了多层次结构方程模型中介效应检验。结果显示，网页印象效价对接近倾向有显著影响（B=0.331，SE=0.092，$p<0.001$）。更重要的是，中介效应检验显示，经典美学通过网页印象效价对接近倾向的间接效应显著且为正（B=0.137，SE=0.058，$p<0.05$）；表现美学通过网页印象效价对接近倾向的间接效应也显著且为正（B=0.093，SE=0.041，$p<0.05$），如表 2-18 所示。

5）内生性检验

为缓解潜在的内生性问题（即参与者先形成网页印象，然后这些印象指导其注意力分配），我们采用不同方法收集了关于网页印象的注意力和效价数据。在参与者浏览过程中，我们实时捕捉眼动数据以测量注意力，而网页印象效价则在浏览过程结束后通过自我报告数据来衡量。这种收集注意力和印象数据的时序安排在一定程度上能够解决内生性问题。

为进一步探究网页印象与注意力之间可能存在的反馈循环，我们以注意力参数（注视次数和注视峰值持续时间）为因变量，以网页印象效价为自变量，进行了一系列多层次结构方程模型分析。我们发现，在 1 秒曝光时间条件下（注视次数：0.015，p=0.19。注视峰值持续时间：−0.013，p=0.22）、3 秒曝光时间条件下（注视次数：0.021，p=0.38。注视峰值持续时间：0.04，p=0.12），以及将两种条件的数据合并后（注视次数：0.018，p=0.15。注视峰值持续时间：0.008，p=0.556），网页印象效价对注视次数和注视峰值持续时间均没有显著影响。因此，没有统计证据支持网页印象与注意力之间存在反馈循环。

四、视觉美学设计在绿色网络消费中的实践应用

随着绿色消费理念逐渐深入人心，视觉美学设计在绿色网络消费领域的应用也日益广泛。以下通过几个具体案例，详细探讨视觉美学设计如何助力绿色网络消费的发展。

（一）案例一：电商平台绿色产品页面设计

电商平台作为绿色消费的主要渠道，其绿色产品页面的设计直接关系消费者的购买意愿。阿里巴巴旗下的淘宝和天猫在推广绿色产品时，特别注重页面设计的视觉美学，

通过采用清新自然的色调和融入自然元素，营造出一种环保、健康的氛围。同时，它们还通过合理的排版和字体大小设置，使消费者能够快速找到所需信息，深入了解绿色产品的特点和优势。

（二）案例二：绿色品牌宣传设计

绿色品牌的宣传设计对于提升品牌知名度和影响力至关重要。以"美腕"为例，作为一家致力于绿色消费的品牌，其官方网站的设计也充分体现了视觉美学的理念。美腕的官方网站采用了白色作为主色调，象征着纯净和包容。同时，网站注重信息的简洁明了和视觉的层次感，通过合理的图片、视频和文本组合，向消费者传递其基于环保的社会责任。

（三）案例三：社交媒体绿色营销设计

伊利、蒙牛等品牌会通过与社交媒体平台合作，发布关于其绿色产品的广告和宣传内容。同时，它们还会邀请知名博主和网红进行产品推广，进一步扩大其影响力。例如，与抖音上的网红合作，制作关于绿色消费的短视频，展示环保产品的使用方法和效果，从而激发消费者的购买欲望。

第七节　企业全面绿色转型微观理论研究的未来展望

一、企业全面绿色转型中的注意力动态配置与整合研究

已有研究通常从静态视角研究特定文化制度背景下企业对于外部环保诉求等单一环境问题的注意力强度。未来研究可从跨情境、多阶段视角切入，深入探究企业全面绿色转型中的注意力动态调整和整合机制。

第一，以往研究多聚焦于注意力焦点的影响因素（练宏，2015）以及注意力配置的结果（彭新敏等，2022；张戍凡和张文斗，2023），然而对于企业高管注意力配置的动态调整方面涉及较少。未来应进一步剖析在企业全面绿色转型的动态过程中，随着内外部情境的变化，注意力是如何逐渐迁移的。值得注意的是，企业可能需要同时处理多项环境诉求，对于各个绿色发展议题所分配的注意力强度不同，并且注意力配置的优先次序在不同发展阶段也随之发生变化。这种动态调整机制能够增强企业全面绿色转型战略的适应性。

第二，除了内部注意力分配机制，未来研究还需进一步探索企业全面绿色转型中的内外部注意力整合机制。全面绿色转型并非企业"单打独斗"能够完全实现的，企业内部可能并不具备所需的资源和能力（Du et al.，2018）。因此，有必要将产业链参与者等内外部利益相关者的注意力都整合到全面绿色转型这一关键议题上（Melander，2018）。尤其是新兴绿色技术合作通常需要付出较高的协调成本（Luo et al.，2010；Feng and Wang，2016）。在此背景下，如何提升通过全产业链的注意力整合，调动企业及其利益相关者对环境问题的共同关注，从而达成全面绿色转型的合作共识，是未来需要深入挖

掘的重要研究方向。

第三，在不同文化背景下，企业绿色转型的注意力配置和战略选择存在差异性。近年来部分学者注意到在西方国家和新兴市场国家中，文化和社会制度的不同导致了企业在环境治理动机方面的差异（Buhr and Freedman，2001）。在中国，儒家文化中"天人合一""义利观""慎独内省"等生态文明思想对企业全面绿色转型具有深远的影响，因此儒家文化背景下的企业管理者更倾向于进行绿色并购。在不同文化背景的作用下，企业管理者对于绿色转型问题的注意力焦点呈现出怎样的差异，以及其注意力分配方式会受到文化及制度特征的何种影响？这些问题还有待研究。

二、企业全面绿色转型中的利益相关者网络关系与印象管理研究

企业全面绿色转型过程涉及政府、投资者、产业链合作伙伴、客户及公众等多元利益相关者群体，这些利益相关者已形成错综复杂的关系网络。已有文献虽然充分认识到利益相关者关系维护是企业推进全面绿色转型必须考虑的问题，但鲜有研究从社会网络视角剖析利益相关者网络结构对企业绿色创新等绿色发展举措的影响效应。已有研究发现网络密度高的环境促进了信息共享和知识转移（朱亚丽等，2011），有助于资源的有效分配，还能够促进利益相关者之间的沟通和协作（于飞等，2021），从而加快创新进程。基于以上观点，未来研究可深入分析企业在绿色转型过程中的投资者、供应链伙伴等利益相关者群体间的网络结构特征，揭示不同利益相关者之间的资源依赖关系和权力结构，帮助企业平衡复杂的利益格局、优化跨组织的资源配置以及提升绿色创新效率，最终加快企业的全面绿色转型进程。

另外，印象管理是企业提升自身在利益相关者群体间声誉的重要策略。然而在目前绿色转型背景下，企业印象管理行为存在着一种不良现象，即部分企业可能选择"漂绿"行为来塑造绿色影响，然而缺乏实质性的绿色转型资源投入和创新举措。这一问题为未来研究提供了两个值得深入探索的方向：第一，需进一步研究如何对企业的绿色印象管理进行有效监督，引导企业真实、准确地传达自身的绿色价值取向与实质行动；第二，企业在绿色转型过程中难免会遭遇 ESG 积极主义等公众危机，在此挑战下，如何通过创新的修复策略迅速重建公众信任、重塑良好形象，对于确保企业绿色转型的可持续推进至关重要。

三、全面绿色转型下的绿色消费心理机制拓展研究

绿色消费已成为全面落实绿色转型的关键环节，目前对于绿色消费的复杂心理机制尚未充分揭示。

第一，在中国，消费者已逐渐形成较为良好的绿色消费观念，但目前绿色消费行为呈现出短期性和不稳定性。已有学者（王财玉和吴波，2018）提出，在近期情境下，消费者对绿色产品的购买意愿明显低于远期情境，这表明个体往往更倾向于在未来而非当下购买绿色产品。为解决这一问题，则需要对消费者的绿色消费心理和行为模式进行深入剖析。未来可基于跨时间的动态视角探索绿色消费心理的长期建设机制。

第二，进一步挖掘社会认同需求、自我实现追求等深层次心理因素对消费者绿色消

费动机影响的意义重大。目前主流研究主要从社会认同以及自我需求的角度对绿色消费心理进行考量。未来研究中，学者可以结合信息学、传播学、脑科学等相关理论和前沿实验方法，深度解构消费者在整个绿色消费过程中的心理和认知模式变化，挖掘绿色消费动机的深层心理因素。

第三，数字网络空间下的绿色产品和服务营销也是深化绿色消费行为研究值得关注的方向。数字技术的快速发展给绿色产品和服务的营销带来了新契机。绿色产品和服务的营销策略日益趋向个性化与数据驱动化。企业通过大数据分析、精准营销和用户画像构建，能够识别消费者的绿色偏好，从而实现绿色产品和服务的精准推广。未来研究可进一步探索增强现实（augmented reality，AR）、虚拟现实（virtual reality，VR）以及区块链等新兴数字技术在绿色影响中的应用拓展。另外，在数字时代下，消费者在做出绿色消费决策时倾向于通过数字平台获取产品的环保信息、供应链数据、碳足迹等。网络信息透明度提高了消费者对绿色产品的信任度并增强了他们对环保责任的认同。未来可深入探索数字平台绿色信息发布、社交媒体中的正向评论、关键意见领袖的环保推荐等数字化内容对消费者绿色产品购买决策的影响机理，并进一步挖掘不同消费者群体的网络绿色消费心理和行为差异。总体而言，数字营销与绿色消费的深度融合将是全面绿色转型的重要现实抓手，值得学者广泛关注。

第三章 股东积极主义变革推进全面绿色转型研究

第一节 问题提出与研究内容

一、研究背景与问题提出

近几十年来，股东行动力和影响力逐渐增强，他们对公司治理的态度发生显著变化，他们不再遵循"华尔街规则"（即"用脚投票"），而是以股东身份积极介入公司治理，选择"用手投票"，向公司管理层施加压力或施以援手，以促使上市公司完善治理结构并实施发展战略。如今，股东积极主义已成为推动公司政策和实践变革的重要驱动力，甚至被学者称为"新的公司治理规范"。举例来说，2015 年，万科的第一大股东华润集团与宝能系就万科的控制权展开了激烈争夺。在这场争斗中，万科的小股东积极参与，通过投票、提案等方式表达了对公司治理的关注和诉求，最终推动了万科管理团队的重组和公司治理结构的完善。2020 年 12 月，沃森生物事件引发广泛关注，以基金公司为代表的机构投资者质疑沃森生物董事长，要求更换管理层，并对公司出售资产的动机表示不满。监管机构也对沃森生物发出问询函，事件在公众的监督下迅速发酵。最终，在各方的压力下，公司取消了转让事项。2022 年 5 月，中远海控的中小股东对公司分红方案表示不满，并通过网络联合起来，以喊话、拟投反对票等方式进行"抗议"。尽管双方力量悬殊，但这些中小股东没有选择抛售股票，而是积极行使了自己的股东权利，表达了自己的诉求。

目前股东积极主义主要包括以机构投资者等大股东为首的线下 ESG 积极主义和以散户等中小股东为主的线上 ESG 积极主义。一方面，就机构投资者线下 ESG 积极主义而言，随着 ESG 价值观在资本市场的普及，以机构投资者为首的投资者群体近年来愈加重视投资组合企业的环境绩效和可持续发展，对绿色创新及其带来的长期股东价值表现出浓厚兴趣（Zhao et al.，2023）。例如，全球最大的资产管理企业贝莱德 CEO 在致投资者的年度信函中强调了气候变化风险对金融市场和企业业绩的影响，并坚持认为有必要推动低碳经济发展（Kaufmann，2023）。以机构投资者为主的股东通过股东大会提案、调研访谈、电话会议等多种积极主义行动对持股公司的 ESG 政策和实践提出问题与建议，敦促企业改善其环境绩效。

另一方面，随着互联网时代的到来，各种信息技术和数字平台的出现极大地增强了投资者在网络空间推进环境积极主义的能力。通过搜索引擎、社交网络和线上股票论坛等渠道，以散户为代表的大众投资者能够以更低的成本获取并公开表达他们的诉求，从而清晰地展示自身的价值主张（Hafeez et al.，2022；Brownen-Trinh and Orujov，2023）。例如，中国两大证券交易所自 2010 年起建立了官方互动平台，散户投资者能够直接与上市企业董事会秘书就环境问题进行沟通。这些平台也逐渐成为中国投资者发起线上环境积极主义、倡导绿色价值观的主战场（Wu et al.，2021）。据统计，上海证券交易所和深圳证券交易所投资者互动平台上出现的环境问题数量从 2011 年的 4826 个增加到 2019 年的 17 728 个，呈指数级增长趋势。

越来越多的实践案例证实股东积极主义已成为推动企业全面绿色转型的关键监督力量。例如，在股东的推动下，苹果公司逐渐采用更加环保的材料和生产工艺，并加强了对供应链的监管，确保供应商遵守环境和社会责任标准；壳牌石油公司制定了更加严格的碳排放目标，并增加了对可再生能源和低碳技术的投资。股东积极主义对于企业绿色创新的推动作用尤为重要。随着全球变暖挑战不断升级，绿色创新已成为企业降低环境风险、开辟新市场利基、实现绿色领域竞争力的重要战略（Wang et al.，2021；Kraus et al.，2020）。尽管绿色创新的价值已得到广泛认可，但投资绿色创新同时可能会带来成本增加和不确定的回报，从而对公司的短期财务业绩造成损害（Watson et al.，2018）。受财务目标约束的管理者通常倾向于优先考虑回报率更高的项目，在任期内对绿色创新犹豫不决。另外，鉴于绿色创新的高风险，其失败可能导致企业高管的声誉和薪酬降低，甚至被解雇（Oehmichen et al.，2021），使企业管理者的职业生涯蒙受巨大损失。因此，管理者通常并不愿意主动发起能够提升股东价值和企业竞争力的绿色创新（Demirel et al.，2019）。

鉴于上述观点，在企业绿色创新问题上，股东 ESG 积极主义目标与管理者利润最大化目标之间存在天然分歧。在这样的代理冲突（Jensen and Meckling，1976）下，股东积极主义的推行面临严峻挑战。由于管理者为企业的内部人士，通常比外部投资者掌握更多关于公司的私密信息（Oehmichen et al.，2021），很容易为了个人利益操纵信息和企业资源，对投资者提出的 ESG 诉求做出象征性回应。为提升股东 ESG 积极主义的实施效果，应深入挖掘股东 ESG 积极主义的行为动机以及其影响企业绿色创新决策的内在机理。

首先，从股东 ESG 积极主义的行为动机来看，投资者日益高涨的 ESG 偏好是股东开始投身积极主义的主要动因。然而，投资者 ESG 偏好是如何形成的？在多大程度上受公众舆论的影响？这些问题还尚不明晰。与传统投资相比，ESG 投资存在诸多风险和挑战，如 ESG 的定量评估困难、普遍存在的"漂绿"现象以及日益增加的社会和政策不确定性。因此，为了有效开展 ESG 投资，机构投资者不仅关注资本市场上易于获取的财务信息，还更加重视非财务信息。尤其是在中国等新兴市场，上市公司披露的 ESG 信息常常是不充分且存在质量问题的（Krasodomska and Cho，2017），迫使投资者寻求其他渠道获取 ESG 相关信息。以官方媒体为核心的媒体报道，因其及时性、客观性和全面性，被视为金融市场的重要信息来源，有效缓解了投资者与企业之间的信息不对称问题，成为投资者决策的关键指引（Hawn，2021）。最新研究也开始关注到媒体报道及其情感基调影响机构投资者在内的各类利益相关者对企业的评估（Bradshaw et al.，2021）。但目前对于媒体报道如何影响金融投资决策，特别是机构投资者群体 ESG 偏好的研究仍相对有限（Deephouse and Heugens，2009）。

媒体报道可能通过两种截然相反的逻辑影响机构投资者网络 ESG 偏好的形成。一方面，从筛选逻辑来看，媒体报道影响了具有内在 ESG 偏好的机构投资者的投资决策，促使其对目标公司进行投资或撤资。正面的媒体报道（如 CSR 相关的新闻）能够增强投资者的乐观情绪，增加机构投资者的投资意愿（Hawn，2021）。相反，负面的媒体报道（如公司不当行为）可能引发恐惧与焦虑，导致投资者撤出投资（Kölbel et al.，2017）。另一方面，生成逻辑假设机构投资者并非天生具备 ESG 偏好，而是在持有公司股份的过程中受到媒体报道的刺激后，逐渐形成对 ESG 的关注。具体而言，媒体报道影响机构投资者与企业的互动，促使企业改善其 ESG 实践（Krueger et al.，2020）。例如，当媒体曝光公司的不道德行为时，投资者可能会在股东大会上提出抗议，要求企业做出改变（Chuah et al.，2024）。鉴于这两种逻辑对投资者行为的不同影响，应进一步研究明确哪种逻辑在媒体报道与机构投资者网络 ESG 偏好形成之间的关系中起到主导性的影响。

另外，在 ESG 偏好的引导下，投资者积极推进股东 ESG 积极主义倡导绿色创新（Wu et al.，2023a）。由于股东与职业经理人之间潜在的代理冲突，与其强迫管理者进行绿色创新，投资者不如尝试重塑管理者的认知，引导其关注 ESG 问题，从而在绿色创新战略上达成共识（Shi et al.，2020）。尽管已有大量文献证实了股东积极主义对绿色创新的积极影响（Wu et al.，2023a；Zhao et al.，2023），但这种积极主义如何通过注意力机制影响企业绿色创新决策仍不明确。因此，探究以机构投资者为首的线下 ESG 积极主义和以散户为主的线上 ESG 积极主义，在促进企业绿色创新绩效方面的作用，并分析两者分别依赖何种注意力机制来达成环境治理优化的目标，是当前研究的重要议题。

另外，由于数字化深刻重塑了管理者认知和企业决策过程（van Knippenberg et al.，2015），数字化企业和非数字化企业对股东 ESG 积极主义是否会采取截然不同的反应？在数字化时代，新的商业模式和先进数字技术迅速涌现，重新定义了企业创造和提供价值的方式（Elia et al.，2020）。与此同时，数字化转型开辟了新的网络可能性，并促成了不同参与者之间的合作（Schallmo et al.，2017）。这些参与者可能包括股东、业务伙伴、客户、监管者，甚至是竞争对手。数字化可能会影响 ESG 积极主义中信息传播的广度和深度（Yoo et al.，2010），以及行业内合作的模式（Nambisan et al.，2019），从而导致数字化企业和非数字化企业对股东积极主义的异质化回应。因此，在探讨股东积极主义对企业绿色创新的影响时，应进一步区分数字化企业和非数字化企业。

二、研究内容

（一）投资者 ESG 积极主义的偏好形成与底层逻辑研究

本章基于 2012 年至 2021 年中国上市公司的 22 941 个观测数据，检验正面与负面媒体报道对机构投资者网络 ESG 偏好的影响，并根据实证结果推断机构投资者网络 ESG 偏好究竟基于筛选逻辑还是生成逻辑。此外，本章深入探究了分析师关注与公共关注在正面媒体报道和机构投资者网络 ESG 偏好之间发挥的潜在中介作用。

（二）机构投资者 ESG 积极主义、数字化与企业绿色转型研究

企业绿色转型的核心是绿色创新。本章提出机构投资者线下 ESG 积极主义通过企业

内部的注意力分配和企业间的注意力整合两种机制影响企业的绿色创新。另外，为揭示机构投资者 ESG 在何种情境下能够发挥更有效的监督作用，本章基于 2007~2021 年 2726 家中国上市公司样本，检验了媒体报道和产业链关联在两种注意力机制中的调节作用，以及其在数字化企业和非数字化企业中的差异。

（三）散户投资者线上 ESG 积极主义与企业绿色转型研究

本章探讨散户投资者的线上 ESG 积极主义是否会引发实质性的企业环境承诺。数字时代，小股东可以通过线上平台推动股东积极主义，从而更有效地引导管理者关注其环保诉求。基于注意力基础观，本章提出散户投资者发起的线上积极主义会影响管理者对环境问题的注意力强度和注意力优先级，从而促进绿色创新。基于 2011~2019 年中国上市公司"企业-年份"层面的 16 998 个观测样本，本章进一步实证分析此类线上积极主义是否在散户投资者规模更大以及负面情绪质疑更突出的情境下更能吸引管理者的注意力。研究结论为数字化时代如何增强线上 ESG 积极主义发声的有效性提供启示，并强调中小股东等少数群体在推动企业全面绿色转型中的作用。

三、主要创新

第一，本章创新性地将传播学理论融入金融投资研究中，揭示了媒体报道在资本市场中的关键作用。尽管近年来已有研究认识到媒体报道对公司及其利益相关者的深远影响（Bradshaw et al.，2021；Li et al.，2023），但关于媒体如何影响特定利益相关者群体（如机构投资者）的认知和决策，仍缺乏深入研究。我们结合媒体框架与启动理论，揭示了媒体报道对机构投资者网络 ESG 偏好的微妙影响。虽然这两种理论主要在传播学领域得到了广泛应用（如新闻、政治宣传和社会运动）（Andrews and Caren，2010），但它们在管理领域的应用相对较少。本章基于传播学理论，深度阐释了媒体框架（即媒体报道）如何通过可及性和关联性启动模型影响机构投资者的网络 ESG 偏好。本章创新性地提出了筛选和生成两种潜在逻辑，用以解释媒体报道如何影响机构投资者的网络 ESG 偏好，并通过实证分析明确支持了筛选逻辑。本节研究的实证结果表明，正面媒体报道通过吸引分析师的关注，最终吸引了具有 ESG 偏好的机构投资者投资目标公司。负面媒体报道引发了公众关注，反而降低了机构投资者的网络 ESG 偏好。基于此，本节研究明确了机构投资者网络 ESG 偏好的筛选逻辑而非生成逻辑。

第二，本章开创性地提出机构投资者 ESG 积极主义通过加强公司内部的注意力分配和公司间的分配整合来影响企业的绿色创新。以往的研究主要关注企业内部的注意力过程，而对企业外部的注意力整合缺乏探索。本章强调，即除了目标公司内部的注意力分配外，ESG 积极分子还必须动员行业参与者，将他们的注意力调整到可持续转型上来，因而拓展了有关注意力整合的新兴研究领域（Joseph and Wilson，2018）。本章研究结果也表明，产业链关联并不一定会促进整个产业链的注意力整合。相反，它可能会阻碍产业合作伙伴对企业绿色创新对策的支持。这一颠覆性的实证结果为过度嵌入的弊端提供了新的经验证据（Sanou et al.，2016）。在高度数字化的企业中，产业链关联的负面调节效应得到了缓解，这表明数字化能够有效缓解产业链嵌入性的负面作用，降低产业链端的注意力整合成本,从而促进绿色创新合作。

第三,本章聚焦新兴市场背景下散户投资者的环境建言对企业绿色创新的积极影响,率先证明少数股东在社会问题上建言的重要性以及散户投资者在企业治理中的促进作用。先前的文献已广泛证实了大股东积极主义的有效性(Shi et al.,2020),但小股东的建言作用往往被忽视(Lin et al.,2023)。这一现象可能会导致管理层过度关注多数股东利益而致使决策缺乏多样性(Gompers and Kovvali,2018;Hafeez et al.,2022)。本章研究发现互联网上积极主义的行动成本低廉,少部分散户投资者的环境建言易发展为具有广泛影响力的大规模运动,进而推动企业(尤其是那些拥有大量散户投资者的企业)的绿色创新进程。此外,线上环境积极主义所提出的强烈负面的环境质疑,更易引发极端情绪和意见极化,敦促企业快速关注和解决环境问题。

第四,本章研究发现数字化企业和非数字化企业在应对股东积极主义的响应方面存在显著差异,这一研究结论拓展了数字化对组织架构深远影响的相关文献。结果表明,散户投资者规模和负面质疑情绪对高度数字化企业的调节作用更为显著。数字化企业更能深刻理解互联网情境下积极主义的社会影响深度和广度(Matarazzo et al.,2021),并在应对可能由负面网络情绪引发的公关危机时展现出更高的灵活性。因此,它们更有能力迅速调整注意力优先级,从而更敏捷地应对网络的积极主义攻击。总体而言,本章研究丰富了数字化情境下企业治理优化方面的资料。

第二节　股东积极主义与公司治理范式变革

一、股东积极主义的发展现状与趋势

(一)股东积极主义的兴起与国际经验

从全球范围来看,当前股东积极主义的浪潮可以追溯到 1942 年美国证券交易委员会发布的一项股东提案规则。该规则首次允许符合一定资格条件的上市公司股东,向公司提出将适宜股东行动议题的提案列入委托书征集材料的请求,并赋予被征集股东就该提案进行表决的权利(即美国现行 Rule 14a-8 规则的前身)。从 1943 年至 20 世纪 80 年代中期,美国的股东积极主义主要由被称为"牛虻"(gadfly)的个人投资者主导。例如,1982 年,提交给 358 家公司的 972 份决议中,几乎 30%由 Lewis、John Gilbert 以及 Evelyn Davis 三人提出。这些个人投资者提交了大量旨在改善公司业绩和提高股价的决议,但这并不是他们提议的唯一意图。1970 年,一项联邦法院裁决允许股东提出的"禁止陶氏化学公司销售凝固汽油弹"的建议,从而导致关于 CSR 问题的提案开始频繁出现。20世纪 80 年代末,随着敌意收购的减少和机构股权在美国公司中的逐步增加,以公共养老基金和工会基金为代表的机构投资者 ESG 积极主义开始占据主导地位。大型公共养老基金主要通过股东提案或在"幕后"向管理层施加压力等方式,要求进行企业改革,并利用媒体将矛头指向管理不善或业绩不佳的公司,以提醒其他投资者注意该公司的问题和风险。工会基金除了提交股东提案外,还追求形式创新,如在制定新提案方面,利用媒体向管理层施压（卡车司机工会公开针对个别董事，而不仅是针对一个特定的公司），或在年度会议上提出提案等。同时，这一时期还见证了公司掠夺者——极端激进分子的兴起，他们利用市场来控制公司，试图对董事会和管理层施加约束。随着 20 世纪 90 年代收购市场的衰落，以及监管制度变化增强了股东就投票问题进行沟通的能力，激进的机构投资者再次脱颖而出。在当今的美国，虽然仍然可以看到这些不同种类的积极主义，但激进对冲基金在积极投资者的舞台上占据了重要地位。2011 年至 2015 年期间，七分之一的标准普尔 500 指数公司至少遭受过一次对冲基金的攻击。根据摩根大通银行的研究，全球金融危机后对冲基金发起的股东积极主义对公司战略和财务决策的影响最大。股东提案是股东积极主义最主要的形式，而美国是最早确立股东提案权的国家。

英国股东积极主义的起源可以追溯到 20 世纪 80 年代末和 90 年代初的公司治理丑闻。1990 年水果包装公司 Polly Peck 的失败以及 1991 年的 Maxwell 丑闻是英国公司治理失败的主要事件。为了改进公司治理框架，英国监管机构引入了一系列最佳实践建议，如 1992 年的《吉百利报告》（一套适用于所有在英国注册的上市公司董事会的最佳实务守则）、1998 年的《汉佩尔报告》（强调机构投资者在其投资组合公司中必须发挥重要作用）和 2006 年的《公司法》（将董事及董事会义务和股东权利编纂成法律）。这些举措不仅在一定程度上推动企业问责制的进步，还赋予了股东更大的权利，从而推动了英国股东积极主义的兴起，特别是通过股东提案的形式。然而，英国和美国在提交股东提案的规定方面存在着很大的差异。例如，在美国，公司承担股东提案的费用，而在英国，相关费用由股东承担。此外，在美国，股东提案仅仅是请求性的，即使这些提案获得投票通过，公司也没有义务采纳这些提案。相比之下，一旦英国的股东提案通过，就具有约束力。与美国类似，英国资本市场的机构股权比重较高。在英国上市的股票中，大约 30%由国内机构投资者持有，大约 50%由外国机构投资者持有。因此，英国的股东积极主义主要由机构投资者主导，其中养老基金、保险公司和共同基金是英国机构投资者的主要类型。尽管各界对这些机构投资者利用积极主义改善公司治理效率抱以厚望，但由于流动性、外部性、利益冲突、基金经理代理问题等众多经济因素的限制，他们的积极主义行动数量远未达到预期水平。近年来，英国多数的股东积极主义运动主要由对冲基金发起。

与英国和美国不同，韩国的股东积极主义主要由非政府组织领导。1997 年全球金融危机前，由于法律规定的影子投票，机构投资者被剥夺了表决权，几乎无法保护自己免受经营或控股股东的剥削。1997 年全球金融危机后，韩国才开始重视公司法人支配结构和股东权益保护的重要性。包括韩国在内的亚洲国家在公司治理方面存在的严重问题，特别是对小股东的保护不力，是诱发危机的关键因素之一，因此这些国家的政府采取了各种措施来加强公司治理。在韩国，通过废除强制性影子投票，机构投资者恢复了投票权，并且通过降低行使这些权利所需的最低持股比例，使行使多项重要的股东权利（如提起衍生诉讼）变得更加容易。尽管有了这些积极变化，但韩国的机构投资者在治理过程中仍然非常被动。事实上，尽管他们恢复了投票权，但他们很少行使这项权利，而且即便行使，其投票的方向也往往有利于管理层。究其原因，许多投资信托管理公司和资产管理公司都受到财阀的控制，在此情景下，机构投资者可能只能选择被动应对。在韩国，公共和私人养老基金最有可能成为积极股东，但他们在资产管理方面非常保守，不会投资超过其内部监管规定的限制。因此，韩国的股东积极主义并非由机构投资者主导，而是几乎完全由一个名为"参与民主人民联盟"（People's Solidarity for Participatory Democracy，PSPD）的非政府组织主导。

日本的机构投资者通常不愿与其投资的公司接触，这一点在日本仅有22家机构签署了《联合国负责任投资原则》（UN Supported Principles for Responsible Investment）中得以体现，而美国和英国分别有134家和131家机构签署。此外，日本的公共养老基金——日本政府养老投资基金活跃度极低，尽管它管理1.5万亿美元的资产，堪称全球最大的单一养老金资产池，但其中超半数资产以国内证券的形式管理。日本公共和企业养老基金的大部分资产通常由外部资产管理公司管理，因此投票权的行使是由基金经理根据全权委托协议指导进行的，而不是由养老基金本身指导。尽管日本政府养老投资基金规模庞大，且有特别强调公司治理问题的非官方指导方针，但它并没有实施明确的代理投票政策。从日本提交股东提案的情况来看，股东积极主义的程度远低于美国，并且股东提案的成功率几乎为零。2007年至2011年期间，日本每年提交的提案数量为98份，而美国有279份。因此，在英国、美国和欧洲，股东提案涉及董事会成员变更和提出主要治理问题时，较易获得成功，然而日本的股东提案往往由于多数人反对而被拒绝。为了改善公司治理效率以及促进机构股东对其投资组合公司的参与，日本近期实施了监管改革，如《日本尽职管理守则》和《日本公司治理守则》。

（二）从财务积极主义到社会目标积极主义

根据股东积极主义的终极目标，可以将其分为财务导向的股东积极主义（financial oriented shareholder activism，FOSA）和社会导向的股东积极主义（socially oriented shareholder activism，SOSA）。FOSA主要针对那些经营不善或业绩不佳的公司。股东通过提交提案、与管理层进行私下对话和谈判、策划媒体活动等方式来表达对公司决策或结构的不满，旨在改善目标公司的不良业绩或治理结构，以实现股东价值的释放和投资的正回报。

甲骨文公司削减高管薪酬事件：2016年，由于上年股票走势平平，投资回报率仅为8.8%，加上股东对公司的薪酬制度表示不满，甲骨文公司决定削减高管薪酬。其中，董事长兼联合创始人拉里·埃利森的薪酬被削减了2200万美元，两位联席CEO马克·赫德和萨弗拉·卡兹的薪酬也被下调23%。这些让步标志着甲骨文公司FOSA的胜利。过去多年来，该公司股东（包括最大机构投资者）一直对甲骨文公司的高管薪酬方案感到不满，并且大部分投资者拒绝了该公司高管薪酬方案，导致甲骨文公司失去了5年的"薪酬话语权"。尽管甲骨文公司曾做出过一些调整，如降低基本工资，增加与绩效挂钩的元素，但直到2017年，甲骨文才同意执行这一非约束性的股东投票决定。

SOSA指股东利用一系列措施迫使公司改变商业行为，并最终对社会变革产生影响。SOSA可以追溯到20世纪60年代的民权运动时期。民权运动主要由公民社会（如慈善团体、非政府组织、社区组织等）发起，其主要目标是将广泛的社会问题推向国家和政府的议程。随着时间的推移，民权运动逐渐演变，超越公民社会的活动家群体开始提出更宽泛的议题，如环境保护、社会责任、堕胎权利和特殊群体平权等问题。而且，这些活动家开始针对公司，试图利用股东权利开展社会运动。此外，在社会进步的影响下，那些长期以来以提高股票价值为目标的股东也开始考虑环境和社会绩效，并试图通过干预公司的政策和实践来为整个社会的可持续发展做出积极贡献。

目前，SOSA 领域最核心的议题之一是 ESG 积极主义。ESG 即环境（environmental）、社会（social）和治理（governance）三个英文单词首字母的缩写，是一种关注环境保护（如碳排放）、社会影响（如员工满意度）和治理属性（如董事会结构）的投资理念和企业评价标准。ESG 概念最早出现于 2004 年联合国秘书长科菲·安南主导多家金融机构联合撰写的报告 "Who cares Wins"（《在乎者赢》）中，该份报告指出只有有效应对 ESG 相关议题，企业才有机会在全球化背景下愈发激烈的市场竞争中脱颖而出。同年，联合国环境规划署首次提出了 ESG 投资概念，强调在投资中应关注 ESG 问题。2006 年，在联合国环境规划署金融倡议组织与联合国全球契约组织的联合支持下，联合国负责任投资原则组织诞生。该组织明确要求投资者把投资分析和决策过程充分融入 ESG 因素，并推动被投资实体合理披露 ESG 相关问题，由此构建了 ESG 责任投资原则框架。经过多年发展，联合国负责任投资原则组织目前已成为全球致力于解决 ESG 问题的最大机构投资者网络，截至 2019 年底，已有 2500 多个签署国，资产管理规模超过 85 万亿美元。

近几年，ESG 的关注度在全球范围内呈指数级增长。谷歌趋势数据表明，2019 年以来，ESG 词条的热度激增。到 2023 年，ESG 词条的年平均热度已超过 90，在某些月份甚至可以达到满热度值（100）。造成这一趋势的原因主要有三点。首先，政策指令的变化。主要经济体政府已经陆续颁布多项政策法规来助力 ESG 在本国的发展。例如，2015 年美国劳工部对《雇员退休收入保障法》计划中 ESG 问题的裁决——减少了早先对养老基金将 ESG 问题纳入其流程的限制；欧盟非财务报告指令开始要求 6000 家公司在年报中报告 ESG 信息；中国也在着手建设具有中国特色的 ESG 制度体系（后面将对中国 ESG 制度建设进行详细梳理）。其次，在学术方面，越来越多的实证研究发现 ESG 因素与公司财务绩效之间存在正相关关系，为 ESG 能实质性提升公司财务回报的主张提供了有力支撑。最后，投资界建立了 ESG 绩效、衡量和报告标准。

负责任的投资者，一方面会避免或减少投资具有较高 ESG 风险的公司，选择具有良好 ESG 表现的投资标的，这种行为被学术界称为"道德筛选"。例如，远洋资本对盈创回收和杏林护理之家的战略投资。盈创回收是中国领先的固废回收技术公司，远洋资本于 2017 年对其进行战略投资，并成为其控股股东。此举不仅有助于推动盈创回收的技术研发和市场拓展，更彰显了远洋资本在环境领域的 ESG 投资承诺，旨在循环经济和环保产业的发展，为社会的可持续性作贡献。杏林护理之家是一家聚焦母婴成长的企业集团，每年为过万名妈妈提供月子护理服务。远洋资本于 2017 年 12 月对其进行投资以支持其在母婴护理领域的发展。这一投资体现了远洋资本在社会责任方面的承诺，关注社会福祉，并努力提升人们的生活质量。另一方面，负责任的投资者也会试图影响被投资公司，使其加强 ESG 实践，从而给社会带来更多积极效益，这种行为被学术界称为股东 ESG 积极主义。股东 ESG 积极主义的表现形式有很多，一些股东通过参与公司股东大会，就公司的 ESG 政策和实践提出问题与建议；在公司股东大会上，股东可以投票来支持那些符合 ESG 原则的议案；当公司违反 ESG 原则或未充分履行社会责任时，股东可能会发起或支持相关的诉讼。例如，在股东的推动下，苹果公司逐渐采用了更加环保的材料和生产工艺，并加强了对供应链的监管，确保供应商遵守环境和社会责任标准；壳牌石油公司制定了更加严格的碳排放目标，并增加了对可再生能源和低碳技术的投资。同时，公司还加强了与政府和其他利益相关者的合作，共同推动能源行业的转型。

近年来，随着 ESG 理念的兴起，股东 ESG 积极主义在中国发展迅速。例如，宝钢股份的股东在钢铁制造过程中采取更加环保和可持续的生产方式，加大对环保技术的研发和应用力度，以提高能源利用效率，减少污染物排放，并注重与社区和公众的沟通与合作，积极履行社会责任；作为家电行业的领军企业，格力电器在股东的倡导下，积极开展 ESG 实践，致力于节能减排，推广高效节能产品，减少能源消耗和环境污染，同时关注员工福利和供应链可持续性，努力构建和谐的劳动关系和供应链合作关系；在金融领域，招商银行积极响应股东的 ESG 要求，将可持续发展理念融入业务运营，注重环境保护，推动绿色金融产品和服务创新，支持可再生能源和环保项目，同时关注社会责任，支持公益事业，推动普惠金融发展。

（三）中国股东积极主义的政策

为进一步保护中小股东权益、发挥机构投资者"压舱石"作用、完善上市公司治理结构，中国监管部门出台了一系列相应的政策和措施，以促进股东对上市公司事务的积极参与。这些措施在一定程度上直接或间接地刺激了中国股东积极主义的发展。

2000 年，为规范上市公司行为，保证上市公司股东大会能够依法行使职权，中国证券监督管理委员会发布了《上市公司股东大会规范意见》。这项意见首次明确规定了中国股东提案制度。2005 年修订的《中华人民共和国公司法》第一百零三条第二款进一步对中国股东提案制度进行了明确规定，且相关条例沿用至今。

2004 年，上海证券交易所、深圳证券交易所相继发布"上市公司股东大会网络投票实施细则"，其中明确规定上市公司召开股东大会，除现场会议投票外，鼓励其向股东提供股东大会网络投票服务，股东大会股权登记日登记在册的所有股东，均有权通过网络投票系统行使表决权。此项制度，为股东，特别是中小股东，提供了更加便捷的参与途径。即便无法亲临现场，股东也能对公司的重大事项进行投票表决，从而极大地提高了股东参与度，为中国股东积极主义的兴起奠定了基础。

深圳证券交易所、上海证券交易分别推出名为"互动易"和"e 互动"的投资者与上市公司直接沟通平台，它们的主要功能包括互动问答（投资者可以向上市公司提问，方便投资者了解公司的经营状况、发展战略等）、股东大会（提供股东大会的通知、议程、投票等信息，方便投资者参与公司决策）、公司资讯（提供上市公司的公告、财报、重大事项等信息，帮助投资者及时了解公司动态）等，这些功能使投资者与上市公司直接沟通平台成为投资者与上市公司之间沟通的重要桥梁，有助于提高投资者对上市公司的了解和参与度。

2014 年，中国证券监督管理委员会修订了《上市公司章程指引》，规定了中小投资者的参与权、知情权等。2017 年，《国务院办公厅关于进一步完善国有企业法人治理结构的指导意见》印发，要求"国有独资、全资公司全面建立外部董事占多数的董事会"。2017 年，国家发展和改革委员会、商务部、人民银行、外交部联合印发《关于进一步引导和规范境外投资方向的指导意见》的通知，强调"加强对境外投资的宏观指导，进一步引导和规范境外投资方向，推动境外投资持续合理有序健康发展，有效防范各类风险"。

2018 年，中国证券监督管理委员会修订了《上市公司治理准则》，第七十八条要求："鼓励社会保障基金、企业年金、保险资金、公募基金的管理机构和国家金融监督管理机构依法监管的其他投资主体等机构投资者，通过依法行使表决权、质询权、建议权等相关股东权利，合理参与公司治理"。机构投资者依照法律规定和公司章程，通过参与重大事项决策，推荐董事、监事人选，监督董事、监事履职情况等途径，在上市公司治理中发挥积极作用。

2020 年 3 月，于 2019 年修订的最新版《中华人民共和国证券法》（以下简称新《证券法》）正式施行，其第九十条规定，"上市公司董事会、独立董事、持有百分之一以上有表决权股份的股东或者依照法律、行政法规或者国务院证券监督管理机构的规定设立的投资者保护机构（以下简称投资者保护机构），可以作为征集人，自行或者委托证券公司、证券服务机构，公开请求上市公司股东委托其代为出席股东大会，并代为行使提案权、表决权等股东权利"。持股数量达到要求的机构股东或保荐机构在征集投票权时，可在征集公告中明确表明自己对某一表决事项的表决意见，并明示被征集人应当与自己的表决意见一致。此类操作可最大限度汇集志同道合中小股东的力量，发挥最大表决效果，积极维护自身权益。

2021 年，中国证券监督管理委员会通过发布《公开征集上市公司股东权利管理暂行规定》鼓励中小股东参与上市公司治理。该规定出台旨在保障新《证券法》顺利实施，进一步规范公开征集上市公司股东权利的相关活动。公开征集上市公司股东权利，是指符合条件的主体，公开向不特定的股东发出委托请求，代为行使股东权利的行为。中国证券监督管理委员会认为，该机制的建立与运作，将有助于降低中小股东参与公司治理的成本，激发中小股东行使股东权利的积极性，从而充分发挥股东大会机能，保障中小股东合法权益。

2022 年，中国证券监督管理委员会发布《关于加快推进公募基金行业高质量发展的意见》，明确提出，"推动公募基金等专业机构投资者积极参与上市公司治理，既要'用脚投票'，更要'用手投票'，助力上市公司高质量发展"。

2023 年，国务院国有资产监督管理委员会印发的《国有企业参股管理暂行办法》第十条明确要求，"通过投资协议或参股企业章程、议事规则等制度文件，依法合规、科学合理约定各方股东权利义务，并结合实际明确分红权、人员委派、高级管理人员薪酬激励、审计监督、信息披露、安全生产、特定事项否决权及股权退出等重点事项，避免对参股股权管理失控"。

以上这些政策的出台，为股东参与公司治理提供了制度保障，也促进了中国公司治理的现代化和国际化进程。从全球范围来看，股东行使提案权是最重要的积极主义形式，中国关于股东提案权的规定最早见于 2000 年中国证券监督管理委员会发布的《上市公司股东大会规范意见》：年度股东大会，单独持有或者合并持有公司有表决权总数百分之五以上的股东或者监事会可以提出临时提案。第一大股东提出新的分配提案时，应当在年度股东大会召开的前十天提交董事会并由董事会公告，不足十天的，第一大股东不得在本次年度股东大会提出新的分配提案。除此以外的提案，提案人可以提前将提案递交董事会并由董事会公告，也可以直接在年度股东大会上提出。2005 年修订的《中华人民共和国公司法》正式确认了股东提案制度，其中规定：单独或者合计持有公司百分之三以上股份的股东，可以在股东大会召开十日前提出临时提案并书面提交董事会；董事会应当在收到提案后二日内通知其他股东，并将该临时提案提交股东大会审议。临时提案的内容应当属于股东大会职权范围，并有明确议题和具体决议事项。2018 年修正的和2023 年修订的《中华人民共和国公司法》均未对该项内容进行修改。

二、股东积极主义的内涵与文献回顾

积极主义被定义为"强调直接有力行动的学说或实践，指支持或反对有争议问题的一方"。股东积极主义是积极主义的主要形式之一，股东通过影响管理层来干预并改变公司的战略和绩效。英国、美国等发达资本主义国家在股东积极主义的研究领域起步较早，且相关研究成果颇为丰硕，不仅深入探讨了股东积极主义的理论基础，还通过丰富的实证研究，揭示了其在公司和产业层面的重要作用和实践效果。这些研究成果为股东积极主义在全球范围内的推广和应用提供了有力的理论支持与实践指导。相比之下，国内对股东积极主义的研究起步较晚，且主要借鉴国外学者的理论和观点。但近年来，随着公司治理结构的不断完善和资本市场的快速发展，相关研究也逐渐增多。

（一）股东积极主义概念界定

纵观文献，国内外学术界对股东积极主义的概念并没有进行统一的界定。Chuah 等（2024）认为股东积极主义是指股东参与公司并影响其实践、政策和优先事项的行动。这些行动包括从对公司管理人员和董事表达不满到提出广泛的明确要求，如在公司董事会中任命积极分子提名的董事、更换管理层、修改治理章程及解决 ESG 问题。DesJardine 等（2022）认为股东积极主义表现为股东采取具有明确意图的行动来影响目标公司的管理层。为了实现他们的目标，积极股东可以采取一系列策略，包括股东提案、"投反对票"运动、召开特别股东大会以及与管理层私下会面。除了这些直接干预措施，积极股东还可以通过收购公司的股票向公司发出强有力的信息。Flammer 等（2021）认为为缓解投资者需求与公司供给之间的差距，投资者可以通过股东积极主义施加压力，要求管理层采取行动，如重新评估组织实践和信息披露。Shi 等（2020）认为股东积极主义是投资者利用权力影响特定投资组合公司的流程或结果，或通过象征性地针对一个或多个投资组合公司，在多个公司之间引发流程或结果的大规模变化。Hadani 等（2011）认为当股东购买或保留股票而不是出售股票，并试图促使过程或结果变化时，股东或投资者积极主义现象便会显现。股东积极主义的常见手段是股东发起决议或提案。

张倩倩等（2023）认为"呼吁"是投资者积极主义的体现，本质在于投资者通过各种手段将自身的需求传达给公司以维护自身权益。赵杨和吕文栋（2022）认为股东积极主义是股东采取的一系列影响管理层及董事会的行动，其目的是改善公司的财务绩效或社会绩效。曾爱民等（2021）认为股东为维护自身利益有动机通过各种手段（如股东大会投票等方式）积极参与公司治理，即为股东积极主义。辛宇等（2020）认为股东积极主义是指股东利用其享有的权利参与公司经营管理，进而影响企业管理层、董事会和其他投资者的利益。张峰和杨建君（2016）认为股东积极主义是投资者对企业管理和运营结果不满时，通过积极参与和影响试图改变企业现状以满足自己长远收益。

总的来说，从国内外学者对股东积极主义定义中可以看出，其具有以下几个明显特点：第一，股东积极主义的发起人为股东，即股份制公司的出资人或投资人，对上市公司依法享有资产收益、参与重大决策和选择管理者等权利；第二，股东积极主义一般针对表现较差的企业，如经营不善、业绩不佳或在社会责任方面欠缺的企业；第三，股东旨在向管理层和董事会施加压力来实现他们的目标；第四，股东施压或表达不满的方式多样，如提交股东提案、与管理层进行私下协商或谈判、策划媒体活动、撤资威胁、代理权争夺等；第五，股东积极主义的终极目标是改善公司治理结构和财务表现，从而提升股票价值，或改善企业在环境、社会方面的表现从而给整个社会带来更多的益处。

（二）股东积极主义机理

积极股东对目标公司施加影响的方式多种多样，包括公开呼吁和舆论压力、行使股东权利、私下协商和沟通以及联合其他股东和利益相关者等。基于重要性及数据可得性等方面的考虑，国内外学者主要探究了五种积极主义方式：提交股东提案、与管理层进行私下协商或谈判、策划媒体活动、撤资威胁、代理权争夺。

1. 提交股东提案

提交股东提案是法律赋予股东的一项关键权利——允许股东向年度股东大会提出供大会审议或表决的议题或议案。股东提案权的行使需要遵循一定的流程（该流程有时也称为代理过程）。不同国家及地区对该流程的规定存在较大差异，以中国为例：符合提案条件的股东，应在股东大会召开十日前以书面方式将提案提交董事会，董事会应当在收到提案后二日内将提案通知其他股东。董事会对股东提案进行审核，对于符合股东提案条件的，应当提交股东大会讨论；对于不符合要求的，不提交股东大会讨论。提出提案的股东对董事会不将其提案列入股东大会会议议程的决定持有异议的，可以按照规定程序要求召集临时股东会。如果董事会拒绝将提案列入股东大会的会议议程，提案股东可以向法院提起诉讼请求宣告股东大会决议无效。

股东提案权为股东创造了一种正式的"发声"机制，使股东（尤其是中小股东）有机会表达对公司事务的意见和建议。由于不同股东的利益和诉求不同，股东提案涉及的内容十分广泛，包括公司治理（如董事会组成、独立董事制度等）、管理层薪酬（如工资、奖金、福利等）、财务政策（如利润分配、资本支出等）、战略规划（如公司的发展方向、业务拓展等）、风险管理（如识别、评估和应对各类风险的措施）、社会责任（如环保、公益等方面的履行情况）、信息披露（如要求提高信息披露的质量和透明度）以及公司合并、分立等方面。近年来，股东提案内容呈现一系列明显的演变趋势，如从单一议题到多元化议题、从关注短期利益到重视长期价值、从对抗性到合作性以及越来越强调社会责任和可持续发展。以往关于社会和环境问题的股东提案主要由少数股东和宗教团体提出，其投资决策并不仅仅基于财务回报。然而，由于拥有股权的非政府组织和工会逐渐增多，以及越来越多的机构投资者认为撤资不再是具有吸引力的选择，这种类型的股东提案数量急剧增长。尤其是近年来，随着可持续发展理念深入人心，关于 ESG 方面的股东提案数量呈现爆发式增长，许多股东试图通过这种正式的代理投票程序来推动公司的 ESG 变革，进而为整个社会创造更积极的价值。

英国、美国等发达资本主义国家拥有记录股东提案详情的专业数据库。例如，ISS 数据库不仅汇编了自 1997 年以来提交给标准普尔 1500 指数公司的股东提案信息，还进一步区分了股东关于治理和关于社会责任投资主题的提案。对于每个提案，该数据库提供提案的描述、年度会议的日期、提案的发起人、提案要求等。众多实证文献探究了股东提案内容、语调、发起人类型等对公司实践和策略的影响。例如，Back 和 Colombo（2022）基于信号理论考察了股东提案语调与 CEO 未来关注的关系，他们发现，当股东提案以分析性和强有力的语气撰写（包含更多的副词和动词），并通过强调消极性来触发 CEO 的认知时，其对 CEO 未来关注的影响会更强。Flammer 等（2021）研究发现关于气候问题的股东提案整体上能够增加公司对气候变化风险的自愿披露。当相关提案由机构投资者提出时，上述关系会更加显著，尤其是在长期机构投资者提交提案的情况下更是如此。不同于发达国家，中国缺乏相关的数据库，关于股东提案的实证文献几乎没有。

2. 与管理层进行私下协商或谈判

与目标公司管理层及董事会成员进行私下的沟通和协商，也是积极股东所能够采取的一种至关重要的"发声"策略。这种对于拥有较高权利和合法性的机构投资者而言尤为适用，因其更易获得与公司管理层接触的机会。此外，这些机构股东往往倾向于避免其积极主义行为引发公众关注，以免对其投资的公司造成不必要的负面影响。早在 1970 年，学者赫尔希曼（Hirschman）便深刻指出，机构投资者对投资组合公司不满时，其应对策略之一便是主动与管理层接触，以寻求实现公司治理的变革。这种积极主动的沟通方式，Hirschman 称之为"发声"或"直接干预"，旨在通过与管理层的直接对话，推动公司朝着更为积极、健康的方向发展。Rehbein 等（2013）指出，"对话"作为一种沟通方式，为公司与积极股东提供了就共同原则与行动方式达成协议的宝贵机会。这种互动过程发生在公众视野之外，与那些产生可观察结果的正式解决过程形成了鲜明对比。然而，由于相关数据的匮乏，以往的实证文献对"对话"的影响鲜有深入探讨。这导致相关研究结果可能低估了寻求影响公司行为的股东积极分子的相关性和重要性，进而得出了股东积极主义对公司行为影响甚微或甚至无影响的结论。McCahery 等（2016）指出，我们对机构投资者如何与投资组合公司进行互动了解仍显不足，这主要是因为大量的互动是在"幕后"进行的。除非机构公开表示对某家公司的活动或管理持赞成或反对意见，否则他们的偏好和与投资组合公司的私人合作往往难以被外界所察觉。他们通过调查 143 名长期机构投资者发现，与目标公司进行"幕后"交流十分重要。63% 的受访者表示，他们在五年中曾与管理层进行过直接讨论；同时，45% 的受访者则透露，他们曾与公司董事会进行过私人讨论。此外，他们还发现，长期机构投资者在私下交流的力度上会显著大于短期机构投资者，那些选择进行私下交流的机构投资者往往更加关注公司的治理或战略层面问题，而非短期收益。Cundill 等（2018）提到尽管此类对话往往以私密形式进行，但股东亦有可能通过撰写文章、发布新闻简报、在各类会议上发言或参与行业倡议等方式，为对话增加紧迫感，进而强化其影响力。

3. 策划媒体活动

积极股东可以通过策划媒体活动对管理层施加压力，并潜在地影响其他利益相关者的立场。Kallis 和 Corbet（2024）则以美国上市公司为研究对象，深入探究了关于股东积极主义的新闻文章（从正式提案到投资者关切的非正式表达）对股市回报和波动性的影响。他们的研究结果表明，在媒体报道期间，样本中约有四分之一的公司经历了显著的股市波动。这种影响在市值较高、财务指标稳健但 ESG 得分较低、杠杆率为负的公司中尤为明显。

4. 撤资威胁

在很多情况下，直接撤资往往并非切实有效的策略。这是因为撤资通常需要依托流动性充足的股票市场，以确保较低的退出成本。然而，并非所有的公司或市场都具备这样的条件。特别是对大型机构投资者而言，他们可能难以在不显著影响股价和自身投资回报的情况下出售所持股票。因此，当股东对公司表现感到不满时，他们可能并不会选择真正出售其在该公司的全部或部分股权，而是采取一种威胁的策略性手段，即通过"威胁出售他们的股份并压低目标公司股价"来影响管理层的决策。这种形式的监督与"幕后"谈判或"游说"活动相契合，被视为一种成本相对更高的监督机制（如股东提案）的替代方案。在影响管理决策方面，这种方式似乎既常见又频繁成功。Dou 等（2018）研究发现，随着大股东退出威胁的增加，企业财务报告的质量也在不断提高。Hope 等（2017）利用中国股权分置改革的数据，研究揭示了外部大股东退出威胁的增加能够显著提高公司绩效。然而，值得注意的是，当企业过分关注控制权的私有收益时，退出威胁的治理效应会失效。这一结果表明，如果管理者因潜在私人利益所受到的诱惑，超过了股东退出导致的股价下跌带来的损失，那么退出威胁作为一种治理手段将失去其应有的效力。

5. 代理权争夺

代理权争夺是指公司内部不同股东群体围绕股东委托表决权展开的激烈竞争，旨在获取对董事会的控制权，进而实现更换管理者或调整公司战略的目标。龙勇光和张根明（2001）指出，这种股东积极主义行为往往是股东与管理层双方矛盾激化的产物。当股东对公司管理现状或发展战略感到不满时，他们可能会提出解决方案并与管理者进行协商。然而，由于双方分歧过大，难以达成共识，积极股东便会转而寻求其他股东的支持，以通过代理权争夺来争取更大的话语权。然而，代理权争夺所需成本往往较为昂贵，特别是当目标公司的治理结构较为复杂时所需的成本会更高。这主要是因为代理权争夺涉及大量的股东动员、信息披露和法律诉讼等活动，这些都需要投入大量的时间和资源。在代理权争夺之后，不仅目标公司的董事数量会显著下降，而且在其他非目标公司中，董事的职位也面临着更大的不确定性，这表明代理权争夺对于公司内部的权力结构和人事安排具有深远的影响。

（三）股东积极主义类型

基于国内外学者的研究文献，股东积极主义在学术界通常依据其发起主体及动机进行分类。从发起主体的角度出发，股东积极主义主要划分为三大类别：少数股东积极主义、机构投资者 ESG 积极主义以及公司股东积极主义。少数股东积极主义强调少数股东通过行使自身权益，影响公司决策，以达到改善公司治理或提升公司价值的目的；机构投资者 ESG 积极主义则侧重于大型机构投资者利用其资本优势和影响力，积极参与公司治理，以维护自身利益和推动资本市场健康发展；公司股东积极主义则体现在公司作为股东，通过积极参与其他公司的治理活动，实现战略协同或资源互补。

而从动机角度来看，股东积极主义又划分为财务导向股东积极主义和社会导向股东积极主义。财务导向股东积极主义主要关注股东的经济利益，通过改善公司治理结构、提高经营效率等手段，实现公司价值的最大化；社会导向股东积极主义则强调股东在追求经济利益的同时，还应关注公司的社会责任和可持续发展，通过积极参与公司治理，推动公司在经济、环境和社会等方面实现均衡发展。

1. 根据发起主体分类

1）机构投资者 ESG 积极主义

机构投资者 ESG 积极主义是英国、美国等许多发达经济体最主要的股东积极主义形式。机构投资者以股东身份介入公司治理，选择"用手投票"，向公司管理层和董事会施加压力或提供援助，促使上市公司完善治理结构。许多文献将机构投资者 ESG 积极主义进一步细分为养老基金积极主义、工会基金积极主义、共同基金积极主义、对冲基金积极主义。

养老基金积极主义：养老基金是一种为退休人员提供经济保障的投资基金，旨在帮助他们在退休后维持生活水平。养老基金积极主义是指养老基金管理人积极参与公司治理、投资决策以及社会责任活动，旨在保护养老基金持有者的权益，实现养老基金的长期稳健增值，并推动社会经济的可持续发展。美国大量的养老基金投资于股票、债券、货币市场、房地产等领域，目前已成为美国资本市场上的三大主要机构投资者之一。

工会基金积极主义：工会基金指工会组织为维护会员权益和提供福利而设立的一种资金池，其主要目的是通过会员的缴费和其他合法收入，为会员提供一系列的福利和服务，以改善会员的工作和生活条件。工会基金可用于投资和运营，以获取收益，进一步用于提高会员待遇和福利。工会基金积极主义是指工会利用其管理的基金积极参与公司治理、投资策略以及社会倡议等活动，旨在维护工人权益、推动企业发展以及实现社会公平。

共同基金积极主义：共同基金也称为公募基金，是一种由集合多方投资者的资金，交由专业人员进行投资，以获取收益并向投资者分配收益的开放式投资基金。共同基金积极主义是指共同基金的管理人或投资者积极参与所投资公司的治理活动，通过行使股东权利，对公司的战略、经营和决策施加影响，以维护基金持有人的利益并追求更好的投资回报。

对冲基金积极主义：对冲基金也称为避险基金或套期保值基金，是一种采用对冲交易手段的基金。这种基金主要通过金融期货、金融期权等金融衍生工具与金融组织结合，以营利为目的进行投资。对冲基金积极主义目前已成为英美等许多发达资本主义国家最主要的积极主义形式。Brav 等（2010）认为对冲基金积极主义在许多方面区别于其他机构投资者 ESG 积极主义。首先，对冲基金经理有更强的盈利动机。对冲基金通常在固定管理费的基础上，收取超额收益的很大一部分（如 20%）作为绩效费。此外，对冲基金经理从他们的个人财富中拿出大量资金投资于他们自己的基金。薪酬结构中这种追求高投资回报的强烈动机，与共同基金或养老基金经理形成鲜明对比，后者通常不允许经理获得（超额）回报的很大一部分。其次，对冲基金受到的监管较少，因为它们并不广泛面向公众，而仅面向机构客户和有限数量的富人。因此，对冲基金不受严格的信托标准（如雇员退休收入保障法所体现的那些标准）的约束，这反过来又使它们在干预被投资公司方面具有更大的灵活性。例如，由于法律没有要求对冲基金像其他一些机构投资者那样保持多样化的投资组合，它们可以更容易地在目标公司中获得大量和集中的股份。此外，他们可以使用衍生证券或保证金交易来对冲或利用特定资本杠杆化他们的股份。再次，对冲基金面临的利益冲突比其他一些机构投资者少，如共同基金和养老基金（通常与被投资公司有其他业务关系，或者有非金融议程和目标），对冲基金经理很少面临这种冲突。最后，对冲基金通常有限制被投资者提取本金的锁定期条款。考虑到对冲基金积极分子投资目标公司的平均时间超过一年来实现他们的战略，这一特点为基金经理提供了更大的灵活性，以专注于中长期积极分子的目标。

2）少数股东积极主义

少数股东积极主义指持有公司少量投票权的股东（即中小股东）通过积极的方式参与公司治理，以改善公司的管理水平，实现公司的营业目标。中小股东主要包括个人投资者和持股较少的机构投资者，由于他们持有的公司股权数量较少、结构分散，很难取得公司的控制权，在公司的重要决策表决时，难以起到有效的影响。此外，少数股东对上市公司的监督治理行为具有公共产品属性，其他股东可以以极低的成本甚至无成本地取得这种监督治理所产生的收益，这种"搭便车"行为会挫伤少数股东实施监督的积极性。少数股东具有较短的投资视野，经常"用脚投票"。因此，以往的大多数研究主要关注大型机构投资者发起的股东积极主义运动，少数股东积极主义鲜少引起学术界关注。然而，随着各个国家和地区不断完善相关法律和公司治理机制，为中小股东提供更多的参与机会和渠道，中小股东在推动更健康的公司治理体系以加强对其权利保护方面所发挥的重要作用越来越不容忽视。尤其是在中国和马来西亚等个人股东在资本市场占据重要地位的新兴经济体中，少数股东积极主义受到越来越广泛的关注。

3）公司股东积极主义

公司股东积极主义是一种新型的股东主义形式，因此其相关研究远远少于其他类型的股东积极主义。公司股东积极主义通常出现在非金融公司收购其他公司股份并试图改变目标公司经营管理的情况下。Allen 和 Phillips（2000）发现，公司股东积极分子主要利用积极主义策略来增加和改善自身企业的长期销售与活力。这种战略可能涉及建立研究或产品能力，开发新的管理实践，或改变目标公司内的产品市场决策。DesJardine 等（2022）认为公司股东通常持有期更长，战略目标更广泛，因此公司股东积极分子应该支持更大、更结构性的变化，这些变化可以改变目标公司的业务和行业地位，而不是寻求股东短期回报最大化。他们基于 2004 年至 2017 年美国资本市场的数据研究发现，公司股东积极分子赋予目标公司新的资源和自由，增加了它们扩大和复杂战略行动的灵活性。

2. 根据动机分类

早期众多股东积极主义受到财务目标激励，寻求改善目标公司的不良业绩或治理结构，以释放股东价值并实现其投资的正回报。广泛的实证研究表明，财务导向股东积极主义往往通过约束公司经理和降低代理成本来提高公司的股票价值和经营绩效。然而，这种积极主义也可能导致对环境和社会方面的潜在不利影响，因为它强调与股东利益相关的问题。近几十年来，以社会为导向的股东积极主义逐渐获得公众关注，其目的是增强企业公民意识，解决全球化世界中复杂的环境和社会挑战。在这方面，机构投资者已经成为倡导 ESG 价值观和推动被投资公司接受可持续商业实践的重要力量。他们试图将 ESG 因素整合到决策过程中，通过影响管理层为更广泛的利益相关者创造价值。

1）财务导向股东积极主义

许多实证文献表明 FOSA 对公司财务绩效、资本结构、公司价值、投资效率和管理效率等具有明显影响。Lin 和 Fu（2017）以 2004 年至 2014 年中国上市公司为样本，研究了机构投资者 ESG 积极主义对公司绩效的影响。结果表明，机构所有权的存在对公司绩效有积极影响。然而，并不是所有的机构投资者都是积极的监督者并致力于改善公司业绩。压力不敏感的外资大机构股东比压力敏感的国内小机构股东对公司绩效的积极影响更大。Cao 等（2022）的研究结果表明，机构持股总体上提高了企业投资效率。然而，在考虑了机构所有权的独立性后，发现只有抗压力的机构所有权才能通过缓解过度投资和投资不足来提高企业的投资效率。

2）社会导向股东积极主义

SOSA 通常与公司环境和社会友好的公司决策和行动联系在一起，但影响方向呈现不一致。Flammer 等（2021）发现机构投资者 ESG 积极主义能够显著促进目标公司气候变化风险的自愿披露。Rastad 和 Dobson（2022）考察了股东积极主义作为一种改善公司董事会性别多样性的变革机制的有效性，结论为股东既利用内部压力（通过私下谈判），也利用外部压力（提交股东提案）来对目标公司施加压力，且董事会性别多样性的改善对私人谈判的反应比对股东提案的反应更大。Shi 等（2020）考察了机构投资者 ESG 积极主义是否会通过增加工作场所的伤害和疾病对员工的健康和安全产生不利影响，并且进一步探究了机构投资者 ESG 积极主义对员工健康和安全的影响是否取决于积极股东与目标公司董事会的政治意识形态，揭露了机构投资者 ESG 积极主义对目标公司的工伤和疾病产生的不利影响，并且这种影响在非自由派股东积极主义者和非自由派董事会主导的公司中更为显著。

三、股东积极主义、企业 ESG 表现与 ESG 制度建设

（一）股东积极主义与企业 ESG 表现

随着人类对全球可持续发展问题重要性与挑战认识的不断提高，股东团体越来越多地超越投资、不投资还是撤资的有关经济方面的决定，在年度股东大会上就公司特定的 CSR 履行与环境实践提出问题或参与投票。近年来，关于股东对企业社会和环境责任的积极主义的研究越来越多，社会积极主义流派更多探讨股东积极主义对更广泛的企业成果和利益相关者问题的影响，包括公司的企业社会绩效（David et al.，2007）、政治活动（Brownen-Trinh and Orujov，2023）和环境影响等，并形成了一系列研究成果。

股东大会上的 CSR 提案被视为投资者对 CSR 问题日益关注的信号。作为变革的催化剂，SOSA 正在推动企业朝着更负责任的管理方向发展。股东对 CSR 的提案日益受到欢迎和关注。Michelon 和 Rodrigue（2015）通过对 1996 年至 2009 年美国企业提交的 CSR 提案开展纵向研究，详细描述了股东对 CSR 的要求，包括股东如何主要围绕治理和环境问题与公司互动，要求公司提高透明度，以及改善行动或业务决策；发现了 CSR 绩效、盈利能力和规模水平在 CSR 领域和公司预期成果方面吸引了不同类型的要求；确定了股东关注的 CSR 领域以及提案旨在刺激公司的预期效果，最终加深了学术界对股东关注和 CSR 改进要求的理解。较多文献研究得出大股东，如机构投资者发起的社会积极主义能够有效推动企业社会绩效提升。比如，Chen 等（2020）运用两个截然不同的准自然实验来考察机构投资者 ESG 积极主义对公司社会责任的影响。首先，研究发现罗素指数重构导致的机构投资者持股比例的外生增长提高了投资组合企业的 CSR 表现。其次，研究发现，当股东因外生冲击而分心时，企业的 CSR 评级会降低。此外，机构投资者所有权在财务上重要的 CSR 类别中的影响更为显著。机构投资者通过提出与 CSR 相关的提案来影响 CSR，从而能够产生真正的社会影响。同时，越来越多的新兴文献开始研究中小股东是否也能积极影响 CSR 决策以保护自己的利益。此外，新环保法实施后，污染行业的散户投资者积极主义对 CSR 的影响减弱，这意味着散户投资者积极主义通过监督机制改善了 CSR，特别是在法律制度不完善的情况下。其研究结果表明，散户投资者积极主义可以影响企业决策并产生社会效益。然而，也有学者得出了相反的结论。David 等（2007）研究了股东提案积极主义、管理层回应以及企业社会绩效之间的关系，发现股东提案积极主义会降低企业社会绩效。他们推断，股东提案积极主义不是迫使企业提高社会绩效，而是将用于社会绩效的资源转移到政治活动中，以便管理层借此抵制外部压力并保留其自由裁量权。该研究还发现，管理层更有可能与"大"股东（即具有权力、合法性和紧迫性的股东）提出的提案达成和解。然而，与"大"股东达成和解也会降低企业社会绩效，这表明管理层的回应是象征性的，即他们与"大"股东达成和解以表明自身符合规定，但他们仍继续抵制可能削弱其自由裁量权的核心政策的实质性改革。

企业日益受到社会导向股东积极分子的关注，这些积极分子试图影响企业在各种问题上的政策制定。虽然现有文献承认企业可以抵御此类外部压力，但对于他们为何要这

么做还了解有限。借鉴企业政治活动和社会积极主义学术著作，Hadani 等（2019）假设政治活跃型企业更有可能抵制此类压力，而不太可能与社会活动人士合作，因为企业政治活动可以作为一种缓冲和类似保险的机制，使企业更倾向于抵制此类积极主义压力。其研究专注于以社会为导向的代理权争夺的解决阶段，发现对于标准普尔 500 指数的企业而言，政治活跃型企业更有可能挑战以社会为导向的股东提案，而不太可能与其政治活动较少的同行达成与社会活动人士的协议。这一发现有助于增进对社会股东积极主义和企业政治活动方面的理解。Brownen-Trinh 和 Orujov（2023）调查了散户投资者对公司参与企业社会政治活动的反应。通过人工收集企业支持"黑人的命也是命"（Black Lives Matter，BLM）运动的证据，结果发现，公开发声支持 BLM 运动能够吸引散户投资者的关注。然而，只有在公开发声的同时，在当天向土地管理局与 BLM 相关的事业进行货币捐赠时，才会影响他们的投资决策。在拥有黑人董事的公司和总部位于民主党倾向州的公司中，这一效应尤为明显，而公司的价值并没有因此提升。研究结果表明，散户投资者对参与企业社会政治活动的公司的偏好可能受到道德情感的引导。

环境保护的重要性和紧迫性已经引起学术界和公众的关注。除了对企业社会、政治方面的影响，股东开始更加重视其投资组合中公司的环境绩效和可持续性，对改善企业环境实践产生强烈的诉求，并在企业环境污染治理、环境信息披露及绿色创新等方面发挥影响力。首先，股东向企业管理层施加更多压力，要求他们披露和管理所在企业对气候变化风险的敞口。Flammer 等（2021）发现，环境股东积极主义增加了企业对气候变化风险的自愿披露，当积极主义由机构投资者尤其是长期机构投资者发起时，效果更强烈。研究还发现，受到环境股东积极主义的影响后，自愿披露气候变化风险的公司获得了更高的公司估值，这表明投资者十分重视公司面临气候变化风险的透明度。其次，基于中国上市公司必须在年度股东大会中实施网络投票的强制性要求，Yao 等（2023）研究了少数股东是否以及如何影响企业环境绩效。通过双重差分法，研究发现实施网络投票促进了少数股东参与股东大会，进而提升了上市公司的环境绩效。"当地污染"问题和"上市公司环境风险意识的提升"是少数股东关注上市公司环境绩效的主要动机。机制检验表明，少数股东通过影响具有更大议价能力的群体来改善上市公司的环境绩效。此外，另有一些研究已经表明股东积极主义能够显著促进企业绿色创新实践。Jin 等（2024）提出机构投资者 ESG 积极主义通过注意力分配和整合这两种注意力机制影响企业绿色创新。他们基于对 2007 年至 2021 年 2726 家中国上市公司的数据集的研究发现，机构投资者的 ESG 积极主义增强了企业的绿色创新，而媒体报道则加强了这种正向联系，媒体报道的积极调节作用在数字化企业中比在非数字化企业中更具影响力。然而，产业链的关联性削弱了 ESG 积极主义对绿色创新的正向影响，但这种削弱作用在数字化企业中得到了缓解。这些发现为企业提供了新的启示，因为它们通过股东积极主义解决代理冲突，并推进数字时代的绿色创新。Wu 等（2024a）通过扩展非家族企业和具有不同代际背景的家族企业的参考点理论，发现与非家族企业相比，机构投资者 ESG 积极主义更有可能刺激家族企业推动探索性绿色创新，并且这种联系在第二代家族企业中比在第一代家族企业中更强。家族参与和财务冗余都可以增强机构投资者 ESG 积极主义对第二代家族企业的探索性绿色创新的积极影响。Li 等（2023）讨论了中小投资者 ESG 积极主义推动企业绿色创新的实践作用，发现中小股东的线上绿色关注能够显著推动企业开展绿色创新。机制检验表明，绿色关注通过增加媒体关注和减轻融资约束来促进企业的绿色创新，并且这种积极影响在竞争激烈、内部控制有效以及公众参与度高的企业中更为显著。

（二）企业绿色转型视域下中国 ESG 制度建设

相较于英国、美国等发达资本主义国家，中国 ESG 制度建设起步较晚，但其发展整体呈现出积极向上的趋势。当前，中国经济社会进入了高质量发展阶段，过去"高增长、高消耗"的发展模式已不再适应现阶段的要求，可持续发展成为各个领域及相关行业企业的必然选择。在中国，ESG 日益成为推动经济高质量发展的重要力量。党的十八大报告提出，"要把资源消耗、环境损害、生态效益纳入经济社会发展评价体系，建立体现生态文明要求的目标体系、考核办法、奖惩机制"[1]。国家"十四五"规划提出，"协同推进经济高质量发展""加快发展方式绿色转型"，为构建中国特色 ESG 体系明确了指导方针。目前，中国 ESG 制度建设在政策引导、信息披露要求、评价体系和标准、投资引导、国际合作与对标五个方面取得显著成效。

1）政策引导

中国政府出台了一系列政策来引导 ESG 建设，包括绿色金融、环境保护、社会责任、公司治理、税收优惠和补贴、人才培养等多个方面。2020 年 9 月，国家主席习近平在第七十五届联合国大会一般性辩论上表示，"中国将提高国家自主贡献力度，采取更加有力的政策和措施"[2]。2021 年 2 月，《碳排放权交易管理办法（试行）》正式施行，标志着全国碳市场的建设和发展进入新阶段。2021 年 10 月，《中共中央 国务院关于完整准确全面贯彻新发展理念做好碳达峰碳中和工作的意见》发布。

2）信息披露要求

总体而言，中国还未形成一个相对完善的 ESG 信息披露体系。监管部门通过出台一系列政策和措施逐步加强对企业 ESG 信息披露的要求，增强市场透明度，便于投资者和社会公众了解企业的 ESG 表现。例如，2016 年中国人民银行、财政部与国家发展和改革委员会等部门联合印发了《关于构建绿色金融体系的指导意见》，其中明确提出要"逐步建立和完善上市公司和发债企业强制性环境信息披露制度""加大对伪造环境信息的上市公司和发债企业的惩罚力度"。2019 年 12 月，香港交易及结算所有限公司全资附属公司香港联合交易所有限公司官网发布《ESG 报告指引》，将披露建议全面调整为"不披露就解释"，持续提升对在港上市公司的 ESG 信息披露要求。2020 年 12 月，《上海证券交易所科创板股票上市规则》规定，上市公司应当在年度报告中披露履行社会责任的情况，并视情况编制和披露社会责任报告、可持续发展报告、环境责任报告。2021 年

---

[1] 《胡锦涛在中国共产党第十八次全国代表大会上的报告》，https://www.12371.cn/2012/11/17/ARTI1353154601465336_all.shtml，2012 年 11 月 17 日。

[2] 《习近平在第七十五届联合国大会一般性辩论上的讲话（全文）》，https://m.mofcom.gov.cn/article/i/jyjl/m/202009/20200903003397.shtml，2020 年 9 月 23 日。

6 月，中国证券监督管理委员会出台《公开发行证券的公司信息披露内容与格式准则》（第 2 号、第 3 号），将公司治理、环境和社会责任单独列为一个章节、更加体系化地要求公司披露可持续发展信息。2022 年 4 月，中国证券监督管理委员会出台《上市公司投资者关系管理工作指引》，在沟通内容中要求增加上市公司的环境、社会和治理信息。同年 5 月，国务院国有资产监督管理委员会发布《提高央企控股上市公司质量工作方案》，要求"中央企业集团公司要统筹推动上市公司完整、准确、全面贯彻新发展理念，进一步完善环境、社会责任和公司治理（ESG）工作机制，提升 ESG 绩效，在资本市场中发挥带头示范作用"，"力争到 2023 年相关专项报告披露'全覆盖'"。

3）评价体系和标准

目前全球还没有形成权威统一的 ESG 评价标准，而中国 ESG 评价体系和标准的建设还处于早期阶段。从监管层来看，相关机构出台了一系列政策引导 ESG 评价体系和标准的建立。例如，2022 年 2 月，中国人民银行等四部门发布《金融标准化"十四五"发展规划》，明确指出标准是绿色金融可持续发展的重要支柱，并提出了统一绿色债券标准，加快制定上市公司、发债企业环境信息披露标准，建立环境、社会和治理（ESG）评价标准体系。2023 年 3 月，由中国企业社会责任报告评级专家委员会牵头编制的《中国企业 ESG 报告评级标准（2023）》正式发布。该标准在借鉴国际 ESG 评价体系基础上，结合中国国情和企业发展实际，从环境、社会、治理三个维度构建了四级指标体系，是一个既与国际接轨又适合中国企业特色的 ESG 评价标准，为企业开展 ESG 评价提供规范的评价流程和评价方法。与此同时，中国各类 ESG 相关团体制定的标准也呈爆发式增长，《企业 ESG 披露指南》《企业 ESG 评价体系》《企业 ESG 报告编制指南》《能源企业 ESG 评价标准》等多项团体标准发布，积极推动了具有中国特色的 ESG 评价标准体系建设。

4）投资引导

金融机构逐渐重视 ESG 因素，将其纳入投资决策过程，推动资本市场对 ESG 的关注和支持。2015 年 12 月，中国人民银行发布《绿色债券支持项目目录》，对绿色债券支持项目的范围进行了界定。该目录是中国首个官方绿色证券规范文件，为中国绿色债券的发行和管理提供了重要的指导与参考。2016 年，中国人民银行、财政部等七部门联合印发《关于构建绿色金融体系的指导意见》，鼓励"就环境和气候因素对机构投资者(尤其是保险公司)的影响开展压力测试"，"探索将绿色信贷纳入宏观审慎评估框架"。2018年 11 月，中国证券投资基金业协会发布了《绿色投资指引（试行）》，鼓励机构投资者开展 ESG 投资。2020 年 1 月，中国银行保险监督管理委员会发布《中国银保监会关于推动银行业和保险业高质量发展的指导意见》，明确指出"银行业金融机构要建立健全环境与社会风险管理体系，将环境、社会、治理要求纳入授信全流程"。2020 年 12 月，中国人民银行提出要建立完善支持碳中和的绿色金融体系。2021 年，中国人民银行推出碳减排支持工具，以央行再贷款的方式为具有显著碳减排效益的贷款项目提供低成本的资金支持。2022 年 6 月，中国银行保险监督管理委员会印发《银行业保险业绿色金融指引》，将银行业保险业发展绿色金融上升到战略层面，同时提出银行保险机构应将"环境、社会、治理要求纳入管理流程和全面风险管理体系"，督促城商行加快推进对重点关注企业 ESG 等非财务指标的 ESG 评价体系的实际应用。

5）国际合作与对标

中国积极参与国际 ESG 标准制定和合作，与国际社会共同推动可持续发展目标的实现。在加强与国际组织的合作方面，中国积极参与联合国、世界银行等国际组织的 ESG 相关项目和倡议，与其他国家分享经验和最佳实践。例如，中国积极参与《联合国气候变化框架公约》下的各项活动和倡议，致力于减少温室气体排放、推动清洁能源发展以及提升气候适应力；中国全力支持并努力实现联合国提出的 17 个可持续发展目标；中国企业在"一带一路"建设中进行积极的 ESG 探索，已经与相关国家的政府和企业建立了良好的合作关系并实现了互利共赢。此外，中国还通过与国际金融机构、多边开发银行等的合作，共同推动 ESG 理念在全球范围内的普及和实践。在开展国际交流与培训方面，中国举办了一系列 ESG 相关的国际研讨会、培训课程和工作坊，邀请国际专家和经验丰富的从业者分享他们的知识与经验，提高国内从业者的 ESG 意识和能力。例如，由中国企业改革与发展研究会、中国社会责任百人论坛等机构主办的"ESG 中国·创新年会"；由新华网联合中国企业改革与发展研究会、首都经济贸易大学中国 ESG 研究院等机构在博鳌举行的"'ESG 实践在中国'研讨会"等。在推动国际标准的应用方面，中国参考国际 ESG 标准和指南，制定了符合中国国情的 ESG 评价体系和标准，如《中国企业 ESG 报告评级标准（2023）》，并推动其在国内广泛应用，以实现与国际标准的对接和互认。

第三节　机构投资者网络 ESG 偏好的生成逻辑研究

媒体报道在引导公众舆论和塑造个体行为模式方面发挥着重要作用。本节以 2012~2021 年中国上市公司 22 941 个观测值为样本，探讨了媒体报道如何影响聚集在企业周围的机构投资者网络 ESG 偏好。本节研究发现，正面媒体报道促进具有内在 ESG 偏好的机构投资者向公司聚集，而负面媒体报道则阻碍了他们的投资决策，这表明具有 ESG 偏好的机构投资者聚集在目标企业周围是由机构投资者筛选投资组合导致的。进一步分析发现，分析师关注和公众关注在媒体报道与机构投资者网络 ESG 偏好之间起重要的中介作用。

一、筛选逻辑和生成逻辑下媒体报道对机构投资者网络 ESG 偏好的差异性影响

根据框架-启动理论，媒体报道可以通过其特定框架传递企业的实践和形象，利用可及性和关联性启动模型，能够加强甚至改变机构投资者对目标公司的评价。具体来说，媒体对企业的广泛报道提高了与企业有关的信息在投资者记忆中的可及性，进而改变他们对公司的判断（Jonkman et al.，2020）。此外，通过使用积极或消极的词汇，媒体报道使机构投资者在评估公司整体业绩和未来前景时更倾向于关注某些特定情绪（Wu and Lin，2017）。许多事实和案例也表明，机构投资者会将媒体报道的内容作为其在投资决策时重要的参考依据。例如，2021 年 6 月 9 日，名为 Engine No.1 的投资基金在《纽约时报》发布了一篇批评埃克森美孚的报道，指责其在气候风险管理方面表现不佳，从而导致财务绩效下滑。这篇报道引起了贝莱德和先锋等大型机构投资者的关注，并吸引这

些机构投资者加入由 Engine No.1 发起的公开行动,即通过更换董事会成员的手段,迫使埃克森美孚提高其 ESG 表现(Kaufmann et al.,2023)。值得注意的是,媒体报道的启动有时并不要求报道内容与机构投资者对 ESG 的关注点存在必然的联系。根据启动理论,联想网络模型可能引导机构投资者将某些正面媒体报道(如社会捐赠公告)与企业的整体 ESG 表现相联系(Jonkman et al.,2020),最终影响其投资决策。基于以上推理,媒体报道对聚集在企业周围的机构投资者网络 ESG 偏好具有显著影响。

我们进一步提出,媒体报道通过筛选逻辑和生成逻辑影响机构投资者网络 ESG 偏好。筛选逻辑认为,媒体报道影响具有内在 ESG 偏好的机构投资者的投资决策,促使他们对媒体报道中展示良好形象的公司进行投资。相反,生成逻辑假设机构投资者并非天生具有 ESG 偏好,而是通过媒体报道的引导逐渐对 ESG 产生关注,并敦促其投资组合公司优先考虑 ESG 问题。为检验哪种逻辑在媒体报道与机构投资者网络 ESG 偏好之间的关系中起主导作用,我们将进一步考虑媒体报道表达的情绪,阐明两种逻辑如何通过正面与负面媒体报道对机构投资者网络 ESG 偏好产生异质性影响。

我们从筛选逻辑角度考察正面和负面媒体报道的影响。该逻辑假设,具有内在 ESG 偏好的机构投资者在做出投资决策时倾向于优先考虑 ESG 表现,将资金投向 ESG 表现良好的公司。尽管正面媒体报道未必明确突出企业的 ESG 表现,但它通过展示优质产品、创新实践、卓越企业文化及其履行社会责任的举措,帮助企业在机构投资者心中建立良好的社会形象(Kölbel et al.,2017)。这种积极的报道不仅展示了企业持续改进的能力,还凸显其长期可持续发展的潜力,进而提高企业在利益相关者中的声誉(Einwiller et al.,2010)。因此,正面媒体报道能够引发机构投资者对企业的积极联想,吸引具有 ESG 偏好的机构投资者。先前的研究也表明,正面媒体报道通常伴随市场的积极反应,如交易量增加和股价上涨(Ma et al.,2021a)。

相反,负面媒体报道可能破坏机构投资者对企业 ESG 表现的评价,导致具有 ESG 偏好的机构投资者撤资。负面媒体报道揭露了企业运营中的不当行为传递了负面的情绪,使利益相关者认为公司存在不可持续的运营方式以及有缺陷的治理方式(Kölbel et al.,2017;Hawn,2021)。这些负面联想严重损害了企业形象和声誉,导致利益相关者的信心和信任大幅下降(Jonkman et al.,2020)。作为企业的重要股东,机构投资者不可避免地受到负面信息的影响(Ma et al.,2021a)。具体而言,被负面曝光的公司可能给 ESG 偏好的机构投资者留下负面印象,激起他们对公司的厌恶情绪。因此,ESG 偏好的机构投资者可能认为被负面曝光的公司无法提供长期价值(Kölbel et al.,2017)。在这种情况下,负面媒体报道抑制了具有 ESG 偏好的机构投资者的投资意愿。因此,在筛选逻辑下,正面媒体报道将提高机构投资者网络 ESG 偏好,而负面媒体报道会降低机构投资者网络 ESG 偏好。

接下来,本节将讨论在生成逻辑下,媒体报道对机构投资者网络 ESG 偏好的影响。大量文献已经证实,机构投资者会积极干预他们持股但业绩不佳的企业的决策(Judge et al.,2010),如果干预失败可能会不利于其实现财富最大化。因此,机构投资者有动机对那些面临负面媒体报道的企业施压以推动企业变革(Crane et al.,2019),并减少潜在损失。现有文献指出,外部投资者与管理层之间存在显著的信息不对称,外部人员在获取公司信息方面处于不利地位，而管理层则掌握更多信息（Ouyang et al.，2017）。在这种情况下，企业的负面媒体报道可能引发外部投资者的不信任感。这种不信任将导致外部投资者推测企业可能在多个方面表现不佳，而媒体报道的内容可能只是冰山一角。因此，机构投资者可能会从多个维度对企业进行重新评估以降低投资风险，并在此过程中引发他们对 ESG 实践的关注。此外，为了重建公司与利益相关者之间的信任并确保获得长期的资源支持（Wang et al.，2024），机构投资者可能被激励通过推动 ESG 实践来为更广泛的利益相关者创造价值，而不仅仅关注股东的利益。这种动机也可能逐渐培养出机构投资者的网络 ESG 偏好。

然而，在中国的大多数上市公司中，机构投资者的持股比例相对较低且较为分散，这限制了单个机构投资者对目标公司施加影响的能力（Jiang and Kim，2015）。因此，机构投资者常常通过合作来共同影响目标公司，以实现更为有效的干预（Crane et al.，2019）。具体来说，这些机构投资者会要求企业解决外部利益相关者和潜在投资者的关切，同时优先保障内部利益相关者的基本权利，以提升公司声誉，减轻负面新闻带来的影响（Wong and Zhang，2022）。这一过程使聚集在目标公司周围的机构投资者群体逐渐形成 ESG 偏好，进而促进这些投资者关注持股企业的 ESG 事项。

尽管正面和负面的媒体报道都能吸引机构投资者的关注，但相较于负面信息，机构投资者对正面信息的敏感性和反应性往往较低（Ito et al.，1998）。正面媒体报道通常会引发机构投资者对企业正面形象的联想，进而形成他们对企业未来收益和增长前景的乐观预期（Capelle-Blancard and Petit，2019；Li et al.，2023）。在这种情况下，机构投资者更倾向于维护持股企业当前的商业模式，而缺乏动力推动企业变革，因为相较于考虑推动变革改善持股企业实际的 ESG 表现，生成逻辑下的机构投资者更重视维护自己的既得利益。这种倾向可能不会促使机构投资者形成 ESG 偏好，反而激化机构投资者对于经济利益的偏好。更极端的情况是，机构投资者可能会因自身利益而忽视企业 ESG 实践，迫使持股企业重视短期收益而非 ESG 实践。综上所述，本节认为，根据生成逻辑，负面媒体报道将提高机构投资者网络 ESG 偏好，而正面媒体报道不太可能对机构投资者网络 ESG 偏好产生影响。

二、分析师关注与公众关注的中介机制

本节提出，筛选逻辑和生成逻辑通过不同的中介机制发挥作用。

首先，我们通过分析师关注来探讨筛选逻辑如何影响媒体报道对机构投资者网络 ESG 偏好的作用。

自 1990 年中国建立股票市场以来，分析师在塑造中国资本市场格局方面扮演至关重要的角色。作为传递关键信息的重要渠道，分析师弥合了上市公司与投资者之间的信息鸿沟。分析师的关注通常涵盖公司财务状况、行业趋势、竞争环境和市场前景等关键信息（Brown et al.，2015）。凭借深厚的行业知识和丰富的投资经验，他们经常通过对上市公司的财务和非财务信息进行全面评估，并为投资者提供关于特定公司或市场的全面分析，帮助他们做出更加明智的投资决策（Chen et al.，2015a）。近年来，为了更加全面地评估企业的隐性成就和表现并增强利益相关者的问责制（Krasodomska and Cho，

2017），分析师在提供的最终报告中给予非财务信息的权重越来越高。媒体报道作为非财务信息的重要来源，使分析师能察觉隐蔽或被掩盖的公司信息。因此，媒体报道可能对分析师具有特别的作用，促使他们密切追踪相关公司。例如，2018 年《卫报》和《纽约时报》揭露了剑桥分析公司不正当地获取 8700 万个 Facebook 用户数据的丑闻。随后，分析师迅速重新评估 Facebook 的未来盈利能力和股价。摩根士丹利和其他投资银行的分析师纷纷下调了 Facebook 的目标股价，并警告投资者此事件可能存在用户流失和广告收入减少风险。

虽然正面和负面媒体报道都可以为分析师提供评估目标公司的关键非财务信息，但相比负面媒体报道，正面媒体报道往往吸引分析师更多的关注。分析师的主要职责是帮助投资者做出最优决策，而投资者通常更倾向于了解拥有较强盈利能力、良好治理能力和成长潜力企业的信息（Kong et al.，2021）。获得正面媒体报道的公司通常具备特殊的竞争优势，而获得负面媒体报道的企业则往往被视为风险较高、不具备长期可持续性，从而难以引起投资者兴趣。为了提高服务质量，分析师更倾向于跟踪那些受到媒体正面报道的公司。此外，鉴于分析师的研究资源和时间有限，他们通常会优先关注那些最有可能为自己出具的报告提供有价值见解的公司。获得正面媒体报道的企业由于其较高的研究价值和投资潜力，往往成为分析师的首选。当报告的内容框架与信息接收者的偏好一致时，框架效应会被放大（Ottati et al.，2016）。因此，分析师在框架效应的放大作用下，往往更加关注那些获得正面媒体报道的公司。

从可及性驱动过程来看，分析师注意力的提升意味着信息在记忆中的可及性的增强。随之而来的是，这些信息的突出性增强，从而对后续的评估产生更大的影响（Bradshaw et al.，2021）。值得注意的是，分析师提供的专业报告一向受到投资者的高度认可。当投资者进行投资决策时，分析师所提及的信息会重新浮现，进而深刻影响其投资行为。分析师对上市公司的严格审查具有双重效果。一方面，分析师的高度关注可以提高公司透明度，这不仅有助于公司更好地满足融资需求、吸引投资，还能够提高公司投资回报（Guo et al.，2019）。另一方面，这种审查也会给公司内部带来压力，限制其采取有损利益相关者的冒险行为（Bai et al.，2023）。在筛选逻辑下，具有 ESG 偏好的机构投资者通常倾向于投资那些展现出高度透明度、注重长期价值创造的公司，尤其是那些积极应对 ESG 问题，而非单纯追求短期回报的公司。因此，我们认为，在筛选逻辑下，分析师关注在媒体报道与机构投资者网络 ESG 偏好之间起中介作用；正面媒体报道可以提高分析师关注从而促进机构投资者网络 ESG 偏好；负面媒体报道不太可能引起分析师关注进而影响机构投资者网络 ESG 偏好。

其次，本节将探讨生成逻辑下媒体报道如何通过公众关注影响机构投资者网络 ESG 偏好。普通公众通常基于个人兴趣和特点选择优先关注的信息，而非为了迎合特定群体而选择关注对象。本节认为，负面媒体报道比正面媒体报道更容易吸引公众的关注。由于公众在信息收集和处理方面的能力远不及专业分析师，他们在决策过程中往往包含更多的非理性因素（Ma et al.，2021a）。人类天生具有好奇心和探索欲，尤其对未知、新奇或异常的事件更感兴趣（Berlyne，1954）。负面媒体报道通常涉及不寻常且令人震惊的内容，正好迎合人类的这种特性，因而更能吸引公众的关注。此外，负面偏见的观点也表明，个体在判断和决策过程中对负面信息的敏感度更高，而对正面信息的处理和反应不够充分（Ang et al.，2021）

　　负面媒体报道往往会引起公众关注。根据媒体启动理论，负面媒体报道能够刺激公众负面的认知和记忆联想，从而影响他们对企业的态度和判断。正如 Ouyang 等（2017）指出的，媒体发布的有关企业危机的报道与投资者对该企业的评估密切相关，这些负面信息将导致投资者对目标公司的悲观看法，并预期随后的股价下跌有损自身利益（Bhattacharya et al.，2009）。因此，这种媒体启动效应会促使公众更加关注负面媒体报道中提及的企业（Kölbel et al.，2017；Ma et al.，2021a）。此外，这种公众关注可以转化为股东积极主义，对相关公司施加压力（Ang et al.，2021；Cao et al.，2022）。例如，散户投资者可能会积极搜索与负面媒体报道相关的信息来加深他们对相关问题的理解与关注，还可能通过投资论坛（如新浪财经股吧）等平台表达他们对企业的担忧和意见（Ang et al.，2021）。

　　尽管公众持有的股票数量相对有限且分散，导致他们对公司施加实质性影响的能力受限，但他们有可能通过引起机构投资者的关注来间接影响公司（Cao et al.，2022）。公众的关注和意见对机构投资者具有重要的参考价值，忽视这些公众关注将增加机构投资者获取信息的成本（Lee and Zhong，2022）。此外，若公司不能有效应对外部利益相关者的关切，导致公众支持流失，公司的可持续竞争优势将受到削弱，从而引发股价下跌（Wolf，2014）并对机构投资者的投资组合价值产生负面影响。因此，机构投资者也有动力要求所持股的企业积极回应公众需求，推动公司采取更负责任的管理方式减少与利益相关者之间的矛盾。在这一过程中，机构投资者逐渐形成了对可持续性和责任管理的重视（Cao et al.，2022；Lee and Zhong，2022）。因此，当机构投资者持有公司股票时，他们可能会逐渐形成 ESG 偏好。

　　然而，正面媒体报道对机构投资者网络 ESG 偏好的影响可能不如负面媒体报道显著。尽管正面媒体报道也能够引起公众的兴趣，但这些报道更多地强化了公众对企业现有商业模式的认可。例如，Wu 和 Lin（2017）发现，企业通过媒体报道获得投资者的认可将不仅有利于吸引投资者关注，还会导致股价持续上涨。因此，正面媒体报道通常会培养公众对目标公司当前财务状况和未来前景的乐观情绪。当这种正面印象在公众记忆中得到强化时，公众更倾向于对公司持有乐观情绪，从而减轻对公司潜在问题的担忧，减少机构投资者对公司治理的干预。换句话说，这种乐观情绪将导致机构投资者降低对公司的治理要求，忽视公众支持的重要性，并在决策过程中对可持续发展和负责任管理等关键概念的关注度下降（Jonkman et al.，2020）。因此，仅靠正面媒体报道可能无法为机构投资者提供足够的动机去形成可持续的管理理念。甚至有可能出现机构投资者认为持股企业都符合公众的预期，而在决策过程中忽视 ESG 因素的情况。鉴于上述分析，本节认为，在生成逻辑下，公众关注在媒体报道和机构投资者网络 ESG 偏好的关系中起中介作用；负面媒体报道通过提高公众关注从而促进机构投资者网络 ESG 偏好；正面媒体报道不太可能引起公众关注从而影响机构投资者网络 ESG 偏好。

　　根据上述分析，本节研究框架如图 3-1 所示。

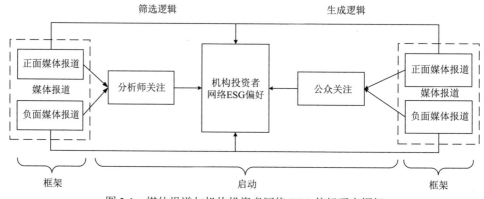

图 3-1　媒体报道与机构投资者网络 ESG 偏好研究框架

三、研究设计

（一）数据来源

本节以 2012 年至 2021 年非金融上市公司为样本。数据来源于 Wind 数据库、CNRDS 和 CSMAR 数据库。本节基于 Crane 等（2019）的方法构建了机构投资者网络 ESG 偏好，该方法涉及机构投资者的持股比例和华证 ESG 评级。机构投资者的持股比例数据来自 CNRDS，华证 ESG 评级数据来自 Wind 数据库。媒体报道数据由 CNRDS 提供，而公众关注数据由作者手动收集。除上述变量以外，其他数据均取自 CSMAR 数据库。为减轻反向因果的影响，本节对机构投资者网络 ESG 偏好进行滞后一期处理。剔除缺失值和 ST、PT 企业样本数据后，最终数据集共包含 22 941 个观测值。为减少异常值的影响，所有连续变量均在 1% 和 99% 分位进行缩尾处理。

（二）变量定义

本节的核心被解释变量是机构投资者网络 ESG 偏好。借鉴现有研究方法，本节使用 Python 和 Gephi 软件构建了衡量机构投资者网络 ESG 偏好的代理变量。首先，以两个机构投资者同时持有一家企业超过 5% 股份作为两机构投资者之间存在关联的条件，建立机构投资者网络。其次，根据机构投资者持股企业的 ESG 评级，计算机构投资者个体的 ESG 偏好。再次，通过社区发现算法识别机构投资者群体，并将机构投资者个体的 ESG 偏好扩展到群体层面。最后，通过平均化处理获得企业周围机构投资者群体的 ESG 偏好，以代表机构投资者对 ESG 问题的共同价值观。

核心解释变量为媒体报道。本节使用官方原创媒体报道的数量来衡量正面媒体报道和负面媒体报道，所用数据来自 CNRDS。由于本节主要关注正面和负面媒体报道对机构投资者投资决策的影响，因此剔除了所有中性情绪的媒体报道。参考 Chen 等（2022）的做法，本节选取 18 家官方媒体和 6 家由中国证券监督管理委员会指定的媒体作为媒体报道的来源，如《人民日报》《中国证券报》《证券日报》。这些由专业编辑精心策划的官方媒体具有更高的合法性和完整性（Clarke et al., 2021），更能反映公共议程，并比其他新闻渠道产生更大的社会影响。相比之下，非官方媒体报道由于缺乏权威性，很难获得公众关注并改变投资者的看法，并且可能存在偏见甚至错误的观点，进而影响媒体报道的公正性和客观性。此外，官方原创媒体报道还能为机构投资者提供政策导向信息，这是非官方媒体无法实现的。

分析师关注使用分析师报告中提及的分析师总数作为代理变量（Luo et al.，2015），并对该变量进行了对数变换。公众关注则选用百度搜索指数作为代理变量。一方面，根据中研普华集团（Zero Power Intelligence Group）的报告，百度在 2021 年占据了中国搜索引擎市场 85.48% 的份额，拥有最大的用户群体。另一方面，谷歌搜索于 2010 年退出中国，阻碍了中国用户使用谷歌搜索。因此，使用百度搜索指数作为公众关注的代理变量具有更强的代表性。

为了减少其他变量对机构投资者网络 ESG 偏好的潜在影响，本节纳入一系列控制变量。首先，本节使用企业总资产的对数来控制企业规模的影响。其次，由于企业的财务状况将影响机构投资者的投资决策，本节引入反映企业财务状况的控制变量，包括资产负债率、资产收益率、销售增长率、上年度是否亏损和托宾 Q 值。为了控制企业年龄和产权性质对机构投资者投资偏好的影响，本节选取企业上市年限和是否国有企业作为控制变量。考虑到高管规模及企业治理结构也会影响投资者的持股偏好，因此本节将高管人数纳入控制变量。最后，本节还使用一系列虚拟变量来控制时间、行业和省份固定效应。

四、实证结果与分析

（一）描述统计

表 3-1 呈现了所有变量的描述性统计，包含 2012 年至 2021 年的 22 941 个观测值。机构投资者网络 ESG 偏好的平均值为 3.18，接近中位数 3.30，表明机构投资者网络 ESG 偏好分布相对对称。机构投资者网络 ESG 偏好的最小值为 0，表明部分机构投资者群体缺乏 ESG 偏好。所有变量的方差膨胀因子均低于 3，表明本节变量之间出现多重共线性的可能性较低。

表 3-1　描述性统计

变量	观测值	平均值	标准差	最小值	中位数	最大值
机构投资者网络 ESG 偏好 $_{t+1}$	22 941	3.18	1.579	0	3.30	6.45
正面媒体报道 $_t$	22 941	2.32	3.831	0	1.00	31.00
负面媒体报道 $_t$	22 941	1.42	2.336	0	1.00	20.00
分析师关注 $_t$	22 941	1.43	1.191	0	1.39	3.97
公众关注 $_t$	22 941	5.86	1.763	0	6.14	9.58
企业规模 $_t$	22 941	22.29	1.299	18.61	22.11	26.46
资产负债率 $_t$	22 941	0.42	0.203	0.03	0.41	0.92

续表

变量	观测值	平均值	标准差	最小值	中位数	最大值
资产收益率 $_t$	22 941	0.04	0.062	−0.43	0.04	0.24
托宾 Q 值 $_t$	22 941	2.06	1.416	0.81	1.62	16.65
企业上市年限 $_t$	22 941	2.14	0.873	0	2.30	3.37
高管人数 $_t$	22 941	7.36	2.654	3.00	7.00	16.00
销售增长率 $_t$	22 941	0	0.004	−0.01	0	0.03
是否国有企业 $_t$	22 941	0.11	0.319	0	0	1.00
上年度是否亏损 $_t$	22 941	0.08	0.278	0	0	1.00

表 3-2 呈现皮尔逊相关系数和斯皮尔曼相关系数检验的结果。相关性分析表明，正面媒体报道与机构投资者网络 ESG 偏好正相关，而负面媒体报道与机构投资者网络 ESG 偏好呈负相关。这些结果初步验证了本节的观点。

（二）基础回归

本节参考 Ref 和 Shapira（2017）的方法，同时使用了 Split（正面媒体报道和负面媒体报道单独纳入回归模型）和 Spline（正面媒体报道和负面媒体报道纳入同一回归模型）方法。

表 3-3 展示了正面媒体报道和负面媒体报道对机构投资者网络 ESG 偏好的影响。模型 1 和模型 2 呈现了 Split 方法的回归结果，而模型 3 展示了 Spline 方法的回归结果。

在模型 1 中，正面媒体报道的系数为正且具有统计显著性（$\beta=0.018$，$p<0.001$）。这表明，每增加一例正面媒体报道，企业周围的机构投资者群体在次年对该企业的 ESG 偏好会增加 0.018 个单位。这相当于每增加一例正面媒体报道对机构投资者网络 ESG 偏好的影响大小占其平均值的 0.57%。同时，正面媒体报道的数量每增加一个标准差，将导致企业周围的机构投资者群体在次年对该企业的 ESG 偏好变化幅度相当于其标准差的 4.37%。这些结果表明媒体报道对机构投资者网络 ESG 偏好具有显著的经济影响。模型 2 展示了负面媒体报道的回归系数，系数为负且在 0.1% 水平上具有统计显著性（$\beta=-0.031$，$p<0.001$）。这一结果表明，每增加一例负面媒体报道，机构投资者网络 ESG 偏好在第二年下降 0.031 个单位，占其均值的 0.97%。当负面媒体报道增加一个标准差时，机构投资者网络 ESG 偏好降低的水平相当于其标准差的 4.59%。当正面媒体报道和负面媒体报道同时包含在同一回归模型中时（模型 3），两个变量的系数符号均与单独回归时保持一致，并且在 0.1% 水平上具有统计显著性。总体而言，表 3-3 表明正面媒体报道促进机构投资者网络 ESG 偏好，而负面媒体报道削弱了这种偏好。

表3-2 变量的两两相关性

变量	1	2	3	4	5	6	7	8	9	10	11	12	13	14
机构投资者网络ESG偏好$_{t+1}$		0.11*	-0.05*	0.10*	0.02*	0.12*	0.02*	0.07*	-0.02*	0.02*	0.04*	-0.02*	0.00	-0.03*
正面媒体报道$_t$	0.04*		0.51*	0.34*	0.25*	0.26*	0.12*	0.09*	-0.03*	0.00	0.16*	0.07*	0.09*	-0.06*
负面媒体报道$_t$	-0.04*	0.67*		0.24*	0.17*	0.18*	0.13*	0.02*	-0.05*	0.03*	0.12*	0.02*	0.08*	0.01*
分析师关注$_t$	0.08*	0.32*	0.25*		0.27*	0.33*	-0.02*	0.41*	0.10*	-0.14*	0.15*	0.22*	0.01*	-0.22*
公众关注$_t$	-0.02*	0.10*	0.07*	0.15*		0.40*	0.12*	0.02*	0.09*	0.19*	0.14*	0.01	0.06*	-0.01
企业规模$_t$	0.09*	0.36*	0.28*	0.35*	0.21*		0.52*	-0.09*	-0.54*	0.42*	0.28*	0.02*	0.19*	-0.05*
资产负债率$_t$	0.00	0.14*	0.15*	-0.03*	0.03*	0.51*		-0.42*	-0.39*	0.36*	0.18*	0.00	0.14*	0.13*
资产收益率$_t$	0.05*	0.09*	0.04*	0.36*	0.05*	-0.01	-0.34*		0.28*	-0.27*	-0.07*	0.30*	-0.07*	-0.26*
托宾Q值$_t$	0.01	0.00	-0.02*	0.09*	0.03*	-0.39*	-0.26*	0.16*		-0.19*	-0.15*	0.10*	-0.17*	0.02*
企业上市年限$_t$	-0.01	0.03*	0.04*	-0.11*	0.11*	0.39*	0.36*	-0.21*	-0.03*		0.06*	-0.15*	0.15*	0.13*
高管人数$_t$	0.04*	0.21*	0.16*	0.16*	0.06*	0.30*	0.18*	-0.04*	-0.12*	0.07*		0.01*	0.12*	0.01
销售增长率$_t$	-0.02*	0.03*	0.02*	0.10*	-0.06*	0.02*	0.04*	0.19*	0.06*	-0.04*	0.02*		0.02*	0.03*
是否国有企业$_t$	0.00	0.10*	0.09*	0.01*	0.02*	0.20*	0.14*	-0.04*	-0.12*	0.12*	0.12*	-0.02*		0.01
上年度是否亏损$_t$	-0.03*	-0.05*	0.02*	-0.21*	-0.04*	-0.06*	0.14*	-0.22*	0.04*	0.14*	0.00	-0.05*	0.01	

注：本表检验主要变量之间的相关性：皮尔逊相关系数（对角线下方）和斯皮尔曼相关系数（对角线上方）

*表示5%的显著性水平

表 3-3　媒体报道与机构投资者网络 ESG 偏好的回归分析

变量	因变量：机构投资者网络 ESG 偏好 $_{t+1}$		
	模型 1	模型 2	模型 3
正面媒体报道 $_t$	0.018***		0.043***
	(0.003)		(0.004)
负面媒体报道 $_t$		−0.031***	−0.070***
		(0.004)	(0.005)
企业规模 $_t$	0.089***	0.141***	0.103***
	(0.012)	(0.012)	(0.012)
资产负债率 $_t$	0.051	0.049	0.062
	(0.062)	(0.062)	(0.062)
资产收益率 $_t$	0.716***	0.740***	0.662***
	(0.174)	(0.174)	(0.174)
托宾 Q 值 $_t$	0.055***	0.073***	0.062***
	(0.009)	(0.008)	(0.009)
企业上市年限 $_t$	−0.082***	−0.098***	−0.088***
	(0.013)	(0.013)	(0.013)
高管人数 $_t$	0.005	0.008*	0.006
	(0.004)	(0.004)	(0.004)
销售增长率 $_t$	0.921	0.923	0.694
	(2.196)	(2.199)	(2.200)
是否国有企业 $_t$	0.030	0.032	0.028
	(0.029)	(0.029)	(0.029)
上年度是否亏损 $_t$	−0.084*	−0.064+	−0.052
	(0.036)	(0.036)	(0.036)
常数项	1.137***	0.037	0.857***
	(0.255)	(0.244)	(0.256)
省份固定效应	控制	控制	控制
行业固定效应	控制	控制	控制
时间固定效应	控制	控制	控制
观测值	22 941	22 941	22 941
调整 R^2	0.209	0.210	0.215
F	29.359	29.631	39.337

注：括号中为企业层面的聚类标准误

***表示 0.1% 的显著性水平，*表示 5% 的显著性水平，+表示 10% 的显著性水平

（三）分析师关注的中介效应分析

表 3-4 呈现了分析师关注在媒体报道与机构投资者网络 ESG 偏好之间的中介作用。

模型 1 表明，正面媒体报道可以促进分析师关注（$\beta=0.012$，$p<0.001$）。在模型 2 结果中，分析师关注的系数显著为正（$\beta=0.088$，$p<0.001$）。因此，正面媒体报道可以提高分析师关注，进而提高聚集在企业周围的机构投资者网络 ESG 偏好。

表 3-4　分析师关注的中介效应分析

变量	模型 1	模型 2	模型 3	模型 4	模型 5	模型 6
	分析师关注 $_t$	机构投资者网络 ESG 偏好 $_{t+1}$	分析师关注 $_t$	机构投资者网络 ESG 偏好 $_{t+1}$	分析师关注 $_t$	机构投资者网络 ESG 偏好 $_{t+1}$
正面媒体报道 $_t$	0.012***	0.017***			0.014***	0.042***
	（0.003）	（0.003）			（0.003）	（0.004）
负面媒体报道 $_t$			0.007	−0.032***	−0.006	−0.069***
			（0.004）	（0.004）	（0.004）	（0.005）
分析师关注 $_t$		0.088***		0.091***		0.086***
		（0.010）		（0.010）		（0.010）
控制变量	控制	控制	控制	控制	控制	控制
省份固定效应	控制	控制	控制	控制	控制	控制
行业固定效应	控制	控制	控制	控制	控制	控制
时间固定效应	控制	控制	控制	控制	控制	控制
观测值	22 941	22 941	22 941	22 941	22 941	22 941
调整 R^2	0.471	0.212	0.470	0.212	0.471	0.217
F	530.555	35.012	529.807	34.446	483.016	43.257

注：括号中为企业层面的聚类标准误

***表示 0.1% 的显著性水平

模型 3 和模型 4 为负面媒体报道影响机构投资者网络 ESG 偏好的中介机制分析结果。模型 3 中负面媒体报道的系数不显著且与模型 5 呈现的结果一致。因此，根据 Ref 和 Shapira（2017）的判断标准，本节认为分析师关注的中介作用在正面媒体报道与机构投资者网络 ESG 偏好的关系中更显著。

（四）公众关注的中介效应分析

表 3-5 检验了公众关注对媒体报道影响机构投资者网络 ESG 偏好的中介作用。在模型 3 和模型 5 中，负面媒体报道的系数均在 5% 水平上显著为正，且模型 2 和模型 4 中公众关注的系数均显著为负。这表明负面媒体报道可以提高公众关注，从而降低机构投资者网络 ESG 偏好。然而，在模型 1 结果中，正面媒体报道的系数为正且呈现微弱的统计显著性（$p<0.1$）。但根据 Ref 和 Shapira（2017）的判断标准，本节认为模型 1 和模型 2、模型 5 和模型 6 的结果不足以支持公众关注在正面媒体报道与机构投资者网络 ESG 偏好之间发挥中介作用的结论。

表 3-5　公众关注的中介效应分析

变量	模型 1 公众 关注 $_t$	模型 2 机构投资者网 络 ESG 偏好 $_{t+1}$	模型 3 公众 关注 $_t$	模型 4 机构投资者网 络 ESG 偏好 $_{t+1}$	模型 5 公众 关注 $_t$	模型 6 机构投资者网 络 ESG 偏好 $_{t+1}$
正面媒体报道 $_t$	0.014$^+$ (0.008)	0.019*** (0.003)			0.006 (0.008)	0.043*** (0.004)
负面媒体报道 $_t$			0.028* (0.011)	−0.030*** (0.004)	0.023* (0.011)	−0.069*** (0.005)
公众关注 $_t$		−0.038*** (0.006)		−0.036*** (0.006)		−0.037*** (0.006)
控制变量	控制	控制	控制	控制	控制	控制
省份固定效应	控制	控制	控制	控制	控制	控制
行业固定效应	控制	控制	控制	控制	控制	控制
时间固定效应	控制	控制	控制	控制	控制	控制
观测值	22 941	22 941	22 941	22 941	22 941	22 941
调整 R^2	0.141	0.211	0.142	0.211	0.142	0.216
F	36.881	31.323	36.312	30.624	33.918	39.663

注：括号中为企业层面的聚类标准误

***表示 0.1% 的显著性水平，*表示 5% 的显著性水平，+表示 10% 的显著性水平

（五）稳健性检验

1. 替换自变量

本节使用了两种方法替换自变量来检验结果的稳健性。首先，为了减轻自变量偏态的影响，我们对正面媒体报道和负面媒体报道进行了对数转换并重新回归，相关回归结果如表 3-6 所示。回归结果与原有结论保持一致。

表 3-6　将自变量进行对数转换后的回归结果

变量	因变量：机构投资者网络 ESG 偏好 $_{t+1}$		
	模型 1	模型 2	模型 3
正面媒体报道 $_t$	0.293*** (0.014)		0.411*** (0.015)
负面媒体报道 $_t$		−0.128*** (0.014)	−0.322*** (0.016)
企业规模 $_t$	0.025* (0.012)	0.143*** (0.012)	0.053*** (0.012)
资产负债率 $_t$	0.040 (0.062)	0.058 (0.063)	0.065 (0.061)

续表

变量	因变量：机构投资者网络 ESG 偏好 $_{t+1}$		
	模型 1	模型 2	模型 3
资产收益率 $_t$	0.609***	0.741***	0.540**
	(0.172)	(0.175)	(0.172)
托宾 Q 值 $_t$	0.033***	0.075***	0.047***
	(0.008)	(0.009)	(0.008)
企业上市年限 $_t$	−0.055***	−0.100***	−0.064***
	(0.013)	(0.013)	(0.013)
高管人数 $_t$	0.001	0.008*	0.003
	(0.004)	(0.004)	(0.004)
销售增长率 $_t$	−0.300	1.188	−0.311
	(2.188)	(2.201)	(2.186)
是否国有企业 $_t$	0.030	0.032	0.030
	(0.030)	(0.029)	(0.029)
上年度是否亏损 $_t$	−0.082*	−0.062+	−0.035
	(0.036)	(0.036)	(0.035)
常数项	2.387***	0.003	1.832***
	(0.256)	(0.242)	(0.251)
省份固定效应	控制	控制	控制
行业固定效应	控制	控制	控制
时间固定效应	控制	控制	控制
观测值	22 941	22 941	22 941
调整 R^2	0.222	0.210	0.234
F	70.783	32.158	98.940

注：括号中为企业层面的聚类标准误

***表示 0.1% 的显著性水平，**表示 1% 的显著性水平，*表示 5% 的显著性水平，+表示 10% 的显著性水平

其次，考虑到不同媒体来源存在统计口径上的差异，本节使用媒体报道的替代测量方法进行回归：官方媒体发布的与特定企业有关的正面和负面报道的数量（面板 A），以及官方原创媒体发布的正面和负面报道中提及特定企业次数（面板 B）。表 3-7 的结果也进一步验证了正面媒体报道会提高机构投资者网络 ESG 偏好，而负面媒体报道将削弱机构投资者网络 ESG 偏好。

2. 纳入更多控制变量

为减轻遗漏变量的影响，本节在回归模型中进一步纳入与投资者偏好相关的变量，包括企业股票价格、换手率和股票回报。加入这些控制变量后的回归结果如表 3-8 所示。这表明正面媒体报道与机构投资者网络 ESG 偏好显著正相关（$\beta=0.014$，$p<0.001$），而负面媒体报道则显著负相关（$\beta=-0.039$，$p<0.001$）。

表 3-7 替换自变量后的回归结果

变量	因变量：机构投资者网络 ESG 偏好 $_{t+1}$		
	模型 1	模型 2	模型 3
面板 A：将自变量替换为官方媒体发布的与特定企业有关的正面和负面报道的数量			
官方媒体正面报道数量	0.003*		0.019***
	（0.001）		（0.002）
官方媒体负面报道数量		−0.011***	−0.033***
		（0.002）	（0.003）
控制变量	控制	控制	控制
省份固定效应	控制	控制	控制
行业固定效应	控制	控制	控制
时间固定效应	控制	控制	控制
观测值	22941	22941	22941
调整 R^2	0.208	0.209	0.211
面板 B：将自变量替换为官方原创媒体发布的正面和负面报道中提及特定企业次数			
官方原创媒体正面报道次数	0.175***		0.216***
	（0.008）		（0.008）
官方原创媒体负面报道次数		−0.060***	−0.131***
		（0.007）	（0.008）
控制变量	控制	控制	控制
省份固定效应	控制	控制	控制
行业固定效应	控制	控制	控制
时间固定效应	控制	控制	控制
观测值	22 941	22 941	22 941
调整 R^2	0.224	0.210	0.232

注：括号中为企业层面的聚类标准误

***表示 0.1% 的显著性水平，*表示 5% 的显著性水平

表 3-8 纳入更多控制变量后重新回归的结果

变量	因变量：机构投资者网络 ESG 偏好 $_{t+1}$		
	模型 1	模型 2	模型 3
正面媒体报道 $_t$	0.014***		0.039***
	（0.003）		（0.004）
负面媒体报道 $_t$		−0.039***	−0.074***
		（0.005）	（0.006）
企业规模 $_t$	0.092***	0.143***	0.108***
	（0.013）	（0.013）	（0.013）

续表

变量	因变量：机构投资者网络 ESG 偏好 $_{t+1}$		
	模型 1	模型 2	模型 3
资产负债率 $_t$	0.004	0.001	0.014
	(0.065)	(0.065)	(0.065)
资产收益率 $_t$	0.456*	0.444*	0.382*
	(0.182)	(0.183)	(0.183)
托宾 Q 值 $_t$	0.043***	0.060***	0.051***
	(0.009)	(0.009)	(0.009)
企业上市年限 $_t$	0.005	0.006	0.006
	(0.020)	(0.020)	(0.020)
高管人数 $_t$	0.004	0.007+	0.005
	(0.004)	(0.004)	(0.004)
销售增长率 $_t$	0.995	0.882	0.714
	(2.296)	(2.300)	(2.300)
是否国有企业 $_t$	−0.001	−0.005	−0.004
	(0.031)	(0.031)	(0.031)
上年度是否亏损 $_t$	−0.062+	−0.038	−0.027
	(0.036)	(0.036)	(0.036)
企业股票价格 $_t$	0.005***	0.005***	0.005***
	(0.001)	(0.001)	(0.001)
换手率 $_t$	0.002	0.003	0.003
	(0.003)	(0.003)	(0.003)
股票回报 $_t$	1.910	2.037	1.988
	(2.873)	(2.870)	(2.851)
常数项	0.845**	−0.289	0.497+
	(0.293)	(0.282)	(0.294)
省份固定效应	控制	控制	控制
行业固定效应	控制	控制	控制
时间固定效应	控制	控制	控制
观测值	20 509	20 509	20 509
调整 R^2	0.212	0.214	0.218
F	19.706	22.236	29.619

注：括号中为企业层面的聚类标准误

***表示 0.1%的显著性水平，**表示 1%的显著性水平，*表示 5%的显著性水平，+表示 10%的显著性水平

3. 工具变量法

参考 Cai 等（2011）的方法，本节使用媒体报道的行业中位数作为工具变量。选择这一工具变量的依据是其能够同时满足相关性和排他性假设。不同行业的媒体报道可能存在显著差异，因此，企业的媒体报道可能依赖于其所在行业的平均媒体报道水平。同

时，媒体报道的行业中位数不太可能直接影响机构投资者的网络 ESG 偏好。

表 3-9 展示了使用工具变量法的回归结果。模型 1 结果表明，正面媒体报道可以促进机构投资者网络 ESG 偏好。相反，模型 2 结果表明，负面媒体报道与机构投资者网络 ESG 偏好存在负相关关系。这些结果与本节的结论一致。

表 3-9　使用工具变量法回归的结果

变量	因变量：机构投资者网络 ESG 偏好 $_{t+1}$	
	模型 1	模型 2
正面媒体报道 $_t$	0.014*	
	(0.006)	
负面媒体报道 $_t$		−0.049***
		(0.008)
企业规模 $_t$	0.096***	0.154***
	(0.015)	(0.013)
资产负债率 $_t$	0.050	0.051
	(0.062)	(0.063)
资产收益率 $_t$	0.724***	0.736***
	(0.174)	(0.175)
托宾 Q 值 $_t$	0.057***	0.078***
	(0.009)	(0.009)
企业上市年限 $_t$	−0.084***	−0.103***
	(0.013)	(0.013)
高管人数 $_t$	0.005	0.009*
	(0.004)	(0.004)
销售增长率 $_t$	0.938	0.886
	(2.197)	(2.203)
是否国有企业 $_t$	0.030	0.033
	(0.029)	(0.029)
上年度是否亏损 $_t$	−0.083*	−0.055
	(0.036)	(0.036)
省份固定效应	控制	控制
行业固定效应	控制	控制
时间固定效应	控制	控制
观测值	22 941	22 941
调整 R^2	0.008	0.007

注：括号中为企业层面的聚类标准误

***表示 0.1%的显著性水平，*表示 5%的显著性水平

4. 倾向得分匹配

为了减少潜在的内生性问题带来的影响，本节使用倾向得分匹配方法进行回归。该

方法旨在减轻由媒体报道差异引起的企业之间的潜在偏差。本节首先使用 logit 回归模型计算企业获得大量媒体报道的倾向得分，并基于这些倾向得分进行 1：1 近邻匹配。logit 回归模型的估计结果见表 3-10 中的模型 1 和模型 3。模型 2 和模型 4 呈现了基于匹配后的样本重新回归的估计结果。结果表明，媒体报道与机构投资者网络 ESG 偏好之间的关系与本节的结论一致。

表 3-10　使用倾向得分匹配后重新回归的结果

变量	模型 1	模型 2	模型 3	模型 4
	第一步	第二步	第一步	第二步
正面媒体报道 $_t$		0.017***		
		(0.004)		
负面媒体报道 $_t$				−0.017**
				(0.006)
企业规模 $_t$	0.768***	0.118***	0.503***	0.137***
	(0.021)	(0.024)	(0.019)	(0.020)
资产负债率 $_t$	0.303*	−0.005	0.658***	0.023
	(0.126)	(0.126)	(0.120)	(0.116)
资产收益率 $_t$	3.466***	0.182	2.255***	0.634+
	(0.418)	(0.379)	(0.383)	(0.351)
托宾 Q 值 $_t$	0.289***	0.062***	0.176***	0.075***
	(0.015)	(0.016)	(0.014)	(0.016)
企业上市年限 $_t$	−0.410***	−0.070**	−0.265***	−0.082***
	(0.026)	(0.026)	(0.025)	(0.024)
高管人数 $_t$	0.090***	−0.003	0.058***	0.003
	(0.007)	(0.007)	(0.007)	(0.007)
销售增长率 $_t$	6.466	4.115	4.122	1.822
	(4.545)	(4.408)	(4.288)	(4.097)
是否国有企业 $_t$	0.334***	0.021	0.323***	−0.031
	(0.056)	(0.056)	(0.053)	(0.051)
上年度是否亏损 $_t$	−0.032	−0.013	0.394***	−0.144*
	(0.077)	(0.075)	(0.067)	(0.066)
常数项	−19.086***	0.494	−13.355***	0.104
	(0.436)	(0.514)	(0.387)	(0.422)
省份固定效应	控制	控制	控制	控制
行业固定效应	控制	控制	控制	控制
时间固定效应	控制	控制	控制	控制
观测值	18 024	6 012	20 230	6 386
调整 R^2		0.217		0.200

注：括号中为企业层面的聚类标准误

***表示 0.1% 的显著性水平，**表示 1% 的显著性水平，*表示 5% 的显著性水平，+表示 10% 的显著性水平

5. 引入企业固定效应

为减轻企业个体特征对研究结果的影响,本节还考虑进一步纳入企业固定效应。企业层面的固定效应允许控制企业的不随时间变化的特征,从而避免企业个体特征对媒体报道与机构投资者网络 ESG 偏好之间关系的干扰。表 3-11 的模型 1 的结果显示,正面媒体报道的系数显著为正,表明正面媒体报道对机构投资者网络 ESG 偏好有显著的正向影响。模型 2 的结果表明,负面媒体报道的系数为负且在统计上显著($\beta= -0.049$,$p<0.001$)。值得注意的是,模型 3 的系数与模型 1 和模型 2 中对应变量的系数符号保持一致且具有较高的统计显著性,进一步表明本节结论的稳健性。

表 3-11　引入企业固定效应后重新回归的结果

变量	因变量:机构投资者网络 ESG 偏好 $_{t+1}$		
	模型 1	模型 2	模型 3
正面媒体报道 $_t$	0.031***		0.050***
	(0.005)		(0.005)
负面媒体报道 $_t$		−0.049***	−0.071***
		(0.006)	(0.006)
企业规模 $_t$	0.165***	0.183***	0.173***
	(0.031)	(0.031)	(0.030)
资产负债率 $_t$	−0.125	−0.094	−0.094
	(0.116)	(0.116)	(0.116)
资产收益率 $_t$	0.151	0.212	0.107
	(0.214)	(0.214)	(0.214)
托宾 Q 值 $_t$	0.053***	0.067***	0.059***
	(0.011)	(0.011)	(0.011)
企业上市年限 $_t$	−0.125**	−0.121**	−0.123**
	(0.045)	(0.045)	(0.045)
高管人数 $_t$	−0.003	−0.000	−0.001
	(0.006)	(0.006)	(0.006)
销售增长率 $_t$	−1.838	−1.006	−2.003
	(2.454)	(2.460)	(2.465)
是否国有企业 $_t$	0.021	0.032	0.029
	(0.043)	(0.042)	(0.042)
上年度是否亏损 $_t$	−0.044	−0.033	−0.019
	(0.039)	(0.039)	(0.039)
常数项	−0.363	−0.688	−0.518
	(0.657)	(0.657)	(0.656)
省份固定效应	控制	控制	控制

变量	因变量：机构投资者网络 ESG 偏好 $_{t+1}$		
	模型 1	模型 2	模型 3
行业固定效应	控制	控制	控制
时间固定效应	控制	控制	控制
观测值	22 691	22 691	22 691
调整 R^2	0.212	0.213	0.217

注：括号中为企业层面的聚类标准误

***表示 0.1%的显著性水平，**表示 1%的显著性水平

第四节　机构投资者 ESG 积极主义、数字化与企业绿色转型研究

企业绿色转型的核心是绿色创新。数字化时代给企业绿色创新和绿色转型带来新的实践情境。机构投资者 ESG 积极主义通过两种注意力机制影响企业的绿色创新：企业内部的注意力分配和企业间的注意力整合。基于代理框架中的注意力基础观，本节探讨媒体报道和产业链关联在注意力机制中的调节作用，以及其在数字化企业和非数字化企业中的差异。结合 2007~2021 年 2726 家中国上市公司的实证研究，发现机构投资者 ESG 积极主义会促进企业的绿色创新，而媒体报道会加强这种正向联系。与非数字化企业相比，媒体报道对数字化企业具有更强的正向调节作用。一个意外的发现是产业链关联对 ESG 积极主义与绿色创新之间的关系具有负向调节作用，而这种负向影响在数字化企业中得到削弱。这些发现为企业在数字化时代通过股东积极主义解决代理冲突、推进绿色创新、实现绿色转型提供了新的见解。

一、机构投资者 ESG 积极主义与企业绿色创新的文献回顾

（一）企业应对气候变化的绿色创新

近几十年来，不断加剧的气候变化风险以及欠发达的绿色技术已成为阻碍可持续发展的主要瓶颈（Yang et al.，2022）。面对全球变暖，企业日益面临自然灾害造成的有形资产风险、与采购和生产活动不连续性相关的供应链风险（Lash and Wellington，2007）、更高保险费的财务风险（Hoffman，2005）以及更严格的排放和污染控制法规等监管风险（Hoffman，2005）。为了降低气候变化风险并提高长期生存能力，业务参与者必须重新考量"一切照旧"的模式，并实施深刻的技术变革（Todaro et al.，2021）。绿色创新是解决环境问题和实现可持续发展的重要战略（Xie et al.，2019），近年来日益受到关注。一般来说，绿色创新是指为节约能源、预防污染、废物回收利用以及其他有益于环境的方面而开发的新型绿色产品和工艺（el-Kassar and Singh，2019）。

虽然绿色创新被普遍认为具有优势（Kraus et al.，2020；Wang et al.，2021），但其伴随的高成本和潜在风险（Watson et al.，2018）可能会阻碍追求短期利润最大化的管理

者投资绿色创新。鉴于此，众多文献分析了可能促进或抑制绿色创新的内外部因素。组织内部因素涉及高层管理的承诺（Roy and Khastagir，2016；Burki and Dahlstrom，2017）、绿色转型领导力与企业文化（el-Kassar and Singh，2019）以及创新资源与能力（Dangelico，2016；Yang et al.，2022）。外部因素包括政策支持力度（Wu et al.，2022c）、市场与技术推动（Horbach et al.，2012；Jin et al.，2024）以及利益相关者的压力（Fliaster and Kolloch，2017；Melander and Pazirandeh，2019）。特别是在不同利益相关者中，机构投资者不仅为企业绿色创新提供资金支持（Wu et al.，2022b），还通过 ESG 积极主义，主动参与目标公司的治理，推动绿色倡议实施（Flammer et al.，2021）。

（二）机构投资者 ESG 积极主义与管理代理问题

股东积极主义是指股东行使所有权参与企业治理，以增强股东控制权并提升股东价值（Hadani et al.，2019）。作为企业的重要利益相关者，机构投资者往往拥有集中持股和信息优势（Zhao et al.，2023），在企业决策过程中发挥关键作用。随着全球可持续发展挑战的增加（Flammer et al.，2021），机构投资者对企业 ESG 越发关注（Dyck et al.，2019）。优先考虑企业环境和社会绩效（Chen et al.，2020a；Zhao et al.，2023），而不仅仅关注其投资组合中企业的财务绩效。例如，根据 ISS 数据库的数据，与 ESG 相关的提案占比从 2006 年的 29% 上升至 2020 年的 53%（Busch et al.，2023）。

鉴于越来越多的具有 ESG 偏好的机构投资者积极倡导 ESG 价值（Goranova and Ryan，2014），学者评估了这种积极主义的有效性，研究其对企业财务绩效（Villagra et al.，2021；Rohleder et al.，2022）、环境绩效以及可持续实践（Chen et al.，2020a；Flammer et al.，2021；Wu et al.，2023a）的影响。Wu 等（2023a）和 Zhao 等（2023）最近的几项研究表明，机构投资者持股及其 ESG 偏好能够促进企业绿色创新。然而，企业绿色创新应对机构投资者 ESG 积极主义的理论逻辑和实践机制在很大程度上仍是未知的。

代理理论指出，管理者（代理人）与机构投资者（委托人）通常存在利益和目标上的差异，这就导致了委托-代理冲突（Jensen and Meckling，1976）。就环境实践而言，经理人在业绩压力下往往会推迟或规避投资于成本高昂的绿色创新项目，因为这些项目的回报具有不确定性。相反，他们更倾向于追求短期利润，以实现任期内的财务目标，并采取象征性做法，如"洗绿"（Wu et al.，2022a）。为了防止管理者的这种利己行为，持有大量股权的机构投资者会密切关注企业的运营情况，并在必要时要求企业调整，以提升股东价值，确保企业的长期可持续发展（Zhao et al.，2023）。

代理成本的存在增加了上述行动的复杂性，因为内部管理者往往比外部投资者掌握更多的企业信息（Oehmichen et al.，2021）。短视的管理者可能为了自身利益操纵信息和资源，仅象征性地应对投资者的 ESG 要求，而非致力于需要长期投资的绿色创新。因此，核心问题在于机构投资者如何引导管理者关注 ESG 议题，并通过 ESG 积极主义策略说服他们开展绿色创新。该目标可以通过整合注意力基础观来实现。

根据注意力基础观，注意力被定义为管理者对问题和答案的关注、编码、解释以及时间与精力的集中。由于有限理性和信息处理能力的限制，研究人员将管理者的注意力视为一种稀缺的关键资源，这在很大程度上决定了企业内部的战略选择和资源配置

（Joseph and Wilson，2018）。然而，正如注意力情景法则（Ocasio，1997）所表明的，管理者的注意力焦点并非一成不变的。管理者将注意力分配到哪些问题上取决于不同情况下的内部和外部刺激。鉴于机构投资者在股东群体中占主导地位（Dyck et al.，2019），他们有能力凭借 ESG 积极主义去转变管理者的短期行为，引导管理者追求绿色创新，从而有效缓解代理冲突。

总体而言，企业注意力过程包括两个方面：管理者对目标企业内部特定问题的注意力分配，以及外部利益相关者间的注意力整合。一方面，注意力分配被定义为管理者对特定组织内某些问题的关注（Joseph and Wilson，2018）。本节提出，机构投资者 ESG 积极主义能够显著增强管理者对绿色创新的关注，而媒体报道进一步加深了这种关注。另一方面，注意力的整合被定义为企业及其利益相关者对某些问题的共同关注（Crilly and Sloan，2014）。由于产业合作对绿色创新至关重要（Melander，2018），机构投资者能够协调产业合作伙伴之间的关注点，从而加强产业链对绿色创新的支持，这一效应在紧密关联的产业链中尤为突出。按照这一思路，本节研究有助于更好地理解机构投资者 ESG 积极主义是如何减轻短视的管理者对企业内部 ESG 注意力分配不足问题的内在机制，并促进产业合作伙伴之间的注意力整合，从而提高企业采纳绿色创新的可能性。

（三）数字化对企业应对措施的影响

随着信息技术和数字平台的广泛出现，数字化极大地改变了企业在管理常规、新产品开发、资源调动、生产流程、与合作伙伴合作以及与客户互动等方面的运作方式（Elia et al.，2020）。由于大量交易和社会互动在数字界面中进行，因此企业在数字化时代扫描、解读环境线索并采取行动时也呈现出不同的模式（Bharadwaj et al.，2013；Wu et al.，2023b）。

过去十年中，数字技术对企业的影响显现出两大趋势。

首先，数字技术显著增强了信息传播，以及与企业利益相关者之间的互动。数字化确保了企业信息在时空约束之外的可用性（Autio et al.，2018），并显著降低了信息搜索和处理的成本（Jin et al.，2024）。通过使用搜索引擎和数字化平台（McIntyre and Srinivasan，2017），股东、客户和其他企业利益相关者越来越多地选择在线渠道来收集和交换实时信息、表达诉求（Li et al.，2023）。研究表明，媒体报道及公众对企业不当行为的关注在互联网上传播更迅速、受众更广，这可能会对企业产生较大的规范压力（Kölbel et al.，2017；Chu et al.，2020）。因此，企业必须利用不同的数字接触点，包括移动应用程序、电子商务渠道、智能供应链管理平台和在线股东大会（Nambisan et al.，2019），以捕捉不同利益相关者群体的不同需求，并及时提供量身定制的解决方案。

其次，数字技术推动了超越组织边界的价值共创活动。产业链内的合作伙伴对信息、知识和各种有形或无形资源的有效调动，正在成为竞争优势的关键来源（He et al.，2020）。具体而言，数字化生态系统促使产业融合和混合式协作成为可能（Nambisan et al.，2019）。通过数字化生态系统相连的产业合作伙伴正越来越多地寻求更高水平的信息集成和技术协作，以便在新兴技术领域捕捉新机遇（Lanzolla et al.，2021）。因此，数字化为加强合作和集体创新创造了新途径（Elia et al.，2020）。此外，分层模块化作为一种源自数字化的高度一致、松散耦合的结构，通过定义明确的标准化接口，促进了模块之间顺畅、动态的协调（Hylving and Schultze，2020）。这使企业可以作为子系统灵活运作，并在无中央控制或协调实体的情况下独立设计流程（Elia et al.，2020）。总之，数字化为产业链嵌入性增添了更多活力，而产业链嵌入性描述的是企业与产业链中其他企业的相互关系程度，故应对此现象进行更深入的研究。

数字技术改变了传统的信息传播和产业合作模式，因此探讨数字化企业和非数字化企业是否对机构投资者 ESG 积极主义采取不同的应对措施，以及媒体报道和产业链关联如何调节高度数字化企业，就显得尤为重要。

二、机构投资者 ESG 积极主义与绿色创新的注意力机制

（一）机构投资者 ESG 积极主义与绿色创新

为解决机构投资者与管理者之间的代理冲突，本节基于注意力基础观，提出机构投资者 ESG 积极主义通过提升管理者对目标企业内部 ESG 问题的注意力分配，以及促进目标企业与产业链参与者之间的注意力整合，来推动企业的绿色创新。

提升管理者的注意力分配。机构投资者 ESG 积极主义提高了管理者对环境问题的关注强度。然而，为解决环境问题而进行的绿色创新可能伴随巨大的成本以及与技术进步和商业可行性相关的风险。此外，多个战略问题会同时争夺稀缺的管理注意力（Cyert and March，1963）。在此情形下，致力于满足分析师盈利预期和维护个人职业声誉的管理者往往会优先考虑短期经济利益，而忽视盈利前景不确定的绿色投资。

机构投资者 ESG 积极主义是纠正管理层短视行为和引导管理层关注 ESG 议程的重要外部力量。机构投资者通常通过撤资威胁和积极参与公司治理，在争夺管理层注意力方面发挥强大影响力（Zhao et al.，2023）。机构投资者由于持股集中、掌握的网络资源丰富，被视为具有较强控制力和影响力的重要股东，从而他们的建言往往受到管理者的重视。例如，通过实地考察，机构投资者可以有效地向管理层传递其 ESG 原则以及可持续转型的迫切性（Flammer et al.，2021）。因此，管理者更有可能优先考虑 ESG 问题，并将绿色创新视作一种可行的解决方案，实施大规模的战略调整和资源投入（Boyd and Brown，2012）。

在企业战略层面，高层管理者如果高度关注 ESG，往往会制定组织政策和程序将绿色创新实践制度化。为了加强员工的注意力分配，管理者可以在会议和日常沟通中传递新兴的 ESG 价值观（Knight and Paroutis，2017）。通过自上而下的关注和传播策略，企业可以为绿色创新投入更多的内部资源。关键人才和专项资金将被用于绿色技术的研发（Boyd and Brown，2012）。

机构投资者 ESG 积极主义在企业外部（即产业链参与者之间）的注意力整合中也发挥着关键作用。成功的绿色创新需要一套不同于传统运营的资源和能力（Huang and Li，2017），而企业内部可能并不具备这些资源和能力（Du et al.，2018）。因此，有必要将产业链参与者整合到一个协调的绿色创新过程中（Melander，2018）。然而，这种外部

合作可能会产生较高的协调成本（Luo et al.，2010；Feng and Wang，2016）。但通过 ESG 积极主义，机构投资者可以帮助整合企业的产业链合作伙伴对 ESG 问题的关注，并激励这些产业利益相关者支持绿色创新。

具体而言，机构投资者作为引领投资趋势的专业金融机构（Aluchna et al.，2022），能够借助 ESG 积极主义，向目标公司以及广泛的企业合作伙伴和利益相关者传达可持续发展的重要性（Goranova and Ryan，2014）。研究证据表明，机构投资者 ESG 积极主义会对目标企业的同行产生溢出效应（Shi et al.，2020）。这是因为产业链参与者能够轻易观察到 ESG 积极主义（如股东提案、公开信、运动等），并促使他们相信绿色创新的必要性。例如，当一家企业成为 ESG 积极主义关注的焦点时，产业链上其他相互关联的参与者就会更加关注环境风险及其业务的可持续性。这些产业合作伙伴可能会以更加绿色的方式共同重塑整个产业链，并为目标企业的绿色创新提供必要的支持。因此，我们认为，机构投资者 ESG 积极主义会促进企业的绿色创新。

（二）媒体报道对增强注意力分配逻辑的调节作用

根据注意力基础观，注意力分配和整合是在更广泛的社会和行业背景下进行的。作为现代社会的核心"解释系统"（Schmidt et al.，2013），媒体选择并传播他们认为有新闻价值或吸引受众的内容，塑造社会观点并推动新趋势（Anderson，2011）。媒体覆盖率指的是媒体对某一特定对象（如企业）的报道量或篇幅，反映了该对象在外部社会环境中的曝光程度（Zyglidopoulos et al.，2012）。研究显示，媒体通过特定视角解读和传播公司信息，激发公众对企业问题的关注，从而在加强企业治理方面发挥重要作用（Raimondo，2019）。因此，本节将探讨媒体报道作为企业周边社会环境的重要决定因素，是否会影响企业对机构投资者 ESG 积极主义的注意力强度（Chu et al.，2020）。

首先，媒体的广泛报道在扩大机构投资者 ESG 要求的可见性和合法性方面发挥了关键作用，推动目标企业优先考虑可持续转型。媒体是一个覆盖面广、影响力大的平台，可以凸显机构投资者 ESG 积极主义行动，并向公众普及 ESG 概念（Schmidt et al.，2013；Kölbel et al.，2017）。具体而言，媒体对企业的报道增加，表明企业受到密切关注，因此针对企业的 ESG 积极主义更有可能被关注、报道和传播，从而提高公众对可持续发展问题的认识和广泛关注（Gifford，2010；Chu et al.，2020）。此时，机构投资者 ESG 积极主义可能会转化为更迫切且合法的诉求，并要求企业立即予以关注。

正如有关企业积极主义的新兴文学流派（Villagra et al.，2021）所指出的那样，在面对有争议的社会问题时，消费者和社会公众敦促企业采取积极主动的立场，并在追求利润的同时推动变革。根据注意力基础观，被有限的认知能力和资源约束的管理者倾向于关注更紧迫或更合理的问题（Haas et al.，2015）。因此，在媒体报道的刺激下，面对持续增加的 ESG 压力，企业会主动加强对 ESG 举措的关注，并将企业资源分配给绿色创新工作，这有利于提升企业的销售业绩、客户忠诚度、品牌价值和声誉（Villagra et al.，2021）。

其次，媒体报道的增加为机构投资者提供了更全面的企业信息，使他们能够更有针对性地开展 ESG 活动，并有效监督企业的反馈。先前的研究表明，媒体报道在让投资者了解企业 ESG 细节方面做出了重大贡献。与财务信息不同，机构投资者获取企业 ESG

数据更具挑战性（Luo et al.，2022）。媒体可以跟踪和披露各种企业信息，尤其是与社会责任相关的信息，从而提高企业 ESG 实践的透明度，使机构投资者能够在知情的情况下，有针对性地开展 ESG 活动（Jin et al.，2024）。

最后，媒体更倾向于对企业的环境不当行为进行深入调查和报道，以迎合公众的好奇心（Xiang et al.，2020）。在这方面，企业的象征性回应，如仅对绿色倡议做出口头承诺而缺乏实质性改变，往往难以经受媒体的审查（Wu et al.，2022a）。因此，当象征性行动被媒体发现和揭露时，企业很可能会遭受严重的声誉损害（Li et al.，2023）。因此，提高媒体曝光率迫使企业将更多注意力分配到机构投资者 ESG 积极主义上，并采用绿色创新作为实质性回应。因此，本节认为，在媒体报道较多的情况下，企业更有可能通过绿色创新来应对机构投资者 ESG 积极主义。

（三）产业链关联对提升注意力整合逻辑的调节作用

产业链是一个垂直连接的产业系统（Hong et al.，2019），由上游供应商和下游客户组成（Sahebjamnia et al.，2018）。在开放的环境中，企业的战略决策和绩效结果不再依赖于一家企业，而是深受整个产业链的合作竞争动态的影响（Hong et al.，2019）。研究证实，通过与产业链上的合作伙伴协作，企业可以获得多样化的资源，发展自身的网络能力，并最终提升整个产业链竞争力（Peng et al.，2020）。产业链关联度，即产业链参与者之间的紧密程度，存在较大差异。绿色创新需要产业伙伴之间注意力的整合，因此，探讨在高度关联产业链中运营的企业是否能够通过联合绿色创新举措有效地协调产业伙伴的注意力并解决 ESG 问题至关重要。

一个紧密相连的产业链可以促进参与者之间利益和战略目标的一致性（Kim and Choi，2015），从而在机构投资者 ESG 积极主义面前加强产业合作伙伴的注意力整合。目前的研究表明，由于技术的高度复杂性，绿色创新所需的资源和能力往往不是单个企业所拥有的，因此在绿色创新过程中需要多个企业的协作（Du et al.，2018）。此外，适应新兴的 ESG 价值观涉及技术轨迹的重大转变与管理、生产流程的深刻变革，需要行业内多个参与者协调行动才能实现（Melander，2018）。

在相互依赖性低和存在利益冲突的松散产业链中，这种集体倡议往往难以实现（Kim and Choi，2015）。在这种情况下，当目标企业试图平息 ESG 积极主义的攻击时，产业合作伙伴可能会对关注和支持绿色创新举措表现出较低的兴趣。相比之下，在高度互联的产业链中，企业与其产业合作伙伴在"运营、战略和技术上都是一体化的"（Kim and Choi，2015）。当机构投资者提出对某家公司在 ESG 方面的担忧时，在长期合作（Lo et al.，2018）、共享资源池和相互关联的利益相关者关系中积累的相互信任会增加其他产业链参与者在 ESG 问题上与目标公司保持一致的意愿。这种一致性促进了整个产业链对可持续转型的共识，并鼓励业内同行支持目标公司的绿色创新。

因此，在相互紧密联系的产业链加强对 ESG 议程的共同关注的情况下，企业可以利用各种互补资源，与产业伙伴开展研发合作，共同推进绿色创新（Capaldo and Giannoccaro，2015）。此外，产业链内部的紧密联系有利于隐性知识的转移，并有助于降低与绿色创新相关的协调成本（Jin et al.，2024）。总之，通过高度互联的产业链内的协作努力，企业更能有效应对机构投资者 ESG 积极主义，从而鼓励绿色创新。

上述论点似乎很有说服力，但必须认识到与产业链关联有关的一个关键潜在风险——嵌入悖论（Babazadeh et al.，2017）。以往的研究表明，当企业深度嵌入产业链时，参与者之间的相互依存关系（Kim and Choi，2015）以及主导者行使的控制权可能会阻碍企业采用偏离既定技术范式的激进变革（如绿色创新）（Rezapour et al.，2015）。在高度耦合的产业链中，来自上游或下游合作伙伴的阻力可能会极大地削弱企业为应对 ESG 积极主义而推出绿色创新的能力。然而，考虑到近几十年来 ESG 趋势的盛行，我们预计，即使是高度关联的产业链中的产业合作伙伴，也更倾向于支持同行的绿色创新举措，而不是阻碍其进展。因此，本节认为，在高度关联的产业链中运营的企业更有可能通过绿色创新来应对机构投资者 ESG 积极主义。

三、数字化企业与非数字化企业的不同应对反应

近年来，由于信息技术的快速发展和新商业模式的出现，数字化从根本上改变了商业交易、资源配置、利益相关者参与和组织间协作的性质（Elia et al.，2020）。与非数字化企业相比，数字化企业擅长通过在线渠道使用数字化产品或服务（Nambisan et al.，2019），并利用在线平台和开放社区与客户、中间商、合作伙伴互动（McIntyre and Srinivasan，2017）。在快速发展的环境中，这类企业展现出诸多优势，在面对机遇和威胁时拥有更强的灵活性（Du et al.，2018）。在数字技术的推动下，企业可以建立一个广泛的网络，将异质的、地理位置分散的利益相关者聚合在一起（Elia et al.，2020），促进信息传播与交流。数字生态系统还能让企业克服单个企业的资源限制，通过集体努力加速创新进程（Du et al.，2018）。因此，本节认为，数字化企业对媒体报道所引发的公众监督更为敏感，并拥有更多的数字化资源来加强由产业链关联所促进的企业间合作。因此，数字化企业对机构投资者 ESG 积极主义表现出更高的响应度。

数字化企业不断扩大的数字化足迹可能会提高企业 ESG 问题的在线可见度和媒体报道的影响力，从而促使企业更加关注机构投资者的 ESG 行动。与非数字化企业相比，高度数字化企业大多采用数字化渠道进行业务运营和利益相关者互动（McIntyre and Srinivasan，2017）。例如，数字化企业通常采用多样化的数字接触点来增强连接性，并为利益相关者提供更好的信息获取途径（Lamberton and Stephen，2016）。因此，针对数字化企业 ESG 问题的媒体报道可以通过互联网迅速传播，覆盖更广泛的受众。在负面媒体报道的刺激下，网络利益相关者可能会发起激烈的辩论，甚至抵制从事环境不当业务的公司（Wu et al.，2021），从而加剧目标公司面临的声誉风险。面对负面媒体报道，更高的在线可见度促使数字化企业迅速关注 ESG 积极主义。

由于具备专业的数据分析能力，数字化企业对媒体报道引发的公众监督更加敏感，在应对随之而来的企业形象威胁时也更加灵活。数字化工具，包括社交媒体内容自动检测、在线声誉评估算法和人工智能辅助客户互动技术，使企业能够迅速识别威胁并采取行动（Lee et al.，2015）。在面对机构投资者 ESG 积极主义时，数字化企业利用这些大数据驱动技术来分析 ESG 倡议如何在传统媒体和在线渠道中传播和适应（Dubey et al.，2019）。这种技术能力使公司能够密切关注媒体报道产生的影响，并通过精确定位关键

积极分子和关键要求，对 ESG 积极主义做出有针对性的回应。此外，通过收集和分析来自不同渠道的 ESG 需求和建议，企业可以获得新颖的想法和多样化的知识，从而加快绿色创新进程，提高创新质量（Luo et al.，2016）。因此，我们认为，媒体报道对机构投资者 ESG 积极主义与绿色创新之间关系的积极影响，对数字化企业而言要强于非数字化企业。

此外，由于拥有先进的数字技术，数字化企业在管理产业链方面也表现出卓越的协调能力（Dubey et al.，2019），使产业链关联产生了更强的调节作用。

首先，数字技术的采用大大降低了产业参与者之间的协调成本。利用智能供应链管理系统等数字技术，数字化企业可以高效地与产业合作伙伴沟通需求、交流知识、协调任务，从而使合作伙伴的注意力集中到 ESG 议程上。例如，在面对机构投资者 ESG 积极主义时，数字化企业与其"单打独斗"，不如迅速通知其产业链合作伙伴，评估 ESG 风险（Sternberg et al.，2021），并制定有效的应对措施。此外，采用区块链等新兴技术可提高产业链内的信息透明度和可追溯性（Kache and Seuring，2017；Aben et al.，2021）。通过提供更加准确和无可争议的交易记录，企业可以消除合作伙伴对信息不对称的担忧，并促进基于信任的关系。此外，透明度的提高还能确保各方的责任感（Aben et al.，2021），并通过相互监督防止合作中的机会主义行为。在这种情况下，产业合作伙伴更倾向于与目标企业保持一致，并为绿色创新提供必要的资源支持。

其次，在运营层面，数字化企业可以通过数据驱动的资源配置和决策过程，有效调动产业链内的资源，实现组织间的协同效应。工业互联网平台和其他数字系统有助于实时收集和整合产业链各环节的数据（Nambisan et al.，2019），从而将不同的产业链参与者联结成一个共享资源、共同创造价值的数字生态系统（Koch and Windsperger，2017）。为此，在通过绿色创新应对 ESG 积极主义时，数字化企业可以有效地从其他工业供应商那里寻找资源投入，加快创新进程。例如，利用从供应商处获得的有关原材料和零部件的准确碳足迹和实验数据，企业可以发现生产流程中的低效环节，并推出采用更环保零部件的新产品。此外，下游客户的及时反馈也会大大促进绿色创新举措的成功。因此，我们认为，产业链关联对机构投资者 ESG 积极主义与绿色创新之间关系的积极影响，对数字化企业而言要强于非数字化企业。

根据上述分析，本节提出如图 3-2 所示的研究框架。

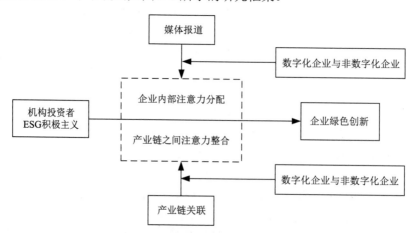

图 3-2　机构投资者 ESG 积极主义与企业绿色创新研究框架

四、研究设计

（一）数据来源

中国之所以成为探索机构投资者 ESG 积极主义与绿色创新之间相关性的重要阵地，有两个原因。首先，中国政府在 2020 年提出的"双碳"倡议鼓励企业减少碳足迹，向可持续发展转型（Huang et al.，2022）。对碳减排做出重大贡献的绿色创新是这一政策的核心。因此，探索促进企业绿色创新的方法值得更多关注。其次，在中国资本市场上，机构投资者已成为一股主导力量（Jiang and Bai，2022），他们利用自身的信息和资本优势，在公司治理中发挥着至关重要的作用。许多具有 ESG 偏好的机构投资者寻求对其所投资公司的环境实践和战略施加影响（Wu et al.，2023a）。综上所述，中国的国情为数据收集提供了理想的环境，也为本节正在进行的实证研究提供了重要价值。

多源数据收集：中国上市公司的财务和治理数据来自 CSMAR 数据库，该数据库被广泛用于管理和财务研究（Wu et al.，2018b）。用于构建解释变量的 ESG 评级来自 Wind 数据库。从国家知识产权局获取企业专利信息来衡量绿色创新。描述企业数字化转型的数据来自 CNRDS。

初始样本包括 2007~2021 年在上海证券交易所和深圳证券交易所上市的所有公司。遵循文献的研究方法来筛选研究样本（Li et al.，2023）。首先，剔除了金融行业的公司，如银行、信托和保险公司。其次，剔除了被证券交易所指定为特殊处理（ST/*ST/PT）的上市公司。最后，剔除了未披露相关变量详细数据的公司。最终，获得 2726 家中国上市公司的"企业-年份"层面的 16 578 个观测样本。为消除异常值的影响，除虚拟变量外，对连续变量进行缩尾处理。

（二）变量定义

1. 被解释变量：绿色创新

绿色创新通过各企业每年申请的绿色专利来衡量。尽管文献中围绕企业创新统计存在争议，但专利数量仍是衡量企业创新的常用指标（Guan and Liu，2016；Kim et al.，2019；Li et al.，2020）。首先从国家知识产权局获取各企业的专利信息。然后，根据世界知识产权组织发布的《国际专利分类绿色清单》（IPC Green Inventory），在各企业的专利申请总量中识别绿色专利（Zhu et al.，2019；Qi et al.，2021）。在中国，专利可分为三个不同的类别：发明专利、实用新型专利和外观设计专利。一般来说，发明专利的授权需要经过严格的审查程序，即实质审查，对专利的新颖性和独创性要求较高。相比之下，实用新型专利由于体现的技术优点较少，因此授予标准比发明专利低。由于外观设计专利的新颖性和独创性低于上述两类专利（Chen et al.，2021a），因此本节将其排除在分析之外。取而代之的是，使用当年获得授权的绿色发明专利和绿色实用新型专利的数量来衡量绿色创新。

2. 解释变量：机构投资者 ESG 积极主义

近年来，和讯网、上海华证等多家第三方机构开始为中国上市公司提供 ESG 评级或评分。学者广泛利用这些评级或评分来评价企业的 ESG 表现（He et al.，2022），但针对机构投资者的 ESG 数据无法直接观察到。在研究中，本节利用机构投资者所投资公司的 ESG 评级构建了一个衡量机构投资者 ESG 积极主义的变量。根据先前的研究（Zhang et al.，2020a），通过机构投资者所投资公司的加权 ESG 分数来衡量机构投资者 ESG 积极主义，见式（3-1）：

$$机构投资者ESG积极主义 = \sum_{i=1}^{n} weight_{ji} \times ESG_i \tag{3-1}$$

其中，$weight_{ji}$ 表示机构投资者 j 投资于 i 公司的资金占机构投资者 j 管理的整个投资组合总投资额的比例；ESG_i 表示上海华证对 i 公司的 ESG 评级。在稳健性检验中，本节还使用了和讯网的 ESG 评级。

3. 调节变量

（1）媒体报道。参考以往的研究，使用媒体对每家公司的报道数量来衡量媒体覆盖率（Hawn，2021；Kölbel，2017）。根据公司名称和公司股票代码使用 Python 搜索每家公司的年度新闻报道，并取自然对数。

（2）产业链关联。衡量产业链关联度的方法包括投入产出法和增加值法。投入产出法以投入产出表为基础，利用生产分割长度来反映专业化和分工的程度，进而衡量产业链关联度。具体来说，生产分割的长度越长，生产一单位最终产品所需的产业伙伴支持就越多，产业链关联度就越强。本节借鉴 Fally（2012）的方法来衡量各产业的生产分割长度，见式（3-2）：

$$PSL_j = 1 + \sum_m a_{mj} PSL_m \tag{3-2}$$

其中，PSL_j 表示 j 行业的生产阶段数；a_{mj} 表示用于生产 j 行业一单位产品需要用到的 m 行业投入品的价值。如果生产过程中不需要中间投入品，则生产阶段数设为 1。每个行业都有一个方程，因此多方程系统产生的唯一解就是式（3-3）所示的矩阵形式：

$$PSL = (I - A)^{-1} I \tag{3-3}$$

其中，PSL 表示阶数为 $n \times 1$ 的生产阶段数，n 表示考察的行业数；I 表示元素全为 1 的阶数矩阵；A 表示直接消费系数矩阵。根据国家统计局发布的投入产出表中的直接消费系数矩阵来计算不同产业的生产阶段数、不同行业所涉及的生产阶段数量。面临的一个挑战是，投入产出表只能提供 2017 年之前的数据。按照 Zheng（2018）的方法，将 2007 年、2012 年和 2017 年的矩阵转换为 2007 年、2012 年和 2017 年的矩阵，得到 2007 年至 2020 年的时变投入产出表。

此外，附加值法可用于捕捉各企业的专业化程度。并且，专业化程度越高，产业链内的联系就越紧密。本节采用修正的价值增量法来衡量增值专业化程度。

$$\begin{aligned} VAS &= \frac{采购价值}{主营业务收入 - 净利润 + 正常盈利} \\ &= \frac{采购价值}{主营业务收入 - 净利润 + 净资产 \times 平均股本回报率} \end{aligned} \tag{3-4}$$

其中，增值税率为 17%，平均股本回报率用前三年的行业平均股本回报率代替。同时，本节删除 VAS 值偏离[0,1]的观测值。采购价值=（为商品和服务而支付的现金+初始预付款+最终预付款+最终应付款–初始应付款+最终应付票据–初始应付票据）/（1+增值税率）+期初库存–期末库存。

由于产业链关联度涉及企业和产业两个层面，将上述两个指标的乘积作为产业链关联度的综合指标，具体如式（3-5）所示：

$$ICR_i = PSL_j VAS_i \qquad\qquad (3-5)$$

（3）数字化企业与非数字化企业。许多文献都使用文本分析来构建企业数字化变量（Chen et al.，2023a）。数字化作为企业在数字时代最重要的转型之一，其进展通常反映在企业总结性和指导性的年度报告中，尤其是在管理层就数字技术对企业运营的影响时的讨论与分析部分更是如此。根据这些文字，可以捕捉到公司采用数字技术的程度。一般来说，如果企业强调数字化的战略重要性并广泛采用数字技术，那么管理层就更有可能在讨论与分析段落中使用与数字化相关的词语来阐述企业数字化的过程和结果。因此，本节借鉴 Chen 等（2023a）的研究，采用机器学习方法来计算年报管理层讨论与分析部分中数字化词汇的词频。然后，按照数字化水平的中位数将样本企业分为数字化企业和非数字化企业。

首先构建一个初步的数字化词典，从国家政策文件、权威研究报告和学术文献中归纳和选取与数字化相关的关键词，包括数字化转型、数字经济、数字时代等。其次，根据现有文献（Brown and Tucker，2011），将重点放在年报中的管理层讨论与分析上，并使用深度学习模型搜索与基本关键词近似且相似度超过 0.8 的词来扩展词库。最后，将扩充后的词库添加到 Python 的 Jieba 词库中，并使用该程序对管理层讨论与分析文本进行分段，最终得到每家上市公司的数字化总词频。

4. 控制变量

根据文献，控制一系列可能对企业绿色创新有显著影响的变量，主要集中在企业财务状况和治理结构变量上（Zhou et al.，2017；Chen and Yang，2019；Zhang et al.，2019a）。

（1）财务状况的控制变量。杠杆率是年末总负债与总资产的比率。资产回报率是净利润与平均总资产的比率。现金持有量等于现金及现金等价物除以总资产与现金及现金等价物之差。资产规模是总资产的规模，通常将其转化为对数形式，以减少极端值的潜在影响。托宾 Q 值是市场价值与重置成本的比率。研发比率是企业研发费用总额与销售收入总额的比例。

（2）治理结构的控制变量。董事会规模是公司董事会的人数。股权集中度是前 10 名股东持股比例的总和。双重身份是一个虚拟变量，表示董事长是否同时兼任其他职务。大股东持股比例用第一大股东的持股比例来衡量。上市年份是当年与首次公开募股年份之间的时间差。

（三）模型构建

为了尽量减少遗漏变量造成的估计偏差，控制多个维度的固定效应。考虑到估计的可行性和计算效率,采用多维面板固定效应的线性回归方法来检验机构投资者 ESG 积极主义对企业绿色创新的影响。

首先,本节使用全样本中机构投资者 ESG 积极主义主变量和所有控制变量来检验机构投资者 ESG 积极主义对企业绿色创新的影响。其次,在全样本的基础上分别引入媒体覆盖率和产业链关联,以及其与机构投资者 ESG 积极主义的双向交互项,并纳入所有控制变量来检验媒体报道和产业链关联的调节作用。最后,分别在数字化企业和非数字化企业的子样本中引入媒体覆盖率和产业链关联及其与机构投资者 ESG 积极主义的交互项,以检验媒体覆盖率和产业链关联在两种情境下的调节作用。

五、实证结果与分析

(一)描述性统计

表 3-12 列出了基线模型中使用的关键变量的描述性统计。绿色创新的中位数为 0,表明中国上市公司在绿色创新方面的表现普遍较差。这进一步凸显了中国企业通过发展绿色创新应对气候变化的紧迫性。机构投资者 ESG 积极主义的均值和中位数均远大于 0,表明有相当数量的机构投资者追求 ESG 积极主义。媒体报道的均值(2.98)表明,媒体对目标公司的平均报道次数约为每年 19 次(计算公式为 $e^{2.98} - 1 = 18.6878$)。产业链关联的均值和中位数表明,大多数公司的产业链关联度高于平均水平。

表 3-12　主要变量的描述性统计

变量	观测值	平均值	标准差	最小值	中位数	最大值
绿色创新	16 578	3.15	7.444	0	0	57.00
机构投资者 ESG 积极主义	16 578	1.53	1.034	0	1.49	4.18
媒体报道	16 578	2.98	1.223	0	2.89	7.03
产业链关联	12 843	1.78	0.755	0.15	1.81	3.45
杠杆率	16 578	0.36	0.189	0.06	0.34	0.98
资产回报率	16 578	0.05	0.066	−0.28	0.05	0.28
现金持有量	16 578	0.23	0.161	0.01	0.18	0.70
资产规模	16 578	21.76	1.051	19.03	21.63	25.89
托宾 Q 值	16 578	2.14	1.258	0.88	1.73	8.14
研发比率	16 578	4.89	4.706	0	3.78	25.30
上市年份	16 578	1.64	0.911	0	1.79	3.30
董事会规模	16 578	8.19	1.449	0	9.00	13.00
双重身份	16 578	0.40	0.489	0	0	1.00
股权集中度	16 578	0.37	0.165	0.13	0.34	0.96
大股东持股比例	16 578	31.90	13.465	9.00	30.00	75.82

表 3-13 显示了基线模型所用变量的相关矩阵,包括皮尔逊相关系数和斯皮尔曼相关系数,大部分相关系数低于 0.6。另外,本节还测量了主要变量的方差膨胀因子,所有

表3-13　相关矩阵

变量	1	2	3	4	5	6	7	8	9	10	11	12	13	14	15
绿色创新		0.06*	0.11*	0.26*	0.26*	-0.09*	-0.09*	0.29*	-0.14*	0.06*	0.16*	0.04*	-0.03*	0.01	-0.03*
机构投资者ESG积极主义	0.01		0.02*	0.05*	0.05*	-0.14*	-0.05*	-0.05*	-0.10*	-0.07*	0.02*	0.04*	-0.03*	0.01	0.02*
媒体报道	0.16*	0.02*		-0.04*	0.13*	0.13*	-0.02*	0.31*	0.02*	-0.08*	0.09*	0.12*	-0.03*	0.06*	0.06*
产业链关联	0.15*	0.05*	-0.04*		0.29*	-0.11*	-0.11*	0.13*	-0.18*	-0.26*	0.04*	-0.00	-0.00	0.10*	0.07*
杠杆率	0.23*	0.06*	0.14*	0.28*		-0.39*	-0.42*	0.51*	-0.27*	-0.30*	0.36*	0.06*	-0.08*	0.06*	-0.04*
资产回报率	-0.03*	-0.12*	0.13*	-0.03*	-0.34*		0.31*	-0.08*	0.27*	0.07*	-0.27*	0.04*	0.05*	-0.01	0.17*
现金持有量	-0.09*	-0.05*	-0.04*	-0.17*	-0.46*	0.25*		-0.28*	0.12*	0.20*	-0.28*	-0.01	0.07*	-0.01	0.09*
资产规模	0.33*	-0.05*	0.35*	0.13*	0.52*	-0.01	-0.30*		-0.36*	-0.24*	0.54*	0.14*	-0.11*	0.04*	-0.04*
托宾Q值	-0.10*	-0.08*	0.04*	-0.17*	-0.22*	0.18*	0.10*	-0.27*		0.26*	-0.03*	-0.11*	0.07*	-0.01	-0.03*
研发比率	0.01	-0.07*	-0.05*	-0.31*	-0.28*	-0.03*	0.24*	-0.19*	0.24*		-0.15*	-0.09*	0.11*	-0.13*	-0.12*
上市年份	0.14*	0.04*	0.10*	0.05*	0.36*	-0.21*	-0.37*	0.52*	0.05*	-0.09*		0.05*	-0.13*	0.06*	-0.25*
董事会规模	0.04*	0.03*	0.13*	-0.01	0.07*	0.04*	-0.01	0.16*	-0.09*	-0.08*	0.04*		-0.13*	-0.09*	-0.08*
双重身份	-0.01	-0.03*	-0.03*	-0.00	-0.08*	0.04*	-0.03*	-0.10*	0.05*	0.09*	-0.13*	-0.12*		0.04*	0.08*
股权集中度	-0.01	0.01	0.07*	0.09*	0.09*	0.02*	0.09*	0.06*	0.01	-0.12*	0.09*	-0.08*	0.02*		0.80*
大股东持股比例	-0.02*	0.02*	0.07*	0.07*	-0.03*	0.17*	0.09*	-0.00	-0.03*	-0.12*	-0.22*	-0.07*	0.07*	0.78*	

注：$N=16\,578$。表中对角线左边为皮尔逊相关系数，对角线右边为斯皮尔曼相关系数

*表示5%的显著性水平

方差膨胀因子值均低于 10，表明多重共线性问题不大。此外，相关性结果表明，机构投资者 ESG 积极主义与绿色创新之间存在正向联系。由于相关性是变量之间的纠缠关联，下面进一步使用回归模型通过控制各种因素来证实相关观点。

（二）回归结果

表 3-14 显示了基线回归结果。模型 1 是基于全样本的回归，表明机构投资者 ESG 积极主义与企业绿色创新之间显著正相关（$\beta=0.107$，$p<0.001$，包含所有控制变量）。模型 2 和模型 3 分别基于数字化企业和非数字化企业子样本，结果表明，对于这两类企业，机构投资者 ESG 积极主义与企业绿色创新之间均显著正相关（模型 2 中，$\beta=0.108$，$p<0.001$；模型 3 中，$\beta=0.103$，$p<0.001$）。这表明机构投资者 ESG 积极主义能够显著促进企业绿色创新。

表 3-14　基线回归（一）

变量	模型 1	模型 2	模型 3
	全样本	数字化企业	非数字化企业
机构投资者 ESG 积极主义	0.107***	0.108***	0.103***
	(0.019)	(0.026)	(0.025)
杠杆率	0.790***	0.970***	0.671*
	(0.192)	(0.229)	(0.264)
资产回报率	0.596+	0.826+	0.221
	(0.352)	(0.451)	(0.501)
现金持有量	0.048	0.002	0.146
	(0.187)	(0.235)	(0.248)
资产规模	0.575***	0.565***	0.561***
	(0.035)	(0.038)	(0.051)
托宾 Q 值	−0.039+	−0.052*	−0.013
	(0.021)	(0.024)	(0.031)
研发比率	0.026***	0.025**	0.034***
	(0.006)	(0.008)	(0.008)
上市年份	0.012	0.062	−0.039
	(0.043)	(0.051)	(0.057)
董事会规模	0.020	0.017	0.039
	(0.023)	(0.022)	(0.035)
双重身份	0.049	0.071	0.046
	(0.055)	(0.068)	(0.078)
股权集中度	0.022	0.304	−0.104
	(0.252)	(0.363)	(0.284)

续表

变量	模型 1	模型 2	模型 3
	全样本	数字化企业	非数字化企业
大股东持股比例	−0.000	−0.000	−0.002
	(0.004)	(0.005)	(0.005)
行业、时间、地区固定效应	控制	控制	控制
观测值	16 578	8 289	8 289
伪 R^2	0.385	0.416	0.372

注：括号中为聚类标准误

***表示 0.1%的显著性水平，**表示 1%的显著性水平，*表示 5%的显著性水平，+表示 10%的显著性水平

表 3-15 显示了媒体报道和产业链关联的调节效应结果。模型 1 显示，机构投资者 ESG 积极主义×媒体报道的系数为正且显著（β=0.058，p<0.001），表明媒体报道越多，机构投资者 ESG 积极主义对企业绿色创新的促进作用越大。模型 2 显示，机构投资者 ESG 积极主义×产业链关联的系数为负且显著（β= −0.144，p<0.001），表明产业链关联削弱了机构投资者 ESG 积极主义与企业绿色创新之间的正相关关系，这与最初的预测不一致。因此，机构投资者 ESG 积极主义对企业绿色创新的促进作用在媒体报道较多时得到增强，但在产业链关联程度较高时这一关系被削弱。

表 3-15　媒体报道和产业链关联的调节作用

变量	模型 1	模型 2
机构投资者 ESG 积极主义	−0.103*	0.448***
	(0.046)	(0.084)
媒体报道	0.080*	
	(0.037)	
机构投资者 ESG 积极主义×媒体报道	0.058***	
	(0.014)	
产业链关联		0.299***
		(0.090)
机构投资者 ESG 积极主义×产业链关联		−0.144***
		(0.038)
杠杆率	0.698***	0.858***
	(0.189)	(0.235)
资产回报率	0.343	1.098**
	(0.343)	(0.425)
现金持有量	−0.025	−0.056
	(0.184)	(0.252)
资产规模	0.480***	0.597***
	(0.036)	(0.048)

续表

变量	模型 1	模型 2
托宾 Q 值	−0.054[*]	−0.032
	(0.021)	(0.027)
研发比率	0.024[***]	0.031[***]
	(0.007)	(0.008)
上市年份	0.042	−0.012
	(0.042)	(0.066)
董事会规模	0.018	0.014
	(0.022)	(0.028)
双重身份	0.049	0.020
	(0.055)	(0.070)
股权集中度	−0.098	0.061
	(0.257)	(0.289)
大股东持股比例	0.000	−0.001
	(0.004)	(0.005)
行业、时间、地区固定效应	控制	控制
观测值	16 578	12 843
伪 R^2	0.397	0.404

注：括号中为聚类标准误

[***]表示 0.1%的显著性水平，[**]表示 1%的显著性水平，[*]表示 5%的显著性水平

此外，本节进一步分析了媒体报道和产业链关联在不同情境下的调节作用。如表 3-16 所示，在数字化企业中，模型 1 中机构投资者 ESG 积极主义×媒体报道的系数为正且显著（$\beta=0.086$，$p<0.001$），而在非数字化企业中，模型 2 中机构投资者 ESG 积极主义×媒体报道的系数不显著，这表明媒体报道的正向调节作用在数字化企业中更为明显。模型 3 显示，在数字化企业中，机构投资者 ESG 积极主义×产业链关联的系数仅在 10%的水平上显著（$\beta=-0.094$，$p<0.1$）。而模型 4 显示，在非数字化企业中，机构投资者 ESG 积极主义×产业链关联的系数在 0.1%的水平上显著为负（$\beta=-0.195$，$p<0.001$），这表明在数字化企业中，产业链关联的负向调节作用得到了有效缓解。

表 3-16　数字化企业和非数字化企业对调节作用的影响

变量	模型 1	模型 2	模型 3	模型 4
	数字化企业	非数字化企业	数字化企业	非数字化企业
机构投资者 ESG 积极主义	−0.188[***]	−0.004	0.372[**]	0.531[***]
	(0.055)	(0.065)	(0.123)	(0.102)
媒体报道	0.002	0.188[***]		
	(0.041)	(0.050)		
机构投资者 ESG 积极主义×媒体报道	0.086[***]	0.024		
	(0.017)	(0.020)		

续表

变量	模型 1	模型 2	模型 3	模型 4
	数字化企业	非数字化企业	数字化企业	非数字化企业
产业链关联			0.235*	0.381***
			(0.115)	(0.115)
机构投资者 ESG 积极主义×产业链关联			−0.094+	−0.195***
			(0.056)	(0.045)
杠杆率	0.906***	0.568*	1.074***	0.714*
	(0.226)	(0.250)	(0.289)	(0.316)
资产回报率	0.621	0.061	1.302*	0.768
	(0.444)	(0.460)	(0.556)	(0.615)
现金持有量	−0.043	0.037	−0.092	0.074
	(0.235)	(0.237)	(0.335)	(0.313)
资产规模	0.504***	0.424***	0.588***	0.583***
	(0.042)	(0.046)	(0.052)	(0.067)
托宾 Q 值	−0.055*	−0.049	−0.048	0.001
	(0.024)	(0.031)	(0.030)	(0.043)
研发比率	0.023**	0.036***	0.031**	0.039***
	(0.008)	(0.008)	(0.010)	(0.009)
上市年份	0.069	0.027	0.039	−0.069
	(0.051)	(0.053)	(0.087)	(0.080)
董事会规模	0.015	0.035	0.014	0.042
	(0.021)	(0.032)	(0.027)	(0.041)
双重身份	0.075	0.032	0.055	0.017
	(0.067)	(0.076)	(0.083)	(0.100)
股权集中度	0.283	−0.291	0.434	−0.106
	(0.360)	(0.285)	(0.419)	(0.323)
大股东持股比例	−0.002	0.001	−0.003	−0.002
	(0.005)	(0.005)	(0.006)	(0.006)
行业、时间、地区固定效应	控制	控制	控制	控制
观测值	8289	8289	6276	6567
伪 R^2	0.426	0.387	0.442	0.390

注：括号中为聚类标准误

***表示 0.1%的显著性水平，**表示 1%的显著性水平，*表示 5%的显著性水平，+表示 10%的显著性水平

（三）稳健性检验

为确保实证结果的可信度，本节进行了一系列稳健性检验，包括对机构投资者 ESG 积极主义和绿色创新的不同测量方法进行敏感性分析、交互固定效应分析、工具变量分

析、倾向得分匹配分析以及利用控制内生性的两阶段赫克曼（Heckman）选择模型进行分析。稳健性检验的结果都支持本节的主要观点。

1. 变量替换

一个重要的问题是，使用不同的测量方法可能会得出不同的实证结果。因此，下面采用不同的解释变量和被解释变量测量方法进行分析。

首先，使用和讯网的 ESG 评级替代上海华证的 ESG 评级，构建机构投资者 ESG 积极主义并重新检验模型。目前有众多第三方机构对上市公司进行 ESG 评级。先前的研究也显示，各评级机构对单个公司的 ESG 评级存在显著差异（Christensen et al.，2022）。在本节中，用和讯网的 ESG 评级替代上海华证的 ESG 评级，以进行稳健性测试。如表 3-17 所示，机构投资者 ESG 积极主义_和讯网与绿色创新之间的正相关关系依然存在（模型 1 中，$\beta=0.081$，$p<0.001$）。媒体报道增强了机构投资者 ESG 积极主义对企业绿色创新的正向作用（模型 4 中，$\beta=0.036$，$p<0.001$），尤其是在数字化企业背景下（模型 5 中，$\beta=0.042$，$p<0.001$）。同样，在数字化企业背景下，产业链关联的负向调节作用减弱（模型 7 中，$\beta=-0.131$，$p<0.001$；模型 8 中，$\beta=-0.082$，$p<0.1$）。这些结果表明了之前结果的稳健性。

其次，用绿色专利申请取代已授权的绿色专利数量来衡量企业绿色创新。由于从专利申请到专利授权的时间较长，许多学者也将专利申请作为评估企业绿色创新的指标（Bronzini and Piselli, 2016）。事实上，绿色专利申请表明，企业在申请绿色专利时付出了巨大的沉没成本。根据这一方法，本节考察了机构投资者 ESG 积极主义与企业申请绿色专利数量之间的关系。如表 3-18 所示，机构投资者 ESG 积极主义对企业绿色专利申请数量有显著的正向影响（模型 1 中，$\beta=0.131$，$p<0.001$）。此外，当媒体报道较多时，机构投资者 ESG 积极主义对绿色专利申请数量的促进作用更大（模型 4 中，$\beta=0.041$，$p<0.05$），尤其是在数字化企业中（模型 5 中，$\beta=0.056$，$p<0.05$）。但是，如果产业链高度关联，机构投资者 ESG 积极主义对企业绿色创新的积极作用就会减弱（模型 7 中，$\beta=-0.106$，$p<0.01$），但在数字化企业中，其负向调节作用会减弱（模型 8 中，$\beta=-0.089$，$p<0.1$）。这与本节之前的结果一致。

2. 交互固定效应

进一步加入了年份–省份和年份–产业维度的交互固定效应，以控制省一级随时间变化的宏观环境和异质性产业环境。如表 3-19 所示，机构投资者 ESG 积极主义的估计系数显著为正。机构投资者 ESG 积极主义×媒体报道的系数为 0.067，在 0.1% 的水平上显著。机构投资者 ESG 积极主义×产业链关联的系数为–0.154，在 0.1% 的水平上显著。媒体报道的调节作用在数字化企业中更为显著，交互项系数为 0.095，在 0.1% 的水平上显著。此外，产业链关联的负向调节作用在数字化企业中得到缓解，机构投资者 ESG 积极主义×产业链关联的系数变为–0.109，仅在 10% 的水平上显著，而产业链关联的负向调节作用在非数字化企业中得到加强，机构投资者 ESG 积极主义×产业链关联的系数为–0.219，在 0.1% 的水平上显著，这证实了数字技术在一定程度上缓解了传统产业链的弊端，促进了产业链注意力的整合。因此，本节研究结果再次得到验证。

表3-17　解释变量的替代（机构投资者ESG积极主义_和讯网）

变量	模型 1 全样本	模型 2 数字化企业	模型 3 非数字化企业	模型 4 全样本	模型 5 数字化企业	模型 6 非数字化企业	模型 7 全样本	模型 8 数字化企业	模型 9 非数字化企业
机构投资者ESG积极主义_和讯网	0.081*** (0.014)	0.080*** (0.018)	0.083*** (0.018)	-0.054+ (0.031)	-0.068+ (0.040)	-0.025 (0.046)	0.385*** (0.060)	0.301*** (0.088)	0.481*** (0.076)
媒体报道				0.079* (0.036)	0.026 (0.043)	0.158** (0.051)			
机构投资者ESG积极主义_和讯网×媒体报道				0.036*** (0.010)	0.042*** (0.012)	0.025+ (0.014)			
产业链关联							0.395*** (0.095)	0.281* (0.130)	0.526*** (0.125)
机构投资者ESG积极主义_和讯网×产业链关联							-0.131*** (0.027)	-0.082+ (0.042)	-0.181*** (0.032)
杠杆率	0.783*** (0.192)	0.965*** (0.230)	0.662* (0.264)	0.701*** (0.190)	0.903*** (0.230)	0.559* (0.252)	0.845*** (0.236)	1.071*** (0.292)	0.704* (0.321)
资产回报率	0.367 (0.358)	0.554 (0.459)	0.030 (0.504)	0.191 (0.345)	0.424 (0.448)	-0.081 (0.464)	0.626 (0.436)	0.736 (0.570)	0.423 (0.633)
现金持有量	0.042 (0.186)	-0.001 (0.235)	0.144 (0.247)	-0.034 (0.183)	-0.063 (0.236)	0.043 (0.236)	-0.072 (0.251)	-0.098 (0.334)	0.043 (0.310)

续表

变量	模型 1 全样本	模型 2 数字化企业	模型 3 非数字化企业	模型 4 全样本	模型 5 数字化企业	模型 6 非数字化企业	模型 7 全样本	模型 8 数字化企业	模型 9 非数字化企业
资产规模	0.570*** (0.035)	0.560*** (0.037)	0.555*** (0.051)	0.470*** (0.037)	0.490*** (0.042)	0.423*** (0.047)	0.589*** (0.047)	0.581*** (0.051)	0.576*** (0.066)
托宾 Q 值	-0.039+ (0.021)	-0.051* (0.024)	-0.014 (0.031)	-0.055** (0.021)	-0.058* (0.024)	-0.048 (0.031)	-0.031 (0.027)	-0.047 (0.030)	0.005 (0.042)
研发比率	0.026*** (0.006)	0.025** (0.008)	0.035*** (0.008)	0.024*** (0.007)	0.022** (0.008)	0.036*** (0.008)	0.029*** (0.008)	0.030** (0.010)	0.037*** (0.010)
上市年份	0.013 (0.042)	0.063 (0.051)	-0.037 (0.057)	0.046 (0.042)	0.076 (0.052)	0.026 (0.053)	-0.014 (0.066)	0.034 (0.086)	-0.068 (0.078)
董事会规模	0.021 (0.023)	0.017 (0.022)	0.039 (0.035)	0.019 (0.022)	0.014 (0.022)	0.036 (0.031)	0.017 (0.028)	0.016 (0.027)	0.043 (0.041)
双重身份	0.047 (0.055)	0.068 (0.068)	0.044 (0.078)	0.048 (0.056)	0.071 (0.068)	0.031 (0.076)	0.018 (0.070)	0.051 (0.083)	0.015 (0.101)
股权集中度	0.017 (0.253)	0.292 (0.364)	-0.104 (0.286)	-0.092 (0.260)	0.272 (0.367)	-0.284 (0.286)	0.068 (0.291)	0.420 (0.420)	-0.069 (0.324)
大股东持股比例	-0.000 (0.004)	-0.000 (0.005)	-0.002 (0.005)	0.000 (0.004)	-0.001 (0.005)	0.001 (0.005)	-0.001 (0.005)	-0.003 (0.006)	-0.002 (0.006)
行业、时间、地区固定效应	控制	控制	控制	控制	控制	控制	控制	控制	控制
观测值	16 578	8 289	8 289	16 578	8 289	8 289	12 843	6 276	6 567
伪 R^2	0.385	0.416	0.372	0.396	0.423	0.388	0.405	0.442	0.393

注: 括号中为聚类稳健标准误

****表示 0.1%的显著性水平, ***表示 1%的显著性水平, **表示 5%的显著性水平, *表示 5%的显著性水平, +表示 10%的显著性水平

表 3-18　用绿色专利申请替代被解释变量

变量	模型 1	模型 2	模型 3	模型 4	模型 5	模型 6	模型 7	模型 8	模型 9
	全样本	数字化企业	非数字化企业	全样本	数字化企业	非数字化企业	全样本	数字化企业	非数字化企业
机构投资者 ESG 积极主义	0.131***	0.109***	0.147***	−0.008	−0.078	0.078	0.373***	0.312**	0.478***
	(0.025)	(0.032)	(0.035)	(0.062)	(0.078)	(0.086)	(0.084)	(0.108)	(0.114)
媒体报道				0.049	0.006	0.121*			
				(0.039)	(0.046)	(0.053)			
机构投资者 ESG 积极主义×媒体报道				0.041*	0.056*	0.017			
				(0.019)	(0.024)	(0.027)			
产业链关联							0.224**	0.222*	0.261*
							(0.082)	(0.095)	(0.111)
机构投资者 ESG 积极主义×产业链关联							−0.106**	−0.089+	−0.145**
							(0.037)	(0.048)	(0.049)
杠杆率	0.917***	1.169***	0.660*	0.851***	1.112***	0.601*	0.936***	1.134***	0.843**
	(0.197)	(0.229)	(0.272)	(0.195)	(0.227)	(0.264)	(0.226)	(0.268)	(0.311)
资产回报率	1.551***	1.472***	1.462*	1.384***	1.323**	1.379*	1.925***	1.763***	1.988*
	(0.382)	(0.436)	(0.663)	(0.376)	(0.430)	(0.642)	(0.429)	(0.493)	(0.804)
现金持有量	−0.016	−0.064	0.122	−0.066	−0.101	0.050	−0.124	−0.175	0.066
	(0.204)	(0.254)	(0.281)	(0.204)	(0.254)	(0.278)	(0.245)	(0.321)	(0.328)
资产规模	0.657***	0.626***	0.676***	0.592***	0.582***	0.581***	0.668***	0.617***	0.708***
	(0.038)	(0.046)	(0.052)	(0.039)	(0.047)	(0.048)	(0.048)	(0.054)	(0.060)
托宾 Q 值	−0.014	−0.033	0.019	−0.024	−0.035	−0.008	0.007	−0.014	0.052
	(0.022)	(0.025)	(0.036)	(0.022)	(0.025)	(0.035)	(0.025)	(0.028)	(0.040)
研发比率	0.043***	0.043***	0.047***	0.041***	0.041***	0.050***	0.043***	0.045***	0.044***
	(0.006)	(0.008)	(0.009)	(0.006)	(0.008)	(0.008)	(0.008)	(0.009)	(0.010)
上市年份	−0.018	0.015	−0.072	0.005	0.024	−0.023	−0.037	0.026	−0.131
	(0.048)	(0.055)	(0.067)	(0.048)	(0.054)	(0.064)	(0.071)	(0.084)	(0.087)
董事会规模	0.016	0.004	0.052+	0.015	0.003	0.052+	0.010	0.012	0.048
	(0.020)	(0.022)	(0.029)	(0.020)	(0.022)	(0.028)	(0.023)	(0.025)	(0.031)
双重身份	0.053	0.077	0.040	0.056	0.083	0.032	0.004	0.052	−0.024
	(0.058)	(0.068)	(0.086)	(0.058)	(0.067)	(0.085)	(0.067)	(0.076)	(0.101)
股权集中度	−0.075	0.274	−0.201	−0.156	0.270	−0.355	−0.107	0.226	−0.172
	(0.265)	(0.355)	(0.302)	(0.269)	(0.351)	(0.305)	(0.293)	(0.382)	(0.338)
大股东持股比例	−0.003	−0.003	−0.006	−0.003	−0.004	−0.003	−0.004	−0.003	−0.007
	(0.004)	(0.005)	(0.005)	(0.004)	(0.005)	(0.005)	(0.005)	(0.005)	(0.006)
行业、时间、地区固定效应	控制	控制	控制	控制	控制	控制	控制	控制	控制
观测值	16 578	8 289	8 289	16 578	8 289	8 289	12 843	6 276	6 567
伪 R^2	0.435	0.453	0.435	0.439	0.457	0.441	0.455	0.480	0.448

注：括号中为分组标准误

***表示 0.1%的显著性水平，**表示 1%的显著性水平，*表示 5%的显著性水平，+表示 10%的显著性水平

表 3-19 交互固定效应

变量	模型 1 全样本	模型 2 数字化企业	模型 3 非数字化企业	模型 4 全样本	模型 5 数字化企业	模型 6 非数字化企业	模型 7 全样本	模型 8 数字化企业	模型 9 非数字化企业
机构投资者 ESG 积极主义	0.132*** (0.019)	0.143*** (0.025)	0.124*** (0.025)	−0.106* (0.047)	−0.181** (0.056)	0.002 (0.069)	0.478*** (0.087)	0.418*** (0.123)	0.589*** (0.103)
媒体报道				0.071+ (0.039)	−0.009 (0.044)	0.197*** (0.054)			
机构投资者 ESG 积极主义 ×媒体报道				0.067*** (0.015)	0.095*** (0.018)	0.030 (0.022)			
产业链关联							0.293** (0.094)	0.236* (0.117)	0.384*** (0.111)
机构投资者 ESG 积极主义 ×产业链关联							−0.154*** (0.039)	−0.109+ (0.056)	−0.219*** (0.044)
控制变量，行业、时间、地区固定效应，时间–地区固定效应，时间–行业固定效应	控制	控制	控制	控制	控制	控制	控制	控制	控制
观测值	16 578	8 289	8 289	16 578	8 289	8 289	12 843	6 276	6 567
伪 R^2	0.413	0.446	0.418	0.425	0.456	0.434	0.424	0.461	0.455

注：括号中为聚类标准误

***表示 0.1%的显著性水平，**表示 1%的显著性水平，*表示 5%的显著性水平，+表示 10%的显著性水平

3. 内生性问题处理

内生性是研究中常见的规范问题，可能对本节的结果产生影响。为了缓解这一问题，本节采用工具变量（instrumental variable，IV）分析、倾向得分匹配和两阶段 Heckman 选择模型三种方法。

首先，使用最常用的工具变量分析方法来检验稳健性。引入两个与解释变量高度相关，但与随机扰动项无关的外生变量作为工具变量。在行业层面，IV1 是同行业同年份其他企业的平均机构投资者 ESG 积极主义。在省一级，IV2 是同年来自同省其他企业的机构投资者 ESG 积极主义平均数。如表 3-20 所示，在进行工具变量分析后，机构投资者 ESG 积极主义对企业绿色创新仍有显著影响（β=1.836，p<0.01），这为本节主要观点提供了支持。

表 3-20　工具变量分析

变量	模型 1
机构投资者 ESG 积极主义	1.836**
	(0.654)
杠杆率	2.515***
	(0.632)
资产回报率	0.937
	(1.255)
现金持有量	1.179*
	(0.558)
资产规模	2.723***
	(0.276)
托宾 Q 值	0.193*
	(0.088)
研发比率	0.085***
	(0.022)
上市年份	−0.424*
	(0.213)
董事会规模	0.003
	(0.090)
双重身份	0.253
	(0.202)
股权集中度	0.964
	(1.104)
大股东持股比例	−0.020
	(0.015)
观测值	16 578
调整 R^2	0.088

注：括号中为聚类标准误

***表示 0.1%的显著性水平，**表示 1%的显著性水平，*表示 5%的显著性水平

　　本节的研究设计可能存在"反向因果关系"的内生性问题，因为绿色创新水平较高的公司可能会吸引机构投资者的更多注意力。因此，采用倾向得分匹配法来缓解这种内生性。由于本节的解释变量是连续的，为了应用倾向得分匹配，将机构投资者 ESG 积极主义值高于样本 25%的企业划分为处理组，将机构投资者 ESG 积极主义值低于中位数的企业划分为对照组。然后，使用 1∶1 近邻匹配法对对照组和处理组进行匹配。匹配前后的协变量平衡检验表明，匹配后的对照组和处理组之间的变量基本平衡，匹配度较高。此外，还根据匹配后的样本进行了回归分析。结果（表 3-21）显示，机构投资者 ESG 积极主义与企业绿色创新之间仍然存在正相关关系（模型 1 中，$\beta=0.135$，$p<0.001$），媒

体报道加强了这种关系（模型2中，$\beta=0.049$，$p<0.05$），产业链关联削弱了这种关系（模型3中，$\beta=-0.121$，$p<0.1$）。这证实了本节之前的研究结果。

表 3-21　倾向得分匹配（一）

变量	模型 1	模型 2	模型 3
机构投资者 ESG 积极主义	0.135***	−0.057	0.397***
	（0.022）	（0.066）	（0.094）
媒体报道		0.145*	
		（0.062）	
机构投资者 ESG 积极主义×媒体报道		0.049*	
		（0.021）	
产业链关联			0.200+
			（0.110）
机构投资者 ESG 积极主义×产业链关联			−0.121**
			（0.039）
杠杆率	0.739**	0.610**	0.889**
	（0.229）	（0.225）	（0.286）
资产回报率	0.413	−0.026	0.507
	（0.476）	（0.461）	（0.617）
现金持有量	0.234	0.127	0.187
	（0.206）	（0.206）	（0.299）
资产规模	0.492***	0.398***	0.564***
	（0.037）	（0.042）	（0.057）
托宾 Q 值	−0.039	−0.049+	−0.055
	（0.029）	（0.028）	（0.050）
研发比率	0.036***	0.034***	0.045***
	（0.008）	（0.008）	（0.010）
上市年份	0.054	0.063	0.025
	（0.048）	（0.049）	（0.074）
董事会规模	0.033	0.033	0.036
	（0.029）	（0.027）	（0.041）
双重身份	0.078	0.090	0.142
	（0.066）	（0.066）	（0.089）
股权集中度	−0.219	−0.251	−0.180
	（0.304）	（0.314）	（0.374）
大股东持股比例	0.005	0.005	0.007
	（0.004）	（0.004）	（0.006）
行业、时间、地区固定效应	控制	控制	控制
观测值	5617	5617	4085
伪 R^2	0.366	0.388	0.359

注：括号中为聚类标准误

***表示 0.1% 的显著性水平，**表示 1% 的显著性水平，*表示 5% 的显著性水平，+表示 10% 的显著性水平

如前所述，本节旨在研究机构投资者 ESG 积极主义对企业绿色创新的影响。然而，这种关系可能会受到样本选择偏差的影响。因为机构投资者对 ESG 的偏好部分是由企业特征决定的。突出可持续发展和重视股东建言的企业可能更容易吸引机构投资者的注意力，从而获得更多的 ESG 积极主义行动。这意味着，企业是自我选择参与 ESG 积极主义的。因此，使用两阶段 Heckman 选择模型（Heckman，1979）来纠正样本选择偏差。

Heckman 选择模型的第一阶段预测了企业由于各种因素而受到 ESG 积极主义行动影响的可能性，该模型是通过对整个企业样本进行多维固定效应的泊松伪极大似然回归估计得出的。在第一阶段模型中，将解释变量转化为机构投资者 ESG 积极主义的虚拟变量。如果企业当年至少受到一次机构投资者 ESG 积极主义行动影响，则该变量的编码为 1，否则为 0。具体来说，将公司特征变量滞后一个时期，并从第一阶段回归中计算出一个调整项，即逆米尔斯比率。将该比率作为控制变量纳入第二阶段方程中，第二阶段方程使用受到 ESG 积极主义行动影响较少的企业样本，考察机构投资者 ESG 积极主义行动与企业绿色创新之间的关系。如表 3-22 所示，主要报告第二阶段的结果。与之前结果一致，机构投资者 ESG 积极主义对企业绿色创新有显著的正向影响（$\beta=0.446$，$p<0.001$）。

表 3-22　两阶段 Heckman 选择模型（一）

变量	模型 1
机构投资者 ESG 积极主义	0.446***
	(0.128)
杠杆率	1.031
	(0.827)
资产回报率	−0.709
	(1.569)
现金持有量	0.331
	(0.777)
资产规模	4.143***
	(0.256)
托宾 Q 值	0.173*
	(0.088)
研发比率	0.121***
	(0.023)
上市年份	−0.018
	(0.181)
董事会规模	0.001
	(0.064)
双重身份	0.162
	(0.184)
股权集中度	−0.415
	(1.006)

续表

变量	模型1
大股东持股比例	−0.012
	（0.013）
逆米尔斯比率	11.107***
	（1.977）
观测值	13 417

注：括号中为聚类标准误

***表示0.1%的显著性水平，*表示5%的显著性水平

第五节　线上股东积极主义、注意力配置与企业绿色转型研究

飞速发展的数智技术为企业绿色转型提供跨越物理空间的新途径。数字时代，小股东可以通过线上平台推动股东积极主义，从而更有效地引导管理者关注其特定利益。本节采用注意力基础观（Ocasio，1997）作为理论框架，结合股东积极主义文献，深入探究散户投资者发起的线上环境积极主义如何影响管理者对环境问题的注意力强度和注意力优先级，进而引发实质性的企业环境承诺，促进企业绿色转型。

一、数字化时代下股东积极主义与绿色创新的文献综述

股东积极主义是指股东积极参与企业治理和管理决策，旨在加强股东控制权并提升股东价值。此趋势已持续增长了半个世纪（Hadani et al.，2011）。近年来，随着全球变暖问题的共识不断深化，股东积极主义者逐渐将注意力焦点从企业财务绩效转向更广泛的社会和环境绩效（Goranova and Ryan，2014），并敦促企业在经济发展与环境保护之间取得平衡。

尽管绿色转型具有众多好处，但多数研究表明，其高昂的成本、显著的风险以及不确定且延迟的回报，使处于财务压力下的企业管理者在决策时往往对绿色转型持谨慎态度（Watson et al.，2018）。然而，股东积极主义始终是企业转型的重要推动力（David et al.，2007；Goranova and Ryan，2014；Flammer et al.，2021），股东环境积极主义可以通过利用股东提案和表达环境关切，成为推动企业绿色转型的有效力量。

随着气候问题的日益严峻，企业如何响应股东的绿色倡议已成为关键议题。股东积极主义不再满足于象征性响应，而是倾向于施加更大的社会压力，促使公司采取实质性的环保措施。企业绿色创新作为一项实质性的绿色转型战略，是经济发展与环境保护的双赢方案（Chang，2011；Li et al.，2022），现已成为股东积极主义者普遍追求的目标。

绿色创新通常是指在节能、防止污染、废物回收利用以及其他有利于环境保护的领域所研发的新型绿色产品和工艺（el-Kassar and Singh，2019；Zhang et al.，2020）。企业在投资绿色创新时，不仅需要遵守环境规制，还需积极提高生产效率，增强差异竞争力，并运用绿色技术开辟利基市场（Chen，2008；Zhang et al.，2020）。因此，股东的

环境积极主义如何推动企业绿色创新已成为一个值得深入研究的问题。

需要注意的是，不同类型的股东，如散户投资者和机构投资者，在通过环境积极主义影响目标企业绿色创新方面可能存在差异。大量文献表明，与散户投资者相比，机构投资者等大股东由于拥有集中的所有权、广泛的信息渠道和专业网络资源，在实施环境积极主义时往往会产生更显著的影响（Flammer et al.，2021；Aluchna et al.，2022）。尽管已有研究证明了机构投资者 ESG 积极主义对企业绿色创新决策的影响（DesJardine et al.，2022），但散户投资者积极主义对企业绿色创新的影响仍然在很大程度上未得到充分探讨（Li et al.，2022）。

尽管散户投资者在中国资本市场的交易中占据主导地位（Titman et al.，2022；Xu，2020），但他们通常被视为不成熟的投资者，处于股东积极主义的边缘地位，其话语权微乎其微（Li and Zhang，2023）。在传统的线下环境中，散户投资者面临信息不对称、资源匮乏和建言渠道有限等问题（Flammer et al.，2021）。与拥有更多资源和渠道的机构投资者相比（如能够发起实地考察并与管理层私下沟通），散户投资者需要克服更高的准入门槛和参与成本困难，才能通过股东大会参与股东积极主义。例如，在中国，只有持有企业 3%以上股份的散户投资者才有权向董事会提交股东提案。这些提案的投票往往由大股东主导。此外，由于地域分散，散户投资者难以采取一致的积极主义，集体力量较弱。在这种情况下，散户投资者倾向于被动地"搭乘"大股东积极主义的便车，或是避免采取积极主义行动（Nili and Kastiel，2016）。因此，他们的诉求经常被管理层忽视（Nili and Kastiel，2016；Lin et al.，2023）。然而，忽视少数群体的建言可能会对企业治理产生不利影响，可能会导致管理者过度关注多数群体的利益，削弱外部意见的多样性，而外部意见的多样性对于平衡决策至关重要（Hafeez et al.，2022）。

值得注意的是，一系列新兴研究发现，与机构投资者相比，散户投资者对与个人福祉、信仰和道德价值观相符的企业社会问题表现出独特的兴趣，如环境污染（Yao et al.，2023）和某些社会政治事件（Brownen-Trinh and Orujov，2023）。与需要专业知识的金融问题不同，这些社会问题往往与个人福祉紧密相连，因此更容易被草根投资者所接受（Porzio et al.，2023）。例如，为了降低投资风险并规范良好公民行为，散户投资者往往会基于个人价值观发泄不满，并愿意提出对投资公司的环境违规行为的关切，以促使企业采取绿色创新措施（Li et al.，2022）。在传统的线下环境中，散户投资者难以有效实现这些目标，因此提升散户投资者在环境问题上的积极主义立场具有重要的社会价值。

随着数字时代的发展，在线互动平台和数字媒体的兴起显著增强了小股东的权利，大幅降低了信息成本，消除了阻碍散户投资者积极主义的建言障碍（Li et al.，2023）。散户投资者可以通过多样化的数字媒体和平台，如百度和谷歌等在线搜索引擎（Hafeez et al.，2022；Li et al.，2023），新浪微博和 Twitter 等社交网络以及在线股票论坛，获取更多信息并公开发表建言。此外，互联网的连接性有助于将来自不同地区的散户投资者汇聚成一个具有共同信念、采取集体行动和重塑舆论的强大群体。在互动平台上，投资者可以便捷分享其关注的环境问题，并与同行进行互动，从而扩大线上积极主义的规模。通过快速的信息传播（Li et al.，2023），对企业环境不端行为的指控可以迅速触及广泛的网络受众，包括目标企业的合作伙伴和客户，从而可能会引发激烈的公众讨论和监督。因此，散户投资者的线上环境积极主义有可能产生深远影响，并成功推动企业的绿色创新。

这一现象在中国尤为明显，散户投资者获得了表达诉求的合法渠道。自 2010 年起，两大证券交易所分别建立了官方互动平台，即"互动易"和"e 互动"，允许散户投资者在平台上直接向上市公司董事会秘书提出环境问题。监管机构明确要求企业及时回复投资者的咨询，并将回复的质量纳入公司信息披露评级。这一措施确保了企业充分重视线上散户投资者积极主义。此外，所有的问答记录均会及时公开，从而可能将散户投资者的诉求传播至更大范围的受众（Li et al.，2023）。凭借上述优势，这两个平台已成为中国散户投资者在所投资企业发起线上环境积极主义的主要焦点。环境问题数量在这些平台上急剧增加，从 2011 年的 4826 个增加到 2019 年的 17 728 个。

然而，对散户投资者的线上环境积极主义如何引起管理者关注环境问题并促进企业绿色创新却知之甚少。少数金融研究表明，散户投资者通过两个线上互动平台与上市企业进行的互动可以降低信息成本、提高市场流动性、缩小买卖价差，并增强中国上市企业的生产率（Chen et al.，2022；Lee and Zhong，2022）。但对于散户投资者的线上环境积极主义如何影响企业绿色治理或绿色创新的研究目前仍然有限。Wang 和 Li（2023）对散户投资者在线质疑与企业整体创新绩效之间的关系进行了实证研究。Li 等（2023）的研究显示，绿色关注通过提高媒体关注度和减少融资约束促进了企业的绿色创新。但对于散户投资者的线上环境积极主义如何被企业管理层解读并进而影响企业绿色创新决策的内在机制仍需进一步深入探讨。

二、线上股东积极主义与企业绿色转型的注意力配置机制

（一）基于注意力基础观的线上股东积极主义研究框架

本节采用注意力基础观的理论框架，探讨企业如何解读和应对散户投资者的线上环境积极主义。注意力基础观将企业概念化为注意配置系统，其中管理决策取决于对特定问题和解决方案的"关注、编码、解释以及时间和精力的集中"（Ocasio，1997；Zhong et al.，2021）。鉴于企业注意力资源的有限性，通常会同时处理一系列异质问题，为了有效地配置注意力，企业需要评估问题的复杂性和紧迫性，从而确定注意力强度（Fiske and Taylor，1991）和注意力优先级（Barreto and Patient，2013）。

注意力焦点的维度划分与广泛应用的艾森豪威尔矩阵的核心理念相吻合，后者强调重要性和紧迫性在任务规划中的指导作用。注意力强度是指企业管理者对特定问题的关注程度（Fiske and Taylor，1991），直接决定了企业解决某一问题时所投入的资源和精力。注意力强度在很大程度上取决于问题的复杂程度，具体表现为所涉及的实体和利益相关者的规模、影响范围以及危机的持续性。

从时间维度出发，注意力优先级代表了注意力配置中的先后次序（Barreto and Patient，2013）。当企业面临多个需管理者关注的重要问题时，通常会优先关注那些具备破坏力的紧急问题，并迅速采取应对措施。我们认为，如果线上环境积极主义会产生深远且长期的影响，则企业需要做出更大的承诺加以应对，这要求企业将大量的注意力

分配给这一问题。另外，如果线上环境积极主义引起紧急破坏性威胁，则企业必须优先处理并确保立即采取行动。本节试图阐述线上环境积极主义如何通过提高管理者注意力的强度和优先级来引起企业的实质性响应，而非象征性或延迟响应。为此，本节对比了线上和传统模式下的散户投资者积极主义模式以及相应企业注意过程（表 3-23）。

表 3-23　线上和传统模式下散户投资者积极主义的比较

模式	线上模式	传统模式
注意力载体	线上互动平台和数字媒体 建言渠道多样，信息成本低 允许散户投资者直接向企业提问 企业及时回复的官方要求	股东大会 进入壁垒和参与成本高 程序冗长，建言机会少 投票结果由大股东主导
散户投资者积极主义的特点	有效的社会动员 将分散的投资者联结成一个有规模的监督小组 环境问题在网络空间的蔓延 持续的社会运动和大范围的影响 集体情绪煽动 公开谴责和发泄不满情绪 引发极端情绪和舆论极化 在短时间内引发严重的声誉风险和社会影响	缺乏力量和规模 散户投资者薄弱的撤资威胁 难以联系企业经理和投资者同行 信息不对称的不协调行动 公众影响力有限 舆论传播范围较窄，速度较慢 很少引起公众的关注和监督 未能产生广泛影响
企业注意力配置	提高注意力强度 遏制广泛影响需要更多关注 被迫做出实质性改变 投入大量资源和精力 重新安排的优先关注事项 紧急威胁需要立即关注和应对 被迫在压缩的时间框架内平息网络关切	注意力强度不足 易于遏制分散的积极主义行动 对绿色转型的要求关注较少 减少资源投入和工作 顺序注意分配中的延迟注意 处理请求没有时间限制 优先考虑与企业生存相关的其他项目
企业响应逻辑和行为	及时做出实质性答复 启动成本高昂的绿色创新，解决线上问题 树立拥抱绿色技术的公众形象	象征性响应甚至抵制 寻求以低成本消除少数群体的担忧 推迟或取消所需的变更

注意力基础观中的注意力情境化和结构配置原则表明，企业注意力配置取决于外部情境的特征和企业固有的注意力结构（Ocasio，1997）。然而，目前尚不清楚在何种情境下，线上环境积极主义更有可能引起强烈且直接的关注。鉴于数字化已经深刻重塑了组织的运作和决策过程（Giustiziero et al.，2023），探究数字化企业和非数字化企业是否受到不同的注意力结构调整而对线上环境积极主义采取不同策略，就显得尤为重要。

（二）线上环境积极主义与企业绿色创新

本节基于注意力基础观，论证了散户投资者的线上环境积极主义如何通过提高管理者对环境问题的注意力强度和优先级来促进企业的绿色创新。

首先，通过在数字环境中实施有效的社会动员策略，线上环境积极主义可能迅速演变为一场具有广泛网络影响力的集体运动（Luo et al.，2016），这促使目标企业加大对环境问题的注意力强度。中国的官方互动平台为散户投资者提供了直接向高层管理团队表达环保诉求的渠道（Li et al.，2023），确保企业管理者能明确接受这些建言，并被同行投资者和公众所了解。共同持有同一家企业股票的散户投资者在网络社区积极互动，旨在识别企业的投资风险。虽然单个散户投资者在互动平台上提出的环境建言可能看似微不足道，但能通过自发性的信息传播迅速扩散至广泛的投资者群体，从而在网络空间引发连锁反应。

通过订阅、"点赞"、转发或评论某个环境问题，投资者的同行可以以较低的成本跟进并参与到持续的线上环境积极主义（称为网络点击主义行动）中。如此广泛的信息传播甚至可能引起公众对目标公司涉嫌环境违法行为的广泛讨论，进而产生深远的社会影响。互联网和数字平台将地理上分散的散户投资者联结成一股强大的监督力量，以分散的方式自发地组织线上环境积极主义（Luo et al.，2016），并对企业的环境实践产生显著影响。此外，虚拟空间中分散协调结构和间接信息传播特征使线上环境积极主义具有不可预测性，从而给目标企业的应对带来更大的挑战。

随着散户投资者通过社会动员将网络环境问题的关注升级为一场大规模持续的运动，企业受到激励，会对环境问题给予更多的管理关注，并相应地采纳绿色创新作为实质性响应。通过推动绿色创新，企业可以展示其致力于满足线上环境需求并投资于前沿绿色技术，从而为投资者和公众创造可持续价值（Chang，2011）。如果目标企业忽视线上环境积极主义，仅采取象征性的环保措施（如"洗绿"或空谈而不提供可行的解决方案），则难以承受公众的监督，也无法安抚线上环境积极主义者（Nyilasy et al.，2014）。

其次，与传统的积极主义相比，线上环境积极主义更容易在短时间内引发负面集体情绪，对目标企业造成紧迫且具破坏性的声誉威胁，从而促使企业更加重视环境问题。与持有大量股权的机构投资者相比，散户投资者在特定企业中的个人持股比例普遍较低（Li and Zhang，2023）。这种较弱的经济相互依赖性赋予散户投资者更多自由公开谴责目标公司的环境不当行为并发泄不满情绪。

负面情绪在互联网上的爆炸性传播显著加剧了目标企业负面舆论的扩散范围和影响程度。网络传播的独特性，如匿名性和社会约束的松散性，可能会诱发网络"去抑制效应"，导致网民冲动行事并选择激烈的情绪表达方式。在"后真相"时代，网络信息中较高的情绪强度增加了短期内意见极化的可能。由于环境问题与个人福祉紧密相关，散户投资者发布的环境问题很容易引发针对目标企业的密集网络攻击和极端公众情绪，从而使企业面临合法性威胁和严重的声誉风险。

快速增长的声誉压力加剧了散户投资者对环境要求的紧迫性和破坏性，促使企业对环境问题给予更高的注意力优先级，并迅速做出响应。当决策者同时面临多个重要问题时，他们往往优先处理紧急问题和破坏性威胁（Mitchell et al.，1997）。在网络舆论环境下，企业的一举一动都会受到公众的密切关注。任何缺乏大量资源投入的象征性响应都可能引发更激烈的公众反响和谴责。

在传统背景下，即使企业认为绿色创新是解决环境问题的有效途径，但也可能会优先考虑其他具有成本效益的项目，而非需要巨额沉没成本、伴随高风险和回报不确定的绿色创新投资。相反，一旦感知到线上环境积极主义引发的紧迫声誉威胁时，企业更倾向于立即关注环境问题，加快发展实质性绿色创新，以化解这一危机。通过推行绿色创新，目标企业能够树立积极拥抱绿色技术、认真履行社会责任的公众形象，进而消除来自网络受众的极端情绪和负面意见的破坏性影响。综上，线上环境积极主义可以提高管理者对环境问题的注意力强度和优先级，进而促使目标企业进行绿色创新。

（三）散户投资者规模和负面质疑情绪的调节作用

根据注意力基础观中的注意力情境化原则，深入探讨线上环境积极主义如何显著影响目标企业的注意力配置过程，进而显著促进企业绿色创新进程（Brielmaier and Friesl，2023）。在官方互动平台上公开提出环境诉求的散户投资者是线上环境积极主义的核心力量，这些投资者的积极主义所吸引的目标企业注意力强度，在很大程度上取决于他们是否被视为具有影响力的利益相关者群体。本节提出，随着散户投资者群体的总持股量的增加，企业管理层对线上环境积极主义的注意力强度就越高。

由于注意力资源具有稀缺性，面对不同利益相关者需求的管理者通常会将更多注意力配置给具有权力和影响力的重要利益相关者（Mitchell et al.，1997）。尽管目前仅有少部分散户投资者表达了其环境关切，但拥有庞大散户投资者规模的企业可能预示着大规模线上环境积极主义的潜在风险。机构投资者可以通过现场访谈并与企业管理者内部沟通直接获取信息，相比之下，散户投资者更多依赖公共渠道获取信息，如在线平台和投资者社区中的同行讨论（Lee and Zhong，2022；Wang and Li，2023）。单个散户投资者的提问可能会在共同持有目标企业股份的散户投资者群体中产生爆炸性的信息传播和密集的社会互动。线上环境积极主义可以有效地动员这些投资者发起集体行动，抵制对环境不负责任的企业行为。病毒式的环境问题分享会引起公众的高度关注，因此拥有庞大散户投资者群体的企业可能会发现，线上环境积极主义已经蔓延到整个投资者群体，从而引发更广泛和持久的影响。

线上环境积极主义本质上可能会诱发大规模的羊群效应，导致散户投资者撤出企业股票。据相关金融文献表明，散户投资者通常表现出羊群投资行为，即他们倾向于追随外部意见和其他投资者的决策，这在互联网时代尤为明显。线上环境积极主义引发的环境问题会极大地削弱散户投资者对企业的正面评价，从而导致大量投资撤出。当散户投资者持有的股票数量累积到一定规模时，羊群效应对企业股市表现的负面影响将更为显著。

综上所述，当企业的散户投资者规模较大时，线上环境积极主义所带来的散户投资者扩散影响和撤资威胁将更加明显。因此，企业倾向于将散户投资者视为一个具有集体影响力的重要群体，对网络建言给予更多关注，并努力避免在庞大的散户投资者群体中引发网络恐慌。当企业受到足够的关注时，就能确保密集而持续的资源投入（Chen et al.，2015a），使目标企业有能力推出前沿的绿色创新。反过来，绿色创新作为一种实质性的应对策略，有助于企业缓解线上环境积极主义的溢出影响，进而稳固来自大型散户投资者群体的资金支持。因此，本节认为，当企业的散户投资者规模较大时，线上环境积极主义对企业绿色创新的正向影响会更显著。

　　散户投资者作为积极主义群体的重要力量不容忽视，除此之外，目标企业是否及时关注线上环境积极主义还取决于环境问题的框架。问题框架指的是问题的呈现方式，以"塑造特定的问题定义、因果解释、道德评价和/或处理建议"（Leung et al.，2019）。这种框架通常表现为话语中微妙的语言和句法变化。以往的研究表明，对同一问题采用不同的框架，如采用被动语气或积极语气，会引起信息接受者不同的情绪响应和注意过程。因此，本节将重点放在散户投资者在提出环境问题时所使用的"语气"上，并提出管理者对线上环境积极主义的优先关注会由于负面质疑情绪而增强。

　　在发起线上环境积极主义时，一部分散户投资者以礼貌的方式向企业提出建设性建议，而另一部分散户投资者则选择表达负面情绪，敦促企业立即予以关注。当散户投资者指出企业运营中的环境风险或指责企业的环境违法行为时倾向于使用负面语气，这将有助于其他投资者和更广泛的公众意识到企业环境问题的严重性。因此，线上环境积极主义可以唤起集体情绪，引发更强烈的公众压力。社会心理学研究几乎一致认为，个体对负面刺激的响应通常比对正面线索的响应更强烈（Fu et al.，2020），这种注意力配置中的负面偏差在网络空间中尤为显著。由于个人情绪易受到带有强烈情绪的煽动性甚至不当言论的影响，负面信息在网络社区中传播更为迅速（Rozin and Royzman，2001）。因此，带有强烈负面情绪的线上质疑更容易在公众中引发强烈的情感共鸣（Kramer et al.，2014），并在短时间内引发密集的网络攻击，甚至对企业造成破坏性后果。

　　在环境问题负面框架的刺激下，随着公众对企业不道德的环境行为和管理缺陷认识的不断增强，网络反弹和对企业的审查会迅速主导虚拟公共领域，从而扩大线上环境积极主义的声誉威胁。这种负面聚光灯效应促使企业管理者重新安排注意力配置优先级，将更多的注意力放在环境议题上；反过来，这也加速了企业对环境积极主义者诉求的让步。为了重塑公众形象并扭转负面印象，目标企业更倾向于推动绿色创新，以展示其履行社会责任的承诺（Chen，2008）。因此，本节认为，环境问题引发负面情绪时，线上环境积极主义对企业绿色创新的正向影响会更显著。

三、数字化和非数字化企业对于线上股东积极主义的异质性响应

　　根据注意力基础观中的注意力结构配置原则，决策者的注意力情境受到组织注意力结构的进一步调节。现有文献表明，数字技术的广泛应用给商业交易模式、资源配置方式、利益相关者的参与形式以及组织间的协作机制带来了根本性的变革（Elia et al.，2020）。因此，本节将数字化作为组织架构的一个独特元素，探讨在不同背景下，数字化企业和非数字化企业在配置注意力资源以响应线上环境积极主义方面是否存在显著的差异。具体而言，本节将深入分析散户投资者规模以及负面质疑情绪的调节作用是否会受到目标企业数字化程度的影响。

　　数字化企业日益扩大的数字足迹，可能会提升其网络知名度，使其面临更多的网络监督和攻击，促使数字化企业更加关注来自网络空间的散户投资者群体的环境诉求。现有文献强调了数字化企业与非数字化企业在资产和资源所有权、治理结构及增长战略方面存在本质差异（Giustiziero et al.，2023）。高度数字化企业通常会运用丰富的数字资源（如数据、软件、算法、数字基础设施和客户社区）和数字工具（如机器学习、人工

智能、大数据分析和区块链）来简化生产流程，并从新颖的数字产品和服务（如平台、软件和数字解决方案）中获取价值（Constantiou and Kallinikos，2015）。由于深度嵌入数字化价值链，数字化企业往往以数字化方式与其供应商、客户、投资者和其他利益相关者互动，并在此过程中在网络平台及社区上生成大量实时数据。由于数字化治理定位，这些企业通常允许公开获取各种企业信息，如在官方网站上自愿披露环境实践。这种在网络空间中的高度可见性使数字化企业对线上环境积极主义的兴起更为敏感，从而促使其更加关注来自大型散户投资者群体的网络建言。

当非数字化企业面对线上环境积极主义时，它们尚未体验到数字化带来的有利影响，往往将庞大的散户投资者群体视为影响力微小的草根个体。因此，非数字化企业可能无法感知及缓解由庞大的散户投资者群体所引发的线上环境积极主义的潜在扩大效应。相比之下，善于利用信息技术和数字平台的数字化企业通常对互联网在调动资源方面的力量有全面了解（Giustiziero et al.，2023），能够连接利益相关者，重塑企业形象（Matarazzo et al.，2021）。数字化企业更倾向于将散户投资者视为一个重要群体，他们可以动员个体成为一股强大的积极力量，在互联网上产生广泛而持久的影响。因此，数字化企业倾向于关注散户投资者的线上环境建言，并投入大量资源以防止线上环境积极主义在庞大的散户投资者群体中扩散。

此外，数字化还提高了数字化企业对线上环境积极主义的响应速度。借助大数据分析技术，数字化企业能够有效检测网络投资者对绿色转型的呼吁，监测网络社区中投资者的动态互动，预防环境问题扩散到庞大的散户投资者群体中。通过数字渠道（如投资者互动平台）公布绿色创新成果，数字化企业可以有效缓解网络担忧，安抚散户投资者群体的情绪。总而言之，在拥有庞大的散户投资者规模时，数字化企业有可能在管理上更加重视控制线上环境积极主义的影响。本节提出，庞大的散户投资者规模对高度数字化企业的正向调节作用更显著。

高度数字化的企业更积极、敏捷地重新配置注意力，以缓解可能迅速爆发的线上环境积极主义负面情绪。其原因有以下两个。

首先，与主要以线下模式运营的非数字化企业相比，聚集并服务于更广泛网络受众的数字化企业更容易受到负面环境质疑广泛传播的影响（Fu et al.，2020）。数字化企业通常通过社交媒体、数字平台和品牌移动应用程序来维护与利益相关者的关系（Constantiou and Kallinikos，2015）。然而，这些丰富的数字接触点加速了针对数字化企业的负面环境信息的传播。因此，负面情绪引发的公众反弹效应可能会导致主要合作伙伴和客户之间的信任破裂，从而对数字化企业造成更严重的损害。因此，在防止网络空间情绪传染的紧迫性驱使下，数字化企业更倾向于高度重视缓解负面环境质疑。

其次，数字化企业通过数字化获得的组织敏捷性和灵活性，使其能够迅速将注意力优先转移到线上环境积极主义中明显存在的负面情绪和舆论极化上。这种快速转移使数字化企业能够在声誉损失进一步扩大之前采取及时的应对策略。一般来说，具备数字化架构的企业对外动态变化的适应能力更强，并拥有以变革为导向的企业文化。通过利用机器学习等技术从大数据中获取洞察力，数字化企业能够快速扫描环境、识别潜在危机并做出明智决策（Lee，2017）。在这方面，数字化企业对线上环境积极主义传播的负面情绪有更高的敏感度，并能及时开展绿色创新。此外，借助数字工具和资源，数字化企业可以在更短的时间内推动绿色创新（Song et al.，2019），从而比非数字化企业能更快地从受损的公众形象中恢复过来。

相比之下，非数字化企业由于缺乏数字技术与线上环境存在一定距离，往往优先关注线下生产、销售以及其他在物理环境中出现的问题。因此，这些企业往往难以察觉网络空间中负面情绪所引发的紧迫性和破坏性威胁，对线上环境积极主义的响应能力也较弱。基于以上分析，本节认为负面质疑情绪对高度数字化企业的正向调节作用更显著。

根据上述分析，本节理论框架如图 3-3 所示。

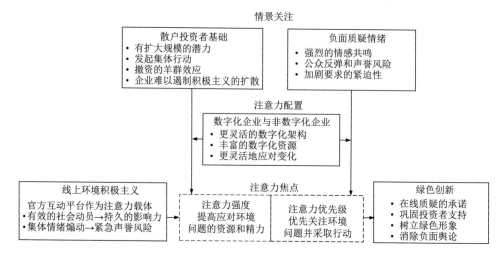

图 3-3　线上环境积极主义与绿色创新研究框架

四、研究设计

（一）数据来源

中国是研究散户投资者线上环境积极主义对绿色创新影响的一个充满活力的实验室。随着数字平台的快速发展，中国投资者与上市企业之间的线上互动日益受到学术界的关注，而其对企业绿色创新的影响却鲜有探讨。此外，作为解决环境问题以及在新兴绿色领域提升竞争力的有效战略，绿色创新对中国加快绿色领域的技术赶超至关重要。

本节选取 2011~2019 年在上海证券交易所和深圳证券交易所上市的中国企业作为初始样本。这些企业的财务和治理数据来源于 CSMAR 数据库。从 CNRDS 中收集企业绿色专利和机构投资者现场访谈记录。使用 Python 程序从"互动易"平台和"e 互动"平台的官方网站上收集有关环境的资讯（Lee and Zhong，2022）。具体而言，从 CSMAR 数据库中获取了 3775 家上市企业从 2011 年到 2019 年完整的基本运营数据的非平衡面板数据，共得到 26 442 个样本。根据现有文献，剔除了金融或保险行业的上市企业、未披露相关变量数据的企业以及被证券交易所标记为特殊处理（ST/*ST/PT）的企业，共得到 24 511 个样本。结合本节的关键变量剔除了缺失的观察值，最终得到"企业-

年份"层面的 16 998 个观测值。为避免极端值的影响，除虚拟变量外，对所有变量进行 1%缩尾处理。

（二）变量定义

1. 被解释变量

被解释变量为绿色创新。根据相关文献（Ho et al.，2023），采用绿色专利数来衡量企业的绿色创新。只有获得授权的绿色专利才能赋予企业独占权和竞争优势（Ho et al.，2023），因此选择已授权的绿色专利数量作为绿色创新的替代变量。相关数据来自 CNRDS 的绿色专利研究数据库。基于该数据库根据世界知识产权组织发布的《国际专利分类绿色清单》，从中国上市企业申请的所有专利中选取绿色专利。

2. 解释变量

（1）线上环境积极主义。构建两个变量来衡量线上环境积极主义，具体步骤如下。首先，参考现有文献（Li et al.，2023）。使用 Python 网络爬虫技术检索散户投资者在深圳证券交易所的"互动易"平台和上海证券交易所的"e 互动"平台上提出的问题。其次，借鉴 Chen 等（2016）的研究，采用文本分析法来识别所有包含环境相关关键词的问题（表 3-24）。最后，通过特定年份企业所面临的环境问题数量的自然对数（线上环境积极主义 1）及特定年份企业收到的环境相关问题占问题总数的比例（线上环境积极主义 2）来计算线上环境积极主义。

表 3-24　环境相关词汇

类别	关键词
能源	水、风、燃料、化石能源、煤、水电、自然资源、能耗、清洁
气候变化	PM$_{2.5}$、PM$_{10}$、二氧化碳、二氧化硫、气候、碳、温度、气温、空气、大气、化学需氧量、全球变暖、温室
污染	有毒、腐蚀、废弃物、辐射、污染物、酸雨、排放、排污、减排
生态环境	生物、生态、土壤、环境保护、环保、绿色、可持续、可再生、有机、森林、地球
环境规制	巴黎协定、双碳、碳中和、碳达峰

（2）散户投资者规模。根据先前的研究（Brav et al.，2022），采用散户投资者在企业中的总持股比例来衡量散户投资者规模。

（3）负面质疑情绪。首先，通过文本分析来构建负面质疑情绪，在获取环境相关问题文本后，修正文本中的常见错别字并删除停用词。应用中文自然语言处理对文本数据进行分割，利用自然语言工具包对文本数据进行标记。然后，与 Zhang 等（2018）的研究类似，使用含表情符号的非正式情感词典来区分正面和负面词汇。最后，采用两种方法来构建负面质疑情绪指标。一是负面词数减去正面词数，再除以每年针对企业的环境问题的总词数（负面质疑情绪 1）。二是负面词数减去正面词数，再除以每年针对企业的环境问题的正面词和负面词的总数（负面质疑情绪 2）。指数数值越高，表明散户投资者对环境相关问题的负面情绪越高。

（4）数字化。采用文本分析法计算上市企业年报中与数字化相关的关键词频率，作为衡量企业数字化水平的替代指标。首先，利用 Python 网络爬虫技术收集上海证券交易所和深圳证券交易所 A 股上市企业的年报，采用 Java PDFbox 库提取所有文本。其次，按照 Wu 等（2021）的方法，识别出 76 个数字化关键词（表 3-25）。最后，统计企业每份年度报告中与数字化相关的词汇数量。为避免极端值的影响，取词频的对数来衡量企业的数字化水平。

表 3-25　　数字化相关词汇

类别	关键词
人工智能技术	人工智能、商业智能、图像理解、投资决策辅助系统、智能数据分析、智能机器人、机器学习、深度学习、语义搜索、生物识别技术、人脸识别、语音识别、身份验证、自动驾驶、自然语言处理
大数据技术	大数据、数据挖掘、文本挖掘、数据可视化、异构数据、征信、增强现实、混合现实、虚拟现实
云计算技术	云计算、流计算、图计算、内存计算、多方安全计算、类脑计算、绿色计算、认知计算、融合架构、亿级并发、EB 级存储、物联网、信息物理系统
区块链技术	区块链、数字货币、分布式计算、差分隐私技术、智能金融合约
大数据技术应用	移动互联网、工业互联网、移动互联、互联网医疗、电子商务、移动支付、第三方支付、NFC 支付、智能能源、B2B、B2C、C2B、C2C、O2O、网联、智能穿戴、智慧农业、智能交通、智能医疗、智能客服、智能家居、智能投顾、智能文旅、智能环保、智能电网、智能营销、数字营销、无人零售、互联网金融、数字金融、金融科技、量化金融、开放银行

注：EB 表示 exabyte（艾字节），NFC 表示 near field communication（近场通信），B2B 表示 business-to-business（企业对企业），B2C 表示 business-to-customer（企业对用户）、C2B 表示 customer-to-business（用户对企业）、C2C 表示 customer-to-customer（用户对用户）、O2O 表示 online to offline（线上线下商务）

3. 控制变量

本节控制了一系列可能对绿色创新有显著影响的变量，包括企业财务状况和治理结构（Zhou et al.，2017；Chen and Yang，2019）。在财务状况方面，杠杆率是总负债与总资产的比率；净资产收益率是净利润与平均股东权益的比率；现金持有量等于现金及现金等价物除以总资产与现金及现金等价物之差；托宾 Q 值是市场价值与重置成本的比率。在企业治理结构方面，资产规模是年报中的总资产规模，对其取自然对数以降低极端值的潜在影响；研发比率是指企业年度研发费用总额占销售收入总额的比例；高管人数是企业高级管理人员数量的自然对数；董事会会议是一年中董事会会议次数的自然对数；上市年份是指当前年份与首次公开募股年份之间时间差的自然对数。除散户投资者积极主义外，文献广泛证实，机构投资者环境积极主义也是企业绿色创新的重要驱动力（Wu et al.，2023c）。因此，通过机构投资者现场访谈问答部分中与环境相关的词语数量来衡量机构投资者环境积极主义，表明大股东对企业的环境倡导力度。本节引入了三组虚拟变量来控制年份、行业和省份固定效应。

（三）模型构建

考虑到绿色专利数量为非负整数的计数变量，普通线性回归会产生系统性偏差。因此，为了研究线上环境积极主义对绿色创新的影响，本节运用带有多维固定效应的泊松伪极大似然模型进行检验，该模型是最新改进的泊松模型，能有效应对异方差问题，并在控制多元异质性来源时加快计算速度，如年份、行业和省份固定效应。运用带有稳健标准误的泊松模型，以调整过度分散的样本并获得一致的估计值。通过"PPMLHDFE"这一 Stata 命令进行 HDFE-泊松估计。

五、实证结果与分析

（一）描述性统计分析

表 3-26 列出了主要变量的描述性统计及其相关性矩阵。发现解释变量之间的相关系数低于 0.6，表明变量之间不存在强相关性。此外，计算了主要变量的方差膨胀因子，其值远低于临界值 10，表明模型不存在多重共线性问题。

（二）回归分析

表 3-27 显示了基线回归结果。在纳入所有控制变量后，线上环境积极主义与绿色创新显著正相关（模型 2 中，$\beta=0.063$，$p<0.01$；模型 4 中，$\beta=0.012$，$p<0.001$），这支持了本节结论。此外，敏感性分析表明回归结果不受遗漏变量的影响。

表 3-28 显示了散户投资者规模的调节作用。散户投资者规模与线上环境积极主义 1 的交互项的系数显著为正（$\beta_1=0.216$，$p<0.05$；$\beta_2=0.020$，$p<0.05$）。根据 Xie 等（2019）的研究，本节还绘制了散户投资者规模的调节效应图（图 3-4）。当散户投资者规模越大时，线上环境积极主义对企业绿色创新的正向影响越显著。

表 3-29 显示了负面质疑情绪在线上环境积极主义与企业绿色创新关系中的调节作用。其中交互项系数显著为正（线上环境积极主义 1×负面质疑情绪 1 的系数=0.240，$p<0.001$；线上环境积极主义 1×负面质疑情绪 2 的系数=4.197，$p<0.001$；线上环境积极主义 2×负面质疑情绪 1 的系数=0.021，$p<0.001$；线上环境积极主义 2×负面质疑情绪 2 的系数=0.189，$p<0.1$）。图 3-5 表明，当环境问题中的质疑情绪为负时，线上环境积极主义对企业绿色创新有正向影响。

表 3-30 探讨了数字化散户投资者规模调节作用的影响。本节发现线上环境积极主义、散户投资者规模和数字化的三元交互项系数显著为正（模型 1 中，$\beta=3.280$，$p<0.05$；模型 2 中，$\beta=0.380$，$p<0.05$）。图 3-6 展示了在不同散户投资者规模和不同数字化水平下，线上环境积极主义对企业绿色创新的影响。结果表明，对于高度数字化的企业而言，高散户投资者规模的正向调节作用更为显著。

表3-26　主要变量的简要统计和相关矩阵

变量	1	2	3	4	5	6	7	8	9	10	11	12	13	14	15	16	17	18	19
绿色创新		0.72*	0.88*	0.10*	0.07*	0.03*	0.03*	-0.03*	0.08*	0.12*	-0.01	-0.07*	0.15*	-0.03*	0.18*	0.14*	-0.02*	-0.06*	0.12*
绿色发明专利	0.74*		0.44*	0.09*	0.05*	0.02	0.01	-0.05*	0.06*	0.10*	-0.01	-0.04*	0.16*	-0.03*	0.15*	0.13*	-0.03*	-0.00	0.09*
绿色实用新型专利	0.92*	0.51*		0.08*	0.07*	0.04*	0.04*	-0.03*	0.07*	0.12*	-0.01	-0.09*	0.15*	-0.03*	0.14*	0.13*	-0.02*	-0.06*	0.10*
线上环境积极主义1	0.10*	0.10*	0.08*		0.42*	-0.02	0.01	0.02*	0.03*	-0.08*	0.06*	0.10*	0.01	0.00	0.15*	0.04*	0.12*	-0.07*	0.32*
线上环境积极主义2	0.07*	0.05*	0.07*	0.32*		0.05*	0.03*	-0.12*	-0.07*	0.08*	-0.03*	-0.15*	0.08*	-0.08*	-0.14*	0.07*	-0.12*	0.08*	-0.07*
负面质疑情绪1	0.03*	0.01	0.03*	0.04*	0.06*		0.93*	-0.01	0.05*	-0.06*	0.07*	0.07*	-0.06*	0.05*	0.04*	0.00	-0.07*	-0.04*	0.03*
负面质疑情绪2	0.02*	0.01	0.03*	0.05*	0.04*	0.88*		0.00	0.06*	-0.06*	0.07*	0.07*	-0.07*	0.06*	0.04*	0.01	-0.06*	-0.05*	0.05*
散户投资者规模	-0.07*	-0.06*	-0.06*	0.01	-0.12*	-0.00	0.00		0.02	-0.23*	-0.04*	0.01	-0.42*	0.07*	0.23*	-0.10*	0.27*	-0.35*	0.08*
数字化	0.02*	0.02*	0.02*	0.04*	0.05*	0.05*	0.05*	0.01		-0.02*	-0.01	0.10*	0.02*	-0.01	0.10*	0.01	0.01	0.04*	0.07*
杠杆率	0.14*	0.10*	0.14*	-0.08*	0.09*	-0.07*	-0.06*	-0.23*	-0.00		-0.41*	-0.40*	0.56*	-0.38*	-0.37*	0.14*	-0.12*	0.38*	-0.09*
净资产收益率	0.00	-0.00	0.00	0.04*	-0.02*	0.07*	0.08*	-0.09*	-0.03*	-0.34*		0.28*	-0.10*	0.31*	0.13*	0.00	0.10*	-0.25*	0.12*
托宾Q值	-0.09*	-0.05*	-0.10*	0.09*	-0.10*	0.02*	0.02*	-0.05*	0.04*	-0.30*	0.16*		-0.52*	0.19*	0.31*	-0.14*	0.15*	-0.19*	0.15*
资产规模	0.23*	0.20*	0.21*	0.02*	0.08*	-0.05*	-0.05*	-0.43*	-0.00	0.56*	-0.02*	-0.42*		-0.26*	-0.32*	0.26*	-0.18*	0.50*	-0.05*
现金持有量	-0.05*	-0.04*	-0.05*	0.02	-0.08*	0.04*	0.04*	0.09*	-0.08*	-0.41*	0.25*	0.16*	-0.27*		0.22*	-0.05*	0.04*	-0.24*	0.02*
研发比率	0.06*	0.09*	0.04*	0.13*	-0.14*	0.02*	0.02*	0.19*	0.02*	-0.35*	0.02	0.25*	-0.28*	0.26*		0.03*	0.16*	-0.38*	0.25*
高管人数	0.16*	0.14*	0.15*	0.05*	-0.11*	0.01	0.02	-0.10*	0.01	0.13*	0.03*	-0.14*	0.26*	-0.07*	0.04*		-0.09*	0.03*	0.02*
董事会会议	-0.02*	-0.02*	-0.02*	0.12*	0.06*	-0.06*	-0.06*	0.26*	-0.03*	-0.10*	0.05*	0.08*	-0.17*	0.03*	0.11*	-0.08*		-0.32*	0.20*
上市年份	-0.02*	0.01	-0.03*	-0.05*	0.08*	-0.04*	-0.04*	-0.36*	0.05*	0.39*	-0.18*	-0.04*	0.47*	-0.30*	-0.28*	0.03*	-0.28*		-0.19*
机构投资者ESG积极主义	0.14*	0.13*	0.13*	0.22*	0.08*	0.03*	0.03*	0.05*	0.04*	-0.00	0.02*	0.00	-0.00	-0.05*	0.05*	0.02*	0.11*	-0.06*	
均值	0.80	0.20	0.52	1.67	7.59	0.25	0.01	0.61	0.03	0.42	0.04	2.02	22.22	0.19	3.83	1.96	5.79	2.10	1.77
标准差	1.85	0.54	1.30	1.21	8.52	0.50	0.02	0.23	0.04	0.21	0.06	1.23	1.29	0.14	4.54	0.31	5.72	0.83	4.48

注：$N=16\,998$。表中对角线左边为皮尔逊相关系数，对角线右边为斯皮尔曼相关系数。

*表示5%的显著性水平

表 3-27　基线回归（二）

变量	模型 1	模型 2	模型 3	模型 4
	绿色创新	绿色创新	绿色创新	绿色创新
线上环境积极主义 1	0.127***	0.063**		
	(0.026)	(0.023)		
线上环境积极主义 2			0.014***	0.012***
			(0.003)	(0.003)
杠杆率		0.506*		0.476*
		(0.219)		(0.217)
净资产收益率		1.033*		1.072*
		(0.454)		(0.456)
托宾 Q 值		−0.031		−0.029
		(0.028)		(0.028)
资产规模		0.392***		0.400***
		(0.034)		(0.033)
现金持有量		−0.136		−0.099
		(0.233)		(0.231)
研发比率		0.032***		0.035***
		(0.008)		(0.008)
高管人数		0.570***		0.577***
		(0.100)		(0.100)
董事会会议		−0.013*		−0.011*
		(0.005)		(0.005)
上市年份		−0.219***		−0.213***
		(0.043)		(0.042)
机构投资者 ESG 积极主义		0.012**		0.014***
		(0.004)		(0.004)
常数项	−0.023	−9.751***	0.093*	−9.970***
	(0.062)	(0.689)	(0.045)	(0.674)
行业固定效应	控制	控制	控制	控制
年份固定效应	控制	控制	控制	控制
省份固定效应	控制	控制	控制	控制
观测值	16 998	16 998	16 998	16 998
χ^2	23.982	413.197	21.211	425.346
伪 R^2	0.214	0.288	0.213	0.289

注：括号中为聚类标准误

***表示 0.1%的显著性水平，**表示 1%的显著性水平，*表示 5%的显著性水平

表 3-28　散户投资者规模的调节作用

变量	模型 1	模型 2
	绿色创新	绿色创新
线上环境积极主义 1	−0.055	
	(0.052)	
线上环境积极主义 1×散户投资者规模	0.216*	
	(0.085)	
线上环境积极主义 2		0.001
		(0.006)
线上环境积极主义 2×散户投资者规模		0.020*
		(0.010)
散户投资者规模	−0.634**	−0.379*
	(0.212)	(0.165)
杠杆率	0.507*	0.462*
	(0.218)	(0.216)
净资产收益率	1.021*	1.012*
	(0.451)	(0.454)
托宾 Q 值	−0.047	−0.043
	(0.029)	(0.029)
资产规模	0.370***	0.385***
	(0.035)	(0.035)
现金持有量	−0.148	−0.105
	(0.232)	(0.231)
研发比率	0.031***	0.035***
	(0.008)	(0.008)
高管人数	0.571***	0.577***
	(0.100)	(0.100)
董事会会议	−0.012*	−0.010+
	(0.005)	(0.005)
上市年份	−0.227***	−0.223***
	(0.044)	(0.043)
机构投资者 ESG 积极主义	0.012**	0.013***
	(0.004)	(0.004)
常数项	−8.864***	−9.370***
	(0.775)	(0.761)
行业固定效应	控制	控制
年份固定效应	控制	控制
省份固定效应	控制	控制
观测值	16 998	16 998
χ^2	413.235	426.452
伪 R^2	0.298	0.290

注：括号中为聚类标准误

***表示 0.1%的显著性水平，**表示 1%的显著性水平，*表示 5%的显著性水平，+表示 10%的显著性水平

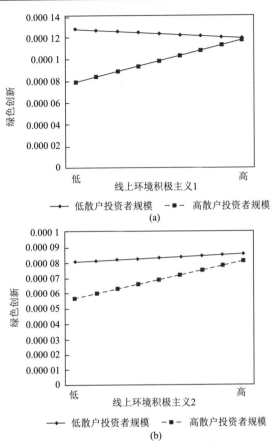

图 3-4　散户投资者规模的调节作用

表 3-29　负面质疑情绪的调节作用

变量	模型 1	模型 2	模型 3	模型 4
	绿色创新	绿色创新	绿色创新	绿色创新
线上环境积极主义 1	0.005	0.030		
	(0.029)	(0.029)		
负面质疑情绪 1	−0.142[+]		0.038	
	(0.075)		(0.052)	
负面质疑情绪 2		−2.485		1.789
		(1.689)		(1.208)
线上环境积极主义 1× 负面质疑情绪 1	0.240***			
	(0.045)			
线上环境积极主义 1× 负面质疑情绪 2		4.197***		
		(1.145)		
线上环境积极主义 2			0.004	0.008*
			(0.004)	(0.004)

续表

变量	模型 1	模型 2	模型 3	模型 4
	绿色创新	绿色创新	绿色创新	绿色创新
线上环境积极主义 2× 负面质疑情绪 1			0.021***	
			(0.004)	
线上环境积极主义 2× 负面质疑情绪 2				0.189+
				(0.109)
杠杆率	0.533*	0.547*	0.505*	0.513*
	(0.221)	(0.222)	(0.221)	(0.221)
净资产收益率	0.847+	0.872+	0.962*	0.975*
	(0.476)	(0.476)	(0.473)	(0.474)
托宾 Q 值	−0.026	−0.024	−0.019	−0.020
	(0.028)	(0.028)	(0.028)	(0.028)
资产规模	0.393***	0.391***	0.400***	0.397***
	(0.033)	(0.033)	(0.033)	(0.033)
现金持有量	−0.246	−0.232	−0.177	−0.171
	(0.245)	(0.245)	(0.243)	(0.243)
研发比率	0.028***	0.029***	0.031***	0.032***
	(0.008)	(0.008)	(0.008)	(0.008)
高管人数	0.553***	0.554***	0.567***	0.567***
	(0.101)	(0.102)	(0.101)	(0.102)
董事会会议	−0.011*	−0.011*	−0.009+	−0.009
	(0.006)	(0.006)	(0.005)	(0.006)
上市年份	−0.227***	−0.230***	−0.222***	−0.225***
	(0.044)	(0.045)	(0.044)	(0.044)
机构投资者 ESG 积极主义	0.014***	0.014***	0.016***	0.017***
	(0.004)	(0.004)	(0.004)	(0.004)
常数项	−9.693***	−9.682***	−9.942***	−9.890***
	(0.666)	(0.671)	(0.658)	(0.665)
行业固定效应	控制	控制	控制	控制
年份固定效应	控制	控制	控制	控制
省份固定效应	控制	控制	控制	控制
观测值	13 529	13 529	13 529	13 529
χ^2	515.069	472.895	515.526	453.174
伪 R^2	0.289	0.286	0.289	0.286

注：括号中为聚类标准误

***表示 0.1%的显著性水平，*表示 5%的显著性水平，+表示 10%的显著性水平

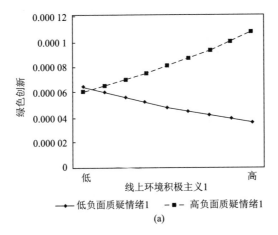

(a)

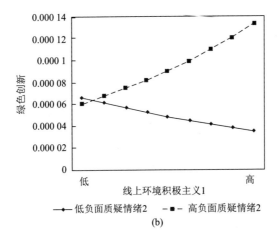

(b)

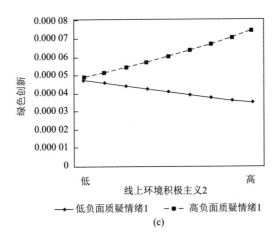

(c)

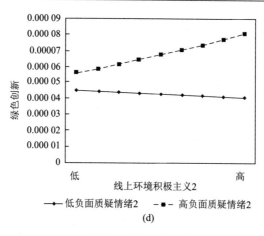

图 3-5　负面质疑情绪的调节作用

表 3-30　数字化散户投资者规模的调节作用

变量	模型 1 绿色创新	模型 2 绿色创新
线上环境积极主义 1	−0.043 (0.059)	
散户投资者规模	−0.482* (0.232)	−0.290 (0.184)
数字化	1.144 (2.011)	1.248 (1.671)
线上环境积极主义 1×散户投资者规模	0.115 (0.096)	
散户投资者规模×数字化	−5.391 (3.587)	−2.647 (2.698)
线上环境积极主义 1×数字化	−0.373 (0.811)	
线上环境积极主义 1×散户投资者规模×数字化	3.280* (1.457)	
线上环境积极主义 2		0.005 (0.008)
线上环境积极主义 2×散户投资者规模		0.004 (0.013)
线上环境积极主义 2×数字化		−0.100 (0.101)
线上环境积极主义 2×散户投资者规模×数字化		0.380* (0.171)
杠杆率	0.523* (0.217)	0.452* (0.215)
净资产收益率	1.062* (0.450)	1.003* (0.453)

续表

变量	模型 1	模型 2
	绿色创新	绿色创新
托宾 Q 值	−0.049	−0.042
	（0.030）	（0.029）
资产规模	0.370***	0.386***
	（0.035）	（0.035）
现金持有量	−0.144	−0.113
	（0.230）	（0.230）
研发比率	0.032***	0.036***
	（0.008）	（0.008）
高管人数	0.572***	0.574***
	（0.100）	（0.099）
董事会会议	−0.012*	−0.009+
	（0.005）	（0.005）
上市年份	−0.225***	−0.217***
	（0.044）	（0.043）
机构投资者 ESG 积极主义	0.012**	0.014***
	（0.004）	（0.004）
常数项	−8.906***	−9.444***
	（0.772）	（0.757）
行业固定效应	控制	控制
年份固定效应	控制	控制
省份固定效应	控制	控制
观测值	16 988	16 988
χ^2	469.372	446.740
伪 R^2	0.292	0.291

注：括号中为聚类标准误

***表示 0.1%的显著性水平，**表示 1%的显著性水平，*表示 5%的显著性水平，+表示 10%的显著性水平

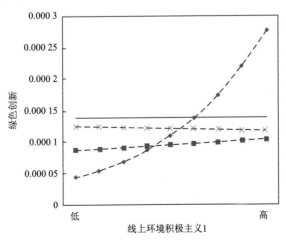

(a)

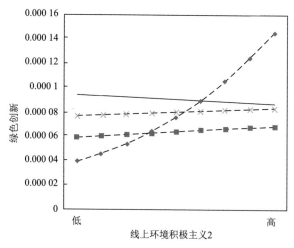

(b)

图 3-6　三元交互效应（线上环境积极主义、散户投资者规模和数字化）

　　表 3-31 考察了数字化是否增强了负面质疑情绪的调节作用。发现采用不同的方法测量线上环境积极主义和负面质疑情绪时，所有三元交互项均为正且显著。图 3-7 展示了在不同负面质疑情绪水平和不同数字化程度下，线上环境积极主义对企业绿色创新的影响。表明在高数字化的企业中，负面质疑情绪的调节效应更为显著。

表 3-31　数字化对负面质疑情绪的调节作用

变量	模型 1	模型 2	模型 3	模型 4
	绿色创新	绿色创新	绿色创新	绿色创新
线上环境积极主义 1	0.007	0.027		
	(0.033)	(0.032)		
负面质疑情绪 1	−0.100		0.008	
	(0.090)		(0.062)	
数字化	−0.199	0.070	0.381	0.344
	(1.405)	(1.329)	(0.970)	(0.901)
线上环境积极主义 1×负面质疑情绪 1	0.144**			
	(0.055)			
负面质疑情绪 1×数字化	−0.345		1.378	
	(2.134)		(1.334)	
线上环境积极主义 1×数字化	0.054	0.186		
	(0.596)	(0.559)		
线上环境积极主义 1×负面质疑情绪 1 ×数字化	2.337*			
	(1.149)			
负面质疑情绪 2		−1.099		0.459
		(2.079)		(1.312)

续表

变量	模型1 绿色创新	模型2 绿色创新	模型3 绿色创新	模型4 绿色创新
线上环境积极主义1×负面质疑情绪2		1.834 (1.430)		
负面质疑情绪2×数字化		−29.069 (50.626)		47.511* (22.953)
线上环境积极主义1×负面质疑情绪2 ×数字化		59.216* (29.039)		
线上环境积极主义2			0.004 (0.004)	0.006 (0.004)
线上环境积极主义2×负面质疑情绪1			0.013* (0.006)	
线上环境积极主义2×数字化			0.006 (0.056)	0.060 (0.048)
线上环境积极主义2×负面质疑情绪1 ×数字化			0.162+ (0.090)	
线上环境积极主义2×负面质疑情绪2				0.135 (0.110)
线上环境积极主义2×负面质疑情绪2 ×数字化				0.339* (0.132)
控制变量	控制	控制	控制	控制
行业、年份、省份固定效应	控制	控制	控制	控制
观测值	13 521	13 521	13 521	13 521
χ^2	598.099	547.839	554.279	492.584
伪 R^2	0.291	0.288	0.291	0.288

注：括号中为聚类标准误

**表示1%的显著性水平，*表示5%的显著性水平，+表示10%的显著性水平

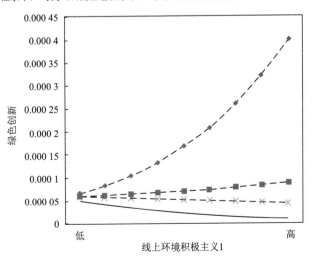

(a)

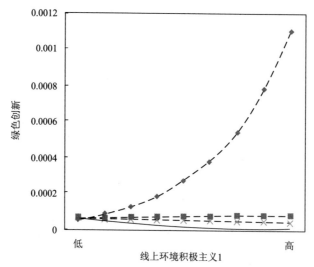

(b)

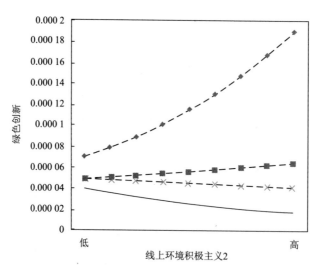

(c)

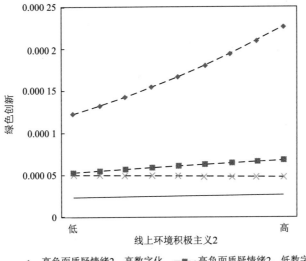

图 3-7　三元交互效应（线上环境积极主义、负面质疑情绪和数字化）

（三）稳健性检验

1. 替代因变量

为确保实证结果的可信度，本节进行了一系列稳健性测试。不同的绿色创新衡量标准可能导致实证结果的差异，本节采用另外三种绿色创新变量来替代因变量。

低碳专利在以往的文献中被视为绿色创新的重要类别（Sun et al.，2022），因此用低碳专利代替绿色专利作为因变量，重新检验模型。如表 3-32 所示，在控制了其他变量后，发现线上环境积极主义对企业低碳创新有显著的正向影响（模型 2 中，线上环境积极主义 1=0.059，$p<0.05$；模型 4 中，线上环境积极主义 2=0.011，$p<0.001$），这与本节研究的主要结果一致。

表 3-32　替代因变量（低碳专利）

变量	模型 1	模型 2	模型 3	模型 4
	低碳专利	低碳专利	低碳专利	低碳专利
线上环境积极主义 1	0.125***	0.059*		
	(0.027)	(0.023)		
线上环境积极主义 2			0.014***	0.011***
			(0.003)	(0.003)
杠杆率		0.452*		0.427+
		(0.228)		(0.226)

续表

变量	模型 1	模型 2	模型 3	模型 4
	低碳专利	低碳专利	低碳专利	低碳专利
净资产收益率		0.849[+]		0.887[+]
		(0.458)		(0.459)
托宾 Q 值		−0.036		−0.033
		(0.031)		(0.031)
资产规模		0.402***		0.410***
		(0.035)		(0.034)
现金持有量		−0.357		−0.321
		(0.233)		(0.231)
研发比率		0.032***		0.035***
		(0.008)		(0.008)
高管人数		0.568***		0.575***
		(0.103)		(0.103)
董事会会议		−0.011*		−0.010[+]
		(0.006)		(0.006)
上市年份		−0.230***		−0.224***
		(0.045)		(0.044)
机构投资者 ESG 积极主义		0.014***		0.015***
		(0.004)		(0.004)
常数项	−0.041	−9.920***	0.070	−10.127***
	(0.065)	(0.718)	(0.047)	(0.703)
行业固定效应	控制	控制	控制	控制
年份固定效应	控制	控制	控制	控制
省份固定效应	控制	控制	控制	控制
观测值	16 998	16 998	16 998	16 998
χ^2	21.257	388.102	19.654	400.392
伪 R^2	0.227	0.301	0.225	0.302

注：括号中为聚类标准误

***表示 0.1%的显著性水平，*表示 5%的显著性水平，+表示 10%的显著性水平

文献资料显示，绿色发明专利与绿色实用新型专利之间存在显著差异。发明专利的授予标准通常要求更高的新颖性和独创性，需通过严格的实质性审查，而实用新型专利的标准较低（如技术优点较少）（Ma et al., 2021a）。因此，本节分别对这两类专利进行分析。如表 3-33 所示，线上环境积极主义对企业绿色发明专利有显著的正向影响（模型 1 中，线上环境积极主义 1=0.069，$p<0.01$；模型 2 中，线上环境积极主义 2=0.013，$p<0.001$）。线上环境积极主义对企业绿色实用新型专利也有显著的积极影响（模型 3 中，线上环境积极主义 1=0.065，$p<0.01$；模型 4 中，线上环境积极主义 2=0.011，$p<0.001$）。

表3-33　替代因变量（绿色发明专利和绿色实用新型专利）

变量	模型1	模型2	模型3	模型4
	绿色发明专利	绿色发明专利	绿色实用新型专利	绿色实用新型专利
线上环境积极主义1	0.069**		0.065**	
	(0.025)		(0.024)	
线上环境积极主义2		0.013***		0.011***
		(0.003)		(0.003)
杠杆率	0.213	0.175	0.587**	0.556*
	(0.248)	(0.246)	(0.221)	(0.220)
净资产收益率	0.275	0.302	1.370**	1.414**
	(0.513)	(0.515)	(0.497)	(0.499)
托宾Q值	0.003	0.005	−0.041	−0.039
	(0.030)	(0.030)	(0.032)	(0.032)
资产规模	0.454***	0.464***	0.373***	0.381***
	(0.037)	(0.036)	(0.035)	(0.034)
现金持有量	−0.074	−0.030	−0.283	−0.247
	(0.264)	(0.261)	(0.238)	(0.237)
研发比率	0.046***	0.049***	0.023**	0.026**
	(0.009)	(0.009)	(0.008)	(0.008)
高管人数	0.629***	0.636***	0.548***	0.555***
	(0.109)	(0.108)	(0.105)	(0.104)
董事会会议	−0.015**	−0.013*	−0.014*	−0.011*
	(0.006)	(0.006)	(0.006)	(0.006)
上市年份	−0.122*	−0.118*	−0.262***	−0.256***
	(0.050)	(0.049)	(0.044)	(0.043)
机构投资者ESG积极主义	0.014***	0.016***	0.012**	0.014**
	(0.004)	(0.004)	(0.004)	(0.004)
常数项	−12.911***	−13.163***	−9.559***	−9.773***
	(0.727)	(0.712)	(0.714)	(0.701)
行业固定效应	控制	控制	控制	控制
年份固定效应	控制	控制	控制	控制
省份固定效应	控制	控制	控制	控制
观测值	15 931	15 931	16 931	16 931
χ^2	506.887	520.110	364.222	372.010
伪R^2	0.201	0.202	0.271	0.271

注：括号中为聚类标准误

***表示0.1%的显著性水平，**表示1%的显著性水平，*表示5%的显著性水平

2. 自变量滞后一期

企业通常需要较长时间才能将研发投入转化为创新产出。因此，鉴于专利产出的时

间滞后效应，本节将自变量滞后一期。结果见表 3-34，显示线上环境积极主义对企业绿色创新仍有显著的正向影响（模型 2 中，线上环境积极主义 1_滞后一期的系数=0.062，$p<0.01$；模型 4 中，线上环境积极主义 2_滞后一期的系数=0.008，$p<0.01$），这与本节的研究结果一致。

表 3-34　自变量滞后一期

变量	模型 1	模型 2	模型 3	模型 4
	绿色创新	绿色创新	绿色创新	绿色创新
线上环境积极主义 1_滞后一期	0.119***	0.062**		
	(0.027)	(0.023)		
线上环境积极主义 2_滞后一期			0.011**	0.008**
			(0.003)	(0.003)
杠杆率		0.453*		0.419+
		(0.228)		(0.227)
净资产收益率		1.023*		1.007*
		(0.471)		(0.471)
托宾 Q 值		−0.036		−0.032
		(0.030)		(0.030)
资产规模		0.401***		0.410***
		(0.036)		(0.035)
现金持有量		−0.115		−0.088
		(0.251)		(0.249)
研发比率		0.031***		0.034***
		(0.008)		(0.008)
高管人数		0.549***		0.556***
		(0.102)		(0.102)
董事会会议		−0.014*		−0.013*
		(0.006)		(0.006)
上市年份		−0.266***		−0.263***
		(0.053)		(0.052)
机构投资者 ESG 积极主义		0.011**		0.013**
		(0.004)		(0.004)
常数项	0.034	−9.750***	0.166***	−9.943***
	(0.065)	(0.722)	(0.046)	(0.711)
行业固定效应	控制	控制	控制	控制
年份固定效应	控制	控制	控制	控制
省份固定效应	控制	控制	控制	控制
观测值	13 884	13 884	13 884	13 884
χ^2	19.308	361.504	10.818	364.850
伪 R^2	0.216	0.291	0.213	0.291

注：括号中为聚类标准误

***表示 0.1%的显著性水平，**表示 1%的显著性水平，*表示 5%的显著性水平，+表示 10%的显著性水平

3. 调整回归模型

为避免不同回归方法对研究结果可能产生的影响，本节使用三种不同的回归模型取代 PPMLHDFE 回归模型。实证结果如表 3-35 所示。首先，通过面板数据 Tobit 模型进行分析。模型 1 表明，线上环境积极主义对企业绿色创新有显著的正向影响（线上环境积极主义 1 的系数=0.021，$p<0.05$）。其次，采用多维固定效应线性回归模型即模型 2。模型 2 表明本节主要结论仍然成立（线上环境积极主义 1 的系数=0.056，$p<0.01$）。最后，考虑到并非所有的企业都申请了绿色专利，故将绿色创新重新定义为一个虚拟变量，当企业至少申请了一项绿色专利时，该变量等于 1，否则等于 0。因此，使用面板数据 Probit 模型进行重新回归。如模型 3 所示，线上环境积极主义对绿色创新的影响是显著且正向的（线上环境积极主义 1 的系数=0.075，$p<0.001$），从而证实了本节研究结果的稳健性。

表 3-35　调整回归模型

变量	模型 1 Tobit 模型	模型 2 多维固定效应线性回归模型	模型 3 Probit 模型
线上环境积极主义 1	0.021* (0.010)	0.056** (0.020)	0.075*** (0.018)
杠杆率	0.226* (0.097)	0.387* (0.163)	0.134 (0.172)
净资产收益率	−0.064 (0.198)	0.252 (0.319)	−0.104 (0.374)
托宾 Q 值	0.021+ (0.012)	0.061** (0.019)	0.024 (0.022)
资产规模	0.211*** (0.021)	0.373*** (0.039)	0.367*** (0.034)
现金持有量	−0.064 (0.097)	0.126 (0.167)	−0.289 (0.182)
研发比率	0.015*** (0.004)	0.018* (0.007)	0.034*** (0.007)
高管人数	0.233*** (0.045)	0.438*** (0.090)	0.478*** (0.079)
董事会会议	−0.006* (0.003)	−0.015** (0.005)	−0.014** (0.005)
上市年份	−0.074** (0.028)	−0.148*** (0.036)	−0.214*** (0.043)
机构投资者 ESG 积极主义	0.010*** (0.002)	0.019** (0.007)	0.012** (0.004)

续表

变量	模型 1	模型 2	模型 3
	Tobit 模型	多维固定效应 线性回归模型	Probit 模型
常数项	−3.494***	−8.474***	−9.293***
	(0.510)	(0.842)	(0.768)
个体效应标准误	1.317***		
	(0.021)		
特异效应标准误	1.023***		
	(0.006)		
ln（个体效应标准误 ^{2}）			0.522***
			(0.062)
行业、年份、省份固定效应	控制	不控制	控制
观测值	16 998	16 998	16 986
R^2		0.230	
χ^2	961.145		953.594
调整 R^2		0.225	

注：括号中为聚类标准误

***表示 0.1%的显著性水平，**表示 1%的显著性水平，*表示 5%的显著性水平，+表示 10%的显著性水平

（四）内生性问题处理

作为实证分析中常见的规范问题，内生性可能会影响研究结果。因此，本节采用三种方法来解决这一问题。

1. 工具变量分析

首先，使用工具变量分析方法来检验稳健性。引入两个与自变量高度相关但与随机扰动项无关的外生变量作为工具变量。在行业层面，工具变量 1 是平均环境问题数量（模型 1）和同行业同年份其他企业的环境问题比例（模型 3）。在省级层面，工具变量 2 是指同年同省其他企业环境问题的平均数量（模型 2）或比例（模型 4）。如表 3-36 所示，以线上提问数量衡量的线上环境积极主义对企业绿色创新有显著的正向影响（模型 1 中，线上环境积极主义 1 的系数=1.216，$p<0.05$；模型 2 中线上环境积极主义 1 的系数 =1.199，$p<0.05$），这进一步支持了本节研究的主要结论。

表 3-36　工具变量法

变量	模型 1	模型 2	模型 3	模型 4
	工具变量 1	工具变量 2	工具变量 1	工具变量 2
线上环境积极主义 1	1.216*	1.199*		
	(0.478)	(0.473)		

续表

变量	模型 1	模型 2	模型 3	模型 4
	工具变量 1	工具变量 2	工具变量 1	工具变量 2
线上环境积极主义 2			0.018	0.017
			(0.032)	(0.032)
常数项	−3.783*	−3.827*	−7.356***	−7.353***
	(1.503)	(1.491)	(0.433)	(0.433)
控制变量	控制	控制	控制	控制
行业、年份、省份固定效应	控制	控制	控制	控制
观测值	16 998	16 998	16 998	16 998
R^2			0.228	0.229
调整 R^2			0.223	0.224
χ^2	2 318.782	2 338.095	3 433.584	3 433.916

注：括号中为聚类标准误

***表示 0.1%的显著性水平，*表示 5%的显著性水平

2. 两阶段 Heckman 选择模型

如前所述，本节旨在研究线上环境积极主义对企业绿色创新的影响。然而，这一关系可能会受到样本选择偏差的影响，因为线上环境质疑行为在一定程度上由企业固有特征所决定。那些强调可持续发展和重视小股东建言的企业，更可能吸引散户投资者的关注，从而更容易出现线上环境问题。这意味着企业是通过自我选择进入线上环境积极主义。因此，使用两阶段 Heckman 选择模型来纠正这一样本的选择偏差。

Heckman 选择模型的第一阶段预测了企业在互动平台上接收环境问题的可能性与各种因素的关系，通过对整个样本企业进行多维固定效应的泊松伪极大似然回归模型估计得出。在第一阶段模型中，将自变量转化为线上环境积极主义的虚拟变量。如果企业一年内在互动平台上至少收到一个来自散户投资者的环境问题，则该变量编码为 1，否则编码为 0。具体而言，将企业特征变量滞后一期，并计算调整项——逆米尔斯比率。将第一阶段回归中的逆米尔斯比率作为控制变量纳入第二阶段方程，第二阶段方程利用在其平台上接受过环境问题的较少企业样本来检验线上环境积极主义与企业绿色创新之间的关系。

表 3-37 主要显示了第二阶段的结果。与本节研究结果一致，线上环境积极主义对企业绿色创新有显著的正向影响（模型 1 中，线上环境积极主义 1 的系数=0.068，$p<0.001$；模型 2 中，线上环境积极主义 2 的系数=0.013，$p<0.001$）。

表 3-37　两阶段 Heckman 选择模型（二）

变量	模型 1	模型 2
	绿色创新	绿色创新
线上环境积极主义 1	0.068***	
	(0.018)	

续表

变量	模型 1	模型 2
	绿色创新	绿色创新
线上环境积极主义 2		0.013***
		(0.002)
杠杆率	1.254***	1.225***
	(0.121)	(0.121)
净资产收益率	0.057	0.025
	(0.318)	(0.319)
托宾 Q 值	0.036*	0.041*
	(0.017)	(0.017)
资产规模	0.385***	0.391***
	(0.021)	(0.021)
现金持有量	0.396**	0.443**
	(0.147)	(0.148)
研发比率	0.032***	0.035***
	(0.005)	(0.005)
高管人数	0.450***	0.439***
	(0.058)	(0.058)
董事会会议	−0.017***	−0.016***
	(0.004)	(0.004)
上市年份	−0.308***	−0.311***
	(0.030)	(0.030)
机构投资者 ESG 积极主义	0.037***	0.036***
	(0.004)	(0.004)
常数项	−9.662***	−9.759***
	(0.513)	(0.515)
行业、年份、省份固定效应	控制	控制
逆米尔斯比率	−0.704**	−0.847***
	(0.239)	(0.237)
观测值	13 968	13 968
χ^2	1 810.397	1 821.113

注：括号中为聚类标准误

***表示 0.1% 的显著性水平，**表示 1% 的显著性水平，*表示 5% 的显著性水平

3. 倾向得分匹配

考虑到绿色创新水平较高的企业可能会在互动平台上吸引更多的散户投资者的关注，因此本节研究设计中可能存在"反向因果关系"的内生性问题。故采用倾向得分匹配法来解决上述内生性问题。由于自变量为连续变量，应用倾向得分匹配时，将环境问题数量高于样本中位数的企业划分为处理组，将低于中位数的企业划分为对照组。然后

使用 1∶1 近邻匹配法将对照组企业与处理组企业进行匹配。表 3-38 显示,基于匹配后的样本,线上环境积极主义与企业绿色创新之间仍然存在显著的正相关关系(模型 1 中,线上环境积极主义 1 的系数=0.045,$p<0.1$;模型 2 中,线上环境积极主义 2 的系数=0.009,$p<0.05$),这证实了本节研究的主要结论。

表 3-38 倾向得分匹配(二)

变量	模型 1	模型 2
	绿色创新	绿色创新
线上环境积极主义 1	0.045$^+$	
	(0.026)	
线上环境积极主义 2		0.009*
		(0.004)
杠杆率	0.609*	0.604*
	(0.265)	(0.263)
净资产收益率	1.729**	1.754**
	(0.601)	(0.604)
托宾 Q 值	−0.017	−0.017
	(0.033)	(0.033)
资产规模	0.371***	0.376***
	(0.040)	(0.040)
现金持有量	−0.136	−0.087
	(0.294)	(0.289)
研发比率	0.037***	0.039***
	(0.009)	(0.009)
高管人数	0.435***	0.445***
	(0.128)	(0.128)
董事会会议	−0.008	−0.007
	(0.006)	(0.006)
上市年份	−0.126*	−0.118*
	(0.053)	(0.053)
机构投资者 ESG 积极主义	0.017***	0.018***
	(0.005)	(0.005)
常数项	−9.282***	−9.444***
	(0.815)	(0.804)
行业固定效应	控制	控制
年份固定效应	控制	控制
省份固定效应	控制	控制
观测值	5 587	5 587
χ^2	283.667	290.206
伪 R^2	0.289	0.290

注:括号中为聚类标准误

***表示 0.1%的显著性水平,**表示 1%的显著性水平,*表示 5%的显著性水平,+表示 10%的显著性水平

第六节　本章主要结论与政策建议

一、主要结论

随着全球变暖问题的加剧，股东积极主义关注的重心逐渐从企业财务绩效转向 ESG 绩效及环境治理问题，成为推动企业全面绿色转型的关键力量。本章深入分析了机构投资者 ESG 积极主义与散户积极主义的形成机理以及对企业绿色创新绩效的影响，得出以下主要结论。

（一）媒体报道是机构投资者网络 ESG 偏好形成的重要推动力量

机构投资者网络 ESG 偏好是其开展 ESG 积极主义不可或缺的前提。本章通过对 2012~2021 年中国上市公司 22 941 个样本的实证研究发现，媒体报道在塑造公众舆论以及影响机构投资者投资偏好方面发挥着关键作用。正面的媒体报道吸引具有 ESG 偏好的机构投资者向目标公司聚集，而负面的媒体报道则阻碍了此类投资决策。分析师关注和公众关注在这一过程中起中介效应，放大了媒体报道对机构投资者偏好的引导作用。该发现表明，机构投资者的网络 ESG 偏好的形成受外部信息环境的显著影响。

（二）机构投资者 ESG 积极主义通过内外部注意力整合推动企业绿色创新

本章基于注意力基础观，提出机构投资者的 ESG 积极主义通过企业内部的注意力分配和企业间的注意力整合这两种机制对企业的绿色创新产生积极影响。基于 2007~2021 年 2726 家中国上市公司样本的实证研究，证实了上述观点。媒体报道显著增强了机构投资者 ESG 积极主义与企业绿色创新之间的正向联系，这一调节效应在数字化企业中更为明显。数字化企业的高信息透明度使其对媒体报道等公众舆论的敏感度更高，因而更有可能积极开展绿色创新以平息 ESG 积极主义的压力。

值得注意的是，企业所处的产业链关联对 ESG 积极主义与绿色创新之间的正向关系存在负向调节作用。这一负向调节作用为嵌入悖论提供了新的经验证据（Uzzi, 1997）。高度关联的产业链关系增加了绿色转型的注意力整合的难度和复杂性，即使机构投资者通过 ESG 积极主义成功地吸引了目标公司对可持续发展问题的关注，产业链内部高度相互依赖关系也可能阻碍目标公司实施绿色创新，从而对机构投资者 ESG 积极主义的影响产生负向调节作用。在数字化企业中，这种负向调节作用得到了削弱，这表明数字化可作为缓解产业链嵌入性负面效应的可行方案。

（三）散户投资者线上环境积极主义能够显著促进企业绿色创新

在数字时代，散户能够通过在线平台对企业的环境治理问题积极发声。本章检验了这种新型散户投资者积极主义是否能够促进企业绿色创新。基于 2011~2019 年中国上市公司 16 998 个观测样本的实证研究表明，散户投资者的线上环境积极主义可以通过提高管理者对环境问题的注意力强度和优先级，显著促进企业的绿色创新。特别是对于散户投资者规模较大的企业，这种积极主义的作用更为明显。此外，带有负面情绪的线上环境问题更有可能引发企业的积极响应，推动绿色创新的落地实施。

另外，研究结果显示，在高度数字化的企业中，散户投资者规模和负面质疑情绪的调节作用更为显著，这说明数字化企业在网络舆论采集、追踪和处理上更具优势，能够更敏锐地捕捉并快速回应线上环境积极主义，从而更迅速地推出绿色创新措施以平息网络质疑。

二、政策建议

（一）加强 ESG 报道监管和 ESG 投资激励，引导资本流向绿色企业

第一，加大对企业 ESG 实践的正面媒体报道，引导机构投资者为绿色企业提供资本支持。官方媒体应充分发挥其引导作用，积极宣传 ESG 表现突出的企业，展示其在绿色转型中的成功经验和创新实践。政府可以设立专门的绿色企业宣传平台，集中展示各行业 ESG 标杆企业的最佳实践。此外，应推动媒体与企业、政府之间的互动，通过官方报告、纪录片和专题报道等形式，向公众和投资者广泛传播企业全面绿色转型成果。这种形式的报道不仅有助于提升中国企业的公众形象和资本吸引力，也将促使更多机构投资者关注绿色企业，形成正向循环。同时，政府应出台激励政策，支持媒体挖掘和传播优秀的绿色企业案例，形成绿色发展的社会认同。

第二，加强媒体监督，杜绝"漂绿"现象，提升 ESG 报道和投资的真实性。为防止企业通过虚假宣传进行"漂绿"，政府应出台针对"漂绿"现象的专门监管措施，建立透明、公正的第三方认证机制，对企业的 ESG 信息进行独立审核。政府可以设立绿色认证标准，并通过认证机构对企业的 ESG 表现进行定期评估，确保企业发布的 ESG 报道真实可信。与此同时，政府应加大对"漂绿"行为的惩罚力度，对存在虚假或误导性信息披露的企业进行重罚，起到震慑作用。此外，可以通过鼓励行业自律，设立行业内的绿色发展公约，推动企业自发提升 ESG 标准，杜绝"漂绿"。通过加强监管与市场约束相结合的方式，提升 ESG 投资的透明度和真实性，确保投资者的资金真正流向绿色企业。

第三，建立负面媒体报道的核查和敦促企业及时回应负面媒体报道的监督机制。为防止负面媒体报道对企业绿色转型产生不利影响，政府应建立健全核查机制，对负面媒体报道进行严格审核，确保报道内容的真实性与客观性。监管机构应设立快速反应小组，针对涉及企业 ESG 表现的负面媒体报道进行快速调查，如发现失实报道，应责令相关媒体纠正并公开澄清。同时，政府应鼓励企业建立快速响应机制，当遇到负面媒体报道时，企业可以通过召开新闻发布会、发布公开声明或提供第三方独立审计报告的方式迅速做出回应。这不仅有助于降低负面媒体报道带来的负面影响，还能提升企业透明度，增强投资者对企业的信任感。政府还可以提供指导，帮助企业建立高效的环境危机公关和 ESG 舆情管理体系。

第四，优化分析师与媒体报道的合作机制。分析师在 ESG 投资领域发挥着重要的信息传递与引导作用，有关部门应通过金融监管和媒体监管，鼓励分析师与媒体建立更紧密的合作关系。金融监管部门可制定标准化的 ESG 信息分析框架，确保分析师基于权威

数据和报告开展专业分析与投资推荐。同时，分析师的精准分析成果可帮助投资者更加全面和深入地了解 ESG 投资的价值。政府还可以创建 ESG 分析师认证制度，提升分析师在 ESG 领域的专业性，确保分析报告的可信度。这一合作机制不仅能提升 ESG 信息的透明度，还将促进资本向绿色企业流动，助力绿色转型。

第五，强化公众参与，提高全社会可持续发展意识。政府应通过开展全民性绿色教育和宣传活动，提高公众对 ESG 和可持续发展的认识。通过绿色发展主题的电视节目、社交媒体活动、企业案例分享以及社区教育项目，让公众更深入了解 ESG 的重要性。学校也应增加可持续发展课程，培养下一代对绿色转型的关注与支持。政府可以设立绿色发展宣传周，邀请各行业的 ESG 领军企业展示其实践成果，并通过互动活动、公众参与的方式，激发全社会关注和参与环境治理的热情，形成全民共建绿色未来的氛围。同时，政府应鼓励企业积极履行社会责任，增加社会责任报告的发布频率，让公众看到企业在全面绿色转型中的实际贡献，增强企业与公众之间的互动与信任。

（二）鼓励投资者通过股东积极主义推进企业全面绿色转型

股东积极主义是股东参与公司治理的重要战略行为，股东通过对管理层施加影响以改进公司的实践、政策和战略制定，最终有助于公司的绩效提高。股东积极主义已被广泛证明能够提升企业股票价值，更能改善企业在环境与社会层面的表现，从而给整个社会带来更广泛的福利。政府应出台相关政策，引导股东关注企业的绿色转型与ESG 建设。

第一，推动机构投资者积极参与上市公司治理，高效发挥股东积极主义监督与治理作用。中国证券监督管理委员会 2022 年发布的《关于加快推进公募基金行业高质量发展的意见》提出要"推动公募基金等专业机构投资者积极参与上市公司治理，既要'用脚投票'，更要'用手投票'，助力上市公司高质量发展"，"积极践行责任投资理念，改善投资活动环境绩效，服务绿色经济发展"。同年，《全国社会保障基金理事会实业投资指引》发布，更是明确提出应"深化积极股东主义实践，推动完善公司治理结构，提高所投公司质量"。首先，金融监管部门应进一步完善公司治理制度，为股东参与公司治理提供更健全的制度保障。增强企业 ESG 信息透明度，为股东提供更多信息增量，减少其信息不对称性，为其发挥环境积极主义提供便利。例如，公司定期发布详细的 CSR报告和可持续发展报告，便于股东及时了解公司在环境保护方面的表现和计划。其次，金融监管部门应鼓励机构投资者等专业金融机构积极参与所投企业的 ESG 治理，有力地汇集推动公司治理变革和业务转型的积极资本力量，从而弥补企业内部转型动力不足，推动企业实现绿色转型和高质量发展。

第二，完善线上股东监督渠道，为中小股东提供便捷的网络发声平台。除了大型机构投资者之外，政府还应出台针对少数投资者参与公司治理的激励措施，与少数投资者形成良性互动，以增强线上环境积极主义的监督与治理力量。研究发现，当中国的中小股东在信息时代被赋予发言权时，他们可以发挥有效的环境监督作用。散户投资者通过线上平台发声，能够引发数字网络空间中的社会动员、激发公众集体情绪，提高管理层对环境问题和绿色治理的注意力强度和注意力优先度，进而推动企业做出实质性的绿色创新实践。官方的投资者互动平台，如深圳证券交易所的"互动易"平台和上海证券交易所的"e 互动"平台，为散户投资者提供了积极参与企业治理的合法渠道，增强了他们作为环境积极主义者的影响力，确保上市企业高层能够接收到他们的意见和建议。通过线上社区的信息传播，散户投资者可以分享其发现的企业环境风险，动员同行投资者甚至公众采取集体行动，扩大股东积极主义的影响范围。散户投资者还能通过策略性地设计其言辞，凸显其在线诉求的紧迫性，进而在网络空间引发更强烈的情绪响应，促使企业立即采取措施改变现状。因此，政府应积极推动官方投资者互动平台的互动机制优化，开放股东线上提案、在线股东会议、"企业面对面"网络访谈等多样化的线上沟通模块，确保线上股东监督和发声渠道畅通无阻，充分调动中小散户投资者的治理积极性，使股东能够便捷地表达对环境问题的关注，从而推动企业全面绿色转型进程。

第三，应进一步优化管理层与股东的沟通渠道，提升股东积极主义的沟通效率。目标企业绿色转型战略的全面推行是其管理层注意力资源配置的结果，优化企业管理层绿色经营决策的关键在于提升管理层与股东的有效沟通程度、提高企业绿色注意力配置效率。管理者注意力是一种关键而稀缺的资源，目标企业在股东积极主义议题上配置的注意力资源越多，管理层为该议题所倾斜的资源和支持便越多，从而推动目标企业针对绿色议题做出变革回应。政府应推动企业采用先进的管理工具和策略，如注意力管理框架，帮助企业识别和优先处理股东热切关注的环境问题。例如，企业可设立首席可持续发展官（chief sustainability officer，CSO）等强化 ESG 治理的高管职位，将其作为公司内部对绿色议题的注意力载体，高效地引导管理者关注环境与社会问题（Fu et al.，2020）。此外，通过培训和教育，提高员工对环境问题的认识，确保整个组织在绿色转型方面的注意力集中和行动一致，以便快速对环境争议做出反应，推进内部绿色转型议程。

（三）推动数字化与企业绿色创新的深度融合

第一，加快数字化转型，提升企业应对 ESG 积极主义的能力。研究表明，数字化企业和非数字化企业在配置注意力资源以响应股东 ESG 积极主义方面存在显著的差异。数字化转型与绿色创新的深度融合将使企业在面对股东 ESG 挑战时具备更强的应对能力。数字化企业日益扩大的数字足迹会提升其网络知名度，使其面临更多散户投资者的网络监督，因此，数字化企业应更加关注来自网络空间的投资者群体环境诉求。借助大数据分析和网络舆情跟踪技术，数字化企业能够有效检测网络投资者的绿色转型呼吁，从而提高对线上环境积极主义的响应速度。另外，高度数字化的企业能够通过注意力优先级的快速调整，有效缓解可能迅速爆发的负面网络情绪。因此，数字化转型可作为企业有效应对线上股东积极主义的重要手段。

第二，加快企业数字化基础设施建设，发挥数字技术对企业绿色转型的赋能作用。首先，政府应大力推动企业的数字化基础设施投资，鼓励企业利用大数据、机器学习、云计算和人工智能等先进数字技术提高企业的环境治理能力。例如，利用数字化平台收集和分析投资者、消费者、供应商和公众的环境反馈，以指导企业的绿色创新和改进。

积极与科技公司展开合作，开发和应用新的绿色职能产品与服务，以支持企业的绿色转型和可持续发展目标。其次，政府应鼓励企业制定全面的数字化转型战略，为企业开发和采购数字化资源和工具提供税收减免或补贴等财政激励。再次，鼓励企业通过将数字化手段融入生产管理、组织运营和创新活动中，提高供应链的透明度和可追溯性，以确保整个供应链的绿色实践。最后，相关部门应定期监测和评估企业在数字化绿色转型方面的进展，确保政策的有效实施。

第四章 产业链协同变革推进全面绿色转型研究

由于产业链网络的深入嵌入，全面绿色转型需要企业与其上下游供应链伙伴协同开展环境治理和绿色创新。在此背景下，绿色供应链管理逐渐兴起，不仅能够帮助企业有效缓解供应链中隐含的可持续发展风险，还能通过实施风险共担、利益共享的绿色创新投资，帮助企业及其供应链伙伴共同创造长期价值。虽然学术界日益关注绿色供应链协同变革，但鲜有研究对其前因后果及内在机理进行整合研究。本章分别从绿色供应链管理实践的前因、运行机制及后果三方面展开系统性研究。第一，从前因来看，探讨以机构投资者为代表的外部 ESG 压力是否能推动企业提升其绿色供应链管理绩效；第二，从机理来看，深入挖掘绿色创新战略的制定实施与供应链协同转型的耦合关系；第三，从后果来看，检验绿色供应链管理实践是否显著提升企业绩效并识别这一效应的边界条件。本章的研究成果能够为企业在复杂的产业链相互依存关系网络中通过供应链协同变革加快推进全面绿色转型提供丰富启示。

第一节 问题提出与研究内容

一、研究背景与问题提出

自 20 世纪末以来，全球变暖的日益加剧引发了全球各国对环境问题的高度关注。值得注意的是，环境治理并非仅凭企业"单打独斗"就能完全解决。由于企业通常深度嵌入于复杂的供应链网络，在全面绿色转型中不仅要考虑自身的环境行为，还需关注供应商乃至供应商的环境不当行为，这种风险被称为"供应链可持续性风险"（Hofmann et al.，2014；Guertler and Spinler，2015）。例如，供应链中的任何一环卷入环境丑闻，都可能导致供应链中断，增加运营成本，并造成利润损失。此外，供应链可持续性危机还可能损害企业声誉，削弱企业与利益相关者的信任关系，进而阻碍企业的长期发展（von Berlepsch et al.，2024）。从实践来看，2017 年"舍弗勒断供风波"背后暴露出供应链污染的问题，"宝马供应商断货"事件所引发的蝴蝶效应致使企业遭受了巨大损失。普华永道发布的《绿色供应链白皮书》显示，54%的企业计划在未来 3~5 年内将持续加大供应链转型投入，77%的受访企业认为绿色供应链转型能够产生积极的影响，可见绿色供应链转型已成为企业应对利益相关者环境关切的重要策略。

从理论上来看，资源依赖理论认为，企业作为开放系统，其经营与生存依赖于外部各方的资源（Pfeffer and Salancik，1978）。没有任何组织能够完全自给自足，拥有互补资源的企业往往会寻求跨组织的合作，以确保资源的获取并减少不确定性，企业间也因此形成相互依存关系（Pfeffer and Salancik，1978）。供应链通常由多个相互依赖的上下游企业组成，这些企业之间经常交换各种资源，相互合作以达成共同目标。在新兴的绿色领域，环保产品和回收材料的开发与生产尤其依赖供应商和客户的紧密合作（Yawar and Seuring，2017；Shah and Soomro，2021）。因此，在追求可持续发展的过程中，企业必须通过绿色供应链管理来协调复杂的供应链相互依存关系。

基于此，绿色供应链管理概念逐渐受到学者的重视。根据以往文献（Yawar and Seuring，2017），绿色供应链管理是指在供应链活动的系统协调中，战略性且透明地整合环境目标，以提升单个企业及其供应链合作伙伴的绿色绩效。绿色供应链管理涵盖了按照绿色标准对绿色设计、采购、制造和回收等一系列供应链活动的管理（Yawar and Seuring，2017），其目的在于摆脱生产效率与环境压力的双重束缚，既能够实现利润最大化，又能兼顾环境可承载性、资源配置合理性等优势，从而实现可持续发展（Hart and Dowell，2011）。为实现卓越的绿色供应链管理，企业不仅需要有效监督供应商的活动，还需要动员供应链合作伙伴共同投入大量资源，协作开发和实施绿色技术方案（Dahlmann and Roehrich，2019），从而释放供应链协同的积极效应。另外，长期合作建立的相互理解和信任，有助于促进异质供应链参与者之间的目标一致，推动组织间的资源流动与知识共享（Chen et al.，2014）。这些供应链协同优势能够促使企业选择供应链上下游合作的方式应对外部 ESG 压力。同时，相较于"单打独斗式"的环境治理举措，绿色供应链管理能够帮助目标企业在复杂交织的供应链中有效缓解环境风险的扩散，并与关键供应链合作伙伴共同进行绿色投资，从而创造长期的股东价值。

近年来绿色供应链转型受到的学术关注日益增多，多数文献关注环境法规、组织支持和顾客压力等因素的驱动作用（Boström et al.，2015）；也有文献侧重于绿色供应链管理实践的影响后果，如对企业环境绩效与经济绩效的影响（Esfahbodi et al.，2017）。然而，鲜有研究对绿色供应链管理实践的前因、后果及内在机理进行系统整合（Esfahbodi et al.，2017）。

第一，从前因来看，投资者环境诉求等内外部环境压力是否显著促进绿色供应链管理优化尚未明晰。例如，作为资本市场推进 ESG 投资和可持续发展理念的重要力量，越来越多的机构投资者通过 ESG 积极主义引导企业开展全面绿色转型以提升环境绩效和长期竞争力。根据机构股东服务公司（Institutional Shareholder Services）的数据显示，ESG 相关提案在机构股东提案中的比例从 2006 年的 29% 上升至 2020 年的 53%，这证明了机构投资者 ESG 积极主义在近几十年逐渐普及。大量研究表明，机构投资者的 ESG 积极主义能够促使目标公司做出绿色响应，包括自愿披露气候变化风险（Flammer et al.，2021）、减少有毒物质排放（Kim et al.，2019）、降低碳排放（Safiullah et al.，2022）以及推动绿色创新（Jin et al.，2024；Wu et al.，2024a）。然而，如上所述，现有研究大多聚焦机构投资者 ESG 积极主义对企业独立绿色转型行为的影响，对 ESG 积极主义是否会促进绿色供应链管理等跨组织边界的绿色发展问题关注较少。

第二，从机制来看，绿色创新与供应链协同转型的关系有待进一步研究。以往文献通常将绿色创新与绿色供应链视为两种截然不同的绿色转型战略分开进行研究，但企业在进行供应链协同转型时往往面临着创新瓶颈。例如，在推进供应链协同转型的过程中，大多数企业可能存在绿色创新意识淡薄、研发能力不足等问题。如何全面诠释绿色创新与供应链协同转型之间的耦合关系是亟待解决的核心问题。

第三，从后果来看，现有文献对于绿色供应链管理实践和企业绩效之间的关系尚未形成统一看法。一些研究认为，绿色供应链管理实践能够降低企业合规成本，迎合外部绿色需求，拓展市场份额，进而提升企业绩效（Golicic and Smith，2013；曹裕等，2020）；然而另一部分研究表明，绿色供应链管理实践能够提升企业的环境绩效，但对企业财务绩效的提升效果并不显著（Esfahbodi et al.，2017）；此外，还有研究指出，绿色供应链管理实践可能产生超出产品环境溢价的额外运营成本，给企业财务绩效带来不良影响（王丽杰和郑艳丽，2014）。鉴于上述迥异的观点，应进一步探究绿色供应链管理实践影响企业绩效的内在机理和约束条件，从而全面揭开两者之间的"黑箱"与"边界"。

二、研究内容

（一）机构投资者 ESG 积极主义与企业绿色供应链管理研究

本章基于资源依赖理论，系统分析机构投资者通过 ESG 积极主义施加的外部环境压力是否会促进企业绿色供应链管理。本章进一步提出技术整合和技术影响反映了产业链企业之间的整体相互依存度与相互依存不对称性是机构投资者 ESG 积极主义影响企业绿色供应链管理的重要边界条件。首先，高技术整合表明行业内的总体技术相互依赖性较强，企业难以通过模块化设计来实现脱钩。这种密切的依赖关系可能会影响企业对外部 ESG 诉求的回应。本章探讨了高技术整合是否能够增强机构投资者 ESG 积极主义对企业绿色供应链管理绩效的促进作用。其次，在大多数相互依赖的关系中，企业间的相对权力存在显著差异。技术影响反映了产业链中企业在技术上的相对优势以及对关键技术的控制力。因此，处于技术领先地位的企业在协调供应链合作伙伴目标、促进绿色供应链战略协作方面具有更大的主导权。本章深入探究了具有不同技术影响的企业在应对机构投资者 ESG 积极主义时是否会采取差异性回应。最后，本章讨论了数字智能在绿色供应链管理中的赋能作用。

（二）绿色创新战略与供应链协同耦合关系研究

本章构建了内外部驱动因素、绿色创新战略与供应链协同之间的交互耦合关系模型，并利用长三角地区企业的实证调研数据，分析绿色创新对供应链协同的影响。为全面揭示供应链协同转型的驱动机制，本章系统分析了管理团队驱动、内部员工驱动、上下游驱动等内部驱动因素以及政策驱动、市场驱动、社会驱动等外部驱动因素对企业绿色创新及供应链协同转型的影响。另外，本章探讨了绿色创新在驱动因素与供应链协同转型关系之间的中介作用。

（三）绿色供应链管理实践与企业转型绩效研究

为进一步验证绿色供应链管理的实际效果，本章基于长三角地区制造业企业的问卷调查数据，检验了绿色供应链管理实践对企业转型绩效的影响，并进一步探讨绿色创新发挥的中介作用。基于知识观的视角，本章构建了三阶调节中介效应模型，引入双元知识搜索和绿色社会资本这两个关键变量，以深入剖析绿色供应链管理实践促进企业转型绩效提升的深层次作用机理。具体而言，双元知识搜索正向调节绿色供应链实践、绿色创新与企业绩效之间的正向关系，而这一调节作用在绿色社会资本较高的情境下得到进一步增强。

三、主要创新

本章的研究具有以下主要创新点。第一，本章实证结果率先证明了机构投资者 ESG 积极主义能够推动企业改善内部的环境管理，从而有效提升绿色供应链管理绩效，这一实证发现将机构投资者 ESG 积极主义对企业全面绿色转型行动的影响范围拓宽至供应链管理领域。目前，大量文献证实了机构投资者 ESG 积极主义对目标企业自身环境绩效的促进作用，但针对其能否成功推动企业实施跨边界绿色举措尚未明晰（Flammer et al.，2021；Jin et al.，2024）。本章创新性地提出，在外部 ESG 施压下，企业选择优化绿色供应链管理，从而遏制环境风险在供应链中的扩散，实现供应链层面整体的可持续转型。本章研究表明，在技术整合较高和技术影响较大的情境下，机构投资者 ESG 积极主义对于绿色供应链管理绩效的正向影响更为显著，从供应链相互依赖关系的视角出发为企业如何应对可持续发展挑战提供了新的启示（Schnittfeld and Busch，2016；Khan et al.，2023）。

第二，本章创新性地建立了以绿色创新为核心的供应链协同理论框架，丰富了现有绿色供应链管理领域的相关理论研究。以往研究通常将绿色创新和绿色供应链转型视为企业应对环境挑战的独立策略，对两者交互关系鲜少关注。本章基于一手问卷调查数据研究发现，绿色创新在内外部驱动因素与供应链协同转型之间起到关键的中介作用。在内外部驱动因素的引导下，供应链企业通过协同绿色创新共享技术资源、分担研发成本和创新失败风险，加速推动供应链协同转型。这一发现清晰揭示了绿色创新与供应链协同之间的耦合关系。

第三，本章从知识观视角阐明了探寻绿色供应链管理实践在企业转型过程中对企业绩效的作用机理。首先，从知识获取角度阐述了双元知识搜索对绿色供应链管理实践和绿色创新之间关系的调节作用；其次，依据知识内化的观点，深入剖析双元知识搜索的调节能力在不同绿色社会资本水平下的差异，从而明确了绿色供应链管理实践借助绿色创新对企业绩效产生积极影响的边界条件，为企业优化绿色供应链管理、全面推进绿色转型等提供了有益启示。

第二节　机构投资者 ESG 积极主义、产业链技术依赖
与绿色供应链管理研究

虽然学者普遍认为目标公司会对机构投资者 ESG 积极主义做出积极回应，但许多研究却忽视了企业跨组织边界的绿色响应。基于 2012 年至 2021 年期间来自中国上市公司制造业的 8557 家公司数据，本节的研究发现机构投资者 ESG 积极主义会促使企业改善绿色供应链管理。在技术整合程度较高的行业中，企业更有可能在机构投资者的 ESG 要

求下加强绿色供应链管理。拥有更大技术影响的企业也更倾向于采纳这种基于合作的绿色响应。技术整合和技术影响的调节作用在数智化企业中更为明显。本节的研究为那些希望通过绿色供应链管理来解决股东环境关切问题的公司提供了新的启示。

一、机构投资者 ESG 积极主义与企业绿色供应链管理

近年来，随着环境风险等问题的不断加剧和环保监管的日益严格，机构投资者倾向于采用 ESG 积极主义来激发被投资企业的绿色行动，以降低投资风险并获取长期的绿色价值。然而，在供应链中，企业间的资源依赖性可能导致目标企业单独推行的绿色行动难以达到 ESG 积极主义投资者的期望。相反，机构投资者普遍支持通过重塑供应链来实现绿色发展。

通过实施高效的绿色供应链管理，企业能够有效减少来自供应链合作伙伴的环境风险，进而符合机构投资者严格的 ESG 标准。机构投资者为了保障投资的安全与回报（Krueger et al.，2020），正逐步要求所投资的公司减少环境风险，提升环境绩效。尽管企业独立进行绿色变革有助于消除内部环境风险，但由于联合生产的复杂性和相互依赖性，企业仍可能面临来自供应链上下游的环境风险。例如，若企业在生产过程中不慎采用了违反环保规定的供应商零部件，可能导致最终产品不符合环保标准，从而引发环境积极分子的抗议（Wolf，2014）。此外，即便某企业未直接参与不当行为，供应链中其他企业的环境违规行为也可能引发污名效应，从而损害其声誉和股市表现（Xiong et al.，2021）。

因此，为防范风险沿着供应链传播，以 ESG 为导向的机构投资者通常会要求目标企业在供应链层面进行彻底的绿色转型（Dahlmann and Roehrich，2019）。通过实施全面的绿色供应链管理，目标企业能够系统地评估供应链合作伙伴可能带来的环境风险，严格把关采购与销售活动，并在必要时选择 ESG 绩效更佳的新供应商（Wolf，2014）。此外，通过建立统一的 ESG 标准和更加透明的环境信息披露机制，企业能够增强供应链责任意识（Flammer et al.，2021），向机构投资者展示企业的 ESG 承诺，从而更有可能消除机构投资者对于企业 ESG 的顾虑。

此外，企业与合作伙伴携手推动绿色供应链转型，产生供应链相互依赖的协同效应，为遵循 ESG 理念的机构投资者创造长期股东价值。机构投资者作为以利润为导向的金融机构，其推动 ESG 积极主义的动机在于通过把握绿色机遇，从投资组合公司中获取可持续的价值（Crane et al.，2019）。然而，由于技术的复杂性和市场的不确定性，单个企业的绿色转型，如开发新兴绿色技术等，往往会面临高昂的成本与风险，并可能损害短期的股东价值。在此背景下，与供应商和客户密切合作，已成为目标企业满足机构投资者 ESG 期望的关键战略。通过动员并集结互信互利的供应链合作伙伴，目标企业得以在绿色供应链整合方面凝聚共识，汇聚核心资源，并通过知识共享推动绿色技术的持续进步（Lintukangas et al.，2023）。与"单打独斗"相比，联合投资有助于目标企业在绿色转型过程中降低成本，降低整个产业链的潜在风险，进而增强其竞争优势（Paulraj et al.，2017；Sancha et al.，2019）。因此，绿色供应链管理作为一种兼具短期利润与长期价值平衡的应对策略，获得了众多倡导 ESG 积极主义的机构投资者的支持。综上所述，本节提出机构投资者 ESG 积极主义会促使目标企业提升绿色供应链管理绩效。

二、技术整合和技术影响的调节作用

（一）技术整合的调节作用

任何组织均难以实现自给自足，因此必须通过与其他组织建立关系来获取资源。完全相互依赖，用于描述相互依赖关系的强度，反映了双方投入的大量努力以及由此构建的坚实而持久的合作关系。本节通过技术整合来研究完全相互依赖程度。技术整合表明一个部门的技术系统在不同模块中的可分离程度（Yayavaram and Ahuja，2008）。技术整合与其可分解性之间存在明显的反比关系。随着技术整合的提升，技术的各个构成部分紧密结合，任何一个部分的变动都可能对整个系统产生连锁效应。这种连锁效应显著增加了在不损害其他功能的前提下进行修改或优化的难度。技术整合会改变企业间的资源依赖关系，因此，有必要研究在技术高度集成的行业中运营的企业是否影响目标企业对机构投资者的 ESG 积极主义的回应。

由于高技术整合的系统难以被分解为独立的模块，企业与合作伙伴间的资源相互依赖程度提高，此时各方团结一致，共同维护现有系统，并致力于构建长期稳定的合作关系（Wagner et al.，2021）。在长期合作过程中，企业间建立起深厚的信任基础，愿意相互分享关键资源，以确保各自的努力与目标公司的战略方向保持高度一致。根据绿色供应链管理的框架，生态设计产品和回收材料离不开上游供应链的协同配合。因此，当机构投资者向目标公司施加压力，要求其参与绿色供应链管理时，企业间的相互信任会促使供应链合作伙伴密切合作，推动绿色供应链管理的持续优化。

技术整合的提高加强了企业间的利益联结。技术整合的高低，直接反映了合作过程中转换成本的大小（Caniëls and Gelderman，2007）。在此背景下，任何一家企业面临的环境风险都可能对供应链中的各方产生连锁影响，增加了相关企业的退出壁垒。因此，行业技术整合提高了供应链企业间的相互依赖程度，增加了共同利益。当机构投资者对目标企业施加与 ESG 相关的压力时，供应链上的合作伙伴与目标企业存在的紧密的利益关系推动企业做出积极的响应。这有助于目标企业推广机构投资者的 ESG 标准，并与合作伙伴协同构建绿色供应链管理体系，从而展现出较高的绿色供应链管理水平。

技术的高度整合对于增进企业间的信任与互利关系具有积极意义。当目标企业对机构投资者的 ESG 积极主义做出响应时，供应链上的各企业能够充分整合各类资源，形成协同合作，共同提升绿色供应链管理绩效。由此可见，机构投资者的 ESG 积极主义能有效提升绿色供应链管理。因此，本节提出技术整合正向调节机构投资者 ESG 积极主义与绿色供应链管理绩效之间的关系。

（二）技术影响的调节作用

根据资源依赖理论，供应链由多个组织组成，这些组织相互依赖以获取资源（Hajmohammad and Vachon，2016）。在这种相互依存的关系中，由于依赖关系的不对称性，各组织拥有不同的相对权力，而这种不平衡的权力能够操纵他人的行为。由于绿色供应链管理水平的提升与技术创新效应密不可分，因此本节从技术的角度来研究这种不平衡的权力。具体而言，企业的技术影响主要是指企业的相对技术进步，它直接影响企业在供应链中的话语权。本节认为，目标公司的技术影响可以改变供应链中各公司之间的资源依赖关系，进而影响机构投资者的 ESG 积极主义。

首先，具有重要技术影响的企业能在供应链中保持领导地位，因此更有能力将自己的意志施加给处于权力劣势的组织（Pfeffer，1988；Pulles et al.，2023）。技术影响大表明其他组织对目标公司的依赖性强，代表了目标公司在关系中的相对权力。为了更有效地满足机构投资者 ESG 要求，具有权力优势的企业可能会要求上下游企业进行技术合作并共同承担成本以符合绿色标准（Gulati and Sytch，2007），促进整个供应链采用统一的绿色标准体系。虽然合作的目的是应对权力优势企业面临的 ESG 积极主义压力，但这一要求使弱势企业别无选择，因为强势企业拥有必要的资源，如弱势企业向领先企业寻求的技术许可。因此，具有较高技术影响的大型企业所面临的机构投资者 ESG 积极主义更有可能转化为供应链所有参与者在 ESG 方面的努力，从而提高绿色供应链管理绩效。

其次，具有较大技术影响的公司更有可能积极响应机构投资者的 ESG 要求。权力失衡的结果是更强大的组织主导利益。具有较强技术影响的企业在供应链中处于领导地位，这表明它们能够更多地受益于绿色供应链管理的整体提升。因此，面对机构投资者日益高涨的 ESG 积极主义，具有较强技术影响的公司作为较大受益者，有动力加强其在 ESG 方面的努力。它们可以通过战略性地分配和协调供应链中的资源来实现这一目标，从而提高绿色供应链管理绩效。

然而，供应链中权力不平衡所产生的技术影响也可能导致合作减少、冲突增加。研究表明，从长远来看，处于劣势一方的权力会被削弱，这种不平衡的关系很容易被破坏（Caniëls and Gelderman，2007）。此外，鉴于 ESG 的盛行趋势，以及改善绿色供应链管理有利于供应链所有参与者这一事实，本节推测，即使这种技术影响来自不平衡的权力，供应链中的参与者在应对机构投资者的 ESG 积极主义时，也更倾向于与目标公司合作，以提高绿色供应链管理绩效。因此，本节提出技术影响正向调节机构投资者 ESG 积极主义与绿色供应链管理绩效之间的关系。

三、数字智能的赋能作用

大数据、云计算、区块链技术等数字智能技术逐渐改变了工业经济的基础，引领现代社会进入数字经济时代。一方面，数字智能提高了供应链各方的信息透明度和风险识别能力，使他们能够更准确地理解、分析和预测供应链中的资源流动和需求。另一方面，数字智能可以通过建立数字化合作平台，促进企业间的合作和资源共享，增强企业间的资源互补和协同效应。因此，本节认为企业的数字智能可以通过技术整合的完全相互依赖来提高企业间合作的效率和有效性，并通过技术影响的相互依赖不对称来强化目标企业的领导地位。

（一）数字智能强化技术整合的调节作用

第一，数字智能使信息顺畅流动，改善供应链中合作伙伴之间的协调活动。数字技术，如区块链和物联网，促进了公司内部碎片化信息的整合，使它们能够通过无缝连接每个生产点来快速交换实时信息（Pagani and Pardo，2017）。这种信息的共享和集成可以提高通信效率，使合作伙伴能够共同工作。同时，高频率的信息交换使行业内的公司更加透明。信息不对称的减少可以优化供应链合作伙伴之间基于信任的关系（Jin et al.，2024）。因此，数字智能可以通过促进信息共享和消除信息不对称来进一步提高合作质量，提升公司间合作意愿，从而增强了机构投资者 ESG 积极主义与绿色供应链管理绩效之间的正相关关系。

第二，数字智能可以协调供应链企业之间的资源配置。数字智能，如智能平台或其他实时信息共享系统，可以帮助企业发现新的需求和资源，并将需求与资源联系起来（Amit and Han，2017）。数字智能创造的平台提供了资源和技术有效共享的环境，进一步使企业能够优化供应链流程和资源利用（Santoro et al.，2018；Benzidia et al.，2021）。例如，通过与不同参与者的有效沟通，目标公司可以识别供应链中的低效率或弱点，并迅速重新配置资源以提高整个供应链的绩效。因此，由于技术整合通过激励机构投资者出于利益一致而投入更多资源，加强了机构投资者 ESG 积极主义对绿色供应链管理绩效的积极影响，数字智能可以帮助目标公司更好地利用这些资源，提高其通过绿色供应链管理努力解决机构投资者 ESG 关注的能力。因此，本节提出技术整合的正向调节作用对于数字智能程度较高的企业更加显著。

（二）数字智能强化技术影响的调节作用

第一，数字智能可以增强产品碳足迹的可追溯性，使具有重大技术影响的企业能够在每个阶段调查绿色风险（Lintukangas et al.，2023），从而避免由于资源依赖关系密切而受到合作伙伴企业环境风险的影响。数字智能的部署促进了供应链成员之间的信息交换，提高了供应链内的透明度和可追溯性（Mahyuni et al.，2020）。因此，数字智能可以显著增强问责制，降低合作伙伴机会主义的可能性，并最终提高企业监控内外部流程和关系的能力（Nasiri et al.，2020）。这种能力使处于领导地位的公司能够密切监督其他公司的可持续行为，并对任何环境不当行为采取必要的行动。与同行相比，拥有高数字智能的企业可以通过密切监控和追踪其他参与者的行为来扩大其在整个供应链中的影响力，从而在相互依赖的供应链关系中造成更大的权力失衡。

第二，数字智能提高了技术强大的企业获取和控制关键资源的能力。根据资源依赖理论，企业可以通过掌握关键资源来增强对其他企业的影响力。数字智能技术，如大数据分析和人工智能，使具有强大技术影响的公司能够更有效地收集和分析大量数据，从而促进公司持续创新（Johnson et al.，2022）。这种能力可能会进一步加剧供应链中的权力不平衡，迫使其他人更加依赖这些技术强大的公司。与此同时，数字智能提高了企业处理可持续性问题的能力。例如，数字智能可以通过优化运营和库存以及预测维护需求，帮助企业最大限度减少排放和浪费，更有效地管理资源。表现出强大技术影响的公司倾向于采取积极主动的立场，因为它们从供应链增强中获得了实质性的优势。数字智能的融合提高了它们有效解决可持续性问题的能力，从而强化了它们的主动努力。因此，数字智能放大了源于技术影响的权力不平衡，并提高了目标公司领导供应链上下游合作伙伴的能力，以响应机构投资者的 ESG 需求。因此，本节提出技术影响的正向调节作用对数字智能程度更高的企业更加显著。

根据以上机理分析，本节研究的理论模型如图 4-1 所示。

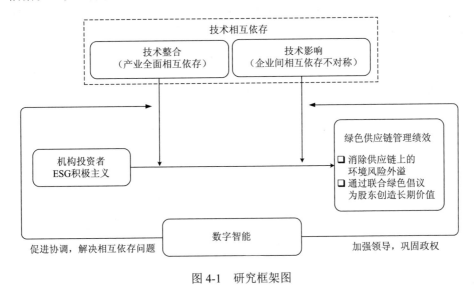

图 4-1 研究框架图

四、研究设计

（一）数据

本节选取 2012 年至 2021 年期间在上海证券交易所和深圳证券交易所公开上市的中国制造业公司作为研究对象。数据是从多个数据库收集的，包括 CSMAR 数据库、CNRDS 数据库和国家知识产权局。利用 CSMAR 数据库收集企业的财务和治理数据。机构投资者 ESG 积极主义和数字智能的数据来自 CNRDS 数据库。企业专利信息来自国家知识产权局，用以衡量技术整合和技术影响。筛选过程与先前文献一致。首先，被证券交易所指定为特殊待遇的公司被排除在外（标记为 ST、*ST 或 PT）。其次，未能提供相关变量详细数据的企业被排除在外。因此，本节研究的样本包含了 8557 个公司 10 年的观察结果。所有连续变量都在 1% 和 99% 水平上进行了缩尾处理，以尽量减少异常值的影响。

（二）变量定义

本节的被解释变量为绿色供应链管理。本节采用了先前供应链与战略管理研究中常用的投入产出方法（Modi and Mabert，2010），并运用多维框架来衡量企业的绿色供应链管理（Beamon，1999）。该框架包含七个维度：①营运资金周转率；②库存周转率；③固定资产周转率；④员工生产率；⑤绿色生产；⑥运营绩效；⑦供应链韧性。选择这些维度是为了全面反映绿色供应链管理的核心方面，这些维度已在先前研究（Modi and Mabert，2010）中得到验证。本节使用熵指数将这七个维度综合为绿色供应链管理的总体得分。

核心解释变量为机构投资者 ESG 积极主义。现有大多数研究通常通过股东决议来反映股东行动主义（Chuah et al., 2024），例如，与 ESG 相关的提案数量（Flammer et al., 2021）及内容（Filatotchev and Dotsenko, 2015）。然而，由于中国的股东提案数据无法获取细节（Wu et al., 2024a），本节研究借鉴了现有关于机构投资者 ESG 积极主义的研究（Cao et al., 2022；Wu et al., 2024a），构建了一个机构投资者 ESG 积极主义指数。该指数是通过机构投资者访谈记录中 ESG 相关词汇占所有实质性词汇的比例来计算的。

技术整合概念由 Yayavaram 和 Ahuja（2008）提出，用于捕捉行业内相互依赖的程度。它是一种修正后的聚类系数，考虑了技术类别之间的联系强度。根据他们的方法，本节以技术类别之间的 Jaccard 相关系数为权重，构建了技术类别网络，并以此计算了 2012 年至 2021 年期间中国制造业各子行业的技术整合水平。

技术影响，根据 Aristodemou 和 Tietze（2018）的定义，量化为公司专利在发布后所收到的引用次数。本节首先在国家知识产权局中统计每个专利在后续期间的引用情况，并根据专利持有者信息在企业层面汇总数据，以衡量企业的整体技术影响。为了准确捕捉当前的技术影响，本节使用企业当年专利引用数的对数作为技术影响的指标。

数字智能通过文本分析来衡量。本节使用自建的数字智能词典，结合 Python 中的 Jieba 库，对上市公司年报中的管理层讨论与分析（management discussion and analysis, MD&A）部分进行分词处理，并计算其中数字智能词汇的总频率。然后根据数字智能词汇的平均使用频率将公司分为高数字智能（赋值为 1）和低数字智能（赋值为 0）两组。

基于现有关于绿色供应链管理的文献，本节确定了一系列可能影响绿色供应链管理的控制变量，包括财务绩效和公司治理结构。在财务绩效方面，本节选用了：企业规模（以总资产的对数表示）、财务杠杆（以总负债与总资产的比率表示）、资产收益率（指净利润与总资产的比率）、现金持有量（以现金等价物及交易性金融资产之和除以总资产表示）以及托宾 Q（指企业资产的市场价值与其重置成本之间的比值）。在公司治理结构方面，本节选择了企业年龄［指企业上市年数，计算方法为观察年减去 IPO（initial public offering, 首次公开发行）年］、董事会规模（指董事会成员总数）、两职合一（董事长兼任总经理的虚拟变量），以及国有企业的虚拟变量（公司是否为国有企业）。

五、实证结果与分析

（一）描述性统计

表 4-1 展示了回归模型中各变量的相关系数。可以看出，所有相关系数的绝对值均低于 0.6。此外，所有变量的方差膨胀因子均低于普遍接受的阈值 3，表明出现多重共线性问题的可能性较小。相关性分析结果显示，绿色供应链管理与机构投资者 ESG 积极主义在 5% 以上的统计显著水平上正相关。这表明机构投资者发起的 ESG 积极主义对提升绿色供应链管理绩效产生积极影响，为本节结论提供了初步的支持。

表 4-1 变量的相关性分析

序号	变量	1	2	3	4	5	6	7	8	9	10	11	12	13
1	绿色供应链管理		0.19*	-0.02	0.31*	0.48*	0.29*	0.13*	-0.01	-0.13*	0.26*	0.09*	-0.08*	0.09*
2	机构投资者 ESG 积极主义	0.25*		-0.01	-0.01	-0.03	-0.06*	0.10*	0.06*	0.11*	-0.09*	-0.03*	0.06*	-0.06*
3	技术整合	-0.01	-0.01		0.16*	0.17*	0.03*	0.11*	-0.05*	0.04*	0.04*	-0.01	0.02	0.03*
4	技术影响	0.32*	0.04*	0.16*		0.49*	0.27*	-0.04*	-0.10*	-0.02	0.37*	0.17*	-0.06*	0.11*
5	企业规模	0.44*	0.00	0.18*	0.54*		0.46*	-0.03*	-0.15*	-0.27*	0.53*	0.25*	-0.13*	0.17*
6	财务杠杆	0.24*	-0.07*	0.04*	0.28*	0.47*		-0.37*	-0.33*	-0.27*	0.30*	0.12*	-0.04*	0.11*
7	资产收益率	0.10*	0.08*	0.12*	-0.03*	0.00	-0.35*		0.29*	0.34*	-0.19*	-0.04*	0.02*	-0.08*
8	现金持有量	-0.02	0.04*	-0.04*	-0.12*	-0.14*	-0.36*	0.29*		0.14*	-0.16*	-0.05*	0.05*	-0.02
9	托宾 Q	-0.08*	0.06*	0.04*	-0.02	-0.19*	-0.24*	0.34*	0.14*		-0.05*	-0.07*	0.04*	-0.12*
10	企业年龄	0.21*	-0.07*	0.03*	0.37*	0.51*	0.30*	-0.16*	-0.20*	0.01		0.09*	-0.20*	0.17*
11	董事会规模	0.13*	-0.01	-0.01	0.22*	0.31*	0.14*	-0.01	-0.06*	-0.05*	0.12*		-0.02	0.13*
12	两职合一	-0.06*	0.06*	0.02*	-0.05*	-0.11*	-0.05*	0.01	0.05*	0.02*	-0.19*	-0.02		-0.12*
13	国有企业	0.08*	-0.05*	0.04*	0.13*	0.20*	0.12*	-0.07*	-0.03*	-0.09*	0.16*	0.13*	-0.12*	
	平均值	0.33	0.05	0.08	2.55	21.89	0.35	0.06	0.21	2.24	1.89	7.07	0.36	0.06
	标准差	0.246	0.031	0.027	1.556	0.997	0.165	0.048	0.133	1.289	0.758	2.48	0.479	0.237

注：该表报告了主要变量之间的 Pearson（皮尔逊）（对角线下方）和 Spearman（斯皮尔曼）（对角线上方）相关性；观测值为 8557

*表示在 5% 水平上具有统计显著性

（二）回归结果

表 4-2 展示了机构投资者 ESG 积极主义与绿色供应链管理之间关系的回归结果。本节采用了线性回归模型，并控制了行业和年份的固定效应。模型（1）结果表明，在加入所有控制变量之前，机构投资者 ESG 积极主义与绿色供应链管理呈现显著正相关（$\beta=1.930$, $p<0.001$）。模型（3）的结果进一步表明，在加入控制变量后，机构投资者 ESG 积极主义的系数仍然为正且在 0.1% 的统计水平上显著，表明机构投资者 ESG 积极主义能够显著提升绿色供应链管理绩效。

表 4-2　机构投资者 ESG 积极主义与绿色供应链管理之间关系的回归结果

变量	绿色供应链管理		
	（1）	（2）	（3）
机构投资者 ESG 积极主义	1.930***		1.879***
	（0.128）		（0.108）
企业规模		0.090***	0.086***
		（0.006）	（0.005）
财务杠杆		0.176***	0.184***
		（0.031）	（0.029）
资产收益率		0.761***	0.711***
		（0.083）	（0.079）
现金持有量		0.104***	0.099***
		（0.030）	（0.029）
托宾 Q		−0.009**	−0.008**
		（0.003）	（0.003）
企业年龄		0.007	0.013*
		（0.006）	（0.006）
董事会规模		0.002	0.002
		（0.002）	（0.002）
两职合一		−0.011	−0.015+
		（0.008）	（0.008）
国有企业		−0.002	0.003
		（0.015）	（0.014）
常数项	0.243***	−1.755***	−1.765***
	（0.006）	（0.119）	（0.112）
行业固定效应	是	是	是
年份固定效应	是	是	是
观测值	8557	8557	8557
R^2	0.125	0.272	0.319
调整后的 R^2	0.121	0.268	0.315
F	228.382	76.669	115.718

注：括号内为聚类标准误

***、**、*和+分别表示在 0.1%、1%、5% 和 10% 水平上具有统计显著性

表 4-3 中的模型（1）检验了技术整合在机构投资者 ESG 积极主义与绿色供应链管理关系中的调节作用。结果显示，机构投资者 ESG 积极主义与技术整合交互项的系数为正（β=11.716，p<0.001），且具有显著性，表明技术整合增强了机构投资者 ESG 积极主义对绿色供应链管理的积极影响。这些结果验证了本节技术整合的正向调节作用的理论机制。

表 4-3 技术整合和技术影响的调节作用

变量	绿色供应链管理	
	（1）	（2）
机构投资者 ESG 积极主义	0.888**	1.101***
	(0.288)	(0.174)
技术整合	0.049	
	(0.187)	
机构投资者 ESG 积极主义×技术整合	11.716***	
	(3.227)	
技术影响		0.005
		(0.003)
机构投资者 ESG 积极主义×技术影响		0.332***
		(0.060)
企业规模	0.085***	0.070***
	(0.005)	(0.006)
财务杠杆	0.180***	0.182***
	(0.029)	(0.029)
资产收益率	0.697***	0.707***
	(0.079)	(0.078)
现金持有量	0.101***	0.098***
	(0.028)	(0.028)
托宾 Q	−0.009**	−0.011***
	(0.003)	(0.003)
企业年龄	0.013*	0.007
	(0.006)	(0.005)
董事会规模	0.002	0.001
	(0.002)	(0.002)
两职合一	−0.015+	−0.017*
	(0.008)	(0.008)
国有企业	0.005	0.004
	(0.014)	(0.014)
常数项	−1.764***	−1.412***
	(0.112)	(0.120)

续表

变量	绿色供应链管理	
	（1）	（2）
行业固定效应	是	是
年份规定效应	是	是
观测值	8557	8557
R^2	0.322	0.332
调整后的 R^2	0.318	0.328
F	99.543	105.660

注：括号内为聚类标准误

***、**、*和+分别表示在 0.1%、1%、5%和 10%水平上具有统计显著性

表 4-3 中的模型（2）显示了技术影响对机构投资者 ESG 积极主义与绿色供应链管理之间的关系的调节作用。机构投资者 ESG 积极主义与技术影响交互项的系数为 0.332，且在 0.1%的统计水平上显著。这表明技术影响正向调节机构投资者 ESG 积极主义与绿色供应链管理之间的关系。

表 4-4 检验了数字智能的再调节作用。模型（1）和模型（2）显示，无论是在高数字智能企业还是低数字智能企业中，机构投资者 ESG 积极主义与技术整合交互项的系数均为正且在 1%的水平上具有统计显著性。然而，低数字智能企业的调节作用相对较弱。系数差异检验的结果表明，两组之间的差异具有统计显著性，表明高数字智能企业的技术整合对机构投资者 ESG 积极主义与绿色供应链管理的正向调节作用更强。

表 4-4　数字智能的再调节作用

变量	（1）	（2）	（3）	（4）
	高数字智能企业	低数字智能企业	高数字智能企业	低数字智能企业
机构投资者 ESG 积极主义	−0.166	1.768***	−0.525*	2.212***
	（0.420）	（0.353）	（0.227）	（0.248）
技术整合	−0.161	−0.322		
	（0.271）	（0.248）		
机构投资者 ESG 积极主义×技术整合	13.047**	11.088**		
	（4.618）	（4.180）		
技术影响			−0.008+	0.008+
			（0.004）	（0.004）
机构投资者 ESG 积极主义×技术影响			0.608***	0.174*
			（0.079）	（0.081）
企业规模	0.093***	0.076***	0.078***	0.064***
	（0.008）	（0.007）	（0.008）	（0.008）
财务杠杆	0.236***	0.059	0.222***	0.063+
	（0.040）	（0.037）	（0.040）	（0.036）

变量	（1）	（2）	（3）	（4）
	高数字智能企业	低数字智能企业	高数字智能企业	低数字智能企业
资产收益率	0.824***	0.532***	0.814***	0.544***
	(0.106)	(0.112)	(0.103)	(0.111)
现金持有量	0.107**	0.071+	0.100**	0.072+
	(0.038)	(0.039)	(0.037)	(0.039)
托宾 Q	−0.009*	−0.008+	−0.010**	−0.009*
	(0.004)	(0.004)	(0.004)	(0.004)
企业年龄	0.024**	0.011	0.018*	0.007
	(0.008)	(0.007)	(0.008)	(0.007)
董事会规模	0.002	0.002	0.000	0.002
	(0.002)	(0.002)	(0.002)	(0.002)
两职合一	−0.021*	−0.010	−0.024*	−0.011
	(0.011)	(0.011)	(0.010)	(0.010)
国有企业	−0.002	−0.001	−0.003	−0.002
	(0.019)	(0.017)	(0.018)	(0.017)
常数项	0.093***	−1.496***	−1.575***	−1.270***
	(0.008)	(0.143)	(0.162)	(0.155)
行业固定效应	是	是	是	是
年份固定效应	是	是	是	是
观测值	3653	3670	3653	3670
调整后的 R^2	0.330	0.344	0.350	0.349
F	50.937	74.115	59.522	77.184
回归系数差异检验	1.934***		2.737***	

注：括号内为聚类标准误

***、**、*和+分别表示在 0.1%、1%、5%和 10%水平上具有统计显著性

　　在表 4-4 中的模型（3）和模型（4）中，分析了高数字智能企业和低数字智能企业在技术影响调节作用方面的差异。结果显示，机构投资者 ESG 积极主义与技术影响交互项的系数在高数字智能企业和低数字智能企业中均为正且显著，但在高数字智能企业中，技术影响的调节作用更为显著且影响力更大。

　　本节使用图形分析进一步解释调节效应。在图 4-2（a）中展示了机构投资者 ESG 积极主义在技术整合不同水平（高值和低值）下的边际效应，结果显示在技术整合较高的情境下，机构投资者 ESG 积极主义对绿色供应链管理的正向影响更强。图 4-2（b）进一步展示了机构投资者 ESG 积极主义对不同技术整合水平的平均边际效应，结果表明平均边际效应随机构投资者 ESG 积极主义强度的增加而增强。同样，图 4-2（c）和图 4-2（d）分别展示了机构投资者 ESG 积极主义在不同技术影响水平下的边际效应和平均边际效应。结果表明，随着技术影响的增加，机构投资者 ESG 积极主义的正向效应也随之增强。

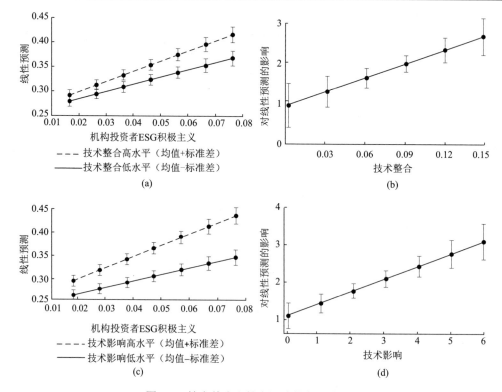

图 4-2　技术整合和技术影响的交互效应图

（三）稳健性检验

为了确保实证结果的可信度，本节进行了多项稳健性分析。首先，为了解决内生性问题，本节采用了工具变量法，将机构投资者 ESG 积极主义和 Bartik 工具变量的一个周期滞后作为工具变量。其次，为应对样本自我选择问题，本节应用了倾向得分匹配方法。此外，考虑到绿色供应链管理中可能存在的时间相关性，本节采用了系统广义矩（system generalized method of moments，SYS-GMM）估计法来克服这一问题。鉴于绿色供应链管理数值的范围限制在 0 到 1 之间，本节还使用 Tobit 模型进行了回归分析。为了进一步控制机构投资者 ESG 积极主义对绿色供应链管理可能产生的滞后效应，并减轻反向因果关系的影响，本节对绿色供应链管理与机构投资者 ESG 积极主义的一个周期滞后进行了回归分析。同时，为了减少不可观察因素随时间变化的影响，本节引入了企业固定效应模型，并通过引入年份固定效应和行业固定效应的交互项，控制行业特定的时间变化和共同效应。尽管通过这些方法尽量确保结果的稳健性，但需承认，完全消除潜在未观察到的省略变量对结果的影响是不可能的。因此，本节进一步评估了研究结果对潜在混杂变量的敏感性。

1. 工具变量法

首先，本节使用滞后一年的自变量作为工具变量。表4-5第（1）列报告了该工具变量的第二阶段回归结果，显示机构投资者ESG积极主义与绿色供应链管理之间存在显著的正相关关系。其次，本节构建了Bartik工具变量（Fang and Liu，2024；Zhou et al.，2024），其基于企业在2012年的机构投资者ESG积极主义与行业机构投资者ESG积极主义增长的乘积。为了确保工具变量的排他性，本节使用了2012年企业的机构投资者ESG积极主义作为Bartik工具变量的第一部分，而Bartik的第二部分为行业增长率。表4-5第（2）列显示，使用Bartik工具变量后，机构投资者ESG积极主义的系数在0.1%水平上仍为正且具有统计显著性，这为本节结论提供了进一步的支持。

表4-5　工具变量法

变量	（1）	（2）
机构投资者ESG积极主义	2.554***	2.527***
	(0.214)	(0.239)
企业规模	0.091***	0.084***
	(0.007)	(0.006)
财务杠杆	0.195***	0.190***
	(0.035)	(0.030)
资产收益率	0.692***	0.686***
	(0.092)	(0.079)
现金持有量	0.100**	0.095**
	(0.036)	(0.029)
托宾 Q	−0.007*	−0.008**
	(0.003)	(0.003)
企业年龄	0.025**	0.015**
	(0.008)	(0.006)
董事会规模	0.003	0.002
	(0.002)	(0.002)
两职合一	−0.022*	−0.016*
	(0.010)	(0.008)
国有企业	−0.001	0.006
	(0.017)	(0.015)
行业固定效应	是	是
年份固定效应	是	是
观测值	5718	8002
R^2	0.281	0.261
调整后的 R^2	0.274	0.256

注：括号内为聚类标准误

***、**、*分别表示在0.1%、1%、5%水平上具有统计显著性

2. 倾向得分匹配

为减轻机构投资者 ESG 积极主义对绿色供应链管理绩效较高的公司可能产生的内生性问题，本节采用了倾向得分匹配方法。通过将自变量划分为超过平均值（赋值为 1）或低于平均值（赋值为 0）的二分类变量，本节产生了机构投资者 ESG 积极主义的治疗组和对照组。应用 1∶1 最近邻匹配法进行配对后，表 4-6 中的结果表明，机构投资者 ESG 积极主义的正系数（$\beta=2.257$，$p<0.001$）具有统计显著性，进一步证实了本节结论。

表 4-6　倾向得分匹配方法

变量	系数
机构投资者 ESG 积极主义	2.257***
	（0.139）
企业规模	0.078***
	（0.005）
财务杠杆	0.202***
	（0.030）
资产收益率	0.745***
	（0.087）
现金持有量	0.152***
	（0.032）
托宾 Q	−0.004
	（0.003）
企业年龄	0.016**
	（0.005）
董事会规模	0.001
	（0.002）
两职合一	−0.014+
	（0.008）
国有企业	0.018
	（0.015）
常数项	−1.637***
	（0.108）
行业固定效应	是
年份固定效应	是
观测值	3278
调整后的 R^2	0.392

注：括号内为聚类标准误

***、**和+分别表示在 0.1%、1%和 10%水平上具有统计显著性

3. 使用自变量的替代测量

按照 Wu 等（2024a）的方法，本节通过在访谈记录的问答部分使用 ESG 相关词汇的频率来衡量机构投资者的 ESG 积极主义，并对数据进行对数转换。表 4-7 报告的回归结果显示，替换后机构投资者 ESG 积极主义的系数（$\beta=0.038$，$p<0.001$）表明，ESG 积极分子倾向于施加压力，促使绿色供应链管理绩效较差的公司进行改善。

表 4-7　替换自变量（ESG 相关词汇的频率）

变量	系数
替换后的机构投资者 ESG 积极主义	0.038***
	（0.002）
企业规模	0.083***
	（0.005）
财务杠杆	0.191***
	（0.029）
资产收益率	0.737***
	（0.080）
现金持有量	0.102***
	（0.029）
托宾 Q	−0.009**
	（0.003）
企业年龄	0.013*
	（0.006）
董事会规模	0.001
	（0.002）
两职合一	−0.015+
	（0.008）
国有企业	0.007
	（0.014）
常数项	−1.713***
	（0.111）
行业固定效应	是
年份固定效应	是
观测值	8557
R^2	0.321
调整后的 R^2	0.317
F	126.625

注：括号内为聚类标准误

***、**、*和+分别表示在 0.1%、1%、5%和 10%水平上具有统计显著性

4. 将自变量替换为其一年滞后项

考虑到机构投资者 ESG 积极主义对绿色供应链管理可能产生滞后效应, 本节使用了机构投资者 ESG 积极主义的一年滞后项作为自变量进行回归。表 4-8 显示, 机构投资者 ESG 积极主义滞后项的系数为正 (β=1.551, p<0.001), 表明机构投资者 ESG 积极主义对绿色供应链管理的正向影响仍然显著。

表 4-8　替换自变量为其一年滞后项

变量	系数
机构投资者 ESG 积极主义滞后一期	1.551***
	(0.134)
企业规模	0.093***
	(0.007)
财务杠杆	0.195***
	(0.035)
资产收益率	0.737***
	(0.092)
现金持有量	0.099**
	(0.036)
托宾 Q	−0.007*
	(0.003)
企业年龄	0.022**
	(0.008)
董事会规模	0.003
	(0.002)
两职合一	−0.019*
	(0.010)
国有企业	−0.000
	(0.017)
常数项	−1.943***
	(0.133)
行业固定效应	是
年份固定效应	是
观测值	5718
R^2	0.341
调整后的 R^2	0.336
F	87.461

注: 括号内为聚类标准误

***、**、*分别表示在 0.1%、1%、5%水平上具有统计显著性

5. 引入行业和年份的固定效应及其交互固定效应

为了减少随时间变化的不可观察因素的影响,本节采用了企业固定效应模型,并引入了年份固定效应和行业固定效应的交互作用项,以控制行业时间变化的共同效应和行业特定的影响,结果如表 4-9 所示。机构投资者 ESG 积极主义系数均为正,且在 0.1% 水平上具有统计显著性,进一步支持了机构投资者 ESG 积极主义与绿色供应链管理之间的正相关性。

表 4-9　引入行业和年份的固定效应及其交互固定效应

变量	(1)	(2)
机构投资者 ESG 积极主义	0.767***	1.867***
	(0.102)	(0.114)
企业规模	0.071***	0.086***
	(0.009)	(0.006)
财务杠杆	0.086**	0.179***
	(0.033)	(0.030)
资产收益率	0.336***	0.706***
	(0.071)	(0.083)
现金持有量	0.024	0.103***
	(0.027)	(0.029)
托宾 Q	0.004+	−0.009**
	(0.002)	(0.003)
企业年龄	−0.015	0.014*
	(0.012)	(0.006)
董事会规模	−0.002	0.002
	(0.001)	(0.002)
两职合一	0.005	−0.016+
	(0.008)	(0.008)
国有企业	−0.003	0.002
	(0.011)	(0.014)
常数项	−1.281***	−1.772***
	(0.200)	(0.114)
行业固定效应	是	是
年份固定效应	是	是
企业固定效应	是	否
行业固定效应×年份固定效应	否	是
观测值	8150	8542
R^2	0.737	0.330
调整后的 R^2	0.675	0.306
F	16.996	106.090

注:括号内为聚类标准误

***、**、*和+分别表示在 0.1%、1%、5%和 10%水平上具有统计显著性

6. 系统广义矩估计

由于绿色供应链管理存在时间上的延续性，并表现出序列相关性，本节根据 Zhou 等（2024）的建议，使用动态面板数据模型的系统广义矩估计法来处理该问题。表 4-10 的回归结果表明，控制了绿色供应链管理的序列相关特征并使用 Bartik 工具变量后，机构投资者 ESG 积极主义的促进作用依然存在。

表 4-10　系统广义矩法动态面板估计

变量	广义矩估计系数
机构投资者 ESG 积极主义	2.613*
	（1.171）
绿色供应链管理滞后一期	0.597***
	（0.140）
企业规模	0.075
	（0.164）
财务杠杆	−0.310
	（0.566）
资产收益率	−0.723
	（0.868）
现金持有量	−0.177
	（0.307）
托宾 Q	−0.006
	（0.014）
企业年龄	0.044
	（0.229）
董事会规模	0.021
	（0.040）
两职合一	0.382+
	（0.216）
国有企业	−0.048
	（0.355）
行业固定效应	是
年份固定效应	是
观测值	5718
AR（2）检验	0.938
Hansen 检验	0.982

注：括号内为聚类标准误

***、*和+分别表示在 0.1%、5%和 10%水平上具有统计显著性

7. 用 Tobit 模型代替回归模型

鉴于因变量的值的范围在 0 到 1 之间，本节使用 Tobit 回归模型来应对截断效应。表 4-11 显示，机构投资者 ESG 积极主义的系数为 1.896，且在 0.1%水平上具有统计显著性。这一结果进一步支持本节结论，即机构投资者 ESG 积极主义提高了绿色供应链管理绩效。

表 4-11　用 Tobit 模型代替回归模型

变量	系数
机构投资者 ESG 积极主义	1.896***
	(0.109)
企业规模	0.089***
	(0.006)
财务杠杆	0.194***
	(0.030)
资产收益率	0.739***
	(0.080)
现金持有量	0.104***
	(0.029)
托宾 Q	−0.008**
	(0.003)
企业年龄	0.013*
	(0.006)
董事会规模	0.002
	(0.002)
两职合一	−0.014+
	(0.008)
国有企业	0.004
	(0.015)
常数项	−1.896***
	(0.119)
行业固定效应	是
年份固定效应	是
观测值	8557
伪 R^2	3.700

注：括号内为聚类标准误

***、**、*和+分别表示在 0.1%、1%、5%和 10%水平上具有统计显著性

8. 混杂变量的影响阈值

诚然，本节无法完全排除未观察到的相关省略变量对研究结果的潜在影响。根据 Busenbark 等（2022）的研究，本节量化了一个混杂变量的影响阈值，该阈值衡量省略变量与因变量和自变量的相关性，导致自变量的系数失去显著性。根据表 4-12 的结果，机构投资者 ESG 积极主义的阈值为 0.096。进一步检查模型中的控制变量，发现影响最大的控制变量是企业规模，其影响值为 0.020。因此，省略变量需对模型中的结果产生比企业规模更大的影响，才能使本节结论无效。因此，尽管没有经验策略可以完全消除内生性问题，但本节详细讨论的混杂变量分析降低了结果受到相关省略变量影响的可能性。

表 4-12　混杂变量的影响阈值

变量	（1）	（2）	（3）	（4）	（5）
	系数	标准误	t 统计量	混杂变量	影响值
机构投资者 ESG 积极主义	1.879	0.108	17.399	0.096	
企业规模	0.086	0.005	17.200		0.020
财务杠杆	0.184	0.029	6.345		−0.005
资产收益率	0.711	0.079	9.000		0.003
现金持有量	0.099	0.029	3.414		0.000
托宾 Q	−0.008	0.003	−2.667		−0.002
企业年龄	0.013	0.006	2.167		−0.001
董事会规模	0.002	0.002	1.000		0.000
两职合一	−0.015	0.008	−1.875		−0.001
国有企业	0.003	0.014	0.214		0.000

第三节　基于绿色创新的供应链企业协同转型的机理研究

在全球化与绿色化的大趋势下，协同转型被视为引领经济社会全面绿色转型的关键路径，强调整体性、关联性以及耦合性；供应链企业资源共享、相互监督等机制为协同转型奠定了基础并增添了活力；但这一过程的内在机理仍有待考察。本节基于协同学理论，探讨绿色创新战略、内外部利益相关者驱动因素与供应链企业协同之间的交互耦合关系，通过长三角地区企业的实际调研数据，深入剖析绿色创新对供应链协同的影响，旨在揭示在供应链企业协同向绿色化转型的过程中，如何驱动全链条实现更高效的协同效应，剖析其中蕴含的转型机制，并提出政策建议。

一、基于绿色创新的供应链协同转型理论回顾

近几年，外部的诸多压力促使企业逐步强化生产过程中的环保理念，生产无毒无害的绿色产品，力求降低生产过程中对环境的负面影响（Chiou et al.，2011）。因此绿色创新（green innovation）应运而生。绿色创新也可称作生态创新（eco-innovation）或环境

创新（environmental innovation），是在消费者绿色意识增强的背景下所产生的既能够为企业和客户创造价值又能大幅降低对环境的负面影响的新产品或新流程（Jansen et al.，2006）。一些学者认为绿色创新能够划分为三类：绿色产品创新、绿色工艺创新以及绿色管理创新，且供应链企业的绿色创新与其核心竞争力密不可分（Chen，2008a）。此外，已有研究表明，绿色创新的实施不仅能够减少资源浪费，全面提高生产效率，还提升了企业的绿色形象，进而提高企业的核心竞争力（Tseng et al.，2013；Albort-Morant et al.，2016）。

协同学（synergetics）理论的概念是由德国著名物理学家赫尔曼·哈肯（Hermann Haken）于20世纪70年代首次提出，其核心思想在于，协同是由复杂的系统内部各个子系统之间通过协同行为产生超过单个要素的单独作用，最终形成系统的整体作用。供应链协同旨在将供应链企业视为整体来参与整个市场的竞争，能够帮助供应链企业有效提升供需匹配效率，提高整个供应链的性能（Simatupang and Sridharan，2008）。绿色供应链协同即企业与其供应链合作伙伴基于战略合作开展的一系列环境可持续发展活动（Yang et al.，2013）。

目前，供应链协同研究的议题主要围绕供应链知识协同（王清晓，2016）、供应链过程协同（Ramanathan and Gunasekaran，2014）、供应链产品协同（齐旭高等，2013；周水银和汤文珂，2015）、供应链协同与绩效关系（Seo et al.，2016）等。基于绿色创新视角的供应链协同转型是顺应当下时代需求的新模式。然而，尽管已有不少研究聚焦于绿色供应链管理（田一辉和朱庆华，2016；伊晟和薛求知，2016）、绿色创新的前因和后果变量（Lin et al.，2014；Albort-Morant et al.，2016；Kunapatarawong and Martínez-Ros，2016；Roper and Tapinos，2016）、顾客与绿色创新（Huang et al.，2016）、绿色供应链协作等（Luo et al.，2015），总体来说，目前很少有研究将两者结合起来进行探讨。本节提出，促进基于绿色创新的供应链协同，能优化提升企业间的协同运作效率，这是一种更符合可持续发展理念的全新思路。

二、内外部驱动因素、绿色创新战略与供应链协同机制

（一）内外部驱动因素与绿色创新战略

Sarkis等（2010）认为，在驱动因素的研究方面，不同的利益相关者，包括管理者、内部员工、上下游企业、消费者、政府机构、非政府组织等，会给企业的运营过程施加压力。Huang等（2016）指出，驱动企业开展绿色创新的因素不仅源于企业内部，还源于外部，包括政府策略、顾客需求、供应商等。根据上述研究，本节把绿色创新的驱动因素分为两类：内部驱动与外部驱动。其中，管理团队驱动、内部员工驱动以及上下游企业驱动属于内部驱动因素；政策驱动、市场驱动和社会驱动属于外部驱动因素。接下来分别探讨各个驱动因素对企业绿色创新战略的作用机理。

内部驱动指供应链企业自身的特征或者经营管理特征对企业绿色创新战略的制定与实施产生影响。Dai等（2015）指出，组织价值的创造会受到高层管理者的影响，他们是企业制定绿色创新战略的关键要素。显然，高层管理人员是推动绿色创新的重要力量，其对绿色创新的支持有利于强化与政府关系的构建，促进产品和生产流程的改进，提高

企业的绿色形象（Colwell and Joshi，2013；伊晟和薛求知，2016）。虽然高层管理者负责战略任务层面的决策工作，但任务的执行却离不开员工的参与。当员工察觉到自己属于组织的一员，且归属感十分强烈时，会对企业产生相应的义务感，而这些义务感会促使员工积极寻求创新。此外，由于内部员工主要负责产品的生产流程与运作，故他们遵循绿色操作可降低企业遵守规章的成本，意味着员工也是推动供应链企业实施绿色创新的重要因素（Zailani et al.，2015）。此外，绿色战略的制定和实施也离不开上下游企业发挥的重要作用。绿色供应链的实现必须从供应链整体出发进行考虑，供应链内部各个主体之间是相互联系、相互约束的。因此，一旦供应链上主体出现变化，链上其他主体将会采取相应行动。例如，当制造商加大对绿色环保产品的关注并引入绿色技术，发现所提供的产品不符合要求时，为了维护企业声誉，必然会停止让环保绩效较差的企业为其提供服务，这必然会驱使上游供应商及时调整货物的质量，开展绿色化生产，从而满足制造商的绿色化要求（焦俊和李垣，2011）。总体而言，供应链中的核心企业所采取的绿色行为能够引领其合作企业进行绿色创新活动，从而推动整个供应链产生绿色创新行为。此外，Eiadat 等（2008）的研究显示，上下游企业的绿色化运作对供应链企业经济绩效的改善有帮助。同样，Banerjee（2001）指出，实施绿色创新战略有助于降低供应链企业的生产成本、改进流程并进行产品创新。因此，上下游企业驱动对绿色创新战略的制定和实施有着重要作用。基于此，本节认为，管理团队驱动、内部员工驱动、上下游企业驱动等内部驱动因素均会对企业绿色创新战略的制定与实施产生积极影响。

同样，外部驱动因素也是供应链企业推行绿色创新战略的重要催化剂。在企业缺乏绿色创新的经济激励情况下，政府所制定的相关环境政策和措施就变得极为重要，它可以借助规制和激励两种手段来改善企业所有者对绿色生产的态度。Lin 等（2014）指出，政府对环境保护方面的要求越高，越能够激励企业实施环保策略。鉴于环境激励政策有助于加速企业的绿色行为，政府的支持和政策规制是供应链企业开展绿色创新与实现可持续发展的重要动力（Pervan et al.，2015；Huang et al.，2016）。中国社会调查所的调查研究显示，国内半数以上的消费者更倾向于购买绿色产品（武春友等，2001）。这表明消费者的绿色需求可促使企业在生产过程中融入环境因素，积极研发绿色产品以契合消费者偏好，提升消费者满意度，塑造企业的绿色形象，以此增加企业的经济回报（Lin et al.，2014；Albort-Morant et al.，2016）。因此，供应链企业唯有以市场为导向，站在消费者的角度去制定和实施绿色创新战略，才能在激烈的市场竞争中立于不败之地。此外，社会驱动也是企业实施绿色创新战略不可或缺的因素。互联网技术不断发展，大众媒体的绿色意识日益增强，越来越多的非绿色行为被曝光于大众视野之中，给企业的形象造成了致命的打击。而企业实施绿色创新战略并推出绿色产品可促使社会团体获益，从而树立企业的绿色形象，打造独特的社会资源（焦俊和李垣，2011）。因此，在社会舆论以及维护企业声誉的压力下，供应链企业会采取绿色创新战略，抵制非绿色行为，实现可持续发展。由此，供应链企业的社会责任约束能为绿色创新战略提供良好的导向。故本节认为，政策驱动、市场驱动、社会驱动等外部驱动因素均会对企业绿色创新战略的制定与实施产生积极影响。

（二）内部驱动因素与供应链协同

近年来，随着环境污染与资源短缺等问题不断加剧，学者对供应链协同的研究不仅着眼于为供应链企业创造竞争优势，更注重怎样借助供应链协同转型来提升整个产业的竞争力，实现供应链企业的绿色创新和可持续发展。

首先，高层管理团队在整个企业的经营管理方面掌握较大的控制权和决策权，把控着企业的整体发展方向，具备组织、管理、协调和控制能力，是企业核心资源、知识以及能力的结合体（谢科范和陈云，2008）。高层管理者的有效领导可促使供应链企业在信息、文化、战略、业务等方面的有序协作，提升供应链企业的整体竞争力。因此，供应链成员的高层管理者彼此间的合作与沟通对整个供应链的运行有着至关重要的作用。其次，供应链企业进行协同创新的一个重要来源是员工的积极参与（Kesting and Ulhøi，2010）。员工间的相互协作与沟通可有效促进信息在企业内部自由流动，从而提高供应链的协调运作能力和效率。此外，上下游企业驱动在供应链协同中也是比较关键的因素。协同离不开上下游企业的有序配合，上下游企业之间良好而稳定的关系是发挥供应链整体优势的前提条件，也是提升供应链企业核心竞争力的基础。并且，上下游企业之间稳定的合作关系有助于减少企业间因各项互动活动所产生的交易成本（Banerjee，2001），同时也能够降低供应链企业协同过程中的冲突。此外，供应链成员企业在新设备引进、生产技术改进等方面进行资源共享，有助于提高整条供应链的效益（周水银和汤文珂，2015）。基于此，本节认为，管理团队驱动、内部员工驱动、上下游企业驱动等内部驱动因素均会对供应链协同产生积极影响。

此外，外部驱动因素对供应链协同转型也具有重要影响。随着政府和非政府组织对环境保护的呼声日益高涨，越来越多的企业有必要联合供应链成员进行绿色创新，即在生产过程中融入环保因素，增进供应链企业间的绿色协作。与此同时，国家实施的绿色创新补贴和绿色消费补贴也会促使企业调整经营策略，借助战略协作实现绿色供应链的整体发展（朱庆华和窦一杰，2011）。并且，在"供给型"经济向"需求型"经济转变的进程中，供应链也从"原材料—产品—客户"的"推式"模式逐渐转变成以客户需求为主要动力的"拉式"模式。因此，客户成为驱动供应链协同的重要力量。开展以客户为导向的供应链活动有助于提升供应链的协同能力，进而提高客户满意度（Kibbeling，2013）。此外，用户绿色需求的日益高涨，也要求供应链成员进行绿色创新实践，甚至开展更多层面的集体行动，这些行动需要供应链企业加强与消费者的沟通及合作，并依据消费者的绿色消费理念，及时响应客户的环保诉求（伊晟和薛求知，2016）。另外，供应链上某个环节出现问题会引发整条供应链出现连环反应，进而影响整个供应链的经营运作（范建昌等，2014），由此需要供应链成员的紧密协作来解决问题。因此，市场需求能够增进供应链企业相互协同，提高整条供应链的快速响应能力。供应链企业存在风险传导性（范建昌等，2014），某一节点企业的不环保行为可能会在整个社会引发关于该行业或整条供应链的舆论，从而给供应链上的所有参与者造成严重损失（吴定玉，2013），这迫使供应链企业必须相互沟通与监督，以减少不环保行为的发生，提高供应链整体的协调性。由此，本节认为，政策驱动、市场驱动、社会驱动等外部驱动因素均会对供应链协同产生积极影响。

（三）绿色创新战略的中介作用

驱动因素对供应链企业的绿色创新有着重要作用，同时会对供应链企业间的协同产生重要影响。部分文献表明，驱动因素对绿色创新战略的实施具有推动作用（张钢和张小军，2014），在驱动因素与供应链企业整体绩效之间，绿色创新战略将会发挥间接作用（Lin et al.，2013）。此外，刘超等（2013）的研究证实，良好的外部驱动因素可有效强化组织创新和供应链协同之间的关系。对于供应链企业而言，绿色驱动能够从政府、市场等多个方面以外部压力的形式促使企业进行绿色创新实践，以此树立供应链企业的绿色形象（张钢和张小军，2014）。然而在绿色创新战略实施过程中，不少企业都会在技术、资金、人才等方面遭遇难题，这些阻碍将会促使供应链企业实施协同运作，通过供应链协同把绿色创新产生的高风险与高投资分担给供应链的上下游企业。同时供应链组织的资源能够形成资源池，实现资源共享，提升供应链成员的核心竞争力。综上，驱动因素能够推动企业制定和实施绿色创新战略，而绿色创新战略的实施则能够推动供应链的协同运作，有助于上下游企业共同提升供应链绩效。由此，本节提出，内外部驱动因素可以通过绿色创新战略促进供应链协同。

根据以上机理分析，本节研究的理论模型如图4-3所示。

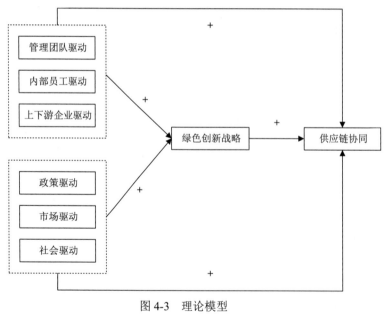

图4-3　理论模型

“+”表示正向促进作用

三、研究设计

（一）数据收集

本节主要以供应链企业作为调研对象，采用三轮调查。首先，向学术界、企业界的相关专家进行咨询和访谈，借此对测量指标予以修改和优化；其次，选取50家供应链企业展开小范围的预测试，从而对问卷的整体内容进行第二轮修订与完善；最后，进行正式调研活动。此次调研总共发放815份问卷，其中有效问卷405份，问卷的有效回收率达到49.69%。

因为问卷调查数据的质量是由被试者的正确感知（即 perceptual data）所决定的，故本节研究的数据或许会存在共同方法偏差（common method variance，CMV）问题（Zhang and Li，2010）。依据 Podsakoff 等（2003）的建议，我们主要采取程序控制和统计控制两种方法来降低共同方法偏差问题可能造成的影响。第一，对回收的有效问卷与无效问卷进行 t 值检验，我们发现 t 值都不显著，说明不存在显著的非回应偏差；第二，在调查过程中，我们告知被试者此次调查仅用于学术研究，且完全匿名，没有结果对错的区别，请他们真实回答，通过这种方式降低共同方法偏差；第三，我们把自变量与因变量置于问卷量表的不同位置，以此减少被试者的填写偏差；第四，问卷调查量表的语言尽量简洁、明晰、易懂，从而提高被试者填写的准确率；第五，在统计环节，我们针对变量进行 Harman 单因素检验，第一个因子对方差的解释率为28%，因此，共同方法偏差对研究结果造成的影响较小。

（二）描述性统计

表4-13展示了调查对象的受教育程度、专业分布与职位分布状况。就受教育程度而言，本科及以上学历占比为65%；从专业方面来看，经济管理类占比为51%；从职位角度出发，高层管理者占62%。高层管理者对企业战略的制定及协作情况能较好地掌握，良好的教育水平有助于被调查者正确理解问卷内容，进而保障问卷的质量与信度。

表4-13 调查对象概况

分类	子类	占比/%
受教育程度	硕士研究生及以上	16
	大学本科	49
	专科及以下	35
	合计	100
专业分布	经济管理	51
	科学工程	29
	文学艺术	11
	法律	9
	合计	100
职位分布	高层管理者	62
	中层管理者	36
	其他	2
	合计	100

（三）变量测度

为确保量表的信度与效度，本节研究的变量大多采用或参考国内外成熟量表以及相关文献观点，并依据实际情形予以相应修订，从而保证其合理性与有效性。在确定正式问卷之前，针对部分企业开展实地访谈并且进行问卷的预测试，按照访谈与预试的意见对问卷加以修订。问卷运用 7 级利克特量表，从"完全不同意"至"完全同意"，依次对应 1~7 分。

1. 驱动因素

驱动因素包含内部驱动因素与外部驱动因素。内部驱动因素依据已有文献（Hu and Hsu，2010；Cantor et al.，2012；Dai et al.，2015），同时结合企业绿色创新实践，进一步细分为管理团队驱动、内部员工驱动以及上下游企业驱动这三个维度。外部驱动因素根据已有文献（Hu and Hsu，2010；Chan et al.，2012），按照企业绿色创新实践，细分为政策驱动、市场驱动和社会驱动，每个维度均对应四个题项，具体指标详见表 4-14。

表 4-14　测量指标及依据

变量	指标	测量指标	文献来源
管理团队驱动	TD1	企业内部中高层管理者对绿色创新的支持力度	Dai 等（2015）；Chan 等（2012）
	TD2	管理层对绿色渠道的兴趣	
	TD3	管理层经常交流绿色创新的相关情况	
	TD4	管理层对绿色渠道合作事宜的重视程度	
内部员工驱动	ED1	企业注重培养员工的环境意识，并将环保作为其考核的指标	Cantor 等（2015）；Dai 等（2015）；张钢和张小军（2014）
	ED2	企业员工积极参与绿色创新活动	
	ED3	企业员工参与绿色产品的开发	
	ED4	企业员工积极参与绿色创新相关的培训	
上下游企业驱动	UD1	节点企业供应原料的环保程度	Hu 和 Hsu（2010）；Wu 和 Barnes（2015）
	UD2	节点企业绿色协作的程度	
	UD3	节点企业绿色产品的质量	
	UD4	节点企业绿色产品运输的质量	
政策驱动	PD1	国家环境政策、法规的严厉程度	Hu 和 Hsu（2010）
	PD2	行业政策对环境的重视程度	
	PD3	政府提供相关的环保优惠制度	
	PD4	政府提供解决绿色资源供需矛盾的手段	
市场驱动	MD1	顾客绿色需求的程度	Chan 等（2012）；武春友等（2001）
	MD2	顾客绿色需求意识的强度	
	MD3	企业间绿色合作的程度	
	MD4	竞争企业对绿色战略的关注	

变量	指标	测量指标	文献来源
社会驱动	SD1	社会舆论对企业履行社会责任的正面宣传力度	焦俊和李垣（2011）
	SD2	社会公众对企业在环境管理和社会行为方面不良行为的曝光度	
	SD3	社会公众的绿色环保素质	
	SD4	社会对企业绿色生产的压力	
绿色创新战略	GIS1	企业注重绿色创新团队的培养	焦俊和李垣（2011）；Crossan 和 Apaydin（2010）
	GIS2	企业对产品的原材料、工艺流程设计以及包装等方面比较重视，努力实现可持续发展	
	GIS3	企业注重对绿色产品的质量、功能以及销售情况的变化	
供应链协同	SCC1	供应链企业高层之间的长期信任以及对合作的重视程度	Jeng（2015）；Simatupang 和 Sridharan（2008）
	SCC2	供应链企业间企业文化共通及企业活动合作程度	
	SCC3	供应链企业对信息平台建设的积极性以及共享信息的程度	
	SCC4	供应链企业间的协同合作程度以及战略目标一致性程度	
	SCC5	供应链企业在各环节交流和业务流程再造的程度	

2. 绿色创新战略

绿色创新战略的测量主要借鉴焦俊和李垣（2011）以及 Crossan 和 Apaydin（2010）的研究成果，同时结合企业绿色创新实践，运用三个题项进行衡量，具体指标详见表4-14。

3. 供应链协同

供应链协同的测量主要参照 Jeng（2015）与 Simatupang 和 Sridharan（2008）的研究成果，并且依据供应链企业协同的实际情况，采用五个题项予以测度，具体指标详见表4-14。

四、实证结果分析与讨论

（一）信效度分析

首先，运用 SPSS 展开信效度分析，结果详见表 4-15。经检验可知，所有因子的 Cronbach's α 值都达到了门槛值，并且33 个指标的因子载荷值处于 0.513~0.902，均高于 0.5 这一最低建议值，由此可见，量表指标具备较好的一致性，数据质量是可靠的。

表 4-15　量表信效度分析

变量	指标项	因子载荷值	累计解释方差/%	Cronbach's α
管理团队驱动	TD1	0.712	51.45	0.684
	TD2	0.751		
	TD3	0.683		
	TD4	0.721		

变量	指标项	因子载荷值	累计解释方差/%	Cronbach's α
内部员工驱动	ED1	0.693	56.61	0.741
	ED2	0.761		
	ED3	0.802		
	ED4	0.750		
上下游企业驱动	UD1	0.657	54.90	0.725
	UD2	0.696		
	UD3	0.657		
	UD4	0.803		
政策驱动	PD1	0.513	58.55	0.756
	PD2	0.821		
	PD3	0.857		
	PD4	0.818		
市场驱动	MD1	0.782	63.57	0.807
	MD2	0.848		
	MD3	0.786		
	MD4	0.771		
社会驱动	SD1	0.570	50.10	0.635
	SD2	0.803		
	SD3	0.755		
	SD4	0.681		
绿色创新战略	GIS1	0.830	73.63	0.813
	GIS2	0.840		
	GIS3	0.902		
供应链协同	SCC1	0.901	79.15	0.693
	SCC2	0.885		
	SCC3	0.865		
	SCC4	0.877		
	SCC5	0.895		

（二）相关性分析

相关性分析旨在分析两个变量间的关联程度，从而明确两个变量之间的关系，一般采用 Pearson 相关系数来表示。表 4-16 列出了主要变量的均值、标准差和相关系数。结果显示，内外部驱动因素和供应链协同之间存在显著相关性；绿色创新战略和供应链协同也具有显著的相关性。

表4-16 描述性统计与Pearson相关系数

变量	均值	标准差	1	2	3	4	5	6	7	8	9	10	11	12
企业性质	3.170	0.987	1.000											
企业成立年限	3.800	1.056	-0.189***	1.000										
企业员工数	2.770	0.825	-0.278***	0.457***	1.000									
企业销售额	2.760	0.766	-0.153***	0.389***	0.623***	1.000								
管理团队驱动	4.185	0.487	-0.013	0.154***	0.029	0.056	1.000							
内部员工驱动	4.041	0.512	0.002	0.048	-0.013	0.018	0.592***	1.000						
上下游企业驱动	3.987	0.538	0.000	-0.025	-0.051	-0.016	0.571***	0.651***	1.000					
政策驱动	3.880	0.587	-0.002	0.060	0.034	0.059	0.468***	0.574***	0.528***	1.000				
市场驱动	3.830	0.584	0.008	0.056	0.039	0.033	0.421***	0.501***	0.476***	0.747***	1.000			
社会驱动	3.975	0.490	0.018	0.158***	-0.007	0.017	0.541***	0.566***	0.570***	0.577***	0.536***	1.000		
绿色创新战略	3.860	0.496	-0.020	0.140***	0.151***	0.158***	0.502***	0.536***	0.575***	0.620***	0.599***	0.645***	1.000	
供应链协同	3.920	0.333	-0.022	0.019	0.009	0.020	0.317***	0.330***	0.309***	0.305***	0.264***	0.306***	0.322***	1.000

***表示在0.01水平（双侧）上显著相关

（三）回归结果分析

以下将运用多元回归来验证理论机制，结果如表 4-17 所示。对于绿色创新战略的中介效应检验，则采用 Baron 和 Kenny（1987）所提出的检验步骤。首先，自变量需对中介变量有显著影响。在引入企业性质、企业成立年限、企业员工数、企业销售额这些控制变量的基础上，把自变量（内部驱动因素、外部驱动因素）纳入回归方程，以剖析驱动因素对绿色创新战略的影响。其次，自变量要对因变量产生显著影响。基于引入控制变量的前提，将自变量置于回归方程之中，探究驱动因素在供应链协同方面的作用机理。最后，检验中介效应。在引入自变量与控制变量之后，把中介变量引入回归方程，分析驱动因素和绿色创新战略对供应链协同的共同影响。回归分析结果详见表 4-17。表 4-17 的结果表明，模型 2 把内部驱动因素的三个维度与绿色创新战略进行回归分析，结果显示，管理团队驱动（$\beta=0.167$，$p<0.01$）、内部员工驱动（$\beta=0.199$，$p<0.01$）以及上下游企业驱动（$\beta=0.327$，$p<0.01$），均对绿色创新战略的实现存在显著的正向影响，由此，内部驱动因素促进企业绿色创新战略的制定与实施的理论机理得到验证。从模型 3 也可以看出，外部驱动因素［政策驱动（$\beta=0.187$，$p<0.01$）、市场驱动（$\beta=0.178$，$p<0.01$）、社会驱动（$\beta=0.413$，$p<0.01$）］对绿色创新战略的实现有显著的正向影响，外部驱动因素促进企业绿色创新战略的制定与实施的理论机理得到验证。研究发现，内部驱动因素和外部驱动因素对绿色创新战略的制定与实施均起到积极作用。在内部驱动因素中，上

表 4-17　绿色创新战略的中介作用结果分析

变量		绿色创新战略			供应链协同			
		模型 1	模型 2	模型 3	模型 4	模型 5	模型 6	模型 7
控制变量	企业性质	0.130	0.016	0.003	−0.004	−0.006	−0.006	−0.007
	企业成立年限	0.037	0.019	−0.012	−0.004	−0.009	−0.008	−0.007
	企业员工数	0.039	0.069**	0.061**	0.010	0.008	−0.002	−0.001
	企业销售额	0.058	0.044	0.051*	0.005	0.005	−0.003	−0.002
自变量	管理团队驱动		0.167***		0.071*		0.042	
	内部员工驱动		0.199***		0.103**		0.069	
	上下游企业驱动		0.327***		0.037		−0.019	
	政策驱动			0.187***		0.090**		0.063*
	市场驱动			0.178***		0.027		0.001
	社会驱动			0.413***		0.104**		0.044
中介变量	绿色创新战略						0.174***	0.144***
R^2		0.035	0.430	0.550	0.082	0.101	0.121	0.122
调整后的 R^2		0.025	0.420	0.542	0.066	0.085	0.104	0.104
F		3.594	42.765	69.262	5.055	6.344	6.831	6.876

***、**和*分别表示在 0.01、0.05 和 0.1 水平（双侧）上显著相关

下游企业驱动对企业绿色创新战略的制定与实施的影响最为显著；在外部驱动因素中，社会驱动对企业绿色创新战略的制定与实施的影响最为显著。因此，供应链企业需要关注上下游企业以及社会给企业所产生的影响，从而调整和制定适合企业发展的绿色创新战略。

表 4-17 中的模型 4 和模型 5 分别针对内外部驱动因素对供应链协同进行回归分析。在模型 4 中，管理团队驱动（$\beta=0.071$，$p<0.1$）以及内部员工驱动（$\beta=0.103$，$p<0.05$）对供应链协同产生正向影响，因此，管理团队驱动与内部员工驱动促进供应链协同的理论机理得到验证。结果表明，管理团队驱动与内部员工驱动有助于企业抓住新技术和新机会，推动供应链企业协同运作。然而，结果表明上下游企业驱动对供应链协同并无显著影响，即上下游企业驱动促进供应链协同的理论机理不成立。产生这种结果或许有如下几个原因：第一，市场竞争日益激烈，上下游企业面临更多挑战，市场中的不可预知风险弱化了上下游企业对供应链协同的影响；第二，本节研究所选取的样本大多为中小企业，这些企业通常会过度依赖某个大型供应链伙伴，缺乏多元的协作对象；第三，供应链所处环境充满不确定性，致使供应链原有的协议无法适应新环境，进而加剧了供应链协同的难度（庄亚明等，2010）。

表 4-17 中的模型 5 表明，政策驱动（$\beta=0.090$，$p<0.05$）与社会驱动（$\beta=0.104$，$p<0.05$）有助于供应链企业达成协同运作，即政策驱动、社会驱动促进供应链协同的理论机制成立。政府对环保的严格标准能够推动上下游企业的协同运作。企业声誉属于一种无形的资产，有社会责任感的企业有助于优化其与外界利益相关者的关系（Reverte et al., 2016）。由此，在社会环境的推动下，供应链企业更易于加强彼此间的联系和沟通，提升供应链的协同运作能力，防止因某个节点企业的不环保行为致使整条供应链的声誉受损。然而，结果显示，市场驱动并未对供应链协同产生显著影响，即市场驱动促进供应链协同的理论机制不成立。产生该结果的原因可能是，虽然市场需求能够推动供应链企业开展协作，但并非所有节点企业都能从中获益；并且每个供应链成员均为独立的利益个体，其决策往往是从自身利益最大化的角度出发，因此，利益分配不均衡问题也会对供应链企业间的协同运作产生影响（庄亚明等，2010）。

表 4-17 中的模型 4 和模型 6 的结果表明，在同时引入内部驱动因素和绿色创新战略后，内部驱动因素对供应链协同的影响系数并不显著（模型 4：$\beta_1=0.071$，$p<0.1$；$\beta_2=0.103$，$p<0.05$；$\beta_3=0.037$；而加入中介变量后的模型 6 中：$\beta_1=0.042$，$\beta_2=0.069$，$\beta_3=-0.019$），但是绿色创新战略对供应链协同产生的影响却十分显著（$\beta=0.174$，$p<0.01$），据此可知，绿色创新战略充当了内部驱动因素与供应链协同之间的完全中介角色，即前文理论机制得到验证。此外，模型 5 与模型 7 的结果表明，当同时添加外部驱动因素和绿色创新战略之后，外部驱动因素对供应链协同的影响并不显著（模型 5：$\beta_1=0.090$，$p<0.05$；$\beta_2=0.027$；$\beta_3=0.104$，$p<0.05$；加入中介变量后的模型 7：$\beta_1=0.063$，$p<0.1$；$\beta_2=0.001$；$\beta_3=0.044$），而绿色创新战略对供应链协同具有显著影响（$\beta=0.144$，$p<0.01$），据此可知，绿色创新战略在外部驱动因素和供应链协同间同样扮演完全中介的角色，即前文理论得到验证。综上，结果表明内外部驱动因素均能够提升供应链企业制定和实施绿色创新战略的能力，而绿色创新战略的制定与实施需要供应链企业携手努力，进而提高整个供应

链的绿色协同能力。因此，在国家积极提倡绿色发展的宏观环境下，供应链企业只有通过实施绿色创新，才能够将外界压力转化成企业的发展动力，从而提升供应链的协同能力，最终达到双赢目标。

第四节　绿色供应链管理实践与企业转型绩效研究

企业作为市场经济活动的主要参与者，理应承担起保护环境与履行社会责任的重任，在追求经济效益的同时积极践行可持续发展理念。绿色供应链管理将生态环保的设计思想融入各个环节，是推动企业向绿色方向转型的有效途径。然而绿色供应链管理实践是否能够提升以及通过何种机制影响企业经营绩效有待进一步探究。因此，本节基于绿色创新理论和知识基础观，从动态开放的视角出发，引入双元知识搜索和绿色社会资本这两个关键变量，构建三阶调节中介效应模型，以深入剖析企业绿色供应链管理实践、绿色创新与企业绩效之间深层次的作用机制。实证结果显示，绿色供应链管理所特有的知识流特征与供应链网链结构通过优化资源配置、提升运营效率等方式，能有效释放企业全面绿色转型期间绩效的增长动能。

一、绿色供应链管理实践、绿色创新与企业绩效

（一）绿色供应链管理实践与企业绩效

绿色供应链管理是企业为实现全面可持续发展而采用的一种供应链管理模式。相较于传统供应链管理，绿色供应链管理展现出了独特价值。首先，从企业财务绩效的角度而言，绿色供应链在产品设计阶段充分考虑环境因素，缓解企业资源稀缺的问题，帮助企业降低环境治理成本与经营风险，是提升企业绩效的关键路径（Golicic and Smith，2013）。其次，从环境绩效的角度而言，绿色供应链管理涵盖了营造绿色环保的企业文化、节能减排、减少废弃物产生、回收利用废旧产品以及循环利用材料等多个方面，密切关注企业经营活动给环境带来的负面影响，有助于提高企业的环境绩效。最后，从企业绿色形象的角度出发，在企业日益同质化的情况下，差异化成为树立企业绿色形象的关键。而绿色供应链管理实践作为差异化的有效展现，有助于企业塑造独特的绿色企业形象，进而提高顾客黏度与竞争优势（Baker and Sinkula，2005）。据此，本节认为，绿色供应链管理实践对企业绩效具有正向影响。

（二）绿色创新的中介作用

从绿色供应链管理的视角出发，绿色创新一般是指企业为预防或减轻供应链管理各环节对环境造成的负面影响而开发新型产品或改良现有产品及工艺（Berrone et al.，2013），因此，绿色创新离不开企业与供应链上下游伙伴之间的有效合作（Zhang et al.，2019a；曹洪军和陈泽文，2017）。实施绿色供应链管理的企业往往会积极践行环保承诺，并大力推动员工及消费者参与到绿色创新的实践活动中；此外，倡导绿色供应链管理的企业还倾向于与注重环保的供应商建立合作关系，以确保所采购的原材料达到环保标准，

由此，不仅能提升原料利用率，还能有效减少产品生产过程中的能耗消耗，进而推动绿色创新持续改进（Chiou et al.，2011；Seman et al.，2019）。因此，企业的绿色创新活动会受到绿色供应链管理实践的积极影响。并且已有研究显示，绿色创新是企业走出绩效困境的有效方式。首先，虽然绿色创新可能在短期内增加企业的绿色成本（曹洪军和陈泽文，2017），但从长远来看，绿色创新有助于减少能源消耗，提高资源利用效率与企业生产力，从而降低绿色产品在供应链中的作业成本；同时，绿色创新可以降低产品生产过程中对环境的不良影响，削减企业的合规成本，有助于获取政府的绿色补贴，在一定程度上弥补企业前期的绿色投入，有助于企业实现可持续发展（Tang et al.，2018）。其次，绿色创新能够增强企业绿色产品的差异性，提高企业的竞争优势（Laursen and Salter，2006）。最后，企业开展产品创新时，会推动生产技术和生产管理的创新，从而削减生产成本，为客户提供更优质的服务，为企业创造更多的收益（Chiou et al.，2011）。

综上所述，绿色创新既能体现企业绿色供应链管理实践实施的有效性，又可通过减少企业合规成本及供应链运营成本来提高企业绩效。因此，绿色创新成为绿色供应链管理实践有效转化为企业绩效的关键驱动力（芮正云等，2017）。据此，本节提出，在绿色供应链管理实践与企业绩效关系中，绿色创新发挥中介作用。

二、双元知识搜索和绿色社会资本的调节作用

（一）双元知识搜索的调节作用

知识搜索是一项旨在解决组织内不确定问题的学习活动，涉及对知识的搜寻与获取（Li and Huang，2017）。根据已有研究，知识搜索可细分为利用式知识搜索和探索式知识搜索两类；具体而言，利用式知识搜索聚焦于整合和利用企业现有知识，以此增强知识搜索的可信度，进而提升解决问题的效率；而探索式知识搜索则为企业获取多样化的知识提供基础，丰富企业的异质性知识库，从而增强解决问题的创新性（Eriksson et al.，2016）。鉴于资源有限性，企业愈发重视这两种搜索活动并行开展所带来的综合效益，本节因此基于组织双元理论，深入探讨双元知识搜索如何影响绿色工艺创新和企业绩效之间的关系。

在绿色经济时代，企业为持续获取竞争优势，必须从外部广泛汲取知识来构建绿色战略。双元知识搜索通过互补效应机制和风险降低机制，对绿色供应链管理实践在推动绿色创新方面的积极影响起到了关键的调节作用（许晖等，2015）。首先，当企业实施较高水平的双元知识搜索时，能够更有效地融合现有知识与新知识，进而提高设计绿色产品及优化生产工艺的能力，从而强化绿色供应链管理实践对绿色创新的正向效应。其次，随着双元知识搜索的水平的提升，利用式搜索与探索式搜索之间的知识匹配度也随之提高，减少了企业的冗余信息和员工的认知障碍，降低了知识整合的成本，促进了知识向产品改进和工艺创新的有效转化，从而提高了绿色创新的效率。由此可见，企业的双元知识搜索能够增强绿色供应链管理实践对绿色创新的积极效应。

综上所述，企业若具备高水平的双元知识搜索能力，则能在绿色供应链管理中更有效地提升绿色创新水平，进而增强绿色供应链管理实践通过绿色创新对企业绩效产生的

中介效应。因此，绿色供应链管理实践通过绿色创新对企业绩效产生的间接效应会随着企业双元知识搜索能力的提升而增强。基于此，本节提出以下观点：双元知识搜索正向调节绿色供应链管理实践与绿色创新之间的积极关系，即双元知识搜索水平越高，绿色供应链管理实践对绿色创新的促进作用越强。同时，双元知识搜索也正向调节绿色创新在绿色供应链管理实践与企业绩效关系之间的中介效应，即双元知识搜索水平越高，这一中介效应的表现也更为显著。

（二）绿色社会资本的三阶调节作用

绿色社会资本是一种在企业员工内部促进知识共享与信息的非正式沟通与交流方式，旨在解决单个员工在绿色知识与信息方面存量不足的难题（Delgado-Verde et al.，2014）；简而言之，绿色社会资本构成了企业内部的一种互动共享文化，能够协助打破单个成员知识局限的壁垒，激发员工的创新潜能，进而提高工作效率。

依据知识基础观的理论框架，企业的绿色社会资本和双元知识搜索存在紧密的联系，共同构建了一个完整的知识管理体系。因此，绿色社会资本可能会对双元知识搜索在促进绿色供应链管理实践与绿色创新方面的调节作用产生影响。在企业进行知识搜索时，由于不同部门所处位置不同，各自获取知识的途径和内容也会存在差异，而绿色创新的实施需要对多样化知识加以共享与整合（Kusi-Sarpong et al.，2016），以此来增强企业的知识内化和创造能力。

因此，当企业的绿色社会资本处于较高水平时，其双元知识搜索的调节能力会得到强化，意味着企业双元知识搜索和绿色供应链管理实践之间的协同效应将更为显著。随着企业绿色社会资本水平的提升，企业更倾向于积极鼓励员工间的非正式知识与经验交流，因为企业内部员工业务背景各异，工作经验丰富，各自擅长不同的专业领域，彼此间的经验互换和知识共享能够更有效地促进知识的内化与融合，进而能够降低企业的创新风险、加速企业绿色生产流程的改进以及绿色产品设计的效率。据此，提升企业绿色社会资本水平，能够增强绿色供应链管理实践与双元知识搜索之间的协同效果（Mendes et al.，2012）。

综上所述，高水平的绿色社会资本能够推动企业有效内化所获取的知识，从而帮助企业整合互补性资产、市场优势以及技术信息，以此提升员工的工作效率与解决问题的能力，增强双元知识搜索的调节效能，进一步促进绿色供应链管理实践与双元知识搜索之间的协同作用。基于此，本节提出以下观点：绿色社会资本对双元知识搜索在绿色供应链管理实践与绿色创新关系中的调节能力具有正向影响，即绿色社会资本水平越高，双元知识搜索对这一关系的正向调节作用越强。同时，绿色社会资本也正向调节了双元知识搜索对绿色创新在绿色供应链管理实践与企业绩效之间的中介效应，即绿色社会资本水平越高，双元知识搜索对这一中介效应的正向调节作用也越强。

三、研究设计

（一）数据收集

本节研究的数据源于问卷调查，样本以长三角地区的制造业企业为主。首先，为保证调研样本契合本节研究的范畴，依据如下标准对样本进行筛选：①隶属制造业；②过去三年间，企业开展过内部环境管理活动（如绿色产品设计、清洁生产、末端治理）；③过去三年间，企业曾就绿色环保问题同供应商、经销商、客户等供应链成员建立良好的合作关系。其次，本节把制造商作为核心企业，以此考察绿色供应链管理的实践状况。主要基于以下考虑：绿色供应链虽然是由绿色上下游企业（供应商、制造商、分销商）和绿色消费者共同组成的整体网络结构；但依据 Harland 的观点，制造商可被视作供应链中的"盟主"，即核心企业，而整个供应链竞争优势在很大程度上取决于核心企业的竞争力（Harland et al., 2003）。此外，为了进一步保证问卷的有效性，预防题意理解不一致而产生偏差问题，本节选取 30 家不同行业的企业进行预测试，对问卷进行修改和完善，在确保量表有效的基础上展开正式调查。2017 年 3 月至 6 月，运用实地调研与邮件调研相结合的方式，针对长三角地区的制造业企业发放了共计 500 份问卷（每家企业发放一份），共回收 256 份问卷，其中剔除 25 份填写不完整的问卷后，最终得到有效问卷 231 份，有效问卷回收率达 46.2%。在接受调查的企业中，民营企业所占比例最高，为 51.95%；规模在 300~999 人的企业占比最多，为 44.16%；近三年销售额处于 4000 万元到 4 亿元之间的企业占比最大，达 56.28%；41.56% 的企业的绿色环保产品种类有 4~5 种，41.99% 的企业的环保产品销售额在总销售额中的占比为 11%~20%，此外，有 87.45% 的样本企业拥有环境管理认证（ISO 14001）。综上，样本大体符合长三角地区制造业企业整体现状，在一定程度上确保了问卷的代表性。

（二）变量测度

本节的变量包括自变量、中介变量、调节变量、因变量以及控制变量（表 4-18）。问卷中的变量均运用国际通行的 5 级利克特量表予以测度："1"代表程度最低，"5"代表程度最高。自变量——绿色供应链管理实践的测度主要参考 Kusi-Sarpong 等（2016）和 Shi 等（2012）的研究，涵盖绿色供应商合作、绿色设计和管理、绿色分销和顾客关系等三个维度 12 个指标。中介变量——绿色创新的测量主要以 Delgado-Verde 等（2014）和 Mendes（2012）的研究为依据，从设计、制造、清洁、末端处理等方面设计 4 个题项。调节变量——双元知识搜索是通过式（4-1）进行衡量的（Zang and Li, 2017）；式（4-1）中，AKS 表示双元知识搜索，KSI 表示利用式知识搜索，KSR 表示探索式知识搜索，N 表示测度水平，本节研究测度水平为 5。参考 Eriksson 等（2016）的研究，双元知识搜索分别从利用式知识搜索与探索式知识搜索两个维度展开设计。

$$\text{AKS} = \frac{\left(N - |\text{KSI} - \text{KSR}|\right) \times \sqrt{\text{KSI} \times \text{KSR}}}{N} \tag{4-1}$$

三阶调节变量——绿色社会资本主要参考 Delgado-Verde 等（2014）的研究，运用环境信息和知识分享、环境管理经验交流以及员工相互帮助 3 个题项进行测量。因变量——企业绩效的测度主要基于 Chan 等（2016）、Chen（2008）等的研究，运用经济增加值、能耗降低幅度和标杆形象 3 个题项来衡量企业在财务、环境、形象等方面的综合竞争性绩效。借鉴现有研究，把企业性质、企业规模、年平均销售额、环保产品种类、环保产品比率以及 ISO 认证（即 ISO 14001 认证）作为控制变量（Li and Huang，2017）。

表 4-18　变量测度与信效度分析

测度题项描述	标准载荷	Cronbach's α	AVE	CR
绿色供应链管理实践				
绿色供应商合作（Kusi-Sarpong et al.，2016）				
GSC1：公司协助供应商制订旨在减少有害材料使用等的环境管理方案	0.667			
GSC2：公司向供应商分享环境管理技术和知识并传达可持续发展目标	0.738			
GSC3：公司监控供应商运营环境合规状况	0.705			
GSC4：公司与供应商协作管理材料和包装的逆向回收	0.762			
绿色设计和管理（Kusi-Sarpong et al.，2016）				
GSC5：公司实施全面质量环境管理体系并开展内部环境监控与审计	0.761			
GSC6：公司制订和实施了针对环保与污染防治等绿色设计的激励计划	0.689	0.875	0.517	0.927
GSC7：公司选择环保型材料以避免或减少生产过程中有毒材料的使用	0.709			
GSC8：公司制订和实施了员工环境培训计划以减少材料或能源的消耗	0.771			
绿色分销和顾客关系（Shi et al.，2012）				
GSC9：公司的产品使用环保型包装以及生态标签	0.645			
GSC10：公司采用环境友好型运输、仓储、搬运、配送等物流活动	0.716			
GSC11：公司实施废物的环境友好型管理，如报废品和包装的有效回收	0.673			
GSC12：公司向消费者提供其绿色产品的相关信息	0.774			
绿色创新（Mendes，2012；Delgado-Verde et al.，2014）				
GI1：公司改进产品设计，并降低产品使用中的能耗	0.875			
GI2：公司在生产过程中采用较少或无污染的环保材料	0.876	0.897	0.699	0.902
GI3：公司改进现有工艺，引进新能源设备，降低环境污染	0.808			
GI4：公司对废气、废水、废渣进行处理并使用消音设备	0.780			
利用式知识搜索（Eriksson et al.，2016）				
KSI1：公司专注于发展现有的技术和能力	0.606			
KSI2：公司专注于提高效率以及减少工作流程	0.874	0.799	0.601	0.816
KSI3：公司专注于项目工作人员经验等工作的积累	0.820			

续表

测度题项描述	标准载荷	Cronbach's α	AVE	CR
探索式知识搜索（Eriksson et al.，2016）				
KSR1：公司积极寻找新的技术方案	0.883			
KSR2：公司从不同的方面寻找技术解决方案	0.928	0.782	0.622	0.822
KSR3：公司学习新的技能和知识以推进工作进程	0.474			
绿色社会资本（Delgado-Verde et al.，2014）				
SC1：公司鼓励员工之间进行非正式交流以获得环境方面的信息	0.916			
SC2：公司鼓励员工分享与环境有关的知识和经验	0.653	0.733	0.523	0.759
SC3：公司员工互相帮助以获得新想法，提高企业环境绩效	0.551			
企业绩效（Chen，2008；Lin et al.，2013；Chan et al.，2016）				
PE1：公司销售（利润）增长率	0.671			
PE2：公司三废排放与能耗减少程度	0.761	0.774	0.537	0.776
PE3：公司绿色声誉（公众信任和赞美）认可程度	0.762			
全模型拟合指标	χ^2/df =2.237，GFI=0.941，NFI=0.957，IFI=0.976，TLI=0.951，CFI=0.975，RMSEA=0.073			

注：AVE 表示 average variance extracted，平均提取方差值；CR 表示 composite reliability，组合信度；GFI 表示 goodness-of-fit index，拟合优度指数；NFI 表示 normative fit index，规范拟合指数；IFI 表示 incremental fit index，成长适配指标；TLI 表示 Tucker-Lewis index，塔克-刘易斯指数；CFI 表示 comparative fit index，比较拟合指数；RMSEA 表示 root mean square error of approximation，近似均方根误差

（三）信度和效度

各变量的测度以及信效度分析如表 4-18 所示。首先，每个潜变量的因子载荷在 0.001 水平上显著，并且平均标准化因子载荷大于 0.7，说明因子结构符合理论预期，内部结构效度较好；其次，Cronbach's α 和 CR 值都大于 0.7，意味着量表信度较好；再次，各个潜变量的 AVE 值均大于 0.5，表明各潜变量的收敛效度处于可接受范围内。此外，本节通过验证性因子分析构建的全模型结果为：χ^2/df =2.237、GFI=0.941、NFI=0.957、IFI=0.976、TLI=0.951、CFI=0.975、RMSEA=0.073，均处于临界范围内，说明模型拟合度良好。综上所述，本节量表具有较好的信效度。

（四）共同方法偏差

首先，在程序控制环节，本节运用匿名调研的方式，问题答案并无正误之分、各变量题项利用错配等手段来降低共同方法偏差的影响。其次，从统计角度看，Harman 单因素检验表明，第一主成分所解释的变异为 39.072%；此外，验证性因子分析的结果显示：单因子模型的拟合指标未达到临界值（χ^2/df =5.083，GFI=0.747，NFI=0.765，IFI=0.802，TLI=0.776，CFI=0.801，RMSEA=0.133）。综上，存在共同方法偏差问题的可能性不大。

四、实证结果与分析

（一）描述性统计与相关性分析

表 4-19 展示了各变量的平均值、标准差以及 Pearson 相关系数，从中能够发现，各主要变量之间存在显著的相关性。

表 4-19　变量描述性统计与相关系数

变量	1	2	3	4	5	6	7	8	9	10	11	12
企业性质	1.000											
企业规模	−0.139	1.000										
年平均销售额	−0.141	0.561	1.000									
环保产品种类	−0.008	0.151	0.146	1.000								
环保产品比率	0.020	0.145	0.105	0.384	1.000							
ISO 认证	0.024	−0.216	−0.239	−0.087	−0.146	1.000						
绿色供应链管理实践	0.072	0.036	0.076	0.160	0.298	−0.294	1.000					
绿色创新	0.117	0.070	0.119	0.176	0.310	−0.297	0.861	1.000				
利用式知识搜索	0.057	0.094	0.073	0.120	0.212	−0.192	0.581	0.610	1.000			
探索式知识搜索	−0.002	−0.082	−0.061	−0.118	−0.053	0.154	−0.279	−0.299	−0.188	1.000		
绿色社会资本	0.102	0.014	0.077	0.242	0.293	−0.283	0.831	0.822	0.578	−0.264	1.000	
企业绩效	0.133	−0.065	0.040	0.276	0.302	−0.181	0.788	0.778	0.474	−0.248	0.762	1.000
平均值	2.060	2.800	2.950	2.870	2.980	1.130	3.950	3.986	4.089	3.174	3.921	3.770
标准差	0.689	0.733	0.683	0.937	1.019	0.332	0.549	0.546	0.534	0.627	0.599	0.527

注：绝对值大于 0.13 的相关系数在 0.05 水平（双侧）上显著相关；观测值为 231

（二）主效应与中介效应检验

为减轻多重共线性的影响，本节对自变量与调节变量进行了中心化处理。表 4-20 中的模型 1 表明，绿色供应链管理实践对企业绩效有着显著的正向影响（$\beta=0.762$, $p<0.001$），并且在考虑调节变量的模型 2 与模型 4 中，结论保持一致，表明结果具备稳健性。类似地，模型 7 显示，在控制双元知识搜索时，绿色供应链管理实践对绿色创新产生了显著的正向影响（$\beta=0.798$, $p<0.001$），而且模型 3 表明，在控制绿色供应链管理实践和双元知识搜索时，绿色创新对企业绩效产生的影响是正向显著的（$\beta=0.369$, $p<0.001$），因此绿色创新在绿色供应链管理实践与企业绩效之间起到中介作用；当引入三阶调节变量时（即模型 5），该结论依然成立（$\beta=0.293$, $p<0.001$），显示结果具有稳健性。

表 4-20　绿色供应链管理实践与绿色创新对企业绩效的回归结果

因变量	企业绩效						绿色创新			
	模型 1	模型 2	模型 3	模型 4	模型 5	模型 6	模型 7	模型 8	模型 9	模型 10
企业性质	0.097+	0.091	0.061	0.074	0.056	0.176*	0.082	0.068	0.063	0.042
	(0.057)	(0.058)	(0.055)	(0.056)	(0.055)	(0.089)	(0.049)	(0.048)	(0.046)	(0.045)
企业规模	-0.176**	-0.171**	-0.179**	-0.153*	-0.165*	-0.071	0.020	0.034	0.041	0.068
	(0.065)	(0.065)	(0.062)	(0.063)	(0.061)	(0.101)	(0.056)	(0.055)	(0.052)	(0.051)
年平均销售额	0.070	0.670	0.044	0.058	0.043	0.103	0.062	0.052	0.052	0.035
	(0.070)	(0.069)	(0.067)	(0.067)	(0.066)	(0.109)	(0.060)	(0.058)	(0.056)	(0.053)
环保产品种类	0.168**	0.172***	0.163**	0.137*	0.142**	0.061	0.024	0.010	-0.016	-0.029
	(0.045)	(0.045)	(0.043)	(0.045)	(0.043)	(0.070)	(0.039)	(0.038)	(0.037)	(0.036)
环保产品比率	0.033	0.030	0.015	0.027	0.016	0.244***	0.040	0.039	0.036	0.035
	(0.043)	(0.043)	(0.041)	(0.042)	(0.040)	(0.065)	(0.037)	(0.036)	(0.034)	(0.033)
ISO 认证	0.132	0.124	0.168	0.163	0.185	-0.760**	-0.119	-0.172	-0.073	-0.092
	(0.126)	(0.127)	(0.121)	(0.123)	(0.119)	(0.190)	(0.109)	(0.107)	(0.102)	(0.101)
绿色供应链管理实践	0.762***	0.749***	0.454***	0.523***	0.365***		0.798***	0.749***	0.537***	0.468***
	(0.042)	(0.046)	(0.074)	(0.070)	(0.080)		(0.040)	(0.041)	(0.058)	(0.058)
双元知识搜素		-0.032	-0.008	-0.027	-0.010		-0.066+	0.004	-0.060+	0.019
		(0.044)	(0.042)	(0.042)	(0.041)		(0.037)	(0.042)	(0.035)	(0.040)
绿色社会资本				0.287***	0.189**				0.333***	0.311***
				(0.069)	(0.072)				(0.057)	(0.055)
绿色创新			0.369***		0.293***					
			(0.075)		(0.079)					

续表

因变量	企业绩效					绿色创新				
	模型 1	模型 2	模型 3	模型 4	模型 5	模型 6	模型 7	模型 8	模型 9	模型 10
绿色供应链管理实践×双元知识搜索								0.062** (0.018)		0.217*** (0.056)
绿色供应链管理实践×绿色社会资本										-0.072** (0.027)
双元知识搜索×绿色社会资本										-0.109+ (0.061)
绿色供应链管理实践×双元知识搜索×绿色社会资本										0.280** (0.010)
F	63.448***	55.472***	57.246***	54.815***	53.579***	8.257***	85.658***	81.186***	91.061***	71.530***
R^2	0.666	0.667	0.700	0.691	0.709	0.181	0.755	0.768	0.788	0.811
调整后的 R^2	0.655	0.655	0.688	0.678	0.696	0.159	0.746	0.758	0.779	0.799

注：括号内为聚类标准误

***、**、*和+分别表示在 0.1%、1%、5%和 10%的水平上具有统计显著性

（三）调节效应检验

1. 双元知识搜索的调节效应分析

表 4-20 中的模型 8 显示，绿色供应链管理实践和双元知识搜索的交互项对绿色创新有着正向且显著的影响（$\beta=0.062$，$p<0.01$），即双元知识搜索对绿色供应链管理实践与绿色创新之间的关系起到正向调节作用。为了进一步证实调节效应的存在，本节运用基于 Bootstrap 法（重复抽样 5000 次）来剖析绿色供应链管理实践和绿色创新之间的关系是如何随着双元知识搜索取值的变化而产生变化趋势的，结果如表 4-21 所示。表 4-21 的上半部分表明，在双元知识搜索的三个水平下，直接效应值均为正向显著；此外，最高水平与最低水平的差值大于 0（$\Delta\beta=0.124$，置信区间为[0.072, 0.320]），说明双元知识搜索的值越高，绿色供应链管理实践与绿色创新之间的积极效应就越强，反之则越弱。

表 4-21 基于 Bootstrap 法的调节效应检验结果

调节变量 （±SD）	直接效应/调节效应		95%置信区间	
	效应	标准误	下限	上限
双元知识搜索	有条件的直接效应 （绿色供应链管理实践→绿色创新）			
−SD	0.683	0.078	0.563	0.791
0	0.745	0.044	0.682	0.822
+SD	0.807	0.043	0.726	0.866
Δ(2SD)	0.124	0.091	0.072	0.320
绿色社会资本	有条件的调节效应 （绿色供应链管理实践×双元知识搜索→绿色创新）			
−SD	0.695	0.184	0.378	0.955
0	0.797	0.174	0.497	1.060
+SD	0.898	0.181	0.600	1.192
Δ(2SD)	0.203	0.109	0.029	0.342

注：Δ(2SD)表示最高水平与最低水平的差值

为了直观地呈现调节效果，本节采用图形清晰展现直接效应在调节变量连续取值情况下受调节变量影响的全貌。如图 4-4 所示，图中的直线体现了双元知识搜索连续取值时，绿色供应链管理实践和企业绩效间直接效应的变化趋势的整体状况，虚线代表 95%的置信区间；图 4-4 显示，当双元知识搜索大于 2.29（满分为 5）时，绿色供应链管理实践对绿色创新的直接效应均显著；这部分直线上每一点数值均为正，函数值（直接效应值）随调节变量的增大而增大。由此可见，只有当双元知识搜索超过某一临界值（2.29）时，它才会正向调节绿色供应链管理实践和绿色创新之间的积极关系。由此说明，双元知识搜索并非在任何情形下都能发挥积极作用，其调节能力受其他情境因素的制约，因此需要对绿色供应链管理实践和双元知识搜索协同效应的边界条件予以分析，从而为三阶调节分析奠定基础。

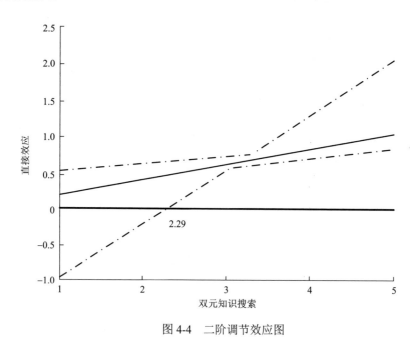

图 4-4　二阶调节效应图

2. 绿色社会资本的三阶调节效应分析

表 4-20 中的模型 10 表明，绿色供应链管理实践同双元知识搜索和绿色社会资本乘积的回归系数显著（$\beta=0.280$，$p<0.01$），说明三阶调节效应是存在的。其次，表 4-21 的下半部分表明，在绿色社会资本的三个水平下，绿色供应链管理实践和双元知识搜索交互项对绿色创新的影响系数均正向显著。此外，最高水平与最低水平的差值大于 0（$\Delta\beta=0.203$，置信区间为[0.029, 0.342]），这表明绿色社会资本越高，双元知识搜索的正向调节能力就越强，反之则越弱。

图 4-5 表明，处于低绿色社会资本状况时，当双元知识搜索超出阈值（2.72），绿色供应链管理实践对绿色创新的正向促进作用就会随着双元知识搜索的增加而增强；图 4-6 表明，在高绿色社会资本的情形下，当双元知识搜索低于阈值（2.46）或者超出阈值（3.02）时，双元知识搜索会正向调节绿色供应链管理实践与绿色创新之间的直接关系，然而，当双元知识搜索低于阈值（2.46）时，绿色供应链管理实践对绿色创新的影响却是负向的。结合企业的实际情况以及以往的研究文献，本节针对这一结果做出如下解释：倘若企业经由双元知识搜索获取的知识较少，那么在同一个企业内部，员工分享的知识大多为熟悉且相似的知识，过度的知识分享可能会致使绿色创新过程缺乏新元素，长此以往，企业将陷入"核心刚性"与"能力陷阱"（Laursen and Salter，2006；Fu，2012），最终对企业的绿色创新实践造成阻碍。

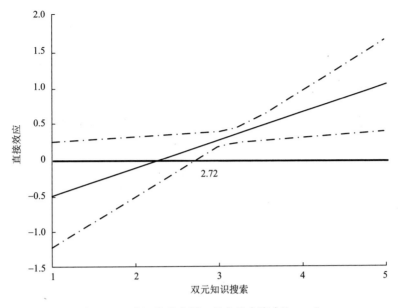

图 4-5　三阶调节效应图（绿色社会资本取−SD）

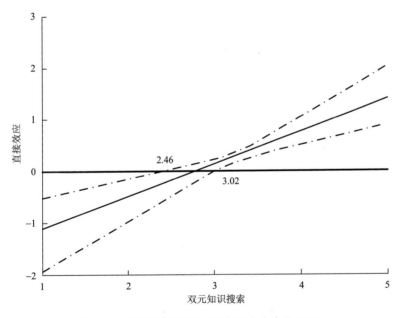

图 4-6　三阶调节效应图（绿色社会资本取+SD）

（四）有调节的中介效应检验

1. 双元知识搜索的调节中介效应分析

表 4-22 表明，无论双元知识搜索的取值高低，绿色供应链管理实践借助绿色创新对企业绩效产生的间接效应均呈现正向显著的特征。为了进一步判断是否存在调节中介效

应，表 4-22 的下半部分列出了中介效应的调节指数，结果表明，该指数显著不为 0（β=0.081，置信区间为[0.026, 0.240]），意味着存在显著的调节中介效应；在双元知识搜索取高值时，中介效应值更大，表明双元知识搜索对绿色供应链管理实践通过绿色创新影响企业绩效的中介效应起到正向调节作用。

表 4-22　基于 Bootstrap 法的调节中介效应分析结果

调节变量 （±SD）	中介效应的调节		95%置信区间	
	效应	标准误	下限	上限
双元知识搜索	有条件的中介效应 （绿色供应链管理实践→绿色创新→企业绩效）			
−SD	0.245	0.058	0.153	0.394
0	0.267	0.061	0.160	0.397
+SD	0.289	0.068	0.159	0.422
中介变量	有调节的中介效应		95%置信区间	
	效应	标准误	下限	上限
绿色创新	0.081	0.067	0.026	0.240

由图 4-7 可知，在双元知识搜索大于 2.27 的情况下，绿色创新的中介效应显著；并且间接效应值会随着调节变量增大而增大，意味着双元知识搜索只有在超过特定阈值（2.27，满分为 5）时，才会对绿色创新的间接效应起到正向调节作用。由此可见，双元知识搜索并非在所有条件下都对间接效应发挥正向调节作用，其调节能力受到其他情境因素的约束，因此对中介过程中绿色供应链管理实践和双元知识搜索协同效应的边界条件展开进一步分析是很有必要的。

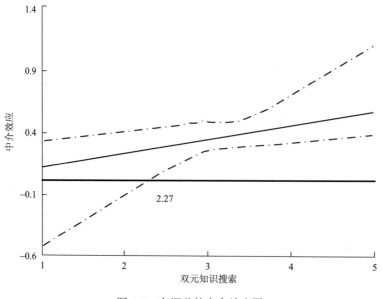

图 4-7　有调节的中介效应图

2. 绿色社会资本的三阶调节中介效应分析

表 4-23 表明，在绿色社会资本取值较高时，双元知识搜索对绿色创新的中介效应所对应的调节指数更大，即绿色社会资本的数值越高，双元知识搜索对间接效应的正向调节能力就越强；此外，从表 4-23 可以看出，三阶调节指数显著不为 0（β=0.061，置信区间为[0.006, 0.139]），表明三阶调节中介效应呈现出显著的正向性。综上，双元知识搜索对绿色创新中介效应的调节能力受到绿色社会资本的正向调节。

表 4-23　基于 Bootstrap 法的三阶调节的中介效应分析结果

调节变量	判定指数		95%置信区间	
（±SD）	效应	标准误	下限	上限
绿色社会资本	有条件的调节中介效应（绿色供应链管理实践× 双元知识搜索→绿色创新→企业绩效）			
−SD	0.248	0.093	0.098	0.457
0	0.284	0.096	0.123	0.501
+SD	0.321	0.103	0.150	0.556
中介变量	三阶调节中介效应		95%置信区间	
	效应	标准误	下限	上限
绿色创新	0.061	0.036	0.006	0.139

由图 4-8 可知，在绿色社会资本处于较低水平的情况下，唯有双元知识搜索超出阈值（2.72）时，绿色供应链和企业绩效之间的中介效应才会呈现正向显著，且会随着双元知识搜索的增加而增强；如同上述三阶调节效应一致，当绿色社会资本处于高水平时，如图 4-9 所示，若双元知识搜索处于区间[1, 2.47]或者[3.01, 5]时，双元知识搜索会对绿色创新的间接效应起到正向调节作用，然而，当双元知识搜索低于 2.47 这一阈值时，绿色供应链管理实践借助绿色创新对企业绩效产生的间接效应为负向影响。此处给出的解释与前面相同，企业过度分享并强化现有知识，缺乏新的要素，会出现"创新近视"，长此以往企业会陷入"核心刚性"与"能力陷阱"（Laursen and Salter, 2006；Fu, 2012）。

综上所述，三阶调节中介模型显示，在双元知识搜索和绿色社会资本达成有效匹配的情况下，更有助于强化绿色创新在影响企业绩效方面的中介作用。这说明，仅依靠单一的双元知识搜索难以持续推动企业绩效，必须借助企业绿色社会资本将获取到的知识内化并加以创造，从而提高企业绿色创新能力；因此，探索双元知识搜索和绿色社会资本双重情境下绿色供应链管理内部机制更具现实意义。

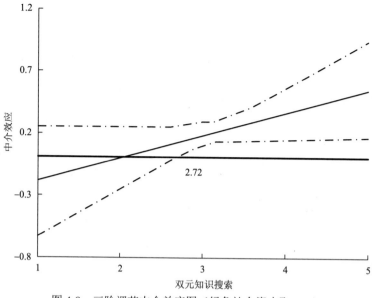

图 4-8　三阶调节中介效应图（绿色社会资本取–SD）

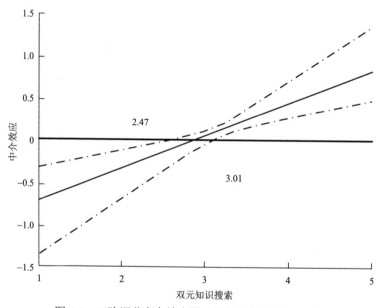

图 4-9　三阶调节中介效应图（绿色社会资本取+SD）

第五节　本章主要结论与政策建议

一、主要结论

（一）绿色供应链管理实践优化是企业平息外部 ESG 压力的有效手段

本章提出在应对机构投资者 ESG 积极主义的压力时，企业应通过绿色供应链管理与供应链上下游伙伴协作提升绿色绩效，而非"单打独斗"。基于 2012 年至 2021 年中国制造业上市企业的 8557 个观测数据集，本章实证研究发现机构投资者 ESG 积极主义能够显著提升目标企业的绿色供应链管理绩效。在技术整合较高的情境下，行业内的技术相互依赖性较强，目标企业更需要通过整体供应链的绿色技术合作来响应机构投资者的 ESG 诉求，因此机构投资者 ESG 积极主义对绿色供应链管理绩效的积极影响更为显著。

就企业自身能力而言，处于技术领先地位的企业在制定供应链标准以及促进上下游战略协作方面享有更大的主导权，从而顺利推进绿色供应链治理。因此，对于技术影响较大的企业，更能通过绿色供应链管理绩效的提升来满足机构投资者 ESG 诉求。另外，数字智能化进一步增强了技术整合和技术影响的正向调节作用。

（二）基于绿色创新的供应链协同转型是企业推进全面绿色转型的关键战略

本章基于长三角地区供应链企业的问卷调查数据，通过实证分析探究了内外部驱动因素对绿色创新战略与供应链协同的影响，得出三个方面的研究结论。第一，绿色创新的内外部驱动因素都对企业绿色创新战略有着显著的正向影响。一方面，管理团队驱动、内部员工驱动及上下游企业驱动等内部驱动因素对企业绿色创新战略的制定和实施都具有积极的影响，即内外部驱动因素能够推动企业开展绿色创新实践。另一方面，政策驱动、市场驱动及社会驱动等外部驱动因素也对企业绿色创新战略制定和实施产生积极的影响。第二，通过供应链协同转型，能够实现供应链企业的绿色创新和可持续发展，提升整个产业的竞争力，管理团队驱动和内部员工驱动等内部因素、政策驱动和社会驱动等外部因素对供应链协同转型均具有正向影响。第三，在内外部驱动因素与供应链协同之间的关系中，绿色创新战略发挥着显著的中介效应。

（三）绿色供应链管理实践通过绿色创新显著提升企业绩效收益

本章通过构建三阶调节中介效应模型，系统地研究了绿色供应链管理实践通过绿色创新对企业绩效产生的影响，主要得出三个方面的研究结论。第一，绿色供应链管理实践对企业绩效产生显著的正向影响，这种积极效应是企业开展绿色创新活动的重要激励。绿色创新在绿色供应链管理实践和企业绩效的关系中发挥中介作用，绿色供应链管理实践能够对企业产品在研发与设计、制造、销售和回收利用等一系列绿色创新活动中加以改进，从而间接提升企业绩效。第二，双元知识搜索对绿色供应链管理实践与企业绩效之间的中介效应有正向调节作用，当企业双元知识搜索处于较高水平时，绿色供应链管理实践所吸纳的互补性知识更有助于激发绿色供应链管理实践在绿色创新方面的价值，从而强化了绿色供应链管理实践经由绿色创新对企业绩效产生的间接影响。第三，绿色社会资本能够进一步增强双元知识搜索的调节能力，高绿色社会资本能够推动企业绿色知识在供应链伙伴之间快速流动，提高供应链伙伴对绿色创新实践所需的多种知识的掌握与创造能力，增强绿色供应链管理实践与双元知识搜索的协同效应，从而提高绿色创新效益，最终改善企业绩效。

二、政策建议

（一）完善绿色供应链管理实践的顶层设计，构建全产业链的绿色创新生态

第一，推动建立面向全产业链的绿色管理标准，进一步规范绿色供应链的协同转型发展。目前已存在较多绿色供应链管理指南，如工业和信息化部印发了《绿色供应链管理评价要求》，旨在推动企业建立以资源节约、环境友好为导向的采购、生产、营销、回收及物流体系；国家市场监督管理总局发布了《绿色制造 制造企业绿色供应链管理 实施指南》（GB/T 43902—2024），规定了制造企业绿色供应链管理的实施框架和要求。但目前政策需要进一步细化，以深入指导企业绿色供应链管理实践。政府应制定面向不同产业的绿色供应链管理指导方针，明确关键环保指标（如碳排放、资源循环利用率、废弃物管理等），并形成覆盖原材料采购、生产、物流到销售的全链条绿色管理和技术标准。标准化有助于打破供应链中的技术壁垒、信息孤岛以及合作障碍，推动供应链上下游协同的全面绿色转型。相关部门及行业协会可设立"绿色供应链标准制定与推广计划"，将标准化规范落实到供应链每一环节，形成具备实操性、行业认同度高的绿色治理标准。此外，应鼓励支持面向绿色供应链管理的第三方评估平台建设，为供应链上下游企业提供绿色认证及绩效评估等服务，保障绿色供应链技术合作的专业性和标准化。

第二，支持上下游企业形成绿色技术协作的创新生态，提升基于供应链的绿色创新和技术整合水平。政策可通过税收减免、低息贷款、绿色技术补贴、专项研发基金等激励政策，面向低碳制造和绿色物流等关键领域，促进绿色技术研发和应用。基于国家发展和改革委员会和科学技术部联合印发的《关于进一步完善市场导向的绿色技术创新体系实施方案（2023—2025）年》，从创新协同、技术转化等不同维度建立全链条的绿色技术创新体系。同时，政府可推动"绿色供应链技术创新联盟"等绿色共性技术平台和绿色创新网络的建设，为供应链上下游企业提供技术对接和资源整合服务，大力支持上下游企业与高校科研院所的前沿技术创新合作，从而建立风险共担、利益共享、全供应链贯通的绿色技术创新和共享机制。

第三，重点支持技术领先企业在绿色供应链协同转型中发挥主导作用。技术领先企业作为行业标杆，在推动供应链绿色转型上具有更强影响力。政府可为在供应链绿色转型和标准化方面有显著贡献的技术领先企业提供专项奖励和资助，鼓励技术领先企业开展供应链上下游战略协作。政府还可设立"绿色供应链领军企业"示范项目，推动标杆企业共享和推广在绿色供应链转型和绿色治理方面的创新经验，从而建立面向全产业的供应链协同可持续发展生态圈。

（二）激发供应链协同转型的企业内外部驱动力，加快全面绿色转型进展

一方面，就内部驱动因素而言，高管团队和员工在企业全面绿色转型中自上而下发挥着关键作用。高管团队是企业参与供应链协同绿色转型的决定性力量，若企业高管对于这一问题缺乏深刻认识，对全面绿色转型采取"冷处理"甚至抵触态度，会直接阻碍自身企业及供应链企业的绿色转型进程。因此，政府需要加大相关政策的宣传力度，引导企业高管在制定战略目标时要符合全面绿色转型的政策需求。另外，员工在协同转型中绿色理念认知不足，绿色技术与知识欠缺都会对供应链协同转型造成不良影响。政府可鼓励企业协同高校、科研院所提出绿色倡议，举办绿色产品设计竞赛以及开展环保志愿服务等，培养绿色发展的企业文化愿景，引导员工在产品设计、生产、物流等环节实现绿色创新。

另一方面，政策、市场及社会共同构成了供应链协同转型的外部驱动力量。就政策驱动而言，供应链协同绿色转型的政策引导涉及多个政府部门，但目前尚未形成统一联动的协调机制，削弱了政策措施的有效性。由此，政府可以建立多部门协调机制，形成多方参与的长效运行模式，提升全面绿色转型中的政策驱动效应。另外，目前市场消费者以及社会大众对基于绿色创新的产品或服务接受度还有待提升。基于此，政府可借助公益广告、社区宣传等方式，提高公众对全面绿色转型的认知水平，倡导绿色消费观。同时，相关部门应鼓励企业大力发展绿色经济，引导企业借助数字化工具，分析在线行为数据、社交媒体趋势以及市场调研数据等，主动识别消费者对环保产品的主流兴趣点和购买动机，基于市场反馈进一步提升绿色产品和服务的质量与消费满意度。

（三）"数""绿"融合，加快供应链数智化、绿色化协同发展

数字智能技术在绿色供应链管理中起到关键作用。第一，支持企业数字智能化转型以增强供应链可持续性。结合《数字化绿色化协同转型发展实施指南》，政府应加大对企业数智化转型的支持力度，通过税收减免、资金支持或研发补助等方式，鼓励企业在供应链管理中广泛应用大数据、人工智能、物联网和区块链技术。第二，针对供应链信息不对称与信息传递效率较低等问题，应推动建立供应链信息共享数字平台，实现数据的透明化和互信，以增强供应链的信息安全性。例如，区块链技术可实现供应链数据的分布式存储和共享，从而营造更加信任和高效的供应链协同环境。此外，政府应制定和完善与供应链信息共享相关的数据保护、知识产权保护等法律法规，为供应链信息共享提供法律保障。

在数字技术和数字平台的赋能下，供应链上下游企业可实时监控供应链中的绿色实践动态，确保供应链各环节的透明化和产品制造的可追溯性。为系统性提升供应链的绿色绩效，应在供应链管理系统中引入专门为环境管理设计的数字模块，如生命周期碳足迹跟踪和废弃物管理模块。这些智能化监测系统能够帮助企业实现能耗、废弃物及碳排放的实时数据采集和分析，优化资源利用效率。

第五章　技术创新变革推进全面绿色转型研究

绿色技术创新是实现绿色发展的关键驱动力，正成为全球新一轮工业革命和科技竞争的重要新兴领域。技术创新变革作为推动绿色转型的核心动力，其在降低绿色技术成本、推动规模化应用、加强数字化转型以及完善市场导向的创新体系方面发挥着至关重要的作用。然而，企业在技术创新变革的接受度和采纳应用上存在差异，尤其是家族企业与非家族企业在这一过程中的行为模式存在显著差异，这些差异对绿色转型的进程和效果产生了深远影响。同时，新兴行业为绿色技术提供了前所未有的发展契机，也可能给企业带来更大的不确定性，企业需要灵活的决策机制来平衡机会与风险。因此，本章旨在探讨技术创新变革如何通过不同路径影响企业的绿色转型，以期为实现全面绿色转型提供坚实的理论支撑。

第一节　研究背景、思路与内容

一、研究背景

（一）现实背景

人工智能、大数据、云计算、区块链等新兴技术正以迅猛之势发展，为绿色转型提供了坚实的技术支持和实现路径。这些技术广泛应用于能源、交通、制造和建筑等多个关键领域，成为推动经济社会全面绿色转型的重要手段。

随着中国经济社会发展对绿色转型需求的日益迫切，政府连续出台多项政策，旨在通过推动绿色技术创新和优化产业结构，加快制造业的绿色转型，以促进经济高质量发展。2021 年，《"十四五"工业绿色发展规划》强调"深化生产制造过程的数字化应用，赋能绿色制造"。在此基础上，中国政府明确推进产业数字化、智能化同绿色化深度融合的战略方向。2024 年，《工业和信息化部等七部门关于加快推动制造业绿色化发展的指导意见》支持开发绿色低碳领域的大数据模型，进一步为绿色转型提供数据支撑和智能优化。同年 7 月，党的二十届三中全会也就加快经济社会发展全面绿色转型作出部署，同时，中共中央、国务院印发《关于加快经济社会发展全面绿色转型的意见》，提出推进绿色低碳科技自立自强，明确了加快经济社会发展全面绿色转型的总体要求、主要目标和实施路径。在此背景下，中国亟须通过推动绿色技术创新，优化制造业产业结构，推动企业绿色转型，增强自身在国际市场中的竞争力，从而加快经济向高质量发展转变的进程。

全球范围内，绿色技术创新已成为工业革命与科技竞争的核心，各主要国家地区和世界组织通过战略布局与政策推动，加速能源等多领域绿色技术的发展与应用，以应对气候变化挑战。从全球绿色技术申请专利分布和主要国家绿色技术战略布局来看，绿色技术的发展从早期的侧重环境治理技术，到强调特定重点领域的绿色技术，再到如今的多领域、跨领域的绿色技术体系变化。其中，能源领域是绿色技术研究最多的领域，专利数量占比达 30.4%。绿色技术 PCT（patent cooperation treaty，专利合作条约）主要的来源国和地区如欧盟、美国、日本等都在积极布局绿色技术领域。2019 年，欧盟委员会通过《欧洲绿色协议》（The European Green Deal），计划到 2050 年将欧盟建设成为第一个气候中性大陆；2022 年，美国通过《通胀削减法案》（Inflation Reduction Act，IRA）创建了一个低碳技术的国内制造生态系统，旨在加大对气候变化的应对力度。2021 年，日本提出《绿色增长战略》（Green Growth Strategy），带动了产业与经济结构转型升级。除了国家和地区政府的积极行动外，国际组织在推动绿色技术创新方面也发挥着不可忽视的作用。世界银行通过设立绿色气候基金（Green Climate Fund，GCF）、发行绿色债券和提供绿色贷款，为发展中国家的绿色项目提供资金支持，涵盖可再生能源、能效提升等多个领域，助力全球绿色技术的研发与应用。

（二）理论背景

随着全球对可持续发展议题的日益重视，技术变革作为推动力量，在企业全面绿色转型过程中扮演的角色及其影响机制，已成为学术界广泛关注并深入研究的焦点。绿色转型的核心在于技术支撑，借助技术变革可以实现资源的高效配置和利用，将绿色理念贯穿于企业发展的各个环节，为提升企业的核心竞争力提供持续的动力。绿色技术创新是企业节能减排的重要途径，对于企业而言，最大的技术变革就是实施绿色技术创新战略，绿色技术创新不仅顺应环境规制，助力企业可持续发展，从而获得政策与税收支持，有效缓解技术创新风险，减少短期盈利压力；而且能够提升产品绿色属性，增强市场竞争力，扩大市场份额，提升经济效益；此外，该战略还促进企业与供应链的绿色转型，提升其在供应链中的地位，为全面绿色转型提供强大动力。技术创新作为第一生产力，不仅是推动社会经济发展的重要力量，更是解决环境问题、助力全球可持续发展的关键所在。合理的环境规制能够对企业绿色技术创新产生显著的倒逼效应，通过绿色技术创新，企业能够实现更高的经济效益（Lee et al.，2011）。

相较于传统技术创新，绿色技术创新更注重环保与可持续发展，并广泛应用于多个关键领域。"绿色技术"本质在于以环保为核心理念，遵循生态基本原则，致力于实现资源利用率与生态环境系统的和谐共生，这是一种现代的、更加注重能耗低、污染低、排放低的技术形态，以此推动绿色经济的蓬勃发展。目前，关于绿色技术创新的内涵，学术界主要从两个维度进行探讨，一是对绿色技术创新过程的描述，以索尼音响的动态绿色设计为例，将其划分为产品提升、产品更新、功效创新及系统创新这四个递进阶段；二是概括绿色技术创新的特征来界定其内涵。原毅军和陈喆（2019）指出，绿色技术创新是一种旨在兼顾环境保护与绿色经济发展的新型技术创新模式，在中国制造业的转型升级中发挥着举足轻重的作用，并进一步将绿色技术创新能力细化为绿色技术创新数量和绿色技术创新质量两个维度，以全面评估企业的绿色技术创新能力。总体而言，研究者们普遍认为，绿色技术创新不仅广泛涉及能源、环境、交通、建筑等多个关键领域，更代表了一系列旨在促进资源能源高效利用、实现低碳减排及减少污染的技术与产品的总称。

数字经济与绿色技术的创新融合,为绿色发展提供全方位赋能,推动企业数字化转型与绿色创新,加速制造业转型升级。研究指出,企业的数字化转型能大幅提高绿色创新效率,推动绿色创新实现"增量提质",进而促进企业的可持续发展,具体而言,数字基础设施的完善和数字技术的应用,使得信息服务更为高效便捷,突破了传统资源调配的组织界限;同时,数字经济借助大数据、人工智能等技术手段,提升了绿色技术创新的效率。

二、研究思路

本章的主要研究思路在于从多个维度系统地分析技术创新变革对企业全面绿色转型的影响:第一是技术创新与绿色转型之间的直接影响;第二是技术创新、企业特征与绿色转型的间接影响;第三是外部环境与企业绿色转型的情境机制。本章的研究改变了过去仅仅研究技术创新与绿色转型直接关系的模式,而是将企业特征及外部环境的情况综合考虑,进一步丰富和深化了现有的关于技术创新与绿色转型的研究。具体而言,研究团队收集和整理了相关数据,包括企业的技术创新活动、绿色投资决策、工艺创新实践以及新兴行业的发展情况,建立综合数据库,弥补了绿色转型研究中数据不足的问题。通过定量分析和案例研究,提供关于技术创新变革如何推动企业全面绿色转型的深入见解。

首先,关注技术创新变革如何直接影响企业的绿色转型。技术创新,包括新产品开发、新工艺应用以及新技术采纳,是推动企业绿色转型的关键因素。通过分析技术创新在降低成本、提高效率和增强市场竞争力方面的作用,本章探讨技术创新如何为绿色转型提供动力,重点分析技术创新如何直接影响企业的绿色转型。技术创新能够降低绿色技术的成本,提高其性能,从而推动绿色产品的市场接受度提高和规模化应用。

其次,分析企业特征,如家族与非家族企业的管理差异、企业规模、年龄和内部研发强度等因素,如何影响技术创新与绿色转型之间的关系。家族企业出于其长期导向和对社会情感财富的考虑,可能在绿色技术采纳上更为保守,而非家族企业可能更注重短期经济回报。此外,企业的内部治理结构、资源配置和战略规划也会影响其绿色转型的路径与速度。

最后,探讨外部环境,如市场动态、政策变化、社会认知和新兴行业的发展,如何调节技术创新与企业绿色转型之间的关系。外部环境的变化可以为企业绿色转型提供机遇或挑战,企业需要灵活应对这些变化,以实现可持续发展。

三、研究的具体内容

(一)家族与非家族企业绿色技术采纳的差异

本章探讨家族企业与非家族企业在绿色技术采纳方面的差异。基于行为代理理论和社会情感财富理论,分析家族企业在面临绩效风险时的决策行为。家族企业更倾向于保守的技术获取策略，以保护长期家族利益和社会情感财富。研究发现，技术保护机制能够缓解家族企业对外部技术获取的抵触情绪，因为这些机制有助于保障家族在技术创新中的控制力。此外，家族企业在应对不连续技术时，其决策受多维因素影响，导致技术创新上的行为表现异质性。研究结果表明，家族企业管理者在外部技术获取上更为谨慎，这与家族企业对控制权的强烈维护观念相吻合。

（二）家族与非家族企业绿色投资决策的差异

本章研究家族企业与非家族企业在绿色投资决策中的差异。研究指出，家族企业在投资决策中不仅追求经济目标，还追求非经济目标，如维护家族控制权。家族企业在进行研发投资时，表现出更为保守的倾向，以避免影响家族对企业的控制。研究通过分析家族企业在权衡盈利和控制目标时的表现，揭示了其在面对绿色投资机会时的独特决策逻辑。研究结果表明，家族企业在绿色技术采纳上表现出较高的保守性，这主要源于家族企业对家族控制权和社会情感财富的重视。

（三）绿色工艺创新与制造业行业财务绩效的关系

本章探讨绿色工艺创新对制造业财务绩效的影响。研究从清洁生产技术创新和末端治理技术创新两个维度分析了绿色工艺创新对财务绩效的具体影响。研究发现，清洁生产技术创新和末端治理技术创新对财务绩效均具有正向影响。资源约束和吸收能力在这一关系中起到了调节作用。在高资源约束环境下，绿色工艺创新与财务绩效之间的正向影响显著增强。研究强调，绿色创新实践不仅是创造性的活动，更是一项高风险的战略决策。

（四）新兴行业发展、社会认知与企业创新努力

本章研究新兴行业的发展、社会认知与企业创新努力之间的关系。研究提出新兴行业类别的数量与在位企业的创新投入之间存在倒"U"形关系。进一步的研究揭示，这种关系还会受到企业所处行业的社会认知的影响。研究结果表明，新兴行业类别的增加为企业提供了更多的创新空间，但同时也带来了更大的模糊性，这可能会抑制企业的创新努力。集体认同不一致性和行业协会的存在对这一关系具有调节作用，影响企业在面对新兴行业时的创新策略和决策。

第二节　家族与非家族企业绿色技术采纳的差异研究

家族企业在技术获取和创新采纳决策中的行为模式表现出与非家族企业显著不同的特征。基于行为代理理论和社会情感财富理论，家族企业在面临绩效风险时往往更加关注长期的家族利益和社会情感财富的保全，而非仅仅追求短期的经济回报。因此，家族管理者在技术获取上的决策更为保守，尤其是在涉及外部技术获取时，家族企业管理者更倾向于避免失去对企业创新活动和技术发展路径的控制权。与此同时，技术保护机制的存在能够缓解家族企业对外部技术获取的抵触情绪，因为这些机制有助于保障家族在

技术创新中的控制力，从而减少对社会情感财富的威胁。此外，家族企业在应对不连续技术时，其决策受控于多维因素的交织影响，包括指挥、连续性、社区和联系（command，continuity，community and connections，4Cs）。不同家族企业对这些维度的侧重不同，导致它们在技术创新上的行为表现出异质性。因此，在当前全球技术变革和绿色转型的背景下，理解家族企业在技术获取和创新中的独特路径，不仅为企业的可持续发展提供了理论支撑，也为政策制定者设计支持家族企业创新的政策工具提供了有益的启示。

一、绩效风险与外部技术获取

根据行为代理理论，当企业的绩效与预期（无论是相较于自身历史表现，还是相较于同行业竞争对手）存在负向差距时，管理者会感知到一种源自潜在财富损失的威胁。为应对此类威胁，管理者往往倾向于采取一系列风险性行为作为响应，诸如探索新的运营常规、市场机遇或技术创新途径（Wiseman and Gomez-Mejia，1998）以弥补这些差距。其中，外部技术获取作为一种快速推进创新、获取外部知识和专长的有效手段，受到了广泛关注。

外部技术获取被认为是产品和工艺创新持续成功的关键能力。随着技术复杂性的增长、产品生命周期的缩短以及技术开发成本的攀升，企业越来越多地从外部获取技术，以期减少开发时间和成本，分担风险，并获得内部不可获得的专门知识。这一战略尤其适用于那些技术能力较为薄弱、需要通过外部资源弥补内部不足的企业，特别是在绩效低于预期时。从外部来源获取技术（如客户、供应商、竞争对手、大学或研究中心）有多种形式，包括并购、合资企业、无股权联盟、技术许可和研发合同等（van de Vrande et al.，2006）。外部技术获取的股权模式通常表现为参与方的高度承诺、较低的可逆性，以及对技术获取过程结果的强控制力；而无股权联盟（如技术许可和研发合同）则要求较少的承诺，具有可逆性，但为获取过程的开发和结果提供较低的控制力（Chiesa and Manzini，1998）。

本节聚焦于研发合同，即基于详细的合同协议，将研发活动外包给第三方，并获取外部组织研发成果的技术知识（Howells et al.，2008）。之所以选择这一焦点，主要有两方面原因。首先，通过研发合同获取技术代表了一种外向型的战略行动，这大幅降低了焦点企业对技术开发的控制力，且不能确保各方之间的风险分担。其次，尽管研发合同在实践中非常普遍（Howells et al.，2008），但与技术许可等形式相比，创新管理研究对其作为外部技术获取的契约形式的关注较为有限（van de Vrande et al.，2009）。因此，本节将行为代理理论框架应用于外部技术获取的情境中，并认为随着企业绩效与期望水平的负向偏离，管理者更倾向于采取外部技术获取的策略来应对风险和挑战。这是因为，在绩效不佳的情况下，管理者面临着更大的压力和紧迫感，需要寻求快速有效的创新途径来扭转局面。外部技术获取，尤其是研发合同作为外部技术获取的一种重要方式，可以为企业提供新的技术知识和创新资源，有助于企业快速推出新产品或服务，提升市场竞争力。

（一）研究设计

1. 数据来源

本节的研究基于西班牙企业的代表性样本进行检验，数据源于由西班牙工业部资助的公共机构所创建的 Encuesta Sobre Estrategias Empresariales（即企业战略调查，简称 ESEE）数据库。员工超过 200 人的所有企业都接受了调查（其中约 70% 的企业完成了调查），而员工人数超过 10 人的小型企业则采用分层抽样的方法选取。考虑到制造业企业的产品通常包含由其他参与者开发的元素或子系统（Almirall and Casadesus-Masanell，2010），在外部技术获取的情境下，聚焦于制造业是适当的。此外，该数据集具有非平衡性，这意味着企业可以根据自身的经济状况选择是否参与调查。这一特性使得该样本非常适合观察企业在绩效和经营风险方面的足够变化。如果将公司样本限定在同一时间段内观察，不仅会损害样本的随机性，还会大大降低那些绩效下滑的企业被纳入样本的概率。再者，制造业企业的产品往往具有较高的过时性，使得这些企业特别倾向于依赖创新来保持竞争力（Tushman and Anderson，1986）。本节使用的样本包括 4903 个时间序列的横截面观察数据，涵盖 2000 年至 2006 年期间在 20 个不同制造业领域运营的 1540 家公司。

2. 变量定义

（1）外部技术获取。尽管企业可以通过多种方式获取外部技术，但本节研究重点关注通过研发合同获取外部技术，这反映了企业向竞争对手、供应商、大学和公共研究机构等其他组织购买研发服务的总费用（van de Vrande et al.，2009）。该变量计算为企业在 t 年的外部研发费用与销售额的比率。

（2）负面绩效反馈。本节使用资产收益率来评估企业绩效，资产收益率定义为净营业收入除以总资产。文献广泛支持使用资产收益率来衡量制造业企业的绩效，特别是资产收益率非常容易受到管理者的影响，且在以往应用行为代理理论研究创新决策的过程中已被采用（Chrisman and Patel，2012）。基于以往的研究（Chrisman and Patel，2012），本节构建了一个连续的截断变量，用于衡量两类绩效与期望之间的差距，即与历史绩效的差距以及与参照企业绩效的差距。这反映了这样的假设：随着企业当前绩效与其历史绩效或竞争对手绩效之间的负面差距扩大，决策者更有可能感知到当前绩效与期望之间的差距。第一类差距通过历史绩效差距衡量，历史绩效差距指不同时期间的绩效差距，通过比较企业在 $t-1$ 时点和 $t-2$ 时点的绩效来计算，0 表示达到了目标。第二类差距通过参照企业绩效差距衡量，参照企业绩效差距通过比较焦点企业在 $t-1$ 时点的绩效与 $t-2$ 时点同一行业其他企业的平均资产收益率来计算，行业依据 NACE（national classification of economic activities，国家经济活动分类）代码划分。两个变量均以绝对值来衡量，正值表示企业在特定年份内的绩效低于历史或参照企业绩效的程度。

（3）控制变量。为了排除可能对因变量产生影响的其他解释，模型包括了滞后至 $t-1$ 的六个控制变量，这些变量可能对因变量产生潜在影响。企业年龄衡量为公司成立至观测年份之间的年数。企业规模通过年销售额的对数衡量。内部研发强度通过企业内部研发支出占销售额的比例衡量，作为吸收能力的代理，因为外部采购决策可能受企业吸收新能力的影响（Cohen and Levinthal, 1990）。资产回报率用于衡量企业整体效率。债务通过第三方提供的总负债并调整为销售额来衡量。股本通过股本资本、储备金和待分配结果之和，减去年内支付的中期股息并调整为销售额来衡量。

3. 描述性统计和相关性分析

表 5-1 报告了变量的描述性统计与相关系数。由于普通最小二乘回归模型中正态分布的假设未得到满足，因此采用了面板广义最小二乘估计器。为了避免回归方程中的变量多重共线性问题，在计算交互项之前，对自变量进行了均值中心化处理。每次回归后计算方差膨胀因子，以检查结果是否受到多重共线性的威胁。结果显示方差膨胀因子在可接受范围内，表明估计不存在显著的多重共线性偏差。Hausman 检验表明固定效应的广义最小二乘法面板模型比随机效应模型更合适（卡方值 = 30.761, $p < 0.01$）。此外，多余固定效应检验显示需要控制时间维度的固定效应（$F = 2.141$, $p < 0.001$）。因此，本节的主要分析采用双向固定效应广义最小二乘法面板回归模型。为了控制异方差性和序列相关性，使用了横截面协方差修正方法。

（二）实证结果分析

表 5-2 报告了回归模型结果。估计系数已标准化。前文指出，当企业的绩效低于期望水平（无论是相较于自身历史表现，还是相较于同行业竞争对手）时，企业管理者更倾向于采取外部技术获取的策略来应对风险和挑战。从回归结果来看，历史绩效差距的估计系数并不显著，但参照企业绩效差距的估计系数正向显著。

具体而言，从"参照企业绩效差距"变量来看，外部技术获取的可能性与企业在行业中相对竞争对手的绩效表现具有显著的正相关性。在 0.1% 的显著水平上，参照企业绩效差距的估计系数为 0.009（外部技术获取）和 0.030（行业调整后的外部技术获取），这表明，当企业的绩效显著低于行业竞争对手时，企业管理层更倾向于通过外部技术获取来应对这种相对竞争劣势。这符合企业行为理论中的"问题搜索"逻辑，即当企业绩效偏离期望水平时，管理者会主动寻找外部资源以弥补内部能力的不足。因此，随着焦点企业绩效与同一行业其他企业平均绩效的负向偏离程度加大，其外部技术获取的可能性增加。

相对而言，历史绩效差距的估计系数并不显著，表明企业管理者更关注与竞争对手的横向比较，而非与自身历史表现的纵向比较。这表明，企业在绿色技术创新或技术获取的决策中，主要受行业内其他企业表现的驱动。当其他企业的技术水平提升或盈利能力增强时，焦点企业为保持市场竞争力，也会加大外部技术获取的力度。

表 5-1　描述性统计与相关系数（观测值为 4903）

变量	平均值	标准差	1	2	3	4	5	6	7	8	9	10	11
外部技术获取/%	0.15	0.80	1.00										
历史绩效差距	2.26	10.68	-0.02	1.00									
参照企业绩效差距	10.17	85.90	-0.01	0.02	1.00								
家族管理	0.59	0.91	-0.05	0.03	0.04	1.00							
技术保护机制	-0.04	3.15	0.00	0.00	0.00	0.01	1.00						
企业年龄	26.91	21.10	0.07	-0.04	-0.04	-0.08	-0.02	1.00					
企业规模	13.86	2.53	0.15	-0.19	0.03	-0.24	-0.01	0.37	1.00				
内部研发强度/%	0.17	0.87	0.25	-0.02	-0.02	-0.03	-0.02	0.08	0.17	1.00			
资产回报率	3.26	15.32	-0.02	-0.14	-0.04	0.04	0.00	-0.01	-0.15	-0.03	1.00		
债务	1.18	2.88	-0.01	0.20	0.05	0.02	0.00	-0.09	-0.22	-0.01	0.11	1.00	
股本	0.75	0.88	-0.01	0.19	-0.02	0.03	0.00	0.01	-0.23	-0.01	0.24	0.40	1.00

注：相关系数的绝对值≥0.05，$p<0.001$，具有显著性

表 5-2　绩效风险、家族管理和技术保护对外部技术获取的影响

变量	外部技术获取	行业调整后的外部技术获取
参照企业绩效差距	0.009***	0.030***
	（0.000）	（0.000）
历史绩效差距	−0.003	−0.002
	（0.000）	（0.000）
家族管理	−0.025**	−0.023*
	（0.008）	（0.010）
技术保护机制	−0.001	0.000
	（0.004）	（0.004）
家族管理×参照企业绩效差距	−0.016**	−0.017**
	（0.000）	（0.000）
家族管理×历史绩效差距	0.001	−0.003
	（0.000）	（0.000）
家族管理×技术保护机制	0.009**	0.007*
	（0.003）	（0.003）
内部研发强度	0.136**	0.136***
	（0.037）	（0.027）
企业年龄	−0.044***	−0.037***
	（0.000）	（0.000）
企业规模	−0.009	−0.022
	（0.068）	（0.071）
资产回报率	0.001	0.002
	（0.000）	（0.001）
债务	0.022	0.025*
	（0.003）	（0.003）
股本	−0.027	−0.028
	（0.028）	（0.027）
观测值	4903	4903
调整后的 R^2	0.266	0.233
F	2.141***	1.957***

***表示 $p<0.001$，**表示 $p<0.01$，*表示 $p<0.05$

二、家族控制、技术获取与非连续技术采纳行为

（一）家族管理与外部技术获取

过往研究表明，所有权家族的首要关注点是避免社会情感财富的流失，因此他们对于任何可能削弱企业战略决策自由裁量权的举措都持有强烈的抵触情绪（Gómez-Mejía et al.，2007）。换言之，家族企业中的所有者和管理者对"关键损失"的认知不同于非家族企业，对他们而言，保持自由裁量权比实现绩效目标更为重要。行为代理理论认为决策者具有

损失规避的特性，即他们对损失财富的敏感性强于对增加财富的敏感性（Wiseman and Gomez-Mejia，1998），因此，行为代理理论预期家族企业与非家族企业管理者的认知差异会导致不同的行为。具体而言，与关注薪酬、晋升、头衔和职业声誉的非家族企业管理者相比，家族企业管理者更可能将失去其社会情感财富视为关键损失，宁愿承受可能威胁企业财务健康的风险（如创新能力下降、绩效下降），也要极力避免这种损失的发生。

如前所述，外部技术获取使企业不得不将创新活动的自由裁量权交给外部各方，从而失去对未来产品开发轨迹的部分控制权。在家族企业管理者眼中，这被视为实现以家族为中心的非经济目标的障碍，侵蚀了家族从控制企业中获得社会情感财富的基础。具体而言，外部技术获取可能会增加产品创新的复杂性（Grimpe and Kaiser，2010），并迫使通常在专业人力资源方面处于劣势的家族企业（Schulze et al.，2003）雇佣外部管理者，进而在决策过程中让渡部分控制权。此外，通过外包新技术的开发，企业在未来可能需要依赖技术合作伙伴的专有技术，而这些技术可能无法从其他来源获得，外部参与者因此获得了对企业资源的部分控制权，削弱了企业的权力（Almirall and Casadesus-Masanell，2010）。因此，家族管理者可能将失去对新产品开发轨迹的控制视为失去家族在企业中原有的不受限制的权威、影响力和控制权，并将其视为对社会情感财富权威基础的严重威胁（Gomez-Mejia et al.，2010）。除了权威受到威胁之外，外部技术获取还削弱了家族控制者社会情感财富的身份基础。实际上，由于家族与这些产品紧密相关，家族企业倾向于在企业内部界定其产品，并希望产品保持在企业边界内。这种家族名称与企业产品的联系反映了家族希望其名称在社区中得到认可和尊重的意愿（Dunn，1996），而允许其他方控制新产品开发可能会损害这种关联。基于上述原因，家族企业的管理者在外部技术获取决策上的认知可能与非家族企业管理者不同。尽管外部技术获取可能带来潜在收益，但家族企业管理者可能会避免此类决策，以保全家族社会情感财富的权威和身份基础。

此外，当绩效结果偏离期望水平时，组织更倾向于寻找替代性机会和例行程序（Wiseman and Gomez-Mejia，1998）。在家族企业中，家族目标和经济目标共同作用，决定了组织的战略行为（Gómez-Mejía et al.，2007；Chrisman and Patel，2012）。如前所述，技术获取可能会威胁到所有权家族社会情感财富的权威和身份基础。因此，尽管非家族企业管理者可能会将低于期望水平的绩效视为潜在的财富损失，并通过获取外部技术来恢复创新能力，但家族企业的管理者更可能将社会情感财富的损失视为其主要关注点，即便在面对负面绩效反馈时，也会避免外部技术获取。换言之，基于家族企业更愿意容忍低于目标的绩效以保持对企业控制权的观点（Gómez-Mejía et al.，2007），避免威胁家族社会情感财富保全的行为对家族企业管理者来说比实现绩效目标更为重要。综上所述，家族管理会抑制外部技术获取的可能性，并且负面绩效反馈与外部技术获取之间的正向关系在家族企业中要弱于在非家族企业中。

（二）实证结果与分析

为了进一步识别家族与非家族企业对外部技术获取的独特路径。在初始样本中划分家族企业样本与非家族企业样本，探讨家族管理如何影响外部技术获取决策。具体而言，家族企业被定义为由于控股家族的存在而具有特定愿景和目标的企业（Chua et al.，

1999)。在 ESEE 数据库中，缺乏直接衡量家族愿景和目标的指标。为了解决这一问题，之前的研究通常假设家族愿景和目标与家族参与企业管理的程度高度相关（Gómez-Mejía et al.，2010），这一假设也得到了实证验证（Chrisman et al.，2012；Chrisman and Patel，2012）。因此本节研究采用了家族影响的客观衡量指标，对于所有家族拥有的企业，ESEE 数据库报告了拥有者及其亲属在高层管理职位上的人数。基于这一信息，本节构建了一个连续变量，计算在 t 时点担任高层管理职位的家族成员人数，以此衡量家族管理（Cruz et al.，2010）。

在探讨家族管理的影响时，表 5-1 所呈现的数据揭示了一个重要发现：关于家族管理对外部技术获取的作用，其估计系数在 1%（针对未经行业调整的外部技术获取）及 5%（针对行业调整后的外部技术获取）的显著性水平上均为负值。这一结果暗示，相较于非家族企业，采用家族管理模式的企业在寻求外部技术时展现出更为谨慎的态度。这种保守性与家族企业对控制权的强烈维护观念相吻合，它们倾向于依赖内部研发或保守策略来巩固家族对企业的控制权，从而避免外部技术获取可能带来的不确定性因素。

此外，先前的分析曾提出家族管理会削弱外部技术获取与负面绩效反馈之间的正向联系。然而，当前结果显示，家族管理与历史绩效差距之间的交互作用并未达到显著水平，意味着家族管理在调节外部技术获取与历史绩效差距关系方面的效应并不明显。但值得注意的是，当考察家族管理与参照企业绩效差距的交互项时，该系数在 1%的显著性水平上为负，这表明在家族管理的情境下，即便焦点企业与行业平均绩效的差距在扩大，家族管理的介入仍会负面调节外部技术获取与参照企业绩效差距之间的正向联系，进一步抑制了焦点企业对外部技术的采纳意愿。这反映出，即便面临激烈的竞争压力，家族企业仍倾向于将家族控制权置于首位，宁愿承受可能的绩效下滑风险，也不愿因增加外部技术获取而放弃部分控制权。为了直观展现这一现象，图 5-1 对比了有无家族管理的企业在外部技术获取与参照企业绩效差距之间的关系。该图明确展示了当家族企业的目标绩效低于参照企业时，其对外部技术获取的弹性明显低于非家族企业，进一步证实了上述分析。

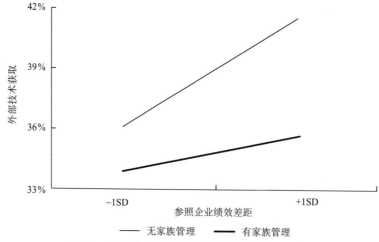

图 5-1　参照企业绩效差距对外部技术获取的影响

有无家族管理通过高层管理团队中"家庭成员人数为 0"以及"家庭成员人数高于平均值一个标准差"的情况进行衡量。纵坐标基于固定效应面板回归中所有其他变量的平均值和非标准化估计系数确定；不显著系数控制为 0

（三）进一步讨论

家族企业研究不仅要区分家族企业与非家族企业，还应探讨家族企业内部的异质性行为（Chrisman et al.，2012）。König 等（2013）研究了家族影响对采用非连续性技术的影响。他们使用 Miller 和 Le Breton-Miller（2005a）的"4Cs 模型"，将所有者家族对指挥（当前对公司的控制权）、连续性（控制权的跨代可持续性）、社区（黏合型社会资本）和联系（桥接型社会资本）的优先考虑与家族企业的决策联系起来。然而，该研究仅假设家族影响只存在程度差异而忽视了种类差异。本节基于该研究，指出家族对指挥、连续性、社区和联系的相对重视程度存在异质性，这要求在分析家族企业创新的战略决策时，必须考虑家族影响的多维度性及其可能的非线性特征。

1. 治理视角：家族指挥权与不连续技术的采用

如果家族无法通过所有权、管理参与和董事会代表的某种组合控制公司，其影响企业决策和实现家族中心目标的能力将受到限制。在此背景下，König 等（2013）假设家族指挥权旨在当前的控制，并因此与较低的形式化水平（因为所有者已被激励并且是有效的监督者）、较低的外部资本资源依赖性（由于缺乏增长压力以及不愿分权或增加风险）以及较低的政治阻力（由于集中的所有权和管理控制）相关是合理的。预期指挥权会加剧所有者和管理者与资产之间的情感纽带，以及形成僵化的心理模型的倾向也是合理的。现有资产代表了家族所有者、管理者或其前任的决策成果，而在缺乏内外部冲击的情况下，已被证明有效的心理模型不太可能改变。因此，König 等（2013）的模型和其他研究（Chrisman and Patel，2012）的发现都支持这样的结论：指挥权通过降低不连续技术采用的速度和激进性来抑制其采用。

2. 目标视角：家族连续性与不连续技术的采用

由于组织成员追求的目标不同，家族企业可能进一步表现出异质性（Kotlar and de Massis，2013）。例如，经济和非经济目标的重要差异会导致异质性结果，因为这些目标的实现往往需要权衡。此外，经济和非经济目标的种类繁多，且二者不一定内部一致。例如，销售增长并不总是转化为利润，家族内部的继任并不总是带来声誉的提升甚至家族和谐。文献中突出的一组以家族为中心的非经济目标是希望将企业传承给后代。鉴于连续性的意图，家族企业可能会采取更具长期导向的行为，这与 König 等（2013）得出的总体结论相矛盾。在这方面，家族所有者可能认为采用不连续技术有助于创造经济和社会情感财富，从而增加家族企业的连续性。此外，连续性通常被认为比其他以家族为中心的非经济目标更为重要（Chrisman et al.，2012；Kotlar and de Massis，2013）。因此，鉴于维持连续性可能需要变革和增长，当这些行动被认为能增加长期生存机会时，家族可能愿意寻求外部融资、放弃现有资产并做出其他战略性改变，从而增强对不连续技术的接纳程度、应用强度与适应弹性。

3. 资源视角：家族社区及联系与不连续技术的采用

维持家族企业中员工的关系强度［König 等（2013）将之称为"社区"］是一项重要的资源。然而，非家族员工不一定与家族拥有情感纽带和认同感。因此，社区可能取决于控制家族在招聘、晋升及薪酬等人力资源政策上的透明度和正式化程度。这意味着对社区的高度关注可能会导致更高而非更低的正式化。社区还意味着非家族员工可能在决策中获得更多的权力和合法性，这可能加剧政治阻力，或推动家族和非家族利益相关者形成共识。因此，对现状的承诺或对改变现状的推动可能会有所增加，进而巩固或推翻家族所有者和管理者的既有心理模型。同样，社区构建可能与保持不再为企业带来经济价值的现有资产的愿望正相关或负相关。总体而言，社区构建提升了家族与内部非家族利益相关者之间的兼容性，其对不连续技术采用的激进性、持久性和灵活性的影响可能取决于家族是强调短期指挥还是长期连续性。如果在家族企业决策中指挥权优于连续性，那么社区程度抑制不连续技术采用；如果连续性优于指挥权，那么社区程度促进不连续技术采用。

此外，家族企业在组织资源方面差异很大，如与客户、供应商、竞争对手、政府及其他利益相关者的联系。与外部利益相关者建立联系可以帮助家族企业获得行业特定的知识，帮助家族企业更快地识别采用不连续技术的必要性。这些联系还可以增加获得外部资金的机会并降低其成本，从而增加其对不连续技术的使用并减少其采用不连续技术的感知风险。与外部利益相关者的联系应能使家族所有者和管理者接触到新知识，这可能会减少决策者心理模型的僵化性，从而增加灵活性。因此，外部联系促进了对不连续技术的采用。

4. 家族企业中的偏好逆转与不连续技术的采用

在评论 Chrisman 和 Patel（2012）的研究时，König 等（2013）认为，在家族影响下的企业的威胁感知可能导致对不连续技术的投资减少。这一论点部分基于家族影响增加了家族决策者心理模型的僵化性，并且这种僵化性会削弱灵活性，尽管家族企业的治理结构较为非正式。换言之，König 等似乎默认了指挥权的主导性，而忽略了可能导致偏好逆转的情境因素。然而，正如 Gómez-Mejía 等（2010）所指出的，威胁到家族社会情感财富的绩效风险通常会引发与在更为稳定和有利情况下观察到的行为完全相反的行为，即风险规避行为会被风险追求行为所取代。实际上，Patel 和 Chrisman（2014）的研究表明，当企业绩效低于期望时，家族企业不仅在研发上投入更多资金，而且还将重心从利用性投资转向探索性投资。同样，Sirmon 等（2008）的研究表明，家族企业在面对模仿威胁时，会采取具有风险的创新和国际化战略。Kotlar 和 de Massis（2013）的定性研究则表明，当家族内部继任迫在眉睫时，家族企业会重新框定其组织目标。因此，源于偏好逆转的异质性行为挑战了对家族影响维度的严格线性和强相互依赖的解释。事实上，与 König 等的观点相反，家族企业的治理结构赋予了它们迅速识别并积极把握机会或应对威胁的灵活性（Carney，2005）。当可能威胁到家族社会情感财富的情境（如绩效风险、外部冲击和代际交替）出现时，家族指挥权与不连续技术采用之间的关系由负转正。

三、技术保护、技术获取与绿色技术采纳

（一）技术保护与外部技术获取

家族企业通常会避免外部技术获取，因为这会导致其对家族社会情感财富的控制的潜在损失。然而，战略决策的权变理论（Baird and Thomas，1985）认为，管理者对不同战略的评估还会受到企业竞争环境的影响。将权变因素纳入模型有助于区分家族企业管理者在外部技术获取决策上的认知差异影响，从而为上述论点提供更高的外部效度，使研究从普遍性的预测转向对家族企业战略决策的权变视角。此外，这也有助于探讨家族企业在不损害控制家族社会情感财富的前提下，开展风险性竞争行为的可行条件。

其中，一个影响外部技术获取决策并可能改变家族企业负面选择倾向的具体竞争环境因素是焦点企业专有技术受到知识产权保护的程度。有效的技术保护机制是分析技术获取时的重要权变因素，因为这些机制可以增强管理者对从技术开发中获得经济租金的预期，并提高他们对技术发展路径的控制感。相关研究表明，决策者的控制信念，是他们对行为影响因素存在与否及其强度的感知以及对这些因素影响力的感知（Ajzen，2002）。类似地，战略研究表明，那些相信自己可以控制决策结果的高管往往会采取更具进攻性的战略（Miller et al.，1982）。

基于这一逻辑，如果将家族企业外部技术获取较低归因于管理者的不同认知，意味着家族企业管理者所认为的关键损失是对未来产品开发路径的控制权的丧失，而非绩效不佳，那么可以合理预期，当存在保护机制能够维护这种控制权时，家族企业在创新上采取开放态度的抵触情绪可能会减弱。这些保护机制可以被视为对技术控制权丧失的不确定性的一种防御，从而增强管理者对家族企业在与外部合作方关系中权力的感知，并降低家族企业管理者对社会情感财富损失相关风险的认知。因此，技术保护正向调节外部技术获取与家族管理之间的关系，即当家族企业的技术受到知识产权保护时，家族管理对外部技术获取的负面效应会减弱。

（二）实证结果与分析

为了进一步分析技术保护机制在家族管理与外部技术获取之间所起的作用，本节采用专利数据对其进行实证检验。专利是保护专有技术并排除竞争对手使用企业发明的技术的关键法律机制（Levin et al.，1987）。强大且稳固的专利体系，通过简化专利侵权行为的举证过程，极大地增加了其他企业规避专利壁垒的难度，并加强了创新主体在对外合作与竞争中的防御，提升了创新者从其技术中获取经济租金的能力。自20世纪80年代末以来，国际专利申请的强劲增长表明，管理者越来越认为专利是保护企业部分产品发明免受竞争对手利益影响的有效手段（Athreye and Cantwell，2007）。ESEE数据库报告了每年公司注册的国际专利数量，但未提供每个公司持有的专利总量和质量的一手信息。本节使用专利的原始数量作为企业所采取的保护机制质量的合理代理。因此，技术保护被衡量为企业在 $t-1$ 时点注册的专利数量与 $t-2$ 时点注册的专利数量之间的差异。

如果企业增加了对其内部技术知识产权的保护，这一变量将取正值，并可能增加管理者对其控制力的信念。

如前文所述，外部技术获取与家族管理之间的负相关关系受到技术保护的正向调节，即当企业的专有技术通过专利得到保护时，家族管理对外部技术获取的负面意向会有所减弱。表 5-2 中的结果显示，技术保护机制并不会直接影响外部技术获取，但其在 1% 的显著性水平上缓解了外部技术获取与家族管理之间的负向关系。这表明，在家族企业中，技术保护机制的存在能够提高外部技术获取的可能性。家族企业通常较为保守，尤其担忧技术外流或控制权的丧失，但当技术保护机制较为完善时，家族企业对于外部技术获取的顾虑减小，从而更愿意进行技术合作或技术引进。上述关系在图 5-2 中进行了绘制，以便于解释。如图 5-2 所示，当缺乏技术保护机制时，针对家族管理变量的负向趋势线在引入技术保护机制后呈现出平缓化的趋势，这揭示了技术保护机制的存在能够有效减轻家族管理对外部技术获取产生的负面效应。作为事后检验，在误差概率等于 0.01 的条件下，该分析被证实具备充分的统计效能（效能：$1-\beta$ 误差概率 = 1.000），足以捕捉并解析外部研发获取方面的变异性。

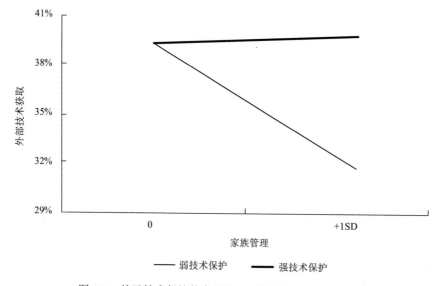

图 5-2　基于技术保护的家族管理对外部技术获取的影响

无技术保护为 0，强技术保护为平均值 +1 个标准差。纵坐标基于固定效应面板回归中所有其他变量的平均值和未标准化估计系数确定；系数不显著的控制为 0

（三）进一步讨论

在现有文献中，绿色技术采纳被认为是企业实现可持续发展和应对环境压力的核心战略之一。然而，家族企业在这一过程中所表现出的决策差异和行为模式，构成了该领域研究中的重要延伸方向。本节在上述研究的基础上，进一步探讨家族企业在绿色技术采纳中的独特路径，分析其多重目标的权衡、技术保护机制的作用，以及家族企业内部和外部情境对其绿色技术采纳行为的调节效应。

首先，家族企业的多重目标与绿色技术采纳的权衡。家族企业往往同时追求经济目标和非经济目标，尤其是对社会情感财富的保全，这使得家族企业在绿色技术采纳过程中表现出独特的行为模式。非家族企业通常更加注重短期经济收益和市场竞争力的提升，而家族企业则更倾向于保护其家族控制权和长期的家族影响力。因此，家族企业在绿色技术采纳过程中，必须找到环境效益与家族利益之间的平衡。绿色技术采纳通常要求企业在生产流程、资源配置和管理模式上进行深度变革，而这些变革可能会威胁家族企业的控制权和稳定性。由于家族企业高度重视其家族价值观和社会情感财富，家族管理者可能会对那些可能削弱其权威或控制的技术变革持保留态度。尽管绿色技术能够带来长远的经济和环境效益，家族企业更关注的是短期内家族控制权的保持及其社会地位的稳定。

其次，技术保护机制在家族企业绿色技术采纳中的作用。技术保护机制在家族企业绿色技术采纳中的作用至关重要。有效的技术保护（如专利、知识产权等）可以减轻家族企业对于技术外部获取可能导致的控制权丧失的担忧。在绿色技术的转化应用中，企业通常需要与外部合作伙伴进行深度合作，如研发机构、技术供应商等，而这可能削弱家族对企业技术发展的掌控。技术保护机制为家族企业提供了一定的保障，确保家族在技术合作中仍能保持对技术进程的掌控，从而增强家族企业对于绿色技术采纳的信心。此外，研究表明，当家族企业相信其能够通过技术保护机制维持对创新进程的控制时，其对绿色技术采纳的态度会更加积极。这一调节效应表现在，家族企业能够通过有效的技术保护来降低其对外部技术获取的抵触情绪，从而加速绿色技术的引入和应用。

再次，家族企业异质性与绿色技术采纳的复杂性。家族企业的异质性进一步加剧了其在绿色技术采纳中的复杂性。不同家族企业在治理结构、家族控制、代际传承以及与外部利益相关者的关系上存在显著差异，这些差异导致了其在绿色技术采纳上的不同表现。基于 4Cs（指挥、连续性、社区、联系）模型，本节认为家族企业在这些维度上的不同优先级，显著影响了其对绿色技术的采纳决策。例如，家族企业如果更注重"指挥"维度，即家族对企业的高度控制和影响力，往往会在技术创新中表现出保守的态度，因为绿色技术采纳可能要求引入外部技术专家或外部资本，进而削弱家族对企业的控制。那些注重"连续性"维度的家族企业则更可能从长期视角看待绿色技术，认为其有助于企业的跨代传承和长期生存。因此，这类家族企业对绿色技术的接受度相对较高。此外，"社区"和"联系"维度也对家族企业的绿色技术采纳有重要影响。当家族企业对指挥的重视要优于连续性时，注重社区的家族企业倾向于在企业内部形成强大的家族和员工关系，这可能导致对外部合作的抵触，反之则不然；而注重联系的家族企业则可能通过与外部利益相关者的合作，更容易接受绿色技术。

最后，外部情境因素的调节作用。外部情境因素对家族企业的绿色技术采纳起到了重要的调节作用。家族企业通常在面临外部冲击或绩效压力时，会调整其战略方向，表现出更高的创新意愿。例如，当环境监管政策日益严格，或绿色消费需求迅速增长时，家族企业可能会重新评估绿色技术的价值，从而加速其转化与应用。此外，代际传承也构成了家族企业绿色技术采纳的重要情境因素。当家族企业处于代际更替阶段时，新一代管理者往往对环保理念有更高的认同感，并倾向于将绿色技术视为企业长期发展的关键手段。因此，代际传承背景下的家族企业往往表现出更强的绿色技术采纳倾向。

四、实证结论

基于本节研究的理论分析和实证研究，本节根据家族与非家族企业在绿色技术采纳中的异质性表现得出以下几点实证结论。

首先，负面绩效反馈增强管理者外部技术获取的意愿。当管理者观察到绩效结果低于期望水平时，他们更可能探索外部技术，以加快创新速度并识别新的商业机会。此外，研究发现，当考虑外部技术获取的选择时，参照企业绩效差距比历史绩效差距更为重要。以往研究（Gómez-Mejía et al.，2007；Chrisman and Patel，2012）认为，内部和外部参考目标同样被管理者纳入其风险决策的考量中，但本节研究的结果可能表明，自我反思并不是外部导向组织行为（如外部技术获取）的相关参考维度。相反，此处提供的证据可以解读为，行业相对竞争优势的丧失是外部导向行为的主要参考；看到自身资产盈利能力下降的管理者会采取积极措施，以恢复其竞争地位，如从外部组织获取新的技术资产。

其次，家族企业在绿色技术采纳上表现出较高的保守性。尽管获取外部技术被视为快速开发新产品的一种方式，但将新产品的技术轨迹控制权交给外部参与者的抵触情绪驱动了家族企业对这种做法的厌恶。以往研究主要集中在与外部参与者共享创新轨迹控制权的技术和经济影响上（Dosi，1982；Almirall and Casadesus-Masanell，2010），而本节研究则表明，家族企业可能更倾向于采取一种保护公司在长期技术决策中自主权的策略，因为放弃这种控制会对社会情感财富的权威和身份基础构成威胁（Gómez-Mejía et al.，2010）。这意味着，当社会情感财富的保护成为优先考虑的问题时，企业就不太可能收购外部技术，即使这意味着接受低于目标的业绩。因此，家族企业在技术采纳，尤其是绿色技术的转化和应用过程中，往往表现出比非家族企业更高的保守性。这主要源于家族企业对家族控制权和社会情感财富的重视。由于担心技术采纳可能削弱其对企业的控制权，家族企业通常更为谨慎，不愿轻易进行外部技术获取或引入绿色技术。这一保守态度在企业面临外部技术合作需求时尤为明显。

再次，技术保护机制显著影响家族企业对绿色技术的采纳意愿。技术保护机制在家族企业的绿色技术采纳中扮演着关键的调节作用。研究表明，当家族企业能够通过专利等技术保护手段确保其对技术创新路径的控制时，家族企业对绿色技术采纳的抵制情绪会明显减弱。在有技术保护机制的情况下，家族企业更愿意通过外部技术合作推动绿色技术的应用。这表明，技术保护机制为家族企业消除外部技术合作中的控制权丧失风险提供了重要保障。

最后，家族企业内部对绿色技术采纳存在显著的异质性。家族企业的决策过程并不仅仅取决于影响程度的高低，而是同时受到家族企业在治理结构、目标追求和资源可用性等多个因素的影响。根据 4Cs（指挥、连续性、社区、联系）模型的分析，不同家族企业对指挥权、连续性、社区关系和外部联系的侧重不同，导致它们在绿色技术采纳上的行为差异。注重长期传承和外部联系的家族企业，在绿色技术的接受度和采纳速度上表现出更高的积极性；而强调家族控制权和内部稳定性的企业则更为保守。情境因素（如绩效风险、外部冲击和代际传承）可能导致家族企业的目标和行为发生逆转。在这种情况下，家族企业可能会采用风险更高的创新策略（如对不连续技术的采用），特别是在家族的社会情感财富受到威胁时。

第三节　家族与非家族企业绿色投资决策的差异研究

在企业的投资决策中，盈利目标和控制目标往往起到决定性的作用，尤其是在家族企业中，这种双重目标的权衡对研发投资的影响尤为显著。根据企业行为理论，企业在利润未达到预期时倾向于通过增加研发投资来寻求问题解决方案，推动企业创新。然而，家族企业相较于非家族企业，还需要平衡其他目标，如对家族控制权的维护。因此，家族企业在进行研发投资时，往往表现出更为保守的倾向，以避免影响家族对企业的控制。与传统研发投资不同，随着全球可持续发展议题的兴起，企业绿色投资决策正逐渐成为衡量企业长期竞争力的重要指标。绿色投资不仅关系到企业的环境责任，还与其市场表现、声誉及长期利润预期息息相关。因此，如何在追求经济目标的同时，平衡企业的绿色投资，特别是在家族企业中兼顾盈利与控制目标，成为当前企业战略决策中的关键问题。本节旨在探讨家族企业和非家族企业在研发投资决策中的差异，并尝试将绿色投资纳入其决策框架中。通过分析家族企业在权衡盈利和控制目标时的表现，本节揭示了其在面对绿色投资机会时的独特决策逻辑。这不仅扩展了我们对家族企业研发投资决策的理解，也为未来研究企业绿色投资决策提供了新的视角和方向。

一、家族企业战略投资中的多重目标

企业行为理论表明，企业追求源自内部协商的多个目标，通过与目标或参考点的比较来决定关键组织行动（Cyert and March，1963；Fiegenbaum et al.，1996）。当实际结果低于特定参考点时，决策者会启动问题搜索，采取行动以恢复现状，并追求超越期望水平的结果（Cyert and March，1963）。这一领域的大量研究表明，未能达到期望水平会激励管理者接受组织变革中固有的风险，包括增加研发投资以开发新产品和服务（Greve，2003）。

尽管管理者被认为追求广泛的目标，但盈利目标通常被认为是其主要的参考点，在文献中受到了最多的关注（Greve，2008）。公司盈利是高层管理者薪酬和职场价值的主要驱动力，也是下属经理和员工职业发展的关键因素。因此，普遍认为公司管理者会极为关注盈利参考点。这种观点或许适用于所有权分散且所有权与管理权分离的组织，但它并未考虑家族企业这一独特的组织环境以及家族管理者不同的目标结构。

家族企业的决策不仅涉及经济目标，还涉及非经济目标的考虑。由于其所有权份额、管理参与度以及与企业的紧密认同感（Chua et al.，1999），家族成员能够从多个非经济效用中获益，如维持家族控制与影响力、在企业内分享家族成员的认同感、与利益相关者建立社会联系、维系家族成员对企业的情感依附以及通过代际传承更新家族纽带等（Berrone et al.，2012；Kotlar and de Massis，2013）。然而，尽管来自所有权家族的管理者可能不太关心薪酬和职业发展（Gómez-Mejía et al.，2001；Gómez-Mejía et al.，2003），

盈利目标仍在家族企业决策中发挥重要作用，因为经济成功是实现非经济目标的前提，因此伴随盈利低于参考点而来的业务失败风险也会被视为严重威胁（Gómez-Mejía et al.，2010；Chrisman and Patel，2012）。

许多研究表明，家族管理者根据家族企业的盈利是否低于或高于盈利期望水平，对战略决策进行不同的框架设定。例如，实证研究表明，家族企业通常不愿增加研发投资（Block，2012；Chrisman and Patel，2012），但当业绩低于盈利目标时，原本规避风险的家族企业可能会接受增加研发投资等高风险战略决策（Chrisman and Patel，2012；Patel and Chrisman，2014），通过技术收购（Kotlar et al.，2013）和业务多元化（Gómez-Mejía et al.，2010）进行应对。然而，尽管公认以家族为中心的非经济目标对家族管理者的决策具有重要意义，但这些目标在家族企业决策中的直接作用尚未得到检验（Chrisman et al.，2012；Kotlar and de Massis，2013）。理论上，当组织内部存在多个目标时，管理决策会变得更加复杂，因此，超越盈利的目标研究对于拓展对组织理论的理解是必要且有益的（Greve，2008）。特别是，考虑到家族和非家族企业管理者之间的目标差异，研究盈利以外的目标是否存在以及不同管理者如何在多个目标之间做出选择，代表了未来研究的重要方向（Fiegenbaum et al.，1996；Greve，2008）。

此外，家族企业文献特别强调，家族管理者主要关心他们是否能够保持控制权并行使管理决策权（Carney，2005；Gómez-Mejía et al.，2007；Berrone et al.，2012；Kotlar and de Massis，2013），因此，他们可能会选择与其对组织控制权的增减相关的参考点。基于资源依赖理论（Pfeffer and Salancik，1978），本节识别了供应商集中度这一维度，与主要以盈利能力为导向的非家族企业管理者不同，家族管理者将供应商集中度及其随之而来的较高议价能力视为对其控制目标的直接威胁，本节具体探讨了供应商如何影响管理控制，并相应分析了供应商议价能力如何进入家族企业的决策过程，进而推动研发投资的变化。此外，本节还考虑盈利期望如何影响供应商议价能力在家族企业决策过程中的重要性。

（一）控制目标与家族企业的研发投资决策

以供应商为基础的参考点基于这样的信念：企业纵向相关方的议价能力会影响管理者对决策的控制力。管理学研究长期强调，管理者在做出战略决策时，还会考虑企业价值链中的外部行为者（Baird and Thomas，1985；Fiegenbaum et al.，1996）。供应商议价能力通常被视为替换供应商所涉及成本的指标（Porter，1980）。这一维度与企业盈利能力间接相关，因为供应商议价能力的增加可能导致企业获得的价值减少，并最终导致利润率下降。然而，家族企业的管理者可能会将供应商议价能力的增加视为对其维持控制和行使管理自由裁量权的直接威胁，因为供应商议价能力的提升意味着企业需要更多地满足纵向相关方的需求，在数量和价格上的谈判空间减少，并且很难退出与供应商的关系（Kotter，1979）。因此，家族企业管理者可能会设定一个参考点，以捕捉供应商议价能力的正负变化，并通过战略决策应对供应商议价能力的增强，以确保未来从这些外部约束中获得更大的独立性（Oliver，1991）。在这种情况下，增加研发投资是降低供应商议价能力的典型战略决策（Baird and Thomas，1985）。增加研发投资可以增强企业应对供应商施加的垂直整合威胁的底气，从而降低供应商的议价能力（Porter，1980）。此外，这些投资还提高了产品部件的标准化水平，降低了更换供应商的转换成本（Porter，1980）。更高的研发投资还能够改善生产流程，减少原材料和部件的消耗，进而降低企业对供应商的依赖程度（Tidd and Bessant，2009）。

管理者通常不愿依赖其无法控制的因素（Pfeffer，1972），因此在追求决策控制时，家族企业管理者可能会更加强烈地感受到供应商议价能力带来的威胁。这是因为供应商议价能力的增加意味着企业对关键资源的获取变得更加困难，且条件不够理想或难以从替代来源获得（Pfeffer，1972；Kotter，1979）。对供应商资源的依赖性增加可能会限制管理者的行动，并降低家族企业管理者追求个人和特殊决策目标的能力（Carney，2005），甚至可能让管理者在战略选择上几乎没有控制权（Pfeffer and Salancik，1978）。这种威胁直接危及家族对决策控制权的行使（Gómez-Mejía et al.，2007，2010；Chrisman and Patel，2012）。因此，家族企业管理者可能会通过采用能够提供更大自主权的战略和运营选择来应对供应商议价能力的提升，避免受到强大供应商的约束。基于上述考量，本节认为，尽管家族企业管理者维持决策控制权的意愿会推动家族企业增加研发投资，但同样的控制目标也会让家族企业在做出研发投资决策时，对供应商议价能力的考量变得尤为敏感。因此，随着供应商议价能力的不断提升，家族企业增加研发投资的负向趋势会有所缓和。

（二）绩效目标与控制目标的联合效应

组织通过实施广泛的战略变革应对绩效期望差距，其中包括增加研发投资（Greve，2003）。已有研究表明，研发投资的变化遵循一个以焦点企业与行业竞争对手比较为基础的过程（Fiegenbaum et al.，1996），该参考点的主要期望来源于竞争对手的平均绩效（Porter，1980）。事实上，行业平均水平作为许多企业的盈利期望水平（Frecka and Lee，1983），企业通常会通过开展可能恢复竞争优势的项目（如增加研发投资）来应对盈利期望的负差距（Greve，2003）。

如上所述，盈利目标在家族企业中也占据重要位置（Chrisman and Patel，2012），主要因为实现财务目标是企业生存的前提条件，因此对家族企业管理者而言，盈利能力是维持或增强控制权的关键变量（Gómez-Mejía et al.，2010）。然而，控制目标使得家族管理者会设立供应商议价能力的参考点，并在其增加时增加研发投资。由于盈利和供应商议价能力都与家族的非经济目标密切相关，而这两个目标的实现都需要企业资源的支持，因此假设这两个目标对决策的影响是相互独立的未免过于简单。相反，研究多目标如何影响家族企业的战略决策是更有意义的。接下来，本节将讨论这些互动。

二、多重目标下家族企业投资决策的动态权衡

先前的研究以不同的方式探讨了多个目标在决策中的协同作用。一些研究侧重于目标并列研究，如通过会计和股票市场盈利预测企业风险承担行为（Miller and Chen，2004）。这种方法将目标视为同一构念的替代衡量指标，这在密切相关的目标情况下是适当的，但不适用于诸如控制和盈利这类性质上截然不同的目标。另一种方法是将多个目

标纳入单一模型，假设多个目标的影响是相互独立的，且是累加的。这样的逻辑表明，两个目标可以独立地影响同一个结果，如市场份额和网络地位的目标都影响网络关系的建立。这种方法在假设管理者认为目标之间是无关的情况下是合适的。然而，家族企业文献表明，与非家族管理者相比，家族管理者的目标更广泛，这些目标可能是相互冲突的或相容的（Kotlar and de Massis，2013）。此外，该文献还表明，家族企业的研发投资变化取决于盈利是否低于或高于参考点，这表明家族控制目标的影响可能依赖于绩效期望的实现，并仅在特定的绩效配置下被激活（Chrisman and Patel，2012）。然而，目前还缺乏能够理解在何种条件下控制目标对家族企业管理者决策具有重要性的理论框架，尚无研究直接从理论或实证角度探讨盈利与控制目标在家族企业中的联合效应。

关于这种联合效应，有两种替代解释：顺序注意逻辑和相互激活逻辑。顺序注意逻辑认为，由于注意力有限，决策者一次只关注一个目标，当第一个目标的绩效高于参考点时，才会转向下一个目标（Cyert and March，1963）。根据 Cyert 和 March（1963）的观点，决策目标的层次取决于主导联盟的偏好，这些偏好在不同公司间可能有所不同。在这种情况下，一些目标会比其他目标获得更多的关注，而层次较高的参考点的凸显，会降低层次较低的参考点的重要性。可以合理假设，与企业生存密切相关的目标，如盈利能力，在家族企业中具有较高的层级优先性。这是因为，盈利目标的实现将直接影响家族成员满足个人需求的能力，以及保护其身份认同和情感关系的需求。此外，企业的盈利能力也是家族企业成功传承的重要前提。相比之下，与盈利目标相比，控制目标可能被视为次要目标，因为家族决策者可能愿意为了实现长期的业务繁荣并增加将健康业务传给后代的可能性而放弃管理控制权。总体而言，这一理论观点表明，在家族企业中，控制目标在盈利目标达成时会获得更多关注。换句话说，盈利目标会降低控制目标的重要性，后者在家族决策者看来变得不那么重要，从而减少了控制目标与企业决策之间的因果联系。特别是在家族企业中，两个目标的实现都需要投入资源，而家族决策者通常被认为在资源投资上比较节俭（Carney，2005）。

顺序注意逻辑的另一种解释是心理适应理论（Helson，1964），该理论表明，尽管盈利目标和控制目标在决策中具有独立的影响，但其组合效应将减少而不是增加每种单一目标的累积效应。根据 Helson（1964）的理论，当人们暴露在一组刺激下时，他们会对这些刺激形成一个适应水平，这样未来暴露于类似刺激时就会产生无差别（或最小）的反应。根据这一理论，家族决策者可能会将双重目标的实现（以及相应的目标-期望差距）视为影响其决策的两种刺激。虽然每个单一目标仍对决策有相关影响，但两个目标的结合会减少各自的影响，因为这些刺激与一个目标的适应水平相关。这一论点对于家族企业尤为重要，因为盈利能力和供应商议价能力都与家族的非经济目标密切相关。

总体而言，顺序注意逻辑表明，供应商议价能力的提升通常会导致家族管理者增加研发投资，但由于盈利目标的显著性较高，当盈利能力低于参考点时，供应商议价能力与研发投资变化之间的关系会减弱，甚至趋近于零。反之，当盈利能力高于参考点时，供应商议价能力与研发投资变化之间的关系会增强。

然而，顺序注意逻辑并不是唯一的解释。在双重目标的情况下，相互激活逻辑也可能是一个合理的替代假设。目标之间可能存在因果关联，即一个目标的实现可以帮助个体实现下一个目标（Greve，2008）。具体而言，面对供应商议价能力上升的企业也可能面临较差的盈利能力。这是因为强大的供应商可以决定价格并强化低效的生产过程，特别是在退出不可能的情况下（Kotter，1979）。在这种情况下，增加研发投资可以通过改进生产过程来减少外部依赖，从而促使企业采用替代性生产要素。此外，增加研发投资可能会为家族管理者提供不受供应商影响的新组织领域，他们可以在这些领域中行使不受约束的控制权。因此，家族管理者遵循相互激活逻辑是合理的，即假设实现控制目标有助于实现盈利目标，尤其是在绩效低于参考点的情况下。家族管理者可能会认为，如果企业绩效较高，那么企业已经足够独立，不受供应商的影响。然而，如果绩效较低，增加研发投资可能被视为一种解决方案。这意味着，供应商议价能力与研发投资变化之间的关系在绩效低于（高于）参考点时更强（弱）。

三、企业绿色技术创新决策的逻辑与策略

家族企业与非家族企业在绿色技术创新决策中的逻辑与策略可以通过前文盈利目标与控制目标的不同权衡机制来进行分析。这两类企业在应对绿色技术创新时展现出明显的差异，主要体现在它们对短期财务目标、长期控制目标及对外部供应商依赖程度的不同优先级上。

其中，家族企业具有多重目标，在绿色技术创新决策中面临盈利目标与控制目标之间的动态权衡。由于绿色投资往往回报周期较长，且短期内可能增加企业成本，家族企业在盈利未达标时，可能暂时搁置绿色投资，优先确保财务稳健性。而当企业盈利达到预期时，家族企业则会更加积极地进行绿色投资，以应对来自外部的环境责任压力，提升其在绿色转型中的主动性。具体而言，家族企业通常通过技术自主创新来减少对外部供应商的依赖，特别是在面对环保压力和供应链合规性要求日益严格的情况下，绿色技术创新成为家族企业减少对高污染供应商依赖、提高内部决策自由度的重要策略。这一决策过程符合顺序注意逻辑，即家族企业首先确保其财务稳定性，然后再通过绿色投资维护其控制权，并满足可持续发展的需求。这种策略性延迟反应，也能解释为何家族企业在环境责任较强的行业中，往往采取的是渐进式绿色投资策略，而不是激进的短期投入。

相较于家族企业，非家族企业的绿色技术创新决策逻辑更多地受到盈利目标的驱动，控制目标的重要性相对较弱。非家族企业通常以财务表现和市场回报为首要目标，因此在绿色技术创新的决策中，更倾向于评估其对企业盈利能力的直接影响。当市场环境或政策要求强制推动企业进行绿色转型时，非家族企业往往更愿意通过外部采购或技术合作的方式获取绿色技术，而不是像家族企业那样通过自主研发进行长期投资。这种策略意味着非家族企业在短期内可能更为灵活，能够迅速调整其绿色技术策略，但在长期发展过程中，非家族企业可能缺乏像家族企业那样通过内部创新维持控制权的能力。然而，当盈利未达标时，与行业平均水平的负向差距可能会促使非家族企业开展自主研发，提升企业的核心竞争力以弥补绩效差距，而技术的自主性在一定程度上又增强了企业的控制权。因此，非家族企业的绿色技术创新决策的逻辑与策略可能与家族企业相反。

家族企业与非家族企业在绿色技术创新决策中的策略差异，主要源自它们对盈利目

标与控制目标的不同优先级。家族企业倾向于在盈利目标达成后逐步投入绿色技术，以此确保其对企业的长期控制，而非家族企业则主要关注绿色技术对短期盈利的影响，更多依赖外部采购和合作来满足环保要求。这一差异表明，家族企业在绿色技术创新中更注重长期自主性，而非家族企业则侧重于灵活应对外部市场变化和政策压力。总之，家族企业与非家族企业在绿色技术创新决策中的逻辑与策略各有侧重。家族企业通过顺序注意逻辑对盈利与控制目标进行动态权衡，并利用绿色技术创新来减少对外部供应商的依赖；而非家族企业则更关注短期财务绩效，依赖市场和外部合作来应对绿色技术创新的需求，但当其绩效未达到预期时，非家族企业可能会通过提高研发自主性来弥补绩效差距。

四、研究设计

（一）数据来源

本节从由西班牙工业部代表 Sociedad Estatal de Participaciones Industriales（SEPI）基金会编制的 ESEE 数据库中获取了西班牙制造企业的数据。该数据库提供了关于拥有 10 名以上员工的西班牙制造企业的广泛信息，包括研发投资信息。自 1990 年以来，该调查每年进行一次，是一个不平衡的面板数据。为了实现本节的研究目的，将分析集中在 2000 年至 2006 年期间。ESEE 的一个主要特点是代表性，该代表性通过结合全面性和随机抽样标准来确保。数据涵盖了全体拥有 200 名或更多员工的西班牙制造企业，并包括了至少 10 名但少于 200 名员工企业人口的 5% 的分层随机样本。为了减少企业停止参与调查或从样本中剔除而导致的样本衰退，采取了相关措施。在第一种情况下，企业会被提醒其参与调查的重要社会贡献；在第二种情况下，会将新的企业纳入面板，以避免各行业和规模段的人口覆盖率减少。总体应答率在各年间有所波动，范围在 80.8% 到 94.8% 之间。由于非常高的应答率以及减少样本衰退的努力，非应答偏差并不构成主要问题。此外，数据的质量还通过数据收集过程得到了保证，该过程涉及每家企业的多个组织成员根据其直接职责和信息获取填写调查的不同部分（平均而言，每家企业大约有 2.5 个人填写调查），随后进行内容验证。此过程是在 SEPI 基金会、负责现场工作的公司以及提供信息的公司之间的紧密合作下完成的。多名受访者、上述验证过程以及通过调查收集的客观信息有助于减少共同方法偏差。在此前的管理和其他领域的研究中广泛使用了该数据库，包括家族企业研究（Kotlar et al.，2013）。

由于我们对研发投资的变化感兴趣，制造业被认为是合适的研究对象，因为制造业产品的生命周期相对较短，通常具有较高的淘汰率，因此研发投资往往被广泛用于寻找可持续的竞争优势。此外，尽管家族在广泛的公司中运营，但家族企业在私营企业和制造业中似乎是一种常见的组织形式（Astrachan and Shanker，2003）。此外，该数据集的不平衡特性意味着企业可以像公司在经济中出现和消失一样进入与退出调查。因此，考虑到足够的业绩和业务风险程度，该样本被认为是合适的。如果将公司样本限制在同一时间段的观察中，将会影响样本的随机性，从而降低包含面临负向盈利-期望差距的公司的可能性。完整样本包括 4475 个企业年度观察。在排除缺失数据的观察后，我们获得了

995 个时间序列的横截面观察，涵盖了 2000 年至 2006 年间 20 个不同制造行业中 431 家公司。

（二）变量定义

（1）研发投资变化。该变量为企业在 t 年的外部研发费用与销售额的比率。该变量衡量公司在各时期内改变研发投资水平的程度。我们通过将 t_0 时研发支出占销售额的比例减去 $t-1$ 时的比例来操作化该变量。为了排除行业对研发投资的特定影响，我们按年度调整了该变量的行业平均值。

（2）家族企业。关于家族企业的定义长期以来一直是学术界讨论的对象，研究人员采用了不同的方法来操作化该定义（Kotlar and de Massis，2013）。与仅依赖家族所有权的传统方法相比，家族企业学者越来越认识到家族只有在企业中拥有重要的所有权份额和管理层参与才能影响企业战略行动的重要性（Chua et al.，1999）。家族愿景和目标确实与家族在企业中的参与程度高度相关（Chrisman and Patel，2012；Chrisman et al.，2012）。因此，我们考虑了家族所有权和家族参与高层管理的情况，构建了一个二元的家族企业测量指标，如果某家族在企业中拥有多数股权且至少有一名该家族成员积极参与高层管理，则该指标为 1，否则为 0。总体而言，约 30%的可用样本（995 个中的 298 个）被归类为家族企业群体。

（3）供应商议价能力的变化。供应商相对于企业的议价能力可以从两个维度定义：采购的重要性和所采购产品的关键性（Porter，1980；Caniëls and Gelderman，2007）。ESEE 数据库每年报告企业从其三大供应商处采购的比例。接近 0 的得分表示企业拥有大量供应商，而接近 100 的得分则意味着企业总供应商数量少于四家。基于此信息，我们构建了"供应商议价能力的变化"变量，定义为 $t-1$ 和 $t-2$ 之间得分的比率差值，正值表示企业主要供应商的集中度增加，从而提升供应商的议价能力。不幸的是，ESEE 数据库未包含这些商品关键性的详细信息，因此我们无法将这两个维度结合起来构建一个准确的供应商议价能力指标。因此，本节研究仅聚焦于主要供应商的重要性，这仍然是管理者评估控制目标的一个重要维度，因为①该数据易于获得；②无论所提供商品的关键性如何，依赖少量供应商为大量采购提供商品的企业管理者，较之供应商不集中的企业，预计在数量、价格和其他战略选择上的控制权会减少（Kotter，1979）。因此，这一定义下的供应商议价能力的变化可用于检验前文所述的观点。如果家族企业与供应商议价能力的交互项系数为正，则意味着供应商议价能力的上升促使家族企业增加研发活动的投资。

（4）盈利-期望差距。根据已有研究（Greve，2003；Chrisman and Patel，2012；Kotlar et al.，2013），我们构建了连续变量来衡量盈利与期望之间的正负差距。该变量反映了这样一种假设，即当公司绩效与竞争对手绩效之间的正或负差距扩大时，决策者更可能感知到当前盈利表现与愿望之间的正或负差距（Fiegenbaum et al.，1996）。正向盈利-期望差距被定义为每期焦点企业的表现（即资产收益率）与相应两家行业内其他企业的平均表现之间的绝对差异，若为正值，则使用该差异，若为负值，则为 0。负向盈利-期望差距则以相同方式计算。采用上述两个变量使得解释绩效与期望之间正负偏差的影响更加容易。这对于检验顺序注意逻辑和相互激活逻辑尤为重要。如果顺序注意逻辑更能预测家族企业的决策过程，我们预计会看到负向盈利-期望差距与供应商议价能力的交互项估计系数为负，以及正向盈利-期望差距与供应商议价能力的交互项估计系数为正。相反，如果相互激活逻辑更能捕捉家族企业的决策过程，我们预计负向盈利-期望差距与供应商议价能力的交互项系数为正，而正向盈利—期望差距与供应商议价能力的交互项系数为负。

在控制变量选取方面我们做了如下工作：第一，鉴于战略风险和研发投资文献的研究，我们使用了一些滞后一年的控制变量，以排除替代解释。我们控制了可能影响家族企业和非家族企业研发投资决策的环境因素（竞争对手、买方和市场动态）。竞争对手市场力量的变化表示焦点企业主要竞争对手市场力量的变化。ESEE 数据库每年报告企业主要市场中四大竞争对手的市场份额，我们计算 $t-1$ 和 $t-2$ 之间得分的比率差异。类似地，买方议价能力的变化被定义为 $t-1$ 和 $t-2$ 之间四大客户销售额占比的比率差异。我们还包括了市场动态变化变量，以控制可能影响企业风险态度的焦点市场变化。具体而言，ESEE 数据库每年报告企业的焦点市场变化是①扩张，②保持稳定，③收缩。基于此信息，我们构建了 $t-1$ 和 $t-2$ 之间市场动态变化的差值。

第二，我们控制了焦点企业在 $t-1$ 时的未吸收资源，计算为速动资产（现金和可交易证券）与销售额的比率，表示未承诺且具有高度自由裁量权的资源可用性。我们还包括了企业年龄（企业自成立以来的年数）和企业规模（$t-1$ 时销售额的对数），以控制组织惯性。

第三，我们采用了 $t-1$ 时的资产收益率，以控制企业的整体效率（Chrisman and Patel，2012）。

第四，我们添加了 $t-1$ 时的债务强度，即债务与销售的比率，旨在捕捉由于财务活动带来的企业生存威胁（Gómez-Mejía et al.，2010）。

第五，我们控制了企业所吸收的资源量，表示企业行政系统的复杂性，可能会因此限制研发投资决策（Greve，2003），我们通过吸收资源量来控制这一影响，该变量定义为 $t-1$ 时的销售与管理费用的比率。

第六，我们采用了①以往研发投资变量，即 $t-2$ 时的研发费用与销售额的比率，以控制研发投资变动率的规模依赖性，并遵循 Gibrat 比例变动法则；②产品多元化变量，以企业多元化经营的行业数量来衡量；③研发财政支持变量，计算方法为企业从公共机构获得的用于研发活动的财政资源总额，以千欧元表示。

第七，我们采用了国际业务变量，计算方法为 $t-1$ 时从外国采购的比率与销售额的比率，以控制与研发投资相关的规模经济效应。

第八，为了排除 2000 年至 2006 年期间西班牙整体经济波动的影响，我们还采用了行业年度平均资产收益率变量。

为了控制未观察到的组织或环境特征可能导致的研发投资内生性问题，这些特征未在控制变量中捕捉到，我们采用了 Heckman 两阶段技术（Gómez-Mejía et al.，2007）。使用 Heckman 的两阶段程序，我们首先为每个时期估计一个 Probit 模型，其中，内生变量为家族企业（=1）与非家族企业（=0），并估计逆米尔斯比率。随后，我们使用第一阶段的逆米尔斯比率作为控制变量来估计研发投资变化模型。将该修正项纳入第二阶段模型可得到研发投资变化预测变量的无偏估计。在第一阶段模型中，我们使用了三个可能影响家族控制概率但与研发投资变化无关的变量。第一个变量是家族成员在企业中作为员工工作的数量，因为家族成员作为员工能够增加家族从公司所有权中获得的利益。第二个变量是企业的法律形式，因为家族更有可能控制私营有限责任公司。ESEE 数据库报告了六种可能的法律形式：公共有限责任公司（=1）、私营有限责任公司（=2）、有限劳动公司（=3）、公共有限劳动公司（=4）、合伙企业（=5）和其他（=6）。此外，我们还包括了外资股份比例，因为家族与外部投资者的利益可能存在分歧，因此当外部投资者拥有企业股权的显著份额时，家族控制的可能性较小。没有理论基础将这些变量直接与研发投资变化联系起来。

（三）描述性统计和相关性分析

变量的描述性统计与相关系数在表 5-3 中报告。平均企业年龄为 31.14 年，平均企业收入为 1700 万欧元，平均员工人数为 392 人。样本中包括家族企业和非家族企业（表 5-4 模型 1）。为了检验顺序注意逻辑和相互激活逻辑，我们将家族企业与非家族企业分开，仅关注家族企业的样本（表 5-4 模型 2）。我们还为非家族企业进行重复测试（表 5-4 模型 3）。由于普通最小二乘回归模型无法满足正态分布的假设，因此进行了纵向回归分析。我们在每次回归后计算了方差膨胀因子，以查看结果是否受到多重共线性的影响。值均低于 5，表明估计结果不存在显著的多重共线性偏差。Wu-Hausman 检验结果表明，对于所有感兴趣的模型，固定效应广义最小二乘面板回归比随机效应回归更为合适。因此，我们使用固定效应面板回归作为主要分析工具。使用 Huber-White 三明治估计量对截面协方差进行修正，以控制异方差性和序列相关性。由于在理论上纠正家族控制的自我选择非常重要（Chrisman and Patel，2012），我们将该模型的逆米尔斯比率纳入第二阶段模型，见表 5-4。逆米尔斯比率在第二阶段的无显著性表明，家族控制的潜在内生性未对我们在研发投资变化上的估计结果产生不利影响。假设结果在包含或不包含逆米尔斯比率的情况下是相似的。

五、实证分析

表 5-4 模型 1 展示了家族企业与非家族企业对供应商议价能力的变化的不同反应的回归结果。与普遍理解一致，家族企业变量的系数边际显著为负（$B=-0.302$，$p<0.10$），这意味着一般而言，家族企业不愿意增加研发投资。家族企业变量的标准化系数（$\beta=-0.100$）在所有显著系数中排名第三，支持了家族企业在不同时间段对增加研发投资的抵触这一基本观点。供应商议价能力的变化的估计系数不显著，表明供应商议价能力的变化通常不会影响研发投资决策。

表 5-3　描述性统计与相关系数（一）

变量	平均值	标准差	1	2	3	4	5	6	7	8	9	10	11	12	13	14	15	16	17	18	19
研发投资变化	0.02	1.39	1.00																		
家族企业	0.30	0.46	-0.06	1.00																	
负向盈利-期望差距	39.10	70.38	0.00	0.02	1.00																
正向盈利-期望差距	2.15	10.26	-0.02	0.09	-0.02	1.00															
供应商议价能力的变化	0.14	2.59	-0.01	-0.02	-0.01	-0.01	1.00														
竞争对手市场力量的变化	-0.02	0.33	-0.04	-0.04	0.01	0.02	0.01	1.00													
买方议价能力的变化	0.17	2.89	0.00	-0.02	0.00	0.02	0.01	0.03	1.00												
市场动态变化	0.13	0.49	0.04	0.02	0.02	0.07	-0.01	-0.01	0.06	1.00											
资源可用性	0.04	0.21	0.00	0.07	0.12	0.01	-0.01	0.02	0.00	0.00	1.00										
企业年龄	31.14	21.78	-0.04	-0.13	-0.06	-0.04	-0.02	0.04	-0.01	-0.02	0.00	1.00									
企业规模	16.66	1.95	0.07	-0.43	-0.02	-0.12	0.09	0.06	0.05	0.05	-0.04	0.34	1.00								
资产收益率	2.68	14.03	-0.01	0.07	-0.03	0.76	0.00	0.02	0.02	0.04	-0.02	-0.02	-0.05	1.00							
债务强度	3.16	27.11	-0.01	-0.01	0.00	-0.01	0.00	0.01	0.00	0.05	0.03	-0.06	0.02	-0.01	1.00						
吸收资源量	0.76	0.16	-0.05	0.02	0.06	-0.07	0.02	0.03	0.03	-0.01	0.05	-0.07	-0.11	-0.18	0.03	1.00					
以往研发投资	0.46	1.73	0.08	-0.06	0.00	-0.04	-0.01	-0.04	-0.02	0.01	0.12	0.10	0.14	-0.03	0.00	-0.05	1.00				
产品多元化	0.23	0.57	0.00	0.03	0.01	0.01	0.03	-0.04	-0.01	-0.02	0.05	-0.08	0.02	0.03	-0.02	0.03	-0.03	1.00			
研发财政支持	5.51	43.49	0.10	-0.08	-0.01	-0.02	-0.01	-0.04	-0.01	0.01	0.17	0.02	0.12	-0.02	0.00	-0.01	0.38	0.07	1.00		
国际业务	0.05	0.09	-0.01	-0.15	-0.01	-0.06	0.01	0.03	0.01	-0.03	0.10	0.14	0.28	-0.05	0.00	0.08	0.25	-0.01	0.13	1.00	
行业年度平均资产收益率	2.69	1.40	0.00	-0.06	-0.13	0.08	0.05	0.02	0.02	-0.01	-0.17	-0.08	-0.06	0.09	0.03	-0.04	-0.25	0.07	-0.11	-0.42	1.00

注：相关系数的绝对值≥0.05，$p<0.001$，具有显著性

表 5-4　固定效应回归分析

变量	研发投资变化					
	模型 1（FF & NFF）		模型 2（FF）		模型 3（NFF）	
	B	β	B	β	B	β
家族企业	−0.302+	−0.100+				
供应商议价能力的变化	−0.012	−0.023	0.117*	0.047*	−0.142	−0.292
家族企业×供应商议价能力的变化	0.151*	0.026*				
负向盈利–期望差距			0.0004***	0.025***	0.037***	0.970***
正向盈利–期望差距			−0.015***	−0.189***	−0.040**	−0.220**
负向盈利–期望差距×供应商议价能力的变化			−0.0002**	−0.014**	−0.012	−0.474
正向盈利–期望差距×供应商议价能力的变化			0.012	0.054	−0.042+	−0.058+
竞争对手市场力量的变化	0.204***	−0.048***	−0.132*	−0.041*	−0.289	−0.062
买方议价能力的变化	0.001	0.002	−0.017	−0.014	0.003+	0.008+
市场动态变化	0.179**	0.064**	0.045	0.020	0.193*	0.064*
资源可用性	−0.435**	−0.065**	−0.094	−0.022	−1.065***	−0.127***
企业年龄	0.001	0.018	−0.006***	−0.101***	0.002	0.034
企业规模	0.395***	0.553***	0.179	0.236	0.275***	0.345***
资产收益率	0.001	0.015	0.019***	0.257***	0.041***	0.369***
债务强度	0.000	0.001	0.0003**	0.002**	0.000	0.084
吸收资源量	0.622	0.073	0.668+	0.074+	0.863	0.102
以往研发投资	−0.285*	−0.354*	0.004	0.005	−0.304	−0.367
产品多元化	0.116	0.048	−0.361+	−0.202+	0.092	0.034
研发财政支持	0.002***	0.063***	0.012	0.036	0.002**	0.075**
国际业务	−0.001	0.000	1.413***	0.080***	−1.731*	−0.011*
行业年度平均资产收益率	−0.017	−0.018	0.013*	0.017*	−0.049	−0.045
逆米尔斯比率	−0.032	−0.046	−0.016	−0.017	−0.006	−0.008
样本规模	995		298		697	
组内 R^2	0.087		0.296		0.113	
F	2.88***		26.40***		2.72***	
Wu–Hausman x^2	703.54***		705.59***		425.18***	

注：FF 表示家族企业；NFF 表示非家族企业

***表示 $p<0.001$，**表示 $p<0.01$，*表示 $p<0.05$，+表示 $p<0.10$

前文预测，供应商议价能力在家族企业与研发投资变化之间的负相关关系中起到正向调节作用，即在供应商议价能力显著增强的情况下，原本的负相关关系将变为正相关。如模型 1 所示，家族企业与供应商议价能力的变化之间的交互系数为正且显著（B=0.151，

$p<0.05$），标准化系数为 0.026。结合家族企业变量的负系数，这意味着在供应商议价能力增加一个标准差的情况下，家族企业变得更加积极，研发投资大约增加 2.6%。为了便于理解复杂的交互关系，我们在图 5-3 中以视觉形式展示了结果，分别设置了调节变量的高低条件（分别为均值的正负一个标准差）。

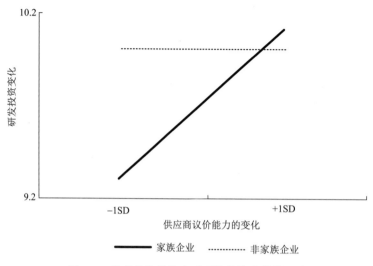

图 5-3　供应商议价能力对研发投资决策的影响

　　此外，本节进一步验证了家族企业决策中的顺序注意逻辑和相互激活逻辑。如果顺序注意逻辑解释了基于多个参考点的决策过程，那么负向盈利–期望差距与供应商议价能力的变化之间的交互作用应为负，而正向盈利–期望差距与供应商议价能力的变化之间的交互作用应为正。如果相互激活逻辑解释了基于多个参考点的决策过程，那么负向盈利–期望差距与供应商议价能力的变化之间的交互作用应为正，而正向盈利–期望差距与供应商议价能力的变化之间的交互作用应为负。

　　表 5-4 模型 2 仅报告了家族企业样本的回归结果。与之前的研究一致（Chrisman and Patel，2012），负向盈利–期望差距和正向盈利–期望差距分别被发现具有正系数和负系数。供应商议价能力的变化与负向盈利–期望差距之间的交互系数为负且显著（$B=-0.0002$，$p<0.01$）。因此，在高负向盈利–期望差距的情况下，供应商议价能力的变化与研发投资变化之间的斜率相较于低负向盈利–期望差距时变得更加平缓（图 5-4）。但供应商议价能力的变化与正向盈利–期望差距之间的交互系数并不显著（$B=0.012$，$p>0.10$）。在家族企业样本中，相互激活逻辑并未得到支持。

　　表 5-4 模型 3 报告了非家族企业样本的回归结果。模型 3 与模型 2 的比较进一步支持了我们的观点，尤其是家族企业的管理者通过增加研发投资来应对供应商议价能力的增强（$B=0.117$，$p<0.05$），而非家族企业的管理者对这种变化并不敏感（$B=-0.142$，$p>0.10$）。此外，负向盈利–期望差距和正向盈利–期望差距的非标准化系数在非家族企业中大于在家族企业中的系数，这表明一般而言，盈利目标对家族企业管理者的影响较弱。这与以下观点一致：家族企业的研发投资决策不仅考虑盈利目标，还涉及其他目标，因此存在

额外的权衡（Chrisman and Patel，2012；König et al.，2013）。此外，供应商议价能力的变化与正向盈利-期望差距之间的交互作用为负，在边际上显著（$B=-0.042$，$p<0.10$）。总体而言，这些结果表明，顺序注意逻辑在家族企业的多重参考点决策中更具解释力，而控制目标对非家族企业管理者的相关系数似乎较低。

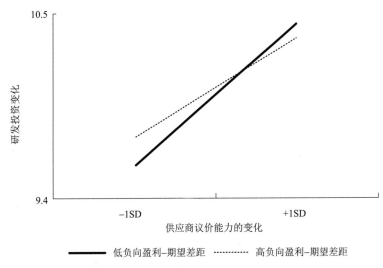

图 5-4　供应商议价能力和盈利能力对家族企业研发投资决策的共同影响

六、主要结论与创新点

基于公司行为理论和资源依赖理论，本节探讨了家族企业与非家族企业在研发投资决策中的差异，重点分析了家族企业如何在平衡盈利目标与控制目标时做出独特的投资选择。研究表明，除了先前研究中强调的盈利参考点外，反映家族管理者对组织控制追求的参考点也对家族企业的研发投资决策具有重要影响。在多重目标的影响下，家族管理者会基于供应商议价能力形成参考点，并根据这一参考点评估外部环境对其决策自由度的威胁程度。此外，研究还表明，家族企业的决策遵循顺序注意逻辑，即当盈利目标达到时，家族企业对供应商议价能力的上升反应更为强烈。与之相对，非家族企业管理者则主要受盈利目标驱动，在应对供应商议价能力变化时，表现出与家族企业不同的决策模式。本节研究的创新点如下所示。

首先，家族企业与非家族企业管理者在使用参考点时表现出显著差异，甚至对于同一参考维度也有不同的解释。非家族企业管理者通常将供应商议价能力视为盈利的间接前因，因此当盈利高于参考点时，他们不会将供应商议价能力视为决策的关键维度；而当盈利低于参考点时，他们则会通过增加研发投资来应对供应商议价能力的变化。相比之下，家族企业管理者更多关注供应商议价能力对其控制权的影响，且这一参考点的重要性随着盈利目标的实现而增强。本节通过这一比较，为理解家族企业在战略决策中的多重目标及其动态权衡提供了新的理论框架和实证支持。

其次，本节创新性地将供应商议价能力引入家族企业决策模型，作为控制目标的重要参考点，扩展了以往仅关注盈利目标的研究。家族管理者通常将供应商的集中度和议价能力视为对控制目标的直接威胁，从而通过增加研发投资来减少对外部供应商的依赖，以维持对企业的控制自由。这一机制为理解家族企业在外部依赖条件下的决策行为提供了新的理论视角，特别是在资源依赖理论框架下，揭示了家族企业管理者应对外部压力的独特方式。

再次，本节研究首次通过定量分析验证了家族企业的顺序注意逻辑，结果显示，控制参考点在家族企业决策中的重要性取决于盈利目标是否得到满足。这表明，家族企业在决策时会优先考虑盈利目标，当盈利目标达成后，才会更加关注控制目标，尤其是供应商议价能力对控制自由的威胁。相比之下，非家族企业更多采用相互激活逻辑，盈利目标与供应商议价能力同时影响其决策行为。通过 Greve（2008）的研究方法，本节研究成功证明了顺序注意逻辑的实用性，并为家族企业的战略决策提供了理论依据。

最后，家族企业文献通常假设家族管理者的战略决策主要由以家族为中心的非经济目标驱动（Gómez-Mejía et al.，2007；Chrisman and Patel，2012），但我们的证据表明，涉及研发投资变化时，盈利目标在家族管理者的评估过程中优先。这一发现挑战了家族企业中以家族为中心的非经济目标（如控制目标）始终是主导力量的观念，并表明当盈利目标未达成时，家族企业的决策者可能倾向于降低对维护控制的重要性的重视，并做出如增加研发投资等战略决策，尽管这意味着将权力交给专业管理者，有时甚至稀释家族所有权股份（Chrisman and Patel，2012）。这表明，在危机时期，当绩效远低于目标时，家族企业决策者能够搁置追求以家族为中心的目标的倾向，采取如增加研发投资等战略性、长期且高风险的决策。然而，即使是表现良好的家族企业，也会因家族管理者希望维持对其组织的控制而寻找研发投资的理由。当面临更高的外部依赖时，如供应商议价能力增加，控制目标会被激活。

第四节　绿色工艺创新与制造业行业财务绩效研究

在全球环境问题日益严重的背景下，制造业逐渐摒弃传统的"先污染、后治理"发展模式，转而通过绿色创新实现转型与可持续发展。绿色创新涵盖绿色产品创新、绿色工艺创新和绿色组织创新（Cheng et al.，2014）。其中，绿色工艺创新是指制造企业采用新技术或改进现有工艺，以减少生产活动对环境的负面影响（Salvadó et al.，2012）。绿色工艺创新不仅能够提升企业的绿色形象，创造新的商机，同时也可能导致高昂的成本（Siegel，2009；Xu et al.，2012）。因此，深入探讨绿色工艺创新与财务绩效之间的关系显得尤为重要。本节研究将从清洁生产技术创新和末端治理技术创新两个维度，分析绿色工艺创新对财务绩效的具体影响，为制造业通过绿色工艺创新实现效益提升提供新的思路。

一、绿色工艺创新对制造业财务绩效的影响分析

环境问题已成为企业界和学术界共同关注的全球性问题（杨静等，2015）。然而，中国制造业的快速增长带来了资源的加速消耗以及污染的急剧增加，单靠传统的"先污染、

后治理"模式已不能有效地控制污染。由此，绿色创新成为实现制造业转型和绿色发展的有效策略（Siegel，2009）。绿色创新是指通过产品、流程、技术和系统的改进来避免与降低对自然环境的破坏（伊晟和薛求知，2016），包括绿色产品创新、绿色工艺创新和绿色组织创新（Cheng et al.，2014）。目前，已有不少制造业企业致力于绿色产品创新，但其绿色创新意识和能力相对发达国家尚显薄弱。由此，对绿色工艺创新问题的探讨尤为紧迫与重要。绿色工艺创新是指制造业企业运用新的或改进的工艺来减少生产活动对环境的影响，以此改善产出的一种创新模式（Salvadó et al.，2012）。绿色工艺创新可以塑造企业绿色形象，获得品牌优势、技术优势、差异化优势以及更多投资，从而提升制造业的核心竞争力。目前专注于绿色工艺创新层面的研究较少。归纳而言，目前对绿色工艺创新的研究还需在以下两个层面进行探讨。一方面，已有研究缺乏对绿色工艺创新的细分研究，导致制造业行业对绿色工艺创新实践的各环节认识不清；另一方面，虽然绿色工艺创新可以带来新的商机（Siegel，2009），但也会带来高额成本（Xu et al.，2012），而目前关于绿色工艺创新与财务绩效关系的研究大多停留在直接效应层面。由此，识别绿色工艺创新与财务绩效关系的情景因素和机理将有助于深入挖掘绿色工艺创新到财务绩效的"理论暗箱"。针对上述研究背景，本节从清洁生产技术创新和末端治理技术创新两个维度识别绿色工艺创新对财务绩效的细分效应，由此突破了已有对绿色工艺创新单一维度的研究局限，为制造业行业的绿色创新实践提供了理论指引。此外，尝试引入资源约束和吸收能力，深入挖掘绿色工艺创新对财务绩效的作用机理，由此拓展了绿色工艺创新的理论研究。

（一）绿色工艺创新与制造业行业财务绩效的关系

绿色工艺创新主要包括两个方面：清洁生产技术创新和末端治理技术创新（Klassen and Whybark，1999；Salvadó et al.，2012）。清洁生产技术创新专注于生产过程的前端，通过结构性地投资更清洁的技术，减少和消除生产过程中的污染物（Klassen and Whybark，1999）。而末端治理技术创新则依赖于污染控制设备，即对生产过程末端的污染物进行截留、治理和处置（Salvadó et al.，2012）。

清洁生产技术创新通过优化管理、材料替代、循环工艺和工艺创新等手段，从源头上减少污染物的产生。这种方法不仅能持续提升生产效率，还能实现成本的最小化（Rennings et al.，2006）。在中国，污染治理模式正在逐步向清洁生产技术创新转型，逐渐取代传统的末端治理，而韩国在环保响应上也同样经历了类似的转变，从单一的末端治理向预防模式转变（Lee and Rhee，2005）。清洁生产技术创新不仅能创造独特的竞争优势（Christmann，2000），还为制造业的产品与过程创新开辟了新的机会。从长远来看，增加对清洁生产技术创新的投资不仅能够减少环境负面影响，还能通过加速创新来降低成本（Chien and Peng，2012），从而积极促进财务绩效的提升。基于此，本节研究认为绿色工艺创新（包括清洁生产技术创新和末端治理技术创新）对制造业行业财务绩效具有正向影响。

（二）资源约束对绿色工艺创新与制造业行业财务绩效的影响

资源约束是指在新项目上投入的财务资源明显减少所引发的限制情境。根据资源理论，资源约束会在一定程度上影响制造业企业在清洁生产技术创新和末端治理技术创新方面的投资及生产运营活动。在创新战略层面上，资源约束意味着可用于这些关键技术创新活动的资源短缺。然而，Katila 和 Shane（2005）的研究表明，即使在资源相对稀缺的情境下，企业仍可能实现较高的创新效率。与资源约束相对的是资源松弛，指未能迅速转化为生产效率的闲置资源。资源松弛可能会制约整个制造业的发展，而资源约束则能推动行业的创新与发展，尤其是在清洁生产技术创新和末端治理技术创新等领域激发行业内的创造性活动。

绿色创新是一种高风险的创新行为（Xu et al.，2012）。在资源约束较大的情况下，资源短缺更能激发创新精神（Bolton，1993）以及创造性活动（Mone et al.，1998），从而提高行业的创新效率并带来更多收益。在资源约束较小的环境中，松弛资源能够被转化为生产力，促进财务绩效的提升，从而减少对清洁生产技术和末端治理技术创新的依赖。因此，本节研究认为资源约束将影响清洁生产技术创新与末端治理技术创新等绿色工艺创新与制造业行业财务绩效之间的关系。在高资源约束环境下，绿色工艺创新与制造业行业财务绩效之间的正向影响将显著增强。

（三）吸收能力对绿色工艺创新与制造业行业财务绩效的影响

吸收能力最早由 Cohen 和 Levinthal（1990）提出，指组织识别、吸收及利用外部知识的能力。吸收能力作为连接外部知识与内部知识的纽带，有助于提升竞争优势和经营绩效（Nieto and Quevedo，2005），获取新工艺、产品开发及相关知识（Frondel et al.，2007）。

在资源受限的情况下，企业需重新组合资源，寻求新的解决方案。当这些新方案与以往存在较大差异时，或摒弃现有方案并探索新颖方案时，企业能够扩展知识基础，促进新知识的吸收，并提高商业化能力（Cohen and Levinthal，1990）。

因此，资源约束促使制造业整合现有资源，寻求清洁生产与末端治理技术的创新方案，推动技术进步，丰富先验知识基础，并增强新知识的转化与应用能力。在当今复杂多变的创新环境中，获取和消化知识的能力对提升创新绩效（钱锡红等，2010）和构建独特竞争优势（Zahra and George，2002）至关重要。在低资源约束的情境下，制造业能够通过整合和开发现有资源，提高闲置资源的利用率，资源的开发和利用也是知识运用与新知识创造的过程。因此，制造业可以利用资源约束带来的机遇，提升对外部知识的处理能力，从而改善财务绩效。本节研究认为，资源约束通过吸收能力对绿色工艺创新（包括清洁生产技术创新与末端治理技术创新）与制造业行业财务绩效之间的关系产生重要影响。

二、研究设计

（一）数据来源

当前，中国制造业企业在环境保护信息的披露方面相对不足。大多数为定性研究，对定量数据如污染排放量和达标量的披露极为有限。仅凭现有企业披露的信息，难以真实反映中国制造业在绿色工艺创新方面的实际状况。由于不同行业的污染程度不同，社会和媒体的关注点存在差异（González-Benito and González-Benito，2006），关注度较高的行业采取更多环保活动。由此可见，污染物排放和环境治理等行为具有明显的行业特征，相应的行业数据能够更好地反映当前的环保实践状况。为了探讨绿色工艺创新对财务绩效的影响，本节研究选择了 2001 年至 2010 年中国 28 个制造业行业的 280 个观测值作为样本。数据主要来源于《中国统计年鉴》（2002~2011 年）、《中国科技统计年鉴》（2002~2011 年）和《中国环境统计年鉴》（2002~2011 年）。

（二）变量测度

1. 财务绩效

本节研究选用资产收益率、行业增加值和产业利润三项指标作为财务绩效的衡量标准。其中，资产收益率是评估财务绩效的常用方法，反映了资源的价值和获利能力；税前利润与总资产计算的资产收益率比其他指标衡量更全面。此外，在新兴市场上，由于管理者短期行为和外部环境波动，采用资产收益率来衡量经济效益更稳定（Li and Wong，2003）。行业增加值是制造业行业生产过程中新增加的价值，反映了在特定时期内，行业所生产和提供的所有最终产品与服务的市场价值总和，它与产业利润从不同角度解析了行业的财务绩效水平。

2. 绿色工艺创新

由于 SO_2 的减排与环保实践息息相关（Zhang，2013），本节研究选择 SO_2 的相关指标从清洁生产技术创新和末端治理技术创新两个方面来测量绿色工艺创新。Liu 和 Wang（2013）利用地区 SO_2 排放量与当地 GDP 的比值来测度清洁生产技术创新；Fujii 等（2013）将清洁生产技术创新定义为污染排放量与产值的比值。因此，本节研究采用污染产生强度的倒数（即行业总产值与 SO_2 排放量的比值）来评估清洁生产技术创新，污染产生强度越低，清洁生产技术创新的水平越高。根据 Berrone 和 Gomez-Mejia（2009）的研究，末端治理技术创新通过污染减少强度（SO_2 减少量与 SO_2 排放量的比值）来测量，污染减少强度越高，末端治理技术创新的水平也就越高。

3. 吸收能力

考虑到研发能力对创新和吸收能力的影响（Cohen and Levinthal，1990；杨林等，2018），本节研究选用制造业行业的研发投资强度（即对研发及技术改造的资金投入总和）来衡量吸收能力的高低。

4. 资源约束

资源约束指标以资产负债率（即负债总额与资产总额的比值）为衡量标准（Whited and Wu，2006），这一比率反映总资产中通过借贷获得的资金占比，评估利用债权人资金进行经营活动的能力。

5. 控制变量

绿色补贴：指的是政府对行业环保实践的资助，体现了政府对企业实施绿色生产的支持力度。

行业差异性：不同行业的生产模式各异，因此 SO_2 的排放量也存在差别。SO_2 排放量高于制造业平均水平的行业，其行业差异性取值为 1；其他行业取值为 0。

环保意识：各行业的环保意识会显著影响其决策结果，通过制造业对绿色创新实践的投资水平来进行测量。

环境包容性：反映了外部资源的可获取性以及环境对行业可持续发展的支撑程度，以行业产值的增加值率为衡量标准。

各变量的符号表示与测度方法见表 5-5。除行业差异性外，回归模型中的其他变量均在此基础上取对数处理。

表 5-5　各变量的符号表示与测度方法

变量名	符号	测度方法	单位
资产收益率	ROA	行业总资产贡献率	—
行业增加值	GVA	行业增加值	亿元
产业利润	PRO	行业年利润	亿元
清洁生产技术创新	CTI	行业总产值/SO_2 排放量	亿元/吨
末端治理技术创新	ETI	SO_2 减少量/SO_2 排放量	—
资源约束	RC	资产负债率	—
吸收能力	AC	研发经费内部支出+技术改造经费投入	亿元
绿色补贴	GS	政府对行业研发的资金支持	亿元
行业差异性	ID	SO_2 排放高于行业均值时取 1，低于取 0	—
环保意识	EC	行业在环境保护方面的投入	亿元
环境包容性	EM	行业产值增加值率	—

三、实证分析与结果

（一）研究分析

1. 描述性统计分析

表 5-6 结果显示，清洁生产技术创新、资产收益率与产业利润均在 $p < 0.01$ 的显著水平上正相关；末端治理技术创新、行业增加值与产业利润均在 $p < 0.01$ 的显著水平上

表 5-6 描述性统计与相关系数矩阵

变量	平均值	标准差	1	2	3	4	5	6	7	8	9	10	11
资产收益率	0.116	0.034	1										
行业增加值	1453.288	1220.786	0.280***	1									
产业利润	365.260	302.808	0.492***	0.742***	1								
清洁生产技术创新	0.422	0.868	0.168***	0.012	0.169***	1							
末端治理技术创新	0.528	0.325	0.536***	0.249***	0.489***	0.241***	1						
资源约束	0.575	0.042	-0.372***	-0.019	-0.339***	-0.215***	-0.555***	1					
吸收能力	88.978	71.560	0.074	0.549***	0.626***	-0.165***	0.263***	-0.168***	1				
绿色补贴	1.116	1.057	0.088	0.555***	0.591***	-0.031	0.291***	-0.117*	0.703***	1			
行业差异性	0.500	0.501	0.049	0.254***	0.184***	-0.716***	0.061	0.025	0.434***	0.310***	1		
环保意识	7.337	6.949	-0.552***	0.086	-0.072	-0.287***	-0.260***	0.170***	0.249***	0.175***	0.165***	1	
环境包容性	0.160	0.134	0.121**	0.478***	0.454***	-0.372***	0.165***	-0.053	0.586***	0.489***	0.600***	0.253***	1

***表示 $p<0.01$，**表示 $p<0.05$，*表示 $p<0.10$

正相关，由此初步判断清洁生产技术创新和末端治理技术创新对制造业行业的财务绩效具有正向影响。

2. 实证分析

根据表 5-7 的回归分析结果，清洁生产技术创新对资产收益率、行业增加值和产业利润均表现出显著的正向影响，而末端治理技术创新在资产收益率和产业利润上同样显著，但对行业增加值的影响并不明显。因此，绿色工艺创新对制造业的行业总资产贡献率和行业增加值具有正向影响。

在模型 3、模型 8 和模型 13 中纳入了资源约束，而模型 4、模型 9 和模型 14 则从资产收益率、行业增加值和产业利润三个维度考察资源约束在绿色工艺创新与财务绩效关系中的影响。结果表明，资源约束显著影响清洁生产技术创新与行业增加值及产业利润的关系，以及末端治理技术创新与行业增加值的关系。再采用简单斜率检验进一步分析资源约束的影响。通过将资源约束的平均值各加减一个标准差，形成高资源约束组和低资源约束组。图 5-5 和图 5-6 的横坐标为清洁生产技术创新，纵坐标分别对应行业增加值和产业利润，结果显示在高资源约束条件下，清洁生产技术创新对行业增加值和产业利润的正向影响均高于低资源约束条件。此外，图 5-7 的横坐标为末端治理技术创新，纵坐标为行业增加值，显示在高资源约束条件下，末端治理技术创新对行业增加值的正向影响略高于低资源约束情境。

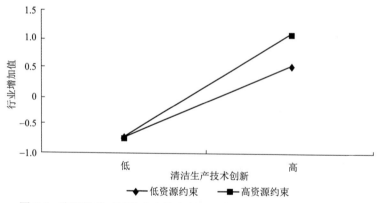

图 5-5　资源约束对清洁生产技术创新与行业增加值关系的调节作用

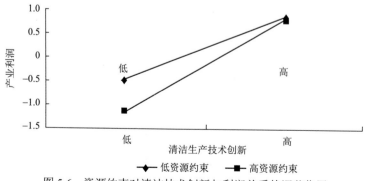

图 5-6　资源约束对清洁技术创新与利润关系的调节作用

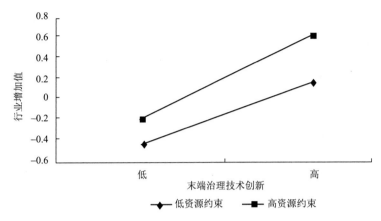

图 5-7　资源约束对末端治理技术创新与行业增加值关系的调节作用

根据 Muller 等（2005）和温忠麟等（2006）提出的评估标准，本节研究进行如下评估：首先，在模型 4 中，清洁生产技术创新、末端治理技术创新与资源约束的交互项系数均未达到显著水平，而在模型 9 中，这些交互项的系数显著；在模型 14 中，只有清洁生产技术创新与资源约束的交互项具有显著性。其次，模型 16 中的清洁生产技术创新与资源约束的交互项系数显著。最后，在模型 15 中，吸收能力的系数显著，引入吸收能力后清洁生产技术创新与资源约束交互项的系数有所减小。基于这三个判断标准，可以确认资源约束在清洁生产技术创新与产业利润之间的关系中发挥作用，并且与吸收能力有关。

表 5-7 中关于控制变量的回归结果显示，绿色补贴对资产收益率、行业增加值、产业利润以及吸收能力均表现出显著的正向影响，说明绿色补贴在推动制造业的绿色创新实践中具有重要的保障作用。行业差异性对产业利润的影响显著，表明当前制造业行业仍处于"高污染、高绩效"的发展阶段。环保意识对资产收益率、行业增加值、产业利润及吸收能力均呈现出显著的负向影响，这表明当前制造业难以有效地将绿色发展的投资转化为实际的生产力。此外，环境包容性对资产收益率、行业增加值和产业利润则显示出显著的正向影响，强调外部资源的可获取性及丰富程度在制造业的长期发展中至关重要。

（二）研究结果

1. 绿色工艺创新和制造业行业财务绩效关系

清洁生产技术创新和末端治理技术创新对财务绩效均具有积极作用，为制造业的绿色创新战略定位与决策制定提供有力支持。清洁生产技术创新在提升财务绩效方面展现出显著优势，这与现有研究结果一致（Frondel et al.，2007；Chien and Peng，2012），但当前清洁生产技术创新仍难以全面推广，原因主要有以下三点：首先，清洁生产技术创

表5-7 回归分析结果

变量	资产收益率						行业增加值					产业利润				吸收能力
	模型1	模型2	模型3	模型4	模型5	模型6	模型7	模型8	模型9	模型10	模型11	模型12	模型13	模型14	模型15	模型16
绿色补贴	0.005***	0.000	0.000	0.000	0.000	0.170***	0.158***	0.145***	0.173***	0.174***	0.247***	0.118**	0.123**	0.142***	0.125***	0.094***
行业差异性	0.001	0.004	0.004	0.004	0.004	0.107	0.165	0.165	0.224	0.226	0.105	0.215	0.215	0.282*	0.255*	0.150
环保意识	-0.834***	-0.564***	-0.551***	-0.548***	-0.527***	-0.216***	-7.216***	-8.010***	-7.768***	-7.861***	-18.836***	-10.453***	-10.119***	-9.634***	-8.393***	-6.878***
环境包容性	0.004***	0.002	0.002	0.002	0.002	0.114**	0.078	0.063	0.074	0.074	0.104**	0.015	0.021	0.041	0.039	0.008
清洁生产技术创新		0.004*	0.004*	0.005**	0.005**		0.184***	0.202***	0.288***	0.288***		0.212***	0.205***	0.293***	0.285***	0.042
末端治理技术创新		0.051***	0.044***	0.042***	0.041***		-0.026	0.403	0.305	0.310		1.196***	1.016***	0.929***	0.868***	0.338
资源约束			-0.024**	-0.025**	-0.023**			1.469***	1.440***	1.433***			-0.619*	-0.588*	-0.495	-0.511*
清洁生产技术创新×资源约束				0.008	0.007				0.697***	0.702***				0.849***	0.783***	0.364*
末端冶理技术创新×资源约束				0.038	0.034				2.934*	2.950*				1.098	0.879	1.213
吸收能力					0.003					-0.014					0.181***	
R^2	0.605	0.709	0.715	0.718	0.720	0.608	0.623	0.649	0.672	0.672	0.669	0.750	0.753	0.772	0.779	0.845
调整后的 R^2	0.555	0.670	0.676	0.676	0.677	0.559	0.572	0.600	0.624	0.622	0.628	0.716	0.719	0.739	0.745	0.822
F	12.238***	18.194***	18.103***	17.201***	16.837***	12.427***	12.293***	13.307***	13.845***	13.418***	16.181***	22.338***	22.008***	22.906***	23.017***	36.709***

***表示 $p<0.01$，**表示 $p<0.05$，*表示 $p<0.1$

新从源头上提高原材料、水和其他资源的使用效率，覆盖面广且要求苛刻；其次，推行清洁生产技术创新需要额外的内部协调和组织支持（Chien and Peng，2012）；最后，清洁生产技术创新的效果依赖于制造业长期、持续的环境投入（Frondel et al.，2007；Chien and Peng，2012）。虽然购置末端治理设备会为制造业企业带来额外的成本，但可以有效避免因环境违规行为而产生的罚款，提升环境绩效（Zhang，2013）。结合本节的研究结果，末端治理技术创新有更易获得的直接利益，但其着重处理已经产生的污染，未能控制源头污染，对财务绩效的提升较为有限。制造业企业应在评估末端治理水平的基础上，进一步思考创新的方向，以应对昂贵治理设备成本。

2. 资源约束对绿色工艺创新和制造业行业财务绩效关系的影响

资源是发展的关键，但财务绩效水平无法直接归因于资源松弛或约束的状态。研究结果表明，当面临高度的资源限制时，制造业企业会因资源稀缺而被迫重组资源，推动财务绩效的改善；相反，在低资源限制的环境下，企业通过提升闲置资源的利用效率，同样可以实现财务绩效的增长，在一定程度上减弱了绿色工艺创新对财务绩效的直接影响。可见，绿色工艺创新能有效缓解制造业行业资源约束的不利影响。然而，清洁生产技术创新与财务绩效之间的关系更容易受到资源限制的影响，可能是因为它与制造业生产流程的多个环节紧密相连，在资源约束型的生产环境中，反而更能促进其发展。末端治理技术创新主要聚焦于生产流程末端污染物的处理（Berrone and Gomez-Mejia，2009），并依赖于末端治理设施来完成污染物的净化（Berrone and Gomez-Mejia，2009），其受资源限制的驱动作用相对较小。因此，企业需通过实施绿色创新举措，有效利用资源，创造新的价值。

3. 吸收能力对绿色工艺创新和制造业行业财务绩效关系的影响

绿色工艺创新对财务绩效的正向推动通常依赖于其他媒介（Chiou et al.，2011）。具体而言，清洁生产技术创新既能直接作用于财务绩效，还能通过增强吸收能力间接提升财务绩效。相比之下，末端治理技术创新对财务绩效主要表现出直接效应，可能是末端治理技术创新大多局限于短期应对策略，难以对制造业领域的知识基础产生深远影响，从而制约了其通过提升吸收能力来增进财务绩效的路径。因此，为了充分发掘清洁生产技术创新在提升绩效方面的潜力，制造业企业需加大研发投入力度，加速知识整合进程，构建坚实的知识体系，并积极推动专利申请及知识产权保护工作，强化吸收能力。

四、实证结论

研究结果显示，清洁生产技术创新对财务绩效的三个关键指标——行业增加值、资产收益率及产业利润均有显著的正向效应，而末端治理技术创新对行业增加值的影响并不显著，但对资产收益率与产业利润两个维度却有明显的正向作用。该发现与发达国家的既有研究成果基本一致。资源约束显著影响清洁生产技术创新与行业增加值及产业利润的关系，以及末端治理技术创新与行业增加值的关系。资源约束通过吸收能力，影响清洁生产技术创新和产业利润之间的关系，但在末端治理技术创新与财务绩效的关系中，其影响未能显现出显著性。综上所述，绿色工艺创新对制造业绩效具有积极的推动作用，同时受资源约束和吸收能力的影响。因此，绿色创新实践不仅是创造性的活动，更是一项蕴含高风险的战略决策。制造业应正视资源约束的积极面，长期且持续投资于清洁生产技术创新，不断强化吸收能力，以获取绿色工艺创新效益。

第五节　新兴行业发展、社会认知与企业创新努力

技术革新与行业生命周期的动态变化共同塑造了新兴行业、行业扩张与企业创新努力之间的复杂关系。新兴行业的出现为行业内企业开辟了更为广阔的创新空间，特别是在绿色技术领域，这些新兴领域往往蕴含着巨大的机遇，推动企业向更加可持续的方向发展。然而，绿色技术领域的机会与模糊性存在一种平衡，这些创新机会并非愈多愈佳。随着新兴行业类别的增加，企业转型的矛盾也随之浮现，抑制企业创新努力。尽管新兴行业为绿色技术领域提供了前所未有的发展契机，但它们也可能给在位企业带来更大的不确定性，进而成为企业绿色技术变革与创新的阻碍因素。企业需要平衡机会与模糊性，抓住机遇应对挑战。为解决这一矛盾，本节提出了以下见解：在一个行业中，新兴行业类别的数量与在位企业的创新投入之间将呈现出一种倒"U"形关系。进一步的研究揭示，这种曲线关系还会受到企业所处行业的社会认知线索的影响。本节通过考察一组美国高科技制造企业的研发投资情况，验证了主要预测以及集体认同不一致的调节作用，而行业协会的普及性则有更复杂的作用。基于上述研究结论，本节全面分析了新兴行业类别对企业创新策略的双重影响，并揭示了认知负担、集体认同、行业协会对行业演化及企业创新行为的复杂作用机制。

一、技术变革背景下的新兴行业与企业创新努力

（一）新兴行业中机会与模糊性的双重影响

关于技术不连续性和行业生命周期的研究强调了新兴行业、行业增长与企业创新努力之间的关系。技术不连续性催生了一个充满变革的时代，从而为企业提供了更大的空间来尝试产品或技术的不同版本。在新兴行业中，日益增长的市场需求也增加了企业测试创新想法和解决方案的激励。这种需求端的拉动进一步激励了企业创新（McGahan and Silverman，2001）。

尽管新兴行业的出现提供了更大的发展机遇，但它也经常给行业内的在位企业带来显著的动荡（Lee and Paruchuri，2008）。多个技术问题和解决方案的产生、产品和服务之间不明确的联系以及缺乏评估和区分竞争产品的统一标准，给企业带来了严重的模糊性（Benner and Tripsas，2012）。模糊性指某一情境存在多种替代性解释，或对特定事件情境的意义和影响缺乏明确性（Santos and Eisenhardt，2009）。在新兴情境下，模糊性之所以产生，是因为组织通常有多种有前景的技术和市场轨迹可供选择，但选项数量之多使得评估任何一条轨迹的前景都变得困难。因此，模糊性与更一般的环境不确定性概念（Milliken，1987）不同，后者假设组织缺乏在选项之间做出选择所需的概率信息。相比

之下，模糊性并不排除信息的存在，而是指一种情况，在这种情况下，信息的可获得性无法为可能由特定情况的多种合理解释引起的冲突或混乱状态提供解决方案。

创新的社会认知方法（Howells，1995）表明，模糊性尤其会削弱企业参与创新相关活动的意图和能力。首先，企业可能会将模糊信号解读为威胁，驱使它们采取僵化行为并最小化风险承担。其次，模糊性会混淆行为与绩效之间的关系，注入随机性，从而降低企业有效学习环境的能力，使企业进行技术实验变得困难。这可能导致企业采取迷信式学习，错误判断行动与结果之间的联系，导致决策次优（Levitt and March，1988）。最后，在模糊情境下，混乱和虚假信息会阻碍利益相关者之间的有意义沟通（Rosa and Porac，2002），从而阻止企业致力于创新工作。因此，新兴行业所产生的模糊性会削弱企业有效探索的动机。上述论述表明了一种不安的紧张关系：尽管行业中新兴行业类别的数量存在预示着未来的增长潜力，但这些机遇往往与感知到的模糊性交织在一起，这可能会抑制在位企业投资研发活动的决策。与新兴行业类别相关的积极和消极力量的相对强度可能会以非线性方式变化。问题不在于市场本身，而在于这些新兴类别的多样性以及随之在行业中产生的模糊性。

认知心理学传统（Miller，1956）和有限理性理论（Simon，1991）的见解表明，随着一个行业中新兴行业类别的增多，与之相关的感知复杂性和模糊性问题将变得更加明显。具体而言，人类仅具备有限的认知能力来吸收和处理信息（Miller，1956）。超出这些限制会导致各种负面的认知和行为结果。例如，在研究消费者行为中的认知负荷时，研究表明"多"并不总是"好"。这被称为"选择的悖论"（Schwartz，2005），即过多的选择和信息会导致困惑、沮丧和判断失误。决策者可能会因为过多的选择而陷入瘫痪，从而倾向于推迟决策，甚至根本不做出决策。心理学研究挑战了"选择越多越好"这一普遍假设，并提出了"选择过载假说"，该假说认为，尽管多种选择起初看似可取，但最终会对做出选择的人产生有害和消极的影响。研究表明，人们面对有限选择比过多选择更有可能产生购买行为（Iyenger and Lepper，2000）。关于有限理性和企业绩效的研究也表明，过多的信息会使决策者不堪重负并导致认知压力（Keller，2001）。

此外，当决策者没有可用的参考点或成熟的评价标准时，信息过载问题会更加明显（Chernev，2003）。换句话说，在面对新的复杂情况时，没有现成评价标准的决策者在评估可用选项和做出决策时会遇到更大的困难。他们必须克服双重障碍：理解复杂信息和找到参考点（即适当的评价标准）（Chernev，2003）。因此，决策者可能会接收到比他们能够处理的信息更多的信息，这反过来又可能导致决策延迟，甚至拒绝解读信息（Sinkula，1994）。

这一研究领域的见解对于理解企业在新兴行业中的决策具有重要意义。学者发现，在高度不确定的情况下，企业往往会选择等待事态发展，以避免代价昂贵的战略失误（Eisenhardt and Bourgeois，1988；Bowman and Hurry，1993）。结合认知心理学的论点，阐明可能导致这种"观望"态度的潜在微观机制，为这一研究领域增添了新的内容。尽管购买行为决策与研发环境中的决策不同，但它们之间存在一些共同的潜在机制。此外，在实验室中观察到的效应在研发投资环境中可能会被放大。因为，购买选择是一个相对简单的决策，而企业投资决策过程可能会受到更多考虑因素和相互竞争需求的干扰。大多数组织面临资源约束，需要权衡取舍；在大多数情况下，投资于一项新技术或市场类别往往意味着牺牲另一个领域。并且研发决策所涉及的风险也更高，因为押错技术的后果可能代价昂贵且不可逆转。因此，这个过程通常比实验室环境中研究的简单购买决策更为复杂。正如"现状偏见"研究所表明的，决策者通常倾向于最小化不确定性，并在重要的实际决策中坚持现状（Samuelson and Zeckhauser，1988）。在决策复杂性高的情境下，由于难以预测未来，企业可能会选择不做出任何重大决策。

目前为止的论点表明，虽然越来越多的新兴行业类别将带来更多机会，但当企业投资于新方向时，这也给企业带来了更大的模糊性。当一家企业的目标行业中新兴行业类别的数量较少时，机会的正向影响可能会主导模糊性对企业决策制定的负向影响。这是因为认知负荷仍在可控范围内，因此，在位企业的决策者可能利用机会，同时利用多种机制应对与模糊性相关的挑战，包括进行局部搜索（Cyert and March，1963）和建立促进变革和创新的惯例（Amburgey et al.，1993）。然而，随着新兴行业类别的数量的进一步增加，认知过载和有限理性理论表明，与感知到的模糊性相关的劣势最终可能会超过机会增长带来的好处。具体来说，一方面，考虑到人类认知能力的局限性，随着新兴行业类别的数量进一步增加，感知到的机会增长好处可能会递减，因为决策者可能无法优化并利用所有可能的机会；另一方面，模糊性的潜在负面影响可能会递增，因为过多的选择和信息过载可能会让他们难以有效应对。

此外，还有两个额外的理由可以推测模糊性的非线性影响。首先，同样的模糊信息通常既可以被解释为机会，也可以被解释为威胁（Elliott and Archibald，1989）。行动者往往对信息中蕴含的"威胁"比"机会"更为敏感，即使信息本身是模糊的，并且可能同时包含这两种含义。这一领域的研究成果表明，随着新兴行业类别的数量和随之而来的模糊性增加，感知到的机会可能会进一步减少，而感知到的做出错误决策可能带来的负面后果则会上升，从而进一步阻碍企业在研发方面的决策制定。其次，在研发领域，企业高管很少会独立评估每个新兴类别的感知机会和成本；相反，由于许多新兴选项之间存在相互关联，最终的决策通常需要在考虑所有相关选择和相互竞争需求的情况下才能做出，这进一步增加了决策的复杂性。因此，随着环境中新市场类别的数量增加，决策制定的复杂性可能会显著增加。

综上所述，新兴行业类别提供的机会很可能存在阈值效应：当新兴行业类别太少时，企业没有足够的创新空间；而当其太多时，企业可能会面临大量的困惑，甚至可能在决策制定过程中陷入瘫痪，这表明多个新兴行业类别与企业在研发投资强度方面的创新努力之间存在非线性关系。因此，我们认为，在位企业的目标行业中新兴行业类别的数量与该企业的研发强度之间存在倒"U"形关系。

（二）社会认知视角下的行业动态与企业创新

尽管关于产业生命周期和演化经济学的文献已经强调了技术进步作为推动创新的基本动力所发挥的作用，但一些学者也指出，在技术发展初期和产业生命周期的早期阶段，考察更广泛的社会认知因素在促进或阻碍创新努力方面的作用同样重要（Sine et al.，2005；Grodal et al.，2015）。社会认识的核心假设是，产业是具有共享意义和互动结构的社会与制度共同体（Geels，2004）。在技术密集型产业中，从社会认知的角度审视新技术（及其相关的市场机会）尤为重要。技术通常出现在多条异质且相互竞争路径的交汇处，可以从多种角度进行解释和理解，因此其后续发展轨迹往往缺乏共识。并且，新技术产生了大量原始数据，给决策者带来了信息处理方面的挑战。因此，决策者会从更广泛的产业环境中寻找信息线索，以便解读和理解与其产业中发展动态相关的意义。由此提出两种可能影响新兴行业类别数量与企业创新努力之间倒"U"形曲线关系的情境线索：焦点产业的集体认同一致性，行业协会等制度行动者的存在。

基于产业和市场共识意义系统（Porac et al.，1989）的观点，这种系统通常表现为市场参与者通过类别相互识别并为规定行为分配代码（Hsu and Hannan，2005）。产业的集体认同依赖于这些类别，这些类别规定了产业参与者的角色和期望，并得到了产业内部成员和外部受众的认同（Navis and Glynn，2010）。因此，集体认同被构想为群体共享的定义，源于成员的共同利益、经历、团结、目标和成果（Wry et al.，2011）。学者发现，产业集体认同的不一致可能会给其合法性和竞争不确定性带来挑战（Wry et al.，2011）。产业集体认同的清晰度与企业原型相关，最能代表成为该产业成员或参与企业的意义（Navis and Glynn，2010）。这种对典型类别成员的期望构成了由产业成员商定并由关键外部受众理解的身份代码（Navis and Glynn，2010），因此集体认同的形成取决于类别成员身份的一致性。

影响焦点产业的集体认同一致性的因素可能包含以下内容。在新兴或动态环境中，新进入者的作用被认为在塑造或重塑产业的集体认同时尤为重要（Georgallis et al.，2018）。例如，磁盘阵列行业迎来了来自不同领域、具有异质身份的新参与企业，这使得原本在位企业难以围绕稳定的集体认同形成一致（McKendrick and Carroll，2001）。具有与在位企业显著不一致、不连贯身份的新行动者的加入，可能会极大地加剧对资源的竞争，会削弱产业成员向外部受众提供其可行性的有力理由的集体能力（Georgallis et al.，2018）。

虽然先前的研究主要关注新进入者的多样性如何影响产业集体认同的一致性，但成员自我归类与外部受众感知之间的一致性研究存在空白。认知心理学的见解表明，企业的自称身份可能并不总是与外部受众的认知相一致（Swann and Ely，1984），因此可能会产生身份差异。在总体层面上，当许多新进入者在其自我认同与外部受众感知之间存在此类差异时，这些不一致可能导致对定义焦点类别原型共识标准产生威胁。因此，无论是类别成员还是外部受众，都很难划定边界并达成对类别的共同解释（Lee et al.，2017）。

这些论点强调了新进入者身份对产业集体认同的影响，特别是新进入者自称身份归属与重要利益相关者感知之间的一致程度。从产业在位企业的角度来看，在新进入者的自我归类与外部受众对其归类之间具有较大差异的情况下，由于缺乏有意义的参照群体，在位企业可能很难识别新进入者的客户和竞争对手（Porac et al.，1989），使其难以确定自身业务的适当范围。

例如，当数字成像行业首次出现时，新进入者来自至少三种背景：摄影、消费电子和计算机。他们各自以不同的方式构想数字成像市场，这不仅造成了产业参与者之间的不一致，还导致了参与企业的自我认知与外部受众感知之间的差异（Benner and Tripsas，2012）。沿着这一思路，尽管一家数字摄影公司选择了摄影标准产业分类（standard industrial classification，SIC）代码来对自己的分类进行归类，但该公司主要吸引的是计算机外设分析师（Tripsas，2009）。这种差异只会加剧在位企业的困惑，使其在变化的环境中更难确定其核心业务。

一个公司所在焦点行业的集体认同的一致性可能是一把双刃剑。根据一个行业内总体模糊性的程度，集体认同的一致性可能会促进或阻碍在位企业的创新努力。当新兴行业类别的数量处于中低水平时，缺乏一致的集体认同实际上可能意味着更大的机遇。缺乏明确的类别界限有时对参与企业是有益的，因为宽松的市场具有更大的灵活性，并允许更广泛的适应性（Pontikes and Barnett，2015）。因此，这样的类别可能会创造更多的增长机会，并为创新活动提供更多的空间。在当前背景下，当行业中只有少数几个明确的新兴发展轨迹时，新进入者导致的行业集体认同的高度不一致有助于放宽在位企业的既有认知约束，使它们更容易看到框架之外的机会。然而，当行业内新兴行业类别的数量很高时，缺乏一致的集体认同可能会使情况恶化。新的市场或技术类别通常缺乏认知合法性，且不易被理解（Sine et al.，2005）；当行业中充斥着越来越多这样的新兴行业类别时，新进入者之间更高程度的集体认同不一致可能会使意义建构和意义赋予过程更加困难（Stigliani and Elsbach，2018），进一步加剧上述理论模糊性对在位企业创新努力的负面影响。

综上所述，行业的集体认同是由成员企业（尤其是新进入者）如何认识自己以及外部受众如何看待它们之间的相互作用所塑造的，而这种集体认同的一致性将调节新兴行业对在位企业研发投资所产生的曲线效应。尽管当新兴行业类别数量处于中低水平时，集体认同的不一致可能意味着更多的机会，但随着新兴行业类别的数量持续增加，更高程度的集体认同不一致将会使在位企业更难解释和处理来自行业中新市场类别的模糊信息。因此，我们认为，新进入者到一个行业的集体认同不一致将加强（使曲线更陡峭）假设中的新兴行业类别数量与在位企业研发强度之间的曲线关系。

行业中的制度行为者，如专业协会和行业协会，对塑造其社会认知起着重要作用（Rajwani et al.，2015）。尽管现有文献传统上将这些制度行为者的影响视为规范性力量（DiMaggio and Powell，1983），但它们对行业的影响实际上比传统上认为的更为广泛。行业中的行业协会通常具有多重功能，包括制定行业标准、培养成员间的集体认同、认证和认可值得肯定的机构或做法，以及对有利的法规进行游说。这些功能都有助于行业的合法化和稳定。这些制度行为者通过规范性、认知性和规制性渠道（Sine et al.，2005）等多种机制来塑造行业的社会认知。

正如集体认同一致性的影响一样，行业中行业协会的存在对企业创新努力的作用也可能是一把双刃剑。一方面，行业协会等制度行为者往往由精英和相对保守的成员主导。因此，这些制度行为者往往代表风险规避精英的利益，倾向于支持更成熟的技术（Sine et al.，2005），从而限制了企业在新技术上的投资和探索。另一方面，由于它们能够塑造焦点行业的规范和明确边界，行业协会在使新兴行业合法化方面尤为重要（Hiatt and Park，2013）。它们不仅为新兴行业理念提供合法性，还作为企业可以识别潜在的合作伙伴和竞争对手的平台，交流在新市场空间中最可行的导航方式，有助于缓解与模糊性相关的问题（Lee et al.，2017）。

到目前为止的讨论表明，行业协会的调节作用也取决于企业环境的整体复杂性。当新兴行业类别较少时，由于机会的有限性和模糊性，行业协会可能作为制约力量，偏爱现有技术，限制企业创新。独立发电部门中最强大的集体代表之一——加利福尼亚州独立能源生产商协会（Independent Energy Producers Association，IEPA）便是由认同更成熟方法的成员主导，因此偏爱使用风险较低的化石燃料技术，从而限制了独立发电部门企业的选择（Sine et al.，2005）。然而，随着新兴行业类别的不断增加，协会的稳定力量变得至关重要，因为它们不仅帮助在位企业识别有前景的机会，还帮助明确新出现市场类别的边界，从而缓解与高模糊性相关的问题。例如，在不断发展的半导体行业中，美国半导体工业协会（Semiconductor Industry Association，SIA）和美国电子协会（American Electronics Association，AEA）等行业协会被认为在使整个半导体行业及其内部各种新兴行业类别合法化方面发挥了重要作用。这些协会颁发奖项、出版行业期刊、举办会议，以支持行业内值得肯定的创业和新兴发展，并成为更广泛地连接半导体行业内不同领域参与者的平台。这些活动有助于明确和合法化不同新兴发展轨迹的路径。

综上所述，当新兴行业类别数量较少时，行业协会会制约企业的创新努力，但当新兴行业类别数量较多时，它们有助于缓解模糊性带来的一些负面影响。具体而言，当新兴行业类别数量较少时，行业协会的存在会抑制在位企业的机会感知；相反，随着新兴行业类别数量的增加，它们的存在将有助于缓解模糊性增加带来的有害影响。因此，我们认为，行业中行业协会的存在将抑制（使曲线变平）新兴行业类别与在位企业研发强度之间假设的曲线关系。

二、研究设计

（一）样本与数据

本节研究针对美国制造业进行了理论测试，并重点关注被视为"高科技"的行业。为了确定这些行业，参考了美国国家科学基金会（National Science Foundation）对高科技行业的分类。从 1997 年至 2007 年 Compustat 所列的美国制造企业总体中随机抽取了一个样本。研究背景的选择考虑了多重因素。第一，背景需要反映新兴行业类别以及社会认知环境的变化。因此，一个包含多个行业的背景对于检验论点至关重要。第二，鉴于研究的是企业的创新努力，创新对企业生存和业绩至关重要的高科技行业是合适的选择。第三，将样本限定在高科技行业有助于企业之间的比较，特别是在它们对研发活动的依赖程度能够充分反映企业的创新努力时。综合运用多种数据来源，包括新兴产业信息、公司财务数据、协会数据和 IPO 数据。下面将详细讨论这些数据来源。

为了确定一个行业是否存在新兴行业以及存在多少类别，参考《新兴产业百科全书》（*Encyclopedia of Emerging Industries*，EEI），这是一部关于正处于萌芽期或呈现快速增长趋势的新兴行业类别及其细分的综合手册。EEI 在识别新兴行业类别时不依赖官方的产业分类系统，而是采用了一种实用主义的分类方法。一个新兴行业类别不一定是受法律监管或有正式界限的类别；相反，EEI 所包括的新兴行业类别是"特定的工业和商业部门、离散类型的企业，有时仅仅是用来描述特定的产品或服务范围"，分类标准基于对市场竞争格局如何划分的集体理解。这种方法也与社会认知方法密切相关，在这种方法中，新市场类别的界限更多的是由行业参与者的集体模式定义的，而不是由监管制度或对现有利基市场的重新命名定义的。因此，EEI 所确定的"新兴行业"与 SIC 等既定分类系统所定义的行业之间不一定存在完美的一对一映射。不过 EEI 的出版者确实提供了一个全面的对照表，使人们能够轻松地将 EEI 中确定的新兴行业与 SIC 系统进行匹配。基于 EEI-SIC 对照表，一些 SIC 与多个新兴行业类别相关联。通过采用 EEI-SIC 对照表，将其与相应的行业 SIC 代码相匹配，来量化一个行业中的新兴行业类别数量。

基于 Compustat 收集公司财务信息。首先收集 1990 年至 2010 年美国证券交易委员会（United States Securities and Exchange Commission，SEC）提交的所有新股 IPO。其次从《协会百科全书》（*Encyclopedia of Associations*）中确定了每个行业内的行业协会，我们选择的行业协会都属于制造业（即 SIC 代码为 20 至 39）。由于全国性协会更有可能拥有理论中提出的稳定力量，因此，从总体中排除了地区性和地方性协会。此外，鉴于样本仅包括美国企业，实证只纳入了美国本土的制造业协会。

为了考察在位企业对多重新兴机遇的创新努力，样本期限定于 1996 年至 2007 年。年度数据的可用性将最终样本减少到了 1278 家企业，形成了一个包含 4704 个企业年观测值的不平衡面板数据。

（二）变量定义

1. 被解释变量

被解释变量：企业创新努力。根据先前的研究（Cohen and Levinthal，1990），企业的创新努力程度可量化为研发强度，即企业年度研发支出除以销售额，这一指标反映了企业对创新活动的投入和重视程度。由于研发强度呈左偏分布，遵循先前的研究方法（Spithoven et al.，2012），对研发强度的原始值加一并取自然对数。更具体地说，该指标的计算方式如式（5-1）所示：

$$研发强度_t = \ln\left(\frac{研发支出_t}{销售额_t} + 1\right) \tag{5-1}$$

其中，t 表示某一给定年份。为了更好地建立因果推断，将所有解释变量和控制变量滞后了一年。

2. 解释变量

（1）新兴行业类别。此变量用于衡量某一焦点在位企业所在行业中，根据 EEI 定的新兴行业类别的数量。例如，摄影设备及供应行业（SIC 3861）被确定为一个新兴行业领域（即数字成像），而制药准备行业（SIC 2834）则涵盖了五个新兴行业领域（即抗衰老产品和服务、生育药物、营养补充剂、特效药和减肥计划）。在观察窗口内，EEI 仅有五个版本可供使用，因此仅拥有五年的新兴行业类别数据。为解决这一问题，对缺失的年份数据进行插值处理。

（2）集体认同不一致性。理论部分预测企业环境中的社会认知可能会对新兴行业类别具有调节作用。特定行业中标准产业分类（SIC）的归类中身份不匹配的发生频率可以用来反映这一点。具体而言，该变量是根据美国证券交易委员会为新上市公司分配的SIC代码与其自我认定的SIC代码不同的次数来构建的。例如，当亚马逊公司上市时，其自我认定的主要行业归属为"信息检索服务"（SIC 7375），但在官方的IPO记录中，美国证券交易委员会却将其分配给了"图书出版"（SIC 2731）。一个行业中此类新进入者越多，该行业维持一致集体认同的可能性就越小。此变量每年针对每个行业进行更新。

（3）行业协会。理论部分预测行业制度行动者对新兴行业类别与企业研发强度之间可能具有调节作用。该变量根据企业在其关注行业中每个四位数标准产业分类（SIC）层级下的美国国家级行业协会数量构建。

3. 控制变量

有大量文献描述了企业创新的动机。考虑到可能影响企业对环境中感知到的机会做出反应，表现为进行创新努力的因素，本节研究纳入了一系列公司层面和行业层面的控制变量。

现有研究认为公司规模会影响创新活动，尽管关于其影响的实证证据尚未得出明确结论。大型企业与小型企业的关键决策者往往对环境感知和创新方法有不同的倾向，这可能会在行业层面影响企业创新努力，因此公司规模是重要的控制因素。公司规模以公司年销售额的对数来衡量。先前的文献提出了公司多元化对创新可能产生的两种影响。同样，文献中关于多元化的确切影响是矛盾的：一些研究表明公司多元化会促进创新（Argyres and Silverman，2004），而另一些研究则持相反观点（Hoskisson and Johnson，1992）。公司多元化变量以公司经营的两位数SIC类别的数量来衡量。该变量针对每个公司年度进行计算。通过计算公司流动资产与流动负债的比率来控制公司的松弛资源。公司的资产回报率作为代理变量控制公司绩效。考虑到公司过去的研发战略可能会对其后续的研发强度产生路径依赖效应，公司的滞后研发强度也被作为控制变量之一。

除了这些公司层面的控制变量外，行业增长也得到了控制，并使用行业中新上市公司的数量作为代理变量，以控制行业增长和行业热度的潜在影响。鉴于年份虚拟变量和行业层面变量之间的高度相关性，在模型中未包含年份虚拟变量，从而避免了多重共线性。然而，无论是否包含年份虚拟变量，结果都保持不变。

（三）模型分析

基于一般线性模型（general linear model，GLM）进行模型估计。由于数据无须被强制纳入非自然尺度，作为线性模型的数学扩展，GLM建模技术能更好地适应非线性和非恒定方差结构。考虑到数据是类似于混合时间序列的公司年度观测值（即自变量包含插值），GLM是更合适的，因为该技术允许指定任何程度的交互效应。更重要的是，研人员可以获得允许组内相关的标准误差。这样做可以有效地解决公司内部的方差问题。使用具有恒等联系函数的高斯分布，并通过最大似然函数和允许组内相关的标准误差来指定模型。

分析基本估计方程如式（5-2）所示：

$$Y = \beta_0 + \beta_1 X + \beta_2 X^2 + \beta_3 XZ + \beta_4 X^2 Z + \beta_5 X^2 Z + \beta_6 W \tag{5-2}$$

其中，Y 表示公司的研发强度；X 表示焦点公司所在行业中新兴行业类别的数量；Z 表示社会认知的调节变量；W 表示一系列控制变量的集合。

三、实证分析

（一）描述性统计与基础回归结果

表 5-8 报告了描述性统计与相关系数。在未报告的多重共线性诊断中评估了方差膨胀因子值。每个模型的平均方差膨胀因子值均低于 4.00，且所有模型的方差膨胀因子值均未超过 10.00（各模型中方差膨胀因子的最大值为 3.09，平均值为 1.65），表明不存在严重的多重共线性问题。

表 5-8　描述性统计与相关系数（二）

变量	平均值	标准差	1	2	3	4	5	6	7	8	9
研发强度	0.503	0.913	1.000								
新兴行业类别	3.142	2.923	0.005	1.000							
集体认同不一致性	0.322	0.200	0.008	−0.456	1.000						
行业协会	9.905	9.822	0.101	0.175	0.056	1.000					
企业规模	−1.075	2.033	−0.353	0.062	−0.037	0.027	1.000				
公司多元化	1.257	0.686	−0.151	−0.082	0.062	0.022	0.410	1.000			
松弛资源	5.269	6.363	0.280	0.017	−0.018	0.011	−0.262	−0.141	1.000		
公司绩效	−0.220	0.766	−0.279	0.018	0.017	−0.014	0.352	0.102	0.090	1.000	
行业增长	4.647	5.071	0.095	0.324	−0.334	−0.079	−0.037	−0.063	0.059	0.002	1.000

注：相关系数 ≥|0.036|时，在 0.05 水平上显著。观测值为 4704

表 5-9 报告了新兴行业对公司研发强度影响的回归分析。模型 1 仅包含控制变量，检验了先前文献中记录的可能影响公司创新努力的因素。模型 2 检验了理论部分提出的机会-模糊性困境论点，描述了新兴行业与公司创新努力之间的关系。模型 3 和模型 4 调查了公司社会认知环境对新兴行业与研发强度之间关系的影响。模型 3 引入了集体认同不一致性变量及其与新兴行业类别的交互作用。模型 4 包含了行业协会变量及其与新兴行业类别的交互作用。

理论部分预测新兴行业类别与公司的研发强度之间存在倒 "U" 形关系。模型 2 的估计结果表明，新兴行业类别的系数为正（$\beta=0.035$；$p<0.001$），而新兴行业类别的平方项系数为负（$\beta=-0.004$；$p<0.001$）。两个系数的显著性为预测提供了支持。

表 5-9　新兴行业类别对企业研发强度的 GLM 回归分析

变量	模型 1	p 值	模型 2	p 值	模型 3	p 值	模型 4	p 值
新兴行业类别			0.035 (0.01)	0.000***	−0.015 (0.02)	0.405	0.011 (0.01)	0.269
新兴行业类别平方项			−0.004 (0.00)	0.000***	0.002 (0.00)	0.180	−0.001 (0.00)	0.564
集体认同不一致性			0.087 (0.03)	0.001**	0.037 (0.02)	0.137		
行业协会			0.003 (0.00)	0.000***			0.001 (0.00)	0.019*
新兴行业类别×集体认同不一致性					0.201 (0.06)	0.000***		
新兴行业类别平方项×集体认同不一致性					−0.025 (0.01)	0.000***		
新兴行业类别×行业协会							0.002 (0.00)	0.015*
新兴行业类别平方项×行业协会							−0.000 (0.00)	0.002**
滞后一期	0.776 (0.03)	0.000***	0.765 (0.03)	0.000***	0.763 (0.03)	0.000***	0.765 (0.03)	0.000***
企业规模	−0.025 (0.01)	0.000***	−0.024 (0.01)	0.000***	−0.024 (0.01)	0.000***	−0.025 (0.01)	0.000***
公司多元化	0.006 (0.01)	0.295	0.004 (0.01)	0.564	0.008 (0.01)	0.195	0.007 (0.01)	0.292
松弛资源	0.009 (0.00)	0.000***	0.009 (0.00)	0.000***	0.009 (0.00)	0.000***	0.009 (0.00)	0.000***
公司绩效	−0.002 (0.03)	0.941	−0.004 (0.03)	0.889	−0.006 (0.03)	0.858	−0.003 (0.03)	0.926
行业增长	0.004 (0.00)	0.090	0.004 (0.00)	0.165	0.005 (0.00)	0.093	0.003 (0.00)	0.218
常数项	0.002 (0.02)	0.924	−0.079 (0.02)	0.001***	−0.056 (0.02)	0.013*	−0.033 (0.02)	0.070
−2 对数似然值	7354.17		7324.81		7320.66		7324.19	
AIC	7368.17		7346.81		7344.67		7348.19	
BIC	7413.36		7417.83		7422.14		7425.67	
观测值	4704		4704		4704		4704	

注：AIC 表示 Akaike information criterion，赤池信息量准则；BIC 表示 Bayesian information criterion，贝叶斯信息准则；括号内为标准误差

*表示 $p<0.05$；**表示 $p<0.01$；***表示 $p<0.001$

　　为了进一步确保预测的倒"U"形关系的稳健性，根据现有文献（Haans et al., 2016）进行了两项额外评估：一是数据范围低值和高值处的斜率是否足够陡峭；二是倒"U"形曲线的转折点是否位于数据范围内，计算数据范围两端斜率的陡峭程度。为了存在倒"U"形曲线，检验必须拒绝以下零假设：新兴行业类别处于低值时的斜率减小，而新兴行业类别处于高值时的斜率增加。检验结果在 $p<0.001$ 的水平上拒绝了零假设。此外，还检验了转折点的适当性。首先，倒"U"形曲线的转折点大约位于 4.648 个新兴行业类别处，这接近新兴行业类别的平均值 3.142。其次，使用 Fieller 方法计算了该转折点的 95% 置信区间，其下限为 0.208，上限为 0.221。因此，置信区间表明转折点位于数据范围内，因为新兴行业类别的最小值和最大值分别为 0 和 11。

　　尽管检验结果为新兴行业类别与公司研发强度之间假设的倒"U"形关系提供了有力支持，但为了更好地了解该效应如何随着自变量不同值的变化而变化，新兴行业类别的数量固定在几个特定值时的不同边际效应也应当被考虑在内。例如，当新兴行业类别的数量固定在 1（第 25 百分位数）、2（中位数）和 5（第 75 百分位数）时，其边际效应分别为 0.0234、0.0160 和 −0.0063。这一模式表明，曲线的斜率首先以递减的速率增加，一旦自变量超过某个阈值，斜率便开始减小，这为预测提供了进一步的支持。

　　回归分析中使用的因变量是对研发强度原始值的对数转换。为了更有意义地评估自变量的影响，计算了在自变量一系列取值下，公司研发强度的相应变化。当其他所有变量都保持在平均值时，随着新兴行业类别数量从 0 增加到 1，焦点公司的研发强度会增加 3.14%。当新兴行业类别的数量超过拐点，就会看到因变量开始呈现递减趋势。例如，当新兴行业类别数量从 5 增加到 6 时，焦点公司的研发强度下降了 0.63%。

　　鉴于研究结果变量是研发强度，定义为公司的研发支出占其收入的比例，通过将这些数字转化为美元价值，以评估自变量带来的货币影响。以 2001 年（采样期的中点）为例，该年所有采样行业的平均研发支出货币价值约为 1.4154 亿美元。因此，当其他所有变量都保持在平均值时，随着新兴行业类别数量从 0 增加到 1，2001 年公司的年度研发支出将增加约 444 万美元（1.4154 亿美元×3.14%），这不是一个小数目。然而，当新兴行业类别数量从 8 增加到 9 时，公司的年度研发支出将减少约 401 万美元[1.4154 亿美元×（−2.83%）]。

　　当新兴行业类别数量较多时，新进入者的集体认同不一致性将加剧新兴行业类别与公司研发强度之间的关系。如果自变量平方项与调节变量的交互项系数为负且显著，则支持这种倒"U"形关系的加剧效应。如表 5-9 中的模型 3 所示，新兴行业类别平方项与集体认同不一致性的交互项系数为负且显著（$\beta=-0.025$, $p<0.001$），表明集体认同不一致性加剧了前文所述的倒"U"形关系。这一发现也与预测一致，即集体认同不一致性加剧了与多个新兴行业类别相关的模糊性的负面影响。此外，当新兴行业类别数量较少时，集体认同不一致性对新兴行业类别与公司研发强度关系的调节效应为正且显著（$\beta=0.201$, $p<0.001$），表明一定程度的集体认同不一致性可能在模糊性较低时鼓励研发努力。

　　行业协会的普及将削弱新兴行业类别与公司研发强度之间的倒"U"形关系。然而，在模型 4 中，新兴行业类别平方项与行业协会交互项的系数为负且显著（$\beta=-0.000$, $p<0.01$），这并不支持理论论点。结果表明了一个相反的故事：行业协会的普及实际上加剧了而不是削弱了新兴行业类别与公司研发强度之间的倒"U"形关系。

通过绘制了自变量在不同调节变量值（即集体认同不一致性和行业协会分别处于第 25 百分位数、中位数和第 75 百分位数时）下的边际效应图，可视化了新兴行业类别与研发强度之间的关系以及调节效应。通过叠加原始数据，对模型拟合进行视觉检查，如图 5-8 和图 5-9 所示。

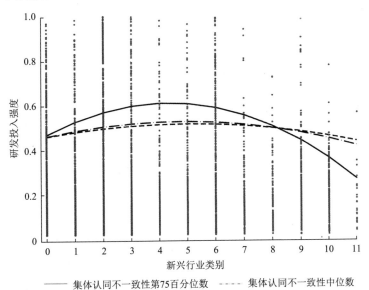

图 5-8　集体认同不一致性的调节效应

垂直于横轴的散点为原始数据

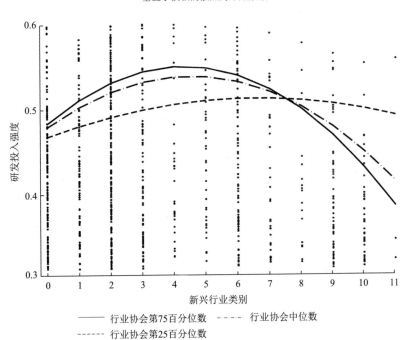

图 5-9　行业协会的调节效应

垂直于横轴的散点为原始数据

图 5-8 和图 5-9 均表明，新兴行业类别与研发投入强度之间存在倒 "U" 形关系。此外，图 5-8 显示，当集体认同不一致性的程度从第 25 百分位数增加到中位数，再到第 75 百分位数时，这种关系变得更加陡峭。这一模式支持了原有预测。与另一个预测相反，如图 5-9 所示，主要的倒 "U" 形关系也随着行业协会数量的增加（从第 25 百分位数到中位数，再到第 75 百分位数）而变得更为陡峭。

具体来说，如图 5-8 所示，当新兴行业类别的值低于转折点（约 4）时，无论调节变量（集体认同不一致性）的值如何，新兴行业类别与研发投入强度之间存在正相关关系。然而，随着调节变量值的增加，曲线的斜率变得更陡峭，表明自变量的边际效应在增加。

图 5-8 还表明，当新兴行业类别的值超过拐点时，新兴行业类别与研发投入强度之间存在普遍的负相关关系，并且这种关系随着调节变量值的增加而加剧。例如，当新兴行业类别数固定为 9 时，随着集体认同不一致的程度从 0.19（第 25 百分位数）增加到 0.22（中位数），再到 0.41（第 75 百分位数），曲线的斜率分别为 −0.0202、−0.0274 和 −0.0812，揭示了自变量边际效应的负向增强。综上所述，这些模式表明，集体认同不一致性使新兴行业类别与研发投入强度之间的倒 "U" 形关系变得更加陡峭。

同样，图 5-9 显示，在拐点之前，曲线的斜率逐渐增大（即正向），而在拐点之后，斜率逐渐减小（即负向），并且随着行业协会数量的增加，这一趋势变得更加明显。当行业中只有一个新兴行业类别时，随着行业协会数量从 2（第 25 百分位数）增加到 10（中位数），再到 13（第 75 百分位数），斜率将分别从 0.0110 增加到 0.0184，再增加到 0.0212，表明边际效应呈现上升趋势。相反，当新兴行业类别的值超过转折点，以 9 为例，在第 25 百分位数、中位数和第 75 百分位数三个行业协会数量级别上，曲线的斜率分别为 −0.0063、−0.0306 和 −0.0396，表明边际效应呈现下降趋势。

综上所述，图 5-8 和图 5-9 支持了新兴行业类别数量与在位企业创新努力之间的倒 "U" 形关系。它们还表明，该曲线的形状受到目标行业中传递的社会认知的调节。

AIC 和 BIC 为模型选择标准，用于比较不同的模型并选择最适合数据的模型。其目标均为平衡模型的拟合优度及其复杂性，以避免过拟合或欠拟合。

（二）稳健性检验

为确保研究结论具有稳健性，采用一个替代因变量和一种替代估计方法进行同样的分析。表 5-10 报告了稳健性检验的结果。

1. 替代创新努力的衡量指标

在现有模型中，根据企业年度研发支出与销售额的比例来计算研发强度。为了检验结果是否对替代衡量指标具有稳健性，基于研发支出的货币价值计算了研发强度，并将其作为替代因变量。鉴于该变量存在左偏态分布，通过对原始值加一后取自然对数的方式进行了转换。使用替代因变量，采用相同的模型规范来检验结果，结果模式与主要发现保持一致。

表 5-10　稳健性检验结果

变量	模型 1 替换因变量	p 值	替代模型	p 值	模型 2 替换因变量	p 值	替代模型	p 值	模型 3 替换因变量	p 值	替代模型	p 值
新兴行业类别	0.311 (0.03)	0.000***	0.027 (0.02)	0.087	0.115 (0.06)	0.052	0.033 (0.04)	0.363	0.145 (0.04)	0.000***	0.022 (0.02)	0.319
新兴行业类别平方项	-0.026 (0.00)	0.000***	-0.002 (0.00)	0.164	0.004 (0.01)	0.576	-0.002 (0.00)	0.620	-0.005 (0.00)	0.283	-0.001 (0.00)	0.587
集体认同不一致性	0.109 (0.14)	0.437	N/A		-0.037 (0.16)	0.816	N/A					
行业协会	0.008 (0.00)	0.000***	0.001 (0.00)	0.114					-0.007 (0.00)	0.050*	0.001 (0.00)	0.524
新兴行业类别×集体认同一致性					0.815 (0.188)	0.000***	-0.17 (0.12)	0.887				
新兴行业类别平方项×集体认同不一致性					-0.125 (0.02)	0.000***	-0.002 (0.01)	0.875				
新兴行业类别×行业协会									0.016 (0.00)	0.000**	0.000 (0.00)	0.647
新兴行业类别平方项×行业协会									-0.002 (0.00)	0.000***	-0.000 (0.00)	0.591
滞后一期	3.552 (0.28)	0.000***	0.430 (0.05)	0.000***	3.484 (0.28)	0.000***	0.430 (0.05)	0.000***	3.497 (0.28)	0.000***	0.430 (0.05)	0.000***

续表

变量	模型 1 替换因变量	p 值	替代模型	p 值	模型 2 替换因变量	p 值	替代模型	p 值	模型 3 替换因变量	p 值	替代模型	p 值
企业规模	0.782 (0.02)	0.000***	-0.059 (0.03)	0.033*	0.779 (0.02)	0.000***	-0.058 (0.03)	0.035*	0.775 (0.02)	0.000***	-0.059 (0.03)	0.033*
公司多元化	-0.077 (0.04)	0.075	0.016 (0.01)	0.173	-0.052 (0.04)	0.222	0.017 (0.01)	0.168	-0.061 (0.04)	0.147	0.017 (0.01)	0.167
松弛资源	0.047 (0.01)	0.000***	0.011 (0.00)	0.000***	0.045 (0.01)	0.000***	0.011 (0.00)	0.000***	0.046 (0.01)	0.000***	0.011 (0.00)	0.000***
公司绩效	0.137 (0.06)	0.015	0.070 (0.07)	0.294	0.132 (0.06)	0.017*	0.070 (0.07)	0.293	0.139 (0.06)	0.012*	0.070 (0.07)	0.294
行业增长	0.022 (0.00)	0.000***	0.002 (0.00)	0.345	0.025 (0.00)	0.000***	0.002 (0.00)	0.392	0.022 (0.00)	0.000***	0.003 (0.00)	0.341
常数项	2.177 (0.11)	0.000***	0.082 (0.07)	0.217	2.234 (0.11)	0.000***	0.095 (0.07)	0.145	2.340 (0.10)	0.000***	0.087 (0.07)	0.199
-2 对数似然值	13 119.00		5 339.25		13 057.38		5 340.05		13 044.49		5 339.12	
AIC	13 141.00		5 357.25		13 081.38		5 360.05		13 068.49		5 361.12	
BIC	13 212.02		5 415.35		13 158.85		5 424.61		13 145.96		5 432.14	
观测值	4 704		4 704		4 704		4 704		4 704		4 704	

注：括号内为标准误差。N/A 表示替代模型不适用于检验变量集体认同不一致性。AIC 和 BIC 为模型选择标准，用于比较不同的模型并选择最适合数据的模型。其目标均为平衡模型的拟合优度及其复杂性，以避免拟合过度或欠拟合

*表示 $p<0.05$；**表示 $p<0.01$；***表示 $p<0.001$

2. 替代实证策略

为了进一步检验结果的稳健性，采用了另一种分析策略。使用具有公司固定效应的面板数据回归重新运行了所有分析。鉴于每家公司的行业归属不会随时间变化，主要自变量和两个调节变量都是行业层面的变量，且在观察的十年时间框架内，行业内差异有限，因此，这种具有公司固定效应的模型可以说是非常保守的检验。尽管这些固定效应模型中的统计显著性水平有所下降，但主要自变量的系数符号在性质上与表 5-9 中报告的主要分析结果一致，部分支持了研究结果。

（三）行业协会普及率影响分析

前面的实证发现，行业协会普及率的调节作用与理论部分的预测相悖：它并没有使新兴行业类别与企业研发强度之间的倒"U"形关系趋于平缓，反而加剧了这种关系。经过进一步思考，尽管这些结果出乎意料，但它们实际上符合核心理论前提，即"多元性"及其带来的模糊性可能会阻碍企业的决策和创新努力。上述理论化的行业协会的稳定作用可能仅在行业内存在一个主导性的行业协会时才成立，而当其数量从一个增加到多个时，这种作用的性质可能会发生质变。单个行业协会由于其主导地位，在整合多种增长机会和减少围绕新兴行业类别的认知模糊性方面具有更大的权力。相反，如果存在多个主要行业协会，可能会产生相反的效果。多个协会的存在很可能导致行业内出现不同的权力中心，每个中心都试图凌驾于其他中心之上，从而导致更大的制度冲突和复杂性加剧。如果上述分析成立，那么多个协会的存在不仅不会减轻，反而可能会加剧行业内的认知分裂和不稳定，使伴随多个新兴行业类别的模糊性进一步恶化。换句话说，在一个行业中拥有一个主导性协会与拥有多个协会的效果在性质上可能是不同的。

尽管先前似乎没有研究明确检验过这一命题，但一些作者已经暗示了行业协会的存在并非"越多越好"的可能性。有的学者认为行业协会可能会以不同的方式影响不同形式组织的合法性（Sine et al.，2005）。换句话说，如果在一个行业中同时存在多个有影响力的协会，且每个协会都支持一种特定的组织形式、标准或技术，很可能会导致制度多元化。一方面，制度多元化可能会激发成熟或停滞行业的创新（Lounsbury and Crumley，2007）；另一方面，当一个行业已经因为大量新兴行业类别的出现而经历了高度模糊性时，制度多元化可能会进一步加剧这些在位企业的认知和规范负担。事实上，一些学者已经认识到，多元化通常会导致分裂、不一致性、冲突、目标模糊和不稳定（Kraatz and Block，2008）。如果发生这种情况，一个行业中多个协会的存在可能会加剧而非缓和新兴行业类别对企业创新努力产生的倒"U"形效应。

为检验这一命题，将样本分为三组：①没有任何全国性行业协会的行业；②有一个全国性行业协会的行业；③有多个全国性行业协会的行业，并考察了新兴行业类别对三个子样本中研发强度的影响。结果如表 5-11 所示。

表 5-11　零个、一个和多个行业协会的新兴市场类别的影响

变量	模型 1 零个行业协会	p 值	模型 2 一个行业协会	p 值	模型 3 多个行业协会	p 值
新兴行业类别	0.039 (0.03)	0.139	−0.174 (0.08)	0.032*	0.035 (0.01)	0.000***
新兴行业类别平方项	0.004 (0.00)	0.104	0.058 (0.03)	0.040*	−0.004 (0.00)	0.000***
滞后一期	0.753 (0.09)	0.000***	0.725 (0.08)	0.000***	0.769 (0.03)	0.000***
企业规模	0.028 (0.01)	0.004**	−0.033 (0.02)	0.125	−0.026 (0.01)	0.001**
公司多元化	0.013 (0.01)	0.052	0.017 (0.01)	0.185	0.005 (0.01)	0.531
松弛资源	0.001 (0.01)	0.860	0.003 (0.01)	0.564	0.010 (0.00)	0.000***
公司绩效	0.011 (0.03)	0.714	−0.089 (0.08)	0.252	0.004 (0.04)	0.907
行业增长	−0.008 (0.01)	0.173	−0.010 (0.02)	0.564	0.005 (0.00)	0.136
常数项	0.020 (0.03)	0.495	0.003 (0.03)	0.922	−0.021 (0.02)	0.336
−2 对数似然值	608.31		311.73		6241.14	
AIC	626.31		329.73		6259.14	
BIC	664.97		365.17		6315.28	
观测值	542		379		3783	

注：括号内为标准误差。AIC 和 BIC 为模型选择标准，用于比较不同的模型并选择最适合数据的模型。其目标均为平衡模型的拟合优度及其复杂性，以避免过拟合或欠拟合

*表示 $p<0.05$；**表示 $p<0.01$；***表示 $p<0.001$

如表 5-11 中的模型 1 所示，在没有任何全国性行业协会的行业中，新兴行业类别的一次项和平方项的系数在统计上并不显著，但其变化趋势与表 5-9 的模型 2 一致。

相比之下，表 5-11 中的模型 2 揭示了在有一个全国性行业协会的行业中，新兴行业类别的一次项和平方项的系数分别显著为负和正（$p<0.05$）。这表明当行业中存在一个主导性的行业协会时，新兴行业类别与研发强度之间的倒 "U" 形关系被逆转，正如一开始预测的那样。也就是说，当新兴行业类别的数量较少时，一个主导性协会的存在可能会限制企业的创新努力，但当新兴行业类别的数量较多时，这种稳定力量可能有助于巩固和明确行业中的可能方向。

模型 3 显示，在存在多个行业协会的行业中，协会的调节作用被逆转。观察到的模式与主要分析中发现的模式相同，这表明多个行业协会的存在并不能帮助缓解由多个新兴行业类别不断增加所带来的问题。在存在多个行业协会的行业中，新兴行业类别与研

发强度之间的关系与在没有主要协会的行业中的关系呈现出相同的模式，尽管后者在统计上并不显著。换句话说，在解决和缓解行业中日益增加的模糊性方面，多个行业协会的存在似乎与没有此类协会的情况一样无助。为了直观地展示这些发现，在图 5-10 中绘制了三种条件下新兴行业类别与研发投入强度之间的关系。

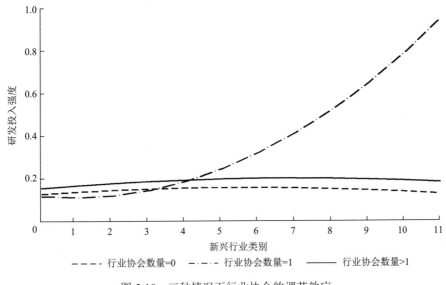

图 5-10　三种情况下行业协会的调节效应

如图 5-10 所示，当行业中只有一个全国性行业协会时，新兴行业类别的影响似乎呈现出"U"形，并且只有在出现两个新兴行业类别后才产生积极影响。这表明，当焦点行业中存在一个主导性协会时，随着市场机会的增加，企业往往会增加在研发活动上的投资，证明制度行为者的存在确实有助于在面对越来越多新兴行业类别时减少认知混淆。

相比之下，当行业中存在多个行业协会时，新兴行业类别的影响似乎遵循倒"U"形轨迹。也就是说，随着新兴行业类别的数量超过某个阈值，企业的创新努力会先增加后减少，这与主要分析中发现的模式一致。这表明，行业中多个行业协会的存在可能导致规范和标准的不一致，进一步加剧由多个新兴行业类别造成的模糊性的负面影响，从而降低在位企业的研发强度。这条线的形状与代表没有行业协会条件的线几乎相同，再次表明行业中多个协会的存在可能导致与行业中没有协会时非常相似的结果。总体而言，因果分析表明，虽然单个主导性行业协会的存在确实对行业具有巩固作用，能够促进在位企业的创新努力，但多个协会的存在可能会适得其反，甚至加剧行业内的社会认知分裂，加剧产生与新兴行业类别不断增加相关的问题。因此，行业协会对企业创新及其在巩固行业发展中的作用比以前文献所建议的更为复杂，为新兴行业类别、行业协会和在位企业创新努力之间关系的集体理解增添了有趣细致的分析。

四、实证结论与讨论

新兴行业给企业决策者带来了一个两难困境。这一困境被定义为机会-模糊性困境，新兴行业类别的出现并不总是意味着行业在位者会有更多的增长和创新前景。

当谈到新市场类别时，组织经济学中的几个主要研究领域，包括技术不连续性和行业生命周期视角，大多聚焦于新兴行业的积极面，强调增长潜力和创新机会，而对于新兴行业对企业创新努力的负面影响则研究不足。通过研究新兴行业类别如何通过产生环境模糊性来影响企业的创新策略，从而平衡了对新兴行业的看法。更根本的是，现有文献中这种不平衡的观点部分归因于对许多新兴情境固有复杂性和模糊性的忽视。

然而，从社会认知的角度来看创新，随着新兴行业类别的数量增加，企业所面临的认知负担将以递增的速度增加，而由于决策者的有限理性和认知局限，新机会带来的好处将以递减的速度增加。因此，当行业中存在过多的新兴行业类别时，企业最终可能会降低其研发强度。研究结果支持了这一核心论点，还发现了集体认同和行业协会在影响这一基本趋势方面的作用。市场类别的出现是带来机会还是模糊性，不仅取决于技术和市场本身的发展，还取决于它们所处的社会认知环境。研究结果表明，新进入者的集体认同不一致性以及行业协会的存在，会影响企业面临多种可能性涌现时的行为。

首先，本节研究为更丰富、更平衡地理解新兴行业类别涌现与企业创新策略之间的关系，做出了以下理论贡献。对多个创新研究领域具有启示意义。大多数行业生命周期文献都将创新视为市场空间新兴阶段伴随的自然结果，并将创新速度主要归因于机会和竞争等经济因素。关于技术不连续性的相关文献则认为，根本性或颠覆性创新通常来自新进入者或行业外部的企业（Christensen，1997）。这些文献认为，在位企业通常因为能力陷阱（当在位企业偏爱自己已掌握的劣质惯例，而忽视不熟悉的优质惯例时发生）（Levitt and March，1988），或因为创新者的困境（企业过于紧密地跟随主流客户，从而忽视了最初对主流客户没有吸引力但可能具有颠覆性的新技术）（Christensen，1997），而迟迟未能赶上或根本无法做出回应。这些都是重要因素，但也存在另一种替代解释：在位企业可能因认知局限而无法行动或反应，尤其是在其行业复杂性和模糊性不断增加的情况下。换句话说，"盲点"不仅来自在位者维持现状的倾向，还源于与人类如何处理和应对复杂且模棱两可的信息相关的一个根本问题。此外，通过证明新进入者塑造的集体认同以及行业协会等制度参与者的存在会影响市场类别涌现，研究重点从焦点企业转移到行业更广泛的社会认知环境上，从而进一步丰富了技术不连续性和创新研究领域的文献。探讨了这些因素如何作为"线索"来收紧或放宽决策者有限理性和认知局限所带来的约束，从而强调了社会认知方法在技术变革宏观研究中的相关性（Howells，1995）。

其次，本节研究为近期关于市场和行业涌现的学术成果做出了贡献（Santos and Eisenhardt，2009；Sine and Lee，2009；Forbes and Kirsch，2011）。关于涌现的研究大多一次只考察一个新兴类别，很少考虑多个新兴行业类别的存在是否以及如何影响企业的创新努力。尽管近期研究已开始考虑在新兴背景下存在多个市场类别的影响（Grodal et al.，2015），但行业内多个新兴行业类别构成的多样化格局后果仍不清楚。每项技术或市场类别的发展轨迹都不是独立的，这些新兴类别的总体影响可能并非简单相加。相反，当新兴行业类别的数量不断增加时，感知到的机会、模糊性和企业创新努力之间的关系可能会发生质变。这一发现为理解与市场和行业涌现相关的问题提供了新颖的视角。

最后,本节研究对关于制度如何影响行业演化的探讨,同样具有重要的启示价值。制度是持久的社会结构,为社会生活提供稳定性和意义,并抗拒变革。其中一种稳定制度的力量是集体制度参与者,如行业协会。然而,行业协会具有出乎意料的调节作用,结果证明虽然领域内存在一个占主导地位的协会确实可以提供一定程度的制度稳定性,但多个集体参与者的存在实际上会加剧模糊性的负面影响。这一发现为理解行业协会等制度参与者的作用以及它们的存在如何影响行业的社会认知环境提供了更细致的理解。

五、绿色技术创新机会与模糊性的平衡

企业在平衡绿色技术创新机会与模糊性困境时,需要从认知框架的扩展与动态调整、创新策略的动态优化与风险平衡以及社会认知环境的塑造与利用层面进行深入分析。通过这些层面的努力,企业可以更好地应对绿色技术创新过程中的挑战和机遇,实现可持续发展。

(1)认知框架的扩展与动态调整。企业在面对绿色技术创新时,需要构建一个能够容纳不确定性和模糊性的认知框架。这个框架不仅要能够识别和利用创新机会,还要能够处理和分析模糊性信息,从而做出明智的决策。企业需要培养认知灵活性,即能够根据不同情境快速调整认知框架,以适应绿色技术创新过程中的不确定性和模糊性。这种灵活性要求企业具备一种开放的心态,愿意接纳和尝试新的想法和方法,同时保持对已有知识的批判性审视。绿色技术创新往往涉及多个领域和学科的知识,企业需要整合不同视角的信息,以形成对创新机会和模糊性的全面理解。这要求企业具备一种跨学科的知识结构和思维方式,能够跨越传统学科界限,将不同领域的知识和方法融合起来。企业需要建立一个动态学习和适应的机制,以便在不断变化的市场和技术环境中持续更新认知框架。这包括定期评估创新项目的进展和效果,及时调整策略和方法,以及从失败中汲取教训,不断提升自身的创新能力和适应性。

(2)创新策略的动态优化与风险平衡。在绿色技术创新过程中,企业需要制定一套灵活且有效的创新策略,以平衡机会与模糊性带来的风险。企业需要采用多种创新策略的组合,如自主研发、合作创新、技术引进等,以应对不同的创新机会和模糊性挑战。这种多样性不仅有助于企业分散风险,还能提高创新的成功率和效率。企业需要设定一个合理的风险容忍度,以平衡创新机会带来的潜在收益和模糊性带来的潜在风险。这要求企业具备一种风险意识,能够准确评估创新项目的风险水平,并根据自身资源和能力制定合理的风险应对策略。企业需要保持策略调整的灵活性,以便在创新过程中及时应对市场和技术变化。这包括定期评估创新策略的有效性,根据评估结果进行调整和优化,以及保持对新技术和新市场的敏锐洞察力,以便及时捕捉新的创新机会。

(3)社会认知环境的塑造与利用。绿色技术创新不仅受到企业内部因素的影响,还受到外部社会认知环境的影响。企业需要积极塑造和利用社会认知环境,以推动绿色技术创新的发展。企业可以通过参与行业协会、组织行业论坛等方式,与行业内其他企业建立共同的集体认同。这种集体认同有助于企业形成对绿色技术创新的一致看法和行动准则,从而降低模糊性带来的不确定性。企业可以与制度参与者(如政府、高校、科研机构等)建立合作关系,共同推动绿色技术创新的发展。这种合作不仅有助于企业获取

更多的创新资源和支持，还能提高创新项目的社会认可度和市场接受度。企业还可以通过媒体宣传、社会活动等方式，积极引导和塑造社会认知环境。这包括传播绿色技术创新的重要性和价值，提高公众对绿色技术的认知度和接受度，以及推动形成有利于绿色技术创新的社会氛围和文化。

第六节　本章主要结论与政策建议

一、源头入手，强化清洁生产技术创新

加大清洁技术创新的政策支持。清洁生产技术创新是绿色转型的基础，是从生产源头实现环境影响最小化的关键。为推动企业在清洁技术创新上的积极投入，政府可通过研发补贴、税收优惠等措施，鼓励企业加大清洁生产技术的研发投入。例如，支持企业开展技术创新、工艺优化和材料替代项目，提升资源利用效率，推动生产过程中的污染物生成最小化。

建立统一的绿色标准和认证体系。在绿色生产和清洁技术的推广过程中，标准化的认证体系有助于为企业提供清晰的绿色生产依据。政府可通过构建和完善统一的绿色标准、标识和认证体系，为不同类型企业提供依据，确保企业的绿色发展方向与国家政策一致，并以标准化方式鼓励更多企业参与到绿色生产中。此举不仅可以优化企业的生产流程，还可为市场提供更具信任度的绿色产品。

优化绿色知识产权保护机制。为增强企业在绿色创新过程中的积极性，政府应优化绿色知识产权申请和审批流程，加快绿色技术的知识产权保护力度。特别是在清洁生产技术领域，政府可设立专门的绿色技术知识产权快速审批通道，为企业绿色技术创新成果提供有效保护，确保企业能够安心进行创新、推广绿色技术。

推动产学研协同创新。建立产学研协同创新平台，进一步促进科研机构和企业之间的合作，以实现清洁技术的快速转化与实际应用。通过政策支持和资金补助，鼓励企业与高校、研究机构合作开展清洁技术研发，以加快技术成果的产业化和应用速度。这样的协同创新模式不仅有助于技术的落地，也能提升企业的技术创新能力，推进绿色技术的全面推广。

二、中端优化，推动绿色生产过程与资源循环利用

鼓励企业在中端生产流程中应用绿色技术。中端生产过程是推动绿色转型的重要环节，通过引入绿色技术、数字化管理、智能化生产等手段，企业可以有效提升资源利用效率、减少排放。政府应积极支持企业在生产环节引入智能化和精细化管理模式，特别是加大对绿色工艺、绿色生产装备的支持力度，推广节能设备、智能管理系统等新技术，使中端生产实现绿色优化。

支持循环经济模式推广，构建资源循环利用机制。循环经济模式有助于推动资源的再生利用，减少对环境的负面影响。政府应大力推广循环经济理念，支持企业在生产过程中回收与再利用副产品、废弃物等，减少原材料的使用需求。同时，通过政策支持引

导产业链上下游协同合作，形成闭环管理系统，推动资源在整个产业链中的循环利用。这不仅有助于绿色资源的高效管理，也能为企业创造新的经济价值。

设立资源循环示范项目。政府可通过设立资源循环利用示范项目，支持领先企业开展绿色制造、废弃物处理和再生资源开发等领域的探索与创新，并推广先进的资源循环技术及管理经验，鼓励行业内部交流与学习。对于示范企业，政府可以在政策、资金、认证等方面给予优先支持，以此推动循环经济在行业内的深入实践和普及。

三、末端管理，加强绿色供应链管理与末端治理技术创新

建立绿色供应链管理法规和认证体系。针对企业在绿色供应链管理中的需求，政府应出台相关的绿色供应链管理法规，设立绿色供应链认证标准，并建立环保合规评估体系。通过严格的认证和标准，政府可引导企业优先选择符合环保标准的供应商，减少供应链中的污染源，并确保供应链的绿色化。同时，对于符合绿色标准的供应商，政府可以提供税收优惠或补贴，以增强企业在绿色供应链管理中的自主性和控制力。

支持末端治理技术的创新与应用。末端治理技术虽在财务上对企业的直接提升作用有限，但对环境的积极影响和社会责任的履行极为重要。政府可设立专项资金和绿色补贴，支持企业在末端治理技术上的创新和应用，如安装污染控制设备、研发绿色处理技术等，以帮助企业在末端实现高效环保管理。此外，政府可通过环境监管和法律执行，促使企业积极履行环保责任，减少生产过程中的污染排放。

构建绿色供应链的激励机制。在供应链绿色管理中，政府应通过激励机制，鼓励家族企业与非家族企业积极参与到绿色供应链的构建中。例如，设立绿色供应链奖励基金，对具有优良绿色管理记录的企业给予奖励和宣传，进一步提升其在行业内的示范作用。通过这种机制，家族企业可在不影响控制权的前提下，加快绿色转型步伐，增强市场竞争力。

四、多方协同，推动绿色技术创新的协同合作

构建跨行业的绿色技术创新协同平台。政府应牵头构建跨行业的绿色技术创新协同平台，吸引企业、科研机构、高校等多方力量参与。通过这一平台，各方可以资源共享、互相借鉴，形成强大的协同创新网络，推动绿色技术的不断突破。例如，政府可设立跨行业创新基金，对跨领域的绿色技术研发项目提供专项支持，同时为跨行业的合作提供税收优惠、补贴等配套政策，激励企业在更大范围内进行绿色技术的研发和推广。

建立创新成果共享机制，促进技术转化应用。在创新协同平台上，政府应制定创新成果共享的政策，确保跨行业创新的技术成果能够实现快速转化应用。特别是在知识产权保护方面，政府应为企业提供创新成果的共享和应用保障，确保企业能够安全、充分地共享其创新成果，激发绿色技术在全行业的推广与应用。这种共享机制可以有效加快技术创新成果的普及，进一步提升企业在绿色技术领域的创新活力。

发挥行业协会在绿色技术创新中的引领作用。行业协会可在绿色技术创新和推广过程中发挥关键作用，政府应鼓励行业协会参与绿色标准的制定，并牵头成立行业创新联盟，为企业搭建信息共享、技术交流和创新合作的桥梁。通过联盟平台，企业可互相借

鉴技术经验，提升行业整体的绿色创新水平。同时，行业协会应定期发布技术动态和市场趋势报告，帮助企业精准把握绿色创新方向，提升行业整体的绿色发展能力。

五、持续投入，坚持绿色技术创新的长周期努力

设立长期绿色技术创新基金。政府应设立长期绿色技术创新基金，为企业的绿色技术创新提供持续的资金支持。例如，通过这一基金，企业可获得长期的研发资金，支持其在基础研究和关键技术攻关上的持续投入。这样的资金支持将使企业能够在技术创新中更加专注，从而有效推动绿色技术的持续发展。

建立科学合理的创新成果评价和激励机制。针对绿色技术创新成果，政府应建立科学、合理的评价体系，通过对重大创新成果的表彰和奖励，增强企业在绿色技术上的创新动力。例如，政府可定期举办绿色技术创新成果评选活动，针对在绿色技术创新方面取得突破的企业给予政策支持和奖励，激励更多企业参与绿色创新。

推动绿色技术人才的培养与引进。绿色技术创新的长远发展离不开人才的支撑。政府应出台政策支持企业培养和引进绿色技术创新人才，推动企业与高校、科研机构共同培养具备跨学科创新能力的人才团队。同时，在企业内部建立人才激励机制，鼓励更多优秀人才积极投身于绿色技术创新的事业中，从而为企业的绿色转型提供长久的人才保障。

第六章　创新生态网络化变革推进全面绿色转型研究

随着经济的快速发展和科技的飞速进步，传统的创新模式面临着前所未有的挑战，而开放式创新生态系统的兴起，为创新主体提供了一个崭新的合作共创平台。创新生态网络化变革不仅是企业适应数字经济发展的必然选择，也是实现全面绿色转型的关键路径。通过促进各创新主体的价值共创，开放式创新生态系统强化了网络协作，整合了创新要素，构建起利益共享的创新网络关系，从而提升了科技创新能力，推动经济和社会的可持续发展。这种模式突破了传统创新的边界，使创新活动更加灵活、开放、高效，为绿色转型注入了新的动力。在实践中，创新生态网络化变革仍面临诸多挑战，如政策引导的不足、技术创新能力的限制、数字化赋能的欠缺、全球创新网络的融入不够等问题，这些亟待深入研究和探索。在这一背景下，探讨创新生态网络化变革如何影响企业的绿色转型，以及如何通过构建和优化创新网络，推动各创新主体实现价值共创，对于数字经济时代的绿色发展具有重要的理论和实践意义。本章旨在深入分析创新生态网络化变革如何推动企业的绿色转型，并探讨如何通过构建和优化创新网络促进价值共创，从而挖掘创新生态网络的结构特征、知识吸收能力与绿色创新绩效之间的相互作用机制，为构建更具活力和竞争力的创新生态系统提供战略指导，助力企业在绿色转型的道路上行稳致远。

第一节　研究背景、思路与内容

一、研究背景

（一）现实背景

全面绿色转型作为应对气候变化、环境污染和资源短缺等全球性挑战的关键路径，已成为推动社会经济高质量发展的必要选择。中共中央、国务院在《关于加快经济社会发展全面绿色转型的意见》中提出，要"坚定不移走生态优先、节约集约、绿色低碳高质量发展道路"。绿色转型已成为推动中国高质量发展、建设美丽中国的关键环节。在这一过程中，数字化和智能化技术发挥了核心作用。通过数字化转型，生态环境治理的方式实现了网络化、智能化升级，提升了减污降碳的协同能力，为绿色转型注入了新的动能。创新生态系统的网络化变革是推动全面绿色转型的重要路径，开放式创新生态系统为各类创新主体提供了协同创新的平台，促进了创新要素在企业、科研机构和政府间的流动与整合。伊利集团的"零碳联盟"和蚂蚁集团的"人人1千克 助力亚运碳中和"项目展示了中国企业在绿色转型中的创新模式，通过生态协作和资源共享，实现了低碳和绿色目标。

此外，全球范围内的创新网络和合作也在加速绿色技术的扩散与应用。荷兰的塑料循环联盟和瑞典的风能项目，分别通过多方合作和政策支持，推动了可回收材料和绿色氢等绿色技术的发展。这些实践表明，创新生态系统的网络化发展在全球和区域绿色转型中已展现出显著的成效，但也面临着政策引导、技术创新和全球网络整合等方面的挑战。为实现高效绿色转型，亟须构建多主体协同的创新生态网络，通过政策支持、技术创新、数字化赋能以及全球化协作，促进资源高效配置与绿色技术应用，进而推动经济社会的可持续发展。

（二）理论背景

创新生态系统由各类创新主体通过网络协作实现共生关系，其特点包括网络结构的复杂性和创新要素的多元化。Adner（2017）提出的"隶属观"和"结构观"视角认为，创新生态系统是基于价值主张而形成的相互依存网络，具有高度的动态适应性和协同创新能力。在生态系统中，不同主体通过知识流、信息流和资源流的传导形成共生竞合的创新网络（Graça and Camarinha-Matos，2017）。在此基础上，创新生态系统的网络特性不仅具备网络中心性和联系强度等一般特征，还体现在网络规模、开放性和异质性等维度上。

目前，对创新生态系统的研究多从宏观、中观和微观层面展开。宏观层面主要关注国家和区域创新系统的构建，中观层面聚焦于行业和区域创新生态，微观层面则分析企业的创新网络关系。这些研究指出，创新生态系统的网络特性对提高创新效率和推动技术扩散具有重要作用。此外，创新生态系统对绿色转型的推动作用逐渐成为学界关注的热点。绿色转型不仅要求生态环境与经济发展的协调，还涉及生产、消费和技术系统的整体变革，其本质是通过绿色创新和网络协同实现资源的高效利用与环境保护。

绿色创新网络是绿色转型的重要支撑，其核心在于促进多主体间的资源共享和协作创新，提升绿色技术的产业化和商业化水平（Zhang et al.，2023）。绿色创新网络通过企业、科研机构和政府部门的跨界合作，加速了绿色技术的传播，降低了绿色转型的成本与风险，推动了资源的优化配置。相关研究表明，绿色创新网络不仅促进了绿色知识的扩散，还通过政策激励、协同创新和国际合作等机制推动了低碳技术的发展。

因此，构建和优化创新生态网络是实现绿色转型的关键。尽管已有研究探讨了创新生态系统的构成和功能，但专门研究其对绿色转型路径影响的文献还较少，尤其是在中微观尺度的实践研究上。未来研究应从平台生态系统设计、开放式创新、协同网络构建、政策与法律框架、数字化赋能等关键领域，进一步探索创新生态网络化对绿色转型的深远影响。

二、研究思路

本章的主要研究思路在于构建一个关于创新生态网络化变革、价值共创、绿色创新绩效以及大数据技术的整体框架，展示它们之间的相互作用和影响，为理解和推进企业的绿色转型提供了全面的视角。其中，创新生态网络化变革作为核心主题，贯穿全章，涉及平台生态系统、开放式创新生态系统、协同创新网络等概念。价值共创作为创新生态网络化变革的目标，通过不同的协同创新网络结构和机制实现。绿色创新绩效作为衡量创新生态网络化变革成效的关键指标，通过中小企业的绿色创新活动得以体现。大数据技术作为支持创新生态网络化变革的工具，通过决策过程和认知模式的转变推动企业绿色转型。

首先，通过提炼创新生态系统价值创造的理论基础，揭示平台生态系统和开放式创新生态系统在促进价值共创中的关键作用。本章探讨开放式创新生态系统合作网络的演化路径，强调生态网络密度和结构洞对价值共创的正向影响，为理解创新网络结构如何影响价值共创提供了理论依据。从知识吸收能力的视角看，进一步分析了企业协同创新网络特征与创新绩效之间的关系，细化创新网络结构对价值共创的具体影响机制。

其次，聚焦于垂直和水平协同创新网络对中小企业绿色创新绩效的影响，揭示不同类型协同创新网络的作用机制和效果差异。从知识吸收能力的视角看，分析协同创新网络特征与绿色创新绩效的关系，为理解协同创新网络如何通过知识吸收能力影响绿色创新绩效提供了新的视角。

最后，探讨创业生态系统嵌入、大数据结构转变与企业绿色转型之间的关系，强调大数据在推动企业绿色转型中的关键作用，为理解创新生态网络化变革提供新的技术维度，展示大数据技术如何通过决策过程和认知模式的转变，推动企业绿色转型。

三、研究的具体内容

（一）平台生态系统超模块创新体系的价值创造机制研究

本章研究平台生态系统超模块创新体系的价值创造机制。基于 COSMOPlat（又称卡奥斯平台）和讯飞开放平台，以"价值导向→价值结构→价值涌现"为主线，分析平台生态系统在不同发展阶段的价值创造机制。研究发现，平台生态系统的核心特征包括互补技术的高度模块化和界面联结的交互耦合性。研究还探讨交易型和创新型平台生态系统如何通过不同的演变机制实现从孵化到成长，再到生态阶段的跨越。理论模型剖析两类平台生态系统如何调整价值导向、完善超模块创新体系以实现系统层面的价值涌现，为中国本土平台企业构建超模块创新体系提供参考。

（二）开放式创新生态网络结构对价值共创的影响研究

本章探讨开放式创新生态系统合作网络的演化及其对价值共创的影响。研究定义开放式创新生态系统，并从生态系统作为隶属关系（ecosystem-as-affiliation）和生态系统作为结构体（ecosystem-as-structure）两种视角出发，构建理论框架。研究分析开放式创新生态系统合作网络的演化路径，包括初创、成长和成熟三个阶段，并探讨生态网络结构与价值共创之间的关系。通过实证研究，发现生态网络密度和结构洞对价值共创有显著正向作用，且生态网络稳定性在其中起到中介作用。本章还探讨生态位和生态网络惯例对生态网络结构与价值共创关系的情境机制。

（三）垂直和水平协同创新网络与中小企业绿色创新绩效研究

本章研究垂直和水平协同创新网络对中小企业绿色创新绩效的影响。研究基于协同学理论，运用结构方程模型进行实证检验，结果表明"企业-企业""企业-中介""企业-研究组织"协同创新网络对企业绿色创新绩效有显著正向效应，而"企业-政府"协同创新网络仅有间接效应。研究建议重视政府在协同创新网络构建中的引领作用，并充分发挥垂直协同创新网络对中小企业绿色创新绩效的推动作用。

（四）协同创新网络特征、知识吸收能力与绿色创新绩效研究

本章探讨协同创新网络特征、知识吸收能力与绿色创新绩效之间的关系。研究分析协同创新网络的规模、同质性、强度和开放性如何影响知识吸收能力及其对绿色创新绩效的转化。研究为理论提供新视角，并为政策制定者和企业管理者提供实践指导，助力企业在绿色技术创新领域实现突破，推动经济社会可持续发展。

（五）创业生态系统嵌入、大数据结构转变与企业绿色转型研究

本章研究创业生态系统嵌入、大数据结构转变与企业绿色转型之间的关系。采用双重嵌入性视角，构建纵向样本，研究大数据结构嵌入性和文化嵌入性对创业生态系统层面新创企业的影响。研究发现结构嵌入性与新创企业之间的关系遵循倒"U"形曲线，并受到文化嵌入性的调节影响。研究还对全面绿色转型下的大数据决策与认知模式进行剖析，为推动企业实现可持续发展目标提供理论依据。

第二节　平台生态系统超模块创新体系的价值创造机制研究

绿色创新作为推动绿色低碳发展的关键力量，其有效实施离不开平台生态系统超模块创新体系价值创造机制的构建与完善。本节选取 COSMOPlat 与讯飞开放平台为案例对象，运用过程研究范式，遵循"价值导向→价值结构→价值涌现"的逻辑脉络，深入分析平台生态系统超模块创新体系的价值创造机制。研究发现：①平台生态系统超模块创新体系的核心特征体现为互补技术的高度模块化与界面联结的交互耦合性的关系属性，在孵化、成长及生态三个阶段中展现出五种不同的价值创造机制；②交易型与创新型平台生态系统分别借助定向跨越式与非定向跨越式机制完成了从孵化至成长阶段的首次跨越，随后通过纵深跨越式与全景跨越式机制完成了从成长至生态阶段的二次跨越；③理论框架进一步分析了两类平台生态系统如何通过调整价值导向、完善超模块创新体系，促成系统层面的价值涌现。基于价值共创理论与超模块创新体系视角，拓宽平台生态系统的研究边界，回答在绿色低碳发展目标下如何跨越价值创造机制间的创新鸿沟，并从平台生态系统属性的角度进行溯因分析，为中国本土平台企业建立超模块创新体系提供实践指导。

一、平台生态系统超模块创新体系的价值创造机制

（一）平台生态系统超模块创新体系的价值创造研究

价值共创理论（value co-creation theory）认为某一产品的价值由企业与核心利益相关者协同创造，因此价值共创更需关注整个系统内的多元主体参与（Zhang et al.，2023）。已有研究扩展了价值共创理论的主体至创新生态系统层面，视其为利益群体通过共同创造满足各自价值需求，进而构建共生价值生态系统的动态过程（王琳等，2023）。在此基础上，平台生态系统超模块创新体系的价值创造是指在平台生态系统内部，平台企业依托互补技术架构，与互补者、终端用户及其他平台参与者，通过界面交互耦合性建立特定联结关系，进而实现价值共创（Jacobides et al.，2018）。

当前关于价值创造的研究主要围绕其前因、结构与机制等方面展开探讨。首先，在价值创造前因方面，价值导向被视为影响价值创造的关键因素。尽管平台价值导向被视为平台生态系统价值创造的直接反映（Cusumano et al.，2019），但聚焦于平台生态系统超模块创新体系前因的价值共创理论研究仍显不足。面对数据驱动学习、在线协作开发、用户及 AI 生成内容等新现象，平台企业需调整价值导向，平台参与者也需在实时价值洞察中校准自身导向（Clough and Wu，2022；王烽权和江积海，2021）。因此，从整体视角识别平台生态系统超模块创新体系在新导向下的应对机制显得尤为迫切（Cennamo，2021）。

其次，在价值创造结构方面，研究主要聚焦于系统整合视角下的模块化（modularity）与界面规则（design rules）关系交互，以及系统解构视角下的组件（component）与架构控制（architecture control）结构交互。从系统整合视角看，平台部分取代了企业在系统中协调各参与者创造和分配价值的角色，各类互补技术模块借助界面规则与平台参与者的总体价值诉求紧密联结（Agarwal and Kapoor，2023）。因此，平台生态系统超模块创新体系的价值创造更依托于平台、互补者与终端用户间强互补性的联结。然而，当前研究主要基于网络效应理论阐释平台如何通过参与者交互创造价值（陈威如和王节祥，2021），对平台和不同类型的参与者间交互耦合的界面联结关系挖掘不足。从系统解构视角看，系统创新源于核心组件或架构控制创新（Teece，2018；Albert and Siggelkow，2022；周江华等，2022），两者结构交互会产生不同类型的创新。尽管有研究呼吁关注企业和用户如何从模块式与架构式创新中获益（Albert and Siggelkow，2022），但对平台生态系统互补技术模块化程度和界面联结强度的关注仍不足（Stonig et al.，2022；Agarwal and Kapoor，2023），尤其是从超模块创新视角探讨二者交互结构与关系的研究。因此，有必要在平台生态系统情境下深入分析不同模块化程度的互补技术及其界面联结强度的变化对超模块创新体系的拓展路径（Teece，2018；王凤彬等，2019；单宇等，2023）。

最后，在价值创造机制方面，价值涌现作为平台生态系统价值创造的独特表现形式，

揭示了系统整体价值的生成过程（Cennamo，2021；Thomas et al.，2022；王新新和张佳佳，2021）。在此过程中，平台生态系统是平台企业及参与者价值创造的载体，平台企业、互补企业、终端用户及其他参与者共同构成了价值创造的主体；主体通过多元化交互共同创造产品与服务，共享平台技术成果与收益，形成了跨层次的价值链依赖关系（Bridoux and Stoelhorst，2022；Stoelhorst，2023）。然而，现有文献大多聚焦于平台生态系统的治理机制，从准入规则、互补者治理和创新模式等角度剖析平台所有者与参与者的互动，而较少从超模块创新的视角探究平台生态系统实现价值创造的过程机制。与治理机制研究不同，平台生态系统的价值创造机制应着重考察传统平台边界之外的参与者如何协同推动系统层面的价值创造（Rietveld et al.，2020）以及非线性的协同收益提高（Jacobides et al.，2018；Stonig et al.，2022）。尽管已有部分研究揭示了单个平台生态系统中主体交互、需求挖掘、资源整合与系统支持等静态价值创造机制，但没有全面分析不同类型的平台生态系统如何通过构建超模块创新体系，实现全过程价值创造动态机制。因此，亟须从价值共创的视角出发，动态地识别异质性平台在此过程中的差异性和共性。

（二）平台生态系统超模块创新体系的价值创造框架

价值共创理论在生态系统层面的研究中得到了广泛应用，其核心在于将价值共创视为一个以满足多方价值需求为目标的协同创造新价值的过程（王琳等，2023）。该理论着重强调"共创"环节，能够精确地描绘平台生态系统情境下，不同技术模块所有者共同塑造系统价值的动态演变过程（Pushpananthan and Elmquist，2022）。此外，价值共创理论的核心假设纳入了不同类型参与者间复杂交互对系统整体价值创造的影响（王新新和张佳佳，2021），这与平台生态系统超模块创新体系中的价值创造过程的属性相吻合，即随着时间的推进，各类平台生态系统的超模块创新体系会逐步聚焦于新的价值定位，催生出的新的参与者会围绕互补技术模块构建新的界面联结，进而在不同的发展阶段中展现出各具特色的价值创造成果。因此，本节以价值共创理论指导理论构建，并基于现有理论的不足，初步提炼出"价值导向→价值结构→价值涌现"的逻辑脉络（图6-1）。具体而言，价值导向是平台生态系统超模块创新体系及价值创造机制形成的关键前因；价值结构指的是平台生态系统为实现价值共创目标而构建的超模块创新体系，通过模块化的互补技术和高度互补的界面联结而产生的多类型集成创新；价值涌现则是平台及其参与者在生态系统层面协同创造价值所达成的独特成果（Cennamo，2021；王新新和张佳佳，2021）。此外，与一般创新生态系统相比，平台生态系统受初始属性的影响更为显著。因此，为了兼顾双案例研究的叙述性与对比性（朱晓红等，2019），选择需求导向的交易型平台生态系统和技术导向的创新型平台生态系统作为双案例研究对象，通过引入时间维度，剖析两类平台生态系统超模块创新体系在价值创造过程中的阶段性特征，进而提炼出平台生态系统超模块创新体系价值创造机制的理论模型，为平台企业借助超模块创新体系进行价值创造提供新的理论角度和实践指导。

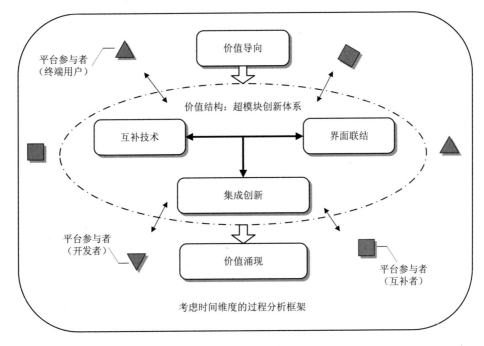

图 6-1　研究框架

二、研究设计

（一）方法选择

采用纵向双案例研究方法，深入分析平台生态系统超模块创新体系的价值创造机制。一方面，平台生态系统并非聚焦于个别现象，而是深入探讨在数字经济与实体经济深度融合这一宏观背景下，呈现出的具有普遍性与多样性的新管理现象。双案例研究方法通过选取一对互补性案例，对同一现象进行相互验证，深化阐释研究内容，从而得出更为精确且全面的结论，提升理论的普适性和抽象层次（毛基业和陈诚，2017；朱晓红等，2019）。另一方面，尽管已有文献对平台生态系统的参与者角色及其治理架构等方面进行了讨论（陈威如和王节祥，2021），但尚未揭示平台生态系统超模块创新体系的价值创造机制。Langley 等（2013）提出的过程研究范式强调对过程的理论化分析，通过关注时间动态性、非线性作用、时序演变以及发展轨迹来揭示深层次的规律和机制（王凤彬和张雪 2022），为研究者提供了不同于传统案例研究中的"截面对比"的过程性见解。因此，运用基于过程研究范式的纵向双案例研究方法，能够深入揭示并阐释本节的核心议题。考虑到同时具有横向案例以及纵向时间维度的对比，单一方法论难以全面支撑这一复杂分析框架，故引入融合方法论，以提供既关注"静态截面"又兼顾"动态过程"的深入洞察。本节主要参考 Shi 等（2024）的分析方法，将过程模型与乔亚归纳式编码相结合，具体步骤如下。首先，运用关键事件技术，识别平台生态系统超模块创新体系价值创造过程中的关键节点，构建平台发展时间轴，并根据演变特征划分阶段，为跨时段的复制逻辑提供分析基础；其次，采用乔亚方法论，对两个平台生态系统超模块创新体系在不同阶段内的价值导向、价值结构、价值涌现及阶段间演变机制进行编码，提供深入的"过程导向"理论洞察。因此，过程模型与乔亚归纳式编码的结合为后续案例分析提供了有力的方法支撑。

（二）案例选择

根据工业和信息化部发布的平台企业排名，并结合企业平台生态的成熟度、市场知名度以及行业影响力等因素，选定海尔集团的 COSMOPlat 平台与科大讯飞的讯飞开放平台作为案例分析对象。

案例选取遵循以下原则：①典型性原则。根据已有学术研究（Cusumano et al., 2019），以需求驱动的交易型平台（transaction platform）与技术引领的创新型平台（innovation platform）被视为两类具有代表性的平台模式。COSMOPlat 作为海尔基于"人单合一"管理理念孕育的工业互联网平台，率先在全球范围内实现了用户全链路参与体验的创新模式，是典型的以"需求驱动"为核心的交易型平台。在中国 AI 行业中，科大讯飞是少数具备自主知识产权并掌控核心技术的企业（胡登峰等，2022），其构建的讯飞开放平台作为国内首个开放的人工智能平台，成功入选国家新一代人工智能开放创新平台名录，是典型的技术导向型创新平台。②可比性原则（韵江和暴莹，2023）。COSMOPlat 与讯飞开放平台之间存在显著差异，主要体现在两家企业平台生态系统的构建基础不同。海尔是在智能制造的基础上构建平台生态系统，而科大讯飞则是基于语音技术构建平台生态系统。这两种不同的平台技术基础为对比研究平台超模块创新体系的价值创造机制提供了良好前提（表 6-1）。③数据必要性原则。鉴于案例研究需要大量的企业信息，而这两家平台所属公司均为上市公司，拥有丰富的公开资料，为案例研究提供了极大的便利。

表 6-1 两家平台的基本信息

平台特征	COSMOPlat	讯飞开放平台
平台类型	工业互联网平台	人工智能开放平台
融资规模	B 轮（超 10 亿元），估值超 150 亿元人民币	—
平台荣誉	国家级"双跨"平台	中国人工智能应用与生态领先平台
平台技术创新	工业互联网操作系统（BaaS 引擎）、工业互联网分布式操作系统（天工 OS）、数字孪生解决方案（D³OS）、模具定制与服务平台	语音合成、语音识别、语义理解、语音唤醒、离线语音合成、声纹识别、语音测评、人脸识别、实时数据分析
平台参与者规模	链接企业近 80 万家，服务企业 7 万余家，孕育出化工、模具、能源等 15 个行业生态	入驻开发者数量已超过 293 万人，链接合作伙伴超过 500 万个
应用场景/产品	智能制造"灯塔工厂"、智慧园区管理平台、"工赋城市"系列	智能电视、可穿戴设备、智能车载、移动 APP、智能音箱、聊天机器人、智能家居
重点支撑行业	家电家居、能源、医疗、服装、装备、电子、汽车等制造业行业	医疗、农业、旅游、司法、金融、直播等多个行业

（三）数据收集

关注 2019 年之后的平台企业在创新活动中的价值共创实践，持续跟踪相关事件，并选定海尔（基于家电制造业构建平台生态系统）与科大讯飞（基于语音技术构建平台生态系统）作为研究对象，对 COSMOPlat 与讯飞开放平台相关资料进行系统性的收集、优化与核实，相关数据收集情况如表 6-2 所示。为确保案例分析的可靠性与有效性，本节在资料收集阶段严格遵循"三角互证"原则，不仅收集通过实地调研与访谈获取的一手数据资料，还运用了文本资料收集、网络爬虫技术等手段，广泛收集了多类型、多渠道的二手数据资料。具体而言，首先是企业直接提供的文件资料和企业官方平台、官方网站及社交媒体账号上发布的信息内容。其次是实地调研所获得的访谈资料。鉴于研究聚焦于平台生态系统的超模块创新体系和价值创造机制，访谈对象不仅涵盖了平台企业的高层管理者、各部门主管、管理人员、技术中心负责人及平台运营人员，还扩展到了平台用户（含个人及团队）和平台合作伙伴等群体。表 6-3 详细列出了 2019 年至 2023 年团队通过实地调研、深度访谈等手段获取的第一手资料情况。最后，广泛收集了与企业相关的期刊文章、学术专著以及媒体发布的报道资料。鉴于平台的发展与宏观环境紧密相连，本节整理收集了与平台发展相关的政策指导性文件。

表 6-2 数据收集情况

资料类型	COSMOPlat	讯飞开放平台
企业官方资料	网络爬虫：COSMOPlat 工业互联网平台（1447份）、海尔集团（917 份）、海尔工业智能研究院（226 份）； 手动检索：上市公告文件（25 份）； 企业提供：COSMOPlat 宣传手册（2 份）、"2023卡奥斯数字生态大会"资料（4 份）	网络爬虫：讯飞开放平台（535 份）、科大讯飞集团（1710份）、科大讯飞合作伙伴（172 份）； 手动检索：上市公告文件（41 份）； 企业提供：宣传手册（2 份）、科大讯飞全球 1024 开发者节资料（8 份）
访谈资料	实地调研：2019 年访谈记录与实地调研（2 份）、2021 年访谈记录与实地调研（2 份）、2023 年访谈记录与实地调研（2 份）； 在线访谈：2020 年在线访谈记录（2 份）、2022年在线访谈记录（1 份）	实地调研：2021 年访谈记录与实地调研（2 份）、2022年访谈记录与实地调研（5 份）； 在线访谈：2022 年在线访谈记录（1 份）、2023 年在线访谈记录（3 份）
第三方资料	第三方媒体报道（51 份）； 图书文献（82 份）； 其他资料若干	第三方媒体报道（48 份）； 图书文献（10 份）； 其他资料若干

注：COSMOPlat 数据编码为 H，讯飞开放平台数据编码为 K；资料更新到 2023 年 12 月

表 6-3　访谈信息

企业	数据来源	访谈对象	访谈内容	访谈人次	时长
海尔	COSMOPlat 平台	平台负责团队管理者及运营人员	平台的发展历程和关键转折点；总结"海尔特色"的创新模式/经验；平台如何与合作伙伴共享成果/利润；平台现有成效、约束和未来发展	6 人次	320 分钟
	COSMOPlat 子平台	平台负责团队管理者及运营人员	总结内部多个创新生态平台异同点	5 人次	111 分钟
	平台合作伙伴	平台管理人员	作为竞争者如何看待 COSMOPlat；作为合作者如何看待 COSMOPlat	2 人次	45 分钟
科大讯飞	讯飞开放平台	高层管理者、技术部门负责人、财务部门负责人、研究院技术部门负责人	平台的发展历程和关键转折点；总结"讯飞特色"的创新模式/经验；平台如何与合作伙伴共享成果/利润；平台现有成效、约束和未来发展；平台不同阶段的驱动因素/价值导向；平台如何赋能不同类型用户	8 人次	503 分钟
	平台用户	个人开发者	为什么选择使用讯飞开放平台；为什么选择使用讯飞星火大模型	10 人次	342 分钟
		企业合作伙伴	为什么选择入驻讯飞开放平台	4 人次	73 分钟
	平台合作伙伴	高层管理者、产品部门经理	作为竞争者如何看待讯飞开放平台；作为合作者如何看待讯飞开放平台	2 人次	150 分钟

（四）数据编码与分析

基于收集的原始资料，采用"一阶至二阶再到聚合"的数据分析方法，深入揭示案例研究的内在结构。具体流程如下：执行以信息为中心的初步数据编码工作，即对广泛收集到的原始资料和数据进行概念化处理，以构建相对完整的一阶概念（Zhang et al.，2018）。为确保编码过程的系统性和全面性，利用 MAXQDA 软件作为辅助工具，并采用"背靠背"原始编码，以减少个人主观对编码结果的潜在影响（肖静华等，2020；解学梅和韩宇航，2022）。具体来说，通过多轮次的编码迭代，采用"贴标签"方式识别出与平台生态系统超模块创新框架紧密相关的 1051 条原始表述，并对其进行概念化提炼。针对编码不一致的概念进行深入讨论，剔除了存在逻辑冲突或内容重叠的初始概念，最终筛选出重复出现至少三次的初始概念，形成了一阶编码条目列表。最终，构建了一个涵盖阶段内（包含 30 个一阶概念、10 个二阶主题及 10 个聚合维度）与阶段间（包含 28 个一阶概念、12 个二阶主题及 4 个聚合维度）的动态数据结构（图 6-2 与图 6-3）。

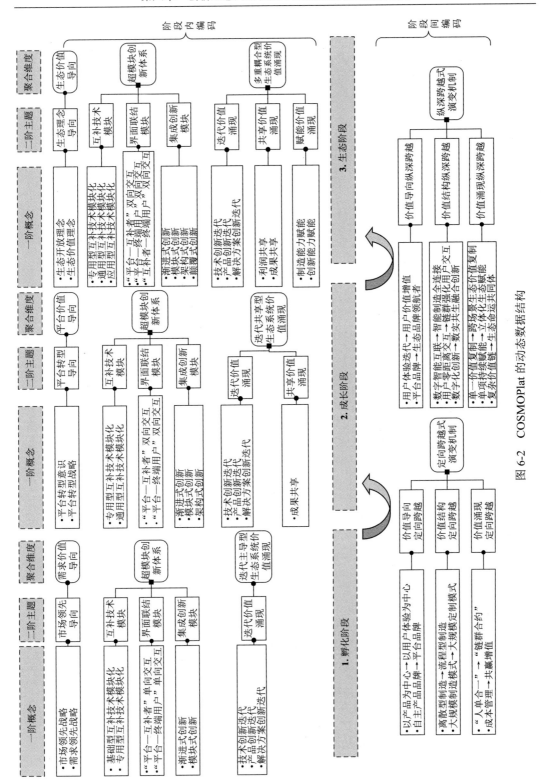

图 6-2 COSMOPlat 的动态数据结构

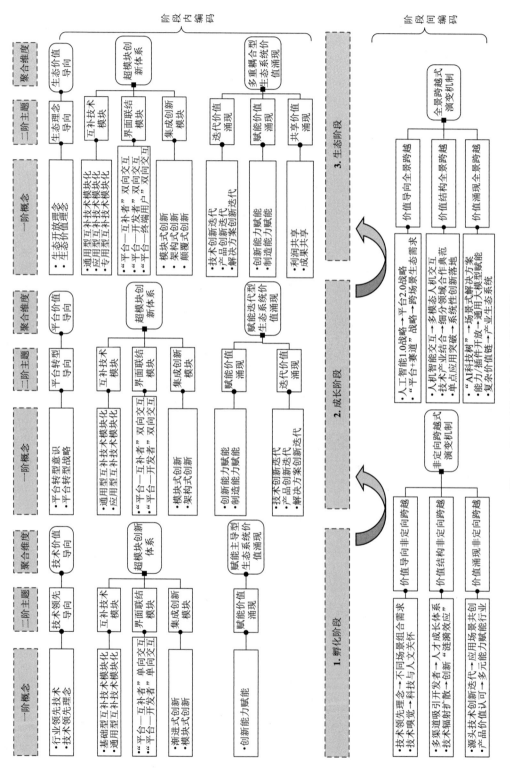

图 6-3 讯飞开放平台的动态数据结构

三、案例分析

（一）阶段内：平台生态系统超模块创新体系的价值创造机制

通过识别案例平台中的关键共性事件，本节构建了动态时间线，并据此将过程划分为三个时序阶段，为跨时段复制逻辑提供了清晰的分析单元：第一是孵化阶段，此阶段的两家平台均处于正式构建的准备状态；第二是成长阶段，此阶段的两家平台宣布正式成立；第三是生态阶段，两家平台均启动了生态战略，海尔由董事局主席张瑞敏于 2019 年 12 月宣布进入"生态品牌战略"阶段，科大讯飞则由董事长刘庆峰于 2021 年 10 月宣布讯飞开放平台 2.0 正式发布，将携手合作伙伴共建行业基础、共享生态解决方案。

1. COSMOPlat 超模块创新体系的价值创造机制

COSMOPlat 作为一个需求驱动的交易型平台生态系统，是依托海尔现有多个平台构建的工业互联网平台。其超模块创新体系的价值创造机制，遵循了一条由产品指向型逐步过渡至纵横一体型，并最终迈向生态树型的演进路径。接下来将深入剖析 COSMOPlat 在每个阶段中超模块创新体系的具体构建过程及其价值创造机制。

1）孵化阶段（2009～2016 年）

此阶段，市场竞争的加剧促使用户对产品的期望不断提升，海尔因此着手构建以用户需求为导向的平台生态系统超模块创新体系。尽管当时 COSMOPlat 尚未正式推出，海尔已利用模块化的互补技术，实现了与互补企业和终端用户的单向互动，构建起了初步的超模块创新体系：互补技术模块包含模块化的基础型与专用型互补技术，前者源自开放式创新平台（即 COSMOPlat 的前身），为全球参与者提供基本技术支持；后者则是为互补企业提供"互联工厂"技术体系；界面联结模块主要聚焦于平台与参与者的互动行为，包括"平台—互补者"及"平台—终端用户"两种单向交互模式。在此基础上，开放式创新平台在渐进式创新的基础上发展出了模块式创新，这得益于核心组件的创新设计，具体体现在平台企业设立了内部创新平台以支撑其创新活动。随着超模块创新体系价值结构的初步形成，海尔与开放式创新平台通过多样化的产品线，为用户提供智能家居解决方案，实现了价值的迭代涌现，如"自动衣料识别+个性化洗涤程序+智能洗涤剂投放"等技术迭代、"天樽空调"与"免清洗洗衣机"等产品迭代，以及互联工厂模式与标准等解决方案的迭代。总体而言，在孵化阶段，平台企业海尔及其前身开放式创新平台主要采纳了产品指向型价值创造机制，即在用户需求导向下，通过超模块创新体系与互补企业及部分终端用户进行单向交互，依靠产品创新推动迭代价值涌现的创造机制（此阶段的编码详见表 6-4）。

表6-4　孵化阶段的产品指向型价值创造机制典型证据援引（COSMOPlat）

聚合维度	二阶主题	一阶概念	典型证据援引
需求价值导向	市场领先导向	市场领先战略	2013 年，坚持产品引领战略并适应时代，从卖产品向为消费者提供成套智能化家居解决方案转变（Ha26）
		需求领先战略	2011 年，家电行业竞争激烈，单纯靠价格竞争与营销投放不可持续，行业竞争焦点转成聚焦消费者需求（Ha10）
超模块创新体系	互补技术模块	基础型互补技术模块化	2015 年，建设线上线下融合的开放式创新平台，借助"1+N"创新资源网络实现全球交互（Ha36）
		专用型互补技术模块化	2015 年，海尔开展供应链智能化改造，建成 70 条无人生产线、2000 台整机工厂机器人的互联工厂体系（Ha39）
	界面联结模块	"平台—互补者"单向交互	2015 年左右，（海尔）与苹果、微软、华为等企业通过服务接口合作，如"U+"云平台与苹果 Homekit、华为 HiLink 等协议互联（Hb38）
		"平台—终端用户"单向交互	2015 年，用户社群交互定制体验平台"众创汇"通过模块定制、众创定制、专属定制等模式提供用户解决方案（Ha31）
	集成创新模块	渐进式创新	2014 年，整合海尔旗下 FPA（费雪派克）和三洋优势研发资源，推动产品高端化和差异化（Ha25）
		模块式创新	HOPE 平台于 2009 年成立，主要支持海尔集团整体产品创新，为集团内部产品研发提供技术支持，偏向自身产品发展（Hb183）
迭代主导型生态系统价值涌现	迭代价值涌现	技术创新迭代	2014 年，海尔平台在洗护领域开展"自动衣料识别+洗涤程序自选+洗涤剂自动投放"等技术创新（Ha27）
		产品创新迭代	2015 年，海尔推出互联网冰箱"海尔馨厨冰箱"，搭载多指触控 10.1 英寸 TFT 触摸屏和人体感应模块，带来全新操控体验（Ha38）
		解决方案创新迭代	2015 年，工业智能云服务平台提供整体解决方案（Ha33）；以往基于产品类别对行业细分的传统部门化方式已不符合物联网时代；用户可以通过"海尔馨厨冰箱"连接其他智能终端，获得以厨房为场景的一站式解决方案（Hc197）

注：TFT 表示 thin film transistor，薄膜晶体管

2）成长阶段（2017~2019 年）

此阶段，海尔聚焦于平台转型战略，于2017年正式发布工业互联网平台COSMOPlat，旨在与互补伙伴共同创造价值，并为用户提供全生命周期的价值服务。在此期间，COSMOPlat 已初步构建了超模块创新体系的基础框架，体现在专用型与通用型互补技术的模块化整合、与平台参与者间的双向互动以及多元化的集成创新实践。COSMOPlat在成长阶段通过专用型模块化互补技术的深化应用，进一步完善了创新能力体系，实现了专用型与通用型互补技术的模块化共存，吸引了大量互补伙伴加入价值共创进程。平台参与者的数量显著增加，类型更加多元化，终端用户规模翻倍并实现了全价值链的深度参与；互动模式由单向转变为双向，网络效应得到显著增强。在此背景下，集成创新模块内实现了渐进式、模块式与架构式创新的并行发展；新出现的架构式创新主要表现为平台为互补企业和终端用户提供技术、产品及解决方案，支持其开展联合创新活动，如COSMOPlat 为开发者设立的工业 APP 双创空间。基于超模块创新体系的坚实基础，平台生态系统实现了迭代价值与共享价值的协同涌现：共享价值体现为平台将成熟的技术、产

品及解决方案向互补企业和终端用户开放，促进其创新活动的开展，如 COSMOPlat 与行业龙头共建的"物联生态网示范基地"，有效推动了当地产学研生态伙伴的数字化转型；同时，众多互补企业在应用平台过程中产生的创新成果，也成为平台互补技术的新基础，促进了新一轮的协同增值效应。综上所述，在成长阶段，COSMOPlat 主要使用纵横一体型价值创造机制，即以平台价值为导向，纵向打通供应链与市场通道，横向拓展引入新的互补伙伴与终端用户，通过完善的超模块创新体系，实现了迭代价值与共享价值的协同涌现（此阶段的编码见表 6-5）。

表 6-5　成长阶段的纵横一体型价值创造机制典型证据援引（COSMOPlat）

聚合维度	二阶主题	一阶概念	典型证据援引
平台价值导向	平台转型导向	平台转型意识	COSMOPlat 成立时（2017 年）强调以用户为中心满足最佳体验，这需要技术创新和开放性创新平台（Hb60）
		平台转型战略	2018 年，COSMOPlat 入选全国首家国家级工业互联网示范平台（Hb78）
超模块创新体系	互补技术模块	专用型互补技术模块化	2018 年，COSMOPlat 在交互定制、智慧物流、柔性生产、迭代研发、模块采购等节点形成完善技术架构（Ha114）
		通用型互补技术模块化	2018 年，COSMOPlat 打造产业生态圈，通过行业级工业互联网平台建设带动平台通用能力体系建设（Ha83）
	界面联结模块	"平台—互补者"双向交互	（2019 年）COSMOPlat 赋能青岛啤酒的"灯塔工厂"建设（Hb198）
		"平台—终端用户"双向交互	2018 年，COSMOPlat 依托 3.2 亿户终端用户和 100 多万个农村网络触点，打通从消费到农特品原产地通道（Ha95）
	集成创新模块	渐进式创新	2018 年，海尔与 Fraunhofer IPK 延续合作成立中德智能制造联合创新中心（Ha94）
		模块式创新	2017 年，COSMOPlat 进行全流程节点业务模式变革，输出七类复制的系统应用，如模块采购平台海达源提供全球模块商资源整合方案（Ha71）
		架构式创新	2018 年，COSMOPlat 聚集内部 IT、服务商、外部企业 IT 和个人开发者成立工业 APP 开发者双创空间（Ha113）
迭代共享型生态系统价值涌现	迭代价值涌现	技术创新迭代	2017 年，衣联网平台为分析用户交互再生产模式提供技术支撑（Ha65）
		产品创新迭代	2017 年，针对噪声大的用户痛点，COSMOPlat 整合设计资源和模块商资源，与用户进行在线交互，推出满足用户静音功能的"贝享系列·静+空调"（Hc62）
		解决方案创新迭代	2018 年，COSMOPlat 推出物联网智慧出行解决方案平台，围绕房车行业构建房车生态，成为房车标准制定引领者（Ha96）
	共享价值涌现	成果共享	2018 年，COSMOPlat 与龙头企业共建行业示范基地样板，赋能企业上平台、用平台（Ha196）

3）生态阶段（2020 年至今）

此阶段，COSMOPlat 秉持生态理念，驱动平台与互补者、终端用户开展深度创新互动，旨在构建一个具备高度活力的超模块创新生态系统。在该阶段，COSMOPlat 进一步优化了其超模块创新体系，专用型、通用型及应用型互补技术的模块化程度持续提升，界面联结模块实现了对多类型平台参与者双向互动的广泛覆盖。相较于前两个阶段，互补者与终端用户的数量显著增长，种类更加多样，涌现出涵盖行业、园区乃至城市级别的各类主体，形成了"平台—互补者""平台—终端用户""互补者—终端用户"等多种双向互动模式并存的局面。凭借模块化的互补技术和高效的界面联结，平台生态系统实现了集成创新的全面升级：渐进式创新确保了创新体系持续运转的基本驱动力，模块式创新聚焦于单一技术领域的深化创新，架构式创新则通过推出多个垂直行业的子平台拓展了创新广度，新兴的颠覆式创新则表现为平台自主研发的用户导向型整合创新模式大规模地整合了参与者的资源与能力。最终，在成熟的超模块创新体系的支撑下，COSMOPlat 在系统层面展现了多重耦合的价值涌现特征：迭代价值体现在技术、产品及解决方案的持续创新迭代上，赋能价值体现为平台生态系统通过丰富的互补技术强化了互补者与终端用户的协同创新效能，共享价值则体现在平台通过共享理念促进了解决方案与特色技术在参与者间的利润与成果共享。综上所述，在生态阶段，COSMOPlat 主要利用生态树型价值创造机制，即平台生态系统通过成熟的超模块创新体系，构建了一个内外循环顺畅、共生共享的价值创造体系（此阶段的编码见表 6-6）。

表 6-6　生态阶段的生态树型价值创造机制典型证据援引（COSMOPlat）

聚合维度	二阶主题	一阶概念	典型证据援引
生态价值导向	生态理念导向	生态开放理念	2020 年，作为工业和信息化部评选的十大跨行业跨领域工业互联网平台之首，COSMOPlat 通过模式创新、技术创新、生态创新三方融合赋能中小企业转型升级，实现企业、资源、社群零距离的新工业生态（Ha143）
		生态价值理念	2021 年，工业互联网时代是万物互联、体验为王的时代；企业只有上工业互联网平台才能更好支持国内国际双循环；海尔构建高端产品+高端制造"内外双循环"新发展格局，背后依托的正是 COSMOPlat（Ha177）
超模块创新体系	互补技术模块	专用型互补技术模块化	2022 年，COSMOPlat 重磅发布 D³OS 数字孪生产品，包括物联网平台、数据主线、数字孪生和工业智能四大模块（Ha186）
		通用型互补技术模块化	2022 年，COSMOPlat 牵头制定的全球首个工业互联网系统功能架构国际标准 IEC PAS 63441 正式发布（Ha533）
		应用型互补技术模块化	2023 年，COSMOPlat 创新打造"BaaS 数字工业操作系统"，提升工业应用的研发与部署效率，使数字工业应用生态繁荣（Ha534）
	界面联结模块	"平台—互补者"双向交互	COSMOPlat 赋能智能制造行业"灯塔工厂"时，不同企业要单独复制经验，如中央空调能复制 90%，滚筒洗衣机或热水器能复制 80%，但还有 10%需要特别定制（Hb192）
		"平台—终端用户"双向交互	"刚开始，COSMOPlat 更像链条式制造，用户提需求，销售去接触，把需求回传到设计部门、生产部门；而现在更强调用户全流程参与，平台整合营销和设计功能满足用户需求，把单向的链式变成以用户为中心的共同参与模式"（Hb185）

续表

聚合维度	二阶主题	一阶概念	典型证据援引
超模块创新体系	界面联结模块	"互补者—终端用户"双向交互	2020年，COSMOPlat自主研发的统一企业服务平台"天云控制台"正式上线，自有、生态合作伙伴都可访问和购买软件应用产品、解决方案及各行业区域模块服务（Ha174）
	集成创新模块	渐进式创新	2021年，COSMOPlat通过工业互联网融合创新发展，以生态引领数字化转型逐渐成为制造企业转型升级的主流（Ha144）
		模块式创新	2020年，COSMOPlat发布"海企通"赋能装配式建筑行业应用成果，其以区块链为纽带的全生命周期管理云平台（Ha167）
		架构式创新	2020年，COSMOPlat定制设计创新垂直平台，依托母平台聚合全球一流研发和设计资源，通过跨界融合和协同创新全流程引入用户参与设计体验（Ha172）
		颠覆式创新	"COSMOPlat自主研发的大规模定制模式，即用户全流程、全要素连接大规模定制平台，把所有相关方以用户为中心进行整合，这是模式方面的颠覆创新"（Hb187）
多重耦合型生态系统价值涌现	迭代价值涌现	技术创新迭代	2020年，基于智能物联IoT技术与家用传感器新兴技术，平台通过物联模块数据实时回传技术进行迭代（Ha182）
		产品创新迭代	2022年，COSMOPlat拓展平台在数字孪生领域的解决方案和应用能力，以系统虚拟模型助力企业改进产品设计、制造、使用和服务（Ha191）
		解决方案创新迭代	2021年，COSMOPlat发布"集装箱式"工业互联网解决方案（Ha169，Hb192）
	赋能价值涌现	制造能力赋能	2020年，COSMOPlat为伟志服饰打造柔性化定制产线，生产率提高25%，交货周期缩短到10天，达到年产6万套个性化定制能力，实现了大规模定制转型（Hc179）
		创新能力赋能	2023年，COSMOPlat围绕全球生态共建，在人才端发布吸纳全球行业专家的"卡奥斯MVP计划"，架起卡奥斯工业生态与全球各界专家的能力桥梁（Ha200）
	共享价值涌现	利润共享	"2022年，（我们）会有收入方面的共享，因为COSMOPlat是和青啤在一起开发的场景下运营的"（Hb193）
		成果共享	2020年，COSMOPlat提供的"集装箱式"工业互联网解决方案，与企业客户共享平台的能力与资源，满足客户跨场景的数字化转型需求，帮助企业实现了模块化、灵活配置、快速部署、快速收益（Ha169）

注：IoT表示internet of things，物联网

2. 讯飞开放平台超模块创新体系的价值创造机制

作为以技术为导向的创新型平台生态系统，讯飞开放平台依托其在语音技术及软件产品开发领域的深厚积累，联合众多平台参与者，共建人工智能领域的开放平台。该平台超模块创新体系的价值创造机制，遵循从技术集配型向创能扩散型，再至生态树型的递进演化逻辑。下文将着重分析讯飞开放平台在每个阶段中超模块创新体系的构建过程及其价值创造机制。

1）孵化阶段（2010~2014 年）

科大讯飞于 2010 年推出了讯飞开放平台的前身——讯飞语音云，其多项语音技术持续保持国际前沿地位，稳固占据国内 AI 语音平台市场的首位。此阶段，科大讯飞秉持技术领先优势，大幅提升研发投入，达到同期营收的 40%，并成功取得多项技术革新。基于坚实的研发基础与技术优势，平台开始携手互补企业，共同构建平台生态系统的超模块创新体系。鉴于创新型平台生态系统的技术具备先天的通用属性，互补技术模块主要由基础型与通用型技术构成。例如，平台向各类平台参与者开放其自主知识产权的智能语音基础技术的通用接口。由于讯飞开放平台尚未正式发布，且此阶段参与者尚无法脱离平台独立创造价值，因此界面联结模块主要由"平台—互补者"与"平台—开发者"的单向交互构成。例如，随着互补企业与开发的新需求不断涌现，平台在原有技术之上逐步整合了语义理解、远程语音交互和机器视觉等新功能。由此，平台通过互补技术与互补企业、开发者的单向互动，形成了渐进式与模块式创新并行的集成创新模块。基于这一初步成型的超模块创新体系，讯飞语音云初步显现了赋能价值，平台通过将其语音技术和产品集成至互补企业的不同产品与技术中，共享创新成果，助力终端设备制造商和软件服务商提升创新能力。综上所述，在孵化阶段，科大讯飞及其讯飞开放平台的前身讯飞语音云主要采用了技术集配型价值创造机制，即平台企业集配自身技术和产品至互补者与参与者的产品和服务中，以实现赋能价值的初步涌现（此阶段的编码见表 6-7）。

表 6-7　孵化阶段的技术集配型价值创造机制典型证据援引（讯飞开放平台）

聚合维度	二阶主题	一阶概念	典型证据援引
技术价值导向	技术领先导向	行业领先技术	2006 年，科大讯飞首次参加国际语音合成大赛 Blizzard Challenge 并斩获第一，此后历年连冠（Ka247）
		技术领先理念	"从建立之初到现在，科大讯飞也在培养竞争对手，但不担心竞争对手赶上，因为技术始终领先"（Kb248）
超模块创新体系	互补技术模块	基础型互补技术模块化	2011 年，科大讯飞长期开放共享的基础技术带来了海量应用大数据，支持企业成为开展全创新链解决方案的提供商（Ka03）
		通用型互补技术模块化	2010 年，讯飞语音云刚成立时仅有语音合成和语音识别两项通用能力（Kc506）
	界面联结模块	"平台—互补者"单向交互	2014 年，科大讯飞和哈尔滨工业大学联合推出中文自然语言处理云服务平台"哈工大讯飞语言云"（Ka10）
		"平台—开发者"单向交互	2010 年，随着开发者不断提出新需求，讯飞语音云逐渐加入语义理解、远场语音交互、机器视觉等能力（Kc506）
	集成创新模块	渐进式创新	讯飞语音云成立后，保持智能语音等核心技术领先性，同时将技术落地转化为产品，为超过两千家企业提供语音开发能力支持（Kb11）
		模块式创新	"（讯飞语音云阶段）语音合成在应用上局限性太大，数据积累速度很慢，未来肯定要以语音识别为主"（Ka512）
赋能主导型生态系统价值涌现	赋能价值涌现	创新能力赋能	2012 年，讯飞语音云将语音能力提供给终端设备与软件服务商，通过语音能力助力业务提升，共同服务于最终用户（Ka06）

2）成长阶段（2015~2020 年）

讯飞开放平台 1.0 版本在 2015 年正式发布，同年科大讯飞董事长刘庆峰指出，人工智能正迎来产业发展的黄金期，需实施平台化转型策略，扩大参与者基数，探索多元创新模式，增强平台生态系统的创新能力。随后，科大讯飞以"平台+赛道"作为集团的核心战略，扮演着推动行业赛道转型升级的关键角色。此阶段，讯飞开放平台围绕平台转型目标，不仅丰富了通用型互补技术，还发展了应用型互补技术，并逐步取代基础型互补技术。开发者群体迅速壮大，截至 2020 年 3 月，平台上已汇聚超过 121 万个开发者团队；大量终端用户及个体开发者能够便捷地接入讯飞开放平台，利用语音合成、语音识别及理解等技术开展创新实践。基于平台互补技术的模块化优势，参与者围绕讯飞开放平台形成了"平台—互补者"与"平台—开发者"的双向互动模式，且界面联结的高度耦合性进一步促进了系统层面的网络效应。因此，讯飞开放平台进一步推动了模块式创新与架构式创新，有效提升了面向终端用户与开发者的创新与制造能力，并在系统层面催生出新的迭代价值，涵盖技术、产品及解决方案的持续创新升级。总体而言，在成长阶段，讯飞开放平台采用创能扩散型价值创造机制，即在平台超模块创新体系的互补技术支撑下，着重培育互补企业、开发者及终端用户的创新能力，不断扩大赋能价值与迭代价值的覆盖范围（此阶段的编码见表 6-8）。

表 6-8　成长阶段的创能扩散型价值创造机制典型证据援引（讯飞开放平台）

聚合维度	二阶主题	一阶概念	典型证据援引
平台价值导向	平台转型导向	平台转型意识	2015 年，科大讯飞董事长刘庆峰表示："科大讯飞将复制语音平台的发展路径，从当前语音平台转向人工智能平台"（Ka13）
		平台转型战略	"2017 年，科大讯飞正式把'平台+赛道'提升为整体战略导向，讯飞开放平台主要负责技术赋能，是技术对外开放的关键平台"（Kb249）
超模块创新体系	互补技术模块	通用型互补技术模块化	2017 年，讯飞开放平台面向 Android、Linux、iOS、Windows 等系统提供语音唤醒、语音识别、语义理解等多种通用语音技术（Ka64）
		应用型互补技术模块化	2017 年，具备可编程能力的 AIUI 开放平台包含应用级工具的通用技术，开发者可在平台中自行创建所需技术（Ka78）
	界面联结模块	"平台—互补者"双向交互	2018 年，讯飞开放平台为 vivoNEX 全新人工智能助理 Jovi 定制发音人并提供降噪算法、语音识别和语音合成等自然语言交互能力（Kc107）
		"平台—开发者"双向交互	截至 2020 年 3 月，讯飞开放平台聚集 121 万开发者团队（Kc254）
	集成创新模块	模块式创新	2018 年，为让机器听得更远更清晰，讯飞开放平台推出双麦克风阵列开发套件，功能更强，能耗更低，成本更小（Ka94）
		架构式创新	2016 年，讯飞开放平台与互动百科合作，百科内容成为讯飞产品的内容信源，助力智慧大脑（Ka36）
赋能迭代型生态系统价值涌现	赋能价值涌现	创新能力赋能	2018 年，平台引入更多技术提供全方位"能力星云"（Ka106）
		制造能力赋能	"1.0 期间，讯飞开放平台为智能硬件领域合作伙伴提供服务"（Kb46）

续表

聚合维度	二阶主题	一阶概念	典型证据援引
赋能迭代型生态系统价值涌现	迭代价值涌现	技术创新迭代	2020 年，讯飞开放平台开发语音转写技术，支持长音频流语音转文字，包含非实时和实时两种应用场景（Ka172）
		产品创新迭代	2020 年，讯飞开放平台为酒店业打造人工智能产品——酒店虚拟前台，前台电话智能接打的机器人实现全流程无人参与和智能处理（Ka166）
		解决方案创新迭代	2017 年，讯飞开放平台为合作伙伴打造一站式人工智能交互解决方案，整合语音交互、云计算、大数据挖掘等人工智能技术（Kc57）

3）生态阶段（2021 年至今）

随着平台生态系统的逐步成熟，面对激烈的市场竞争环境，各类平台生态系统普遍面临开放性及共生性的双重挑战，跨组织、跨领域及跨界融合策略成为破解难题的关键路径（朱晓红等，2019）。在这一阶段，讯飞开放平台以生态转型为导向，持续优化其超模块创新体系，互补技术、界面联结及集成创新模块均步入成熟发展的新阶段。关于互补技术模块，尽管语音技术和人工智能技术仍占据主导地位，应用型互补技术与通用型互补技术的高度模块化依然是当前阶段的基本特性。但随着 AI 芯片业务的不断推进，专用型互补技术的模块化特征也日益显著。关于界面联结模块，平台与互补者、开发者及终端用户之间的双向互动更为频繁且深入，开发者数量持续稳步增加，且互补者的范畴扩展至区域级城市主体。关于集成创新模块，该阶段涵盖了模块式、架构式以及颠覆式创新；其中，颠覆式创新的典型代表是"星火认知大模型"，该模型带来了内容生产与分发模式的根本性转变以及人机交互方式的全新升级。此外，讯飞开放平台凭借其成熟的超模块创新体系，成功实现了包括迭代价值、赋能价值及共享价值的多种耦合价值涌现。其中，迭代价值与赋能价值的涌现模式与前面阶段类似，而共享价值的涌现具体体现为讯飞开放平台与参与者之间对生态成果与利润的共享。随着平台生态系统的持续完善，终端用户与互补者的创新能力和制造能力均得到了显著提升，并反向促进了平台现有技术、产品和解决方案的优化。在此基础上，平台成功孕育出新的业务领域与方向，实现了利润与成果的深度共享，进一步丰富了超模块创新体系。因此，在生态阶段，讯飞开放平台与 COSMOPlat 相似，采用了生态树型价值创造机制，通过平台超模块创新体系，构建了一个可循环、共生共享的价值创造生态系统（此阶段的编码见表 6-9）。

表 6-9　生态阶段的生态树型价值创造机制典型证据援引（讯飞开放平台）

聚合维度	二阶主题	一阶概念	典型证据援引
生态价值导向	生态理念导向	生态开放理念	2022 年，科大讯飞 AI 产业生态形成三个同心圆：核心层围绕"讯飞超脑"形成了教育、智慧城市、消费者、政府、智慧医疗等业务领域；探索层是科大讯飞鼓励内部创业和战略合作，助力 AI 产业化；开发层围绕讯飞开放平台为开发者提供技术数据支持，持续构建人工智能产业生态（Kc252）
		生态价值理念	"（2021 年）讯飞开放平台致力于打造'场景价值+能力底座'双轮驱动，以场景价值为牵引，以能力底座为支撑，在众多行业与多个头部企业建立深度合作关系"（Ka235）

续表

聚合维度	二阶主题	一阶概念	典型证据援引
超模块创新体系	互补技术模块	应用型互补技术模块化	2023 年，讯飞开放平台推出"星火认知大模型"，实现 AI 应用落地，率先面向公众大规模开放（Kc508）
		通用型互补技术模块化	"（2021~2022 年）对于讯飞开放平台而言，大多技术是通用型的，开发者可根据需求任意调取相关技术和能力"（Kb258）
		专用型互补技术模块化	"（2022 年）科大讯飞也在做人工智能芯片，包括车载芯片的硬件模块，重点聚焦车企的影音服务"（Kb259）
	界面联结模块	"平台—互补者"双向交互	"（2022 年）个体开发者和企业合作伙伴在讯飞开放平台 1.0 和 2.0 阶段都存在，但比重不同；在 1.0 阶段，个体开发者比重更大，因开发者数量增速非常快；2.0 阶段的战略是保持开发者规模不变，增加企业合作伙伴比重"（Kb255）
		"平台—开发者"双向交互	"（2022 年）许多业务和产品都是从开放平台孵化出来的，AR 交互也是如此，平台发现开发者在调用语音能力时不只需要单一翻译或识别，开发者需要能力之间的交互，此后平台就孵化出这个新业务"（Kb251）
		"平台—终端用户"双向交互	从 1.0 到 2.0 的十年间，讯飞开放平台已对外开放了 396 项 AI 产品及方案，助力 200 多万生态伙伴实现企业产品智能化升级，服务亿万用户（Ka228）
	集成创新模块	模块式创新	2021 年，讯飞开放平台运用 AI 虚拟形象技术，结合语音识别、虚拟形象驱动等 AI 技术，实现用户与虚拟人面对面互动（Kc223）
		架构式创新	2021 年，融合人工智能、大数据与云计算的技术领先优势，科大讯飞构建"数据中台+AI 中台+AI 云"三大底座，通过数据底座、智能底座与基础设施的协同支撑全场景数字化与智能化（Ka230）
		颠覆式创新	2023 年，科大讯飞发布"星火认知大模型"，董事长刘庆峰表示："认知大模型正成为通用人工智能的'曙光'，实现通用领域的'智慧涌现'，带来内容生产和分发方式的全新变化、人机交互的根本性变革，也带来全新的颠覆"（Ka262）
多重耦合型生态系统价值涌现	赋能价值涌现	创新能力赋能	2021 年，讯飞开放平台提供针对开发者课程，介绍跨平台 SDK、MORFEI Core 2.0 开发框架、技术赋能路径等内容（Ka243）
		制造能力赋能	2021 年，讯飞开放平台结合人工智能、5G、AIoT 等新技术，助力生产制造的数字化转型（Ka229）
	迭代价值涌现	技术创新迭代	2021 年，"AI 虚拟主播"集合讯飞开放平台的语音合成、人脸建模、口唇预测、图像处理、机器翻译等最新技术（Ka231）
		产品创新迭代	2022 年，科大讯飞向消费市场推出翻译机、学习机、录音笔、办公本、听见会议系统等一系列迭代产品（Kc233）
		解决方案创新迭代	2021 年，讯飞开放平台基于神经网络翻译、流式语音识别技术，推出实时语音翻译解决方案，支持长音频流实时输出（Ka233）
	共享价值涌现	利润共享	"（2022 年）开发者使用平台技术也会支付平台一定费用，但他们通过售卖自己的应用获得更大盈利"（Kb256）
		成果共享	"（2022 年）开发者使用平台提供的先进技术时，如果出现问题会反馈给平台；在反馈过程中，平台能够快速了解市场关键需求并孵化产品；科大讯飞也正在通过开放平台孵化新的方向和新的业务，大家共享创新成果，形成良性循环"（Kb257）

注：SDK 表示 software development kit，软件开发工具包；AIoT 表示 AI 和 IoT，人工智能物联网

综上所述，本节通过图 6-4 的构建，深入对比了交易型与创新型平台生态系统的超模块创新体系在三个阶段的价值创造机制差异。在孵化阶段，交易型平台倾向于需求价值导向，而创新型平台则侧重于技术价值导向，分别实现了以迭代为主导和以赋能为主导的生态系统

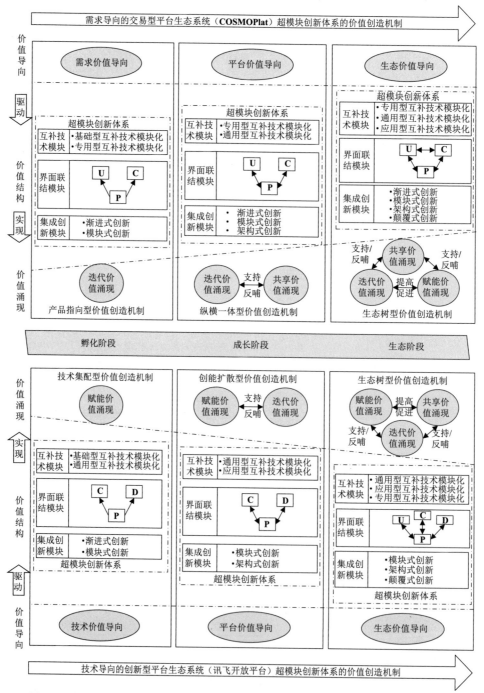

图 6-4　交易型和创新型平台生态系统超模块创新体系三阶段价值创造机制对比模型

界面联结模块中图例依次为：P（平台）、C（互补者）、D（开发者）和 U（终端用户），箭头表示建立单向或双向交互

价值涌现。进入成长阶段，尽管两者均转向平台价值导向，但超模块创新体系的价值创造机制仍存在显著差异，导致生态系统价值同时涌现出差异和共性。在生态阶段，两类平台生态系统均高度重视生态价值导向，通过高度模块化的互补技术和高度交互耦合的界面联结机制，实现了集成创新的全面优化，最终达成了系统层面多重耦合的价值涌现。因此，提出以下命题。

命题 1a：在孵化阶段，交易型平台生态系统构建了侧重于纵向整合的产品指向型价值创造机制；进入成长阶段后，其逐步形成了纵向与横向整合的纵横一体型价值创造机制；至生态阶段，该系统最终演化出品牌协同共生的生态树型价值创造机制。

命题 1b：在孵化阶段，创新型平台生态系统构建了着重技术开发的技术集配型价值创造机制；进入成长阶段后，其逐步形成侧重于技术与能力协同开发的创能扩散型价值创造机制；至生态阶段，该系统最终实现了场景融合共生的生态树型价值创造机制。

（二）阶段间：平台生态系统超模块创新体系的价值创造演变机制

在价值创造过程中，平台生态系统的超模块创新体系需跨越一系列阶段性演变所带来的创新鸿沟。平台生态系统需持续调整其价值导向，构建完备的超模块创新体系，以促进更高阶价值创造的涌现，实现由初始属性向生态属性的根本性转变（杜勇等，2022）。鉴于过程研究范式可以跨时段辨识阶段转换前后状态的差异，尤其是能够深入分析主体如何克服转型障碍，实现阶段间机制转换的动态过程（解学梅和韩宇航，2022；王凤彬和张雪，2022），本节采用过程研究范式，着重探讨两类平台生态系统超模块创新体系价值创造的阶段演进机制。

1. 孵化阶段向成长阶段进阶的价值创造演变机制

COSMOPlat 在价值导向、价值结构以及价值涌现的动态演变过程中，呈现出定向跨越特征。首先，在价值导向的定向跨越方面，COSMOPlat 实现了从以产品为中心向以用户体验为中心、从自主产品品牌向平台品牌的进阶转变。具体而言，在由孵化阶段向成长阶段的过渡中，面对行业同质化竞争的加剧以及用户需求的碎片化与个性化趋势，传统的以产品为中心战略已难以精准捕捉用户需求的动态变化。为此，海尔秉持用户至上的原则，将全球用户的多样化需求视为创新的源泉，依托自主产品品牌的深厚积累构建了工业互联网平台 COSMOPlat，全球首创性地引入了用户全流程参与机制，即平台的核心业务变革均围绕不同参与者的全过程体验而展开。其次，在价值结构的定向跨越方面，COSMOPlat 实现了从离散型制造向流程型制造、从大规模制造模式向大规模定制模式的进阶转变。在"首次跨越"中，COSMOPlat 将用户需求与全过程体验作为创新的指引，成功创新了"大规模个性化定制"模式，颠覆了传统制造业以产品为中心的离散型生产方式，助力中小企业快速整合智能制造资源，实现了"所见即所得"的生产模式。最后，基于价值导向与价值结构定向的交互协同，COSMOPlat 实现了价值涌现的定向跨越。具体表现为：①COSMOPlat 通过从"人单合一"模式向"链群合约"模式的定向跨越，实现了用户持续价值的创造。从以内部参与者为主的"人单合一"模式转变为以外部参与者为主的"链群合约"模式，优化了产业链与供应链参与者的迭代价值质量；

②COSMOPlat 还通过从传统成本管理向共赢增值的定向跨越，实现了与用户、中小企业等参与者的价值增值共享（具体例证见表 6-10）。

表 6-10　"定向跨越式"和"非定向跨越式"演变机制的典型证据援引

聚合维度	二阶主题	一阶概念	典型证据援引
定向跨越式演变机制	价值导向定向跨越	以产品为中心→以用户体验为中心	来自全球用户的需求被海尔视为"可贵的创意"，通过技术创新变成市场热销产品（Ha301）； 帮助海尔站在时代潮头劈波斩浪的长剑是"用户永远是对的"理念，变革核心围绕用户需求展开，这也是科技创新的航向（Ha320）
		自主产品品牌→平台品牌	"坚持本土化，不仅保证提供更符合市场需求的产品和服务，更有效降低了物流成本，提升了对市场的响应速度，更创出了自己的品牌。我们自主创牌的决心从未停止……无论是'出海'还是打造工业互联网平台，海尔走的是品牌的路"（Hb333）
	价值结构定向跨越	离散型制造→流程型制造	"（COSMOPlat）对'灯塔工厂'标准的沉淀，尤其是智能制造方面，牵头制定了智能制造国际标准，（该标准）不仅通用于离散型制造，也通用于流程型制造。此后印证了模式可行，我们帮助青啤申请到了'灯塔工厂'，这也是跨行业成果"（Hb192）
		大规模制造模式→大规模定制模式	COSMOPlat 模式创新表现为"大规模定制模式"，重点突出全流程、全生命周期、全价值链体系颠覆特征，从线性制造模式"大规模制造"转向非线性制造模式"大规模定制"（Hb335）； 基于大规模定制模式，COSMOPlat 借助以用户体验为核心的新布局替代传统制造业以产品为核心的生产方式，助力企业大规模制造到大规模定制转型，实现了"所见即所得"（Hb200）
	价值涌现定向跨越	"人单合一"→"链群合约"	2005 年，张瑞敏提出的"人单合一"模式被认为是第三代企业管理模式创新（Hb340，Hc341）； 在"人单合一"模式指导下，海尔可围绕用户体验和用户价值，使得物联网模式更加水到渠成；而链群创建了无论是海尔内部小微还是外部公司都可以加入的平台，为用户创造更大价值（Ha353）
		成本管理→共赢增值	2019 年，海尔生物实现了约 1.47 亿元的物联网生态收入，占总营业收入的 14.5%，引入共赢增值表评价体系管理成本（Hc365）； "COSMOPlat 确保将生态系统中不同成员整合起来并共享价值"（Ha378）
非定向跨越式演变机制	价值导向非定向跨越	技术领先理念→不同场景组合需求	基于十年技术积累发布讯飞 AI 云：磐石平台以"授人以渔"为主要功能定位，针对 AI 服务对云主机集群进行了 103 项专业优化，从数据标注、模型训练、引擎托管、服务编排等维度，满足更多用户不同业务场景组合下的 AI 需求（Ka302）
		技术嗅觉→科技与人文关怀	"（讯飞开放平台）对业界最新的技术趋势有非常敏感的嗅觉。譬如，一种技术可能在论文中被首先提出来，但不代表能做到产品中；但我们往往能把它最快更好地应用到产品中"（Kb311，Kc313）； 科大讯飞"听见 AI 的声音"关爱行动已累计为听障人士提供 8140 万分钟免费转写服务（Ka326）

续表

聚合维度	二阶主题	一阶概念	典型证据援引
非定向跨越式演变机制	价值结构非定向跨越	多渠道吸引开发者→人才成长体系	"科大讯飞不断地在搭建生态圈上投入资金、开放技术以吸引开发者，构建全新的AI人才成长体系"（Kb328，Kc330）； 讯飞开放平台实现了对AI人才的以赛代练，"扶摇计划"和"鲲池计划"实现全方位的人才培养（Ka347）
		技术辐射扩散→创新"涟漪效应"	讯飞开放平台技术具有自生长性，在技术研发、应用过程中会产生操作、实验、记录数据，过程数据成为新资源（Kc354）； "从弱AI到强AI，'涟漪效应'至关重要。当推出一个人工智能算法时，就像水滴滴在水面上，只有一小部分人用到时，使用后的数据会送到云计算服务器并立即学习更新；当水波扩大到更广泛的人群时，系统性能已提高"（Ka368）
	价值涌现非定向跨越	源头技术创新迭代→应用场景共创	"对于平台个体用户，这是所有AI爱好者的在线交流基地；对于企业用户，可以自由调取识别、合成等方面能力，打造和完善自己的应用；对于技术所有者，我们也将源头技术和能力接入到讯飞开放平台，通过平台开放给所有开发者使用"（Kb367）
		产品价值认可→多元能力赋能行业	科大讯飞"618大促"表现亮眼，智能录音笔系列获京东和天猫双平台录音笔品类连续5年品牌销售冠军（Ka368，Kc233）； 在汽车赛道，讯飞开放平台与奥迪、保时捷等众多品牌合作开展智能车载业务的产品开发（Kc380）

讯飞开放平台在价值导向、价值结构以及价值涌现的动态过程中，展现出了显著的非定向跨越特性。因为其技术导向的鲜明性，超模块创新体系的演变不再受限于严格的方向和目标，导致生态系统的价值涌现具有更强的探索性。首先，在价值导向非定向跨越方面，讯飞开放平台经历了从单一强调技术领先理念，到关注不同场景下的组合需求，再到融合科技与人文关怀的演变过程。具体来说，在首次跨越阶段，其价值导向逐渐从追求技术的绝对领先地位，转变为致力于让科技充满情怀、技术富有温度，以人工智能建设更加美好的世界。其次，在价值结构非定向跨越方面，讯飞开放平台实现了从多渠道吸引开发者，到构建人才成长体系，再到形成创新"涟漪效应"的进阶演变。在孵化阶段，科大讯飞通过向平台前身——讯飞语音云投入大量资金和开放技术，为讯飞开放平台1.0的落地奠定了坚实基础。随后，平台进一步开放技术和能力，吸引了大量开发者加入，并不断完善AI开发者大赛与AI人才成长体系，进一步扩大平台的规模效应。讯飞开放平台凭借自生长技术，促使全流程数据持续提升互补技术的模块化程度，通过算法迭代与更广泛的用户群体实现了深度的双向交互。在这一过程中，技术辐射扩散逐渐转变为创新"涟漪效应"，即自学习AI算法的不断更新引发的创新连锁效应，成为推动"弱AI"向"强AI"演进的核心。由此，平台成功完成了价值结构的非定向跨越进阶。最后，基于价值导向和价值结构的交互协同，讯飞开放平台实现了价值涌现的非定向跨越。具体表现为：①从源头技术迭代创新到应用场景共同创造的非定向跨越，其中，"能力星云"的全栈能力服务，使得AI如同水和电一样触手可及，进一步体现了赋能价值涌现的深化；②从产品价值获得用户认同，到多元能力赋能不同行业的非定向跨越（具体例证参表6-10）。

综上所述，在"首次跨越"过程中，平台生态系统各阶段内部的价值创造机制差异对阶段间的演变机制产生了影响。COSMOPlat 作为交易型平台生态系统的代表，其演变过程始终秉持强烈的需求导向，在转变之前侧重于产品价值，但受限于平台尚未落地，高度依赖于供应链的纵向整合（Adner and Kapoor，2010），通过与互补者及部分终端用户进行基础型和专用型互补技术的单向互动，形成了渐进式与模块式创新并存的集成创新单元，进而实现了迭代价值的涌现；在转变后则更加注重用户体验价值的提升，通过平台实现了纵向与横向的双重整合（Giustiziero et al.，2023），互补技术的模块化水平提升，界面连接从单向互动转变为双向交互，集成创新单元中涌现出架构式创新，构建了深层次的超模块创新体系，从而涌现共享价值，并借助定向跨越式演变机制，实现了从产品导向型价值创造向纵横一体型价值创造的转型。以讯飞开放平台为代表的创新型平台生态系统，其强技术导向贯穿了各阶段的演变历程：在转变前侧重于技术集成，主要凭借模块化的基础型与通用型互补技术，实现平台与互补者、开发者之间的单向互动，形成了渐进式与模块式创新共存的集成创新单元，实现了赋能价值的涌现；在转变后强调创新能力的广泛传播，参与者的交互模式更为多样化，在系统层面催生了新的迭代价值，通过非定向跨越式演变机制，成功实现了从技术集配型价值创造到创能扩散型价值创造的转变。总体而言，由于交易型与创新型平台生态系统的初始属性各异，两者构建了与外部情境及内部战略相契合的超模块创新体系，其价值创造机制存在明显差异，导致在首次跨越阶段间创新鸿沟时两者的差异多于共性。基于此，本节提出以下命题。

命题 2a：交易型平台生态系统借助定向跨越式演变机制实现超模块创新体系价值创造机制的首次跨越，即从孵化阶段的产品指向型价值创造转变为成长阶段的纵横一体型价值创造。

命题 2b：创新型平台生态系统借助非定向跨越式演变机制实现超模块创新体系价值创造机制的首次跨越，即从孵化阶段的技术集配型价值创造转变为成长阶段的创能扩散型价值创造。

2. 成长阶段向生态阶段迭代的价值创造演变机制

在由成长阶段向生态阶段转变的二次跨越进程中，COSMOPlat 作为领先的工业互联网平台，展现出了其"一米宽，百米深"的系统特性，通过纵深跨越式演变机制实现价值导向、价值结构以及价值涌现的全面转型。首先，在价值导向纵深跨越方面，交易型平台生态系统经历了从用户体验持续优化至用户价值深度挖掘、从平台品牌建设迈向生态品牌领导地位的演变过程。在转变之前，COSMOPlat 在成长阶段尤为注重用户体验的不断优化；转变之后，其重心转向用户价值增值与长期价值实现，进而实现围绕用户价值增值核心，构建自我涌现与进化的生态开放体系。此外，COSMOPlat 的品牌发展历程，从最初的产品品牌，跃升至互联网工业平台品牌，再进一步跃升到生态品牌并荣获新华社品牌工程认证。品牌整体迭代并非简单地从 1.0 版本升级至 2.0 再至 3.0 版本，而是站在构建产业生态的高度，为品牌注入新的活力与动能。其次，在价值结构纵深跨越方面，COSMOPlat 从数字智能互联的初步发展到智能制造的全面连接、从用户零距离交互到链群强化用户交互、从数字化创新到数实共生融合创新的进阶迭代。例如，在 COSMOPlat 首次跨越阶段，其超模块创新体系展现出所见即所得的特性，即运用专门互补技术与用户进行深度互动，实现以用户体验为核心的大规模个性化定制模式，不仅迅速将用户需求转化为创意产品，还加速了物流、供应链流程，缩短了产品上市时间。而在二次跨越阶段，其超模块创新体系的迭代速度显著提升，呈现出所得超所见特征，即依托通用与应用型互补技术，与多方参与者深入交互，开发出 D³OS 数字孪生产品，构建了数实空间的可视化模型，缩短了研发周期，打破了资源与空间限制，实现了智能制造的全面连接。最后，交易型平台生态系统的价值涌现通过价值导向与价值结构的双重调整实现纵深跨越，具体体现在以下几个方面：①从单一价值复制到跨场景生态价值复制的纵深跨越，COSMOPlat 通过生态融合打破跨界合作障碍，定制化策略重塑消费逻辑，成功转型为生态品牌，并在跨场景生态中实现了跨层级（工厂级、行业级、区域级）的解决方案复制。②从单项持续赋能向立体化生态赋能的纵深跨越，COSMOPlat 坚持"源于制造、赋能制造"的理念，不断向平台内的参与者开放其创新生态能力，驱动产业制造向智能化制造转型。③从复杂价值链向生态命运共同体的纵深跨越，在转变前，COSMOPlat 是海尔集团基于"人单合一"管理理念和"大规模定制"模式构建的工业互联网平台；转变后，构建了一个大企业共建、小企业共享的新型产业生态，实现了用户体验迭代价值循环与生态合作方价值创造循环的双重循环（具体例证见表 6-11）。

表 6-11　"纵深跨越式"和"全景跨越式"演变机制的典型证据援引

聚合维度	二阶主题	一阶概念	典型证据援引
纵深跨越式演变机制	价值导向纵深跨越	用户体验迭代→用户价值增值	海尔将聚焦创造用户体验迭代价值的循环、为生态合作方创造价值和分享价值合一的循环（Ha412）； "COSMOPlat 以用户体验增值为中心，通过增值分享构建起新物种自涌现、自进化开放生态体系"（Hb420）
		平台品牌→生态品牌领航者	"物联网时代到来了，我们（海尔）应该创变出可以引领物联网时代的模式；而达成这一创变的方式就是做生态"（Ha430，Hb439）； 从产品品牌到平台品牌，再到生态品牌，COSMOPlat 被新华社品牌工程认证为"领航者"象限，生态品牌具有引领作用（Hc461）
	价值结构纵深跨越	数字智能互联→智能制造全连接	COSMOPlat 从搭建全球首个智能+5G 互联工厂，到打造全球首个 5G+智能制造全连接工业园区（Hc478）； D³OS 建立的连接实体与数字空间的可视化模型表现为"所得超所见"，工厂不必承担无谓的冒险和资源浪费而开展多种尝试（Ha462）
		用户零距离交互→链群强化用户交互	海尔已在全球建立"全球造"体系，快速实现用户需求创意转化，缩短了供应链和上市时间，实现了用户零距离交互（Ha485）； "链群"是海尔组织管理体系的核心部分，是指生态链形式的小微群，跟用户交互并根据用户需求实现创意转化（Hc487）
		数字化创新→数实共生融合创新	"COSMOPlat 的数字化具有改变企业形态、推动生产方式变革、催生新商业模式的作用"（Hb478）； COSMOPlat 在国内率先发布"大连接、大数据、大模型"新一代工业互联网平台，实现品牌和产业结合，让制造"心中有数"（Ha483）

续表

聚合维度	二阶主题	一阶概念	典型证据援引
纵深跨越式演变机制	价值涌现纵深跨越	单一价值复制→跨场景生态价值复制	海尔从两大主赛道深化生态价值：依托海尔智家为用户提供智慧住居赛道、布局 COSMOPlat 的产业互联网赛道（Ha490）；COSMOPlat 全面转型场景生态品牌，用生态打破跨界合作壁垒，包括工厂级、行业级和区域级等层面价值复制（Hb492，Hc498）
		单项持续赋能→立体化生态赋能	COSMOPlat 已形成"大连接、大数据、大模型"三大平台核心竞争力，正以"通用场景包+行业场景包"解决方案图谱打造"一站式场景化交钥匙"服务，赋能场景、企业、行业数字化转型，与各方共享新生态、新价值（Ha502）
		复杂价值链→生态命运共同体	COSMOPlat 基于"人单合一"和"大规模定制"模式构建了大企业共建、小企业共享的产业新生态（Ha523，Hb340）；"先构建生态系统将蛋糕做大，再进行价值分享"与品牌命运共同体中强调生产者、销售者和使用者价值共创一致（Hb529，Hc537）
全景跨越式演变机制	价值导向全景跨越	人工智能 1.0 战略→平台 2.0 战略	1.0 时代，讯飞开放平台致力于源头技术创新，与百万开发者开放共享；2.0 时代，突破单向 AI 能力开放，联合行业龙头企业，面向产业通用场景，共同搭建行业基线底座（Ka391，Kb392）
		"平台+赛道"战略→跨场景生态需求	代码能力既应用于讯飞教育数字基座，也广泛应用于医院、大学、企业、政府等不同机构，通过 iFlyCode 实现快速搭建（Ka400）；"场景创新是以新技术的创造性应用为导向，以供需联动为路径，实现新技术迭代和产业快速增长的过程"（Kc403）
	价值结构全景跨越	人机智能交互→多模态人机交互	AIUI 3.0 是科大讯飞提供的一套人机智能交互解决方案，装载了业内领先的人机交互核心技术（Ka411）；讯飞虚拟人交互平台 1.0 支持多模感知、情感贯穿、多维表达和自主定制，虚拟人形象突破 50+（Ka422，Kb421）
		技术产业结合→细分领域合作典范	科大讯飞与新媒股份共建"元宇宙 XR 联合创新实验室"，打造广播电视领域合作新典范（Ka437）；讯飞开放平台在音乐领域实现内容创制宣传、音乐人成长、AI 音乐产品等创新成果，与行业伙伴探讨共赢模式（Ka438）
		单点应用突破→系统性创新落地	"AI 要切实解决社会重大命题，要从单点应用突破到系统性创新"（Kb447）；"AI 技术被人们所使用的过程是逐渐扩散的，系统误差在大量数据修正中变小，星火 N 大模型表现出从涟漪效应到 1+N 的转变"（Kc449）
	价值涌现全景跨越	"AI 科技树"→场景式解决方案	"伴随 AI 科技树枝叶的持续点亮，从原始的一颗种子发展到参天大树，每片枝叶的技术背后都蕴含大量付出和努力"（Ka456）；"通用人工智能要坚持价值创造根本，要有'能看得见摸得着'的场景，能规模化推广的应用和产品"（Ka458，Kb462）
		能力/插件开放→通用大模型赋能	"（我们）与开发者携手打造更具价值的 AI 应用，通过能力与插件开放，与千行百业共建生态"（Kb470）；大模型的"1+N"架构相辅相成，既在通用领域形成行业领先智慧，又为细分行业产品落地提供助力（Ka479）
		复杂价值链→产业生态系统	通用人工智能时代，平台将携手合作伙伴构建产业生态，通过新一代技术与制造业融合发展实现制造向"智"造转变（Kc489）；"（我们）一直坚定不移地认为，只有生态才能生生不息。企业只有开放自己的能力才能形成产业链与生态体系"（Ka499，Kc501）

注：XR 表示 extended reality，扩展现实

讯飞开放平台在从成长阶段向生态阶段转变的二次跨越历程中,展现出广泛场景覆盖的全景跨越特性,主要借助全景跨越式演变机制实现了价值导向、价值结构以及价值涌现的阶段性演进。第一,在价值导向全景跨越方面,创新型平台生态系统实现了从人工智能 1.0 战略向平台 2.0 战略、从"平台+赛道"战略向跨场景生态需求全面覆盖的演变。具体而言,在 1.0 时代初期,讯飞开放平台聚焦于基础技术创新,与百万开发者共享成果;而在进入 2.0 时代后,讯飞开放平台超越了单一 AI 能力的开放,携手行业领军企业共同构建多元化的行业生态基座。第二,在价值结构全景跨越方面,讯飞开放平台实现从人机智能交互到多模态人机交互的拓展、从技术产业结合到细分领域合作典范的演进、从单点应用突破到系统性创新落地的全面升级。在这一进程中,讯飞开放平台为达成全面突破性的第二次跨越进行了长期积累:在成长阶段,通过创新的"涟漪效应"不断积累技术与能力,以单点应用的突破和单一能力的开放为起点,为后续的系统性创新实践奠定坚实基础;在生态阶段,讯飞开放平台正式推出了"1+N"星火认知大模型体系("1"代表通用的算法底座,"N"代表针对细分行业的专用大模型产品),并通过持续的版本更新增强了多模态交互能力。第三,价值涌现全景跨越具体体现在以下几个方面。①完成了从"AI 科技树"向场景化解决方案转变的全景跨越。在跨越之前,讯飞"AI 科技树"经历了长期的演进:随着技术节点的不断激活,从最初的萌芽状态成长为枝繁叶茂的大树,每一个技术节点、每一项创新成果背后都凝聚了巨大的努力与投入。在实现二次跨越后,科大讯飞董事长强调,通用人工智能应坚守价值创造的核心理念,即需具备"能看得见摸得着"的应用场景,能够推动规模化产品的开发与应用的推广,如开发者可以便捷地通过拖拽和可视化操作来解决场景中的创新难题。②完成了从能力和插件开放到通用大模型驱动的全景跨越。在转变之前,讯飞开放平台主要通过提供能力和插件向开发者开放技术资源,促进跨行业价值共创;而在转变之后,讯飞开放平台依托星火认知大模型,持续为医疗、城市、政法、工业等多个行业深度赋能。③完成了从复杂价值链到产业生态系统转变的全景跨越。在完成二次跨越后,讯飞开放平台秉持"只有生态才能生生不息"的理念,持续在复杂价值链实践中开放技术资源、产业资源及资本资源等大模型资源,与行业合作伙伴共享生态价值,共同构建生生不息的产业链与生态体系(具体例证见表 6-11)。

综上所述,从生态系统演变机制的整体过程看,在转变之前,交易型平台生态系统与创新型平台生态系统分别聚焦于横向与纵向整合与技术和能力整合的价值创造路径,此时生态系统的价值涌现尚显片面。当从成长阶段迈向生态阶段的二次跨越时,两类平台生态系统在灵活构建生态布局及跨领域复制解决方案的过程中,均面临相似的竞争合作格局。这种相似的生态理念引领交易型与创新型平台生态系统构建出更为精细且多元化的超模块创新体系。尽管转变后,两类平台生态系统的超模块创新体系各有侧重,交易型更侧重于品牌协同,而创新型则更强调场景协同(胡登峰等,2022),但其价值创造机制再度趋同,共同展现出生态树型价值创造机制。此外,平台互补者的构成由原先以平台企业的合作伙伴为主导,逐渐转变为以多元化的社会伙伴为核心,同时吸纳个人用户、城市主体等终端用户及开发者，其数量与种类均显著增加，形成了"平台—互补者""平台—开发者""平台—终端用户""互补者—终端用户"等多重双向互动，且均全面展现出迭代价值、赋能价值与共享价值。因此，在由成长阶段向生态阶段转变的过程中，尽管交易型与创新型平台生态系统的超模块创新体系展现出纵深跨越式与全景跨越式等差异化的价值创造演变机制，但更多展现出共性超越差异的总体特征。据此，提出以下命题。

命题 3a：交易型平台生态系统借助纵深跨越式演变机制，完成了超模块创新体系价值创造机制的二次跨越，即由成长阶段的纵横一体型价值创造演进至生态阶段的生态树型价值创造。

命题 3b：创新型平台生态系统借助全景跨越式演变机制，实现了超模块创新体系价值创造机制的二次跨越，即由成长阶段的创能扩散型价值创造演进至生态阶段的生态树型价值创造。

四、研究结论

本节聚焦于平台生态系统超模块创新体系的价值创造机制这一核心主题，遵循过程研究范式进行深入的纵向双案例研究，探讨需求导向的交易型平台生态系统与技术导向的创新型平台生态系统在超模块创新体系中的价值创造机制。通过对这两种平台生态系统超模块创新体系在阶段内演化及阶段间演变的动态过程的深入分析，构建了一个时间维度的平台生态系统超模块创新体系价值创造机制的理论模型（图 6-5）。具体结论如下。

第一，相较于一般生态系统的创新体系，平台生态系统超模块创新体系表现为互补技术高度模块化的结构特征和界面联结交互耦合性的关系特征，其价值结构由互补技术模块、界面联结模块和集成创新模块组成。具体而言，平台生态系统超模块创新体系经历了互补技术模块从单薄到丰富、界面联结模块从单向交互到双向交互、集成创新模块从渐进式创新到颠覆式创新的变革过程（Cusumano et al.，2019）。

第二，平台生态系统超模块创新体系在其不同的发展阶段中，表现出既具差异性又具共性的价值创造机制，并依靠价值创造的动态演进机制，成功地跨越了各发展阶段之间的创新鸿沟（图 6-6）。首先，在首次跨越中，由于交易型与创新型平台生态系统在起始属性上的差异，两者在跨越过程中更多地展现出差异性而非共性，分别采用了定向跨越与非定向跨越的演进模式来完成价值创造的演变。

其次，在二次跨越中，交易型与创新型平台生态系统在面对相似情境及价值导向时，共性特征愈发显著，分别通过纵深跨越式与全景跨越式演变机制，实现了价值创造的迭代升级。进入生态阶段，尽管交易型平台生态系统的价值创造路径更强调品牌协同共生，创新型平台生态系统则更强调场景协同共生，但两类平台均构建起了更为完善的超模块创新体系，创造出多重耦合型生态系统价值，形成生态树型价值创造机制，使得价值创造机制在这一阶段重新趋于一致。

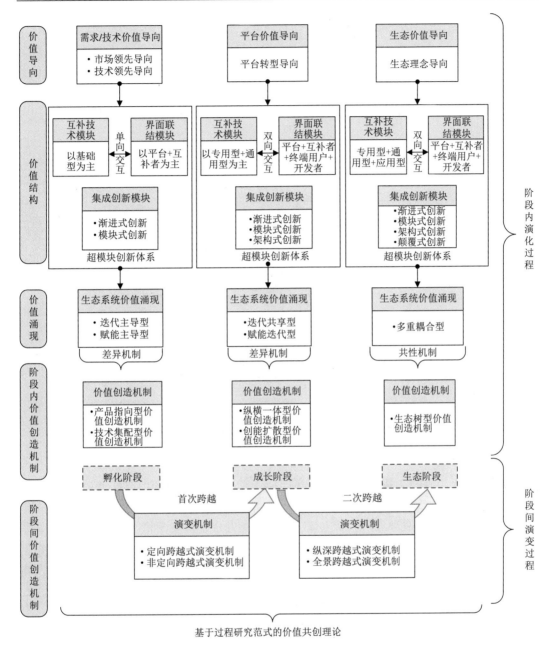

图6-5　平台生态系统超模块创新体系价值创造机制理论模型

第三，平台生态系统超模块创新体系的价值创造过程既具有差异性，也具有共性，其中平台系统的固有属性是影响价值创造机制的内生性因素（Cusumano et al.，2019）。通过剖析阶段内部的价值创造机制以及阶段间的演变机制，发现两类平台生态系统在首次跨越创新鸿沟时，价值创造机制更多地体现出差异性而非共性；然而，在二次跨越创新鸿沟并进入生态阶段后，两者的价值创造机制则逐渐体现出共性大于差异性的特征。尽管两类平台初始属性和用户归属性不同，生态系统能够通过规模化的网络效应，增强界面联结的交互耦合程度，进而优化各自的超模块创新体系，达成共生共享的价值创造目标。

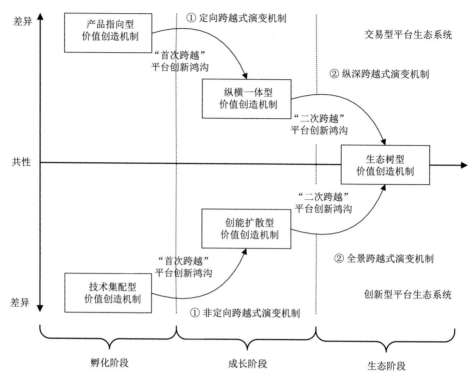

图 6-6　平台生态系统超模块创新体系跨越创新鸿沟的过程机理

第三节　开放式创新生态网络结构对价值共创的影响研究

随着市场竞争日益激烈，创新主体的组织形态发生了重要变化，开放式创新生态系统范式顺应而生。而绿色创新作为高质量发展的底色，在绿色创新生态网络结构中占据了愈发核心的位置。由此，本节立足将生态系统概化为隶属关系的观点，探究生态网络结构对开放式创新生态系统价值共创的作用机制及情境因素。本节收集了生物医药行业145 家上市公司在 2010 年至 2018 年构成的 1305 个观测值的平衡面板数据集，利用社会网络分析和多元回归等方法进行实证检验。研究结果显示：①生态网络密度与生态网络结构洞作为生态网络结构的两个维度，均对价值共创具有显著的积极影响。②生态网络密度、生态网络结构洞通过稳定性对价值共创起到积极影响。③生态位宽度与生态位重叠度对生态网络结构两大维度和价值共创的关系具有正向调节作用，且调节效应表现出差异性。④生态网络惯例在"生态网络结构洞—稳定性—价值共创"的中介路径中具有正向的调节作用；然而，当网络规范共识过强时，可能会导致合作伙伴间的路径依赖现象，从而减弱了"生态网络密度—稳定性—价值共创"路径中的边际效应。本节不仅完善了开放式创新生态系统价值共创的理论体系，为企业构建更加持续稳定的绿色开放式创新生态系统提供了理论借鉴，也为企业持续绿色创新和转型提供了实践路径。

一、开放式创新生态系统合作网络演化

（一）开放式创新生态系统的源起与内涵

随着创新模式的融合性增强及技术创新不确定性的加剧，单个企业在创新方面的竞争力正面临严峻挑战。诸如诺基亚、柯达等曾辉煌一时的企业，因过度依赖于封闭式创新模式，最终被迫退出市场。在此背景下，开放式创新颠覆了传统的创新理念，倡导企业与外部机构建立紧密合作关系，旨在促进内外部技术资源的深度融合，进而达成全面且高效的创新目标。随后，在全球价值网络与生态发展的共同推动下，企业、大学、科研院所等创新组织的形态以及政府的创新政策均发生了显著变化。以 2016 年中共中央、国务院颁布的《国家创新驱动发展战略纲要》为例，该纲要明确提出要建设各类创新主体协同互动和创新要素顺畅流动、高效配置的生态系统；2020 年党的十九届五中全会也着重强调，需深入贯彻创新、协调、绿色、开放、共享的新发展理念，进一步巩固企业在创新体系中的主体地位。因此，为了深入探索"新常态"经济下的增长动力与机制，创新生态系统理论逐渐受到学术界的广泛关注。创新生态系统作为一个由相互依存、共生发展的参与者构成的网络体系，其内部各参与者的功能与整合方式日趋多样化，通过互利共生与协同创新，共同实现价值创造。

因此，学术界开始关注开放式创新范式下的创新生态系统研究。学者首先对开放式创新生态系统的内涵进行了深入探讨。具体而言，Gonzalo（2012）将开放式创新生态系统定义为由持有共同创新目标的利益相关者广泛进行开放式创新活动所构成的生态系统；杨伟等（2020）认为开放式创新生态系统具有高度的复杂性，其成员间普遍存在着共生竞争与合作等非线性互动关系及复杂的网络结构，成员间相互耦合形成的创新网络构成了生态系统的核心。综上所述，本节将开放式创新生态系统（open innovation ecosystem）定义为：在共生环境的驱动下，核心企业与其他创新主体围绕价值共创原则相互依存，频繁开展开放式创新活动，不断吸纳外部创新理念并优化自身生态位，从而形成的有机动态系统。进而，学者探讨了开放式创新生态系统的运作特性及模式。有研究认为，核心企业在开放式创新生态系统中能有效整合内外部资源以促进协同创新，并在价值网络中占据主导地位，以满足系统内其他成员的需求。此外，Xie 和 Wang（2020）指出，企业间协作、产学研深度融合、技术转移、资产重组等多种开放式创新生态系统运作模式的耦合，为高水平产品创新提供了更为全面的解释路径。

（二）开放式创新生态系统的理论框架

生态系统是由具有隶属关系及相互作用的利己参与者间共同创造价值所形成的网络（Jacobides et al., 2018）。为深入理解生态系统，Adner（2017）提出了两种视角，第一种是将生态系统作为隶属关系，第二种是将生态系统作为结构体。前者将生态系统作为由网络及平台从属关系界定的相关行动者的集合，着重于跨越传统行业界限、增强相互依赖性以及激发共生关系的潜力，同时强调合作伙伴网络的紧密程度及参与者在网络中的核心地位等衡量指标。根据此观点，核心参与者通过扩大生态系统中参与者的数量与

密度来增强自身的中心性、预期效能及议价能力（Adner，2017），并利用直接与间接的网络外部效应推动整个系统的价值生成（Adner，2017）。隶属视角聚焦于参与者间的联结，以生态系统可能产生的价值主张作为最终导向（Adner，2017；Kamalaldin et al.，2021）；而结构视角则起始于价值主张，以识别并构建一组通过相互作用来实现价值主张的参与者群体为最终导向（Adner，2017）。鉴于搜寻并联结互补参与者需投入大量成本，资源的协调通常来自核心企业现有的创新网络或已构建的内部生态系统（Hou et al.，2020）。考虑到开放式创新生态系统是生态系统研究的一个分支，因此，从企业现有创新网络的角度出发，运用生态系统隶属视角来研究开放式创新生态系统，对于研究现有资源与新兴资源互补性具有现实意义。综上所述，本节的理论框架聚焦于组织间交互关系的结构性维度，并通过生态网络密度及结构洞两个维度来阐释核心企业在开放式创新生态系统中的参与结构。

（三）开放式创新生态系统合作网络的演化路径

在开放式创新生态系统中，各类创新主体由于协同、竞争及共生等多重关系相互作用，交互耦合，从而形成复杂的生态系统。因此，开放式创新生态系统能否达成帕累托最优状态，核心在于多元参与者间的动态协作及其共生演化的进程。与生物种群的演化类似，开放式创新生态系统同样历经初创、成长至成熟三个阶段，且每个阶段都伴随着知识、资源及技术的复制、创新及选择过程（解学梅等，2022）。

在开放式创新生态系统的初创阶段，核心企业与其他创新主体共同构建创新体生态系统。核心企业占据有利的创新生态位，引领整个系统的创新方向（Zaheer and Bell，2005）。此时，系统尚处于无序且相对封闭的创新状态，创新主体分散，互动频次低。核心企业的知识、资源及技术不断向外扩散，而处于弱势的创新主体则通过学习或模仿来获取知识优势。此阶段的显著特点是创新实体间存在遗传特性，即优良的创新基因（体现为信息、知识及技术）通过学习、协作、溢出及模仿等机制被各生态成员采纳。因此，此阶段主体间的合作与竞争较为有限，存在偏利共生关系，即核心企业的知识、资源与技术溢出使模仿企业受益，但对核心企业本身的积极影响并不显著。

在开放式创新生态系统的成长阶段，随着更多创新成员的加入，系统规模逐渐扩大，核心企业致力于构建资源共享的生态体系，创新实体间的互动日益频繁。在市场竞争的推动下，各生态主体打破既有惯例，创造新知识并获取新的资源和技术，系统的自组织性逐渐增强，呈现出由无序向有序的转变。此阶段演化的显著特点是各创新主体通过技术、商业模式及市场等方面的创新，催生新知识、新技术及新模式（赵健宇和王铁男，2018）。因此，此阶段存在竞合共生的关系，一方面是在有限资源空间内竞争资源，另一方面则是与上下游企业的纵向协同及与其他主体的横向协同。

在开放式创新生态系统的成熟阶段，各创新主体逐步建立自身的知识优势，生态成员实现资源共享，系统进入全面开放状态并达到最大规模，保持动态平衡。此阶段的显著特点是各创新主体进行选择，即在有限的创新资源下，通过市场机制对变异过程中产生的新思想、新技术及新模式等创新资源的选择，实现系统内不同创新主体间的协同演化。与自然生态系统的演化路径不同，开放式创新生态系统中的创新主体具有主动性，能够在技术、市场及环境等多重因素的共同作用下，主动选择变异方向。因此，各创新主体明确自身的生态位，核心企业仍占据主导地位，与其他主体形成共生关系。在此阶段，种群间的关系转变为互利共生，以协同为主要互动模式，竞争关系削弱，协同效应促进了新知识和技术的不断涌现，实现了价值共创（解学梅等，2022）。

综上所述，生态系统中的创新主体随着创新模式的转变，由传统的封闭式创新逐步演变为开放式创新，最终演化成开放式创新生态系统。创新主体基于内外部因素的交互影响，在其原有技术知识的基础上，通过遗传、变异及选择，与其他合作伙伴进行开放式创新以获取新技术及新知识，将外部获取的技术知识与内部知识库相融合，进而构建创新生态链，最终推动开放式创新生态系统实现有效循环。

生物医药行业作为一个高度依赖研发和技术创新的领域，其创新生态系统的构建尤为重要。因此，本节以中国生物医药行业为例，运用 Gephi 软件，以三年为时间窗口，对 2010~2018 年的创新合作网络进行可视化分析。图 6-7 的结果显示，一方面，随着生态系统创新模式的变化，中国生物医药行业的开放式创新生态网络总体规模持续扩大，重要节点不断增加，且以核心企业为中心的创新合作关系日益紧密。这表明，行业内各主体之间的互动和资源共享正逐渐加强，促进了知识的有效流动和技术的加速创新。具体而言，随着越来越多的企业意识到自身资源的局限性，跨界合作的需求愈发明显。由此，中国生物医药行业的主要参与者逐渐形成了由核心企业主导的创新网络，核心企业通过与高校、科研机构以及其他行业企业的合作，形成了强有力的创新合力。这不仅帮助了核心企业在研发方面获取更多资源，还促进了整体行业技术水平的提升。另一方面，尽管当前开放式创新生态网络规模庞大，核心企业占据优势地位，但除部分核心企业外，边缘创新主体仍侧重于短期的两两合作。这种现象反映了生物医药行业中小企业在创新网络中的相对弱势地位。这些边缘创新主体往往缺乏足够的资源和市场影响力，导致其倾向于快速达成短期合作关系，以期在短时间内获得市场收益或项目资金。然而，短期合作的模式却可能限制了其技术的深入开发与应用，影响了创新深度的挖掘。从图 6-7 的网络结构可以看出，核心企业不仅关乎整个网络的稳定性，也在资源配置和信息流动中扮演着至关重要的角色。核心企业的强大网络效应使得周围的边缘主体在一定程度上受益，同时也对它们的生存和发展提出了新的要求。由于边缘企业依赖核心企业的资源

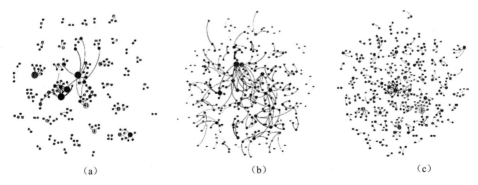

(a)　　　　　　　　　　(b)　　　　　　　　　　(c)

图 6-7　2010~2018 年生物医药行业开放式创新生态系统合作网络演进图

支撑，其创新能力和市场竞争力往往受到限制。在这种情况下，若不改善边缘创新主体与核心企业之间的合作关系，将导致整个创新生态系统的活力不足，甚至会给行业的长期可持续发展带来影响。总体而言，生物医药行业的开放式创新生态系统网络在合作方面仍有待进一步提升。因此，针对开放式创新生态网络稳定性进行深入探究具有现实必要性。

二、开放式创新生态系统、生态网络稳定性与价值共创

（一）生态网络结构与价值共创

创新生态系统的核心特性在于其内部成员间构建的交互网络（王发明和张赞，2021）。生态网络作为生态系统概念的具象化，是核心创新实体和相关利益方在多元化生态环境中以共同愿景为纽带，通过物资、能源、信息和知识等互动而形成的共生竞争与动态演化的网络结构（Graça and Camarinha-Matos，2017）。因此，本节探讨的开放式创新生态网络，定义为由核心企业与众多创新主体交织而成的松散协作网络，其中创新主体以开放式创新为主要行为模式，围绕共享技术、知识及技能共同创造价值（Vlaisavljevic et al.，2020）。开放式创新生态网络具有一般创新网络的结构特性，参考前人研究（Leenders and Dolfsma，2016；吴结兵和徐梦周，2008；刘善仕等，2017），本节将从生态网络密度和生态网络结构洞两个视角深入探讨开放式创新生态网络的结构特性。生态网络密度是指核心企业与其余创新主体间互动的紧密度，密度越高，表明网络成员间的联系越紧密，进而加速知识共享和信息流通（Cheng and Shiu，2020）。生态网络结构洞是指在开放式创新生态系统组织联结过程中的"非重复关系"，即拥有丰富结构洞的参与者能够接近未直接关联的伙伴，更易获取异质资源（Chen et al.，2020a）。

创新资源的流动速度与创新成果的产出效率受开放式创新生态网络结构的影响显著，进而促进开放式创新生态系统的价值共创。基于生态网络密度视角，高密度网络构建的紧密合作纽带，更利于核心企业持续获取创新资源，推动生态系统共同创新目标的实现。另外，紧密联系的创新主体对彼此了解和信任的程度更高，可有效提升问题解决能力，提高合作决策与行动效率。再者，在高密度网络生态系统中，核心企业与伙伴间共生依存程度加深，可有效抵御机会主义行为，减少合作风险，共同构筑互利共赢的生态格局（Phelps，2010）。

基于生态网络结构洞的视角，占据结构洞优势位置的核心企业，往往掌握着资源与控制优势，有效推动了以核心企业为中心的创新生态系统的价值共创（Zaheer and Bell，2005）。具体而言，在开放式创新生态系统中，各类创新主体间存在显著差异，资源和知识结构各不相同。因此，处于生态网络结构洞核心的企业，不仅能高效获取异质性战略资源，还能整合并传播信息至其他生态网络成员（杨隽萍等，2017）。这一过程降低了生态网络整体的信息冗余，并减少了信息搜寻的不确定性，从而提高了价值共创的效率。此外，生态网络结构洞连接的是未直接关联的创新主体，核心企业通过跨越多个结构洞，构建多样化的异构联系，将增强生态网络中其他成员对其的依赖性。此控制优势不仅激

发了其他生态网络成员为核心价值主张的创新活力，增加了资源重组的机遇，同时也有效减少了组织间合作研发的不确定性，降低了整体创新生态网络的合作成本（陈培祯和曾德明，2019），促进共生合作价值的有效产出。

因此，本节认为，在开放式创新生态系统中，核心企业所处的网络密度越大，开放式创新生态系统价值共创的程度越高；核心企业占据越多结构洞，开放式创新生态系统价值共创的程度越高。

在开放式创新生态系统中，物质、信息与能量等要素的交互频繁且呈现复杂多样性，要确保系统结构及功能稳定，合作单元需具备创新能力、适应能力以及稳定的网络结构，方能在稳定共生的模式下达成创新突破。因此，开放式创新生态系统稳定性实质上由创新生态网络的稳定性体现，将其定义为在不确定的创新生态环境中，核心企业所在共生网络保持持续联结的能力（Kumar and Zaheer，2019；宋华和陈思洁，2021）。网络关系的建立是稳定性的保障，而生态网络稳定性又是实现开放式创新生态系统价值共创的保障（陈菊红等，2019）。基于此，本节将进一步探讨稳定性在生态网络结构与价值共创间所发挥的机制。

从生态网络密度的角度来看，首先，高网络密度会加深合作主体间的信任和协同，降低核心企业所面临的风险（Phelps，2010；徐露允等，2018），确保创新生态网络的稳定发展。其次，持续稳定的合作关系会促进知识与资源的有效流动和合理配置，维系共生主体的互利、互惠、互信状态，进而建立成员间资源稳定交换的机制，最终对价值共创产生积极效应（王琳和陈志军，2020）。综上所述，创新主体通过强化与利益相关者之间的联系，确保开放式创新生态网络的稳定运行，最终实现价值共创（金治州等，2022）。

从生态网络结构洞的角度来看，处于结构洞位置的企业可有效筛选合作伙伴，聚焦于与信息互补性高的主体建立联系（陈培祯和曾德明，2019），确保核心企业创新生态网络的连续性与整体稳定。另外，占据结构洞位置的企业在信息与知识交换中扮演关键角色，拥有优先选择共生合作的权利，能更精准地掌控市场变革的节奏，促进以自身为中心的创新生态网络稳定发展（钱锡红等，2010）。稳定的关系网络有助于构建组织间独特的关系资本，提升网络成员间的协调性和适应力，加大对共性技术的共同研发投入（王发明和朱美娟，2018），从而促进深层次合作，优化创新绩效。综上所述，创新主体通过优化合作伙伴间的连接，增强创新生态网络的稳定性，进而促进价值共创（Zhang et al.，2017a）。

基于以上分析，本节认为，在开放式创新生态系统中，生态网络密度和生态网络结构洞通过生态网络稳定性正向影响价值共创。

（二）研究设计

1. 数据来源

本节样本来自中国沪深 A 股生物医药行业上市企业。选择该行业的原因是其作为技术密集型产业，重视创新这一核心竞争优势。本节依据以下步骤来筛选研究对象：首先，利用 Wind 金融数据库获取相关企业名录；其次，剔除了 ST 和*ST 的企业，以及同时在 B 股市场上市的公司；最后，剔除缺乏联合专利及存在严重数据披露不足的企业。经过上述筛选，最终构建了一个包含 145 家生物医药上市企业在 2010 年至 2018 年期间共计 1305 个观测值的平衡面板数据集。

2. 变量定义

（1）生态网络结构。以核心企业为中心构建的创新生态网络，是由与之开展合作创新及合作研发的组织共同构成的自我网络。在本节中，核心企业为生物医药行业的上市企业，外围组织涵盖高校、科研机构、医院、制药厂、重点实验室和其他企业等相关主体，与核心企业在功能上互补、技术上相互依存且形式上保持独立。本节依据年度联合专利申请数据，构建以样本企业为核心，合作申请专利的组织为成员的自我网络。随后运用社会网络分析法，借助 Ucinet 软件来评估生态网络的密度和结构洞。具体而言，参考 Leenders 和 Dolfsma（2016）以及吴结兵和徐梦周（2008）的研究，通过计算核心企业所主导的开放式创新生态网络中实际连接数与生态网络联系容量之比，来衡量生态网络密度，其计算详见式（6-1），其中，D_i 代表生态网络密度值，L 代表网络中实际存在的连接数，n 则代表生态网络成员的总数。

$$D_i = \frac{L}{\frac{n(n-1)}{2}} = \frac{2L}{n(n-1)} \tag{6-1}$$

参考刘善仕等（2017）的文献，本节采用广泛应用的限制度指数来衡量开放式创新生态网络中的结构洞丰富度，具体计算见式（6-2）。SHD_i 代表生态网络成员 i 的结构洞指数；C_i 代表成员 i 在生态网络中受到的总体约束程度。C_i 值越高，表示成员 i 所占据的结构洞越小，因此，采用 1 减去 C_i 的结果来衡量成员结构洞的丰富程度；C_{ij} 代表成员 i 与成员 j 间因直接及间接关系投入而产生的约束程度，P_{ij} 代表成员 i 与成员 j 直接联系相对于成员 i 所有联系的比例强度，而 $\sum\limits_{q} P_{iq}P_{qj}$ 代表成员 i 通过第三方成员 q 与成员 j 建立间接联系的比例强度。

$$SHD_i = 1 - C_i = 1 - \sum_{j=1}^{n} C_{ij} = 1 - \sum_{j=1}^{n} \left(P_{ij} + \sum_{q} P_{iq}P_{qj}\right)^2 \tag{6-2}$$

（2）稳定性。开放式创新生态网络的稳定性采用核心企业年度内在创新生态系统中基于专利申请的合作伙伴关系变动比例作为波动性指标（Kumar and Zaheer，2019；宋华和陈思洁，2021），通过计算 1 与该波动性指标的差值来衡量稳定性，具体计算见式（6-3）。S_i 代表稳定性水平，T^+ 代表第 T 年相较于第 $T-1$ 年核心企业增加的合作伙伴数量，T^- 代表第 T 年相较于第 $T-1$ 年核心企业减少的合作伙伴数量，T_{total} 代表核心企业在第 $T-1$ 年与第 T 年期间的非重复性合作伙伴总数。

$$S_i = 1 - \frac{T^+ + T^-}{T_{total}} \tag{6-3}$$

（3）价值共创。在开放式创新生态系统中，价值共创是指核心企业及其网络成员认可共同价值目标，经由开放式创新活动的协同参与，进而推动价值的实现并获取利益（王琳和陈志军，2020）。此价值共创产生的成果体现在多维度上，涉及技术创新、创新能力提升，经济效益增长，乃至企业运营机制与战略革新。由于价值共创成果的多维性和复杂性，实证研究难以全面捕捉所有成果，故选取标志性指标来增强研究的准确性和合理性。鉴于本节研究聚焦于特定核心企业构建的开放式创新生态系统，且该核心企业在价值共创进程中起到关键作用，与生态系统成员间的联合专利研发活动能在一定程度上体现成员间价值共创成果的共同部分。因此，本节参考 Stek 和 van Geenhuizen（2016）等的研究成果，选取核心企业与其他创新实体间的联合专利申请数目作为衡量价值共创的指标。原因在于：首先，专利数据是衡量生物医药行业创新产出的重要指标；其次，联合专利申请的数量直接体现了开放式创新生态系统的价值外溢效应。

（4）控制变量。开放式创新生态系统可能会受到多种潜在影响因素的影响，为确保分析结果的可靠性与稳健性，本节纳入了以下几个控制变量。①核心企业年龄：核心企业的成立年数。②核心企业员工数：核心企业当年员工总数的对数。③核心企业规模：核心企业总资产的对数。④核心企业成长性：核心企业营业收入的年度同比增长率。⑤核心企业运营能力：核心企业的总资产周转率。⑥核心企业偿债能力：核心企业的资产负债率。⑦核心企业董事会规模：核心企业董事会成员的总数。⑧核心企业独立董事比例：核心企业中独立董事人数占董事会总人数的比例。⑨核心企业股东数量：核心企业股东总数的对数。⑩核心企业股权集中程度：核心企业第一大股东的持股比例。

（三）实证结果与分析

表 6-12 列出了各变量的平均值、标准差及 Pearson 相关系数矩阵。结果表明，生态网络密度、生态网络结构洞、稳定性以及价值共创间存在显著的正相关性。因此，可以初步验证各变量间的相关性。此外，本节还进行了多重共线性检验，结果显示，所有解释变量的方差膨胀因子值均小于等于 5.540，远低于常用临界值 10，表明不存在显著多重共线性问题。

Hausman 检验的结果表明，解释变量与个体效应之间存在显著的关联性，因此采用固定效应模型检验。表 6-13 显示了开放式创新生态系统中生态网络结构对于价值共创的直接效应检验结果，以及生态网络稳定性在其中的中介作用检验结果。具体而言，模型 5 与模型 6 的回归分析结果均表明，生态网络密度（$\beta=3.697$，$p<0.01$）与生态网络结构洞（$\beta=2.157$，$p<0.01$）对价值共创具有显著的正向促进作用。模型 2 与模型 3 的回归结果表明，生态网络密度（$\beta=0.037$，$p<0.01$）与生态网络结构洞（$\beta=0.120$，$p<0.01$）同样对生态网络稳定性有显著的正向作用。此外，本节分别将生态网络结构的两个维度及稳定性纳入模型 7 与模型 8 中进行回归分析，并同时纳入至模型 9 进行全模型回归。结果显示，稳定性对价值共创仍表现出正向作用（$\beta=3.913$，$p<0.01$），生态网络密度（$\beta=3.476$，$p<0.01$）与生态网络结构洞（$\beta=1.128$，$p<0.01$）对价值共创的正向作用有所减弱，进一步验证了生态网络密度、生态网络结构洞通过稳定性对价值共创起到重要影响。

表 6-12　描述性统计与 Pearson 相关系数矩阵

变量	1	2	3	4	5	6	7	8	9	10	11	12	13	14	15	16	17
价值共创	1.000																
核心企业年龄	0.047*	1.000															
核心企业员工数	0.212***	0.269***	1.000														
核心企业规模	0.230***	0.365***	0.832***	1.000													
核心企业成长性	-0.046	-0.143***	-0.206***	-0.223***	1.000												
核心企业运营能力	-0.048	-0.037	0.293***	0.047*	0.034	1.000											
核心企业偿债能力	-0.063**	0.102***	0.233***	0.089***	0.109***	0.303***	1.000										
核心企业董事会规模	0.095***	0.195***	0.431***	0.568***	-0.241**	-0.067*	-0.179***	1.000									
核心企业独立董事比例	0.047*	0.182***	0.305***	0.478***	-0.228***	-0.131***	-0.185***	0.781***	1.000								
核心企业股东数量	0.113***	0.241***	0.453***	0.652***	-0.200***	-0.227***	-0.164***	0.736***	0.714***	1.000							
核心企业股权集中程度	0.059**	0.059**	0.357***	0.443***	-0.122***	-0.088***	-0.200***	0.558***	0.520***	0.584***	1.000						
生态网络密度	0.579***	0.046*	0.201***	0.224***	-0.051*	-0.036	0.003	0.089***	0.046*	0.106***	0.072***	1.000					

续表

变量	1	2	3	4	5	6	7	8	9	10	11	12	13	14	15	16	17
生态网络结构洞	0.246***	0.047*	0.100***	0.148***	-0.071**	-0.046**	-0.033	0.105***	0.110***	0.120***	0.096***	0.230***	1.000				
生态位宽度	0.712***	0.116***	0.445***	0.473***	-0.114***	-0.009	0.015	0.247***	0.135***	0.251***	0.127***	0.553***	0.329***	1.000			
生态位重叠度	-0.675***	-0.045	-0.197***	-0.192***	0.052*	0.008	0.007	-0.070**	-0.021	-0.077***	-0.013	-0.407***	-0.112***	-0.595***	1.000		
稳定性	0.407***	0.063**	0.101***	0.135***	-0.050*	-0.067**	-0.043	0.084***	0.081***	0.107***	0.072***	0.293***	0.360***	0.427***	-0.243***	1.000	
生态网络惯例	0.737***	0.132***	0.290***	0.331***	-0.050*	-0.088***	-0.052*	0.150***	0.099***	0.166***	0.097***	0.518***	0.182***	0.632***	-0.507***	0.392***	1.000
平均值	3.015	15.062	3.262	9.332	0.237	0.695	0.336	7.228	0.310	3.346	0.269	0.335	0.363	1.339	0.984	0.124	12.965
标准差	8.142	5.750	0.522	0.585	0.391	0.363	0.201	3.493	0.148	1.919	0.191	0.849	0.480	0.361	0.064	0.293	30.310
方差膨胀因子		1.230	4.520	5.540	1.120	1.470	1.310	3.420	3.080	3.510	1.740	1.580	1.240	3.000	1.690	1.390	1.990

注：观测值为1305
***表示 $p<0.01$，**表示 $p<0.05$，*表示 $p<0.1$

表6-13 开放式创新生态系统、稳定性与价值共创回归结果

变量		稳定性			价值共创					
		模型 1	模型 2	模型 3	模型 4	模型 5	模型 6	模型 7	模型 8	模型 9
自变量	生态网络密度		0.037*** (0.010)			3.697*** (0.244)		3.537*** (0.241)		3.476*** (0.241)
	生态网络结构洞			0.120*** (0.016)			2.157*** (0.406)		1.586*** (0.409)	1.128*** (0.378)
	稳定性							4.355*** (0.682)	4.748*** (0.753)	3.913*** (0.696)
控制变量	核心企业年龄	0.020 (0.029)	0.018 (0.029)	0.026 (0.028)	1.008 (0.732)	0.800 (0.668)	1.111 (0.724)	0.722 (0.657)	0.989 (0.712)	0.788 (0.655)
	核心企业员工数	0.068 (0.055)	0.066 (0.054)	0.069 (0.053)	-0.644 (1.398)	-0.793 (1.276)	-0.633 (1.381)	-1.083 (1.255)	-0.959 (1.359)	-1.045 (1.251)
	核心企业规模	-0.028 (0.054)	-0.021 (0.053)	-0.028 (0.052)	0.114 (1.371)	0.824 (1.253)	0.126 (1.355)	0.916 (1.231)	0.257 (1.333)	0.898 (1.227)
	核心企业成长性	0.006 (0.022)	0.006 (0.022)	0.008 (0.021)	0.472 (0.557)	0.464 (0.508)	0.502 (0.550)	0.437 (0.500)	0.465 (0.541)	0.456 (0.498)
	核心企业运营能力	-0.009 (0.042)	-0.014 (0.042)	0.011 (0.041)	1.200 (1.075)	0.691 (0.982)	1.549 (1.064)	0.751 (0.965)	1.498 (1.047)	0.938 (0.964)
	核心企业偿债能力	0.022 (0.066)	0.013 (0.065)	0.045 (0.064)	0.968 (1.680)	0.008 (1.535)	1.364 (1.662)	-0.049 (1.509)	1.152 (1.635)	0.184 (1.506)
	核心企业董事会规模	0.004 (0.005)	0.004 (0.005)	0.004 (0.005)	-0.028 (0.131)	-0.035 (0.120)	-0.023 (0.130)	-0.051 (0.118)	-0.042 (0.127)	-0.047 (0.117)

续表

	变量	稳定性			价值共创					
		模型 1	模型 2	模型 3	模型 4	模型 5	模型 6	模型 7	模型 8	模型 9
控制变量	核心企业独立董事比例	0.016	0.023	-0.003	0.336	1.094	-0.003	0.994	0.013	0.811
		(0.110)	(0.109)	(0.107)	(2.802)	(2.558)	(2.770)	(2.515)	(2.724)	(2.507)
	核心企业股东数量	0.018*	0.017*	0.017*	0.496**	0.378*	0.482*	0.305	0.400*	0.307
		(0.010)	(0.010)	(0.010)	(0.249)	(0.228)	(0.246)	(0.224)	(0.243)	(0.223)
	核心企业股权集中程度	0.017	0.013	0.009	-0.823	-1.232	-0.970	-1.290	-1.014	-1.353
		(0.083)	(0.082)	(0.081)	(2.115)	(1.931)	(2.091)	(1.898)	(2.056)	(1.892)
	常数项	-0.315	-0.345	-0.483	-16.627	-19.677	-19.633	-18.173	-17.341	-19.835
		(0.659)	(0.655)	(0.643)	(16.831)	(15.366)	(16.643)	(15.107)	(16.372)	(15.065)
	年份虚拟变量	固定	固定	固定	固定	固定	固定	固定	固定	固定
	R^2 值	0.024	0.035	0.072	0.027	0.189	0.050	0.217	0.082	0.224
	F 值	1.660**	2.270**	4.910***	1.830***	14.830***	3.340***	16.680***	5.360***	16.400***
	Hausman 检验 (chi2)	9.21	45.69	177.62	34.98	71.71	104.15	65.05	116.58	155.80
	Hausman 检验 (p 值)	0.904	0	0	0.006	0	0	0	0	0
	观测值	1305	1305	1305	1305	1305	1305	1305	1305	1305

注：括号内为标准误，模型 1 的 Hausman 检验结果虽不显著，但考虑到个体效应与解释变量很难不相关，且该模型的固定效应模型与随机效应模型结果相比无显著差异，故汇报固定效应模型结果。

*** 表示 $p<0.01$，** 表示 $p<0.05$，* 表示 $p<0.1$

三、生态网络结构与价值共创的情境机制

（一）生态位与生态网络惯性

1. 生态位对生态网络结构与价值共创的影响

生态位理论是生态学领域的核心概念，描述了物种在生态体系中所扮演的角色及其与生物群落及环境的相互作用（彭文俊和王晓鸣，2016），其核心内涵包括生态位宽度与生态位重叠度。生态位宽度，即物种在特定生态条件下可利用资源的总量；生态位重叠度，即多个种群对同一资源的共同利用水平（徐梦周等，2020）。

从生态位宽度角度出发，企业提高资源多样性，是推动差异化战略与确保创新生态体系持续运行的有效方式（单汨源等，2006）。在开放式创新生态系统中，核心企业生态位宽度越大，对多元资源的利用程度越高，能显著增强其寻求互补性网络关系的意愿，进而优化与生态体系内其他企业的合作共生模式和价值共创效率（陈红花等，2019）。然而，生态位宽度对生态网络结构与开放式创新生态系统价值共创间关系的影响，随网络连接形式不同而异。一方面，当企业掌握更丰富的创新资源时，生态网络密度较高的主体能更充分地发挥紧密连接的益处，促进价值共创。生态网络密度越大，主体间的互动合作越频繁，在信任（徐露允等，2018）、创新产出效率（Gupta et al.，2009）、合作关系管理（Phelps，2010）方面合作均能更深入高效。此时，企业生态位宽度的扩大，使既有合作基础能更有效地整合与转化多元资源，提升价值产出；同时，差异化资源促使核心企业与生态体系内其他主体形成互补性合作，从而在密集网络与宽广生态位的双重加持下，实现价值溢出。另一方面，生态位宽度的扩大，可能削弱核心企业占据结构洞的优势，抑制其对价值共创的促进作用。首先，生态位宽度与生态网络结构洞的作用相似，若核心企业的生态位宽度过于广泛，将导致资源管理失序，不利其控制优势，导致机会主义行为，阻碍价值共创。其次，核心企业庞大的资源储备，受认知局限与异质性知识运用经验不足的影响，难以有效吸收、利用与转化，增加信息筛选成本，降低创新效率（曾德明等，2015），从而限制创新价值产出。因此，本节认为，生态位宽度在生态网络密度与开放式创新生态系统价值共创关系之间发挥正向调节作用；生态位宽度在生态网络结构洞与开放式创新生态系统价值共创关系之间发挥负向调节作用。

从生态位重叠度的角度出发，其程度的升高意味更激烈的资源争夺（徐梦周等，2020）。在这一背景下，创新主体为适应该环境，需多次调整策略与实施创新，导致合作成本和风险激增，组织间合作面临巨大考验，从而阻碍开放式创新生态系统价值共创。然而，生态位重叠度对生态网络结构与价值共创关系的影响，会因网络连接形态的差异而有所不同。一方面，生态位重叠度越高，生态网络密度对价值共创的正面效应越小。在竞争激烈的环境下，企业需拥有多元化资源，然而长期的紧密合作可能导致战略同质化和知识固化，造成低水平重复研发（吴结兵和徐梦周，2008），削弱企业创新能力，难以体现生态网络密度促进价值共创的效果。此外，高竞争压力下，生态网络密度可能影响合作主体间的关系质量，使创新主体难以灵活抵御竞争，进而阻碍价值共创。另一方

面，生态位重叠度的提升，能增强生态网络结构洞对价值共创的积极影响。当创新资源的竞争加剧时，核心企业若能借助其信息枢纽地位，发挥信息获取与控制优势，则竞争将转化为创新推动力（Osarenkhoe，2010）。此外，拥有结构洞优势的企业，更可能通过非冗余资源的重组，在激烈竞争中实现创新突破，创造更多合作价值（Ozmel et al.，2013）。因此，本节认为，生态位重叠度在生态网络密度与开放式创新生态系统价值共创关系之间发挥负向作用；生态位重叠度在生态网络结构洞与开放式创新生态系统价值共创关系之间发挥正向作用。

2. 生态网络惯例对生态网络结构与价值共创的影响

生态网络惯例是创新生态系统中创新主体与合作组织在长期合作创新中产生的默契行为模式与共识规范（Dosi et al.，2008；孙永磊等，2014），其成熟度直接影响开放式创新生态网络的稳定与价值共创。核心企业与其伙伴间形成的生态网络惯例越成熟，越能有效利用网络结构优势，推动创新生态网络稳定发展。此时，创新主体间的知识交流与资源共享更为频繁（卢艳秋和叶英平，2017），生态网络稳定性在结构与价值共创间的中介作用增强。

对于生态网络密度，生态网络惯例规范程度的提升，将增强生态网络稳定性在生态网络密度与价值共创间的中介作用。第一，稳定的生态网络惯例赋予知识转移路径依赖特性，成员间高度协同的规范与默契，促进核心知识资源有序流动，因此，生态网络惯例的水平提高，将使核心企业更有效地与其他创新主体保持紧密联系，削减知识搜寻与认知成本，强化已有知识的共享与转移，构建互惠互利的稳定关系；进而通过创新生态网络稳定性的增强，激发网络成员价值共创的意愿（解学梅和王宏伟，2020）。第二，生态网络惯例的成熟促进成员间信任度提升，企业与伙伴的互动频率与交流深度随之加强，有效遏制机会主义行为及投机风险，确保高度的生态网络稳定性。此时，紧密联结的生态网络成员依托稳定生态网络，合理分配并高效利用创新资源，协同提升合作效率，最终达成开放式创新生态系统内各主体的价值共创。

对于生态网络结构洞，生态网络惯例的规范程度越高，开放式创新生态网络的稳定发展在生态网络结构洞与价值共创间的中介效应越显著。首先，核心企业与伙伴间高水平规范与共识的建立，使处于结构洞位置的企业更易于构建互补资源库，为创新合作与价值增值奠定基础，维持生态网络的稳定运行；生态网络资源的畅通流动与稳定的组织间关系联结，推动核心企业与外部组织创新合作的顺利开展（何郁冰和伍静，2020）。其次，生态网络惯例的水平提高，能有效降低合作创新的失败率，有助于占据结构洞优势位置的企业维护与网络成员的"关系纽带"，保障生态网络的稳定高效运转（殷俊杰和邵云飞，2017），促进优势结构洞企业通过稳定网络与合作伙伴进行跨知识创造和跨领域技术融合，实现价值共创。

因此，本节认为，在开放式创新生态系统中，生态网络惯例越规范，生态网络稳定性在生态网络密度、生态网络结构洞与价值共创之间的中介效应越强。

（二）实证结果与分析

基于上述分析，从生态位和生态网络惯例的角度探讨生态网络结构影响价值共创的路径，对丰富开放式创新生态系统的理论研究具有重要意义。因此，本节引入生态位和生态网络惯例两个变量，对影响生态网络结构与价值共创的情境机制进行实证检验。

1. 变量定义

（1）生态位宽度。生态位宽度表示生态成员在资源利用上的范围与数量（徐梦周等，2020）。首先，本节构建了一个包含技术资源位、研发资源位与市场资源位的三维资源矩阵（雷雨嫣等，2019）。具体而言，技术资源位以核心企业的专利申请数来衡量，研发资源位依据核心企业的研发投入来衡量，市场资源位以核心企业的总利润来衡量。其次，对收集到的生态资源位数据集进行了 min-max 标准化处理，该过程遵循式（6-4），其中，X_{ih} 代表原始数据，$\max_h$ 代表该指标的最大值，$\min_h$ 代表最小值，而 X_{ih} 代表经过标准化处理后的指标数据。

$$X_{ih} = \frac{X_{ih} - \min_h}{\max_h - \min_h} \qquad (6\text{-}4)$$

基于 Papacostas 和 Freestone（2016）的研究，本节采用广泛使用的 Levins 公式来计算生态位宽度，具体见式（6-5）。其中，B_i 表示生态位宽度；$P_{ih} = X_{ih}/Y_i$，表示开放式创新生态系统中成员 i 对第 h 类资源的利用数与该成员总利用资源数之比。

$$B_i = \frac{1}{\sum\limits_{h=1}^{3} P_{ih}^2} \qquad (6\text{-}5)$$

（2）生态位重叠度。生态位重叠度衡量了两个生态成员共享或竞争相同资源的程度（徐梦周等，2020）。依据姚艳虹等（2017）的研究，生态系统成员间的生态位重叠程度可通过普遍使用的 Pianka 公式来衡量，具体计算见式（6-6）。其中，O_{ij} 代表开放式创新生态系统中成员 i 与成员 j 的生态位重叠程度；$P_{jh} = X_{jh}/Y_j$，代表成员 j 对第 h 类资源的利用数在其总资源使用数的占比；生态位重叠程度的取值范围介于 0 至 1 之间，0 表明生态位完全分离，1 表明生态位完全重叠。计算所得结果呈现为 $N×N$ 的矩阵形式，并选取矩阵中核心企业对应列的均值作为其生态位重叠程度的数值（徐梦周等，2020）。

$$O_{ij} = \frac{\sum\limits_{h=1}^{3} P_{ih} P_{jh}}{\sqrt{\sum\limits_{h=1}^{3} P_{ih}^2 \sum\limits_{h=1}^{3} P_{jh}^2}} \qquad (6\text{-}6)$$

（3）生态网络惯例。生态网络惯例描述了生态系统成员在长期经验积累基础上所形成的行为默契（Dosi et al.，2008；卢艳秋和叶英平，2017）。本节依据 Dosi 等（2008）

以及 Heimeriks 和 Duysters（2007）的研究，采用核心企业与其他创新主体截至当年非首次联合申请专利的合作频率，作为衡量生态网络惯例的指标。

2. 生态位对生态网络结构与价值共创的影响检验

表 6-14 检验了生态位对生态网络结构与价值共创之间关系的影响。模型 4 的结果显示，生态位宽度正向影响生态网络密度与价值共创的关系（$\beta=1.692$，$p<0.05$），同时负向影响生态网络结构洞与价值共创的关系（$\beta=-3.110$，$p<0.05$）。为直观呈现生态位宽度在其中的影响，本节根据模型 2 与模型 3 的结果进行了可视化处理。图 6-8（a）揭示了当生态位宽度组内中心化值大于-0.498 时，生态网络密度对价值共创的边际效应随生态位宽度的增加而增强；图 6-8（b）显示，当生态位宽度组内中心化值大于-0.004 时，生态网络结构洞对价值共创的边际效应随生态位宽度的增大而减弱。模型 8 的结果指出，生态位重叠度对生态网络密度与价值共创的关系起到负向影响（$\beta=-9.318$，$p<0.01$），在生态网络结构洞与价值共创关系中表现出正向影响（$\beta=28.285$，$p<0.01$）。另外，基于模型 6 与模型 7 的数据，本节对生态位重叠度在其中的影响进行可视化。图 6-8（c）显示，生态位重叠度组内中心化值超过 0.378 时，随着生态位重叠度的增加，生态网络密度对价值共创的边际效应降低；图 6-8（d）表明，生态位重叠度组内中心化值超过-0.034 时，随着生态位重叠度的增加，生态网络结构洞对价值共创的边际效应增强。

3. 生态网络惯例对生态网络结构影响价值共创的路径检验

本节采用 Bootstrap 进行了 5000 次重复抽样，并构建了经偏差校正的 95% 置信区间。如表 6-15 所示，在生态网络惯例较低的情境下，生态网络结构洞经由稳定性对价值共创产生的间接影响系数为 0.318（置信区间为[0.028, 0.718]）；在生态网络惯例较高的情境下，这一间接影响系数提升至 0.825（置信区间为[0.431, 1.373]）。鉴于所有置信区间均未包含零值，表明不论生态网络惯例处于低水平还是高水平，生态网络结构洞通过稳定性对价值共创的间接效应均显著，且当生态网络惯例水平较高时，效应系数有所增大。然而，生态网络惯例在影响"生态网络密度—稳定性—价值共创"这一路径中的边际效应却呈现出减弱趋势。

为进一步研究生态网络惯例的效应，本节进行了 post-hoc 分析。生态网络惯例体现了网络成员间行为协调与合作规范的共识，是衡量生态网络演进和发展阶段的重要指标。然而，当惯例发展到一定程度，固化的合作模式和过度的路径依赖会引发进入障碍，减缓知识的流通与传递效率；尤其是超越临界值时，知识的转移将受到抑制，进而网络的有序发展会受到阻碍（孙永磊等，2014）。鉴于企业规模在塑造和发展网络惯例的过程中起到关键作用（徐可等，2014），小型企业难以占据网络中的优势位置，往往成为网络规则和惯例的"被动接受者"而非主导者。因此，本节将样本区分为大型企业与中小型企业，分别代表生态网络惯例的高水平与低水平（大型企业平均值为 17.421，中小型企业

表6-14　生态位对生态网络结构与价值共创的影响检验结果

变量	价值共创							
	模型 1	模型 2	模型 3	模型 4	模型 5	模型 6	模型 7	模型 8
生态网络密度	1.691*** (0.215)	1.605*** (0.220)		1.518*** (0.224)	2.441*** (0.209)	2.556*** (0.207)		2.424*** (0.204)
生态网络结构洞	-0.714** (0.321)		-0.665** (0.332)	-0.563* (0.326)	1.553*** (0.311)		1.951*** (0.324)	1.631*** (0.305)
生态位宽度	18.211*** (0.768)	17.562*** (0.736)	20.783*** (0.742)	18.352*** (0.786)				
生态位重叠度					-60.673*** (2.693)	-53.542*** (2.983)	-67.559*** (2.730)	-53.854*** (2.926)
生态网络密度×生态位宽度		1.431** (0.711)		1.692** (0.739)				
生态网络结构洞×生态位宽度			-3.704** (1.511)	-3.110** (1.540)				
生态网络密度×生态位重叠度						-10.684*** (1.930)		-9.318*** (1.927)
生态网络结构洞×生态位重叠度							35.509*** (6.397)	28.285*** (6.100)
核心企业年龄	-0.332 (0.546)	-0.303 (0.546)	-0.431 (0.559)	-0.409 (0.545)	-0.142 (0.554)	-0.324 (0.553)	-0.177 (0.579)	-0.269 (0.542)
核心企业员工数	-1.828* (1.038)	-1.767* (1.039)	-1.849* (1.063)	-1.755* (1.036)	-1.651 (1.055)	-1.636 (1.052)	-1.758 (1.101)	-1.699 (1.031)
核心企业规模	0.440 (1.018)	0.331 (1.020)	0.196 (1.043)	0.361 (1.018)	2.081** (1.036)	2.004* (1.034)	2.081* (1.083)	2.222** (1.014)

续表

变量	价值共创							
	模型 1	模型 2	模型 3	模型 4	模型 5	模型 6	模型 7	模型 8
核心企业成长性	0.735*	0.718*	0.777*	0.718*	0.706	0.619	0.754*	0.658
	(0.413)	(0.414)	(0.423)	(0.413)	(0.420)	(0.419)	(0.439)	(0.411)
核心企业运营能力	0.207	0.315	0.433	0.264	0.418	-0.011	0.605	0.192
	(0.800)	(0.799)	(0.820)	(0.799)	(0.813)	(0.810)	(0.849)	(0.795)
核心企业偿债能力	-0.685	-0.302	-0.328	-0.343	0.025	-0.115	0.612	0.161
	(1.250)	(1.254)	(1.280)	(1.255)	(1.270)	(1.266)	(1.325)	(1.242)
核心企业董事会规模	-0.030	-0.032	-0.032	-0.039	-0.071	-0.081	-0.083	-0.086
	(0.097)	(0.097)	(0.100)	(0.097)	(0.099)	(0.099)	(0.103)	(0.097)
核心企业独立董事比例	2.897	2.684	3.078	3.044	1.419	1.677	1.153	1.549
	(2.082)	(2.082)	(2.135)	(2.080)	(2.114)	(2.108)	(2.207)	(2.067)
核心企业股东数量	0.105	0.118	0.134	0.130	0.195	0.163	0.205	0.130
	(0.185)	(0.185)	(0.190)	(0.185)	(0.188)	(0.188)	(0.197)	(0.184)
核心企业股权集中程度	-1.343	-1.308	-1.200	-1.255	-1.474	-1.266	-1.275	-1.385
	(1.570)	(1.571)	(1.608)	(1.567)	(1.595)	(1.591)	(1.666)	(1.559)
常数项	-15.791	-15.017	-14.920	-14.318	49.127***	46.899***	57.600***	43.858***
	(12.501)	(12.529)	(12.803)	(12.501)	(13.085)	(13.070)	(13.635)	(12.814)
年份虚拟变量	固定	固定	固定	固定	固定	固定	固定	固定
R^2	0.465	0.465	0.439	0.469	0.448	0.451	0.398	0.473
F 值	49.600***	49.520***	44.650***	45.640***	46.220***	46.740***	37.690***	46.500***
Hausman 检验（chi2）	40.510	74.680	48.740	85.270	36.710	994.730	51.020	573.330
Hausman 检验（p 值）	0.004	0.000	0.000	0.000	0.012	0.000	0.000	0.000
观测值	1305	1305	1305	1305	1305	1305	1305	1305

注：括号内为标准误

***表示 $p<0.01$，**表示 $p<0.05$，*表示 $p<0.1$

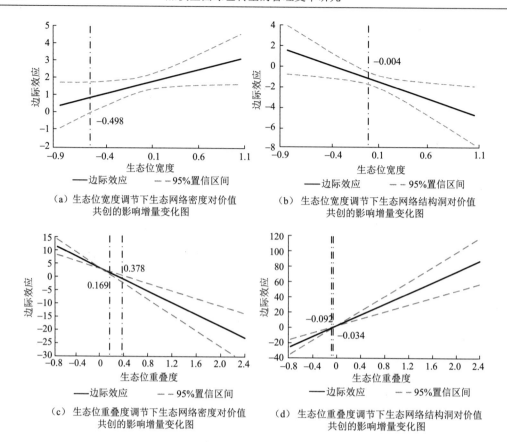

图 6-8　生态位调节下生态网络结构对价值共创的影响增量变化图

表 6-15　基于 Bootstrap 的生态网络惯例检验结果

变量		生态位				生态网络惯例			
		效应值	标准误	95%置信区间		效应值	标准误	95%置信区间	
				下限	上限			下限	上限
生态网络密度	低水平（-SD）	0.032	0.016	-0.001	0.064	0.139	0.074	0.016	0.314
	中水平（mean）	0.031	0.014	0.002	0.060	0.133	0.068	0.022	0.294
	高水平（+SD）	0.029	0.016	-0.003	0.060	0.128	0.079	-0.003	0.306
生态网络结构洞	低水平（-SD）	0.067	0.034	-0.002	0.134	0.318	0.173	0.028	0.718
	中水平（mean）	0.120	0.019	0.083	0.157	0.571	0.142	0.334	0.886
	高水平（+SD）	0.174	0.036	0.107	0.245	0.825	0.240	0.431	1.373

注：样本数为 1305；重复抽样 5000 次

平均值为 3.834）。表 6-16 的分组回归结果显示，低水平和高水平生态网络惯例在影响"生态网络密度—稳定性—价值共创"关系时表现出相反的边际效应趋势，即在低水平的生态网络惯例情境下边际效应递增，而在高水平的生态网络惯例情境下则表现出递减趋势；递减趋势可能归因于生态网络惯例反映了创新主体在生态系统中长期累积的经验与行为准则，而高密度网络也通过声誉传递与合作原则构成一定的约束，两者作用机制相似，因此共同导致了在影响"生态网络密度—稳定性—价值共创"关系时边际效应的减弱（朱亚丽等，2011）。

表 6-16　基于 Bootstrap 方法的分组检验结果

自变量	组别	N	调节变量	生态位				生态网络惯例			
				效应值	标准误	95%置信区间		效应值	标准误	95%置信区间	
						下限	上限			下限	上限
生态网络密度	中小型企业	428	低水平（−SD）	0.044	0.048	−0.040	0.146	0.135	0.151	−0.115	0.502
			中水平（mean）	0.071	0.038	0.001	0.152	0.217	0.131	0.019	0.563
			高水平（+SD）	0.098	0.041	0.020	0.180	0.298	0.152	0.071	0.678
	大型企业	877	低水平（−SD）	0.033	0.019	−0.006	0.067	0.274	0.156	−0.028	0.562
			中水平（mean）	0.029	0.013	0.004	0.056	0.240	0.112	0.042	0.485
			高水平（+SD）	0.025	0.018	−0.008	0.061	0.206	0.159	−0.064	0.546

注：样本数为1305；重复抽样次数为5000次。根据国家统计局印发的《统计上大中小微型企业划分办法（2017）》，员工人数<1000人为中小型企业；员工人数≥1000人为大型企业

四、实证结论

本节将开放式创新理论与创新生态系统理论相结合，通过明确开放式创新生态系统的概念范畴，从生态网络结构视角出发，构建了开放式创新生态系统价值共创的理论框架。基于生物医药行业的数据，本节运用了社会网络分析、固定效应模型等方法，实证检验了生态网络结构促进开放式创新生态系统价值共创的实现路径及情境机制。为有效应对解释变量的内生性问题，本节采用了两阶段最小二乘法与广义矩估计方法。此外，通过多维面板固定效应模型等多种方法进行多个稳健性检验，结论均成立。因此，本节得出以下结论：①生态网络密度与生态网络结构洞这两大生态网络结构维度均对价值共创展现出显著的正向作用；②生态网络密度、生态网络结构洞通过稳定性对价值共创起到积极影响；③生态位宽度与生态位重叠度对生态网络结构两大维度与价值共创的关系具有正向调节作用，且调节效应表现出差异性；④生态网络惯例在"生态网络结构洞—稳定性—价值共创"的中介路径中具有正向的调节作用；然而，当网络规范共识过强时，可能会导致合作伙伴间的路径依赖现象，从而减弱了"生态网络密度—稳定性—价值共创"中介路径的边际效应。

第四节　垂直和水平协同创新网络与中小企业绿色创新绩效研究

在"开放式创新"的时代背景下，主体协调发展是绿色创新成功的核心要素；绿色创新网络有助于各企业组织之间实现知识和技能的共享，并有助于解决绿色创新的高成本和创新乏力等问题。然而作为主力军的中小企业却存在独立研发能力弱、资源受限等创新障碍。鉴于此，本节深入探讨了垂直协同创新网络（"企业-政府""企业-中介""企业-研究组织"）与水平协同创新网络（"企业-企业"）对中小企业绿色创新绩效的影响机制。研究发现垂直协同创新网络通过资源获取与整合、知识流动以及创新导向促进中小企业绿色创新；水平协同创新网络则侧重通过市场需求驱动、资源共享与互补以及创新扩散推动中小企业绿色创新。基于协同学理论，本节还运用结构方程模型进行了实证验证。但需要注意的是，"企业-政府"协同创新网络对企业绿色创新绩效的影响是间接的；垂直和水平的协同创新网络提升企业绿色绩效的作用存在差异，其中，水平协同创新网络的效应更为显著。因此，本节建议强化政府在协同创新网络构建中的主导作用，并需要充分利用垂直协同创新网络来更有效地推动中小企业绿色创新绩效提升。

一、垂直协同创新网络与中小企业绿色创新绩效

（一）理论机制分析

1. "企业-政府"协同创新网络

在国家创新体系中，政府发挥着极为重要的作用。政府是中小企业进行绿色创新的重要驱动因素（解学梅等，2019），财政支持和政策指引在创新投入及其转化过程中均发挥着至关重要的作用（贺祥民和赖永剑，2020）。政府会采取税收优惠、财政补贴、低息贷款等激励措施，以此鼓励中小企业积极参与绿色技术研发以及绿色产品生产。此外，根据信息不对称理论，政府通过制定并完善相关绿色政策与标准体系，可以进一步提升企业进行绿色创新的动力，如印发《关于构建绿色金融体系的指导意见》，政府借助金融资源的有效配置，引导更多的社会资本投入绿色领域，这为绿色资金提供了多元化的融资渠道，增强了融资的便利性，有助于推动企业开展绿色技术创新活动。据此，本节提出"企业-政府"协同创新网络会对中小企业绿色创新绩效产生正向影响。

此外，赵修卫（2002）指出政府法规对中小企业绿色创新的要求或多或少需要通过社会与市场的直接或间接作用。例如，国务院发布《关于加快建立健全绿色低碳循环发展经济体系的指导意见》，明确突出企业在创新中的主体地位，助力企业整合高校、科研院所等各方力量，构建按市场化方式运行的绿色技术创新联合体。张志新等（2024）提出政府通过鼓励同行业企业、研究机构协同建立数据共享平台，提升绿色技术创新水平，全方位发挥大数据在企业绿色技术创新方面的提质增效作用。郭滕达和赵淑芳（2019）提出，政府需要培育更为专业化的中介机构，由多主体共同搭建公共服务平台，打造绿

色技术创新成果研发、评价评估以及转移转化的服务体系。总体而言，在绿色发展这一宏观大背景下，政府身为公共部门，可通过制定相应的政策措施与战略项目，推动企业和其他组织（大学、研究机构以及中介机构等）建立联结，从而对中小企业的绿色创新产生积极的推动作用，促使整个网络协调运转。因此，本节提出"企业-政府"协同创新网络能间接通过"企业-中介"协同创新网络与"企业-研究组织"协同创新网络对中小企业绿色创新绩效产生积极作用。

2. "企业-中介"协同创新网络

技术中介、风险投资机构、技术市场、行业协会、技术转移中心等中介机构（intermediary institutions），是中小企业协同创新网络的关键组成部分。在中小企业绿色创新的过程中，中介机构充当科技和经济相融合的中间环节，通过联结各个创新行为主体，并以知识和信息为媒介，为企业的绿色创新提供技术评估、市场分析、交易撮合、融资支持等全方位服务，成为企业与市场之间知识传递和技术转化的桥梁和纽带。Gliedt等（2018）在研究中归纳了创新中介机构在可持续转型中的主要功能，涵盖需求表达（扫描信息/机会，通过战略规划进行前瞻性布局，通过需求/知识差距评估进行诊断）、网络建设（通过过滤/选择合作者守门，通过建立伙伴关系/市场联系进行配对）、能力建设（通过孵化/支持服务进行组织发展，通过管理/技术技能/认证进行培训和能力建设）、创新过程管理（调解和仲裁）、知识中介（匹配知识需求和供应）以及机构支持（科学与实践之间的边界工作，通过倡导进行机构变革、法规变化以及态度/实践改变）。

一些文献探讨了中介机构对绿色创新的影响。例如，Massa和Testa（2008）研究发现，中介机构是维系大学和企业稳定、持续合作的重要纽带；Doloreux（2004）认为，由企业与中介机构共同构建的协同创新网络是创新思想涌现和企业技术产出的重要源泉；王浩军等（2024）进一步提出，作为社会资本的重要来源，行业协会的关联能够通过资源效应促进企业绿色创新；企业嵌入行业协会中能够更便捷地获得有关环境政策、技术发展趋势及行业规范标准的最新资讯，进而缓解绿色创新过程中的信息约束（Yao et al.，2022）；中介机构不仅是技术推广的关键渠道，还是连接企业与其他组织的重要桥梁，更是知识实现商品化的关键平台；技术中介机构与企业的紧密联结，能够加速绿色创新成果的转化进程，进而提升企业绿色创新绩效。综上所述，中介机构在中小企业的协同创新网络中承担着"黏合"和"纽带"的功能，推动了绿色知识和绿色技术的转移与扩散，促使了技术成果的产业化与市场化，进而提升了中小企业绿色创新的绩效。因此，本节认为中小企业与技术中介、技术市场、行业协会、风险投资机构等构建的"企业-中介"协同创新网络，对提升中小企业绿色创新绩效具有积极推动作用。

3. "企业-研究组织"协同创新网络

大学、研究机构、学院/技校等研究组织（research organizations），作为知识创造、技术产出以及人才培养的重要媒介，构成了企业协同创新网络中不可或缺的创新源（Drejer and Jørgensen，2005）。Gulbrandsen和Smeby（2005）认为，企业与大学的合作能够促使知识双向流动，达成企业和大学双赢的局面；Nieto和Santamaría（2007）提出，在政策的积极推动与研发资金紧缺的情况下，研究组织与产业和企业之间的合作变得日益频繁。

一些学者重点探讨了大学和研究机构对企业绿色创新的影响，发现大学、研究组织与中小企业通过资源共享、优势互补，共同进行绿色技术研发、创新和产业化的过程，凭借人才、知识和技术，为中小企业绿色创新活动的实施提供技术和研发支持（Adner，2017），以此促进中小企业绿色创新绩效的提升。例如，李鑫等（2024）提出企业通过与大学（科研机构）构建产学研联盟等紧密合作关系，促进绿色生态产品研发和绿色创新开展；李璐和张怀英（2024）提出通过建立企业、高校和科研机构的良性耦合与战略联盟，可以有效提高绿色创新水平。肖振红和李炎（2023）认为产学研协同是具有异质性资源的联盟，主体间通过建立合作网络共享各自的特殊异质资源实现高效绿色创新。据此，本节认为中小企业与大学、研究机构以及学院/技校等所形成的"企业-研究组织"协同创新网络能够通过提供绿色创新关键资源（知识、人才、技术）提升绿色创新绩效。

（二）研究设计

德国理论物理学家哈肯（Haken）于1984年全面阐述了协同理论，认为协同是指在复杂的大系统内，各子系统的协同运作所产生的作用会超越各要素单独发挥的作用，进而形成整个系统的联合作用。相较于一般的创新网络，协同创新网络具备聚集优势，存在大量知识溢出、技术转移以及学习特征，它更加注重创新行为主体之间的知识交互和技术转移，更加关注政府在协同过程中的作用以及制度环境的影响，也更加强调创新行为的协同效应。综合前文的理论机制分析，中小企业垂直协同创新网络凭借资源获取与整合、知识流动以及技术创新导向的内在机制，构建了长期稳定协作关系，有力推动了绿色创新绩效的提升。具体而言，该网络依靠政府的政策资源、中介机构的信息资源与技术对接服务，以及高校与研究机构的科研（知识、技术、人才）资源与技术研发能力，形成了一个垂直资源、技术与知识链环。此外，垂直协同创新网络尤其关注基础性和前沿性的绿色创新活动，政府通常会依据长远环境战略目标来引导绿色创新方向，高校和研究机构的科研工作往往从基础理论层面出发。加之政策的连贯实施、中介机构的专业服务以及高校和研究机构科研周期的规律性，共同增加了垂直协同创新网络在持续刺激绿色创新方面的能力。

据此，本节基于国内外相关研究成果，依据现有量表结合中国中小企业的实际情况，设计了一份旨在测量中小企业垂直协同创新网络和绿色创新绩效关系的问卷。其中，"企业-政府"变量涵盖科技创新部门、信息服务部门、监督/监管部门三个指标（Cooke et al.，2000）；"企业-中介"变量包含技术中介、技术市场、行业协会以及风险投资机构四个指标（Doloreux，2004）；"企业-研究组织"变量则涉及大学、研究机构、学院/技校三个指标（Doloreux，2004；Nieto and Santamaría，2007）。各项指标的问卷结果参考了利克特（Likert）5级量表，1分代表联结和合作程度最低，5分代表联结和合作程度最高。此外，绿色创新绩效的变量采用新产品销售收入比、产品创新比例以及工艺创新比例进行衡量；邀请被调查企业根据近3年的情况评分，评估结果分为5级（①<0；②0~15%（不含）；③15%~30%（不含）；④30%~50%（不含）；⑤≥50%），并转化为1~5的顺序尺度变量。

样本数据主要来源于中小型制造业企业，在综合学术界、企业界及政府机构相关领域的专家的反馈意见和预测试调查优化问卷后，决定选取上海和深圳这两个中小企业密集且创新活力显著的地区，正式开展对中小型制造业企业的调研。样本抽取充分考虑了企业规模和行业类型（主要涵盖制造业 23 个行业）。最终，共发放 500 份调查问卷，有效回收 188 份（有效回收率为 37.6%）。在被调研企业中，民营企业（45.74%）和三资企业（30.32%）占比较高，国有企业和集体企业占比较低；员工数量在 50～300 人的企业占比最多（56.91%）；年销售收入 3000 万元到 3 亿元的企业数量最多（52.66%）。在此基础上，本节构建了结构方程模型（structural equation modeling，SEM），即一种依据变量的协方差矩阵来剖析变量间关系的统计方法，包含测量方程和结构方程两部分。根据前述的理论推导构建了垂直协同创新网络等 4 个潜变量之间的路径关系。

（三）实证结果分析

首先，通过 SPSS 15.0 中的信度分析来检验量表信度。结果显示，"企业-政府"、"企业-中介"、"企业-研究组织"和绿色创新绩效 4 个潜变量的 Cronbach's α 系数分别为 0.826，0.765，0.789，0.770，均符合大于 0.70 的要求，而且各个题项和总分的相关系数较高。因此，该量表有着较高的一致性与可靠性。其次，鉴于量表是在参考国外已有研究成果的基础上构建的，量表本身具备较好的内容效度。结构效度关注的是量表测量结果与期望评估内容之间的一致程度。基于此，我们运用验证性因素分析（confirmatory factor analysis），借助 LISREL 8.7 软件来对量表的构建效度进行验证，结果显示大部分测量指标的标准化因子负荷都超过了 0.7，并且在统计意义上具有高度的显著性（t 值> 1.96），这充分表明"企业-政府""企业-中介""企业-研究组织"等协同创新网络和绿色创新绩效之间存在显著的相关性。因此，本节将前述结构方程模型输入 LISREL 中，运用收集到的数据对其加以验证，从而得出垂直协同创新网络部分的模型检验结果（表 6-17）。

表 6-17　垂直协同创新网络模型路径系数

变量关系	标准化路径系数	t 值	检验结果	测量指标	负荷系数
"企业-政府"→绿色创新绩效	0.12	1.11	未通过	科技创新部门	0.85
				信息服务部门	0.81
				监督/监管部门	0.56
"企业-中介"→绿色创新绩效	0.23	2.09*	通过	技术中介	0.81
				技术市场	0.70
				行业协会	0.54
				风险投资机构	0.51
"企业-研究组织"→绿色创新绩效	0.35	3.27**	通过	大学	0.70
				研究机构	0.73
				学院/技校	0.60
"企业-政府"→"企业-中介"	0.67	5.78***	通过	—	—
"企业-政府"→"企业-研究组织"	0.23	2.14*	通过	—	—

***表示 $p<0.001$；**表示 $p<0.01$，*表示 $p<0.05$

具体而言，第一，"企业-政府"协同创新网络对绿色创新绩效的标准化路径系数为 0.12（t 值为 1.11＜1.96），相应的路径系数未达到显著水平，表明中小企业与政府的联结并未对企业绿色创新绩效产生直接影响。在"企业-政府"协同创新网络中，科技创新部门指标的负荷系数最高，达到了 0.85。这是由于在中国，科技创新部门在创新政策规划、专项项目实施以及知识产权保护等方面起到了极为关键的作用；信息服务部门次之，其标准化的负荷系数为 0.81，同样地，信息服务部门在为中小企业提供科技资讯、统计咨询和技术情报等服务上发挥重要作用；相比之下，监督或监管部门指标的负荷系数最低，仅为 0.56。

第二，"企业-中介"协同创新网络对绿色创新绩效展现出正向效应，其实证标准化路径系数为 0.23（t 值=2.09），在 $p＜0.05$ 的显著性水平上具有统计意义，表明企业通过与中介机构（技术中介、技术市场、行业协会以及风险投资机构）建立联结和合作，能够有效提高企业绿色创新绩效。在"企业-中介"协同创新网络中，技术中介机构指标负荷系数最高（0.81），表明技术中介在这一网络中占据核心地位；技术市场（0.70）和行业协会（0.54）次之，而风险投资机构（0.51）最低，但均显著。该结果说明，相较于其他中介机构，中小企业与技术中介的联结能够更为显著地提高企业绿色创新绩效。这是因为技术中介通常专注于技术转移、技术咨询和技术服务等领域，更能够针对企业的具体需求，提供定制化的绿色技术解决方案。

第三，"企业-研究组织"协同创新网络对绿色创新绩效也表现出显著的正向影响，其实证标准化路径系数为 0.35（t 值=3.27），在 $p＜0.01$ 的显著性水平上具有统计意义，表明中小企业与大学、研究机构等建立的联结和协同合作关系有助于提高企业的绿色创新绩效。在"企业-研究组织"协同创新网络中，研究机构指标的负荷系数最高（0.73），这说明研究机构对"企业-研究组织"协同创新网络的测度具有最强的解释力，同时也反映出相较于高等院校，企业和研究组织之间的协同对提升企业绿色创新绩效的效果更为显著。这是因为企业与研究组织之间的合作往往具有更为直接的应用导向和市场绿色需求，通常更加灵活和快速。此外，值得注意的是，"企业-研究组织"协同创新网络相较于"企业-中介"协同创新网络对绿色创新绩效的效应更强，这可能由于高校或研究机构提供的科研资源通常更为深入和具有针对性，而中介机构主要起到间接的、单一的桥梁作用，相比之下，双向的、更专业化的研究机构更能有效提升中小企业绿色创新绩效。

特别需要注意的是"企业-政府"对"企业-中介"与"企业-研究组织"的标准化路径系数分别为 0.67 和 0.23，t 值均大于 1.96，各路径系数分别在 $p＜0.001$ 和 $p＜0.05$ 的水平上具有统计显著性，这显示出中小企业和政府的联结以及政府的相关政策在很大程度上有利于推动企业与中介机构、大学和研究机构之间的联系和合作，"企业-政府"协同创新网络对绿色创新绩效的间接效应得到验证。

二、水平协同创新网络与中小企业绿色创新绩效

（一）"企业-企业"协同创新理论机制分析

在中小企业创新网络中，核心企业和供应商、采购商、合作伙伴以及竞争对手等相

关企业构建了"企业-企业"协同创新网络（Cooke et al.，2000；Doloreux，2004）。根据资源依赖理论（resource dependence theory，RDT），客户和供应商凭借提供的关键信息、专业知识和独特能力，成为绿色创新的宝贵贡献者（Du et al.，2018；Melander，2018）；中小企业与顾客/客户的紧密联系，有助于其迅速捕捉产品需求动态和市场趋势，从而有效减少绿色创新过程中的市场风险；而中小企业与供应商的联结，不仅确保了中小企业可以获得所需的设备和原材料，还能够获取绿色技术创新的关键信息以及产品技术知识。此外，中小企业与竞争对手的联结和合作，有利于共同攻克技术难关，制定技术创新标准，并实现互补性资源的共享等（Tether，2002）。

近年来，国内外学者对"企业-企业"协同创新网络和绿色创新绩效之间的联系给予了越来越多的关注。研究发现，企业同客户、供应链企业以及竞争企业的交互协作可通过价值增值过程推动创新溢出；以顾客或客户的需求为导向对于中小企业的绿色创新有显著影响，即与顾客或客户联结的中小企业为满足顾客对绿色产品和服务的需求或减少绿色抱怨会积极推动绿色创新活动的开展（王舒扬等，2023）；而部分学者则着重探讨企业与供应商的合作对绿色创新绩效产生的影响，发现企业与绿色供应商合作能够帮助企业弥补在知识与资源方面的短板，进而减少搜寻和引进成本，高效地推动绿色创新（Melander，2018）；侯艳辉等（2021）选取54家知识型企业作为研究对象，通过实证研究发现供应商绿色压力对企业绿色创新行为具有正向促进作用。总体而言，客户和供应商与企业的紧密联结，不仅会促进新想法和技术相关知识与专业技能的增长，还优化了协调沟通和信息交流的机制（Kou and Lee，2015），从而进一步提高了绿色创新绩效。据此，本节提出"企业-企业"协同创新网络能够通过知识共享、资源互补、风险分散和合作创新等内在机制促进绿色创新绩效的提升。

（二）研究设计

基于上述理论分析，可以明确中小企业在水平协同创新网络中，通过市场需求驱动、资源共享与互补以及创新扩散等内在机制，有效促进了企业绿色创新活动开展。具体而言，顾客或客户的需求和反馈以及绿色供应链转型趋势是中小企业绿色创新的重要驱动力。各参与主体凭借共享绿色技术知识或联合开展行业共性绿色技术研发，共同分摊成本和风险，从而有力推动整个行业的绿色创新水平的提升。此外，水平协同创新网络的研究焦点在于市场导向的绿色创新，鉴于客户需求是企业存续的关键，中小企业会更加重视如何响应客户对绿色产品的需求，如何在和供应商的合作中减少成本、提高产品的绿色性能，以及在与竞争企业协作中获取市场优势。

本节同样以现有的量表结合中国中小企业的具体情况，设计了测量中小企业水平协同创新网络和绿色创新绩效关系的问卷。"企业-企业"协同创新网络变量分为顾客或客户、供应链企业、竞争企业三个指标（Nieto and Santamaría，2007）；绿色创新绩效采用新产品销售收入比、产品创新比例以及工艺创新比例三个指标，与垂直协同创新网络实证分析一致。运用了利克特5级量表，1至5表示程度从最低到最高。此外，出于简便性与可比较性，数据收集方式和样本与前文垂直协同创新网络实证分析相同，故不再重复赘述。基于此，采用结构方程模型来剖析水平协同创新网络与绿色创新绩效之间的路径关系。

（三）实证结果分析

借助 SPSS 15.0 对水平协同创新网络研究量表进行信度分析，结果表明，"企业－企业"协同创新网络与绿色创新绩效 2 个潜变量的 Cronbach's α 系数值达到 0.826，符合大于 0.70 的要求，而且各个题项与总分的相关系数也处于较高水平。由此，该量表具备较高的一致性与可靠性。此外，该量表基于国外已有研究进行设计，确保了其内容效度较好。为了验证其构建效度，本节采用验证性因素分析的方法，借助 LISREL 8.7 软件进行了具体验证。结果显示，多数测量指标的标准化因子负荷值超过了 0.7，且在统计意义上呈现出高度显著（t 值＞1.96），表明"企业－企业"协同创新网络对绿色创新绩效产生了显著的正向相关性。

实证结果（表 6-18）表明，"企业－企业"协同创新网络对绿色创新绩效的促进作用最为显著，其标准化路径系数达到 0.64（t 值=8.66），在 $p<0.001$ 的显著性水平上呈现正向关系，这显示企业同顾客或客户、供应链企业以及竞争企业建立紧密联结且协同合作关系时，能够显著提升企业绿色创新绩效。其中，在"企业－企业"协同创新网络中，顾客或客户指标的负荷系数最高（0.97），供应链企业（0.89）次之，最后为竞争企业（0.75），表明顾客或客户变量在衡量"企业－企业"协同创新网络时具有最强的解释力。由此可见，企业与顾客或客户的联结与合作对企业绿色创新绩效的影响最为直接且显著，这一发现与 Doloreux（2004）的研究成果相契合，即顾客或客户是企业价值链创新增值中最为关键的来源。这是因为借助数字化协同平台，顾客或客户参与能够为企业提供与绿色产品应用场景相关的最新知识，协助企业激发关键的研发创意（解学梅和余佳惠，2021）；相比之下，供应链企业和竞争企业的主要关注点更多聚焦于成本控制、市场竞争和生产效率方面；供应链企业之间的协同往往涉及更多内部协调与利益平衡方面的问题，而竞争企业之间的合作则可能受到商业机密和竞争策略的限制。此外，与垂直协同创新网络相比，水平协同创新网络对中小企业的绿色创新绩效具有更为显著的提升作用，这主要是因为中小企业在"企业－企业"协同创新网络中对市场绿色需求和绿色技术变化展现出更高的灵活性和适应性。

表 6-18　水平协同创新网络模型路径系数

变量关系	标准化路径系数	t 值	检验结果	测量指标	负荷系数
"企业－企业"→绿色创新绩效	0.64	8.66***	通过	顾客或客户	0.97
				供应链企业	0.89
				竞争企业	0.75

***表示 $p<0.001$

三、进一步分析

本节还对垂直协同创新网络与水平协同创新网络进行综合分析。结构方程模型拟合指数如表 6-19 所示。结果显示，各项拟合指标均符合参考值的要求，表明模型与实际数据拟合效果较好，能够有效支撑本节的理论机制检验。

表 6-19　结构方程模型拟合指数

拟合指数	χ^2 / df	NFI	NNFI	CFI	GFI	AGFI	RMSEA	SRMR
统计值	2.352	0.91	0.92	0.94	0.87	0.82	0.071	0.078
判断准则	$2 < \chi^2/df < 5$	>0.90	>0.90	>0.90	>0.80	>0.80	<0.08	<0.08

注：NNFI 表示 non-normed fit index，非规范拟合指数；AGFI 表示 adjusted goodness of fit index，调整后拟合优度指数；SRMR 表示 standardized root mean square residual，标准化均方根残差

此外，由于外源潜变量"企业-政府"协同创新网络并未直接提升企业绿色创新绩效，这说明政府服务及其相关政策未能充分发挥应有的作用，反而部分政策成为中小企业技术创新道路上的阻碍。这一现象可能源自以下三个方面：首先，科技创新政策，特别是涉及产业创新、税收优惠、知识产权保护、直接资助或补贴等方面的政策与措施，在一定程度上更偏向于大型企业，使得中小企业在实际操作中难以切实受益，从而致使政策的直接效果不明显甚至微弱。其次，中国政府在创新治理中表现出较强的引导能力，其政策导向与行政干预对中小企业的创新活动产生了重要影响。因此，政府效应能否有效发挥，在一定程度上取决于政府的干预程度：适度的干预能够激励企业的创新活动，而过度的干预则可能抑制中小企业的技术创新行为。然而，当前各级政府面临的一个重大挑战在于如何确定政府的干预程度，以及如何恰当把握这个"度"。最后，调查样本的所有制构成可能在一定程度上致使政府服务及相关政策直接效应缺失。为了验证这一推测，本节把样本划分为两组，进一步探究所有制类型在企业绿色创新绩效方面可能存在的调节效应。研究结果显示，政府对于 FIEs（三资企业①）和 Non-FIEs（包括国有、集体和民营三种企业类型）的效应存在明显差异。在 FIEs 组中，政府效应与全模型结果一致，依然不显著；而在 Non-FIEs 组中，政府则展现出了显著的正面效应。因此，全模型中政府作用的缺失在一定程度上可以归因于 FIEs（约占 30%）的影响。鉴于外资企业独特性质，除了税收优惠政策（自 2007 年"两税合一"政策实施后，内外资企业税收政策趋于一致，外企的"超国民待遇"优势逐渐消失）外，一些旨在促进绿色创新的政策措施，如创新平台政策、高新技术成果转化优惠政策、创新支持计划以及直接的政府资助和补贴等，在实际操作中很难被外资企业充分利用，进而导致了相关绿色创新政策效应相对微弱。

特别地，在全模型检验分析中，我们发现"企业-政府"协同创新网络也会对"企业-企业"协同创新网络产生正向影响，但这一正向作用相较于"企业-中介"与"企业-研

---

① 三资企业即在中国境内设立的中外合资经营企业、中外合作经营企业、外商独资经营企业三类外商投资企业（foreign invested enterprises，FIEs）。

究组织"协同创新网络的影响要小，这可能是因为双赢机制和市场机制在"企业-企业"协同创新网络中发挥了更为重要的作用，政府和相关政策的影响则相对较小。考虑到"企业-企业"协同创新网络在提升企业绿色创新绩效方面发挥着最为关键的作用，因此，政策导向存在的偏差使得政府服务和相关政策难以对企业创新产生直接且显著的效果。由此，政府有必要根据中小企业网络协同方面的实际需求，对政策偏差予以纠正，营造出更具效力的政策环境与机制，从而推动企业和客户以及供应链企业之间的联结与合作，进而对绿色创新绩效产生直接效应。不过，需要明确的是，虽然"企业-政府"协同创新网络模式不会对企业绿色创新绩效产生直接影响，但是它借助"企业-企业""企业-中介""企业-研究组织"这三种协同创新网络模式的"中介效应"，对企业绿色创新绩效产生了间接的影响，其中政府通过对中介机构给予支持给企业绿色创新绩效带来的间接影响最为显著，而通过对研究组织进行调节所发挥的作用则相对有限。

第五节　协同创新网络特征、知识吸收能力与绿色创新绩效研究

在当前全球经济一体化与知识快速迭代的背景下，协同创新网络已成为推动企业绿色创新绩效提升的关键力量。协同创新网络特征，如网络规模、同质性、紧密度和开放性，深刻影响着企业的绿色创新绩效。网络规模的扩大促进了创新资源的汇聚与共享，为绿色技术创新创造了良好的环境；网络同质性的增强则有助于形成共同的创新理念，加速绿色技术的传播与应用；紧密的网络联系提高了知识、技术和信息的流动效率，进而提升绿色创新的成功率。本节探讨绿色技术协同创新网络特征、知识吸收能力与绿色创新绩效的关系，揭示三者的动态机制。通过研究长三角地区电子信息行业，分析协同创新网络的规模、同质性、强度和开放性如何影响知识吸收能力及其对创新绩效的转化。研究为理论提供新视角，并为政策制定者和企业管理者提供实践指导，助力企业在绿色技术创新领域实现突破，推动经济社会可持续发展。

一、绿色技术协同创新网络演化及形成机制

（一）协同创新网络特征理论

1965 年，Ansoff 率先提出了协同（synergy）的理念，他界定协同为通过特定机制或约束，将若干相对自主的部分联结成一个临时整体，进而实现资源共享与协调作业，以达成组织目标（Ansoff，1965）。在传统观念中，"1+1>2"的表述未能准确捕捉协同的精髓，因其本质在于系统内部子系统间相互作用产生的结构性效能，而非单一功能的简单叠加。基于此，Osegowitsch（2001）提出，协同是一个通过系统间互动及资源共享达成协同效益的动态过程。在绿色技术创新的背景下，此类协同机制对于提升环境效益尤为关键。具体而言，它促使企业通过共享绿色技术创新成果，优化创新决策与生产决策，共同追求利润最大化与环境效益的协同增进（孟展等，2023）。在企业管理层面，协同不

仅为企业带来价值增长的新机遇，还通过绿色技术创新途径，为企业同时创造经济效益与环境价值，开辟了新的价值创造空间（Ansoff，1965）。协同是互动、合作、整合等一系列的过程及其结果。

创新网络最初由 Freeman（1991）提出，他认为这是应对系统性创新的制度架构，其核心在于企业间的创新合作关系。综合既有研究，企业创新网络被界定为在特定地域内，企业与各类行为主体（如大学、科研机构、地方政府、中介机构及金融机构等）在相互交互中构建起的相对稳定、能够激发创新潜能、具有地方根植性的正式与非正式关系网络的总和（Ekkarinen and Harmaakorpi，2006）。然而，关于企业协同创新网络的深入探讨在学术界尚显稀缺，仅有少数研究者运用协同理论对创新网络进行了界定。例如，Hadjimanolis（1999）指出，企业协同创新网络是由企业、客户、供应商及中介机构等通过垂直或水平关联节点构建而成的网络结构。解学梅（2010）进一步阐释，企业协同创新网络是指企业在创新活动中，与供应链企业、相关企业、研究机构、高校、中介机构及政府等创新行为主体，通过交互作用与协同效应，构建技术链与知识链，进而形成长期稳定的合作关系。在绿色技术创新中，企业协同创新网络的重要性尤为凸显。绿色技术的开发和应用涉及复杂的技术链和知识链，企业主体嵌入创新网络，能充分利用中介机构的桥梁作用，整合并匹配各类绿色技术信息及创新资源，有效降低不确定性。绿色技术创新作为产学研协同创新的核心内容，协同的绿色技术创新体系能够显著提升绿色技术的转化效率，优化创新资源配置，分散技术创新风险，是未来创新模式革新的关键方向（汪明月等，2020；肖振红和李炎 2023）。相较于一般的企业创新网络，企业协同创新网络更加聚焦于创新行为主体间的知识交流与技术转移，更加重视政府在协同过程中的作用，以及创新行为间的协同效应。

在网络结构特征的研究领域，Mitchell（1969）首次系统性地阐述了网络特征，提出了包括网络规模、网络结构和网络交互性的分类框架。邬爱其（2006）在研究网络特征与企业成长关系时，将网络特征划分为网络范围、关系强度和网络开放性三个维度。结合该研究成果和其他学者对网络特征的维度划分，本节将协同创新网络特征归纳为网络规模、网络同质性、网络强度和网络开放性四个特征。已有研究表明，这四个特征对企业创新绩效具有显著影响。首先，网络规模对企业成长具有重要作用，网络规模的扩大能力增加了整个网络的资源，进一步提高了企业获得异质性资源的概率。特别是对于新建企业而言，其创新绩效会随着网络规模的扩大而提高（Baum et al.，2000）；适当的网络规模也是企业创新效能的保障（Lechner and Leyronas，2007）。其次，网络同质性会影响企业间竞争与合作，高同质性会导致竞争增强，可能影响企业的创新绩效（Bengtsson and Sölvell，2004）。此外，有研究表明，网络强度与企业资源获取能力显著正相关，资源获取能力增强的同时，企业创新绩效也随之提高。最后，在知识经济时代，开放性创新有助于企业应对不确定的环境，是提升创新绩效的重要来源。

（二）绿色技术协同创新网络的演化路径

1. 绿色技术协同创新网络的演化阶段

创新网络的演化历程一般包含多个阶段，不同成长阶段的网络呈现出不同的特征。在绿色技术协同创新网络的初期，网络密度较低且结构单一，节点之间的联系有限，主要依赖于熟悉节点形成的直接或间接合作。尽管此时的创新网络比单个节点更具创新能力，但因规模小、合作范围有限，知识分享主要局限于小范围内，整体活跃度较低。然而，绿色技术的协同创新需求在此阶段较为旺盛，企业在绿色技术发展不成熟、创新资源匮乏的背景下，寻求外部协同创新成为实现技术突破的重要路径。在成长扩张阶段，绿色技术协同创新主体数量、联合申请绿色专利数量快速增长，创新网络的规模显著扩展，节点逐步建立更广泛的外部合作关系，促进了整个网络的快速扩张和多元化发展（许倩和曹兴，2019）。部分具备创新能力和适应能力的节点逐渐成长为核心节点，逐步形成具有较高稳定性的创新联盟，并推动网络向多联盟竞争结构演化。在深入发展阶段，创新网络进一步向多核心、集群化方向发展。高创新能力和强交互能力的节点成为核心节点，网络最终演化为规模化的知识创新集群。合作目的逐渐从资源互补扩展至分担风险、共享成本等更多样化的需求（许倩和曹兴，2019）。核心企业通过巩固联盟并引入评价和约束机制加强合作，逐步淘汰创新效率低下的节点，整体创新效率与网络结构因此得到显著优化（孙冰和姚洪涛，2014）。

2. 绿色技术协同创新网络的演化动力

协同演化理论认为，网络的演化动力并非源自单一因素，而是多种相互依赖因素综合作用的结果。绿色技术协同创新网络的演化动力源于企业内外部多种因素的共同作用。在微观层面，企业的内部因素主要涉及网络的内生结构，包括生存与发展压力、企业间的合作、企业家精神以及战略导向（Chen et al.，2014；Zhang et al.，2019a；袁剑锋和许治，2017）。这些因素驱动企业不断适应外部变化并推动协同创新。例如，企业家对绿色创新网络的追求为内部技术革新提供了持续动力，从而促进网络的深层次演化。在宏观层面，外部因素主要体现在产业外部环境和多维邻近性上。政府出台了一系列绿色发展与创新驱动等相关政策，不断优化创新环境，协同创新成为企业绿色技术突破的关键路径（杨福霞，2016）。信息技术的快速发展显著提升了企业间的协作效率，而市场竞争压力与技术变革也促使企业在绿色技术领域加强合作，以满足市场与政策的需求（王庆喜和胡志学，2021）。此外，企业的风险投资行为增强了其外部声誉，进一步推动了创新网络的整体发展。同时，技能、知识与经济之间的相互依存关系对创新网络的稳定性和产出也具有重要影响（Taalbi，2020），使得绿色协同创新网络逐步走向多元化和集约化。

3. 绿色技术协同创新网络的特征

绿色技术协同创新网络的形成及发展特征主要体现在网络规模、网络同质性、网络强度和网络开放性四个方面。

1）网络规模

在绿色技术协同创新网络中，创新主体的数量直接体现了网络规模。随着参与主体的增加，网络内的信息和资源流动加快，各节点的协作机会显著增多，进一步促进了知识共享和创新资源的快速集成（Singh et al.，2016）。规模扩大的协同创新网络为创新主体提供了更广泛的合作伙伴选择空间，使得网络的整体价值和协同效率显著提升。此外，不同规模的企业、高校、科研机构和政府组织在这一网络中共同发挥作用，为绿色技术的开发和应用提供多方资源支持。网络的扩展也提升了技术创新的多样性与潜力，有助于创新成果在更大范围内推广应用（Cummings，2004），进一步推动绿色技术的普及。

2）网络同质性

绿色技术协同创新网络的同质性体现在网络主体在绿色技术目标上的一致性，包括在可持续发展和节能减排方面的共同愿景，以及在技术路径和资源需求上的相似性。高同质性促进企业间知识交流，降低沟通成本，提高合作效率，消除信息不对称，减少创新成本和风险，使各主体更好地协调行动和共享资源（de Faria et al.，2010）。例如，新能源企业、节能设备制造商和环保技术提供商在共同的技术方向上形成互补合作，增强网络凝聚力。然而，过强的同质性可能导致主体间的敌对态度，从而影响合作。因此，适度的网络异质性同样有助于提高网络柔性，并进一步提升综合创新能力和环境适应能力。

3）网络强度

绿色技术协同创新网络的强度主要体现在网络成员间的交互频率、信任及互惠程度（Gilsing and Nooteboom，2005）。这种强度促进了网络内节点间联系的紧密性，包括合作频率、深度和稳定性，有助于资源的有效整合（张艺等，2016）。高强度的网络通过联合研发、知识共享等方式，推动创新成果的积累与共享，增强信任基础，提升创新效率和效果（蔡彬清和陈国宏，2013）。然而，强关系可能导致认知模式固化，而弱关系虽有利于探索式创新，却可能因缺乏信任而阻碍深度合作。学者从不同视角探索，发现紧密合作有利于资源整合（赵波等，2019），而网络强度通过提升网络质量影响创新绩效，该机制受学习能力、创新环境和组织间依赖关系的动态调节（齐昕等，2019）。

4）网络开放性

绿色技术协同创新网络的开放性，在于其对外部技术、知识和资源的高效吸收与整合。这种开放性促进了多方资源的深度融合，使成员能灵活引入外部先进技术与创新理念，快速响应市场与技术动态（王晓娟，2008；闫华飞等，2022）。开放性还增强了企业间的交流与合作，对绿色技术创新效率产生积极影响（闫华飞等，2022）。开放式交流通过明确角色、调整期望，避免误解，成为构建成功企业间关系的关键（Gulati，1995）。同时，开放的组织文化有助于紧密创新网络关系，促进内部及与合作伙伴间的顺畅交流，激发创新思维，接纳不同意见，建立信任基础（邬爱其，2006）。

二、知识吸收能力视角下企业协同创新网络特征与创新绩效

（一）知识吸收能力与企业创新绩效的关系研究

知识吸收能力理论在战略管理、组织理论和创新理论等领域受到广泛关注。相关文献探讨了该能力对组织学习、知识共享、创新能力以及企业效能的深远影响。Cohen 和 Levinthal（1990）首次提出"吸收能力"这一概念，强调对外部新知识的识别、消化和应用能力。Mowery 和 Oxley（1995）进一步扩展了该理论，认为知识吸收能力不仅包括获取隐性知识，还涉及将其转化为实际应用的能力，增加了获取与转化的维度。Zahra 和 George（2002）整合以往研究成果，提出吸收能力是一个动态过程，涵盖组织对知识的获取、内化、吸收和利用。企业在创新策略上存在差异，部分企业倾向于工艺创新或提高劳动生产率，而非单纯依赖专利（Human and Provan，1997）。因此，企业创新绩效的测量指标呈现出多元化趋势。国内学者通常采用专利数量、创新产品数和销售比例，而国外学者则更注重 R&D 投入、创新支出、专利引用和新产品数量（Hagedoorn and Cloodt，2003）。

以往研究表明，企业的创新绩效不仅与知识储备的利用有关，更依赖于将这些知识转化为实际行动的能力（Alavi and Leidner，2001），而这种转化的关键在于企业的知识吸收能力。Cohen 和 Levinthal（1990）提出，吸收能力在提升企业的创新能力以及创新绩效方面至关重要，具备高度知识吸收能力的企业，能更有效地将外部知识转化为创新产出，从而巩固其竞争优势（Zahra and George，2002）。在此过程中，企业不仅要管理和运用现有知识，还需持续吸纳新知识与新技术，并将其融入产品和服务中（Pertusa-Ortega et al.，2010），以此推动创新绩效的提升。企业的吸收能力越强，其对外部环境与信息的把握能力越突出，进而拥有更强的能力去识别并利用外部有益信息，创造出对企业乃至社会有价值的绩效。相反，若企业缺乏知识吸收能力，则会阻碍知识的有效转移，导致外部信息无法转化为知识资本，进而引发创新活动的停滞与绩效的下滑。因此，在知识向创新转化的过程中，知识吸收能力扮演着至关重要的角色。因此，吸收能力强的企业更容易实现较高的创新绩效，而吸收能力较弱的企业则难以取得理想的创新成果（任爱莲，2010）。

在相关研究过程中，为提升知识吸收能力的测量精度，我们将知识吸收能力界定为企业获取、同化、转换及利用知识以推动生产的动态组织能力。这四个方面构成了知识吸收能力的四个维度，并在阐释其如何影响企业创新绩效的过程中发挥了动态协同与互补作用。基于上述文献，我们认为企业知识吸收能力与创新绩效呈正相关关系。

（二）协同创新网络特征与企业创新绩效的关系研究

近年来，协同创新网络与创新绩效的关系成为国内外学者的研究热点。解学梅（2010）基于 188 家中小企业的实证分析，揭示了协同创新网络对企业创新绩效具有显著的提升效应。本节进一步将协同创新网络的特征细化为网络规模、网络同质性、网络强度及网络开放性四个关键维度。

研究表明，企业网络规模越大，合作伙伴越多，获取外部知识的渠道越广，接触外

部信息和市场动态的机会也越多（王晓娟，2008）。高强度的网络联系能够加速复杂知识的传递，提升产品与流程创新的成功率，会对企业创新绩效产生积极影响（任胜钢，2010）。谢洪明和刘少川（2007）的研究表明，网络强度对企业新产品开发、技术学习和资源共享等创新能力有显著的正向影响。王晓娟（2008）基于知识网络与集群企业创新绩效的研究发现，网络开放性的提升促进了企业间的交流与合作，使企业能够更迅速地捕捉最新技术动态，及时把握市场需求变化。因此，本节认为企业协同创新网络的规模、同质性、强度、开放性等特征能够通过优化资源配置，提升企业的创新绩效。

（三）协同创新网络特征与知识吸收能力的关系研究

自 1980 年迄今，企业将识别外部知识的能力视为组织创新过程中的关键环节（Escribano et al.，2009）。知识吸收能力逐渐成为企业获得竞争优势和增强创新能力的重要因素，具体体现在识别外部技术、解读市场信息及相关政策、消化和整合内部资源上。面对快速变化的商业环境，吸收外部知识实现快速创新已成为知识经济时代竞争优势的决定性因素。已有研究表明，企业的吸收能力不仅影响创新活动（Cockburn and Henderson，1998），还能促进企业获取更优质的创新资源（Fabrizio，2009）。因此，创新与知识吸收能力之间存在紧密的关系

已有文献表明，外部知识源能够为企业提供新的学习和方法，促进知识的吸收与转化，并利用消化后的知识推动组织创新（Fabrizio，2009）。网络规模的扩大为企业通过多渠道获取所需知识资源提供了便利；而网络关系的强化则意味着企业拥有更多信息提供者，从而更易于获取维持生存与发展所必需的各类资源。此外，组织间的知识共享为相互学习及内部合作搭建了平台，激发了新知识的诞生与企业创新（Kogut and Zander，1992）。Jantunen（2005）的研究进一步强调了利用外部知识能力的重要性，指出吸收能力对创新能力具有影响，且外部知识与创新能力间的互动过程又能反过来提升吸收能力。由此，本节认为企业协同创新网络的规模、同质性、强度、开放性等特征与知识吸收能力呈正相关关系。

（四）知识吸收能力对协同创新网络特征和企业创新绩效关系的影响

在当前知识密集型的商业环境中，企业必须不断依赖外部信息源，以有效推动创新和提升创新绩效。Zahra 和 George（2002）将吸收能力定义为一种动态能力，它不仅能促进知识创新，还可以利用创新流程中吸纳的知识来强化企业的创新成效。企业通过外部知识来提升创新绩效，而创新绩效的提升又反过来促进了知识的累积，进而增强了企业的吸收能力。这表明，企业的吸收能力具备自我强化机制——具备强大知识吸收能力的企业，能通过其早期的创新活动获取新的外部知识，从而进一步提升其创新绩效。Julien等（2004）的研究揭示，吸收能力在创造新知识的过程中起到了中介的作用，即企业内部通过吸收能力实现对外部信息与技术的获取、整合与应用，进而促进创新能力的提升，并最终提高新产品开发效率。同样地，企业的知识吸收能力能够加速创新速度、增加创新频率及强度，而创新产生的知识又会融入企业的吸收能力之中，从而凭借吸收能力提升创新绩效。此外，知识吸收能力也在影响创新绩效的过程中发挥着间接作用。

知识吸收能力作为一种实现创新绩效的途径，将外部知识流转化为实际收益，进而直接或间接地增强企业的创新绩效（Darroch and McNaughton，2011）。基于上述对吸收能力的分析，我们认为吸收能力在协同创新网络特征与创新绩效之间具有显著影响。

三、实证设计

（一）变量来源与测度

我们主要参考 Mitchell（1969）与邬爱其（2006）的研究来测定协同创新网络特征的相关变量，综合了协同创新网络的独特属性及前人关于网络结构特征的分类，从网络规模、网络同质性、网络强度以及网络开放性这四个层面深入剖析企业协同创新网络的结构特性。具体测度中采用利克特 5 级量表，其中网络规模依据规模大小被细分为五个层级（1="<5"，2="5~10"，3="11~15"，4="16~20"，5=">20"），并通过四个高区分度的问题来全面评估；网络同质性、网络强度及网络开放性采用五级量表（1=很不同意，2=不同意，3=一般，4=同意，5=很同意），并设计了十个高区分度的问题来测量（表 6-20）。

表 6-20　研究因素

因素	测量指标	文献来源
网络规模	网络中企业的数量	Mitchell（1969）；Lechner 和 Leyronas（2007）；任胜钢（2010）
	网络中政府机构的数量	
	网络中研究机构的数量	
	网络中的中介机构（如行业协会）的数量	
网络同质性	产品有很大的相似性	邬爱其（2006）
	技术有很大的相似性	
	企业文化有很大的相似性	
	共同分享市场	
网络强度	长期的合作关系	邬爱其（2006）
	资源共享频繁	
	信息交流频繁	
网络开放性	与不同规模的企业联系广泛	Eisingerich 等（2010）
	与不同区域的企业联系广泛	
	与不同行业的企业联系广泛	
知识吸收能力	知识获取	Cohen 和 Levinthal（1990）；Zahra 和 George（2002）
	知识同化	
	知识转换	
	知识利用	
企业创新绩效	新设备、新材料、新技术数量	Hagedoorn 和 Cloodt（2003）；解学梅（2010）
	企业劳动生产率	
	专利增长率	
	新产品产值率	

知识吸收能力的测量通过知识获取、知识内化、知识转化及知识利用这四个维度来综合评估。在具体实施测量时，同样采用利克特 5 级量表，将其划分为五个等级：1=很不同意，2=不同意，3=一般，4=同意，5=很同意。被调查者需针对企业知识吸收能力的四个维度给出评价（表 6-20）。

鉴于协同创新网络内部企业创新策略的多样性及其对创新绩效评估的潜在影响，我们采用 Fischer 等（2010）提出的四个关键指标来衡量创新绩效，包括近三年内引入的新设备、新材料、新技术的数量、劳动生产率、专利数量的增长情况以及新产品产值率（即近三年新产品产值占总产值的比重）（表 6-20），并运用利克特 5 级量表评估企业技术创新水平相对于其主要竞争对手的优劣程度：1=明显偏低，2=稍低，3=差不多，4=稍高，5=明显偏高。

（二）样本选择与数据收集

本节聚焦于长三角地区电子信息产业，依据国家发展和改革委员会发布的《长江三角洲地区区域规划》展开研究。选取上海市，江苏省的南京市、苏州市、无锡市、常州市、扬州市、镇江市、南通市、泰州市八个地级市，以及浙江省的杭州市、宁波市、湖州市、嘉兴市、舟山市、绍兴市和台州市七个地级市，总计涵盖 16 个城市。根据《电子信息产业行业分类注释（2005—2006）》，该产业包含 12 个主要行业，涵盖雷达、通信设备、广播电视、电子计算机、软件、家用视听设备、电子测量仪器、电子专用设备、电子元件、电子器件、电子信息机电产品及电子信息专用材料。选择长三角地区作为研究对象的原因在于其产业发展成熟，具有较强的代表性。

本节的调研方法包括实地考察、电子邮件调查和校友访谈。针对上海市和苏州市的企业，主要采用现场调研；为了提高问卷的发送和回收效率并降低成本，还实施了电子邮件（E-mail）调查；同时对在长三角地区电子信息企业担任管理职务的上海大学管理学院校友进行了问卷调查。本次调研共发放 1500 份问卷，回收 420 份，其中有效问卷为 379 份，有效回收率为 25.27%（表 6-21）。

表 6-21　问卷回收情况

调查方式	问卷发放/份	问卷回收/份	有效问卷/份	有效回收率/%
E-mail	600	119	105	17.50
实地调研	300	142	136	45.33
校友调研	600	159	138	23.00
合计	1500	420	379	25.27

（三）样本基本统计

样本数据涵盖了被调查企业的地区分布、调查者当前职位、工作年限、受教育程度、企业成立年限、企业性质、企业规模、企业年销售额、研发经费投入及研发人员投入等详细信息，见表 6-22。

表6-22　研究样本特征

分类	企业概况	企业数	百分比/%	分类	企业概况	企业数	百分比/%
来源地区	上海	143	37.7	成立年限	3年以下	28	7.4
	浙江	80	21.1		3~5年	42	11.1
	江苏	156	41.2		6~10年	118	31.1
当前职位	高层管理者	11	2.9		11~15年	100	26.4
	中层管理者	125	33.0		15年以上	91	24.0
	基层管理者	128	33.8	研发人员投入	5%以下	60	15.8
	技术或研发人员	115	30.3		5%~10%（不含）	95	25.1
工作年限	3年以下	110	29.0		10%~15%（不含）	108	28.5
	3~5年	121	31.9		15%~20%（不含）	51	13.5
	6~10年	107	28.2		20%及以上	65	17.2
	10年以上	41	10.8	研发经费投入	5%以下	47	12.4
受教育程度	专科及以下	81	21.4		5%~10%（不含）	87	23.0
	大学本科	258	68.1		10%~15%（不含）	125	33.0
	硕士研究生及以上	40	10.6		15%~20%（不含）	70	18.5
企业资产总额	1000万元以下	46	12.1		20%及以上	50	13.2
	1000万~4000万元(不含)	101	26.6	企业年销售额	1000万元以下	67	17.7
	4000万~4亿元(不含)	132	34.8		1000万~3000万元（不含）	105	27.7
	4亿元及以上	100	26.4		3000万~3亿元（不含）	125	33.0
企业性质	国有	53	14.0		3亿元及以上	82	21.6
	集体	30	7.9	企业规模	50人以下	59	15.6
	民营	172	45.4		50~300人	135	35.6
	三资企业	124	32.7		301~2000人	185	48.8

注：因四舍五入，存在相加不为100%情况

根据表6-22的统计结果，职位分布显示管理者占69.7%；在工作年限方面，拥有三年以上工龄的员工占71.0%；在受教育程度方面，本科及以上学历者占78.6%。管理者及具有较长工龄的员工通常对企业的技术创新和整体运营有较深入的理解，而较高的教育水平则有助于更好地理解问卷内容，进而提升回答的客观性和准确性。这些信息表明问卷质量较为可靠。此外，表6-22还显示，成立超过五年的企业占81.5%，民营和三资企业合计占78.1%；企业规模超过300人的企业占48.8%。在企业研发人员及经费投入方面，5%~15%的比例较为普遍，而年销售额超过1000万元的企业也占有较高比例。总体来看，调查样本较为全面地反映了长三角地区电子信息企业的特征。

（四）量表信度与效度分析

信度是测验工具结果一致性或稳定性的衡量指标，其值越高，表示测量的标准误差

越小。我们使用一致性指数（通常用 Cronbach's α 表示）来检验信度。根据经验，若测度变量的 Cronbach's α 超过 0.70，则可认为信度较高。表 6-23 的结果表明，所有子量表的 Cronbach's α 均大于 0.70，整体问卷的内部一致性系数为 0.91，表明问卷信度较高。

表 6-23　信度和效度检验结果

测量项目		Cronbach's α		KMO 值		累计解释量/%
协同创新网络特征	网络规模	0.810	0.91	0.764	0.913	64.276
	网络同质性	0.810		0.764		63.888
	网络强度	0.756		0.684		76.404
	网络开放性	0.776		0.690		69.837
知识吸收能力		0.885		0.821		71.059
企业创新绩效		0.808		0.801		63.624

效度则指测量工具对所需对象的准确测量能力。目前，构建效度是常用的效度分析方法，通常通过抽样适合性检验［又称 KMO（Kaiser-Meyer-Olkin）检验］和巴特利特（Bartlett）球形检验来进行评估。根据表 6-23 的检验结果，KMO 值为 0.913，超过 0.7，并且累计解释量都超过 0.60，这表明该量表的构建效度良好。

（五）探索性因子分析

表 6-24 中巴特利特球形检验的 p 值小于 0.001，这表明因子相关系数矩阵并非单位矩阵，适合进行进一步的因素分析。对知识吸收能力与企业创新绩效的探索性因子分析显示，这两个变量的共同度基本上都超过 0.6，说明提取的公共因子能够反映原变量 60%以上的信息，因子分析效果良好。此外，表 6-23 结果显示，知识吸收能力维度的累计解释量为71.059%，而企业创新绩效维度的累计解释量为 63.624%，这两者分别对应吸收能力因子和创新绩效因子。

表 6-24　知识吸收能力与企业创新绩效的探索性因子分析

度量题项	吸收能力因子	创新绩效因子	共同度
知识获取	0.856		0.732
知识同化	0.887		0.787
知识转换	0.799		0.639
知识利用	0.827		0.685
样本充分性检验 KMO=0.821；巴特利特球形检验 x^2=706.307；df=6；sig.=0.000			
新设备、新材料、新技术数量		0.762	0.581
企业劳动生产率		0.796	0.634
专利增长率		0.813	0.661
新产品产值率		0.818	0.668
样本充分性检验 KMO=0.801；巴特利特球形检验 x^2=470.403；df=6；sig.=0.000			

注：sig.表示显著性

表 6-25 的因子分析结果表明，经过正交因子旋转后，协同创新网络特征的累计解释量达到了 66.93%，各相关变量的共同度同样大部分超过 0.6。这表明探索性因子分析所提取的公共因子有效地反映了原变量超过 60% 的信息，因子分析效果也较为理想。基于此，最终确定四个因子：网络规模、网络同质性、网络强度以及网络开放性。

表 6-25　正交旋转后协同创新网络特征的因素载荷矩阵

变量	网络强度	网络规模	网络开放性	网络同质性	共同度
HO1：贵企业与创新合作伙伴有长期的合作关系	0.829				0.730
HO2：贵企业与创新合作伙伴经常资源共享	0.838				0.740
HO3：贵企业与创新合作伙伴经常信息交流	0.739				0.604
HO4：贵企业与创新合作伙伴产品有很大相似性	0.673				0.555
SI1：贵企业创新合作伙伴中企业的数量		0.716			0.528
SI2：贵企业创新合作伙伴中政府机构的数量		0.823			0.688
SI3：贵企业创新合作伙伴中研究机构的数量		0.812			0.675
SI4：贵企业创新合作伙伴中中介机构的数量		0.830			0.714
OP1：贵企业能够与不同规模的企业进行广泛联系			0.728		0.645
OP2：贵企业能够与不同区域的企业进行广泛联系			0.803		0.724
OP3：贵企业能够与不同行业的企业进行广泛联系			0.800		0.730
IN1：贵企业与创新合作伙伴的技术有很大相似性				0.792	0.714
IN2：贵企业与创新合作伙伴文化有很大相似性				0.642	0.613
IN3：贵企业与主要创新合作伙伴共同分享市场				0.769	0.711

样本充分性检验 KMO=0.828；巴特利特球形检验 x^2=2017.332；df=91；sig.=0.000；累计解释量为 66.93%

四、实证结果与分析

（一）相关性分析

相关分析用于评估两个变量之间的关联程度，通常采用 Pearson 相关系数进行表示。根据表 6-26 的结果，知识吸收能力、企业创新绩效与协同创新网络的四个维度之间均存在显著相关关系。然而，协同创新网络特征中的网络开放性维度与企业创新绩效的相关系数达到 1，为避免对回归分析结果产生影响，该维度未被纳入后续的回归模型中。

表 6-26　变量间的描述性统计与 Pearson 相关系数

变量	均值	标准差	1	2	3	4	5
网络规模	2.384 6	1.014 14	1				
网络同质性	3.657 9	0.677 98	0.126*	1			
网络强度	3.919 1	0.600 72	0.130*	0.482**	1		

续表

变量	均值	标准差	1	2	3	4	5
网络开放性	3.558 7	0.710 62	0.229**	0.417**	0.477**	1	
知识吸收能力	3.819 6	0.495 87	0.140**	0.527**	0.646**	0.541**	1
企业创新绩效	3.558 7	0.710 62	0.229**	0.417**	0.477**	1.000**	0.541**

注：观测值为379

*表示 $p<0.05$；**表示 $p<0.01$（双边检验）

（二）多元回归分析中知识吸收能力的作用

知识吸收能力的回归分析可分为三个步骤进行：①测量协同创新网络特征与企业创新绩效之间的关系，并确保结果显著；②评估协同创新网络特征与知识吸收能力之间的关系，结果同样应显著；③将协同创新网络特征和知识吸收能力同时纳入回归方程。如果协同创新网络特征与企业创新绩效的关系值比①的值小且不显著，则证明了知识吸收能力的作用；若显著，则部分证明知识吸收能力的作用，此时，知识吸收能力与企业创新绩效之间的关系应显著。

1. 知识吸收能力与协同创新网络特征对企业创新绩效的影响

对知识吸收能力与企业创新绩效进行回归分析。表 6-27 结果表明，回归方程的 F 值为 156.312（$p<0.001$），即回归方程显著，知识吸收能力的影响显著（$\beta=0.541$，$p<0.001$）。知识吸收能力不仅影响企业的知识存量，还影响企业提升创新绩效所需的知识流量。因此，企业可通过增强知识吸收能力，充分利用外部获取的新知识和新价值，实现创新绩效的提升。

表 6-27 知识吸收能力和协同创新网络特征与企业创新绩效的多元回归分析

自变量	企业创新绩效		自变量	企业创新绩效	
	β	t 值		β	t 值
知识吸收能力	0.541	12.502***	网络规模	0.154	3.524***
			网络同质性	0.230	4.648***
			网络强度	0.346	6.974***
F	156.312***		F	52.618***	
R^2	0.293		R^2	0.296	
调整后的 R^2	0.291		调整后的 R^2	0.291	

***表示 $p<0.001$

同理，对协同创新网络特征的三个维度与企业创新绩效进行多元回归分析。表 6-27 显示，回归方程的 F 值为 52.618（$p<0.001$），回归方程显著。其中，网络强度的影响最为显著（$\beta=0.346$，$p<0.001$），其次为网络同质性（$\beta=0.230$，$p<0.001$），网络规模的影响相对较小（$\beta=0.154$，$p<0.001$）。这表明，协同创新网络的规模、同质性和强度在 $p<0.001$ 的置信水平下，对企业创新绩效有显著的正向影响。因此，企业可以通过扩大网络规模、

加强同质性以及提升网络强度来促进企业创新绩效提升。然而，实证结果表明网络规模的作用相对较小，可能是在中国现有的宏观经济体系和市场机制中，产学研之间的某些断层导致研究机构与中介在企业创新过程中未能发挥实质性的作用。为此，政府机构应采取积极措施，完善中介机构的职能和服务质量，鼓励企业与研究机构之间开展技术合作，从而推动研究机构和中介的功能得以更好地发挥。

2. 协同创新网络特征对知识吸收能力的影响

对协同创新网络特征的三个维度与知识吸收能力进行多元回归分析。表 6-28 结果显示，回归方程的 F 值为 115.262（$p<0.001$），回归显著。其中，网络强度的影响最为突出（$\beta=0.507$，$p<0.001$），其次是网络同质性（$\beta=0.278$，$p<0.001$），而网络规模的影响不显著。分析结果显示，协同创新网络特征与知识吸收能力之间存在正向关系，且网络强度和网络同质性均在 $p<0.001$ 的置信水平下显著，这表明协同创新网络特征有助于提升知识吸收能力。因此，企业可通过资源共享、技术合作和信息交流来增强网络的强度和同质性，从而更有效地获取外部知识，提高知识吸收能力。

表 6-28　协同创新网络特征与知识吸收能力的多元回归分析

自变量	知识吸收能力	
	β	t 值
网络规模	0.039	1.045
网络同质性	0.278	6.525***
网络强度	0.507	11.889***
F	115.262***	
R^2	0.480	
调整后的 R^2	0.476	

***表示 $p<0.001$

3. 知识吸收能力的影响分析

表 6-27 和表 6-28 表明协同创新网络的变化显著影响了知识吸收能力与企业创新绩效。本节以知识吸收能力作为自变量、创新绩效为校标变量进行回归分析。表 6-29 显示，回归方程的 F 值为 51.444（$p<0.001$），回归显著。其中，知识吸收能力的影响最为显著（$\beta=0.336$，$p<0.001$），而网络强度（$\beta=0.176$，$p<0.01$）和网络同质性（$\beta=0.137$，$p<0.01$）的影响相对较低，网络规模（$\beta=0.141$，$p<0.01$）也呈现显著性，即在 $p<0.01$ 的置信水平下，网络规模、网络同质性和网络强度的影响均显著。尽管协同创新网络特征的回归系数仍显著，但有所下降，而知识吸收能力的回归系数在 $p<0.001$ 的置信水平下同样显著。因此，企业应当扩大网络规模，增强网络强度和同质性，以提升其获取和利用运营资源的能力，从而转化为更高的创新绩效。企业在外部协同创新网络中，需不断提升对新知识和新技术的识别、获取、同化、吸收、转化和应用的能力，以促进其创新活动的发展。

表6-29　知识吸收能力的检验结果

自变量	企业创新绩效		检验结果
	β	t 值	
网络规模	0.141	3.357**	显著，3.524>3.357，部分中介作用成立
网络同质性	0.137	2.732**	显著，4.648>2.732，部分中介作用成立
网络强度	0.176	3.148**	显著，6.974>3.148，部分中介作用成立
知识吸收能力	0.336	5.833***	
F	51.444***		
R^2	0.355		
调整后的 R^2	0.348		

表示 $p<0.01$；*表示 $p<0.001$

五、实证结论

本节围绕绿色技术协同创新网络的演化机制及其对企业创新绩效的影响，采用了理论框架与实证分析相结合的方法，以期为促进绿色技术创新提供理论支持和实证依据。

研究揭示了绿色技术协同创新网络的四个关键特征，即网络规模、网络同质性、网络强度和网络开放性，对企业的创新绩效的显著影响。在较大规模的网络中，多样化的合作伙伴关系显著提升了企业知识共享的效率，增强了其获取外部知识的能力，进而推动了创新活动的发展。网络同质性有助于降低合作成本和提高沟通效率，但若同质性过高，则可能引发激烈的竞争，反而不利于创新绩效。此时适度的异质性能够激励企业在合作中引入多样化的观点和技能，从而提升创新的广度和深度。在网络强度方面，频繁的互动与合作能够加速知识的传递，建立信任，促进成员之间的深层次合作与资源整合，形成强大的创新合力。网络的开放性则在很大程度上促进了外部知识和技术的吸收，使企业能够迅速响应市场和技术的变化，推动绿色技术快速发展。

此外，知识吸收能力在协同创新网络特征与企业创新绩效之间发挥了重要作用。企业有效吸收的外部新知识与技术能够转化为创新成果，从而提升整体创新绩效。研究表明，具备较强知识吸收能力的企业能够在复杂的创新网络中快速识别并利用外部资源，形成持续的竞争优势。这种能力不仅体现在识别新知识的能力上，还在于其能将这些知识有效转化为具体的产品和服务。知识吸收能力与协同创新网络特征之间存在着相互促进的关系，强大的吸收能力能够提升企业在网络中的活跃度和参与度，反过来又推动了网络特征的优化。

综上所述，绿色技术协同创新网络的有效运作及其对企业创新绩效的积极影响，既依赖于网络内部的互动与资源整合，也需要企业具备强大的知识吸收能力，以便在瞬息万变的市场环境中实现持续创新。只有通过多方的协同与共同努力，绿色技术才得以实现经济与环境的双重利益。这一探索不仅为企业实践提供指导，也为政策制定者提供重要的理论依据。在本节的基础上，未来的研究可以进一步探讨不同类型的企业在协同创新网络中的角色差异，以及如何通过政策引导促进网络的优化与升级，以实现更高水平的绿色技术创新。

第六节　创业生态系统嵌入、大数据结构转变与企业绿色转型研究

当前创业生态系统以其多样性、网络性和共生性为特征不断涌现，市场竞争模式逐渐转变为多主体协同的生态化竞争。创业生态系统的核心目标是通过多主体协同开发创新性和关联性的创业机会集，实现共同成长。数字化和绿色化是当前新一轮科技革命和产业变革的两大趋势，二者协同发展成为助推创业生态系统发展的一个极具前景的方向。在大数据、人工智能的推动下，数字化创业生态系统作为企业创新与成长的重要载体，其嵌入特性为企业更好挖掘绿色创新机会、推动企业绿色转型提供了重要平台。因此，本节采用双重嵌入性视角，构建了 1994 年至 2016 年美国 5016 个 MSA（metropolitan statistical area，大都市统计区）的纵向样本，研究大数据结构嵌入性和文化嵌入性对创业生态系统层面新创企业的影响，发现结构嵌入性与新创企业之间的关系遵循倒 "U" 形曲线，并受到文化嵌入性的调节影响。此外，本节还对全面绿色转型下的大数据决策与认知模式进行了剖析，为推动企业实现可持续发展目标提供理论依据。

一、创业生态系统数字化与绿色化协同演进

（一）创业生态系统数字化

在全球数字经济时代，大数据、物联网、云计算、人工智能等一系列新兴的数字技术持续涌现，数字创业已成为企业实现跨越式发展的重要方式。数字创业与合作伙伴及外部环境紧密相关，因此适应数字时代需求的数字创业生态系统作为一种新兴的创业组织形式应运而生。数字创业生态系统超越了传统科层制与平台组织的界限，实现了多主体间的协同共生（Sussan and Acs，2017），并推动了创业要素的系统化配置（Thompson et al.，2018），同时创新性地构建了线上与线下组织新形态，确立了动态竞争与跨界竞争作为常态化的竞争模式。例如，杭州的云栖小镇凭借阿里云的强大支撑，以云计算技术作为核心基石，吸引了众多数字创业企业的集聚和协同创新，进而发展成为极具活力的数字创业生态高地。

数字创业在创业主体构成、进程演变及结果上的革新，促进了创业生态系统的数字化。第一，数字创业突破了传统创业战略观念的限制（Nambisan，2017），促使创业流程中用户、竞争对手及其他利益相关者的互动模式发生转变。多层次数字结构的引入，使得多主体间的联系更加动态与开放，从传统的线性供应链模式转化为超越地域限制的网状生态系统模式（Sussan and Acs，2017）。具体而言，数字用户不再单纯作为企业的服务对象，而是积极参与到创业进程中（Chandna and Salimath，2020）；数字创业企业与竞争者之间的关系从单一的竞争关系转变为竞争与合作、协同共生的复杂网络联系；数字创业企业的成长愈发依赖于其他主体，而不局限于企业自身的产业链垂直发展

（Rietveld et al.，2020）。第二，数字创业使得创业过程能够以非线性的方式跨越时空界限进行，吸引了更多主体投身其中，加速了资源的流动与配置，从而提升了企业生产、交付及服务的灵活性，使产业链更加高效与坚韧，实现了更大的规模经济效益。第三，数字创业面临高度的动态性和不确定性，其创业结果展现出更强的非预设性（Nambisan，2017），要求不断重新界定机会、革新价值主张，探索适应快速变化的路径与模式。通过整合多主体发展，构建数字创业机会集聚，数字创业企业能够塑造自身的生态发展轨迹，最终促成数字创业生态系统的形成（Song et al.，2019）。

　　总体而言，学术界针对创业生态系统数字化的现有研究多以定性分析为主，结合文献计量、案例分析等研究方法展开（Xie et al.，2019），而聚焦大数据结构的创业生态系统的定量研究则较为匮乏。第一，从逻辑结构看，既有研究大多停留在生态学隐喻层面，忽视了网络结构的初始本质，对创业生态系统内部要素互动关系和形成过程的研究较少。第二，从研究背景看，随着数字经济和大数据的蓬勃发展，已有关于创业生态系统的研究情境发生改变，创业生态系统演化过程中是否呈现特有路径和特征未得到学者充分关注。结构嵌入性和文化嵌入性作为创业活动的关键指标，为研究创业生态系统的内部联系提供了系统的理论框架。因此，亟须从双重嵌入视角来探讨创业生态系统内部的关系。

（二）创业生态系统绿色化

　　创业生态系统不断吸引人才与资金的汇聚，构建了一个集资源整合、协同合作机遇与价值共同创造于一体的创业平台，强调主体与环境相适应。在全球可持续发展背景下，由创业活动塑造形成的创业生态系统日益展现出绿色化趋势，而这类以环境为导向的创业活动又以绿色创业的形式进入公众视野。绿色创业作为一种可以同时实现经济效益和生态效益的创业形式，吸引了众多学者的关注与研究，相关术语扩展至生态创业、可持续创业等学术名称。部分学者认为绿色创业是既有企业为追求成本效益、创新优势或营销优势等而采取的绿色化行动；另有一些学者认为绿色创业是将绿色资源视为企业开拓市场的核心竞争力的创业实践，具有创新性和构建绿色组织的倾向，并强调创造绿色附加值，旨在保护生态环境的同时满足企业利益相关者的利益诉求。

　　近年来，国内外学者致力于绿色创业的理论研究，在概念界定、类型划分、动因剖析和实践探究方面展开了一系列探讨，出现了诸如思维分析法、绿色附加值理论等成熟的研究成果。从理论架构来看，当前绿色创业研究主要聚焦于绿色机会识别的战略管理框架探讨（Bruton et al.，2013）、环境敏感性的环境管理框架分析（Roundy et al.，2018）以及创业者角度的框架研究（姚遂和陈卓淳，2020）等方面；从实证研究来看，现有研究主要探究绿色创业实施的影响因素和绿色创业面临的障碍和诱因（Autio et al.，2018）。国内主要针对绿色创业影响因素展开研究，例如，胡军（2006）指出政府政策、社会经济状况、创业与管理能力、金融及非金融支持是推动生态创业的重要因素；高嘉勇和何勇（2011）认为绿色创业的动因体现在法律法规与经济环境的宏观维度与价值观和个人特质的微观维度。

　　绿色创业作为多时空维度及多元行动层面特征的复杂体系，内嵌生态系统属性，与具备整体特性与动态特性的创业生态系统形成了交叉融合的研究趋势。目前创业生态系统融合绿色转型的研究趋势有以下具体表现。①内涵绿色化。自创业生态系统概念提出以来，其范畴便涵盖了气候变化、环境科学及生态法规等绿色构成部分，并随后成为评估创业生态系统发展水平的重要指标（Cohen，2006）。②作用范畴绿色化。在经济领域，自然环境、制度框架、社群文化等非经济领域正逐渐成为剖析创业生态系统影响的新兴领域。例如，绿色生产与生活方式融合发展的需求，促使创业生态系统超越单一经济生产环节，进而成为联结与促进生产生活的系统性力量。③演化机制绿色化。研究不仅聚焦于自然生成的绿色创业生态系统，还深入剖析了传统创业生态系统的绿色转型路径。以中关村为例，作为中国创业生态系统的标志性区域之一，在北京构建绿色技术创新中心的过程中，中关村正经历绿色转型，扮演着绿色前沿技术创新高地的角色，于大气治理、水资源管理、土壤修复、固体废弃物处理、高效节能技术及新能源开发等多个领域，推动关键技术及综合解决方案的集成创新与突破。然而，当前关于创业生态系统绿色化的研究仅聚焦于微观层面，缺乏从复杂系统的角度出发，研究创业生态系统下绿色创业企业与所在区域环境及其他组织间的相互作用关系。

（三）创业生态系统数字化和绿色化协同发展

数字化和绿色化是当前新一轮科技革命和产业变革的两大趋势，二者协同发展成为助推创业生态系统的一个极具前景的方向。数字创业通过引入互联网、大数据、人工智能等先进技术，促进了创业资源的优化配置和创新能力的提升。而绿色创业则强调可持续发展和环境保护，要求生态系统的创业活动在追求经济效益的同时，兼顾生态效益和社会效益。因此，针对创业生态系统的研究，引入绿色发展和数字技术发展理念具有重要现实意义。

数字技术是嵌入在信息通信技术或由之支撑的产品与服务（蔡莉等，2019），涵盖数字组件、平台及基础设施等多个层面（Nambisan，2017），具有高度的关联性和联结性，其价值的实现依赖于与其他创业者的交互。这种环境交互性，赋予了数字技术在促进创业生态系统绿色化发展中的嵌入与渗透优势，能够高效地联结多样化的绿色行为主体，构建复杂的关系网络。当绿色技术与数字技术实现有效整合时，前者能借助这些网络广泛联结众多参与者，通过关系网络传输与资源累积，不断强化自身功能，从而加速创业生态系统绿色化的实现。已有学者探讨了数字技术在社会创业活动中的作用，如刘志阳等（2020）归纳了数字社会创业的基本要素，包括数字社会创业者、数字社会公民、数字社会创业平台及数字社会创业治理，并强调其能推动社会问题智能化对接、实时响应、价值可视化及创业增长指数化；陈睿绮和李华晶（2021）通过对贵阳高新技术产业开发区与贵安新区的案例分析，运用生态系统功能性状的研究方法，探讨了数字技术驱动贵州省创业生态系统绿色化的演化过程。基于以上研究，数字化和绿色化不是独立的个体，而是相互依存、协同促进创业生态系统维持动态均衡的关键要素。因此，研究数字绿色创业这一新兴领域，探索二者在创业生态系统协同演进的独特潜力，能够为数字时代的绿色经济与可持续发展研究提供新颖的理论与实践启示。

二、双重嵌入视角下创业生态系统与新创企业

(一)理论机制

1. 结构嵌入性的收益与成本

结构嵌入性是指网络参与者之间基于持续关系的经济交换模式(Zukin and DiMaggio,1990)。参与者间的关系越紧密,资源和信息在他们之间的流动就越为频繁与高效,这主要体现在两个方面:首先,每当参与者进行新的交换时,其他网络成员会根据其过往表现评估其信誉(Larson and Starr,1993)。若这些交换行为成功完成,参与者的网络可信度将会得到提升,进而为其赢得更多与网络中其他成员进行未来交换的机会(Uzzi,1999)。其次,与创业相关的信息和资源常展现出隐性和黏性特质。不同于显性信息可分割的特征,即在不相关的环境中也能轻松交流其各个部分,隐性信息因其自身整体性,在传递过程中通常耗时更长且依赖人际互动,唯有在社会关系稳固的基础上才能有效传递(Uzzi,1999)。尽管结构嵌入性对企业有积极影响,但随着参与者在其网络中的嵌入程度不断加深,他们所获取的新资源可能会与网络中已有的资源产生冗余(Burt,2019)。即虽然结构嵌入性有助于获取潜在的价值资源,但存在一个最优的结构嵌入水平。一旦超过这一水平,参与者之间的额外社会关系对资源交换过程的价值可能会降低。

在大数据环境的推动下,创业生态系统(EE)通过维持长期关系,在更大的创新生态系统网络中与其他相互关联的创新生态系统进行资源交换,进而实现结构嵌入。随着创业生态系统的结构嵌入性由低向中等水平增长,其作为值得信赖的资源交换伙伴的认可度会随之提升,同时,从相邻创新生态系统流入的资源价值也会增加(Davis and Greve,1997;Uzzi,1999)。若这些资源是隐性的,如技术突破信息、可靠的商业推荐、可行的商业模式以及有效的管理实践(Davis and Greve,1997),那么潜在创业者在创新生态系统中可利用的机会感知价值将会提升(Hayek,1945),进而增加创业项目数量。对于潜在创业者而言,虽然获得更多资源看似是个利好消息,但结构嵌入的优势并非没有限制。随着生态系统的结构嵌入性从中等提升至较高水平时,流入资源的价值可能会呈现下降趋势。这是因为通过与网络中其他主体进行交换流入的额外资源,很有可能与已获得的资源重叠(Uzzi,1997),从而导致潜在创业者面临更少的新创业机会和更激烈的竞争(Grimm et al.,2006;Hayek,1945)。高结构嵌入性的企业的机会、知识和信息通常趋于单一,这与刺激创业所需的资源分配相悖(Hayek,1945)。当创业企业的结构嵌入性超过某个最佳阈值后,新企业的创建率将会下滑。综合权衡这些收益与成本,我们认为:只有当结构嵌入性维持在适度(即最佳)水平时,潜在创业者在寻求新企业创建过程中才能从流入的资源里获取最大收益。因此,本节认为,结构嵌入性与新创企业之间存在倒"U"形关系。

2. 文化嵌入性对结构嵌入性与新创企业的影响

前述论点强调了结构性跨企业关系网络（inter-EE）的重要性，指出特定节点企业内部特性可能会影响跨企业网络结构，因为这些特性揭示了支配行为的核心价值观和内容（Zaheer and Bell，2005）。文化嵌入性是指共享的集体理解在塑造经济策略和目标中的作用（Zukin and DiMaggio，1990），它有助于维持现状并抑制那些可能破坏群体内部团结或传统秩序的行为。因此，本节将从社会认知力量和社会互动两个维度探讨企业内部的文化嵌入性将如何通过塑造对外部影响的偏好来进一步影响结构嵌入性与新创企业（Zukin and DiMaggio，1990）。

社会认知力量塑造了个人和企业处理、解释和内化社会环境中嵌入的信息的方式，以指导自身及他人的行为。鉴于上市公司在生态系统中扮演着资源整合者的角色（Hobday et al.，2005），它们往往会孵化（Gompers et al.，2005；Howard et al.，2019）或外溢至新的创业企业中，显示出是一种重要的社会认知力量。因此，创业生态系统中上市公司数量或企业密度的增加（Marquis et al.，2013），应当在以下几个方面影响结构嵌入性与新创企业之间的关系。首先，人们普遍认为有些资源比其他资源更有价值（Barney，1991），为了最大化这些高价值资源的效用，某些流程、能力以及互补资产是不可或缺的（Cohen and Levinthal，1990）。由于创业者在初创阶段的资源配置往往落后于成熟公司，往往无法充分利用自身资源来创立新企业，而这些资源又会自行流入创业企业。上市公司是促进这一资源利用过程的重要桥梁。与个体创业者相比，上市公司往往拥有更强的能力，能够更有效地整合内部和外部资源，创造出新的资源组合（Cohen and Levinthal，1990；Hobday et al.，2005）。因此，随着创业生态系统中上市公司的数量的增长，潜在创业者就可以（而且经常）通过两种途径获得更多且更有价值的资源流入。

尽管企业在整合过程中会产生新资源，如知识、信息、想法等，这些资源多为隐性，但它们常因被视为过于前卫（Henderson and Clark，1990）、不相关（Berger and Ofek，1995；Schoar，2002）或充满不确定性（Klepper，2007），难以在企业内部得到利用。在此背景下，掌握特定领域知识的员工往往会选择创立新企业来挖掘这些整合资源的潜在价值（Gompers et al.，2005）。虽然这种企业催生的过程能够促进区域内新企业的诞生，但这种机会仅限于在上市公司工作的个体。对于未受雇于这些企业的潜在创业者而言，溢出效应提供了获取这些整合资源的途径。溢出效应是指知识在个体或企业间的流动（Audretsch and Feldman，1996），在资源难以确权（Cohen and Levinthal，1990）、隐性和复杂（Carrincazeaux et al.，2001）的情况下尤为显著。此外，由于这些资源的"黏性"特质，它们最容易也最常见地在地理位置相近的各方之间转移。鉴于催生和溢出效应均能使个体在地区内获取有价值的资源组合，本节认为，随着企业密度的增加，潜在的创业者更有可能通过间接利用流入创业生态系统中的资源来创立新企业。通过这种方式，上市公司展现的社会认知力量能够促进创业生态系统中流入资源的本地化利用，进而提高结构嵌入性在新企业创立决策中的重要性。

当然，这些整合资源也可能是潜在创业者在创业过程中无法获得的（如由于孤立机制）或与创业无关的（如由于特定的战略焦点）。在这些情形下，创业者仍可能通过催生或溢出其整合能力，从上市公司的存在中获益。学者长期秉持的观点是，尽管知识是构成竞争优势的重要源泉之一，但孤立存在的知识的影响力微乎其微，关键在于企业能否将知识与其他资源有效融合，以此获取其潜在价值（Penrose，1959；Teece et al.，1997；Eisenhardt and Martin，2000）。鉴于能力与知识同样具有扩散性，创业生态系统中上市公司密度越大，本地创业者就越能通过上述的催生和溢出效应获得整合能力。

因此，随着创业生态系统的结构性嵌入度从低到中等水平的提升，创业所需资源就越容易获取。然而，只有当参与者同时掌握有效利用这些资源所需的互补资源和/或整合技能时，获取的潜在的宝贵资源才能真正发挥效用。正因如此，上市公司的存在应当能够提升流入创业生态系统的资源的价值，因为它们可以将资源整合成更有价值的组合，继而催生和/或溢出至潜在创业者。然而，由于创业的本质在于创新（Hayek，1945），在结构性嵌入度较高的情况下，上市公司作为资源中介的角色可能会贬值，因为其可能为潜在创业者提供有限的差异化产出和/或利用机会的方法，从而限制了这些潜在创业者创立创新企业的动力和能力（Maurer and Ebers，2006）。综上所述，本节认为，企业密度所带来的社会认知力量将促进结构性嵌入度与新创企业之间的关系，即倒"U"形曲线随着企业密度的增加而变得更加陡峭。

社会互动指的是个体层面的市场交换或群体、社区、市场或社会内的人际交往（Zukin and DiMaggio，1990）。社区内部的主要社会互动源是"宗教性"，即特定区域内宗教参与和成员身份的程度（Holdcroft，2006；Chircop et al.，2020）。鉴于全球范围内超过80%的人口拥有宗教信仰，宗教性很可能反映创业生态系统内外的社会互动。因为当人们前往教堂、清真寺、犹太会堂、寺庙等场所时，会在高度社交化的环境中与他人密切互动（Stark and Bainbridge，1980）。当宗教信仰程度较高时，这些互动不可避免地会塑造地区规范、价值观和意识形态，进而决定该地区个人的集体行为。随着宗教圈内的亲密社会互动变得更加频繁和持久，个人可能发展出本土化信任（Laursen et al.，2011）以及基于对信仰共同承诺的个人网络，其交流受到互惠原则的支配（Stark and Bainbridge，1980；Balog et al.，2014），即宗教信仰与社区人群的凝聚力相关，最终会形成一种区域社会资本（Laursen et al.，2011），能够促进资源获取以及获取条件的优惠。由于宗教性倾向于实现本地资源的本地化获取，这可能会降低潜在创业者对外部资源流入的依赖，原因有以下两点。

首先，创业生态系统内高度的宗教性能够为潜在创业者提供物质资产和心理资源（如祷告和咨询）（Iannaccone，1994），这对把握创业机会极为关键，而且有助于其在面对挑战时保持韧性（Balog et al.，2014）。这些益处并非局限于那些有强烈宗教认同感的人；相反，这也会延伸到那些本身不参与宗教活动，但与宗教参与者存在互动或主动寻求宗教组织帮助的个人（Stark and Bainbridge，1980）。

其次，由于创业生态系统内部维持紧密社会互动的个体间高度信任，这些个体间的资源和信息交换可能会更加频繁（Laursen et al.，2011），且风险较低（Chircop et al.，2020）。因此，虽然流入创业生态系统的资源会吸引潜在创业者，但这种影响取决于创业生态系统的宗教性。确切地说，在宗教性较高的创业生态系统中，潜在创业者可能认为与创业生态系统外部参与者的资源交换不如内部成员的资源交换可信和确定。

　　由于本地资源可用性和本土化信任会减少对外部资源流入的依赖，在宗教性较高的创业生态系统中，结构嵌入性对新创企业的影响会减弱。具体而言，当结构嵌入性从低水平提升到中等水平时，创业生态系统内部的资源可能比从其他创业生态系统流入的资源更受青睐，因为前者因与潜在创业者保持着密切社会互动而具有更高的可靠性和互惠性，从而可以更有效地获取前者的资源。此外，由于宗教性提供的额外资源渠道，在宗教性程度高的创业生态系统中的潜在创业者将免受资源冗余带来的负面影响，否则资源冗余会随着结构嵌入性从中等水平提升到高水平时出现。综上所述，本节认为，宗教性导致的社会互动将缓和结构嵌入性与企业新创之间的关系，即倒"U"形曲线会随宗教性水平的提高而趋于平缓。

　　（二）实证设计

　　1. 数据来源

　　本节采用 MSA 作为创业生态系统（EEs）的代理指标，依据其作为经济和社会整合单元的属性，以及其作为产生创新和创业的中心角色（Florida and Mellander，2016）。本节利用 1990 年至 2016 年，由汤姆森金融公司（Thomson Financial）的 VentureXpert 数据库提供的风险投资（venture capital，VC）数据，构建了一个纵向的 MSA-年度面板数据库，包含了美国本土风险投资公司对美国创业项目的全部投资记录。为避免网络分析中的衰减问题，我们采用五年滚动窗口的方法，构建了 1994 年至 2016 年每年 272 个 MSA 的网络矩阵。我们从多个权威数据源收集 MSA 层面的经济、社会、教育和宗教数据，包括沃顿研究数据中心、美国劳工统计局、美国经济分析局、美国人口普查局、美国宗教团体统计学家协会等，以此全面反映创业生态系统的内部特征。经过数据清洗和处理，最终样本涵盖了 1994 年至 2016 年 5016 个 MSA-年度观察值，为分析创业生态系统的结构嵌入性与创业活动之间的关系奠定了坚实的数据基础。

　　2. 变量定义

　　（1）新创企业。本节将新创企业定义为在 t 时刻每个 MSA 内的新商业机构总数（Samila and Sorenson，2011）。美国人口普查局提供的商业机构数据以县区级别提供，需要汇总至 MSA 级别。遵循既有惯例（Samila and Sorenson，2011），对变量取自然对数标准化。

　　（2）结构嵌入性。本节聚焦于自我（即创业生态系统）从其相邻网络中其他参与者间的联系中获取的收益与成本，以及这些联系在何种程度上塑造了自我产出。因此本节采取位置（网络）层面的方法来量化自我在其网络中的结构性位置。依据 Uzzi（1997）和 Gulati（1998）的观点，结构嵌入性关注网络架构对经济活动的影响以及组织在网络中的信息功能。本节运用自我网络密度衡量结构性嵌入，通过对有向联系（即从其他参与者到自我的有向联系）的捕捉，不仅能体现联系的存在，还能体现流入资源和信息的可靠性和细化价值（Wasserman and Faust，1994）。这一方法还提供了一个专门针对创业生态系统自我网络的视角。与全网络设计不同，自我网络设计能够直接且准确地捕捉流向中心创业生态系统的资源流入，因此不会因全网络中双向或多向资源交换的模糊描述而受到影响（图6-9）。

图 6-9 左侧的面板展示了创业生态系统企业间结构嵌入性的计算方法，即把投资于焦点 MSA 相邻区域且注册于相邻区域的风险投资公司所形成的入度连接数，与焦点 MSA 自我网络中（不含焦点区域本身）所有可能的 MSA 配对数量的比例作为衡量指标（Wasserman and Faust，1994）。本节使用 UCINET 6（Borgatti et al.，2002）计算了该密度指标：

$$结构嵌入_{i,t-1} = \frac{V_{i,t-1}}{g_{i,t-1} \times (g_{i,t-1}-1)} \tag{6-7}$$

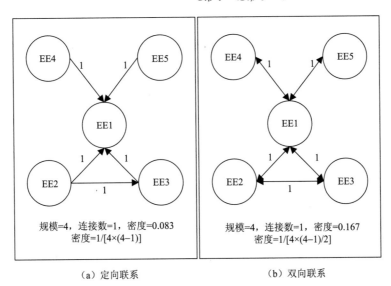

图 6-9 比较使用定向与双向联系的网络密度测量方法

箭头表示资源流动的方向。分子表示改变者之间已实现的连接数，为便于比较，设为1。分母是 EE1，自我网络中资源可在改变创业生态系统之间流动的连接数。因此，密度得分的差异是由于在考虑双向联系时，资源可以流动的连接数只有后者的一半

其中，$V_{i,t-1}$ 表示位于与 MSA_i 相邻的 MSA 中的风险投资公司在时间点 $t-1$ 投资于 MSA_i 的其他相邻 MSA 的新项目；$g_{i,t-1}$ 表示在时间点 $t-1$ 时，MSA_i 自我网络中的所有邻近 MSA 总数；$g_{i,t-1} \times (g_{i,t-1}-1)$ 则代表在时间点 $t-1$ 时，MSA_i 自我网络中所有可能的 MSA 对数量，排除了焦点 MSA_i 自身。在计算过程中，未考虑对角线值，因为创业生态系统内部连接对区域增长的贡献较小。为了便于更普遍地解释直接和交互效应，本节在回归分析中对这一变量进行了均值中心化处理，以增强结构嵌入性系数估计的稳定性。本节基于有向自我网络，捕捉了资源流动的方向性，避免高估网络密度，进而避免过高地估计结构嵌入性的影响。

（3）文化嵌入性。文化嵌入性包含两个维度，分别为企业密度和宗教性。企业密度是指一个地区内的上市公司数量（Marquis et al.，2013）。本节从 Compustat 收集并汇总至 MSA 级别。为了确保跨 MSA 的可比性，本节计算了 $t-1$ 时刻，每个 MSA 每 10 万人口的上市交易公司数量并进行均值中心化处理。

宗教性指的是宗教倾向和参与度（Holdcroft，2006），通常以特定区域内宗教参与和成员身份的水平来衡量（Chircop et al.，2020）。依据美国宗教普查每 10 年一次的参与宗教团体在县区层面的聚会点、成员、信徒和参加者数量的数据，本节计算出宗教性指标，具体为每 10 000 人口的宗教聚会点成员总数，并将县区级别的数据汇总至 MSA 级别，指数越高，表明宗教性水平越高。本节使用 1990 年、2000 年和 2010 年调查的数据，对 $t-1$ 时刻的缺失数据进行插值，并对变量进行了均值中心化处理。

（4）控制变量。为排除可能影响创业生态系统层面新企业创建变异性替代性的解释，本节纳入了以下控制变量。第一，通过计算 $t-1$ 时刻每个创业生态系统自我网络中的节点数并除以 100，来控制每个创业生态系统的自我网络规模（Wasserman and Faust，1994）。第二，通过计算 $t-1$ 时刻每个 MSA 内的精英大学和二线大学数量，控制大学对新企业创建的影响。第三，使用美国劳工统计局数据测量 $t-1$ 时刻每个 MSA 的失业率并除以 100。第四，为控制人均区域收入，使用美国经济分析局的数据将 $t-1$ 时刻 MSA 全体居民的个人收入除以 MSA 人口数量，再除以 100。第五，为控制"区域热度"（Sorenson and Stuart，2008），使用 VentureXpert 数据，测量 $t-1$ 时刻总部位于焦点 MSA 的且有风险投资支持的公司上市数量并除以 100。第六，固定地区和年份效应。

3. 描述性统计和相关性分析

表 6-30 展示了本节所有变量的描述性统计和相关性分析。方差膨胀因子持续保持在 5 以下（最高方差膨胀因子值为 4.53），这表明多重共线性并未对后续结果造成显著影响。

（三）实证结果分析

1. 创新生态系统结构嵌入性与新创企业

回归分析结果见表 6-31。在控制变量模型（模型 1）中，本节发现网络规模与新创企业之间存在正向关系（$\beta=9.01$，$p<0.001$），这可能反映了与其他创业生态系统之间的联系为潜在企业家带来的总体利益。精英大学数量（$\beta=-0.36$，$p<0.001$）和二线大学数量（$\beta=-0.34$，$p<0.001$）与新创企业之间呈现负相关。本节推测，这一发现可能与网络规模有关，因为较大的网络可能替代了大学提供给区域的益处。因此本节重新运行了不包含网络规模的模型 1，结果发现精英大学数量（$\beta=1.15$，$p<0.001$）和二线大学数量（$\beta=0.49$，$p<0.001$）与新创企业之间存在正向关系。结果还发现区域人均收入与新创企业之间呈现负相关（$\beta=-0.01$，$p<0.001$），这表明经济繁荣的区域可能会增加创业的机会成本。最后，研究发现区域热度与新创企业之间存在负相关（$\beta=-0.54$，$p<0.001$），这表明创业成功水平较高的区域可能为新创企业提供的机会比成功率较低的区域少。

在表 6-31 的模型 2 中，结果表明结构嵌入性与新创企业之间存在正向关系（$\beta=0.75$，$p<0.001$），而其平方项与新创企业存在负向关系（$\beta=-1.65$，$p<0.001$），这一结果与前文中提出的倒"U"形关系相一致。通过计算回归函数斜率等于零时的 X 值和 Y 值（即拐点），发现当创业生态系统与其邻近创业生态系统的有向联系建立率为 57.8% 时，创业生态系统将创造最多的新企业数量（86 387 家）。

表 6-30 描述性统计和相关性分析

变量	平均值	标准差	1	2	3	4	5	6	7	8	9	10	11	12
新创企业	11.06	1.11	1.00											
结构嵌入性	0.35	0.36	0.42	1.00										
企业密度	2.12	2.33	-0.43	-0.3	1.00									
宗教性	10.1	4.00	0.51	0.15	-0.15	1.00								
自我网络规模	0.07	0.11	0.76	0.27	-0.35	0.58	1.00							
精英大学数量	0.06	0.30	0.36	0.05	-0.18	0.23	0.55	1.00						
二线大学数量	0.06	0.25	0.24	0.12	-0.08	0.14	0.34	0.13	1.00					
区域失业率	0.06	0.02	-0.01	-0.06	-0.04	-0.22	-0.06	0.04	0.02	1.00				
区域人均收入	1.80	0.42	0.08	0.04	0.12	-0.14	0.12	0.15	0.16	0.21	1.00			
区域热度	0.04	0.24	0.28	0.02	-0.17	0.37	0.49	0.21	0.05	-0.05	-0.02	1.00		
媒体报道	88.31	368.68	0.28	0.10	-0.05	-0.12	0.28	0.20	0.09	-0.01	0.11	0.02	1.00	
媒体报道平方项	143 696.30	2 504 676	0.09	0.03	-0.03	-0.05	0.11	0.10	-0.00	-0.02	0.02	0.01	0.89	1.00

注：绝对值为 0.03 或以上的相关性在 5%水平上显著；观测值为 5016，方差膨胀因子=4.53

表 6-31　内部嵌入性和外部嵌入性对新创企业的影响

变量	模型 1（控制变量模型）		模型 2		模型 3		模型 4		模型 5（全模型）	
	β	p 值	β	p 值	β	p 值	β	p 值	β	p 值
结构嵌入性			0.75 (0.04)	0.000***	0.80 (0.04)	0.000***	0.75 (0.04)	0.000***	0.80 (0.04)	0.000***
结构嵌入性平方项			-1.65 (0.11)	0.000***	-1.71 (0.12)	0.000***	-1.66 (0.11)	0.000***	-1.71 (0.12)	0.000***
企业密度			0.06 (0.01)	0.000***	0.07 (0.01)	0.000***	0.06 (0.01)	0.000***	0.07 (0.01)	0.000***
宗教性			-0.10 (0.00)	0.000***	-0.10 (0.00)	0.000***	-0.13 (0.01)	0.000***	-0.13 (0.01)	0.000***
结构嵌入性×企业密度					0.09 (0.02)	0.000***			0.09 (0.02)	0.000***
结构嵌入性平方项×企业密度					-0.22 (0.05)	0.000***			-0.21 (0.05)	0.000***
结构嵌入性×宗教性							-0.06 (0.01)	0.000***	-0.06 (0.01)	0.000***
结构嵌入性平方项×宗教性							0.11 (0.03)	0.000***	0.11 (0.03)	0.000***
自我网络规模	9.01 (0.20)	0.000***	5.29 (0.21)	0.000***	5.18 (0.21)	0.000***	4.98 (0.21)	0.000***	4.88 (0.21)	0.000***
精英大学数量	-0.36 (0.06)	0.000***	-0.11 (0.05)	0.029*	-0.09 (0.05)	0.089	-0.09 (0.05)	0.060	-0.07 (0.05)	0.157
二线大学数量	-0.34 (0.05)	0.000***	-0.30 (0.05)	0.000***	-0.29 (0.05)	0.000***	-0.28 (0.05)	0.000***	-0.27 (0.05)	0.000***

续表

变量	模型 1（控制变量模型）		模型 2		模型 3		模型 4		模型 5（全模型）	
	β	p 值	β	p 值	β	p 值	β	p 值	β	p 值
区域失业率	0.00 (0.01)	0.779	2.67 (0.60)	0.000***	2.27 (0.59)	0.000***	3.06 (0.59)	0.000***	2.66 (0.59)	0.000***
区域人均收入	-0.01 (0.00)	0.000***	-0.57 (0.07)	0.000***	-0.58 (0.07)	0.000***	-0.53 (0.07)	0.000***	-0.54 (0.07)	0.000***
区域热度	-0.54 (0.07)	0.000***	-0.30 (0.05)	0.000***	-0.31 (0.05)	0.000***	-0.29 (0.05)	0.000***	-0.30 (0.05)	0.000***
常数项	11.76 (0.16)	0.000***	11.83 (0.14)	0.000***	11.86 (0.14)	0.000***	11.73 (0.14)	0.000***	11.76 (0.14)	0.000***
省份固定效应	Yes		Yes		Yes		Yes		Yes	
年份固定效应	Yes		Yes		Yes		Yes		Yes	
F	540.74		1005.75		849.68		887.00		765.95	
R^2	0.7020		0.7910		0.7926		0.7940		0.7960	
调整后的 R^2	0.6973		0.7880		0.7892		0.7910		0.7920	
观测值	5016		5016		5016		5016		5016	

注：在所有回归分析中，使用以平均值为中心的结构嵌入性、公司密度、宗教性和交互性等术语。括号内为稳健标准误差。
*表示 $p<0.05$；***表示 $p<0.001$

为了进一步证实这一发现，本节按照 Haans 等（2016）提出的方法进行以下验证。第一，本节绘制了结构嵌入性与新创企业之间的边际图。图 6-10 中的曲线形态呈现倒"U"形趋势，此外，基于表 6-31 模型 2 中的系数和均值中心化值，计算了曲线两端的斜率，在 10%时斜率为正（即斜率=1.57，$p<0.001$），而在 90%时斜率则为负（斜率=−1.07，$p<0.001$）。第二，确认了独立变量拐点值（0.578）接近其平均值（0.349），并且拐点的 95%置信区间[0.408, 0.767]落在变量范围[0, 1]之内。第三，为验证结构嵌入性与新创企业之间的关系为倒"U"形而非"S"形，本节在表 6-31 模型 2 中额外加入了结构嵌入性的三次方项。结果表明，二次项和三次项的系数皆为负值（$\beta=−0.06$，$p=0.847$ 和 $\beta=−3.18$，$p=0.000$），这表明数据中不存在"S"形关系的证据。第四，使用非均值中心化数据，以拐点为界将样本分为两组，并分别对每一组在模型 2 中去除二次或三次项后重新进行分析。结果与倒"U"形曲线一致，对于结构嵌入性小于 0.578 的子样本，结构嵌入性与新创企业正相关（$\beta=1.12$，$p=0.000$）；而对于结构嵌入性大于 0.578 的子样本，则两者呈现负相关（$\beta=−0.05$，$p=0.655$）。第五，通过剔除 1%以下和 99%以上的所有极端值，使用非均值中心化数据重新进行了模型 2 的分析。分析结果与初步发现一致，表明其关系并未受到数据中异常值的影响。综上，本结果证实了结构嵌入性与新创企业之间的倒"U"形关系。

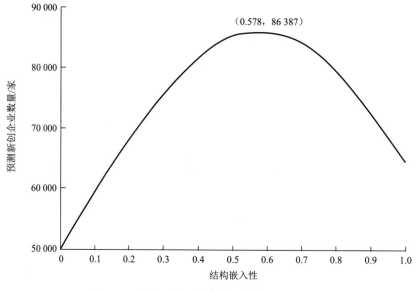

图 6-10　结构嵌入性与新企业创建之间的关系

括号内为拐点

2. 文化嵌入性对结构嵌入性与新创企业的影响

本节遵循了 Haans 等（2016）提出的三个步骤来验证调节效应。第一，考察了表 6-31 中文化嵌入性与结构嵌入性平方项之间的交互项系数。根据 Haans 等（2016）的研究，这些变量之间统计显著的负（正）关系表明了倒"U"形关系下的陡峭（平缓）调节效应。在模型 3 中，发现结构嵌入性平方项与企业密度的交互项与新创企业之间存在统计显著的负向关系（β=-0.22，p=0.000），这表明曲线趋于陡峭；而在模型 4 中，结构嵌入性平方项与宗教性的交互项与新创企业之间存在统计显著的正向关系（β=0.11，p=0.000），这表明曲线趋于平缓。

第二，本节绘制了变量关系边际图，并展示了随着文化嵌入性的提高倒"U"形曲线的斜率变化情况。根据表 6-31 模型 3 的系数，本节发现当企业密度从 25%、50%到 75%增加时，结构嵌入性在 10%时的曲线斜率分别变为 0.40、0.59 和 0.82，而结构嵌入性在 90%时的曲线斜率则分别为-1.25、-1.39 和-1.57（图 6-11）。斜率的绝对值在拐点两边随着企业密度的增加而增大，表明随着企业密度的提升，结构嵌入性与新创企业之间的倒"U"形关系变得越来越陡峭。相反，根据表 6-31 模型 4 的系数，本节发现随着宗教性从 25%、50%到 75%增加时，结构嵌入性在 10%时的曲线斜率分别变为 1.00、0.77 和 0.42，而结构嵌入性在 90%时的曲线斜率则分别为-1.60、-1.48 和-1.30（图 6-12）。斜率绝对值在拐点两边随着宗教性的增加而减小，表明随着宗教性的提升，结构嵌入性与新创企业之间的倒"U"形关系变得平缓。

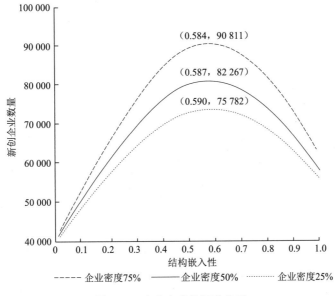

图 6-11 企业密度的调节作用

企业密度各值的拐点位于每条曲线顶点的括号内

第三，本节计算了图 6-11 和图 6-12 中每条曲线的拐点及其对应的预测 Y 值，以确定曲线斜率的增加（减少）是拐点沿 X 轴的横向移动（即点移动）和/或 Y 轴顶点的增加（减少）导致的（Haans et al.，2016）。先计算了企业密度变化时拐点的横向变化程度。使用 Stata 14.2 的 nlcom 命令，将企业密度设定在 25%、50%和 75%，并测试企业密度的一单位变化是否导致显著的点移动。结果显示没有统计显著的点移动证据（分别 β=-0.005，p=0.677；β=-0.003，p=0.669；β=-0.003，p=0.662）。

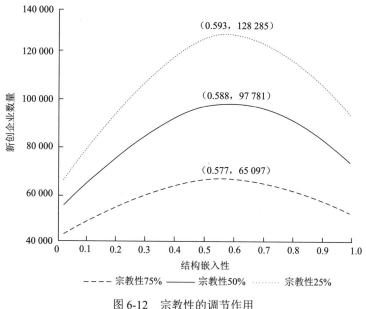

图 6-12　宗教性的调节作用

宗教性各值的拐点位于每条曲线的顶点（括号内）

　　为了确定拐点处曲线的顶点是否随企业密度增加而上升，本节计算了图 6-11 中三条曲线拐点处的预测新创企业数量。利用表 6-31 模型 3 的系数函数，发现当企业密度从 25%（每 10 万人口 0.62 家上市公司）升至 50%（每 10 万人口 1.62 家上市公司），再至 75%（每 10 万人口 2.82 家上市公司）时，曲线的顶点，即创业生态系统中能创建的新企业的最大数量，分别从 75 782 家增加到 82 267 家，再增加到 90 811 家。

　　之后采用同样程序检验了宗教性的一单位变化是否导致显著的点移动。结果发现，当宗教性分别设定在 25%（$\beta=-0.003$，$p=0.115$）、50%（$\beta=-0.004$，$p=0.094$）和 75%（$\beta=-0.006$，$p=0.058$）时，没有统计显著的点移动证据，这表明引入文化嵌入性到模型中并未导致图 6-12 中曲线拐点的横向移动。随后，计算了这些拐点处的预测新创企业数量，发现随着宗教性从 25%（每 1 万人口 7 个宗教团体成员）、50%（每 1 万人口 9 个宗教团体成员）到 75%（每 1 万人口 12 个宗教团体成员）增加时，曲线的顶点，即创业生态系统中能创建的新企业的最大数量，分别从 128 285 家降至 97 781 家，再降至 65 097 家。这表明，图 6-12 中的曲线趋于平缓是由于 Y 轴上的顶点减少所致。

　　综上分析，实证结果有力证明了结构嵌入性与新创企业之间的倒"U"形关系随着企业密度的增加而变得更为陡峭；结构嵌入性与新创企业之间的倒"U"形关系随着宗教性的增加而变得更为平缓。

　　3. 稳健性检验

　　（1）结构嵌入性的替代指标。为了检验结果是否可能受测量方法的影响，本节采用先前研究中使用的五种嵌入性替代衡量方式重新进行了分析：①双向网络密度，其不考虑资源流动的方向性，如上述讨论并如图 6-9（b）所示；②网络约束，即自我社会关系网络对其的约束程度（Burt，1992；Borgatti et al.，2002；Jiang et al.，2018）；③有效网络规模（Burt，1992），基于标准化的 MSA 间不对称流动性矩阵的补数；④网络嵌入性（Echols and Tsai，2005），即网络约束除以网络规模；⑤样本中行为体与其他个体联系的总数（Davis and Greve，1997）。随后对这五种替代衡量方式分别重新进行了表 6-31 模型 2 的分析，结果保持了一致性。

（2）基于泊松分布的估计。考虑到因变量进行了对数转换，结果可能受到估计程序的影响。因此，本节使用原始新创企业数量作为因变量进行重新计算，并使用固定效应泊松回归（Stata 14.2 命令 xtpoisson, fe）和包含多层固定效应的泊松伪似然回归［Stata 14.2 命令 ppmlhdfe, absorb()］重新进行了表 6-31 中模型 1 至模型 5 的分析。所有结果保持高度一致。

（3）多层次模型。考虑到 MSA 嵌套于州内，跨层级可能会影响结果的解释。为了排除这种可能性，本节采用多层次技术作为"双重检查策略"。使用 Stata 14.2 命令 xtmixed，将 MSA 在州和时间的层级下进行嵌套，并重新进行了表 6-31 中模型 1 至模型 5 的分析。结果与上述的发现保持一致。

（4）两阶段最小二乘（two stage least square，2SLS）回归。本节理论化了结构嵌入性，具体表现为 MSA 间风险投资流动将增加该 MSA 中新企业的创建数量。然而，考虑到反向因果的可能性，即高新企业创建水平的 MSA 也可能吸引风险投资，不能完全排除内生性问题。为解决这一问题，本节使用两阶段最小二乘回归作为稳健性检验，同时纳入了媒体报道作为工具变量，即 t-1 时刻 Lexis/Nexis 数据库中提及目标 MSA 的报纸文章数量。第一阶段的两个模型，分别使用媒体报道及其平方项对 X 和 X^2 进行工具变量处理。结果显示，模型 2 的两个工具变量，即媒体报道（β=-2.56，p=0.000）和媒体报道的平方项（β=-8.33，p=0.000）检验了结构嵌入性的平方项，模型 3 的第二阶段结果支持了结构嵌入性与新创企业的倒"U"形关系。

（四）实证结论

本节采用双重嵌入性视角，构建了 1994 年至 2016 年美国 5016 个 MSA 的纵向样本，研究大数据结构嵌入性和文化嵌入性对创业生态系统层面新创企业的影响。实证结果表明，结构嵌入性与新创企业之间存在倒"U"形关系。随着创业生态系统的结构嵌入性由低向中等水平增长，新创企业的数量会增加；而生态系统的结构嵌入性从中等提升至较高水平时，新创企业的数量呈现下降趋势。只有当结构嵌入性维持在适度（即最佳）水平时，潜在创业者在寻求新创企业过程中才能从流入的资源里获取最大收益。此外，企业内部的文化嵌入性会通过塑造对外部影响的偏好来进一步影响结构嵌入性与新创企业。企业密度所带来的社会认知力量会促进结构嵌入性与新创企业之间的关系，即结构嵌入性与新创企业之间的倒"U"形关系随着企业密度的增加而变得更为陡峭；宗教性带来的社会互动会缓和结构嵌入性与新创企业之间的关系，即结构嵌入性与新创企业之间的倒"U"形关系随着宗教性的增加而变得更为平缓。因此，内部和外部嵌入性对于新创企业具有重要影响。创业者应注重发展和运用自身的内部和外部嵌入性，积极参与创业生态系统的互动，与合作伙伴建立稳固的合作关系，以推动新企业的成功建立。

三、全面绿色转型下的大数据决策与认知模式

（一）大数据决策过程：决策启动—决策发展—决策实现

在新一代信息技术、新业态的大力发展下，数字经济与信息社会成为全球最显著的全局性变革。大数据作为新经济价值发掘的关键要素，已成为推动经济高质量发展的核心驱动力，全面重构了社会经济全方位、宽领域、多层次发展的新范式。利用大数据等数字技术，推动企业绿色低碳转型是实现人与自然和谐共生现代化目标的内在要求。

程聪等（2023）研究发现，大数据决策的过程包括决策启动、决策发展和决策实现。从大数据决策数据结构空间变迁视角来看，决策启动阶段的数据结构由大量的缄默数据、若干休眠数据及少量活跃数据构成；决策发展阶段的数据结构则以休眠数据与活跃数据为主导；而决策实现阶段，仅有活跃数据一类。在决策启动阶段，仅依靠数量有限的活跃数据来应对大数据面临的问题显然不足。因此，在庞大的数据结构空间内，促进休眠数据与活跃数据的有效匹配，同时深入挖掘缄默数据以扩充休眠数据，进而增加活跃数据的体量，是提升大数据决策科学性的关键。在决策发展阶段，数据结构以休眠数据为主，活跃数据占比依然有限。此阶段的数据功能关联聚焦于大数据决策的具体议题，旨在通过优化活跃数据在特定情境下的效用，促进休眠数据与活跃数据在特定情境下的适配，最大化休眠数据的跨情境应用价值，从而增强大数据决策的系统性。决策实现阶段的数据功能关联则着重于确保活跃数据决策结果符合人类伦理道德标准，确保大数据决策的可靠性。综上所述，从决策启动阶段至发展阶段，缄默数据向休眠数据的转化是数据结构的主要转变形式；而从发展阶段至实现阶段，休眠数据向活跃数据的转变则成为数据结构变化的主要途径。

在大数据决策从启动、发展至实现的各阶段中，人类认知模式驱动数据结构转变的具体过程也展现出显著差异。具体而言，从决策启动阶段至发展阶段，通过数据知觉与数据定位实现对缄默数据的认知表征，随后通过数据洞察与预期实现对休眠数据的认知解构，这一过程被称为发展型认知模式。从决策发展阶段至实现阶段，在认知解构的基础上，通过数据互联与协同实现对休眠数据的认知重构，推动数据间的关联性表达及高阶价值应用，从而实现大数据决策的社会预期目标，这一过程被称为应用型认知模式。

（二）大数据决策中绿色数据结构转变与认知模式转向匹配

大数据决策制定的整体过程，也是数据客观事实转变为主观事实的动态演进。人类认知模式的变化是数据结构变迁的微观基础。本节发现，大数据应用背景下的数据结构转变，主要受发展型认知模式与应用型认知模式的共同驱动，具体转变过程见图6-13。具体而言，决策启动至决策发展的过程受到发展型认知模式的推动，具体体现为从认知表征向认知解构的逐步深化。在决策启动阶段，鉴于决策者认知经验与知识储备的缺乏，直接服务于绿色转型决策目标、易于辨识且可用的活跃数据资源极其稀缺。此时，大数据决策的数据结构大多以休眠数据及缄默数据的状态存在。尽管这些数据可能存在应对环境挑战的信息，但因受限于决策者的认知局限，难以被有效识别和应用。鉴于此，提

升决策效能与质量的关键在于，决策者需提高其大数据决策的认知能力，构建动态数据更新与采集体系，确保在决策流程中能精准捕获与解决环境问题高度相关的数据。因此，决策启动阶段的数据结构变化主要表现为，聚焦于少数适用于特定应用场景的活跃数据，促进散布于不同部门与系统的休眠数据与活跃数据之间的有效匹配，以增强大数据决策的科学严谨性。同时，加大力度挖掘缄默数据以扩充休眠数据集，进而扩大支撑决策制定的活跃数据集。由于缄默数据在此阶段占据数据结构的比例较大，因此，从决策启动至发展，缄默数据向休眠数据的转变构成了数据结构变化的主要模式。针对此，决策者需结合实际需求，运用认知表征方法识别大数据决策嵌入的生态情境（Helfat and Peteraf，2015），捕获与能源消耗、清洁生产紧密相关的数据。随后，借助认知解构（Zadeh，1997），对这些数据的特征进行深入评估，旨在实现对企业绿色生产链条的智能优化，从而提升能源与资源的使用效率。

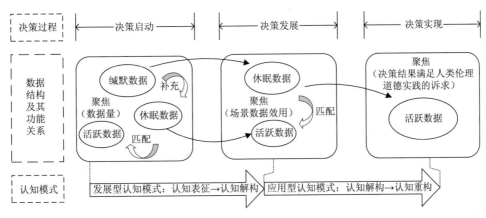

图 6-13　杭州城市大脑"交通治堵"大数据决策中数据结构转变与认知模式转向匹配

椭圆大小分别代表三类数据结构在不同决策阶段的数据比例

另外，决策发展阶段到实现阶段，受到应用型认知模式的驱动力。这一过程具体体现在从认知解构演进至认知重构的认知行为过程。在决策发展阶段，基础设施的数字化与智能化建设得到了显著提升，另外，决策者对于从各类系统中捕捉与辨识数据的能力有了更为明确的认识。因此，在该阶段，大数据决策下的数据结构空间内，休眠数据逐渐占据了核心位置。然而，这些休眠数据往往局限于特定部门或系统内部，其潜在价值尚未被充分挖掘。故而，决策发展阶段的数据转换机制聚焦于大数据决策相关的绿色发展议题，旨在提升活跃数据在生态背景下的应用效能，不断促进休眠数据与活跃数据之间的适配性，以最大化休眠数据在跨场景应用中的价值，进而增强大数据决策的整体系统性。在决策发展至决策实现的过程中，休眠数据向活跃数据的转变构成了数据结构变化的主要路径。为此，决策者需对经过认知解构的休眠数据进行更高层次的价值认知重构（Zadeh，1997；Helfat and Peteraf，2015），以释放数据间的关联性、协同性以及融合潜力。这依赖于数据接口共享、数据中枢构建等技术手段，实现跨部门、跨系统的多维数据汇聚与融合，进而促使资金、技术、知识、人才、资源及能源等要素向清洁生产型工业领域高效流动，推动绿色新兴产业的崛起。进入决策实现阶段，数据功能关系的重点转向确保活跃数据驱动的决策结果符合人类伦理道德的实践要求。具体而言，在应对跨场景社会挑战时，需有意识地将绿色理念融入大数据决策流程，确保决策成果与可持续发展目标相契合。

（三）绿色缄默数据向绿色休眠数据转变分析

上文分析揭示，在大数据决策从启动至发展的过程中，主要的数据结构变化体现在缄默数据向休眠数据的转变，此过程深受发展型认知模式的驱动影响。这一过程首先涉及利用数据知觉与数据定位机制，对大数据决策所处的社会场景进行认知表征的构建，随后通过数据洞察与数据预测实现认知解构。在此认知模式中，数据知觉与数据定位构成了两个核心的认知表征机制。认知表征作为外部信息在心理层面的内部再现，既是对客观事物的反映，也是心理活动后续处理的素材（Colman，2006）。具体而言，数据知觉指的是人类社会经济活动以数据形态直接作用于感官，从而在头脑中构建关于社会经济活动的数据认知（Helfat and Peteraf，2015）。数据定位则是指个体通过认知处理，辨识并锁定那些能为决策提供潜在价值的数据资源（Helfat and Peteraf，2015）。数据感知涉及对污染排放、资源消耗等数据的捕捉与辨识，而数据定位则聚焦于大数据决策实践中，对支持绿色决策、推动可持续发展目标实现具有关键作用的数据识别。

企业绿色转型问题不仅仅是简单的数据分析、匹配及融合的流程，而是一个涉及政府、企业及消费者等多方主体的复杂巨系统性工程。因此，本节将这一宏大的系统性问题分解为若干更易于管理和应对的具体议题，能够为全面绿色转型提供更为深刻的见解及前瞻性预判。在大数据决策发展阶段，认知模式包括数据洞察与数据预期的认知解构。认知解构，即构建关于人类社会经济环境的有价值且有意义的信息体系（Zadeh，1997），并在此基础上，结合绿色转型的实际需求，利用人类认知加工合理预测的数据在社会经济及环境领域中的影响效应。其中，数据洞察指个体凭借先验知识与信念，指导对数据价值的深刻感知（Helfat and Peteraf，2015），通过深度剖析历史数据，企业能够辨识能源消耗、污染排放等关键环境指标的发展趋势。数据预期则是将社会经济情境中的数据价值感知与个体的知识、信念及期望相融合，对社会经济环境中数据可能产生的效应做出合理预估（Helfat and Peteraf，2015）。面对利益相关者日益增长的绿色精细化需求，决策者亟须精确且迅速地掌握并解读当前的绿色技术与资源利用状况，以便及时做出有效的应对决策，预测并预先规划潜在问题的应对策略。在此过程中，数据价值洞察与数据合理预估发挥着关键作用。数据价值洞察侧重于深入挖掘并识别数据中蕴含的节能减排、资源高效利用等潜在机遇，而数据合理预期则专注于预估这些数据在具体应用场景中的实际效能，并能在一定程度上预先规避问题转移或新问题的产生。例如，通过对市场趋势的精准预估，企业可适时调整产品结构及生产策略，以适应绿色消费需求的变迁，从而有效避免因产品滞销或库存过剩导致的资源浪费及环境污染问题。

（四）绿色休眠数据向绿色活跃数据转变分析

在大数据决策发展至实现的过程中，主要的数据结构转变体现为休眠数据向活跃数据的转换，受到应用型认知模式的推动作用。具体而言，在决策发展阶段，人类认知结构依靠对数据价值的有效识别以及对数据在特定社会背景下潜在功能的预判，为大数据决策提供了有力支撑。在此基础上，决策实现阶段的核心环节为认知重构（Zadeh，1997），即在数据互通与协作机制下，数据价值展现出更高层次、更具有体系化的应用潜力。数据互通是在系统性议题的导向下，实现系统跨部门、跨系统的多源异构数据价值的相互联结，通过数据的交叉与融合，催生出新的价值及应用领域。数据协作则是围绕系统性议题，在统一的数据共享协议、传输标准等跨部门、跨系统连接的机制下，推动数据的连接、融合与共享，服务于新兴应用场景。在大数据决策的实现阶段，决策者的认知重构促使分布于不同系统中的各类数据形态展开互通、探索、演绎及推理，进而达成更高水平的数据价值应用。具体而言，虽然前期数据洞察阶段的数据呈现分散性特征，主要体现在单一场景下的孤立与碎片化状态，但随着决策者对这些数据认知的不断解析与重构，多个数据源之间的隐含联系在跨场景应用中逐渐显现，为多源异构数据间更深层次关联价值的挖掘提供支持。

大数据决策发展阶段的数据预期，为决策实现阶段的数据协作活动奠定了坚实的基础。系统内不同部门与机构间的数据集成、共享和协同，为解决具体场景下的绿色转型问题提供了坚实的数据支撑。例如，借助开放堆栈等开源技术架构提供的开放、标准化协议接口，可将海量企业资源利用数据、污染减排数据及绿色创新数据等，汇聚至同一平台或实现分布式连接，以此推动绿色数据的共享与管理。

第七节　本章主要结论与政策建议

一、强化多层次协同创新网络，助力绿色转型的全面推进

完善垂直与水平创新网络，优化资源配置与功能衔接。因地制宜、因企施策。垂直协同创新网络更注重企业、客户和供应链等上下游企业的合作，从而形成完整的绿色创新链条；而水平协同创新网络则涵盖中介机构、大学、研究所等知识机构。建议：强化垂直协同创新网络，引导区域内的中小企业与大型企业、供应商及客户建立更密切的合作，推进绿色技术研发和资源共享，提高创新成果的转化效率。例如，建立绿色供应链管理制度，通过规范绿色采购、废弃物回收和资源再利用等方式推动上游企业的绿色管理。推动水平协同创新网络建设，在中小企业的绿色创新过程中，政府应加强中介机构和知识机构的作用。可通过设立绿色创新补贴，支持大学和科研机构对绿色技术研发的投入，推动绿色创新成果更快速地向市场转化。

优化协同创新网络治理结构，建立多方参与的绿色技术联合体。针对绿色技术创新资源分布不均的问题，建议建立多层次的协同创新平台，搭建各类参与者协作的共享平台。通过整合各方资源，建立资源、技术和人才共享的绿色创新联合体。建立绿色技术成果转化激励制度，对于积极与中小企业共享绿色技术的高校和科研院所，政府可以设立专项基金予以奖励或提供税收优惠。深化绿色技术创新联盟合作，以绿色技术创新联盟为纽带，构建"产学研金介"多方合作机制，发挥金融机构的风险投资作用和中介机构的技术转化服务，使绿色技术的创新和推广更高效。

二、构建智能化、生态化的创新平台，推进产业绿色升级

打造基于工业互联网的绿色交易型平台生态系统。工业互联网平台为不同产业提供数字化连接，可以使传统产业在高端化、智能化和绿色化方面取得更大的突破。建设行业领军绿色平台，扶持一批以工业互联网为基础的龙头绿色平台企业，吸引大中小企业共建协同创新中心，促进产业链上下游的互动和资源流动。推动绿色平台的跨企业协同，鼓励中小企业参与并享受绿色平台的技术资源和政策支持，特别是通过共享创新资源、减少技术研发成本，加速绿色技术的推广应用。

引入人工智能和大数据技术，提高政策支持的精准度。人工智能和大数据为绿色技术创新提供了技术支撑，也有助于政策制定的科学化与精细化。强化人工智能赋能绿色转型，推动 AI 与绿色产业结合，构建包括清洁能源、环保监测在内的智能创新平台。政府可借助大数据分析技术，提高政策精准度，使政策支持有针对性地覆盖到产业链薄弱环节。提升绿色创新资源共享平台的智能化水平，支持龙头企业开放算力和行业数据，带动产业链上下游企业和中小企业形成共享资源和共性技术的创新平台，增强中小企业的绿色创新能力。

三、完善政策支持体系，优化中小企业绿色创新的政策环境

针对中小企业特点定制绿色创新支持政策。设立绿色创新扶持基金，通过专项基金的形式，对符合条件的中小企业提供绿色技术研发的财政支持，并简化补贴申请程序，以降低企业创新成本。完善税收减免和绿色补贴政策，通过税收优惠政策吸引更多中小企业参与绿色创新，设立专门针对绿色研发的税收减免条款，降低绿色创新活动的资金压力。

加强监管与执行力度，完善政策实施的反馈机制。建立信息化监管平台，利用大数据和信息技术，实时跟踪政策的实施效果，对执行偏差及时纠正。引入反馈与评价机制，通过定期收集企业对绿色政策的反馈，评估政策执行成效，及时调整策略，以确保政策目标的实现。

四、推动跨区域风险投资和绿色技术资源流动，增强绿色转型支持

设立绿色转型风险投资基金，鼓励社会资本参与。完善风险投资监测机制，定期评估投资效果，建立投资回报监测机制，确保风险投资流向高质量绿色创新项目，避免资本浪费。

促进资源共享和绿色技术成果的跨区域交流。通过构建绿色技术合作平台，推动绿色技术在区域间流动，特别是在欠发达地区与发达地区之间实现资源共享和绿色技术的推广应用。支持跨区域绿色合作平台建设，鼓励创新资源集中的地区向欠发达地区输出绿色技术，并支持跨区域产业链和供应链的协同，优化全国绿色资源的配置。

五、构建绿色创业生态系统，加强企业间的协同和创新能力

构建多层次、立体化的绿色创业生态系统。引导创业生态系统中多方力量协同合作，优化创新资源配置，形成有利于绿色创新的创业环境。扶持绿色创业孵化器和加速器，支持绿色技术初创公司，通过政策支持、场地租金减免、专业技术咨询等手段，扶持绿色创业公司成长。构建绿色技术交易市场，通过绿色技术交易市场将环保技术和绿色创新成果商品化，促进企业间的绿色技术交易和转化。

加强信息技术在绿色创业生态系统中的应用。通过加强大数据、区块链和人工智能等技术在创业生态系统中的应用，提升企业在绿色创新中的效率和竞争力。开发绿色创业生态系统大数据平台，整合创业生态系统中的各类数据资源，帮助企业快速识别绿色转型的关键技术和市场需求，从而进行精准创新。

六、优化绿色技术协同创新网络，推动绿色产业持续发展

构建以绿色技术创新为核心的协同创新网络。通过促进产学研合作和政策支持，增强绿色技术在产业链中的应用效果。构建绿色技术创新联盟，将不同领域的绿色创新者汇集在联盟中，共享信息、技术和市场需求，共同推动绿色技术研发，降低绿色技术创新的成本。建立技术转移与成果转化激励机制，为绿色技术研发中的科研机构和大学提供成果转化激励，如提供职称评定或科研经费奖励，以推动绿色技术的实际应用。

强化创新网络的区域协同与政策协调。推动区域内外政策的互联互通，加强区域协同创新网络的共建共治。推动区域政策协调和生态环境绩效考核，鼓励地方政府协同合作，将生态环境绩效指标纳入考核体系，通过区域协同政策的设立，增进绿色发展共识。搭建区域绿色技术共享平台，通过线上平台促进跨区域的绿色技术共享和合作，整合不同区域的绿色资源，共享成功经验和技术成果，形成跨区域的绿色发展合作网络。

第七章　家族传承变革推进全面绿色转型研究

长期以来，家族企业是中国经济发展的重要推动者，并在维护社会稳定和履行环境责任中发挥了积极作用。随着可持续发展的呼吁日益高涨，如何通过自身的传承变革以及与机构投资者等外部力量的合作，开展绿色低碳创新，加快提升 ESG 绩效，是家族企业在全面绿色转型背景下面临的全新挑战。本章基于利益相关者理论、社会情感财富理论、"意愿-能力"框架等，深入挖掘家族企业开展绿色低碳创新的动因、创新策略及国际化影响后果，并进一步剖析代际传承在家族企业推进全面绿色转型中的关键作用。研究结果为家族企业在可持续发展背景下实现平稳高效的代际传承和绿色技术变革提供了丰富的管理启示，同时有助于国内监管部门优化 ESG 标准治理、绿色金融、企业绿色技术研发激励的相关政策。

第一节　问题提出与研究内容

一、研究背景与问题提出

近年来，气候变化已成为日益严峻的全球性挑战（Lema et al.，2015），在联合国可持续发展目标的总体框架下，世界各国也积极探索绿色转型新路径。这要求中国企业摒弃以往的资源密集型商业模式，加快推进全面绿色转型，在绿色商业活动领域探索新的创新机遇。通过实施低碳创新、探索性绿色创新等绿色技术革新手段，企业能够在生产、制造、销售全链条中有效减少化石燃料的消耗和碳排放，培育突破性绿色技术（Huang and Chen，2022），创造绿色价值（Chen et al.，2023a），将高标准的可持续发展目标落到实处。

在中国，家族企业不仅是经济发展、就业和社会稳定的基石，也是推进全面绿色转型的关键力量。2024 年，全国登记在册民营企业数量超过 5500 万户，民营企业在企业总量中的占比稳定在 92.3%，中国民营企业对国家 GDP 的贡献超过 60%，而民营企业中家族企业占比高达 90%左右，可见家族企业在中国经济体系中的重要支撑作用。除了突出的经济贡献，中国家族企业同样在环境治理、社会责任履行方面发挥着主导作用（Wu et al.，2022b）。以往的研究证实，与非家族企业相比，中国家族企业为维系其社会情感财富，在追求经济目标的同时会兼顾社会、环境目标。因此，相对于非家族企业，家族企业更加注重对所在地区及社区的积极回馈，更倾向于在 ESG 实践中投入资源，同时推行进取型环境治理措施及低碳化战略（Ma，2023）。

然而，家族企业的独特治理结构也导致其在全面绿色转型中面临挑战。虽然低碳创新、绿色创新是推进全面绿色转型的必由之路，但是家族企业管理者由于其对家族控制权的严格把控以及一贯的保守主义通常表现出对高风险绿色创新活动的规避（Berrone et al.，2012；Calabrò et al.，2019）。区别于传统技术范式，绿色低碳创新不仅需要企业付出高额的研发投资，还可能使企业面临较高的技术和市场不确定性（Wu et al.，2022a）。尤其地，作为风险更高的一类绿色创新，探索性绿色创新虽然有助于增强企业在新兴绿色领域的核心竞争力，却需要企业跨越现有技术范围，在尚未涉足的新领域大量投入人力和财力以开展绿色技术探索（Alexiev et al.，2010），这与依赖于熟悉知识的渐进式绿色创新存在本质区别。现有研究表明，由经济利润驱动的私营企业因探索性绿色创新的高昂成本和较高的创新失败风险往往不愿意接受此类绿色创新（Demirel et al.，2019）。

为帮助企业克服绿色创新困境、激发绿色创新活力，中国政府采取了税收优惠、研发补贴等多种公共政策措施，引导家族企业在内的中国企业加大绿色创新投入、探索全面绿色转型的新路径。在政策驱动以及市场需求的双重作用下，作为资本市场中的重要市场主体的大型机构投资者，也越来越关注可持续发展战略，逐渐开始推行 ESG 理念（Eccles et al.，2017）。凭借其高度集中的股权和广泛的投资者网络资源（Gifford，2010），机构投资者能够通过 ESG 积极主义敦促其持股公司增强 ESG 信息披露透明度，优化环境治理策略，加大绿色创新投入，减少碳排放，从而降低持股公司的环境风险并提升其绿色技术竞争力（Krueger et al.，2020）。现有研究表明，全球范围内，机构投资者已成为发起 ESG 积极主义和推动企业全面绿色转型的关键力量（Flammer et al.，2021；Aluchna et al.，2022）。例如，2024 年，联合国负责任投资原则组织召集了共持有约 128 万亿美元资产的 5300 多家全球机构投资者，它们共同承诺将 ESG 标准纳入其投资决策中，并且积极参与企业环境治理。

从推进全面绿色转型的推动方来看，机构投资者如何通过 ESG 行动更有效地促进所投资企业的绿色低碳创新，仍是一项尚未解决的重要议题。现有研究表明，机构投资者一般被视为企业重要的外部利益相关者（Aluchna et al.，2022），其 ESG 偏好可能会对投资公司的低碳创新产生巨大影响。值得注意的是，部分公司治理文献也发现，持续监督和有效的外部治理需要大量成本，机构投资者在单独推行 ESG 行动时所获得的收益难以覆盖其监督成本（张云等，2024）。因此，传统情境下，机构投资者很少主动监督或参与其投资公司的治理（Crane et al.，2019）。基于这一前提，具有 ESG 偏好的单个机构投资者可能难以对企业的低碳创新决策产生实质性影响。

然而，最新的研究开始认识到，机构投资者并非孤立存在的个体，它们因共同持有某些公司的股份而聚集，形成了密切关联的投资者网络（Crane et al.，2019；Bajo et al.，2020；Li and Jiang，2022）。在相互联结的投资者网络的加持下，机构投资者能够在 ESG 投资信息上互通有无，在协商过程中形成共同的 ESG 偏好，并达成 ESG 集体行动的共识，从而对所投资的公司产生更为广泛的影响。这种共同 ESG 偏好的同化过程可以解释为集群机构投资者与其动态网络共同演化的过程。目前大多数文献或聚焦于单个机构投资者的特征（Flammer et al.，2021；Buffa and Hodor，2023），或侧重于整体投资者网络结构对企业的影响（Crane et al.，2019；Bajo et al.，2020；Li and Jiang，2022），而较少有学者关注集群网络这一新情境下机构投资者群体特定共享偏好的影响效应和影响机理。鉴于 ESG 投资理念在机构投资者群体内已逐渐发展为主流投资理念，机构投资者网络 ESG 共享偏好是否显著影响以及通过何种机制来影响家族企业低碳创新成为亟待解答的核心问题。

从推进全面绿色转型的实施方来看，家族企业与非家族企业对机构投资者 ESG 行动的回应存在明显差异。作为家族企业的核心利益相关者，家族成员对企业的战略决策和行为具有重大影响（Fernando et al.，2014），其深入卷入也构成了家族企业的独特特征。然而，家族成员的卷入是否会导致家族企业相较于非家族企业更积极地回应外部 ESG 诉求、开展绿色技术探索这一问题仍未得到充分解答。根据社会情感财富的理论框架，可以推导出两种相反的观点。一方面，为了避免被污名化为不负责任的"企业公民"而损失社会资本和情感禀赋等社会情感财富，家族企业可能更倾向于迎合机构投资者 ESG 积极主义，并通过启动长期导向的探索性绿色创新项目来彰显其对环境治理问题的关注和投入（Gomez-Mejia et al.，2011；Chrisman and Patel，2012）。另一方面，家族企业可能会优先考虑维护家族控制权，时刻防范家族成员的股权稀释和家族在企业内部影响力下降的风险。因此，相较于非家族企业，家族企业可能更有动力抵制来自机构投资者的 ESG 施压（Gomez-Mejia et al.，2019）。鉴于这两种截然相反的观点，有必要展开深入的理论及实证研究以揭示家族企业究竟是倾向于积极响应还是抵制机构投资者 ESG 积极主义。

另外，家族企业文献强调社会情感财富作为家族企业的决策参照点，在家族企业整个生命周期中呈现动态性（Miller and Le Breton-Miller，2014）。第一代家族企业在优先考虑家族控制权的参照点激励下，倾向于将机构投资者 ESG 积极主义视为旨在挑战家族权威的外部威胁，从而可能导致其在探索性绿色创新方面与机构投资者合作的倾向降低。因此，第一代决策者可能会利用内部利益相关者的力量，调动金融资源来抵制机构投资者的干预。相比之下，第二代家族企业在家族传承和追求新标签的目标引领下（Nason et al.，2019；Meier and Schier，2022），更有可能迎合机构投资者的 ESG 诉求并加快推进更具探索性的绿色创新计划。因此，第二代家族企业更有可能运用自由裁量权和财务冗余，通过探索性绿色创新来促进机构投资者 ESG 积极主义。社会情感财富参照点的代际差异是否会导致第一代和第二代家族企业对机构投资者 ESG 积极主义采取截然不同的回应策略？这一问题也有待进一步探究。

最后，就家族企业全面绿色转型的实际效果而言，国际化作为一项关键战略决策（Fang et al.，2018），能够充分反映家族企业在国际范围内的绿色影响力和技术竞争力。在家族企业积极开展绿色低碳创新后，其 ESG 绩效必然能得到大幅度提升。然而，优异的 ESG 绩效是否有助于家族企业顺利"出海"？目前的文献尚未充分解答这一问题。

一方面，作为一项高风险的战略举措，国际化可能会影响家族控制权以及家族企业非经济目标的实现，因此家族企业通常对国际扩张持谨慎态度（Gomez-Mejia et al.，2010；Boellis et al.，2016）。家族企业可能出于多元化降低风险、减少对国际市场的依赖、追求规模经济等经济动机（Zahra，2003；Boellis et al.，2016）开展国际化活动。然而，家族企业同时高度关注家族成员的权力行使、情感价值实现、家族与公司的纽带维系、家族身份认同等非经济目标（Berrone et al.，2012）。由于国际化可能会稀释这些家族情感财富，因此家族企业一般采取保守态度，不会轻易扩张其国际业务。

另一方面，中国是发展中国家，家族企业在迈入国际市场时通常面临合法性挑战（Luo et al.，2010）。这些挑战部分源于家族企业在全球化过程中缺乏必要的资源和能力

（Fang et al.，2018），在东道国市场中容易受到当地利益相关者对其社会和环境治理不当行为的指责，甚至可能被视为追求寻租和侵略性行为的"麻烦制造者"（Luo et al.，2010）。此外，国际商务领域日益显著的去全球化和脱钩趋势也为中国家族企业开展国际化活动带来了更大的挑战。

作为企业追求国际投资机会的核心战略选择，对外直接投资对家族企业的生存与未来发展有着深刻影响（Fang et al.，2018）。关于 ESG 绩效提升是否有助于家族企业开展对外直接投资，目前的研究仍较为有限且存在争议。传统观点认为，优异 ESG 绩效的实现需要付出巨大代价，ESG 实践活动可能会消耗企业资源，削弱其国际扩张能力（Chen et al.，2023b）。这一观点建立在企业资源有限的前提上，认为投入 ESG 实践、提升 ESG 绩效就会相应减少企业对对外直接投资活动的支持（Borghesi et al.，2015）。然而，诸多证据也表明，企业的资源基础是动态变化的，优异 ESG 绩效的实现能够帮助企业获取更多有形和无形资源，进而扩大其资源基础（Wong et al.，2018）。卓越的 ESG 绩效可以打消外部投资者对企业长期发展的顾虑，展现企业创造可持续价值的能力，从而增强外部投资者对企业前景的信心。因此，ESG 绩效较好的企业通常能够降低融资成本，尤其是在股权融资方面（Xie et al.，2022）。ESG 实践还能够提升企业声誉（Odriozola and Baraibar-Diez，2017），有助于企业建立良好的社会责任形象，进一步增强其竞争优势（Wu et al.，2021）。例如，von Berlepsch 等（2024）指出，ESG 实践有助于企业重塑其在供应链中的声誉。Monfort 和 Villagra（2016）也发现，ESG 实践对企业品牌估值有积极影响。鉴于上述多种观点，应进一步研究 ESG 绩效在企业对外直接投资决策中的作用机制，以及其影响效应是否在家族企业与非家族企业、第一代与第二代家族企业中存在差异？

二、研究内容

为揭开家族传承变革推进全面绿色转型的内在机理，本章深入剖析了家族企业推进低碳创新、提升 ESG 绩效的主要动因、创新策略以及其对国际化扩张规模的影响，具体研究内容如下。

（一）基于集群网络的机构投资者 ESG 共享偏好与家族企业低碳创新研究

本章首先聚焦机构投资者这一家族企业全面绿色转型的重要推动方，研究在何种情境下机构投资者能够充分发挥在家族企业中的环境治理监督作用。本章以 2007~2019 年 2181 个中国上市家族企业数据为样本，通过全新的投资者网络集群衡量方法测量机构投资者的 ESG 共享偏好，实证检验这种新涌现的集体 ESG 偏好是否能显著促进其所投资的家族企业大力发展碳减排技术。另外，本章关注绿色金融和家族控制程度的调节效应。一方面，绿色金融能够增强机构投资者 ESG 共享偏好对家族企业低碳创新的积极影响，并且这一赋能效应在经济不确定性较高的情境下更为显著。另一方面，若家族控制程度较高，家族企业可能倾向于规避风险，因此难以与具有 ESG 偏好的机构投资者达成共识而去开展不确定性较高的低碳创新活动。然而，在代际传承情境下，第二代家族管理者的加入可能会引发家族企业自我革新，从而削弱家族控制的负向调节作用。

（二）代际传承背景下家族企业异质性绿色转型回应研究

本章从家族企业这一全面绿色转型的实施方出发，通过在不同代际背景的非家族企业和家族企业中拓展参照点理论，进一步研究不同代际背景的家族企业对机构投资者ESG积极主义的差异化回应策略。由于企业基于其独特的参照点解释环境线索并做出管理决策，因此本章提出家族企业和非家族企业不同的决策参照点可能会导致它们对机构投资者ESG积极主义做出不同的绿色创新决策，并利用2012~2020年14 425个中国家族企业数据样本开展实证分析。具体来说，非家族企业受基于经济效率的决策参照点的驱动，不太愿意开展成本高昂的探索性绿色创新来满足机构投资者的ESG要求。相比之下，家族企业在社会情感财富决策参照点的指导下，倾向于采用探索性绿色创新作为对机构投资者ESG积极主义的回应，这可能会强化其具有社会责任感的家族身份，从而促进家族的社会责任积累。

本章进一步探讨了社会情感财富决策参照点的代际差异是否会导致第一代和第二代家族企业对机构投资者ESG积极主义采取差异化的回应策略。第一代家族企业在以家族控制权为核心的决策参照点的激励下，倾向于将机构投资者ESG积极主义视为可能挑战家族权威的外部威胁，这使得其在探索性绿色创新方面与机构投资者合作的倾向降低。相比之下，第二代家族企业在家族传承和追求新标签动机的引领下（Nason et al.，2019；Meier and Schier，2022），更有可能满足投资者的ESG诉求并着手开展更具探索性的绿色创新计划。因此，本章提出，与第一代家族企业相比，机构投资者ESG积极主义更有可能促使第二代家族企业进行探索性绿色创新。

（三）全面绿色转型下ESG绩效提升助力家族企业国际化扩张的影响研究

本章最后深入讨论了家族企业推进全面绿色转型的影响后果。随着全面绿色转型的推进，家族企业ESG绩效势必得到大幅提升。本章进一步检验了绿色治理是否能够在现阶段"逆全球化"背景下帮助家族企业积累资源，助力企业精准把握国际投资机会。本章选取对外直接投资作为企业国际投资的代表，基于利益相关者理论，提出企业的ESG绩效与其国际投资存在正相关关系，并基于2010~2019年2083家中国上市公司对外直接投资数据开展实证分析。对外直接投资数据来自全球并购数据库，企业的ESG绩效数据来自和讯网。另外，本章探讨了融资约束和企业声誉两种潜在影响机制在家族企业和非家族企业国际化决策中的潜在差异。

三、主要创新

第一，研究方法上的创新。本章以全新的方法测量机构投资者网络中的ESG共享偏好。ESG投资理念在发达经济体中的作用显著，但在新兴经济体中的作用却仍不清晰。以往研究大多将机构投资者视为独立的个体，近期少数研究开始关注机构投资者的网络关系，但大多使用中心性和密度等一般指标来分析机构投资者的网络效应。本章创新性地提出聚集在企业周围的机构投资者群体基于共享的ESG偏好共同影响家族企业的低碳创新，并采用边缘切割的前沿模块化算法计算机构投资者集群ESG偏好的结构性指数，该指数结合了网络动态和机构投资者集群的 ESG 偏好。这一测量方法可供后续研究借鉴以全面刻画机构投资者合作开展的 ESG 集体行动。

第二，理论上的创新。本章在代际传承背景下进一步发展了家族企业的社会情感财富决策参照点理论。研究发现，家族继承带来了家族企业的决策参照点从家族控制向长期可持续发展的转变。这种转变促使第二代家族企业积极拥抱外部 ESG 积极主义，探索新型绿色技术，以加强其合法性并建立新的组织标签。另外，通过研究第一代和第二代家族企业中家族参与和财务冗余的调节作用，本章发现，第二代家族企业倾向于利用有形资源和无形资源与机构投资者就 ESG 倡议开展合作，从而全面揭示了不同代际背景下家族企业进行探索性绿色创新背后的基本逻辑和行动策略。

第三，应用上的创新。本章发现了新的证据，证明了家族企业在本国积累的 ESG 绩效在推进其国际化的进程中发挥着至关重要的作用。随着国际形势动荡性日益增加，企业面临严峻挑战，如何帮助家族企业走向国际市场是亟待解决的现实问题。这对于资源受限的新兴市场企业尤为重要，因为这些企业在启动对外直接投资时面临更高的成本（Berrone et al.，2012）。本章的研究结果表明，新兴市场家族企业可先提高其国内的 ESG 绩效，后利用这种优势获取国际化进程中所需的资本和声誉支持，进而加快其国际化进程。这一结论证实了中国企业的对外直接投资是以优异 ESG 绩效为基础的负责任的投资行为，有效消除了西方学者对中国跨国企业环境治理和可持续发展问题的质疑和批评（Surroca et al.，2013），也为中国企业国际化发展指明了一条切实可行的 ESG 提升路径。

第二节　家族控制、机构投资者网络 ESG 共享偏好与家族企业低碳创新研究

由于个人投资者对公司的影响有限，本节将与投资者网络相关的机构投资者集群视为重要的外部利益相关者，并研究机构投资者网络对 ESG 的共享偏好是否会促使家族企业进行低碳创新。本节通过全新的衡量方法测量机构投资者网络 ESG 共享偏好，研究发现 ESG 共享偏好与企业低碳创新正相关。从利益相关者角度探讨绿色金融和家族控制的调节效应，研究发现绿色金融加强了上述关系，但这种正向的调节效应只有在低经济不确定性的背景下才显著。本节还发现增加家族控制权会削弱机构投资者网络 ESG 共享偏好对低碳创新的积极影响，但如果家族企业高层管理团队中有家族继承人，这种负向调节效应就会消失。

一、机构投资者网络 ESG 共享偏好与家族企业低碳创新的文献回顾

（一）机构投资者网络 ESG 共享偏好

过去几十年来，机构投资者在全球金融市场中占据着重要地位（Fernando et al.，2014；Borochin and Yang，2017）。机构投资者是从事专业投资活动的金融机构，它们汇集大量资金，建立投资组合，并确保资金受益人获得满意的回报（Ferreira and Matos，2008）。

近年来，富有经验的机构投资者开始关注 ESG，并试图将 ESG 纳入决策。例如，道富银行的应用研究中心在 2016 年底调查了 582 家机构投资者，并发现机构投资者正实施或计划实施 ESG 战略（Eccles et al.，2017）。机构投资者实施 ESG 战略既出于财务动机，也出于非财务动机（Krueger et al.，2020）。财务动机是指投资者基于 ESG 可能对投资组合公司产生的巨大负面影响（可能会增加风险从而影响收益）等原因实施 ESG 战略（Hsu et al.，2020）。非财务动机是指投资者基于客户或投资经理的 ESG 偏好、政府的监管要求或同行压力等原因实施 ESG 战略（Krueger et al.，2020）。总之，机构投资者能有效促进企业可持续发展，减少企业碳排放，为低碳经济做好准备（Eccles et al.，2017）。

为了促进 ESG 发展，机构投资者可能会向管理者施加压力，敦促管理者做出的战略决策和行为符合 ESG 的要求。机构投资者是主要的外部利益相关者，它们有意愿且有渠道影响企业管理层的决策。首先，机构投资者比其他股东更愿意参加公司治理，因此机构投资者的影响力较大，而其他股东更乐意"搭便车"（Crane et al.，2019）。由于机构在金融市场的重要性增加了（Fernando et al.，2014），机构投资者更愿意参加公司治理活动，帮助公司提升业绩，而不是对公司治理保持沉默。机构投资者通常持有大量股票，它们出售股票时可能会打压市场，并影响其投资组合中其他公司的股票价格，因此机构投资者的投资决策将对整个股票市场产生影响。所以即便它们设法清算对一家公司的投资，也可能导致投资组合中其他公司股价下降，难以从中获利（Rahul and David，1996）。投资组合股价联动的顾虑极大削弱了机构投资者对短期利益的追求，转而促使机构投资者关注其投资公司的长期利益，并倾向于在公司的关键事务中发挥重要作用。

其次，机构投资者通过正式和非正式途径向公司传达 ESG 理念。机构投资者拥有正式股东的权利，能提交和发起股东提案、投票选举董事和监事，从而影响公司的人事财务和发展活动（Chuah et al.，2024）。机构投资者还有机会与管理层直接对话，或者与公司董事会进行私下交流。调查显示，向管理层透露退出的信号，也会让管理层感到威胁，从而能够在实践中有效地规制管理层（Chuah et al.，2024）。许多研究表明，大型机构投资者中可能存在高度聚集的群体（小集团），它们通过成员的共同行动实现治理目标（Crane et al.，2019）。因此，机构投资者是不容忽视的外部利益相关者（Gifford，2010；Aluchna et al.，2022），它们具有的信息资源和资本优势有助于公司治理。

（二）家族企业低碳创新

世界上许多公司的所有权掌握在富裕家族手中（Dyer and Whetten，2006）。在部分国家，家族企业已经成为重要经济力量，家族企业不仅创造了大量的经济财富和社会价值，而且已经成为创新的支柱（Eddleston et al.，2019；Calabrò et al.，2019）。低碳创新是家族企业承担社会责任、促进技术转型，从而实现可持续发展的可行战略。但低碳创新的成本较大、风险较高（Cai and Li，2018），因此家族企业与利益相关者的合作有利于低碳创新的实施。根据利益相关者理论，企业（包括家族企业）的生存和繁荣离不开利益相关者的资助与支持（Laplume et al.，2008）。同时，企业必须采取行动回应各种利益相关者的期望和要求，否则可能遭受不利后果（Berman et al.，1999）。然而，由于企业的精力和资源有限（Chen et al.，2015b），企业需要明确满足利益相关者需求的顺序，并采取积极的反馈措施。

家族所有权涉入和家族成员参与管理增加了家族企业满足利益相关者需求的复杂性（Neubaum et al.，2012）。家族成员的存在是家族企业最大的特征。家族成员是家族企业内部的利益相关者，他们极大地影响着企业的战略决策和行为方式（Fernando et al.，2014）。家族成员往往对创新持保守态度，他们不愿改变，并习惯于沿袭企业现有的商业模式和既定战略（Goel and Jones，2016），因此家族企业时常缺乏创新的动力。另外家族成员倾向于保持和巩固他们对公司的控制地位，以更大程度地实现自身利益（Fernando et al.，2014）。因此，家族企业往往选择回避高风险的投资活动，如家族企业较少在新兴领域进行创新。基于此，尽管低碳创新符合家族企业对良好社会声誉的追求，符合可持续发展的新兴趋势（Bammens and Hünermund，2020），但家族企业可能缺乏足够的激励和资源来实施低碳创新。

外部利益相关者为家族企业低碳创新提供资源，有利于促进家族企业低碳创新。首先，低碳创新的投资成本较高，具有 ESG 偏好的机构投资者等外部利益相关者能提供必要的资源，推动家族企业追求低碳创新。其次，政府也是家族企业低碳创新的关键驱动力。政府是家族企业外部监管的利益相关者，目前许多国家的政府已经在税收和补贴等方面采取措施，鼓励企业满足社会需求，推动绿色转型（Wu et al.，2022b）。最后，市场中介组织也在一定程度上为家族企业开展低碳创新提供服务支持。例如，银行的绿色信贷和绿色保险可以促使家族企业开展与污染治理和生态保护相关的创新项目，加强企业对环境风险的管理。

以往的研究通常关注家族成员等内部利益相关者对家族企业创新活动的影响（Kellermanns et al.，2008）、家族成员的风险导向和通过个人关系获取创新资源的情况（Scholes et al.，2021）。许多学者认为家族企业的创新活动是相对内部化和封闭的，即家族企业通常依靠自身的资源进行创新，而不愿意接受外部利益相关者如机构投资者及其网络的帮助（Kotlar and de Massis，2013）。因此，学者很少关注外部投资者及投资者网络的统计特征对家族企业创新活动的影响，并很少考虑外部投资者、政府和家族成员等外部和内部利益相关者的综合影响。

基于利益相关者理论，本章研究了多个利益相关者对家族企业创新的影响。机构投资者是主要的外部利益相关者，本章探讨了机构投资者如何（或是否）对家族企业的低碳创新产生重要的促进作用。另外，本章进一步探讨了政府和金融中介机构提供的绿色金融支持是否与外部机构投资者 ESG 的促进作用具有协同性，并研究了家族成员和家族继承人等内部利益相关者的不同治理结构是如何影响家族企业对外部机构投资者 ESG 要求的响应的。

二、机构投资者网络 ESG 共享偏好与家族企业低碳创新的理论机制

（一）机构投资者网络 ESG 共享偏好与家族企业低碳创新

尽管机构投资者的数量不断增加，但个体投资者仍是中国 A 股市场股东的主要组成部分（Titman et al.，2022）。在大多数上市公司，特别是家族企业中，机构投资者的持股

比例较低且较为分散（Firth et al.，2016）。因此，单个机构投资者针对其偏好改善家族企业治理情况的意愿和能力可能较弱。而机构投资者进行的是群体合作而非个体行为，它们通过合作影响其所投资的公司（Crane et al.，2019）。即使每个机构投资者可能只持有少量股份（Cohen et al.，2008），但它们能通过投资网络集群进行合作，从而在一定程度上增加其对所有权的控制，并通过联合行动对公司治理产生显著影响。

机构投资者通过各种形式的集体行动来推进议程。从经济学的角度看，当人们的受益结果不仅取决于自己，还取决于他人时，人与人之间便会产生合作。友谊关系、亲属关系、宗族关系和校友关系等社会关系是重要的传统合作机制（DiMaggio，1997）。近几十年来，许多学者认为新兴的投资者网络能加强机构投资者的集体力量（Crane et al.，2019；Bajo et al.，2020）。机构投资者因投资网络集聚，它们共同持有公司股份，并通过合作来影响其持有股份的公司的战略决策。网络结构决定了成员间的互动关系和联合行动的结果。一般来说，高密度的网络会增加机构投资者间的互动频率，促进相互间的信息传播（Wu et al.，2022d）。此外，高度关联网络中的投资者为了避免失误重蹈覆辙，倾向于与他人合作（Crane et al.，2019）。成员的共同利益和共同心态是决定合作有效性的关键因素（张艺等，2016）。本章将机构投资者对 ESG 的共享价值观与集群的机构投资者之间共享的 ESG 偏好联系起来，认为 ESG 偏好能对家族企业产生更大的影响，并且能有效地促进家族企业进行低碳创新。

首先，相较于单一的机构投资者，机构集群能更大程度地促进家族企业改善治理机制。具有 ESG 偏好的机构投资者集群既能提交有关发展绿色能源和低碳创新的股东提案，也能直接与管理层或董事会进行幕后沟通，还能利用退出的策略威胁迫使管理层将 ESG 导向和低碳创新纳入企业的战略决策。投资者集群所产生的力量能进一步增加效果（Gillan and Starks，2000），特别是在向董事会施压、对管理层问责以及获取非同一般的投票权时，机构投资者集群的集体行动比单个机构投资者更有说服力（Crane et al.，2019）。在公司层面，集群的机构投资者具有更大的权力，能更合理地提出诉求（Gifford，2010；Aluchna et al.，2022）。家族企业倾向于将集群的机构投资者视为主要利益相关者，因此会优先考虑其提出的 ESG 建议。

其次，家族企业比非家族企业更关注机构投资者的 ESG 偏好，因此家族企业更有可能出于提高声誉和履行社会责任等非财务目标而进行低碳创新。家族企业注重社会情感财富带来的良好声誉（Dyer and Whetten，2006；Berrone et al.，2010），并借此维持竞争优势。而忽视机构投资者的 ESG 偏好，推迟低碳创新，将严重影响家族企业的声誉。在高度关联的网络中，信息传播的速度较快，家族企业对 ESG 偏好的负面反馈可能在集聚的机构投资者中广泛传播（Marcoux and Lusseau，2013；Crane et al.，2019）。较差的声誉会阻碍家族企业获得资本的道路，进而危及家族企业的未来繁荣（Bajo et al.，2020）。

最后，具有 ESG 偏好的机构投资者集群可能会提供低碳创新所需的资源，减轻家族企业对低碳创新的担忧。即使公司管理层与机构投资者达成低碳发展的共识，家族企业也可能因资源缺乏而无法进行低碳创新，因此并非所有公司都有能力进行低碳创新。此时，机构投资者网络的资源动员效应对缺乏创新资源的家族企业尤为重要（Chen et al.，

2022）。集群的机构投资者不仅能提供专业的人力资本和强大的资金资源，还能在家族企业与同行间搭建桥梁，促进知识外溢和合作（Bajo et al.，2020）。因此，具有 ESG 偏好的机构投资者集群能为家族企业提供低碳创新的资源和知识，提高家族企业创新成功的概率，同时减少家族企业对低碳创新风险的担忧。基于上述推论，本节认为，集群的机构投资者的 ESG 共享偏好会对其所投资的家族企业的低碳创新产生积极影响。

（二）绿色金融的调节作用

应对气候变化和全球变暖需要长期的资金投入和公众的大力支持。近年来，世界上越来越多的政府和中央银行采取绿色金融以推进低碳领域的投资，特别是在环境问题严重的新兴经济体，绿色金融得到了积极的实施。政府和金融中介机构是企业低碳创新中重要的公共利益相关者。《中国绿色金融发展研究报告（2024）》显示，截至 2023 年底，中国绿色贷款余额超 30 万亿元人民币，同比增长 36.5%。绿色保险、ESG 投资、碳排放权交易等其他绿色金融项目也在 2023 年得以快速发展。

绿色金融是政府、银行等推出的支持政策和金融工具，旨在将公共财政资源分配给绿色项目，激励个体进行绿色投资（Irfan et al.，2022）。绿色金融包括绿色信贷、绿色保险、绿色债券、绿色基金、绿色金融技术、碳市场等绿色财政政策。传统金融可能难以协调经济发展与环境保护，而绿色金融则同时兼顾环境效益和投资效率，努力在经济与环境之间实现双赢（Zhou et al.，2020）。现有文献认为绿色金融能直接促进绿色创新（Irfan et al.，2022），但较少关注绿色金融的间接作用。本章进一步探讨 ESG 是否通过绿色金融促进企业的低碳创新。

尽管中国的绿色金融发展已经取得了瞩目的成就，但各地经济发展水平不同导致各地的绿色金融政策有所差异。绿色金融在东部沿海地区的发展势头最盛，中部和西部地区紧随其后，东北地区较为滞后（Lv et al.，2021）。

面对具有 ESG 偏好的机构投资者集群，绿色金融不仅能增强家族企业的应对意愿，还能增强其应对能力。一方面，绿色金融能降低低碳创新的风险，促使家族企业通过低碳创新来回应 ESG 理念的需求，提高家族企业的应对意愿。绿色金融等政策能在一定程度上增加消费者对环保产品的认识（Huang et al.，2022），有助于绿色产品的销售和发展，进而增加家族企业的低碳创新收益。此时，家族企业愿意积极响应集群机构投资者的 ESG 倡议。

另一方面，绿色金融能扩大融资渠道，增加低碳创新知识，从而提高家族企业应对具有 ESG 偏好的集群机构投资者的能力。应对 ESG 倡议通常会增加成本，而绿色金融能将资金引入低碳创新项目中（Zhou et al.，2020），缓解成本压力。绿色融资政策还能培育专业的金融中介，有效降低企业成本。金融中介能扩大家族企业的合作网络，完善家族企业的知识库。大量文献表明，企业知识库是其创新发展过程中最独特的资源（Khedhaouria and Jamal，2015）。绿色金融政策为知识共享、思想交流和低碳创新合作创造了有力的生态系统，该生态系统中的家族企业能在低碳创新活动中获得更高的收益。因此，本节认为，绿色金融正向调节具有 ESG 共享偏好的机构投资者网络与企业低碳创新之间的关系。

（三）家族控制的调节作用

家族企业通常由富裕的家族掌管，这是家族企业的显著特征。因此，相较于非家族企业，家族企业需要特别关注内部利益相关者（Bingham et al.，2011）。以往的文献表明，企业中的家族成员对企业有强烈的掌控意愿（Gomez-Mejia et al.，2007），对家族企业的影响大，且在此过程中实现家族目标（Berrone et al.，2012）。因此，不同程度的家族控制可能会使家族企业对外部股东（如机构股东）做出不同的回应（Cennamo et al.，2012），而集群机构投资者的 ESG 共享偏好对企业低碳创新的影响也可能随家族控制程度的变化而变化。

当家族控制程度较低，企业所有权较多分散于外部股东时，家族所有者能向外有效分散创新投资的风险（Gomez-Mejia et al.，2007）。此时，当外部集群网络由具有 ESG 偏好的机构投资者主导时，家族所有者可能更愿意发起低碳创新活动，如果这些项目取得成功，家族就能以较低的成本获得较高的回报，从而在具有发展潜力的低碳技术领域建立竞争优势，并发挥出长期可持续的价值（Tseng et al.，2013）。即使创业失败，由于家族持股比例较小，损失可能不会影响整个家族的财富。

相反，如果家族控制程度较高，家族所有者可能倾向于规避风险（Gomez-Mejia et al.，2014），因此难以被具有 ESG 偏好的机构投资者说服而去参加不确定性较高的低碳创新活动。当家族所有者的财富集中在一家公司时，创业项目失败会带来更高的风险，影响公司的未来发展，甚至可能推翻家族企业的控制权。基于此，家族所有者往往较为保守，倾向于选择利润稳定、有利于维持其对企业长期控制权的业务（Miller et al.，2011）。因此，此类家族可能会抵制具有 ESG 偏好的集群机构投资者，并较少参与低碳创新。因此，本节认为，家族控制负向调节具有 ESG 偏好的机构投资者网络与企业低碳创新之间的关系。

（四）经济不确定性对绿色金融的调节作用

经济不确定性是指经济行为主体无法准确解释外部经济环境，无法准确预测未来可能发生的变化（Milliken，1987）。企业作为重要的经济主体，通常处于动态而复杂的环境之中。有限理性的管理者难以准确评估企业所处的动态外部环境，从而可能给企业带来威胁和风险。近期的文献已经证实了经济不确定性对企业的负面影响，如经济不确定性可能带来金融波动，增加成本，从而导致企业减少投资，尤其是减少创新领域的投资（Xu，2020）。本节在此基础上，进一步探讨不同程度的经济不确定性是否会影响绿色金融对具有 ESG 偏好的机构投资者网络与企业低碳创新之间关系的调节作用。

首先，在机构投资者推动低碳创新时，经济环境的变化可能会使人们难以准确预测绿色金融的发展状况，从而借助 ESG 举措来弥补绿色金融的不足。经济不确定性包括经济政策的不确定性，即经济行为主体难以准确预测政治家和监管机构即将发布或调整的经济政策（Yu et al.，2021b）。本节发现，当经济不确定性较高时，企业及其利益相关者难以明晰绿色金融政策的发展前景，可能认为可持续发展的风险较高。在高不确定性的环境中，不统一的绿色政策和政策的负面变化会引起企业相关利益者（如政府和金融中介机构）对绿色发展的担忧（Xu and Yang，2023），从而减少对企业低碳创新的金融支持。因此，在经济不确定性较高的情况下，绿色金融对具有 ESG 偏好的机构投资者网络与企业低碳创新之间关系的调节作用减弱。

其次，家族企业比非家族企业更厌恶经济不确定性所带来的风险，因此家族企业更有可能忽视外部利益相关者（包括机构投资者和政府）对可持续转型的要求。以往的文献表明，家族企业的风险承担意愿或风险规避决策取决于企业的周边环境，以及它们对决策是否会危及企业的长期生存、是否会威胁稳定家族控制的评估（Méndez-Suárez，2021）。在经济不确定的情况下，家族企业为了避免不确定的战略举措，可能倾向于采取保守的行动（Gomez-Mejia et al.，2007）。经济动荡大大增加了低碳项目未来资金流的不确定性，因而企业需要支付大量沉没成本。低碳创新投资的失败可能会阻碍家族企业的延续甚至摧毁家族企业（Chrisman et al.，2015a；Bammens et al.，2022），而家族企业正极力避免这种结果。绿色金融政策的不确定性会带来较高的风险，导致家族企业难以认同绿色金融的支撑作用，从而可能忽视集群机构投资者提出的 ESG 转型要求。因此，本节认为，在经济不确定性较低的背景下，绿色金融对具有 ESG 偏好的机构投资者网络与企业低碳创新之间的关系的正向调节作用更加显著。

（五）代际控制对家族控制的调节作用

维持家族王朝是家族企业的治理目标（Gomez-Mejia et al.，2007），家族培养并选举产生家族继承人，以维持家族对企业的控制和影响（Berrone et al.，2012），形成代际控制。代际控制表现为企业最高管理团队最少包括一位家族继承人。以往的研究显示，由新一代控制的企业更有可能从事长期投资活动，如更有可能参与创新项目，并通过创新为家族企业提供竞争优势和实现可持续发展目标的新渠道（Ballal and Bapat，2019）。在以往研究的基础上，本节进一步研究家族控制的负向调节效应在家族企业由下一代人控制时是否会发生变化。

部分文献认为，由于家族企业的过度控制，以及家族继承人的管理能力有限，家族企业的世代接替可能会阻碍其创新活动。老一辈企业家很少将股份和管理权交于非家族成员，而家族继承会进一步强化家族集权。随着家族所有权的影响力越来越大，家族企业更有可能专注于与家族相关的目标，而非其他财务和战略目标（Gomez-Mejia et al.，2011）。出于老一辈的利他情结，他们可能会选定能力较弱的后代为继承人（Karra et al.，2006），那么代际控制的家族企业可能没有意愿也没有能力开展创新活动，从而家族代际控制可能会增强家族控制在具有 ESG 偏好的机构投资者网络与企业低碳创新之间的关系的负向调节作用。

然而，中国家族企业的情况并非如此。中欧国际工商学院家族传承研究中心发布的一项关于中国家族企业的调查显示，中国家族企业的新一代继承人大多信奉"长期主义"，他们倾向于将更多资源分配给创新活动。同时新一代继承人期望通过创新和变革超越他们的前辈。老一辈通常以固定的模式管理家族企业，延续过去的成功战略。但过去的战略可能已经过时了，所以继承人应积极创新并承担相应的风险，以此来克服模式僵化（Kraiczy et al.，2014）。此外，新一代继承人通常接受过专业的管理技能教育（Beck et al., 2011), 更容易了解新兴的技术趋势 (Bennedsen and Foss, 2015), 因此他们更有能力实施创新项目。

调查显示, 新一代的继承人逐渐设立可持续发展目标, 可能参与碳减排等气候行动。先前的研究已经证实了新一代继承人通常具有强烈的外部取向 (Beck et al., 2011), 即他们的思想更加开放, 更积极响应外部利益相关者的需求。因此, 本节预测新一代继承人可能采取具有 ESG 偏好的机构投资者的建议, 投资可持续发展项目, 并启动低碳项目。

综上, 当家族继承人出现在高层管理团队中时, 家族企业往往有更强的动机去提高创新能力, 同时更愿意投资低碳发展。因此, 本节认为, 在代际控制的背景下, 家族控制对具有 ESG 偏好的机构投资者网络与企业低碳创新之间的关系的负向调节作用不显著。

基于上述理论分析, 图 7-1 列出了本节的研究框架。

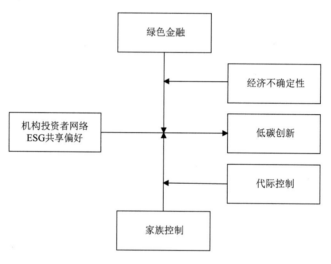

图 7-1　研究框架

三、研究设计

(一) 数据来源

本章以中国企业为样本检验机构投资者网络 ESG 共享偏好对家族企业低碳创新的影响有以下几方面原因。首先, 中国资本市场的机构投资者聚集在投资者网络中 (Li and Jiang, 2022), 并高度重视责任投资。其次, 由于经济快速增长, 新兴国家比发达国家面临更严重的环境问题, 低碳创新对中国等新兴市场的可持续转型至关重要 (Shi and Lai, 2013; Masron and Subramaniam, 2019)。再次, 中国的家族企业在维持经济发展和履行社会责任方面发挥着核心作用。截至 2023 年, 中国民营企业占企业总数的 90%以上, 其中 80%以上由家族控制, 家族企业在促进经济可持续发展方面起着决定性作用。最后,家族所有者和家族继承人在家族企业工作已是普遍现象（Bennedsen and Foss，2015）。

本节以 2007 年至 2019 年在上海证券交易所和深圳证券交易所上市的中国家族企业为样本。参照已有中国家族企业的研究，家族企业是指最终控制权可追溯到自然人或家族的企业。自然人或家族对上市公司拥有实际控制权，最终控制人直接或间接为上市公司第一大股东。家族企业实际控制人的认定标准如下：①自然人或家族直接或间接持有至少20%的表决权；②在自然人或家族担任上市公司董事长或总经理的前提下，以10%作为临界控制比例（Anderson and Reeb，2003）；③如果不满足上述两个条件，但临界控制比例大于10%，则自然人或家族为上市公司第一大股东，且不存在高于10%临界控制比例的第二大股东。我们按照文献中的一般做法，从以下几个方面对初始样本进行筛选。首先，剔除了金融行业的上市公司，如银行、信托公司、保险公司等。其次，剔除了经营状态异常的上市公司。最后，剔除了没有披露相关变量详细数据的公司。经过筛选操作后，最终获得1854家家族企业"企业-年份"层面的9249个观测样本。

本节使用的数据主要来自中国经济金融研究数据库，该数据库将家族企业研究作为一个专题，披露了中国上市家族企业的详细信息和财务指标。低碳专利信息来自国家知识产权局。中国省级绿色金融指数的数据来自《中国统计年鉴》、各省统计年鉴和《中国保险年鉴》。按照 Yu 等（2021a）的方法，中国省级经济不确定性的数据来自中国 31 个省的日报。为减小极端值的影响，除虚拟变量外，连续变量均进行了缩尾处理。

（二）变量定义

1. 低碳创新

文献中对企业创新的衡量主要包括创新投入和创新产出两个方面（Zhang et al.，2017a；Zhou et al.，2017）。创新投入主要从研发投入的角度来衡量（You et al.，2019；Chen and Yang，2019），而创新产出主要从企业获得的专利数量的角度来衡量（Zhang et al.，2019a）。中国企业研发投入的披露没有详细数据，因此我们无法了解每家企业在低碳创新方面的具体研发投入。此外，企业的研发投入可能无法准确反映其创新质量和效率。

鉴于这些局限性，并考虑到企业间创新质量和效率的巨大差异，我们认为专利数量是衡量企业创新程度的有效指标。因此，本节采用低碳专利数量来衡量企业的低碳创新，并采用发明专利和实用新型专利的数量之和来计算低碳创新。

2. 机构投资者网络 ESG 共享偏好

我们构建了一个变量来衡量（Wu et al.，2023a）机构投资者网络 ESG 共享偏好的影响。构建步骤如下。首先，参考现有文献（Crane et al.，2019），根据机构投资者是否共同持有至少一家公司的重要股份来构建机构投资者网络。机构投资者被视为网络中的节点，当两个机构投资者共同持有至少一家公司的股份时，它们之间就会产生联系。其次，我们通过考虑每个机构投资者的投资组合结构及其投资组合中每家上市公司的 ESG 得分，计算出它们的 ESG 偏好。再次，通过模块化指标识别出聚集在家族企业周围的机构投资者群体。最后，根据这些高度集聚的机构投资者的群体结构，将每个机构投资者的个体 ESG 偏好作为权重，计算模块化指标（Marcoux and Lusseau，2013）。由于在计算模块化指标时是将权重乘以企业的 ESG 指数，因此模块化指标越大，ESG 共享偏好越强。该指标的构建过程在 Gephi 和 Python 软件平台上完成。

3. 调节变量

（1）绿色金融。关于绿色金融的衡量标准尚未达成共识。一些学者将研究的重点放在绿色金融政策的有效性上（Yu et al.，2021b），而另一些学者则使用绿色金融工具，如将绿色债权、绿色债券作为绿色金融的代表。我们认为，绿色金融应包括多个方面，并用一个综合指数来衡量。利用熵值法，我们构建了基于绿色信贷、绿色投资、绿色保险和政府支持的省级绿色金融指数。绿色信贷等于六大高耗能行业的工业利息支出除以工业利息支出总额。绿色投资等于环境污染控制投资额除以 GDP。绿色保险等于企业保险投入除以企业总产出。政府支持等于环境保护支出除以一般支出。某些年份的缺失值用过去五年数据的平均值代替。

（2）家族控制。该变量以家族实际控制人的控制权比重衡量。

（3）经济不确定性。我们采用 Yu 等（2021a）的省级经济不确定性指数构建方法，以中国 31 个省的日报为来源，对经济不确定性进行关键词搜索。

（4）代际控制。在世界各地的家族企业中，下一代家族成员在老一代的支持下进入企业并参与公司管理的现象十分普遍，这种做法被称为代际控制。当家族继承人出现在家族企业的高层管理团队中时，代际控制等于 1，否则等于 0。

4. 控制变量

根据以往有关绿色创新的文献，我们还控制了一系列可能对被解释变量有显著影响的变量，主要包括财务状况和公司治理结构（Zhou et al.，2017；Chen and Yang，2019；Zhang et al.，2019a；Wu et al.，2021）。

（1）财务状况。杠杆率是总负债与总资产的比率。净资产收益率是净收入与平均股东权益的比率。现金持有量等于现金及现金等价物总额。托宾 Q 值是市场价值与重置成本的比率。

（2）公司治理结构。第一，控制所有者集中度，所有者集中度用前 10 名股东所占比例之和来衡量（记为所有者集中度）。第二，控制管理层持股比例（记为管理层持股）。第三，控制所有权与控制权的分离（记为两权分离）。当 CEO 和董事长为同一人时，该两权分离等于 1，否则为 0。第四，控制董事会的规模（记为董事会规模），即董事会的组成人数。考虑到独立董事在公司治理中的重要性，还需要控制独立董事的比例（记为独立董事），即独立董事人数除以董事会人数。第五，控制公司的规模（记为公司规模），即员工人数。该值被转化为自然对数，以减少极端值的潜在影响。

四、实证结果与分析

（一）描述性统计

表 7-1 对研究中使用的主要变量进行了说明。如表 7-1 所示，低碳创新的均值和中位数表明，中国家族企业的低碳创新水平整体较低。机构投资者网络 ESG 共享偏好变量表示与上市家族企业有关联的机构投资者 ESG 偏好网络的稳定程度。该变量的均值为 2.8601，意味着机构投资者网络内的 ESG 共享偏好整体处于较低的稳定程度。家族控制的均值为 0.4151，表明中国家族企业最终控制人的控制权比例整体较低。绿色金融的均值和最大值分别为 0.5508 和 0.7691，表明中国绿色金融的发展总体上取得了较好的成绩。经济不确定性的统计结果表明，中国各省经济不确定性程度总体较低，但各省之间差异较大。代际控制的统计结果表明，中国家族企业继承人很少参与企业管理。

表 7-1　描述性统计结果（一）

变量	样本量	均值	标准差	最小值	中位数	最大值
低碳创新	9249	0.7395	1.7433	0.0000	0.0000	7.0000
机构投资者网络 ESG 共享偏好	9249	2.8601	1.3149	0.0000	3.1355	4.7449
家族控制	9249	0.4151	0.1850	0.1076	0.3904	0.8585
绿色金融	9249	0.5508	0.1370	0.0418	0.5649	0.7691
经济不确定性	6827	0.4977	0.5000	0.0000	0.0000	1.0000
代际控制	9249	0.2556	0.4362	0.0000	0.0000	1.0000
杠杆率	9249	0.3400	0.1836	0.0519	0.3215	1.0249
净资产收益率	9249	0.0505	0.0560	−0.2800	0.0502	0.2038
现金持有量	9249	0.2246	0.1599	0.0078	0.1734	0.6839
公司规模	9249	7.3519	1.0263	4.0943	7.3032	10.9173
托宾 Q 值	9249	2.1288	1.1874	0.8959	1.7355	7.5893
所有者集中度	9249	0.3830	0.1620	0.1351	0.3517	0.9646
管理层持股	9249	0.2636	0.2259	0.0000	0.2442	0.7152
两权分离	9249	0.4016	0.4902	0.0000	0.0000	1.0000
董事会规模	9249	8.1982	1.4124	5.0000	9.0000	13.0000
独立董事	9249	0.3760	0.0527	0.0000	0.3333	0.5714

注：部分省份的经济不确定性为缺失值，导致相较于总体样本数量，经济不确定性样本量较少，该变化不影响本节结论

表 7-2 显示了基准模型中所有变量的相关性。结果显示，相关系数大多低于 0.6。我们还测量了主要变量的方差膨胀因子。所有结果均低于 10，表明出现多重共线性的可能性不大。相关性结果表明，低碳创新与机构投资者网络 ESG 共享偏好之间存在正相关关系，表明机构投资者网络 ESG 共享偏好会积极促进中国家族企业的低碳创新。

表 7-2　相关系数矩阵（一）

变量	低碳创新	机构投资者网络ESG共享偏好	杠杆率	净资产收益率	现金持有量	公司规模	托宾Q值	所有者集中度	管理层持股	两权分离	董事会规模	独立董事
低碳创新	1.00	0.01*	0.15*	−0.01	−0.05*	0.12*	−0.07*	0.02	−0.01	−0.01	0.02	−0.00
机构投资者网络ESG共享偏好	0.02*	1.00	−0.06*	0.19*	0.17*	0.06*	−0.06*	−0.07*	0.04*	0.03*	0.00	0.01
杠杆率	0.17*	−0.06*	1.00	−0.39*	−0.44*	0.44*	−0.23*	0.08*	−0.25*	−0.10*	0.05*	−0.01
净资产收益率	−0.00	0.16*	−0.36*	1.00	0.30*	0.00	0.23*	−0.05*	0.17*	0.06*	0.02	−0.00
现金持有量	−0.07*	0.17*	−0.47*	0.25*	1.00	−0.27*	0.08*	−0.06*	0.18*	0.09*	0.00	−0.01
公司规模	0.17*	0.06*	0.43*	0.04*	−0.30*	1.00	−0.21*	0.08*	−0.25*	−0.11*	0.15*	−0.06*
托宾Q值	−0.08*	−0.06*	−0.19*	0.15*	0.06*	−0.17*	1.00	0.00	−0.02	0.05*	−0.09*	0.05*
所有者集中度	0.01	−0.08*	0.10*	−0.03*	−0.06*	0.09*	0.01	1.00	−0.19*	0.02	−0.08*	0.07*
管理层持股	−0.04*	0.05*	−0.25*	0.13*	0.22*	−0.26*	−0.08*	−0.18*	1.00	0.12*	−0.10*	0.08*
两权分离	0.00	0.04*	−0.10*	0.05*	0.10*	−0.11*	0.03*	0.01	0.13*	1.00	−0.13*	0.11*
董事会规模	0.02	0.00	0.06*	0.03*	−0.00	0.15*	−0.08*	−0.07*	−0.11*	−0.12*	1.00	−0.72*
独立董事	0.00	0.01	−0.02	−0.01	−0.02	−0.05*	0.04*	0.07*	0.08*	0.12*	−0.64*	1.00

注：对角线下方为主要变量之间的 Pearson 相关系数，对角线上方为主要变量之间的 Spearman 相关系数
*表示 5%的显著性水平

（二）基准回归

表 7-3 显示了从低碳创新角度对机构投资者网络 ESG 共享偏好的基准回归结果。模型 1（不包含控制变量）的结果表明，机构投资者网络 ESG 共享偏好与低碳创新显著正相关（$\beta=0.129$，$p<0.001$）。在模型 2（包含所有控制变量）中，机构投资者网络 ESG 共享偏好与低碳创新之间也存在正相关关系（$\beta=0.070$，$p<0.01$）。

表 7-3　基准回归结果（一）

变量	低碳创新	
	模型 1	模型 2
机构投资者网络 ESG 共享偏好	0.129***	0.070**
	（0.023）	（0.022）
杠杆率		0.823***
		（0.171）
净资产收益率		2.005***
		（0.532）
现金持有量		0.430*
		（0.191）
公司规模		0.263***
		（0.027）

续表

变量	低碳创新	
	模型 1	模型 2
托宾 Q 值		−0.114***
		(0.028)
所有者集中度		−0.033
		(0.141)
管理层持股		−0.124
		(0.109)
两权分离		0.096*
		(0.046)
董事会规模		0.048*
		(0.021)
独立董事		1.148*
		(0.521)
年份固定效应	控制	控制
行业固定效应	控制	控制
常数项	−0.255***	−3.181***
	(0.070)	(0.393)
观测值	9249	9249
卡方值	32.287	354.860
伪 R^2	0.197	0.231

注：括号中为聚类标准误

***表示 0.1%的显著性水平，**表示 1%的显著性水平，*表示 5%的显著性水平

此外，如表 7-3 所示，杠杆率、净资产收益率、现金持有量越高，越能促进低碳创新，说明冗余资源对企业低碳创新有显著影响。公司规模与低碳创新正相关，董事会规模越大，推动低碳创新的可能性就越大。这可能与董事会规模越大，越能提供更多经验、信息和建议有关（Chen and Hsu，2009）。独立董事与低碳创新之间存在明显的正相关关系，这可能与独立董事可以为企业提供创新资源和建议有关。

（三）调节机制检验

表 7-4 中的模型 1 考察了绿色金融对机构投资者网络 ESG 共享偏好与家族企业低碳创新之间关系的调节作用。结果表明，当家族企业所在省份的绿色金融发展水平较高时，机构投资者网络 ESG 共享偏好对家族企业低碳创新的正向影响更为显著。这与利益相关者理论是一致的，即企业的长期和高质量发展在很大程度上依赖于所有利益相关者的支持和投资。事实上，绿色金融体系的构建涉及社会各界，包括政府、金融中介机构、监管机构等，它们都是企业的重要利益相关者。绿色金融发展水平越高，意味着这些利益相关者越能够为企业提供更好、更便捷的服务，越有利于企业的低碳创新。

表 7-4　绿色金融和家族控制的调节作用

变量	低碳创新	
	模型 1	模型 2
机构投资者网络 ESG 共享偏好	0.072***	0.072**
	(0.022)	(0.026)
绿色金融	0.948	
	(0.888)	
机构投资者网络 ESG 共享偏好×绿色金融	0.338**	
	(0.124)	
杠杆率	0.843***	0.607***
	(0.173)	(0.164)
净资产收益率	2.005***	1.859***
	(0.532)	(0.520)
现金持有量	0.423*	0.256
	(0.191)	(0.187)
公司规模	0.268***	0.237***
	(0.027)	(0.026)
托宾 Q 值	−0.111***	−0.090***
	(0.028)	(0.024)
所有者集中度	−0.036	−0.110
	(0.140)	(0.141)
管理层持股	−0.112	−0.250*
	(0.109)	(0.109)
两权分离	0.093*	0.093*
	(0.046)	(0.044)
董事会规模	0.047*	0.063**
	(0.021)	(0.021)
独立董事	1.148*	0.941+
	(0.520)	(0.524)
家族控制		3.832***
		(0.116)
机构投资者网络 ESG 共享偏好×家族控制		−0.186+
		(0.085)
年份固定效应	控制	控制
行业固定效应	控制	控制
常数项	−3.729***	−4.896***
	(0.607)	(0.406)
观测值	9249	9249
卡方值	365.761	1508.720
伪 R^2	0.232	0.349

注：括号中为聚类标准误

***表示 0.1%的显著性水平，**表示 1%的显著性水平，*表示 5%的显著性水平，+表示 10%的显著性水平

表 7-4 中的模型 2 考察了家族控制对机构投资者网络 ESG 共享偏好与家族企业低碳创新之间关系的调节作用。二者交互作用的项目为负且弱显著（$\beta=-0.186$，$p<0.1$），意味着当中国家族企业的家族控制比例相对较低时，机构投资者网络 ESG 共享偏好对家族企业低碳创新的影响更为显著。反过来，随着家族控制比例的增加，机构投资者网络 ESG 共享偏好对家族企业低碳创新的影响也会下降。

表 7-5 检验了经济不确定性对绿色金融调节效应的调节作用。在高水平经济不确定性的子样本中，机构投资者网络 ESG 共享偏好与绿色金融交互项的系数不显著；然而，在低水平经济不确定性的子样本中，机构投资者网络 ESG 共享偏好与绿色金融交互项的系数显著为正（$\beta=0.697$，$p<0.01$）。这一结果表明，绿色金融的调节作用具有显著的环境依赖性，即只有在经济不确定性较低的地区，绿色金融才能显著提高机构投资者网络 ESG 共享偏好对企业低碳创新的促进作用。

表 7-5　经济不确定性对绿色金融调节效应的调节作用

变量	高水平经济不确定性	低水平经济不确定性
	低碳创新	
	模型 1	模型 2
机构投资者网络 ESG 共享偏好	0.040	0.039
	（0.033）	（0.038）
绿色金融	0.057	1.228
	（2.730）	（1.893）
机构投资者网络 ESG 共享偏好× 绿色金融	0.092	0.697**
	（0.222）	（0.248）
杠杆率	0.684*	0.946***
	（0.317）	（0.270）
净资产收益率	2.122*	1.570
	（1.028）	（0.961）
现金持有量	0.691*	0.390
	（0.329）	（0.306）
公司规模	0.297***	0.252***
	（0.051）	（0.044）
托宾 Q 值	−0.081+	−0.141**
	（0.044）	（0.044）
所有者集中度	0.063	−0.099
	（0.224）	（0.229）
管理层持股	−0.409*	0.032
	（0.187）	（0.181）
两权分离	0.165*	−0.006
	（0.083）	（0.073）
董事会规模	0.124**	0.016
	（0.039）	（0.033）

续表

变量	高水平经济不确定性	低水平经济不确定性
	低碳创新	
	模型 1	模型 2
独立董事	1.766[+]	0.981
	(0.997)	(0.806)
年份固定效应	控制	控制
行业固定效应	控制	控制
常数项	−4.309[*]	−3.199[**]
	(1.722)	(1.187)
观测值	3275	3335
卡方值	125.763	148.324
伪 R^2	0.260	0.220

注：括号中为聚类标准误，由于回归采用固定效应模型，分样本回归时进一步损失少量样本

[***]表示0.1%的显著性水平，[**]表示1%的显著性水平，[*]表示5%的显著性水平，[+]表示10%的显著性水平

表 7-6 检验了家族控制在代际控制背景下的调节作用。当家族企业存在代际控制时，机构投资者网络 ESG 共享偏好与家族控制交互项的系数不显著，但在不存在代际控制的子样本中，机构投资者网络 ESG 共享偏好与家族控制交互项的系数显著为负（$\beta=-0.196$，$p<0.05$）。这一结果说明，只有在继任者不参与企业管理的家族企业中，家族控制才能显著抑制机构投资者网络 ESG 共享偏好对企业低碳发展的促进作用。

表 7-6 代际控制对家族控制的调节作用

变量	存在代际控制的家族企业	不存在代际控制的家族企业
	低碳创新	
	模型 1	模型 2
机构投资者网络 ESG 共享偏好	−0.024	0.088[**]
	(0.049)	(0.030)
家族控制	0.740[*]	4.873[***]
	(0.315)	(0.127)
机构投资者网络 ESG 共享偏好 ×家族控制	−0.189	−0.196[*]
	(0.230)	(0.092)
杠杆率	1.553[***]	0.404[*]
	(0.418)	(0.177)
净资产收益率	0.562	2.620[***]
	(1.299)	(0.561)
现金持有量	−0.186	0.369[+]
	(0.491)	(0.203)
公司规模	0.295[***]	0.202[***]
	(0.059)	(0.030)

续表

变量	存在代际控制的家族企业	不存在代际控制的家族企业
	低碳创新	
	模型 1	模型 2
托宾 Q 值	0.090+	−0.128***
	(0.051)	(0.028)
所有者集中度	−0.143	0.297+
	(0.368)	(0.157)
管理层持股	0.031	−0.290*
	(0.274)	(0.126)
两权分离	−0.033	0.146**
	(0.103)	(0.048)
董事会规模	0.101+	0.058**
	(0.053)	(0.023)
独立董事	0.431	0.716
	(1.419)	(0.564)
年份固定效应	控制	控制
行业固定效应	控制	控制
常数项	−4.137***	−5.311***
	(0.969)	(0.450)
观测值	2364	6885
卡方值	139.900	1915.740
伪 R^2	0.277	0.412

注：括号中为聚类标准误

***表示 0.1% 的显著性水平，**表示 1% 的显著性水平，*表示 5% 的显著性水平，+表示 10% 的显著性水平

（四）稳健性检验

1. 被解释变量的替代

为确保实证结果的可信度，本节进行了一系列稳健性检验。根据先前的文献，本节将低碳创新替换为绿色创新进行稳健性检验。绿色创新可以采用绿色专利来衡量（Amore and Bennedsen，2016），绿色专利的范围更大，其中包括低碳专利。如表 7-7 所示，机构投资者网络 ESG 共享偏好对企业绿色创新有显著的正向影响（$\beta=0.063$，$p<0.01$），这与前文将低碳创新作为被解释变量时的结果一致。

表 7-7　稳健性检验：被解释变量的替代指标

变量	绿色创新	
	模型 1	模型 2
机构投资者网络 ESG 共享偏好	0.122***	0.063**
	(0.022)	(0.021)

续表

变量	绿色创新	
	模型 1	模型 2
杠杆率		0.857***
		(0.163)
净资产收益率		1.956***
		(0.530)
现金持有量		0.553**
		(0.187)
公司规模		0.270***
		(0.026)
托宾 Q 值		−0.104***
		(0.026)
所有者集中度		0.085
		(0.136)
管理层持股		−0.004
		(0.106)
两权分离		0.084+
		(0.045)
董事会规模		0.039*
		(0.020)
独立董事		0.864+
		(0.502)
年份固定效应	控制	控制
行业固定效应	控制	控制
常数项	−0.216**	−3.137***
	(0.068)	(0.376)
观测值	9249	9249
卡方值	31.046	368.758
伪 R^2	0.181	0.216

注：括号中为聚类标准误

***表示 0.1%的显著性水平，**表示 1%的显著性水平，*表示 5%的显著性水平，+表示 10%的显著性水平

2. 解释变量滞后 1 期

大量文献表明，当专利作为被解释变量时，我们需要考虑滞后效应，因为企业通常需要一段时间才能体验到研发投入对创新产出的积极影响。因此，本节将解释变量滞后 1 期，结果如表 7-8 所示。结果发现，机构投资者网络 ESG 共享偏好对企业低碳创新有显著的正向影响（β=0.050，p<0.05），表明结果稳健。

表 7-8　稳健性检验：解释变量滞后 1 期

变量	低碳创新
机构投资者网络 ESG 共享偏好	0.050*
	(0.025)
杠杆率	0.732***
	(0.206)
净资产收益率	1.927**
	(0.646)
现金持有量	0.041
	(0.257)
公司规模	0.277***
	(0.032)
托宾 Q 值	−0.139***
	(0.036)
所有者集中度	−0.019
	(0.165)
管理层持股	−0.039
	(0.134)
两权分离	0.119*
	(0.055)
董事会规模	0.032
	(0.025)
独立董事	0.760
	(0.617)
年份固定效应	控制
行业固定效应	控制
常数项	−2.840***
	(0.461)
观测值	6679
卡方值	269.969
伪 R^2	0.237

注：括号中为聚类标准误

***表示 0.1%的显著性水平，**表示 1%的显著性水平，*表示 5%的显著性水平

3. Probit 回归

为了避免不同回归方法对研究结果可能产生的影响，本节用 Probit 回归模型代替普通最小二乘法回归模型来检验本章的结论。并非所有企业每年都申请低碳专利，因此本节重新定义了一个指标变量，即在企业申请低碳专利的年份指标变量等于 1，否则等于 0。重新回归后实证结果如表 7-9 所示，结果表明机构投资者网络 ESG 共享偏好对企业

低碳创新有显著的正向影响（$\beta=0.034$，$p<0.05$），与本节结论一致。

表 7-9　稳健性检验：Probit 回归结果

变量	低碳创新
机构投资者网络 ESG 共享偏好	0.034*
	（0.015）
杠杆率	0.432***
	（0.119）
净资产收益率	1.058**
	（0.344）
现金持有量	0.204
	（0.132）
公司规模	0.156***
	（0.020）
托宾 Q 值	−0.063***
	（0.018）
所有者集中度	0.125
	（0.101）
管理层持股	0.031
	（0.078）
两权分离	0.010
	（0.033）
董事会规模	0.034*
	（0.015）
独立董事	0.490
	（0.388）
年份固定效应	控制
行业固定效应	控制
常数项	−2.050**
	（0.632）
观测值	9249
卡方值	1506.787
伪 R^2	0.148

注：括号中为聚类标准误
***表示 0.1%的显著性水平，**表示 1%的显著性水平，*表示 5%的显著性水平

4. 倾向得分匹配

由于低碳创新水平较高的企业可能会受到机构投资者的青睐，因此本节可能存在"因果倒置"的内生性问题。因此，我们使用倾向得分匹配法来控制内生性。由于解释变量

是连续变量，本节需重新定义解释变量：当解释变量的值大于样本的20%分位数时，解释变量的值等于1，当自变量的值小于样本的中位数时，自变量的值等于0。基于此，研究将样本分为了两组：对ESG有共同偏好的机构投资者网络，称为处理组；对ESG没有共同偏好的机构投资者网络，称为对照组。之后本节使用1∶1近邻匹配法来匹配对照组和处理组。表7-10显示，机构投资者网络ESG共享偏好与企业低碳创新之间仍然存在显著的正相关关系。

表 7-10　稳健性检验：倾向得分匹配

变量	低碳创新
机构投资者网络 ESG 共享偏好	0.049*
	（0.040）
杠杆率	1.113**
	（0.319）
净资产收益率	1.245
	（1.053）
现金持有量	0.955**
	（0.310）
公司规模	0.249***
	（0.046）
托宾 Q 值	−0.122*
	（0.050）
所有者集中度	−0.246
	（0.243）
管理层持股	−0.080
	（0.191）
两权分离	0.119
	（0.081）
董事会规模	0.119**
	（0.038）
独立董事	3.513***
	（0.904）
年份固定效应	控制
行业固定效应	控制
常数项	−4.651***
	（0.708）
观测值	2942
卡方值	141.199
伪 R^2	0.240

注：括号中为聚类标准误，根据对照处理组，1∶1地从对照组中匹配合适的样本，多余的样本未参与回归，因此相较于此前的结果，观测值有所减少

***表示0.1%的显著性水平，**表示1%的显著性水平，*表示5%的显著性水平

第三节　代际传承、机构投资者 ESG 积极主义与异质性家族企业绿色转型回应研究

通过在不同代际背景的非家族企业和家族企业中拓展参照点理论，本节研究了家族企业对机构投资者 ESG 积极主义的差异化回应策略，强调了不同代际背景的家族企业对机构投资者 ESG 积极主义的不同反应。本节利用 2012~2020 年 14 425 个中国家族企业数据样本开展实证分析，发现机构投资者 ESG 积极主义更有可能刺激家族企业而不是非家族企业进行探索性绿色创新。机构投资者 ESG 积极主义和探索性绿色创新之间的这种联系在第二代家族企业中比在第一代企业中更强。此外，本节探讨了家族参与和财务冗余在第一代和第二代家族企业应对机构投资者 ESG 积极主义时的调节作用。具体而言，在第二代家族企业背景下，家族参与和财务冗余都可以增强机构投资者 ESG 积极主义对探索性绿色创新的积极影响。而在第一代家族企业背景下，家族参与的调节效应不显著，财务冗余的调节效应为负。

一、家族企业探索性绿色创新的文献回顾

（一）企业探索性绿色创新

由于公众对低碳经济模式的关注与日俱增，企业绿色创新备受关注。绿色创新又称生态创新、环境创新和可持续创新（Cui et al.，2022），是指为实现节约能源、防止污染、实现废物回收利用以及其他有益于环境的目标而开发的新产品或工艺。绿色创新超越了旨在最大限度减少负面影响的被动污染控制，使企业能够抓住绿色技术领域的新兴机遇，从而促进积极的价值创造（Dangelico and Pontrandolfo，2015）。随着环保消费者的增加和全球市场环境法规的推行，积极追求绿色创新的企业不仅可以提高整体生产效率，还可以依靠先进的绿色技术抢占并维持利基市场。

关于创新的大量文献将绿色创新分为两个类别：开发性绿色创新和探索性绿色创新（Guan and Liu，2016）。开发性绿色创新是指利用现有知识在绿色领域进行增量改进，以满足当前客户或市场的需求所进行的创新（Jansen et al.，2006）。虽然开发性绿色创新可以通过较低成本的投资巩固现有技术范式，并产生稳定的短期收入，但它可能会损害企业的长期适应性。相比之下，探索性绿色创新是指企业超越了现有的知识基础和技术范围，以满足潜在客户或市场的需求所进行的创新（Alexiev et al.，2010）。通过涉足未开发的技术领域并突破技术瓶颈，探索性绿色创新可以使企业：①抓住当前的绿色技术机遇；②保持长期竞争力；③维持自身绿色技术先驱和领导者的地位（Chen，2008a）。然而，这种活动意味着偏离既定的常规和战略，从而给企业带来潜在风险。虽然探索性创新在一般意义上已得到广泛研究，但在绿色领域还缺乏探索性创新的相关研究。

由于日益严峻的气候变化挑战（Flammer et al.，2021），促进企业进行探索性绿色创新已成为当务之急。以往的研究发现推动企业进行探索性创新的个人层面因素包括 CEO 的变革领导力（Chen et al.，2019）、CEO 的权力（Sariol and Abebe，2017）、CEO 的激情

（Cai et al.，2021）以及高层管理人员的认知和行为倾向（de Visser and Faems，2015）。企业层面的因素包括组织冗余（Huang and Chen，2022）、吸收能力（Zhou and Wu，2010）和创始团队的构成（Beckman，2006）。环境因素包括环境不确定性、政府政策（Bertoni and Tykvová，2015）、市场需求（Wang et al.，2019）和产业集群（Ozer and Zhang，2015）。

如何有效地促进绿色领域的探索性创新仍未得到充分探讨。绿色技术开发仍处于起步阶段，市场不确定性大，技术复杂度高。这需要大量的研发投资，且通常伴随着较高的失败风险（Stucki，2019）。考虑到上述问题，许多研究发现追求短期利润最大化和规避风险的企业不愿意为探索性绿色创新分配资源（Cundill et al.，2018）。越来越多的文献表明，股东有望成为促进企业进行探索性绿色创新的重要外部力量。

（二）机构投资者 ESG 积极主义：企业探索性绿色创新的重要驱动力

过去几十年来，股东积极主义风起云涌，凸显了股东在公司战略决策中的关键作用。股东积极主义是指利用股东的所有权地位来影响公司治理并提高公司业绩，最终加强股东控制权并增加股东价值（Hadani et al.，2011）。其中，机构投资者作为拥有集中股权和广泛网络资源的重要外部股东，被认为是股东积极主义的重要力量（Hadani et al.，2011）。一般来说，机构投资者可以通过撤资威胁、股东提案、公开信、媒体宣传以及与管理层进行非正式谈判等方式对所投资公司施加影响（Cundill et al.，2018）。

随着人们对可持续发展和环境问题的认识不断深入，机构投资者越来越多地参与到 ESG 积极主义中来（Cotter and Najah，2012），并鼓励其投资企业采用 ESG 实践，实行可持续发展。根据现有文献，我们将机构投资者 ESG 积极主义定义为机构投资者为推动管理层关注 ESG 问题并采取积极应对措施而发起的倡导和做出的努力（Goranova and Ryan，2014）。先前的文献广泛研究了与 ESG 相关的股东积极主义对企业财务绩效和风险管理的影响（Hadani et al.，2011），即强调了股东积极性对企业经济方面的影响。另有文献探究了机构投资者 ESG 积极主义对企业环境绩效、气候信息披露和绿色创新的非经济影响（Cotter and Najah，2012；Flammer et al.，2021）。然而，机构投资者 ESG 积极主义与探索性绿色创新之间的关系仍不明确。

如前所述，以短期经济为导向的企业管理者往往不愿意进行探索性绿色创新，因为面临的成本和风险很大。我们认为机构投资者 ESG 积极主义可以有效激发企业的探索性绿色创新，主要有以下四个原因：首先，机构投资者在金融市场中的主导地位使其拥有众多优势，包括获得信息和资本的特权（Aluchna et al.，2022）。其次，机构投资者作为公认的重要股东，往往受益于各种沟通渠道（包括官方访谈、电话会议和私下沟通）。通过这些渠道，他们可以有效地向管理层传达其 ESG 理念和要求，从而吸引高层管理者的注意力（Hadani et al.，2011；Goranova and Ryan，2014）。当高层管理者被说服接受可持续发展理念时，公司往往会为探索性绿色创新项目提供强有力的战略和管理支持。再次，机构投资者可利用其持有的大量股份，在 ESG 期望未得到满足时，施加可信的撤资威胁（Crane et al.，2019），从而对企业施加压力，要求其为探索性绿色创新分配更多资源。最后，由于专业投资者网络具有共同的 ESG 偏好，机构投资者可以调动网络资源支持企业探索前沿绿色技术（Wu et al.，2023b）。

（三）家族企业的社会情感财富参照点及异质性反应

前景理论通常将参照点视为管理者评估企业损益的操作概念（Kahneman and Tversky，1979），并根据任何差异相应调整其战略行动。然而，越来越多的文献拓展了参照点理论，认为参照点是一个包含隐喻、符号和认知线索的认知框架（Bingham and Kahl，2013）。这一框架塑造了高层管理者对环境变化的认识，并影响了他们对选择与后果之间因果关系的信念（Nason et al.，2019）。根据这一研究观念，我们将企业的参照点视为指导企业在资源分配、组织结构设计以及对外部利益相关者和社会的回应等领域进行决策的总体框架。

家族企业的参照点与财务导向型的非家族企业的参照点明显不同（Wu et al.，2021）。大多数研究表明，鉴于家族企业肩负着保护社会情感财富的使命，它们通常使用社会情感财富参照点来制定战略决策（Gomez-Mejia et al.，2007；Gomez-Mejia et al.，2014）。社会情感财富捕捉了一个家族所积累的全部情感财富，如家族的控制力和影响力、家族成员对企业的认同和情感依恋、家族的正面声誉以及跨代的持续能力（Berrone et al.，2012；Deephouse and Jaskiewicz，2013）。

家族企业的社会情感财富参照点通常被认为是静态和同质的。然而，这种静态的框架可能会使学者偏向于社会情感财富的某个特定方面，从而导致对家族企业应对机构投资者 ESG 行为的看法不一致。一方面，家族成员可能会接受 ESG 积极主义，并通过参与探索性绿色创新来追求可持续发展，以避免社会资本枯竭（Gomez-Mejia et al.，2007；Gomez-Mejia et al.，2011；Chrisman and Patel，2012）。另一方面，优先考虑家族控制和内部凝聚力的家族企业可能会抵制来自机构投资者的外部压力（Gomez-Mejia et al.，2019）。为了调和这些源于社会情感财富参照点不同方面的对立观点，本节采用一种权变视角，考虑社会情感财富参照点的动态性质，并研究家族企业对机构投资者 ESG 积极主义响应或抵制的背景。

在行为和战略管理研究中，组织被视为"自适应理性系统"，其决策参照点会随着时间和情况的变化发生变化（Nason et al.，2018）。特别是在家族企业中，社会情感财富的参照点不仅在不同企业之间存在差异，在同一企业内部也存在差异。家族企业还存在一个独特现象，即为了实现家族延续，将所有权或管理职位从第一代转移到第二代。本章认为，第一代和第二代家族企业在社会情感财富参照点上存在显著差异，导致这两代家族企业在目标一致性、内部权力结构、决策过程、对外部利益相关者的回应逻辑以及管理行为上存在实质性差异。

第一代家族企业倾向于采用内部导向和向后看的社会情感财富参照点，强调家族的控制力和影响力（Fang et al.，2018）。凭借家长式的领导风格和强大的家族凝聚力，第一代家族企业往往在决策中优先考虑创始人的偏好。同时，家族创始人主要关注家族企业的生存和独立性（Cennamo et al.，2012；Meier and Schier，2022），他们很少征求家族圈以外的专家意见和新想法（Gomez-Mejia et al.，2019）。由于担心失去家族控制权，他们倾向于坚持既定的商业模式，避免实施激进变革或投资高风险项目（Gomez-Mejia et al.，2019）。因此，他们更倾向于感知与外部积极主义的冲突，因为外部积极分子可能会质疑企业内部根深蒂固的常规和等级结构。换言之，家族企业创始人倾向于与内部利益相关者保持一致，抵制外部积极主义（Meier and Schier，2022）。

然而，随着新的家族继承人进入企业领导层，家族企业的参照点可能会从维护家族控制权转向延续家族和追求新的标签。第二代家族企业着眼于家族企业的繁荣和扩张，更倾向于以外部和前瞻性的方式管理企业（Meier and Schier，2022）。因此，第二代家族企业往往采取长期战略，以保持竞争优势，如投资新兴行业，促进创新和转型（Bammens and Hünermund，2020）。为了确立自身的合法性和权力，第二代家族企业倾向于通过整合来自内部和外部利益相关者的各种需求来塑造新的身份（Chalus-Sauvannet et al.，2016）。由于权力下放和缺乏权威，第二代家族企业在推出新举措时可能会在获得内部利益相关者的支持方面遇到挑战。因此，他们会积极回应外部要求，与外部利益相关者合作，推动组织变革。

综上所述，越来越多的学者研究了机构投资者积极主义对企业战略选择和行为的影响，但对家族企业对机构投资者 ESG 积极主义的独特反应，特别是反应逻辑的代际差异的研究却很有限。基于社会情感财富参照点转移的观点，我们提出了第一代和第二代家族企业两种不同的应对逻辑。接下来，本章运用理论框架（表 7-11），分析在非家族企业和不同类型的家族企业中，机构投资者 ESG 积极主义与探索性绿色创新的关系有何不同。此外，我们还探究了第一代和第二代家族企业是如何利用不同的自由裁量权和财务冗余来加强对机构投资者 ESG 积极主义的抵制或回应的。

表 7-11　第一代和第二代家族企业的比较

项目	第一代家族企业	第二代家族企业
参照点	社会情感财富：家族控制与家族凝聚力 内部导向和向后看	社会情感财富：家族传承与新标签 外部导向和向前看
目标一致性	内部利益相关者的目标高度一致 与外部利益相关者存在冲突 将家族的利益和影响放在首位 对于既定业务流程，创新和改变的重视程度较低	家族权力重组导致内部利益相关者联盟变得更加松散 更倾向于与外部利益相关者保持一致 重新定位战略目标，寻求新的社会身份 追求新标签时更加注重创新和变化
权力结构及决策过程	家长式领导，以创始人为中心的权力结构 与内部利益相关者一致并抵制外部干预 由家族企业创始人的权威支配决策过程	协商式领导，去中心化的权力结构 通过吸收来自内外部利益相关者（活动者）的多元社会议题，重塑合法性和社会认同 在家族权力减弱的同时实行协商式决策流程
回应逻辑和管理行为	象征性遵从或抵制来被动回应股东积极主义 本能反对失去家族控制，与内部利益相关者联合抵制 ESG 积极主义 利用内部财务资源以摆脱机构干预	主动与股东积极主义者合作 通过减少部分家族控制以加强合法性 更积极地参与外部积极主义以克服组织惰性 调动内部财务资源积极回应外部利益相关者并采取 ESG 措施

二、家族企业应对机构投资者 ESG 积极主义的参照点机制分析

（一）家族企业与非家族企业在应对机构投资者 ESG 积极主义方面的比较

现有文献表明，家族企业利用社会情感财富参照点来感知环境并做出战略决策，而非家族企业则以效率参照点为指导。基于这一观点我们提出，与非家族企业相比，以社会情感财富为参照点的家族企业更愿意对机构投资者 ESG 行动采取实质性的应对措施，并开展探索性绿色创新。

非家族企业的决策基于效率参照点，强调财务回报的最大化（Chrisman and Patel，2012）。一般来说，非家族企业的管理者会努力实现短期业绩目标，优先考虑股东财务回报（Gomez-Mejia et al.，2010）。在此方面，机构投资者 ESG 积极主义通过抓住新出现的绿色投资机会来提高非财务绩效，这可能与非家族企业管理者的短期经济利益相冲突。虽然持有 ESG 偏好的长期机构投资者鼓励开展具有可持续价值的探索性绿色创新，但其高昂的成本和风险可能会阻碍注重短期回报的管理者追求探索性创新（Lumpkin and Brigham，2011）。因此，由于利益冲突，非家族企业更有可能抵制机构投资者提出的 ESG 要求。

即使机构投资者能够说服非家族企业追求可持续发展，但非家族企业短期内的参照点可能聚焦于更经济和渐进的绿色项目，而不是追求绿色技术的突破。此外，涉及多个利益相关者的分散所有权和分层决策结构（Berns and Klarner，2017）可能会降低非家族企业参照点的清晰度（Nason et al.，2019）。不稳定的参照点会增加决策中的协调成本，甚至会引发利益冲突，使非家族企业难以满足机构投资者的 ESG 要求，从而难以就探索性绿色创新达成共识。

与此相反，保持以社会情感财富作为家族企业重要的非财务参照点（Gomez-Mejia et al.，2011；Chrisman and Patel，2012），可以引起对机构投资者 ESG 积极主义的积极回应。家族企业所有者经常会做出"经济上不合理"的选择，如优先考虑家族的情感需求，包括企业内部的自我认同和情感依恋，以及良好的声誉（Berrone et al.，2010）。在内部，对 ESG 要求的积极回应加强了家族成员对其作为积极践行社会责任的企业管理者的集体信念，这有助于在家族企业中培养共识并增进诚信。在外部，家族企业通过探索性绿色创新，可以重塑其公众形象，并向外部利益相关者表明其在 ESG 方面的承诺，从而有助于获得良好的声誉和更高的合法地位（Deephouse and Jaskiewicz，2013）。如果家族企业忽视或抵制 ESG 方面的压力，则拥有广泛网络资源的机构投资者能轻易通过公开谴责损害家族企业的声誉（Dyer and Whetten，2006）。因此，尽管探索性绿色创新的风险高，但是家族企业仍倾向于满足机构投资者在 ESG 方面的要求。

家族企业的所有权和自由裁量权集中，会培养出一个长期稳定的参照点，以促进其对绿色创新的探索。基于社会情感财富的参照点可以引导家族企业优先考虑企业的可持续发展，并将探索性绿色创新视为一项旨在提高企业竞争力、为家族后代带来长期利益的战略投资（Berrone et al.，2010）。此外，探索性绿色创新需要长期承诺（Aragón-Correa and Sharma，2003）。家族所有者经常长期担任关键管理职位（Anderson and Reeb，2003），

他们更有可能为探索性绿色创新提供坚定和持续的支持。基于此，本节认为，与非家族企业相比，机构投资者 ESG 积极主义更有可能促使家族企业进行探索性绿色创新。

（二）第一代和第二代家族企业的异质性反应

以社会情感财富为参照点的家族企业（Gomez-Mejia et al.，2007；Chrisman et al.，2012）通常会采取合作的方式来应对机构投资者的 ESG 行动要求（Cennamo et al.，2012）。然而，第一代和第二代家族企业可能会关注社会情感财富的不同方面，从而对外部 ESG 压力做出不同的反应。现有文献表明，参照点具有多维性和动态性，在不同情况下会发生变化（Aranda et al.，2017）。就家族企业而言，社会情感财富参照点也会在其整个生命周期中不断演变。具体而言，第一代家族企业可能希望巩固家族主导地位并建立稳固的企业，而第二代家族企业可能希望通过转型和创新追求新的身份。

对于第一代家族企业来说，社会情感财富参照点的重要作用在于维持家族对企业的控制和影响，以及培养家族内部的凝聚力。在这种内部导向和向后看的参照点指导下，第一代家族成员往往不愿屈服于机构投资者的外部 ESG 压力。由于家族企业的创始人自企业创立之初就为企业投入了大量的时间、精力和资源，他们通常会采用家长式领导（Fang et al.，2018），确保他们对企业的持久控制和权威。然而，机构投资者在 ESG 方面的积极介入意味着外部股东对公司治理会施加影响，从而有可能侵蚀家族的财务权力和管理裁量权（Gomez-Mejia et al.，2010）。为了减轻对其控制权的潜在外部威胁（Gomez-Mejia et al.，2007），创始人在进行探索性绿色创新时会抵制与机构投资者接触。

家族创始人作为开拓者，经历过困难时期，甚至为了企业的生存而奋斗。因此，他们会优先考虑经济可行性，而不是寻求外部合法性（Meier and Schier，2022）。尽管迎合机构投资者的 ESG 要求可以提高公司的社会情感财富声誉，但第一代家族企业可能会因为存在危及稳定经济回报的风险而犹豫不决，不愿大力投资于探索性绿色创新（Dick et al.，2021）。此外，创始人往往倾向于维持家族集团内部既有的秩序与和谐（Fang et al.，2018）。因此，探索性绿色创新可能会引发潜在的冲突，并面临来自保守型家族所有者施加的阻力（Chrisman et al.，2015b；Lattuch，2019）。

然而，随着家族继承，第二代家族成员的价值观和愿景会融入企业决策，从而导致家族企业的社会情感财富参照点向跨代可持续发展转变。家族继承往往需要平衡情感因素和家族利益，因而不完全由候选人的能力所决定。新继任者的权威和能力不可避免地会受到其他家族成员或外部利益相关者的威胁（Aranda et al.，2017）。在这种情况下，我们认为第二代家族成员有强烈的动机通过主动与机构投资者合作并转型来提高其合法性和权威性，而不是被动地屈服于内部和外部压力。

为了消除公众对其能力的担忧，第二代家族成员必须通过严格的公众审查。考虑到机构投资者 ESG 积极主义对其企业的合法性构成了公开威胁，第二代管理者面临着更大的压力来应对这些挑战。为了证明自己的能力，第二代家族成员通常将 ESG 行动视为获得利益相关者认可的机会，通过积极应对机构投资者 ESG 积极主义（Cannella et al.，2015）来获得这些机构的财务上的支持，并提高所管理的家族企业的声誉（Bammens and Hünermund，2020）。

家族企业的第二代家族成员领导人受前瞻性参照点的驱动,希望超越其前任的成就,他们更有可能采用探索性绿色创新作为对机构投资者 ESG 积极主义的回应。通过接受 ESG 价值观并涉足新兴绿色行业,家族继任者能够克服组织惰性,形成绿色企业家的新身份(Lumpkin and Brigham,2011),并在此过程中逐步树立自己的权威。为了实现这些目标,继任者要接受探索性绿色创新所固有的风险(Chalus-Sauvannet et al.,2016)。此外,与第一代家族成员相比,第二代家族成员拥有更高的教育水平。他们拥有强大的教育和专业网络,通常更容易接受新思想(Nason et al.,2019),也更了解当代管理和技术的发展(Bennedsen and Foss,2015)。这种能力使他们能够发现绿色创新中的机遇,并成功进行探索性绿色创新。因此,本节认为,与第一代家族企业相比,机构投资者 ESG 积极主义更有可能促使第二代家族企业进行探索性绿色创新。

（三）家族参与在第一代和第二代家族企业中的作用

为了进一步揭示第一代和第二代家族企业不同反应背后的机制,我们研究了家族企业利用家族控制权和冗余财务资源的不同方法。家族控制权是一种重要的无形资源,家族成员可以利用这种资源应对机构投资者 ESG 积极主义并实现其社会情感财富目标。随着第二代家族企业控制者寻求合法性和新身份,他们倾向于通过探索性绿色创新来回应机构投资者的 ESG 关注。然而,当引入偏离企业现有业务战略的绿色创新时,他们很难处理不同利益相关者之间的冲突。本节认为,家族掌握的控制权既包括股权所有权和管理职位赋予的"硬权力",也包括源于关系的"软权力",控制权使第二代家族企业控制者能够有效解决冲突,并对机构投资者 ESG 积极主义做出积极回应(Zybura et al.,2021)。利用从前任继承的控制权,第二代家族企业控制者逐渐增强了其在决策中的主导地位,从而获得了高管团队对探索性绿色创新的更多支持(Croci et al.,2011)。

在家族成员之间纽带的培育下,内部社会资本从第一代传递到第二代,可以产生额外的权力(Herrero and Hughes,2019)。虽然家族企业通常能够抵御风险和外部干预,但家族圈内继承的社会资本实际上可以赋予第二代有效应对内部官僚机构和调和矛盾的能力,从而促进与机构投资者在绿色转型方面的合作(Carney,2005)。因此,本节认为,在第二代家族企业中,以家族参与程度为表现形式的家族控制权会增强机构投资者 ESG 积极主义与探索性绿色创新之间的正相关关系。

相比之下,家族参与对第一代家族企业的积极调节效应可能会减弱甚至转化为负面影响。重视绝对控制权和内部凝聚力的第一代家族企业往往会选择象征性地遵守或抵制机构投资者的外部干预。强大控制权的存在表明,第一代家族企业所有者已建立起权威领导地位,并在决策过程中优先考虑自身家族联盟的利益,而不是非家族股东的利益(Gao and Kling,2008)。这为他们抵御机构投资者 ESG 积极主义提供了更有力的谈判地位。此外,内部家族所有者通常能获得外部人士无法获得的公司特定信息。因此,机构投资者等外部股东在与有影响力的内部家族股东谈判时面临巨大的挑战,导致他们的要求很容易被忽视(Rehbein et al.,2013)。基于上述内容,本节认为,与第一代家族企业相比,家族参与对第二代家族企业的积极调节作用更强。

（四）财务冗余在第一代和第二代家族企业中的作用

在家族企业中，财务冗余是具有高度可支配性的资源，其分配方式主要取决于由家族成员主导的联盟（Xu and Hitt，2020）。第二代家族成员在前瞻性社会情感财富参照点的驱动下，倾向于通过财务冗余促进战略变革，而不是满足于之前的绩效。因此，本节提出，第二代家族企业的冗余财务资源可以促进与以 ESG 为导向的机构投资者在探索性绿色创新方面的合作。

第二代家族企业可以利用财务冗余缓解不同利益相关者之间的冲突，并促进其对 ESG 要求的回应（Xu and Hitt，2020）。虽然第二代家族成员强调机构投资者倡导 ESG 价值观，但他们在回应 ESG 积极主义时，必须协调第一代家族成员、非家族成员和其他外部投资者的利益（Debicki et al.，2017）。在第一代家族成员和高级管理者内部，也可能存在关于机构投资者参与和追求高风险探索性绿色创新的不同观点。在这种情况下，财务冗余在协调利益相关者的不同需求方面发挥着关键作用（Attig et al.，2016）。因此，本节认为，冗余的财务资源可以有效解决企业内部的资源寻求冲突，加快第二代家族企业对机构投资者 ESG 积极主义的回应（Xu and Hitt，2020）。

尽管探索性绿色创新是以 ESG 为导向的机构投资者和第二代家族企业所有者所期望达成的理想结果，但追求这种创新可能会受到高风险和长回报周期的阻碍（Lv et al.，2021）。冗余资源可提供资金缓冲和更大的灵活性，促进企业在绿色技术领域进行试验和承担风险（Bradley et al.，2011）。综上所述，本节认为，第二代家族企业的财务冗余会加强机构投资者在 ESG 方面的积极性与探索性绿色创新之间的正相关关系。

然而，财务资源的冗余会加强第一代家族企业的经济独立性和组织僵化，从而削弱其对机构投资者 ESG 积极主义的回应能力。对于优先考虑家族控制权的第一代家族控制人来说，充足的财务资源使其能够实现与外部投资者的经济脱钩，从而增强其抵制机构投资者 ESG 积极主义的动力。虽然机构投资者通常会施加撤资威胁，迫使目标公司做出让步（Crane et al.，2019），但第一代家族企业拥有充足的资金，可作为应对环境动荡和短期市场流动性的有效缓冲，从而可以抵御撤资风险，减轻机构投资者的干扰。

此外，财务冗余可能会助长组织内部的自满情绪和惰性（Voss et al.，2008），强化第一代家族企业无视外部变革要求、维持现状的意图。当第一代家族企业的财务资源丰富时，以内部为导向的参照点往往会认为现有战略足以实现企业的成功，并认为新的变革是不必要的（Kotlar et al.，2020）。因此，第一代家族企业不太愿意通过"问题搜索"（Gomez-Mejia et al.，2018）来开展探索性绿色创新，而是优先考虑盈利项目。因此，本节提出，财务冗余对第二代家族企业的积极调节作用比第一代家族企业更强。

图 7-2 是本节的理论框架。如图 7-2 所示，家族企业与非家族企业之间以及第一代家族企业与第二代家族企业之间在参照点上的差异，导致了它们对机构投资者 ESG 积极主义的不同反应，以及它们对家族参与和财务冗余的不同利用方式。

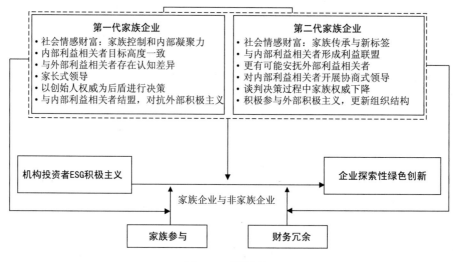

图 7-2　理论框架

三、研究设计

（一）数据来源

中国为研究机构投资者 ESG 积极主义对企业探索性绿色创新的影响提供了理想的环境，原因有三点。首先，机构投资者在中国资本市场倡导 ESG 投资方面发挥着举足轻重的作用（Dyck et al.，2019）。机构投资者通过实地考察和访谈向管理者传达他们的 ESG 价值观和关注点，有利于直接衡量其 ESG 积极性（Cao et al.，2022）。其次，探索性绿色创新对于中国加快绿色领域的技术追赶至关重要。最后，家族企业是中国经济的重要支柱，占民营企业总数的 90% 左右。因此，通过研究中国家族企业的数据，可以分析它们对机构投资者 ESG 积极主义的不同反应。

本节从多个数据库中收集原始数据。中国上市公司的财务和治理数据来自中国经济金融研究数据库，该数据库被广泛用于管理和财务研究（Wu et al.，2018b）。我们从国家知识产权局获取企业专利信息，以衡量探索性绿色创新。参考先前研究（Cao et al.，2022），本节从中国研究数据服务平台中获取了投资者实地考察的问题记录，以量化机构投资者 ESG 积极主义。

初始样本包括 2012 年至 2020 年在上海证券交易所和深圳证券交易所上市的所有公司，并按照以下步骤筛选初始样本：首先，剔除了金融行业的公司，如银行、信托公司和保险公司；其次，剔除了被证券交易所指定为特殊处理的上市公司；最后，排除了未披露相关变量详细数据的公司。最终，我们获得了"企业-年份"层面的 14 425 个观测样本。为减少异常值的影响，所有连续变量都进行了缩尾处理。

（二）变量定义

1. 被解释变量：探索性绿色创新

大多数研究在衡量绿色创新时，都采用了与环境相关的专利数量（Chen et al.，2021c）。本节利用超越现有技术的新领域绿色专利数量来衡量探索性绿色创新。首先，从国家知识产权局的官方网站上收集上市企业拥有的所有专利，并利用世界知识产权组织发布的"国际专利分类绿色清单"，确定了七个技术领域的绿色专利：交通、废物管理、节能、替代能源生产、行政监管或设计方面、农业或林业以及核能发电。其次，我们从每家公司的所有绿色专利中找出探索性绿色专利。如果一家企业在过去五年（从 t–5 到 t–1）中没有在某一绿色技术领域申请过任何专利，但第 t 年在该领域申请了至少一项专利，我们就用新领域绿色专利数量来衡量探索性绿色创新。选择五年时间作为评估企业在某一技术领域新颖性的窗口期是因为在这一时间段内技术格局可能发生根本性的变化（Leten et al.，2007）。最后，由于企业在第 t 年首次进入某一技术领域，在一定时期内该技术领域仍处于相对较新且未经探索的状态，该领域在随后连续三年内都处于探索状态（Belderbos et al.，2010）。换言之，企业在 t 年、t+1 年、t+2 年和 t+3 年在该领域产生的绿色专利都被归类为探索性绿色专利。

2. 解释变量

解释变量为机构投资者 ESG 积极主义。西方国家的多数研究利用股东提案数据来衡量股东积极性，如股东提案数量、提交频率和提案内容（Loughran and McDonald，2011）。在中国，尽管存在股东提案制度，但公众无法获得股东提案数据。但是，通过在实地考察过程中与机构投资者访谈所获得的数据也能了解机构投资者在与企业管理者互动时的意图和兴趣（Jiang and Yuan，2018）。根据先前的研究（Cao et al.，2022），实地考察的访谈记录从中国研究数据服务平台中获取。通过分析访谈记录问答部分中与 ESG 相关的词语的词频，以对数形式衡量机构投资者 ESG 积极主义。

本节通过四个步骤构建 ESG 词库。首先，本节收集 2015~2022 年上市公司的 ESG 报告和 ESG 委员会说明，并提取文本。其次，本节使用 Python 中的 Jieba 库对一组训练文本进行中文分词操作并进行词频统计，剔除年份、连词等相关性较低的词后共选取了 630 个与 ESG 相关的高频词。再次，根据第二步形成的词汇，我们确定上市公司 ESG 文本中 ESG 高频关键词的组合。最后，参考 Lee 和 Raschke（2023）的研究，分别从环境、社会、治理和 ESG 总体四个维度对上一步获得的关键词进行补充，得到本节使用的 ESG 词库。

3. 调节变量

（1）家族企业与非家族企业。使用虚拟变量表示企业是否属于家族企业。如果企业满足以下条件之一则虚拟变量的值为 1，否则为 0：①上市公司的实际控制人为单个自然人或家族，并且有亲属担任董事、监事或高管职务，或者为公司股东；②上市公司的实际控制人为单个自然人或家族，并且为控股股东单位的实际控制人，且其亲属在控股股东单位担任董事、监事或高管职务，或者为控股股东单位的股东；③上市公司的实际控制人为多个自然人，并且存在亲属关系。家族企业实际控制人的认定方法如下（Anderson and Reeb，2003）：①自然人或家族直接或间接持有至少 20% 的投票权；②当自然人或家族担任上市公司董事长或总经理时，临界控制权比例大于 10%；③如果不满足上述两个条件，则临界控制权比例须大于 10%，且自然人或家族是上市公司的第一大股东，且第二大股东持股的临界控制权比例低于 10%。

（2）第一代家族企业与第二代家族企业。使用虚拟变量来表示企业是否属于第一代家族企业或第二代家族企业。如果家族企业的高层管理团队中有第二代成员，则该企业被归类为第二代家族企业，虚拟变量的值为 1，否则为 0。

（3）家族参与。以往的文献通常采用虚拟变量来衡量家族参与度，当企业的实际控制人为个人或家族时，指标值为 1，否则为 0（Anderson and Reeb，2003）。然而，这种虚拟变量可能无法准确反映不同程度的家族参与（Chrisman et al.，2012）。一般来说，家族成员在董事会中所占比例越大，家族的控制力就越强（Chrisman and Patel，2012），因此本节使用董事会中家族成员的比例来衡量家族参与的程度。

（4）财务冗余。财务冗余指企业留存尚未分配的剩余财务资源（Kraatz and Zajac，2001）。本节采用流动资产与流动负债的比率来衡量财务冗余程度，并选择在 $t–1$ 年对其进行衡量，控制财务冗余的滞后影响。

4. 控制变量

根据以往研究，我们纳入了一系列可能对探索性绿色创新有重大影响的控制变量，包括企业财务状况和治理结构特征（Chen and Yang，2019）。财务状况方面选用杠杆率、资产回报率、现金持有量、资产规模、托宾 Q 值以及研发比率作为控制变量。公司治理方面选用上市年份、两职合一、所有权集中度、大股东持股比例作为控制变量。为控制年份和行业固定效应，引入了两组虚拟变量。表 7-12 列出了各变量的定义。

表 7-12 变量定义

	变量	定义
被解释变量	探索性绿色创新	企业在新技术领域申请的绿色专利的数量
解释变量	机构投资者 ESG 积极主义	机构投资者访谈记录问答部分 ESG 词语出现频率的自然对数
调节变量	家族企业与非家族企业	虚拟变量，当企业被认定为家族企业时，其值为 1，否则为 0
	第一代家族企业与第二代家族企业	虚拟变量，家族企业高层管理团队中有第二代成员，取值为 1，否则取值为 0
	家族参与	董事会中家族成员的比例
	财务冗余	$t–1$ 年流动资产与流动负债的比率
控制变量	杠杆率	总负债与总资产的比率
	资产回报率	净利润与平均总资产的比率
	现金持有量	现金及现金等价物除以总资产与现金及现金等价物之差
	资产规模	总资产的自然对数

续表

变量		定义
控制变量	托宾 Q 值	市场价值与重置成本的比率
	研发比率	研发费用与销售收入的比例
	上市年份	当年与首次公开募股年份之间时间差的自然对数
	两职合一	虚拟变量，董事长同时兼任总经理职务，其值为 1，否则为 0
	所有权集中度	前 10 名股东持股比例之和
	大股东持股比例	第一大股东的持股比例

（三）模型构建

为尽量减少遗漏变量造成的估计偏差，本节的研究控制了多个维度的固定效应。考虑到估计的可行性和计算效率，我们采用多维面板固定效应线性回归（Reghdfe）方法来检验机构投资者 ESG 积极主义对探索性绿色创新的影响。

四、实证结果与分析

（一）描述性统计

表 7-13 呈现了主要变量的描述性统计结果。探索性绿色创新的均值和中位数表明，中国上市公司的探索性绿色创新水平普遍较低，超过一半的企业缺乏探索性绿色创新。机构投资者 ESG 积极主义的均值（1.74）表明，与 ESG 相关的词语平均每年在机构投资者访谈中出现约 6 次（计算公式为 $e^{1.74}=5.6973$）。家族企业与非家族企业的平均值为 0.47，表明家族企业占样本中所有观察值的 47%，这与先前文献（Zhou et al., 2013）保持一致。

表 7-13 描述性统计结果（二）

变量	样本量	均值	标准差	最小值	中位数	最大值
探索性绿色创新	14 425	1.68	4.174	0.00	0.00	25.00
机构投资者 ESG 积极主义	14 425	1.74	1.748	0.00	1.99	5.18
家族企业与非家族企业	14 425	0.47	0.499	0.00	0.00	1.00
第一代家族企业与第二代家族企业	14 425	0.10	0.303	0.00	0.00	1.00
家族参与	14 425	8.15	13.179	0.00	0.00	55.56
财务冗余	14 425	3.01	2.834	0.30	2.00	16.33
杠杆率	14 425	0.36	0.188	0.06	0.35	0.93
资产回报率	14 425	0.04	0.068	−0.29	0.05	0.27
现金持有量	14 425	0.21	0.149	0.02	0.17	0.70
资产规模	14 425	21.81	1.040	19.39	21.70	26.22
托宾 Q 值	14 425	2.14	1.287	0.85	1.73	8.89
研发比率	14 425	5.26	4.783	0.03	3.96	26.60

续表

变量	样本量	均值	标准差	最小值	中位数	最大值
上市年份	14 425	1.71	0.880	0.00	1.79	3.33
两职合一	14 425	0.39	0.488	0.00	0.00	1.00
所有权集中度	14 425	0.37	0.166	0.13	0.34	0.91
大股东持股比例	14 425	31.83	13.469	8.60	30.00	74.98

表 7-14 显示了本节所用变量的相关系数矩阵，包括 Pearson 相关系数和 Spearman（斯皮尔曼）相关系数，相关系数大多低于 0.6。本节还测算了主要变量的方差膨胀因子，结果显示所有变量的方差膨胀因子均低于 10，表明多重共线性问题不大。此外，相关性结果表明，机构投资者 ESG 积极主义与探索性绿色创新之间存在正相关关系，这为主要结论提供了初步支持。

（二）回归结果

表 7-15 呈现了基准回归结果。模型 1 和模型 2 是基于全样本的回归，表明机构投资者 ESG 积极主义与探索性绿色创新之间存在显著的正相关关系（模型 1 中 β=0.145，$p<0.001$，不包含控制变量；模型 2 中 β=0.114，$p<0.001$，包含所有控制变量）。同时，本节分别对家族和非家族企业子样本进行了回归。结果见表 7-15 的模型 3 和模型 4。Chow 检验的结果（χ^2=4.333，$p<0.001$）表明两个子样本之间存在显著差异。机构投资者 ESG 积极主义对家族企业的探索性绿色创新有显著正向作用（模型 3 中 β=0.149，$p<0.001$），而在非家族企业中该系数较小（模型 4 中 β=0.103，$p<0.001$）。此外，我们参考 Cleary（1999）并使用 bootstrap 方法检验两个子样本之间机构投资者 ESG 积极主义系数差异的显著性。两组之间的系数差异为 0.046，且在 0.1%的水平上显著，表明机构投资者 ESG 积极主义的作用在两个子样本中有显著差异。因此，我们发现机构投资者 ESG 积极主义对家族企业的探索性绿色创新贡献更大。

本节分别对第一代家族企业与第二代家族企业子样本进行回归。结果在表 7-16 的模型 1 和模型 4 中显示。Chow 检验（χ^2=4.504，$p<0.001$）再次拒绝了子样本中估计系数相等的零假设。与第一代家族企业的影响相比（β=0.107，$p<0.001$），机构投资者 ESG 积极主义对第二代家族企业的探索性绿色创新的影响更大（β=0.282，$p<0.001$）。估计系数的差异在统计上显著（$p<0.001$）。此外，bootstrap 组间系数差异检验的结果显示，机构投资者 ESG 积极主义变量系数的差异在 0.1%的水平上显著。因此，本节得出结论，机构投资者 ESG 积极主义与探索性绿色创新之间的正相关关系在第二代家族企业中更为显著。

本节还检验了家族参与在第一代家族企业与第二代家族企业子样本中的调节作用。Chow 检验再次表明，子样本之间的系数总体上存在显著差异（χ^2=8.901，$p<0.001$）。如表 7-16 中的模型 2 和模型 5 所示，与第一代家族企业子样本的系数（β=0.003，$p<0.1$）相比，第二代家族企业的机构投资者 ESG 积极主义与家族参与的交互项系数更大且显著（β=0.011，$p<0.05$）。同时，系数差异具有统计显著性（p=0.053），表明家族参与对第二

表7-14　相关系数矩阵（二）

变量	探索性绿色创新	机构投资者ESG积极主义	家族企业与非家族企业	第一代家族企业与第二代家族企业	家族参与	财务冗余	杠杆率	资产回报率	现金持有量	资产规模	托宾Q值	研发比率	上市年份	两职合一	所有权集中度	大股东持股比例
探索性绿色创新		0.09*	-0.02*	-0.03*	-0.03*	-0.13*	0.18*	-0.02*	-0.06*	0.25*	-0.11*	0.06*	0.09*	-0.01	-0.03*	-0.04*
机构投资者ESG积极主义	0.07*		0.15*	0.04*	0.09*	0.08*	-0.07*	0.10*	0.03*	0.02	0.14*	0.17*	-0.04*	0.04*	-0.07*	-0.05*
家族企业与非家族企业	-0.03*	0.15*		0.36*	0.72*	0.21*	-0.19*	0.08*	0.10*	-0.26*	0.04*	0.20*	-0.31*	0.14*	-0.21*	-0.14*
第一代家族企业与第二代家族企业	-0.02*	0.05*	0.36*		0.48*	0.11*	-0.07*	0.01	-0.00	-0.05*	-0.05*	-0.01	-0.07*	-0.03*	-0.08*	-0.05*
家族参与	-0.01	0.10*	0.65*	0.48*		0.15*	-0.13*	0.07*	0.04*	-0.18*	-0.02*	0.06*	-0.26*	0.09*	-0.10*	-0.02*
财务冗余	-0.09*	0.05*	0.17*	0.08*	0.12*		-0.86*	0.40*	0.53*	-0.45*	0.24*	0.31*	-0.38*	0.08*	-0.06*	0.07*
杠杆率	0.14*	-0.08*	-0.19*	-0.07*	-0.13*	-0.67*		-0.40*	-0.40*	0.49*	-0.27*	-0.30*	0.34*	-0.09*	0.06*	-0.05*
资产回报率	0.01	0.08*	0.06*	0.02*	0.06*	0.23*	-0.35*		0.31*	-0.08*	0.25*	0.07*	-0.30*	0.06*	-0.01	0.18*
现金持有量	-0.03*	0.01	0.11*	-0.01	0.05*	0.55*	-0.43*	0.25*		-0.24*	0.14*	0.22*	-0.27*	0.08*	-0.02*	0.09*
资产规模	0.20*	0.00	-0.26*	-0.05*	-0.18*	-0.35*	0.49*	-0.01	-0.25*		-0.37*	-0.25*	0.50*	-0.13*	0.04*	-0.03*
托宾Q值	-0.06*	0.09*	-0.02	-0.05*	-0.05*	0.15*	-0.20*	0.15*	0.12*	-0.27*		0.26*	-0.02*	0.06*	-0.01	-0.04*
研发比率	0.01	0.12*	0.17*	-0.05*	-0.00	0.28*	-0.28*	-0.03*	0.26*	-0.20*	0.23*		-0.18*	0.12*	-0.14*	-0.11*
上市年份	0.02*	-0.02*	-0.30*	-0.06*	-0.23*	-0.32*	0.35*	-0.24*	-0.32*	0.47*	0.06*	-0.12*		-0.18*	0.10*	-0.23*
两职合一	0.02	0.04*	0.14*	-0.03*	0.07*	0.08*	-0.09*	0.04*	0.09*	-0.13*	0.04*	0.10*	-0.18*		0.01	0.07*
所有权集中度	-0.03*	-0.08*	-0.21*	-0.08*	-0.12*	-0.06*	0.08*	0.01	-0.04*	0.06*	0.00	-0.13*	0.12*	-0.00		0.79*
大股东持股比例	-0.00	-0.05*	-0.15*	-0.05*	-0.03*	0.05*	-0.04*	0.17*	0.08*	0.00	-0.03*	-0.12*	-0.21*	0.07*	0.77*	

注：对角线下方为为主要变量之间的Pearson相关系数，对角线上方为主要变量之间的Spearman相关系数。观测值共计14 425个

*表示5%的显著性水平

表 7-15 基准回归结果（二）

变量	因变量：探索性绿色创新			
	模型 1	模型 2	模型 3	模型 4
	全样本	全样本	家族企业	非家族企业
机构投资者 ESG 积极主义	0.145***	0.114***	0.149***	0.103***
	（0.020）	（0.020）	（0.025）	（0.031）
杠杆率		1.479***	2.202***	0.837**
		（0.235）	（0.370）	（0.318）
资产回报率		1.036+	1.094	0.787
		（0.537）	（0.832）	（0.731）
现金持有量		0.486*	0.180	0.680+
		（0.239）	（0.343）	（0.348）
资产规模		0.882***	0.982***	0.819***
		（0.059）	（0.096）	（0.074）
托宾 Q 值		0.074*	0.104*	0.039
		（0.030）	（0.049）	（0.040）
研发比率		0.024**	0.038***	0.018
		（0.008）	（0.011）	（0.013）
上市年份		−0.304***	−0.629***	−0.101
		（0.062）	（0.095）	（0.085）
两职合一		0.222**	0.003	0.480***
		（0.071）	（0.094）	（0.110）
所有权集中度		−0.720*	−0.044	−1.137**
		（0.337）	（0.602）	（0.419）
大股东持股比例		0.006	−0.009	0.016**
		（0.005）	（0.007）	（0.006）
年份固定效应	控制	控制	控制	控制
行业固定效应	控制	控制	控制	控制
常数项	控制	控制	控制	控制
观测值	14 425	14 425	6824	7601
调整 R^2 值	0.081	0.122	0.124	0.128

注：括号中为聚类标准误

***表示 0.1%的显著性水平，**表示 1%的显著性水平，*表示 5%的显著性水平，+表示 10%的显著性水平

表 7-16 第一代家族企业与第二代家族企业的回归结果

变量	因变量：探索性绿色创新					
	模型 1	模型 2	模型 3	模型 4	模型 5	模型 6
	第一代家族企业			第二代家族企业		
机构投资者 ESG 积极主义	0.107***	0.061	0.139**	0.282***	−0.170	0.089
	（0.030）	（0.039）	（0.051）	（0.043）	（0.116）	（0.072）

续表

变量	因变量：探索性绿色创新					
	模型 1	模型 2	模型 3	模型 4	模型 5	模型 6
	第一代家族企业			第二代家族企业		
家族参与		−0.006			0.034**	
		(0.005)			(0.012)	
机构投资者 ESG 积极主义×家族参与		0.003+			0.011*	
		(0.002)			(0.004)	
财务冗余			0.004			0.053
			(0.026)			(0.062)
机构投资者 ESG 积极主义×财务冗余			−0.018*			0.037*
			(0.007)			(0.018)
杠杆率	2.417***	2.411***	2.057***	1.664*	1.496*	2.118*
	(0.436)	(0.436)	(0.581)	(0.697)	(0.697)	(0.921)
资产回报率	0.987	0.984	0.745	1.870	2.113	2.185
	(0.965)	(0.967)	(1.047)	(1.627)	(1.623)	(1.611)
现金持有量	−0.222	−0.227	−0.198	1.759*	1.839*	1.449
	(0.372)	(0.373)	(0.445)	(0.875)	(0.849)	(0.999)
资产规模	1.062***	1.065***	1.116***	0.797***	0.850***	0.761***
	(0.114)	(0.114)	(0.125)	(0.172)	(0.169)	(0.172)
托宾 Q 值	0.106*	0.107*	0.111+	0.156	0.166	0.133
	(0.053)	(0.053)	(0.057)	(0.128)	(0.125)	(0.137)
研发比率	0.037**	0.037**	0.033*	0.098**	0.099**	0.095*
	(0.012)	(0.012)	(0.013)	(0.036)	(0.036)	(0.039)
上市年份	−0.627***	−0.631***	−0.884***	−0.653***	−0.518**	−0.874***
	(0.111)	(0.111)	(0.150)	(0.189)	(0.188)	(0.251)
两职合一	0.032	0.036	0.150	−0.074	0.098	0.037
	(0.107)	(0.107)	−0.107	(0.196)	(0.195)	(0.220)
所有权集中度	−0.647	−0.649	−0.141	1.646	1.480	2.347+
	(0.705)	(0.706)	(0.769)	(1.229)	(1.247)	(1.309)
大股东持股比例	−0.004	−0.004	−0.011	−0.015	−0.009	−0.029+
	(0.009)	(0.009)	(0.010)	(0.015)	(0.015)	(0.017)
年份固定效应	控制	控制	控制	控制	控制	控制
行业固定效应	控制	控制	控制	控制	控制	控制
常数项	控制	控制	控制	控制	控制	控制
观测值	5348	5348	4145	1476	1476	1198
调整 R^2 值	0.132	0.132	0.129	0.096	0.128	0.135

注：括号中为聚类标准误

***表示 0.1%的显著性水平，**表示 1%的显著性水平，*表示 5%的显著性水平，+表示 10%的显著性水平代家族企业的积极调节作用要大于第一代家族企业。此外，bootstrap 组间系数差异检验的结果也显示，交互项的系数差异在 0.1% 的水平上显著（$\beta=-0.008$，$p<0.001$），这与 Chow检验的结果一致。本节还发现，家族参与对探索性绿色创新的直接影响在第一代家族企业中不显著，但在第二代家族企业中为正且显著。这证实了第二代家族成员参与高层管理会使家族企业在承担风险和创新方面更加积极主动。因此，第二代家族企业有可能会采取积极主动的姿态来应对外部或内部力量，而不是被动地做出让步。

最后，本节比较了财务冗余在第一代家族企业与第二代家族企业子样本中的调节作用。模型 3 表明，财务冗余对第一代家族企业起负向调节作用（$\beta=-0.018$，$p<0.05$）。模型 6 表明，对第二代家族企业而言，财务冗余会增强机构投资者 ESG 积极主义的积极影响（$\beta=0.037$，$p<0.05$）。因此，财务冗余对第二代家族企业的正向调节作用更大。

（三）稳健性检验

为了评估实证结果的可信度，本节进行了一系列稳健性检验。首先，对机构投资者 ESG 积极主义、家族参与和探索性绿色创新采用了不同的测量方法。其次，用三个替代回归模型进行稳健性检验，包括 Tobit 回归模型、泊松回归模型和 Probit 回归模型。最后，本节采用了工具变量法、倾向得分匹配、公司固定效应模型和一阶差分模型进一步解决内生性问题。

1. 替换变量

使用不同的测量方法可能会得出不同的实证结果。本节采用不同的解释变量和被解释变量来进行稳健性检验。

首先，我们采用 ESG 词数与总词数之比来衡量机构投资者 ESG 积极主义，并重新检验模型。如表 7-17 所示，与非家族企业的估计系数（$\beta=0.051$，$p<0.01$）相比，家族企业的机构投资者 ESG 积极主义_比率的估计系数更大（$\beta=0.518$，$p<0.001$）。估计系数的差异具有显著的统计学意义（$p<0.001$）。此外，Chow 检验表明，两个子样本之间系数的总体差异显著（$\chi^2=42.581$，$p<0.001$）。此外，bootstrap 组间系数差异检验的结果显示，经验 p 值在 0.1% 水平上显著（$\beta=0.467$，$p<0.001$）。因此，机构投资者 ESG 积极主义与探索性绿色创新之间的关系在家族企业中比在非家族企业中更为明显。

表 7-17　利用新变量比较家族企业与非家族企业

变量	因变量：探索性绿色创新	
	模型 1	模型 2
	家族企业	非家族企业
机构投资者 ESG 积极主义_比率	0.518***	0.051**
	(0.026)	(0.016)
杠杆率	1.669***	0.825**
	(0.346)	(0.318)

续表

变量	因变量：探索性绿色创新	
	模型 1	模型 2
	家族企业	非家族企业
资产回报率	0.004	0.799
	(0.746)	(0.731)
现金持有量	0.278	0.659⁺
	(0.320)	(0.348)
资产规模	0.788***	0.825***
	(0.091)	(0.074)
托宾 Q 值	0.120*	0.041
	(0.047)	(0.040)
研发比率	0.030**	0.019
	(0.010)	(0.013)
上市年份	−0.679***	−0.102
	(0.089)	(0.085)
两职合一	−0.047	0.480***
	(0.088)	(0.110)
所有权集中度	−0.062	−1.147**
	(0.562)	(0.419)
大股东持股比例	−0.007	0.016*
	(0.007)	(0.006)
年份固定效应	控制	控制
行业固定效应	控制	控制
常数项	控制	控制
观测值	6824	7601
调整 R^2 值	0.224	0.128

注：括号中为聚类标准误

***表示 0.1%的显著性水平，**表示 1%的显著性水平，*表示 5%的显著性水平，+表示 10%的显著性水平

本节分别对第一代家族企业样本和第二代家族企业样本进行了分组回归，回归结果见表 7-18。Chow 检验（χ^2=2.851，p<0.001）再次拒绝了子样本估计系数相等的零假设。比较模型 1 和模型 4 的结果可以发现，当家族企业由第二代控制时，机构投资者 ESG 积极主义_比率对探索性绿色创新的影响更大（β=0.575，p<0.001），而当家族企业由第一代控制时其影响（β=0.505，p<0.001）则较小。此外，本节使用 bootstrap 方法来检验组间系数差异的显著性。两组之间的系数差异为−0.070，p 值为 0.000（在 0.1%的水平上显著），因此，机构投资者 ESG 积极主义更有助于第二代家族企业而不是第一代家族企业开展探索性绿色创新。

表 7-18　利用新变量比较第一代家族企业与第二代家族企业

变量	因变量：探索性绿色创新					
	模型 1	模型 2	模型 3	模型 4	模型 5	模型 6
	第一代家族企业			第二代家族企业		
机构投资者 ESG 积极主义_比率	0.505***	0.506***	0.522***	0.575***	0.112	0.294**
	(0.029)	(0.039)	(0.047)	(0.058)	(0.155)	(0.108)
家族参与		0.000			0.017*	
		(0.003)			(0.008)	
机构投资者 ESG 积极主义_比率×家族参与		−0.000			0.012**	
		(0.002)			(0.005)	
财务冗余			−0.005			−0.052
			(0.017)			(0.046)
机构投资者 ESG 积极主义_比率×财务冗余			−0.008			0.046*
			(0.010)			(0.023)
杠杆率	1.871***	1.872***	1.729**	1.159+	1.023	0.414
	(0.410)	(0.411)	(0.545)	(0.638)	(0.632)	(0.848)
资产回报率	−0.203	−0.203	−0.356	1.022	1.067	0.963
	(0.868)	(0.869)	(0.934)	(1.436)	(1.460)	(1.399)
现金持有量	−0.099	−0.099	−0.101	1.637*	1.670*	2.054*
	(0.351)	(0.352)	(0.418)	(0.772)	(0.748)	(0.963)
资产规模	0.833***	0.833***	0.858***	0.680***	0.730***	0.688***
	(0.108)	(0.109)	(0.118)	(0.163)	(0.160)	(0.167)
托宾 Q 值	0.115*	0.115*	0.119*	0.182	0.183	0.161
	(0.051)	(0.051)	(0.054)	(0.124)	(0.123)	(0.135)
研发比率	0.031**	0.031**	0.026*	0.065+	0.070*	0.077*
	(0.011)	(0.011)	(0.012)	(0.033)	(0.033)	(0.036)
上市年份	−0.714***	−0.713***	−0.929***	−0.596***	−0.558**	−0.927***
	(0.104)	(0.105)	(0.143)	(0.177)	(0.175)	(0.236)
两职合一	−0.047	−0.047	−0.199+	0.068	0.133	0.195
	(0.100)	(0.101)	(0.112)	(0.182)	(0.183)	(0.205)
所有权集中度	−0.434	−0.434	0.117	0.892	0.728	1.874
	(0.659)	(0.660)	(0.716)	(1.147)	(1.158)	(1.228)
大股东持股比例	−0.006	−0.006	−0.011	−0.001	0.000	−0.019
	(0.008)	(0.008)	(0.009)	(0.014)	(0.014)	(0.016)
年份固定效应	控制	控制	控制	控制	控制	控制
行业固定效应	控制	控制	控制	控制	控制	控制
常数项	控制	控制	控制	控制	控制	控制
观测值	5348	5348	4145	1476	1476	1198
调整 R^2 值	0.230	0.230	0.234	0.207	0.226	0.227

注：括号中为聚类标准误

***表示 0.1%的显著性水平，**表示 1%的显著性水平，*表示 5%的显著性水平，+表示 10%的显著性水平

本节还比较了家族参与和财务冗余在第一代家族企业与第二代家族企业子样本中的调节作用。表 7-18 中模型 2 和模型 5 显示,当家族企业由第二代控制时,模型 5 中机构投资者 ESG 积极主义_比率与家族参与交互项的估计系数较大且显著($\beta=0.012, p<0.01$),而当家族企业由第一代控制时,模型 2 中的系数不显著。这表明家族参与对第二代家族企业的正向调节作用要大于第一代家族企业。模型 3 和模型 6 显示,当家族企业由第二代控制时,模型 6 中机构投资者 ESG 积极主义_比率与财务冗余交互项的估计系数较大且显著($\beta=0.046, p<0.05$),而当家族企业由第一代控制时,模型 3 中的系数不显著。这表明,财务冗余对第二代家族企业的正向调节作用要大于第一代家族企业。

家族持有的控制权比例可以反映家族对企业控制力和影响力的大小(Ashwin et al., 2015)。如表 7-19 所示,在模型 1 和模型 2 中,第一代家族企业中机构投资者 ESG 积极主义和机构投资者 ESG 积极主义_比率与家族参与_比率的交互项系数均不显著。而第二代家族企业中,两者与家族参与_比率的交互项系数显著为正[模型 3 中,$\beta=0.012$,$p<0.001$;模型 4 中,$\beta=0.008$,$p<0.05$],这与之前的结果一致。

表 7-19　替代解释变量(家族参与)

变量	因变量:探索性绿色创新			
	模型 1	模型 2	模型 3	模型 4
	第一代家族企业		第二代家族企业	
机构投资者 ESG 积极主义	0.035 (0.073)		−0.263* (0.127)	
机构投资者 ESG 积极主义_比率		0.543*** (0.077)		−0.002 (0.008)
家族参与_比率	−0.006 (0.006)	−0.002 (0.005)	−0.003 (0.010)	0.200 (0.170)
机构投资者 ESG 积极主义×家族参与_比率	0.002 (0.002)		0.012*** (0.003)	
机构投资者 ESG 积极主义_比率×家族参与_比率		−0.001 (0.002)		0.008* (0.004)
杠杆率	2.395*** (0.439)	1.872*** (0.411)	1.527* (0.699)	1.110+ (0.638)
资产回报率	0.998 (0.966)	−0.164 (0.869)	1.925 (1.611)	0.901 (1.423)
现金持有量	−0.218 (0.373)	−0.093 (0.352)	1.500+ (0.868)	1.558* (0.772)
资产规模	1.065*** (0.114)	0.830*** (0.108)	0.799*** (0.173)	0.697*** (0.164)
托宾 Q 值	0.105* (0.053)	0.113* (0.051)	0.149 (0.128)	0.186 (0.124)

续表

变量	因变量：探索性绿色创新			
	模型 1	模型 2	模型 3	模型 4
	第一代家族企业		第二代家族企业	
研发比率	0.037**	0.031**	0.106**	0.066*
	(0.012)	(0.011)	(0.036)	(0.033)
上市年份	−0.635***	−0.726***	−0.606**	−0.590***
	(0.111)	(0.105)	(0.185)	(0.174)
两职合一	0.031	−0.051	−0.091	0.067
	(0.106)	(0.100)	(0.197)	(0.183)
所有权集中度	−0.677	−0.479	2.046	1.042
	(0.705)	(0.658)	(1.258)	(1.168)
大股东持股比例	−0.003	−0.003	−0.028+	−0.005
	(0.009)	(0.009)	(0.016)	(0.015)
年份固定效应	控制	控制	控制	控制
行业固定效应	控制	控制	控制	控制
常数项	控制	控制	控制	控制
观测值	5348	5348	1476	1476
调整 R^2 值	0.132	0.230	0.105	0.211

注：括号中为聚类标准误

***表示 0.1%的显著性水平，**表示 1%的显著性水平，*表示 5%的显著性水平，+表示 10%的显著性水平

本节将获得授权的绿色专利数量作为衡量探索性绿色创新的指标，并重新对模型进行检验。如表 7-20 所示，在全样本中，机构投资者 ESG 积极主义和机构投资者 ESG 积极主义_比率对探索性绿色创新具有显著的正向作用［模型 1 中，β=0.053，$p<0.001$；模型 2 中，β=0.084，$p<0.001$］。本节分别对家族企业和非家族企业子样本的探索性绿色创新_绿色专利数量模型进行了估计。在模型 3 和模型 5 中，Chow 检验（χ^2=2.476，p=0.003）拒绝了子样本中估计系数相等的零假设。结果显示，与非家族企业的影响（β=0.048，$p<0.05$）相比，家族企业中机构投资者 ESG 积极主义对探索性绿色创新_绿色专利数量的影响更大且更显著（β=0.068，$p<0.001$）。然而，bootstrap 组间系数差异检验的结果显示，p 值在 0.1%的水平上显著（$p<0.001$）。在模型 4 和模型 6 中，Chow 检验（χ^2=12.676，$p<0.001$）再次拒绝了子样本中估计系数相等的零假设。结果显示，机构投资者 ESG 积极主义_比率对家族企业探索性绿色创新_绿色专利数量的影响更大且更显著［模型 4 中，β=0.185，$p<0.001$］，相比之下，对非家族企业的影响［模型 6 中，β=0.032，$p<0.01$］较小。此外，bootstrap 的组间系数差异检验结果也表明了相同的结论（$p<0.001$）。

表 7-20　授权专利衡量探索性绿色创新

变量	因变量：探索性绿色创新_绿色专利数量					
	模型 1	模型 2	模型 3	模型 4	模型 5	模型 6
	全样本		家族企业		非家族企业	
机构投资者 ESG 积极主义	0.053***		0.068***		0.048*	
	(0.013)		(0.017)		(0.020)	
机构投资者 ESG 积极主义_比率		0.084***		0.185***		0.032**
		(0.009)		(0.016)		(0.011)
杠杆率	0.960***	0.938***	1.399***	1.205***	0.636**	0.640**
	(0.150)	(0.149)	(0.236)	(0.232)	(0.201)	(0.201)
资产回报率	0.038	−0.020	−0.674	−1.026*	0.581	0.567
	(0.340)	(0.338)	(0.509)	(0.492)	(0.477)	(0.476)
现金持有量	0.180	0.207	0.348+	0.379+	0.051	0.047
	(0.148)	(0.147)	(0.207)	(0.202)	(0.219)	(0.219)
资产规模	0.559***	0.532***	0.553***	0.487***	0.549***	0.550***
	(0.040)	(0.040)	(0.064)	(0.063)	(0.052)	(0.051)
托宾 Q 值	0.029	0.020	0.017	0.024	0.030	0.030
	(0.019)	(0.019)	(0.029)	(0.029)	(0.026)	(0.026)
研发比率	0.014**	0.014**	0.010+	0.008	0.023**	0.023*
	(0.005)	(0.005)	(0.006)	(0.006)	(0.009)	(0.009)
上市年份	−0.195***	−0.205***	−0.285***	−0.297***	−0.139*	−0.138*
	(0.041)	(0.041)	(0.061)	(0.060)	(0.057)	(0.057)
两职合一	0.130**	0.129**	0.010	−0.009	0.264***	0.262***
	(0.046)	(0.046)	(0.059)	(0.057)	(0.073)	(0.073)
所有权集中度	−0.350	−0.336	−0.256	−0.279	−0.406	−0.398
	(0.224)	(0.223)	(0.420)	(0.413)	(0.272)	(0.272)
大股东持股比例	0.003	0.002	−0.000	0.000	0.004	0.004
	(0.003)	(0.003)	(0.005)	(0.005)	(0.004)	(0.004)
年份固定效应	控制	控制	控制	控制	控制	控制
行业固定效应	控制	控制	控制	控制	控制	控制
常数项	控制	控制	控制	控制	控制	控制
观测值	14 425	14 425	6824	6824	7601	7601
调整 R^2 值	0.127	0.134	0.125	0.157	0.129	0.130

注：括号中为聚类标准误

***表示 0.1%的显著性水平，**表示 1%的显著性水平，*表示 5%的显著性水平，+表示 10%的显著性水平

2. 替换回归模型

为了避免不同回归方法对研究结果可能产生的影响，我们用三种不同的回归模型来替代 Reghdfe 回归模型。结果如表 7-21 所示。首先，我们使用面板数据 Tobit 模型。模型 1 和模型 2 以及模型 7 和模型 8 表明，相比非家族企业，机构投资者 ESG 积极主义_比率

表 7-21　回归模型替代

因变量：探索性绿色创新

变量	模型 1	模型 2	模型 3	模型 4	模型 5	模型 6	模型 7	模型 8	模型 9	模型 10	模型 11	模型 12
	面板数据 Tobit 模型		高维固定效应面板泊松伪最大似然回归模型		面板数据 Probit 模型		面板数据 Tobit 模型		高维固定效应面板泊松伪最大似然回归模型		面板数据 Probit 模型	
	家族企业	非家族企业	家族企业	非家族企业	家族企业	非家族企业	家族企业	非家族企业	家族企业	非家族企业	家族企业	非家族企业
机构投资者 ESG 积极主义_比率	0.171*** (0.030)	0.104** (0.032)	0.101*** (0.016)	0.052*** (0.016)	0.094*** (0.013)	0.061*** (0.012)						
机构投资者 ESG 积极主义_比率							0.494*** (0.017)	0.039* (0.017)	0.201*** (0.008)	0.026** (0.008)	0.778*** (0.028)	0.028*** (0.007)
杠杆率	1.621*** (0.426)	0.994* (0.403)	1.375*** (0.229)	0.434* (0.211)	0.858*** (0.180)	0.127 (0.152)	1.193** (0.401)	0.973* (0.403)	0.888*** (0.222)	0.420* (0.210)	0.852*** (0.247)	0.118 (0.152)
资产回报率	0.361 (0.810)	1.028 (0.790)	1.010+ (0.579)	0.854 (0.545)	0.456 (0.363)	0.420 (0.320)	-0.444 (0.762)	1.070 (0.790)	0.130 (0.516)	0.852 (0.546)	-0.583 (0.490)	0.432 (0.320)
现金持有量	0.076 (0.389)	0.758+ (0.433)	0.049 (0.237)	0.320 (0.221)	-0.307+ (0.176)	-0.139 (0.172)	0.142 (0.367)	0.742+ (0.433)	0.014 (0.234)	0.308 (0.220)	-0.231 (0.241)	-0.151 (0.172)
资产规模	0.887*** (0.096)	0.908*** (0.081)	0.479*** (0.043)	0.374*** (0.032)	0.369*** (0.040)	0.300*** (0.029)	0.699*** (0.091)	0.920*** (0.081)	0.418*** (0.042)	0.378*** (0.032)	0.322*** (0.054)	0.304*** (0.029)
托宾 Q 值	0.081 (0.049)	0.070 (0.044)	0.025 (0.030)	-0.030 (0.028)	-0.021 (0.023)	-0.046* (0.018)	0.098* (0.047)	0.074+ (0.044)	0.037 (0.032)	-0.029 (0.028)	-0.052+ (0.031)	-0.045* (0.018)
研发比率	0.046*** (0.014)	0.040* (0.017)	0.027*** (0.007)	0.015+ (0.008)	0.022*** (0.006)	0.015* (0.006)	0.034** (0.013)	0.040* (0.017)	0.023*** (0.006)	0.015* (0.008)	0.016* (0.008)	0.016** (0.006)

续表

因变量: 探索性绿色创新

变量	模型 1 面板数据 Tobit 模型	模型 2	模型 3 高维固定效应面板泊松最大似然回归模型	模型 4	模型 5 面板数据 Probit 模型	模型 6	模型 7 面板数据 Tobit 模型	模型 8	模型 9 高维固定效应面板泊松最大似然回归模型	模型 10	模型 11 面板数据 Probit 模型	模型 12
	家族企业	非家族企业	家族企业	非家族企业	家族企业	非家族企业	家族企业	非家族企业	家族企业	非家族企业	家族企业	非家族企业
上市年份	-0.516*** (0.102)	-0.187+ (0.097)	-0.361*** (0.056)	-0.044 (0.043)	-0.081+ (0.043)	0.068* (0.034)	-0.559*** (0.096)	-0.188+ (0.097)	-0.385*** (0.056)	-0.045 (0.043)	-0.241*** (0.056)	0.068* (0.034)
两职合一	0.012 (0.113)	0.479*** (0.121)	-0.003 (0.060)	0.216*** (0.057)	-0.022 (0.048)	0.029 (0.045)	-0.018 (0.106)	0.483*** (0.121)	-0.049 (0.058)	0.214*** (0.057)	-0.087 (0.066)	0.029 (0.045)
所有权集中度	0.398 (0.712)	-0.392 (0.556)	-0.065 (0.409)	-0.920*** (0.275)	-0.207 (0.305)	0.430* (0.207)	0.216 (0.669)	-0.409 (0.556)	-0.039 (0.405)	-0.917*** (0.276)	-0.501 (0.421)	0.426* (0.207)
大股东持股比例	-0.013 (0.009)	0.008 (0.008)	-0.006 (0.005)	0.013*** (0.004)	-0.002 (0.004)	-0.003 (0.003)	-0.010 (0.009)	0.008 (0.008)	-0.004 (0.005)	0.013*** (0.004)	-0.000 (0.005)	-0.003 (0.003)
年份固定效应	控制	控制	控制	控制	控制	控制	控制	控制	控制	控制	控制	控制
行业固定效应	控制	控制	控制	控制	控制	控制	控制	控制	控制	控制	控制	控制
常数项	控制	控制	控制	控制	控制	控制	控制	控制	控制	控制	控制	控制
观测值	6824	7601	6769	7584	6820	7586	6824	7601	6769	7584	6820	7586

注: 括号中为聚类标准误

***表示 0.1%的显著性水平，**表示 1%的显著性水平，*表示 5%的显著性水平，+表示 10%的显著性水平

更有可能诱发家族企业的探索性绿色创新（模型 1 中，$\beta=0.171$，$p<0.001$；模型 2 中，$\beta=0.104$，$p<0.01$；模型 7 中，$\beta=0.494$，$p<0.001$；模型 8 中，$\beta=0.039$，$p<0.05$），支持了本节结果。其次，我们采用高维固定效应面板泊松伪最大似然回归模型。模型 3 和模型 4 以及模型 9 和模型 10 表明的结果与前文相似。由于并非所有企业都申请了探索性绿色专利，我们将探索性绿色创新定义为一个虚拟变量，当企业申请了至少一项探索性绿色专利时，该变量等于 1，否则等于 0。最后，本节使用了面板数据 Probit 模型。模型 5 和模型 6 以及模型 11 和模型 12 表明，机构投资者 ESG 积极主义对家族企业探索性绿色创新的影响要大于非家族企业。这证实了结果的稳健性。

（四）内生性问题处理

内生性问题可能会影响本节的结果。为解决这一问题，本节采用了四种方法。

1）工具变量法

首先，我们使用最常见的工具变量法来检验稳健性。我们引入两个外生变量作为工具变量，它们与解释变量高度相关，但与随机扰动项无关。在行业层面，采用同行业同年份其他企业 ESG 词汇平均数量（模型 1 和模型 2）或同行业同年份其他企业 ESG 词汇比例（模型 5 和模型 6）。在省一级，采用同省同年份其他企业 ESG 词汇平均数量（模型 3 和模型 4）或同省同年份其他企业 ESG 词汇比例（模型 7 和模型 8）。如表 7-22 所示，在进行工具变量分析后，机构投资者 ESG 积极主义对家族企业探索性绿色创新的影响仍然强于非家族企业。

表 7-22　工具变量法的回归结果

变量	因变量：探索性绿色创新							
	模型 1	模型 2	模型 3	模型 4	模型 5	模型 6	模型 7	模型 8
	同行业同年份其他企业 ESG 词汇平均数量		同省同年份其他企业 ESG 词汇平均数量		同行业同年份其他企业 ESG 词汇比例		同省同年份其他企业 ESG 词汇比例	
	家族企业	非家族企业	家族企业	非家族企业	家族企业	非家族企业	家族企业	非家族企业
机构投资者 ESG 积极主义	0.343* (0.165)	0.159 (0.167)	0.355* (0.164)	0.158 (0.166)				
机构投资者 ESG 积极主义_比率					0.458** (0.168)	0.115 (0.093)	0.443** (0.167)	0.116 (0.093)
常数项	17.967*** (2.050)	17.684*** (1.619)	18.084*** (2.046)	17.723*** (1.612)	15.234*** (2.318)	17.805*** (1.580)	15.612*** (2.312)	17.911*** (1.578)
控制变量	控制	控制	控制	控制	控制	控制	控制	控制
年份固定效应	控制	控制	控制	控制	控制	控制	控制	控制

续表

变量	因变量：探索性绿色创新							
	模型 1	模型 2	模型 3	模型 4	模型 5	模型 6	模型 7	模型 8
	同行业同年份其他企业 ESG 词汇平均数量		同省同年份其他企业 ESG 词汇平均数量		同行业同年份其他企业 ESG 词汇比例		同省同年份其他企业 ESG 词汇比例	
	家族企业	非家族企业	家族企业	非家族企业	家族企业	非家族企业	家族企业	非家族企业
行业固定效应	控制	控制	控制	控制	控制	控制	控制	控制
观测值	6824	7601	6824	7601	6824	7601	6824	7601
Hansen J 统计量	0.008				0.001			
Hansen J 检验 p 值	0.9281				0.9759			
Sargan 统计量	0.007				0.001			
Sargan 检验 p 值	0.9343				0.9752			

注：括号中为聚类标准误，Sargan 检验为过度识别检验，p 值超过 0.1 说明不能拒绝工具变量有效的零假设
***表示 0.1% 的显著性水平，**表示 1% 的显著性水平，*表示 5% 的显著性水平

2）倾向得分匹配

探索性绿色创新水平较高的企业可能会吸引更多机构投资者的关注，因此本节设计可能存在反向因果关系的内生性问题。我们采用倾向得分匹配法来缓解这种内生性。由于解释变量是连续的，我们将词频高于中位值的企业划分为实验组，将词频低于中位值的企业划分为对照组。然后，使用 1∶1 近邻匹配法来匹配对照组和实验组（表 7-23）。匹配前后的协变量平衡检验表明，匹配后的实验组和对照组相应的变量基本平衡，匹配度较高。此外，我们还根据匹配后的样本进行了回归。家族企业的机构投资者 ESG 积极主义和机构投资者 ESG 积极主义_比率系数显著高于非家族企业，这证实了本节的主要结论。

表 7-23　倾向得分匹配的回归结果

变量	因变量：探索性绿色创新					
	模型 1	模型 2	模型 3	模型 4	模型 5	模型 6
	全样本		家族企业		非家族企业	
机构投资者 ESG 积极主义	0.088**		0.151***		0.089*	
	(0.028)		(0.034)		(0.044)	
机构投资者 ESG 积极主义_比率		0.184***		0.497***		0.027
		(0.018)		(0.036)		(0.022)

续表

变量	因变量：探索性绿色创新					
	模型 1	模型 2	模型 3	模型 4	模型 5	模型 6
	全样本		家族企业		非家族企业	
杠杆率	1.501***	1.420***	2.260***	1.793***	0.625	0.622
	（0.349）	（0.345）	（0.537）	（0.508）	（0.480）	（0.480）
资产回报率	0.363	0.367	−0.400	−0.974	0.829	0.820
	（0.804）	（0.790）	（1.263）	（1.150）	（1.096）	（1.098）
现金持有量	0.715+	0.665+	0.474	0.462	0.787	0.790
	（0.372）	（0.367）	（0.531）	（0.486）	（0.546）	（0.547）
资产规模	0.903***	0.869***	0.765***	0.613***	0.943***	0.945***
	（0.083）	（0.082）	（0.120）	（0.110）	（0.109）	（0.110）
托宾 Q 值	0.026	0.009	0.057	0.052	−0.012	−0.011
	（0.040）	（0.039）	（0.064）	（0.060）	（0.053）	（0.053）
研发比率	0.038**	0.039**	0.061***	0.055***	0.018	0.018
	（0.013）	（0.013）	（0.018）	（0.016）	（0.018）	（0.018）
上市年份	−0.322***	−0.343***	−0.705***	−0.725***	−0.062	−0.064
	（0.088）	（0.088）	（0.129）	（0.122）	（0.124）	（0.124）
两职合一	0.270**	0.283**	−0.055	−0.059	0.658***	0.658***
	（0.103）	（0.102）	（0.130）	（0.122）	（0.165）	（0.165）
所有权集中度	−0.992+	−1.069*	0.069	0.032	−1.540*	−1.541*
	（0.539）	（0.535）	（0.883）	（0.830）	（0.694）	（0.695）
大股东持股比例	0.016*	0.014*	−0.004	−0.004	0.026**	0.026**
	（0.007）	（0.007）	（0.011）	（0.010）	（0.010）	（0.010）
年份固定效应	控制	控制	控制	控制	控制	控制
行业固定效应	控制	控制	控制	控制	控制	控制
常数项	控制	控制	控制	控制	控制	控制
观测值	7384	7384	3484	3484	3896	3896
调整 R^2 值	0.121	0.136	0.122	0.219	0.133	0.132

注：括号中为聚类标准误

***表示0.1%的显著性水平，**表示1%的显著性水平，*表示5%的显著性水平，+表示10%的显著性水平

3）公司固定效应模型

为了控制不随时间变化的公司层面固有因素的潜在影响，本节采用了公司固定效应模型。结果如表7-24所示，家族企业的机构投资者ESG积极主义系数显著为正且大于非家族企业［模型3中 β=0.169，$p<0.001$；模型5中 β=0.083，$p<0.05$］，这支持了前文的结果。同样，家族企业的机构投资者ESG积极主义_比率系数显著为正（β=0.472，$p<0.001$），而非家族企业的机构投资者ESG积极主义_比率系数不显著。这些结果表明，在控制了公司固定效应后，研究结果仍然是稳健的。

表 7-24 原有模型增加公司固定效应后的回归结果

变量	全样本		家族企业		非家族企业	
	模型 1	模型 2	模型 3	模型 4	模型 5	模型 6
			因变量：探索性绿色创新			
机构投资者 ESG 积极主义	0.128***		0.169***		0.083*	
	(0.025)		(0.032)		(0.042)	
机构投资者 ESG 积极主义_比率		0.239***		0.472***		0.022
		(0.015)		(0.024)		(0.021)
杠杆率	0.708+	0.770*	0.808	0.561	0.861	0.832
	(0.366)	(0.363)	(0.582)	(0.545)	(0.525)	(0.525)
资产回报率	0.471	0.338	-0.290	-0.875	1.103	1.136
	(0.615)	(0.606)	(0.943)	(0.860)	(0.890)	(0.891)
现金持有量	0.507+	0.552+	0.096	0.178	0.580	0.576
	(0.308)	(0.304)	(0.395)	(0.372)	(0.512)	(0.512)
资产规模	1.136***	1.017***	0.712***	0.466*	1.155***	1.175***
	(0.131)	(0.129)	(0.197)	(0.186)	(0.183)	(0.183)
托宾 Q 值	0.107**	0.103**	0.047	0.064	0.094+	0.098+
	(0.036)	(0.036)	(0.050)	(0.047)	(0.052)	(0.052)
研发比率	0.048***	0.046**	0.012	0.004	0.073**	0.073**
	(0.014)	(0.014)	(0.017)	(0.016)	(0.026)	(0.026)
上市年份	-0.060	-0.086	0.093	0.075	0.012	0.009
	(0.132)	(0.131)	(0.185)	(0.176)	(0.196)	(0.196)
两职合一	0.258*	0.243*	-0.076	-0.073	0.472***	0.474***
	(0.102)	(0.101)	(0.150)	(0.143)	(0.141)	(0.141)

续表

因变量：探索性绿色创新

变量	全样本		家族企业		非家族企业	
	模型 1	模型 2	模型 3	模型 4	模型 5	模型 6
所有权集中度	0.475	0.517	1.244	1.030	0.542	0.530
	(0.511)	(0.507)	(0.933)	(0.883)	(0.654)	(0.654)
大股东持股比例	0.004	-0.001	-0.020	-0.019	0.004	0.004
	(0.009)	(0.009)	(0.018)	(0.017)	(0.012)	(0.012)
年份固定效应	控制	控制	控制	控制	控制	控制
行业固定效应	控制	控制	控制	控制	控制	控制
常数项	控制	控制	控制	控制	控制	控制
观测值	14 425	14 425	6824	6824	7601	7601
调整 R^2 值	0.378	0.393	0.405	0.474	0.393	0.392

注：括号中为聚类标准误差

***表示 0.1%的显著性水平，**表示 1%的显著性水平，*表示 5%的显著性水平，+表示 10%的显著性水平

4）一阶差分模型

我们还使用一阶差分模型进行了回归检验，以剔除潜在的随时间变化保持不变的内生变量。如表 7-25 所示，在家族企业中，机构投资者 ESG 积极主义和机构 ESG 积极主义_比率对探索性绿色创新有正向影响（模型 3 中 β=0.158，p<0.001；模型 4 中 β=0.337，p<0.001），而这种影响在非家族企业中并不显著。

表 7-25　一阶差分模型的回归结果

变量	因变量：探索性绿色创新					
	模型 1	模型 2	模型 3	模型 4	模型 5	模型 6
	全样本		家族企业		非家族企业	
机构投资者 ESG 积极主义	0.095***		0.158***		0.019	
	（0.021）		（0.027）		（0.031）	
机构投资者 ESG 积极主义_比率		0.171***		0.337***		0.002
		（0.013）		（0.018）		（0.017）
杠杆率	0.138	0.065	0.073	−0.365	0.223	0.214
	（0.457）	（0.453）	（0.641）	（0.612）	（0.660）	（0.659）
资产回报率	−0.932+	−1.048*	−0.834	−1.176	−0.864	−0.855
	（0.527）	（0.519）	（0.776）	（0.719）	（0.717）	（0.718）
现金持有量	0.089	0.115	−0.411	−0.423	0.553	0.549
	（0.312）	（0.309）	（0.401）	（0.382）	（0.490）	（0.490）
资产规模	1.035***	0.996***	1.087***	1.033***	0.946***	0.951***
	（0.175）	（0.173）	（0.236）	（0.221）	（0.261）	（0.260）
托宾 Q 值	−0.016	−0.014	−0.022	0.012	−0.017	−0.016
	（0.036）	（0.036）	（0.054）	（0.052）	（0.050）	（0.050）
研发比率	0.038*	0.039*	0.033	0.036+	0.044	0.044
	（0.017）	（0.017）	（0.023）	（0.022）	（0.027）	（0.027）
上市年份	0.083	0.046	0.279	0.230	−0.054	−0.049
	（0.172）	（0.170）	（0.244）	（0.234）	（0.256）	（0.256）
两职合一	0.150	0.154	−0.026	−0.009	0.271+	0.270+
	（0.107）	（0.106）	（0.143）	（0.135）	（0.152）	（0.152）
所有权集中度	1.797**	1.717**	1.922*	1.308	1.823*	1.822*
	（0.592）	（0.589）	（0.979）	（0.943）	（0.752）	（0.752）
大股东持股比例	−0.006	−0.005	−0.020	−0.010	−0.002	−0.002
	（0.014）	（0.014）	（0.021）	（0.020）	（0.018）	（0.018）
年份固定效应	控制	控制	控制	控制	控制	控制
行业固定效应	控制	控制	控制	控制	控制	控制
常数项	控制	控制	控制	控制	控制	控制
观测值	11 464	11 464	5343	5343	6121	6121
调整 R^2 值	0.006	0.025	0.011	0.104	−0.001	−0.001

注：括号中为聚类标准误

***表示 0.1%的显著性水平，**表示 1%的显著性水平，*表示 5%的显著性水平，+表示 10%的显著性水平

第四节　代际差异、ESG 绩效与家族企业国际投资机会研究

近几十年来，ESG 因素在企业国际化进程中扮演了至关重要的角色。虽然已有大量文献探讨了企业在东道国的 ESG 绩效对其国际表现的影响，但对企业在国际化初期积累的 ESG 绩效如何助力获取国际投资机会的研究仍显不足。发展中国家企业在实施对外直接投资项目时面临严峻挑战，因缺乏足够的资源和利益相关者支持，企业往往难以承担对外直接投资的成本和风险，进而错失机会。基于利益相关者理论，本节提出企业的 ESG 绩效与对外直接投资之间存在正相关关系。通过探讨融资约束和企业声誉在 ESG 绩效影响对外直接投资中的作用机制，本节发现，企业声誉在家族企业中发挥了更为显著的作用，而融资约束在家族企业与非家族企业中发挥的作用并无显著差异。相比非家族企业，由创始家族成员经营的家族企业在对外直接投资上的表现更为积极，而由后代成员经营的家族企业的对外直接投资水平相对较低。这些发现为寻求推动全面绿色转型和抓住国际投资机会的管理者与政策制定者提供了重要启示。

一、家族企业国际投资机会的理论研究

（一）基于"意愿–能力"的家族企业国际投资机会理论框架

de Massis 等（2014）提出的"意愿–能力"框架源于企业行为理论的以下前提：首先，不同的所有者联盟往往有不同的利益和目标；其次，所有者目标在战略决策中的重要性取决于他们在谈判过程中所拥有的权力（即控制权）；最后，所有者的目标既可以是经济性的，也可以是非经济性的（Cyert and March，1963）。基于此框架，企业的国际化战略能否实施主要取决于所有者是否认为该战略能够实现其经济和非经济效用，以及他们是否具备实施决策的权力。

这一理论表明，所有者的权力和行动意愿在战略行动中起到关键作用，但企业的实际行动能力也同样重要。换句话说，组织资源在很大程度上塑造了战略决策，企业资源是战略行为的推动因素（Hitt and Ireland，1985），这一观点在家族企业（Habbershon and Williams，1999）和非家族企业（Barney，1991）中都适用。因此，为了实现卓越绩效，企业需要有效整合和部署资源（Sirmon and Hitt，2003），并开发灵活的控制和评估系统，以便能够动态使用资源。正如 Hansen 等（2004）所述的，企业如何利用其资源至少与其拥有哪些资源同样重要。

根据该理论框架，本节认为家族对公司治理的控制（能力）、目标（意愿）和资源都会影响家族企业的决策。具体而言，意愿指的是家族所有者倾向于使用可能具有特殊性质的策略来实现以家族为中心的目标（经济和非经济），而能力大小则由家族所有者拥有的企业所有权的程度来确定，这种程度为家族提供了控制公司决策的权力和自由裁量权。因此，能力对于将以家族为中心的目标转化为公司行为并运用资源从这些行为中获得预期结果是必不可少的。从理论上讲，这意味着企业资源对家族企业战略行为的影响程度依赖于家族在企业中的所有权比例。家族企业所有权通常是由创始一代或家族的后代持

有，不同的家族所有者往往有着不同的目标（Gomez-Mejia et al.，2011；Chrisman and Patel，2012）和资源（Sirmon and Hitt，2003），这导致了家族企业内部之间的差异，以及与非家族企业的差异。

"意愿-能力"框架进而表明，家族企业决策的驱动因素是家族所有者的经济和非经济目标（Berrone et al.，2012；Chrisman et al.，2012；Chrisman and Patel，2012），以及家族持有的所有权所赋予的管理权力和自由裁量权（Carney，2005）。在国际战略方面，家族所有者出于经济动机推动企业多元化，以减少预期回报的整体差异，增加预期回报（Zahra，2003；Boellis et al.，2016）或遵循行业规范（Miller et al.，2013）。此外，他们也可能因追求回报、降低对国内市场的依赖，或者为了合理化家族控制而选择国际化。

然而，Gomez-Mejia 等（2010）指出，家族所有者在进行国际化决策时，往往优先考虑如何保护社会情感财富，这包括控制企业获得的非经济利益，如权力行使的能力、企业的情感价值、家族认同以及代际继承中的家族纽带（Berrone et al.，2012）。在此情况下，国际化可能会稀释社会情感财富，迫使家族企业权衡经济利益与社会情感财富，在国际化决策中面临独特的挑战。

根据家族所有者的动机，一些研究发现家族所有权与国际化程度呈正相关关系（Zahra，2003），而另一些研究则指出，家族所有权可能会限制国际化以保护社会情感财富（Gomez-Mejia et al.，2010；Banalieva and Eddleston，2011；Arregle et al.，2012）。本节提出，通过分析创始家族企业与后代家族企业在国际化策略上的差异，可以加深对家族企业异质性的理解。创始家族企业更倾向于保护社会情感财富，而随着社会情感财富重要性的下降，后代家族企业则更倾向于追求经济目标和行业规范。

（二）代际差异下家族企业国际投资机会比较研究

家族企业研究长期以来强调，不仅家族企业与非家族企业存在差异，由创始家族所有者和后代家族所有者经营的企业之间也有显著区别（Morck and Yeung，2003）。研究发现，当企业由家族创始一代成员持有并管理时，他们对企业的依恋最为深厚；而随着企业传承给后代，这种依恋通常会减弱（Chua et al.，1999；Gomez-Mejia et al.，2007）。创始家族所有者自企业创立以来，投入了大量时间、精力和资金，因此具有强烈的个人依恋和对企业的认同感。他们倾向于通过支持符合自身非经济目标的战略，来保护并传递社会情感财富（Gomez-Mejia et al.，2007）。与由后代家族或非家族成员管理的企业相比，创始家族所有者更可能对国际化持谨慎态度。

国际化通常需要外部资金支持，无论是通过发行新股还是债券，引入外部资金通常会允许非家族方对企业的治理和战略方向施加影响，从而削弱家族所有者的权威（Gomez-Mejia et al.，2010）。此外，国际化还可能需要派遣值得信赖的管理人员到海外管理业务。在家族企业中，这些管理人员往往是家族成员。然而，家族管理者的数量受限于家族规模，创始一代的家族管理者的人数通常较少。此外，国际化会增加管理复杂性。家族企业可能缺乏有能力和意愿管理国际业务的家族成员，因此需要聘请外部具有国际经验的专业经理，这可能会削弱家族对企业的控制权和认同感（Cruz et al.，2010）。因此，与由后代持有和管理的家族企业或非家族企业相比，由创始家族所有者管理的家族企业在国际化过程中面临更大的阻力（Gomez-Mejia et al.，2010）。本节认为，创始代家族成员持有的企业所有权程度越高时国际化程度越低。

然而，后代家族所有者和管理者对社会情感财富的重视程度则可能较低，因为随着所有权从创始代向后代转移，家族的影响力趋于减弱（Gomez-Mejia et al.，2007）。家族分支的出现会淡化家族纽带及对企业的认同感（Le Breton-Miller and Miller，2013）。当所有权由家族后代持有时（如兄弟姐妹合伙或表兄弟联盟），家族成员之间的血缘关系会淡化，而依赖企业生存或发展的家庭成员数量则通常会增加（Kotlar and de Massis，2013）。在这种情况下，经济目标的优先性会更高，从而会减少对由外部融资和专业管理导致的控制权丧失的抗拒。因此，与创始代家族相比，国际化对后代家族所有者而言更具吸引力。

此外，后代家族企业往往面临更大的战略一致性压力（Miller et al.，2013）。战略一致性是指企业行为遵循市场中普遍存在的惯例和战略。后代家族所有者和管理者常常会受到更严格的公众审视，因为他们担心自己的地位被视为是通过裙带关系获得的而非凭借能力。因此，后代家族成员可能会视战略一致性为获得合法性的必要条件，并通过信号传递证明他们有能力像创始人或非家族管理者一样有效地经营企业。这进一步表明，当企业由家族后代持有时，家族企业比由创始家族管理的企业更有可能进行国际化，以向非家族利益相关者证明其具有实现优异业绩的能力。

事实上，随着后代持有的股权比例的上升，家族企业的行动自由度增加，它们更需要通过国际化等战略来应对降低风险和提升回报的压力。这表明，家族企业在后代持有所有权时，比在创始家族持有时表现得更加积极主动。本节认为，后代家族成员持有的企业所有权程度越高时，国际化程度越高。

（三）不同知识资源禀赋下家族企业的国际投资机会选择

在企业战略选择中，能力视角强调判断力和控制力的作用。然而，从知识型资源的角度来看，组织知识被视为最重要的资源，战略决策（如国际化）会受到企业内部知识可用性和构成的影响（Kogut and Zander，1992）。与有形资源不同，组织知识是一种复杂的无形资源，是社会构建的结果。组织知识不仅仅是个体成员知识的集合，还是一种组织层面的集体性资源，通过个体知识的交流和整合得以形成（Nahapiet and Ghoshal，1998）。

总体来看，知识型资源对于推动国际化具有积极作用，主要原因如下：首先，在国内市场上积累的知识型资源可能对国外市场活动产生正面外部性影响。由于全球经济一体化，一些国外客户可能在品位和需求上与国内客户相似，在这种情况下，国内研发的产品可能在国外市场受到欢迎，从而促进企业的国际化进程。其次，除了产品和品牌，开发这些产品和品牌的知识也可用于企业的国际市场拓展。最后，国内研发活动作为知识型资源的关键驱动要素，可以帮助企业开发出适用于国际环境的流程、惯例和实践（Macher and Boerner，2012），借助研发所积累的知识型资源优势，更顺畅地突破进入国外市场的壁垒，有力推动企业的国际化进程。

然而，知识型资源与国际化之间的关系是复杂的，因为企业在资源积累、剥离、拆分和利用的能力方面存在差异（Sirmon and Hitt，2003）。在这一背景下，价值创造依赖于企业对知识的协调和整合（Amit and Zott，2001；Eisenhardt and Martin，2000；Teece et al.，1997）。Nahapiet 和 Ghoshal（1998）进一步指出，企业内部个体间的社会关系对价值创造有着积极的促进作用。总体而言，知识型资源能够帮助企业将其他资源从原有用途中剥离，并重新组合以适应新的用途。这意味着，企业必须具备将国内市场积累的知识进行重新组织并有效应用于国际市场竞争的能力。

二、ESG 绩效对企业对外直接投资的影响机理

（一）ESG 绩效对企业对外直接投资的总体影响

根据国际商业中的自我选择机制（Fombrun et al.，2000），只有少数具有财务手段和必要能力的企业能够进行国际扩张。与出口等其他国际化战略相比，对外直接投资因其高昂的沉没成本和固定成本而成为一种高度依赖资源的国际化模式（Jiang et al.，2020）。企业不仅需要在对外直接投资的初期投入大量资金，还需在后续运营阶段持续投入大量的财力和人力。此外，对外直接投资涉及多种跨国经营风险，包括制度差异、地缘政治冲突和宗教文化差异带来的政治风险（Butler and Joaquin，1998），以及东道国外汇波动和市场变化带来的市场风险（Jiang et al.，2020）。这些风险加剧了企业在海外经营中的"外来者劣势"，尤其对于新兴市场企业而言，其在环境保护和企业社会责任方面的制度和行业实践相对落后于发达国家，这使得其面临更大的合法性挑战，难以迅速获得东道国利益相关者的信任和认可（Marano et al.，2017）。

为应对这些挑战，新兴市场企业在对外直接投资过程中需要积极寻求外部利益相关者的资源和支持。根据利益相关者理论，企业的利益相关者包括那些为企业提供资源并和企业共同承担风险的个人或团体，他们与企业共同追求目标并创造共享价值（Freeman and Moutchnik，2013）。这些利益相关者通常包括投资者、股东、员工、供应商和客户（Cantrell et al.，2015）。

优异的 ESG 绩效有助于加强企业与关键利益相关者之间的关系。随着全球可持续发展理念的推广，利益相关者越发关注企业的可持续表现，这要求企业在追求经济利益的同时，也要在环境和社会责任方面有所作为。因此，ESG 绩效成为企业与利益相关者沟通的核心内容之一（Odriozola and Baraibar-Diez，2017）。通过长期积累的优异 ESG 绩效，企业能够展示其在可持续发展方面的能力，缓解利益相关者对信息不对称的顾虑，并赢得股东的认可。

在全球绿色转型的背景下，企业可通过 ESG 实践中的信息披露，表明其持续遵守相关标准并积极响应外部环境和社会需求（Wu et al.，2023b；Jin et al.，2024；　Wu et al.，2024a）。这种透明度能够减少利益相关者的担忧，并促进企业与更广泛的利益相关者建立密切联系。由于优异的 ESG 绩效需要企业在公司治理方面进行重大改进，平衡股东与其他利益相关者的需求（包括合作伙伴、供应商、政府和客户），因此优异的 ESG 绩效也被视为企业能力的象征（Swaen et al.，2021）。当企业能够在各方需求中找到平衡时，外部利益相关者会将其视为可信赖的合作伙伴，并愿意提供支持，帮助企业实现其战略

目标。

当企业的利益相关者对其抱有积极看法时，他们更可能为企业的对外直接投资提供所需资源。例如，重视 ESG 绩效的投资者和股东可能会为企业提供财务支持，帮助其在全球市场进行拓展。具有竞争力的优秀员工和管理层也更可能在海外业务中发挥积极作用。此外，优异的 ESG 绩效能够帮助企业在全球价值链中建立负责任的形象，增强其在国际市场中的竞争力，并赢得外国合作伙伴的信任。通过良好的 ESG 表现，企业还可能获得东道国政府的政策支持，从而减轻"外来者劣势"带来的经营压力（Bell et al.，2012）。因此，本节认为，ESG 绩效的提高有利于企业的对外直接投资。

（二）融资约束与企业声誉的中介机制

优异的 ESG 绩效能够帮助企业吸引更多利益相关者的资源，从而推动企业进行对外直接投资。已有研究表明，企业进行对外直接投资所需的资源包括有形的财务资源（用于支付经济成本）以及无形的声誉资源（用以应对社会成本）（Manasakis et al.，2018）。因此，本节将从缓解融资约束和提升企业声誉这两个角度，分析 ESG 绩效如何促进对外直接投资。

融资约束是企业投资决策中的重大障碍，甚至可能导致企业放弃本应带来正净现值的投资项目（Almeida and Campello，2007）。已有研究表明，融资约束限制了企业对外直接投资的决策（Buch et al.，2014；Yan et al.，2018）。鉴于财务资源是企业必须从利益相关者处获取的重要有形资产，本节提出，ESG 绩效可以缓解融资约束，从而促进企业的对外直接投资。

融资约束的产生通常源于资本市场的不完善。金融摩擦，如信息不对称和代理成本，会导致外部融资成本上升（Almeida and Campello，2007）。当外部融资成本高于内部融资成本时，企业将面临融资约束，尤其是在通过资本市场发行股票或获得银行贷款时可能会遇到障碍（Yu et al.，2021a）。因此，解决信息不对称问题并与外部投资者建立信任，对于缓解融资约束至关重要。信息不对称的根源在于外部投资者对企业的了解有限，企业可以通过公开披露关键信息、提升透明度，来有效建立与投资者的信任。如果披露的信息能够展示企业的能力与信誉，便能进一步巩固与利益相关者的长期合作关系（Chen et al.，2023a）。

优异的 ESG 绩效展现了企业在社会和环境责任方面的积极作为，从而加强了企业与外部利益相关者的关系。首先，优异的 ESG 绩效表明企业在实现经济目标的同时能够兼顾社会责任，体现出其强大的企业能力和优良的公司治理。其次，优异的 ESG 绩效能显示出企业对环境和社会问题的关注，并为此做出了积极贡献。这类企业较少涉及财务欺诈或环境不当行为，从而降低了生产和运营风险。因此，优异的 ESG 绩效通过缓解信息不对称、增强利益相关者的信任，可以帮助企业克服融资约束，并推动其国际化进程。

本节认为，融资能力较强的企业更有能力进行对外直接投资。已有研究表明，进入国外市场需要企业承担巨大的成本。例如，Chaney（2016）指出，面临流动性约束的企业往往不得不减少出口。相比出口，对外直接投资通常需要更多的初始投资，因为它涉及在东道国建立工厂、购买设备并雇佣当地劳动力。Sasidharan 和 Padmaja（2018）进一步指出，融资约束对新兴市场的对外直接投资尤为不利。基于上述分析，本节认为，ESG绩效可以通过缓解融资约束来促进企业对外直接投资。

除了有形的财务资源外，企业声誉作为一种无形资产，同样能够通过增强与利益相关者的关系，对企业的对外直接投资产生积极影响。企业声誉是一种长期积累的认知形象，由利益相关者的整体评价所决定，并通过采取符合利益相关者期望的行动逐步提升（Fombrun et al.，2000）。更高的ESG绩效有助于增强利益相关者对企业履行社会责任的认知，从而提高企业声誉（Wu et al.，2021）。已有研究证实了ESG绩效与企业声誉之间的正相关关系。Kölbel等（2017）发现，关于ESG问题的负面新闻可能会增加企业的信用风险，进而损害其声誉。积极的ESG实践则能够帮助企业恢复因过往不当行为而受损的声誉。

良好的ESG声誉还能够有效减少企业在东道国市场面临的"外来者劣势"，增强其追求国际投资机遇的动力。然而，由于企业对东道国市场不熟悉，其在环境可持续性和社会责任方面仍可能面临诸多挑战。良好的声誉有助于缓解东道国利益相关者的顾虑，并为企业获取当地资源提供便利。东道国市场的政府作为跨国公司的重要利益相关者，近年来不断呼吁外国企业承担更多社会责任，并要求它们加大对当地教育和环境保护的投资（Rugman et al.，2014）。具有良好声誉的企业更有能力满足这些要求，因此更有可能获得当地政府和合作伙伴的支持与资源。

企业声誉是一种稀缺且难以复制的资源，能够为企业提供竞争优势，助其在东道国市场取得成功。外部利益相关者通常认为声誉良好的公司更具竞争力和盈利能力，这往往促使他们与这些企业进一步合作（Anokhin et al.，2022）。此外，Swaen等（2021）指出，良好的企业声誉能够增强客户信任，进而提高公司在东道国的经营效率和销售业绩。基于上述论证，本节认为，企业声誉是ESG绩效促进企业进行对外直接投资的重要渠道。

本节的研究框架如图7-3所示。

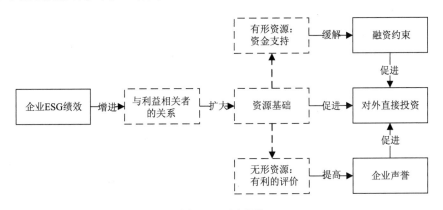

图 7-3　研究框架

（三）研究设计

1. 数据来源

本节的样本涵盖 2010 年至 2019 年中国的 2083 家上市公司，共计 11 069 个公司的年观测值。为了减少潜在的生存偏差，数据集包含了活跃公司和停牌公司的股票数据。对外直接投资数据来自全球并购数据库，企业的 ESG 绩效数据来自和讯网，企业声誉则依据 Chun（2005）的方法进行计算。其他变量数据来源于中国经济金融研究数据库。为了减轻异常值的影响，所有连续变量均在 1%和 99%分位水平上进行了缩尾处理。

2. 变量定义

本节的被解释变量为对外直接投资，这一变量具体包含对外直接投资决策以及对外直接投资规模两方面内容。在衡量对外直接投资决策时，使用一个二元虚拟变量来捕捉企业是否进行对外直接投资决策（Yan et al.，2018）。而对外直接投资规模则定义为每家企业进行的对外直接投资总额（Hao et al.，2020）。

核心解释变量为企业的 ESG 绩效，本节使用和讯网提供的 ESG 评级作为衡量标准。ESG 评级越高，代表企业的 ESG 绩效越好。

本节采用了投资-现金流敏感性作为企业融资约束的指标，以避免现有指标在中国应用中的局限性。例如，国外学者衡量企业融资约束水平时常用的 KZ（Kaplan-Zingales，卡普兰-津加莱斯）指数和 WW（Whited-Wu，怀德-吴）指数在中国的适用性存在质疑，因为其可能破坏参数稳定性假设（无论是考虑国家差异还是时间变化）。相比之下，在金融发展水平较低的国家，投资-现金流敏感性可以被视为衡量融资约束的合理指标。

企业声誉依据 Chun（2005）的方法构建，评估了四个主要利益相关者维度：客户、债权人、股东和企业自身。客户维度基于公司资产、收入、净利润和公司价值；债权人维度使用杠杆率、流动性比率和长期负债率等指标评估企业的信用和财务稳定性；股东维度则包括每股收益、每股股息及知名审计机构的参与度。企业自身维度结合了可持续增长率和独立董事比例。通过因子分析可以计算整体声誉得分，并将其分为 10 组，得分越高，表明企业的声誉越好。

此外，本节纳入了一系列控制变量，以控制企业特征对对外直接投资的潜在影响。首先，使用员工人数的对数作为企业规模的控制变量。其次，考虑到财务因素对对外直接投资决策的重要性，本节引入了现金持有量、资产负债率和托宾 Q 值等财务相关变量。同时，企业成立年限、十大股东持股比例、公司高管人数以及两职合一也被纳入控制变量。企业成立年限表示公司成立的年数。十大股东持股比例表示公司前 10 名股东的持股比例。公司高管人数表示公司高级管理人员的数量。此外，本节还使用虚拟变量控制了时间趋势、行业效应和区域效应。

（四）实证结果与分析

1. 描述性统计

表 7-26 列出了主要变量的描述性统计结果。对外直接投资决策的均值为 0.0522，表明样本中相当一部分公司未从事任何对外直接投资活动。ESG 绩效的均值为 24.4887，接近中位数 22.11，表明 ESG 绩效的分布没有严重偏斜。然而，ESG 绩效的标准差较大（12.5224），表明不同公司之间的 ESG 绩效存在显著差异。本节还计算了方差膨胀因子，所有方差膨胀因子值均低于通常接受的阈值 10，表明多重共线性不太可能成为本节研究的主要问题。本节对变量之间的相关性也进行了计算，表 7-27 展示了 Pearson 和 Spearman 相关系数的检验结果。

表 7-26 描述性统计结果（三）

变量	样本量	均值	标准差	最小值	第一四分位数	第三四分位数	最大值
对外直接投资决策	11 069	0.0522	0.2225	0	0	0	1
对外直接投资规模	11 069	0.9478	4.1542	0	0	0	23.5728
ESG 绩效	11 069	24.4887	12.5224	−9.42	17.58	26.96	85.24
企业声誉	11 069	5.0748	3.0618	1	2	8	10
企业规模	11 069	7.7037	1.2999	3.7612	6.8575	8.5080	10.9173
现金持有量	11 069	0.1884	0.1324	0.0078	0.0967	0.2422	0.6839
资产负债率	11 069	0.4526	0.1978	0.0519	0.3052	0.6035	0.9409
托宾 Q 值	11 069	1.9953	1.2326	0.8959	1.2217	2.2891	7.5893
企业成立年限	11 069	2.1729	0.7672	0.6931	1.6094	2.8332	3.2581
十大股东持股比例	11 069	0.4581	0.2115	0.1351	0.2853	0.6102	0.9646
公司高管人数	11 069	1.9598	0.3047	1.0986	1.7918	2.1972	2.7081
两职合一	11 069	0.2428	0.4288	0	0	0	1

2. 基础回归分析

表 7-28 展示了 ESG 绩效对对外直接投资决策和规模的影响。模型 1 和模型 2 使用 Probit 模型检验了 ESG 绩效对对外直接投资决策的边际影响。模型 2 的结果表明，在控制企业特征之后，ESG 绩效的系数仍然为正且具有统计显著性，说明 ESG 绩效较高的企业更倾向于从事对外直接投资。由于 Probit 模型中的系数值无法直接反映 ESG 绩效的经济显著性，我们进一步计算了 ESG 绩效对对外直接投资概率的边际效应。结果显示为 0.001，表明 ESG 绩效每提高一个单位，企业参与对外直接投资的概率增加 0.1%。

表 7-28 的模型 3 和模型 4 将因变量从对外直接投资决策替换为对外直接投资规模，采用 Tobit 模型研究了 ESG 绩效对对外直接投资规模的影响。在包含控制变量的模型中，ESG 绩效的系数为 0.024，并在 0.1%水平上达到统计显著性。这表明，ESG 绩效越高，

表7-27 变量的相关性分析

变量	对外直接投资决策	对外直接投资规模	ESG绩效	企业声誉	企业规模	现金持有量	资产负债率	托宾Q值	企业成立年限	十大股东持股比例	公司高管人数	两职合一
对外直接投资决策		0.98***	0.05***	0.15***	0.08***	0.01	0.00	0.02**	-0.03***	-0.06***	0.01	0.05***
对外直接投资规模	0.97***		0.05***	0.15***	0.08***	0.01	0.00	0.02*	-0.03***	-0.06***	0.01	0.05***
ESG绩效	0.06***	0.06***		0.04***	0.10***	0.17***	-0.04***	-0.02*	0.04***	0.06***	0.06***	-0.03***
企业声誉	0.15***	0.15***	0.04***		0.40***	0.02**	-0.01	-0.03***	-0.08***	-0.04***	0.09***	0.02**
企业规模	0.09***	0.09***	0.15***	0.39***		-0.11***	0.32***	-0.31***	0.16***	0.08***	0.28***	-0.12***
现金持有量	-0.01	-0.01	0.08***	-0.05***	-0.16***		-0.34***	0.20***	-0.18***	-0.07***	-0.03***	0.09***
资产负债率	0.00	0.01	0.03***	0.01	0.32***	-0.40***		-0.44***	0.31***	0.16***	0.13***	-0.13***
托宾Q值	0.00	0.00	-0.03***	-0.07***	-0.28***	0.18***	-0.35***		-0.18***	-0.11***	-0.13***	0.12***
企业成立年限	-0.03***	-0.02*	0.03***	-0.04***	0.15***	-0.24***	0.33***	-0.07***		0.20***	-0.04***	-0.23***
十大股东持股比例	-0.06***	-0.06***	0.07***	-0.05***	0.06***	-0.08***	0.16***	-0.09***	0.21***		-0.04***	-0.11***
公司高管人数	0.02*	0.02*	0.08***	0.08***	0.28***	-0.05***	0.13***	-0.13***	-0.03***	-0.05***		-0.04***
两职合一	0.05***	0.05***	-0.05***	0.01	-0.11***	0.10***	-0.13***	0.09***	-0.23***	-0.12***	-0.04***	

注：本表为主要变量之间的Pearson（对角线下方）和Spearman（对角线上方）相关系数，括号中为企业层面的聚类标准误

***表示0.1%的显著性水平，**表示1%的显著性水平，*表示5%的显著性水平

表 7-28　ESG 绩效对对外直接投资的回归分析结果

变量	模型 1	模型 2	模型 3	模型 4
	对外直接投资决策	对外直接投资决策	对外直接投资规模	对外直接投资规模
ESG 绩效	0.014***	0.012***	0.027***	0.024***
	(0.002)	(0.002)	(0.004)	(0.004)
企业规模		0.142***		0.244***
		(0.020)		(0.038)
现金持有量		−0.000		−0.019
		(0.181)		(0.285)
资产负债率		0.018		0.206
		(0.140)		(0.238)
托宾 Q 值		0.003		0.006
		(0.020)		(0.035)
企业成立年限		−0.122***		−0.151**
		(0.030)		(0.058)
十大股东持股比例		−0.540***		−0.845***
		(0.114)		(0.188)
公司高管人数		−0.054		−0.099
		(0.069)		(0.142)
两职合一		0.169***		0.405***
		(0.048)		(0.105)
常数项	−2.948***	−3.274***	−0.626*	−1.384**
	(0.338)	(0.414)	(0.303)	(0.517)
年份固定效应	控制	控制	控制	控制
省份固定效应	控制	控制	控制	控制
行业固定效应	控制	控制	控制	控制
观测值	11 069	11 069	11 069	11 069
伪 R^2	0.075	0.097	0.005	0.007
F 统计量			7.660	7.274
卡方值	298.642	365.266		

注：本表使用全部样本对对外直接投资与 ESG 绩效进行回归。因变量为对外直接投资决策和对外直接投资规模。括号中为企业层面的聚类标准误

***表示 0.1%的显著性水平，**表示 1%的显著性水平，*表示 5%的显著性水平

对外直接投资规模越大。更具体地说，ESG 绩效对对外直接投资预期规模的平均边际效应估计为每单位 2.4 万美元。总体而言，研究结果表明 ESG 绩效不仅对企业从事对外直接投资的决策产生积极影响，也对对外直接投资规模具有显著的正向作用。

3. 稳健性检验

1）Heckman 两阶段模型

样本偏差的存在是因为仅披露对外直接投资数据的公司进入了样本，而某些 ESG 绩

效较高的公司可能选择不披露其对外直接投资信息。为了解决这一样本偏差问题，我们采用了 Heckman 两阶段模型。该模型要求我们首先计算对外直接投资的概率，并生成逆米尔斯比率，其次在回归模型中引入逆米尔斯比率作为控制变量。在此过程中，逆米尔斯比率系数的显著性表明样本偏差的存在。

具体来说，我们先使用 Probit 模型来检验影响企业对外直接投资决策概率的因素。Probit 模型中的变量包括企业规模、现金持有量、资产负债率、托宾 Q 值、企业成立年限、十大股东持股比例、公司高管人数和两职合一。这一阶段的主要目的是评估 ESG 绩效对对外直接投资决策的影响，同时控制其他公司特征并减少潜在的样本偏差。第一阶段 Probit 回归的结果表明，ESG 绩效较高的公司更倾向于从事对外直接投资（ESG 绩效系数为 0.012，且在 0.1% 水平上具有统计显著性）。在第二阶段的估计中，我们引入了第一阶段 Probit 模型计算出的逆米尔斯比率。通过在模型中加入逆米尔斯比率，可以更准确地评估 ESG 绩效对对外直接投资决策的影响，同时降低潜在偏差。结果显示，逆米尔斯比率在 0.1% 水平上具有统计显著性，这表明存在样本偏差。Heckman 两阶段模型的结果进一步表明，ESG 绩效与对外直接投资之间的正相关关系仍然具有统计显著性。

2）倾向得分匹配

为缓解数据中潜在的内生性问题，本节采用了倾向得分匹配法。该方法的核心思想是从对照组中选出一家进行对外直接投资可能性较低的公司，并在其他特征方面与一家进行对外直接投资可能性较高的公司匹配。这一方法旨在减少那些对外直接投资倾向较强的公司可能提高其 ESG 绩效的潜在偏差。

倾向得分匹配法首先通过 Probit 模型评估企业进行对外直接投资的倾向，使用了完整样本并结合了变量如企业规模、现金持有量、资产负债率、托宾 Q 值、企业成立年限、十大股东持股比例、公司高管人数和两职合一，同时考虑了年份、省份和行业的固定效应。其次为每个公司年份观察值计算倾向得分，并通过最近邻匹配方法为每个处理公司选择一个控制公司。

经过倾向得分匹配处理后，初始样本量为 3760 对，但在控制年份、省份和行业的固定效应时，部分行业或省份的样本因变量为常数而被排除在回归分析之外，最终回归样本由 3561 对匹配观测值组成。随后，我们使用匹配样本进行回归分析。结果表明，在考虑潜在内生性问题后，ESG 绩效促进对外直接投资的结论仍然成立。

3）自变量滞后 1 期

优异的 ESG 绩效并不一定会立即促进企业参与对外直接投资，本节认为 ESG 绩效与对外直接投资行为之间可能存在滞后效应。为此，本节引入了 ESG 绩效的 1 期滞后项作为替换变量。重新回归结果表明 ESG 绩效促进对外直接投资仍然成立。

4）替换自变量

鉴于不同评级机构对于特定企业的 ESG 评级可能存在较大差异（Christensen et al.，2022），我们将和讯 ESG 评级替换为华证 ESG 评级后重新回归。回归结果表明，替换自变量以后，ESG 绩效促进对外直接投资的结论仍然成立。

4. 融资约束机制与企业声誉机制

表 7-29 展示了融资约束机制的检验结果，需要特别关注在投资-现金流敏感性分析中现金流与 ESG 绩效的交互作用。模型 1 和模型 2 中现金流的系数为正且具有统计显著性（$\beta = 1.592$，$p < 0.05$；$\beta = 3.261$，$p < 0.01$），表明企业的对外直接投资受到现金流可用性的影响。现金流与 ESG 绩效交互项的系数为负且在 1% 水平上显著，表明较高的 ESG 绩效减轻了有限现金流对对外直接投资的不利影响。换句话说，ESG 绩效较高的企业更有能力克服融资约束从而推动对外直接投资。

表 7-29　融资约束影响的机制检验

变量	模型 1	模型 2
	对外直接投资决策	对外直接投资规模
现金流	1.592*	3.261**
	(0.695)	(1.197)
现金流×ESG 绩效	−0.073**	−0.155**
	(0.022)	(0.048)
ESG 绩效	0.013***	0.027***
	(0.002)	(0.004)
企业规模	0.147***	0.255***
	(0.021)	(0.039)
现金持有量	0.052	0.100
	(0.183)	(0.288)
资产负债率	−0.016	0.153
	(0.143)	(0.239)
托宾 Q 值	0.008	0.017
	(0.019)	(0.035)
企业成立年限	−0.122***	−0.150**
	(0.030)	(0.058)
十大股东持股比例	−0.532***	−0.829***
	(0.114)	(0.188)
公司高管人数	−0.058	−0.109
	(0.069)	(0.142)
两职合一	0.170***	0.404***
	(0.048)	(0.105)
常数项	−3.374***	−1.570**
	(0.423)	(0.525)
年份固定效应	控制	控制
省份固定效应	控制	控制
行业固定效应	控制	控制

续表

变量	模型 1	模型 2
	对外直接投资决策	对外直接投资规模
观测值	11 069	11 069
伪 R^2	0.100	0.007
F 统计量		7.015
卡方值	377.655	

注：本表采用投资-现金流敏感性分析法对融资约束的影响进行机制检验。因变量为对外直接投资决策和对外直接投资规模。现金流为年末现金流除以企业总资产。数值越大，说明企业面临的融资约束越严重。现金流与 ESG 绩效交互项的系数为负，说明 ESG 可以缓解融资约束。括号中为企业层面的聚类标准误

***表示 0.1% 的显著性水平，**表示 1% 的显著性水平，*表示 5% 的显著性水平

企业声誉机制的回归结果如表 7-30 所示。研究结果表明，ESG 绩效优秀的企业能够提升声誉，从而促进对外直接投资。模型 1 中，ESG 绩效的系数为正且在统计上显著（$\beta = 0.011$，$p < 0.001$），表明 ESG 绩效对企业声誉有正向影响。在模型 2 和模型 3 中，企业声誉对对外直接投资决策和对外直接投资规模的系数均在 0.1% 水平上为正值。这些结果表明，优异的 ESG 绩效能提高企业声誉，从而有利于促进对外直接投资。

表 7-30　企业声誉影响的机制检验

变量	模型 1	模型 2	模型 3
	企业声誉	对外直接投资决策	对外直接投资规模
企业声誉		0.129***	0.236***
		（0.011）	（0.018）
ESG 绩效	0.011***	0.010***	0.021***
	（0.002）	（0.002）	（0.003）
企业规模	0.700***	0.058*	0.079*
	（0.019）	（0.023）	（0.038）
现金持有量	1.214***	−0.220	−0.306
	（0.178）	（0.203）	（0.336）
资产负债率	−0.349*	0.017	0.288
	（0.136）	（0.151）	（0.257）
托宾 Q 值	0.034+	−0.002	−0.002
	（0.020）	（0.022）	（0.038）
企业成立年限	0.067*	−0.157***	−0.167**
	（0.031）	（0.033）	（0.059）
十大股东持股比例	−0.569***	−0.475***	−0.711***
	（0.104）	（0.116）	（0.195）
公司高管人数	0.127+	−0.045	−0.129
	（0.072）	（0.074）	（0.136）
两职合一	0.118*	0.150**	0.377***
	（0.050）	（0.049）	（0.094）

续表

变量	模型 1	模型 2	模型 3
	企业声誉	对外直接投资决策	对外直接投资规模
常数项	−1.593***	−3.238***	−1.008+
	(0.313)	(0.441)	(0.590)
年份固定效应	控制	控制	控制
省份固定效应	控制	控制	控制
行业固定效应	控制	控制	控制
观测值	11 069	11 069	11 069
伪 R^2	0.505		0.047
F 统计量	218.067	11.364	
卡方值			601.550

注：本表为企业声誉效应的机制检验。因变量为企业声誉、对外直接投资决策和对外直接投资规模。括号中为企业层面的聚类标准误

***表示 0.1% 的显著性水平，**表示 1% 的显著性水平，*表示 5% 的显著性水平，+表示 10% 的显著性水平

此外，我们还计算了间接效应（即 ESG 绩效通过企业声誉对对外直接投资的影响）、直接效应（即 ESG 绩效对对外直接投资的直接影响）以及总体效应。预计 ESG 绩效对对外直接投资规模的总体效应为 0.0222，意味着在其他变量保持不变的情况下，ESG 绩效每提高一个单位，对外直接投资预计增加 2.22 万美元。我们还计算了间接效应与总体效应的比率，结果显示企业声誉约占 ESG 绩效促进对外直接投资规模总增长的 12%。这一发现进一步表明 ESG 绩效通过提升企业声誉来促进对外直接投资。

三、家族企业情境下 ESG 绩效与对外直接投资的特色影响路径

（一）家族企业中融资约束与企业声誉的异质性中介机制

此前，本节探讨了家族企业和非家族企业之间的潜在差异。本节认为，无论是家族企业还是非家族企业，ESG 绩效对对外直接投资影响的基本逻辑都是不变的。具体而言，良好的 ESG 绩效可以增强企业与利益相关者的关系，从而增加其对企业对外直接投资所需资源的支持。然而，优异的 ESG 绩效可以给家族企业和非家族企业带来的资源在资源类型上有所不同。

具体而言，家族企业，特别是中小型家族企业，通常倾向于保持对公司的控制并规避风险，且高度依赖内部融资。已有研究表明，家族企业往往通过私人关系而非公开市场获取财务资源（Romano et al.，2001），因此在资本市场上所面临的融资约束相对较小。与非家族企业不同，家族企业不一定需要依赖展示 ESG 绩效来吸引外部投资者。家族企业可能会从其独特且丰富的关系资源中获益，这些资源有助于其获得国际投资机会（Wu et al.，2021）。这些关系资源源自家族成员通过长期经营和家族传统建立的深厚而持久的社交网络（Carney，2005），从而支持家族企业在国际市场上的扩张。因此，融资约束可

能对家族企业的对外直接投资决策的影响较小。

本节选用中国经济金融研究数据库中的家族企业数据，以区分家族企业和非家族企业。被归类为家族企业的标准包括：①上市公司的实际控制人为单个自然人或家族，并且有亲属担任董事、监事或高管职务，或者为公司股东；②上市公司的实际控制人为单个自然人或家族，并且为控股股东单位的实际控制人，且其亲属在控股股东单位担任董事、监事或高管职务，或者为控股股东单位的股东；③上市公司的实际控制人为多个自然人，并且存在亲属关系。为了检验融资约束机制在家族企业与非家族企业中作用的差异，本节采用分样本回归的方法，即分别对家族企业和非家族企业样本进行回归分析。相关回归结果见表 7-31。

表 7-31（模型 1 和模型 2）中，当使用对外直接投资决策作为因变量时，现金流和 ESG 绩效交互项的系数显示两组样本在融资约束方面可能存在差异（家族企业 $\beta=-0.071$，$p<0.05$；非家族企业 $\beta=-0.110$，$p<0.001$）。为进一步明确两组样本之间的差异是否具有统计显著性，本节进行了组件系数差异检验，结果得到 p 值为 0.034，表明家族企业与非家族企业在融资约束机制上存在显著差异。类似地，当使用对外直接投资规模作为因变量时，现金流和 ESG 绩效交互项的系数显示家族企业与非家族企业之间的融资约束差异依然显著（家族企业 $\beta=-0.168$，$p<0.05$；非家族企业 $\beta=-0.169$，$p<0.01$）。这些结果表明，在对外直接投资活动中，非家族企业受到融资约束的影响更为显著，ESG 绩效通过缓解融资约束促进对外直接投资的作用机制在非家族企业中表现得更为突出。

表 7-31　家族企业与非家族企业在融资约束机制中的差异

机制	变量	对外直接投资决策		对外直接投资规模	
		模型 1	模型 2	模型 3	模型 4
		家族企业	非家族企业	家族企业	非家族企业
面板 A：融资约束机制	现金流	1.587^{+}	2.897**	3.264^{+}	4.068**
		(0.907)	(1.080)	(1.876)	(1.356)
	现金流×ESG 绩效	−0.071*	−0.110***	−0.168*	−0.169**
		(0.031)	(0.030)	(0.078)	(0.053)
	ESG 绩效	0.014***	0.015***	0.040***	0.020***
		(0.002)	(0.003)	(0.008)	(0.005)
	控制变量	控制	控制	控制	控制
	观测值	6340	4729	6340	4729
	伪 R^2	0.085	0.188	0.007	0.009
	F 统计量			4.295	2.751
	卡方值	234.808	243.111		
	经验 p 值	0.034		0.051	

注：本表为家族企业与非家族企业在融资约束机制方面的异质性检验结果。因变量为对外直接投资决策和对外直接投资规模。现金流为年末现金流除以企业总资产。数值越大，说明企业面临的融资约束越严重。现金流与 ESG 绩效交互项的系数为负，说明 ESG 可以缓解融资约束。由于篇幅有限，以下变量未在表中显示：企业规模、现金持有量、资产负债率、托宾 Q 值、企业成立年限、十大股东持股比例、公司高管人数、两职合一。括号中为企业层面的聚类标准误

***表示 0.1%的显著性水平，**表示 1%的显著性水平，*表示 5%的显著性水平，+表示 10%的显著性水平

基于家族企业的独特特征，本节进一步探讨了家族企业是否因 ESG 绩效带来的企业声誉提升而从事更多的对外直接投资活动。这里有两个重要因素需要考虑。首先，与非家族企业股东相比，拥有大量股权并高度重视家族传承的家族成员在管理家族企业时通常更注重企业的长期战略规划，并对可持续发展有强烈的承诺（Anderson et al.，2003；Wu et al.，2022c；Wu et al.，2022d）。此外，由于家族企业管理者受到的短期市场压力较小，相较于非家族企业，它们更有可能将社会和环境因素融入产品开发和日常运营（Memili et al.，2018），从而提升企业声誉和整体形象。家族企业还能利用其独特的家族资源，参与各类 ESG 活动，如与政府合作开展教育和就业支持项目，或者与当地媒体建立良好关系，进一步提升其声誉。因此，ESG 绩效与企业声誉之间的关联在家族企业中可能更加显著。

其次，家族企业通常更加重视维护家族声誉，因此更倾向于从事长期投资项目，包括拓展海外市场。此外，家族企业的重大决策常常受非经济目标的影响，如家族声誉、社会成就和代际传承（Berrone et al.，2010）。因此，本节认为，企业声誉机制对家族企业的 ESG 绩效影响对外直接投资的作用相较于非家族企业更为显著。

表 7-32 的回归分析结果揭示了企业声誉机制在家族企业和非家族企业中的作用差异。模型 1~模型 3 展示了家族企业的回归结果。其中，模型 1 显示 ESG 绩效的系数为 0.021，且在 0.1%的水平上具有统计显著性，表明 ESG 绩效对企业声誉具有显著的正向影响。此外，企业声誉对对外直接投资的推动作用也具有统计显著性（β=0.164，p<0.001；β=0.404，p<0.001）。通过 Sobel-Goodman（索贝尔-古德曼）中介分析方法，可以计算出企业声誉机制产生的 ESG 绩效对对外直接投资的间接效应，这一效应占据了 ESG 绩效对对外直接投资总效应的 20%以上，表明企业声誉机制在家族企业样本中发挥了重要作用。

表 7-32 家族企业与非家族企业在企业声誉机制中的差异

机制	变量	家族企业			非家族企业		
		模型 1	模型 2	模型 3	模型 4	模型 5	模型 6
		企业声誉	对外直接投资决策	对外直接投资规模	企业声誉	对外直接投资决策	对外直接投资规模
面板 B：企业声誉机制	企业声誉		0.164*** (0.014)	0.404*** (0.028)		0.041* (0.019)	0.037+ (0.022)
	ESG 绩效	0.021*** (0.002)	0.009*** (0.002)	0.027*** (0.006)	0.002 (0.002)	0.013*** (0.003)	0.016*** (0.004)
	控制变量	控制	控制	控制	控制	控制	控制
	观测值	6340	6340	6340	4729	4729	4729
	调整 R^2 值	0.519		0.064	0.531		0.037
	伪 R^2			0.135			0.185
	F 统计量	135.353	9.340		117.497	4.895	
	卡方值			423.875			245.262

注：本表为家族企业与非家族企业在企业声誉机制方面的异质性检验结果。因变量为企业声誉、对外直接投资决策和对外直接投资规模。由于篇幅有限，以下变量未在表中显示：企业规模、现金持有量、资产负债率、托宾 Q 值、企业成立年限、十大股东持股比例、公司高管人数、两职合一。括号中为企业层面的聚类标准误

***表示 0.1%的显著性水平，*表示 5%的显著性水平，+表示 10%的显著性水平

相较之下，非家族企业的声誉机制似乎并未发挥显著作用。如表 7-32 所示，ESG 绩效对企业声誉的影响在非家族企业中并不显著（模型 4）。Sobel-Goodman 中介分析结果也显示，在非家族企业样本中，企业声誉未能通过中介机制检验。结果表明，企业声誉机制在家族企业 ESG 绩效促进对外直接投资的关系中更为显著。

（二）代际差异的调节作用

长期以来，家族企业文献不仅探讨了家族企业与非家族企业之间的区别，还特别关注了创始家族所有者与后代家族所有者所经营企业的显著差异。研究表明，当企业由家族创始成员拥有和管理时，家族对企业的情感依赖最为强烈；然而，随着企业传承至后代，这种依赖通常会有所减弱（Chua et al.，1999；Gomez-Mejia et al.，2007）。已有研究指出，不同家族世代的掌权对家族企业的行为模式产生了显著影响（Wu et al.，2024a）。

创始家族所有者通常对企业有着强烈的个人情感、承诺和认同感，因为他们在企业中投入了大量的时间、精力和资金。因此，他们倾向于保护自身的社会情感财富，并支持符合其非经济目标的长期战略，如追求企业的可持续发展。创始家族因为经历过资源稀缺阶段，尤其重视与利益相关者的关系，因此更有可能通过提升 ESG 绩效来满足利益相关者的期望，从而在资源配置上获得更多支持。相比之下，后代家族成员更倾向于关注短期财务绩效（Chua et al.，2012），有时甚至可能采取短视行为，如业务撤资，而忽视对利益相关者的长期影响。

因此，本节认为由创始家族经营的家族企业更善于利用 ESG 绩效来获取有形的资源（财务）和无形的资源（声誉），这极大影响着企业的对外直接投资决策。相较而言，由后代家族经营的家族企业可能忽视 ESG 绩效的战略作用，因为他们更倾向于关注短期利润，而非将 ESG 绩效视为长期战略的重要组成部分。根据前面的分析，本节认为，由创始家族经营的家族企业的融资约束机制和企业声誉机制将比由后代家族经营的家族企业更为有效地发挥作用。

本节通过中国经济金融研究数据库下的家族企业数据子库中实际控制人代数来区分企业是由创始家族经营还是后代家族经营。当实际控制人代数为 1 时，企业被归类为由创始家族经营的家族企业；否则，归类为由后代家族经营的家族企业。表 7-33 和表 7-34 对比分析了由后代家族经营与由创始家族经营的家族企业在融资约束机制和企业声誉机制方面的差异。

表 7-33　由后代家族经营与由创始家族经营的家族企业之间的异质性检验（一）

机制	变量	对外直接投资决策		对外直接投资规模	
		模型 1	模型 2	模型 3	模型 4
		后代家族经营	创始家族经营	后代家族经营	创始家族经营
面板 A: 融资约束机制	现金流	1.809	1.561[+]	−0.060	3.205
		(2.994)	(0.922)	(3.140)	(2.148)
	现金流×ESG 绩效	−0.085	−0.069[*]	−0.020	−0.170[+]
		(0.109)	(0.032)	(0.090)	(0.091)

续表

机制	变量	对外直接投资决策		对外直接投资规模	
		模型1	模型2	模型3	模型4
		后代家族经营	创始家族经营	后代家族经营	创始家族经营
面板A: 融资约束机制	ESG绩效	−0.018	0.016***	−0.017	0.046***
		(−1.635)	(6.562)	(−1.450)	(5.452)
	控制变量	控制	控制	控制	控制
	观测值	757	5355	952	5388
	伪 R^2	0.127	0.091	0.012	0.008
	F 统计量			1.235	4.253
	卡方值	55.031	219.027		

注: 本表为融资约束机制在创始代和第二代方面的异质性检验结果。因变量为对外直接投资决策和对外直接投资规模。由于篇幅有限, 以下变量未在表中显示: 企业规模、现金持有量、资产负债率、托宾 Q 值、企业成立年限、十大股东持股比例、公司高管人数、两职合一。括号中为企业层面的聚类标准误

***表示0.1%的显著性水平, *表示5%的显著性水平, +表示10%的显著性水平

表 7-34　由后代家族经营与由创始家族经营的家族企业之间的异质性检验（二）

机制	变量	后代家族经营		创始家族经营	
		模型1	模型2	模型3	模型4
		企业声誉	对外直接投资规模	企业声誉	对外直接投资规模
面板B: 企业声誉机制	企业声誉		0.248**		0.434***
			(0.077)		(0.030)
	ESG绩效	0.036***	−0.027+	0.019***	0.033***
		(0.007)	(0.015)	(0.003)	(0.006)
	控制变量	控制	控制	控制	控制
	观测值	952	952	5388	5388
	调整 R^2 值	0.621	0.030	0.505	0.072
	F 统计量	35.676	1.650	108.773	9.037

注: 本表为企业声誉机制在创始代和第二代方面的异质性检验结果。因变量为企业声誉和对外直接投资规模。由于篇幅有限, 以下变量未在表中显示: 企业规模、现金持有量、资产负债率、托宾 Q 值、企业成立年限、十大股东持股比例、公司高管人数、两职合一。括号中为企业层面的聚类标准误

***表示0.1%的显著性水平, **表示1%的显著性水平, +表示10%的显著性水平

在由创始家族经营的家族企业中, 融资约束机制和企业声誉机制均表现出显著的中介效应。然而, 在由后代家族经营的家族企业中, 仅企业声誉机制发挥了作用。因此, 由创始家族经营的家族企业更有可能通过提升 ESG 绩效来缓解融资约束, 从而促进对外直接投资。

（三）家族所有权的调节作用

本节认为, 家族所有权占比较高的企业更倾向于利用 ESG 绩效及其资源来增加对外

直接投资。这是因为家族持股比例较高的家族拥有大量股权，其更有动力维护家族利益和企业的长期成功（Rees and Rodionova，2015）。因此，这些企业致力于提升 ESG 绩效，不仅契合大多数股东的可持续发展价值观，还能赢得更多利益相关者的支持（Miller and Le Breton-Miller，2005a）。此外，高度集中的家族所有权有助于塑造忠诚且稳定的企业文化，降低管理层为了个人利益而采取机会主义行为的风险，从而推动以股东和利益相关者以长期利益为导向的企业发展（Sirmon and Hitt，2003）。家族持股比例高的企业管理者通常倾向于采用长期投资策略，而不是过度关注短期收益（Rees and Rodionova，2015）。与此同时，由于这些企业能够从利益相关者处获得有价值的资源，因此更有可能与潜在的利益相关者建立稳固的关系（Amighini et al.，2013）。

本节依据家族持股比例的分布情况，以中位数为界，将样本企业分为高家族所有权和低家族所有权两类企业，并基于这两个子样本重新检验高家族所有权企业与低家族所有权企业在融资约束机制和企业声誉机制方面的差异。

异质性检验的结果如表 7-35 和表 7-36 所示，其中面板 A 和面板 B 分别展示了融资约束机制和企业声誉机制的具体表现。结果显示，相较于低家族所有权企业，高家族所有权企业在现金流与 ESG 绩效的交互项上表现出了更高的显著性，表明融资约束机制在高家族所有权企业中发挥了更加显著的作用。表 7-36 表明，无论是高家族所有权企业还是低家族所有权企业，ESG 绩效均能通过提升企业声誉来增加对外直接投资。

表 7-35　高家族所有权和低家族所有权之间的异质性检验（一）

机制	变量	对外直接投资决策		对外直接投资规模	
		模型 1	模型 2	模型 3	模型 4
		高家族所有权	低家族所有权	高家族所有权	低家族所有权
面板 A: 融资约束机制	现金流	1.505	1.828	3.373	3.059
		(1.264)	(1.299)	(3.385)	(2.283)
	现金流×ESG 绩效	−0.094*	−0.050	−0.235+	−0.090
		(0.044)	(0.044)	(0.140)	(0.093)
	ESG 绩效	0.016***	0.012***	0.051***	0.028**
		(4.601)	(3.401)	(3.990)	(2.933)
	控制变量	控制	控制	控制	控制
	观测值	2774	2836	2900	2906
	伪 R^2	0.120	0.090	0.012	0.007
	F 统计量			3.260	2.471
	卡方值	159.985	123.567		

注：本表为融资约束机制在高家族所有权和低家族所有权方面的异质性检验结果。因变量为对外直接投资决策和对外直接投资规模。由于篇幅有限，以下变量未在表中显示：企业规模、现金持有量、资产负债率、托宾 Q 值、企业成立年限、十大股东持股比例、公司高管人数、两职合一。括号中为企业层面的聚类标准误

***表示 0.1%的显著性水平，**表示 1%的显著性水平，*表示 5%的显著性水平，+表示 10%的显著性水平

表 7-36　高家族所有权和低家族所有权之间的异质性检验（二）

机制	变量	高家族所有权		低家族所有权	
		模型 1	模型 2	模型 3	模型 4
		企业声誉	对外直接投资规模	企业声誉	对外直接投资规模
面板 B：企业声誉机制	企业声誉		0.424***		0.382***
			（0.041）		（0.040）
	ESG 绩效	0.025***	0.034***	0.019***	0.019*
		（0.004）	（0.008）	（0.004）	（0.008）
	控制变量	控制	控制	控制	控制
	观测值	2900	2900	2906	2906
	调整 R^2 值	0.502	0.084	0.522	0.053
	F 统计量	58.373	6.127	63.294	4.125

注：本表为企业声誉机制在高家族所有权和低家族所有权方面的异质性检验结果。因变量为企业声誉和对外直接投资规模。由于篇幅有限，以下变量未在表中显示：企业规模、现金持有量、资产负债率、托宾 Q 值、企业成立年限、十大股东持股比例、公司高管人数、两职合一。括号中为企业层面的聚类标准误

***表示 0.1%的显著性水平，*表示 5%的显著性水平

第五节　本章主要结论与政策建议

一、主要结论

本章从家族企业推进全面绿色转型的现实需求出发，基于中国上市家族企业大样本数据集，深入分析家族企业开展低碳创新、探索性绿色创新及 ESG 驱动的国际投资等可持续发展活动的动因、特征及路径，并得出以下主要结论。

（一）机构投资者网络 ESG 共享偏好对家族企业低碳创新存在显著促进作用

本章的研究发现机构投资者网络 ESG 共享偏好对家族企业低碳创新有显著的正向影响。绿色金融加强了机构投资者网络 ESG 共享偏好与家族企业低碳创新之间的正向关系，但这种调节作用只存在于低水平经济不确定性的环境中。值得注意的是，对于家族控制比例较低的家族企业，机构投资者网络 ESG 共享偏好对企业低碳创新决策的影响更为显著。相反，当家族控制权处于较高水平时，机构投资者网络 ESG 共享偏好对家族企业低碳创新决策的积极影响就较小。另外，如果有家族继承人进入了高层管理团队，家族控制的负向调节效应就会消失。只有当家族继承人不参与公司管理时，家族控制的调节作用才会显著。这些结果意味着第一代家族企业管理者与第二代家族继承人在应对股东 ESG 积极主义时呈现截然不同的态度。第一代家族企业管理者对股东 ESG 积极主义的干涉持保守谨慎态度；相反地，家族企业的年轻一代更有可能接受机构投资者的可持续发展理念。

（二）机构投资者 ESG 积极主义能够激发家族企业开展探索性绿色创新

本章聚焦探索性绿色创新这一高风险、高投入的绿色创新活动，探讨家族企业与非家族企业、第一代家族企业与第二代家族企业对机构投资者 ESG 积极主义的异质性回应。实证研究发现，与非家族企业相比，机构投资者 ESG 积极主义更有可能激发家族企业的探索性绿色创新。此外，本章的研究结果表明，在第二代家族企业中，机构投资者 ESG 积极主义与探索性绿色创新之间的正相关关系比在第一代家族企业中更显著。此外，家族参与和财务冗余对第一代家族企业与第二代家族企业的调节作用也存在差异。具体而言，在第二代家族企业中，家族参与和财务冗余都能增强机构投资者 ESG 积极主义对探索性绿色创新的积极影响。相比之下，第一代家族企业中的家族参与对机构投资者 ESG 积极主义与探索性绿色创新之间的关系仅存在 10%水平下显著的统计学差异，而财务冗余则具有显著的负向调节作用。

（三）优异的 ESG 绩效有利于家族企业开展对外直接投资

本章的研究发现企业在母国积累的 ESG 绩效主要通过以下两大机制显著提升其进军国际市场的可能性以及对外直接投资规模：一方面，优异的 ESG 绩效可以帮助企业缓解融资约束，获得从事对外直接投资所必需的财务资源。另一方面，ESG 绩效通过提升企业声誉，从而帮助企业在进军国际市场时克服"外来者劣势"。ESG 绩效的声誉提升机制对家族企业更为明显，而对于非家族企业则没有显著影响。对于融资约束机制，家族企业和非家族企业之间存在 10%水平下显著的统计学差异。因此，优异的 ESG 绩效能帮助家族企业和非家族企业获得国际化所必需的高额资本支持。

二、政策建议

（一）推动绿色金融和 ESG 投资发展，鼓励机构投资者对企业绿色转型的持续监督和支持

第一，出台一系列绿色金融政策。政府应通过设立绿色债券、绿色贷款等金融工具，激励企业加快低碳转型，同时通过政策信号的释放，引导机构投资者持续关注家族企业的绿色发展，让更多资本流向环境治理优、发展动能足的绿色企业。私营企业尤其是受利润最大化驱动的非家族企业，通常容易忽视社会化的 ESG 目标。这种对经济回报过度关注的"短视"行为可能会削弱企业的长期生存能力和竞争力。为解决绿色金融市场效率低下的问题，资本市场监管者可采取基金支持、税收优惠等举措，通过与机构投资者等利益相关者合作，推动私营企业尤其是非家族企业关注可持续发展、积极开展全面绿色转型。目前在中国，政府的支持和监管主要针对国有企业（Stone et al.，2022）。未来，由家族私营企业、政府和资本市场行动者共同推动的绿色金融合作项目将成为前景广阔的可持续发展方向。政府可推动金融监管机构出台 ESG 投资指南，明确 ESG 评估维度和评分标准，引导机构投资者将企业的绿色转型能力作为重要的投资参考因素，支持金融机构开发绿色股票指数基金等创新型绿色金融产品。

第二，推动资本市场 ESG 信息透明化披露。监管部门应根据中国市场实际情况，制定更加严格和统一的 ESG 信息披露标准。为提高 ESG 信息披露的质量，政府应建立强制性披露要求，特别是针对高排放行业，要求这些企业定期公开其在环境、社会责任和公司治理方面的实践表现，并通过监管机构或第三方认证机构开展审计和评级，确保企业 ESG 报告的真实性和透明度。可通过数字化平台推动企业 ESG 信息披露的标准化和可视化，建立全国统一的 ESG 数据库，便于投资者对比不同企业的 ESG 表现，减少信息不对称问题。政府还应鼓励企业在信息披露中采用国际标准，如全球报告倡议或可持续发展会计准则，以增强中国企业在国际资本市场的竞争力。

第三，资本市场监管者应鼓励机构投资者通过 ESG 行动对企业环境治理进行强有力的监督和支持。作为公司重要的外部利益相关者，机构投资者有义务和能力引导所投资的公司进行环境问题监督，通过股东提案和调研访谈沟通，主动向企业管理层施加压力，督促其改善环境绩效，积极推行绿色发展项目。管理者通常面临各类利益相关者的诉求，只有当机构投资者通过集体行动广泛传达 ESG 倡议时，才有可能获得企业管理层的重视。提高机构投资者 ESG 积极主义效率最重要方式之一是结成联盟，而不是各自为战。通过投资者网络进行 ESG 投资信息分享、开展共同行动，机构投资者才能汇聚资源，动员更多伙伴，成功实现其绿色治理目标。

（二）鼓励家族企业通过代际传承实现自我革新和前沿绿色技术突破

第一代家族企业往往受制于落后保守的模式，对积极主动的机构投资者日益增长的 ESG 要求反应迟钝。相反地，第二代家族企业继承人往往更愿意采纳新兴绿色技术理念，勇于走出现有业务范围的"舒适区"，把握绿色技术机遇。因此，对于期望通过代际传承实现企业自我革新的家族企业来说，应尽早启动接班人培养计划以确保下一代无缝融入企业。然而，企业内部分秉持传统观念的家族成员可能会过度维护社会情感财富和规避风险，从而抵制绿色技术变革。为实现全面绿色转型的目标，第二代家族企业管理者应利用他们的控制权和财务资源来缓解多元利益相关者之间的冲突，并促进与机构投资者等外部机构在 ESG 方面的合作。

第一，推动绿色领导力培养。当地政府可与高校、科研院所及行业协会合作，为家族企业提供定制化的绿色转型和创新管理培训，帮助观念落后的老一代家族企业掌握最新的绿色技术发展动态和管理模式，培训内容可涵盖 ESG 战略、碳中和技术等，帮助家族企业提升绿色转型能力。相应地，家族企业的可持续发展能够带动当地就业和经济发展，从而进一步回馈社区。

第二，鼓励家族企业开展前沿绿色技术探索。政府可通过提供低息贷款、财政补贴或研发奖励，激励以第二代成员为主的家族企业在绿色技术领域的原始创新和技术突破。地方政府可设立绿色创新保险或保障基金，分担家族企业开展前沿绿色技术研发所承担的高成本和高风险。另外，由于绿色技术探索存在较高的不确定性和复杂性，政府应鼓励家族企业与高校、科研机构及科技公司开展绿色技术产学研合作，同时通过政府设立的绿色技术孵化器或产业园加速绿色技术的转化应用。

第三，强化制度约束与激励，建立健全家族企业绿色创新责任体系。为确保家族企业在绿色转型中的实质性进展，政府需要进一步完善相关法律和制度，形成有效的约束与激励机制。政府应通过制定政策和全面绿色转型指南，明确企业进行绿色创新的责任，并建立相应的惩罚和奖励制度。对于未能达成环境治理目标的家族企业，政府可以通过提高罚款或限制市场准入等方式进行约束；而对于在绿色创新方面表现优异的家族企业，政府应提供额外的政策激励，包括税收减免、绿色项目优先审批等。此外，政策应特别关注家族企业内部治理结构的调整，要求家族企业在高层决策中引入更多的绿色发展指标，确保管理者将绿色创新视为核心战略，而不仅仅作为短期财务目标的附属部分。通过这一责任体系的建立，政府能够有效推动家族企业长期致力于绿色创新，形成可持续的绿色经济发展模式。

（三）完善家族企业 ESG 绩效提升与国际投资的支持政策

第一，强化家族企业 ESG 绩效管理以提升中国国际竞争力。政府应通过立法或行政手段，为企业在 ESG 方面设定明确的目标和标准，并为达到这些目标的企业提供税收减免或补贴等政策支持。这些政策将激励企业在全球绿色经济中保持竞争力，尤其是在参与对外直接投资时，优异的 ESG 绩效有助于企业获得更多资源和外部支持，从而提升企业在国际市场中的合法性和竞争力。

第二，加强 ESG 利益相关者之间的合作，积极推广各行业全面绿色转型的最佳实践。应制定相关政策，推动家族企业与所在地政府、供应商、社区和客户等利益相关者加强交流与合作，共同优化 ESG 实践，探索环境治理的创新方案。通过共同承担环境和社会责任，企业能够与利益相关者建立更加稳固的合作关系，进而获得更多资源支持。这不仅有助于企业自身的可持续发展，还能推动整个产业链的绿色转型。

第三，鼓励家族企业在国际化过程中积极履行环境及社会责任，提升中国企业的行业声誉，从而防范国际化中潜在的环境风险。政府应通过政策引导、培训支撑和平台搭建，推动"出海"企业与当地政府、社区、非政府组织和其他利益相关者积极合作，推行社区发展计划、环保项目及教育和就业支持等公益活动，在国际市场中赢得客户和合作伙伴的信任和尊重。

第四，推动家族企业的国际 ESG 合作和绿色技术推广。一方面，政府可支持创建全球范围内的 ESG 及绿色技术展示平台，帮助家族企业展示其在 ESG 和绿色创新方面的突出成果，增强中国在可持续发展领域的国际影响力。另一方面，政府应通过"一带一路"等双边或多边合作机制，推动家族企业与国外企业开展绿色投资和技术合作，开展绿色技术和可持续发展理念的国际推广，构建负责任的绿色国际形象。政府可提供出口信贷支持和税收优惠，激励企业踊跃开展国际化绿色投资和绿色技术对外输出。

第八章 积极稳妥推进全面绿色转型研究的风险专题研究

全面绿色转型已成为企业实现可持续发展的必由之路，其转型过程中的风险问题不容忽视。绿色转型是一个复杂的系统工程，企业的绿色投资行为和态度存在显著差异，尤其是家族企业与非家族企业在绿色转型过程中表现出了不同的行为模式，这些差异对全面绿色转型的进程和成效产生了重要影响。此外，新兴行业为绿色技术创新提供了前所未有的机遇，也带来了更大的不确定性，企业必须具备更为灵活的决策机制来应对这些挑战。本章旨在深入探讨技术创新变革如何通过不同路径影响企业的绿色转型，以及这些路径差异如何影响转型的成效。本章分析了家族企业战略持久性对绿色转型的影响，探讨了风险投资决策中的性别偏见问题，以及社会认知线索如何影响投资决策。此外，本章还研究了社会距离如何影响概率估计偏差，以及这些偏差如何影响绿色转型的决策。通过这些研究，我们期望为全面绿色转型提供坚实的理论支撑，并为企业制定科学合理的绿色投资策略提供指导。这些研究不仅有助于企业更好地理解和应对绿色转型中的风险问题，也为政策制定者提供了宝贵的参考，以促进绿色经济的健康发展。

第一节 研究背景、思路与内容

一、研究背景

（一）现实背景

全面绿色转型已成为应对气候变化和实现可持续发展的关键路径。中国政府出台了相关政策，启动全国碳排放权交易市场，通过市场化手段降低企业绿色转型风险，激励企业减排。《中共中央 国务院关于加快经济社会发展全面绿色转型的意见》为绿色转型提供了全面规划，中国人民银行等四部门印发的《关于发挥绿色金融作用 服务美丽中国建设的意见》则从金融角度支持环保项目，提高绿色项目的经济吸引力，从而减少绿色转型的风险。国际上，欧盟委员会出台的《欧洲绿色协议》设定了明确的减排目标并实施了配套政策，能够降低企业在转型过程中的不确定性；资金支持和技术创新计划，能够帮助企业应对转型中的经济风险。日本经济产业省发布的《2050 年碳中和绿色增长战略》旨在通过促进环境技术和可再生能源的发展，实现经济增长与环境保护的双赢。美国《通胀削减法案》旨在通过投资气候和清洁能源项目、提供税收优惠、刺激市场需求、促进技术创新、增强供应链韧性以及考虑环境正义等措施，加速绿色转型，降低企业和社会在转型过程中的经济、市场、技术和供应链风险。

总体而言，企业在推行绿色决策时，面临着一系列复杂的问题，包括决策偏差、决策不确定性、决策的风险评估、决策后的风险以及声誉风险等方面，这些问题贯穿于决策过程的各个阶段，并对企业的可持续发展产生深远影响。企业在进行绿色决策的过程中可能会受到内部利益相关者的影响，如管理层可能因为个人利益而忽视长期的环保目标，或者因为对绿色转型的复杂性和长期性认识不足而做出短视的决策，这时便会出现决策偏差的问题。决策不确定性是绿色决策中尤为突出的问题，由于环境变化的不可预测性，企业在绿色转型过程中可能会遇到原材料供应的波动、市场需求的变化，以及新技术的不确定性等问题，这些不确定性因素可能导致企业在实施绿色项目时面临额外的成本和挑战。在决策的风险评估方面，企业可能会因为缺乏专业的绿色转型知识和经验，而无法准确识别和评估绿色决策过程中的各种潜在风险，这种风险评估的不足可能导致企业在资源分配、项目规划和风险应对策略上做出错误的决策。在决策后的实施阶段，企业可能会面临技术风险，如新引进的环保技术可能存在操作复杂、维护成本高或与现有生产流程不兼容等问题。此外，企业在进行绿色决策时还可能面临声誉风险，这种风险的核心在于市场和消费者如何认知及接纳企业的绿色实践。具体而言，如果企业的环保努力被视为缺乏诚意，或者仅仅作为营销手段而未实现实质性的环境改善，或者被指控为"漂绿"行为（即过分夸大其环保行为或产品的环境友好性，而实际上并没有采取足够的措施来减少对环境的影响），那么可能会损害企业的品牌形象和市场地位。

（二）理论背景

绿色创新作为企业的长期发展战略，逐渐受到政府、企业和市场的重视，被认为是经济发展和环境保护的双赢方案。然而，由于成本高、风险高、回报周期长等不确定因素的存在，企业对创新活动持谨慎态度。与一般创新活动的经济绩效相比，绿色创新的经济绩效可能具有更多的不确定性。由于环境法规和政府体制在推动企业绿色创新方面的局限性，以及绿色创新知识溢出的正外部性和环境效益的负外部性，绿色创新具有较高的信息不对称性和收入风险不确定性。

绿色经济活动因其局限性而面临资金约束，亟须探索低碳金融及绿色债券等新型金融工具，以解决绿色转型过程中的融资难题。绿色经济活动普遍具有周期长、投入高、风险大等特点，资金约束成为绿色转型的主要障碍。传统金融受限于可及性和服务能力，难以有效解决绿色转型的融资约束和资金错配问题，亟待探索新的金融支持模式。传统金融融资渠道狭窄、市场服务能力弱，对绿色转型的支持相对有限。低碳金融作为支持低碳经济的金融政策，其主要目的是为低碳且可持续的项目筹集资金。绿色债券是用于环保项目融资的工具之一，绿色债券的推广和成功对于实现可持续发展的目标至关重要，其收益可以帮助企业为环保项目筹集资金，并协助未来的可持续发展。然而，发行绿色债券需要一定的成本，由于与绿色债券相关的项目具有风险性，因此投资者对投资这些债券犹豫不决。对绿色项目的投资是有风险的，而且这些项目的回报比其他传统项目具有更高的不确定性。因此，绿色项目的融资需求和融资可用性之间存在相当大的差距，而绿色债券是缩小这一差距、缓解生态恶化的有力工具。

随着生态和可持续性意识的增强，企业越来越认同绿色供应链管理的重要性。然而，在实践绿色供应链的过程中，鉴于市场的不确定性，企业为了规避相关风险，往往会更加慎重地进行绿色决策。通过满足客户需求来最大限度地提高生产力是早期构建供应链的主要目标。然而，20世纪中叶之后，随着质量管理和供应链管理的兴起，企业已经认识到生态思维和可持续性在商业中的重要性。为了满足环境和监管要求，传统的供应链管理已经演变为绿色供应链管理。随着市场的不稳定性和竞争的日益增加，企业对风险的感知更加敏感，而企业的风险规避行为会对企业的相关决策产生影响。因此，在研究绿色供应链问题时，供应链成员的风险规避行为也是需要考虑的一个重要因素。研究发现，风险规避的企业可能会在绿色投入上采取更为谨慎的态度，以避免过度投资导致的成本上升，它们可能会根据市场需求和成本效益分析来决定绿色投入的水平。并且由于供应链的协调可以提高整体利润，对于实现成员间利润分配的帕累托改进具有显著作用，风险规避的企业可能会更加重视供应链的协调，以确保在不确定的市场环境中保持稳定的供应链运作和利润。

随着消费者对环保的日益关注以及经济利益对企业的驱使，企业在进行绿色活动时会出现"漂绿"行为，以吸引更多的消费者和投资者。然而，一旦"漂绿"行为被消费者所感知，企业的声誉和形象可能会受损，破坏消费者和市场对企业的信任。消费者感知到的"漂绿"行为，即企业的言行被视为不负责任或可耻的行为，具体表现为误导性广告或宣传、误导性财务披露或误导监管机构的行为等，这些行为会对客户满意度产生负面影响。大量的轶事证据表明，越来越多的客户将企业社会责任政策与实施之间的差距视为"漂绿"行为和企业虚伪的表现。企业的虚伪可能会引发媒体关注和积极主义的强烈反对，即便未涉及丑闻或不负责任的行为，仅仅通过消费者感知到的"漂绿"行为就足以引发质疑，损害客户满意度。"漂绿"行为以及公司的整体声誉都基于客户对公司实践、产品和服务的普遍看法和体验，感知到的"漂绿"行为会产生不利的环境，从而使客户对公司的评价和态度产生负面影响。

二、研究思路

本章的主要研究思路在于构建一个综合性的研究框架，聚焦全面绿色转型过程中的风险管理与决策行为。本章综合运用前景理论、社会距离理论等，研究分析个人决策者与人际决策者的心理机制、市场不确定性下的投资决策偏差、家族企业战略持久性、企业慈善捐赠策略以及风险投资中女性角色的影响，通过多维度分析，补充、拓展和深化对全面绿色转型中风险问题、决策者行为模式以及策略建议的理解，有助于全面把握绿色转型的复杂性，为实现可持续发展目标提供多维度的支持。

首先，在微观心理学层面探讨行为决策者如何处理风险和不确定性。从个体层面拓展到群体层面，并融入社会距离对概率估计的影响，可以为全面绿色转型中的决策问题提供多维度的视角。本章通过前景理论探讨了个体在面对绿色转型技术创新时的风险偏好和决策行为，尤其关注个体在为他人做选择时的行为模式。另外，本章研究了社会距离如何影响个体对小概率和大概率事件的概率估计，这对于理解绿色转型中的群体决策行为至关重要。

其次，在企业决策层面关注绿色转型中的投资决策和战略选择。本章分别基于宏观市场视角的投资决策以及家族企业内部视角的治理结构，理解不同类型的企业在绿色转型中的决策差异。通过分析市场不确定性和投资决策偏差对企业绿色转型的影响，强调在复杂市场环境中准确识别绿色转型机遇的重要性。同时，聚焦家族企业在绿色转型中的战略持久性，探讨这种持久性是如何成为绿色转型的潜在障碍的。

最后，揭示绿色转型中社会责任和性别平等的重要性，为全面绿色转型提供了新的视角和策略。本章探讨了企业如何通过慈善捐赠来维护绿色形象，分析了在不同社会阶层中的策略选择，同时强调风险投资决策中女性角色的作用，并分析了这种角色如何影响绿色金融的发展。

三、研究的具体内容

（一）前景理论、他人选择行为以及风险情感心理学研究

本章探讨了在全面绿色转型背景下，个人决策者与人际决策者的心理机制如何影响转型路径与成效，以前景理论为基础，分析了个体在面对绿色转型技术创新时的风险偏好与决策行为，并特别关注了在为他人或集体做选择时，前景理论的适用性挑战。本章引入决策者风险偏好和情感反应等变量，旨在揭示个人决策者与人际决策者如何在个人收益预期与全局环境保护间寻求平衡，并分析了人际决策中可能出现的四重模式反转现象及其对绿色转型决策的影响。

（二）社会距离、小概率与大概率事件估计偏差研究

本章研究了社会距离对概率估计偏差的影响，特别是在绿色转型决策中的作用。研究发现，随着决策涉及对象由自我转向他人，社会距离的增加能有效减小对小概率事件的过度乐观估计和对大概率事件的低估。这一发现为理解绿色转型过程中的风险与机遇提供了新视角，通过增加社会距离，如引入第三方评估、推广公众参与等，可能会帮助决策者更全面、理性和客观地评估转型的成本与收益，从而减小决策偏差，提高决策质量。

（三）不确定性、投资决策偏差及其对绿色转型的风险启示

本章深入研究了市场条件和社会认知线索如何共同影响风险投资公司对新行业的投资决策，特别是在绿色转型背景下。通过分析市场的高度不确定性以及投资决策中的偏差对企业绿色转型的影响，探讨如何在复杂多变的市场环境中准确识别并把握绿色转型的机遇。研究结果有助于揭示潜在风险，并为企业制定科学合理的投资策略提供重要启示。

（四）家族企业战略持久性及其对绿色转型的风险启示

依托行为理论框架，本章分析了影响家族企业战略持久性的多重因素，并探讨了不同家族企业在战略持久性方面的差异。本章的研究明晰了家族企业战略持久性的驱动要素，并讨论了如何有效突破战略持久性的束缚，以促进全面绿色转型。本章为家族企业

的绿色转型之路提供了风险启示与战略导航，强调家族企业在追求绿色转型过程中需要考虑的战略调整与创新。

（五）社会阶层、责任捐赠与绿色形象保护策略研究

本章采用责任捐赠的视角，深入探讨企业如何通过慈善捐赠来维护其绿色形象，特别是在面对环境问题时。研究关注灭火型捐赠与主动型捐赠两种策略在不同社会阶层企业中的应用及效果，并分析广告费用和政治关联等调节因素如何影响企业的捐赠决策，旨在揭示企业在绿色形象保护过程中，如何平衡经济利益与社会责任。

（六）风险投资决策中的女性角色及其对绿色金融的启示

本章探讨了风险投资机构中女性占比对投资决策的影响，尤其在针对女性主导企业及企业绿色转型融资的决策时机与倾向方面。研究发现，在男性主导的风险投资行业中，女性占比偏高的决策团队倾向于减少对女性主导企业的投资。综合社会分类理论，本章提出在男性主导行业中女性群体代表性增加可能会导致女性领导企业融资减少的新见解和政策建议，旨在缓解组内分类与组间分类现象，更有效地发挥女性在推动绿色转型中的积极作用。

第二节　前景理论、他人选择行为以及风险情感心理学研究

在探索全面绿色转型的背景下，个人决策者与人际决策者的心理机制成为影响转型路径与成效的关键因素。其中，前景理论及其四重模式在解释个体风险偏好与决策行为方面占据重要地位。然而，当决策情境拓展至为他人或集体做选择时，这一理论的适用性会面临挑战。本节以前景理论为基础，结合风险情感心理学的研究成果，深入探讨个人决策者与人际决策者在面对绿色转型技术创新时的不同行为模式。特别地，我们关注在绿色转型背景下，决策者如何在维护个人利益与追求全局环境效益之间做出权衡。通过引入决策者的心理距离以及为他人决策时的情感反应等核心变量，本节旨在揭示个人决策者与人际决策者在推动绿色技术创新过程中，如何在个人收益预期与全局环境保护之间寻求平衡。此外，本节还分析了人际决策中可能出现的四重模式反转现象，以及这一现象对绿色转型决策的影响，从而为理解不同决策者在绿色转型中的行为策略提供新的视角。

一、前景理论的四重模式与风险决策框架

前景理论的四重模式指的是人们在面临赚钱或亏钱的不同概率时，往往会做出不一致的财务选择。例如，人们往往更倾向于选择低概率的正面预期（如 0.001 的概率赢得 5000 美元的彩票），而不是确定地获得某期望值（如赢得 5 美元）。然而，面对低概率的负面预期（如 0.001 的概率损失 5000 美元的彩票），人们往往选择拒绝低概率的负面预期，宁愿支付其期望值（如损失 5 美元）。更广泛地讲，四重模式适用于任何涉及风险且包含积极或消极预期的选择，不仅适用于财务选择，还可以拓展到更广泛的领域，包括

消费者决策、医疗决策、道德决策，以及近年来日益重要的绿色转型决策。简而言之，四重模式预测人们会在涉及小概率获益或大概率损失的选择中倾向于风险偏好；在涉及小概率损失或大概率获益的选择中倾向于风险规避。

四重模式源自 Tversky 和 Kahneman（1992）提出的累积预期理论，并在社会科学领域得到了广泛支持。例如，它解释了人们为何会做出违反期望效用理论的选择，如同时购买彩票（偏好获取低概率获益）和购买保险（偏好避免低概率损失）。四重模式表明，人们对获益和损失所赋予的概率估计与客观概率不同。它显示出人们认为"不太可能"或"非常可能"的事情与现实存在偏差。

损益框架与事件发生概率之间四重模式的总结如图 8-1 所示，图 8-1 通过 2×2 模型说明了四重模式，其中一个轴表示获益/损失，另一个轴表示小概率/大概率，由此产生了四个单元格，每个单元格都包含一个示例，说明决策者可能会如何面对一个具有风险性的正面或负面预期。在关于四重模式的文献中，小概率或大概率没有被正式定义。尽管这些研究提供了一些启示，但我们调查的所有研究都测试了 1%至 20%范围内的小概率事件，以及 80%至 99%范围内的大概率事件［值得注意的是，对于极端概率——即低于1%或高于 99%的事件发生概率——四重模式可能不适用，尽管研究发现，即使是极端概率，如 0.000 01%，也会根据四重模式出现概率估计偏差（Lermer et al.，2016）］。

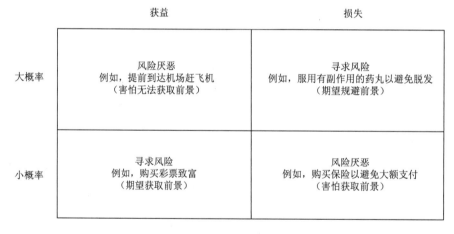

图 8-1　前景理论的四重模式

尽管迄今为止已对前景理论的四重模式进行了大量研究，但心理学研究主要聚焦于该理论关于风险偏好更为简化的版本上，即将人们的风险偏好总结为面对损失时追求风险，面对收益时规避风险。尽管这一观点具有稳健性，但它对于小概率预期而言适用性较低。正如上文的彩票示例所示，人们在获益框架和损失框架下的风险偏好，会根据事件发生的概率大小发生变化，而上述关于风险偏好的简化版本（面对损失时追求风险，面对收益时规避风险）在小概率事件中会出现完全相反的结果。

这种反转现象究竟为何出现？一种解释是，人们对于事件从绝对不可能向任何正概率的转变异常敏感，而对于变化后概率具体有多小（从零开始算起），则相对不那么在意（Loewenstein et al.，2001）。比如，0.01 概率的事件与 0.001 概率的事件，在人们的感知中差异并不显著，尽管前者发生的可能性是后者的十倍。用更通俗的话说，这两个事件都有可能发生。这种对概率范围不敏感的现象，使得人们难以区分 0.01 概率与 0.001 概率，但却能轻易区分零概率与任何大于零的概率。实际上，当面对那些概率几乎接近于零的负面事件时，人们的情绪反应程度在统计上大致相同。例如，在预期可能会受到电击的情况下，不同低概率事件引发的情绪反应强度相似；然而，当事件从绝对不可能（零概率）转变为几乎不可能（接近零概率）时，人们的情绪反应会发生显著变化。这便是前景理论四重模式中的"风险即感受"理论解释：人们会因为可能获得负面或正面预期而产生的恐惧、失望等消极情绪或希望、高兴等积极情绪，而过分看重小概率事件。当事件从不可能（0）或确定（100%）的状态转变为不确定时，一个原本不被关注的事件会立刻引发强烈的情绪反应：对虽然不太可能发生但负面的预期感到恐惧，对虽然不太可能发生但正面的预期抱有希望；反之，对很可能发生但正面的预期感到担忧，害怕会错过，对很可能发生但负面的预期则希望能够避免。

二、为他人决策与为自己决策的过程机制和实验设计

前景理论及其四重模式的研究一直专注于人们为自己所做的选择。因此，关于前景理论四重模式的结论忽略了人们在为自己做选择和为他人做选择时可能存在的差异。在绿色转型的情境下，这种差异尤为关键，因为许多环保决策，如家庭节能措施、可持续投资策略等，都涉及为他人（如家庭成员、投资者）做选择。然而，实证研究很少记录人们为他人做出的决策与为自己做出的决策有何不同，几乎所有的决策模型都未纳入他人的偏好或福利，导致学者不清楚如何在决策模型和理论中融入他人偏好。在现有的关于为他人做选择的文献中，研究人员记录了人们为自己和为他人做选择时行为偏差的差异。这些差异涵盖多个方面，包括风险规避的程度、对损失的敏感度、锚定偏差的倾向、禀赋效应的体现、可识别受害者偏差的影响，以及在信息搜索和选择过程中的过载现象。在本节中，我们通过测试前景理论的四重模式（该理论强调了多种行为偏差）在个体为他人做选择时是否发生变化，并将这些人际选择的结果与个体为自己做出的选择进行比较，拓展前人的研究。

个人决策与人际决策之间的差异有多重要？答案是非常重要！在美国，大多数家庭财务决策都是由一个人单独做出的。男性似乎不成比例地单方面为家庭做出决策，在一项针对异性伴侣的调查中，56%的女性（以及 61%的千禧一代女性）表示会将家庭财务决策留给丈夫来做。调查还发现，在不同年龄段的人群中，联合做出家庭财务决策的策略使用得最少（约占家庭总数的四分之一到三分之一）。总的来说，这是一大群依赖他人为自己做出涉及风险的财务决策的人。此外，人际决策即使不是普遍行为，也是常见行为。例如，有数据显示，人们做出的购买决策中，近四分之一是为他人做出的（Garcia-Rada et al., 2019）；另有数据显示，人们每周都会为他人做出选择。然而，尽管人际决策相对普遍，但它们并未被纳入标准的经济、判断和决策模型中。

神经心理学的研究发现，为他人做选择比为自己做选择时的情绪负担更轻，这表明人们在为他人做出涉及风险的选择时，体验到的情绪可能更少。在其他条件相同的情况下，人际决策者可能无法享受到其选择带来的成果或结果，那么人际决策者在做选择时

（与为自己做选择相比）情感体验不那么强烈或许在情理之中。这与一系列研究结果相一致，这些研究认为，由于情绪在个人决策者身上比在人际决策者身上所占的比重更大，因此人际决策可能与个人决策不同，消费者决策、经济决策、医疗决策皆是如此。然而，尽管这些研究发现了多种结果，并在检验自我-他人决策差异时采用了"风险即感受"的观点，但它们并未直接或实证地说明这些差异是否直接归因于决策者情绪上的差异。

举个例子，与送给别人的彩票相比，人们可能更希望自己的彩票会赢得头等大奖。这是因为人们通常希望自己获得比他人更好的结果。在为他人挑选礼物时，人们有时会故意选择比自己拥有的商品质量差的商品，因为这样做可以防止送礼者嫉妒收礼者拥有更好的物品。为了验证上述彩票中奖的情境，我们通过亚马逊土耳其机器人（MTurk）平台对 205 名参与者进行了一项随机试点研究，我们询问了部分参与者对自己购买的彩票中大奖抱有多大希望，参与者的回答范围从 1（完全不抱希望）到 9（非常抱希望）。对于其他参与者，我们问了同样的问题，但他们是为朋友购买的彩票。不出我们所料，前一组参与者（M=6.80，SD=2.37）的希望程度显著高于后一组（M=5.80，SD=2.75）；方差不等时的 t 检验结果为 $t(193.43)$=2.77（193.43 为自由度），p=0.008，d=0.39（d 为效应量，用于衡量两组数据差异的实际大小，不受样本量的影响）。人们对自己获得正面预期更加抱有希望，这或许并无争议；然而，就"风险即感受"方法所主导的四重模式而言，这意味着前景理论在人们为他人做选择的情况下可能并不同样适用。

再举一个例子，在另一项随机试点研究中，我们询问了来自 MTurk 的 110 名参与者，如果他们中了彩票会有多高兴。参与者的回答范围从-5（极不高兴）到+5（非常高兴）。我们还向另一组的 106 名参与者提出了类似的问题：如果他们的朋友中了彩票，他们会感到多高兴。不出所料，第一组会感到更高兴（M=4.45，SD=1.11），而第二组的预期高兴程度较低（M=3.36，SD=1.65），方差不等时的 $t(183.66)$=5.66，p<0.001，d=0.78。然而，令人惊讶的是每组内部的差异程度：在第一组中，没有人给出的分数低于 0 分，而在第二组中，分数则几乎一致。事实上，第二组的方差是第一组的两倍多，这表明那些考虑他人（正面）预期的人内心存在大量矛盾。总的来说，在正面预期方面，当人们在预期他人的潜在好运时，相较于对自身的预期，其情绪反应更为复杂且高兴程度较低。

如果决策者在为他人做出选择时体验到的积极或消极情绪较少，那么前景理论的四重模式可能会发生重大改变。前景理论的倒"S"形曲线被认为与人们的情绪有关。例如，一个人对一个小概率的正面预期抱有的希望越大，他就越倾向于寻求风险。那么，对于那些希望较小的人呢？从逻辑上讲，概率估计模式（以及寻求风险的行为）所呈现出的特征不再那么明显。然而，概率估计模式特征会减弱多少，以及在人际选择中概率估计模式会呈现何种形态，仍是一个悬而未决的问题。这个问题的答案存在三种可能性。也就是说，人际选择可能呈现出：①一条倒"S"形曲线，其形态与个人选择的概率估计模式相似，但不如其明显；②一种相对线性的概率估计模式，即倒"S"形曲线原本明显的弯曲特征变得不那么突出，逐渐趋于平缓状态，形成一条 45°线；③非倒"S"形曲线，曲线可能因减弱程度超出 45°线而呈现出一种反向模式。得到哪种结果取决于个人决策与人际决策之间的差异。例如，在一项研究中，研究者假设视觉辅助工具会减弱个人选择中的概率估计模式（Petrova et al.，2019）。作者确实发现，使用辅助工具减弱了概率估计模式，使其转变为上述第③种结果，即在辅助工具帮助下的选择中，倒 "S" 形概率估计模式发生了反转。这表明，如果减弱程度足够强，即这种变化不仅将小概率或大概率事件的权重向 45° 线拉近，而且跨越了 45° 线，那么四重模式的减弱可能会导致其反转。在本节的研究中，我们主要预测的是人际决策者的情绪会减弱四重模式。如果个人决策与人际决策之间的差异较小，我们可能只会看到第①种结果的证据；如果差异适中，则可能看到第②种结果的证据；但如果差异很大，我们可能会看到第③种结果的证据。沿着这一思路，一项比较个人决策与人际决策的元分析发现，在获益框架下，自我与他人的差异（在做出风险选择时）比在损失框架下更大（Polman and Wu，2020）。这些发现表明，在获益框架下，与个人决策相比，人际决策中的概率估计模式可能会发生更显著的变化，而在损失框架下则不会。因此，我们预测，思考他人的预期引发的情绪比思考自己的预期引发的情绪更少，前景理论的倒 "S" 形概率估计模式会减弱，并导致不同的决策——这一效应在获益框架下会比在损失框架下更强。

本节进行了三项实验，旨在对比个人决策与人际决策。我们关注前景理论的四重模式，以及形成前景理论四重模式的情绪是否会导致人际决策者的风险偏好明显偏离四重模式。如前所述，人们在以下两种情况下会做出选择：①在涉及小概率获益或大概率损失的选项中寻求风险；②在涉及小概率损失或大概率获益的选项中规避风险。本节的研究检验了人际决策者是否遵循上述两种情况的选择。我们认为人际决策者不会遵循上述两种情况的选择，并且我们的研究提供了支持这一预测的证据。在第一项实验中，我们测试了参与者在得失框架下，对不同概率事件（从小概率到大概率）的选择。在第二项实验中，我们测试了参与者的预期情绪。例如，如果他们选择了风险选项并获得了期望的结果，会感到多兴奋。在第三项实验中，我们测试了参与者在情感丰富选项和情感贫瘠选项之间的选择，这些选项在价值上相似，但情感丰富选项比情感贫瘠选项更能引发情绪。例如，在获益框架下，与情感贫瘠选项相比，对于情感丰富选项，当它是小概率事件时，参与者会对获得它抱有更多希望；当它是大概率事件时，参与者会更害怕无法获得它。因此，在情感丰富的前景选择是否有助于塑造前景理论的倒 "S" 形曲线上，我们检验了人际决策是否较少受到情感丰富选项所激发的情感纽带的影响。最后，我们根据研究结果建立了参与者选择的模型，从而总结和说明个人决策与人际决策中的概率估计函数。

（一）得失框架下参与者对不同概率事件（从小概率到大概率）的选择

1. 实验设计和过程

本实验共有来自中国某大学的 100 名本科生参与（女性 65 名，平均年龄为 21.18 岁）。实验开始时，我们给每位参与者发放了 150 元人民币（进行实验时约合 22.50 美元），然后要求他们通过计算机程序，使用这笔资金做出涉及金融风险的选择。本实验采用混合设计，包含三个自变量。第一个自变量为决策接受者，为被试间变量。参与者被随机分配任务，要么为自己做出一系列个人选择（个人决策），要么为他人做出人际选择（我们告知参与者，此人为本书研究中的另一名参与者，将获得该参与者实验结束后的净资金）。第二个自变量为决策框架，为被试内变量。参与者分别在获益框架（可能赢得金钱）和损失框架（可能损失金钱）下做出选择。第三个自变量为事件可能性，同样为被试内变量。参与者做出的选择包含两种预期，我们对其进行操纵以呈现不同水平的风险。具体而言，预期实现的可能性分别为 0.01、0.05、0.10、0.25、0.50、0.75、0.90、0.95 或 0.99。因此，本实验为 2（决策接受者：自己与他人）×2（决策框架：获益与损失）×9（事件可能性）的混合设计。在 80%的统计检验力（显著性水平 $\alpha=0.05$）下，本实验能够检测到在个人获益选择、个人损失选择、人际获益选择和人际损失选择中，风险偏好与事件可能性之间关系的相关系数绝对值达到 0.131 的效应量。

每位参与者总共需要随机做出 56 个选择，每个选择都包含一个无风险选项和一个风险选项。无风险选项表明参与者可以赢得（在获益框架下）或损失（在损失框架下）一定金额的钱。而风险选项则包含两种预期：与无风险选项的确定金额相比，要么获得更大收益或损失，要么获得或损失的金额小于无风险选项的确定金额。选择无风险选项所能赢得或损失的金额始终是构成风险选项的两个预期金额的期望值。此外，我们通过 10×10 的设计，用 100 个粉色和蓝色方框来直观展示风险选项的预期概率，以表明风险选项预期的事件可能性。例如，在确定获得 180 元人民币（无风险选项）与其对应的风险选项（包含 90%的可能性赢得 200 元人民币和 10%的可能性赢得 0 元人民币）之间进行选择时，我们向参与者展示了 90 个蓝色方框和 10 个粉色方框。

接下来，参与者需要在无风险选项和风险选项之间做出选择。如果参与者选择了无风险选项，那么他们将赢得或损失所指示的金额。如果参与者选择了风险选项，那么一枚硬币将以相等的概率随机出现在 100 个彩色方框中的一个。当硬币落在蓝色方框内时，参与者将赢得或损失预期所示的大额金钱；而当硬币落在粉色方框内时，参与者将赢得或损失预期所示的小额金钱。为了使研究更有意义，在实验开始时，我们为每位参与者提供了 150 元人民币，并告知他们，在其做出的 56 个选择中，将随机抽取 6 个（其中 3 个为获益框架下的选择，3 个为损失框架下的选择），这些选择的结果将按照 5%的兑换率折算为实际金额，相应地增加或减少参与者的初始资金。

在整个研究中，我们对获益框架和损失框架下的选择顺序进行了随机化处理。同样，我们也对无风险选项和有风险选项的呈现顺序在不同参与者之间进行了平衡，确保了每个参与者面临的呈现顺序都是独立随机的，减少了顺序因素对结果的系统性影响。在实验开始前，我们让参与者熟悉了他们将要做的选择，参与者进行了八次练习选择。研究结束时，我们向参与者支付了他们的净所得金额，个人决策者获得了自己的收益，而人际决策者则获得了另一名人际决策参与者随机生成的净所得金额。

2. 实验结果与分析

1）风险偏好指数

首先，我们计算了风险偏好指数，即每位参与者选择风险选项的比例。风险偏好指数的取值在 0 到 1 之间，值大于 0.5 表示更高的风险寻求倾向，值小于 0.5 表示风险规避倾向较高。其次，我们分别对为自己做个人决策的参与者和为他人做人际决策的参与者的事件可能性进行了风险偏好指数的线性回归分析（图 8-2 展示了拟合的线性回归线）。如图 8-2 所示，参与者在为个人做选择和为他人做选择时的反应是不同的。在个人决策者中，部分结果支持了四重模式的发现。我们发现，随着事件可能性的增加，参与者在获益框架下为自己做出的选择在风险上几乎没有变化（相关系数 $\rho=-0.05$，$p=0.610$）。然而，与四重模式一致的是，参与者在损失框架下为自己做出的选择随着事件可能性的增加而变得更加冒险（$\rho=0.20$，$p=0.041$）。相比之下，人际决策者的情况则不同：随着事件可能性的增加，参与者在获益框架下为他人做出的选择变得更加冒险（$\rho=0.36$，$p<0.001$），而在损失框架下为他人做出的选择则更加谨慎（$\rho=-0.19$，$p=0.029$）。

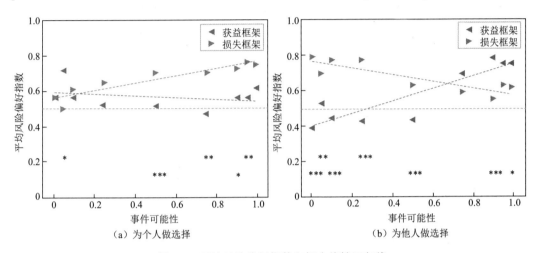

图 8-2　平均风险偏好指数和拟合线性回归线

显示了每种概率的为个人做选择与为他人做选择差异的显著性水平（基于具有参与者特定效应的混合效应逻辑回归）

***、**和*分别表示在 0.1%、1%和 5%水平上的统计显著性

2）人际决策与个人决策之间的差异程度

我们考察了人际决策与个人决策之间的差异程度。从前面的分析中可以明显看出，个人决策者和人际决策者在获益和损失框架选择中回归线斜率的符号相反，这表明人际决策与个人决策存在差异。但是，人际决策和个人决策在事件可能性上的差异到底有多大呢？为了找出答案，我们分别为获益框架选择和损失框架选择的参与者绘制了风险偏好指数中自我与他人差异的拟合线性回归线（如图 8-3 所示，公式中 x 表示事件可能性，R^2 表示拟合优度）。这一分析提供了斜率（每个框架一个），用以说明随着事件可能性的变化以及自我与他人差异变化的程度和方向。如图 8-3（a）所示，在获益框架下，当事件可能性较低时，为个人做选择比为他人做选择更加冒险，而当事件可能性较高时，为他人做选择比为个人做选择更加冒险。换句话说，随着事件可能性从低到高增加，自我与他人的差异显著地从个人决策者做出更冒险的决策转变为人际决策者做出更冒险的决策（$\rho=-0.41$，$p<0.001$）。在损失框架下，随着事件可能性从低到高增加，自我与他人的差异显著地从个人决策者做出更谨慎的决策转变为人际决策者做出更谨慎的决策（$\rho=0.39$，$p<0.001$）。

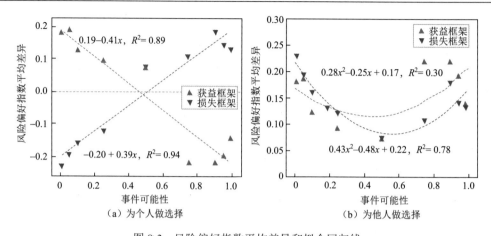

图 8-3　风险偏好指数平均差异和拟合回归线

图 8-3（a）各概率对应的纵轴值为个人做选择的风险偏好指数减去为他人做选择的风险偏好指数的差，图 8-3（b）各概率对应的纵轴值为个人做选择的风险偏好指数减去为他人做选择的风险偏好指数的差的绝对值

从这一分析中可以明显看出，人们在为他人做选择时，四重模式发生了变化。在面对涉及小概率获益和大概率损失的选择时，参与者为自己做出的选择更具风险性（相比于为他人做出的选择）。同样，在面对涉及小概率损失和大概率获益的选择时，参与者为自己做出的选择则更为谨慎（相比于为他人做出的选择）。图 8-3（b）中，风险偏好指数中自我与他人差异的绝对值进一步支持了这一分析。如图 8-3（b）所示，在事件可能性最低和最高的水平上，自我与他人的差异最大，而随着事件可能性接近 0.5，自我与他人的差异减小至零。

3）不同决策框架下每个事件可能性水平上的自我与他人差异

为了更深入地理解自我与他人之间的差异如何随事件可能性和决策框架而变化，我们采用混合效应逻辑回归（描述性统计和检验结果见表 8-1）探究每个决策框架下每个事件可能性水平上的自我与他人差异。这种方法的优势在于它考虑了每位参与者所做选择的嵌套结构。具体而言，在获益框架下，在三个最低事件可能性的选择中，参与者做出了更为谨慎的人际选择（相对于个人）；而在三个最高事件可能性的选择中，参与者做出了更具风险的人际选择（相对于个人）。此外，在损失框架下，在三个最低事件可能性的选择中，参与者做出了更具风险的人际选择（相对于个人）；而在三个最高事件可能性的选择中，参与者做出了更为谨慎的人际选择（相对于个人）。综上所述，这 12 项检验（其中 11 项检验显示出显著的自我与他人差异）为风险决策中的自我与他人差异提供了有力证据（这 11 项显著结果偶然发生的可能性为 1×10^{-6}%）。再次强调，与前面的分析一致，表 8-1 还显示，在中等事件可能性水平上，自我与他人之间的差异大多较小且不显著。

表 8-1 不同决策框架下每个事件可能性水平上自我与他人的平均风险偏好指数

事件可能性	获益框架				损失框架			
	为个人做选择（个人）	大小关系	为他人做选择（人际）	z 分数	为个人做选择（个人）	大小关系	为他人做选择（人际）	z 分数
0.01	0.57	>**	0.39	2.11	0.56	<***	0.79	−2.59
0.05	0.71	>***	0.53	2.63	0.51	<**	0.70	−2.38
0.10	0.57	>**	0.45	2.07	0.61	<**	0.77	−2.04
0.25	0.52	>	0.43	1.30	0.65	<	0.77	−1.59
0.50	0.51	>	0.44	1.30	0.71	>	0.63	1.42
0.75	0.47	<***	0.69	−2.85	0.70	>	0.59	1.56
0.90	0.56	<***	0.78	−2.82	0.73	>**	0.55	2.50
0.95	0.56	<**	0.75	−2.45	0.77	>**	0.63	2.03
0.99	0.61	<	0.75	−1.58	0.75	>*	0.62	1.97

注：显著性水平基于具有参与者特定效应的混合效应逻辑回归

***表示 0.1%的显著性水平，**表示 1%的显著性水平，*表示 5%的显著性水平

　　本实验的结果表明，人们在为他人做选择时，四重模式的适用性较低。我们发现人际选择中的四重模式发生了反转：相比于大概率损失和小概率获益，参与者在面对小概率损失时做出了更具风险的人际选择，这表明与概率和主观权重之间的线性关系所预测的结果相比（概率与主观权重之间的线性关系假设人们对事件概率的主观判断与客观概率成正比，即客观概率越高，人们赋予的主观权重越大，决策也会相应地更倾向于基于这个概率做出理性选择。按照这种线性关系预测，在小概率损失情境下，人们应该因为损失发生的概率小而不会采取过于冒险的决策），人们表现出了更强的风险寻求偏好。

　　然而本实验并未在个人决策者中发现完整的四重模式证据。尽管在损失框架的选择中，个人决策者的风险偏好指数随着事件可能性的增加而增加，但在获益框架的选择中，我们并未发现显著的趋势。这可能是因为四重模式对风险诱发方法较为敏感，并且与其他方法相比，四重模式在选择数据中可能表现得较弱。Fehr-Duda 和 Epper（2012）提出，选择数据并未削弱四重模式，但包含一个非零结果（与多个非零结果相比）的选择数据可能会削弱四重模式。据我们所知，Fehr-Duda 和 Epper（2012）的主张尚未得到验证，但由于我们研究了一系列既包含一个非零结果又包含多个非零结果的选择，因此我们能够在本实验中对其进行检验。如图 8-4（a）所示，与 Harbaugh 等（2010）的研究一致，我们在为个人做选择（一个非零结果的预期）中并未发现四重模式；然而，在图 8-4（b）中，与 Fehr-Duda 和 Epper（2012）的建议一致，我们在为个人做选择（多个非零结果的预期）中发现了四重模式。因此，我们在为个人做选择的结果中未观察到完整的四重模式的原因可能在于，我们测试了既包含一个非零结果又包含多个非零结果的个人决策，而前者可能削弱了整体效应。

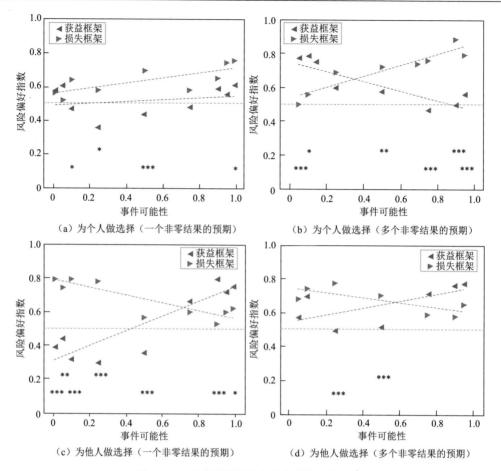

图 8-4　一个非零结果与多个非零结果的预期

***表示 0.1% 的显著性水平，**表示 1% 的显著性水平，*表示 5% 的显著性水平

　　尽管如此，我们发现在包含一个非零结果的预期和多个非零结果的预期的选择中，人际决策者的四重模式发生了反转［图 8-4（c）和图 8-4（d）］。然而，由于我们并未在个人决策者中发现典型的四重模式，因此，无论未发现该模式的原因是什么，都可能是导致我们在人际决策者中发现反向模式的相应因素。已有研究表明，进行多次重复选择（如在本实验中所测试的）会削弱个人决策者的四重模式。可能正是这一因素削弱了本实验中个人决策者的四重模式，从而在整体上加剧了人际决策者的反向模式。因此，在本节的第二项实验中，我们减少了决策测试的数量。此外，测量了参与者的预期情绪，并对这些情绪在产生人际决策者不同四重模式中的作用，进行了更为详细的研究。

　　（二）预期情绪在人际决策者不同四重模式中的作用

1. 实验设计和过程

　　本实验共有来自中国某大学的 123 名本科生参与（女性 79 名，平均年龄为 20.79

岁）。本实验采用混合设计，包含三个自变量：决策接受者（被试间变量）、决策框架（被试内变量）、事件可能性（被试内变量）。与前一个实验不同的是事件可能性只包含两个水平（小概率=0.05，大概率=0.95）。因此，本实验是一个 2（决策接受者：自己与他人）×2（决策框架：获益与损失）×2（事件可能性：小概率与大概率）的混合设计。在 80% 的统计检验力（显著性水平 α=0.05）下，本实验能够检测出四重模式的四个单元格中，预期为个人和为他人做选择的差异以及预期情绪的差异，其效应量分别为 w=0.25 和 d=0.51（w 表示为个人和为他人做选择差异的效应量；d 表示预期情绪差异的效应量）。

在本实验中，我们给予每位参与者 15 元人民币（进行实验时大约相当于 2.25 美元），并要求他们在四个独立的决策中，从一个无风险选项和一个包含两个预期结果的风险选项中进行选择。我们告知参与者，将从这四个选择中随机选出两个（一个获益框架下的选择，一个损失框架下的选择），并根据 5% 的兑换率将这些选择的结果转换为真实货币，然后相应地增加或减少他们的初始金额。与第一项实验一样，我们向进行个人决策的参与者表明，他们将获得自己的净资金；而对于进行人际决策的参与者，我们告知他们，其净资金将给予研究中的另一位参与者，同时他们自己将获得研究中另一位参与者赚取的净资金。

我们以随机顺序向参与者呈现这四个选择。在做出每个选择之前，要求参与者表明，如果他们选择风险选项并获得了期望的预期结果，他们会感到多么高兴；如果他们选择风险选项但没有获得期望的预期结果，他们会感到多么失望。参与者对这两个问题的回答均采用 1（一点也不）到 7（非常）的评分范围。随后，参与者需要在选项之间做出选择。

2. 实验结果与分析

1）选择风险选项的参与者百分比

我们计算了在构成四重模式的四种选择类型（小概率获益、大概率损失、小概率损失、大概率获益）中，选择风险选项的参与者百分比。正如所预期的，个人决策者的选择符合四重模式。这些参与者在小概率获益的选择中更频繁地选择风险选项（比例为 0.597，即 62 人中 37 人选），而在小概率损失的选择中则较少选择风险选项（比例为 0.323，即 62 人中 20 人选），$\chi^2(1,N=62)=6.92$（N 为样本量），p=0.009，w=0.33。我们在大概率选择中观察到了相反的模式；参与者在大概率损失的选择中更频繁地选择风险选项（比例为 0.758，即 62 人中 47 人选），而在大概率获益的选择中则较少选择风险选项（比例为 0.161，即 62 人中 10 人选），$\chi^2(1,N=62)=28.80$，p<0.001，w=0.68。

2）为他人做选择会偏离四重模式

我们测试了为他人做选择是否会偏离四重模式。选择风险选项的比例和频率与检验统计量如表 8-2 所示。我们发现，在小概率获益的选择中，人际决策者选择风险选项的频率低于个人决策者（变化量 Δ 为-0.253，p=0.005，w=0.25），在大概率损失的选择中也同样如此（变化量 Δ 为-0.168，p=0.047，w=0.18）。相比之下，在小概率损失的选择中，人际决策者选择风险选项的频率高于个人决策者（变化量 Δ 为 0.185，p=0.037，w=0.18），在大概率获益的选择中也表现出同样的趋势（变化量 Δ 为 0.167，p=0.031，w=0.19）。因此，我们发现人际决策偏离了前景理论的四重模式。

表 8-2　个人和人际决策、框架和概率对风险选择、预期高兴和预期失望的影响

框架	概率	选择风险选项的比例和频率（n/N）				预期高兴（SD）			预期失望（SD）		
		为个人做选择（个人）	大小关系	为他人做选择（人际）	检验统计量	为个人做选择（个人）	大小关系	为他人做选择（人际）	为个人做选择（个人）	大小关系	为他人做选择（人际）
获益框架	小概率	0.597 (37/62)	>*	0.344 (21/61)	χ^2=7.868 p=0.005	5.23 (1.81)	>***	3.95 (1.93)	3.53 (1.74)	<*	4.30 (1.75)
	大概率	0.161 (10/62)	<*	0.328 (20/61)	χ^2=4.627 p=0.031	4.56 (1.78)	>	4.51 (−1.52)	5.71 (1.49)	>***	4.77 (1.28)
损失框架	小概率	0.323 (20/62)	<*	0.508 (31/61)	χ^2=4.365 p=0.037	4.55 (1.73)	>	4.26 (1.09)	5.66 (1.68)	>***	4.49 (1.42)
	大概率	0.758 (47/62)	>*	0.590 (36/61)	χ^2=3.950 p=0.047	5.68 (1.46)	>**	4.89 (1.86)	4.42 (1.42)	<	4.77 (1.17)

***表示 0.1%的显著性水平，**表示 1%的显著性水平，*表示 5%的显著性水平

3）预期情绪强度导致为他人做选择会偏离四重模式

四重模式的产生归因于决策者预期：小概率获益会实现且大概率损失不会发生时会感到积极，以及小概率损失会实现且大概率获益不会发生时会感到消极。因此，我们旨在检验，相较于为个人做选择，为他人做选择的个体在面对小概率获益和大概率损失时，对于可能获得期望结果的积极情绪（高兴）的预期是否更低，同样地，在面对小概率损失和大概率获益时，对于可能获得非期望结果的消极情绪（失望）的预期是否也更低。可以肯定的是，决策接受者、决策框架和事件可能性之间的三重交互作用对于预期高兴 [$F(1,121)$=8.35，p=0.005] 和预期失望 [$F(1,121)$=32.71，p<0.001] 都是显著的，这为我们分析构成四重模式的四个决策框架和事件可能性单元格中每个单元格的自我-他人差异提供了启示。

我们发现，在小概率获益和大概率损失两种情境下，参与者预期高兴情绪的自我-他人差异均显著。在小概率获益情境中，$F(1,121)$=14.34，p<0.001，d=0.68；在大概率损失情境中，$F(1,121)$=6.91，p=0.010，d=0.47。具体来说，在小概率获益和大概率损失这两种情境下，相较于为他人做选择（小概率获益 M=3.95，SD=1.93；大概率损失 M=4.89，SD=1.86），参与者在为个人做选择时，若获得期望的结果，预期会感到更高兴（小概率获益 M=5.23，SD=1.81；大概率损失 M=5.68，SD=1.46），这与"风险即感受"的观点一致。我们在小概率损失（p=0.28）和大概率获益（p=0.85）的情境下，并未观察到个体预期高兴情绪的自我-他人差异。相反，在小概率损失和大概率获益情境中，我们观察到个体预期失望情绪存在显著的自我-他人差异。在小概率损失情境中，$F(1,121)$=17.36，p<0.001，d=0.75；在大概率获益情境中，$F(1,121)$=14.05，p<0.001，d=0.68。具体来说，在小概率损失和大概率获益的情境下，相较于为他人做选择（小概率损失 M=4.49，SD=1.42；大概率获益 M=4.77，SD=1.28），参与者在为个人做选择时，若获得非期望的

结果，预期会感到更失望（小概率损失 M=5.66，SD=1.68；大概率获益 M=5.71，SD=1.49）。综上所述，这些结果表明，个人决策者比人际决策者更容易产生情绪波动。在考虑有风险的选项时，个人决策者在小概率获益和大概率损失的情境中，若能获得期望的结果，预期会感到更高兴；而在小概率损失和大概率获益的情境中，若得到非期望的结果，预期会感到更失望。

4）中介效应

鉴于这些研究结果以及我们的预测，接下来我们检验了预期高兴和预期失望情绪是否能够分别解释自我-他人决策与四重模式之间的显著差异，这与中介模型的检验过程相符。我们采用了 Preacher 和 Hayes（2004）提出的 bootstrap 法来检验中介模型。这一组四项分析（表 8-3）使用了 5000 个 bootstrap 样本，得出了以下结果：①自我-他人决策通过预期高兴对小概率获益产生的间接效应的 95% 置信区间不包含零（回归系数 b=1.007，95% 置信区间=[0.451, 1.889]）；②自我-他人决策通过预期高兴对大概率损失产生的间接效应的 95% 置信区间不包含零（b=0.682，95% 置信区间=[0.159, 1.650]）；③自我-他人决策通过预期失望对小概率损失产生的间接效应的 95% 置信区间不包含零（b=0.994，95% 置信区间=[0.513, 1.700]）；④自我-他人决策通过预期失望对大概率获益产生的间接效应的 95% 置信区间不包含零（b=0.691，95% 置信区间=[0.251, 1.546]）。

表 8-3　通过预期高兴和预期失望做出个人和人际决策对风险选择的间接影响

分析		获益框架		损失框架	
		小概率	大概率	小概率	大概率
主要分析	预期高兴	1.007*[0.451,1.889]			0.682*[0.159,1.650]
	预期失望		0.691*[0.251,1.546]	0.994*[0.513,1.700]	
互换分析	预期高兴		0.033[−0.466,0.360]	0.107[−0.543,0.062]	
	预期失望	0.522*[0.113,1.088]			0.070[−0.058,0.274]

*表示 95% 的置信区间不包括零

因此，可以确认中介模型成立。尽管如此，预期情绪是否明确中介了自我-他人决策与风险偏好之间的关系仍然是一个悬而未决的问题［关于中介模型的解释，详见 Fiedler 等（2018）的研究］。我们进行了一项稳健性检验，该检验进一步支持了自我-他人决策、预期情绪以及改变后的四重模式之间的相互关系。在另一组 bootstrap 分析中，我们将预期高兴和预期失望指标互换后，再次进行了上述中介检验。如表 8-3 所示，在这些互换测试中，四个分析中有三个的间接效应结果不再显著，这表明在小概率获益和大概率损失的风险决策中，自我-他人差异与决策者个人（而非人际）在获得期望结果时预期的高兴情绪密切相关；而在小概率损失和大概率获益的风险决策中，自我-他人差异与决策者个人（而非人际）在获得非期望结果时预期的失望情绪相关。

我们测量了预期的高兴和失望情绪，本实验使我们能够检验人际决策者与个人决策者在情绪强度的分布上是否存在差异。也就是说，人际决策者不仅可能经历的预期情绪较少，而且作为一个群体，他们可能表现出更加混合的预期情绪强度，具体表现为预期高兴和失望的范围更广。正如我们在 MTurk 平台上进行的关于彩票与幸福的初步研究所显示的，一些参与者认为，他们想象朋友中彩的前景，自己会感到不开心。为了支持人际决策者的情绪强度波动范围更广这一观点，我们对构成四重模式的关键选择中，预期高兴和预期失望得分低于中间值 4 的回答进行了统计。从比例上看，低于中点的回答相对较少（492 个总回答中有 93 个，占比 18.9%）。然而，在这 93 个回答中，人际决策者的数量（63 个）是个人决策者（30 个）的两倍多，这一结果不可能是随机偶然的，$\chi^2(1)=6.045$，$p=0.014$。

为了进一步支持人际决策者作为一个群体所表现出的情绪强度混合性，我们进行了如下比较：一是将其回答的分布情况与个人决策者的回答分布进行了对比；二是将其回答的分布情况与个人决策者回答的均匀分布进行了对比。通过应用非参数 Mann-Whitney（曼-惠特尼）U 检验，我们发现，无论是小概率获益和大概率损失情境下的平均预期高兴得分，还是小概率损失和大概率获益情境下的平均预期失望得分，个人决策者与人际决策者的分布情况均存在显著差异（$p<0.001$）。此外，我们还发现，在小概率获益和大概率损失情境下的平均预期高兴得分（$p=0.248$），以及小概率损失和大概率获益情境下的平均预期失望得分（$p=0.081$）方面，人际决策者的分布在统计学上与均匀分布无显著差异。最后，我们同样检验了个人决策者的分布是否与均匀分布存在差异。结果表明，无论是小概率获益和大概率损失情境下的平均预期高兴得分（$p<0.001$），还是小概率损失和大概率获益情境下的平均预期失望得分（$p<0.001$），个人决策者的分布均显著异于均匀分布。综上所述，这表明个人决策者受到获得预期结果概率情绪的影响更大。如图 8-5 所示，当想象自己的正面或负面预期时，大多数决策者如果获得正面或负面结果，都会预期高度的高兴或失望；然而，当想象别人的潜在好运或不幸时，人们的情绪则明显更加复杂，即人际决策者的预期情绪强度不仅更低，而且强度范围更广、偏差更小，呈现出更加均匀的分布。

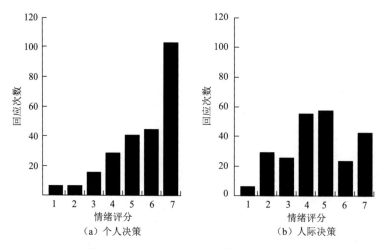

图 8-5　个人决策和人际决策中的情绪评分

（三）情感丰富选项和情感贫瘠选项之间的选择

1. 实验设计和过程

本实验旨在通过在参与者做出选择时操控其情感状态，来重现此前观察到的研究结果。来自中国某大学的 120 名本科生（女性 65 名，平均年龄为 20.17 岁）参加了本次实验，每人获得 5 元人民币的报酬。与先前的研究类似，本实验采用混合设计，包含三个自变量：一个被试间变量（决策接受者）和两个被试内变量（决策框架和事件可能性）。

在本实验中，我们要求参与者在情感丰富的预期与情感贫瘠的预期之间做出选择。此外，我们通过将前景设计为获益框架或损失框架来对其进行区分。本实验与以往关于测试情感丰富与情感贫瘠预期以及人们对此的低估和高估倾向的研究非常相似（McGraw et al.，2010）。在获益框架下，参与者需要在以下两种抽奖中选择：一种是有机会赢得一张价值 400 元的他们最喜爱歌手的演唱会门票（情感丰富的选项），另一种是有机会赢得 400 元现金（情感贫瘠的选项）。与 Rottenstreich 和 Hsee（2001）的研究类似，现金是一个相对情感贫瘠的选项。在损失框架下，参与者需要在以下两种抽奖中选择：一种是有可能需要在疼痛的指压板上跳绳 50 次（情感丰富的选项），另一种是有可能损失 25 元现金（情感贫瘠的选项）。我们选择 25 元的损失是因为在 32 名参与者中进行的预测试显示，参与者平均愿意支付 25 元来避免在指压板上跳绳 50 次。

与 Rottenstreich 和 Hsee（2001）的研究方法相同，我们验证了情感丰富的预期比情感贫瘠的预期更能引发情绪。我们要求 30 名本科生想象所有四种预期情境。在获益框架的前景中，大多数本科生表示，与赢得价值相当的现金相比，他们在赢得演唱会门票时会有更强烈的情绪反应（占比 83%），并且会更加高兴，z 指数为 9.60，$p<0.001$。在损失框架的前景中，同样，大多数本科生表示，与支付价值相当的现金相比，他们在抽到跳绳任务时会有更强烈的情绪反应（占比 87%），并且会更加恐惧，$z=10.20$，$p<0.001$。

与先前的研究类似，我们要求参与者做出选择，假设这些选择是为自己做出的或是为其他人做出的（特别是我们要求参与者假设这些选择是为一个朋友做出的）。我们还操纵了情感丰富与情感贫瘠预期的事件发生的可能性，因此在小概率事件条件下，参与者需要在 10%的机会抽到情感丰富的预期与 10%的机会抽到情感贫瘠的预期之间做出选择；而在大概率事件条件下，参与者需要在 90%的机会抽到情感丰富的预期与 90%的机会抽到情感贫瘠的预期之间做出选择。

因此，我们的实验是一个 2（决策接受者：自己与他人）×2（决策框架：获益与损失）×2（事件可能性：小概率与大概率）的混合设计。在此设计中，我们测量了参与者对情感丰富与情感贫瘠前景的偏好（采用了平衡的呈现顺序以减少顺序对实验的影响，提高实验结果的可靠性和有效性）。在 80%的统计检验力（$\alpha=0.05$）下，我们的研究能够检测到在四重模式的四个单元格中，为个人和为他人做选择差异的效应量 $w=0.26$。

2. 实验结果与分析

1）选择风险选项的参与者百分比

我们计算了在构成四重模式的四种选择类型中（小概率获益、大概率损失、小概率损失、大概率获益），选择情感丰富选项的参与者的百分比。正如所预期的，个人决策者的选择符合四重模式。在小概率获益的选择中，这些参与者选择情感丰富选项的频率（比例为 0.694，即 62 人中 43 人选择）高于小概率损失的选择（比例为 0.306，即 62 人中 19 人选择），$\chi^2(1,N=62)=22.04$，$p<0.001$，$w=0.60$。我们在大概率选择中观察到了相反的模式：相比大概率获益的选择（比例为 0.323，即 62 人中 20 人选择），参与者在大概率损失的选择中更频繁地选择情感丰富的选项（比例为 0.581，即 62 人中 36 人选择），$\chi^2(1,N=62)=12.50$，$p<0.001$，$w=0.45$。

2）为他人做选择会偏离四重模式

我们检验了为他人做选择是否偏离了四重模式。按决策类型划分的比例、频次和检验统计量如表 8-4 所示。我们发现，在小概率获益的选择中，人际决策者选择情感丰富选项的频率低于个人决策者（$-\Delta=-0.211$，$p=0.019$，$w=0.21$），在大概率损失的选择中也是如此（$-\Delta=-0.184$，$p=0.044$，$w=0.18$）。相比之下，在小概率损失的选择中，人际决策者选择情感丰富选项的频率高于个人决策者（$+\Delta=0.177$，$p=0.048$，$w=0.18$），在大概率获益的选择中也是如此（$+\Delta=0.280$，$p=0.002$，$w=0.28$）。总的来说，这些变化表明，在人际决策者中，四重模式发生了反转。

表 8-4　个人和人际决策、框架和概率对选择情感丰富选项的影响

框架	概率	为个人做选择（个人）	大小关系	为他人做选择（人际）	检验统计量
获益框架	小概率	0.694 （43/62）	>**	0.483 （28/58）	$\chi^2=5.511$ $p=0.019$
	大概率	0.323 （20/62）	<*	0.603 （35/58）	$\chi^2=9.522$ $p=0.002$
损失框架	小概率	0.306 （19/62）	<*	0.483 （28/58）	$\chi^2=3.909$ $p=0.048$
	大概率	0.581 （36/62）	>*	0.397 （23/58）	$\chi^2=4.063$ $p=0.044$

**表示 1%的显著性水平，*表示 5%的显著性水平

三、绿色转型中的风险情感心理学

（一）个人决策与人际决策的差异与量化模型

绿色转型不仅涉及环境、经济和社会等多个维度的复杂权衡，还深受决策者心理和行为因素的影响。因此，在探讨绿色转型背景下个人决策与人际决策的差异时，概率估

计函数模型成了一个关键的分析工具。本节深入剖析了个人决策与人际决策中概率估计函数的特性，特别是在绿色转型决策中的应用，通过引入双参数概率估计函数，揭示参数 γ 和 δ 如何反映决策者的风险偏好和对绿色转型成功可能性的预期，同时，结合 softmax（归一化指数函数）规则和最大似然估计方法，进一步量化这些心理因素对决策过程的影响，从而为理解绿色转型中的个人与团体行为差异提供新的视角。

借鉴其他学者之前使用的双参数概率估计函数（Goldstein and Einhorn，1987），以下为个人决策与人际决策中的概率估计函数：

$$w(p) = \frac{\delta p^{\gamma}}{\delta p^{\gamma} + (1-p)^{\gamma}} \qquad (8\text{-}1)$$

参数 p 为概率，参数 γ 反映了权重函数 $w(p)$ 的曲率，其值越低，倒"S"形曲率越大，值越高，"S"形曲率越大。参数 δ 反映了权重函数的高度（整个权重函数在坐标系中的垂直位置变化），可解释为衡量总体风险规避程度的指标，其值越低，表示风险规避程度越高。在绿色转型决策中，这些参数的变化反映了决策者对绿色转型成功可能性的不同预期和风险偏好。综上所述，当 $\gamma=1$ 且 $\delta=1$ 时，权重函数为线性函数，不会表现出对事件可能性的过度估计或低估。在绿色转型背景下，这意味着决策者可能会以更为客观和理性的态度来看待转型的成功与否，不受过度乐观或悲观情绪的影响。

为了根据本实验参与者的决策来估算权重函数的参数，我们评估了选项 A 的价值，该选项以概率 p_i 获得 v_i（$i=1,2,\cdots,n$），在绿色转型决策中，v_i 可以代表转型带来的环境效益、经济效益或社会效益等。具体评估如下：

$$v(A) = \sum w(p_i)v_i \qquad (8\text{-}2)$$

此外，我们假设选择选项 A 而非选项 B 的概率遵循 softmax 规则：

$$p(A,B) = \frac{\exp(V(A)/\varepsilon)}{\exp(V(A)/\varepsilon) + \exp(V(B)/\varepsilon)} \qquad (8\text{-}3)$$

在 softmax 规则中，ε 是误差参数，用于衡量对两个选项价值差异的敏感度。在绿色转型决策中，ε 的大小反映了决策者对不同转型方案之间细微差异的重视程度。当 $\varepsilon=0$ 时，决策者总是选择价值更高的选项；当 ε 趋向于正无穷时，选项的选择将随机进行，不受其价值影响。

利用 softmax 规则，我们可以将权重模式表示为三个参数（δ、γ 和 ε）的函数，并使用最大似然估计来估计这些参数。本节使用 Python 的 SciPy 包中实现的序列最小二乘规划方法估计了这些参数。我们应用了以下约束条件：$0<\delta\leqslant10$ 和 $0<\gamma\leqslant10$。这些条件允许存在倒"S"形和"S"形函数，以适应绿色转型决策中可能出现的不同风险偏好和预期模式。由于我们的数据是关于两个具有相同期望值的前景之间的选择，因此我们为 ε 使用了固定值，并估计了 δ 和 γ 的值（表 8-5 显示了在不同且常见的 ε 值下，δ 和 γ 的估计值）。

表 8-5　按框架分列的个人决策和人际决策的参数估计值

参数		获益框架		损失框架	
		为个人做选择（个人）	为他人做选择（人际）	为个人做选择（个人）	为他人做选择（人际）
$\varepsilon=5$	γ	0.97	1.15	0.92	1.07
	δ	1.00	0.99	0.83	0.87
$\varepsilon=10$	γ	0.93	1.35	0.86	1.14
	δ	1.00	0.97	0.69	0.77
$\varepsilon=20$	γ	0.87	1.91	0.76	1.24
	δ	1.00	0.88	0.50	0.60
$\varepsilon=30$	γ	0.82	2.83	0.71	1.29
	δ	1.01	0.75	0.36	0.48

如表 8-5 所示，在不同 ε 值下，为个人做选择与为他人做选择中分别估计的权重函数的参数大体相似，这确保了我们的估计是可靠的。值得注意的是，在绿色转型背景下，这些参数的估计值可能因决策者的背景、经验和价值观的不同而有所差异。一般来说，ε 值越大，估计的权重函数的曲率就越大。在绿色转型决策中，这可能意味着当决策者对不同转型方案的差异更加敏感时，他们更可能选择那些带来显著环境或社会效益的方案。值得注意的是，对于每个 ε 值，从为个人做选择到为他人做选择，权重函数的曲率完全相反（如为个人做选择中 $\gamma<1$，而为他人做选择中 $\gamma>1$）。这表明在绿色转型决策中，个人与团体之间的风险偏好和预期模式可能存在显著差异，个人可能更倾向于冒险寻求更大的环境效益，而团体则可能更倾向于保守以规避潜在的风险。

图 8-6 描绘了 $\varepsilon=10$ 时个人决策与人际决策的权重函数。在绿色转型背景下，这些函数可以帮助我们理解不同决策者在面对转型决策时的风险偏好和预期模式。如图 8-6 所示，人际决策的倒 "S" 形权重函数的曲率发生了反转。特别是，在获益框架下的选择中，

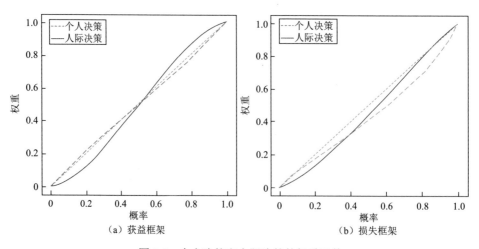

（a）获益框架　　　　　　　　　　（b）损失框架

图 8-6　个人决策和人际决策的权重函数

人际决策的权重函数呈现出"S"形；而在损失框架下的选择中，人际决策的权重函数的"S"形较弱（尽管仍然与个人决策的模式相反）。这些获益框架和损失框架下的选择模式步调一致，支持了 Polman 和 Wu（2020）元分析的结果，该元分析同样表明，在获益框架下，个人决策与人际决策的差异比在损失框架下大。

（二）风险偏好、情感反应与绿色转型

1. 风险偏好与绿色投资决策

前景理论揭示了人们在面对风险时的复杂心理机制，这一机制对于绿色转型中的投资决策具有深远的影响。绿色转型往往伴随着大量的投资决策，这些决策涉及可再生能源、节能设备、绿色技术等领域的投资。根据前景理论，人们在面对小概率的高获益或大概率的低损失时，倾向于表现出更高的风险偏好，愿意冒险以追求潜在的巨大收益。这一特性在绿色转型初期尤为显著，尽管此时技术成熟度、市场接受度等方面存在诸多不确定性，但仍有人愿意投资于绿色技术，期望在未来获得巨大的经济和环境效益。然而，当面对小概率的低损失或大概率的高获益时，人们则倾向于表现出保守的风险偏好。在绿色转型过程中，随着技术的逐渐成熟和市场的逐步扩大，投资者可能会更加关注稳定回报和风险控制。此时，他们可能会倾向于选择那些风险较小、收益稳定的绿色投资项目，以确保资金的安全和稳定回报。

2. 参照点与绿色转型目标

前景理论中的参照点概念对于绿色转型目标的设定和评估具有重要意义。参照点是指人们在评估某个事件或决策结果时所使用的基准或标准。在绿色转型中，决策者需要设定一个合理的参照点，并以此为基础来评估绿色转型的成效和风险。参照点会影响决策者的风险偏好和决策行为。例如，如果将参照点设定为当前的碳排放量和能源使用效率，那么决策者可能会更加关注如何在短期内实现显著的改善和减排目标。此时，他们可能会倾向于选择那些能够快速见效但成本较高的绿色技术或措施。然而，如果将参照点设定为更长远的目标（如实现碳中和、构建绿色低碳循环发展经济体系等），那么决策者可能会更加注重长期效益和可持续发展，选择短期内成本较高但能够带来长期环境效益的绿色转型路径。因此，在绿色转型中，合理设定参照点对于引导决策者做出科学合理的决策至关重要。

3. 情感反应与绿色转型

本节的研究指出，人们在为自己和为他人做选择时，会表现出不同的风险偏好和情感反应。特别是，当人们为他人做选择时，他们的情感投入较低，这可能导致他们在面对风险时的态度与为自己做选择时截然不同。这一发现对于绿色转型具有重要的启示意义。在绿色转型的背景下，个人和企业常常需要面对投资新能源、采用环保技术等决策。这些决策往往伴随着较大的风险和不确定性，因此决策者的情感反应和风险偏好对于决策结果具有重要影响。根据前景理论，人们在面对潜在收益和损失时，会表现出特定的风险偏好。而本节的研究进一步发现，这种风险偏好在为他人决策时会发生变化。当人们为他人做选择时（如企业高管为股东或利益相关者做决策），他们的情感投入较低，可能更加注重客观数据和理性分析。这可能导致他们在面对风险时更加冷静和理性，且更加注重长期效益和可持续发展。因此，在绿色转型中，当企业高管为股东或利益相关者做决策时，他们可能会更加倾向于选择那些短期内成本较高但能够带来长期环境效益的绿色技术和措施。然而，当人们为自己做选择时，他们的情感投入较高，可能更容易受到个人情感、价值观等因素的影响。这可能导致他们在面对风险时的态度更加复杂和多变，既可能表现出较高的风险偏好以追求潜在收益，也可能表现出保守的风险偏好以确保资金安全和稳定回报。因此，在绿色转型中，当人们为自己做选择时，可能会更加关注短期效益和成本控制，选择那些能够快速见效且成本较低的绿色技术和措施。这一发现启示我们，在绿色转型中需要充分考虑决策者的情感反应和风险偏好对于决策结果的影响。

四、实证结论

本节的研究发现，人际选择中的概率估计模式呈现出的形状不符合倒"S"形的四重模式。首先，我们发现倒"S"形模式发生了反转，即随着事件可能性在九个等级上增加（从小概率到大概率），参与者在正面预期下为他人做出的选择越来越冒险，而在负面预期下为他人做出的选择则越来越保守。这与四重模式相反。其次，我们检验了以往的研究理论，以往研究认为积极情绪和消极情绪在前景理论的四重模式中产生了情感上的类似物。我们发现，上述观点确实适用于个人决策；然而，我们发现人际决策者之间呈现出一个反转的四重模式，这一模式同样受到预期情绪的影响。由于人际决策者在想象他人的前景时预期到的情绪较少，因此他们并未表现出与个人决策者相同的四重模式。最后，我们操纵了选项的情感影响，并发现人际决策者受情感丰富选项的影响较小，而个人决策者受情感丰富选项的影响较大，这再次证明了概率估计模式发生了改变，且与四重模式相反。此外，我们还进行了建模，发现人际决策中存在一个不同的四重模式，这一四重模式见图 8-6。这些结果不仅表明，在四重模式方面，人际决策与个人决策不同，而且还表明人际决策的模式更倾向于"S"形。

本节的研究与先前揭示四重模式偏差的诸多研究相契合。具体而言，如 Saqib 和 Chan（2015）所述，当关注最佳与最差预期时，四重模式会发生反转；Petrova 等（2019）的研究也表明，采用视觉辅助手段同样能引发这一反转现象。此外，在面临时间压力进行决策、为未来事项做决策或依据经验进行决策的情境下，也观察到了四重模式的反转。这些发现（包括我们的研究成果）之间是否存在某种内在联系，目前仍是一个待解之谜。然而，值得注意的是，我们的研究，即关于为他人做选择的行为的研究，与心理距离领域的先前研究（Liberman and Trope，2014）有着相似之处。该领域认为，为他人做选择相较于为自己做选择，在心理上被视为一种更遥远的抉择，这构成了一种社会距离。鉴于此，我们的研究结果与时间距离相关研究中的发现相呼应，这无疑令人振奋。已有研究表明，在规划未来决策时会出现四重模式的反转（Sagristano et al.，2002）。沿着这一思路，相关研究还发现，为未来做选择的行为与为他人做选择的行为存在相似之处

（Pronin et al.，2008）。因此，我们的研究进一步支持了这样一个观点：心理距离的不同维度（如社会距离、时间距离）往往会对个体行为产生相似的影响（Huang et al.，2016）。

鉴于我们的研究成果与心理距离研究的概念框架紧密相连，我们可将其精准地嵌入到解释水平理论（Trope and Liberman，2010）这一领域中。该理论主张，在心理距离较远（相较于较近）的情况下，个体做出的选择往往呈现出更为抽象（相较于具体）的特点。值得注意的是，Sagristano等（2002）的研究发现，时间距离对概率低估和高估（类似于四重模式）的影响源于决策者的解释水平。我们认为，Sagristano等（2002）关于时间距离的发现与我们关于为自己（相较于为他人）做选择时四重模式出现的规律的高度契合，并非偶然现象。尽管目前我们还无法断定决策者的解释水平在基于其情绪的结果中是否扮演了独立（或辅助）的角色，但它很可能与我们的研究结果存在密切关联。然而，本节研究聚焦于"风险即感受"假设，而非解释水平理论。这是因为"风险即感受"假设不仅在心理学和经济学领域获得了坚实的支持，成为理解四重模式的重要工具，而且迄今为止，该假设与自我-他人决策制定之间的关系尚未得到深入探讨，相比之下，已有数项研究记录了自我-他人决策制定对解释水平的影响（Lu et al.，2013）。因此，我们将研究重心放在风险情感心理学的领域，期望能够为自我-他人决策制定和"风险即感受"假设这两大独立的研究领域带来新的洞见和启示。

除了揭示人际决策者中可能存在四重模式反转的现象外，我们的研究还以独特且相辅相成的方式，为风险情感心理学的研究文献增添了新的维度。首先，我们参考了ManyLabs团队对Rottenstreich和Hsee（2001）关于富含情感选项研究的复制尝试（Klein et al.，2018）。该研究未能成功复制原始发现，但我们在本节的第三项实验（情感丰富选项和情感贫瘠选项之间的选择）中，凭借超过80%统计检验力的样本，成功复制了这些发现。尽管仅凭我们的研究尚不足以最终判定Rottenstreich和Hsee（2001）研究的可靠性，但在科研人员之间责任共担，且通过多次而非单次复制尝试才做出最终判断的背景下，我们的成果无疑是令人振奋的。其次，我们研究的另一亮点在于采用了中国样本。过往的决策研究大多聚焦于WEIRD（western，educated，industrialized，rich，democratic，西方、受过教育、工业化、富裕和民主）样本。以往多数研究的结果都源自WEIRD样本，而我们的研究提供了非WEIRD样本。这本身就是一项贡献。

尤为重要的是，我们的研究发现为探索人际决策提供了一种全新的视角。在预期情绪的分布上，人际决策者与个人决策者之间存在着显著的差异。个人决策者在设想获得积极成果时，会感到极度愉悦，而面对消极结果时，则会陷入极度沮丧，这或许并不让人意外。然而，不那么直观的是，人们在预测他人的好运或不幸时自己有什么感受？为了清晰地说明这一点，我们在本节第二项实验中采用了1（一点也不）到7（非常）的量表来评估参与者的情绪。在构成四重模式的四个不同情境中，个人决策者的情绪评分众数均为7分，而人际决策者的情绪评分则广泛分布在2到7分之间。这表明，个人决策者在得知选择结果时，通常会预期自己会感到非常高兴或极度失望。相比之下，人际决策者的情绪更为复杂，他们的情绪评分不像个人决策者那样倾向于量表的最高分端，其情绪评分也不倾向于量表的最低分端。他们的情绪在量表上呈现出更为均匀的分布。值得注意的是，人际决策者与个人决策者在情绪评分上的最大差异出现在量表的两端：个

人决策者中给出 7 分的人数显著多于人际决策者,而给出 2 分的人际决策者则显著多于
个人决策者。甚至设想朋友的正面预期成真时,有一部分参与者会感到不快乐。正如我
们之前提到的,在关于彩票与幸福感的初步研究中,也有参与者预见到朋友中彩票的前
景时,会感到不快乐。在相同条件下,考虑到人际决策者情绪分布的相对均衡性,我们
的参与者在与代理人配对时,既有可能遇到情绪与个人决策者平均情绪相近(即善意)
的代理人,也有可能遇到情绪低于个人决策者(即不善意)的代理人,这两种可能性在
统计上呈现出均衡态势。

第三节　社会距离、小概率与大概率事件估计偏差研究

在探讨人类决策行为与风险评估复杂性的过程中,事件发生概率的估计偏差成为一
个不可忽视的关键因素。特别是在推动全面绿色转型的背景下,这种偏差对决策质量与
转型进程的影响尤为显著。本节的研究指出,人们在面对概率事件时,往往会高估小概
率事件,而低估大概率事件,这种偏差在个人决策及人际决策中均有所体现。本节的研
究进一步揭示了社会距离在缓解这一偏差中的重要作用:随着决策涉及对象由自我转向
他人,社会距离的增加能有效减少对小概率事件的过度乐观估计和对大概率事件的低估。
这一发现为理解绿色转型过程中的风险与机遇提供了新的视角,即在绿色转型决策中,
通过增加社会距离(如引入第三方评估、推广公众参与等),决策者可能会更加全面、理
性和客观地评估转型的成本与收益,从而减少决策偏差,提高决策质量。这不仅为绿色
转型的实践提供了有益的启示,也为推动可持续发展目标的实现贡献了新的思路。

一、绿色行为决策中的社会距离与概率估计偏差

概率估计偏差是指个体对事件发生的主观概率估计与该事件发生的客观概率不一致
的现象。根据累积预期理论,人们往往高估小概率事件而低估大概率事件,这种偏差在
绿色行为决策中同样存在。例如,个体可能高估采取某一绿色行动(如回收垃圾)带来
显著环境改善的可能性,而低估持续不采取行动的长期负面影响。这种偏差可能导致在
绿色行为选择上偏向风险寻求或风险规避,从而偏离最优决策。

概率忽视理论指出,概率估计偏差源于对结果的过度关注和对概率的忽视。在绿色
决策中,这种忽视可能导致个体忽视某些绿色行为的长期概率效益,如减少碳排放的累
积效应。例如,个体可能更倾向于选择短期内看似无害但长期影响严重的行为(如频繁
使用一次性塑料制品),而忽视使用可持续替代品(如使用可重复使用的水杯)的潜在概
率效益。实证研究为这一观点提供了证据。Pachur 等(2018)追踪了参与者在决策过程
中对结果和概率的关注程度,发现概率估计偏差的程度与更关注结果而较少关注概率的
倾向之间存在关联。此外,研究发现,对恐怖袭击概率的高估是因为人们关注这些袭击
的结果而忽略了发生此类袭击的可能性(McGraw et al., 2011)。当个体在决策过程中更
加关注结果时,观察到概率估计偏差的情况更为频繁。相反,当他们更加关注概率时,
观察到概率估计偏差的情况则较少。

在绿色行为决策中,个体为社会距离较远的他人(如陌生人或后代)做决策时与为

社会距离较近的他人（如朋友或家人）做决策时可能会表现出不同的决策模式。社会距离描述的是个体感知到的自己与他人之间的亲近程度（Trope and Liberman，2010）。根据解释水平理论（Trope and Liberman，2010），社会距离的增加会促使个体以更高的层次对事件进行表征，从而更加关注抽象和整体特征，如环境影响的长期性和全局性。随着社会距离的增加，个体在绿色决策中可能更加关注概率和结果的整合。这有助于减少概率忽视，从而降低概率估计偏差的程度。例如，在为后代做决策时，个体可能更加意识到采取绿色行为对长期环境影响的概率效益，从而更倾向于选择可持续的生活方式。

综上所述，通过增加社会距离和关注概率，个体可以做出更加理性和可持续的绿色决策。鉴于概率忽视与概率估计偏差之间的关系，本节提出，随着社会距离的增加，概率估计偏差的程度将会降低。因此，本节进行了以下实验，以探讨社会距离对概率估计偏差的影响。

（一）为自己做选择与为他人做选择时概率权重的差异

1. 实验设计和过程

在本实验中，我们比较了为自己做选择与为他人做选择时概率权重的差异，以检验社会距离的增加是否会减少对小概率事件高估和对大概率事件低估的概率估计偏差。本实验采用 2（社会距离：为自我决策与为他人决策）×2（情境：获益与损失）的混合设计，实验对象被随机分配到其中一个条件。社会距离为被试间变量，情境为被试内变量。181 名本科生（女性 88 名，平均年龄为 20.17 岁，标准差为 1.34）参加了实验。

参与者被告知本实验旨在调查决策习惯。在为自我决策的条件下，参与者需要为自己做出决策；而在为他人决策的条件下，参与者则需要为校园内一名面临相同决策的学生做出决策。之后，他们完成了一项关于概率彩票的估值任务，该任务用于测量概率估计偏差（Tversky and Kahneman，1992）。参与者需要指定一个现金金额，使得他们在确定获得该金额与买彩票间持无差异态度。下面举两个例子说明。

示例 1：请指定一个现金金额_____元，使得你在确定获得该金额与买彩票（5%的机会获得 200 元，95%的机会获得 0 元）上的感受是等值的。

示例 2：请指定一个现金金额_____元，使得你在确定获得该金额与买彩票（95%的机会获得 200 元，5%的机会获得 0 元）上的感受是等值的。

在示例 1 中，如果答案为 10，那么它反映了准确的概率估计（5%×200+95%×0=10元）。如果该值大于（相对于低于）10，则表示对获得 200 元的高估（相对于低估）。在示例 2 中，如果答案为 190，那么它反映了准确的概率估计（95%×200+5%×0=190）。如果该值小于（相对于高于）190，则表示对获得 200 元的低估（相对于高估）。

在每种彩票的选择中，参与者都有机会获得现金：获得 x_i 的概率为 p_i，而获得 y_i 的概率为（$1-p_i$）。在不同情境中，p_i 的取值可以是 1%、5%、10%、25%、50%、75%、90%、95%或99%，而（x_i，y_i）的取值可以是（±50，0）、（±100，0）、（±200，0）、（±400，0）、（±100，±50）或（±200，±100）。在所有情境中，x_i 均大于 y_i。参与者的概率和结果的顺序均进行了平衡处理。此外，我们还进行了一项操纵检验，要求参与者在完成任务后，使用 9 点量表（1=完全为自己做选择，9=完全为他人做选择）对他们为之做决策的人进行评分。然后，我们收集了参与者的人口统计学信息。最后，向参与者表示感谢，告知实验的真实目的，并支付报酬。

2. 实验结果与分析

1）操纵检验

在操纵检验中，为他人决策组（M=7.33，SD=1.00）的参与者得分高于为自我决策组（M=1.97，SD=0.93），$t(179)$=37.19，$p<0.001$，效应量 Cohen's（科恩）d=5.54，95%置信区间=[4.89, 6.18]，这表明对社会距离的操纵是成功的。

2）参数估计

根据 Tversky 和 Kahneman（1992）的方法，我们对数据进行建模，以计算参与者的概率估计偏差。参与者的主观价值感受（CE）的计算公式如下：

$$v(\text{CE}) = w(p_i)v(x_i) + [1 - w(p_i)]v(y_i) \tag{8-4}$$

CE 是由参与者对概率 $p_i(w(p_i))$ 以及结果 x_i 和 y_i 的主观值 $v(x_i)$ 和 $v(y_i)$ 的主观权重决定的。$v(\ )$ 代表价值函数，即人们对某个结果的主观价值或效用，$w(p_i)$ 表示给定概率 p_i 所赋予的权重。$w(p_i)$、$v(x_i)$ 和 $v(y_i)$ 分别定义为

$$w^+(p) = \frac{p^{\gamma_1}}{\left(p^{\gamma_1} + (1-p)^{\gamma_1}\right)^{1/\gamma_1}}$$

$$w^-(p) = \frac{p^{\gamma_2}}{\left(p^{\gamma_2} + (1-p)^{\gamma_2}\right)^{1/\gamma_2}} \tag{8-5}$$

$$v(x) = \begin{cases} x^{\alpha_1}, & x \geqslant 0 \\ -\lambda(-x)^{\alpha_2}, & x < 0 \end{cases}$$

$$v(y) = \begin{cases} y^{\alpha_1}, & y \geqslant 0 \\ -\lambda(-x)^{\alpha_2}, & y < 0 \end{cases} \tag{8-6}$$

在式（8-5）中，参数 γ_1 和 γ_2 分别表示在获益和损失情境中的概率估计偏差参数。其取值在 0 到 1 之间，值越小，函数的倒 "S" 形曲率越大（表明被试者越容易高估小概率事件、低估大概率事件）。当 γ_1（或 γ_2）=1 时，感知概率与实际概率相同，即 $w(p)=p$。w^+ 代表获益领域中的概率加权函数，w^- 代表损失领域中的概率加权函数。图 8-7 可视化了概率估计偏差。横轴代表概率（p），纵轴代表主观概率 $w(p)$。实线（γ=0.85）比虚线（γ=0.65）更接近对角线（γ=1），这反映了概率估计偏差较小。在式（8-6）中，参数 α_1 和 α_2 分别模拟了获益和损失情形下对结果变化敏感性的递减。这两个参数被限定在 0 到 1 之间，值越低，获益的价值函数越凹，损失的价值函数越凸（即随着结果变化幅度的增大，对结果变化的敏感性降低）。当 α_1（或 α_2）=1 时，感知结果与实际结果相同，即 $v(x)=x$。参数 λ 表示反映损失规避程度的系数（$\lambda \geqslant 1$），λ 值越高，表示损失规避程度越

高。由于本实验未包含混合前景（即同时包含获益和损失结果的前景），因此无法对 λ 进行估计。我们采用非线性最小二乘回归方法，对每个参与者的式（8-5）与式（8-6）中的参数进行了估计。

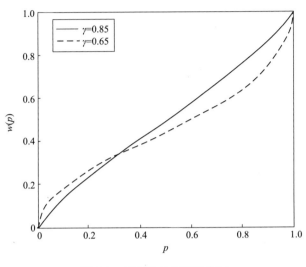

图 8-7　概率估计偏差示意图

3）增加社会距离降低概率估计偏差

鉴于获益和损失的概率估计可能存在差异，我们考虑了情境因素，并对概率估计偏差（以 γ 表示，γ 值越高表示概率估计的偏差越小）进行了 2（社会距离：为自我决策与为他人决策）×2（情境：获益与损失）的方差分析。结果表明，社会距离的主效应显著，$F(1,179)=44.90$，$p<0.001$，$\eta_p^2=0.20$（η_p^2 为方差分析中用于衡量效应大小的重要指标，反映了自变量对因变量变异的解释程度），95%置信区间=[0.11, 0.20]。为他人决策时的概率估计偏差（$M=0.91$，$SD=0.36$）小于为自我决策时的偏差（$M=0.63$，$SD=0.19$）。这些结果支持了增加社会距离会降低概率估计偏差这一结论。情境的主效应不显著，$F(1,179)=1.79$，$p=0.183$，$\eta_p^2=0.01$，95%置信区间=[0.00, 0.06]。

社会距离与情境的交互作用显著，$F(1,179)=10.27$，$p=0.002$，$\eta_p^2=0.05$，95%置信区间=[0.01, 0.13]。在获益情境（$M_{\text{为他人决策}}=0.98$，$SD=0.45$；$M_{\text{为自我决策}}=0.60$，$SD=0.22$），社会距离对概率估计偏差的缓冲效应比在损失情境（$M_{\text{为他人决策}}=0.85$，$SD=0.38$；$M_{\text{为自我决策}}=0.65$，$SD=0.28$）更强。具体而言，获益情境的结果为 $F(1,179)=52.06$，$p<0.001$，$\eta_p^2=0.23$，95%置信区间=[0.13, 0.32]，损失情境的结果为 $F(1,179)=16.38$，$p<0.001$，$\eta_p^2=0.08$，95%置信区间=[0.02, 0.17]。图 8-8 显示了概率估计函数与社会距离和情境的函数关系。

4）结果敏感性偏差

对结果敏感性减弱（反映在 α 值上）的偏差进行 2（社会距离：为自我决策与为他人决策）×2（情境：获益与损失）方差分析，结果显示社会距离的主效应显著，$F(1,179)=5.53$，$p=0.002$，$\eta_p^2=0.03$，95%置信区间=[0.01, 0.09]。在为他人决策条件（$M=0.86$，$SD=0.12$）下的偏差小于自我决策条件（$M=0.82$，$SD=0.12$）下的偏差。情境的主效应

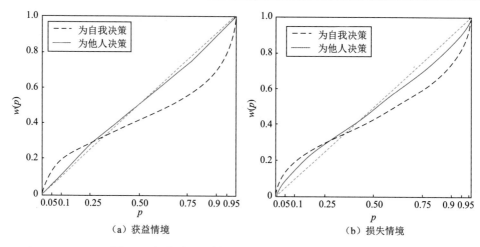

（a）获益情境　　　　　　　　　　　（b）损失情境

图 8-8　概率估计函数与社会距离和情境的函数关系

显著，$F(1,179)=6.30$，$p=0.013$，$\eta_p^2=0.03$，95%置信区间=[0.01, 0.10]。在损失情境（$M=0.82$，$SD=0.15$）下的偏差大于在获益情境（$M=0.85$，$SD=0.13$）下的偏差。然而，社会距离与情境之间的交互作用不显著，$F(1,179)=0.09$，$p=0.759$，$\eta_p^2<0.01$，95%置信区间=[0.00, 0.02]。这些结果表明，为他人（而非为自己）做决策会降低效用曲线的弯曲度。

本实验的结果表明，随着社会距离由为自我决策到为他人决策的增加，个体高估小概率事件、低估大概率事件的偏差明显减小。在下面的实验中，我们比较了为社会距离近和远的他人做选择之间的概率估计偏差，以进一步探讨增加社会距离是否减小了高估小概率事件和低估大概率事件的偏差。

（二）为社会距离近和远的他人做选择之间的概率估计

1. 实验设计和过程

本实验采用（社会距离：为近社会距离他人做决策和为远社会距离他人做决策）×2（情境：获益与损失）的混合设计。其中，社会距离为被试间变量（连续变量），情境为被试内变量，概率估计偏差为因变量。共招募了 201 名本科生（女性 96 名，平均年龄为 20.02 岁，标准差为 1.19）参与本实验。

参与者需想象一个由 100 人组成的名单，排在第 1 位的为最亲密的朋友，排在第 100 位的为仅有点头之交的人。随后，每位参与者被随机分配一个 1 到 100 之间的数字，并被要求写下与该数字相对应的朋友或熟人的名字。参与者需想象这个人正面临抉择，并被要求代替其做出决定。

我们进行了一项操纵检验，要求参与者在 IOS（inclusion of the other in the self scale，将他人纳入自我）量表上对与他们写下名字的人之间的亲密程度进行评分（图 8-9）。该量表通过两个圆圈的重叠程度来衡量亲密程度，分数越低表示关系越亲密。随后，向参与者表示感谢，进行简要说明，并支付报酬。

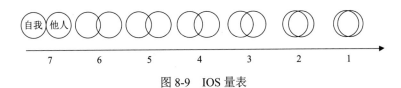

图 8-9　IOS 量表

2. 实验结果与分析

1）操纵检验

朋友的排名与操纵检验问题的分数相关，Pearson 相关系数 $r=0.90$，$p<0.001$，表明本实验对社会距离的操纵是有效的。

2）增加社会距离降低概率估计偏差

概率估计偏差（即参数 γ，γ 值越高表示概率估计偏差越小）的拟合方式与上文的实验相同。考虑到本实验中的社会距离是连续变量，因此进行了分层回归分析，以检验社会距离对概率估计偏差的影响（表 8-6）。第一步，将社会距离和情境（获益=0，损失=1）纳入模型。第二步，纳入社会距离与情境的乘积。社会距离与参数 γ 正相关（$\beta=0.34$，$p<0.001$，$R_p^2=0.10$，R_p^2 为分层回归模型中的解释方差），表明社会距离的增加减小了高估小概率事件、低估大概率事件的偏差。与前文的实验结果一致，社会距离与情境的乘积与参数 γ 负相关（$\beta=-0.14$，$p=0.036$，$R_p^2=0.01$），表明情境在社会距离与概率估计偏差之间起到了调节作用。如图 8-10 所示，在获益情境下，社会距离对概率估计偏差的消减作用（$\beta=0.47$，$p<0.001$，$R_p^2=0.22$）比在损失情境（$\beta=0.23$，$p=0.001$，$R_p^2=0.05$）下更强。

表 8-6　概率估计偏差分层回归结果

变量	概率估计偏差（参数 γ）	
	第一步	第二步
社会距离	0.34***	0.44***
情境	0.01	0.01
社会距离×情境		−0.14*
$\triangle R^2$	0.12	0.01
$\triangle F$（df）	25.91*** （2，399）	4.44* （1，398）
R^2（调整 R^2）	0.12 （0.11）	0.13 （0.12）
整体 F（df）	25.91*** （2，399）	18.90*** （3，398）

注：数值代表标准化回归系数，括号中第一项为自由度，第二项为样本量

***表示 0.1%的显著性水平，*表示 5%的显著性水平

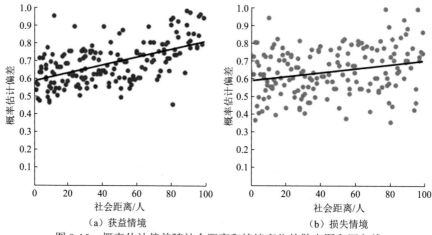

图 8-10　概率估计偏差随社会距离和情境变化的散点图和回归线

分数越高表示概率估计偏差越小

3）结果敏感性偏差

以递减敏感性偏差（通过 α 值反映）对因变量进行分层回归分析发现，社会距离与参数 α 正相关（$\beta=0.20$，$p<0.001$，$R_p^2=0.04$），表明社会距离的增加减小了结果评价的偏差。情境与参数 α 负相关（$\beta=-0.10$，$p=0.050$，$R_p^2=0.01$）。在损失情境，结果评价的偏差要大于获益情境。社会距离与情境的乘积与参数 α 无相关性（$\beta=-0.07$，$p=0.319$，$R_p^2<0.01$）。

截至目前，我们发现社会距离的增加能够减小概率估计偏差，并提出情绪强度和概率忽视是导致这一效应的原因。然而，也存在另一种解释。通常，为自己做选择的人会最大化自己的获益。但是，为他人做选择的人并不一定会以最大化他人的获益为目标。亲社会个体可能想要最大化他人的获益，而反社会个体可能想要最小化他人的获益。因此，社会偏好可能可以解释以上实验中观察到的自我-他人差异。为了排除这一解释，我们测量了参与者的社会偏好。如果对于亲社会倾向和反社会倾向的参与者而言，消减作用都成立，那么这一替代解释就可以被排除。

（三）社会偏好对概率估计偏差的影响

1. 实验设计和过程

本实验采用 2（社会距离：为自我决策与为他人决策）×2（情境：获益与损失）混合设计。其中，社会距离为被试间变量，情境为被试内变量。共招募了 140 名本科生（女性 97 名，平均年龄为 21.82 岁，标准差为 3.20）参与本实验。

参与者需做出四次决策。在每一次决策中，他们都会获得 15 元人民币的初始资金，并假设自己持有一张彩票。此时，他们面临一个选择：是否愿意支付一定金额来购买或销毁这张彩票。具体而言，在这四张彩票中，有两张是幸运彩票，分别有 5% 或 95% 的概率赢得 15 元人民币，另外两张则是不幸彩票，分别有 5% 或 95% 的概率输掉 15 元人民币。参与者需要付费购买幸运彩票以获得赢钱的机会；否则，他们将无法赢钱。同时，参与者需要付费销毁不幸彩票以避免输钱的风险；否则，他们很可能会输钱。参与者需表明他们愿意为每张彩票支付的最大金额。

我们采用 Becker-DeGroot-Marschak（贝克尔-德格鲁特-马尔沙克）原则来确保决策中的激励相容性。参与者被告知，系统会随机给出一个 0 元到 15 元人民币之间的出价。对于幸运彩票，如果参与者的出价高于或等于系统出价，他们将按系统出价支付以获得彩票；如果参与者的出价低于系统出价，则无法购买彩票。对于不幸彩票，如果参与者的出价高于或等于系统出价，他们将按系统出价支付以销毁彩票；否则，他们无法销毁彩票。四张彩票的顺序是随机的。

在为自我决策的条件下，参与者为自己做出决策，而在为他人决策的条件下，参与者为下一位参与者做出决策。在做出决策之前，参与者回答了四个问题。参与者被告知，在他们做出选择后，可以随机选择一张幸运彩票和一张不幸彩票。他们对这两张彩票的选择将决定他们自己的获益或下一位参与者的获益。

完成彩票任务后，参与者就完成了操纵检验，并填写了社会价值取向量表。在每次决策中，参与者为自己和另一个人分配金钱。这些选择没有设置激励。最后，参与者提供了他们的人口统计信息，并得到了感谢、简要说明和报酬。

2. 实验结果与分析

1）操纵检验

在操纵检验问题上，为他人决策（$M=7.98$，SD=0.88）的参与者的得分高于为自我决策（$M=1.68$，SD=0.73）的参与者，$t(138)=46.41$，$p<0.001$，Cohen's $d=7.90$，95%置信区间=[6.89, 8.88]，表明本实验对社会距离的操纵是有效的。

2）概率估计偏差

我们计算了参与者愿意为小概率彩票（5%×15=0.75 元）支付的金额与其期望值之差，以反映高估小概率的偏差。因此，差值越大表示偏差越大。同样，我们计算了参与者愿意为大概率彩票（95%×15=14.25 元）支付的金额与其期望值之差，以反映低估大概率的偏差。因此，差值越大也表示偏差越大。此外，我们还从社会价值取向的角度，通过计算参与者给予他人的平均分配量与给予自身的平均分配量之比的反正切值，来评估他们的社会偏好。这一指标的大小直接反映了参与者的亲社会性程度：指标值越大，意味着他们在分配资源时更倾向于考虑他人的利益，表现出更高的亲社会性。

鉴于社会偏好是一个连续变量，我们进行了分层回归分析，以检验社会距离对高估小概率和低估大概率偏差的影响（表 8-7）。第一步，将社会距离（为自我决策=0，为他人决策=1）、情境（幸运彩票情境=0，不幸彩票情境=1）和社会偏好纳入模型。第二步，将社会距离与情境的乘积、社会距离与社会偏好的乘积，以及情境与社会偏好的乘积纳入模型。第三步，将社会距离、情境和社会偏好的乘积纳入模型。如预期所示，社会距离与高估小概率偏差（$\beta=-0.28$，$p<0.001$，$R_p^2=0.09$）和低估大概率偏差（$\beta=-0.25$，$p<0.001$，$R_p^2=0.06$）负相关。社会距离与情境的乘积与高估小概率偏差（$\beta=0.18$，$p=0.042$，$R_p^2=0.02$）和低估大概率偏差（$\beta=0.20$，$p=0.038$，$R_p^2=0.02$）正相关，这表明情境具有调节作用。具体而言，在幸运彩票情境下，社会距离对高估小概率偏差的消减作用（$\beta=-0.57$，$p<0.001$，$R_p^2=0.32$）强于不幸彩票情境（$\beta=-0.17$，$p=0.046$，$R_p^2=0.03$）。在幸运彩票情境下，社会

距离对低估大概率偏差的消减作用（$\beta=-0.39$，$p<0.001$，$R_p^2=0.15$）强于不幸彩票情境（$\beta=-0.13$，$p=0.124$，$R_p^2=0.02$）。关于社会偏好的所有效应均不显著。

表8-7　概率权重偏差的分层回归结果

变量	高估小概率偏差			低估大概率偏差		
	第一步	第二步	第三步	第一步	第二步	第三步
社会距离	−0.28***	−0.30*	−0.18	−0.25***	−0.31*	−0.24
情境	0.41***	0.36***	0.46**	0.04	−0.12	−0.06
社会偏好	−0.04	0.03	0.09	−0.06	−0.06	−0.03
社会距离×情境		0.18*	−0.02		0.20*	0.09
社会距离×社会偏好		−0.11	−0.27		−0.08	−0.17
情境×社会偏好		−0.06	−0.19		0.07	−0.01
社会距离×情境×社会偏好			−0.25			0.14
ΔR^2	0.25	0.01	0.00	0.07	0.02	0.00
ΔF（df）	30.95*** （3 276）	1.67 （3 273）	1.53 （1 272）	7.19*** （3 276）	1.76 （3 273）	0.40 （1 272）
R^2（调整 R^2）	0.25 （0.24）	0.27 （0.25）	0.27 （0.25）	0.08 （0.06）	0.09 （0.07）	0.09 （0.07）
整体 F（df）	30.95*** （3 276）	16.42*** （6 273）	14.32*** （7 272）	7.19*** （3 276）	4.50*** （62 743）	3.91*** （7 272）

注：数值代表标准化回归系数

***表示 0.1%的显著性水平，**表示 1%的显著性水平，*表示 5%的显著性水平

值得注意的是，观察到的自我-他人估价差异可能源于自我与他人在结果敏感性或概率估计方面的差异。如果前者成立（即为自我决策的参与者比为他人决策的参与者对结果的敏感性消减更多），那么在四种彩票中，为自我决策条件下的支付意愿应始终低于为他人决策条件下的支付意愿。如果后者成立（即相较于为他人决策，为自己决策时参与者对小概率的高估偏差和大概率的低估偏差更大），则对于小概率结果，为自我决策条件下的支付意愿应高于为他人决策，而对于大概率结果，为自我决策条件下的支付意愿应低于为他人决策。我们的实验结果支持后者（表8-8）。如表8-8所示，为自我决策条件下的支付意愿高于为他人决策条件下的支付意愿，用">"表示；为自我决策条件下的支付意愿低于为他人决策条件下的支付意愿，用"<"表示；如果两种条件下的支付意愿相似，用"="表示。

表8-8　四种彩票的支付意愿

情境	支付意愿		
	近社会距离（为自我决策）	大小关系	远社会距离（为他人决策）
小概率获益	2.97（1.26）	>***	1.32（1.08）
大概率获益	10.27（2.67）	<***	12.18（1.58）
小概率损失	4.29（2.36）	>*	3.52（2.15）
大概率损失	10.59（2.04）	=	11.19（3.09）

***表示 0.1%的显著性水平，*表示 5%的显著性水平

因此，本实验表明，在具有激励性的环境中，社会距离减小了概率权重的偏差，并且这一效应不能用社会偏好来解释。

二、绿色行为决策中的情绪强度与概率估计偏差

在绿色行为决策中，个体对结果的预期情绪强度也是影响概率估计偏差的重要因素。情绪强度说认为，个体对结果产生的情绪反应强度是影响概率估计偏差的关键因素。在绿色行为决策中，个体可能会因为预见到一个虽极不可能发生但却能带来显著环保效益的结果（如成功推广一项绿色技术），而体验到极度的高兴与期待。这种强烈的正面情绪，往往促使他们倾向于高估小概率事件。他们也可能因为预期未能获得一个极有可能但环保效益有限的结果（如维持现状）感到失望，而低估大概率事件。Sun 等（2018）的研究支持了这一观点，他们发现经历过极小概率损失后更加失望的参与者更倾向于高估小概率事件，而那些在避免了大概率损失后更加高兴的参与者则更倾向于低估大概率事件。此外，Rottenstreich 和 Hsee（2001）的研究显示，与涉及情绪平淡结果的环保项目相比，涉及情绪丰富结果的环保项目的概率估计函数呈现出更加明显的"S"形。这表明预期情绪强度对绿色行为决策中的概率估计偏差具有显著影响。

此外，社会距离可能会影响个体对他人情绪强度的理解和感知，从而调节概率估计偏差。Williams 等（2014）的研究表明，社会距离降低了积极和消极情绪的强度。当个体为社会距离较远的人做选择时，他们往往低估他人的情绪强度。这一发现与 van Boven 等（2005）、Faro 与 Rottenstreich（2006）的研究结果相一致，即人们会低估他人在尴尬处境中的尴尬程度以及在做出风险决策时的希望和恐惧。进一步地，社会距离对情绪强度的影响具有神经机制。Jung 等（2013）的研究发现，当个体为社会距离较远的人做选择时，与情绪强度相关的大脑区域——杏仁核的激活程度低于社会距离较近的人。这表明社会距离确实会影响个体对情绪强度的感知和处理。

（一）实验设计和过程

本实验测量了决策过程中的概率关注和情绪强度，并实施了一项选择任务，让参与者在两个选项中进行选择，以此测量概率估计偏差。根据累积预期理论，风险态度的四重模式越明显，高估小概率事件和低估大概率事件的偏差就越大。本实验采用 2（社会距离：为自我决策与为他人决策）×2（情境：获益与损失）混合设计。社会距离为被试间变量，情境为被试内变量。135 名本科生（女性 64 名，平均年龄为 20.63 岁，标准差为 1.27）参与了本实验。

1. 概率估计

参与者需要完成一项选择任务，该任务包含一系列决策问题。每个问题都有两个选项：一个风险选项（即以 p_i 的概率获得 x_i，以 $1-p_i$ 的概率获得 y_i，即什么也得不到）和一个安全选项（即100%的概率获得 z_i）。参与者要在两个选项之间做出选择。对于小概率（$p<0.5$）获益，安全选项的期望值略高于风险选项。对于大概率（$p\geq0.5$）获益，风险选项的期望值略高于安全选项。对于小概率（$p<0.5$）损失，风险选项的期望值略高于安

全选项。对于大概率（$p \geq 0.5$）损失，安全选项的期望值略高于风险选项（示例见表 8-9）。

表 8-9　选择任务示例

情境	选项	实例	概率加权偏差
小概率获益	风险选项：p_i, x_i; $1-p_i$, 0 安全选项：z_i 确定值 期望值：$p_i x_i < z_i$	风险选项：5%，50；95%，0 安全选项：5 确定值 期望值：5%×50<5	对风险选项的偏好表明了对小概率获益的高估偏差
大概率获益	风险选项：p_i, x_i; $1-p_i$, 0 安全选项：z_i 确定值 期望值：$p_i x_i > z_i$	风险选项：95%，50；5%，0 安全选项：45 确定值 期望值：95%×50>45	对安全选项的偏好表明了对大概率获益的低估偏差
小概率损失	风险选项：p_i, x_i; $1-p_i$, 0 安全选项：z_i 确定值 期望值：$p_i x_i > z_i$	风险选项：5%，-50；95%，0 安全选项：-5 确定值 期望值：5%×（-50）>-5	对安全选项的偏好表明了对小概率损失的高估偏差
大概率损失	风险选项：p_i, x_i; $1-p_i$, 0 安全选项：z_i 确定值 期望值：$p_i x_i < z_i$	风险选项：95%，-50；5%，0 安全选项：-45 确定值 期望值：95%×（-50）<-45	对风险选项的偏好表明了对大概率损失的低估偏差

在不同情境下，p_i 的取值分别为 1%、5%、10%、25%、50%、75%、90%、95% 或 99%，而（x_i, y_i）的取值分别为（±50，0）、（±100，0）、（±200，0）或（±400，0）。参与者的概率和结果的顺序均进行了平衡处理。根据累积预期理论，风险偏好的四重模式越明显，对高估小概率事件和对低估大概率事件的偏差就越大。

在为自我决策的条件下，参与者为自己做选择；而在为他人决策的条件下，参与者为校园内面临这些决策的学生做选择。在参与者做出选择之前，记录了其的概率关注与情绪强度。

2. 概率关注

本实验采用 Mouselab（鼠标实验室）范式来记录参与者获取信息的方式。具体而言，选项、结果和概率隐藏在方框之后［图 8-11（a）］。参与者点击一个方框以查看其背后的信息，并且可以反复点击每个方框。一旦参与者点击了第二个方框，第一个方框中的信息就会消失，同时会记录他们查看每个方框中信息的持续时间和频率。查看某一类信息的持续时间越长、频率越高，表明对该类信息的关注度越高。本实验对方框的格式（水平或垂直）、信息的顺序（先概率或先结果）以及选项的顺序（风险选项=选项 A 或安全选项=选项 A）进行了相应的被试间平衡。

3. 情绪强度

基于 Brandstätter 等（2002）的研究，我们询问了参与者，如果他们选择风险选项并达到期望结果时，预计会感到多么快乐、兴奋和惊讶（1=完全不，9=极其）；以及如果他们选择风险选项但未达到期望结果时，预计会感到多么沮丧、失望和惊讶（1=完全不，9=极其）［图 8-11（b）］，以此来测量他们预期的积极和消极情绪强度。本实验对概率关注和情绪强度的测量进行了相应的被试间平衡。随后，参与者回答了他们的问题并进行了社会距离的操纵检验。

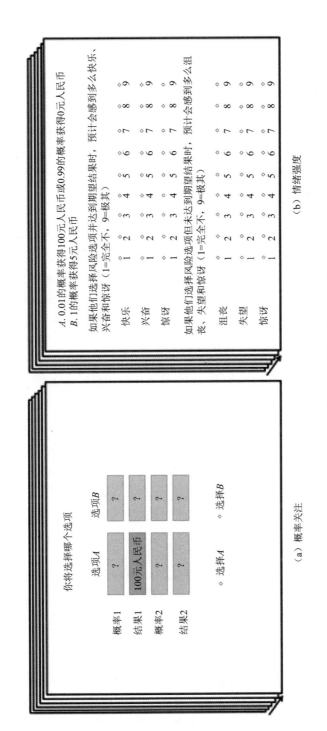

图 8-11　测量概率关注和情绪强度的界面

（二）实验结果与分析

1. 变量计算

1）概率估计偏差

我们计算了每位参与者的选择中期望值较低选项的比例，并以此作为概率估计偏差的指标。该指标的取值在 0 到 1 之间。对于小概率获益，我们计算了每位参与者的选择中风险选项的比例，以此作为高估小概率获益偏差的指标。对于大概率获益，我们计算了每位参与者的选择中安全选项的比例，以此作为低估大概率获益偏差的指标。对于小概率损失，我们计算了每位参与者的选择中安全选项的比例，以此作为高估小概率损失偏差的指标。对于大概率损失，我们计算了每位参与者的选择中风险选项的比例，以此作为低估大概率损失偏差的指标。

2）概率关注

对于每位参与者，我们统计了其查看概率信息的持续时间以及查看框内所有信息的总持续时间，同时还统计了点击有概率信息框和无概率信息框的频率。根据式（8-7）和式（8-8），可以计算查看概率信息的持续时间占比和点击含有概率信息框的频率占比。我们计算了这两个指标的平均值，以反映参与者的概率关注。该指标的取值在 0 到 1 之间。如果个体对概率和结果给予同等关注，则该指标应接近 0.5，指标值越大，表明对概率的关注度越高。

$$查看概率信息的持续时间占比 = \frac{查看概率信息的持续时间}{查看框内所有信息的总持续时间} \tag{8-7}$$

$$点击含有概率信息框的频率占比 = \frac{点击有概率信息框的频率}{点击无概率信息框的频率} \tag{8-8}$$

3）情绪强度

我们计算了预期快乐程度、兴奋程度和惊讶程度的平均得分，作为积极情绪强度的指标（α=0.92）；同时，计算了预期沮丧程度、失望程度和惊讶程度的平均得分，作为消极情绪强度的指标（α=0.98）。

2. 操纵检验

在操纵检验问题上，为他人决策（M=7.19，SD=1.29）的参与者的得分高于为自我决策（M=1.58，SD=0.72）的参与者，$t(133)$=30.07，$p<0.001$，Cohen's d=5.21，95%置信区间=[4.49, 5.92]，这表明社会距离的操纵是成功的。

3. 概率估计偏差

表 8-10 展示了所有条件下概率估计偏差、概率关注及情绪强度的统计数据。社会距离减小了高估小概率获益（$F(1,133)$=58.31，$p<0.001$，η_p^2=0.31，95%置信区间=[0.18, 0.42]）、低估大概率获益（$F(1,133)$=64.41，$p<0.001$，η_p^2=0.33，95%置信区间=[0.20, 0.44]）、高估小概率损失（$F(1,133)$=30.94，$p<0.001$，η_p^2=0.19，95%置信区间=[0.08, 0.30]）以及

表 8-10 概率估计偏差、概率关注和情绪强度的平均值

情境	概率估计偏差			概率关注			积极情绪强度			消极情绪强度		
	近社会距离（为自我决策）	大小关系	远社会距离（为他人决策）	近社会距离（为自我决策）	大小关系	远社会距离（为他人决策）	近社会距离（为自我决策）	大小关系	远社会距离（为他人决策）	近社会距离（为自我决策）	大小关系	远社会距离（为他人决策）
小概率获益	0.46 (0.17)	>***	0.22 (0.18)	0.42 (0.11)	<**	0.48 (0.13)	6.32 (1.51)	>***	4.16 (1.70)	3.37 (1.04)	=	3.16 (1.07)
大概率获益	0.58 (0.20)	>***	0.35 (0.13)	0.37 (0.11)	<***	0.49 (0.16)	2.96 (1.01)	=	3.13 (0.96)	6.34 (0.11)	>***	4.06 (0.11)
小概率损失	0.55 (0.14)	>***	0.41 (0.16)	0.43 (0.11)	<*	0.48 (0.13)	3.80 (1.02)	=	3.88 (0.95)	6.06 (1.13)	>*	5.04 (1.80)
大概率损失	0.42 (0.15)	>**	0.32 (0.13)	0.46 (0.12)	<***	0.54 (0.10)	5.48 (1.75)	>***	4.27 (1.24)	3.07 (0.81)	=	3.08 (0.88)

注：统计意义基于方差分析，括号中为标准误。
***表示0.1%的显著性水平，**表示1%的显著性水平，*表示5%的显著性水平

低估大概率损失（$F_{(1,133)}=16.06$，$p<0.001$，$\eta_p^2=0.11$，95%置信区间=[0.03, 0.21]）的偏差。此外，对概率估计偏差指标进行 2（社会距离）×2（情境）方差分析发现，社会距离与情境之间存在交互作用（$F_{(1,133)}=18.56$，$p<0.001$，$\eta_p^2=0.12$，95%置信区间=[0.04, 0.23]）。在获益情境下，社会距离对概率估计偏差的消减作用比在损失情境下更强（$F_{(1,133)}=121.73$，$p<0.001$，$\eta_p^2=0.48$，95%置信区间[0.36, 0.57]；$F_{(1,133)}=45.65$，$p<0.001$，$\eta_p^2=0.26$，95%置信区间[0.14, 0.37]）。

4. 概率关注

对于小概率获益，参与者在为他人决策条件下比在为自我决策条件下更加关注概率：$F_{(1,133)}=8.42$，$p=0.004$，$\eta_p^2=0.06$，95%置信区间=[0.01, 0.15]。对于大概率获益有：$F_{(1,133)}=29.99$，$p<0.001$，$\eta_p^2=0.18$，95%置信区间=[0.08, 0.30]。对于小概率损失有：$F_{(1,133)}=6.12$，$p=0.015$，$\eta_p^2=0.04$，95%置信区间=[0.01, 0.13]。对于大概率损失有 $F_{(1,133)}=14.20$，$p<0.001$，$\eta_p^2=0.10$，95%置信区间=[0.02, 0.20]。如表 8-10 所示，在为他人决策条件下，概率关注指数比在为自我决策条件下更接近 0.5，这表明参与者在为他人决策时比在为自我决策时对结果和概率的关注更加均衡。这一结果表明，社会距离促进了概率被纳入主观价值中。

5. 情绪强度

在小概率获益情境下，社会距离减弱了达成期望结果所引发的积极情绪强度，$F_{(1,133)}=59.10$，$p<0.001$，$\eta_p^2=0.31$，95%置信区间=[0.18, 0.42]，但并未影响未达成期望结果所引发的消极情绪强度，$F_{(1,133)}=1.25$，$p=0.265$，$\eta_p^2=0.01$，95%置信区间=[0.00, 0.07]。在大概率获益情境下，社会距离减弱了未达成期望结果所引发的消极情绪强度，$F_{(1,133)}=54.72$，$p<0.001$，$\eta_p^2=0.29$，95%置信区间=[0.17, 0.40]，但并未影响达成期望结果所引发的积极情绪的强度，$F_{(1,133)}=0.95$，$p=0.330$，$\eta_p^2=0.01$，95%置信区间=[0.00, 0.06]。在小概率损失情境下，社会距离减弱了遭遇不期望结果所引发的消极情绪强度，$F_{(1,133)}=14.55$，$p<0.001$，$\eta_p^2=0.10$，95%置信区间=[0.02, 0.20]，但并未影响避免不期望结果所引发的积极情绪的强度，$F_{(1,133)}=0.24$，$p=0.626$，$\eta_p^2<0.01$，95%置信区间=[0.00, 0.04]。在大概率损失情境下，社会距离减弱了避免不期望结果所引发的积极情绪强度，$F_{(1,133)}=21.71$，$p<0.001$，$\eta_p^2=0.14$，95%置信区间=[0.05, 0.25]，但并未影响遭遇不期望结果所引发的消极情绪强度，$F_{(1,133)}<0.01$，$p=0.936$，$\eta_p^2<0.01$，95%置信区间=[0.00, 0.28]。

6. 中介分析

我们进行了 bootstrap 分析，以检验概率关注和情绪强度在社会距离与概率估计偏差关系中的潜在中介作用（表 8-11）。在每个条件下，社会距离（0=为自我决策，1=为他人决策）为自变量。概率关注、积极情绪强度和消极情绪强度为中介变量。概率估计偏差为因变量。结果表明，社会距离通过提高概率关注和降低情绪强度（包括小概率获益和大概率损失情境下的积极情绪强度，以及大概率获益和小概率损失情境下的消极情绪强度）来减小概率估计偏差。

表 8-11　社会距离对概率估计偏差的直接和间接影响

情境		直接影响		间接影响	
		社会距离	概率关注	积极情绪强度	消极情绪强度
小概率获益	bootstrap 估计	−0.27*	−0.07*	−0.22*	0.01
	（±SE）	（0.07）	（0.03）	（0.06）	（0.01）
	95%置信区间	[−0.40, −0.13]	[−0.15, −0.02]	[−0.34, −0.12]	[−0.00, 0.05]
大概率获益	bootstrap 估计	−0.25*	−0.11*	0.00	−0.21*
	（±SE）	（0.07）	（0.03）	（0.01）	（0.05）
	95%置信区间	[−0.38, −0.11]	[−0.20, −0.05]	[−0.01, 0.02]	[−0.32, −0.13]
小概率损失	bootstrap 估计	−0.25*	−0.04*	0.00	−0.15*
	（±SE）	（0.07）	（0.02）	（0.01）	（0.05）
	95%置信区间	[−0.38, −0.12]	[−0.09, −0.01]	[−0.01, 0.01]	[−0.26, −0.08]
大概率损失	bootstrap 估计	−0.06	−0.10*	−0.17*	0.00
	（±SE）	（0.07）	（0.04）	（0.05）	（0.01）
	95%置信区间	[−0.20, 0.07]	[−0.19, −0.04]	[−0.27, −0.09]	[−0.01, 0.02]

注：使用 SPSS 18.0 的 PROCESS macro 程序（bootstrapping，5000 样本）进行了平行多重中介分析。数值代表标准化 bootstrap 估计值，SE 为标准误

**表示 5%的显著性水平

如果关于选择的研究结果源于自我与他人在结果敏感性上的差异，那么在获益情境的所有选择中，为自我决策条件下选择风险选项的比例应低于为他人决策。在损失情境的所有选择中，为自我决策条件下选择风险选项的比例应高于为他人决策。如果选择的研究结果源于自我与他人在概率估计偏差上的差异，那么在小概率获益和大概率损失的情况下，为自我决策条件下选择风险选项的比例应高于为他人决策；而在大概率获益和小概率损失的情况下，为自我决策条件下选择风险选项的比例应低于为他人决策。当前的结果支持了后一种情况（表 8-12）。

表 8-12　选择风险选项比例的平均值（±SD）

情境	选择风险选项比例		
	近社会距离 （为自我决策）	大小关系	远社会距离 （为他人决策）
小概率获益	0.46（0.17）	>***	0.22（0.18）
大概率获益	0.42（0.20）	<**	0.65（0.13）
小概率损失	0.45（0.14）	<**	0.59（0.16）
大概率损失	0.42（0.15）	>**	0.32（0.13）

注：统计意义基于方差分析

***表示 0.1%的显著性水平，**表示 1%的显著性水平

三、实证结论

累积预期理论和风险态度的四重模式在探讨个体为自己做选择时的概率估计偏差方面颇受关注，但它们却忽视了人们在为他人做选择时人际决策中的概率估计偏差。从个人决策到人际决策，决策者与决策接受者之间的社会距离在逐渐增加。本节的研究探讨了社会距离如何影响概率估计偏差。结果表明，社会距离的增加通过降低情绪强度和提高决策过程中的概率关注，减小高估小概率事件和低估大概率事件的偏差。此外，这一效应在获益情境中比在损失情境中更为显著。本节的研究为绿色转型实践提供了有益的启示，也为实现可持续发展目标提供了新思路。

首先，本节的研究表明，人们在决策过程中往往对小概率事件过度重视，而对大概率事件则重视不足。这种决策偏差在财务、消费和医疗等多个领域都有所体现，且通常会导致风险寻求或风险规避的非理性选择。在绿色转型的背景下，这种决策偏差同样存在并可能产生深远影响。绿色转型涉及能源结构调整、产业结构调整、生产方式转变和消费模式优化等多个方面，这些决策往往伴随着一定的风险和不确定性。例如，在能源结构调整中，当决策者考虑采用可再生能源替代化石能源时，不得不面对技术成熟度的不确定性、成本效益的权衡和市场需求的波动等多重挑战。如果决策者对小概率的负面事件（如技术失败、成本超支）过度担忧，可能会导致对绿色转型的犹豫不决或过度谨慎，从而延误转型进程。相反，如果决策者忽视大概率的正面事件（如环境改善、能源安全），则可能会低估绿色转型的潜在收益。

其次，本节的研究发现社会距离影响着人们的决策方式和偏好。当决策涉及他人而非自己时，社会距离的增加通常会减小决策偏差。这是因为社会距离的增加使得决策者能够更抽象地看待问题，从而减少对具体结果的过度关注，更多地考虑整体和长远利益。在绿色转型的决策中，社会距离的增加同样可能发挥积极作用。例如，当政府或企业为公众利益而制定绿色转型政策时，决策涉及广泛的利益相关者，社会距离相对较大。这有助于决策者从更宏观的角度审视转型的利弊，减少对小概率负面事件的过度反应，同时更加关注转型对环境和社会的长期正面影响。而在个体层面，个体在面对气候变化、环境污染等长期且影响广泛的问题时，往往因为这些问题与自身直接的、即时的利益关联不大，而表现出一定的忽视或低估。这种对大概率环境风险的轻视，与本节研究中指出的"对大概率事件的轻视偏见"不谋而合。

综上所述，社会距离对决策偏差的影响在绿色转型中具有重要意义。通过增加社会距离，决策者可能会更加全面、理性和客观地评估绿色转型的成本和收益，从而减小决策偏差并提高决策质量。这为推动绿色转型进程提供了有益的启示和借鉴。在未来的绿色转型实践中，应充分考虑社会距离对决策者行为的影响，并采取措施促进利益相关者之间的沟通和合作，以实现更加可持续和公平的发展。

第四节　不确定性、投资决策偏差及其对绿色转型的风险启示

随着全球对可持续发展的日益重视，绿色转型已成为企业实现长期发展的必然选择。

涉足全新领域对风险投资公司而言，不仅是创业实验的尝试，更是创造新财富的重要途径。本节考虑的是不确定性市场条件和社会认知线索如何共同影响风险投资公司对与其过去经验无关（锚定）的新行业的投资决策。虽然风险投资公司在整体市场火热时更有可能进入一个不相关的新行业，但它们也会从自己的社会关系和新闻媒体中获取社会认知线索。其中，市场的高度不确定性以及投资决策中的偏差，都可能对企业的绿色转型产生深远影响。如何在复杂多变的市场环境中，准确识别并把握绿色转型的机遇，成为企业必须面对的难题。因此，深入研究这些因素及其对企业绿色转型决策的影响，不仅有助于揭示潜在的风险，还能为企业制定更为科学合理的投资策略提供重要启示。

一、不确定性与投资决策偏差

（一）不确定性与企业投资决策

长期以来存在这样一种普遍现象，即在不确定性情境下，行动者倾向于从更广泛的背景中获取线索。经济学家、心理学家和社会学家对此进行了广泛研究，研究涉及许多不同但相关的领域，包括羊群行为、信息级联、创新采用和扩散、组织同构和集体预期社会学。尽管这些研究看起来五花八门，但一个重要的共同观点是，行动者从广泛的社会背景中获取线索，形成个人决策以尝试管理不确定性。

面对充满不确定性的未来情境，行动者的预期往往与市场中其他参与者的预期相互依存。个人的私人预期通常不如他对普遍集体预期的看法重要。在做出经济决策时，个人会根据他认为的他人行动方式做出决定，而非单纯基于自身对未来前景的直接预期。尤其是在私募股权市场中，公开市场的缺失导致其他市场参与者难以对潜在投资目标的预期进行直接观察。因此，来自行动者所处环境的间接但可观测的线索在塑造对集体预期的看法方面起着重要作用，特别是来自公开股票市场、公司直接网络和新闻媒体的三类线索。

锚定效应显著体现在个体倾向于为近期的、记忆深刻的且往往具有戏剧性的事件赋予更高的权重上，这一心理现象进而影响着风险投资公司对集体预期信念的构建，使其易受市场突出事件的影响。例如，纳斯达克市场回报率的波动会影响风险投资公司对公司未来预期的评估及退出决策。同样，风险投资公司的筹资和投资行为也与公开股票市场的估值息息相关。据此分析，IPO 市场的繁荣可能会激励风险投资公司向与其原有业务不相关的新行业进行多元化拓展。同时，相较于局限在特定行业的市场状况，整体市场态势更能反映对整体经济的集体预期。有充分证据表明，多数行业的热门市场往往在同一时期涌现。Helwege 和 Liang（2004）研究了 1975 年至 2000 年间上市的所有非金融企业后得出结论："在整体市场低迷时，无一行业能保持热门。"此外，企业投资决策中的无关新市场进入决策，即风险投资公司投资于其之前未涉及且与其现有投资组合无紧密关联的行业的决策，通常具有较高的风险，这也是为什么学者认为专注于少数几个选定行业是一种重要的风险管理战略。这一观点与行为金融学的观点契合，行为金融学指出投资者的看法和决策在很大程度上受到金融市场整体状况的影响，这种现象即非理性繁荣。事实上，一些学者将非理性繁荣视为应对不确定性的一种集体理性，因为预测他人行为是工具理性的重要组成部分。然而，与新古典主义对经济行为以行为者为中心，以结果为基础的主流解释相比，这种理性观点更加强调环境的影响。无论是否理性，该观点均认为资本市场中金融资产的价值是通过集体预期形成的，或者说是投资者基于对他人所持的一系列信念做出决策。这并不一定意味着所有市场参与者都持有这些预期，但他们会将这些预期视为影响自身决策的市场信息的一部分。

当存在确凿证据表明其他市场参与者对整体经济未来前景充满信心时，风险投资公司就更有可能进入以往未曾投资过的行业。这一预测可归因于三个紧密相连的缘由。首先，在热门市场中常出现"资金过剩而投资机会稀缺"的现象。此情形下，企业可能会主动寻找新的投资目标，进而增加了投资其专业领域以外目标的可能性。其次，社会整体的高度乐观往往促使投资者高估成功的概率。此时，众多投资者会过度购买、交易和回应 IPO，即当感知到的集体预期很高时，风险投资公司可能因过度自信而积极寻找新的投资目标，将业务拓展到先前未曾涉及的新领域。最后，在经济繁荣期，风险投资公司可能会对那些被视为有风险的投资机会展现出较低的谨慎态度。当对新市场机会的集体预期上升时，资源提供者往往会放松原有的评估标准，表现出更大的宽容性。心理学研究表明，个体在积极情感的影响下，更倾向于依赖启发式而不是分析式决策。同样，当社会情绪普遍积极时，投资者不是谨慎地分析基础证据，而是可能直接倾向于低估决策结果的风险，这驱使他们在构建投资组合时采取更为冒险的策略。从以上内容可以推断出，在市场火热时，风险投资公司更有可能投资于以往缺乏经验的不相关的新行业领域，即风险投资公司投资无关新行业的倾向与近期公开市场 IPO 的数量正相关。

（二）社会认知线索与投资决策偏差

认知偏差的常见来源包括锚定效应、代表性、刻板印象和信息可用性，涵盖了个人、群体甚至社会层面的分析，影响着企业的投资决策。除公开股票市场外，社会认知线索还包括公司直接网络和新闻媒体。企业的投资决策受到其可获取信息的影响。首先考虑公司近邻网络的作用。正如 DiMaggio 和 Powell（1983）着重指出的，社会影响不仅来自大环境，也来自行为者所处的直接环境。同构行为发生的两大核心先决条件为领域内组织间具有关联性及结构等同性。换言之，社会影响不仅受到市场上抽象信息的协调，还受到当地环境或社会网络中其他行为者所传递的暗示的协调。

在风险投资市场上，最重要的网络类型是投资联合网络。联合网络通常会影响风险投资公司寻找新投资机会的方式。例如，公司联合组织合作伙伴的海外投资活动在预测风险投资公司的国际化行为方面发挥着重要作用。多数研究聚焦于风险投资联合网络如何促进交易机会的流动，但是探讨直接网络伙伴的行为如何影响风险投资公司的看法和决策的研究同样具有重要意义。

当市场整体呈现出高度活跃态势时，风险投资公司往往会更加积极地探寻那些新颖的、尚未开发的投资目标。在这样的市场环境中，风险投资公司会更加关注其直接网络中的公司所提供的线索，而合作伙伴近期进入市场的行为会强化公司从大环境中获取的直观印象，从而进一步加强其探索新领域的倾向。特别是，当一家公司评估大环境所提供的投资机会时，很可能会将其合作伙伴的近期行为作为重要的参考基准。如果一家公司的直接合作伙伴在近期进入了新市场，那么该风险投资公司便能利用这一观察结果来验证和强化从公开市场收集到的线索，进而强化热门市场对公司新市场进入行为的影响。

需要注意的是，并无研究断言公司合伙人的投资行为会起到决定性的作用。实际上，尽管公司可能会从其合伙人近期的投资模式中获取有价值的线索，以验证其在更广泛的市场中观察到的情况，但合伙人的具体投资行为并不足以直接促使风险投资公司进军新市场。这是因为公司的投资行为与最终成效之间往往存在一定的时间差。在大多数情况下，当公司观察到同行的新投资战略时，可能会表现出一定的好奇心，但也会保持必要的审慎态度，这意味着它们会采取"观望"的态度，直至看到同行的新进入行为获得实质性回报。然而，当市场整体处于高度火热状态时，风险投资公司可能更倾向于将同行的行为视为额外的证据，证明当前是进入新行业的有利时机。基于上述考虑，可以合理推断，如果风险投资公司的共同投资伙伴在近期表现出较高的新行业进入活跃度，则风险投资公司投资无关新行业的倾向与近期公开市场 IPO 数量之间的正相关关系会更强。

新闻媒体是影响企业认知和决策的另一重要线索，并作为"信息媒介"塑造着组织所处的社会建构环境。新闻媒体在影响集体期望方面展现出了强大的力量。例如，新闻媒体在强化市场集体预期方面发挥着至关重要的作用，正如 Shiller（2000）所言，"只有当一大群人有类似的想法时，才会发生重大的市场事件，而新闻媒体正是传播这些想法的重要工具"。

尽管风险投资公司并非完全依赖媒体信息来形成市场观点，但媒体无疑是一个重要的信息来源，它反映其他市场参与者对市场前景的看法。换言之，风险投资公司并非仅凭媒体报道就形成市场认知，媒体所传递的信息会影响它们对集体预期的理解，进而影响其决策。当 IPO 市场火热而媒体却对市场状况发出模棱两可或众说纷纭的信息时，风险投资公司可能会认为集体预期处于临界状态，或者说在集体层面缺乏共识，从而导致焦点公司对未来的经济前景保持警惕，因此即使在市场火热的时候，风险投资公司也会对进入一个新行业持谨慎的态度。当媒体一致报道整个市场的健康前景时，焦点公司对市场状况的信念会因集体预期的强化而得到巩固。例如，在 1999 年至 2000 年初网络经济最繁荣的时期，媒体普遍使用乐观词汇报道资本市场，这种整体积极情绪无疑强化了风险投资公司投资战略的集体预期效应。相比之下，2000 年 3 月纳斯达克指数创下历史新高，同时全球股市仍受到日本经济衰退的严重冲击，当时媒体同时出现了乐观和悲观报道。尽管 IPO 的数量仍然很多，但媒体言论的分歧导致风险投资公司在新行业的进入上更加谨慎，从而缓和了热门市场对公司进入决策的影响。

事实上，现有研究也不主张媒体对资本市场的报道会直接决定风险投资公司的进入决策。媒体言论的分歧可能会使企业在总体上更加谨慎，但也可能会产生相反效果。例如，在熊市期间，企业可能将媒体对市场的分歧解读为市场即将反弹的信号。也就是说，媒体分歧的实际影响高度依赖于当时的市场大环境。市场火热时，企业可能将意见分歧视为市场即将下跌的信号，而在市场冷清时，解读则可能不同。换言之，媒体分歧的实际影响需要与整个市场状况结合起来考虑。因此，在新闻媒体传递不同线索的情况下，风险投资公司投资无关新行业的倾向与近期公开市场 IPO 数量之间的正相关关系就会减弱。

二、研究设计

（一）数据与样本

我们以 Thomson Financial（汤姆森金融）公司的 VentureXpert 数据库作为主要数据来源，其收录了 1990 年至 2016 年间风险投资公司在美国进行的所有投资。并且我们从纳斯达克证券交易所获得了 IPO 信息，该交易所从 1996 年 5 月开始提供 IPO 数据。经过以上综合考量，最终样本涵盖 1996 年 5 月至 2016 年 12 月这一时期。同时，在样本选取上重点关注独立风险投资公司，排除了企业风险投资、政府风险投资、大学附属风险投资以及天使投资等非正式风险投资的交易。此外，将年度市场状况和风险投资数据均分解为基于季度的衡量指标，并使用建模技术固有的固定效应剔除缺失值、观察值及考虑企业内部和地点内部差异［即大都市统计区（metropolitan statistical area，MSA）和州］后，最终样本包含 1824 家风险投资企业和 68 870 个风险投资企业季度观察值。在变量设置上，因变量、解释变量以及当前投资均以季度为单位进行度量，旨在捕捉其动态性质，所有其他协变量也遵循此季度度量标准。简而言之，本节构建了一个纵向面板季度数据集。

（二）变量定义

1. 因变量

因变量为不相关的新行业进入数量。采用 5 年移动窗口法，通过计算特定季度 q（q=1、2、3、4），重点风险投资公司作为领投人进入的非相关新兴细分行业的数量来衡量非相关新兴细分行业的进入情况。其中，5 年的移动窗口期是基于技术环境的迅速变化选择的，在此期间，若是某一行业的大市场中出现了新兴的细分市场，那么这一行业在投资者视角下也就成了"新"的行业。为确保分析的稳健性，另引入了公司在其整个历史上（即自公司成立以来）首次投资的行业作为替代衡量标准。同时，依据受资助的初创企业的两位数风险经济行业分类代码，确定了一个不相关的新行业领域。在此，新行业仅限于企业在过去 20 个季度（即 5 年）内首次投资的行业。例如，一家风险投资公司在给定季度作为领先的风险投资公司投资于两个不相关的新行业 A 和 B，则该公司在给定季度进入的不相关的新行业数量为 2。

由于牵头一项投资更能直接反映公司在进入决策中的主动性，因此样本仅包括那些由重点风险投资公司牵头的投资。根据 Hochberg 等（2007）的研究，牵头风险投资公司被定义为在某一轮投资中投入资金最多的公司。如果有多家风险投资公司在本轮投资中投入相同金额，则将它们视为共同牵头公司。例如，ABS Ventures 是在新行业进入方面最活跃的风险投资公司之一。1996 年之前，该公司专门从事机器视觉软件和系统以及计算机软件领域的业务，2001 年第二季度首次作为主要风险投资公司进入 DNA/RNA 探针领域。在这种情况下，ABS Ventures 在 2001 年第二季度进入的不相关的新行业数量为 1 个。在行业分类上，本节采用了两位数风险经济行业分类标准来对行业分类中过于精细和繁杂的内容进行权衡。例如，在一位数类别"生物技术"下，两位数类别中有六个子类别。在两位数类别中的"生物传感器"子类别下，三位数类别中有四个更细化的类别。因此，从一位数到三位数类别，行业分类越来越细化，但也越来越模糊。

2. 解释变量和调节变量

（1）近期IPO数量。市场中IPO的数量一直被用作衡量市场冷热状况的重要指标。然而，对于如何识别市场冷热状况，理论界和实证界尚未达成共识，现有的多数研究事实上都是基于主观判断。例如，一些研究使用连续几个季度IPO数量的移动平均值作为分界值来捕捉IPO热周期或冷周期的起点（Banerjee et al.，2016）；另一些研究采用连续月度IPO数量的移动平均值来识别IPO的热月或冷月（Lowry and Schwert，2002）；还有一些研究采用特定股票指数的不同量化值来识别市场热度（Derrien and Womack，2003）。使用近期IPO数量作为热点市场条件的替代变量，有利于找出可能系统地、动态地改变风险投资公司投资行为的市场条件。该变量以第 q 季度纳斯达克股票市场的IPO总数来衡量。具体来说，本节的研究从纳斯达克网站获取了每月的IPO申报信息，然后将这些月度数据汇总为季度数据。因此，如果一个时期（季度）的IPO总数量多于另一个时期（季度），则该时期（季度）的热度高于另一个时期（季度）。

（2）进入新行业的共同投资人比例。本节探究了共同投资人最近进入不相关新行业的行为对焦点公司投资不相关新行业倾向的影响。首先，构建风险投资公司之间的联合投资或联合网络。两家风险投资公司之间具有网络联系指的是这两家公司在某一年进行了共同投资。为了适应网络的衰减效应，本节在为每家公司构建特定年份的网络时使用了5年移动窗口法（例如，使用1991~1995年的网络构建1996年的衡量指标）。其次，从网络中找出共同投资的风险投资公司合作伙伴，通过计算 $t-1$ 年所有共同投资人中进入不相关新行业的公司共同投资人的百分比，创建了一个连续变量。

（3）媒体报道差异。媒体报道反映了投资者对当前资本市场总体状况的看法。媒体报道由专门收集、传播和影响公众舆论的记者进行综合和传播。按照Fiss等（2012）的研究，在LexisNexis数据库中按季度检索了样本期内所有来源的报纸文章，并根据每季度提及牛市或熊市的文章数量来衡量媒体覆盖率。本节采用Blau（1977）指数来计算媒体报道差异，其具体形式定义如下：

$$媒体报道差异 = 1 - \sum_{i=1}^{2} \gamma_i \tag{8-9}$$

其中，γ_i 表示第 $q-1$ 季度提及牛市或熊市的文章数量与这些文章数量总和的比率。媒体报道差异越大，说明媒体传达的即时市场状态越不一致，分歧越大。

3. 控制变量

由于新市场进入率高也可能是由整个市场中的企业、行业和市场特定因素驱动的，因此需要对可能影响企业进入新市场倾向的环境和企业特定因素进行控制。

1）公司层面控制变量

（1）当前投资。风险投资公司目前的投资可能会影响其进入新市场的资源和注意力。

为了控制这种影响，在第 q 季度中纳入了当前投资的总数。

（2）过去的成功。重点风险投资公司在过去 5 年中进行的最终上市投资的累计数量可以作为衡量其过去成功或业绩的指标。采用其自然对数形式可解决偏度问题。

（3）资源变更。一个组织所拥有的资源可能会影响其进入新行业的决策。这一点在风险投资背景下非常重要，因为风险投资公司可能会在繁荣时期管理更多资金。为了控制资源禀赋对新行业进入的可能影响，我们计算了风险投资公司在 $t–6$ 年和 $t–2$ 年期间与 $t–5$ 年和 $t–1$ 年期间累计管理资金的差额。其中，管理资金是指风险投资公司管理的金融资产的市场总值。

（4）投资组合多元化。不同项目之间的资源分配可能会影响新市场的资源分配决策。因此，本节根据风险经济行业分类代码构建了风险投资公司层面的投资组合多元化变量。按照 Jacquemin 和 Berry（1979）的方法可计算风险投资公司投资组合多样化的熵：

$$\sum_{i=1}^{n}\left[P_i\times\ln\left(\frac{1}{P_i}\right)\right] \tag{8-10}$$

其中，P_i 表示风险投资公司在 $t–1$ 年投资于行业 i 的总投资额；n 表示风险投资公司在 $t–1$ 年投资的行业数量；$\ln(1/P_i)$ 表示风险投资公司在 $t–1$ 年投资于行业 i 的总投资额的倒数的自然对数。

（5）结构漏洞。借鉴 Burt（1992）的网络约束概念，使用 UCINET 6 计算基于共同投资网络的网络约束指数（Borgatti et al.，2002）：

$$c_{ij}=\left(p_{ij}+\sum_{q}p_{iq}p_{qj}\right)^2,\ i\neq j \tag{8-11}$$

其中，p_{ij} 表示第 i 家风险投资公司投资于第 j 家风险投资公司的股权占比；$\sum_{q}p_{iq}p_{qj}$ 表示第 i 家风险投资公司投资于第 q 家风险投资公司的股权占比与第 q 家风险投资公司投资于第 j 家风险投资公司的股权占比乘积的总和（间接投资）；$p_{ij}+\sum_{q}p_{iq}p_{qj}$ 表示第 i 家风险投资公司直接或间接投资于第 j 家风险投资公司的股权占比；c_{ij} 表示重点风险投资公司的网络约束指数。同时，为了体现结构漏洞是约束的反面这一观点，根据先前的研究（Soda et al.，2004），本节将网络约束指数的值乘以–1 来计算结构漏洞。

2）行业和宏观经济层面控制变量

行业和宏观经济层面控制变量为市场风险投资总额 [ln（TVCM）]。除了考虑公司层面的资源可用性外，事实上还需要考虑市场上可用于风险投资的资源数额。在总体水平上，资源可用性的一个替代指标是 $t–1$ 年市场上风险投资总额的美元价值。本节对该变量取自然对数。根据 Bellavitis 等（2022）的研究，本节考虑对影响风险投资的两个宏观经济指标进行控制。首先，考虑控制 $t–1$ 年的长期利率（long-term interest rate，LTIR）。低成本资本可能会影响风险投资公司的投资行为，控制长期利率即控制 10 年内到期的政府债券。通常，利率由贷款人收取的价格、借款人固有的风险和资本价值共同决定。传统的经济逻辑表明，低利率会鼓励投资，而高利率则会阻碍投资。因此本节纳入 $t–1$ 年的美国长期利率作为控制变量，可以将其对风险投资活动的可能影响考虑在内。其次，还纳入了 $t-1$ 年的失业率以充分考虑宏观经济条件的基本面对投资活动的潜在影响。传统的经济智慧认为，当经济不景气、工作岗位稀缺时，失业率会上升。因此，失业率反映的是经济的基本面变化，不受其他社会和心理因素的影响，如公开股票市场的 IPO 等显著事件。本节从美国劳工统计局收集美国的年度失业率数据。由于年份固定效应、解释变量和其他宏观层面的控制变量 [即 ln（TVCM）、长期利率和失业率] 之间存在完美的共线性，本节的分析中没有加入年份固定效应，但是对公司、MSA 和州的影响进行了固定。

（三）估算程序

由于因变量是一个基于计数的指标，因此采用了最适合的方法即泊松伪最大似然估计回归和高维方法进行本节的实证分析。这种估计方法是泊松回归的拓展，并展现出两大优势。首先，与其他估计方法相比，它所需的假设条件更少。鉴于异方差性的存在，用普通最小二乘法计算对数线性化模型可能得到不一致的参数估计，即使有稳健的标准误差也会导致不正确的推断。在可能有许多零的非负数据的情况下，如果想对数据的分布做出最低限度的假设，那么泊松伪最大似然估计似乎是最好的选择。更重要的是，泊松伪最大似然估计对因变量的类型（如计数、连续、二元）没有要求，只要因变量的值是遵循泊松分布的非负值即可。其次，泊松伪最大似然估计回归可以与高维方法一起实施。也就是说，该方法可以通过多个固定效应来控制多个异质性来源。基于泊松回归的一般形式，在泊松伪最大似然估计的中间回归中，观测值 i 的因变量可写成以下形式：

$$z_i^{(r-1)} = \left\{ \frac{y - \exp\left(x_i \beta^{(r-1)}\right)}{\exp\left(x_i \beta^{(r-1)}\right)} + x_i \beta^{(r-1)} \right\} \tag{8-12}$$

其中，$z_i^{(r-1)}$ 表示因变量 y 的变换；r 表示迭代指数；x_i 表示一组解释变量。通过求解（伪）似然比最大化的一阶条件，可以得到解释变量的回归系数 β 的估计值，这样，泊松伪最大似然估计就包含预测概率和作为默认结果的稳健估计值，具体来说就实现了泊松伪最大似然估计以及固定了公司、MSA 和州效应的高维方法。

三、实证分析

（一）描述性统计和相关性分析

表 8-13 列出了分析中所有变量的描述性统计和相关性分析结果，同时对不同模型中的所有变量进行了方差膨胀因子检验，发现不存在共线性问题（最大方差膨胀因子=2.32）。

（二）实证结果

表 8-14 展示了针对预测重点风险投资公司不相关的新行业进入数量所进行的分析结果。在表 8-14 的模型 1 中，仅纳入了控制变量进行分析。统计结果表明，业绩表现优异（$\beta=-0.07$，$p=0.000$）的风险投资公司倾向于较少地涉足不相关新产业。同样，过去在更

表 8-13 描述性统计和相关性分析结果（一）

变量	均值	标准差	不相关的新行业进入数量	近期IPO数量	进入新行业的共同投资人比例	媒体报道差异	当前投资	过去的成功	资源变更	投资组合多元化	结构漏洞	市场风险投资总额	长期利率	失业率
不相关的新行业进入数量	0.23	0.54	1.00											
近期 IPO 数量	100.07	48.73	0.08	1.00										
进入新行业的共同投资人比例	0.52	0.27	0.07	0.09	1.00									
媒体报道差异	0.47	0.04	2.06	2.31	2.14	1.00								
当前投资	4.95	10.77	0.44	0.08	0.05	2.05	1.00							
过去的成功	0.80	1.07	0.14	0.02	2.04	2.04	0.39	1.00						
资源变更	210.76	2518.59	0.00	0.02	0.05	2.04	2.01	2.02	1.00					
投资组合多元化	0.05	0.26	0.14	0.03	0.02	2.03	0.42	0.24	2.00	1.00				
结构漏洞	-0.27	0.27	0.12	0.00	2.04	0.01	0.27	0.40	2.02	0.13	1.00			
市场风险投资总额	10.34	0.45	0.04	0.31	0.22	2.06	0.04	2.04	0.00	2.00	0.02	1.00		
长期利率	3.82	1.28	0.09	0.09	0.27	2.12	0.04	0.08	0.07	0.03	2.04	2.13	1.00	
失业率	6.13	1.71	2.06	2.06	2.29	0.08	2.03	2.03	2.04	2.01	0.00	2.37	2.59	1.00

注：绝对值为 0.01 或以上的相关性在 $p < 0.05$ 时显著，观测值为 68 870

表 8-14　市场环境和突发事件对风险投资公司作为领投投入进入新行业的影响

变量	模型 1		模型 2		模型 3		模型 4		模型 5	
	β（RSE）	p 值	β（RSE）	p 值	β（RSE）	p 值	β（RSE）	p 值	β（RSE）	p 值
近期 IPO 数量			0.00（0.00）	0.000***	-0.00（0.00）	0.005**	0.01（0.00）	0.001**	0.00（0.00）	0.091
进入新行业的共同投资人比例			0.29（0.04）	0.000***	-0.04（0.08）	0.592	0.29（0.04）	0.000***	20.04（0.08）	0.671
媒体报道差异			-0.78（0.22）	0.000***	-0.66（0.22）	0.003**	0.67（0.56）	0.235	0.60（0.55）	0.279
近期 IPO 数量×进入新行业的共同投资人比例					0.00（0.00）	0.000***			0.00（0.00）	0.000***
近期 IPO 数量×媒体报道差异							-0.01（0.00）	0.004**	-0.01（0.00）	0.012*
当前投资	0.04（0.00）	0.000***	0.04（0.00）	0.000***	0.04（0.00）	0.000***	0.04（0.00）	0.000***	0.04（0.00）	0.000***
过去的成功	-0.07（0.02）	0.000***	-0.05（0.02）	0.004**	-0.05（0.02）	0.004**	-0.05（0.02）	0.005**	-0.05（0.02）	0.005**
资源变更	-0.00（0.00）	0.208	-0.00（0.00）	0.136	-0.00（0.00）	0.136	-0.00（0.00）	0.134	-0.00（0.00）	0.134
投资组合多元化	-0.08（0.04）	0.044*	-0.09（0.04）	0.033*	-0.08（0.04）	0.034*	-0.09（0.04）	0.034*	-0.08（0.04）	0.034*
结构漏洞	-0.04（0.06）	0.495	-0.00（0.06）	0.938	-0.00（0.06）	0.936	-0.00（0.06）	0.963	-0.00（0.06）	0.958
市场风险投资总额	0.06（0.02）	0.006**	-0.01（0.02）	0.575	-0.02（0.02）	0.310	-0.01（0.02）	0.759	-0.02（0.02）	0.444
长期利率	0.23（0.01）	0.000***	0.19（0.01）	0.000***	0.19（0.01）	0.000***	0.19（0.01）	0.000***	0.18（0.01）	0.000***
失业率	0.02（0.01）	0.004**	0.02（0.01）	0.040*	0.01（0.01）	0.066	0.02（0.01）	0.024*	0.02（0.01）	0.043*
常数项	-3.25（0.27）	0.000***	-2.20（0.29）	0.000***	-1.90（0.30）	0.000***	-2.92（0.39）	0.000***	-2.54（0.40）	0.000***
公司个体固定	控制		控制		控制		控制		控制	
MSA 固定	控制		控制		控制		控制		控制	
州固定	控制		控制		控制		控制		控制	
Wald 检验卡方值	1 627.15		1 780.31		1 821.73		1 783.22		1 821.18	
对数伪似然	-35 165.62		-35 117.68		-35 105.44		-35 113.36		-35 102.11	
伪 R^2	0.155 9		0.157 1		0.157 4		0.157 2		0.157 5	
观测值	68 870		68 870		68 870		68 870		68 870	

注：RSE 为稳健性标准误差（robust standard error）
***表示 0.1%的显著性水平，**表示 1%的显著性水平，*表示 5%的显著性水平

多行业中分配资源（即投资组合多元化）的风险投资公司表现出较小进入不相关新行业的倾向（$\beta=-0.08$，$p=0.044$）。表 8-14 的模型 2 中进一步加入了近期 IPO 数量、进入新行业的共同投资人比例以及媒体报道差异变量。如模型 2 所示，近期 IPO 数量的系数在统计上是显著的（$\beta=0.00$，$p=0.000$）。因此，可以得出，当近期 IPO 数量较多时，风险投资公司倾向于通过进入不相关的新行业来扩大其现有投资组合，这一观点得到验证。

如表 8-14 模型 3 所示，该模型中纳入了近期 IPO 数量与进入新行业的共同投资人比例的交互项作为分析变量。统计结果显示，交互项的系数为正（$\beta=0.00$，$p=0.000$），表明在控制上一季度近期 IPO 数量不变的情况下，共同投资人在 $t-1$ 年进入不相关新行业的比例越大，越能促使重点风险投资公司在本季度进入不相关新行业。因此，市场状况与风险投资公司进入新行业之间的关系会受到焦点风险投资公司近期共同投资人影响的观点得到支持。

最后，为了验证在近期 IPO 数量较多的情境下，过去一个季度的媒体报道差异是否会通过分歧线索对风险投资公司进入不相关新行业产生抑制作用。表 8-14 的模型 4 进一步加入了近期 IPO 数量与媒体报道差异的交互项。统计结果表明，媒体报道差异负向调节近期 IPO 数量与公司进入不相关新行业之间的关系（$\beta=-0.01$，$p=0.004$）。在上一季度近期 IPO 数量保持不变的情况下，这一结果表明，当风险投资公司在上一季度受到媒体报道差异的影响时，在本季度进入不相关新行业的可能性较小。

图 8-12 和图 8-13 进一步说明了交互效应的结果。在图 8-12 和图 8-13 中，纵轴表示预测进入不相关新行业的数量，横轴表示近期 IPO 数量。在其他变量均保持均值不变的情况下，图 8-12 显示，当近期 IPO 数量保持在一个有意义的值，如第 90 百分位数（164）时，随着在 $t-1$ 年进入新行业的共同投资人比例从均值-1SD 增加到均值+1SD，预测进

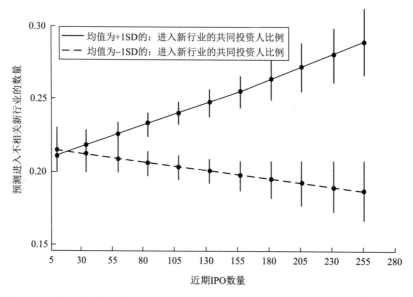

图 8-12　进入新行业的共同投资人比例与近期 IPO 数量对风险投资公司预测进入
不相关新行业的交互作用（95%置信区间）

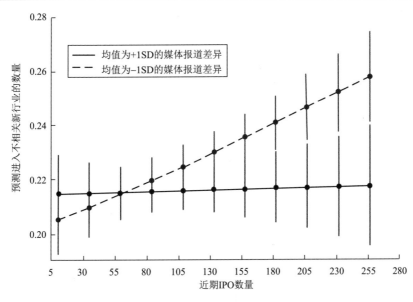

图 8-13　媒体报道差异与近期 IPO 数量对风险投资公司预测进入不相关新行业的数量的交互影响
（95%置信区间）

入不相关新行业的数量将增加约 31.08%（（0.257 988 9–0.196 814 9）/（0.196 814 9））。预测进入不相关新行业的数量增加，表明进入新行业的共同投资人比例加强了近期 IPO 数量与预测进入不相关新行业的数量之间的正相关关系。图 8-13 显示，当近期 IPO 数量保持在第 90 百分位数（164）时，随着媒体报道差异从均值–1SD 增加到均值+1SD，预测进入不相关新行业的数量将下降约 8.63%（（0.237 056 2–0.216 591 7）/（0.237 056 2））。预测进入不相关新行业的数量下降，表明媒体报道差异削弱了近期 IPO 的数量与预测进入不相关新行业的数量之间的正相关关系。

（三）稳健性分析

此外，本节测试了上述结果在不同的替代衡量标准、社会孤立企业的不相关新行业进入、替代方法以及考虑遗漏变量的敏感性方面是否具有稳定性，具体如下。

1. 解释变量和因变量的替代测度

炙手可热的 IPO 市场往往汇聚了乐观的投资者。鉴于此，投资者的情绪似乎是捕捉近期 IPO 数量的另一种衡量标准。因此，美国投资者情绪看涨百分比是衡量投资者情绪的另一种重要指标。该指标表示受访投资者对市场前景持看涨态度的百分比。对其取季度平均值，将每周值汇总为季度值，并在表 8-14 模型 2 至模型 4 的分析中将其用作替代解释变量。尽管调节性交互作用失去了统计意义（$\beta=1.866$，$p=0.000$；$\beta=0.167$，$p=0.746$；$\beta=-1.903$，$p=0.553$），但基本证实了主要发现。此外，当加入了因变量的虚拟变量，即企业在第 t 季度是否进入了不相关的新行业（否=0，是=1）作为替代衡量指标时，采用了相同的方法重新对表 8-14 模型 2 至模型 4 进行了分析，结果与主要结论仍保持一致。此外，我们重构了因变量，考虑了企业在其整个历史上（即自企业成立以来）首次投资的行业，而非采用 5 年移动窗口法，并将这一替代因变量纳入表 8-14 的模型 1 至模型 5，并采用相同的方法重新进行了分析。此外，不仅可以使用纳斯达克市场的 IPO 数量，还可以使用汤姆森金融公司数据库中的整体市场近期 IPO 数量作为替代自变量进行分析。这些替代分析的结果与主要结论都高度一致。

2. 社会孤立企业的不相关新行业进入

在理论预测中，风险投资公司都倾向于在市场火热时涉足不相关的新行业，而且市场火热程度的影响与其他影响因素（如公司投资网络）无关。这意味着，那些与社会隔绝的风险投资公司应该同样受到市场条件的影响。识别孤立的风险投资公司的一种方法是研究其网络地位。例如，低网络中心度表明重点风险投资公司在风险投资集团网络中处于边缘地位，这样的公司与其他公司的联系较少或没有联系。基于风险投资公司之间的共同投资网络数据，可以计算出权力中心度，并按照网络文献中的常见做法，以平均值作为分界值，构建一个与社会隔绝的风险投资公司或与其他主体很少联合活动的风险投资公司的子样本，并使用该子样本重新对表 8-14 模型 2 至模型 4 进行相同分析。最终发现与表 8-14 模型 2 所示的结论基本一致（$\beta=0.001$，$p=0.010$；$\beta=0.000$，$p=0.660$；$\beta=-0.011$，$p=0.031$），说明本节的研究结论在很大程度上适用于那些被社会孤立的风险投资公司。

3. 模型替换

鉴于因变量是一个基于计数的指标，并且模型中纳入了多个固定效应，因此研究采用了泊松伪最大似然估计回归和高维方法。然而，这也可能导致对结果的解释受到方法选择的影响。为了检验结果是否对其他方法具有稳健性，本节采用了固定效应泊松回归，并重新对表 8-14 模型 1 至模型 5 进行了分析。结果与前面的主要结论高度一致。

四、实证结论与讨论

从社会认知的角度出发，可以认为风险投资公司对机遇和风险的认识是情境性的，会受到大环境的系统性影响。具体而言，本节深入分析了大的市场环境如何作用于风险投资公司投资无关新兴产业的决策倾向，并进一步探讨了风险投资公司的社交网络和新闻媒体所传播的信息如何在一定程度上缓和这一趋势。风险投资公司是创业企业的重要资源提供者，它们倾向于将资源投向缺乏经验的新行业进行试验，这一行为可能是影响创业结果及更广泛经济中财富创造的重要因素。

本节的研究结论对风险投资决策领域的研究以及更广泛的有关企业多元化战略的研究均具有重要意义。在风险投资背景下，以往关于风险投资公司进入新行业的研究已从公司自身资源或专业知识、社会联系、网络地位或媒体曝光等多个视角提供了多种解释。除风险投资外，战略学者长期以来也致力于探究企业多元化行为的动因。例如，企业可能会通过进入新行业，以利用其现有资源或能力获得范围经济效益。此外，学者还发现了多种可能导致企业多元化的驱动因素，包括企业结构、内部流程和系统以及管理动机或偏见。

这些研究的共同之处在于隐含地侧重于对特定公司的解释。即使在少数考虑到更广泛市场条件作用的研究中，市场状况也往往被视为被不同企业差异化利用的背景因素。例如，Yuan 等（2016）发现，在热门市场融资的企业更有可能凭借资源优势进行国际扩张，因此，获取低成本资源而非处于热门市场本身，被认为是企业扩张行为的主要驱动力。尽管承认了这些以企业为中心的解释的重要性，但通过聚焦于可能系统性地激励所有企业进行试验的更广泛的动态环境因素，可以对现有文献进行补充。为了实现这一目标，假设企业的风险意识是具有情境性的，可能稍纵即逝，受制于宏观环境中更广泛的市场条件。可以观察到，在市场火热条件下，企业普遍倾向于涉足以前未投资的行业，表现出更高的风险承担意愿和试验倾向。因此，与之前的研究有所不同，本节的研究着重强调影响所有风险投资公司投资决策的系统性和情境性背景因素，为风险投资公司投资决策提供新的研究视角。

　　然而，不应过分夸大宏观市场条件的影响。因此，有必要探讨近期 IPO 对风险投资公司新市场进入行为产生影响的边界条件。有研究表明同行行为和媒体言论既可以加强也可以抑制风险投资公司在热门市场进行试验的普遍倾向。本节的研究结论事实上强调了采用多层次视角的重要性，即在理解新市场进入等复杂的组织过程时，应当重视在不同分析层次上运作的力量的作用。

　　本节的研究结论还丰富了创业和管理研究领域有关媒体影响的研究。已有研究表明，新闻媒体在影响企业和受众对外部线索的解读方面发挥着重要作用。然而，这些研究主要集中于媒体对特定企业或事件的报道。此外，媒体关注度还能积极调节公司信号对其融资的影响。相比之下，公司的具体因素固然重要，但学者也应更加关注更广泛、更系统的社会认知线索。因此，本节的研究不局限于媒体对任何特定公司的报道，而是捕捉各种媒体对公开市场的集体情绪。

　　本节的研究结论对信息级联的探讨具有启示意义。现有研究已深入剖析了早期投资者的行为对后期投资者决策的影响机制。例如，在 IPO 中，后期投资者会通过观察前期投资者的行为来调整自己的估值。在众筹背景下，早期投资者也倾向于提高后期活动的成功概率。信息级联是这些研究的一个重要共性，因为它们大多关注同一背景下的模仿行为，认为影响者和追随者都参与了同一市场。但我们考虑的是一种跨背景现象，即信息级联如何从 IPO 的背景蔓延到经济中的其他部分。为此，将信息级联重新概念化为更广泛的集体预期，能够塑造风险投资公司对发出信息的 IPO 市场及公开资本市场以外机会的预期。

　　本节的研究结论还对政策制定者和从业者具有启示意义。1996 年 12 月 5 日，美国联邦储备委员会主席艾伦·格林斯潘发表了题为"民主社会中中央银行的挑战"的著名演讲。他对金融资产泡沫的潜在危害表示担忧，并就非理性繁荣的危险发表了评论，认为非理性繁荣使资产价值不适当地攀升，出现意外的长期收缩。决策者需要谨慎应对与资产价值攀升和周期性经济运动相关的潜在下行风险，但事实上，这种看似过度繁荣的时刻可能会为重要的试验创造机会，因为此时也可能同时被视为高风险时刻。

　　正如 McGrath（1999）所指出的，创业实验的失败仍可能会带来积极的后果，而防止失败可能意味着牺牲机会。事实上，成功或失败的实验往往都与新产业的出现有关。即使初创企业最终失败退场，仍能为更广泛的福利做出长期贡献。然而，确保资金来源是早期企业的第一步。因此，风险投资在创业实验中的作用至关重要。通过强调可能系统性地支持风险投资公司在陌生市场融资的动态环境因素，我们能够洞察到资本主义经济的周期性波动，并纠正将此类举动视为非理性繁荣的普遍偏见。同时，不同的文献对理性的定义不同，我们并不假定企业对整体市场状况的反应是理性还是非理性的，而是认为政策制定者和学者可能都希望以更平衡的视角来看待市场情绪对投资行为的影响。

在进行本节研究之初我们对几位风险投资家进行了采访，了解了更多的背景情况。访谈中有一个反复出现的观点。尽管几乎所有的业内专家都表示，他们在决定投资目标和投资组合时都有明确的标准（这些标准往往受投资者合同的约束），但他们也承认，没有标准是一成不变的，市场的环境对他们的决策有很大影响。此外，一旦有限合伙人将其资金投入风险投资基金，有限合伙人对风险投资公司能投资什么、不能投资什么的影响就很有限了。因此，研究不仅证实了经验丰富的业内专家提出的见解，而且在一个重要方面对其进行了拓展。尽管有些人可能认为有限合伙协议具有法律约束力，但它的约束性可能并不像人们想象得那么强。在当前的市场条件下，基金的预期用途可能会出现重大偏差，特别是考虑到大多数风险投资基金的存续期超过了十年，而在此期间市场条件经常发生变化。然而，如果把这种偏差看作允许风险投资公司进行更多试验的一种手段——这是创业的基本前提，那么这种偏差不一定是负面的。

五、企业绿色投资行为与风险决策机制

在可持续发展的背景下，企业亟须将绿色转型作为实现自身长远发展、打破制度和效率困境的关键。企业绿色投资决策本身就具有高风险性，这主要源于转型过程中对企业内部众多流程、部门乃至整个商业模式进行深刻变革的需要，风险则是变革的伴随要素。同时，正如前文所述，不确定情形与投资决策偏差相依相存，会一定程度上阻碍企业绿色投资决策的做出与实施。

绿色投资往往伴随着新的市场机会与竞争态势。然而市场环境的变化难以预测，如现有市场的消费者偏好捕捉及偏好的快速转变、新兴市场的崛起以及社会认知的复杂演变等，都给企业的绿色转型带来了诸多的不确定性。在不确定情形下，企业决策者往往受到认知偏差的影响，导致投资决策出现偏差。

环保意识的普及和消费者健康观念的增强促使市场对于绿色产品的需求日益增加。而个体对特定企业的印象通常会受到他过去在这种特殊类型组织中经历以及该企业近期发生的、具有显著影响力且令人难忘的事件的影响，这些经历和事件最终塑造出公众对该企业的集体预期信念。市场印象的好坏，直接关系到投资者与消费者是否愿意为企业的绿色行为"买单"，促使企业反思绿色投资决策的必要性。社会整体的高度乐观往往促使投资决策的利益相关者高估成功的概率，从而更可能做出冒险决策。同时，市场对于绿色产品的这种需求往往随着消费者对环保认知的深化、生活方式的改变以及市场信息的传播而不断波动。举例来说，消费者在某些时期可能倾向于选择那些明确标注环保标志的产品，而在另一些时期，他们可能更加关注产品的全生命周期环保性能，包括生产、使用、回收等各个环节是否能最大限度减少对环境造成的负面影响。这种波动在一定程度上是不可预测的、具有高度不确定性的。而事实上，企业绿色投资决策也会受到信息

可用性的影响，当对市场的调研不充分或是滞后时，企业可能会过多地重视现有的信息数据，并根据该不完善信息做出绿色投资决策。

新兴市场的崛起为企业绿色转型带来了前所未有的广阔空间与潜在机遇，同时也带来了诸多复杂且难以预测的不确定性。这些新兴市场往往意味着新的消费群体、新的市场需求以及新的竞争格局。对于积极致力于绿色转型的企业而言，新兴市场可能会为其提供了一个展示其绿色创新成果、增加市场份额的宝贵机会，但也可能是一个充满未知和风险的战场。一方面，新兴市场在法规与标准建设甚至头部企业发展方面往往尚处于初级阶段，尚未形成一套完善、成熟且统一的监管体系。这一现象导致企业在推进绿色转型的过程中难以找到明确的参照和依据，增加了企业在合规性、技术创新及市场定位等方面的决策难度，促使企业在不充分信息、不清晰方向的状况下产生决策偏差。另一方面，新兴市场的消费者可能在绿色产品认知与理解方面存在较大的差异与不足。尽管随着全球环保意识的提升，越来越多的消费者开始关注产品的环保属性，但在新兴市场，这种关注可能尚未转化为广泛的市场需求。如上文所述，市场低迷时，若是没有深入的调研与分析，企业的绿色转型进程可能会受到阻碍。

社会认知的复杂动态变化是影响企业绿色转型的重要不确定因素之一。社会认知是指社会群体对于某一事物或现象的共同理解和看法。公司的直接社交网络和新闻媒体作为两大重要社会认知线索，对企业绿色转型具有重大影响。公司的直接社交网络是内部沟通及外部协调的桥梁，其信息的传递效率、内容的真实性及情感倾向，都会影响到网络中各利益相关者在焦点企业绿色转型过程中的认知与行为。例如，如果焦点企业直接社交网络中的合作伙伴企业缺乏绿色转型的意愿或能力，那么它们可能会阻碍焦点企业的投资决策。而新闻媒体通过报道和宣传，能够塑造公众对绿色转型的认知和态度，进而影响企业的战略决策。新闻媒体对环境污染和不可持续发展的行为进行曝光和批评，会使企业面临舆论压力和承担社会责任的压力。若是媒体过度渲染某些信息或传播不准确的内容，就可能导致企业在转型过程中做出错误的战略决策。综上所述，在市场环境的不确定情形下，企业决策者受到各类因素的影响会产生决策偏差，最终给企业的绿色转型带来风险与挑战。

企业采取绿色转型战略这一举措，本身就具有极为显著的挑战性和难以预见的不确定性，这些内部的不确定性受到外部市场状况及各类利益相关者复杂行为的广泛影响，加之锚定效应及信息不对称等多重因素的交织，可能会导致企业的投资决策过程偏离理性，对绿色转型的整体进程构成严峻挑战并带来潜在风险。

第五节　家族企业战略持久性及其对绿色转型的风险启示

在家族企业致力于全面绿色转型与技术革新时，战略持久性的倾向可能成为其发展道路上的一大绊脚石。家族企业因其独特的使命目标与治理体系，往往在进行战略抉择时展现出对变革创新的保守态度，倾向于维持原有战略，这无疑阻碍了全面绿色转型的顺利推进。依托行为理论框架，本节分析了影响家族企业战略持久性的多重因素，并进一步对比不同家族企业在战略持久性方面所展现出的差异。通过整合这些核心研究成果，本节旨在明晰家族企业战略持久性的驱动要素，并探讨在全面绿色转型的进程中如何有效突破战略持久性的束缚，最终为家族企业的全面绿色转型之路提供具有前瞻性的风险启示与战略导航。

一、家族企业战略持久性与绿色转型挑战

（一）行为理论框架下的企业战略行为

行为理论认为，目标和治理的结合对任何战略行动都是至关重要的，其对战略行动的持久性也同样重要。根据该理论，企业行为依赖于企业以往制定的目标和与其竞争对手历史业绩的比较（Cyert and March，1963）。一部分组织重视增长，而另一部分组织则强调效率。与非家族企业相比，家族企业更注重以家族为中心的非经济目标，达成这些目标有利于维护企业的社会情感财富，包括维持当前控制权、保障跨代可持续性以及确保身份认同（Gomez-Mejia et al.，2007；Berrone et al.，2012；Chrisman and Patel，2012）。

行为理论还假设，行动者可能有相互冲突的目标，并且可能无法完全协调这些目标。因此，对不同目标的重视程度在很大程度上取决于公司主导联盟的构成、关键组织者之间决策权的划分以及决策者对问题的定义（Cyert and March，1963）。这意味着公司治理体系决定了哪些目标会转化为战略行动。与行为理论一致，由于家族企业的目标和治理体系具有独特的特点，家族企业应该比非家族企业表现出更高的战略持久性。因此，我们认为家族企业比非家族企业表现出更高的战略持久性。

（二）家族企业视角下的企业战略持久性

战略持久性被定义为关键战略维度上资源配置模式随时间的延续。总体而言，家族企业具有维持战略持久性的倾向和激励动机。战略持久性强调将资源配置作为战略决策的关键指标（Barney，1991；Sirmon et al.，2011），是一个多维构念，它代表了战略决策的一种动态模式，反映的是企业内部战略随时间的变化。在家族拥有和管理的企业中，战略持久性除了与经济影响有关外，还可能与家族的非经济禀赋的创造和积累有关（Berrone et al.，2012），因为这些禀赋根植于历史中，而且家族希望通过跨代商业控制来保存其历史（Miller and Le Breton-Miller，2005a）。与非家族企业相比，家族企业的战略决策通常被认为考虑了更长的时间范围（Casson，1999；Lumpkin and Brigham，2011），这表明战略上的持久性是必要的。

家族企业的研究者长期以来一直强调，除了家族企业与非家族企业之间的差异外，由创始人经营的企业和由后代家族成员经营的企业之间也存在根本性的区别。自企业创立之初就投入时间、精力和资本的创始家族所有者往往对企业有着更强烈的情感依恋、承诺和认同感，这种情感联系会高于后代家族成员。此外，创始人控制着关键资源，并且由于他们是企业的创建者，在资源利用方面往往更为节俭，这可能会进一步增加他们坚持战略的倾向。最后，当企业由家族的创始一代所有和管理时，家族的控制权通常处于顶峰状态，而随着企业将所有权和管理权传递给后代，控制权往往会减弱（Gersick et al.，1997；Chua et al.，1999；Gomez-Mejia et al.，2007）。这意味着创始人在按照主导家

族联盟的目标管理公司方面拥有更大的自主权,相比之下,后代在这方面的自主权较小。因此,我们认为由创始一代家族成员控制的家族企业比由后代家族成员控制的家族企业表现出更大的战略持久性。

是否有家族成员担任董事长或 CEO,是家族企业异质性的一个重要体现(Fang et al., 2018)。在战略持久性上,家族控制和权威是将以家族为中心的目标(如维持家族传统和节俭投资)转化为企业行为的必要条件。因此,家族可能会通过家族董事会主席或 CEO 在企业战略上的影响力来实现其目标,这一目标预计若是具有长久性,则与战略持久性相一致。因此,我们认为拥有家族董事长或 CEO 的家族企业比没有家族董事长或 CEO 的家族企业表现出更强的战略持久性。

（三）企业战略持久性：绿色转型之路的潜在阻碍

战略持久性是一把"双刃剑"。一方面,战略持久性可以带来积极的结果,如规避不确定性、带来规模经济和范围经济、降低学习成本和协调成本等。具有更一致的历史战略模式的,规模更大、历史更悠久的,特别是那些嵌入在具有更高稳定性和/或可预测性的环境中的公司,可能更倾向于维持过去的战略。这一行为能够激活自我强化机制,进而提升合法性、增加经济回报。另一方面,过度的战略持久性可能是有害的,既有运行模式将导致公司形成路径依赖,缺乏创新性而产生决策约束,甚至形成创新桎梏而诱发组织惰性和僵化。

（1）路径依赖。在战略持久性的深刻烙印下,家族企业在长期运营中养成了独特的生产模式与管理范式,这些模式与范式深深植根于企业日常管理和战略决策之中。全面绿色转型,作为一场创新性的变革,要求企业摒弃或改变旧有的模式,接纳全新的生产方式与管理思维。这一转型过程势必伴随着巨额的资金、技术与人力资源的投入,与家族企业固有的低风险、低投入节俭理念背道而驰。战略持久性在此情境下,可能会加剧家族企业对既有生产与管理模式的依赖,面对转型所需的高昂成本,企业可能更加审慎,甚至选择故步自封,这无疑会阻碍全面绿色转型的步伐,增加转型的艰巨性与成本。

（2）决策约束。家族企业的决策往往交织着家族成员的多样意见与利益诉求,这在一定程度上可能会拖慢决策的节奏。全面绿色转型作为一股席卷全球的风潮,要求企业敏锐捕捉机遇,迅速适应市场波动与技术革新。然而,战略持久性可能让家族企业在决策层面显得更为迟疑与保守,错失转型的黄金窗口,从而拖慢转型的进度,削弱转型的成效。

（3）创新桎梏。全面绿色转型呼唤着企业在技术创新、管理创新与市场创新等多个维度的卓越表现。然而,战略持久性却可能成为家族企业在创新征途上的绊脚石,使企业更倾向于固守现有的技术与管理框架,缺乏探索新领域的勇气与动力,进而制约了全面绿色转型的深入发展。

二、研究设计

（一）数据来源

本节的研究使用的样本由标准普尔综合指数 1500 中的制造业公司组成。研究检查了这些公司从 1996 年到 2013 年的战略行为，以确保有足够的时间出现变化。为了保持样本的同质性，公用事业和服务公司被排除在外，因为与制造业公司相比，政府法规和操作方法的差异可能会导致这些公司的战略行动发生系统性变化。同时排除了可获得的连续信息少于五年的企业。最终获取的样本包括 798 家公司，8748 个公司年度观测值。

为了确定所有者家族及其在公司中的角色，我们考察了"Hoover's""ExecuComp"数据库和"Fundinguniverse.com""ancestry.com"等网站以及公司官网和公司代理声明。从企业年度委托书和"ExecuComp"中获得了与家族参与和治理体系有关的指标，如家族所有权和家族管理情况。其他变量，包括战略持久性，是基于 Compustat 数据库计算的。这些数据来源和方法与其他家族企业研究中使用的数据来源和方法一致（Anderson and Reeb，2003）。

（二）变量定义

1. 自变量

自变量为家族企业。家族企业用虚拟变量来衡量，其中"1"表示家族企业。一家被视为家族企业的公司必须至少有：①5%的家族所有权；②两名家族成员是所有者，或者是最高管理团队的成员，或者在公司历史上的某个时候是董事会成员；③一名家族成员目前是最高管理团队的成员（Anderson and Reeb，2003；Chrisman and Patel，2012）。不满足这些条件的公司被认为是非家族企业（即编码为"0"）。构建的变量满足有多个家族成员参与公司的条件，表明家族内部继承是必定发生或已经发生过的（Chrisman and Patel，2012），也将家族企业与单独创始人（不存在多个家族成员参与）企业和由非家族大股东控制的企业区别开来。通过比较具有不同治理特征的家族企业可探索家族企业的异质性：一是将所有家族所有者和管理者都是创始人一代的家族企业定义为由创始人控制的家族企业；其他家族企业都被编码为后代家族企业。二是根据家族企业是否有家族成员担任董事长和/或 CEO 来区分家族企业。

2. 因变量

因变量为战略持久性。它包括：①广告强度（广告支出/销售额），②研发强度（研发投入/销售额），③厂房和设备新旧程度（净损益/总损益），④非生产性开支（销售、一般及管理费用/销售额），⑤库存水平（库存量/销售额），⑥财务杠杆（债务/股本）。本节计算了以上六个维度在过去 5 年（即第 t 年至第 $t+4$ 年）内的标准差，以确保该衡量指标反映了较长的时间窗口。

与其他研究一致（Finkelstein and Hambrick，1990），本节的研究在整个样本中对方差进行了标准化处理（均值为0，标准差为1）。然后，计算了每个单独的公司-年份观测值的六个标准化方差得分的平均值。此外，为了检验稳健性，本节将该衡量指标进行拆分，以检验每个推断中的每个维度。由于持久性在定义上与变化是相反的，因此将观察到的战略持久性值的符号进行了反转（例如，将-0.5反转为0.5），这样做确保了高于平均水平的战略持久性的符号为正，反之亦然。

3. 控制变量

借鉴其他研究（Anderson and Reeb，2003）的做法，我们纳入了多个控制变量，这些变量可能会对公司战略行为决策产生潜在影响。本节使用了单独创始人企业作为控制变量，该变量通过虚拟变量来衡量，其中"1"表示单一创始人拥有至少5%所有权且没有其他家庭成员参与公司的企业。非家族大股东所有权也被用作控制变量，该变量以大股东持股的总体百分比来衡量，因为非家族股东可能有与家族所有者利益不一致的担忧（Carney，2005）。

我们还使用了公司成立年限（公司运营的年数）、公司规模（销售额的对数）和公司风险（过去三年股票回报的标准差）作为控制变量，因为这些因素通常会影响决策过程（Hitt and Tyler，1991）。此外，本节的研究控制了用于构建上述战略持久性衡量指标的六个战略维度的平均值，包括广告强度、研发强度、厂房和设备新旧程度、非生产性开支、财务杠杆和库存水平六项指标的一年滞后平均值。相比之下，战略持久性变量是基于这些变量在过去五年窗口期内的综合标准差得出的。企业经常向国外市场拓展，因为我们还控制了国际销售额，该指标为前一年（$t-1$年）来自国外领域的销售额百分比。根据行为理论，过去的业绩和竞争对手的业绩可能会影响公司目标和战略决策。因此，本节使用公司的资产回报率来控制过去的业绩，并使用四位标准行业分类代码层面的行业平均资产回报率来控制行业平均业绩，最后，还纳入了逆米尔斯比率来控制内生性。

（三）内生性控制

为了控制内生性，因变量与其他变量采用了一年的滞后时间，以确保因果关系的方向，并减小得出反向因果关系的可能性。此外，本节还采用了Heckman两阶段方法作为进一步控制内生性的手段。为此，确定了三个与自变量（家族企业）高度相关但与战略持久性无关的工具变量。

第一个工具变量是家族信托，采用虚拟变量进行衡量，"1"表示家族企业的所有者已为家庭成员设立信托或基金会，"0"表示所有者没有设立。家族所有者经常使用信托或基金会来照顾家族成员（Zellweger and Kammerlander，2015）。因此，从年度代理声明中获得的信托存在情况应与一家公司是否为家族企业密切相关，但不应与战略持久性直接相关。与之前的研究一致，家族企业的行业销售额比例和家族企业在特定行业的广告支出比例也被纳为工具变量。这两个变量都与某行业中的公司是否为家族企业相关，但不与进行行业调整后的战略持久性相关。经过Heckman的两阶段过程，估计了一个Probit模型，其中衡量家族企业的变量（1=家族企业；0=非家族企业）对工具变量和控制变量进行了回归。根据估计结果，为每个公司-年份观测值计算了逆米尔斯比率，并将其作为所有模型中的控制变量。

三、实证分析

（一）描述性统计与相关性分析

表 8-15 为描述性统计和相关性分析结果。在样本中，家族企业占比 22%。在家族企业中，45% 属于创始代，其余则属于后代。此外，86% 的家族企业拥有家族董事长和/或 CEO，而 14% 的家族企业则两者都没有。描述性统计结果与其他对上市家族企业的研究相似，相关性分析结果也与同领域研究者的研究结果一致，家族企业变量与研发强度负相关（Chrisman and Patel，2012），而单独创始人企业变量与研发强度正相关。

多重共线性问题无须担心（方差膨胀因子最高为 2.78）。Hausman 检验表明，固定效应纵向回归模型比随机效应模型更适合收集的数据（$\chi^2=522.80$，$p=0.000$）。为了控制序列相关性和异方差，本节使用了在公司层面进行聚类的 Huber-White 估计量。

如前文所述，本节使用 Heckman 两阶段方法来控制内生性问题。表 8-15 显示，三个工具变量都与家族企业变量正相关，且相关性远高于工具变量与战略持久性之间的相关性（工具变量与家族企业变量的相关性从 0.37 到 0.64，而工具变量与战略持久性的相关性从 –0.01 到 –0.05）。因此，这些工具变量可以被认为是有效的内生性控制变量。表 8-16 中的模型 1 是第一阶段的 Probit 处理模型，其中虚拟变量家族企业变量对工具变量和控制变量进行了回归。由于单独创始人企业变量与家族企业变量相互排斥，因此未将其纳入此模型。总体而言，工具变量与家族企业变量显著正相关。

（二）基础回归结果与异质性检验

表 8-16 模型 2 的结果显示家族企业变量与战略持久性正相关（$\beta=0.058$，$p<0.001$），这表明家族企业往往比非家族企业或单独创始人企业的战略持久性更强。在将样本限制为家族企业后，模型 3 展示了异质性检验，通过比较具有不同治理特征的家族企业来探索家族企业的异质性。创始人控制的家族企业控制变量（$\beta=0.235$，$p<0.05$）和有家族成员担任董事长和/或 CEO 的家族企业变量（$\beta=0.133$，$p<0.05$）均与预期方向的战略持久性正相关。

（三）稳健性检验

为了确保结果不是方法论上的偶然现象，本节进行了以下稳健性检验。首先，使用了 10 年的时间窗口来衡量战略持久性变量［表 8-17，模型 1］，而不是原先使用的 5 年时间窗口。其次，还采用了几种衡量家族参与度的替代指标，包括：①10% 的家族所有权门槛［表 8-17，模型 2］；②至少有两名家族成员在高层管理团队中任职，且家族所有权门槛为 5%［表 8-17，模型 3］；③一个连续的家族所有权变量，家族所有权门槛为 5%［表 8-17，模型 4］；④一个连续的家族控制变量，表示在高层管理团队中家族成员的数量，家族所有权门槛同样为 5%［表 8-17，模型 5］。在所有情况下，结果都与初步测试一致，表明结果对于家族企业和战略持久性变量的替代是稳健的。

表 8-15　描述性统计和相关性分析结果（二）

变量	均值	标准差	战略持久性（5年）	家族企业	创始人控制的家族企业	有家族成员担任董事长或CEO的家族企业	单独创始人企业	非家族大股东所有权	公司成立年限	公司规模	公司风险	广告强度	研发强度	厂房和设备新旧程度	非生产性开支	财务杠杆	库存水平	国际销售额	过去的业绩	行业平均资产回报率	家族信托	家族企业在特定行业的行业销售比例	家族企业在特定行业的广告支出比例
战略持久性（5年）	0.00	0.47	1.00																				
家族企业	0.21	0.40	-0.03	1.00																			
创始人控制的家族企业	0.08	0.27	-0.05	0.57	1.00																		
有家族成员担任董事长和/或CEO的家族企业	0.19	0.40	-0.04	0.97	0.57	1.00																	
单独创始人企业	0.09	0.28	-0.10	-0.16	-0.09	-0.15	1.00																
非家族大股东所有权	2.37	7.99	-0.04	0.00	0.04	0.00	0.07	1.00															
公司成立年限	52.86	61.84	0.12	-0.06	-0.10	-0.06	-0.15	-0.03	1.00														
公司规模	7.21	1.64	0.24	-0.13	-0.13	-0.13	-0.14	-0.18	0.20	1.00													
公司风险	8.81	11.25	-0.09	-0.04	-0.02	-0.07	0.09	-0.02	-0.01	0.09	1.00												
广告强度	0.01	0.04	-0.21	0.09	0.05	0.09	0.04	0.04	-0.02	0.03	0.11	1.00											
研发强度	0.04	0.08	-0.33	-0.12	-0.02	-0.11	0.15	-0.02	-0.15	-0.25	0.09	0.18	1.00										
厂房和设备新旧程度	0.51	0.14	-0.02	0.11	0.07	0.11	0.05	0.07	-0.04	0.05	0.06	0.06	-0.16	1.00									
非生产性开支	0.30	4.55	-0.07	0.02	0.04	0.02	0.00	0.00	-0.02	-0.08	0.02	0.02	0.04	0.04	1.00								
财务杠杆	0.25	1.96	-0.03	-0.01	-0.02	-0.01	-0.02	0.00	0.02	0.09	0.00	-0.01	-0.02	0.03	0.00	1.00							
库存水平	0.12	0.20	-0.20	0.09	0.08	0.09	-0.01	0.01	0.02	-0.05	-0.02	-0.03	0.18	0.05	0.22	0.07	1.00						

续表

变量	均值	标准差	战略持久性(5年)	家族企业控制的家族企业	有家族成员担任董事长/或CEO的家族企业	创始人控制的家族企业	单独创始人企业	非家族大股东所有权	公司成立年限	公司规模	公司风险	广告强度	研发强度	厂房和设备新旧程度	非生产性开支	财务杠杆	库存水平	国际销售额	过去的业绩	行业平均资产回报率	家族信托	家族企业在特定行业的销售比例	家族企业在特定行业的广告支出比例
国际销售额	0.20	13.16	0.00	0.00	0.00	0.00	0.00	-0.01	0.00	0.01	0.00	0.00	0.02	0.00	0.00	0.00	0.00	1.00					
过去的业绩	0.43	0.24	-0.01	0.04	0.04	0.03	0.03	0.11	-0.03	-0.08	0.02	0.27	-0.07	-0.08	-0.01	-0.04	-0.11	0.00	1.00				
行业平均资产回报率	0.43	0.19	-0.01	0.08	0.07	0.05	0.04	0.06	-0.02	-0.01	0.01	0.26	-0.07	-0.02	0.00	-0.04	-0.09	0.00	0.78	1.00			
家族信托	0.34	0.47	-0.05	0.64	0.63	0.34	0.24	0.15	-0.09	-0.16	-0.01	0.10	-0.06	0.07	0.02	-0.02	0.04	0.00	0.07	0.10	1.00		
家族企业在特定的行业销售额比例	0.17	0.29	-0.03	0.53	0.52	0.24	-0.09	-0.01	-0.03	-0.06	0.00	0.11	-0.17	0.15	0.02	0.00	0.07	0.00	0.08	0.09	0.36	1.00	
家族企业在特定行业的广告支出比例	0.17	0.33	-0.01	0.37	0.36	0.19	-0.08	-0.03	-0.02	0.01	-0.01	0.13	-0.15	0.08	0.02	0.01	0.08	0.01	0.09	0.10	0.24	0.60	1.00

表 8-16　固定效应纵向回归分析

因变量	模型 1 家族企业二元变量	模型 2 战略持久性（5 年）	模型 3 战略持久性（5 年）
常数项	−1.666***	−0.439	−1.980
家族企业		0.058***	
创始人控制的家族企业			0.235*
有家族成员担任董事长和/或 CEO 的家族企业			0.133*
单独创始人企业		−0.023	
非家族大股东所有权	−0.020***	0.004*	0.010
公司成立年限	0.000	−0.007	−0.069
公司规模	−0.152***	0.169	0.798+
公司风险	−0.007***	−0.002**	0.003+
广告强度	0.543	−1.015*	0.413
研发强度	−2.027***	−0.876***	−0.677
厂房和设备新旧程度	0.531***	−0.428***	−1.078*
非生产性开支	−0.004**	0.004	−0.000
财务杠杆	0.370***	0.001	−0.034
库存水平	0.001	0.201+	2.162
国际销售额	0.001	−0.000+	−0.000
过去的业绩	−0.561***	−0.008	0.035
行业平均资产回报率	0.442*	−0.338***	−0.145
逆米尔斯比率		0.001	0.025
家族信托	2.201***		
家族企业的行业销售额比例	1.821***		
家族企业在特定行业的广告支出比例	0.359***		
观测值	8748	8748	1796
组内 R^2	0.57	0.15	0.13
F 统计量		8.77***	3.65***
绝对对数似然	2315.28		

注：双尾测试，报告的是非标准化估计系数，逆米尔斯比率是按模型 1 计算的

***表示 0.1%的显著性水平，**表示 1%的显著性水平，*表示 5%的显著性水平，+表示 10%的显著性水平

表 8-17　稳健性检验

因变量	模型 1 战略持久性 （10 年）	模型 2 战略持久性 （5 年）	模型 3 战略持久性 （5 年）	模型 4 战略持久性 （5 年）	模型 5 战略持久性 （5 年）
常数项	0.042	−0.447	−0.424	−0.439	−0.443
家族企业	0.031*				

续表

因变量	模型 1 战略持久性（10 年）	模型 2 战略持久性（5 年）	模型 3 战略持久性（5 年）	模型 4 战略持久性（5 年）	模型 5 战略持久性（5 年）
家族企业（家族所有权≥10%）		0.061*			
家族企业（高层管理团队中的家族成员数量≥2）			0.046**		
家族所有权				0.002*	
家族控制					0.038***
单独创始人企业	−0.022	−0.023	−0.026	−0.024	−0.022
非家族大股东所有权	0.001*	0.004*	0.004*	0.003*	0.004*
公司成立年限	0.000	−0.007	−0.007	−0.007	−0.007
公司规模	0.028**	0.170	0.169	0.169	0.169
公司风险	−0.002***	−0.002**	−0.002**	−0.002**	−0.002**
广告强度	−1.465***	−1.017*	−1.015*	−1.021*	−1.015*
研发强度	−0.087	−0.873***	−0.879***	−0.876***	−0.878***
厂房和设备新旧程度	−0.255***	−0.424***	−0.423***	−0.424***	−0.427***
非生产性开支	0.037***	0.004	0.004	0.004	0.004
财务杠杆	−0.069	0.201+	0.202+	0.202	0.202+
库存水平	−0.003	0.001	0.001	0.001	0.001
国际销售额	−0.000***	0.000+	−0.000+	−0.000+	−0.000+
过去的业绩	0.034	−0.008	−0.008	−0.009	−0.009
行业平均资产回报率	−0.133***	−0.339***	−0.341***	−0.340**	−0.340***
逆米尔斯比率	0.019***	0.002	0.005	0.000	0.001
观测值	5017	8748	8748	8748	8748
组内 R^2	0.14	0.14	0.14	0.14	0.15
F 统计量	26.34***	8.76***	8.77***	8.76***	8.77***

注：双尾测试，报告的是非标准化估计系数，逆米尔斯比率是按表 8-16 模型 1 计算的

***表示 0.1%的显著性水平，**表示 1%的显著性水平，*表示 5%的显著性水平，+表示 10%的显著性水平

本节使用了 5 年的时间窗口将战略持久性变量分解为六个组成部分进行测量。与推断一致，家族企业在广告强度、研发强度、厂房和设备新旧程度以及财务杠杆方面的战略持久性往往更强。非生产性开支和库存水平的系数大多为正，但大多不显著。将有家族成员担任董事长和/或 CEO 的家族企业这一调节变量替换为家族 CEO 兼任情况，这是一个虚拟变量，其中 1 表示目标公司有家族成员同时担任董事长和 CEO，0 表示其他情况。结果与初步测试一致。模型 3 将家族企业和非家族企业纳入样本进行了测试。结果与初步测试一致（$p<0.01$），证实了家族企业比非家族企业的战略持久性更强，且由创始代和家族 CEO 或董事长经营的企业比其他类型的家族企业更具有持久性。

最后，本节根据企业过去的业绩是否超过期望值对样本进行了划分，因为行为理论表明，过去的业绩会影响企业进行战略变革的倾向（Cyert and March，1963）。事实上，

研究表明，两组样本得到的家族企业和非家族企业的反应大相径庭（Chrisman and Patel，2012；Patel and Chrisman，2014）。在表 8-18 中，根据企业绩效是否超过竞争对手的绩效（以托宾 Q 值作为指标）来衡量业绩是否超过或低于预期。在两种情况下，家族企业的战略持久性都高于非家族企业，尽管仅在业绩低于预期时差异在 10% 的水平上显著。因此，在 5 年的时间窗口内通过多个战略变量衡量的持久性，可能不像在 1 年的时间窗口内通过单个变量（如研发和多元化）衡量的那样，对期望与绩效之间的差异敏感。研究结果与其他学者（Fang et al.，2021b）的研究结果一致，无论过去的业绩是否超过预期，家族企业似乎都比非家族企业更倾向于将当前和未来的决策视为一个整体而非孤立考虑。

表 8-18　业绩低于和高于预期的公司的战略持续性

变量	因变量：战略持久性（5 年）	
	低于预期 （托宾 Q 值）	高于预期 （托宾 Q 值）
常数项	−0.018	−0.071
家族企业	0.038[+]	0.159[**]
单独创始人企业	−0.109[**]	0.042[+]
非家族大股东所有权	0.003[***]	0.002
公司成立年限	0.005[*]	0.007[+]
公司规模	0.008	0.029
公司风险	−0.002[***]	−0.002[*]
广告强度	−0.382	0.888
研发强度	0.098	−1.469[*]
厂房和设备新旧程度	−0.338[***]	−0.376[*]
非生产性开支	−0.379[***]	−0.395[***]
财务杠杆	0.207	0.717[***]
库存水平	0.001	0.000
国际销售额	−0.000[***]	0.012[**]
过去的业绩	−0.033	−0.274[***]
行业平均资产回报率	−0.118[+]	−0.045
逆米尔斯比率	−0.008	0.015
观测值	5566	3182
组内 R^2	0.141	0.178
F 统计量	9.808[***]	14.010[***]

注：双尾测试，报告的是非标准化估计系数，逆米尔斯比率是按表 8-16 模型 1 计算的，期望值为企业在 $t-1$ 年的托宾 Q 值与 $t-2$ 年行业平均绩效之间的绝对差值，低于预期组（包括 15 个企业年观测值）的绩效等于行业平均绩效

***表示 0.1% 的显著性水平，**表示 1% 的显著性水平，*表示 5% 的显著性水平，+表示 10% 的显著性水平

四、研究结果与讨论

行为理论框架下，家族企业比非家族企业在坚持其战略方面更具持久性。家族企业之间也同样存在异质性：由创始代控制的家族企业或董事会主席、CEO 由家族成员担任的家族企业，比不具备这些治理特征的家族企业更具持久性。

本节开发和测算了一个与家族企业目标和治理相关的理论框架（Chua et al.，2012），不仅为家族企业研究和行为理论研究做出了贡献，还进一步将其应用于家族企业全面绿色转型的探讨中。这个框架比当前主流的方法更为全面，为理解家族企业在面对绿色转型这一重大战略决策时的行为和决策提供了有力解释。理论模型拓展了社会情感财富视角，该视角原本只关注家族企业目标的成因和后果。在绿色转型的背景下，本节的理论模型能够进一步探讨家族目标如何与主导联盟追求环保和可持续发展目标的能力相互作用。

家族企业的战略决策和行为往往受到其深厚历史和家族传统的深刻影响，这些传统包括对环境保护的承诺或对社会责任的担当。因此，家族企业在制定绿色转型战略时，其主导联盟中的家族成员可能会更加关注如何平衡家族目标与绿色转型的长期利益。理论框架体现了家族企业战略持久性在绿色转型过程中的阻碍作用。家族企业由于其独特的治理结构和家族价值观的传承，往往表现出对长期战略目标的持久性。这种战略持久性可能使家族企业在面对绿色转型的挑战时，过于坚守传统的经营模式和战略方向，而不愿或难以投入足够的资源和时间进行必要的变革。

如前所述，过度的战略持久性会给家族企业全面绿色转型带来一系列问题。战略持久性可能会让家族企业深陷于对既有生产与管理模式的过度依赖之中，当面临全面绿色转型这一创新性的变革时，企业可能会因为转型所需的高昂成本和可能带来的风险而变得更加谨慎，甚至选择维持现状，这无疑会阻碍转型的进程。战略持久性还可能导致家族企业在绿色转型决策过程中显得保守且犹豫不决，而全面绿色转型往往要求企业能够敏锐地捕捉到市场与技术变化的机遇并迅速做出适应。家族企业却可能因为内部成员意见的多样性和利益诉求的复杂性而降低决策的效率，从而错过转型的最佳时机。战略持久性可能会成为家族企业在创新道路上的阻碍。它可能会使企业更加倾向于坚守现有的技术与管理框架，缺乏探索新技术、新管理模式的勇气和动力，进而限制了全面绿色转型的深入发展。

第六节　社会阶层、责任捐赠与绿色形象保护策略研究

在追求全面绿色转型与技术创新变革的过程中，企业慈善捐赠是塑造和提升绿色形象的重要手段，其背后的动机与策略选择同样复杂多变，尤其在不同社会阶层企业中表现出了显著差异。本节采用责任捐赠的视角，深入探讨了企业在面对环境问题时如何通过慈善捐赠来维护其绿色形象，同时聚焦于灭火型捐赠与主动型捐赠这两种典型的捐赠策略，分析它们在不同社会阶层企业中的应用及效果，还研究了广告费用和政治关联等调节因素如何影响企业的捐赠决策。本节旨在揭示企业在绿色形象保护过程中，如何运

用慈善捐赠策略，平衡经济利益与社会责任，从而为理解企业的绿色形象保护策略提供新的视角与深刻洞见。这不仅有助于丰富企业社会责任研究的理论体系，也为企业在实践中制定有效的绿色形象保护策略提供了有益的参考。

一、不同社会阶层的差异化捐赠策略及其关键影响因素

（一）高收入阶层的战略捐赠与绿色形象塑造

在面对日益严峻的环境问题时，高收入阶层及企业往往采取战略捐赠的方式，来维护或提升自身的绿色形象。此类捐赠行为隐藏着更为明确的动机与偏好，不仅着眼于捐赠项目的即时成效，还着重考虑其长远的社会影响力。具体而言，高收入阶层更倾向于将捐赠资金投向环保项目、绿色技术创新或可持续发展倡议等领域。这种偏好不仅体现了他们对环境保护的重视，也彰显了其作为社会精英的责任感和担当。通过将资源聚焦于这些领域，高收入阶层及企业能够向公众传递出积极、正面的环保信息，从而有效提升企业的绿色形象。这种战略捐赠不仅是对公众环保关切的一种积极回应，还是企业进行危机公关的重要手段。特别是在面临环境不端行为的指控时，企业通过捐赠环保项目能够转移公众的注意力，减轻负面舆论的影响（Wu et al., 2021）。然而，这种捐赠策略的成效并不是绝对的。若捐赠行为仅仅是为了掩盖环境不当行为或转移公众视线，其长期效果将大打折扣，甚至可能引发公众的广泛质疑与反感（Wu et al., 2021）。

高收入阶层的战略捐赠与其绿色形象塑造之间存在着紧密的联系。一方面，通过选择具有长远社会效益的捐赠项目，高收入阶层能够向公众展示其环保理念和行动力，从而塑造积极、正面的绿色形象。另一方面，这种绿色形象的塑造又能够进一步激发高收入阶层的捐赠热情，推动他们更加积极地参与环保事业。在这一过程中，高收入阶层的捐赠行为往往具有高度的策略性和规划性。他们不仅会根据自身的资源和影响力来选择合适的捐赠项目，还会通过精心设计的捐赠流程和宣传策略来最大化捐赠效果。例如，他们会通过公开透明的捐赠流程和项目进展来增强公众的信任感，并通过强调捐赠项目的长远影响和可持续性来提升企业的品牌形象和社会影响力。

（二）低收入阶层的朴实捐赠与环保实践

相比之下，低收入阶层在绿色形象保护上的策略更加朴实和直接。他们可能更倾向于关注身边的环保问题，如社区绿化、垃圾分类等，并通过自己的实际行动来践行环保理念。虽然他们的资源和影响力有限，但正是这些看似微不足道的努力，构成了社会环保事业的基石。

低收入阶层在接受捐赠时也表现出更为务实的态度。他们更看重捐赠的实际效果和对自身生活的改善，而非捐赠者的绿色形象或品牌宣传。这种务实的态度使得低收入阶层的捐赠活动更加注重实效性和可持续性。例如，他们可能更倾向于接受那些能够直接改善社区环境、提高生活质量的捐赠项目。

此外，低收入阶层的捐赠活动往往更加依赖于社区和个人的力量。他们可能会通过自发组织、邻里互助等方式来推动环保事业的发展。这种基于社区和个人的捐赠虽然规

模较小，但具有更强的凝聚力和执行力，能够在一定程度上弥补政府和企业在环保方面的不足。

（三）慈善捐赠策略的复杂性及其影响因素

各类营销性质的慈善活动层出不穷，消费者对于企业慈善捐赠背后的真正意图越发持保留意见（Foreh and Grier，2003）。企业慈善捐赠的策略性运用已成为备受瞩目的热议话题。在制定捐赠策略时，企业需要权衡多种潜在目的，如规避监管惩罚、获得政治青睐、加强政治关联、争取同行认可和提升企业声誉等（Du，2015）。过分渲染慈善行为可能会招致虚伪和商业化的指责。因此，企业在制定捐赠策略时需要谨慎考虑，确保捐赠活动既能实现其公关目标，又能符合公众的期望和道德标准。此外，企业还需要关注利益相关者的主观判断，以及通过慈善捐赠来构建和维护自身的合法性。

二、责任捐赠与企业绿色形象保护

（一）灭火型捐赠与主动型捐赠

1. 灭火型捐赠

在新兴市场中，公众的绿色消费观念尚未全面普及（Zhang et al.，2018）。在此背景下，即便某些企业因环境污染问题而被贴上"污染者"的标签，它们仍有可能通过在其他社会责任领域积极表现来维护自身的合法性，并赢得利益相关者的认可。人们倾向于根据个人心理账户进行启发式编码，因此，利益相关者在评价企业时，会综合考虑其社会责任的多个维度，将环境责任视为与其他社会责任相似的因素。在新兴市场中，环境合法性只是企业整体合法性中的一个组成部分，并且具有一定的可替代性（Brammer et al.，2009；Zhang et al.，2018）。

随着新兴市场环境意识的逐渐增强，环境责任已成为企业推广绿色品牌形象的重要手段之一。然而，由于资源具有有限性和环境监管力度的加大，中小企业常常面临双重挑战。为了应对利益相关者的压力，"漂绿"行为在一些污染型企业中变得普遍。当企业的合法性受到质疑时，慈善捐赠就成了一种既迅速又相对廉价的应对策略。特别是针对环境保护领域的捐赠，能够在一定程度上转移公众的注意力，减轻对企业的负面评判（Bansal and Clelland，2004）。

当企业的环境不当行为被曝光时，公众的关注和监督力量会削弱其关系资本，并对品牌形象产生不良影响（Godfrey，2005）。为了分散公众的注意力，企业往往会采取慈善捐赠的策略。这种灭火型慈善捐赠旨在转移公众视线，遏制声誉的进一步下滑。研究表明，那些因违反环境法规而声誉受损的公司，可以通过后续的慈善捐赠来修复这些损失（Fombrun and Shanley，1990；Sen and Bhattacharya，2001）。此类捐赠策略的核心在于其与企业被揭露的环境不当行为（如污染罚款）之间的紧密关联性。

2. 主动型捐赠

与灭火型捐赠不同，主动型捐赠更多地体现了企业为巩固其合法性地位而采取的预防性措施。合法性压力促使企业追求稳定且持久的低风险行为，以满足社会利益相关者的期望（Bansal and Clelland，2004）。当企业面临环境丑闻等负面后果时，单纯的应对举措已不足以维系其合法性。因此，越来越多的研究开始对企业慈善捐赠背后的真正意图表示质疑（Chen et al.，2008；Brammer et al.，2009）。

由市场驱动的慈善活动形式多样，但消费者对于企业慈善捐赠的战略性动机往往持怀疑态度，并对那些别有目的的慈善捐赠策略缺乏信任。相关研究表明，消费者会质疑企业的慈善行为动机，并对伪善行为产生反感（Becker-Olsen et al.，2006）。因此，过度的自我吹嘘和"漂绿"行为很容易招致伪善和商业主义的指责。

为了应对这一挑战，中小企业可能会采取更为积极主动的慈善捐赠策略。这种策略着重于构建以声誉资本、道德资本（Godfrey，2005）及信任为核心的合法性基础。拥有丰厚声誉资本的合法企业往往能够免于严格的审查（Bansal and Clelland，2004），这在一定程度上有助于掩盖企业的违法行为。在遭遇环境丑闻时，企业可以通过持续且富有规划的慈善捐赠来强化其社会责任承诺，进而维系合法性。正如 Bansal 和 Clelland（2004）所阐述的，这样的策略能够助力企业保护自身形象，将环境不当行为与企业的其他部分相隔离，从而让组织成员相信此类事件只是个别现象。

此外，道德资本的累积也能够削弱利益相关者在出现不良行为时对企业的负面评判，防止关系资产的流失（Godfrey，2005）。它有望降低利益相关者进一步施加惩罚和制裁的可能性，甚至可能为减轻处罚提供合理的理由。因此，企业是否愿意投身慈善捐赠可能与其对环境不当行为潜在风险的担忧有关。特别是污染物排放量大的企业比排放量小的企业面临的风险敞口更大，因此更有动力去积极参与慈善捐赠以构建和维护其合法性基础。

（二）研究设计

1. 数据来源

本节所采用的数据源自中国私营企业调查。该数据集因其庞大的样本规模，被公认为是研究中国民营企业的首选资料。面对面的数据收集方式，极大地保障了私营企业敏感信息（如政治关联、慈善捐赠及个人特征等）的可获取性和精确度（Gao and Hafsi，2015）。在剔除含有缺失数据的观测值后，本节的研究最终获得了包含 2019 个观测值的样本。

2. 变量定义

（1）企业慈善捐赠。过往研究对企业慈善捐赠使用了三种度量方法：①捐赠金额，通常用企业慈善捐赠金额的对数来计算；②捐赠强度，通常用企业慈善捐赠金额除以销售收入、总资产或利润来衡量（Chen et al.，2008）；③虚拟变量，如果公司在该年度进行了慈善捐赠，则编码为 1，否则为 0（Gao and Hafsi，2015）。本节通过使用企业参与慈善捐赠的虚拟变量和捐赠金额的对数来衡量企业的慈善捐赠行为。

（2）污染罚款。中国的环保法规体系日益完善。生态环境部及各级地方政府已出台了一系列针对污染违规行为的处罚措施，包括公布异常监测数据、对违规排放发出警告、责令限期整改等。地方政府的处罚手段多样，涵盖对污染物排放的罚款、限制生产、责令停产等。污染罚款往往会损害企业的声誉和品牌形象，并可能引发企业股票价值的剧烈波动（Song and Qi，2017）。本节采用污染罚款的虚拟变量（如果该公司当年有污染罚款则编码为 1，否则为 0）和对数作为污染罚款的衡量指标。

（3）污染物排放。中国的制造企业被强制要求配备监测排放设备，并根据所排放污染物的种类及生产过程中的排放量来缴纳相应费用。这一费用的规模能够有效地反映出中国制造业的日排放量情况。本节采用污染物排放缴费金额的对数来度量污染物排放。

（4）广告费用。若企业在品牌形象建设上投入了大量的营销资金，那么它们就更有可能积极回应消费者对于企业社会责任的关注。本节利用广告宣传支出的对数来评估企业对品牌形象建设的重视程度。

（5）政治关联。在中国私营企业调查中，企业主需报告其参与全国人民代表大会和中国人民政治协商会议的情况。根据以往研究对政企关系的界定，我们采用一个序数变量来衡量政治关联，该变量依据企业家在全国人民代表大会和中国人民政治协商会议中所担任的最高职务进行编码（0 代表未担任职务，1 代表县级，2 代表市级，3 代表省级及国家级）。

（6）其他控制变量。企业的社会责任投资与其财务状况紧密相连，包括盈利能力、杠杆率、税收和研发投入。遵循以往文献的做法，本节的研究选取利润、杠杆率、研发投入的对数以及税收作为控制变量。鉴于规模较大的公司可能会展现出更优异的社会表现和道德水准，我们还对公司规模进行了控制，具体通过员工数量的对数来衡量。鉴于成立年限较长的企业可能拥有更强的经济实力和资源积累进行慈善捐赠，而且它们可能拥有更强的倾向通过慈善捐赠来建立良好的品牌声誉，因此我们控制了企业成立年限，用本年度减去企业成立年份的对数衡量。在教育背景方面，我们引入了虚拟变量来反映每位受访者的最高教育程度（分为大学及以上学历、高中及同等学力以及初中及以下三个层次）以进行控制。此外，为考量以往研究中提及的行业效应与地区差异性，本节设置了虚拟变量来控制制造业的行业效应，并构建了相应的虚拟变量来控制中国中部地区和西部地区以及东部地区的地区效应。

（三）实证结果与分析

1. 描述性统计

表 8-19 报告了相关变量的描述性统计和相关性分析结果。调查显示，有 49% 的受访企业有过慈善捐赠行为，4% 的受访企业因环境污染问题而受到过罚款，70% 的受访企业在广告费用上有所支出，56% 的公司所有者至少拥有县级层面的政治关联。在2007 年，受访企业因污染物排放平均被处以 2.85 万元人民币的罚款。

表8-19　描述性统计和相关性分析结果（三）

变量	观测值	均值	标准差	企业慈善捐赠(0/1)	企业慈善捐赠(ln)	污染罚款(0/1)	污染罚款(ln)	污染物排放	广告费用	政治关联	企业成立年限	利润	杠杆率	研发投入的对数	税收
企业慈善捐赠(0/1)	2019	0.49	0.50	1.00											
企业慈善捐赠(ln)	2019	1.24	1.28	0.78***	1.00										
污染罚款(0/1)	2019	0.04	0.20	0.09***	0.06**	1.00									
污染罚款(ln)	2019	0.31	1.56	0.08***	0.07***	0.98***	1.00								
污染物排放	2019	4.33	4.92	0.25***	0.26***	0.13***	0.15***	1.00							
广告费用	2019	7.66	5.31	0.32***	0.37***	0.01	0.01	0.18***	1.00						
政治关联	2019	0.85	0.88	0.32***	0.38***	-0.00	0.00	0.15***	0.24***	1.00					
企业成立年限	2019	3.81	0.18	0.11***	0.12***	0.02	0.01	0.08***	0.02	0.16***	1.00				
利润	2019	3.75	2.23	0.45***	0.54***	0.06***	0.06***	0.25***	0.34***	0.36***	0.10***	1.00			
杠杆率	2019	0.20	0.26	0.16***	0.19***	-0.00	0.00	0.14***	0.15***	0.12***	0.07***	0.17***	1.00		
研发投入的对数	2019	1.65	2.00	0.32***	0.38***	0.03	0.03	0.23***	0.35***	0.27***	0.11***	0.47***	0.14***	1.00	
税收	2019	4.01	2.03	0.48***	0.56***	0.04*	0.05**	0.32***	0.35***	0.40***	0.17***	0.73***	0.25***	0.51***	1.00

***表示1%的显著性水平，**表示5%的显著性水平，*表示10%的显著性水平

2. 主效应回归分析

表 8-20 报告了 Probit 和 Tobit 回归的结果。具体而言,模型 1 的结果表明,企业的慈善捐赠意愿与污染罚款之间存在着明显的正相关关系($\beta=0.07$,$p<0.01$)。模型 2 进一步显示,企业的慈善捐赠金额同样与污染罚款显著正相关($\beta=0.05$,$p<0.01$)。这些发现有力地证实了灭火型捐赠策略的存在。模型 3 与模型 4 的结果显示,企业的慈善捐赠意愿及捐赠金额均与污染物排放显著正相关($\beta=0.03$,$p<0.01$;$\beta=0.02$,$p<0.01$)。综上所述,回归分析的结果验证了灭火型捐赠策略的存在。

表 8-20　主效应回归结果

因变量	模型 1 企业慈善捐赠(0/1)	模型 2 企业慈善捐赠(ln)	模型 3 企业慈善捐赠(0/1)	模型 4 企业慈善捐赠(ln)
污染罚款	0.07*** (0.02)	0.05*** (0.02)		
污染物排放			0.03*** (0.01)	0.02*** (0.01)
广告费用	0.04*** (0.01)	0.05*** (0.01)	0.03*** (0.01)	0.05*** (0.01)
政治关联	0.18*** (0.04)	0.22*** (0.04)	0.18*** (0.04)	0.22*** (0.04)
企业成立年限	0.15 (0.19)	0.24 (0.17)	0.15 (0.19)	0.25 (0.17)
利润	0.11*** (0.02)	0.16*** (0.02)	0.11*** (0.02)	0.17*** (0.02)
杠杆率	0.13 (0.13)	0.21* (0.12)	0.10 (0.13)	0.19 (0.12)
研发投入的对数	0.01 (0.02)	0.03 (0.02)	0.01 (0.02)	0.02 (0.02)
税收	0.11*** (0.03)	0.12*** (0.03)	0.11*** (0.03)	0.11*** (0.03)
公司规模	0.19*** (0.03)	0.15*** (0.03)	0.17*** (0.03)	0.13*** (0.03)
制造业	−0.12* (0.07)	−0.19*** (0.06)	−0.13* (0.07)	−0.20*** (0.06)
高中及同等学力	−0.18 (0.25)	−0.02 (0.19)	−0.20 (0.25)	−0.03 (0.19)
大学及以上学历	−0.13 (0.25)	−0.05 (0.19)	−0.12 (0.25)	−0.04 (0.20)
中部地区	−0.09 (0.08)	−0.11 (0.07)	−0.12 (0.08)	−0.14* (0.07)

续表

因变量	模型1	模型2	模型3	模型4
	企业慈善捐赠（0/1）	企业慈善捐赠（ln）	企业慈善捐赠（0/1）	企业慈善捐赠（ln）
西部地区	−0.01	−0.11	−0.02	−0.11
	(0.09)	(0.07)	(0.09)	(0.07)
常数项	−2.56***	−2.18***	−2.51***	−2.17***
	(0.79)	(0.71)	(0.79)	(0.71)
观测值	2019	2019	2019	2019
调整 R^2	0.246	0.142	0.254	0.143

***表示1%的显著性水平，*表示10%的显著性水平

三、企业绿色形象保护的权变因素与策略选择

在中小企业的各个运营范畴内，利益相关者对企业合法性的要求均产生了显著影响。特别是在新兴市场环境中，最为突出的合法性压力源自市场与地方政府。一旦企业的表现未能满足市场的期望，其品牌形象将会受到损害；若未能符合政府的期望，则可能导致政府对企业支持力度的减弱。因此，本节详细探究广告费用与政治关联在缓解上述压力中所起到的调节作用。

（一）广告费用的调节作用

企业在市场营销与品牌建设上的投入，旨在塑造一个正面的企业形象，以吸引更多顾客。但与此同时，这种策略也招致了利益相关者更多的关注与审视。一旦污染丑闻被揭露，企业想要挽回受损的声誉，合法性压力可能会驱使其采取紧急灭火型捐赠或主动型捐赠。这类策略往往被那些公众认知度较高的公司所采用。通常，知名度较高的公司更容易受到公众诉求与外部合法性压力的影响（Bansal and Roth，2000），也更有倾向采取积极主动的慈善捐赠方式，以满足利益相关者在环境保护方面的期待（Bansal and Clelland，2004）。

在新兴市场环境中，中小企业在营销手段与品牌地位上展现出了差异性。有文献指出，品牌管理者已深刻认识到企业社会责任以及环境问题的重要性。当品牌与环境问题紧密相连时，该品牌便容易成为利益相关者批评与质疑的对象。

在环境合法性下，消费者的观点能够显著左右品牌投入的效果，对公司环境行为的负面观感会削弱企业品牌的整体形象（Sen and Bhattacharya，2001）。也就是说，消费者针对品牌的投诉压力会对企业的品牌地位、品牌内涵和品牌认同感构成威胁（Sweetin et al.，2013）。互联网的广泛普及极大地提高了利益相关者在产品责任和社会责任方面对企业品牌的监督能力（Sweetin et al.，2013）。因此，对于在营销上投入较多的企业而言，由环境责任缺失导致的企业声誉和品牌价值的下滑，可能会产生更为深远的影响，而对于在营销上投入较少的企业，其影响则相对较小。企业在品牌和广告上的高额支出可能会促使其更倾向于选择灭火型捐赠或主动型捐赠的策略，以减轻环境不当行为对其品牌形象造成的损害。

（二）政治关联的调节作用

若一家公司拥有较高的合法性，一旦遭遇环境负面事件，其所承受的损失往往会更为严重（Bansal and Clelland，2004）。在新兴市场中，鉴于政治关联所扮演的关键角色，政治合法性成了企业合法性不可或缺的组成部分。那些具备政治关联的企业，相较于其他企业，往往能够享有更高的合法性地位，正如一些研究所揭示的，这类企业更有可能免于严格的审查（Cheng et al.，2017；Wang et al.，2018a）。地方政府在决定是否对违规企业施加监管压力以及罚款力度上拥有一定的裁量权，它们会根据对企业的合法性评估来做出决定。因此，拥有政治关联的企业往往能够更有效地规避（或减少）因环境不当行为而遭受的处罚（Du，2015）。

然而，还存在一种可能性。相较于没有政治关联的企业，那些拥有政治关联的企业在遭遇环境负面事件时，可能会面临更为严重的合法性损失。这主要是因为地方政府、消费者以及股东对企业合法性的认知存在差异，而这种差异会影响地方政府对遵守法律法规的重视程度。具体来说，环境责任是地方政府尤为关注的一个方面，它会在很大程度上左右地方政府对企业的整体看法。

另外，环境不当行为及其对公司名誉的不良影响可能会削弱公司的政治关联。政治关联的构建与维系耗时长久且过程复杂。因此，鉴于政治关联被视为企业凭借公司层面的表现来获取金融资源、提升市场价值并确保有利监管环境的得力手段，一旦政治关联因环境丑闻而受到负面影响，中小企业将在其业务运营中陷入困境。

从实际情况出发，那些拥有政治关联的企业在面对环境事件的负面影响时会更加小心谨慎，也更倾向于主动采取防范措施。地方政府在环境事件的监测、处理以及处罚决策中扮演着举足轻重的角色，是环境事件中的关键利益相关者。鉴于地方政府对环境事件的高度关注且难以转移视线，在与地方政府打交道时，旨在改善印象的管理活动（如慈善捐赠）可能难以取得理想的效果。

上述论述揭示，灭火型捐赠难以赢得地方官员的认可，反而可能被他们视为一种"漂绿"行为。相比之下，主动型捐赠更有利于塑造一个负责任的企业形象，并通过不断强化企业的合法性，使其避免受到过度的审查。当环境负面事件发生时，企业通过长期且积极的慈善捐赠所累积的声誉资本，能够有效缓解事件的负面影响，并维持公众对企业整体行为合法性的正面认知（Suchman，1995）。

四、实证结果与分析

（一）机制分析

表 8-21 显示了广告费用对灭火型捐赠和主动型捐赠的调节作用。模型 1 和模型 2 的结果表明，广告费用正向调节企业慈善捐赠意愿和金额与污染罚款之间的关系（$\beta=0.01$，$p<0.1$；$\beta=0.01$，$p<0.1$）。这一结果支持在环境危机中，广告费用正向调节灭火型捐赠行为的结论。模型 3 和模型 4 显示了广告费用对企业慈善捐赠意愿和金额与污染物排放关系的调节作用。然而，广告费用对企业慈善捐赠意愿和金额与污染物排放关系的调节作

用均不显著（$p>0.1$）。

表8-21　广告费用的调节效应

因变量	模型 1	模型 2	模型 3	模型 4
	企业慈善捐赠（0/1）	企业慈善捐赠（ln）	企业慈善捐赠（0/1）	企业慈善捐赠（ln）
污染罚款	0.08***	0.05***		
	(0.02)	(0.02)		
污染物排放			0.03***	0.02***
			(0.01)	(0.01)
广告费用	0.04***	0.05***	0.03***	0.05***
	(0.01)	(0.01)	(0.01)	(0.01)
污染罚款×广告费用	0.01*	0.01*		
	(0.00)	(0.00)		
污染物排放×广告费用			0.00	−0.00
			(0.00)	(0.00)
政治关联	0.18***	0.22***	0.18***	0.22***
	(0.04)	(0.04)	(0.04)	(0.04)
企业成立年限	0.15	0.25	0.16	0.25
	(0.19)	(0.17)	(0.19)	(0.17)
利润	0.11***	0.16***	0.11***	0.17***
	(0.02)	(0.02)	(0.02)	(0.02)
杠杆率	0.14	0.21*	0.10	0.19
	(0.13)	(0.12)	(0.13)	(0.12)
研发投入的对数	0.02	0.03	0.01	0.02
	(0.02)	(0.02)	(0.02)	(0.02)
税收	0.12***	0.12***	0.11***	0.11***
	(0.03)	(0.03)	(0.03)	(0.03)
公司规模	0.19***	0.15***	0.17***	0.13***
	(0.03)	(0.03)	(0.03)	(0.03)
制造业	−0.12*	−0.20***	−0.12*	−0.20***
	(0.07)	(0.06)	(0.07)	(0.06)
高中及同等学力	−0.20	−0.04	−0.20	−0.03
	(0.24)	(0.18)	(0.25)	(0.19)
大学及以上学历	−0.15	−0.07	−0.12	−0.04
	(0.24)	(0.19)	(0.25)	(0.20)
中部地区	−0.08	−0.11	−0.12	−0.14*
	(0.08)	(0.07)	(0.08)	(0.07)
西部地区	−0.01	−0.11	−0.02	−0.11
	(0.09)	(0.07)	(0.09)	(0.07)

因变量	模型 1	模型 2	模型 3	模型 4
	企业慈善捐赠（0/1）	企业慈善捐赠（ln）	企业慈善捐赠（0/1）	企业慈善捐赠（ln）
常数项	−2.55***	−2.16***	−2.53***	−2.17***
	(0.78)	(0.71)	(0.79)	(0.71)
观测值	2019	2019	2019	2019
伪 R^2	0.255	0.143	0.255	0.143

***表示1%的显著性水平，*表示10%的显著性水平

表 8-22 验证了政治关联对灭火型捐赠和主动型捐赠的调节作用。模型 1 的结果表明，政治关联负向调节污染罚款与企业慈善捐赠意愿之间的关系（$\beta = -0.04$，$p<0.1$）。模型 3 的结果显示，政治关联正向调节污染物排放与企业慈善捐赠意愿之间的关系（$\beta = 0.01$，$p<0.1$），即政治关联鼓励企业采取主动型捐赠，而不是灭火型捐赠。模型 2 和模型 4 的结果表明，政治关联对污染罚款、污染物排放与企业慈善捐赠金额之间关系的调节作用不显著。综上所述，实证结果普遍支持有政治关联的公司更有可能采取主动型捐赠，避免采取灭火型捐赠的结论。

表 8-22 政治关联的调节效应

因变量	模型 1	模型 2	模型 3	模型 4
	企业慈善捐赠（0/1）	企业慈善捐赠（ln）	企业慈善捐赠（0/1）	企业慈善捐赠（ln）
污染罚款	0.06***	0.05***		
	(0.02)	(0.02)		
污染物排放			0.03***	0.02***
			(0.01)	(0.01)
政治关联	0.18***	0.22***	0.19***	0.22***
	(0.04)	(0.04)	(0.04)	(0.04)
污染罚款×政治关联	−0.04*	−0.02		
	(0.03)	(0.02)		
污染物排放×政治关联			0.01*	0.00
			(0.01)	(0.01)
广告费用	0.04***	0.05***	0.03***	0.05***
	(0.01)	(0.01)	(0.01)	(0.01)
企业成立年限	0.15	0.24	0.15	0.25
	(0.19)	(0.17)	(0.19)	(0.17)
利润	0.11***	0.16***	0.11***	0.17***
	(0.02)	(0.02)	(0.02)	(0.02)
杠杆率	0.13	0.21*	0.10	0.19
	(0.13)	(0.12)	(0.13)	(0.12)
研发投入的对数	0.01	0.02	0.01	0.02
	(0.02)	(0.02)	(0.02)	(0.02)

续表

因变量	模型 1	模型 2	模型 3	模型 4
	企业慈善捐赠（0/1）	企业慈善捐赠（ln）	企业慈善捐赠（0/1）	企业慈善捐赠（ln）
税收	0.12***	0.12***	0.11***	0.11***
	（0.03）	（0.03）	（0.03）	（0.03）
公司规模	0.19***	0.15***	0.17***	0.13***
	（0.03）	（0.03）	（0.03）	（0.03）
制造业	−0.11	−0.19***	−0.12*	−0.20***
	（0.07）	（0.06）	（0.07）	（0.06）
高中及同等学力	−0.15	−0.01	−0.22	−0.03
	（0.25）	（0.19）	（0.24）	（0.19）
大学及以上学历	−0.10	−0.04	−0.14	−0.04
	（0.26）	（0.19）	（0.25）	（0.20）
中部地区	−0.08	−0.11	−0.12	−0.14*
	（0.08）	（0.07）	（0.08）	（0.07）
西部地区	0.00	−0.10	−0.02	−0.11
	（0.09）	（0.07）	（0.09）	（0.07）
常数项	−2.60***	−2.18***	−2.49***	−2.17***
	（0.79）	（0.71）	（0.78）	（0.71）
观测值	2019	2019	2019	2019
伪 R^2	0.254	0.142	0.256	0.142

***表示 1%的显著性水平，*表示 10%的显著性水平

（二）倾向得分匹配

为了规避样本组中存在广告费用/政治关联可能导致的潜在内生性选择偏差，本节进行了倾向得分匹配分析，以验证广告费用和政治关联所起的调节作用。具体而言，首先，我们对广告费用/政治关联的出现概率进行了预估，过程中采纳了现有的控制变量作为协变量，并运用了倾向得分匹配模型来完成这一预估。其次，我们依据预估的倾向得分实施了匹配操作，挑选出与处理样本相匹配的一组控制样本。在此基础上，我们分别检验了广告费用和政治关联在不同情境下的调节效果。

表 8-23 显示了采用倾向得分匹配法后政治关联调节作用的分析结果。数据显示，在对照组（即政治关联=1）中，污染罚款与企业慈善捐赠意愿与金额之间的关系不显著（$p>0.1$），而在控制组中则呈现出显著的正相关关系（$\beta=0.14$，$p<0.01$；$\beta=0.09$，$p<0.01$）。这些结果一致表明，有政治关联的公司不太可能采取被动应对的灭火型捐赠策略。在对照组中，污染物排放与企业慈善捐赠意愿和金额之间存在显著的正相关关系（$\beta=0.03$，$p<0.01$；$\beta=0.03$，$p<0.01$），但在控制组中均不显著。综上所述，上述结果表明，企业在面对环境问题时所采取的捐赠策略，确实受到政治关联的影响。具体而言，有政治关联的企业往往倾向于采取主动型捐赠策略，而无政治关联的企业则更可能选择灭火型捐赠

策略。

表 8-23　采用倾向得分匹配法后政治关联调节作用的分析结果

协变量	模型 1	模型 2	模型 3	模型 4	模型 5	模型 6	模型 7	模型 8
	企业慈善捐赠（0/1）		企业慈善捐赠（ln）		企业慈善捐赠（0/1）		企业慈善捐赠（ln）	
	对照组	控制组	对照组	控制组	对照组	控制组	对照组	控制组
污染罚款	0.03	0.14***	0.03	0.09***				
	(0.03)	(0.04)	(0.02)	(0.02)				
污染物排放					0.03***	0.02	0.03***	0.02
					(0.01)	(0.01)	(0.01)	(0.01)
政治关联	0.05***	0.00	0.06***	0.03**	0.05***	0.00	0.06***	0.03***
	(0.01)	(0.01)	(0.01)	(0.01)	(0.01)	(0.01)	(0.01)	(0.01)
企业成立年限	−0.06	0.13	0.18	0.25	−0.06	0.12	0.19	0.26
	(0.27)	(0.30)	(0.25)	(0.28)	(0.27)	(0.30)	(0.25)	(0.28)
利润	0.08***	0.18***	0.14***	0.22***	0.08***	0.18***	0.14***	0.23***
	(0.03)	(0.04)	(0.03)	(0.03)	(0.03)	(0.04)	(0.03)	(0.03)
杠杆率	−0.03	0.43*	0.06	0.39*	−0.05	0.40*	0.05	0.37*
	(0.16)	(0.23)	(0.16)	(0.21)	(0.16)	(0.23)	(0.16)	(0.21)
研发投入的对数	−0.01	0.08**	0.00	0.08**	−0.01	0.09**	0.00	0.09**
	(0.03)	(0.04)	(0.03)	(0.04)	(0.03)	(0.04)	(0.03)	(0.04)
税收	0.16***	0.05	0.17***	0.06	0.15***	0.04	0.16***	0.05
	(0.03)	(0.05)	(0.04)	(0.04)	(0.04)	(0.05)	(0.04)	(0.04)
公司规模	0.18***	0.19***	0.17***	0.12**	0.16***	0.17***	0.16***	0.11**
	(0.04)	(0.06)	(0.04)	(0.05)	(0.04)	(0.06)	(0.04)	(0.05)
制造业	−0.11	−0.20	−0.18**	−0.28**	−0.13	−0.20	−0.20**	−0.28**
	(0.09)	(0.13)	(0.09)	(0.11)	(0.09)	(0.13)	(0.08)	(0.11)
高中及同等学力	−0.55	−0.02	−0.22	0.23	−0.56	−0.16	−0.21	0.17
	(0.35)	(0.45)	(0.29)	(0.22)	(0.36)	(0.50)	(0.31)	(0.22)
大学及以上学历	−0.57	0.15	−0.21	0.19	−0.54	0.02	−0.18	0.14
	(0.35)	(0.46)	(0.30)	(0.24)	(0.37)	(0.51)	(0.32)	(0.24)
中部地区	0.00	−0.07	−0.11	0.02	−0.03	−0.11	−0.13	−0.02
	(0.10)	(0.14)	(0.10)	(0.11)	(0.10)	(0.14)	(0.10)	(0.11)
西部地区	−0.02	0.03	−0.10	0.05	−0.02	−0.01	−0.10	0.02
	(0.11)	(0.15)	(0.10)	(0.12)	(0.11)	(0.15)	(0.10)	(0.12)
常数项	−1.11	−2.58**	−1.75*	−2.20*	−1.09	−2.31*	−1.75*	−2.14*
	(1.13)	(1.31)	(1.04)	(1.16)	(1.14)	(1.31)	(1.05)	(1.16)
观测值	1138	699	1138	699	1138	699	1138	699
伪 R^2	0.181	0.220	0.105	0.122	0.189	0.208	0.107	0.118

***表示1%的显著性水平，**表示5%的显著性水平，*表示10%的显著性水平

同样，表 8-24 显示了采用倾向得分匹配法后广告费用调节作用的分析结果。结果表明，在对照组中，污染罚款与企业慈善捐赠意愿和金额均存在显著的正相关关系（$\beta=0.10$，$p<0.01$；$\beta=0.08$，$p<0.01$），而在控制组中，这些关系均不显著（$p>0.1$）。由此可见，倾向得分匹配分析进一步支持了广告费用正向调节污染罚款与企业慈善捐赠关系的结论，同时并未发现广告费用对污染物排放与企业慈善捐赠之间的关系具有显著的调节作用。总体而言，在通过倾向得分匹配法控制了选择偏差之后，本节所得实证结果依然保持稳健。

表 8-24　采用倾向得分匹配法后广告费用调节作用的分析结果

协变量	模型 1	模型 2	模型 3	模型 4	模型 5	模型 6	模型 7	模型 8
	企业慈善捐赠（0/1）		企业慈善捐赠（ln）		企业慈善捐赠（0/1）		企业慈善捐赠（ln）	
	对照组	控制组	对照组	控制组	对照组	控制组	对照组	控制组
污染罚款	0.10***	0.02	0.08***	0.01				
	(0.03)	(0.04)	(0.02)	(0.03)				
污染物排放					0.03***	0.03*	0.02***	0.03**
					(0.01)	(0.01)	(0.01)	(0.02)
广告费用	0.24***	0.05	0.27***	0.09	0.24***	0.06	0.26***	0.10
	(0.05)	(0.08)	(0.05)	(0.09)	(0.05)	(0.08)	(0.05)	(0.09)
企业成立年限	0.27	−0.27	0.40**	−0.23	0.28	−0.27	0.41**	−0.22
	(0.22)	(0.35)	(0.20)	(0.35)	(0.22)	(0.36)	(0.20)	(0.35)
利润	0.12***	0.11***	0.18***	0.15***	0.13***	0.12***	0.18***	0.15***
	(0.02)	(0.04)	(0.02)	(0.05)	(0.02)	(0.04)	(0.02)	(0.05)
杠杆率	0.16	0.16	0.20	0.29	0.12	0.10	0.18	0.21
	(0.15)	(0.26)	(0.14)	(0.28)	(0.15)	(0.26)	(0.14)	(0.28)
研发投入的对数	0.03	−0.00	0.05**	−0.02	0.02	−0.00	0.04*	−0.02
	(0.02)	(0.04)	(0.02)	(0.05)	(0.02)	(0.04)	(0.02)	(0.05)
税收	0.17***	−0.01	0.17***	0.02	0.16***	−0.02	0.16***	0.01
	(0.03)	(0.05)	(0.03)	(0.06)	(0.03)	(0.06)	(0.03)	(0.06)
公司规模	0.11***	0.41***	0.09**	0.34***	0.09**	0.39***	0.08**	0.31***
	(0.04)	(0.06)	(0.04)	(0.07)	(0.04)	(0.07)	(0.04)	(0.07)
制造业	−0.09	−0.17	−0.22***	−0.15	−0.09	−0.20	−0.21***	−0.19
	(0.08)	(0.14)	(0.07)	(0.14)	(0.08)	(0.14)	(0.07)	(0.14)
高中及同等学力	−0.36	0.28	−0.05	−0.08	−0.36	0.28	−0.05	−0.05
	(0.28)	(0.60)	(0.22)	(0.31)	(0.29)	(0.61)	(0.23)	(0.33)
大学及以上学历	−0.38	0.57	−0.08	−0.04	−0.35	0.60	−0.06	0.02
	(0.28)	(0.60)	(0.23)	(0.32)	(0.29)	(0.62)	(0.23)	(0.34)
中部地区	−0.04	−0.20	−0.06	−0.29*	−0.08	−0.22	−0.08	−0.32**
	(0.09)	(0.15)	(0.08)	(0.16)	(0.09)	(0.15)	(0.08)	(0.16)

续表

协变量	模型 1	模型 2	模型 3	模型 4	模型 5	模型 6	模型 7	模型 8
	企业慈善捐赠（0/1）		企业慈善捐赠（ln）		企业慈善捐赠（0/1）		企业慈善捐赠（ln）	
	对照组	控制组	对照组	控制组	对照组	控制组	对照组	控制组
西部地区	0.02	0.05	−0.06	−0.18	0.02	0.04	−0.06	−0.19
	(0.10)	(0.18)	(0.08)	(0.18)	(0.10)	(0.18)	(0.08)	(0.18)
常数项	−2.48***	−1.75	−2.30***	−0.52	−2.49***	−1.71	−2.33***	−0.53
	(0.89)	(1.50)	(0.81)	(1.40)	(0.89)	(1.52)	(0.81)	(1.41)
观测值	1412	578	1412	578	1412	578	1412	578
伪 R^2	0.238	0.212	0.134	0.089	0.237	0.218	0.133	0.093

***表示 1%的显著性水平，**表示 5%的显著性水平，*表示 10%的显著性水平

五、实证结论

本节的研究深入探讨了企业在面临环境不当行为指控时，如何通过战略捐赠来维护其绿色形象及合法性。研究发现，企业在应对环境危机时主要采取两种捐赠策略：灭火型捐赠和主动型捐赠。这两种策略在转移公众注意力、修复企业形象和维护企业合法性方面发挥着重要作用。

首先，慈善捐赠在提升企业声誉与合法性方面的作用不容忽视。企业面对环境议题时，会受到制度压力的显著影响，而合法性已成为影响经营策略制定的核心要素。为了赢得利益相关者的认同，企业往往做出正面的环境承诺，并采取多样化策略。慈善捐赠是提升企业声誉与合法性的重要途径，其与环境不当行为之间的关联值得深入探讨。通过慈善捐赠，企业不仅能够彰显其社会责任感，还能在面临环境危机时迅速采取行动，减轻负面影响。

其次，灭火型捐赠和主动型捐赠在应对环境危机中展现出了不同的效用。灭火型捐赠是一种危机后的应对措施，旨在迅速减轻企业因环境不当行为而受到的负面影响。它常被用于缓解公司违法行为的后果，分散公众对丑闻的关注。相比之下，主动型捐赠则是一种危机前的预防手段，它通过持续性的慈善捐赠建立声誉资本储备，以应对未来可能出现的合法性威胁。这种策略更适合于解决长期存在的环境问题，侧重于提升企业的整体道德形象。

再次，广告费用在影响企业慈善捐赠策略方面发挥着重要作用。研究发现，广告费用较高的企业更倾向于采用灭火型捐赠策略来应对环境危机。这表明，在品牌和广告方面投入较多的企业，在面临环境不当行为指控时，更需迅速采取行动以削弱负面效应。这一发现进一步证实了知名度较高的企业在应对环境危机时会面临更大的压力。

最后，政治关联对企业捐赠策略的选择也具有显著影响。具备政治关联的中小企业更可能采取主动型捐赠策略，而缺乏政治关联的企业则更倾向于采取灭火型捐赠策略。这主要是因为环境不当行为对具备政治关联企业的声誉资本和政治合法性构成了更大威胁。因此，这些企业更倾向于通过持续性的慈善捐赠来预防潜在的环境危机。

第七节　风险投资决策中的女性角色及其对绿色金融的启示

在风险投资领域，性别偏见显著地影响了女性企业领导者获取融资的机会。尽管过往研究已深入探讨了个体投资者在创业金融市场中存在的性别偏见，但对于投资者决策团队，即在群体层面如何进行投资决策的问题，学界的关注仍显不足。本节探讨了风险投资机构中女性占比对投资决策的影响。通过构建一个用于群体决策的组内及组间分类框架，本节认为在男性占据主导地位的风险投资行业中，女性占比偏高的决策团队反而会减少对女性主导企业的投资。为了验证这一理论推断，我们采用美国风险投资公司决策团队投资决策的纵向面板数据集进行了研究，结果显示，我们的理论假设结论得到了数据的充分支持。本节的研究发现，当决策团队中包含更多政治中立成员，或者团队成员间存在更多的共同过往职业经历时，上述负面效应将得到一定程度的缓解。这些发现不仅揭示了性别偏见对女性创业者融资机遇的负面影响，还强调了解决这一问题对于促进绿色金融和可持续发展的重要性。本节进一步提出了针对性的政策建议，旨在缓解组内与组间分类现象，以期更有效地促进女性在绿色转型进程中的积极作用。这些建议，可以为女性创业者创造更加有利的融资环境，推动绿色金融和可持续发展的实现。

一、性别动态与风险投资决策

（一）风险投资决策中的性别偏见与女性金融困境

在风险投资领域，性别偏见的存在对女性创业者的融资机会产生了显著影响。以往关于创业金融市场的研究主要集中在个体投资者的性别偏见上（Kanze et al.，2018），而没有充分关注投资者决策团队做出最重要投资决策的问题（Dimov et al.，2007）。这些研究借鉴了更广泛的管理学文献中的理论，但这些理论提供了矛盾观点。例如，有的学者认为相似性吸引或同质性效应，会促使顶层女性领导者帮助其他女性（McPherson et al.，2001）。另一些人则认为，顶层女性领导者是"蜂王"，女性会通过阻止其他女性崛起来保护自己的地位（Sheppard and Aquino，2017）。还有人认为，蜂王综合征是女性顶层领导人对性别歧视和身份威胁的反应（Derks et al.，2016），因为男性可以主导决策，拒绝提供社会支持，并惩罚那些支持其他女性的女性。

在探讨个体层面（如投资者性别如何影响个体投资决策）与群体现象（即决策团队的性别构成如何作用于群体投资决策）是否存在相似效应时，我们面临着复杂且微妙的挑战。这一挑战的根源在于，简单地将个体层面的观察结果直接应用于群体层面，往往会容易忽视团队成员间互动对群体层面关系的潜在影响。因此，这些个体层面的研究结论并不一致，无法准确预测风险投资公司决策团队中女性的存在是否会增加对女性领导企业的资金支持。

关于群体性别构成的研究在很大程度上借鉴了团队多样性文献，此类文献将多样性视为一把双刃剑。信息处理视角认为，多样性产生了非冗余的任务相关知识和互补的技能能力，有益于决策和团队绩效（van Knippenberg and Schippers，2007）。相比之下，社会分类视角则认为，群体成员之间的差异会导致将他人划分为内群体或外群体成员。社会分类会促使子群体表现出内群体偏爱和外群体偏见，增加关系冲突，减少群体协作，所有这些最终都会降低决策质量（van Knippenberg and Schippers，2007）。本节基于社会分类视角构建理论框架，因为决策团队需要同时处理群体内部（Torchia et al.，2011；Chen et al.，2016）以及投资者群体中各组织之间与分类相关的问题。

以往的研究表明，在女性较少的团队中，女性往往处于不利地位（van Knippenberg and Schippers，2007）。然而，即使考虑女性占多数的子群体，也存在不一致的理论预测。有的学者认为，在女性占多数的子群体中，女性将有能力在群体决策中强制执行符合女性偏好的议程，当董事会中的女性达到"三人"这一临界点时，女性在董事会战略参与方面将具有相当大的影响力（Torchia et al.，2011）。有的学者预测，在男性主导的子群体中，顶层女性领导者可能会担心其组织的外部合法性（Duguid et al.，2010）。为了寻求外部合法性，女性的最佳策略是效仿男性同行。

对于组织的决策团队而言，在寻求外部合法性的同时保持内部稳定至关重要。社会分类理论的最新研究开始区分组内分类和组间分类。研究表明，组内讨论和共识会影响组间动态（Smith and Postmes，2009）。此外，组间地位竞争也可能影响组内竞争与合作。其他研究探讨了组内和组间分类之间交互作用的偶然性，如意识形态和群体身份社会心理因素在塑造组内和组间分类的相互作用中扮演着至关重要的角色。本节综合现有社会分类文献和群体性别构成研究，为群体决策构建了一个细致的组内和组间分类框架。优势地位者的支配倾向和劣势地位者的顺从倾向都会影响组内和组间分类过程。组内分类是群体特有的表现，而组间分类则反映了社区范围内的组织间动态。这两个过程产生了一致的预测结果。

在优势地位社会成员主导的群体中，劣势地位子群体成员数量的增加往往会导致优势地位子群体内部的敌意增加。这是因为劣势地位子群体成员数量的不断增长越来越威胁到优势地位者的独特性、自尊、目标实现和幸福感。这种对劣势地位的敌意往往会低估和轻视整个劣势地位子群体的能力和表现，导致优势地位者偏爱人口特征相似的其他人。

当劣势地位子群体在群体环境中尚未形成多数子群体时，决策团队的内部稳定需要适当且可接受的层级和权力结构。优势地位者倾向于利用相关的权力和地位优势在群体决策中强制执行自己的偏好，而劣势地位者则倾向于顺从于优势地位者，表现为不敢发声或直接采用这些优势地位者的价值观或行为，以期被接纳为有价值的群体成员。

当劣势地位者在群体中构成多数子群体并具有更强的影响力来支持人口特征相似的其他人时（Torchia et al.，2011），他们是否会行使这种影响力取决于他们的组织是否能获得外部合法性。在优势地位者占多数的社区中，决策团队中劣势地位者的主导地位将成为一个核心且显著的组织属性，这将激活组间分类。优势地位者通常在塑造社区规范和惯例方面发挥重要作用，造福自身并维护现有的地位等级。虽然劣势地位者可能在其群体内部拥有更大的影响力，以确保其在组织内部的价值和合法性得到认可，但他们可能会发现，做出符合主流社区规范和惯例（有利于优势地位者）的决策是更有利的。这种符合决策反过来可以为他们的组织赋予合法性，并有助于获得关键利益相关者的支持

（Ackermann and Eden，2011）。因此无论劣势地位者在决策团队中是少数还是多数，优势地位者的支配倾向和劣势地位者的顺从倾向都将在获取外部合法性时发挥关键作用。

在女性占少数的群体中，男性风险投资家的偏好会在群体决策中表现出来。尽管女性在数量上处于少数，但女性人数的增多会让女性的男性同行更加意识到基于性别的分类，导致对女性作为威胁的感知增强，从而表现出对女性更多的敌意。这种对女性的敌意往往会低估和轻视整个女性群体的能力和表现，从而偏爱男性创业者。一项关于工作团队多样性的元分析显示，在男性主导的环境中，性别多样性与团队效率负相关（Joshi and Roh，2009）。同时，女性风险投资家为了确立自己在群体中的价值地位（Duguid et al.，2010），往往会在群体中顺从于男性同行。这种顺从可能表现为在表达支持女性创业者方面犹豫不决，或者在做出投资决策时倾向于采用男性同行的偏好。

在女性占多数的群体中，尽管女性风险投资家在群体中发挥了较大的影响力，并可能支持女性创业者（Torchia et al.，2011），但这些公司仍在风险投资行业中处于劣势地位。因此，群体中女性人数的增多将成为该组织的核心和显著的组织特征，从而激活群体间分类。在这种情况下，女性人数的增多，甚至极端到全是女性的群体，会让女性更加意识到女性在风险投资行业中的劣势地位和普遍存在的偏见。因此，女性会更加担心在同行公司和外部利益相关者中失去合法性。这种担忧在某些市场环境中尤为突出，如在投资者需要与同行进行激烈竞争以获取关键利益相关者所掌握的资源的市场，以及面对由其他风险投资公司主导交易流的市场（Zhelyazkov，2018）。在追求外部合法性的过程中，女性主导群体中的女性风险投资家倾向于顺从有利于男性的行业规范和惯例。

基于以上分析，在男性主导的行业中，决策群体中女性代表比例的增多导致了男性（优势地位角色）主导和女性（劣势地位角色）顺从的趋势，这既体现在这些群体内部，也体现在投资者群体中。这一现象导致了一个非预期的负面后果，即女性群体代表性的增加反映在对女性领导企业的融资减少上，因此本节提出：风险投资公司决策群体中女性群体代表性与女性领导企业的融资负相关。

（二）群体分类视角下的团队构成与决策

在决策群体中，对于基于性别的组内和组间分类的接受度，常因团队构成要素的不同而呈现出显著差异。以往的研究已经强调，在决策群体中，身份（Chen et al.，2016）和经验（Milton and Westphal，2005）是性别动态中最敏感的因素之二。具体而言，有两个与身份和经验紧密相关的因素尤其值得关注：一是群体中存在具有中立身份的成员，他们作为政治中立的象征，在性别动态中扮演着独特的调节角色；二是成员间存在共同先前雇佣关系，这种联系代表着一种共享的经验基础，往往能够跨越性别界限，促进成员间的相互理解和协作。

意识形态通常被认为一套固有的态度和价值观。例如，自由派的 CEO 或高层管理团队往往倾向于支持性别平等。然而，如果将意识形态视为一种身份标识（Swigart et al.，2020），则不同意识形态个体的共存可能会在决策群体中引发社会分类现象，从而阻碍决策群体内部的社会互动。已有研究表明，意识形态可能具有极化和分裂性。这种分裂往往导致持不同意识形态的个体彼此疏远，相互表达更多的负面情绪，并对各种问题采取日益极化的态度。

意识形态的身份观认为，由自由派和保守派混合组成的团队往往趋于两极分化。在这样的群体中，自由派成员数量的增加可能会削弱群体对持有不同于自由派观点的人的容忍度。这通常导致群体内部声音的同质化。例如，研究表明，公司董事会内部自由派程度的提高往往会降低组织间网络的多样性，从而降低网络中的认知多样性（Hudson and Morgan，2022）。此外，高层管理团队内部的意识形态多样性可能会阻碍商业模式创新，因为团队成员可能会因意识形态偏见而贬低彼此的投入。意识形态多样性本身似乎并不能缓解组内和组间性别动态产生的负面影响。本节不考虑那些可能阻碍性别动态的对立意识形态所产生的影响，而是聚焦于政治中立这一概念。政治中立借鉴于政治学，强调公正无私（Overeem，2005），本节探讨了政治中立的群体成员如何通过营造协作和相互支持的决策环境来抵消组内和组间分类的负面影响。政治中立的群体成员是指向民主党和共和党捐款的数额相同或完全不进行政治捐款的人。因为避免了单一观点的支配并接受了多样化的观点，政治中立的群体成员通常被视为"彻底、严谨、公正和坦率"。他们拥有多样性心态，这有助于改善来自不同背景的团队成员之间的关系。因此，政治中立的成员在促进群体成员之间的联系、增进相互欣赏、减少子群体之间的偏见和感知威胁（Pettigrew，1998）以及促进团队内部相互认同（Hogg，1992）方面发挥着至关重要的作用。根据与社会网络相关的身份视角，个体可以通过其能动性塑造网络结构，而由身份驱动的个体能动性可以影响群体的内部结构和动态。因此，当更多的群体成员拥有中立身份时，他们更有能力促进群体内部有意义的对话，并建立不同群体成员之间的联系，从而形成更密集的网络结构。这样的网络结构有助于营造相互协作和支持的决策环境，使该环境不容易受到组内和组间分类的负面影响。

在本节研究的背景下，当风险投资家是相互协作和支持的决策群体的一部分时，他们更有可能进行内部协作以解决资源限制问题。从外部来看，这种类型的决策群体往往比较自信，更容易从关键的外部利益相关者处获得对其集体能力的认可。因此，组内分类和组间分类的负面影响可能能够得到削弱。因此，我们认为政治中立的风险投资家数量的增多会削弱决策团队中女性群体代表性对女性领导企业获得资金支持的负面影响。

共同先前雇佣关系可以通过促进认知和情感联系，以及在团队成员之间形成共享的心理模型，从而减轻女性在决策团队中代表性不足所产生的负面影响。尽管共同的教育背景等其他形式的相似性也可能意味着共同的经历，但共同的先前职业关联在决定组织创立以及塑造创业背景下的新企业策略方面起着关键作用（Ruef et al.，2003；Beckman，2006）。

具体而言，曾在同一雇主处工作的个体，无论男女，通常都经历过相似的社会化或培训计划，使用过相同的专业术语，分享了雇主特有的轶事，并因此形成了相似的专业价值观和观点（Tsai and Ghoshal，1998）。这些共同的职业关联为现有团队成员之间顺畅且频繁的沟通创造了有利条件。在这些共同特征的基础上，团队成员之间的认知联系和情感纽带可以更容易地建立起来。因此，团队成员倾向于培养共享的认知模板、心理模型、组织记忆以及规范和价值观，这些反过来又指导和影响他们的讨论和团队决策过程，最终形成一个协作且相互支持的决策团队。这一现象得到了以下证据的支持：共同先前雇佣关系与企业董事会中的团队包容性和接受度相关联（Milton and Westphal，2005）。同样，研究还表明，具有相似职业背景的风险投资家更有可能建立起协作和相互支持的关系（Gompers et al.，2016）。这种相互协作且支持的决策团队不太容易受到组内分类和组间分类的负面影响。因此，我们认为风险投资家先前的共同职业关联会削弱决策团队中女性群体代表性对女性领导企业获得资金支持的负面影响。

（三）女性群体代表性与绿色转型融资的挑战

在绿色转型融资的背景下，女性群体代表性的增加可能并不总是有利于女性领导企业。尽管绿色转型项目需要多元化的视角和创新思维，但性别偏见可能导致女性领导企业在融资过程中遭遇更多障碍。风险投资机构的性别失衡可能使得女性投资者的声音被忽视，从而限制了她们在推动绿色转型项目中的作用。这种性别桎梏不仅影响了女性领导企业的发展，也阻碍了整个社会向可持续发展的转型。

如前文所述，性别偏见影响着风险投资机构的决策行为，特别是影响了女性领导企业。风险投资机构中，由于组内分类和组间分类，风险投资家往往低估女性领导企业的创新潜力和实际表现，更倾向于将资金注入男性处于主导地位的企业中。这种偏见不仅限制了女性领导企业的成长机会，也阻碍了市场中多元化和创新的发展。决策团队内部的性别失衡也产生了不可忽视的影响。无论是男性还是女性主导的决策团队，女性投资者的专业见解和独特视角往往难以得到充分表达和认可。这种环境可能导致女性投资者在推动绿色转型项目时面临额外的障碍，因为女性的声音容易被忽视或压制。绿色转型是当前全球发展的重要趋势，需要多元化的视角和创新的思维，性别偏见的存在无疑会阻碍这一进程。

在男性主导的风险投资行业中，行业偏见成为女性领导企业难以跨越的融资障碍。女性领导企业不仅要在激烈的市场竞争中立足，还要面对因偏离行业主流性别范式而产生的额外偏见和歧视，这使得女性的融资之路尤为艰难。尽管女性领导企业往往展现出对绿色转型和可持续发展的强烈意愿与实际行动，但行业偏见和融资难度较大却成女性在这一领域前行的阻碍。风险投资机构可能因固有的性别刻板印象，而忽视女性领导企业在绿色转型方面的创新潜力和长期价值，导致女性在寻求绿色转型融资时遭遇更多挑战。这种不公平的待遇不仅限制了女性领导企业的发展，也阻碍了绿色转型和可持续发展的整体进程。

在风险投资机构与绿色转型融资的交汇点，创新与风险承受能力的平衡显得尤为重要，而投资者的性别构成则在其中扮演了重要角色。绿色转型项目，作为推动社会向可持续发展迈进的创新力量，往往蕴含着新技术、新市场和新商业模式的探索，这些未知因素使得项目本身具有较高的风险和不确定性，因此更需要风险投资机构的勇敢介入和坚定支持。但现实情况是，由于风险投资行业长期以来的性别失衡，女性投资者往往处于弱势地位。占主导地位的男性在进行投资决策时，更可能会因保守倾向于投资低风险的传统项目，对于绿色转型项目则可能持谨慎态度。这种性别偏见与行业偏差不仅限制了风险投资机构与女性领导企业的发展，也阻碍了企业创新与全面绿色转型的进程。

二、研究设计

（一）数据与样本

本节使用的数据来自 2008 年至 2016 年美国风险投资的面板数据集，从汤姆森金融公司的 VentureXpert 数据库和 PitchBook 数据库（风险投资公司最全面的数据源之一）这两个被先前风险投资研究所广泛采用的主要数据源中获取样本风险投资公司的信息。本节遵循先前的研究（Dimov et al.，2007），根据两个纳入标准选择样本风险投资公司：①在 2008 年至 2016 年间，在汤姆森金融公司数据库中的平均管理资本处于前 50 个百分点；②在同期至少进行了 20 项投资。这些标准确保了所选公司能够保持积极的投资活动，从而能够频繁地聘请女性风险投资家。决策小组信息不完整的风险投资公司被排除在外。初始样本包括 204 家中型和大型风险投资公司。

基于风险投资公司决策小组研究的现有实践（Patzelt et al.，2009），风险投资家（即决策小组成员）被确定为风险投资公司的管理者、普通合伙人或创始人。本节从 PitchBook 数据库中，收集每位风险投资家的信息，并用其他来源（如 Crunchbase 数据库、公司网站、Bloomberg 以及个人的 Twitter 和 LinkedIn 账户）进行补充。在剔除变量缺失值以及公司、年份和 MSA 固定效应后，最终样本包括 151 家美国风险投资公司、756 名风险投资家和 1357 个公司年份观测值。样本中的平均小组规模为 4.93 人（标准差=3.19）。这与其他关于决策小组的研究（Dimov et al.，2007；Hambrick et al.，2015）相比是有比较价值的。此外，在样本中（小组规模≥2 人），平均小组女性占比为 6%，随时间保持稳定（标准差=0.13）。

图 8-14 显示了 2008~2016 年平均小组女性占比的年度分布情况。从表面上看，风险投资公司的小组女性占比并未随时间变化。这一趋势由多种因素造成。首先，风险投资历来由男性主导，这进而引发了同质性的问题，即因该行业历史性的性别渊源，风险投资家在性别方面往往极为同质化。其次，人们往往坚信合格的女性风险投资家人数不足。最后，由上述因素导致的榜样缺乏，使得女性难以进入风险投资行业并取得成功。

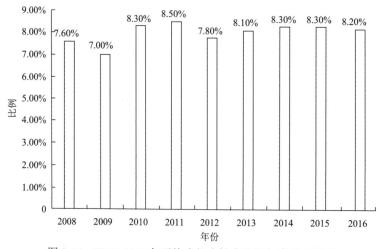

图 8-14　2008~2016 年平均小组女性占比的年度分布情况

图中的分布包括只有一名高级风险投资人的风险投资公司或集团规模等于一名资深风险投资人的风险投资公司

（二）变量定义

1. 因变量

因变量为女性领导企业的融资额。基于本节的研究聚焦于风险投资公司投资组合中的性别比例问题，我们将对女性领导企业的投资占比，界定为在 t 时刻，风险投资公司投资的由女性担任创始 CEO 的企业数量在新投资企业总数中所占的比例。如果 t 时刻风险投资公司投资组合中新投资的企业（共 10 家）中有 5 家由女性领导，则 t 时刻投资的女性领导企业的比例为 50%。考虑到分布偏斜，本节采用了 t 时刻新投资女性领导企业的比例加 1 后的自然对数形式。

2. 自变量

自变量为女性群体代表性。借鉴早期研究（Chen et al.，2016），本节衡量了风险投资公司决策层中的女性群体代表性，具体为 $t-1$ 时刻该群体中女性风险投资家的百分比。

3. 调节变量

（1）政治中立的风险投资家。为了识别政治中立的风险投资家，本节的研究计算了每位风险投资家的意识形态指数。我们遵循了 Chin 等（2013）提出的成熟衡量方法，该方法使用了政治捐款行为的四个指标。我们查询了美国联邦选举委员会的官方网站，以获取每位风险投资家的政治捐款信息，包括姓名、州、城市、街道地址、邮政编码、职业、先前的工作经历、捐款金额、捐款日期以及收款人姓名。为确保所赋予的意识形态得分具有稳定性与可靠性，避免因偶然或短期的政治捐献行为而产生偏差，本节使用了风险投资家在风险投资公司整个决策团队任期内的数据。这种方法与现有文献观点的高度契合，即个人的政治意识形态作为一种深层次的身份特征，在较长的时间跨度内保持相对稳定（Iyengar and Krupenkin，2018）。该指数的取值从 0 到 1。得分高于 0.50 表示自由主义倾向，而得分低于 0.50 则表示保守主义倾向。

关于政治中立性，管理文献中的普遍做法是将零美元捐款或等额捐款视为有意义的值，因此将意识形态指数得分为 0.50 的个人视为政治中立。参考 Bermiss 和 McDonald（2018）的方法，在相关意识形态量表的评估体系下，未留下任何政治捐款记录的个人将被赋予 0.50 的得分，这意味着他们在意识形态上是中立的。此外，公司治理方面的研究也使用 0.50 来表示政治中立（Hudson and Morgan，2022）。因此，将意识形态指数为 0.50 的风险投资家视为政治中立的风险投资家。最后，本节计算了 $t-1$ 时刻风险投资公司决策层中政治中立的风险投资家数量作为衡量指标。

政治中立的风险投资家数量是一个连续变量，可以捕捉到群体层面政治中立性的差异，这在现有的创业文献中也很常见，如通过计算过去有多少创始人担任过特定职位来衡量创始团队的专业知识（Mannor et al.，2019）。还有学者通过有经验的风险投资家数量来衡量风险投资公司决策层的技术经验（Dimov et al.，2012）。

（2）共同先前雇佣关系。本节遵循先前的研究（Beckman，2006），计算共同先前雇佣关系，即 $t-1$ 时刻所有风险投资家共同拥有的雇主数量。本节的研究先确定了每位风险投资家在加入目标风险投资公司之前的所有先前雇主。例如，如果风险投资家 A 和 B 之前曾在 Andreessen Horowitz 工作；风险投资家 C 和 D 之前曾在 Sequoia Capital 和 Andreessen Horowitz 两家公司工作；而风险投资家 E 和 F 之前曾在 Intel 和 Andreessen Horowitz 两家公司工作，那么该决策层就被编码为具有共同先前雇佣关系。

4. 控制变量

本节控制了团队、公司、宏观环境和风险投资特定的因素，以排除其他解释。对于团队特定的因素，本节控制了 $t-1$ 时刻的团队规模，即公司中风险投资家的数量，还控制了团队的移民多样性、意识形态和技术能力。移民团队成员可能会对工作组中的女性表示同情。因此，一个包含移民和本土人士、多元化的决策团队预计会对女性更加友好。同样，强有力的顶层领导者的意识形态可能会影响决策团队的动态。此外，团队的技术能力也会影响公司的投资策略（Patzelt et al.，2009）。根据先前的研究（Chaganti et al.，2008），本节根据出生地、姓氏、本科教育背景或其他等效因素确定了决策团队的移民身份，并使用 Blau（1977）指数计算 $t-1$ 时刻团队的移民多样性。该指数基于团队中被归类为移民的风险投资家的比例来计算，公式为 $1-\sum p_i^2$，其中 p_i 表示被归类为移民的风险投资家的比例。此外，本节还控制了最有权力的决策团队成员的自由主义倾向，因为这些有影响力的成员更有可能主导团队决策（Hambrick，2007）。我们根据风险投资家所拥有的董事会席位数量来确定最有影响力的决策团队成员。董事会席位数量表明了这类成员在风险投资公司内外的个人影响力。当两名或多名风险投资家持有的董事会席位数量最多且相等时，取他们自由主义倾向得分的平均值。$t-1$ 时刻团队的技术能力是根据风险投资家是否拥有科学或工程领域的工作经验来衡量的，我们根据他们的职位头衔来判断，如科学家、工程师或首席技术官。

对于团队人口统计特征，本节控制了 $t-1$ 时刻的团队平均组织任期或团队组织任期，因为任期较长的团队往往合作更多。此外，由于团队成员的认知异质性可能会影响战略决策（Hambrick et al.，2015），本节还控制了 $t-1$ 时刻的团队成员的认知异质性，以最大限度地减少这种影响。团队成员的认知异质性是根据从精英高等教育机构毕业（0=否；1=是）的风险投资家比例计算的：$1-\sum p_i^2$，其中 p_i 表示拥有精英教育背景的风险投资家的比例。精英高等教育机构的名单来自 Finkelstein（1992）的研究。

可能影响风险投资公司投资决策的公司特定因素也被纳入其中。首先，声誉良好的风险投资公司更有可能资助女性领导的企业，因为它们可能已经构建了一套先进的内部人力资源管理体系和积极的组织文化来支持性别平等。本节还将风险投资声誉作为控制变量，风险投资声誉指数是一个综合指数，基于公司规模、投资活动、公司年龄、公司资源和业绩等因素进行衡量。为避免多重共线性，本节没有将用于构建声誉的单个变量作为控制变量纳入。其次，过去同行公司的行为和战略决策可能会诱使目标公司采取类似的战略行动（Makarevich and Kim，2019）。为了最大限度地减少过去做出相同决策的同行风险投资公司对目标公司的影响，本节通过计算目标风险投资公司在 $t-1$ 时刻也投资了女性领导企业的联合体合作伙伴数量来控制同伴效应。

此外，目标风险投资公司总部位于哪个地理区域可能会影响投资决策，特别是对女性的态度。本节控制了 $t–1$ 时刻目标风险投资公司所在州平等就业机会委员会性骚扰案件的比例，因为这些案件反映了该州对女性权利的一般态度，并且可能会影响投资决策的心理模型和合法行为模板（Saxenian，1994）。本节还纳入了 $t–1$ 时刻目标风险投资公司所在州的腐败率作为控制变量，因为有研究表明腐败环境会极大地影响性别平等（Branisa et al.，2013）。根据先前的研究（Glaeser and Saks，2006），本节使用了司法部 2008 年至 2016 年向国会提交的公共诚信部门的活动和运作报告，将每年因腐败相关犯罪被判刑的州公职人员人数除以州人口，以估算 $t–1$ 时刻该州的人均判刑率。

考虑到风险投资家投资偏好的影响，本节纳入了本地投资焦点，衡量在 $t–1$ 时刻，目标风险投资公司投资组合中位于与其主要办公室相同 MSA 的受资助企业所占的百分比。这是因为远程投资风险较高，而女性高层领导者更喜欢承担较少的战略风险，由此捕捉到了不同性别群体对风险较高企业的偏好差异。为了排除公司内部、同时期和地理差异的影响，本节在所有回归分析中采用了公司、年份和 MSA 的固定效应。

（三）评估程序

本节采用线性模型对数据进行分析，该模型能够吸收多个层级的固定效应，并通过稳健估计量进行精准估算。该方法基于 Frisch-Waugh-Lovell（弗里施-沃-洛弗尔）定理，允许应用一类新的组合算法，这些算法具有前所未有的、近乎线性的运行时间优势。该算法用对称投影替换了早期研究中的投影方法，从而解决了多重固定效应估计器的主要缺陷，并大大提高了计算效率。此外，该方法还可以拓展到其他线性模型，如普通最小二乘法、两阶段最小二乘法和广义矩估计法。与主要考察随机效应的多层级混合效应广义线性模型不同，该估计器旨在容纳公司内部的变异，因此能够进行强有力的因果推断。此外，在面对多重固定效应时，该估计器也具有较高的计算效率。

三、实证分析

（一）描述性统计与基础回归检验

表 8-25 列出了各变量的描述性统计和相关性分析结果。在多重共线性诊断中，所有方差膨胀因子值均低于 4.00（最大方差膨胀因子值为 3.01），且所有条件指数值均低于 30（最大条件指数值为 13.52）。因此，多重共线性对结果解释影响甚微。

表 8-26 显示了女性群体代表性对女性领导企业的融资额影响的回归结果。在模型 1 中，只纳入了控制变量，统计证据表明同伴效应与因变量正相关（β=0.00，p=0.000），这表明过去投资于女性领导企业的同伴会促使焦点企业在当前年份做出类似的决策（Makarevich and Kim，2019）。接下来，将自变量和调节变量纳入模型 2 中，检验了女

表8-25　描述性统计和相关性分析结果（四）

变量	标准差	最小值	最大值	女性领导企业的融资额	女性群体代表性	政治中立的风险投资家	共同先前雇佣关系	团队规模	团队的移民多样性	最有权力的决策团队成员的自由主义倾向	团队的技术能力	团队平均组织任期	团队成员的认知异质性	风险投资声誉	同伴效应	公司所在州平等就业机会委员会骚扰案件的比例	人均判刑率	本地投资焦点
女性领导企业的融资额	0.01	0.02	0.18	1.00														
女性群体代表性	0.06	0.13	0.67	0.02	1.00													
政治中立的风险投资家	1.66	1.68	14.00	-0.02	-0.04	1.00												
共同先前雇佣关系	0.69	1.08	8.00	-0.07	-0.07	0.23	1.00											
团队规模	4.93	3.19	23.00	-0.01	-0.04	0.62	0.47	1.00										
团队的移民多样性	0.15	0.20	0.50	-0.11	-0.01	0.13	0.04	0.23	1.00									
最有权力的决策团队成员的自由主义倾向	0.62	0.30	0.98	0.07	0.09	-0.06	0.07	0.09	-0.00	1.00								
团队的技术能力	0.20	0.19	1.00	0.02	0.14	0.09	0.11	0.17	0.15	-0.02	1.00							
团队平均组织任期	11.34	6.25	38.00	-0.14	-0.07	-0.09	-0.03	0.10	0.02	-0.05	0.01	1.00						
团队成员的认知异质性	0.27	0.21	0.50	-0.02	0.05	0.20	0.17	0.29	0.09	-0.04	0.18	0.05	1.00					
风险投资声誉	19.82	15.36	98.65	-0.06	-0.07	0.26	0.24	0.56	0.18	0.01	0.10	0.42	0.11	1.00				
同伴效应	11.37	11.96	87.00	0.21	0.05	0.06	0.03	0.21	0.15	0.04	0.14	0.05	-0.03	0.38	1.00			
公司所在州平等就业机会委员会骚扰案件的比例	0.04	0.02	0.10	-0.03	-0.04	-0.05	0.04	0.06	0.14	-0.05	0.13	0.17	-0.10	0.04	0.10	1.00		
人均判刑率	0.28	0.51	11.54	-0.04	-0.04	0.03	0.08	-0.00	-0.08	-0.01	-0.10	0.11	0.02	0.10	-0.08	-0.17	1.00	
本地投资焦点	0.01	0.03	0.24	0.01	-0.08	0.04	-0.10	0.02	-0.12	-0.10	-0.06	0.16	-0.00	-0.01	-0.06	0.06	-0.00	1.00

注：相关系数的绝对值为0.05或以上时，在0.05置信水平下具有统计学意义，最大方差膨胀因子值为3.01，最大条件指数值为13.52，观测值=1357

表 8-26 女性群体代表性对女性领导企业的融资额影响的回归结果

变量	模型 1 β (RSE)	p 值	模型 2 β (RSE)	p 值	模型 3 β (RSE)	p 值	模型 4 β (RSE)	p 值	模型 5 β (RSE)	p 值
女性群体代表性			-0.05 (0.02)	0.029*	-0.11 (0.04)	0.110	-0.07 (0.03)	0.012*	-0.12 (0.05)	0.008**
政治中立的风险投资家			0.00 (0.00)	0.943	-0.00 (0.00)	0.239	0.00 (0.00)	0.905	-0.00 (0.00)	0.318
共同先前雇佣关系			-0.00 (0.00)	0.164	-0.00 (0.00)	0.093	-0.00 (0.00)	0.002**	-0.00 (0.00)	0.003**
女性群体代表性×政治中立的风险投资家					0.03 (0.01)	0.009**			0.02 (0.01)	0.013*
女性群体代表性×共同先前雇佣关系							0.04 (0.01)	0.002**	0.04 (0.01)	0.003**
团队规模	0.00 (0.00)	0.096	0.00 (0.00)	0.094	0.00 (0.00)	0.156	0.00 (0.00)	0.086	0.00 (0.00)	0.143
团队的移民多样性	-0.02 (0.01)	0.003**	-0.02 (0.01)	0.001***	-0.02 (0.01)	0.001**	-0.02 (0.01)	0.001***	-0.02 (0.01)	0.001***
最有权力的决策团队成员的自由主义倾向	0.00 (0.01)	0.493	0.00 (0.01)	0.849	0.00 (0.01)	0.890	0.01 (0.01)	0.490	0.00 (0.01)	0.582
团队的技术能力	0.02 (0.01)	0.083	0.02 (0.01)	0.060	0.02 (0.01)	0.032*	0.02 (0.01)	0.039*	0.02 (0.01)	0.024*
团队平均组织任期	0.00 (0.00)	0.647	0.00 (0.00)	0.830	0.00 (0.00)	0.752	0.00 (0.00)	0.724	0.00 (0.00)	0.677

续表

变量	模型 1 β (RSE)	模型 1 p 值	模型 2 β (RSE)	模型 2 p 值	模型 3 β (RSE)	模型 3 p 值	模型 4 β (RSE)	模型 4 p 值	模型 5 β (RSE)	模型 5 p 值
团队成员的认知异质性	-0.01 (0.01)	0.662	-0.00 (0.01)	0.739	-0.00 (0.01)	0.812	-0.01 (0.01)	0.595	-0.01 (0.01)	0.677
风险投资声誉	-0.00 (0.00)	0.780	-0.00 (0.00)	0.515	-0.00 (0.00)	0.401	-0.00 (0.00)	0.266	-0.00 (0.00)	0.232
同伴效应	0.00 (0.00)	0.000***	0.00 (0.00)	0.000***	0.00 (0.00)	0.000***	0.00 (0.00)	0.000***	0.00 (0.00)	0.000***
公司所在州平等就业机会委员会性骚扰案件的比例	0.13 (0.16)	0.415	0.11 (0.16)	0.505	0.10 (0.16)	0.531	0.12 (0.16)	0.449	0.11 (016)	0.481
人均判刑率	-0.00 (0.00)	0.728	-0.00 (0.00)	0.655	-0.00 (0.00)	0.525	-0.00 (0.00)	0.722	-0.00 (0.00)	0.588
本地投资焦点	0.12 (0.05)	0.014*	0.12 (0.05)	0.015*	0.13 (0.05)	0.005**	0.13 (0.05)	0.009**	0.14 (0.05)	0.004**
常数项	-0.01 (0.01)	0.282	-0.00 (0.01)	0.725	0.00 (0.01)	0.986	-0.00 (0.01)	0.658	-0.00 (0.01)	0.925
公司固定效应	控制		控制		控制		控制		控制	
MSA 固定效应	控制		控制		控制		控制		控制	
年份固定效应	控制		控制		控制		控制		控制	
F 统计量	6.31		5.93		6.25		6.35		6.24	
R^2	0.5012		0.5074		0.5124		0.5110		0.5147	
调整 R^2	0.4282		0.4339		0.4391		0.4376		0.4414	
N	1357		1357		1357		1357		1357	

***表示 0.1%的显著性水平，**表示 1%的显著性水平，*表示 5%的显著性水平

性群体代表性的直接效应。随后，在模型 3 和模型 4 中纳入了调节变量与自变量的交互项，以考察政治中立的风险投资家和共同先前雇佣关系的调节效应。最后，在模型 5 中纳入了自变量、调节变量、交互项以及所有控制变量。

本节预测女性群体代表性与女性领导企业的融资额负相关。在模型 2 中，统计数据表明女性群体代表性的系数是负的（$\beta=-0.05$，$p=0.029$）。本节的预测得到支持。根据模型 2 的结果，在风险投资公司中增加一名女性风险投资家，会导致女性领导企业所占比例下降约 0.46%。由于样本中每轮投资的平均金额为 5 425 720 美元，因此可以推断出，在风险投资决策组中增加一名女性风险投资家，将平均减少分配给女性领导企业的资金约 24 958.312 美元（5 425 720 美元×0.46%）。

本节的研究认为政治中立的风险投资家数量的增多会削弱女性群体代表性与女性领导企业的融资额之间的负相关关系。如模型 3 所示，女性群体代表性与政治中立的风险投资家的交互项系数达到了 0.05 的统计阈值（$\beta=0.03$，$p=0.009$）。图 8-15 展示了调节效应，横轴表示女性群体代表性，纵轴表示女性领导企业的预测比例。如图 8-15 所示，当女性群体代表性固定在 0.25（第 90 百分位数），并将其他变量保持在均值时，随着政治中立的风险投资家数量从第 25 百分位数增加到中位数，再到第 75 百分位数，y 轴上女性领导企业的预测比例从 8.8% 增加到 9.3%，再到 9.8%。y 轴数据的增加表明，政治中立的风险投资家削弱了主要的负相关关系。

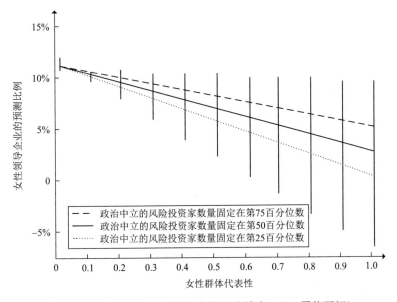

图 8-15　政治中立的风险投资家的调节效应（95%置信区间）

本节的研究还认为共同先前雇佣关系会削弱女性群体代表性与女性领导企业的融资额之间的负相关关系。在模型 4 中，统计数据表明女性群体代表性与共同先前雇佣关系的交互项与女性领导企业的融资额正相关（$\beta=0.04$，$p=0.002$）。因此，本节的预测得到了支持。共同先前雇佣关系的调节效应见图 8-16。如果将女性群体代表性固定在 0.25（第 90 百分位数），并将其他变量保持在均值，随着共同先前雇佣关系的值从 0 增加到 1，再到 2，y 轴上女性领导企业的预测比例从 9.7%增加到 10.3%，再到 10.9%。因此，y 轴上值的增加表明，共同先前雇佣关系削弱了主要的负相关关系。

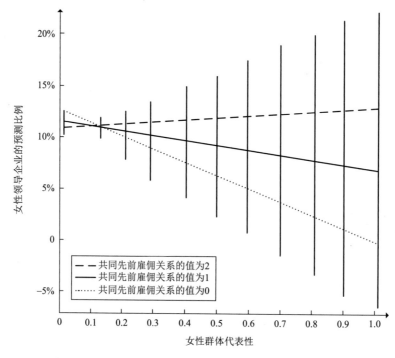

图 8-16　共同先前雇佣关系的调节效应（95%置信区间）

总体而言，研究结果支持了理论预测，即女性群体代表性与女性领导企业的融资额负相关，而政治中立的风险投资家和共同先前雇佣关系都削弱了这种主要的负相关关系。

（二）稳健性检验

为了确保研究结果的稳健性，本节进行了几项补充分析。首先，测试了女性群体代表性对结果的曲线效应。其次，研究了在风险投资公司中引入首位女性风险投资家所带来的影响。再次，使用替代指标研究了自变量的影响。最后，测试了因变量及其替代指标的稳健性。

（1）女性群体代表性对结果的曲线效应。考虑到社会分类理论涉及组内分类和组间分类的不同机制，有人可能会认为，理论也可能表现出曲线效应。为了检验这种可能性，本节进行了测试（Haans et al.，2016）。具体而言，使用表 8-26 中模型 2 的相同模型规范，对女性群体代表性的直接项和平方项以及相同的一组控制变量进行了回归分析。然而，如表 8-27 所示，并未发现任何统计证据表明存在曲线效应（直接项，$\beta=-0.09$，$p=0.057$；平方项，$\beta=0.09$，$p=0.282$）。因此，排除了存在曲线效应的可能性。

表 8-27　曲线效应检验

变量	β（RSE）	p 值
女性群体代表性	−0.09（0.05）	0.057
女性群体代表性 [2]	0.09（0.08）	0.282
政治中立的风险投资家	−0.00（0.00）	0.944
共同先前雇佣关系	−0.00（0.00）	0.139
团队规模	0.00（0.00）	0.052
团队的移民多样性	−0.02（0.01）	0.001**
最有权力的决策团队成员的自由主义倾向	0.00（0.01）	0.961
团队的技术能力	0.02（0.01）	0.102
团队平均组织任期	0.00（0.00）	0.742
团队成员的认知异质性	−0.00（0.01）	0.853
风险投资声誉	−0.00（0.00）	0.483
同伴效应	0.00（0.00）	0.000***
公司所在州平等就业机会委员会性骚扰案件的比例	0.10（0.16）	0.531
人均判刑率	−0.00（0.00）	0.663
本地投资焦点	0.12（0.05）	0.014*
常数项	−0.01（0.01）	0.636
公司固定效应	控制	
MSA 固定效应	控制	
年份固定效应	控制	
F 统计量	5.83	
R^2	0.5082	
调整 R^2	0.4344	
N	1357	

***表示 0.1%的显著性水平，**表示 1%的显著性水平，*表示 5%的显著性水平

（2）引入首位女性风险投资家所带来的影响。引入首位女性风险投资家作为性别构成中的一个显著变化，可能会引发基于性别的分类。本节在面板数据集中将这一事件的发生作为随时间变化的指标进行了追踪。其中，我们设定了一个虚拟变量，名称为女性代表后。观察期内，在风险投资公司引入至少一名女性风险投资家的第一年及后续年份，该变量取值为 1，反之，若尚未引入首位女性风险投资家，则取值为 0（例如，样本期为 2008~2016 年，某风投公司在 2010 年引入了一名女性风险投资家，则该公司样本的女性代表后变量在 2008~2009 年取 0，2010~2016 年取 1）。协变量是包括所有调节变量、控制变量和交互项的向量。此外，本节还控制了公司、年份和 MSA 的固定效应，以考虑样本公司、时间和地点中的非变化异质性。表 8-28 展示了这一分析的结果。表 8-28 的模型 1 显示了女性代表后虚拟变量的基准效应，以证明核心论点［即与表 8-26 中模型 2 的分析相同］。模型 2 和模型 3 进一步纳入了女性代表后虚拟变量与两个调节变量（即政治中立的风险投资家和共同先前雇佣关系）的交互项，以检验调节效应预测［即与表 8-26

中模型 3 和模型 4 相同的分析]。这些结果与主要发现高度一致，为所有论点提供了额外的支持。

表 8-28　引入首位女性风险投资家的影响

变量	模型 1 β（RSE）	p 值	模型 2 β（RSE）	p 值	模型 3 β（RSE）	p 值
女性代表后	−0.01 (0.01)	0.032*	−0.05 (0.02)	0.004**	−0.02 (0.01)	0.012*
政治中立的风险投资家	−0.00 (0.00)	0.246	−0.00 (0.00)	0.042*	0.00 (0.00)	0.923
共同先前雇佣关系	0.00 (0.00)	0.936	−0.00 (0.00)	0.278	−0.00 (0.00)	0.004**
女性代表后×政治中立的风险投资家			0.01 (0.00)	0.003**		
女性代表后×共同先前雇佣关系					0.01 (0.00)	0.002**
团队规模	0.00 (0.00)	0.027*	0.00 (0.00)	0.049*	0.00 (0.00)	0.035*
团队的移民多样性	−0.02 (0.01)	0.000***	−0.03 (0.01)	0.000***	−0.03 (0.01)	0.000***
最有权力的决策团队成员的自由主义倾向	0.00 (0.01)	0.694	0.00 (0.01)	0.922	0.01 (0.01)	0.471
团队的技术能力	0.02 (0.01)	0.113	0.02 (0.01)	0.123	0.02 (0.01)	0.092
团队平均组织任期	−0.00 (0.00)	0.979	−0.00 (0.00)	0.904	−0.00 (0.00)	0.722
团队成员的认知异质性	−0.01 (0.01)	0.687	0.00 (0.01)	0.963	−0.01 (0.01)	0.643
风险投资声誉	−0.00 (0.00)	0.588	−0.00 (0.00)	0.481	−0.00 (0.00)	0.576
同伴效应	0.00 (0.00)	0.000***	0.00 (0.00)	0.000***	0.00 (0.00)	0.000***
公司所在州平等就业机会委员会性骚扰案件的比例	0.12 (0.16)	0.448	0.13 (0.16)	0.410	0.13 (0.16)	0.419
人均判刑率	−0.00 (0.00)	0.722	−0.00 (0.00)	0.687	−0.00 (0.00)	0.682
本地投资焦点	0.11 (0.05)	0.023*	0.13 (0.05)	0.006**	0.12 (0.05)	0.016*
常数项	−0.01 (0.01)	0.462	0.00 (0.01)	0.833	−0.00 (0.01)	0.650

续表

变量	模型 1 β（RSE）	p 值	模型 2 β（RSE）	p 值	模型 3 β（RSE）	p 值
公司固定效应	控制		控制		控制	
MSA 固定效应	控制		控制		控制	
年份固定效应	控制		控制		控制	
F 统计量	6.15		7.06		8.34	
R^2	0.5069		0.5186		0.5117	
调整 R^2	0.4333		0.4463		0.4384	
N	1357		1357		1357	

***表示 0.1%的显著性水平，**表示 1%的显著性水平，*表示 5%的显著性水平

（3）女性群体代表性的替代指标。首先，本节测试了改变女性群体代表性的临界值（即≤25%、≤50%、≤75%）是否会影响核心论点的结果，并进行了表 8-26 中模型 2 的相同分析。如表 8-29 所示，统计数据表明，核心论点在不同临界值下的结果保持不变 [模型 1，β=−0.08，p=0.019；模型 2，β=−0.06，p=0.017；模型 3，β=−0.05，p=0.029]。这进一步支持了主要发现，表明研究结果不会因女性群体代表性的范围的变化而受到影响。其次，主要分析（表 8-26 中的模型 2）使用了基于比例的指标作为主要预测变量，我们替代使用二进制变量（即 t–1 时刻女性群体是否存在，0=否，1=是）和计数变量（即 t–1 时刻女性群体成员的数量）来检验其是否会与前述研究产生一致的结果。结果在很大程度上证实了主要发现（t–1 时刻女性群体是否存在，β=−0.012，p=0.033；t–1 时刻女性群体成员的数量，β=−0.005，p=0.193）。再次，理论分析并未明确指出女性风险投资家在一个群体中的增加是否会在女性和男性风险投资家之间产生相同的分类过程。为了探究这一点，本节将 t 时刻到 t–1 时刻女性群体成员数量的增加作为自变量进行检验，其检验结果不显著（β=−0.001，p=0.732），这与之前发现的曲线效应未在理论中表现出来的结论一致。最后，为了检查独立变量、调节变量和控制变量中的异常值（如果有的话）是否驱动了研究结果，本节对所有连续独立变量和控制变量按年份进行了 1%和 99%水平的缩尾处理，并进行了与表 8-26 中模型 2 相同的分析。结果仍然与主要发现一致（女性群体代表性：β=−0.06，p=0.039）。

表 8-29 不同临界值的女性群体代表性的影响。

变量	模型 1 ≤25% β（RSE）	p 值	模型 2 ≤50% β（RSE）	p 值	模型 3 ≤75% β（RSE）	p 值
女性群体代表性	−0.08 （0.04）	0.019*	−0.06 （0.03）	0.017*	−0.05 （0.02）	0.029*
政治中立的风险投资家	−0.00 （0.00）	0.857	−0.00 （0.00）	0.992	0.00 （0.00）	0.943
共同先前雇佣关系	−0.00 （0.00）	0.049*	−0.00 （0.00）	0.167	−0.00 （0.00）	0.164

变量	模型 1 ≤25% β（RSE）	p 值	模型 2 ≤50% β（RSE）	p 值	模型 3 ≤75% β（RSE）	p 值
团队规模	0.00 (0.00)	0.020**	0.00 (0.00)	0.072	0.00 (0.00)	0.094
团队的移民多样性	−0.02 (0.01)	0.002**	−0.02 (0.01)	0.001***	−0.02 (0.01)	0.001***
最有权力的决策团队成员的自由主义倾向	0.00 (0.01)	0.836	0.00 (0.01)	0.907	0.00 (0.01)	0.849
团队的技术能力	0.02 (0.01)	0.177	0.02 (0.01)	0.086	0.02 (0.01)	0.060
团队平均组织任期	0.00 (0.00)	0.819	0.00 (0.00)	0.792	0.00 (0.00)	0.830
团队成员的认知异质性	−0.01 (0.02)	0.434	−0.00 (0.01)	0.781	−0.00 (0.01)	0.739
风险投资声誉	−0.00 (0.00)	0.848	−0.00 (0.00)	0.499	−0.00 (0.00)	0.515
同伴效应	0.00 (0.00)	0.000***	0.00 (0.00)	0.000***	0.00 (0.00)	0.000***
公司所在州平等就业机会委员会性骚扰案件的比例	0.12 (0.17)	0.466	0.11 (0.16)	0.501	0.11 (0.16)	0.505
人均判刑率	−0.00 (0.00)	0.515	−0.00 (0.00)	0.669	−0.00 (0.00)	0.655
本地投资焦点	0.13 (0.05)	0.014*	0.12 (0.05)	0.015*	0.12 (0.05)	0.015*
常数项	−0.01 (0.01)	0.560	−0.00 (0.01)	0.728	−0.00 (0.01)	0.725
公司固定效应	控制		控制		控制	
MSA 固定效应	控制		控制		控制	
年份固定效应	控制		控制		控制	
F 统计量	6.76		6.31		5.93	
R^2	0.5047		0.5087		0.5074	
调整 R^2	0.4295		0.4354		0.4339	
N	1237		1356		1357	

***表示 0.1%的显著性水平，**表示 1%的显著性水平，*表示 5%的显著性水平

四、研究结果与讨论

在男性主导的创业金融市场中，女性在获取资金和做出决策的过程中往往面临巨大挑战。许多人希望增加女性风险投资家的比例，且希望构建一个性别更为平等的创业生态系统。然而，在风险投资公司的决策团队中，女性风险投资家的比例越大，女性领导的企业获得的资金就越少。此外，增加政治中立的风险投资家和具有更多共同先前雇佣关系的成员数量可以减轻女性群体代表性带来的不利影响。本节的研究发现为创业金融市场中性别不平等现象的动态变化提供了宝贵的理论和实践见解。

本节提出了一个解决基于性别的资金差异问题的复杂视角，对现有创业文献做出了重大贡献（Cumming and Johan，2017）。首先，本节借鉴性别平等文献（Torchia et al.，2011）中的见解，即女性一旦在决策团队中占据多数时，便能够凭借其集体影响力，为其他女性创业者提供支持与助力。因此，许多学者主张用增加女性投资者的数量作为解决创业金融市场中性别不平等问题的解决方案。然而，这一观点可能需要进一步完善。通过深入探讨群体决策过程中的组内分类和组间分类发现，与传统预期相反，即使女性在决策团队中占据多数，但在行业仍由男性主导的情况下，女性可能仍不会支持女性领导的企业。这种违背直觉的行为源于女性在追求社会认可和合法性时倾向于遵从甚至内化有利于男性的社区规范和做法。这种偏好和行为模式既受到男性主导行业中的男性主导地位的影响，也受到女性顺从倾向的影响。

但是，我们提出的理论和研究结果并非意味着要停止在传统男性主导的创业金融市场中增加女性投资者的努力。相反，增加女性在风险投资领域的代表性应持续进行，直到女性在更广泛的创业生态系统层面获得与男性平等的地位。研究表明，只有当女性在各自的职业领域不再处于少数地位时，性别多样性的优势才能得以真正显现。系统性地努力减少女性领导者的短缺可以构建一个更具包容性的创业生态系统。这是因为创业生态系统层面的社会文化塑造了区域创业活动。

其次，我们的研究超越了传统上对个人投资者特征的关注，转而强调投资者决策团队内部性别构成的重要性。通过采用这种以群体为中心的视角，我们对关于个体女性投资者是否会帮助其他女性的相互冲突的理论进行了调和。此外，本节的研究摒弃了仅由群体内部地位动态决定融资成功的观念。相反，我们认为，包括投资组合在内的公司决策是由男性主导地位和女性顺从倾向的影响共同塑造的，这些影响在投资者群体内部以及整个投资者社区的不同组织间发挥作用。这一观点强调了调整投资者决策团队构成，既是创业金融市场中性别不平等的一个潜在驱动因素，也是解决这一问题的一个潜在途径。从更广泛的角度来看，本节揭示了如何在内部促进决策团队的性别平等，从而通过投资者和被投资企业的投资关系在外部影响新企业的性别平等。

最后，我们的理论和研究结果为现有的创业文献提供了宝贵的见解，揭示了如何在风险投资公司内部培养一个性别包容的决策团队，尤其关注身份和经验的权变效应。先前的研究表明，具有平等主义文化的国家（Hoobler et al.，2018）、拥抱性别多样性规范的行业或优先考虑创新的公司（Dezso and Ross，2012）往往更具包容性。在这一研究线索的基础上，本节考察了政治中立和共享经验在促进创业金融市场中性别平等方面的作用。具体来说，政治中立的风险投资家有助于改善团队沟通和共识建立，而共同先前雇佣关系则表明团队成员之间存在认知和情感联系。从这个角度来看，本节的研究不仅补充了现有关于性别多样性的研究，这些研究研究了人口统计因素（如断层线）是如何成为群体合作和绩效的障碍的，而且还确定了能够提升团队效能的跨人口统计特征。理论发现为推进风险投资公司决策团队的性别多样性和包容性提供了一种新方法，其影响超出了创业金融市场的范围。

五、发挥女性推动绿色转型的作用

　　尽管女性在风险投资和绿色转型融资领域面临着由性别偏见造成的诸多挑战，但是在推动绿色转型过程中却具有独特的优势与视角，这些优势源于女性对可持续性、社区参与以及创新方式的深刻理解，对于推动绿色转型和可持续发展具有重要意义。

　　女性在决策过程中倾向于长期利益和可持续性。女性倾向于以一种更为全面和深远的视角来审视项目，不仅考量即时的经济效应，还重视对环境、社会以及经济的长远影响。相较于短期收益，女性领导者更加倾向于选择那些能够带来积极的社会和环境效益的项目，这反映了女性对企业社会责任的高度认知与承担。这种长远且全面的视角，确保了绿色转型的推进不仅贴合当前的经济利益，还为未来的可持续发展奠定了坚实的基础。女性领导者在决策时，往往能够超越眼前的局限，预见并规划出更加绿色、可持续的发展路径。女性不仅关注项目的经济效益，还看重其是否有利于环境的改善、社会的和谐以及经济的可持续发展。这种长远视角不仅是对当前经济利益的审慎考量，还是对未来可持续发展的深刻洞察，使得女性在推动绿色转型时，能够更加注重项目的综合效益，为构建更加绿色、和谐、可持续的未来贡献力量。

　　女性在社区参与和合作方面具有天然的优势。女性具备出色的建立与维护人际关系的能力。这一特质在绿色转型的进程中发挥着至关重要的作用，能够有效地动员社区力量，促进多方之间的紧密合作。女性在社区内积累的影响力，能够转化为对绿色转型项目的有力支持，并通过教育和宣传的方式，提升公众对环境保护及可持续发展的认知与理解。这种深入社区的参与和合作模式，极大地降低了绿色转型过程中可能遇到的阻力。女性领导者能够利用女性在社区中的广泛联系和深厚信任，促进各方之间的沟通与协作，从而确保项目的顺利实施。女性不仅关注项目的技术层面，还重视通过社区参与来增加项目的社会接受度和可持续性。女性在社区参与和合作方面的优势，为绿色转型项目提供了宝贵的支持。通过教育和宣传能够提高公众的环保意识，通过动员社区力量能够降低转型阻力，通过多方合作能够确保项目的成功实施。这种独特的参与方式，不仅加速了绿色转型的进程，还为社会的可持续发展注入了新的活力。

　　女性在创新方式上展现出了独特的视角。女性擅长从日常生活的细微之处洞察问题，并据此探索出新颖的解决方案。在绿色转型的广阔舞台上，女性领导者往往能够敏锐地捕捉到那些被传统视角所忽略的领域或问题，进而提出富有创意的应对策略。这种源自日常生活经验的创新方式，为绿色转型带来了全新的视角和动力。女性领导者能够基于对生活的深刻理解和细腻观察，在看似平常的生活场景中发掘出潜在的市场机会，推动绿色技术和产品的不断革新。她们在关注技术先进性的同时，还高度重视技术的实用性和对社会产生的积极影响，从而确保创新成果能够真正服务于绿色转型的大局。女性在创新方式上的独特视角为绿色转型注入了新的活力和灵感。通过日常生活中的细微观察，女性可以发现被忽视的问题和潜在的市场机会，进而提出创新的解决方案，推动绿色技术和产品的持续进步。这种基于生活经验的创新方式，不仅丰富了绿色转型的内涵，还为社会的可持续发展贡献了宝贵的智慧。

从理论机制上看，女性在绿色转型中的独特优势与视角可以归因于女性在决策过程中的心理特质和社会角色。心理学研究表明，女性在决策时更注重情感、直觉和合作，这些特质使女性在绿色转型中能够更全面地考虑各种因素，并寻求更加和谐、可持续的解决方案。同时，女性在家庭、社区和工作场所中的多重角色使女性更了解不同群体的需求和期望，从而能够更好地平衡各方利益，推动绿色转型的顺利实施。综上所述，为了充分发挥女性在绿色转型中的潜力，需要消除性别偏见和融资障碍，为女性领导者提供更多机会和资源，同时，鼓励女性参与绿色转型项目的决策和实施，将女性的独特优势转化为推动可持续发展的动力，这有助于构建更加包容、可持续和繁荣的未来。

第八节　本章主要结论与政策建议

一、增强情感共鸣，提升绿色转型意识

通过开展面向决策者、企业、社会公众的教育和宣传活动，可以加强对绿色转型长期价值的认知。展示绿色转型对环境质量、经济可持续发展的重要性，可以让各方真正理解并接受绿色理念。可以利用生动的案例、数据和直观的视觉向公众展示绿色转型的成效和积极影响。

鼓励政府、非营利组织、企业合作开展绿色公益活动，如植树造林、组织环境保护讲座、推广绿色生活方式等，增强公众的情感共鸣，吸引更广泛的社会参与。这些活动可以让公众对绿色转型产生情感上的认同，以促进个体、家庭、社区在绿色转型中实现自我角色的转变。制定激励措施，鼓励企业在自身经营管理中融入绿色转型理念，定期发布绿色转型成果和环境责任报告，推动形成绿色意识良性循环。

二、运用前景理论优化决策，减少偏差风险

在绿色转型初期，由于技术和市场不确定性较高，建议采取小步快跑的策略，即逐步投入，逐步积累技术经验，适应市场变化。在技术成熟后可加大投入，实现规模效应与经济效益最大化，从而降低决策失误的风险。

建立健全风险管理机制，充分考虑潜在风险和不确定性因素。比如，在制定政策前进行多方数据分析，结合实际情况和行业发展动态，设立风险预警机制，提升决策的科学性和合理性。在企业内部建立多元化决策团队，通过跨领域人才和专家共同协作，减少认知偏差，并引入科学工具辅助决策，确保决策的多样性和全面性，降低由个人或团队固有偏好导致的偏差风险。

三、优化企业决策机制，促进灵活应对与创新

建议家族企业建立专业的绿色转型咨询委员会，吸纳行业专家、政策制定者和科研人员，为企业的绿色决策提供科学指导和建议，减少内部家族成员的意见分歧对决策效率的影响。企业内部应设立绿色转型专项小组，专注于绿色技术的引入、绿色生产流程的优化及市场策略的制定。通过高层管理人员领导和各部门通力协作，可以实现企业内部资源的合理配置和转型计划的高效实施。

创新是绿色转型的核心驱动力，政府应为企业创新提供资金支持，如设立专项绿色转型基金，支持企业进行技术研发、产品设计和绿色管理创新。政策也应提供技术咨询、专利申请指导等，降低企业创新的门槛，激发创新潜力。

四、加强市场监测和提高灵活应对能力

建立全面的绿色市场监测体系，跟踪绿色产品的市场偏好、消费者需求变化和竞争动态，确保企业能够及时调整产品定位和营销策略，适应快速变化的市场环境。尤其可借助大数据和人工智能技术，提高市场数据的分析精度。

根据市场反馈，及时调整绿色产品的定价、推广方式和用户体验，避免盲目跟风或过度悲观的投资行为。企业可通过试点产品逐步开拓市场，提升品牌影响力，逐步实现市场份额的增加和巩固。推动企业建立灵活的风险应变机制，尤其是在资源分配上保持灵活性和可调整性，以应对市场的瞬息万变。通过动态调节资源配置，企业可以实现快速适应绿色市场需求的转变。

五、建立风险情感心理学机制，提升风险承受力

决策者和企业管理层可通过引入心理学咨询和团队建设，提高企业和团队成员的心理承受力，避免焦虑和负面情绪影响决策质量。定期开展心理支持与团队辅导活动，增加员工对绿色转型的理解和支持。企业应提前制定风险应急预案，针对可能的技术、市场、资金等问题进行情绪管理预案。帮助决策者保持冷静、理性的态度，减少在压力下的非理性决策风险。

推动企业和管理层定期进行知识更新和学习，了解最新的绿色技术、政策变化和市场动态，不断优化决策方法和提高风险管理水平。持续的培训有助于企业在绿色转型过程中保持敏锐的应变能力和风险意识。

第九章　制度创新变革推进全面绿色转型研究

制度创新是助推企业克服绿色创新负面外部性，推动全面绿色转型的重要力量。企业在追求可持续发展的过程中，不仅要应对政府的正式规制压力，还需面对来自社会、消费者、供应商等其他利益相关者的非正式规制压力。这些规制压力共同作用于企业的绿色创新活动，影响着企业通过创新来实现绿色发展。在这个过程中，推动制度创新尤为关键，包括设计更加灵活的市场激励型规制工具，以及充分发挥企业间网络的支撑作用。此外，以中国为代表的新兴市场国家与西方发达国家的制度建设与发展阶段存在显著差异，政治关联、制度基础、制度变迁、制度执行等制度环境都可能对环境规则工具的实施效果产生重大影响。本章旨在探讨制度创新变革影响企业全面绿色转型的机理和路径，为波特假说在新兴市场国家的实践提供中国的经验证据。

第一节　问题提出、思路与内容

一、研究背景与问题提出

当前，全球环境问题日益突出，包括气候变化、水资源短缺、生态环境退化等。这些问题不仅会对人类的生存环境构成威胁，还会影响到经济的可持续发展。因此，各国纷纷采取行动，通过制度创新和政策联动推动绿色转型，以减少对环境的负面影响。中国共产党第二十届中央委员会第三次全体会议明确提出，必须完善生态文明制度体系，加快完善落实绿水青山就是金山银山理念的体制机制，以此推进经济社会全面绿色转型。

三十多年来，理论界也对制度与可持续发展问题展开积极探讨。第一，关于制度建设对绿色转型的作用，学术界大多以波特假说为基础，研究政府规则与产业创新之间的关系，其结果莫衷一是，包括正面影响（Costantini and Mazzanti，2012）、负面影响（Walker et al.，2008）、无法辨别（Triebswetter and Hitchens，2005）或具有包容性（You et al.，2019）等。

第二，过去的研究更多聚焦于政府监管对企业绿色创新的影响。随着公民的环保意识觉醒，非政府组织、当地社区、消费者、竞争对手、供应链上下游企业等其他利益相关者的压力在企业可持续发展中起到越来越大的作用。因此，有必要拓展环境监管的内涵，考虑政府之外的其他利益相关者的影响，并重视其他参与者所拥有的监管资源的杠杆作用（You et al.，2019）。

非正式规制压力可能来自与企业相关的各个利益相关者集合，如同行企业、供应链上下游企业、企业高管相熟企业等。焦点企业与这些企业可以形成不同的非正式关系网络。绿色创新作为企业实现绿色转型的战略抓手，具有高风险、长周期、负外部性等问题，企业凭借非正式关系网络，通过信息互通、资源互补、同群协作等方式，能够在一定程度上降低绿色创新风险（赵炎等，2024）。在这一过程中，企业之间的信任不仅能降低合作成本，还能为企业在绿色转型过程中提供稳定性和一致性（王燕夷和彭灿，2012）。然而，现有的绿色转型研究大多集中在政策激励、技术创新等方面，忽视了企业间社会资本及其信任网络在绿色转型中的具体作用。

第三，过往研究往往忽视了制度环境在不同情景下产生的不同影响。新兴市场的制度环境通常以产权保护法、法治体系和政策透明度等制度基础设施薄弱为特征（Wu et al.，2018a）。部分中国企业为了实现商业成功，可能会对规制压力的反应不足，低估自身的环保责任（Revell and Blackburn，2007）。面对同样的规制压力，中小企业的应对措施各有不同（Colwell and Joshi，2013；You et al.，2019），它们可能采用各种方式应对环境规制压力或者逃避规制压力（Lynch-Wood and Williamson，2014）。以国外发达国家为背景探讨的波特假说，在新兴市场的实用性及有效性方面，尚缺乏系统研究。

比如，基于明确价格信号的市场激励型规制工具被认为比命令控制型规制工具更为有效。排污许可证交易机制作为经典的市场激励型规制工具，在有效控制污染减排方面比传统的命令控制型规制工具更有前景（Montgomery，1972）。在以往的研究中，中国等主要新兴经济体的排放权交易实践在全球发挥着重要作用，但大多数文献都忽略了波特假说（Ambec et al.，2013）。新兴市场的实践和实证研究则证明，市场激励型规制工具并非总是有效的（Tu et al.，2019）。中国学者提供的经验证据表明，命令控制型规制工具在中国更为有效（Chen et al.，2018）。这与传统的环境规制理念大相径庭。新结构经济学认为，不发达国家的产业升级过程应得到更广泛的制度体系的支持。环境规制制度及其执行机制为企业提供了明确的制度环境，并形成了企业对公众日益增强的可持续发展意识的战略回应。以往的文献通常讨论规制结构（即市场激励型规制与命令控制型规制）和规制力度，但忽略了制度基础及制度执行情况对企业绿色转型的影响。那么，制度变迁如何帮助环境规制工具在新兴市场发挥作用，值得深入探讨。

又如，政治关联一般是影响公司与其利益相关者互动的关键因素之一（Khwaja and Mian，2005）。由于新兴市场普遍存在制度空白，小公司往往依靠非正式机构进行交易和获取资源（Puffer et al.，2010）。特别是在新兴市场，政治关联通常被认为是赞助商与客户的关系。不透明的正式机构增加了环境规制征用的不确定性（Marquis and Raynard，2015）。以往的研究认为存在政治关联的公司对环境问题关注较少，因为它们更有可能免受公众和政府的监督（Cheng et al.，2017；Wang et al.，2018a）。因此，政治关联对小型企业的环境责任和产业创新战略的形成具有重要影响。

有鉴于此，本章主要回答以下几个问题：在新兴市场国家情景下，环境规制是否能促进企业绿色转型？正式规制和非正式规制的效用是否存在差异？哪些制度情景变量影响了环境规制在促进企业绿色转型过程中的作用机制？

二、研究思路

本章主要从三个层面对制度创新变革推动企业全面绿色转型进行研究：一是环境规制（包括正式规制和非正式规制）对企业绿色转型的影响；二是正式规制创新工具对企业绿色转型的影响；三是非正式规制网络对企业绿色转型的作用机理。本章基于中国情景，着重探讨了政商关系、制度环境等在期间发挥的特殊作用，这是对波特假说在新兴市场经济体的深入验证，具体内容如下。

第一，环境规制对企业绿色转型的影响分析。绿色创新是企业实现绿色转型的核心力量，而制度创新在弥合企业绿色创新"外部性"方面的作用显著。本章研究了不同环境规制如何整体影响企业绿色创新，跳出了以往更多单纯研究环境规制政策效果的旧窠，增加了政治关联到底是制度推手还是制度庇护的讨论。

第二，正式规制创新工具对企业绿色转型的影响分析。波特假说认为，环境规制需要精心设计，只有灵活的规则设计才能发挥真正作用。但是，国外发达国家发明的正式规制创新工具是否适用于新兴市场国家值得进一步探讨。本章以排污权交易制度这一创新市场工具为例，探讨排污权交易试点如何影响企业绿色创新，制度基础和执行在其中发挥怎样的具体作用。

第三，非正式规制网络对企业绿色转型的作用机理分析。非政府组织、当地社区、消费者、竞争对手、供应链上下游企业等其他利益相关者在企业绿色转型中发挥着越来越重要的作用。本章以企业间信任网络为例，探讨同群信任网络如何对企业包括绿色转型在内的战略行动产生影响。

三、主要内容

（一）环境规制、政治关联与企业绿色转型的制度安排

本章通过对 4924 家中国民营企业进行抽样调查，探讨环境规制（包括正式规制和非正式规制）对企业绿色创新的影响，以及政治关联在其中发挥的作用。研究发现，无论是正式的政府规制还是非正式的社会压力，均对企业绿色创新产生积极影响。进一步的分析揭示了政治关联在这一过程中的调节作用。具体来说，政治关联对正式规制压力与绿色创新之间的关系起到了正向调节作用，即拥有政治关联的企业在面对政府规制时，更可能将其转化为推动绿色创新的动力；然而，政治关联在非正式规制压力与绿色创新之间起到了负向调节作用，这意味着当企业拥有政治关联时，它们可能不太受非正式规制压力的影响，或者可能会采取策略来减轻这种压力的影响。

（二）排污权交易试点、制度环境与企业绿色转型的有效性

本章基于 2002~2014 年中国民营企业数据，从新结构经济学角度探讨了排污权交易试点对企业创新的影响以及制度环境的调节作用。研究结果支持波特假说，即适当的制度规制可以增强其对企业创新的正面影响。此外，研究进一步探讨了波特假说在哪些制度环境下能更好地发挥作用。具体来说，制度基础设施对排污权交易试点的政策效应具有积极调节作用，表明企业升级所需的环境规制应随着制度变迁而发展，成熟的制度基础设施能增强市场激励型规制工具的实际效果；规制制度对排污权交易试点的政策效应有正向调节效应，这意味着建立正式的环境规制制度体系能正向增强排污权交易试点的波特假说效应；规制执行正向调节排污权交易试点的政策效应，激发企业创新。

（三）支撑全面绿色转型的企业间网络

本章基于中国企业融资信任网络的实证分析，重点探讨了企业间信任如何通过社会资本的跨层次生成影响绿色转型中的合作网络。研究发现，中国社会的个体社会资本丰富，但集体社会资本的培育相对不足，特别是在企业合作和绿色转型领域，信任网络的构建面临挑战。因此，中国企业普遍存在"内群体信任强、外群体信任弱"的信任格局，这种特殊主义信任模式限制了企业在更大范围内的绿色合作潜力。为此，本节提出并验证了两条企业间绿色信任网络生成逻辑：一是基于亲缘、地缘、业缘等特殊主义的关系运作逻辑，即企业通过强化已有的关系网络构建信任，但这种模式往往局限于小规模的合作网络；二是基于社会声望的资格承认逻辑，即企业通过社会声望来扩大信任半径，融入更为开放和广泛的合作网络。同时，研究发现，企业信任半径是社会资本跨层次生成的关键中介变量，信任半径越大，企业越能够参与到更大规模的集体信任网络中，这对于绿色转型中的合作具有重要意义。进一步的研究发现，企业如果依赖过度嵌入的封闭网络，可能会增加绿色转型失败的风险。

第二节　环境规制、政治关联与企业绿色转型的制度安排研究

本节主要实证检验整体环境规则对企业绿色转型的影响，这里主要以考察环境规制、政治关联对企业绿色创新的作用机制为例。

一、环境规制与政治关联在企业绿色创新中的重要角色

（一）正式规制压力对绿色创新的影响

已有研究充分表明，设计合理的规制体系有利于推动环境友好型创新，并且能够有效降低规制成本（Ambec and Barla，2006），特别是政府施加的正式规制压力能促进企业进行绿色创新，催生新的产品、服务和技术，为核心企业带来经济效益和环境效益。以往研究主要聚焦于以下三个方面：①环境规制的严格程度与创新投入正相关（Yuan and Xiang，2018）；②推动绿色创新所需的规制压力阈值（Yalabik and Fairchild，2011）；③追求绿色创新的环保成本（You et al.，2019）。

在严格的规制环境下，企业通常更倾向于进行技术创新和设备升级。过去十年，中国政府强化了环境规制，制定了更严格的环境标准，并开始征收污染排放费。这些措施为企业带来了外部压力，促使它们更新技术和设备，以满足相关规定，实现绿色转型和升级。节能减排和构建"绿色声誉"等策略成为企业应对规制压力的重要手段（Agan et al.，2013），并可能激励企业超越基本规制要求。因此，本节认为政府的正式规制压力对绿色创新有正向影响。

（二）非正式规制压力对绿色创新的影响

非政府组织、当地社区、消费者、竞争对手、供应链上下游企业等的环境期望与企

业的环境意识密切相关，他们的环境期望有助于推动能源密集型和污染密集型企业实现可持续发展。例如，非政府组织通过抵制、媒体倡议和合作等方式，影响企业的环境行为；消费者在面对不负责任的企业时，可能会改变购买选择或在社交媒体上表达不满，甚至向监管机构举报；而竞争对手则通过供应链倡议和合同策略，对焦点企业的环境战略施加影响。这些多元化的压力共同促使企业更加重视环境问题，推动其向可持续发展转型。随着有影响力的利益相关者不断提高其环境意识，企业所面临的压力也在不断增加，并逐渐拓展到遵守环境规制以外的其他方面（Ford et al.，2014）。

市场声誉和社会认同是推动企业进行创新、实现可持续发展的核心驱动力。在过去几十年，几乎所有的消费品类别中都逐渐推出"绿色品牌"，注重绿色形象塑造，以提高消费者的购买意愿（Honkanen et al.，2006）。越来越多的中国企业逐渐意识到，履行环境责任有利于维护企业的社会合法性（Zhou et al.，2017），帮助企业建立良好的环境声誉和稳固的社会关系（Sharma，2001）。然而，单靠合法性不足以实现创新，非政府利益相关者所施加的非正式规制压力同样推动企业进行可持续发展创新。因此，本节的研究认为，非政府利益相关者的非正式规制压力对绿色创新有正向影响。

（三）政治关联的调节作用

部分新兴市场的制度环境常常面临产权保护不力、法治薄弱、政策透明度低等问题（Wu et al.，2018a）。以往的研究表明，政治关联为企业带来了诸多便利，使其更易获得优惠融资、税收减免、财政补贴和产权保护（Faccio，2010；Bai et al.，2006），同时提高其合法性（Hillman et al.，2004），增强风险承受能力，并获得身份认同与社会信誉，从而促进绿色创新实现可持续发展（Huang et al.，2021）。

然而，关于政治关联对规制压力与绿色创新之间关系的影响这一问题仍存在争议。虽然政治关联能保护企业免受公众和政府的监督（Cheng et al.，2017；Wang et al.，2018a），但也可能会降低企业承担可持续发展责任的积极性。在新兴市场中，政治关联被视为一种裙带关系，不健全的法制和快速变化的法规使企业面临被征用或干预的风险（Marquis and Raynard，2015）。以往的研究表明，具有政治关联的企业对环境的关注较少，甚至可能通过贿赂地方官员来规避环境规制（Zhang，2017）。政治关联还为企业影响规制政策的制定和游说地方政府提供了便利（Lyon and Maxwell，2008）。

以往研究通常采用简单的虚拟变量来衡量政治关联（Faccio，2006）。本节的研究则细化了企业与地方政府之间的关系，分别研究正式规制压力和非正式规制压力与可持续发展的企业创新的关系。在波特假说的前提下，精心设计的环境规制的核心在于灵活性（Costantini and Mazzanti，2012；Ambec et al.，2013）。灵活性较高的规制体系（如市场激励型环境规制）比灵活性较低的规制体系（如命令控制型环境规制）更能刺激企业创新，进而实现可持续发展的目标（Desrochers and Haight，2014）。比如，在许多命令控制型环境规制案例中，企业被迫采用特定的产业标准和技术，可能会抑制其创新行为。

现有的研究注重市场激励型环境规制政策与命令控制型环境规制政策在灵活性上的差异（Zhao et al.，2015），但存在一定的片面性。企业的政治影响力取决于受监管的严格程度。政治关联良好的企业通常享有更大的合规灵活性。环境规制会在一定程度上促进受青睐企业的持续创新，甚至可能为其创新提供"便利"（Zhao and Sun，2016）。例如，一些企业为获取高额利润而牺牲环境，但地方政府对此类行为视而不见，依然与这些企业保持良好关系。此外，为建立长期的政治关联，地方监管部门可能会提供长期指导，以降低企业创新的不确定性。政治关联的密切程度会影响环境规制的执行灵活性，进而影响绿色创新，因此本节认为政治关联对正式规制压力与绿色创新之间的关系具有正向调节作用。

企业通过政治关联获得政治庇护，以减轻来自其他利益相关者的非正式规制压力。政治关联通常呈不对称状态，地方政府官员主导资源分配，与企业的关系类似于赞助人与客户的关系（Sekeris，2010）。赞助人（地方政府官员）利用政治影响力保护客户（受青睐的本地企业）免受监管压力，企业则需遵循政策并对官员保持忠诚。

近年来，地方社区、消费者和竞争对手对企业的不当行为（如污染）越来越反感。然而，如果地方政府高度重视经济发展，主动与污染企业保持良好关系，某些具有政治关联的企业可能会通过贿赂官员或监管机构来阻碍环境规制的实施，从而使这些企业免受其他利益相关者的压力。如果核心企业与地方政府关系良好，非正式规制压力对企业绿色创新的影响则会减小。基于此，本节认为，政治关联对非正式规制压力与绿色创新之间的关系具有负向调节作用。

二、实证分析

（一）研究设计

1. 数据来源

本节的数据来源于 2016 年第十二次中国私营企业调查。该调查针对全国民营企业，覆盖了我国 31 个地区，包括 22 个省、4 个直辖市和 5 个自治区，涉及约 0.055%的私营企业。

该调查在民营企业中展开，针对企业家和企业所有者进行了详细访谈，收集了企业家的个人信息，如性别、年龄、受教育程度、家庭背景、职业经历、政治关联、人力资本、社会地位和价值观等，以及企业层面的信息，如企业规模、地点、年龄、家族参与、公司治理、财务状况、经营战略和管理价值观等。这些数据已被广泛应用于研究民营企业家和家族企业等，并有相关成果在顶级期刊上发表。

在第十二次中国私营企业调查中，参与调查企业的平均雇员人数约为 215 人，平均年收入约为 2000 万美元。家族所有权的平均占比为 79.9%，约 58.4%的企业完全由所有者家族控股，95.8%的企业由持股比例超过 50%的所有者家族控制。样本包含 8111个初始观测值，在删除数据缺失的观测值后，最终得到了 4893 个样本观测值。

2. 变量定义

1）解释变量

（1）正式规制压力。参考以往的研究（Roxas and Coetzer，2012；Wang et al.，2018a，

2018b；You et al.，2019），本节采用特定项目来直接评估受访者针对政府规制对企业环境行为的压力程度的看法。该项目提出的问题为贵公司是否感受到来自政府环保规制的压力，并采用利克特五点量表进行衡量，其中1="没有这种压力"，5="压力非常大"。

（2）非正式规制压力。同样，参考之前的研究（Delmas and Toffel，2008；Wang et al.，2018a，2018b），本节使用三个项目来评估受访者对当地社区、消费者环保意识强化，以及行业竞争者环保行为升级的看法。这些项目提出的问题为贵公司是否感受到来自当地社区/消费者环保意识/行业竞争者环保行为升级的环保压力，同样采用利克特五点量表进行测量，其中1="没有这种压力"，5="压力非常大"。变量取三个项目的平均值。

2）被解释变量

被解释变量为绿色创新。按照生态创新、可持续性导向创新和环境创新的研究方法（Cai and Li，2018），本节将绿色创新定义为以新产品、新服务和新技术为导向的创新活动，绿色创新能够显著减少环境破坏，并为核心企业带来生态效益（You et al.，2019）。研究人员通常将核心公司研发支出的对数作为研发活动的衡量标准（Czarnitzki and Hottenrott，2011）。然而，由于难以区分和量化与环境责任相关的研发活动，尤其是小型企业的研发活动，因此参照以往研究的定义（Antonioli et al.，2013；Yuan and Xiang，2018），构建了两个变量——环境创新和环境升级——来衡量环境友好型创新活动，这两个变量基于如下问题进行衡量：①环境创新，贵公司是否进行环境友好型技术、设备或产品的创新；②环境升级，贵公司是否引进了新的环境友好型技术、设备，是否提高了产品的绿色质量，如果焦点企业做出了正向回应，虚拟变量赋值为"1"，否则为"0"。

3）调节变量

调节变量为政治关联。不同于简单的虚拟变量（Faccio，2006），本节通过以下五方面的信息来详细阐述企业与地方政府之间的密切关系。基于Granovetter（1973）关于社会关系强度的经典定义，本次测量项目包括：①地方政府领导曾拜访贵公司或为贵公司现场办理公务；②贵公司曾成功影响地方政府调整或改变相关政策；③地方政府为贵公司提供许多特殊政策支持和融资支持；④贵公司享受多种优惠政策；⑤贵公司与地方官员非常熟悉。该变量取上述五个项目的平均值。

4）控制变量

本节的研究包含九个控制变量：家族参与程度、外资所有权、总资产、与当地社区的联系、企业家的教育背景、企业规模、企业盈利能力、行业效应和地区异质性。以往的研究表明，家族参与程度可能会影响企业创新，因此对家庭参与程度进行了控制。家族参与程度通过家族所有权、家族决策权和家族控制权三个维度进行衡量。同时外资所有权也被纳入考量，因为外国资本的参与可能会影响目标公司对不同规制压力的感知，进而影响其绿色创新决策。企业的绿色创新往往需要大量的资源投入，总资产多的企业更可能从事绿色创新，因此总资产也被纳入考量。由于与当地社区的联系可能会影响目标公司的环保意识，故本节也对受访者在当地商业协会中的任期进行了控制。企业家的教育背景由高中及同等学力、大专及以上学历的虚拟变量控制，并以初中及以下为默认教育背景。由于规模较大的企业可能会表现出较高的社会绩效和道德标准，故本节控制了企业规模（以员工人数的对数作为衡量标准）。企业对社会责任活动的投资与企业盈利能力和财务状况密切相关。与以往的文献相似，本节将利润的对数作为控制变量。由于以往的研究经常提及行业效应，故本节通过虚拟变量来控制制造业的行业效应。同样考虑到地区差异，本节也通过中部和西部的虚拟变量来控制地区效应，并以东部地区为默认地区。

（二）实证结果

1. 描述性统计和相关系数矩阵

表 9-1 为所有变量的描述性统计和相关性分析结果。环境创新和环境升级的均值分别为 0.20 和 0.35，表明约有 20% 和 35% 的抽样企业进行过此类绿色创新。正式规制压力和非正式规制压力的均值均大于 2.5，表明来自政府的环境规制和来自社会的压力对企业的影响较大。政治关联的平均值为 2.77，表明企业与政府之间普遍存在良好的关系。

2. 基础回归

本节的因变量为二元变量，因此采用 Probit 模型进行回归分析。在表 9-2 中，模型 1 显示了环境规制压力对企业环境创新的影响。根据回归结果可知，正式规制压力（$\beta=0.18$，$p<0.01$）和非正式规制压力（$\beta=0.11$，$p<0.01$）都对企业环境创新有显著的正向作用。模型 3 的结果表明正式规制压力（$\beta=0.17$，$p<0.01$）和非正式规制压力（$\beta=0.14$，$p<0.01$）对企业的环境升级有积极影响。非正式规制压力的回归系数较小，因此对企业绿色创新的影响较小。模型 2 表明了政治关联的调节作用。政治关联与正式规制压力的交互项系数为正（$\beta=0.10$，$p<0.01$），而政治关联与非正式规制压力的交互项系数为负（$\beta=-0.07$，$p<0.01$）。政治关联对正式规制压力与环境升级之间关系的调节作用不显著，但对非正式规制压力与环境升级之间关系的调节作用显著（$\beta=-0.06$，$p<0.01$）。因此政治关联能积极促进正式规制压力与环境创新之间的关系。政府与本地企业的密切关系有助于企业积极回应环境规制，政府与企业的互动提高了绿色创新的灵活性。政治关联在一定程度上削弱了非正式规制压力对绿色创新的影响，促使本地企业免受非正式规制压力。

3. 内生性问题处理

对于潜在的内生性问题，本节采用工具变量法和倾向得分匹配法来进行检验。参考 Cai 等（2011）学者的研究，在两阶段最小二乘法稳健性检验中采用行业位置分布的平均值以排除潜在的内生性问题。如果内生性问题是企业特有的，而非行业或地区特有的，那么剔除企业特有的部分就能得到只取决于特定行业或地区的指标。表 9-3 为工具变量回归的结果，回归结果表明正式规制压力对环境创新和环境升级都有正向影响（$p<0.01$）。非正式规制压力可能会对环境创新和环境升级产生正向影响（$p<0.1$ 和 $p<0.05$），但其统计学意义不强。这些结果与本节研究回归结果基本一致。

表 9-1　描述性统计和相关性分析结果

变量	样本量	均值	标准差	正式规制压力	非正式规制压力	环境创新	环境升级	政治关联	企业盈利能力	外资所有权	家族参与程度	总资产	与当地社区的联系	企业规模	企业家的教育背景	地区异质性	行业效应	绿色创新
正式规制压力	4924	2.58	1.29	1.00														
非正式规制压力	4924	2.67	1.42	0.77*	1.00													
环境创新	4924	0.20	0.40	0.25*	0.22*	1.00												
环境升级	4924	0.35	0.48	0.29*	0.25*	0.50*	1.00											
政治关联	4924	2.77	1.31	0.09*	0.11*	0.17*	0.15*	1.00										
企业盈利能力	4893	3.45	2.60	0.08*	0.05*	0.19*	0.27*	0.21*	1.00									
外资所有权	4924	0.02	0.13	0.04*	0.02	0.04*	0.05*	0.06*	0.05*	1.00								
家族参与程度	4924	3.41	1.14	0.08*	0.08*	-0.02	-0.06*	-0.02	-0.03*	-0.00	1.00							
总资产	4893	6.43	2.91	0.11*	0.07*	0.21*	0.34*	0.20*	0.66*	0.07*	-0.08*	1.00						
与当地社区的联系	4924	2.43	1.37	0.02	-0.01	0.11*	0.16*	0.12*	0.25*	0.00	-0.06*	0.29*	1.00					
企业规模	4893	3.64	1.69	0.16*	0.11*	0.24*	0.39*	0.25*	0.61*	0.09*	-0.13*	0.79*	0.33*	1.00				
企业家的教育背景	4924	1.98	0.43	-0.02	-0.02	0.04*	0.05*	0.10*	0.14*	0.02	-0.09*	0.17*	0.16*	0.18*	1.00			
地区异质性	4924	1.67	0.80	-0.02	-0.00	-0.08*	-0.08*	-0.02	-0.10*	-0.05*	-0.05*	-0.17*	-0.06*	-0.14*	-0.10*	1.00		
行业效应	4924	0.34	0.47	0.15*	0.10*	0.20*	0.26*	0.09*	0.19*	0.08*	0.03	0.29*	0.06*	0.31*	0.02	-0.26*	1.00	
绿色创新	4924	0.54	0.50	0.14*	0.13*	0.25*	0.29*	0.15*	0.17*	0.01	-0.04*	0.18*	0.11*	0.23*	0.05*	-0.09*	0.24*	1.00

注：4924 为未删除数据缺失的观测值的样本数

*表示 5%的显著性水平

表 9-2　环境规制压力对绿色创新的 Probit 回归结果

变量	模型 1 环境创新	模型 2 环境创新	模型 3 环境升级	模型 4 环境升级
正式规制压力	0.18*** (0.03)	0.16*** (0.03)	0.17*** (0.03)	0.17*** (0.03)
非正式规制压力	0.11*** (0.03)	0.13*** (0.03)	0.14*** (0.03)	0.15*** (0.03)
政治关联×正式规制压力		0.10*** (0.02)		0.01 (0.02)
政治关联×非正式规制压力		−0.07*** (0.03)		−0.06*** (0.02)
政治关联	0.12*** (0.02)	0.11*** (0.02)	0.05*** (0.02)	0.06*** (0.02)
企业盈利能力	0.03** (0.01)	0.02** (0.01)	0.01 (0.01)	0.01 (0.01)
外资所有权	−0.04 (0.15)	−0.06 (0.15)	0.00 (0.15)	−0.01 (0.15)
家族参与程度	−0.04* (0.02)	−0.04** (0.02)	−0.08*** (0.02)	−0.07*** (0.02)
总资产	0.02 (0.01)	0.03* (0.01)	0.05*** (0.01)	0.05*** (0.01)
与当地社区的联系	0.04** (0.02)	0.04** (0.02)	0.05*** (0.02)	0.05*** (0.02)
企业规模	0.08*** (0.02)	0.07*** (0.02)	0.17*** (0.02)	0.17*** (0.02)
高中及同等学力	−0.05 (0.07)	−0.05 (0.07)	−0.02 (0.07)	−0.02 (0.07)
大专及以上学历	−0.05 (0.11)	−0.05 (0.11)	−0.25** (0.10)	−0.25** (0.10)
中部地区	−0.07 (0.06)	−0.08 (0.06)	−0.11** (0.05)	−0.11** (0.05)
西部地区	−0.07 (0.06)	−0.07 (0.06)	0.10* (0.05)	0.10* (0.05)
行业效应	0.34*** (0.05)	0.34*** (0.05)	0.38*** (0.04)	0.38*** (0.04)
常数项	−2.59*** (0.14)	−2.55*** (0.14)	−2.36*** (0.13)	−2.41*** (0.13)
观测值	4893	4893	4893	4893
伪 R^2	0.141	0.146	0.195	0.198

***表示1%的显著性水平，**表示5%的显著性水平，*表示10%的显著性水平

表 9-3 环境规制压力对绿色创新的工具变量回归结果

变量	阶段 I		阶段 II	
	模型 1	模型 2	模型 3	模型 4
	正式规制压力	非正式规制压力	环境创新	环境升级
正式规制压力（均值）	0.98*** (0.04)	−0.01 (0.03)		
非正式规制压力（均值）	−0.01 (0.04)	0.99*** (0.03)		
正式规制压力			0.25*** (0.05)	0.23*** (0.05)
非正式规制压力			0.10* (0.05)	0.10** (0.05)
政治关联	0.04*** (0.01)	0.06*** (0.01)	0.12*** (0.02)	0.05*** (0.02)
企业盈利能力	−0.01 (0.01)	0.00 (0.01)	0.03** (0.01)	0.02 (0.01)
外资所有权	0.12 (0.11)	0.05 (0.10)	−0.06 (0.15)	−0.01 (0.15)
家族参与程度	0.08*** (0.01)	0.06*** (0.01)	−0.04** (0.02)	−0.08*** (0.02)
总资产	−0.01 (0.01)	−0.01 (0.01)	0.02* (0.01)	0.06*** (0.01)
与当地社区的联系	−0.01 (0.01)	−0.01 (0.01)	0.04** (0.02)	0.05*** (0.02)
企业规模	0.07*** (0.02)	0.04*** (0.01)	0.07*** (0.02)	0.17*** (0.02)
高中及同等学力	−0.08* (0.05)	−0.09* (0.05)	−0.04 (0.07)	−0.02 (0.07)
大专及以上学历	−0.08 (0.07)	−0.07 (0.07)	−0.04 (0.10)	−0.25*** (0.10)
中部地区	0.01 (0.04)	0.00 (0.03)	−0.08 (0.06)	−0.11** (0.05)
西部地区	0.01 (0.04)	0.01 (0.04)	−0.07 (0.06)	0.10* (0.05)
行业效应	−0.05 (0.04)	−0.03 (0.03)	0.32*** (0.05)	0.37*** (0.05)
常数项	−0.36*** (0.10)	−0.27*** (0.09)	−2.68*** (0.14)	−2.39*** (0.13)

续表

变量	阶段 I		阶段 II	
	模型 1	模型 2	模型 3	模型 4
	正式规制压力	非正式规制压力	环境创新	环境升级
观测值	4893	4893	4893	4893
F 统计量	182.74***	190.06***		
自回归检验			108.51***	111.30***
Wald 检验			111.10***	115.52***

***表示1%的显著性水平，**表示5%的显著性水平，*表示10%的显著性水平

4. 稳健性检验

为了检验政治关联调节作用的稳健性，本节将样本企业分为处理组（高政治关联）和对照组（低政治关联）。表 9-4 采用了倾向得分匹配回归模型，研究结果表明无论是在高政治关联组（β=0.42，$p<0.01$，如模型 1 所示）还是在低政治关联组（β=0.11，$p<0.05$，如模型 2 所示），正式规制压力都与环境创新显著相关。在低政治关联组中，非正式规制压力与环境创新显著相关（β=0.19，$p<0.01$），但在高政治关联组中，非正式规制压力对环境创新没有显著影响（$p>0.10$）。在环境升级方面，模型 3 和 4 得出了类似的结论。综上所述，政治关联为企业提供"庇护"，使其免受非政府利益相关者施加的压力，导致政治关联在非正式规制压力与环境创新和环境升级中形成负向调节。

表 9-4 关于政治关联调节作用的倾向得分匹配分析结果

变量	模型 1	模型 2	模型 3	模型 4
	环境创新（高政治关联）	环境创新（低政治关联）	环境升级（高政治关联）	环境升级（低政治关联）
正式规制压力	0.42***	0.11**	0.27***	0.16***
	(0.05)	(0.05)	(0.05)	(0.04)
非正式规制压力	−0.07	0.19***	−0.04	0.18***
	(0.06)	(0.05)	(0.06)	(0.04)
企业盈利能力	0.03*	0.03*	0.02	0.01
	(0.02)	(0.02)	(0.02)	(0.02)
外资所有权	−0.02	−0.19	−0.21	0.24
	(0.21)	(0.27)	(0.21)	(0.23)
家族参与程度	−0.02	−0.08**	−0.11***	−0.08***
	(0.04)	(0.03)	(0.03)	(0.03)
总资产	0.02	0.03	0.06***	0.04*
	(0.02)	(0.02)	(0.02)	(0.02)

续表

变量	模型 1	模型 2	模型 3	模型 4
	环境创新（高政治关联）	环境创新（低政治关联）	环境升级（高政治关联）	环境升级（低政治关联）
与当地社区的联系	0.03	0.07***	0.03	0.06***
	(0.03)	(0.03)	(0.03)	(0.02)
企业规模	0.09**	0.06*	0.22***	0.18***
	(0.04)	(0.04)	(0.04)	(0.03)
高中及同等学力	0.08	0.02	0.12	0.09
	(0.15)	(0.12)	(0.15)	(0.11)
大专及以上学历	−0.18	0.07	−0.20	−0.14
	(0.19)	(0.16)	(0.19)	(0.15)
中部地区	−0.21**	−0.01	−0.21**	−0.01
	(0.10)	(0.09)	(0.10)	(0.08)
西部地区	−0.13	0.04	0.19*	0.14
	(0.11)	(0.09)	(0.11)	(0.08)
行业效应	0.29***	0.41***	0.32***	0.47***
	(0.09)	(0.07)	(0.09)	(0.07)
常数项	−2.33***	−2.42***	−2.14***	−2.41***
	(0.26)	(0.22)	(0.24)	(0.19)
观测值	1271	2110	1271	2110
伪 R^2	0.160	0.124	0.201	0.187

***表示1%的显著性水平，**表示5%的显著性水平，*表示10%的显著性水平

三、实证结论

本节探讨了环境规制压力是否促进中国企业的绿色创新，并区分了来自政府的正式规制压力与来自其他利益相关者的非正式规制压力。通过对 4924 家中国民营企业进行实证研究，发现正式规制压力和非正式规制压力均能积极推动企业开展绿色创新活动。结果显示，政治关联在此过程中发挥了重要作用，正向调节正式规制压力对绿色创新的影响，同时负向调节非正式规制压力与绿色创新之间的关系。高政治关联的企业相较于低政治关联的企业，更能有效回应正式规制压力，进行绿色创新。

第三节　排污权交易试点、制度环境与企业绿色转型的有效性研究

排污权交易试点政策旨在设定排放上限，企业需对超出部分进行排污权交易，从而促进企业减排。这一政策直接影响企业的绿色转型决策和有效性。本节基于 2002~2014

年中国民营企业数据，在新结构经济学的分析框架下，考察排污权交易试点对企业绿色转型的影响以及对制度环境的调节作用。

一、新结构经济学视角下排污权交易的制度创新效应分析

（一）实施排污权交易试点对企业创新的影响

波特假说认为环境规制能够激发企业创新（Porter and Linde，1995），为企业和政府带来经济与环境效益（Wu et al.，2021）。动态竞争力理论指出，相对严格的环境规制可以刺激创新，从而部分或完全抵消遵守这些规制的成本（Porter and Linde，1995）。这种创新补偿不仅有助于降低满足环境规制的净成本，还可能使企业在未受类似规制约束的国外企业中赢得绝对优势。在环境规制的约束下，企业为了降低外部环境成本，必须积极调整生产模式，寻求更具竞争力的绿色生产方式。创新补偿大致可分为产品补偿和工艺补偿。产品补偿指环境规制不仅能减少污染，还可以推动企业创造性能更好、质量更高、安全性更高、成本更低的产品，提高产品的转售或报废价值，降低用户处理产品的成本。工艺补偿指环境规制可以促进企业改进生产工艺和制造技术，进而提高生产效率和生产率。例如，工艺改革不仅能提高产品产量，还能促使企业使用成本更低的替代材料或更有效地利用材料（Porter and Linde，1995）。关于波特假说的研究颇为丰富，但大多聚焦于发达的资本主义市场，对新兴市场的研究尚显不足。现有研究结论大致分为两类：一类支持波特假说，即环境规制可以促进企业创新，提高企业竞争力。例如，Jaffe和 Palmer（1997）利用 1975 年至 1991 年的美国制造业数据，控制行业特征变量后发现环境规制与创新支出之间存在显著的正相关关系，但专利申请数量与环境规制之间没有显著关系；Brunnermeier 和 Cohen（2003）的研究表明，成功的环境专利申请数量与环境规制之间存在正向关系，但影响相对较弱；Hamamoto（2006）对日本制造业的研究表明，环境政策的压力能够激励受到财政和环境双重约束的污染企业更加积极地开发清洁生产技术；Horbach（2006）基于德国企业的面板数据发现环境规制会显著促进企业的绿色技术创新。另一类不支持波特假说，即环境规制并不能促进企业创新，导致创新绩效下降。例如，Barbera 和 McConnell（1990）研究发现，1960 年至 1980 年美国钢铁、化工、造纸和有色金属行业生产率的下降可归因于对污染控制的投资；Alpay 等（2002）研究了1971 年至 1994 年环境规制对墨西哥和美国食品加工业生产率和利润率的影响，发现环境规制对墨西哥食品加工业的生产率有积极影响，对该行业的利润率有消极影响。环境规制对美国食品加工业的生产率有负面影响，但对利润率的影响不显著。环境行为不仅受到政府法规的调节，还受到市场和社会影响的调节（Gunningham et al.，2003）。相关文献讨论了环境规制的严格程度与创新支出之间的联系（Yuan and Xiang，2018）、地方政府环境规制刺激可持续创新的潜在门槛以及巨大的环境保护成本对可持续创新的必要性（López-Gamero et al.，2010）。现有研究在不同背景下对波特假说进行了探索和检验，但尚未就环境规制是否或如何刺激产业创新达成共识。

实现双赢局面的关键在于平衡合规成本与创新补偿之间的关系。传统观点认为，环境规制可能会给公司带来沉重的经济负担，进而削弱企业的竞争优势（Palmer et al.，

1995)。合规成本效应指出，环境规制可能会增加生产成本，减少研发投资，缩减创新活动所需财务资源（Gray and Shadbegian，2003）。支持波特假说的文献提出，合理的环境规制能刺激企业创新，产生创新补偿效应（Rubashkina et al.，2015），进而优化资源配置，推动技术进步，从而抵消合规成本效应。创新效应和合规效应的大小受环境工具的影响。现有研究较多关注市场激励型环境规制政策与命令控制型环境规制政策在灵活性上的差异（Zhao et al.，2015）。

波特假说认为，灵活性是影响环境规制的核心因素。与灵活性较低的命令控制型规制工具相比，市场激励型规制工具在刺激产业创新和实现可持续发展方面更具优势（Desrochers and Haight，2014）。排污权交易试点是高效、灵活的规制工具，已在美国、中国、日本等多个国家得到广泛应用（Martin et al.，2016；Narassimhan et al.，2018）。适用的排污权交易体系能够通过价格优势优化创新资源配置，从而刺激低碳技术的发展。尽管越来越多的文献研究了排污权交易试点与企业创新的关系，但大多数研究聚焦于制度环境和支持系统较为成熟的发达国家，并涉及效率、定价、碳税和碳强度等相关问题（Guo et al.，2014；Cong and Lo，2017；Chang et al.，2018；Song et al.，2018；Zhou et al.，2019a），而基于新兴市场背景的实证研究则相对较少。排污权交易试点有望激励企业以更灵活的方式开展创新，甚至通过出售节省的剩余排放量获利（Borghesi et al.，2015）。因此，本节的研究认为实施排污权交易试点能积极推动企业创新。

（二）制度基础设施对排污权交易试点与企业创新关系的影响

根据新结构经济学的理论观点，发达国家和发展中国家存在多种差异。例如，发达国家和发展中国家的最优环境规制强度可能不同；发达国家以自主前沿创新为主，发展中国家以模仿创新为主，因此环境规制对不同类型的创新可能会产生不同的影响；发达国家与发展中国家在地方规制基础设施、规制制度以及执行等方面均存在差异。因此，发达国家关于环境规制与创新关系的结论未必适用于发展中国家。新结构经济学还强调政府与市场在经济发展过程中协同作用的重要性。政府在制定政策及进行制度安排时，必须考虑不同发展水平的结构特征。这些特征在很大程度上由不同发展中国家的要素禀赋结构及其市场力量内在决定。新结构经济学主要包括三个关键点：第一，经济的禀赋及其结构在每个特定发展水平上是给定的，并随着发展水平的变化而变化；第二，经济发展是一个从低收入农业经济到高收入工业经济的连续过程；第三，在每个特定发展阶段，市场是实现资源配置效率最大化的基本机制。因此，与现有的发展经济学相比，新结构经济学从更高的维度总结了经济社会发展的规律。

本节基于新结构经济学视角，进一步拓展了波特假说。Zhong 等（2023）提出了五个新见解：第一，不同经济发展阶段的最优环境规制强度不同，即环境规制是一个动态变化的过程；第二，不同发展阶段的最优环境规制结构和类型各异；第三，环境规制对技术创新的影响随着经济的发展而变化，如在经济发展初期，环境规制主要影响模仿创新；第四，对于发展中国家而言，环境规制的结构变化机制在其创新和经济高质量发展中起着关键作用，传统的波特假说只探讨了自主前沿创新的补偿效应，因此需要将其置于发展中国家的具体背景下进行更全面的考量；第五，要素禀赋升级是创新补偿效应的根本驱动因素。所以，推动企业升级的政策工具应与制度基础设施同步发展。在不同的发展阶段，由于要素禀赋结构会变化，规制政策的最优组合也会动态变化。波特假说中的命令控制型调控工具与市场激励型调控工具在不同发展阶段的效果不同。在初期阶段，制度基础设施在不发达国家属于稀缺的公共产品，而先进的排污权交易机制需要成熟的市场体系和制度环境支撑。对于大多数新兴市场而言，制度体系通常是贫乏且难以负担的公共产品。因此，缺乏制度支持会限制市场化工具对企业创新的推动作用。与命令控制型调控工具相比，成功的排污权交易试点离不开绿色金融体系及排污权交易体系的配套支持。随着要素禀赋结构与产业结构的协同演进，制度变迁可能会缓和新兴市场的波特假说效应。鉴于中国各地区制度基础设施的异质性，分析制度基础设施（即市场体系的成熟程度）在产业创新中发挥的调节作用具有现实意义。因此，本节的研究认为制度基础设施能正向调节排污权交易试点对企业创新的影响。

（三）制度制定及执行对排污权交易试点与企业创新关系的影响

环境规制制度的制定及其执行同样影响波特假说在新兴市场的效果。相较于非正式规制，正式规制在排污权交易中更为有效。近年来，新兴市场通过实施严格的环境标准和征收排污费等措施，加大了对环境保护的正式规制压力，促使企业更有可能进行技术创新和设备升级，以满足规制要求（Hart and Dowell，2011）。由于新兴市场可能存在不透明的规制环境，此时规制的可执行性比规制制定更为重要。与当地政府保持良好关系的企业通常比缺乏此类关系的同行享有更多的合规灵活性（Wu et al.，2022a）。若企业的执行力不足，加之企业升级中的不确定性，企业可能会对规制制度产生强烈的不信任感，从而削弱企业创新的信心（Fang et al.，2018），这可能迫使规制机构放宽标准或降低标准，推迟执法日期（Puller，2006）。环境规制制度及其执行体系是市场激励型监管工具的重要组成部分，规制制度和规制执行可能会缓和排污权交易试点对企业创新的政策效应。因此，本节的研究认为规制制度和规制制度执行都对排污权交易试点对企业创新的政策效应起正向调节作用。

二、基于二氧化硫排污权交易试点政策的准自然实验

（一）研究设计

1. 模型设计

本节以 2007 年发布的中国二氧化硫排污权交易试点为基础，进行准自然实验。2002年之前，环境规制大多为命令控制型制度。2002 年，中国启动了第一轮排污权交易试点，试点地区局限于山东、山西、河南、江苏等少数省份和上海、天津、柳州等少数城市。至 2007 年，该政策并未有实质性进展，大部分试点地区实际的二氧化硫排污权交易量为零。2007 年，中国政府正式启动了二氧化硫排污权交易试点政策，并将其扩展到江苏、天津、浙江、湖北、重庆、湖南、内蒙古、河北、陕西、河南和山西等 11 个省区市。自

2014 年国务院办公厅印发《关于进一步推进排污权有偿使用和交易试点工作的指导意见》以来，中国稳步推进排污权交易试点改革，并在随后几年将试点扩大到全国范围。本节采用了广泛应用于政策评估的三重差分模型，并使用了时间虚拟变量（如 2007 年排污权交易模式试点之前和之后）、地区虚拟变量（如排污权交易试点省份和非排污权交易试点省份）和行业虚拟变量（如采矿业、制造业、电力行业和其他行业）。三重差分模型如下：

$$\text{INNO}_{it} = \beta_0 + \beta_1 \times \text{DDD} + \sum \beta_x \times \text{Control}_{it} + \delta_j + \eta_t + \xi_{jt} + \varepsilon_{ijt} \qquad (9\text{-}1)$$

其中，下标 i、j 和 t 分别表示企业、省份和年份；β_0 表示常数项；INNO_{it} 表示企业创新，若 β_1 显著为正，则说明环境规制可以促进企业创新；Control_{it} 表示控制变量矩阵；β_x 表示一系列控制变量的系数；δ_j 表示省固定效应；η_t 表示年固定效应；ξ_{jt} 表示省-年固定效应；ε_{ijt} 表示误差项。$\text{DDD} = \text{Pilot} \times \text{Post} \times \text{SO}_2$，$\text{Pilot}$、$\text{Post}$ 和 SO_2 虚拟变量的定义如下：若为 ETS（emission trading scheme，排放交易计划）试点省份，则 $\text{Pilot}=1$，反之，$\text{Pilot}=0$；若为启动 ETS 试点，则 $\text{Post}=1$，反之，$\text{Post}=0$；为 ETS 试点行业，则 $\text{SO}_2=1$，反之，$\text{SO}_2=0$。

2. 数据来源

数据来源于中国私营企业调查。目前有关波特假说的中国研究大多使用了中国上市公司的数据（Zhou et al.，2019b；He et al.，2020），但上市公司只占注册公司的很小一部分（不超过 0.01%），其环境实践可能与占中国二氧化碳排放量半数以上的小企业存在显著差异。通过使用中国私营企业调查数据，本节的研究能够更深入地分析排污权交易试点在小企业中的政策效应。

本节对两家小型私营企业进行了详细访谈，内容涵盖企业家的个人信息，如性别、年龄、受教育程度、家庭背景、职业经历、政治关系、人力资本、社会地位和价值观等，以及企业层面的信息，如企业规模、地点、年龄、家族参与、公司治理、财务状况、经营战略和管理价值观等。这些数据被广泛应用于民营企业家、家族企业及其他相关主题的研究中（Jia and Mayer，2017）。本节使用 2002 年至 2014 年的数据，在删除缺失数据的观测值后，最终得到 19 387 个企业年观测值，并在 1% 和 99% 分位水平进行了缩尾处理。本节选取试点省份中排放二氧化硫的行业企业作为处理组，其余则作为对照组。鉴于试点省份于 2007 年启动二氧化硫排污权交易试点，2007 年及以后的年份被视为试点后时期，而 2007 年以前的年份则被视为试点前时期。此外，本节还使用了中国统计数据作为补充资料。

3. 变量定义

1）被解释变量

被解释变量为企业创新。相较于研发支出，研发强度在统计模型中更为稳定。根据以往的研究（O'Brien and David，2014），本节采用研发强度（研发支出总额与销售额之比）作为企业创新的代理变量。

2）调节变量

（1）制度基础设施。在评估中国制度基础设施的质量时，以往文献广泛采用国民经济研究所提出的市场化指数（Wang et al.，2019）。本节则重点关注资本要素市场、劳动力市场和技术交易市场等制度基础设施建设，因此采用了要素市场化分项指数。

（2）规制制度。参照以往文献（Testa et al.，2011），本节采用地方政府颁布的环境法律法规数量作为规制制度的替代变量。

（3）规制执行。遵循现有文献（Zhong et al.，2021）的做法，本节选用污染处罚强度（排污罚款金额与地区制造业企业总数之比），作为评估规制执行情况的指标。

3）控制变量

参考相关文献（Chen and Hsu，2009），本节控制了企业特征和企业所有者的背景。企业盈利能力用利润与销售额的比率表示。家族参与使用家族所有权来控制。企业历史以调查年份与成立年份之间的差值表示。由于规模较大的企业可能表现出更高的创新投入水平，本节还控制了年收入（以销售额的对数表示）和企业规模（以员工人数的对数表示）。税收变量以税收与销售额之比衡量。企业家的知识越丰富，参与创新活动的可能性越大，因此企业所有者的教育背景也可能影响创新，故将其编码为 1 至 4 的序数变量（1=初中及以下，2=高中及同等学力，3=大学学历，4=研究生及以上学历）。最后，企业的多元化程度通过二元变量表示：若在多个行业经营则为 1，否则为 0。

（二）实证分析

1. 描述性统计

表 9-5 列出了描述性统计结果与 Pearson 相关性。其中，企业创新的均值为 2.00，标准差为 5.82，可见样本企业的创新能力存在较大差异。

2007 年 DDD 与因变量企业创新有明显的相关关系，此外，企业创新与企业特征（如企业盈利能力、企业历史、年收入等）显著相关，因此有必要对这些变量进行控制。此外，控制变量之间的成对相关系数大多处于正常范围内，多重共线性问题不严重。

2. 基础回归

表 9-6 列出了排污权交易试点对企业创新的三重差分模型估计结果。模型 1~模型 3 的结果显示，排污权交易试点（2007 年 DDD）与企业创新之间存在显著的正相关关系（模型 3：$\beta=1.587$，$p<0.01$），因此排污权交易试点能正向刺激企业创新。因变量企业创新是一个非负值的连续随机变量。研究样本中约 60% 的企业尚未投资于创新活动。为减小普通最小二乘法回归的估计误差，本节采用了泊松伪极大似然估计。泊松伪极大似然估计适用于非负因变量，能够放宽对因变量分布的统计假设。如模型 4 所示，排污权交易试点显著推动了企业创新。泊松伪极大似然估计的结果与三重差分模型的结果一致，即排污权交易试点会积极推动企业创新。

表9-5　描述性统计结果与Pearson相关性

变量	观测值	均值	标准差	企业创新	企业创新_二进制	2007年DDD	制度基础设施	规制制度	规制执行	企业盈利能力	家族参与	企业历史	年收入	企业规模	税收	企业所有者的教育背景	企业的多元化程度
企业创新	19 387	2.00	5.82	1.00													
企业创新_二进制	19 387	0.40	0.49	0.39*	1.00												
2007年DDD	19 387	0.15	0.36	0.06*	0.15*	1.00											
制度基础设施	19 387	6.70	3.99	0.02	0.04*	0.22*	1.00										
规制制度	19 387	7.72	0.79	0.01	-0.01*	-0.08*	-0.27*	1.00									
规制执行	19 387	2.92	0.90	-0.05*	-0.05*	0.19*	-0.01	-0.03*	1.00								
企业盈利能力	19 387	10.18	15.51	0.09*	-0.05*	-0.05*	-0.05*	0.02*	0.04*	1.00							
家族参与	19 387	0.66	0.36	0.00	-0.02*	0.02*	0.00	-0.00	0.02*	0.03*	1.00						
企业历史	19 387	7.76	5.11	0.02*	0.11*	0.13*	0.18*	-0.06*	0.12*	-0.04*	0.04*	1.00					
年收入	19 387	6.83	2.22	-0.06*	0.29*	0.18*	0.19*	-0.10*	0.10*	-0.29*	-0.12*	0.32*	1.00				
企业规模	19 387	4.04	1.53	0.05*	0.37*	0.15*	0.08*	-0.02*	-0.01	-0.16*	-0.10*	0.30*	0.75*	1.00			
税收	19 387	6.67	8.61	0.10*	-0.04*	-0.01	-0.02*	0.01	0.03*	0.35*	-0.02*	0.01	-0.18*	-0.01	1.00		
企业所有者的教育背景	19 387	2.47	0.81	0.02*	0.02*	-0.00	0.07*	-0.04*	0.05*	0.01	-0.07*	0.07*	0.18*	0.14*	0.03*	1.00	
企业的多元化程度	19 387	0.24	0.43	0.03*	0.03*	-0.04*	-0.05*	0.01	0.01	0.05*	0.00	0.09*	0.10*	0.10*	0.02*	0.09*	1.00

*表示5%的显著性水平

表 9-6　基本回归分析结果

变量	模型 1	模型 2	模型 3	模型 4
	企业创新	企业创新	企业创新	企业创新–泊松伪极大似然估计
2007 年 DDD	1.855***	1.750***	1.587***	1.081***
	(0.139)	(0.139)	(0.154)	(0.105)
企业盈利能力		0.022***	0.022***	0.008***
		(0.005)	(0.005)	(0.001)
家族参与		0.014	−0.007	0.016
		(0.115)	(0.115)	(0.057)
企业历史		0.030***	0.027***	0.014***
		(0.009)	(0.009)	(0.004)
年收入		−0.477***	−0.475***	−0.264***
		(0.037)	(0.038)	(0.017)
企业规模		0.607***	0.592***	0.324***
		(0.046)	(0.046)	(0.021)
税收		0.031***	0.032***	0.007***
		(0.008)	(0.009)	(0.002)
企业所有者的教育背景		0.147***	0.154***	0.089***
		(0.056)	(0.057)	(0.028)
企业的多元化程度		0.347***	0.312***	0.160***
		(0.109)	(0.109)	(0.050)
省份固定效应	控制	控制	控制	控制
年份固定效应	控制	控制	控制	控制
省份、年份固定效应			控制	控制
常数项	1.717	1.421***	1.516***	0.513***
	(0.042)	(0.237)	(0.239)	(0.115)
观测值	19 387	19 387	19 387	19 387
调整 R^2	0.022	0.050	0.065	
伪 R^2				0.147

注：括号中为企业层面的聚类标准误

***表示 1%的显著性水平

3. 机制检验

表 9-7 为调节效应分析回归结果。在模型 1 和模型 4 中，2007 年 DDD 与制度基础设施的交互项系数显著为正 [模型 1，$\beta=0.129$，$p<0.01$；模型 4，$\beta=0.052$，$p<0.01$]，因此制度基础设施对排污权交易试点与企业创新之间的关系具有正向调节作用。

表 9-7　调节效应分析回归结果

变量	模型 1 企业创新	模型 2 企业创新	模型 3 企业创新	模型 4 企业创新–泊松伪 极大似然估计	模型 5 企业创新–泊松伪 极大似然估计	模型 6 企业创新–泊松伪 极大似然估计
2007 年 DDD	0.640** (0.279)	−2.306 (1.616)	0.019 (0.916)	0.517*** (0.136)	−0.510 (0.738)	0.304 (0.409)
制度基础设施	0.052* (0.031)			0.005 (0.019)		
2007 年 DDD×制度 基础设施	0.129*** (0.027)			0.052*** (0.015)		
规制制度		−0.131 (0.211)			−0.091 (0.074)	
2007 年 DDD×规制制度		0.522* (0.271)			0.200* (0.120)	
规制执行			−0.164* (0.093)			−0.051 (0.042)
2007 年 DDD×规制执行			0.536** (0.214)			0.194** (0.097)
企业盈利能力	0.022*** (0.005)	0.022*** (0.005)	0.022*** (0.005)	0.008*** (0.001)	0.008*** (0.001)	0.008*** (0.001)
家族参与	0.002 (0.115)	0.010 (0.115)	0.012 (0.115)	0.022 (0.057)	0.030 (0.057)	0.028 (0.057)
企业历史	0.027*** (0.009)	0.029*** (0.009)	0.029*** (0.009)	0.014*** (0.004)	0.014*** (0.004)	0.014*** (0.004)
年收入	−0.476*** (0.037)	−0.478*** (0.037)	−0.476*** (0.037)	−0.264*** (0.017)	−0.264*** (0.017)	−0.263*** (0.017)
企业规模	0.610*** (0.046)	0.608*** (0.046)	0.605*** (0.046)	0.336*** (0.021)	0.337*** (0.021)	0.335*** (0.021)
税收	0.032*** (0.008)	0.031*** (0.008)	0.031*** (0.008)	0.008*** (0.002)	0.007*** (0.002)	0.007*** (0.002)
企业所有者的教育背景	0.151*** (0.056)	0.144*** (0.056)	0.148*** (0.056)	0.075*** (0.028)	0.072** (0.028)	0.074** (0.028)
企业的多元化程度	0.359*** (0.109)	0.355*** (0.109)	0.353*** (0.109)	0.166*** (0.049)	0.163*** (0.049)	0.163*** (0.049)
省份固定效应	控制	控制	控制	控制	控制	控制
年份固定效应	控制	控制	控制	控制	控制	控制
常数项	1.056*** (0.300)	2.698*** (0.757)	1.804*** (0.664)	0.385** (0.162)	0.828** (0.343)	0.683*** (0.236)

续表

变量	模型 1	模型 2	模型 3	模型 4	模型 5	模型 6
	企业创新	企业创新	企业创新	企业创新–泊松伪极大似然估计	企业创新–泊松伪极大似然估计	企业创新–泊松伪极大似然估计
观测值	19 387	19 387	19 387	19 387	19 387	19 387
调整 R^2	0.052	0.051	0.051			
伪 R^2				0.110	0.109	0.108

注：括号中为企业层面的聚类标准误

***表示 1%的显著性水平，**表示 5%的显著性水平，*表示 10%的显著性水平

模型 2 和模型 5 分析了规制制度的调节作用，结果显示 2007 年 DDD 与规制制度的交互项系数显著为正（模型 2，β=0.522，$p<0.1$；模型 5，β=0.200，$p<0.1$），即规制制度对排污权交易试点与企业创新之间的关系具有一定的积极调节作用，但其影响相对较弱。模型 3 和模型 6 考察了规制执行的调节作用。2007 年 DDD 与规制执行的交互项系数显著为正（模型 3，β=0.536，$p<0.05$；模型 6，β=0.194，$p<0.05$），因此规制执行对排污权交易试点与企业创新之间的关系具有正向调节作用。为了验证结果的稳健性，本节采用了普通最小二乘法和泊松伪极大似然估计两种方法，实证结果与上文一致。

4. 稳健性检验

1）Heckman 模型

表 9-8 呈现了 Heckman 两阶段模型的估计结果。本节采用了双尾检验，面板 A 的因变量为企业创新的二元因变量，面板 B 的因变量为企业创新的连续因变量。模型 1 仅包括自变量，模型 2~模型 4 分别加入了交互项。所有模型均控制了省份、年份和其他控制变量的个体效应。

表 9-8　Heckman 两阶段模型的估计结果

面板	变量	模型 1 企业创新	模型 2 企业创新	模型 3 企业创新	模型 4 企业创新
面板 A：一阶段结果	2007 年 DDD	2.609*** （0.686）	0.122 （0.538）	−7.738** （3.164）	−2.134 （1.524）
	制度基础设施		0.077* （0.047）		
	2007 年 DDD×制度基础设施		0.260*** （0.099）		
	规制制度			−0.698*** （0.174）	
	2007 年 DDD×规制制度			1.460*** （0.491）	
	规制执行				−0.558*** （0.188）

续表

面板	变量	模型 1 企业创新	模型 2 企业创新	模型 3 企业创新	模型 4 企业创新
面板 A：一阶段结果	2007 年 DDD×规制执行				1.364*** (0.432)
	控制变量	控制	控制	控制	控制
	省份固定效应	控制	控制	控制	控制
	年份固定效应	控制	控制	控制	控制
	观测值	19 387	19 387	19 387	19 387
面板 B：二阶段结果	逆米尔斯比率	7.533*** (2.343)	7.632*** (2.537)	7.456*** (2.055)	7.702*** (2.300)
	2007 年 DDD	0.482*** (0.030)	−0.043 (0.044)	−0.720* (0.368)	0.047 (0.175)
	制度基础设施		0.008* (0.005)		
	2007 年 DDD×制度基础设施		0.059*** (0.005)		
	规制制度			−0.005 (0.014)	
	2007 年 DDD×规制制度			0.131** (0.052)	
	规制执行				−0.040*** (0.015)
	2007 年 DDD×规制执行				0.159*** (0.048)
	控制变量	控制	控制	控制	控制
	省份固定效应	控制	控制	控制	控制
	年份固定效应	控制	控制	控制	控制
	观测值	7955	7955	7955	7955
	Wald（卡方值）	818.33	1282.21	978.39	1476.88

注：括号中为企业层面的聚类标准误

***表示 1%的显著性水平，**表示 5%的显著性水平，*表示 10%的显著性水平

　　模型 1 的结果显示 2007 年 DDD 对企业创新具有显著的正向影响。模型 2~模型 4 的结果显示，2007 年 DDD 与制度基础设施、规制制度和规制执行的交互项系数显著为正，因此制度基础设施、规制制度和规制执行起到正向调节作用。此外，逆米尔斯比率的系数显著为正，意味着研究存在样本选择误差。Wald 检验结果也同样显著，因此有必要使用 Heckman 模型来修正样本选择的内生性。

2）倾向得分匹配法

本节采用倾向得分匹配法来控制选择偏差引起的内生问题，同时检验表 9-7 和表 9-8 中回归结果的可靠性。首先，本节逐年构建基于倾向得分匹配法的可比对照组，即选取前文提到的企业特征层面的控制变量作为匹配变量，使用 logit 模型计算倾向得分，再进行 1∶1 的最近邻匹配。其次，利用倾向得分匹配法匹配样本进行三重差分模型分析。表 9-9 展示了倾向得分匹配法进行样本匹配后的回归结果，进一步证实了实证结果的稳健性。

表 9-9　倾向得分匹配法进行样本匹配后的回归结果

变量	模型 1	模型 2	模型 3	模型 4
	企业创新	企业创新	企业创新	企业创新
2007 年 DDD	1.503***	0.649*	−4.671**	1.060
	(0.222)	(0.353)	(1.914)	(1.065)
制度基础设施		0.059		
		(0.051)		
2007 年 DDD×制度基础设施		0.136***		
		(0.037)		
规制制度			0.030	
			(0.310)	
2007 年 DDD×规制制度			0.233*	
			(0.314)	
规制执行				0.002
				(0.173)
2007 年 DDD×规制执行				0.859***
				(0.254)
控制变量	控制	控制	控制	控制
省份固定效应	控制	控制	控制	控制
年份固定效应	控制	控制	控制	控制
省份、年份固定效应	控制			
常数项	1.189***	0.699	1.128	1.057
	(0.394)	(0.513)	(1.397)	(0.978)
观测值	8019	8019	8019	8019
调整 R^2	0.112	0.076	0.074	0.071

注：括号中为企业层面的聚类标准误

***表示 1%的显著性水平，**表示 5%的显著性水平，*表示 10%的显著性水平

3）预期效应

预期效应检验旨在解决对试点预测的潜在疑虑，并评估在 2007 年实施排污权交易

试点之前，是否已出现预期的创新效应。如表 9-10 所示，模型 1 至模型 3 引入处理组与年份之间的交互项，分别估计试点效果前置两年、四年和六年的结果。模型 4 则同时考虑处理前交互项以及 DDD 交互项。分析结果表明，处理前的交互项在统计上并不显著，说明试点未能对试点前的企业创新产生预期影响。

表 9-10　平行趋势检验和动态效应的回归结果

变量	模型 1 预期效应 企业创新	模型 2 企业创新	模型 3 企业创新	模型 4 企业创新	模型 5 动态效应 企业创新
2001 年 DDD			-0.214 (0.418)	-0.176 (0.417)	-0.174 (0.417)
2003 年 DDD		-0.368 (0.418)		-0.326 (0.418)	-0.326 (0.418)
2005 年 DDD	0.337 (0.262)			0.390 (0.262)	0.389 (0.262)
2007 年 DDD				1.588*** (0.154)	0.645*** (0.236)
2009 年 DDD					1.244*** (0.351)
2011 年 DDD					2.060*** (0.307)
2013 年 DDD					2.123*** (0.292)
控制变量	控制	控制	控制	控制	控制
省份固定效应	控制	控制	控制	控制	控制
年份固定效应	控制	控制	控制	控制	控制
省份、年份固定效应	控制	控制	控制	控制	控制
常数项	1.600*** (0.239)	1.611*** (0.240)	1.613*** (0.241)	1.520*** (0.240)	1.520*** (0.240)
观测值	19 387	19 387	19 387	19 387	19 387
调整 R^2	0.061	0.061	0.061	0.065	0.066

注：括号中为企业层面的聚类标准误

***表示 1%的显著性水平

4）动态效应

本节通过事件研究法验证三重差分模型是否满足平行趋势假设，并估算包含所有滞后期和前置期的动态效应模型。表 9-10 中模型 5 的结果显示，处理前的交互项系数在 2007 年之前不显著，而在 2007 年进行试点之后，交互项系数为正值，且在统计上显著。此外，随着试点的扩散，排污权交易试点的政策效应也在稳步上升。

5）替换因变量

研发强度指标被广泛用作创新的一般变量。我们都知道，如果能使用与环境规制相关的创新变量，就能为我们的论点提供更有力的证据。中国私营企业调查并未提供如此详细的创新信息。事实上，即使在具体的创新调查中，也很难从一般创新中识别出与环境规制相关的创新。样本期内，在 2006 年和 2008 年的中国私营企业调查中，知识产权的数量被包括在内。因此，我们使用知识产权的数量代替研发强度来检验结果的稳健性。从表 9-11 中可以看出，结果显示出良好的稳健性。

表 9-11　稳健性检验（替换因变量）

变量	模型 1 知识产权的数量	模型 2 知识产权的数量	模型 3 知识产权的数量-泊松伪极大似然估计	模型 4 知识产权的数量-泊松伪极大似然估计
2007 年 DDD	0.187***	0.258***	0.461***	0.851***
	（0.042）	（0.044）	（0.104）	（0.171）
企业盈利能力	0.002***	0.002***	0.004*	0.005**
	（0.001）	（0.001）	（0.002）	（0.002）
家族参与	−0.102***	−0.113***	−0.221**	−0.216**
	（0.037）	（0.037）	（0.101）	（0.100）
企业历史	0.015***	0.015***	0.043***	0.044***
	（0.003）	（0.003）	（0.006）	（0.006）
年收入	0.051***	0.049***	0.181***	0.172***
	（0.007）	（0.007）	（0.025）	（0.025）
企业规模	0.094***	0.089***	0.240***	0.225***
	（0.011）	（0.011）	（0.030）	（0.032）
税收	0.003	0.003	0.009**	0.008*
	（0.002）	（0.002）	（0.004）	（0.005）
企业所有者的教育背景	−0.051***	−0.046***	−0.141***	−0.125***
	（0.014）	（0.015）	（0.041）	（0.042）
企业的多元化程度	0.031	0.032	0.077	0.078
	（0.034）	（0.034）	（0.080）	（0.079）
省份固定效应	控制	控制	控制	控制
年份固定效应	控制	控制	控制	控制
省份、年份固定效应		控制		控制
常数项	−0.369***	−0.348***	−3.578***	−3.511***
	（0.057）	（0.058）	（0.190）	（0.198）
观测值	4780	4780	4780	4780
调整 R^2	0.129	0.139		
伪 R^2			0.155	0.173

注：括号中为企业层面的聚类标准误

***表示 1% 的显著性水平，**表示 5% 的显著性水平，*表示 10% 的显著性水平

6）控制 2008 年全球金融危机的影响

为减少全球和国内经济因素（如 2008 年全球金融危机）对结果的干扰，本节特别设计了安慰剂检验。该检验选择了与政策省份相邻的匹配省份中的采矿业、制造业和电力行业的公司作为安慰剂样本。表 9-12 呈现了安慰剂检验的结果。模型 1 和模型 2 的分析表明，中国排污权交易试点的政策效应在统计上并不显著。

表 9-12　排除 2008 年全球金融危机影响的安慰剂检验结果

变量	模型 1	模型 2
	企业创新	企业创新-泊松伪极大似然估计
2007 年 DDD	0.280	0.146
	(0.230)	(0.113)
企业盈利能力	0.022***	0.008***
	(0.005)	(0.001)
家族参与	0.036	0.035
	(0.116)	(0.058)
企业历史	0.032***	0.017***
	(0.009)	(0.004)
年收入	−0.483***	−0.258***
	(0.038)	(0.017)
企业规模	0.666***	0.352***
	(0.046)	(0.021)
税收	0.031***	0.007***
	(0.009)	(0.002)
企业所有者的教育背景	0.139**	0.071**
	(0.056)	(0.029)
企业的多元化程度	0.293***	0.131***
	(0.109)	(0.050)
省份固定效应	控制	控制
年份固定效应	控制	控制
省份、年份固定效应	控制	控制
常数项	1.480***	0.481***
	(0.238)	(0.114)
观测值	19 387	19 387
调整 R^2	0.043	
伪 R^2		0.090

注：括号中为企业层面的聚类标准误

***表示 1%的显著性水平，**表示 5%的显著性水平

7）分位数回归

表 9-13 显示了分位数回归结果。在模型 1~模型 3 中，排污权交易试点对企业创新的政策效应在 25%、50%、75%分位点上均有统计意义。结果发现，这种政策效应在高创

表 9-13 分位数回归结果

变量	模型 1 25% 企业创新	模型 2 50% 企业创新	模型 3 75% 企业创新	模型 4 25% 企业创新	模型 5 50% 企业创新	模型 6 75% 企业创新	模型 7 25% 企业创新	模型 8 50% 企业创新	模型 9 75% 企业创新	模型 10 25% 企业创新	模型 11 50% 企业创新	模型 12 75% 企业创新
2007 年 DDD	0.059** (0.026)	0.435*** (0.054)	1.431*** (0.211)	-0.384*** (0.047)	-1.016*** (0.181)	-1.394*** (0.384)	-0.417 (0.325)	-2.155** (0.961)	-12.080*** (2.008)	-0.724*** (0.202)	-2.789*** (0.666)	-5.328*** (1.444)
制度基础设施				0.014*** (0.003)	0.029*** (0.007)	0.048*** (0.018)						
2007 年 DDD×制度基础设施				0.058*** (0.006)	0.177*** (0.026)	0.300*** (0.037)						
规制制度							-0.052** (0.022)	-0.127*** (0.044)	-0.300*** (0.099)			
2007 年 DDD×规制制度							0.061 (0.043)	0.340*** (0.129)	1.790*** (0.275)			
规制执行										-0.030* (0.017)	-0.045 (0.049)	-0.079 (0.117)
2007 年 DDD×规制执行										0.248*** (0.062)	1.007*** (0.220)	2.046*** (0.494)
控制变量	控制	控制	控制	控制	控制	控制	控制	控制	控制	控制	控制	控制
常数项	1.907*** (0.086)	4.222*** (0.208)	10.440*** (0.689)	1.954*** (0.105)	4.239*** (0.272)	10.218*** (0.716)	2.298*** (0.213)	5.201*** (0.464)	12.622*** (1.024)	1.985*** (0.108)	4.379*** (0.210)	10.501*** (0.568)
观测值	7955	7955	7929	7955	7955	7955	7929	7955	7955	7955	7929	7955
调整 R^2	0.037	0.061	0.105	0.041	0.069	0.115	0.037	0.062	0.108	0.038	0.063	0.107

注：括号中为企业层面的聚类标准误

***表示 1%的显著性水平，**表示 5%的显著性水平，*表示 10%的显著性水平

新组中更明显。在模型 4~模型 6 中，制度基础设施的调节作用在 25%、50%、75%分位点上也具有统计意义，且在高创新组更为明显。在模型 7~模型 9 中，规制制度的调节作用在 50%、75%分位点上具有统计意义，而在 25%分位点上不显著。在模型 10~模型 12 中，规制执行的调节作用在 25%、50%、75%分位点上也具有统计意义，且在高创新组中更明显。

三、实证结论

本节研究了排污权交易试点政策对中国企业创新的政策效应，研究探讨了波特假说在不同制度环境中的适用性，并分析了制度环境对排污权交易试点政策效应的调节作用。结果表明，实施排污权交易试点能积极推动企业进行绿色创新，制度环境在其中发挥正向调节作用。具体而言，针对企业升级的环境基础设施应随着制度变迁而发展，成熟的制度基础设施能够增强市场激励型规制工具的实际效果；规制制度对排污权交易试点具有正向调节效应，表明建立正式的环境规制制度体系能够增强排污权交易试点的波特假说效应。最后，本节还考察了规制执行的调节效应，发现更严格的规制执行会增强排污权交易试点对企业绿色创新的影响。

第四节　支撑全面绿色转型的企业间网络研究

全面绿色转型是指全方位、全领域、全地域推进绿色转型。企业间网络支撑有利于企业克服绿色转型的外部性，在集体绿色升级中坚定企业绿色转型战略定力。其中，企业间信任网络起到关键作用。本节围绕企业间信任网络如何支撑全面绿色转型展开，重点考察了个体社会资本到集体社会资本的演进过程，探讨了企业如何通过信任网络克服绿色转型中的合作障碍与解决外部性问题，并进一步分析了过度嵌入合作网络的绿色转型负面影响机制。

一、企业间信任网络的生成逻辑

（一）从个体社会资本演进生成集体社会资本的两条理论路径

信任网络的生成逻辑可以通过社会资本理论来解释，特别是从个体社会资本到集体社会资本的演进过程中，信任是关键的纽带。本节基于中国的本土情景，强调个体社会资本如何通过两种逻辑生成集体社会资本，从而推动企业间的融资合作及绿色转型。这一理论基础源自社会信任的构建机制，社会资本的跨层次演进实质上是从个体信任向集体信任的过渡。

根据社会资本理论，信任可以分为情感信任和认知信任（McAllister，1995）。情感信任基于社会交往中的情感义务和长期的社会互动，而认知信任则依赖于对他方能力与可靠性的理性评估。情感信任在中国社会的传统文化中尤为重要（Whitley，1991），因为这种信任模式往往依赖于亲缘、地缘和业缘等关系。认知信任则通过社会声望的资格承认机制得以构建，特别是在企业间合作的开放网络中，认知信任起到了增加信任半径的作用。基于差序信任格局的内外集体社会资本的构建路径图如图9-1所示。

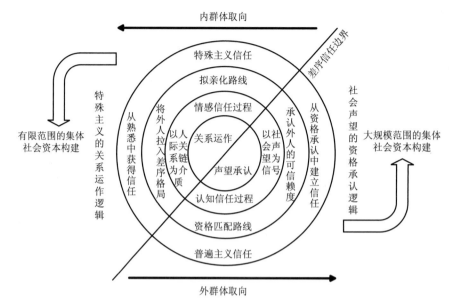

图9-1　基于差序信任格局的内外集体社会资本的构建路径图

（二）基于融资结网具体情景的研究假说

1. 特殊主义的关系运作逻辑假说

韦伯曾指出，"在中国，所有的信任和商业关系的基础都建立在亲属关系或类似亲属的纯粹私人关系之上"。以血缘和宗族纽带为基础的社会关系网络以及特殊主义信任模式，对东南沿海地区的私营企业主产生了显著影响，尤其是在融资和资本投资领域（陈立旭，2007）。这种关系运作包含一套本土化的情感信任机制，通过情感联系来构建信任，亲缘、地缘、业缘等成为自然的信任构建路径。在担保、借贷、参股等融资合作中，企业间的信任通常依赖于彼此的熟悉关系，这种关系需要依托亲缘、地缘或业缘等天然的社会关系来提供信用保障。如果融资对象超出了传统的亲缘关系范围，则企业常常需要通过加强弱关系，将圈子外的人"拟亲化"为"自己人"。这一过程需要企业灵活运用各种社会关系技巧，如联系、结交、接触等，以渗透人际信任（曾国权，2011）。

此外，特殊主义的关系运作过程具有明显的精英特征。在融资信任网络的建立和演化中，处于核心地位的焦点企业往往担任发起者和倡导者，对群体身份的界定、成员的筛选以及规则的制定拥有较强的影响力，进而塑造了群体内部信任网络的具体结构。信任的外推边界很大程度上依赖于焦点企业的个体社会资本运作。高昂的隐性成本在一定程度上阻碍了信任网络的进一步拓展，通常信任的外推边界会局限在焦点企业关系运作的能力范围之内。此外，焦点企业与边缘企业之间逐步形成了依附关系，资源丰富的焦点企业作为依附群体的保护者，能提供公共信任资源，借此获得对群体信任网络的控制权。相应地，焦点企业也有动机和能力在群体内维护其权威，进一步强化科层化的权力结构，并将信任关系限定在自身可控的范围内。

当信任边界无法顺利拓展时，小群体内部的信任强化作为一种应对策略，进一步加剧了小群体内外的隔离，并增强了信任行为的内群体倾向。在这种情况下，小群体内部的规则制定和执行更加依赖于群体结构的紧密性以及关键行动者的权威性。基于这一逻辑形成的信任网络通常是规模有限、密度较高并具有一定科层化结构的小群体派系。因此，本节的研究认为，基于特殊主义关系运作所构建的信任网络是企业间融资结网情景中个体社会资本向集体社会资本演进的主要作用路径，并且信任关系扩张有赖于居于核心位置的焦点企业的个体社会资本运作，即焦点企业的个体社会关系与个体信任关系扩张呈正相关关系。此外，特殊主义的关系运作逻辑需要依托亲缘、地缘、业缘等天然社会关系，亲缘、地缘、业缘等关系情景特征越强，个体社会资本越容易演进生成集体社会资本，即三种关系情景在其中充当了调节变量。同时，遵循特殊主义的关系运作逻辑，焦点企业的信任行为具有更强的内群体取向，企业信任半径相对偏小。基于该逻辑建构的融资信任网络偏向于形成具有科层权力结构的且密致性较高的小群体派系。其中，企业信任半径在社会关系影响融资信任网络结构的过程中起到了中介作用。

2. 社会声望的资格承认逻辑假说

Zucker（1986）提出声誉可以促成信任的机制，即通过评估受信方的过去行为和声誉来确认其可信度，继而决定是否可信任。Whitley（1991）对华人家族企业进行的研究则指出，中国人主要依赖交往经验来构建信任。在国外，构建社会信任的主要方式是强化群体身份认同，以此对"外人"形成一般性信任。群体身份认同的核心在于价值观的一致性和"门当户对"的资格匹配，其中最重要的是对可信赖度的社会评价。资格匹配被视为企业间资本合作及信任拓展的基础条件之一（王宣喻等，2006）。如果缺少"门当户对"的资格匹配，便难以建立有效的群体身份。

在中国的本土情景中，社会声望是获得群体认可的关键媒介。它反映了网络群体对个体成员的具体社会评价。以企业间融资合作为例，即使进行了高频次的密切交往，也难以全面获取合作对象的"软信息"并对其能力和可靠性进行精确评估。因此，社会声望是企业实力、信用声誉及社会地位等多方面的综合衡量标准，是资格匹配的重要依据。社会声望的资格承认在前台表现为精细的"面子工程"和"印象管理"，而在后台则是理性化的工具性评价。因此，社会声望信号的可靠性较高。作为群体性评价的一部分，社会声望能够在特定群体或圈层中获得普遍认可，从而将信任外推到符合群体标准的陌生人身上。

流动的社会声望取代了直接的人际关系链，成为构建社会信任的核心媒介，极大地增加了企业的信任半径。信任对象不再局限于特定的内群体，信任的拓展也突破了以亲缘、地缘、业缘为基础的传播路径，信任网络因此变得更加开放，推动了大规模信任网络的形成。资格匹配的成员筛选使得焦点企业在结构上保持大体平等的地位，信任边界也不再由某个关键行动者所主导控制。每个焦点企业都只是这个开放性俱乐部中的一员，遵守共同的社会规范。在这种逻辑下形成的信任网络更具团体结构的特征，多个具有相似地位和资格匹配的个体通过社会互动形成了多中心、扁平化的关系结构。

因此，本节的研究认为，以社会声望为介质，按照资格匹配逻辑强化资格身份认同进而建构信任网络，是融资结网情景中个体社会资本演进生成集体社会资本的重要路径。在该逻辑下，居于焦点位置的关键行动者的社会声望越高，越有利于信任网络拓展。并且由于社会声望的资格承认逻辑适宜在资格对等的个体之间发生作用，因此群体内实力特征越接近，个体社会资本越容易演进生成集体社会资本，即实力特征的类别情景在其中充当了调节变量。此外，遵循社会声望的资格承认逻辑，居于核心位置的焦点企业对非特定对象持有更高的社会信任程度，具有更大的企业信任半径。因此，基于该逻辑建构的融资信任网络在结构上更偏向于形成扁平化结构的且较为稀疏的大规模融资网络。其中，企业信任半径在社会声望影响融资信任网络结构的过程中充当中介变量。

二、企业间信任网络的实证研究

（一）变量界定与操作化定义

（1）个体社会资本。本节采用社会关系和社会声望两个维度对个体社会资本进行评估。社会关系变量采集了每一家焦点企业（上市公司）高管团队的工作履历，编码计量高管成员曾任职单位数的合计值，并做 0-1 标准化处理。社会声望变量则从五个方面进行 0-1 编码测量：企业主是否为人大代表/政协委员、是否获得重要社会荣誉、是否担任行业或协会领导职务、是否具有体制内职业背景，企业是否为市级以上百强企业。本节通过因子分析提取了社会声望因子。五项编码的 Cronbach's α 值为 0.717，信度较高。进一步的检验表明，抽样适合性检验 KMO 值为 0.756，Bartlett 球形检验统计量为 217.193（自由度 df 为 10，$p<0.000$）。因子分析提取了一个主成分，解释了 48.138% 的方差，表明测量效度良好。为确保实证过程的因果推理，个体社会资本的数据测量时点选定为 2010 年。

（2）集体社会资本。本节将融资信任网络结构视为集体社会资本的主要表征，主要基于以下几点：①企业间通过担保、借款、参股等形式进行融资合作，反映了企业主或企业之间的社会信任关系（陈立旭，2007），而信任是融资关系中的核心要素。②社会信任通常被认为是集体社会资本的关键内容或结果（Adler and Kwon，2002），并且是其衡量的重要维度之一。③通过结构来测量集体社会资本是文献中较为常见的做法（Payne et al.，2011）。因此，本节将融资信任网络类型作为因变量来进行分析。为确保因果关系的有效论证，融资信任网络采用了 2013 年的横截面数据。此数据包含 267 家焦点企业，分布在 182 个融资信任网络中。通过综合考虑网络规模、焦点企业数量等结构指标，并结合具体的网络形态观测，本节将这 182 个融资信任网络主观划分为三类：小宗派型（焦点企业数=1，网络规模<7）、过渡型（网络规模在 7 到 30 之间）以及开放型（焦点企业数>4，网络规模>30）。三种类型的融资信任网络结构属性指标统计见表 9-14。这三种类型在结构属性指标和形态上存在明显差异。小宗派型网络密度较高，而开放型网络呈现扁平化和稀疏的特点。从小宗派型到开放型，信任网络逐步拓展，集体社会资本水平相应提升。

表 9-14　三种类型的融资信任网络结构属性指标统计

网络类型	数量	网络规模		网络密度		焦点企业数	
		平均值	标准差	平均值	标准差	平均值	标准差
小宗派型	130	3.48	1.421	0.41	0.298	1.00	
过渡型	45	12.60	6.206	0.23	0.116	1.44	0.693
开放型	7	97.57	85.866	0.04	0.024	9.86	7.058

（3）企业信任半径。本节通过企业对内群体和外群体信任的相对偏好程度来衡量其信任半径，主要考察企业对非特定交易对象的信任程度（Delhey et al., 2011）。本节具体选取了非关系交易、非关联担保、非关联合营三个维度进行测量。主要客户销售金额占比和主要供应商采购金额占比是常见的衡量企业与特定群体间关系交易的指标（徐虹等，2016）。关系交易越显著，企业越偏向内群体信任，非关系交易则取其逆向指标，计算公式为 1–max（前五大客户销售金额占比、前五大供应商采购金额占比）。非关联担保关系数和非关联合营关系数则分别计量了 2013 年度企业与非关联方的担保关系和合营关系的数量，反映了企业与非特定交易对象进行融资合作的频率与信任程度（戴天婧和汤谷良，2011）。三个测量指标的 Cronbach's α 值为 0.722，信度较好。KMO 值为 0.617，Bartlett 球形检验统计量为 196.867（df 为 3，$p<0.000$）。因子分析提取了一个主成分，解释了 67.334%的方差，具有较高效度。本节将提取出的因子作为企业信任半径的测量值，数据测量时点为 2013 年。

（4）社会情景变量。本节设置了两类社会情景变量：①关系情景变量，涵盖亲缘、地缘和业缘情景。亲缘变量测量的是焦点企业所在地方融资网络中家族企业的比例，家族企业定义为由家族控股且家族成员担任董事长或总经理的企业；地缘变量测量的是融资网络中与焦点企业来自同一地区的企业比例；业缘变量衡量的是与焦点企业属于同一行业大类的企业比例。所有关系情景变量均经过标准化处理。②类别情景变量，指按公司规模类型衡量焦点企业所属融资网络的资格匹配程度。具体而言，企业被划分为龙头企业、大型企业、中型企业、小型企业四类。采用赫芬达尔-赫尔希曼指数（Herfindahl-Hirschman index，HHI）（又称市场集中度指数）测算融资信任网络内企业类型的同质性，作为资格匹配程度的指标。HHI 值介于 0 到 1 之间，数值越接近 1，表明资格匹配程度越高。情景变量的测量时点为 2010 年。

（5）控制变量及内生性控制。本节选择了公司历史、公司规模、多元经营、上市类型四个控制变量。公司历史测量了焦点企业从首次注册至 2013 年的年数。公司规模则取 2010 年总资产的对数值。多元经营通过 2010 年年报中报告的业务领域数量进行衡量。上述变量均进行了 0-1 标准化处理。上市类型为虚拟变量，沪深主板上市公司赋值为 1，非沪深主板上市公司则赋值为 0。

融资信任网络具有长期性和持续性，上市公司间的正式担保协议的有效期通常为 1 年，参股、合营等合作则持续的时间更长。焦点企业在 2010 年和 2013 年两个横截面的融资网络归属（组别或类别）之间存在自相关性。此外，开放型融资信任网络和部分过渡型融资信任网络包含多个焦点企业，同属于一个融资信任网络的焦点企业，其相关变量取值可能存在内在关联。为控制潜在的内生性风险，本节设置了组别虚拟变量和类别虚拟变量进行控制。2010 年横截面中有 93 个小宗派型、29 个过渡型和 7 个开放型融资信任网络，分别包含 93、58、67 家焦点企业。本节设置了 7 个组别虚拟变量，代表 7 个规模最大的开放型融资信任网络，用于控制网络组别归属引发的内生性问题，同时，也设置了 2 个网络类别虚拟变量，分别代表小宗派型和过渡型，以控制网络类别归属可能带来的内生性影响。

（二）样本与数据

1. 样本选择与数据来源

本节的实证样本为在上海、深圳和香港上市的 267 家浙江籍上市公司，剔除数据缺失的样本后，有效样本为 218 家。本节采用了 2010 年和 2013 年两个横截面的企业社会资本与融资信任网络数据集。由上市公司组成的融资信任网络是各地融资圈的"重要骨干"，对区域经济发展和经济安全具有较大的系统性影响。研究数据主要来源于 2010~2013 年上市公司公开披露的招股说明书、年报和公告等信息。同时，近年来对上市公司各类活动的事件报道（尤其是关于融资担保风险的信息披露）为本节的研究提供了有力支持。来自上市公司官网和公开媒体的其他资料均通过至少三个信息源进行了交叉验证。

2. 融资信任网络

本节所指的融资链包括企业间的参股集资、贷款担保、委托贷款及非经营性资金占用等融资合作关系。本节生成了 2010 年和 2013 年两个横截面的浙江融资信任网络。首先，本节列出了在上海、深圳和香港上市的浙江籍企业（焦点企业）名单。其次，通过对上市公司担保、参股等事项进行筛选、梳理与编码，构建了初步的融资关系网络。最后，借助其他信息来源进一步拓展和完善网络，特别是补充了省内主要非上市集团公司担保、参股等融资合作的信息。此外，权威媒体对浙江多起"双链风险"事件的报道提供了部分非上市公司融资链的信息。编码过程中尤其关注了焦点企业之间直接或间接的关系链。每个横截面数据集根据节点连通性分解为多个 0-1 矩阵，每个矩阵代表一个连通的融资信任子网，融资关系链按无指向关系处理。

（三）实证结果分析

1. 描述性与相关性结果分析

表 9-15 展示了主要变量的描述性统计结果。数据显示，高管团队普遍具备较为丰富的社会关系资源，样本公司整体拥有较高的社会声望，且声望在样本之间存在显著

差异。三个关系情景变量的均值较高，说明亲缘、地缘和业缘特征较为突出；而类别情景变量的均值较低，说明地方融资网络通常包含多种类型的企业。表 9-16 则提供了变量的相关性分析。社会关系与社会声望的相关性不显著，表明两者分别测量了企业社会资本的不同维度。社会关系和社会声望均与融资网络类型及企业信任半径显著相关。四种情景变量之间也呈现出较强的相关性。

表 9-15　主要变量的描述性统计结果

变量名称	极小值	极大值	均值	标准差
社会关系（未标准化）	11.000	97.000	38.660	15.270
社会关系（标准化）	0.000	1.000	0.322	0.178
社会声望因子	0.010	1.000	0.475	0.349
企业信任半径因子	0.049	1.000	0.232	0.141
亲缘情景	0.010	1.000	0.540	0.315
地缘情景	0.010	1.000	0.662	0.241
业缘情景	0.020	1.000	0.606	0.268
类别情景	0.040	1.000	0.450	0.136
公司历史（未标准化）	3.000	25.000	13.505	4.961
公司规模（未标准化）	17.955	26.296	21.448	1.171
多元经营（未标准化）	1.000	8.000	2.716	1.516

2. 个体社会资本与个体信任关系网拓展

表 9-17 展示了社会关系、社会声望与焦点企业自我中心网络规模之间的关系。模型 4 显示了未控制内生性时的回归结果，而模型 5 和模型 6 则显示了分别控制组别和类别虚拟变量后的回归结果。模型 5 中的 7 个组别虚拟变量中有两个具有统计显著性（$p<0.05$），而模型 6 中两个类别虚拟变量均显著（$p<0.05$ 和 $p<0.1$）。此外，模型 5 和模型 6 的关键变量回归系数相较于模型 4 有明显变化，这表明控制内生性是必要的。所有模型的回归结果均显示，社会关系与焦点企业自我中心网络规模显著正相关，结果符合理论预期，也与先前文献的证据一致。

模型 2 加入了亲缘、地缘和业缘这三个关系情景变量，结果显示亲缘情景与自我中心网络规模显著负相关（$p<0.05$），即亲缘关系越强烈，越可能限制个体信任关系的外部拓展。这可以解释为一方面，随着关系运作边际成本的快速增加，差序信任外推产生了负面影响。另一方面，根据特殊主义的关系运作逻辑，焦点企业更倾向于在熟悉的小群体内建立信任关系，从而减少了参与群体外融资合作的机会。在模型 2 中，地缘和业缘情景变量对自我中心网络规模没有显著的负面影响。模型 3 则增加了类别情景的考察，发现类别情景与自我中心网络规模之间没有显著相关性（$p>0.1$）。在全模型［模型 5 和模型 6］中，模型 1 至模型 3 的主要研究结论依然保持不变。

表 9-16 变量的相关性分析

变量	融资信任网络类型	自我中心网络规模	企业信任半径	社会关系	社会声望	亲缘情景	地缘情景	业缘情景	类别情景	上市类型	公司历史	公司规模	多元经营
融资信任网络类型	1.000												
自我中心网络规模	0.510***	1.000											
企业信任半径	0.568***	0.470***	1.000										
社会关系	-0.288***	0.123*	-0.305***	1.000									
社会声望	0.359***	0.219***	0.513***	-0.197	1.000								
亲缘情景	-0.511***	-0.377***	-0.419***	0.038	-0.212**	1.000							
地缘情景	-0.170**	-0.174**	-0.084	-0.020	-0.059	0.137**	1.000						
业缘情景	-0.131*	-0.032	0.072	0.060	-0.018	-0.005	0.254***	1.000					
类别情景	0.185***	0.128*	0.124*	-0.065	-0.028	-0.210***	-0.140	-0.141**	1.000				
上市类型	0.252***	0.223***	0.383***	-0.132*	0.206**	-0.249***	-0.068	-0.008	0.061	1.000			
公司历史	0.242***	0.189***	0.203***	-0.061	0.151*	-0.160**	-0.012	-0.045	0.038	0.575***	1.000		
公司规模	0.344***	0.369***	0.397***	-0.138**	0.442***	-0.274***	-0.135**	0.012	-0.004	0.235***	0.122*	1.000	
多元经营	0.067	0.072	0.205***	-0.040	0.301***	-0.058	-0.105	-0.102	0.052	0.199***	0.104	0.172**	1.000

***表示 1%的显著性水平，**表示 5%的显著性水平，*表示 10%的显著性水平

表 9-17　个体社会资本与个体信任关系网拓展的回归分析结果

变量	因变量：自我中心网络规模（个体信任关系网拓展）					
	模型 1	模型 2	模型 3	模型 4	模型 5	模型 6
社会关系	0.150***	0.142**	0.152**	0.133*	0.071**	0.144**
	(0.039)	(0.039)	(0.039)	(0.041)	(0.034)	(0.039)
社会声望	0.007	0.003	0.009	0.024	0.030	0.005
	(0.023)	(0.023)	(0.023)	(0.024)	(0.020)	(0.024)
亲缘情景		−0.052**		−0.091**	−0.053**	−0.049*
		(0.026)		(0.024)	(0.021)	(0.026)
地缘情景		−0.007		−0.041	−0.030	−0.007
		(0.030)		(0.031)	(0.027)	(0.030)
业缘情景		0.014		−0.007	0.022	0.015
		(0.027)		(0.027)	(0.023)	(0.027)
类别情景			0.046	0.067	0.033	0.035
			(0.052)	(0.054)	(0.045)	(0.052)
常数项	0.003	0.030	−0.022	−0.019	−0.035	0.009
	(0.035)	(0.043)	(0.045)	(0.054)	(0.046)	(0.053)
组别内生性					控制	
类别内生性	控制	控制	控制			控制
控制变量	控制	控制	控制	控制	控制	控制
有效样本	218	218	218	218	218	218
调整 R^2	0.301	0.306	0.300	0.248	0.496	0.304
F	12.681***	9.711***	11.351***	8.149***	13.552***	8.915***

注：括号中为标准误，模型 1、模型 2、模型 3、模型 6 中用于内生性控制的两个类别虚拟变量均为统计显著，模型 5 中，7 个组别控制虚拟变量中仅 2 个回归系数统计显著

***表示 1%的显著性水平，**表示 5%的显著性水平，*表示 10%的显著性水平

3. 个体社会资本与企业信任半径

本节检验了个体社会资本及其情景变量对企业信任半径的影响。表 9-18 中，模型 1 显示，社会关系与企业信任半径显著负相关（$p<0.01$），而社会声望与企业信任半径呈显著正相关（$p<0.01$），这与本节的两个研究假设一致。在特殊主义的关系运作逻辑下，情感信任成为企业间融资合作的关键因素，焦点企业通常将信任对象限定在熟悉的群体中，因此更倾向于缩小信任半径。而在社会声望的资格承认逻辑下，焦点企业通过评估社会声望来判断非特定交易对象的可信赖度，逐步建立认知信任，从而具备更大的信任半径。同时，亲缘情景与企业信任半径显著负相关（$p<0.01$），这符合常识，即亲缘情景越强，内群体成员之间的情感联系越紧密，但这种小群体的紧密关系不利于信任半径的扩大。此外，业缘情景与企业信任半径显著正相关（$p<0.01$），行业同质性有助于增强企业对非特定群体的信任。模型 1 中，地缘情景和类别情景对企业信任半径的直接影响在统计上并不显著。

表 9-18　企业信任半径回归分析结果

变量	因变量：企业信任半径							
	模型 1	模型 2	模型 3	模型 4	模型 5	模型 6	模型 7	模型 8
社会关系	−0.143*** (0.041)	−0.222*** (0.072)	0.089 (0.112)	0.083 (0.111)	−0.131 (0.128)	0.106 (0.233)	−0.011 (0.229)	0.044 (0.228)
社会声望	0.116*** (0.024)	0.215*** (0.042)	0.118* (0.061)	0.010 (0.048)	−0.038 (0.078)	−0.011 (0.126)	−0.071 (0.125)	−0.056 (0.124)
亲缘情景	−0.073*** (0.027)	−0.045 (0.058)	−0.079*** (0.027)	−0.064** (0.026)	−0.068** (0.027)	−0.101* (0.059)	−0.093 (0.057)	−0.063 (0.059)
地缘情景	0.018 (0.031)	0.017 (0.031)	0.136* (0.076)	0.021 (0.031)	0.018 (0.031)	0.143* (0.078)	0.136* (0.076)	0.125 (0.076)
业缘情景	0.076*** (0.028)	0.064** (0.028)	0.075*** (0.028)	0.106 (0.076)	0.074*** (0.028)	0.009 (0.084)	−0.001 (0.082)	0.033 (0.082)
类别情景	0.041 (0.054)	0.020 (0.054)	0.045 (0.053)	0.021 (0.053)	−0.089 (0.122)	−0.116 (0.131)	−0.152 (0.129)	−0.161 (0.129)
社会关系× 亲缘情景		0.130 (0.126)				0.169 (0.139)	0.195 (0.135)	0.171 (0.135)
社会声望× 亲缘情景		−0.188*** (0.069)				−0.155** (0.073)	−0.155** (0.072)	−0.154** (0.071)
社会关系× 地缘情景			−0.350** (0.156)			−0.376** (0.160)	−0.318** (0.157)	−0.301* (0.157)
社会声望× 地缘情景			0.004 (0.085)			−0.049 (0.087)	−0.005 (0.086)	−0.000 (0.085)
社会关系× 业缘情景				−0.362** (0.178)		−0.229 (0.195)	−0.165 (0.190)	−0.236 (0.190)
社会声望× 业缘情景				0.173** (0.072)		0.216*** (0.079)	0.227*** (0.077)	0.212*** (0.077)
社会关系× 类别情景					−0.026 (0.274)	0.113 (0.307)	0.154 (0.299)	0.166 (0.300)
社会声望× 类别情景					0.351** (0.168)	0.298* (0.180)	0.318* (0.178)	0.296* (0.177)
常数项	0.187*** (0.055)	0.197*** (0.056)	0.107 (0.074)	0.176*** (0.065)	0.259*** (0.077)	0.184 (0.112)	0.202* (0.109)	0.243** (0.111)
组别内生性							控制	
类别内生性	控制	控制	控制	控制	控制			控制
调整 R^2	0.479	0.497	0.488	0.504	0.485	0.503	0.534	0.531
F	17.644***	16.307***	15.747***	16.720***	15.613***	13.188***	10.956***	13.263***

注：括号中为标准误，模型 1、模型 2、模型 3、模型 4、模型 5 和模型 8 中用于内生性控制的两个类别虚拟变量均为统计显著，模型 7 中，7 个组别控制虚拟变量中有 4 个回归系数统计显著

***表示 1%的显著性水平，**表示 5%的显著性水平，*表示 10%的显著性水平

　　模型 2、模型 3 和模型 4 分别检验了亲缘、地缘和业缘情景与社会关系、社会声望之间的交互作用。模型 2 的结果显示，社会关系与亲缘情景的交互项并不显著（$p>0.1$），说明亲缘情景虽对企业信任半径有直接影响，但并未调节社会关系对企业信任半径的影响。这可能是因为浙江上市公司普遍具有家族控制特征，样本的特殊性使亲缘情景过于普遍，增加了分析交互效应的难度。模型 2 中，社会声望与亲缘情景的交互项显著为负（$p<0.01$），表明在强亲缘情景中，特殊主义的关系运作逻辑更易占主导，抑制社会声望的资格承认逻辑的作用，这表明两种逻辑在特定情景中存在一定的竞争关系。模型 3 的结果显示，社会关系与地缘情景的交互项显著为负（$p<0.05$），即地缘情景会加剧社会关系对企业信任半径的负面影响。模型 4 显示，社会关系与业缘情景的交互项为显著负值（$p<0.05$），表明业缘情景有助于强化特殊主义的关系运作逻辑，增加同业群体之间的小群体效应。不过，业缘情景虽支持特殊主义的关系运作逻辑，但并未排斥社会声望的资格承认逻辑。模型 4 中，社会声望与业缘情景的交互项显著为正（$p<0.05$），表明业缘情景还能够增强社会声望的资格承认逻辑的效果，提升企业对非特定同业对手的融资信任。这表明两种逻辑在某些社会情景中可以共存，而非必然对立。

　　模型 5 检验了类别情景与社会关系、社会声望之间的交互作用。结果显示，社会声望与类别情景的交互项显著为正（$p<0.05$），表明类别情景能够增强社会声望的资格承认逻辑的效果，进而扩大企业信任半径。在一个更为对等、资格匹配的社会情景中，企业间更容易通过社会声望建立认知信任，增加对非特定群体的信任程度。模型 6 至模型 8 为全模型的检验结果。尽管亲缘情景在一定程度上会抑制社会声望对企业信任半径的正向影响，但全模型检验表明，特殊主义的关系运作逻辑和社会声望的承认逻辑可在叠加的社会情景中共存，且相对独立地发挥作用。

4. 企业信任半径的中介效应

　　如前所述，本节基于实证数据将融资信任网络分为三种有序类型：小宗派型、过渡型和开放型（分别赋值为 1、2、3）。随着从小宗派型向开放型转变，信任网络的规模逐渐扩大，集体社会资本的水平也相应提高。根据研究假设，特殊主义的关系运作逻辑下的融资信任网络更倾向于呈现小宗派型结构，而遵循社会声望的资格承认逻辑的网络则更接近开放。企业信任半径（通过企业对内群体信任和外群体信任之间的相对偏好程度来观测），起到了重要的中介作用。本节的初步中介效应分析验证了上述假设的正确性。进一步地，本节通过 KHB（Karlson-Holm-Breen）分析法（Breen et al.，2013）将社会关系和社会声望对融资信任网络结构类型归属的总效应分解为直接效应与通过企业信任半径产生的间接效应，从而更全面地考察了企业信任半径的中介效应。KHB 分析的优点在于能够比较相同样本嵌套模型的系数，并满足"连续忽略假设"。它适用于 logit、ologit、Probit 或普通最小二乘法回归模型，允许因变量和自变量为普通类别或顺序变量（Breen et al.，2013）。本节的中介效应研究涉及有序类别变量，因此选择 KHB 分析能更有效地检验企业信任半径的中介作用。

　　表 9-19 显示，在控制了网络类别归属的内生性问题后，社会关系对融资信任网络结构类型归属的总效应系数为–3.550（$p<0.01$），说明按特殊主义的关系运作逻辑形成的融

资信任网络在结构上更接近小宗派型。其中，直接效应系数为−2.404（$p<0.05$），以企业信任半径作为中介变量的间接效应系数为−1.145（$p<0.05$），表明企业信任半径在其中起到了部分中介作用，约占总效应的三分之一。控制内生性后，社会声望对融资信任网络结构类型归属的总效应系数为 1.111（$p<0.05$），表明遵循社会声望的资格承认逻辑的融资网络更趋向于开放型。其中，社会声望的直接效应在统计上不显著（$p>0.1$），以企业信任半径作为中介变量的间接效应系数为 0.928（$p<0.05$）。这些结果表明，企业信任半径在其中起到了完全中介作用。KHB 方法的结果显示，企业信任半径在个体社会资本对融资信任网络结构的影响机制中发挥了重要的中介作用。个体社会资本之所以能够影响融资信任网络的整体结构，是因为其运作逻辑影响了企业信任半径，进而决定企业融入何种类型的融资信任网络。

表 9-19　中介效应 KHB 分析结果

自变量		因变量：融资信任网络结构类型归属；中介变量：企业信任半径		
		（1）	（2）	（3）
		无内生性控制	组别内生性控制	类别内生性控制
社会关系	总效应	−3.271*** (0.921)	−4.883*** (1.072)	−3.550*** (0.982)
	直接效应	−1.514 (0.959)	−3.684*** (1.107)	−2.404** (1.016)
	间接效应	−1.758** (0.633)	−1.200** (0.521)	−1.145** (0.504)
社会声望	总效应	1.910*** (0.534)	1.171** (0.602)	1.111** (0.569)
	直接效应	0.350 (0.547)	0.310 (0.632)	0.183 (0.599)
	间接效应	1.560** (0.639)	0.861** (0.445)	0.928** (0.461)
调整 R^2		0.320	0.320	0.460

注：回归模型为 logit，其余变量为公司历史、公司规模、多元经营、上市类型、亲缘情景、地缘情景、业缘情景、类别情景，模型 2 增加了组别控制变量，模型 3 增加了类别控制变量

***表示 1%的显著性水平，**表示 5%的显著性水平

5. 两种逻辑的共生性与竞争性对比

基于浙江融资信任网络的实证研究，本节认为特殊主义的关系运作逻辑与社会声望的资格承认逻辑是两条相对独立的理论路径。企业在个体层面选择哪种逻辑，取决于其社会资本禀赋和所处的情景环境。由于这两条路径在信任构建的前提条件、运作机制、生成过程以及社会后果上存在显著差异，因此它们与适宜的社会情景相结合，才能更有效地生成集体社会资本。在实际情景中，这两种路径往往在复杂、多元且叠加的社会情

景中交织并共同发挥作用。虽然回归结果显示亲缘情景可能会抑制社会声望的资格承认逻辑，但总体来看，两种逻辑在叠加情景中仍各自有效，展现出更多的共生性而非竞争性。本节进一步考察了融资信任网络的具体结构（图 9-2），有助于理解这一结论，并揭示两种逻辑在浙江地方融资信任网络中的共生并存关系。图 9-2 显示，台州的某开放型融资信任网络可以分解为若干小宗派型子网，这些子网通过社会声望的资格承认逻辑，借助参股、担保等社会联系串联起来。特殊主义的关系运作逻辑是小宗派型子网形成的基础，而个体社会声望决定了焦点企业能否连接其他小群体并融入更为开放的信任网络。通过社会声望的资格承认逻辑，多个小宗派型子网在结构上串联起来，最终形成大规模的开放型融资信任网络。

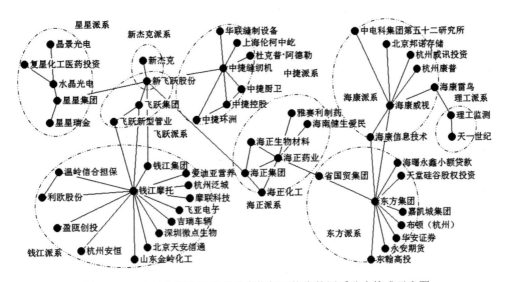

图 9-2　2013 年台州某开放型融资信任网络内的派系分支构成示意图

特殊主义的关系运作逻辑和社会声望的资格承认逻辑是中国差序格局下两种不同的社会运作机制。在中国的差序社会结构中，存在"内外有别"的现象，即对待熟人和陌生人采用完全不同的信任模式，内群体信任与外群体信任背后的社会心理过程和运作机制存在显著差异。特殊主义的关系运作逻辑依赖于情感信任，通过拟亲化等方式将本来位于信任边界之外的对象拉入自身的差序信任体系，表现出强烈的内群体倾向。整个关系运作过程实际上是焦点企业以自我为中心拓展差序信任体系的过程，小派系内呈现出典型的核心–边缘结构，焦点企业与边缘企业之间形成了一种利益依附关系。这类小宗派型融资信任网络所体现的集体社会资本水平较低，在特殊主义的关系运作逻辑下，难以培育高水平的集体社会资本。这也解释了为何众多文献指出，中国的特殊主义文化使得普遍信任的建立较为困难。

关于中国社会信任的主流文献大多集中于内群体信任结构，强调特殊主义信任对中国社会的深远影响，很少探讨中国人如何在差序信任格局之外培育信任关系。以往关于特殊主义的讨论忽视了儒家文化中的另一信任生成路径，即以社会声望作为媒介的信任构建。社会声望的资格承认逻辑基于组织间认知信任的社会心理过程，其信任关系的拓展关键在于通过社会声望实现对受信者的资格评估与认同，进而建立跨越小群体的结构洞联结，具有明显的外群体倾向。资格匹配形成的是多中心、扁平化的关系结构，焦点企业之间是更为对等的关系交易形式。这类开放型融资信任网络代表了一种大规模的信任结构，如 2013 年杭州最大的融资信任网络涉及 25 家焦点企业和 286 家地方骨干企业，其集体社会资本水平远超小宗派型融资信任网络。小宗派型融资信任网络与开放型融资信任网络在结构形态和指标上均存在显著差异。三种类型的融资信任网络规模逐步扩大，焦点企业间的信任关系也逐渐拓展，集体社会资本水平依次提升。

三、企业间信任网络的负面效应

（一）案例背景

值得注意的是，利用社会资本构建的信任网络存在潜在的负面效应。本节以绍兴的浙江华联三鑫石化有限公司（以下简称华联三鑫）和台州的飞跃集团两个经典案例进行分析。2006 年投产的华联三鑫，以亚洲第一、全球第二的年产 180 万吨精对苯二甲酸产能，保障了绍兴纺织产业链的原料供应。然而，由于石油等原材料价格持续上涨以及精对苯二甲酸市场价格下跌的双重压力，企业利润自 2006 年起逐年下滑。2008 年，为扭转精对苯二甲酸价格下跌的局面，企业冒险参与精对苯二甲酸期货市场投机，导致巨额亏损，资金链濒临断裂。同年 9 月底，一家异地银行收回贷款后，企业立即停工陷入困境。华联三鑫的破产直接影响了华联控股、华西集团、展望集团、加佰利等四家股东以及一大批互保企业，其中一些企业也濒临破产，风险扩散至绍兴市整个纺织产业网络。而台州飞跃集团是全球最大的缝纫设备供应商之一。技术改造和项目投资过度，飞跃集团向银行及民间机构大量借贷，导致负债率长期居高不下。2008 年，随着经营状况恶化，集团难以支付高额利息，最终在异地银行停止贷款后资金链断裂。破产重组前，集团积累了大量银行贷款和民间借贷。集团股权结构较为封闭，外部担保关系仅限于两家当地大型企业。虽然破产直接影响了为其配套的供应商和民间借贷者，但核心企业间的风险传染较为有限，对当地产业网络的破坏也较小。

（二）社会资本的测度结果

企业家个体社会资本和企业集体社会资本的测量结果如表 9-20 所示。首先，企业家个体社会资本的测量结果显示，绍兴和台州企业家个体社会资本的均值分别为 3.390 和 2.875。绍兴企业家政治参与、社会荣誉以及社会兼职的均值均高于台州企业家，表明绍兴企业家享有更高的社会信任和声望，拥有更多社会资源。同时，董事本地化和董事连锁的指标也显示绍兴企业高层之间的社会联系更为广泛。总体来看，绍兴企业家的个体社会资本显著高于台州企业家（显著性水平 $p<0.01$）。企业集体社会资本的测量结果显示，两地企业的区域地位、集聚地位、公开上市和公司历史等指标大致相当，但台州企业的业务本地化指标显著高于绍兴企业。绍兴和台州的企业集体社会资本的均值分别为 2.525 和 2.821，然而两地的差异在统计上并不显著。

表 9-20　两地社会资本测度的分项指标均值统计

资本		绍兴（N=118）分项指标均值	台州（N=56）分项指标均值	地区差异
企业家个体社会资本		3.390	2.875	0.515***
其中	政治参与	0.730	0.625	0.078*
	社会荣誉	0.746	0.643	0.103**
	社会兼职	0.661	0.554	0.104**
	董事本地化	0.492	0.482	0.009
	董事连锁	0.788	0.571	0.217***
企业集体社会资本		2.525	2.821	−0.296
其中	区域地位	0.314	0.357	−0.044*
	集聚地位	0.525	0.536	−0.010
	公开上市	0.297	0.321	−0.025
	业务本地化	0.670	0.821	−0.152**
	公司历史	0.720	0.786	−0.065

注：地区差异采用独立样本 t 检验，N 为节点数
***表示 1%的显著性水平，**表示 5%的显著性水平，*表示 10%的显著性水平

总体来看，绍兴地区的产业集群具有细密的分工结构，上下游细分行业之间高度依赖，同行企业间频繁进行相互担保，因此企业的总体社会资本（包括个体社会资本和集体社会资本）较高。而在台州，医药化工、服装设备、机械电子等产业集群中，配套企业围绕焦点企业形成轮轴式分工模式，但群落间竞争激烈，同行企业间的相互担保较少。李桢业（2008）对台州缝纫机产业集群的研究表明，当地由"乡缘"或"亲缘"关系组成的生产协作体系通常保持着非常稳定和紧密的合作关系，有时甚至表现出排他性，具有闭锁特征，这在一定程度上限制了企业总体社会资本的增加。

（三）两地融资风险网络的结构测度

通过对融资风险关系链进行梳理和确认，本节绘制了绍兴与台州地区的融资风险网络图（图 9-3、图 9-4）。从图 9-3 可以直观看出，绍兴的 118 个节点分布在 15 个派系中，其中有 5 个孤立节点。华联三鑫所在的派系最大，包含 37 个节点。规模最大的 3 个派系共涉及 80 个节点，占绍兴网络总规模的 67.80%。图 9-4 显示，台州的 56 个节点分布在 18 个派系中，包含 7 个孤立节点。飞跃集团所在的派系最大，包含 10 个节点。最大的 3 个派系共涉及 24 个节点，占台州网络总规模的 42.86%。这表明，绍兴网络具有更强的连通性和整体性，而台州网络相对而言派系结构较为分散。

本节采用社会网络分析技术测量了两地的融资风险网络，结果如表 9-21 所示。绍兴的网络平均中心度为 2.441，显著高于台州的 1.500（p<0.01），表明绍兴的融资风险传染路径明显多于台州。绍兴的网络凝聚系数为 0.240，显著高于台州的 0.163（p<0.05），表明绍兴的网络凝聚程度显著高于台州。这一结果在两地网络主要派系的指标统计中也得

到了进一步验证。

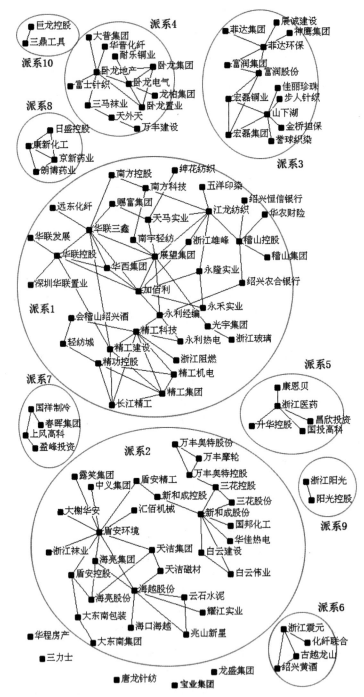

图 9-3 绍兴主要派系构成情况

大榭华安、华普化纤现已注销

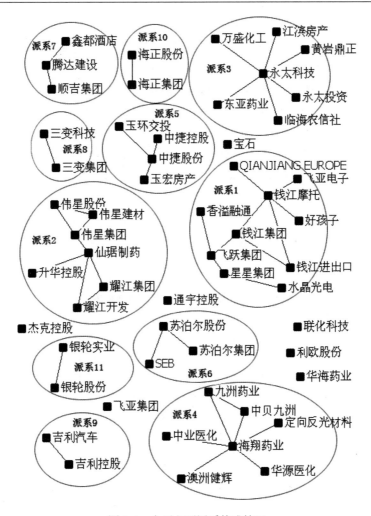

图 9-4　台州主要派系构成情况

表 9-21　两地融资风险网络的结构属性统计

结构指标	统计量	绍兴（N=118）	台州（N=56）	地区差异
中心度	网络平均中心度	2.441	1.500	0.941***
凝聚系数	网络凝聚系数	0.240	0.163	0.097**
派系构成	派系数量/个	15	18	
	其中，孤立节点/个	5	7	
前三大派系的规模占比		67.80%	42.86%	24.94%

注：中心度和凝聚系数的地区差异采用独立样本 t 检验

表示 $p < 0.05$，*表示 $p < 0.01$

绍兴主要派系构成情况见图 9-3。派系 1 成员主要为绍兴纺织类企业，派系 2 成员多为新昌和诸暨的机械电子类企业，派系 3 成员集中于诸暨，派系 4 成员多来自上虞，派系 5 成员均为医药企业，派系 6 成员均为绍兴国资企业，派系 7 成员多为上虞环保设备企业，派系 8 成员多为新昌医药企业。派系 9、派系 10 成员间存在股权关联。图 9-3 中有 5 个孤立节点。

台州主要派系构成情况见图 9-4。派系 1 成员有半数为椒江区机械电子类企业，派系 2 成员的行业和地域特征不明显，派系 3 成员多为临海市化工类企业，派系 4 成员多为椒江区制药企业，派系 5 成员集聚于玉环市，派系 7 成员多为建筑类企业。派系 6、派系 8、派系 9、派系 10、派系 11 成员间存在股权关联，图 9-4 中有 7 个孤立节点。

具体到案例中涉及的华联三鑫派系和飞跃集团派系，表 9-22 显示，华联三鑫派系的中心度均值为 3.30，较高的中心度有助于提高派系内部的凝聚力。华联三鑫派系的凝聚系数均值为 0.23，高于飞跃集团派系的 0.14。通过对比两个派系的网络图（图 9-3、图 9-4）可以直观看出，华联三鑫派系的凝聚程度明显高于飞跃集团派系，内部闭合环路也比飞跃集团派系多。

表 9-22　两地融资风险网络主要派系统计

派系	绍兴网络			台州网络		
	规模	中心度均值	凝聚系数均值	规模	中心度均值	凝聚系数均值
1	37	3.30	0.23	10	2.00	0.14
2	30	2.47	0.27	7	2.29	0.64
3	13	2.15	0.27	7	1.71	0.00
4	12	2.33	0.20	7	2.00	0.30
5	5	1.60	0.00	4	1.50	0.00
6	4	2.00	0.58	3	1.33	0.00
7	4	1.50	0.00	3	1.33	0.00
8	4	2.50	0.83	2	1.00	0.00
9	2	1.00	0.00	2	1.00	0.00
10	2	1.00	0.00	2	1.00	0.00
11				2	1.00	0.00

注：表中只列出了两地除孤立节点之外的共 21 个派系

（四）社会资本对网络结构的影响

首先，从企业个体角度，本节对企业家个体社会资本、企业集体社会资本与企业节点中心度、企业节点凝聚系数进行了 Pearson 相关性检验（表 9-23）。结果显示，企业家个体社会资本和企业集体社会资本与企业节点中心度在统计上显著正相关，这证实了企业家个体社会资本或者企业集体社会资本越多，融资风险网络的平均节点中心度就越高，平均节点中心度越高代表网络连通性越好，网络内孤立节点和派系数量也就随之下降，网络破碎程度也就越低，遏制大规模风险传染的能力就越低。同样，相关性检验也表明，企业家个体社会资本与企业节点凝聚系数显著正相关（显著性水平 $p<0.01$），证实了企业家个体社会资本越多，融资风险网络的凝聚系数越高，越容易加剧派系内的风险传染。然而，企业集体社会资本与企业节点凝聚系数的相关性在统计上不显著。此外，企业家个体社会资本与企业集体社会资本、企业节点中心度与企业节点凝聚系数均显著正相关，这符合理论预期。

表 9-23　社会资本与结网特征的 Pearson 相关性检验

变量	企业家个体社会资本	企业集体社会资本	企业节点中心度	企业节点凝聚系数
企业家个体社会资本	1.000			
企业集体社会资本	0.206*** (0.006)	1.000		
企业节点中心度	0.260*** (0.001)	0.164** (0.031)	1.000	
企业节点凝聚系数	0.261*** (0.001)	−0.127 (0.096)	0.176** (0.020)	1.000

说明：括号中数字为 p 值（双尾检验）
***表示 1%的显著性水平，**表示 5%的显著性水平

其次，从网络整体来看，绍兴和台州网络在结构上存在显著差异。绍兴网络的中心度均值明显高于台州，而网络的破碎程度则低于台州。对比两地派系的凝聚系数，同样发现绍兴派系的凝聚系数均值普遍高于台州派系（表 9-22）。这一比较结果与两地企业家个体社会资本的差异相呼应，这证实了企业家个体社会资本越多，融资风险网络的中心度均值也越高，网络破碎程度越低，遏制大规模风险传染的能力越低。此外，企业家个体社会资本越多，融资风险网络的凝聚系数越高，越容易加剧派系内的风险传染。由于两地企业集体社会资本之间的差异不显著，因此在网络整体层面未能找到足够的证据支持企业集体社会资本、破碎程度、凝聚系数与风险传染之间的关系。

综合个体和网络层面的分析，本节发现社会资本对融资网络结构的中心度、破碎程度和凝聚度都有影响，且企业家个体社会资本的作用更加显著。

上述观点在案例中得到了验证。绍兴的浙江玻璃、精工建设、展望集团和永隆实业等多家公司，通过社会资本构建了复杂的互保关系网络。这些公司的创始人大多为当地人，早年有共同的工作经历，部分人还是同学。依托企业家之间的"五缘"（血缘、亲缘、地缘、行缘、学缘）和"五同"（同宗、同姓、同乡、同学、同好）等紧密的社会联系，即便无业务或股权关联的企业也能够轻易建立担保关系，而这种关系链恰恰是风险在企业集团间传递的关键路径。华联三鑫所在的派系通过互保关系连接，形成了拥有 37 个节点的派系。总体而言，绍兴企业不仅拥有较多的集体社会资本，且邻近企业高层往来密切，个体社会资本也较多，促使地理邻近的企业抱团合作，形成了破碎程度低、凝聚度

高的融资风险网络结构，为大规模风险传染埋下了隐患。相比之下，台州企业虽然也具备较多的社会资本，但由于轮轴式分工模式和群落间的竞争限制了企业家的个体社会资本，最终形成了破碎程度较高、凝聚度相对较低的融资风险网络，对大规模风险传染有较强的免疫力。

（五）网络结构对风险传染的影响

融资风险网络结构对风险传染的影响主要来自网络的破碎程度和派系内部的凝聚程度。首先，派系之间缺少风险传递的路径，彼此之间不会发生风险传染，这表明派系的构成模式是影响风险传染的关键因素。由众多小规模派系或孤立节点组成的破碎结构在遏制大规模风险传染方面具有天然优势。华联三鑫和飞跃集团引发的风险传染也仅限于各自所在的派系，华联三鑫所在的派系有 37 个节点，飞跃集团所在的派系有 10 个节点，这限制了两家企业破产对区域经济的影响。台州更为破碎的网络结构决定了其不可能像绍兴那样发生大规模的企业间风险传染。

其次，高凝聚度的派系往往表现出较强的抱团特性，企业之间交织着复杂的传染路径，面临更多闭合环路成为风险传播渠道的问题。这为风险在传播过程中的扩散和增殖提供了条件，放大了传染效应（Gatti et al., 2006）。绍兴华联三鑫的风险传染过程尤其明显，其传染过程可分为四个阶段（见图 9-5）。2008 年以来，华联三鑫一直处于财务困境，5 月时其四家股东（华联控股、华西集团、展望集团和加佰利）刚刚完成增资扩股并调整了担保关系，此时风险主要局限在股东内部。华联三鑫精对苯二甲酸期货投资失败后，财务状况迅速恶化，9 月银行停贷抽资后，公司立即停产并陷入破产危机（阶段一）。停产后，贷款担保等财务风险迅速爆发，并沿着关系网络向外扩散。四家股东与华联三鑫构成了一个包含五个节点的完备子图，传染路径中的过多闭合环路使股东承受巨大压力，迅速陷入财务困境，展望集团和加佰利也陷入破产危机。同时，华联三鑫、展望集团和加佰利的破产风险通过担保关系扩散至周边十余家企业。更为重要的是，这些企业之间存在复杂的股权和担保关系，形成了众多闭合环路。在银行对相关企业采取停贷抽资等措施后，密集的闭合环路进一步加剧了风险传染效应，核心企业的财务状况严重恶化（阶段二）。以社会资本构建的担保关系网络在这一阶段成为风险传播的主要渠道。2008 年10 月，同一派系的江龙纺织也停工破产，形成新一轮的风险传染（阶段三）。派系内部过于密集的担保回路使风险在传染过程中持续增殖，南方控股永隆实业等企业也陷入破产危机，区域经济的系统性风险迅速上升。当风险传染达到顶峰时，金融机构对区域内企业采取了停贷和回笼贷款的措施，整个派系成员一度陷入恐慌（阶段四）。这一局面直到地方政府进行强力干预后才有所缓解。相比之下，飞跃集团只与三家当地大企业存在担保关系，且之间没有闭合回路（飞跃集团节点凝聚系数为 0），因此不易引发风险扩散，风险传染被控制在初期阶段。

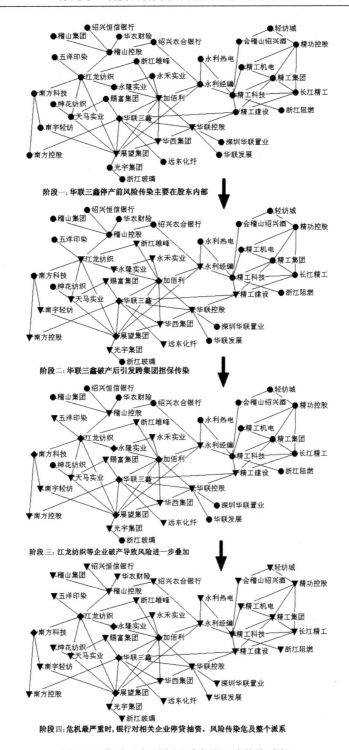

图 9-5 华联三鑫所在派系内的风险传染过程

菱形节点为陷入破产危机的企业；三角形节点为受到严重风险传染的企业；圆形节点为基本未受到风险传染的企业

综上分析，两地的社会资本，特别是企业家个体社会资本，影响了融资风险网络的破碎程度和凝聚度，从而导致了两地风险传染的差异。从区域角度来看，绍兴的风险传染效率更高，传染效应也更为剧烈。具体到案例分析，两地的风险冲击都集中在各自网络内最大的派系。华联三鑫派系的网络规模（37 个节点）、中心度均值（3.30）和凝聚系数均值（0.23）均明显高于飞跃集团派系的网络规模（10 个节点）、中心度均值（2.00）和凝聚系数均值（0.14）。两地风险传染的差异可以直接归因于这些结构因素。然而，正如本节所指出的，社会资本是隐藏在网络结构背后的决定性因素。

四、实证结论

在全面绿色转型背景下，本节基于社会资本与信任网络，通过分析企业如何利用个体社会资本拓展集体信任网络，揭示了信任网络对绿色转型的关键性作用。结果表明，基于亲缘、地缘、业缘等特殊主义的关系有助于企业在已有关系中推进绿色转型合作，形成小规模的信任网络；社会声望的资格承认机制能够帮助企业扩大信任半径，进而融入更广泛的绿色转型网络。但是，企业如果依赖过度嵌入的封闭网络，可能会增加绿色转型失败的风险。

第五节　本章主要结论与政策建议

一、优化环境规则制度设计

本章的研究发现，设计得当的环境规则能有效激励企业进行绿色创新，促进企业的绿色转型。因此，要更加稳妥有效地推进正式制度和非正式制度的统筹安排，深化命令控制型调控工具和市场激励型调控工具的有机整合。

第一，加强顶层设计。注重环境规制设计的合理性与灵活性，定期进行政策评估和修订，确保宏观政策的先进性与一致性统一，适应不同地区、不同行业、不同阶段的企业全面绿色转型实际情况。强化环境保护动态监管，加大企业环境违法行为处罚力度。统筹资金投入、研发补贴、示范奖励等市场激励型调控工具设计。深化行业标准和绿色转型指南设计，帮助企业更好地应对来自公众、消费者和竞争者等非正式环境的压力，开展绿色创新。

第二，强化媒体宣传。政府应加强媒体对环境保护行为的宣传，提升整个市场的环保意识，培育支持绿色生产和消费的理念，以绿色需求刺激企业积极实践绿色转型。完善企业信息披露机制，让公众和消费者了解企业的环保做法和成效，鼓励媒体积极报道企业的绿色创新活动，增强社会对企业的信任和支持。

第三，完善排污权交易市场机制。根据不同地区的环境容量、产业结构和发展阶段，规范排污权交易工作，制定合理的排污权总量控制目标和分配方案，避免"一刀切"。完善排污许可技术体系，为绿色转型提供技术支持。优化全国排污许可证管理信息平台，支持排污权交易数智化管理。推动排污权交易与排污许可制的衔接，提高排污权交易的规范性和透明度。加强对排污权交易市场的监管，防止市场操纵、价格欺诈等违法行为发生。

二、规范环境规制制度执行

本章的研究表明，制度环境基础和规制制度执行都会影响环境政策对企业绿色转型的效用。因此，要切实规范环境规制制度执行范围、标准、力度。

第一，完善法律法规。要在继续完善环境立法的基础上，加强环境执法和司法公正，确保环境法律法规与环境保护目标责任制相统一，同时实现经济、人口、资源与环境等的协调发展。

第二，科学制定标准。要根据行业异质性，适时调整环境规制标准，提高环境规制政策的有效性。特别要建立低碳产品标准、标识和认证制度，以及温室气体排放统计核算制度，逐步建立和完善环境税费制度和碳排放交易制度，增加环境规制形式的多样性和灵活性。

第三，强化执法力度。建立健全环境执法监督机制，形成有效的环境监管威慑力。加强对环境执法人员进行系统培训，提高其环境专业知识和执法技能，加强对执法行为的监督和考核，确保执法的公正、公平和透明。

第四，鼓励公众参与。建立健全公众参与机制，拓宽公众参与渠道，如设立举报电话、开通网络举报平台等，方便公众对环境违法行为进行举报和监督。

三、构建"亲清"政商关系

本章的研究表明，高政治关联的企业更容易受到正式环境规制的刺激，并更积极地进行绿色创新，而高政治关联也在一定程度上成为企业，特别是中小企业应对非正式环境规制的"庇护"。因此，要着力营造良好的营商环境，构建"亲清"政商关系。

第一，完善政企沟通机制。建立常态化的政企沟通渠道，特别要加强与民营企业家的沟通，充分发挥其在政策评估方面的作用，确保政策能够真正反映企业需求，支持企业绿色转型。

第二，优化绿色营商环境。在制定和实施涉及环境的政策时，要充分考虑企业绿色转型的需求，充分听取民营企业和相关社会团体的意见建议。同时，要保持政策的连续性、稳定性，给企业留出必要的适应调整时间，降低其转型成本。

第三，增加政策执行透明度。要公开各类环境奖惩政策，不搞"暗箱操作"，推行"阳光政务"。特别加强执法违法曝光、公示、信访力度，使财政补贴、税收优惠、信贷支持等鼓励企业开展绿色技术研发、节能减排等绿色转型活动的政策接受公众监督。

第四，推动清廉政企建设。将清廉思想、清廉制度、清廉规则等融入地方政府职能转型，加快地方政府由单纯 GDP 向 GEP（gross ecosystem product，生态系统生产总值）考核转变。通过加强企业廉洁文化建设，提高企业家和员工的廉洁意识，形成风清气正的经营环境。

四、培育企业绿色社会资本

本章的研究发现，企业社会网络支持对于企业坚定绿色转型战略，获取绿色转型经验启示至关重要。因此，要帮助企业建立开放式合作信任网络，通过同群效应增强企业绿色转型信心。

一方面，实施绿色领导力培训计划。联合高校、科研机构、行业协会和国际机构，开展跨行业的企业家绿色转型培训班，扩大企业间潜在绿色合作网络。设立"绿色企业家奖项"，表彰在推动绿色技术应用和产业转型中做出突出贡献的企业家，提升企业家的社会声望，增强其在行业内外的绿色公信力。

另一方面，搭建绿色合作平台。例如，设立跨行业绿色技术合作平台，由政府、行业协会或区域产业联盟牵头，定期举办绿色技术与创新交流活动，促进企业间的技术研发和资源共享。通过建立跨行业合作的激励机制，为参与绿色合作项目的企业提供资金补贴或税收减免，鼓励企业扩大信任半径，融入更广泛的绿色合作网络。

五、防范企业间网络风险传染

本章的研究揭示了企业间网络风险传染对企业绿色转型的不利影响。因此，要加强企业风险防控与监管。

第一，提升信息披露有效性。探索企业融资担保关系披露机制建设，扩大官方评估系统性风险的可操作空间。建立大数据风险预警平台，利用大数据和人工智能技术，动态监测企业间的互保关系和融资网络结构，及时识别高风险节点，并采取必要的风险防控措施。推动金融机构为绿色转型项目提供贷款违约保险等风险缓释产品，分散项目执行过程中的金融风险，确保企业顺利完成绿色转型。

第二，鼓励企业实施多元化融资。过度依赖封闭的互保关系网络会限制企业的绿色转型能力，因此，要推动企业多元化融资，促进社会资本合理布局。设立政府绿色融资担保基金，帮助参与绿色转型项目的企业获得贷款担保，降低企业对内部担保网络的依赖，确保资金流动的灵活性和持续性。此外，推动绿色金融产品创新，金融机构开发绿色债券、绿色股权投资等产品，可以降低企业融资成本。

第十章 研究总结与政策建议

习近平总书记强调，推动经济社会发展绿色化、低碳化是实现高质量发展的关键环节①。从微观视角来看，企业是加快全面绿色转型国家战略纵深推进的生力军和重要基石。本章对全书内容进行了总结，提出了加快全面绿色转型的企业管理变革七大研究结论，同时给出了促进中国企业全面绿色转型的七大政策建议。

第一节 研 究 总 结

积极探索企业实现绿色转型和发展之路，寻求自然和商业共赢的解决方案，是企业基业长青的根本途径，也是中国可持续发展的重要推动力。因此，企业应当肩负使命，以更加主动、更能创新、更具韧性的管理变革实现经济社会全面绿色转型的目标与价值。本节基于第一章到第九章的研究，提出加快全面绿色转型的企业管理变革七大研究结论。

一、企业是推动全面绿色转型国家战略的重要力量

《中共中央 国务院关于加快经济社会发展全面绿色转型的意见》通篇提到"产业"21次，"企业"18次，贯穿了所有政策领域，表明企业作为社会经济发展的重要组成部分，是推动全面绿色转型国家战略不可或缺的重要力量，突出表现在经济发展、技术创新、资源配置以及社会责任等方面。

首先，企业在经济发展中占据主导地位。作为市场经济的主体，企业直接参与市场竞争，其经营行为和决策对经济发展方向具有重要影响。在推动绿色转型的过程中，企业能够通过调整产品结构、优化生产方式、提高资源利用效率等措施，促进所属产业向绿色低碳方向发展。这种转型不仅有助于企业自身降低成本、发现新机遇、提升竞争力，还能带动整个产业链的绿色转型升级，为经济的可持续发展奠定坚实基础。

其次，企业在技术创新方面发挥着引领作用。绿色转型需要先进的科技支撑，而企业作为技术创新的主要源泉，能够通过研发投入和产学研合作，推动绿色技术的研发和应用。这些技术包括清洁能源技术、节能减排技术、循环经济技术等，它们的广泛应用将显著降低能源消耗、减少环境污染，推动经济绿色发展。同时，企业的绿色技术创新还能带动整个社会的科技进步，为绿色转型提供强有力的技术保障。

再次，企业在资源配置方面具有灵活性。在绿色转型的过程中，企业需要不断调整和优化资源配置，以适应新的市场需求和环保要求。这种灵活性使得企业能够迅速回应政策导向和市场变化，通过改进生产工艺、优化供应链管理、加强废弃物回收利用等措

① 《习近平：高举中国特色社会主义伟大旗帜 为全面建设社会主义现代化国家而团结奋斗——在中国共产党第二十次全国代表大会上的报告》，https://www.gov.cn/xinwen/2022-10/25/content_5721685.htm，2025年1月15日。

施，实现资源的节约和高效利用。这种资源配置的优化不仅有助于企业自身的发展，还能促进整个社会的资源节约和环境保护。

最后，企业在履行社会责任方面扮演着重要角色。作为社会的一员，企业有责任为环境保护和可持续发展做出贡献。通过推动绿色转型，企业能够减少环境污染和生态破坏，为改善生态环境做出贡献。同时，企业的绿色转型还能提升企业形象和品牌价值，增强消费者的信任和忠诚度，从而为企业创造更大的社会价值。

二、企业在推动全面绿色转型国家战略中积累丰富经验

中国企业在推进全面绿色转型国家战略进程中，在创新性、数智化、集群化、国际化等方面取得了显著成效。

第一，中国企业已经走上了由单纯模仿创新转向引进先进技术与自主研发"齐头并进"之路，引领绿色技术实现了重大突破。例如，中国光伏电池转换效率不断提高，部分企业的实验室转换效率已超过 26%，处于国际领先水平；已经研发成功的大型海上风电机组，其单机容量和发电效率也均处于国际领先水平；许多钢铁企业运用超临界燃煤发电技术，每天能为钢铁厂发电数百万度①。截至 2023 年底，中国已经建成国家级绿色工厂 5095 家，这些工厂通过技术创新，实现了节能减排和资源高效利用，为制造业的绿色转型提供了有力支撑。

第二，中国企业在绿色转型中积极拥抱数智化技术，实现了生产过程的精细化管理和资源的优化配置。例如，一些企业采用了物联网、大数据、人工智能等信息技术，实现了生产设备的远程监控和智能调度，提高了生产效率和能源利用效率。毕马威中国发布了《2024 年中国首席执行官展望》，结果显示，56%的受访中国首席执行官所在企业已经开始绿色低碳转型实践并取得相应成效，而超过 2/3 的企业已经完成了关键业务流程的数字化，且在一定程度上实现了系统集成和数据交互。由此表明，中国企业绿色化、数智化融合发展已经成为趋势。

第三，中国企业在绿色转型中形成了集群化的发展模式，实现了产业链供应链的资源共享和协同发展。特别是以国家级绿色工业园区为代表的各级各类绿色园区，通过能源结构优化、资源循环利用、环境治理与生态修复等措施，提升了园区的整体环保水平和生态功能。此外，园区内企业之间的合作与交流，促进了绿色技术的传播和应用，推动了整个产业集群的绿色转型。

第四，中国企业在绿色转型中积极参与国际合作与交流，推动了自身的绿色转型和可持续发展。例如，一些企业与国际知名企业合作，共同研发绿色技术和产品，实现了绿色技术的跨国转移和应用。同时，中国企业还积极参与国际环保标准和认证体系的制定与推广，提升了自身的环保水平和国际竞争力。

三、企业在全面绿色转型中面临管理困境

企业在绿色转型过程中，面临着多维度的管理困境，这些困境贯穿于战略定位、组

---

① 1 度=1 千瓦·时。

织结构、市场营销、供应链管理以及研发创新等多个核心环节。

第一，从战略层面来看，企业绿色转型要求高层管理者具备长远的可持续发展视野，但这一转变往往伴随着短期经济利益与长期环保目标之间的冲突。如何在保持盈利能力的同时，投资于环保技术和流程改造，成为企业战略规划的一大难题。此外，缺乏明确的绿色发展战略或目标设定过于模糊，也易导致转型方向不明确，资源分配不合理。

第二，从组织层面来看，绿色转型要求企业内部达成共识，建立跨部门的协作机制。然而，传统组织结构往往难以适应这种跨部门、跨职能的协同需求，导致绿色项目推进缓慢，甚至出现内部阻力。同时，绿色转型需要员工具备相应的环保意识和技能，而企业往往面临人才短缺和培训不足的问题。

第三，从营销层面来看，绿色营销要求企业向消费者传达产品的环保属性和企业的社会责任，但市场接受度不一，部分消费者可能对绿色溢价持保留态度。此外，如何在众多绿色产品中脱颖而出，建立差异化品牌和信任度，也是企业面临的营销挑战。

第四，从供应链层面来看，绿色转型要求企业从源头到终端的全链条实现绿色化，这包括选择环保材料、优化物流、减少碳排放，以及推动供应商的绿色改造等。然而，供应链上下游企业的绿色意识和能力参差不齐，这就增加了管理难度和成本。同时，寻找并培养绿色供应商，建立长期稳定的合作关系，也是一大挑战。

第五，从研发层面来看，绿色技术研发投入大、周期长、风险高，且绿色技术的商业化应用往往面临市场接受度和政策支持的双重考验。此外，企业还需平衡传统产品线的维护与绿色新技术的开发，确保技术迭代不影响正常的业务运营。

因此，企业在绿色转型中需综合考量战略定位的明确性、组织结构的灵活性、市场营销的有效性、供应链管理的协同性以及研发创新的持续性，必须正确处理好组织与员工、合作者与消费者的重要关系，并在治理、技术和生态方面深化变革。

四、中国企业在绿色转型中必须处理好与关键利益相关者的重要关系

人的主观能动性对于实现经济社会全面绿色转型至关重要，体现在组织层面，就是处理好与几类关键利益相关者的关系。

从内部来看，股东作为企业的出资人，其对绿色转型的态度直接影响资金支持和战略决策。企业需通过详细的数据分析和案例展示，向股东清晰传达绿色转型带来的长期经济效益，如节能减排、降低成本、提升品牌形象、吸引更多投资等，增强股东信心。同时，设立绿色绩效指标，让股东参与到转型的监督与评估中，形成利益共享、风险共担的机制。高管团队作为企业战略的执行者，其绿色发展意识与领导力对转型成功与否起着决定性作用。企业除了提升高管团队的绿色管理能力，确保他们深刻理解绿色转型的紧迫性和必要性，并将其转化为实际行动之外，还应建立绿色考核机制，将 ESG 等纳入高管绩效考核，激励其积极推动转型。

从外部来看，供应商、分销商等供应链伙伴是企业绿色转型不可或缺的一环。企业应倡导绿色供应链管理，与合作者共同制定环保标准，优先选择符合绿色要求的合作伙伴。通过技术共享、资金支持等方式，帮助供应链上下游企业一同实现绿色升级，构建绿色生态系统。随着环保意识的增强，消费者越来越倾向于选择绿色产品和服务。企业

应深入了解消费者需求，开发环保产品，提供绿色消费服务，并通过透明化生产过程和环保认证等方式，增强消费者信任。同时，开展环保教育活动，引导消费者形成绿色消费习惯，实现企业与消费者的双赢。

总之，中国企业在绿色转型中，需采取积极主动的策略，与股东、高管、合作者及消费者等关键利益相关者建立紧密而有效的合作关系。通过加强沟通、共享价值、协同创新，共同推动绿色转型的深入实施，不仅有助于企业自身实现可持续发展，也能为促进社会的整体绿色进步贡献力量。

五、中国企业的绿色治理变革有待进一步深入

中国企业的绿色治理变革是当前经济社会可持续发展的关键一环，其中股东 ESG 积极主义与产业链供应链的协同绿色转型是两个至关重要的方向。

随着全球投资者对可持续发展理念的认同加深，越来越多的股东开始关注企业的 ESG 表现，并将其作为投资决策的重要依据。股东通过积极参与公司治理，可以促使企业不仅追求经济效益，还注重环境保护和社会责任。这种积极主义行为不仅提升了企业的环保意识，还促使企业建立健全的 ESG 管理体系，将绿色理念融入发展战略、日常运营和风险管理之中。通过股东的监督和推动，企业能够更加主动地披露 ESG 信息，接受社会监督，形成良性循环，不断提升绿色治理水平。同时，在现代经济体系中，企业不再是孤立存在的个体，而是嵌入了复杂的产业链供应链网络之中。因此，单一企业的绿色转型往往难以取得显著成效，需要整个产业链供应链的协同努力。企业通过加强与上下游企业的合作，共同制定绿色采购标准、推动清洁生产、优化物流体系，可以减少资源消耗和环境污染；通过技术创新和模式创新，可以实现产业链供应链的绿色重构，提升整体竞争力；通过积极参与行业绿色标准的制定和推广，可以引领行业向更加绿色、低碳的方向发展。

然而，ESG 体系存在数据缺失、主观性强、来源不一致等问题，影响了 ESG 投资的效果。这导致股东在评估企业的 ESG 表现时，难以获得准确、全面的信息。现有 ESG 评价体系没有统一标准，不同机构的 ESG 评价指标差异巨大，使得 ESG 评价难以达成共识。而业界对于"漂绿"的宣传在一定程度上使得部分企业对于信息披露有所顾虑，可能会增加"绿色沉默"，这增加了股东在监督和推动企业绿色治理时的难度。另外，供应链上下游企业异质性较大，供应链整体难以实现绿色协同治理。例如，部分企业可能缺乏绿色转型的意愿和动力，导致整个产业链供应链的绿色转型难以协同推进，或者大企业"低果先摘""过于强势"，使得链上中小企业绿色转型成本被动提高，不利于生存。

六、中国企业的绿色技术变革亟须提升有效性

绿色创新是企业全面绿色转型的核心。中国企业通过绿色技术创新和绿色创新网络化，为推动可持续发展和生态文明建设提供不竭动力。当前，中国企业不断通过技术变革，从末端治理，走向"源头—过程—末端—循环"产品全生命周期的绿色技术创新；通过平台生态系统和开放式创新生态系统，充分运用大数据、云计算、区块链等技术，形成垂直和水平绿色创新网络，协同推进绿色价值共创。

　　但是，在这个过程中，中国的技术变革仍然面临有效性不足的挑战，突出表现在以下几个方面。

　　一是研发投入与产出之间存在弱相关性。企业绿色技术研发整体基础和实力有待提升，许多研发活动并未有效转化为技术资产，导致绿色技术创新的效果不佳。由此出现重点领域和关键环节"卡脖子"的问题。例如，当前中国新能源领域部分核心零部件还没有实现自主可控，锂、镍、钴等资源对外依存度较高。

　　二是技术更新换代不及时。囿于思想意识，部分企业的绿色转型较为被动，生产工艺和设备不到"万不得已"不进行更迭，这种滞后不仅导致了资源的浪费和环境的污染，还限制了企业绿色技术变革的步伐。

　　三是绿色技术成本高。绿色技术的研发和生产成本相对较高，因此，降本增效对于部分企业来说是一个挑战。同时，高昂的研发成本和技术更新换代的速度较快，对企业的资金需求和研发能力提出了更高的要求，限制了绿色技术的广泛应用。

　　四是创新资源分散。中国的创新资源在一定程度上存在分散和重复建设的问题。不同地区的创新资源分布不均，导致部分地区的绿色技术创新缺乏足够的支持。此外，不同创新主体之间的合作不够紧密，创新资源的整合和利用效率有待提高。

　　五是创新环境不完善。知识产权保护不力、创新政策执行不到位等，限制了企业的创新主动性和创新成果的转化应用；绿色专业人才引进和培养不足，影响了绿色技术创新的深度和广度；某些基础研究和前沿技术研究与国际水平存在一定差距，缺乏应对新产业变革和引领技术发展潮流的能力。

七、中国企业的绿色生态变革期待更优外部支持

　　企业绿色转型本身是一项具有较高风险的系统工程，除了考验企业自身资源和能力的积累和建设，还考验其应对外部不确定性的韧性。从生态学视角来看，遗传变异、多样性和环境压力是影响同生物种群生态实现长期生存与发展的三大重要因素。由此类推，企业要应对转型风险，也必然要在二代传承、多元绿色投资和制度适应性等方面采取有效措施和积极行动。现实中，企业在绿色生态变革中遇到不少问题。

　　首先，许多中国企业采用家族传承的模式，这种模式在带来稳定的企业控制权和传承路径的同时，也可能会产生绿色生态变革的阻力。家族企业往往更加注重短期经济效益，对绿色生态变革的长期投入和潜在风险持保守态度。此外，家族传承中的权力交接和决策机制可能不够透明和民主，限制了绿色转型所需的创新和变革精神，或者交接过程中过多的"权力"斗争损耗了企业绿色转型资源。

　　其次，多元化投资是企业拓展业务领域、分散经营风险的重要手段，然而，绿色投资却面临一些挑战。一方面，绿色技术的研发和应用需要大量的资金投入，而传统行业的企业往往难以承担如此高昂的成本。另一方面，绿色技术的回报周期较长，且存在一定的市场风险和技术不确定性，这使得企业在进行多元化投资时往往更加谨慎，甚至可能选择回避绿色技术。

　　最后，政府在推动绿色生态变革中扮演着重要角色，然而，当前政府制度建设方面仍存在一些问题。例如，政府对绿色技术的支持政策还不够完善，缺乏具体、可行的实

施细则和激励机制，导致企业在绿色技术投入方面缺乏足够的动力；政府在环保法规的执行和监督方面也存在不足，一些企业可能通过"政治庇护"逃避环保责任来降低成本，这不仅损害了环境，也损害了积极履行环保责任的企业的利益；政策实施过程中存在多头管理、朝令夕改、前后不一等问题。

第二节　政 策 建 议

本节从理念与意识（全面绿色转型）、现代企业制度改革（企业内部治理变革推进协同转型）、绿色产业链供应链建设（企业外部治理变革推进协同转型）、发挥企业绿色技术创新主体作用（技术变革推进创新转型）、构建企业绿色创新生态网络（外部网络推进创新转型）、重视企业绿色转型风险防范和政策统筹落实（实现安全转型）等方面提出政策建议。

一、树立全面绿色转型的全员思维和意识

经济社会全面绿色转型是"全方位、全领域、全地域推进绿色转型"，不是企业或者政府能够独立推进的，它离不开全社会的统一思想，需要全社会以科学的思维和意识共同努力。

第一，增强企业家绿色转型信心。一是强化政策明确性与稳定性。政府应制定清晰、稳定且可预期的绿色转型政策体系，突出相应的激励和约束机制，提升企业绿色投资信心。二是加强专业指导与支持。地方政府应建立绿色转型专家咨询团队，帮助企业识别转型过程中的机遇与挑战，制订切实可行的转型方案，增强企业家的转型信心和执行力。三是推广成功案例。通过媒体、行业论坛等渠道，广泛宣传绿色转型成功的企业案例，展示绿色转型带来的经济效益、环境效益和社会效益，以此激发企业家的转型信心和动力。

第二，挖掘消费者绿色消费潜力。一是加强绿色消费引导。通过媒体宣传、绿色消费指南等方式，提高消费者对绿色产品的认知度和接受度，引导消费者选择环保标志产品，减少一次性用品使用，培养绿色消费习惯。二是深化"以旧换新"等绿色消费促进政策，优化"碳账户"等个人绿色信贷与积分奖励机制，激励消费者参与绿色消费。三是推广绿色生活教育，在学校、社区等场所开展绿色生活教育活动，普及环保知识，提高消费者的环保意识和责任感，形成绿色生活的社会风尚。

第三，提升社会公众绿色发展参与度。一是加强绿色文化传播。利用媒体、网络等平台，广泛传播绿色文化，倡导简约适度、绿色低碳的生活方式，提升全社会的环保意识和参与度。二是倡导绿色志愿服务。鼓励社会公众参与环保志愿服务，如植树造林、垃圾分类、环保宣传等，通过实际行动践行绿色生活理念。三是鼓励绿色监督与反馈。建立绿色监督体系，鼓励社会公众对身边的环保问题进行举报和反馈，形成政府、企业、社会共同参与的环保监督网络。

二、深化中国特色现代企业制度改革

当前，与其他国家相比，中国的企业治理还存在治理结构欠佳、社会责任履行不到

位等问题，有必要通过建立中国特色现代企业制度，引领企业绿色治理变革。

第一，强化党组织在公司治理中的领导地位。加强企业党组织建设，深入贯彻国家绿色发展理念，提升党组织推进企业绿色转型与可持续发展的凝聚力和战斗力，探索行业联合党建新模式，使企业在面临复杂多变的外部市场环境时，能保持政治定力，及时做出有效应对。

第二，推进混合所有制改革。通过股权转让、增资扩股等方式，积极引入民间资本和外资等非公资本，实现国有资本与非国有资本的交叉持股和相互融合，增加企业绿色转型外部资本，引进绿色先进治理理念，促进企业在绿色转型中规范化、专业化发展。

第三，完善公司治理结构和内部控制体系。中国特色现代企业制度强调股东会、董事会、监事会和经理层的权责分明、相互制衡。通过完善公司治理结构，建立健全内部控制体系，可以提升企业的管理水平和经营效率。因此，要完善 ESG 制度建设，统一信息披露标准，加强信息披露监管，激发股东绿色积极主义，培养管理层伦理型领导风格。

第四，建立专业诊断与咨询服务机制。建立现代企业制度企业库、专家库，提供专业诊断服务，以解决企业，特别是民营企业"用人难""融资难"等突出问题，依法保护民营企业产权和企业家权益，规范涉企执法监管机制，加强年轻一代企业家培养，加快第三方绿色服务产业发展。

三、加强绿色产业链供应链建设

国际上，美国、欧盟、日本、韩国等主要经济体在直接补贴、绿色金融、国际合作、绿色标准等方面发力，支持本土绿色产业链供应链建设，但是中国在此方面与以上经济体相比还有一定差距，由此给企业应对以国际"碳规则"为代表的绿色贸易壁垒带来挑战。因此，加强绿色产业链供应链建设还应从以下几个方面发力。

首先，推进产业链供应链全链绿色协同。一是建立绿色供应链的评价体系，制定源头减排、绿色采购、绿色生产、绿色销售、绿色回收等环节的详细标准，特别围绕绿色原材料、关键零部件，建立重点产品环境声明、碳足迹等绿色化标准，推动物料供给全链绿色低碳。二是加强与国内外绿色供应链组织的合作与交流，借鉴先进经验和技术，推动绿色供应链的国际化发展。三是加强绿色产业链供应链领域的人才培养和引进，提高绿色供应链管理和技术水平，推动绿色供应链领域的产学研合作，促进科技成果转化和应用。

其次，促进产业链供应链"数绿"融合。一是搭建数智全链信息平台。鼓励有实力的龙头企业构建针对重点产品、零部件的全生命周期管理平台，实现源头双控、研发设计、生产制造、运行维护、综合利用等各阶段的信息化服务。通过平台对重点生产设施、设备进行监测分析，推动构建能源管理、资源配置、碳排放管理等不同维度的智慧模型，助力企业科学决策。二是建立不同行业数字赋能全链绿色化的典型标杆，引导厂商加速推动"数绿"融合发展。三是根据地区禀赋差异，推动数智化绿色化协同产业链，形成区域协同联动。

最后，增强链条韧性与协作稳定性。一是强化龙头企业引领示范作用。通过兼并、重组、再建分公司等方式，提升优势特色行业集中度，发挥全链规模效应，降低单位能源资源消耗，提升行业整体绿色竞争力。二是以需求倒逼全链绿色转型。建立行业绿色采购实施指南，推动绿色采购由"清单制"向"标准制"转化，发挥龙头企业、链主企业、国企央企的引领作用，以订单牵引带动上下游中小企业绿色转型。三是加强对产业链薄弱环节的支持和培育，推动产业链的均衡发展。

四、强化企业在绿色技术创新中的主体地位

习近平总书记指出，"科技创新能够催生新产业、新模式、新动能，是发展新质生产力的核心要素"[①]，要强化企业科技创新主体地位。因此，推进企业绿色转型必须从强化企业在绿色技术创新中的主体地位入手。

首先，统筹规划并引导绿色技术创新的发展路径。通过制定安全可控的绿色科技创新路线图，明确绿色技术创新的方向和目标。积极推动绿色科技创新链与产业链的深度融合，确保企业在绿色技术创新决策、研发投入、科研组织以及成果转化等方面发挥主体作用。

其次，加强基础研究和交叉前沿研究。政府应增加对绿色技术基础研究的资金投入，支持企业开展前沿性和探索性的研究，为绿色技术创新提供理论支撑。鼓励不同学科之间的交叉研究，建立面向绿色技术创新的交叉研究企业资助机制，推动科研范式变革，促进学科交叉融合。设立原创探索计划项目，资助企业科研人员开展探索性与风险性强的原创性基础研究工作，培育引领性原创成果。

再次，建立绿色"教育科技人才"一体化推进机制。通过新设一批围绕减污降碳的绿色科技新学科，鼓励企业参与国家绿色科技创新人才培养体系建设。鼓励企业与高校、科研院所、中介机构等共建绿色技术创新中心、工程技术中心、实验室、孵化器等，全程参与绿色技术的研发、孵化和产业化，开展多主体协同绿色创新。高校和职业院校应增设绿色技术相关专业，与企业合作开发实践课程，提供实习实训机会，培养具有实际操作能力的绿色技术人才。

最后，鼓励企业开展中外绿色科技研发合作，积极实施绿色标准国际化战略。通过参与绿色科技的国际标准、合格评定程序的制定和修订，提升中国标准和检测认证机构的国际认可度和影响力。同时，构建绿色技术创新领域的专精特新中小企业和中小微绿色企业的发展壮大机制，鼓励企业发挥其在新兴绿色技术、产业细分领域以及商业模式创新等方面的优势，积极参与构建绿色技术创新链和供应链。

五、优化企业绿色创新生态网络

构建企业绿色创新生态网络是克服企业独立开展绿色技术创新投入大、周期长、风险高、困难多的重要渠道，重点需要在以下几个方面优化政策供给。

第一，加强创新资源流动和区域协同。建立区域创新资源共享平台，促进不同地区间的创新资源流动和共享。鼓励跨区域创新合作，支持企业、高校和科研机构在不同区

---

① 《习近平在中共中央政治局第十一次集体学习时强调：加快发展新质生产力 扎实推进高质量发展》，https://www.gov.cn/yaowen/liebiao/202402/content_6929446.htm，2025 年 1 月 15 日。

域间开展联合研发和进行技术转移。推动建立区域创新协同机制，促进区域内企业、高校和科研机构之间的协同创新。支持建立区域创新联盟，共同推进绿色技术创新和成果转化。

第二，完善绿色创新政策体系。制定和完善绿色创新政策，明确绿色创新的方向和重点，引导企业加大绿色技术研发投入。提供税收优惠、资金补贴等政策支持，降低企业绿色创新成本。建立健全知识产权保护体系，加强对绿色创新成果的专利保护。加大对知识产权侵权行为的打击力度，维护企业绿色创新的合法权益。建立健全研究开发、创新孵化、检验检测、技术转移、产权保护等环节的市场机制，为绿色技术创新提供良好的生态环境。深化绿色金融改革，构建绿色科技属性评价体系，拓宽绿色科技创新的融资渠道。

第三，促进绿色技术创新的成果转化和应用。政府应完善成果转化激励机制，强化成果示范应用，并完善市场推广机制。通过发布绿色技术推广目录、组织绿色技术交流等形式，加快绿色技术的推广应用。推动绿色技术交易市场的发展，完善绿色技术交易平台的管理制度，为绿色技术的交易和转化提供便捷的服务。设立绿色创新成果转化奖励基金，对在绿色创新成果转化中表现突出的企业和个人给予表彰和奖励。建立绿色创新成果转化收益分享机制，鼓励企业和个人积极参与绿色创新成果转化。

六、重视企业绿色转型风险防范

当前，包括接班风险、投融资风险、制度风险等在内的转型风险可能会制约企业可持续发展的前进步伐，亟须加以重点关注。

首先，关注二代传承的有序性。在企业二代传承过程中，要注重培养接班人对绿色转型重要性的认识，并将其纳入企业战略规划的核心。通过开展二代企业家教育和培训，可以提升接班人对绿色技术、绿色管理等方面的能力。鼓励企业在二代传承过程中，建立绿色传承机制，确保绿色转型的连续性和稳定性。

其次，关注企业绿色投融资。一是引导绿色投资流向。政府应出台相关政策，引导社会资本向绿色产业和绿色项目倾斜，降低绿色投资的风险。二是设立绿色投资引导基金，通过市场化运作，吸引社会资本参与绿色投资。三是加强绿色投资监管。建立健全绿色投资监管体系，对绿色投资项目的实施情况进行跟踪和评估，确保投资效益和环保效益的双重实现。对绿色投资项目的风险进行预警和防控，可以及时发现和解决潜在问题。

最后，完善绿色转型政策体系。分领域、分行业、分地域明确绿色转型的目标、路径和措施，为企业提供清晰的政策导向。建立健全绿色转型风险评估机制。加强并协调事前事中事后监管，对企业绿色转型过程中可能面临的风险进行全面评估，并制定针对性的风险防范措施与预案。加强重点领域风险防范。例如，建立多元化的能源供应体系，降低对单一能源的依赖；加强对电力系统的监管和维护，确保电力系统的稳定运行；加强对新能源设备（基础设施）的研发和生产质量控制，提高设备的安全性和可靠性等，通过集群化、园区化分担绿色低碳转型风险。

七、推进全面绿色转型政策统筹落实

在推进全面绿色转型的过程中，政策统筹落实是关键环节。为确保企业绿色转型的顺利进行，需要从激励保障、制度约束和统筹协调三个方面加强制度建设。

第一，强化激励保障，全面提升企业绿色转型能动性。《中共中央 国务院关于加快经济社会发展全面绿色转型的意见》从财税、融资、投资、价格、市场化、标准体系等方面作了顶层设计和系统部署。未来，需要坚持问题导向，推进相关政策精准落地和动态优化，有效激励经济社会各主体开展绿色低碳的经济活动。例如，推动全国碳排放权交易市场的建设和发展，鼓励更多的企业和机构参与碳排放权交易，提高市场流动性，逐步将更多的行业和地区纳入碳排放权交易市场，推动建立跨区域碳排放权交易市场，实现不同地区之间的碳排放权交易和资源共享等。建立和完善绿色产品和服务认证体系，提高绿色产品的市场竞争力，通过市场机制引导消费者选择绿色产品和服务，推动绿色消费的发展等。

第二，优化制度约束，有效提升绿色环保制度规制有效性。一是完善法律法规。加强环保、产业、市场等涉及企业绿色转型的立法工作，出台更具体的配套制度，如碳排放权交易管理办法、碳排放核算核查办法、碳排放数据质量管理办法等。二是制定和完善环保法规和标准，明确企业和个人的环保责任和义务。加强对环保法规和标准执行情况的监督检查，确保政策得到有效落实。三是建立健全环保执法体系，加强对违法行为的查处力度。对严重污染环境、破坏生态的企业和个人依法进行严厉处罚，形成有效的威慑力。

第三，加强统筹协调，确保政策协调性、一致性和稳定性。要加强中央统筹，建立健全全面绿色转型协调机制，科学评估判断转型方向与路径。要强化综合协调，增强经济社会绿色转型政策的一致性取向，确保有关部门的绿色低碳相关政策发挥出"1+1>2"的作用。要建立科学的政策评估机制与反馈机制，定期评估政策实施效果，给足政策调整的时间和空间余地。

参 考 文 献

蔡彬清, 陈国宏. 2013. 链式产业集群网络关系、组织学习与创新绩效研究. 研究与发展管理, 25(4): 126-133.

蔡莉, 杨亚倩, 卢珊, 等. 2019. 数字技术对创业活动影响研究回顾与展望. 科学学研究, 37(10): 1816-1824 ,1835.

曹光辉, 齐建国. 2006. 循环经济的技术经济范式与政策研究. 数量经济技术经济研究, (5): 112-121.

曹洪军, 陈泽文. 2017. 内外环境对企业绿色创新战略的驱动效应: 高管环保意识的调节作用. 南开管理评论, 20(6): 95-103.

曹顺仙, 林一卿. 2022. 生态政治哲学视域下生态主义思潮的新动向. 南京林业大学学报(人文社会科学版), 22(6): 48-59.

曹裕, 周默亭, 胡韩莉. 2020. 考虑政府补贴与企业社会责任的两级供应链优化. 中国管理科学, 28(5): 101-111.

柴民权, 刘可欣, 靳菲. 2024. 更道德抑或更社会:绿色消费的自我建构机制. 心理科学进展, 32(10): 1726-1735.

陈红花, 尹西明, 陈劲, 等. 2019. 基于整合式创新理论的科技创新生态位研究. 科学学与科学技术管理, 40(5): 3-16.

陈剑, 黄朔, 刘运辉. 2020. 从赋能到使能: 数字化环境下的企业运营管理. 管理世界, 36(2): 117-128, 222.

陈菊红, 王昊, 张雅琪. 2019. 服务生态系统环境下利益相关者价值共创的演化博弈分析. 运筹与管理, 28(11): 44-53.

陈凯, 郭芬, 赵占波. 2013. 绿色消费行为心理因素的作用机理分析: 基于绿色消费行为心理过程的研究视角. 企业经济, 32(1): 124-128.

陈立旭. 2007. 特殊信任、关系网络与浙商私营企业组织模式. 商业经济与管理, (12): 3-10.

陈培祯, 曾德明. 2019. 网络位置、知识基础对企业新产品开发绩效的影响. 管理评论, 31(11): 128-138.

陈睿绮, 李华晶. 2021. 创业生态系统绿色化与数字化协同演进研究: 基于功能性状的案例分析. 创新科技, 21(1): 20-32.

陈威如, 王节祥. 2021. 依附式升级: 平台生态系统中参与者的数字化转型战略. 管理世界, 37(10): 195-214.

程聪, 严璐璐, 曹烈冰. 2023. 大数据决策中数据结构转变: 基于杭州城市大脑"交通治堵"应用场景的案例分析. 管理世界, 39(12): 165-185.

戴天婧, 汤谷良. 2011. 控制中的信任与信任中的控制: 基于5个中外合资汽车制造公司的案例研究. 管理世界, (10):141-153.

杜建国, 许玲燕, 金帅. 2021. 推进绿色发展的路径选择与保障机制研究. 上海: 上海三联书店.

杜勇, 曹磊, 谭畅. 2022. 平台化如何助力制造企业跨越转型升级的数字鸿沟?—— 基于宗申集团的探索性案例研究. 管理世界, 38(6): 117-139.

范建昌, 倪得兵, 唐小我. 2014. 基于变异系数的供应链风险传导分析. 中国管理科学, 22(S1): 427-432.

范英, 衣博文. 2021. 能源转型的规律、驱动机制与中国路径. 管理世界, 37(8): 95-105.

冯健, 戴维奇, 周丹. 2022. 高管团队职能背景与公司创业投资: 注意力焦点的中介作用. 管理评论, 34(12): 121-130.

冯锐, 张爱卿. 2015. 危机事件中企业印象管理策略与受众反应: 基于归因理论的情境实验. 经济与管理, 29(4): 51-57.

冯天丽, 井润田. 2009. 制度环境与私营企业家政治联系意愿的实证研究. 管理世界, (8): 81-91, 123.

高嘉勇, 何勇. 2011. 国外绿色创业研究现状评介. 外国经济与管理, 33(2): 10-16.

戈德史密斯 E. 1987. 生存的蓝图. 程福祜译. 北京: 中国环境科学出版社.

龚思羽, 盛光华. 2021. 绿色属性中心性对消费者购买意愿的影响机制研究: 产品类型的调节作用与收益感知的中介效应. 商业经济与管理, (4): 52-64.

郭海, 沈睿, 王栋晗, 等. 2018. 组织合法性对企业成长的"双刃剑"效应研究. 南开管理评论, 21(5): 16-29.

郭滕达, 赵淑芳. 2019. 绿色技术银行: 来自中国的探索. 中国人口·资源与环境, 29(12): 131-137.

何郁冰, 伍静. 2020. 企业生态位对跨组织技术协同创新的影响研究. 科学学研究, 38(6): 1108-1120.

贺祥民, 赖永剑. 2020. 产业融合对绿色创新效率的非线性影响: 基于高技术服务业与制造业融合的经验证据. 技术经济与管理研究, (9): 3-8.

侯艳辉, 李硕硕, 郝敏, 等. 2021. 市场绿色压力对知识型企业绿色创新行为的影响. 中国人口·资源与环境, 31(1): 100-110.

胡登峰, 黄紫微, 冯楠, 等. 2022. 关键核心技术突破与国产替代路径及机制: 科大讯飞智能语音技术纵向案例研究. 管理世界, 38(5): 188-209.

胡军. 2006. 生态创业: 内涵、特征与驱动因素. 天津商学院学报, (2): 15-19.

胡楠, 薛付婧, 王昊楠. 2021. 管理者短视主义影响企业长期投资吗?——基于文本分析和机器学习. 管理世界, 37(5): 139-156, 11, 19-21.

郇庆治. 2023. "中国式现代化的生态观"析论. 学术前沿, (8): 59-71.

黄溶冰, 陈伟, 王凯慧. 2019. 外部融资需求、印象管理与企业漂绿. 经济社会体制比较, (3): 81-93.

黄维娜, 袁天荣. 2022. 绿色并购与企业绿色创新: 利益相关者支持的中介作用. 科技管理研究, 42(7): 235-242.

黄艺翔, 姚铮. 2016. 企业社会责任报告、印象管理与企业业绩. 经济管理, 38(1): 105-115.

贾兴平, 刘益. 2014. 外部环境、内部资源与企业社会责任. 南开管理评论, 17(6): 13-18, 52.

江世英, 李随成. 2015. 考虑产品绿色度的绿色供应链博弈模型及收益共享契约. 中国管理科学, 23(6): 169-176.

姜诗尧, 李艳妮, 李圭泉. 2019. 创业者调节焦点、注意力配置对创业战略决策的影响. 管理学报, 16(9): 1375-1384.

焦豪, 杨季枫. 2022. 数字技术开源社区的治理机制: 基于悖论视角的双案例研究. 管理世界, 38(11): 207-232.

焦俊, 李垣. 2011. 基于联盟的企业绿色战略导向与绿色创新. 研究与发展管理, 23(1): 84-89.

金治州, 陈宏权, 曾赛星. 2022. 重大工程创新生态系统共生逻辑及治理. 管理科学学报, 25(5): 29-45.

卡森 R. 2015. 寂静的春天. 韩正译. 北京: 人民教育出版社.

柯水发, 朱烈夫, 袁航, 等. 2018. "两山"理论的经济学阐释及政策启示: 以全面停止天然林商业性采伐为例. 中国农村经济, (12): 52-66.

雷雨嫣, 刘启雷, 陈关聚. 2019. 网络视角下创新生态位与系统稳定性关系研究. 科学学研究, 37(3):

535-544.

李春发, 卢娜娜, 李冬冬, 等. 2021. 企业绿色创新: 政府规制、信息披露及投资策略演化. 科学学研究, 39(1): 180-192.

李方圆, 周小虎, 王侨. 2022. CEO 时间注意力配置与企业战略敏捷性. 经济管理, 44(11): 106-124.

李慧, 唐晓莹. 2017. 利益相关者导向与企业绩效关系分析: 绿色创新的中介效应. 科技进步与对策, 34(9): 6-12.

李慧明, 刘倩. 2008. "深绿色消费": 基于循环经济的绿色消费. 生态经济, (1):79-81, 105.

李建军, 吴周易. 2024. 机器人使用的税收红利: 基于新质生产力视角. 管理世界, 40(6): 1-19, 30.

李江涛, 李珊珊, 仲伟东. 2024. 中国式现代化进程中三次产业间比例关系优化的内在逻辑. 行政管理改革, (8): 23-33.

李磊, 刘长有. 2022. 直播电商、心理契约与绿色消费决策. 商业经济研究, (17): 87-90.

李璐, 张怀英. 2024. 区域绿色创新能力的驱动模式及其内在机制: 基于绿色创新生态系统视角. 改革, (4): 93-107.

李婉红, 李娜. 2023. 绿色智能制造生态系统多主体协同创新的随机演化博弈. 运筹与管理, 32(6): 111-118.

李维安, 张耀伟, 郑敏娜, 等. 2019. 中国上市公司绿色治理及其评价研究. 管理世界, 35(5): 126-133, 160.

李卫宁, 吴坤津. 2013. 企业利益相关者、绿色管理行为与企业绩效. 科学学与科学技术管理, 34(5): 89-96.

李昕蕾. 2023. 欧美学界对当代中国生态文明思想及实践的认知评析. 西安交通大学学报(社会科学版), 43 (4): 109-119.

李鑫, 魏姗, 李惠娟. 2024. 制造业生态创新网络构建及进化逻辑. 科研管理, 45(1): 74-83.

李桢业. 2008. 特殊协作关系上的创新阻碍与外部机会研究: 浙江台州缝制设备产业集群创新案例解析. 科研管理, (6):10-16, 22.

厉以宁, 朱善利, 罗来军, 等. 2017. 低碳发展作为宏观经济目标的理论探讨: 基于中国情形. 管理世界, (6): 1-8.

练宏, 2015. 注意力分配: 基于跨学科视角的理论述评. 社会学研究, 30(4): 215-241, 246.

刘超, 刘新梅, 李沐涵. 2013. 组织创造力与组织创新绩效: 战略导向的调节效应. 科研管理, 34(11): 95-102.

刘善仕, 孙博, 葛淳棉, 等. 2017. 人力资本社会网络与企业创新: 基于在线简历数据的实证研究. 管理世界, 33(7): 88-98, 119, 188.

刘洋, 董久钰, 魏江. 2020. 数字创新管理: 理论框架与未来研究. 管理世界, 36(7): 198-217, 219.

刘志阳, 赵陈芳, 李斌. 2020. 数字社会创业: 理论框架与研究展望. 外国经济与管理, 42(4): 3-18.

刘紫瑶, 胡若痴. 2022. 消费者绿色消费行为影响因素研究: 以电子商务为视角. 生态经济, 38(8): 60-67.

龙勇光, 张根明. 2001. 论公司控制权市场的代理权争夺. 财经科学, (1): 28-31.

卢宁. 2016. 从"两山理论"到绿色发展: 马克思主义生产力理论的创新成果. 浙江社会科学, (1): 22-24.

卢艳秋, 叶英平. 2017. 产学研合作中网络惯例对创新绩效的影响. 科研管理, 38(3): 11-17.

马文聪, 叶阳平, 徐梦丹, 等. 2018. "两情相悦"还是"门当户对": 产学研合作伙伴匹配性及其对知识共享和合作绩效的影响机制. 南开管理评论, 21(6): 95-106.

毛基业, 陈诚. 2017. 案例研究的理论构建: 艾森哈特的新洞见: 第十届"中国企业管理案例与质性研究论坛(2016)"会议综述. 管理世界, 33(2): 135-141.

孟展, 戴建广, 杨锴, 等. 2023. 产业集群视角下中小企业绿色技术创新协同策略博弈研究. 科技管理研究, 43(16): 158-168.

潘爱玲, 张启浩, 李广鹏. 2024. 中小投资者环境关注会影响重污染企业绿色并购吗. 南开管理评论, 27(7): 135-147.

潘楚林, 田虹. 2016. 利益相关者压力、企业环境伦理与前瞻型环境战略. 管理科学, 29(3): 38-48.

彭文俊, 王晓鸣. 2016. 生态位概念和内涵的发展及其在生态学中的定位. 应用生态学报, 27(1): 327-334.

彭新敏, 慈建栋, 刘电光. 2022. 危机情境下组织韧性形成过程研究: 基于注意力配置视角. 科学学与科学技术管理, 43(6): 145-160.

彭新敏, 刘电光. 2021. 基于技术追赶动态过程的后发企业市场认知演化机制研究. 管理世界, 37(4): 180-198.

彭雪蓉, 魏江. 2015. 利益相关者环保导向与企业生态创新: 高管环保意识的调节作用. 科学学研究, 33(7): 1109-1120.

齐昕, 刘洪, 张军. 2019. 制造企业创新网络与双元性学习: 基于垂直、水平创新网络的比较研究. 商业经济与管理, (1): 25-34.

齐旭高, 周斌, 吕波. 2013. 制造业供应链协同产品创新影响因素的实证研究. 中国科技论坛, (6): 26-32.

钱锡红, 杨永福, 徐万里. 2010. 企业网络位置、吸收能力与创新绩效: 一个交互效应模型. 管理世界, 26(5): 118-129.

秦书生, 鞠传国. 2017. 生态文明理念演进的阶段性分析: 基于全球视野的历史考察. 中国地质大学学报(社会科学版), 17(1): 19-28.

任爱莲, 2010. 吸收能力对合作创新绩效的影响研究: 来自中小电子信息科技企业的证据. 科学管理研究, 28(1): 70-73, 83.

任胜钢. 2010. 企业网络能力结构的测评及其对企业创新绩效的影响机制研究. 南开管理评论, 13(1): 69-80.

芮正云, 罗瑾琏, 甘静娴. 2017. 新创企业创新困境突破: 外部搜寻双元性及其与企业知识基础的匹配. 南开管理评论, 20(5): 155-164.

单汨源, 李果, 陈丹. 2006. 基于生态位理论的企业竞争战略研究. 科学学与科学技术管理, 27(3): 159-163.

单宇, 刘爽, 马宝龙. 2023. 国产替代过程中关键核心技术的适应性重构机制: 基于海信集团 1969—2022 视像技术的纵向案例研究. 管理世界, 39(4): 80-100.

邵帅, 吕长江. 2015. 实际控制人直接持股可以提升公司价值吗: 来自中国民营上市公司的证据. 管理世界, (5): 134-146, 188.

沈满洪. 2018. 习近平生态文明思想研究: 从"两山"重要思想到生态文明思想体系. 治理研究, 34(2): 5-13.

盛光华, 解芳. 2019. 中国消费者绿色购买行为的心理特征研究. 社会科学战线, (3): 74-82.

石敏俊, 陈岭楠, 王志凯, 等. 2024. 新质生产力的科学内涵与绿色发展. 中国环境管理, 16(3): 5-9.

宋碧文. 2024. 消费心理学视域下助推"双碳"目标实现的路径探析. 心理学进展, 14(2): 484-491.

宋华, 陈思洁. 2021. 高新技术产业如何打造健康的创新生态系统: 基于核心能力的观点. 管理评论, 33(6): 76-84.

孙冰, 姚洪涛. 2014. 环境不确定性视角下创新网络阶段性演化研究. 科学学与科学技术管理, 35(12): 71-79.

孙庆洲, 高倾德, 吴宝, 等. 2024. 低建构的买卖方更易达成二手交易: 买卖方的聚焦分离效应. 心理学报, 56(8): 1141-1156.

孙庆洲, 黄靖茹, 虞晓芬, 等. 2023. 授人以鱼还是授人以渔? 高、低社会阶层的捐助行为差异. 心理学报, 55(10): 1677-1699.

孙新章, 王兰英, 姜艺, 等. 2013. 以全球视野推进生态文明建设. 中国人口·资源与环境, 23(7): 9-12.

孙永磊, 党兴华, 宋晶. 2014. 基于网络惯例的双元能力对合作创新绩效的影响. 管理科学, 27(2): 38-47.

唐书传, 刘云志, 肖条军. 2020. 考虑社会责任的供应链定价与碳减排决策. 中国管理科学, 28(4): 99-108.

田一辉, 朱庆华. 2016. 政府价格补贴下绿色供应链管理扩散博弈模型. 系统工程学报, 31(4): 526-535.

涂正革, 谌仁俊. 2015. 排污权交易机制在中国能否实现波特效应?. 经济研究, 50(7): 160-173.

汪明月, 李颖明, 王辉. 2020. 绿色技术创新政产学研用金协同的现状、问题与对策. 科学管理研究, 38(6): 2-10.

王财玉, 吴波. 2018. 时间参照对绿色消费的影响: 环保意识和产品环境怀疑的调节作用. 心理科学, 41(3): 621-626.

王彩明, 李健. 2019. 中国区域绿色创新绩效评价及其时空差异分析: 基于2005—2015年的省际工业企业面板数据. 科研管理, 40(6): 29-42.

王大地, 黄洁. 2021. ESG理论与实践. 北京: 经济管理出版社.

王发明, 张赞. 2021. 平台企业主导的创新生态系统稳定性研究: 基于企业间网络关系视角. 科技进步与对策, 38(8): 26-33.

王发明, 朱美娟. 2018. 创新生态系统价值共创行为影响因素分析: 基于计划行为理论. 科学学研究, 36(2): 370-377.

王烽权, 江积海. 2021. 互联网短视频商业模式如何实现价值创造?——抖音和快手的双案例研究. 外国经济与管理, 43(2): 3-19.

王凤彬, 王骁鹏, 张驰. 2019. 超模块平台组织结构与客制化创业支持: 基于海尔向平台组织转型的嵌入式案例研究. 管理世界, 35(2): 121-150, 199-200.

王凤彬, 张雪. 2022. 用纵向案例研究讲好中国故事: 过程研究范式、过程理论化与中西对话前景. 管理世界, 38(6): 191-213.

王浩军, 宋铁波, 易锐. 2024. 行业协会关联对企业绿色创新影响机制研究. 科研管理, 45(8): 172-181.

王谨乐, 史永东. 2018. 机构投资者、高管变更与股价波动. 管理科学学报, 21(7): 113-126.

王娟茹, 崔日晓, 张渝. 2021. 利益相关者环保压力、外部知识采用与绿色创新: 市场不确定性与冗余资源的调节效应. 研究与发展管理, 33(4): 15-27.

王君, 程先学, 蒋雨珊, 等. 2021. 碳税政策下考虑参考碳排放的供应链成员行为选择研究. 中国管理科学, 29(7): 128-138.

王丽杰, 郑艳丽. 2014. 绿色供应链管理中对供应商激励机制的构建研究. 管理世界, 30(8): 184-185.

王琳, 陈志军. 2020. 价值共创如何影响创新型企业的即兴能力?——基于资源依赖理论的案例研究. 管理世界, 36(11): 96-111, 131.

王琳, 刘锡禄, 陈志军. 2023. 基于组织印记触发的集团子公司价值共创决策逻辑: 海信聚好看的纵向案例研究. 管理世界, 39(11): 173-191.

王梦奎. 2007. 新阶段的可持续发展. 管理世界, (5): 1-6.

王清晓. 2016. 契约与关系共同治理的供应链知识协同机制. 科学学研究, 34(10): 1532-1540.

王庆喜, 胡志学. 2021. 多维邻近下浙江城市创新网络演化及其机制研究. 地理科学, 41(8): 1380-1388.

王舒扬, 朱强, 王兴元. 2023. 中小企业绿色创新多元导向实证研究: 基于创新生态系统视角. 企业经济, 42(6): 12-21.

王霞, 徐晓东, 王宸. 2013. 公共压力、社会声誉、内部治理与企业环境信息披露: 来自中国制造业上市公司的证据. 南开管理评论, 16(2): 82-91.

王向阳. 1998. 绿色消费的心理分析及对绿色营销沟通的启示. 北京商学院学报, (5): 62-65.

王晓娟. 2008. 知识网络与集群企业创新绩效: 浙江黄岩模具产业集群的实证研究. 科学学研究, (4): 874-879, 867.

王晓毅. 2018. 绿色减贫: 理论、政策与实践. 兰州大学学报(社会科学版), 46(4): 28-35.

王新新, 张佳佳. 2021. 价值涌现: 平台生态系统价值创造的新逻辑. 经济管理, 43(2): 188-208.

王宣喻, 李新春, 陈凌. 2006. 资本合作与信任扩展: 一个跨越家族的创业故事——广东华帝集团案例. 管理世界, 22(8): 113-125.

王燕夷, 彭灿. 2012. 非正式网络对研发团队绩效的影响: 以交互记忆系统为中介变量的实证研究. 科学学研究, 30(4): 581-590.

王宇, 王勇, 任勇, 等. 2020. 中国绿色转型测度与绿色消费贡献研究. 中国环境管理, 12(1): 37-42.

魏江, 王丁, 刘洋. 2020. 来源国劣势与合法化战略: 新兴经济企业跨国并购的案例研究. 管理世界, 36(3): 101-120.

温忠麟, 张雷, 侯杰泰. 2006. 有中介的调节变量和有调节的中介变量. 心理学报, 38(3): 448-452.

邬爱其. 2006. 企业创新网络构建与演进的影响因素实证分析. 科学学研究, 24(1): 141-149.

邬彩霞. 2021. 中国低碳经济发展的协同效应研究. 管理世界, 37(8): 105-117.

吴宝. 2017. 从个体社会资本到集体社会资本: 基于融资信任网络的经验证据. 社会学研究, 32(1): 125-147, 244-245.

吴宝, 李正卫, 池仁勇. 2011. 社会资本、融资结网与企业间风险传染: 浙江案例研究. 社会学研究, 26(3): 84-105, 244.

吴波, 李东进, 王财玉. 2016. 基于道德认同理论的绿色消费心理机制. 心理科学进展, 24(12): 1829-1843.

吴定玉. 2013. 供应链企业社会责任管理研究. 中国软科学, (2): 55-63.

吴飞美. 2011. 基于绿色消费的循环经济发展策略研究. 东南学术, (6): 76-81.

吴非, 胡慧芷, 林慧妍, 等. 2021. 企业数字化转型与资本市场表现: 来自股票流动性的经验证据. 管理世界, 37(7): 130-144, 10.

吴航, 陈劲. 2016. 国际搜索与本地搜索的抉择: 企业外部知识搜索双元的创新效应研究. 科学学与科学技术管理, 37(9): 102-113.

吴建祖, 华欣意. 2021. 高管团队注意力与企业绿色创新战略: 来自中国制造业上市公司的经验证据. 科学学与科学技术管理, 42(9): 122-142.

吴建祖, 曾宪聚, 赵迎. 2016. 高层管理团队注意力与企业创新战略: 两职合一和组织冗余的调节作用. 科学学与科学技术管理, 37(5): 170-180.

吴结兵, 徐梦周. 2008. 网络密度与集群竞争优势: 集聚经济与集体学习的中介作用: 2001—2004 年浙江纺织业集群的实证分析. 管理世界, 24(8): 69-76, 187-188.

吴卫红, 冯兴奎, 张爱美. 等. 2022. 跨区域协同创新系统绩效测度与优化研究. 科研管理, 43(7): 29-36.

武春友, 朱庆华, 耿勇. 2001. 绿色供应链管理与企业可持续发展. 中国软科学, (3): 67-70.

肖静华, 胡杨颂, 吴瑶. 2020. 成长品: 数据驱动的企业与用户互动创新案例研究. 管理世界, 36(3): 183-205.

肖静华, 谢康, 吴瑶, 等. 2015. 从面向合作伙伴到面向消费者的供应链转型: 电商企业供应链双案例研究. 管理世界, (4): 137-154,188.

肖小虹, 田庆宏, 王站杰. 2021. 利益相关者环保导向能促进绿色创新吗?——一个被调节的中介效应模型. 科研管理, 42(12): 159-166.

肖振红, 李炎. 2023. 绿色技术创新模式、环境规制与产学研协同绿色创新. 管理工程学报, 37(4): 16-29.

谢洪明, 刘少川. 2007. 产业集群、网络关系与企业竞争力的关系研究. 管理工程学报, (2): 15-19.

谢科范, 陈云. 2008. 企业高层管理团队冲突的自组织原理. 武汉理工大学学报(社会科学版), 21(2): 221-224.

谢乔昕, 张宇. 2021. 绿色信贷政策、扶持之手与企业创新转型. 科研管理, 42(1): 124-134.

解学梅. 2010. 中小企业协同创新网络与创新绩效的实证研究. 管理科学学报, 13(8): 51-64.

解学梅, 韩宇航. 2022. 本土制造业企业如何在绿色创新中实现"华丽转型"?——基于注意力基础观的多案例研究. 管理世界, 38(3): 76-106.

解学梅, 韩宇航, 代梦鑫. 2022. 企业开放式创新生态系统种群共生关系与演化机理研究. 科技进步与对策, 39(21): 85-95.

解学梅, 韩宇航, 俞磊. 2024. 如何跨越平台创新鸿沟: 平台生态系统超模块创新体系的价值创造机制研究. 管理世界, 40(7): 175-204.

解学梅, 霍佳阁, 王宏伟. 2019. 绿色工艺创新与制造业行业财务绩效关系研究. 科研管理, 40(3): 63-73.

解学梅, 罗丹, 高彦茹. 2019. 基于绿色创新的供应链企业协同机理实证研究. 管理工程学报, 33(3): 116-124.

解学梅, 王宏伟. 2020. 开放式创新生态系统价值共创模式与机制研究. 科学学研究, 38(5): 912-924.

解学梅, 王宏伟, 余生辉. 2024. 上下同欲者胜: 开放式创新生态网络结构对价值共创影响机理. 管理科学学报, 27(3): 133-158.

解学梅, 余佳惠. 2021. 用户参与产品创新的国外研究热点与演进脉络分析: 基于文献计量学视角. 南开管理评论, 24(5): 4-17.

解学梅, 朱琪玮. 2021. 企业绿色创新实践如何破解"和谐共生"难题?. 管理世界, 37(1): 128-149, 9.

解学梅, 朱琪玮. 2022. 创新支点还是保守枷锁: 绿色供应链管理实践如何撬动企业绩效?. 中国管理科学, 30(5): 131-143.

解学梅, 左蕾蕾. 2013. 企业协同创新网络特征与创新绩效: 基于知识吸收能力的中介效应研究. 南开管理评论, 16 (3): 47-56.

辛宇, 黄欣怡, 纪蓓蓓. 2020. 投资者保护公益组织与股东诉讼在中国的实践: 基于中证投服证券支持诉讼的多案例研究. 管理世界, 36(1): 69-87, 235.

徐虹, 林钟高, 芮晨. 2016. 客户关系与企业研发投资决策. 财经论丛, (1):47-56.

徐建中, 贯君, 林艳. 2017. 制度压力、高管环保意识与企业绿色创新实践: 基于新制度主义理论和高阶理论视角. 管理评论, 29(9): 72-83.

徐可, 何桢, 王瑞. 2014. 技术创新网络的知识权力、结构权力对网络惯例影响. 管理科学, 27(5): 24-34.

徐露允, 曾德明, 张运生. 2018. 知识网络密度与双元创新绩效关系研究: 基于知识基础多元度的调节效应. 研究与发展管理, 30(1): 72-80.

徐梦周, 潘家栋, 周梦天. 2020. 科技园区孵化器生态位优化的实证研究. 科学学研究, 38(4): 638-644, 653.

许晖, 王琳, 张阳. 2015. 国际新创企业创业知识溢出及知识整合机制研究: 基于天士力国际公司海外员工成长及企业国际化案例. 管理世界, 31(6): 141-153, 188.

许能锐, 邹四海, 伍中信. 2024. 地方政府环保注意力与企业 ESG 表现: 基于环境制度视角. 会计之友, (16):61-68.

许倩, 曹兴. 2019. 新兴技术企业创新网络知识协同演化的机制研究. 中国科技论坛, (11): 85-92, 112.

闫华飞, 肖静, 冯兵. 2022. 长江经济带工业绿色技术创新效率评价及其影响因素分析. 统计与决策, 38(12): 96-101.

严赋憬, 张晓洁. 2024. 深入推进绿色低碳发展: 国家发展改革委负责人就《关于加快经济社会发展全面绿色转型的意见》答记者问. http://www.xinhuanet.com/politics/20240811/ 0f5af757c6304aeb895335b8b8ca1f83/c.html[2024-08-11].

燕连福, 赵莹. 2024. 中国式现代化蕴含生态观的丰富内涵、理论贡献及实践路径. 自然辩证法通讯, 46(2): 98-105.

杨福霞. 2016. 环境政策与绿色技术进步. 北京: 人民出版社.

杨静, 刘秋华, 施建军. 2015. 企业绿色创新战略的价值研究. 科研管理, 36(1): 18-25.

杨隽萍, 于晓宇, 陶向明, 等. 2017. 社会网络、先前经验与创业风险识别. 管理科学学报, 20(5): 35-50.

杨林, 段牡钰, 刘娟, 等. 2018. 高管团队海外经验、研发投入强度与企业创新绩效. 科研管理, 39(6): 9-21.

杨伟, 刘健, 武健. 2020. "种群–流量"组态对核心企业绩效的影响: 人工智能数字创新生态系统的实证研究. 科学学研究, 38(11): 2077-2086.

姚遂, 陈卓淳. 2020. 社会–技术系统可持续转型研究: 思路、批评、进展及反思. 中国科技论坛, (9): 145-155.

姚艳虹, 陈彦文, 周惠平. 2017. 技术创新网络中企业生态位对二元式创新的影响. 科技进步与对策, 34(19): 1-7.

叶邦银, 徐怀宁, 李辛熠. 2023. 政府环境审计、注意力配置与国有企业绿色创新质量. 审计与经济研究, 38(3): 1-10.

伊晟, 薛求知. 2016. 绿色供应链管理与绿色创新: 基于中国制造业企业的实证研究. 科研管理, 37(6): 103-110.

殷俊杰, 邵云飞. 2017. 创新搜索和惯例的调节作用下联盟组合伙伴多样性对创新绩效的影响研究. 管理学报, 14(4): 545-553.

尹建华, 双琦. 2023. CEO 学术经历对企业绿色创新的驱动效应: 环境注意力配置与产学研合作赋能双重视角. 科技进步与对策, 40(3): 141-151.

于超, 许晖, 王亚君. 2023. 生态"树"源: 平台生态系统的创新扩散机制研究: 卡奥斯与科大讯飞平台的双案例对比分析. 南开管理评论, 26(3): 15-29.

于飞, 袁胜军, 胡泽民. 2021. 知识基础、知识距离对企业绿色创新影响研究. 科研管理, 42(1): 100-112.

袁剑锋, 许治. 2017. 中国产学研合作网络结构特性及演化研究. 管理学报, 14(7): 1024-1032.

原毅军, 陈喆. 2019. 环境规制、绿色技术创新与中国制造业转型升级. 科学学研究, 37(10): 1902-1911.

韵江, 暴莹. 2023. 风险情境下战略变革过程中试错学习机制的双案例研究. 管理世界, 39(2): 141-170.

曾爱民, 吴伟, 吴育辉. 2021. 中小股东积极主义对债券持有人财富的溢出影响: 基于网络投票数据的实证研究. 金融研究, (12): 189-206.

曾德明, 韩智奇, 邹思明. 2015. 协作研发网络结构对产业技术生态位影响研究. 科学学与科学技术管理, 36(3): 87-95.

曾国权. 2011. "关系"动态过程理论框架的建构. 社会, 31(4): 96-115.

张峰, 杨建君. 2016. 股东积极主义视角下大股东参与行为对企业创新绩效的影响: 风险承担的中介作用.南开管理评论, 19(4): 4-12.

张钢, 张小军. 2014. 企业绿色创新战略的驱动因素: 多案例比较研究. 浙江大学学报(人文社会科学版), 44(1): 113-124.

张璐, 梁丽娜, 苏敬勤, 等. 2020. 破茧成蝶: 创业企业如何突破能力的刚性束缚实现进阶?. 管理世界, 36(6): 189-201, 253.

张露, 帅传敏, 刘洋. 2013. 消费者绿色消费行为的心理归因及干预策略分析: 基于计划行为理论与情境实验数据的实证研究. 中国地质大学学报(社会科学版), 13(5): 49-55, 139.

张倩倩, 姜春子, 张晓玫, 等. 2023. 中小投资者积极主义与资本市场效率: 基于股市传闻的分析. 中国工业经济, (2): 169-188.

张涛. 2023. 中国式现代化生态观的生成逻辑、理论意涵与世界意义. 思想理论教育, (11): 26-33.

张伟, 王笑, 何冬霞. 2023. 正面网络口碑对消费者绿色消费意向的影响机制研究. 管理评论, 35(2): 193-204.

张戌凡, 张文华. 2023. 团队成长心态如何影响团队创新?——基于注意力"配置"和"构型"的研究视角. 心理科学进展, 31(8): 1389-1410.

张艺, 陈凯华, 朱桂龙. 2016. 中国科学院产学研合作网络特征与影响. 科学学研究, 34(3): 404-417.

张云, 吕纤, 韩云. 2024. 机构投资者驱动企业绿色治理: 监督效应与内在机理. 管理世界, 40(4): 197-221.

张增田, 姚振玖, 卢琦, 等. 2023. 高管海外经历能促进企业绿色创新吗?. 外国经济与管理, 45(8): 68-82.

张志新, 徐世超, 高惠楠. 2024. 大数据发展能否推动企业绿色技术创新"质效并举": 基于"国家大数据综合试验区"的准自然实验. 当代经济研究, (4): 103-115.

赵波, 蔡特金, 张志华, 等. 2019. 企业协同创新网络、资源整合与创新绩效的关系研究: 基于160家物联网企业的调查数据. 科学与管理, 39(1): 19-26.

赵建军, 杨博. 2015. "绿水青山就是金山银山"的哲学意蕴与时代价值. 自然辩证法研究, 31(12): 104-109.

赵健宇, 王铁男. 2018. 战略联盟协同演化机理与效应: 基于生物进化隐喻的多理论诠释. 管理评论, 30(8): 194-208.

赵修卫. 2002. 意大利中小企业绿色创新的有关问题. 环境保护, (3): 47-48.

赵炎, 吕建林, 孟庆时. 2024. 组织创新网络联系特征与企业创新质量: 知识组合能力与协调能力的调节作用. 软科学, 38(5):65-71.

赵杨, 吕文栋. 2022. 散户积极主义对审计决策的影响. 审计研究, (3): 80-91.

郑馨竺, 张雅欣, 李晋, 等. 2021. 后疫情时期的经济复苏与绿色发展: 对立还是共赢. 中国人口·资源与环境, 31(2): 1-13.

中国生态文明研究与促进会. 2022. "两山"实践创新的平台、路径和方向: "绿水青山"与"金山银山"双向转化路径与实现机制论坛综述. https://mp.weixin.qq.com/s?__biz= MzA3ODk5NjU5MQ== &mid=2650226614&idx=1&sn=220054551cef6db2450778e54f58e22d&chksm=87b9aab6b0ce23a07ee9 3886ffaee8c8186597e4b58b0f838a9ca462deddd08b4ab04fbd1847&scene=27[2022-12-02].

中国通信院. 2024. 重点行业产业链供应链绿色发展路径研究报告(2024年): 以钢铁和新能源汽车行业为例. http://www.caict.ac.cn/kxyj/qwfb/ztbg/202403/P020240313494181657002. pdf[2024-03-12].

仲理峰, 孟杰, 高蕾. 2019. 道德领导对员工创新绩效的影响: 社会交换的中介作用和权力距离取向的调节作用. 管理世界, 35(5): 149-160.

周键, 刘阳. 2021. 制度嵌入、绿色技术创新与创业企业碳减排. 中国人口·资源与环境, 31(6): 90-101.

周江华, 李纪珍, 刘子諞. 2022. 双重机会窗口下管理认知模式与创新追赶路径选择: 以中国风电产业的后发企业为例. 中国工业经济, (3): 171-188.

周水银, 汤文珂. 2015. 供应链协同、技术创新与企业绩效关系研究. 统计与决策, 31(16): 178-181.

周永圣, 梁淑慧, 刘淑芹, 等. 2017. 绿色信贷视角下建立绿色供应链的博弈研究. 管理科学学报, 20(12): 87-98.

朱竑, 陈晓亮, 尹铎. 2023. 从"绿水青山"到"金山银山": 欠发达地区乡村生态产品价值实现的阶段、路径与制度研究. 管理世界, 39(8): 74-91.

朱庆华, 窦一杰. 2011. 基于政府补贴分析的绿色供应链管理博弈模型. 管理科学学报, 14(6): 86-95.

朱庆华, 赵清华. 2005. 绿色供应链管理及其绩效评价研究述评. 科研管理, (4): 93-98.

朱晓红, 陈寒松, 张腾. 2019. 知识经济背景下平台型企业构建过程中的迭代创新模式: 基于动态能力视角的双案例研究. 管理世界, 35(3): 142-156, 207-208.

朱亚丽, 徐青, 吴旭辉. 2011. 网络密度对企业间知识转移效果的影响:以转移双方企业转移意愿为中介变量的实证研究. 科学学研究, 29(3): 427-431.

诸大建. 2017. 最近 10 年国外循环经济进展及对中国深化发展的启示. 中国人口·资源与环境, 27(8): 9-16.

庄亚明, 李晏墅, 李金生, 等. 2010. 供应链协同研究综述. 经济学动态, (4): 86-89.

Aben T A E, van der Valk W, Roehrich J K, et al. 2021. Managing information asymmetry in public-private relationships undergoing a digital transformation: the role of contractual and relational governance. International Journal of Operations and Production Management, 41(7): 1145-1191.

Abeysekera A P, Fernando C S. 2020. Corporate social responsibility versus corporate shareholder responsibility: a family firm perspective. Journal of Corporate Finance, 61:101370.

Abid T, Abid-Dupont M A, Moulins J L. 2020. What corporate social responsibility brings to brand management? The two pathways from social responsibility to brand commitment. Corporate Social Responsibility and Environmental Management, 27(2): 925-936.

Ackermann F, Eden C. 2011. Strategic management of stakeholders: theory and practice. Long Range Planning, 44(3): 179-196.

Adler P S, Kwon S W. 2002. Social capital: prospects for a new concept. Academy of Management Review, 27(1): 17-40.

Adner R. 2017. Ecosystem as structure: an actionable construct for strategy. Journal of Management, 43(1): 39-58.

Adner R, Kapoor R. 2010. Value creation in innovation ecosystems: how the structure of technological interdependence affects firm performance in new technology generations. Strategic Management Journal, 31(3): 306-333.

Agan Y, Acar M F, Borodin A. 2013. Drivers of environmental processes and their impact on performance: a study of Turkish SMEs. Journal of Cleaner Production, 51: 23-33.

Agarwal S, Kapoor R. 2023. Value creation tradeoff in business ecosystems: Leveraging complementarities while managing interdependencies. Organization Science, 34(3): 1216-1242.

Agyeman J, Bullard R, Evans B. 2003. Introduction: joined up thinking: bringing together sustainability, environmental justice and equity//Agyeman J, Bullard R, Evans B. Just Sustainabilities: Development in an Unequal World. Cambridge: MIT Press: 1-18.

Aiken L S, West S G. 1991. Multiple Regression: Testing and Interpreting Interactions. Newbury Park: Sage Publications.

Ajzen I. 2002. Perceived behavioral control, self-efficacy, locus of control, and the theory of planned behavior. Journal of Applied Social Psychology, 32(4): 665-683.

Alavi M, Leidner D E. 2001. Review: Knowledge Management and Knowledge Management Systems: Conceptual Foundations and Research Issues. MIS Quarterly, 25(1): 107-113.

Albert D, Siggelkow N. 2022. Architectural search and innovation. Organization Science, 33(1): 275-292.

Albertini E. 2014. A descriptive analysis of environmental disclosure: a longitudinal study of French companies. Journal of Business Ethics, 121(2): 233-254.

Albort-Morant G, Leal-Millán A, Cepeda-Carrión G. 2016. The antecedents of green innovation performance: a model of learning and capabilities. Journal of Business Research, 69(11): 4912-4917.

Alexiev A S, Jansen J J P, van den Bosch F A J, et al. 2010. Top management team advice seeking and exploratory innovation: the moderating role of TMT heterogeneity. Journal of Management Studies, 47(7): 1343-1364.

Alexopoulos I, Kounetas K, Tzelepis D. 2018. Environmental and financial performance. Is there a win-win or a win-loss situation? Evidence from the Greek manufacturing. Journal of Cleaner Production, 197(1): 1275-1283.

Allen J W, Phillips G M. 2000. Corporate equity ownership, strategic alliances, and product market relationships. The Journal of Finance, 55(6): 2791-2815.

Almeida H, Campello M. 2007. Financial constraints, asset tangibility, and corporate investment. The Review of Financial Studies, 20(5): 1429-1460.

Almirall E, Casadesus-Masanell R. 2010. Open versus closed innovation: a model of discovery and divergence. Academy of Management Review, 35(1): 27-47.

Alpay E, Buccola S, Kerkvliet J. 2002. Productivity growth and environmental regulation in Mexican and U.S. food manufacturing. Am. American Journal of Agricultural Economics, 84(4): 887-901.

Aluchna M, Roszkowska-Menkes M, Kamiński B, et al. 2022. Do institutional investors encourage firm to social disclosure? The stakeholder salience perspective. Journal of Business Research, 142: 674-682.

Amara N, Landry R. 2005. Sources of information as determinants of novelty of innovation in manufacturing firms: evidence from the 1999 statistics Canada innovation survey. Technovation, 25(3): 245-259.

Ambec S, Barla P. 2006. Can environmental regulations be good for business? An assessment of the Porter hypothesis. Energy Studies Review, 14(2): 42-62.

Ambec S, Cohen M A, Elgie S, et al. 2013. The porter hypothesis at 20: can environmental regulation enhance innovation and competitiveness?. Review of Environmental Economics and Policy, 7(1): 2-22.

Amburgey T L, Kelly D, Barnett W P. 1993. Resetting the clock: the dynamics of organizational change and failure. Administrative Science Quarterly, 38: 51-73.

Amighini A A, Rabellotti R, Sanfilippo M. 2013. Do Chinese state-owned and private enterprises differ in their internationalization strategies?. China Economic Review, 27: 312-325.

Amit R, Han X. 2017. Value creation through novel resource configurations in a digitally enabled world. Strategic Entrepreneurship Journal, 11(3): 228-242.

Amit R, Zott C. 2001. Value creation in E-business. Strategic Management Journal, 22(6/7): 493-520.

Amore M D, Bennedsen M. 2016. Corporate governance and green innovation. Journal of Environmental

Economics and Management, 75: 54-72.

Anderson A. 2011. Sources, media, and modes of climate change communication: the role of celebrities. Wiley Interdisciplinary Reviews: Climate Change, 2(4): 535-546.

Anderson R C, Mansi S A, Reeb D M. 2003. Founding family ownership and the agency cost of debt. Journal of Financial Economics, 68(2): 263-285.

Anderson R C, Reeb D M. 2003. Founding-family ownership and firm performance: evidence from the S&P 500. The Journal of Finance, 58(3): 1301-1328.

Anderson R C, Reeb D M. 2004. Board composition: balancing family influence in S&P 500 firms. Administrative Science Quarterly, 49(2): 209-237.

Andrews K T, Caren N. 2010. Making the news: movement organizations, media attention, and the public agenda. American Sociological Review, 75(6): 841-866.

Ang J S, Hsu C, Tang D, et al. 2021. The role of social media in corporate governance. The Accounting Review, 96: 1-32.

Anokhin S, Morgan T, Schulze W, et al. 2022. Is a reputation for misconduct harmful? Evidence from corporate venture capital. Journal of Business Research, 138: 65-76.

Ansoff H I. 1965. Corporate Strategy. New York: McGraw Hill.

Antonioli D, Mancinelli S, Mazzanti M. 2013. Is environmental innovation embedded within high-performance organisational changes? The role of human resource management and complementarity in green business strategies. Research Policy, 42(4): 975-988.

Aragón-Correa J A, Sharma S. 2003. A contingent resource-based view of proactive corporate environmental strategy. Academy of Management Review, 28(1): 71.

Aranda C, Arellano J, Davila A. 2017. Organizational learning in target setting. Academy of Management Journal, 60(3): 1189-1211.

Arfi W B, Hikkerova L, Sahut J M. 2018. External knowledge sources, green innovation and performance. Technological Forecasting and Social Change, 129: 210-220.

Argyres N S, Silverman B S. 2004. R&D, organization structure, and the development of corporate technological knowledge. Strategic Management Journal, 25(8/9): 929-958.

Aristodemou L, Tietze F. 2018. Citations as a measure of technological impact: a review of forward citation-based measures. World Patent Information, 53: 39-44.

Arregle J L, Naldi L, Nordqvist M, et al. 2012. Internationalization of family-controlled firms: a study of the effects of external involvement in governance. Entrepreneurship Theory and Practice, 36(6): 1115-1143.

Ashby N J S, Dickert S, Glöckner A. 2012. Focusing on what you own: biased information uptake due to ownership. Judgment and Decision Making, 7(3): 254-267.

Ashwin A S, Krishnan R T, George R. 2015. Family firms in India: family involvement, innovation and agency and stewardship behaviors. Asia Pacific Journal of Management, 32(4): 869-900.

Astrachan J H, Shanker M C. 2003. Family businessescontribution to the US economy: a closer look. Family Business Review, 16(3): 211-219.

Athreye S, Cantwell J. 2007. Creating competition?: Globalisation and the emergence of new technology producers. Research Policy, 36(2): 209-226.

Attig N, Boubakri N, el Ghoul S, et al. 2016. Firm internationalization and corporate social responsibility. Journal of Business Ethics, 134(2): 171-197.

Audretsch D B, Feldman M P. 1996. R&D spillovers and the geography of innovation and production. American Economic Review, 86: 630-640.

Autio E, Nambisan S, Thomas L D W, et al. 2018. Digital affordances, spatial affordances, and the genesis of entrepreneurial ecosystems. Strategic Entrepreneurship Journal, 12(1): 72-95.

Avrampou A, Skouloudis A, Iliopoulos G, et al. 2019. Advancing the sustainable development goals: evidence from leading European banks. Sustainable Development, 27(4): 743-757.

Babazadeh R, Razmi J, Rabbani M, et al. 2017. An integrated data envelopment analysis-mathematical programming approach to strategic biodiesel supply chain network design problem. Journal of Cleaner Production, 147: 694-707.

Back P, Colombo O. 2022. Shaping CEOs' future focus through shareholder activism: the role of proposal characteristics. Journal of Management and Governance, 26(1): 255-286.

Bai C E, Lu J Y, Tao Z G. 2006. Property rights protection and access to bank loans: evidence from private enterprises in China. Economics of Transition, 14(4): 611-628.

Bai G Y, Li T G, Xu P. 2023. Can analyst coverage enhance corporate innovation legitimacy?-heterogeneity analysis based on different situational mechanisms. Journal of Cleaner Production, 405: 137048.

Baird I S, Thomas H. 1985. Toward a contingency model of strategic risk taking. Academy of Management Review, 10(2): 230-243.

Bajo E, Croci E, Marinelli N. 2020. Institutional investor networks and firm value. Journal of Business Research, 112: 65-80.

Baker W E, Sinkula J M. 2005. Environmental marketing strategy and firm performance: Effects on new product performance and market share. Journal of the Academy of Marketing Science, 33(4): 461-475.

Ballal J M, Bapat V. 2019. How does family succession impact family firms' innovation?. Asian Journal of Innovation and Policy, 8(2): 302-324.

Balog A M, Baker L T, Walker A G. 2014. Religiosity and spirituality in entrepreneurship: a review and research agenda. Journal of Management, Spirituality & Religion, 11: 159-186.

Bammens Y, Hünermund P, Andries P. 2022. Pursuing gains or avoiding losses: the contingent effect of transgenerational intentions on innovation investments. Journal of Management Studies, 59(6): 1493-1530.

Bammens Y, Hünermund P. 2020. Nonfinancial considerations in eco-innovation decisions: the role of family ownership and reputation concerns. Journal of Product Innovation Management, 37(5): 431-453.

Banalieva E R, Eddleston K A. 2011. Home-region focus and performance of family firms: the role of family vs non-family leaders. Journal of International Business Studies, 42(8): 1060-1072.

Banerjee S B. 2001. Managerial perceptions of corporate environmentalism: interpretations from industry and strategic implications for organizations. Journal of Management Studies, 38(4): 489-513.

Banerjee S, Güçbilmez U, Pawlina G. 2016. Leaders and followers in hot IPO markets. Journal of Corporate Finance, 37: 309-334.

Bansal P, Clelland I. 2004. Talking trash: legitimacy, impression management, and unsystematic risk in the context of the natural environment. Academy of Management Journal, 47(1): 93-103.

Bansal P, Kistruck G. 2006. Seeing is (not) believing: managing the impressions of the firm's commitment to the natural environment. Journal of Business Ethics, 67(2): 165-180.

Bansal P, Roth K. 2000. Why companies go green: a model of ecological responsiveness. Academy of

Management Journal, 43(4): 717-736.

Barbera A J, McConnell V D. 1990. The impact of environmental regulations on industry productivity: direct and indirect effects. Journal of Environmental Economics and Management, 18(1): 50-65.

Barko T, Cremers M, Renneboog L. 2022. Shareholder engagement on environmental, social, and governance performance. Journal of Business Ethics, 180: 777-812.

Barnett M L. 2008. An attention-based view of real options reasoning. Academy of Management Review, 33(3): 606-628.

Barney J B. 1991. Firm resources and sustained competitive advantage. Journal of Management, 17(1): 99-120.

Barney J B. 2018. Why resource-based theory's model of profit appropriation must incorporate a stakeholder perspective. Strategic Management Journal, 39(13): 3305-3325.

Baron R M, Kenny D A. 1987. The moderator-mediator variable distinction in social psychological research. Journal of Personality & Social Psychology, 51(6): 1173-1182.

Barreto I, Patient D L. 2013. Toward a theory of intraorganizational attention based on desirability and feasibility factors. Strategic Management Journal, 34(6): 687-703.

Barry B. 1999. Sustainability and intergenerational justice//Dobson A. Fairness and Futurity: Essays on Environmental Sustainability and Social Justice. Oxford: Oxford University Press: 199-229.

Bauer D J, Preacher K J, Gil K M. 2006. Conceptualizing and testing random indirect effects and moderated mediation in multilevel models: new procedures and recommendations. Psychological Methods, 11(2): 142-163.

Baum J A C, Calabrese T, Silverman B S. 2000. Don't go it alone: alliance network composition and startups' performance in Canadian biotechnology. Strategic Management Journal, 21(3): 267-294.

Baysinger B, Hoskisson R E. 1989. Diversification strategy and R&D intensity in multiproduct firms. Academy of Management Journal, 32(2): 310-332.

Beamon B M. 1999. Designing the green supply chain. Logistics Information Management, 12: 332-342.

Beck L, Janssens W, Debruyne M, et al. 2011. A study of the relationships between generation, market orientation, and innovation in family firms. Family Business Review, 24(3): 252-272.

Becker-Olsen K L, Cudmore B A, Hill R P. 2006. The impact of perceived corporate social responsibility on consumer behavior. Journal of Business Research, 59(1): 46-53.

Beckman C M. 2006. The influence of founding team company affiliations on firm behavior. Academy of Management Journal, 49(4): 741-758.

Belderbos R, Faems D, Leten B, et al. 2010. Technological activities and their impact on the financial performance of the firm: exploitation and exploration within and between firms. Journal of Product Innovation Management, 27(6): 869-882.

Bell R G, Filatotchev I, Rasheed A A. 2012. The liability of foreignness in capital markets: sources and remedies. Journal of International Business Studies, 43(2): 107-122.

Bellavitis C, Fisch C, Vismara S. 2022. Monetary policy and venture capital markets. Review of Corporate Finance, 3(4): 627-662.

Benerjee S, Li P. 2001. Vertical research joint venture. International Journal of Industrial Organization, 19(1/2): 285-302.

Bengtsson M, Sölvell Ö. 2004. Climate of competition, clusters and innovative performance. Scandinavian

Journal of Management, 20(3): 225-244.

Bennedsen M, Foss N. 2015. Family assets and liabilities in the innovation process. California Management Review, 58(1): 65-81.

Benner M J, Tripsas M. 2012. The influence of prior industry affiliation on framing in nascent industries: the evolution of digital cameras. Strategic Management Journal, 33: 277-302.

Benzidia S, Makaoui N, Bentahar O. 2021. The impact of big data analytics and artificial intelligence on green supply chain process integration and hospital environmental performance. Technological Forecasting and Social Change, 165: 120557.

Berger P G, Ofek E. 1995. Diversification's effect on firm value. Journal of Financial Economics, 37(1): 39-65.

Bergman N K, Roychowdhury S. 2008. Investor sentiment and corporate disclosure. Journal of Accounting Research, 46(5): 1057-1083.

Berlyne D E. 1954. A theory of human curiosity. British Journal of Psychology General Section, 45: 180-191.

Berman S, Wicks A C, Kotha S, et al. 1999. Does stakeholder orientation matter? The relationship between stakeholder management models and firm financial performance. Academy of Management Journal, 42(5): 488-506.

Bermiss Y S, McDonald R. 2018. Ideological misfit? Political affiliation and employee departure in the private-equity industry. Academy of Management Journal, 61(6): 2182-2209.

Berns K V D, Klarner P. 2017. A review of the CEO succession literature and a future research program. Academy of Management Perspectives, 31(2): 83-108.

Berrone P, Cruz C, Gomez-Mejia L R, et al. 2010. Socioemotional wealth and corporate responses to institutional pressures: do family-controlled firms pollute less? Administrative Science Quarterly, 55(1): 82-113.

Berrone P, Cruz C, Gomez-Mejia L R. 2012. Socioemotional wealth in family firms: theoretical dimensions, assessment approaches, and agenda for future research. Family Business Review, 25(3): 258-279.

Berrone P, Fosfuri A, Gelabert L, et al. 2013. Necessity as the mother of "green"inventions: institutional pressures and environmental innovations. Strategic Management Journal, 34(8): 891-909.

Berrone P, Gomez-Mejia L R. 2009. Environmental performance and executive compensation: an integrated agency-institutional perspective. Academy of Management Journal, 52(1): 103-126.

Bertoni F, Tykvová T. 2015. Does governmental venture capital spur invention and innovation? Evidence from young European biotech companies. Research Policy, 44(4): 925-935.

Bharadwaj A, Sawy O A E, Pavlou P A, et al. 2013. Digital business strategy: toward a next generation of insights. MIS Quarterly, 37(2): 471-482.

Bhattacharya U, Galpin N, Ray R, et al. 2009. The role of the media in the Internet IPO bubble. Journal of Financial and Quantitative Analysis, 44(3): 657-682.

Bingham J B, Dyer W G Jr, Smith I, et al. 2011. A stakeholder identity orientation approach to corporate social performance in family firms. Journal of Business Ethics, 99(4): 565-585.

Bingham C B, Kahl S J. 2013. The process of schema emergence: Assimilation, deconstruction, unitization and the plurality of analogies. Academy of Management Journal, 56(1): 14-34.

Blau P M. 1977. Inequality and Heterogeneity: A Primitive Theory of Social Structure. New York: Free Press.

Block J H, Wagner M. 2014. The effect of family ownership on different dimensions of corporate social responsibility: evidence from large US firms. Business Strategy and the Environment, 23(7): 475-492.

Block J H. 2012. R&D investments in family and founder firms: an agency perspective. Journal of Business Venturing, 27(2): 248-265.

Boellis A, Mariotti S, Minichilli A, et al. 2016. Family involvement and firms' establishment mode choice in foreign markets. Journal of International Business Studies, 47(8): 929-950.

Boiral O, Raineri N, Talbot D. 2018. Managers' citizenship behaviors for the environment: a developmental perspective. Journal of Business Ethics, 149(2): 395-409.

Borgatti S P, Everett M G, Freeman L C. 2002. UCINET for Windows: Software for Social Network Analysis. Harvard: Analytic Technologies.

Borges A F S, Laurindo F J B, Spínola M M, et al. 2021. The strategic use of artificial intelligence in the digital era: systematic literature review and future research directions. International Journal of Information Management, 57: 102225.

Borghesi S, Cainelli G, Mazzanti M. 2015. Linking emission trading to environmental innovation: evidence from the Italian manufacturing industry. Research Policy, 44(3): 669-683.

Borochin P, Yang J. 2017. The effects of institutional investor objectives on firm valuation and governance. Journal of Financial Economics, 126(1): 171-199.

Boström M, Jönsson A M, Lockie S, et al. 2015. Sustainable and responsible supply chain governance: challenges and opportunities. Journal of Cleaner Production, 107: 1-7.

Bowman E H, Hurry D. 1993. Strategy through the option lens: an integrated view of resource investments and the incremental-choice process. Academy of Management Review, 18(4): 760-782.

Boyd D E, Brown B P. 2012. Marketing control rights and their distribution within technology licensing agreements: a real options perspective. Journal of the Academy of Marketing Science, 40(5): 659-672.

Boyson S. 2014. Cyber supply chain risk management: revolutionizing the strategic control of critical IT systems. Technovation, 34(7): 342-353.

Bradley S W, Wiklund J, Shepherd D A. 2011. Swinging a double-edged sword: the effect of slack on entrepreneurial management and growth. Journal of Business Venturing, 26(5): 537-554.

Bradshaw M T, Lock B, Wang X, et al. 2021. Soft information in the financial press and analyst revisions. The Accounting Review, 96(5): 107-132.

Brammer S J, Pavelin S, Porter L A. 2009. Corporate charitable giving, multinational companies and countries of concern. Journal of Management Studies, 46 (4): 575-596.

Brandstätter E, Kühberger A, Schneider F. 2002. A cognitive-emotional account of the shape of the probability weighting function. Journal of Behavioral Decision Making, 15: 79-100.

Branisa B, Klasen S, Ziegler M. 2013. Gender inequality in social institutions and gendered development outcomes. World Development, 45: 252-268.

Brav A, Cain M, Zytnick J. 2022. Retail shareholder participation in the proxy process: monitoring, engagement, and voting. Journal of Financial Economics, 144(2): 492-522.

Brav A, Jiang W, Partnoy F, et al. 2008. Hedge fund activism, corporate governance, and firm performance. The Journal of Finance, 63(4): 1729-1775.

Brav A, Jiang W, Kim H. 2010. Hedge fund activism: a review. Foundations and Trends in Finance, 4(3): 185-246.

Breen R, Karlson K B, Holm A. 2013. Total, direct, and indirect effects in logit and probit models.

Sociological Methods & Research, 42(2): 164-191.

Bridoux F, Stoelhorst J W. 2022. Stakeholder governance: solving the collective action problems in joint value creation. Academy of Management Review, 47(2): 214-236.

Brielmaier C, Friesl M. 2023. The attention-based view: review and conceptual extension towards situated attention. International Journal of Management Reviews, 25(1): 99-129.

Bronzini R, Piselli P. 2016. The impact of R&D subsidies on firm innovation. Research Policy, 45(2): 442-457.

Brown L D, Call A C, Clement M B, et al. 2015. Inside the "black box" of sell-side financial analysts. Journal of Accounting Research, 53(1): 1-47.

Brown M E, Treviño L K, Harrison D A. 2005. Ethical Leadership: A social learning perspective for construct development and testing. Organizational Behavior and Human Decision Processes, 97(2):117-134.

Brown S V, Tucker J W. 2011. Large-sample evidence on firms' year-over-year MD&A modifications. Journal of Accounting Research, 49(2): 309-346.

Brownen-Trinh R, Orujov A. 2023. Corporate socio-political activism and retail investors: evidence from the Black Lives Matter campaign. Journal of Corporate Finance, 80: 102417.

Brunnermeier S B, Cohen M A. 2003. Determinants of environmental innovation in US manufacturing industries. Journal of Environmental Economics and Management, 45(2): 278-293.

Bruton G D, Ketchen D J, Ireland R D. 2013. Entrepreneurship as a solution to poverty. Journal of Business Venturing, 28(6): 683-689.

Buch C M, Kesternich I, Lipponer A, et al. 2014. Financial constraints and foreign direct investment: firm-level evidence. Review of World Economics, 150(2): 393-420.

Buffa A M, Hodor I. 2023. Institutional investors, heterogeneous benchmarks and the comovement of asset prices. Journal of Financial Economics, 147(2): 352-381.

Buhr N, Freedman M. 2001. Culture, institutional factors and differences in environmental disclosure between Canada and the United States. Critical Perspectives on Accounting, 12(3): 293-322.

Burki U, Dahlstrom R. 2017. Mediating effects of green innovations on interfirm cooperation. Australasian Marketing Journal, 25(2): 149-156.

Burt R S. 1992. Structural Holes: The Social Structure of Competition. Cambridge: Harvard University Press.

Burt R S. 2019. Network disadvantaged entrepreneurs: density, hierarchy, and success in China and the west. Entrepreneurship Theory and Practice, 43: 19-50.

Busch T, Scheitza L, Bauckloh T, et al. 2023. ESG and firm value effects of shareholder proposals. Academy of Management, (1): 10182.

Busenbark J R, Yoon H E, Gamache D L, et al. 2022. Omitted variable bias: examining management research with the impact threshold of a confounding variable (ITCV). Journal of Management, 48: 17-48.

Bushee B J. 2022. The influence of institutional investors on myopic R&D investment behavior. Accounting Review, 73: 305-333.

Butler K C, Joaquin D C. 1998. A note on political risk and the required return on foreign direct investment. Journal of International Business Studies, 29(3): 599-607.

Cadez S, Czerny A, Letmathe P. 2019. Stakeholder pressures and corporate climate change mitigation strategies. Business Strategy and the Environment, 28(1): 1-14.

Cadez S, Czerny A. 2016. Climate change mitigation strategies in carbon-intensive firms. Journal of Cleaner

Production, 112: 4132-4143.

Cahan S F, Chen C, Chen L. 2017. Social norms and CSR performance. Journal of Business Ethics, 145(3): 493-508.

Cai W G, Li G P. 2018. The drivers of eco-innovation and its impact on performance: evidence from China. Journal of Cleaner Production, 176: 110-118.

Cai W J, Wu J L, Gu J B. 2021. From CEO passion to exploratory and exploitative innovation: the moderating roles of market and technological turbulence. Management Decision, 59(6): 1363-1385.

Cai Y, Jo H, Pan C. 2011. Vice or virtue? The impact of corporate social responsibility on executive compensation. Journal of Business Ethics, 104(2): 159-173.

Calabrò A, Vecchiarini M, Gast J, et al. 2019. Innovation in family firms: a systematic literature review and guidance for future research. International Journal of Management Reviews, 21(3): 317-355.

Caniëls M C J, Gelderman C J. 2007. Power and interdependence in buyer supplier relationships: a purchasing portfolio approach. Industrial Marketing Management, 36(2): 219-229.

Cannella A A, Jones C D, Withers M C. 2015. Family-versus lone-founder-controlled public corporations: social identity theory and boards of directors. Academy of Management Journal, 58(2): 436-459.

Cantor D E, Morrow P C, Montabon F. 2012. Engagement in environmental behaviors among supply chain management employees: an organizational support theoretical perspective. Journal of Supply Chain Management, 48(3): 33-51.

Cantrell J E, Kyriazis E, Noble G. 2015 Developing CSR giving as a dynamic capability for salient stakeholder management. Journal of Business Ethics, 130: 403-421.

Cao J, Wang H Y, Zhou S L. 2022. Soft activism and corporate dividend policy: Evidence from institutional investors site visits. Journal of Corporate Finance, 75: 102221.

Capaldo A, Giannoccaro I. 2015. Interdependence and network-level trust in supply chain networks: a computational study. Industrial Marketing Management, 44: 180-195.

Capelle-Blancard G, Petit A. 2019. Every little helps? ESG news and stock market reaction. Journal of Business Ethics, 157(2): 543-565.

Carmon Z, Ariely D. 2000. Focusing on the forgone: How value can appear so different to buyers and sellers. Journal of Consumer Research, 27(3): 360-370.

Carney M. 2005. Corporate governance and competitive advantage in family-controlled firms. Entrepreneurship Theory and Practice, 29(3): 249-265.

Carrincazeaux C, Lung Y, Rallet A. 2001. Proximity and localisation of corporate R&D activities. Research Policy, 30(5): 777-789.

Casson M. 1999. The economics of the family firm. Scandinavian Economic History Review, 47(1): 10-23.

Cennamo C. 2021. Competing in digital markets: a platform-based perspective. Academy of Management Perspectives, 35(2): 265-291.

Cennamo C, Berrone P, Cruz C, et al. 2012. Socioemotional wealth and proactive stakeholder engagement: why family-controlled firms care more about their stakeholders. Entrepreneurship Theory and Practice, 36(6): 1153-1173.

Chaganti R R S, Watts A D, Chaganti R, et al. 2008. Ethnic-immigrants in founding teams: effects on prospector strategy and performance in new Internet ventures. Journal of Business Venturing, 23(1): 113-139.

Chalus-Sauvannet M, Deschamps B, Cisneros L. 2016. Unexpected succession: when children return to take over the family business. Journal of Small Business Management, 54: 714-731.

Chan H K, Yee R W Y, Dai J, et al. 2016. The moderating effect of environmental dynamism on green product innovation and performance. International Journal of Production Economics, 181: 384-391.

Chan R Y K, He H W, Chan H K, et al. 2012. Environmental orientation and corporate performance: the mediation mechanism of green supply chain management and moderating effect of competitive intensity. Industrial Marketing Management, 41(4): 621-630.

Chandna V, Salimath M S. 2020. When technology shapes community in the cultural and craft industries: understanding virtual entrepreneurship in online ecosystems. Technovation, 92: 102042.

Chaney T. 2016. Liquidity constrained exporters. Journal of Economic Dynamics and Control, 72: 141-154.

Chang C H. 2011. The influence of corporate environmental ethics on competitive advantage: the mediation role of green innovation. Journal of Business Ethics, 104(3): 361-370.

Chang K, Chen R D, Chevallier J. 2018. Market fragmentation, liquidity measures and improvement perspectives from China's emissions trading scheme pilots. Energy Economics, 75: 249-260.

Chang T W, Chen Y S, Yeh Y L, et al. 2021. Sustainable consumption models for customers: Investigating the significant antecedents of green purchase behavior from the perspective of information asymmetry. Journal of Environmental Planning and Management, 64(9): 1668-1688.

Chen G L, Meyer-Doyle P, Shi W. 2021b. Hedge fund investor activism and human capital loss. Strategic Management Journal, 42(12): 2328-2354.

Chen H, Hao Y, Li J, et al. 2018. The impact of environmental regulation, shadow economy, and corruption on environmental quality: theory and empirical evidence from China. Journal of Cleaner Production, 195: 200-214.

Chen H L, Hsu W T. 2009. Family ownership, board independence, and R&D investment. Family Business Review, 22(4): 347-362.

Chen J C, Patten D M, Roberts R W. 2008. Corporate charitable contributions: a corporate social performance or legitimacy strategy? Journal of Business Ethics, 82(1): 131-144.

Chen J X, Sharma P, Zhan W, et al. 2019. Demystifying the impact of CEO transformational leadership on firm performance: Interactive roles of exploratory innovation and environmental uncertainty. Journal of Business Research, 96: 85-96.

Chen K H, Zhang Y, Zhu G L, et al. 2020b. Do research institutes benefit from their network positions in research collaboration networks with industries or/and universities? Technovation, 94: 102002.

Chen L, Yang W H. 2019. R&D tax credits and firm innovation: Evidence from China. Technological Forecasting and Social Change, 146: 233-241.

Chen S H, Chen Y L, Jebran K. 2021c. Trust and corporate social responsibility: from expected utility and social normative perspective. Journal of Business Research, 134: 518-530.

Chen S M, Bu M, Wu S B, et al. 2015b. How does TMT attention to innovation of Chinese firms influence firm innovation activities? A study on the moderating role of corporate governance. Journal of Business Research, 68(5): 1127-1135.

Chen S, Shen W B, Qiu Z Q, et al. 2023b. Who are the green entrepreneurs in China? The relationship between entrepreneurs' characteristics, green entrepreneurship orientation, and corporate financial performance. Journal of Business Research, 165: 113960.

Chen T, Dong H, Lin C. 2020a. Institutional shareholders and corporate social responsibility. Journal of Financial Economics, 135(2): 483-504.

Chen T, Harford J, Lin C. 2015a. Do analysts matter for governance? Evidence from natural experiments. Journal of Financial Economics, 115: 383-410.

Chen T T, Wu Z Y. 2022. How to facilitate employees'green behavior? The joint role of green human resource management practice and green transformational leadership. Frontiers in Psychology, 13: 906869.

Chen Y H, Lin T P, Yen D C. 2014. How to facilitate inter-organizational knowledge sharing: the impact of trust. Information & Management, 51(5): 568-578.

Chen Y S. 2008a. The driver of green innovation and green image-green core competence. Journal of Business Ethics, 81(3): 531-543.

Chen Y S. 2008b. The positive effect of green intellectual capital on competitive advantages of firms. Journal of Business Ethics, 77(3): 271-286.

Chen Z F, Xiao Y, Jiang K Q. 2023a. The impact of tax reform on firms' digitalization in China. Technological Forecasting and Social Change, 187: 122196.

Chen Z F, Zhang X, Chen F L. 2021a. Do carbon emission trading schemes stimulate green innovation in enterprises? Evidence from China. Technological Forecasting and Social Change, 168: 120744.

Chen Z, Jin J, Li M. 2022. Does media coverage influence firm green innovation? The moderating role of regional environment. Technology in Society, 70: 102006.

Chen Z, Kahn M E, Liu Y, et al. 2016. The consequences of spatially differentiated water pollution regulation in China. Journal of Business Ethics, 88:468-485.

Cheng B T, Ioannou I, Serafeim G. 2014. Corporate social responsibility and access to finance. Strategic Management Journal, 35(1): 1-23.

Cheng C C J, Shiu E C. 2020. What makes social media-based supplier network involvement more effective for new product performance? The role of network structure. Journal of Business Research, 118: 299-310.

Cheng Z H, Wang F, Keung C, et al. 2017. Will corporate political connection influence the environmental information disclosure level? Based on the panel data of a-shares from listed companies in Shanghai stock market. Journal of Business Ethics, 143: 209-221.

Chernev A. 2003. When more is less and less is more: the role of ideal point availability and assortment in consumer choice. Journal of Consumer Research, 30: 170-183.

Chien C C, Peng C W. 2012. Does going green pay off in the long run?. Journal of Business Research, 65(11): 1636-1642.

Chiesa V, Manzini R. 1998. Organizing for technological collaborations: A managerial perspective. R&D Management, 28(3): 199-212.

Chin M K, Hambrick D C, Treviño L K. 2013. Political ideologies of CEOs: the influence of executives' values on corporate social responsibility. Administrative Science Quarterly, 58 (2), 197-232.

Chiou T Y, Chan H K, Lettice F, et al. 2011. The influence of greening the suppliers and green innovation on environmental performance and competitive advantage in Taiwan. Transportation Research Part E: Logistics and Transportation Review, 47(6):822-836.

Chircop J, Johan S, Tarsalewska M. 2020. Does religiosity influence venture capital investment decisions? Journal of Corporate Finance, 62: 101589.

Chrisman J J, Chua J H, de Massis A, et al. 2015b. The ability and willingness paradox in family firm innovation. Journal of Product Innovation Management, 32(3): 310-318.

Chrisman J J, Chua J H, Pearson A W, et al. 2012. Family involvement, family influence, and family-centered non-economic goals in small firms. Entrepreneurship Theory and Practice, 36: 267-293.

Chrisman J J, Fang H C, Steier L. 2023. Positioning, articulating, and crafting conceptual articles on entrepreneurship. Entrepreneurship Theory and Practice, 47(2): 211-231.

Chrisman J J, Fang H Q, Kotlar J, et al. 2015a. A note on family influence and the adoption of discontinuous technologies in family firms. Journal of Product Innovation Management, 32(3): 384-388.

Chrisman J J, Patel P C. 2012. Variations in R&D investments of family and nonfamily firms: behavioral agency and myopic loss aversion perspectives. Academy of Management Journal, 55(4): 976-997.

Christensen C. 1997. The Innovator's Dilemma: When New Technologies Cause Great Firms to Fail. Boston: Harvard Business Press: 288.

Christensen D M, Serafeim G, Sikochi A. 2022. Why is corporate virtue in the eye of the beholder? The case of ESG ratings. Accounting Review, 97(1): 147-175.

Christmann P. 2000. Effects of "best practices" of environmental management on cost advantage: the role of complementary assets. Academy of Management Journal, 43(4): 663-680.

Chu S C, Chen H T, Gan C. 2020. Consumers' engagement with corporate social responsibility (CSR) communication in social media: evidence from China and the United States. Journal of Business Research, 110: 260-271.

Chua J H, Chrisman J J, Steier L P, et al. 2012. Sources of heterogeneity in family firms: an introduction. Entrepreneurship Theory and Practice, 36(6): 1103-1113.

Chua J H, Chrisman J J, Sharma P. 1999. Defining the family business by behavior. Entrepreneurship Theory and Practice, 23(4): 19-39.

Chuah K, DesJardine M R, Goranova M, et al. 2024. Shareholder activism research: a system-level view. Academy of Management Annals, 18(1): 82-120.

Chun R. 2005. Corporate reputation: meaning and measurement. International Journal of Management Reviews, 7(2): 91-109.

Clark K D, Quigley N R, Stumpf S A. 2014. The influence of decision frames and vision priming on decision outcomes in work groups: motivating stakeholder considerations. Journal of Business Ethics, 120(1): 27-38.

Clarke J, Chen H L, Du D, et al. 2021. Fake news, investor attention, and market reaction. Information Systems Research, 32: 35-52.

Cleary S. 1999. The relationship between firm investment and financial status. The Journal of Finance, 54(2), 673-692.

Clough D R, Wu A. 2022. Artificial intelligence, data-driven learning, and the decentralized structure of platform ecosystems. Academy of Management Review, 47(1): 184-189.

Cockburn I M, Henderson R M. 1998. Absorptive capacity, coauthoring behavior, and the organization of research in drug discovery. Journal of Industrial Economics, 46(2): 157-182.

Cohen B. 2006. Sustainable valley entrepreneurial ecosystems. Business Strategy and the Environment, 15(1): 1-14.

Cohen D A, Dey A, Lys T Z. 2008. Real and accrual-based earnings management in the pre- and post-sarbanes-oxley periods. The Accounting Review, 83(3): 757-787.

Cohen W M, Levinthal D A. 1990. Absorptive capacity: a new perspective on learning and innovation. Administrative Science Quarterly, 35(1): 128-152.

Colman A M. 2006. A Dictionary of Psychology. 2nd ed. Oxford: Oxford University Press.

Colwell S R, Joshi A W. 2013. Corporate ecological responsiveness: antecedent effects of institutional pressure and top management commitment and their impact on organizational performance. Business Strategy and the Environment, 22(2): 73-91.

Cong R, Lo A Y. 2017. Emission trading and carbon market performance in Shenzhen, China. Applied Energy, 193: 414-425.

Constantiou I D, Kallinikos J. 2015. New games, new rules: big data and the changing context of strategy. Journal of Information Technology, 30(1): 44-57.

Cooke P, Boekholt P, Todling F. 2000. The Governance of Innovation in Europe: Regional Perspectives on Global Competitiveness. London: Cengage Learning EMEA.

Coreynen W, Matthyssens P, van Bockhaven W. 2017. Boosting servitization through digitization: pathways and dynamic resource configurations for manufacturers. Industrial Marketing Management, 60: 42-53.

Costantini V, Mazzanti M. 2012. On the green and innovative side of trade competitiveness? The impact of environmental policies and innovation on EU exports. Research Policy, 41(1): 132-153.

Cotter J, Najah M M. 2012. Institutional investor influence on global climate change disclosure practices. Australian Journal of Management, 37(2): 169-187.

Crane A D, Koch A, Michenaud S. 2019. Institutional investor cliques and governance. Journal of Financial Economics, 133(1): 175-197.

Crilly D, Sloan P. 2014. Autonomy or control? Organizational architecture and corporate attention to stakeholders. Organization Science, 25(2): 339-355.

Croci E, Doukas J A, Gonenc H. 2011. Family control and financing decisions. European Financial Management, 17(5): 860-897.

Crossan M M, Apaydin M. 2010. A multi-dimensional framework of organizational innovation: a systematic review of the literature. Journal of Management Studies, 47(6): 1154-1191.

Cruz C C, Gómez-Mejia L R, Becerra M. 2010. Perceptions of benevolence and the design of agency contracts: CEO-TMT relationships in family firms. Academy of Management Journal, 53(1): 69-89.

Cui J B, Dai J, Wang Z X, et al. 2022. Does environmental regulation induce green innovation? A panel study of Chinese listed firms. Technological Forecasting and Social Change, 176: 121492.

Cumming D, Johan S. 2017. The problems with and promise of entrepreneurial finance. Strategic Entrepreneurship Journal, 11(3): 357-370.

Cummings J N. 2004. Work groups, structural diversity, and knowledge sharing in a global organization. Management Science, 50(3): 352-364.

Cundill G J, Smart P, Wilson H N. 2018. Non-financial shareholder activism: a process model for influencing corporate environmental and social performance. International Journal of Management Reviews, 20(2): 606-626.

Cusumano M A, Gawer A, Yoffie D B. 2019. The Business of Platforms: Strategy in the Age of Digital Competition, Innovation, and Power. New York: Harper Business.

Cyert R M, March J G. 1963. A Behavioral Theory of the Firm. Englewood Cliffs: Prentice-Hall.

Czarnitzki D, Hottenrott H. 2011. R&D investment and financing constraints of small and medium-sized firms. Small Business Economics, 36(1): 65-83.

Dahlmann F, Roehrich J K. 2019. Sustainable supply chain management and partner engagement to manage climate change information. Business Strategy and the Environment, 28(8): 1632-1647.

Dai J, Montabon F L, Cantor D E. 2015. Linking rival and stakeholder pressure to green supply management: mediating role of top management support. Transportation Research Part E: Logistics and Transportation Review, 74: 173-187.

Dangelico R M. 2016. Green product innovation: where we are and where we are going. Business Strategy and the Environment, 25(8): 560-576.

Dangelico R M, Pontrandolfo P. 2015. Being "green and competitive": the impact of environmental actions and collaborations on firm performance. Business Strategy and the Environment, 24(6): 413-430.

David P, Bloom M, Hillman A J. 2007. Investor activism, managerial responsiveness, and corporate social performance. Strategic Management Journal, 28(1): 91-100.

Davis G F, Greve H R. 1997. Corporate elite networks and governance changes in the 1980s. American Journal of Sociology, 103: 1-37.

Dawes R M. 1980. Social dilemmas. Annual Review of Psychology, 31(1): 169-193.

Daymond J, Knight E, Rumyantseva M, et al. 2023. Managing ecosystem emergence and evolution: strategies for ecosystem architects. Strategic Management Journal, 44(4): 1-27.

de Faria P, Lima F , Santos R . 2010. Cooperation in innovation activities: the importance of partners. Research Policy, 39(8): 1082-1092.

de Massis A, Di Minin A, Frattini F. 2015. Family-driven innovation: resolving the paradox in family firms. California Management Review, 58(1): 5-19.

de Massis A, Frattini F, Lichtenthaler U. 2013. Research on technological innovation in family firms: present debates and future directions. Family Business Review, 26(1): 10-31.

de Massis A, Kotlar J, Chua J H, et al. 2014. Ability and willingness as sufficiency conditions for family-oriented particularistic behavior: implications for theory and empirical studies. Journal of Small Business Management, 52(2): 344-364.

de Visser M, Faems D. 2015. Exploration and exploitation within firms: the impact of CEOs' cognitive style on incremental and radical innovation performance. Creativity and Innovation Management, 24(3): 359-372.

De X, Yu L, Zhang M J, et al. 2019. Influence of online interaction on consumers' willingness to the consumption of green products IOP Conference Series: Earth and Environmental Science.

Debicki B J, van de Graaff Randolph R, Sobczak M. 2017. Socioemotional wealth and family firm performance: a stakeholder approach. Journal of Managerial Issues, 29(1): 82-111.

Deephouse D L, Jaskiewicz P. 2013. Do family firms have better reputations than non-family firms? An integration of socioemotional wealth and social identity theories. Journal of Management Studies, 50(3): 337-360.

Deephouse D L, Heugens P P. 2009. Linking social issues to organizational impact: the role of infomediaries and the infomediary process. Journal of Business Ethics, 86, 541-553.

Delgado-Verde M, Amores-Salvad M, dCastro G M, et al. 2014. Green intellectual capital and environmental product innovation: the mediating role of green social capital. Knowledge Management Research &

Practice, 12(3): 261-275.

Delhey J, Newton K, Welzel C. 2011. How general is trust in "most people"? Solving the radius of trust problem. American Sociological Review, 76(5): 786-807.

Delmas M A, Burbano V C. 2011. The drivers of greenwashing. California Management Review, 54(1): 64-87.

Delmas M A, Toffel M W. 2008. Organizational responses to environmental demands: opening the black box. Strategic Management Journal, 29(10): 1027-1055.

Demailly D, Quirion P. 2008. European emission trading scheme and competitiveness: a case study on the iron and steel industry. Energy Economics, 30(4): 2009-2027.

Demirel P, Li Q C, Rentocchini F,et al. 2019. Born to be green: new insights into the economics and management of green entrepreneurship. Small Business Economics, 52(4), 759-771.

Deng L Q, Poole M S. 2010. Affect in web interfaces: a study of the impacts of web page visual complexity and order. MIS Quarterly. 34(4): 711-730.

Derks B, Van Laar C, Ellemers N. 2016. The queen bee phenomenon: why women leaders distance themselves from junior women. The Leadership Quarterly, 27(3): 456-469.

Derrien F, Womack K L. 2003. Auctions vs. bookbuilding and the control of underpricing in hot IPO markets. The Review of Financial Studies, 16(1): 31-61.

Desimone R, Duncan J. 1995. Neural mechanisms of selective visual attention. Annual Review of Neuroscience, 18(1): 193-222.

DesJardine M R, Durand R. 2020. Disentangling the effects of hedge fund activism on firm financial and social performance. Strategic Management Journal, 41(6): 1054-1082.

DesJardine M R, Shi W, Sun Z H. 2022. Different horizons: the effects of hedge fund activism versus corporate shareholder activism on strategic actions. Journal of Management, 48(7): 1858-1887.

Desrochers P, Haight C E. 2014. Squandered profit opportunities? Some historical perspective on industrial waste and the Porter Hypothesis. Resources, Conservation and Recycling, 92: 179-189.

Dezso C L, Ross D G. 2012. Does female representation in top management improve firm performance? A panel data investigation. Strategic Management Journal, 33 (9): 1072-1089.

Di Vaio A, Hassan R, Alavoine C. 2022. Data intelligence and analytics: a bibliometric analysis of human: artificial intelligence in public sector decision-making effectiveness. Technological Forecasting and Social Change, 174: 121201.

Diabat A, Govindan K. 2011. An analysis of the drivers affecting the implementation of green supply chain management. Resources, Conservation and Recycling, 55(6): 659-667.

Dick M, Wagner E, Pernsteiner H. 2021. Founder-controlled family firms, overconfidence, and corporate social responsibility engagement: evidence from survey data. Family Business Review, 34(1): 71-92.

DiMaggio P J. 1997. Culture and cognition. Annual Review of Sociology, 23: 263-287.

DiMaggio P J, Powell W W. 1983. The iron cage revisited: institutional isomorphism and collective rationality in organizational fields. American Sociological Review, 48(2): 147-160.

Dimov D, de Holan P M, Milanov H. 2012. Learning patterns in venture capital investing in new industries. Industrial and Corporate Change, 21(6): 1389-1426.

Dimov D, Shepherd D A, Sutcliffe K M. 2007. Requisite expertise, firm reputation, and status in venture capital investment allocation decisions. Journal of Business Venturing, 22(4): 481-502.

Dinh T Q, Calabrò A. 2019. Asian family firms through corporate governance and institutions: a systematic review of the literature and agenda for future research. International Journal of Management Reviews, 21:50-75.

Doloreux D. 2004. Regional networks of small and medium sized enterprises: evidence from the Metropolitan Area of Ottawa in Canada. European Planning Studies, 12(2): 173-189.

Donnelley R G. 1988. The family business. Family Business Review, 1(4): 427-445.

Dosi G. 1982. Technological paradigms and technological trajectories: a suggested interpretation of the determinants and directions of technical change. Research Policy, 11(3): 147-162.

Dosi G, Faillo M, Marengo L. 2008. Organizational capabilities, patterns of knowledge accumulation and governance structures in business firms: an introduction. Organization Studies, 29(8/9): 1165-1185.

Dou Y W, Hope O K, Thomas W B, et al. 2018. Blockholder exit threats and financial reporting quality. Contemporary Accounting Research, 35(2): 1004-1028.

Drejer I, Jørgensen B H. 2005. The dynamic creation of knowledge: analysing public-private collaborations. Technovation, 25(2): 83-94.

Du J L, Lu Y, Tao Z G. 2015. Government expropriation and Chinese-style firm diversification. Journal of Comparative Economics, 43(1): 155-169.

Du L Z, Zhang Z L, Feng T W. 2018. Linking green customer and supplier integration with green innovation performance: the role of internal integration. Business Strategy and the Environment, 27(8): 1583-1595.

Du X Q. 2015. Is corporate philanthropy used as environmental misconduct dressing? Evidence from Chinese family-owned firms. Journal of Business Ethics, 129(2): 341-361.

Dubey R, Gunasekaran A, Childe S J, et al. 2019. Big data and predictive analytics and manufacturing performance: integrating institutional theory, resource-based view and big data culture. British Journal of Management, 30(2): 341-361.

Dufner M, Gebauer J E, Sedikides C, et al. 2019. Self-enhancement and psychological adjustment: a meta-analytic review. Personality and Social Psychology Review, 23(1): 48-72.

Duguid M M, Loyd D L, Tolbert P S. 2010. The impact of categorical status, numeric representation, and work group prestige on preference for demographically similar others: a value threat approach. Organization Science, 23 (2): 386-401.

Dunn B. 1996. Family enterprises in the UK: a special sector? Family Business Review, 9(2): 139-155.

Dyck A, Lins K V, Roth L, et al. 2019. Do institutional investors drive corporate social responsibility? International evidence. Journal of Financial Economics, 131(3): 693-714.

Dyer W G, Jr, Whetten D A. 2006. Family firms and social responsibility: preliminary evidence from the S&P 500. Entrepreneurship Theory and Practice, 30(6): 785-802.

Eccles R G, Kastrapeli M D, Potter S J.2017. How to integrate ESG into investment decision-making: results of a global survey of institutional investors. Journal of Applied Corporate Finance, 29(4): 125-133.

Echols A, Tsai W. 2005. Niche and performance: the moderating role of network embeddedness. Strategic Management Journal, 26(3): 219-238.

Eddleston K A, Kellermanns F W, Collier G. 2019. Research on family firm innovation: what do family firms actually think and do? Journal of Family Business Strategy, 10: 100308.

Eggers J P, Park K F. 2018. Incumbent adaptation to technological change: the past, present, and future of research on heterogeneous incumbent response. Academy of Management Annals, 12(1): 357-389.

Eiadat Y, Kelly A, Roche F, et al. 2008. Green and competitive? An empirical test of the mediating role of environmental innovation strategy. Journal of World Business, 43(2): 131-145.

Einwiller S A, Carroll C E, Korn K. 2010. Under what conditions do the news media influence corporate reputation? The roles of media dependency and need for orientation. Corporate Reputation Review, 12: 299-315.

Eisenhardt K M, Bourgeois L J. 1988. Politics of strategic decision making in high-velocity environments: toward a midrange theory. Academy of Management Journal, 31(4): 737-770.

Eisenhardt K M, Martin J A. 2000. Dynamic capabilities: what are they?. Strategic Management Journal, 21(10/11): 1105-1121.

Eisingerich A B, Bell S J, Tracey P. 2010. How can clusters sustain performance? The role of network strength, network openness, and environmental uncertainty. Research Policy, 39(2): 239-253.

Elia G, Margherita A, Passiante G. 2020. Digital entrepreneurship ecosystem: how digital technologies and collective intelligence are reshaping the entrepreneurial process. Technological Forecasting and Social Change, 150: 119791.

El-Kassar A N, Singh S K. 2019. Green innovation and organizational performance: the influence of big data and the moderating role of management commitment and HR practices. Technological Forecasting and Social Change, 144: 483-498.

Elliott C S, Archibald R B. 1989. Subjective framing and attitudes towards risk. Journal of Economic Psychology, 10: 321-328.

Erevelles S, Fukawa N, Swayne L. 2016. Big Data consumer analytics and the transformation of marketing. Journal of Business Research, 69(2): 897-904.

Eriksson P E, Patel P C, Sjödin D R, et al. 2016. Managing interorganizational innovation projects: mitigating the negative effects of equivocality through knowledge search strategies. Long Range Planning, 49(6): 691-705.

Escribano A, Fosfuri A, Tribó J A. 2009. Managing external knowledge flows: the moderating role of absorptive capacity. Research Policy, 38(1): 96-105.

Esfahbodi A, Zhang Y F, Watson G, et al. 2017. Governance pressures and performance outcomes of sustainable supply chain management-An empirical analysis of UK manufacturing industry. Journal of Cleaner Production, 155(2): 66-78.

Fabrizio K R. 2009. Absorptive capacity and the search for innovation. Research Policy, 38(2): 255-267.

Faccio M. 2006. Politically connected firms. American Economic Review, 96: 369-386.

Faccio M. 2010. Differences between politically connected and nonconnected firms: a cross-country analysis. Financial Management, 39(3): 905-928.

Fang H Q, Chrisman J J, Holt D T, 2021a. Strategic persistence in family business. Entrepreneurship Theory and Practice, 45(4): 931-950.

Fang H Q, Kotlar J, Memili E, et al. 2018. The pursuit of international opportunities in family firms: generational differences and the role of knowledge-based resources. Global Strategy Journal, 8(1): 136-157.

Fang H Q, Memili E, Chrisman J J, et al. 2021b. Narrow-framing and risk preferences in family and non-family firms. Journal of Management Studies, 58(1): 201-235.

Fang H Q, Randolph R V D G, Memili, E, et al. 2016. Does size matter? The moderating effects of firm size on the employment of nonfamily managers in privately held family SMEs. Entrepreneurship Theory and Practice, 40(5): 1017-1039.

Fang H Q, Siau K L, Memili E, et al. 2019.Cognitive antecedents of family business bias in investment decisions: a commentary on "risky decisions and the family firm bias: an experimental study based on prospect theory". Entrepreneurship Theory and Practice, 43(2): 409-416.

Fang X B, Liu M T. 2024. How does the digital transformation drive digital technology innovation of enterprises? Evidence from enterprise's digital patents. Technological Forecasting and Social Change, 204: 123428.

Faro D, Rottenstreich Y. 2006. Affect, empathy, and regressive mispredictions of others' preferences under risk. Management Science, 52: 529-541.

Faul F, Erdfelder E, Lang A G,et al. 2007. G*Power 3: a flexible statistical power analysis program for the social, behavioral, and biomedical sciences. Behavior Research Methods, 39: 175-191.

Fehr-Duda H, Epper T. 2012. Probability and risk: foundations and economic implications of probability-dependent risk preferences. Annual Review of Economics, 4(1): 567-593.

Feng T W, Wang D. 2016. The influence of environmental management systems on financial performance: a moderated-mediation analysis. Journal of Business Ethics, 135(2): 265-278.

Fernando G D, Schneible R A, Jr, Suh S. 2014. Family firms and institutional investors. Family Business Review, 27(4): 328-345.

Fernando Y, Jabbour C J C, Wah W X. 2019. Pursuing green growth in technology firms through the connections between environmental innovation and sustainable business performance: does service capability matter?. Resources, Conservation and Recycling, 141: 8-20.

Ferreira M A, Matos P. 2008. The colors of investors' money: the role of institutional investors around the world. Journal of Financial Economics, 88(3): 499-533.

Fiedler K, Harris C, Schott M. 2018. Unwarranted inferences from statistical mediation tests-an analysis of articles published in 2015. Journal of Experimental Social Psychology, 75: 95-102.

Fiegenbaum A, Hart S, Schendel D. 1996. Strategic reference point theory. Strategic Management Journal, 17(3): 219-235.

Filatotchev I, Dotsenko O. 2015. Shareholder activism in the UK: types of activists, forms of activism, and their impact on a target's performance. Journal of Management & Governance, 19: 5-24.

Finkelstein S. 1992. Power in top management teams: dimensions, measurement, and validation. Academy of Management Journal, 35 (3): 505-538.

Finkelstein S, Hambrick D C. 1990. Top-management-team tenure and organizational outcomes: the moderating role of managerial discretion. Administrative Science Quarterly, 35(3): 484-503.

Firth M, Gao J, Shen J, et al. 2016. Institutional stock ownership and firms' cash dividend policies: evidence from China. Journal of Banking & Finance, 65: 91-107.

Fischer M M, Diez J R, Snickars F. 2010. Metropolitan Innovation Systems: Theory and Evidence from Three Metropolitan Regions in Europe. Berlin: Springer Verlag.

Fiske S T, Neuberg S L. 1990. A continuum of impression formation, from category-based to individuating processes: influences of information and motivation on attention and interpretation. Advances in Experimental Social Psychology, 23: 1-74.

Fiske S T, Taylor S E. 1991. Social Cognition. New York: McGraw-Hill.

Fiss P C, Kennedy M T, Davis G F. 2012. How golden parachutes unfolded: diffusion and variation of a controversial practice. Organization Science, 23(4): 1077-1099.

Flammer C, Toffel M W, Viswanathan K. 2021. Shareholder activism and firms' voluntary disclosure of climate change risks. Strategic Management Journal, 42(10): 1850-1879.

Fliaster A, Kolloch M. 2017. Implementation of green innovations: the impact of stakeholders and their network relations. R&D Management, 47(5): 689-700.

Florida R, Mellander C. 2016. Rise of the startup city: the changing geography of the venture capital financed innovation. California Management Review, 59(1): 14-38.

Fombrun C J, Gardberg N A, Barnett M L. 2000. Opportunity platforms and safety nets: corporate citizenship and reputational risk. Business and Society Review, 105(1): 85-106.

Fombrun C J, Shanley M. 1990. What's in a name? Reputation building and corporate strategy. Academy of Management Journal, 33(2): 233-258.

Forbes D P, Kirsch D A. 2011. The study of emerging industries: recognizing and responding to some central problems. Journal of Business Venturing, 26(5): 589-602.

Ford J A, Steen J, Verreynne M L. 2014. How environmental regulations affect innovation in the Australian oil and gas industry: going beyond the Porter Hypothesis. Journal of Cleaner Production, 84: 204-213.

Foreh M R, Grier S. 2003. When is honesty the best policy? The effect of stated company intent on consumer skepticism. Journal of Consumer Psychology, 13(3): 349-356.

Fransen L. 2015. Corporate Social Responsibility and Global Labor Standards: Firms and Activists in the Making of Private Regulation. London: Routledge.

Frecka T J, Lee C F. 1983. Generalized financial ratio adjustment processes and their implications. Journal of Accounting Research, 21(1): 308-316.

Freeman C. 1991. Networks of innovators: a synthesis of research issues. Research Policy, 20(5): 499-514.

Freeman E, Moutchnik A. 2013. Stakeholder management and CSR: questions and answers. Umwelt Wirtschafts Forum, 21(1): 5-9.

Frondel M, Horbach J, Rennings K. 2007. End-of-pipe or cleaner production? An empirical comparison of environmental innovation decisions across OECD countries. Business Strategy and the Environment, 16(8): 571-584.

Fu R, Tang Y, Chen G L. 2020. Chief sustainability officers and corporate social (Ir)responsibility. Strategic Management Journal, 41(4): 656-680.

Fu X L. 2012. How does openness affect the importance of incentives for innovation?. Research Policy, 41(3): 512-523.

Fujii H, Managi S, Kaneko S. 2013. Decomposition analysis of air pollution abatement in China: empirical study for ten industrial sectors from 1998 to 2009. Journal of Cleaner Production, 59: 22-31.

Gao L, Kling G. 2008. Corporate governance and tunneling: empirical evidence from China. Pacific-Basin Finance Journal, 16(5): 591-605.

Gao Y Q, Hafsi T. 2015. Government intervention, peers' giving and corporate philanthropy: evidence from Chinese private SMEs. Journal of Business Ethics, 132(2): 433-447.

Garcia S M, Reese Z A, Tor A. 2020. Social comparison before, during, and after the competition// Social Comparison, Judgment, and Behavior. Oxford: Oxford University Press: 105-142.

Garcia-Rada X, Anik L, Ariely D. 2019. Consuming together (versus separately) makes the heart grow fonder.

Marketing Letters, 30(1): 27-43.

Garg V K, Walters B A, Priem R L. 2003. Chief executive scanning emphases, environmental dynamism, and manufacturing firm performance. Strategic Management Journal, 24(8): 725-744.

Garud R, Kumaraswamy A, Roberts A, et al. 2022. Liminal movement by digital platform-based sharing economy ventures: the case of Uber Technologies. Strategic Management Journal, 43(3): 447-475.

Gatti D D, Gallegati M, Greenwald B, et al. 2006. Business fluctuations in a credit-network economy. Physica A: Statistical Mechanics and Its Applications, 370(1): 68-74.

Gawer A, Cusumano M A. 2014. Industry platforms and ecosystem innovation. Journal of Product Innovation Management, 31(3): 417-433.

Geels F W. 2004. From sectoral systems of innovation to socio-technical systems: insights about dynamics and change from sociology and institutional theory. Research Policy, 33(6/7): 897-920.

Georgallis P P, Dowell G, Durand R. 2019. Shine on me: industry coherence and policy support for emerging industries. Administrative Science Quarterly, 64: 503-541.

Gersick K E, Davis J A, Hampton M M, et al. 1997. Generation to Generation: Life Cycles of the Family Business. Boston: Harvard Business School Press.

Gifford E J M. 2010. Effective shareholder engagement: the factors that contribute to shareholder salience. Journal of Business Ethics, 92(1): 79-97.

Gillan S L, Starks L T. 2000. Corporate governance proposals and shareholder activism: the role of institutional investors. Journal of Financial Economics, 57(2): 275-305.

Gilsing V, Nooteboom B. 2005. Density and strength of ties in innovation networks: an analysis of multimedia and biotechnology. European Management Review, 2(3): 179-197.

Giustiziero G, Kretschmer T, Somaya D, et al. 2023. Hyperspecialization and hyperscaling: a resource-based theory of the digital firm. Strategic Management Journal, 44(6): 1391-1424.

Glaeser E L, Saks R E. 2006. Corruption in America. Journal of Public Economics, 90(6/7): 1053-1072.

Gliedt T, Hoicka C E, Jackson N. 2018. Innovation intermediaries accelerating environmental sustainability transitions. Journal of Cleaner Production, 174: 1247-1261.

Godfrey P C. 2005. The relationship between corporate philanthropy and shareholder wealth: a risk management perspective. Academy of Management Review, 30(4): 777-798.

Goel S, Jones R J. 2016. Entrepreneurial exploration and exploitation in family business: a systematic review and future directions. Family Business Review, 29(1): 94-120.

Goldstein W M, Einhorn H J. 1987. Expression theory and the preference reversal phenomena. Psychological Review, 94(2): 236-254.

Golicic S L, Smith C D. 2013. A meta-analysis of environmentally sustainable supply chain management practices and firm performance. Journal of Supply Chain Management, 49(2): 78-95.

Gomez-Mejia L R, Campbell J T, Martin G, et al. 2014. Socioemotional wealth as a mixed gamble: revisiting family firm R&D investments with the behavioral agency model. Entrepreneurship: Theory and Practice, 38(6): 1351-1374.

Gomez-Mejia L R, Cruz C, Berrone P, et al. 2011. The bind that ties: socioemotional wealth preservation in family firms. Academy of Management Annals, 5(1): 653-707.

Gomez-Mejia L R, Haynes K T, Núñez-Nickel M, et al. 2007. Socioemotional wealth and business risks in family-controlled firms: evidence from Spanish olive oil mills. Administrative Science Quarterly, 52(1):

106-137.

Gomez-Mejia L R, Larraza-Kintana M, Makri M. 2003. The determinants of executive compensation in family-controlled public corporations. Academy of Management Journal, 46(2): 226-237.

Gomez-Mejia L R, Makri M, Kintana M L. 2010. Diversification decisions in family-controlled firms. Journal of Management Studies, 47(2): 223-252.

Gomez-Mejia L R, Neacsu I, Martin G. 2019. CEO risk-taking and socioemotional wealth: the behavioral agency model, family control, and CEO option wealth. Journal of Management, 45(4): 1713-1738.

Gomez-Mejia L R, Nunez-Nickel M, Gutierrez I. 2001. The role of family ties in agency contracts. Academy of Management Journal, 44(1): 81-95.

Gomez-Mejia L R, Patel P C, Zellweger T M. 2018. In the horns of the dilemma: socioemotional wealth, financial wealth, and acquisitions in family firms. Journal of Management, 44(4): 1369-1397.

Gompers P, Kovvali S. 2018. The other diversity dividend. Harvard Business Review, 96(4): 72-77.

Gompers P, Lerner J, Scharfstein D. 2005. Entrepreneurial spawning: public corporations and the genesis of new ventures, 1986 to 1999. The Journal of Finance, 60(2): 577-614.

Gompers P A, Mukharlyamov V, Xuan Y. 2016. The cost of friendship. Journal of Financial Economics, 119(3): 626-644.

González-Benito J, González-Benito Ó. 2006. A review of determinant factors of environmental proactivity. Business Strategy and the Environment, 15(2): 87-102.

Gonzalo L. 2012. Analysis of university-driven open innovation ecosystems: the UPM case study. R&D Management, 12(2): 321-336.

Goranova M, Ryan L V. 2014. Shareholder activism: a multidisciplinary review. Journal of Management, 40(5): 1230-1268.

Graça P, Camarinha-Matos L M. 2017. Performance indicators for collaborative business ecosystems: literature review and trends. Technological Forecasting and Social Change, 116: 237-255.

Granovetter M S. 1973. The strength of weak ties. American Journal of Sociology, 78(6): 1360-1380.

Gray W B, Shadbegian R J. 2003. Plant vintage, technology, and environmental regulation. Journal of Environmental Economics and Management, 46(3): 384-402.

Green K W, Jr, Zelbst P J, Meacham J, et al. 2012. Green supply chain management practices: impact on performance. Supply Chain Management, 17(3): 290-305.

Green T, Peloza J. 2015. How did the recession change the communication of corporate social responsibility activities?. Long Range Planning, 48(2): 108-122.

Greene W H. 1993. Econometric analysis. New York: Macmillan.

Greve H R. 2003. A behavioral theory of R&D expenditures and innovations: evidence from shipbuilding. Academy of Management Journal, 46(6): 685-702.

Greve H R. 2008. A behavioral theory of firm growth: sequential attention to size and performance goals. Academy of Management Journal, 51(3): 476-494.

Grimm C M, Lee H, Smith K G. 2006. Strategy as action: competitive dynamics and competitive advantage. Oxford: Oxford University Press.

Grimpe C, Kaiser U. 2010. Balancing internal and external knowledge acquisition: the gains and pains from R&D outsourcing. Journal of Management Studies, 47(8): 1483-1509.

Grodal S, Gotsopoulos A, Suarez F F. 2015. The co-evolution of technologies and categories during industry emergence. Academy of Management Review, 40(3): 423-445.

Guan J C, Liu N. 2016. Exploitative and exploratory innovations in knowledge network and collaboration network: a patent analysis in the technological field of nano-energy. Research Policy, 45(1): 97-112.

Guertler B, Spinler S. 2015. Supply risk interrelationships and the derivation of key supply risk indicators. Technological Forecasting and Social Change, 92: 224-236.

Gulati R. 1995. Social structure and alliance formation patterns: a longitudinal analysis. Administrative Science Quarterly, 40: 619-652.

Gulati R. 1998. Alliances and networks. Strategic Management Journal, 19(4): 293-317.

Gulati R, Sytch M. 2007. Dependence asymmetry and joint dependence in interorganizational relationships: effects of embeddedness on a manufacturer's performance in procurement relationships. Administrative Science Quarterly, 52(1): 32-69.

Gulbrandsen M, Smeby J C. 2005. Industry funding and university professors' research performance. Research Policy, 34(6): 932-950.

Gunasekaran A, Papadopoulos T, Dubey R, et al. 2017. Big data and predictive analytics for supply chain and organizational performance. Journal of Business Research, 70: 308-317.

Gunningham N, Thornton D, Kagan R. 2003. Shades of Green: Business, Regulation, and Environment. Stanford: Stanford Law and Politics.

Guo B, Pérez-Castrillo D, Toldrà-Simats A. 2019. Firms' innovation strategy under the shadow of analyst coverage. Journal of Financial Economics, 131: 456-483.

Guo Z Q, Zhang X P, Zheng Y H, et al. 2014. Exploring the impacts of a carbon tax on the Chinese economy using a CGE model with a detailed disaggregation of energy sectors. Energy Economics, 45: 455-462.

Gupta S, Woodside A, Dubelaar C, et al. 2009. Diffusing knowledge-based core competencies for leveraging innovation strategies: modelling out-sourcing to knowledge process organizations (KPOs) in pharmaceutical networks. Industrial Marketing Management, 38(2): 219-227.

Haans R F J, Pieters C, He Z L. 2016. Thinking about U: theorizing and testing U- and inverted U-shaped relationships in strategy research. Strategic Management Journal, 37(7): 1177-1195.

Haas M R, Criscuolo P, George G. 2015. Which problems to solve? Online knowledge sharing and attention allocation in organizations. Academy of Management Journal, 58(3): 680-711.

Habbershon T G, Williams M L. 1999. A resource-based framework for assessing the strategic advantages of family firms. Family Business Review, 12(1): 1-25.

Hadani M, Doh J P, Schneider M. 2019. Social movements and corporate political activity: managerial responses to socially oriented shareholder activism. Journal of Business Research, 95: 156-170.

Hadani M, Goranova M, Khan R. 2011. Institutional investors, shareholder activism, and earnings management. Journal of Business Research, 64(12): 1352-1360.

Hadjimanolis A. 1999. Barriers to innovation for SMEs in a small less developed country (Cyprus). Technovation, 19(9): 561-570.

Hafeez B, Kabir M H, Wongchoti U. 2022. Are retail investors really passive? Shareholder activism in the digital age. Journal of Business Finance & Accounting, 49(3/4): 423-460.

Hagedoorn J, Cloodt M. 2003. Measuring innovative performance: is there an advantage in using multiple indicators?. Research Policy, 32(8): 1365-1379.

Hajmohammad S, Vachon S. 2016. Mitigation, avoidance, or acceptance? Managing supplier sustainability risk. Journal of Supply Chain Management, 52(2): 48-65.

Haki K, Blaschke M, Aier S, et al. 2024. Dynamic capabilities for transitioning from product platform ecosystem to innovation platform ecosystem. European Journal of Information Systems, 33(2): 181-199.

Hamamoto M. 2006. Environmental regulation and the productivity of Japanese manufacturing industries. Resource and Energy Economics, 28(4): 299-312.

Hambrick D C. 2007. Upper echelons theory: an update. Academy of Management Review, 32(2): 334-343.

Hambrick D C, Humphrey S E, Gupta A. 2015. Structural interdependence within top management teams: a key moderator of upper echelons predictions. Strategic Management Journal, 36(3): 449-461.

Hameed W U, Nisar Q A, Wu H C. 2021. Relationships between external knowledge, internal innovation, firms' open innovation performance, service innovation and business performance in the Pakistani hotel industry. International Journal of Hospitality Management, 92: 102745.

Hanelt A, Bohnsack R, Marz D, et al. 2021. A systematic review of the literature on digital transformation: insights and implications for strategy and organizational change. Journal of Management Studies, 58(5): 1159-1197.

Hansen M H, Perry L T, Reese C S. 2004. A Bayesian operationalization of the resource-based view. Strategic Management Journal, 25(13): 1279-1295.

Hao Y, Guo Y X, Guo Y T, et al. 2020. Does outward foreign direct investment (OFDI) affect the home country's environmental quality? The case of China. Structural Change and Economic Dynamics, 52: 109-119.

Harbaugh W T, Krause K, Vesterlund L. 2010. The fourfold pattern of risk attitudes in choice and pricing tasks. The Economic Journal, 120(545): 595-611.

Harland C, Brenchley R, Walker H. 2003. Risk in supply networks. Journal of Purchasing and Supply Management, 9(2): 51-62.

Hart S L, Dowell G. 2011. A natural-resource-based view of the firm: fifteen years after. Journal of Management, 37(5): 1464-1479.

Hawn O. 2021. How media coverage of corporate social responsibility and irresponsibility influences cross-border acquisitions. Strategic Management Journal, 42(1): 58-83.

Hawn O, Chatterji A K, Mitchell W. 2018. Do investors actually value sustainability? New evidence from investor reactions to the Dow Jones Sustainability Index(DJSI). Strategic Management Journal, 39(4): 949-976.

Hayek F A. 1945. The use of knowledge in society. American Economic Review, 35(4): 519-530.

He F, Du H, Yu B. 2022. Corporate ESG performance and manager misconduct: evidence from China. International Review of Financial Analysis, 82: 102201.

He W J, Tan L M, Liu Z J, et al. 2020. Property rights protection, environmental regulation and corporate financial performance: revisiting the Porter Hypothesis. Journal of Cleaner Production, 264: 121615.

Heckman J J. 1979. Sample selection bias as a specification error. Econometrica, 47(1): 153.

Heilbronner R. 1985. The Nature and Logic of Capitalism. Norton: New York.

Heimeriks K H, Duysters G. 2007. Alliance capability as a mediator between experience and alliance performance: an empirical investigation into the alliance capability development process. Journal of Management Studies, 44(1): 25-49.

Helfat C E, Peteraf M A. 2015. Managerial cognitive capabilities and the microfoundations of dynamic capabilities. Strategic Management Journal, 36(6): 831-850.

Helson H. 1964. Adaptation Level Theory: An Experimental and Systematic Approach to Behavior. New York: Harper & Row.

Helwege J, Liang N. 2004. Initial public offerings in hot and cold markets. Journal of Financial and Quantitative Analysis, 39(3): 541-569.

Henderson R M, Clark K B. 1990. Architectural innovation: the reconfiguration of existing product technologies and the failure of established firms. Administrative Science Quarterly, 35(1): 9-30.

Herrero I, Hughes M. 2019. When family social capital is too much of a good thing. Journal of Family Business Strategy, 10(3): 100271.

Hiatt S R, Park S. 2013. Lords of the harvest: third-party influence and regulatory approval of genetically modified organisms. Academy of Management Journal, 56(4): 923-944.

Hillman A J, Keim G D, Schuler D. 2004. Corporate political activity: a review and research agenda. Journal of Management, 30(6): 837-857.

Hitt M A, Ireland R D. 1985. Corporate distinctive competence, strategy, industry and performance. Strategic Management Journal, 6(3): 273-293.

Hitt M A, Tyler B B. 1991. Strategic decision models: integrating different perspectives. Strategic Management Journal, 12(5): 327-351.

Ho K C, Shen X X, Yan C, et al. 2023. Influence of green innovation on disclosure quality: mediating role of media attention. Technological Forecasting and Social Change, 188: 122314.

Hobday M, Davies A, Prencipe A. 2005. Systems integration: a core capability of the modern corporation. Industrial and Corporate Change, 14: 1109-1143.

Hochberg Y V, Ljungqvist A, Lu Y. 2007. Whom you know matters: venture capital networks and investment performance. The Journal of Finance, 62(1): 251-301.

Hoffman A J. 2005. Climate change strategy: the business logic behind voluntary greenhouse gas reductions. California Management Review, 47(3): 21-46.

Hofmann H, Busse C, Bode C, et al. 2014. Sustainability-related supply chain risks: conceptualization and management. Business Strategy and the Environment, 23: 160-172.

Hogg M A. 1992. The Social Psychology of Group Cohesiveness: From Attraction to Social Identity. New York: New York University Press.

Hojnik J, Ruzzier M. 2016. The driving forces of process eco-innovation and its impact on performance: insights from Slovenia. Journal of Cleaner Production, 133: 812-825.

Holdcroft B B. 2006. What is religiosity. Catholic Education: A Journal of Inquiry and Practice, 10: 89-103.

Hong J T, Zheng R Y, Deng H P, et al. 2019. Green supply chain collaborative innovation, absorptive capacity and innovation performance: evidence from China. Journal of Cleaner Production, 241: 118377.

Honkanen P, Verplanken B, Olsen S O. 2006. Ethical values and motives driving organic food choice. Journal of Consumer Behaviour, 5(5): 420-430.

Hoobler J M, Masterson C R, Nkomo S M, et al. 2018. The business case for women leaders: meta-analysis, research critique, and path forward. Journal of Management, 44 (6): 2473-2499.

Hope O K, Wu H, Zhao W. 2017. Blockholder exit threats in the presence of private benefits of control. Review of Accounting Studies, 22: 873-902.

Horbach J. 2006. Determinants of environmental innovation - new evidence from German Panel Data sources.

Resource and Energy Economics, 28(4): 299-312.

Horbach J, Rammer C, Rennings K. 2012. Determinants of eco-innovations by type of environmental impact. The role of regulatory push/pull, technology push and market pull. Ecological Economics, 78(11): 112-122.

Hoskisson R O, Johnson R A. 1992. Corporate restructuring and strategic change: the effect on diversification strategy and R&D intensity. Strategic Management Journal, 13: 625-634.

Hou H, Cui Z Y, Shi Y J. 2020. Learning club, home court, and magnetic field: facilitating business model portfolio extension with a multi-faceted corporate ecosystem. Long Range Planning, 53(4): 101970.

Hou H, Shi Y J. 2021. Ecosystem-as-structure and ecosystem-as-coevolution: a constructive examination. Technovation, 100: 102193.

Howard M D, Boeker W, Andrus J L. 2019. The spawning of ecosystems: how cohort effects benefit new ventures. Academy of Management Journal, 62(4): 1163-1193.

Howells J, Gagliardi D, Malik K. 2008. The growth and management of R&D outsourcing: evidence from UK pharmaceuticals. R&D Management, 38(2): 205-219.

Howells J. 1995. A socio-cognitive approach to innovation. Research Policy, 24(6): 883-894.

Hsu G, Hannan M T. 2005. Identities, genres, and organizational forms. Organization Science, 16: 474-490.

Hsu P H, Li K, Tsou C Y. 2020. The pollution premium. The Journal of Finance, 78(3): 1343-1392.

Hu A H, Hsu C W. 2010. Critical factors for implementing green supply chain management practice: an empirical study of electrical and electronics industries in Taiwan. Management Research Review, 33(6): 586-608.

Huang H Y, Mbanyele W, Wang F R, et al. 2022. Climbing the quality ladder of green innovation: does green finance matter?. Technological Forecasting and Social Change, 184: 122007.

Huang J W, Li Y H. 2017. Green innovation and performance: the view of organizational capability and social reciprocity. Journal of Business Ethics, 145(2): 309-324.

Huang M, Li M Y, Liao Z H. 2021. Do politically connected CEOs promote Chinese listed industrial firms' green innovation? The mediating role of external governance environments. Journal of Cleaner Production, 278: 123634.

Huang R, Zhang S F, Wang P. 2022. Key areas and pathways for carbon emissions reduction in Beijing for the "Dual Carbon" targets. Energy Policy, 164: 112873.

Huang X X, Hu Z P, Liu C S, et al. 2016. The relationships between regulatory and customer pressure, green organizational responses, and green innovation performance. Journal of Cleaner Production, 112: 3423-3433.

Huang Y C, Chen C T. 2022. Exploring institutional pressures, firm green slack, green product innovation and green new product success: evidence from Taiwan's high-tech industries. Technological Forecasting and Social Change, 174: 121196.

Hudson K, Morgan R E. 2022. Ideological homophily in board composition and interlock networks: do liberal directors inhibit viewpoint diversity?. Corporate Governance, 30(3): 272-289.

Human S E, Provan K G. 1997. An emergent theory of structure and outcomes in small-firm strategic manufacturing networks. Academy of Management Journal, 40(2): 368-403.

Huo B F, Flynn B B, Zhao X D. 2017. Supply chain power configurations and their relationship with performance. Journal of Supply Chain Management, 53(2): 88-111.

Hylving L, Schultze U. 2020. Accomplishing the layered modular architecture in digital innovation: the case of the car's driver information module. The Journal of Strategic Information Systems, 29(3): 101621.

Iannaccone L R. 1994. Why strict churches are strong. American Journal of Sociology, 99: 1180-1211.

Inoue Y. 2021. Indirect innovation management by platform ecosystem governance and positioning: toward collective ambidexterity in the ecosystems. Technological Forecasting and Social Change, 166: 120652.

Irfan M, Razzaq A, Sharif A, et al. 2022. Influence mechanism between green finance and green innovation: exploring regional policy intervention effects in China. Technological Forecasting and Social Change, 182: 121882.

Ito T A, Larsen J T, Smith N K, et al. 1998. Negative information weighs more heavily on the brain: the negativity bias in evaluative categorizations. Journal of Personality and Social Psychology, 75(4): 887-900.

Iyengar S S, Krupenkin M. 2018. Partisanship as social identity: implications for the study of party polarization. The Forum, 16: 23-45.

Iyengar S S, Lepper M R. 2000. When choice is demotivating: can one desire too much of a good thing?. Journal of Personality and Social Psychology, 79: 995-1006.

Jabbour A B L D S, Frascareli F C D O, Jabbour C J C. 2015. Green supply chain management and firms' performance: understanding potential relationships and the role of green sourcing and some other green practices. Resources, Conservation and Recycling, 102(2): 366-374.

Jacobides M G, Cennamo C, Gawer A. 2018. Towards a theory of ecosystems. Strategic Management Journal, 39(8): 2255-2276.

Jacobsen T, Hofel L. 2002. Aesthetic judgments of novel graphic patterns: analyses of individual judgments. Perceptual and Motor Skills, 95(3): 755-766.

Jacquemin A P, Berry C H. 1979. Entropy measure of diversification and corporate growth. The Journal of Industrial Economics, 27(4): 359-369.

Jaffe A B, Palmer K. 1997. Environmental regulation and innovation: a panel data study. Review of Economics and Statistics, 79(4): 610-619.

Jansen J J P, van Den Bosch F A J, Volberda H W. 2006. Exploratory innovation, exploitative innovation, and performance: effects of organizational antecedents and environmental moderators. Management Science, 52(11): 1661-1674.

Jantunen A. 2005. Knowledge processing capabilities and innovative performance: an empirical study. European Journal of Innovation Management, 8(3): 336-349.

Jeng D J. 2015. Generating a causal model of supply chain collaboration using the fuzzy DEMATEL technique. Computers & Industrial Engineering, 87: 283-295.

Jensen M C, Meckling W H. 1976. Theory of the firm: managerial behavior, agency costs and ownership structure. Journal of Financial Economics, 3(4): 305-360.

Jeswani H K, Wehrmeyer W, Mulugetta Y. 2008. How warm is the corporate response to climate change? Evidence from Pakistan and the UK. Business Strategy and the Environment, 17(1): 46-60.

Jia N, Mayer K J. 2017. Political hazards and firms' geographic concentration. Strategic Management Journal, 38(2): 203-231.

Jiang F X, Kim K A. 2015. Corporate governance in China: a modern perspective. Journal of Corporate Finance, 32: 190-216.

Jiang L, Bai Y. 2022. Strategic or substantive innovation? —The impact of institutional investors' site visits on green innovation evidence from China. Technology in Society, 68: 101904.

Jiang M R, Luo S M, Zhou G Y. 2020. Financial development, OFDI spillovers, and upgrading of industrial structure. Technological Forecasting and Social Change, 155: 119974.

Jiang X Y, Yuan Q B. 2018. Institutional investors' corporate site visits and corporate innovation. Journal of Corporate Finance, 48: 148-168.

Jiang Z H, Liu Z Y. 2022. Policies and exploitative and exploratory innovations of the wind power industry in China: the role of technological path dependence. Technological Forecasting and Social Change, 177: 121519.

Jiang Z Y, Wang Z J, Li Z B. 2018. The effect of mandatory environmental regulation on innovation performance: evidence from China. Journal of Cleaner Production, 203: 482-491.

Jin C F, Monfort A, Chen F, et al. 2024. Institutional investor ESG activism and corporate green innovation against climate change: exploring differences between digital and non-digital firms. Technological Forecasting and Social Change, 200: 123129.

Jin C F, Tsai F S, Gu Q Y, et al. 2022. Does the porter hypothesis work well in the emission trading schema pilot? Exploring moderating effects of institutional settings. Research in International Business and Finance, 62: 101732.

Johnson P C, Laurell C, Ots M, et al. 2022. Digital innovation and the effects of artificial intelligence on firms' research and development-automation or augmentation, exploration or exploitation?. Technological Forecasting and Social Change, 179: 121636.

Jones S A, Michelfelder D, Nair I. 2017. Engineering managers and sustainable systems: the need for and challenges of using an ethical framework for transformative leadership. Journal of Cleaner Production, 140: 205-212.

Jonkman J G F, Boukes M, Vliegenthart R, et al. 2020. Buffering negative news: individual-level effects of company visibility, tone, and pre-existing attitudes on corporate reputation. Mass Communication and Society, 23: 272-296.

Joseph J, Wilson A J. 2018. The growth of the firm: an attention-based view. Strategic Management Journal, 39(6): 1779-1800.

Joshi A, Roh H. 2009. The role of context in work team diversity research: a meta-analytic review. Academy of Management Journal, 52(3): 599-627.

Judge W Q, Gaur A, Muller-Kahle M I. 2010. Antecedents of shareholder activism in target firms: evidence from a multi-country study. Corporate Governance: An International Review, 18: 258-273.

Julien P A, Andriambeloson E, Ramangalahy C. 2004. Networks, weak signals and technological innovations among SMEs in the land-based transportation equipment sector. Entrepreneurship and Regional Development, 16(4): 251-269.

Jung D, Sul S, Kim H. 2013. Dissociable neural processes underlying risky decisions for self versus other. Frontiers in Neuroscience, 7: 15.

Kache F, Seuring S. 2017. Challenges and opportunities of digital information at the intersection of big data analytics and supply chain management. International Journal of Operations and Production Management, 37(1): 10-36.

Kahneman D, Tversky A. 1979. Prospect theory: an analysis of decision under risk. Econometrica, 47(2):

263-291.

Kallis L, Corbet S. 2024. Does soft shareholder activism hold hard consequences?. The Quarterly Review of Economics and Finance, 95: 152-159.

Kamalaldin A, Sjödin D, Hullova D, et al. 2021. Configuring ecosystem strategies for digitally enabled process innovation: a framework for equipment suppliers in the process industries. Technovation, 105: 102250.

Kammerlander N, Dessì C, Bird M, et al. 2015. The impact of shared stories on family firm innovation: a multicase study. Family Business Review, 28(4): 332-354.

Kanze D N, Huang L, Conley M A, et al. 2018. We ask men to win and women not to lose: closing the gender gap in startup funding. Academy of Management Journal, 61(2): 586-614.

Karra N, Tracey P, Phillips N. 2006. Altruism and agency in the family firm: exploring the role of family, kinship, and ethnicity. Entrepreneurship Theory and Practice, 30: 861-877.

Katila R, Shane S. 2005. When does lack of resources make new firms innovative?. Academy of Management Journal, 48(5): 814-829.

Kaufmann D, Kraay A, Mastruzzi M. 2011. The worldwide governance indicators: methodology and analytical issues. Hague Journal on the Rule of Law, 3(2): 220-246.

Kaufmann R K, Kulatilaka N, Mittelman M. 2023. Evaluating hedge fund activism: engine number 1 and ExxonMobil. Journal of Climate Finance, 5: 100018.

Keller R T. 2001. Cross-functional project groups in research and new product development: diversity, communications, job stress, and outcomes. Academy of Management Journal, 44(3): 547-555.

Kellermanns F W, Eddleston K A, Barnett T, et al. 2008. An exploratory study of family member characteristics and involvement: effects on entrepreneurial behavior in the family firm. Family Business Review, 21(1): 1-14.

Kepner E. 1991. The family and the firm: a coevolutionary perspective. Family Business Review, 4(4): 445-461.

Kesting P, Ulhøi J P. 2010. Employee-driven innovation: extending the license to foster innovation. Management Decision, 48(1): 65-84.

Khaksar E, Abbasnejad T, Esmaeili A, et al. 2016. The effect of green supply chain management practices on environmental performance and competitive advantage: a case study of the cement industry. Technological and Economic Development of Economy, 22(2): 293-308.

Khan M, Ajmal M M, Jabeen F, et al. 2023. Green supply chain management in manufacturing firms: a resource-based viewpoint. Business Strategy and the Environment, 32: 1603-1618.

Khedhaouria A, Jamal A. 2015. Sourcing knowledge for innovation: knowledge reuse and creation in project teams. Journal of Knowledge Management, 19(5): 932-948.

Khwaja A I, Mian A. 2005. Do lenders favor politically-connected firms? Rent provision in an emerging financial market. The Quarterly Journal of Economics, 120(4): 1371-1411.

Kibbeling M, van der Bij H, van Weele A. 2013. Market orientation and innovativeness in supply chains: supplier's impact on customer satisfaction. Journal of Product Innovation Management, 30(3): 500-515.

Kim H D, Park K, Song K R. 2019. Do long-term institutional investors foster corporate innovation?. Accounting and Finance, 59(2): 1163-1195.

Kim J, Finkelstein S. 2009. The effects of strategic and market complementarity on acquisition performance:

evidence from the U.S. commercial banking industry, 1989–2001. Strategic Management Journal, 30: 617-646.

Kim Y, Choi T Y. 2015. Deep, sticky, transient, and gracious: an expanded buyer-supplier relationship typology. Journal of Supply Chain Management, 51(3): 61-86.

Klassen R D, Whybark D C. 1999. The impact of environmental technologies on manufacturing performance. Academy of Management Journal, 42(6): 599-615.

Klein R A, Vianello M, Hasselman F, et al. 2018. Many labs 2: investigating variation in replicability across samples and settings. Advances in Methods and Practices in Psychological Science, 1(4): 443-490.

Klepper S. 2007. Disagreements, spinoffs, and the evolution of Detroit as the capital of the U.S. automobile industry. Management Science, 53: 616-631.

Knetsch J L. 1989. The endowment effect and evidence of nonreversible indifference curves. The American Economic Review, 79(5): 1277-1284.

Knetsch J L, Sinden J A. 1984. Willingness to pay and compensation demanded: experimental evidence of an unexpected disparity in measures of value. The Quarterly Journal of Economics, 99(3): 507-521.

Knight E, Paroutis S. 2017. Becoming salient: the TMT leader's role in shaping the interpretive context of paradoxical tensions. Organization Studies, 38(3/4): 403-432.

Koch T, Windsperger J. 2017. Seeing through the network: competitive advantage in the digital economy. Journal of Organization Design, 6(1): 6.

Kogut B, Zander U. 1992. Knowledge of the firm, combinative capabilities, and the replication of technology. Organization Science, 3(3): 383-397.

Kölbel J F, Busch T, Jancso L M. 2017. How media coverage of corporate social irresponsibility increases financial risk: media coverage of corporate social irresponsibility. Strategic Management Journal, 38(11): 2266-2284.

Kong D M, Lin C, Liu S, et al. 2021. Whose money is smart? Individual and institutional investors' trades based on analyst recommendations. Journal of Empirical Finance, 62: 234-251.

König A, Kammerlander N, Enders A. 2013. The family innovator's dilemma: how family influence affects the adoption of discontinuous technologies by incumbent firms. The Academy of Management Review, 38(3): 418-441.

Kostopoulos K, Papalexandris A, Papachroni M, et al. 2011. Absorptive capacity, innovation, and financial performance. Journal of Business Research, 64(12): 1335-1343.

Kotlar J, de Massis A. 2013. Goal setting in family firms: goal diversity, social interactions, and collective commitment to family-centered goals. Entrepreneurship Theory and Practice, 37(6): 1263-1288.

Kotlar J, de Massis A, Frattini F, et al. 2013. Technology acquisition in family and non-family firms: a longitudinal analysis of spanish manufacturing firms. Journal of Product Innovation Management, 30(6): 1073-1088.

Kotlar J, de Massis A, Frattini F, et al. 2020. Motivation gaps and implementation traps: the paradoxical and time-varying effects of family ownership on firm absorptive capacity. Journal of Product Innovation Management, 37(1): 2-25.

Kotlar J, Fang H Q, de Massis A, et al. 2014. Profitability goals, control goals, and the R&D investment decisions of family and nonfamily firms. Journal of Product Innovation Management, 31(6): 1128-1145.

Kotter J P. 1979. Managing external dependence. The Academy of Management Review, 4(1): 87-92.

Kou T C, Lee B C Y. 2015. The influence of supply chain architecture on new product launch and performance in the high-tech industry. Journal of Business and Industrial Marketing, 30(5): 677-687.

Kraatz M S, Block E S. 2008. Organizational implications of institutional pluralism. The Sage Handbook of Organizational Institutionalism, 840: 243-275.

Kraatz M S, Zajac E J. 2001. How organizational resources affect strategic change and performance in turbulent environments: theory and evidence. Organization Science, 12(5): 632-657.

Kraiczy N D, Hack A, Kellermanns F W. 2014. New product portfolio performance in family firms. Journal of Business Research, 67(6): 1065-1073.

Kramer A D I, Guillory J E, Hancock J T. 2014. Experimental evidence of massive-scale emotional contagion through social networks. Proceedings of the National Academy of Sciences of the United States of America, 111(24): 8788-8790.

Krasodomska J, Cho C H. 2017. Corporate social responsibility disclosure: perspectives from sell-side and buy-side financial analysts. Sustainability Accounting, Management and Policy Journal, 8(1): 2-19.

Kraus S, Rehman S U, García F J S. 2020. Corporate social responsibility and environmental performance: the mediating role of environmental strategy and green innovation. Technological Forecasting and Social Change, 160: 120262.

Krueger P, Sautner Z, Starks L T. 2020. The importance of climate risks for institutional investors. The Review of Financial Studies, 33(3): 1067-1111.

Kumar P, Zaheer A. 2019. Ego-network stability and innovation in alliances. Academy of Management Journal, 62(3): 691-716.

Kunapatarawong R, Martínez-Ros E. 2016. Towards green growth: how does green innovation affect employment?. Research Policy, 45(6): 1218-1232.

Kupor D M, Liu W, Amir O. 2018. The effect of an interruption on risk decisions. Journal of Consumer Research, 44(6): 1205-1219.

Kusi-Sarpong S, Sarkis J, Wang X P. 2016. Assessing green supply chain practices in the Ghanaian mining industry: a framework and evaluation. International Journal of Production Economics, 181: 325-341.

Lamberton C, Stephen A T. 2016. A thematic exploration of digital, social media, and mobile marketing: research evolution from 2000 to 2015 and an agenda for future inquiry. Journal of Marketing, 80(6): 146-172.

Langley A, Smallman C, Tsoukas H, et al. 2013. Process studies of change in organization and management: unveiling temporality, activity, and flow. Academy of Management Journal, 56(1): 1-13.

Lanzolla G, Pesce D, Tucci C L. 2021. The digital transformation of search and recombination in the innovation function: tensions and an integrative framework. Journal of Product Innovation Management, 38(1): 90-113.

Laplume A O, Sonpar K, Litz R A. 2008. Stakeholder theory: reviewing a theory that moves us. Journal of Management, 34(6), 1152-1189.

Laroche M, Bergeron J, Barbaro-Forleo G. 2001. Targeting consumers who are willing to pay more for environmentally friendly products. Journal of Consumer Marketing, 18(6): 503-520.

Larson A, Starr J A. 1993. A network model of organization formation. Entrepreneurship Theory and Practice, 17(2): 5-15.

Lash J, Wellington F. 2007. Competitive advantage on a warming planet. Harvard Business Review, 85(3):

94-102.

Lattuch F. 2019. Family firm innovation strategy: contradictions and tradition. Journal of Business Strategy, 40(3): 36-42.

Laufer W S. 2003. Social accountability and corporate greenwashing. Journal of Business Ethics, 43(3): 253-261.

Laursen K, Masciarelli F, Prencipe A. 2011. Regions matter: how localized social capital affects innovation and external knowledge acquisition. Organization Science, 23: 177-193.

Laursen K, Salter A. 2006. Open for innovation: the role of openness in explaining innovation performance among UK manufacturing firms. Strategic Management Journal, 27(2): 131-150.

Le Breton-Miller I, Miller D. 2013. Socioemotional wealth across the family firm life cycle: a commentary on "family business survival and the role of boards". Entrepreneurship Theory and Practice, 37(6): 1391-1397.

Leary M R, Baumeister R F. 2000. The nature and function of self-esteem: sociometer theory. Advances in Experimental Social Psychology, 32: 1-62.

Lechner C, Leyronas C. 2007. Network-centrality versus network-position in regional networks: what matters most? A study of a french high-tech cluster. International Journal of Technoentrepreneurship, 1(1): 78-91.

Leder H, Belke B, Oeberst A, et al. 2004. A model of aesthetic appreciation and aesthetic judgments. British Journal of Psychology, 95(4): 489-508.

Lee C M C, Zhong Q L. 2022. Shall we talk? The role of interactive investor platforms in corporate communication. Journal of Accounting and Economics, 74(2/3): 101524.

Lee G K, Paruchuri S. 2008. Entry into emergent and uncertain product-markets: the role of associative rhetoric. Academy of Management Journal, 51: 1171-1188.

Lee I. 2017. Big data: dimensions, evolution, impacts, and challenges. Business Horizons, 60(3): 293-303.

Lee J, Veloso F M, Hounshell D A. 2011. Linking induced technological change, and environmental regulation: evidence from patenting in the U.S. auto industry. Research Policy, 40(9): 1240-1252.

Lee M T, Raschke R L. 2023. Stakeholder legitimacy in firm greening and financial performance: what about greenwashing temptations?. Journal of Business Research, 155: 113393.

Lee O K, Sambamurthy V, Lim K H, et al. 2015. How does IT ambidexterity impact organizational agility?. Information Systems Research, 26(2): 398-417.

Lee S Y, Rhee S K. 2005. From end-of-pipe technology towards pollution preventive approach: the evolution of corporate environmentalism in Korea. Journal of Cleaner Production, 13(4): 387-395.

Lee B H, Hiatt S R, Lounsbury M. 2017. Market mediators and the trade-offs of legitimacy-seeking behaviors in a nascent category. Organization Science, 28(3): 447-470.

Leenders R T A J, Dolfsma W A. 2016. Social networks for innovation and new product development. Journal of Product Innovation Management, 33(2): 123-131.

Lema R, Iizuka M, Walz R. 2015. Introduction to low-carbon innovation and development: insights and future challenges for research. Innovation and Development, 5(2): 173-187.

Lermer E, Streicher B, Sachs R, et al. 2016. Thinking concretely increases the perceived likelihood of risks: the effect of construal level on risk estimation. Risk Analysis, 36(3): 623-637.

Leten B, Belderbos R, van Looy B. 2007. Technological diversification, coherence, and performance of firms. Journal of Product Innovation Management, 24(6): 567-579.

Leung X Y, Xue L, Wen H. 2019. Framing the sharing economy: toward a sustainable ecosystem. Tourism Management, 71: 44-53.

Levin R C, Klevorick A K, Nelson R R, et al. 1987. Appropriating the returns from industrial research and development. Brookings Papers on Economic Activity, (3): 783-831.

Levitt B, March J G. 1988. Organizational learning. Annual Review of Sociology, 14: 319-338.

Li F Z, Jiang Y X. 2022. Institutional investor networks and crash risk: evidence from China. Finance Research Letters, 47: 102627.

Li G L, Ren K J, Qiao Y H, et al. 2024. From framing to priming: how does media coverage promote ESG preferences of institutional investors. Emerging Markets Review, 63: 101220.

Li G Q, Shao S, Zhang L H. 2019. Green supply chain behavior and business performance: evidence from China. Technological Forecasting and Social Change, 144: 445-455.

Li H D, Qian Z M, Wang S Y, et al. 2023. Do green concerns promote corporate green innovation? Evidence from Chinese stock exchange interactive platforms. Managerial and Decision Economics, 44(3): 1786-1801.

Li M, Wong Y Y. 2003. Diversification and economic performance: an empirical assessment of Chinese firms. Asia Pacific Journal of Management, 20(2): 243-265.

Li Y H, Huang J W. 2017. The moderating role of relational bonding in green supply chain practices and performance. Journal of Purchasing and Supply Management, 23(4): 290-299.

Li Y, Zhang W. 2023. The power of retail investor voice: the effect of online discussions on corporate innovation. British Journal of Management, 34(4): 1811-1831.

Li Z H, Liao G K, Albitar K. 2020. Does corporate environmental responsibility engagement affect firm value? The mediating role of corporate innovation. Business Strategy and the Environment, 29(3): 1045-1055.

Liberman N, Trope Y. 2014. Traversing psychological distance. Trends in Cognitive Sciences, 18(7): 364-369.

Lin H, Zeng S X, Ma H Y, et al. 2014. Can political capital drive corporate green innovation? Lessons from China. Journal of Cleaner Production, 64: 63-72.

Lin L H, Ho Y L. 2018. External technology sourcing through alliances and acquisitions: a technology interdependence perspective. Total Quality Management & Business Excellence, 29(11/12): 1381-1401.

Lin L, Liao K, Xie D R. 2023. When investors speak, do firms listen? The role of investors' dividend-related complaints from online earnings communication conferences. Abacus, 59(1): 32-75.

Lin M J, Huang C H. 2012. The impact of customer participation on NPD performance: the mediating role of inter-organisation relationship. Journal of Business and Industrial Marketing, 28(1): 3-15.

Lin R J, Tan K H, Geng Y. 2013. Market demand, green product innovation, and firm performance: evidence from Vietnam motorcycle industry. Journal of Cleaner Production, 40: 101-107.

Lin, Y. R., Fu, X. M. 2017. Does institutional ownership influence firm performance? Evidence from China. International Review of Economics & Finance, 49: 17-57.

Lindgaard G, Dudek C, Sen D, et al. 2011. An exploration of relations between visual appeal, trustworthiness and perceived usability of homepages. ACM Transactions on Computer-Human Interaction, 18(1): 1-30.

Lintukangas K, Arminen H, Kähkönen A K, et al. 2023. Determinants of supply chain engagement in carbon management. Journal of Business Ethics, 186(1): 87-104.

Liu Q L, Wang Q. 2013. Pathways to SO_2 emissions reduction in China for 1995-2010: based on decomposition analysis. Environmental Science and Policy, 33: 405-415.

Liu S, Wang Y K. 2023. Green innovation effect of pilot zones for green finance reform: evidence of quasi natural experiment. Technological Forecasting and Social Change, 186: 122079.

Liu Y P, Li W A, Meng Q K. 2023. Influence of distracted mutual fund investors on corporate ESG decoupling: evidence from China. Sustainability Accounting, Management and Policy Journal, 14(1): 184-215.

Lo J Y, Nag R, Xu L, et al. 2020. Organizational innovation efforts in multiple emerging market categories: exploring the interplay of opportunity, ambiguity, and socio-cognitive contexts. Research Policy, 49(3): 103911.

Lo S M, Zhang S S, Wang Z Q, et al. 2018. The impact of relationship quality and supplier development on green supply chain integration: a mediation and moderation analysis. Journal of Cleaner Production, 202: 524-535.

Loewenstein G F, Weber E U, Hsee C K, et al. 2001. Risk as feelings. Psychological Bulletin, 127(2): 267-286.

López-Gamero M D, Molina-Azorín J F, Claver-Cortés E. 2010. The potential of environmental regulation to change managerial perception, environmental management, competitiveness and financial performance. Journal of Cleaner Production, 18(10/11): 963-974.

Loughran T, McDonald B. 2011. When is a liability not a liability? Textual analysis, dictionaries, and 10-ks. The Journal of Finance, 66(1): 35-65.

Lounsbury M, Crumley E T. 2007. New practice creation: an institutional perspective on innovation. Organization Studies, 28(7): 993-1012.

Lowry M, Schwert G W. 2002. IPO market cycles: bubbles or sequential learning?. The Journal of Finance, 57(3): 1171-1200.

Lu J Y, Xie X F, Xu J Z. 2013. Desirability or feasibility: self-other decision-making differences. Personality and Social Psychology Bulletin, 39(2): 144-155.

Lumley S, Armstrong P. 2004. Some of the nineteenth century origins of the sustainability concept. Environment, Development and Sustainability, 6(3): 367-378.

Lumpkin G T, Brigham K H. 2011. Long-term orientation and intertemporal choice in family firms. Entrepreneurship Theory and Practice, 35(6): 1149-1169.

Luo C Y, Mallick D N, Schroeder R G. 2010. Collaborative product development: exploring the role of internal coordination capability in supplier involvement. European Journal of Innovation Management, 13(2): 244-266.

Luo L. 2019. The influence of institutional contexts on the relationship between voluntary carbon disclosure and carbon emission performance. Accounting and Finance, 59(2): 1235-1264.

Luo X M, Wang H L, Raithel S, et al. 2015. Corporate social performance, analyst stock recommendations, and firm future returns. Strategic Management Journal, 36(1): 123-136.

Luo X R, Zhang J J, Marquis C. 2016. Mobilization in the internet age: internet activism and corporate response. Academy of Management Journal, 59(6): 2045-2068.

Luo Y D, Xiong G B, Mardani A. 2022. Environmental information disclosure and corporate innovation: the "inverted U-shaped" regulating effect of media attention. Journal of Business Research, 146: 453-463.

Lv C C, Bian B C, Lee C C, et al. 2021. Regional gap and the trend of green finance development in China. Energy Economics, 102: 105476.

Lynch-Wood G, Williamson D. 2014. Understanding SME responses to environmental regulation. Journal of

Environmental Planning and Management, 57(8): 1220-1239.

Lyon T P, Maxwell J W. 2008. Corporate social responsibility and the environment: a theoretical perspective. Review of Environmental Economics and Policy, 2(2): 240-260.

Ma J J, Xiong X, Feng X. 2021a. News release and the role of different types of investors. International Review of Financial Analysis, 73: 101643.

Ma J T, Hu Q G, Shen W T, et al. 2021b. Does the low-carbon city pilot policy promote green technology innovation? Based on green patent data of Chinese a-share listed companies. International Journal of Environmental Research and Public Health, 18(7): 3695.

Ma L B. 2023. Corporate social responsibility reporting in family firms: evidence from China. Journal of Behavioral and Experimental Finance, 37: 100730.

Macher J T, Boerner C. 2012. Technological development at the boundaries of the firm: a knowledge-based examination in drug development. Strategic Management Journal, 33(9): 1016-1036.

Mahyuni L P, Adrian R, Darma G S, et al. 2020. Mapping the potentials of blockchain in improving supply chain performance. Cogent Business and Management, 7(1): 1788329.

Makarevich A, Kim Y C. 2019. Following in partners' footsteps: an uncertainty-reduction perspective on firms' choice of new markets. Journal of Management Studies, 56 (7): 1314-1344.

Maleki A, Rosiello A. 2019. Does knowledge base complexity affect spatial patterns of innovation? An empirical analysis in the upstream petroleum industry. Technological Forecasting and Social Change, 143: 273-288.

Mallin C, Michelon G, Raggi D. 2013. Monitoring intensity and stakeholders' orientation: how does governance affect social and environmental disclosure?. Journal of Business Ethics, 114(1): 29-43.

Manasakis C, Mitrokostas E, Petrakis E. 2018. Strategic corporate social responsibility by a multinational firm. Review of International Economics, 26(3): 709-720.

Mannor M J, Matta F K, Block E S, et al. 2019. A liability of breadth? The conflicting influences of experiential breadth on perceptions of founding teams. Journal of Management, 45 (4): 1540-1568.

Mansfield E, Lee J Y. 1996. The modern university: contributor to industrial innovation and recipient of industrial R&D support. Research Policy, 25(7): 1047-1058.

Marano V, Tashman P, Kostova T. 2017. Escaping the iron cage: liabilities of origin and CSR reporting of emerging market multinational enterprises. Journal of International Business Studies, 48(3): 386-408.

Marcoux M, Lusseau D. 2013. Network modularity promotes cooperation. Journal of Theoretical Biology, 324: 103-108.

Markard J. 2020. The life cycle of technological innovation systems. Technological Forecasting and Social Change, 153: 119407.

Marques P, Presas P, Simon A. 2014. The heterogeneity of family firms in CSR engagement. Family Business Review, 27(3): 206-227.

Marquis C, Davis G F, Glynn M A. 2013. Golfing alone? Corporations, elites, and nonprofit growth in 100 American communities. Organization Science, 24: 39-57.

Marquis C, Raynard M. 2015. Institutional strategies in emerging markets. Academy of Management Annals, 9: 291-335.

Marshall A, Rao S, Roy P P, et al. 2022. Mandatory corporate social responsibility and foreign institutional investor preferences. Journal of Corporate Finance, 76: 102261.

Martin R, Muûls M, Wagner U J. 2016. The impact of the European Union emissions trading scheme on regulated firms: what is the evidence after ten years?. Review of Environmental Economics and Policy, 10(1): 129-148.

Masron T A, Subramaniam Y. 2019. Does poverty cause environmental degradation?. Journal of Poverty, 23(1): 44-64.

Massa S, Testa S. 2008. Innovation and SMEs: misaligned perspectives and goals among entrepreneurs, academics, and policy makers. Technovation, 28(7): 393-407.

Matarazzo M, Penco L, Profumo G, et al. 2021. Digital transformation and customer value creation in made in Italy SMEs: a dynamic capabilities perspective. Journal of Business Research, 123: 642-656.

Maurer I, Ebers M. 2006. Dynamics of social capital and their performance implications: lessons from biotechnology start-ups. Administrative Science Quarterly, 51: 262-292.

Mayer D M, Aquino K, Greenbaum R L, et al. 2012. Who displays ethical leadership, and why does it matter? An examination of antecedents and consequences of ethical leadership. Academy of Management Journal, 55(1): 151-171.

McAllister D J. 1995. Affect-and cognition-based trust as foundations for interpersonal cooperation in organizations. Academy of Management Journal, 38(1): 24-59.

McCahery J A, Sautner Z, Starks L T. 2016. Behind the scenes: the corporate governance preferences of institutional investors. The Journal of Finance, 71(6): 2905-2932.

McGahan A M, Silverman B S. 2001. How does innovative activity change as industries mature?. International Journal of Industrial Organization, 19: 1141-1160.

McGrath R G. 1999. Falling forward: real options reasoning and entrepreneurial failure. Academy of Management Review, 24(1): 13-30.

McGraw A P, Shafir E, Todorov A. 2010. Valuing money and things: why a $20 item can be worth more and less than $20. Management Science, 56(5): 816-830.

McGraw A P, Todorov A, Kunreuther H. 2011. A policy maker's dilemma: preventing terrorism or preventing blame. Organizational Behavior and Human Decision Processes, 115: 25-34.

McGuire J, Dow S, Ibrahim B. 2012. All in the family? Social performance and corporate governance in the family firm. Journal of Business Research, 65: 1643-1650.

McIntyre D P, Srinivasan A. 2017. Networks, platforms, and strategy: emerging views and next steps. Strategic Management Journal, 38(1): 141-160.

McKendrick D G, Carroll G R. 2001. On the genesis of organizational forms: evidence from the market for disk arrays. Organization Science, 12: 661-682.

McPherson M, Smith-Lovin L, Cook J M. 2001. Birds of a feather: homophily in social networks. Annual Review of Sociology, 27: 415-444.

Mei L, Zhang T, Chen J. 2019. Exploring the effects of inter-firm linkages on SMEs' open innovation from an ecosystem perspective: an empirical study of Chinese manufacturing SMEs. Technological Forecasting and Social Change, 144: 118-128.

Meier O, Schier G. 2022. Lone founders, family founders, and corporate social responsibility. Journal of Business Research, 148: 149-160.

Melander L. 2018. Customer and supplier collaboration in green product innovation: external and internal capabilities. Business Strategy and the Environment, 27(6): 677-693.

Melander L, Pazirandeh A. 2019. Collaboration beyond the supply network for green innovation: insight from 11 cases. Supply Chain Management: An International Journal, 24(4): 509-523.

Memili E, Fang H, Koç B, et al. 2018. Sustainability practices of family firms: the interplay between family ownership and long-term orientation. Journal of Sustainable Tourism, 26(1): 9-28.

Mendes L. 2012. Clean technologies and environmental management: a study on a small dairy industry in Brazil. Resources and Environment, 2: 100-106.

Méndez-Suárez M. 2021. Headquarters location decisions under conflicts at home: evidence from a configurational analysis. Journal of Small Business Strategy, 31: 1-9.

Michelon G, Rodrigue M. 2015. Demand for CSR: insights from shareholder proposals. Social and Environmental Accountability Journal, 35(3): 157-175.

Miller D, Ketz de Vries M F R, Toulouse J M. 1982. Top executive locus of control and its relationship to strategy-making, structure, and environment. Academy of Management Journal, 25(2): 237-253.

Miller D, Le Breton-Miller I. 2005a. Managing for the Long Run: Lessons in Competitive Advantage from Great Family Businesses. Boston: Harvard Business School Press.

Miller D, Le Breton-Miller I. 2005b. Management insights from great and struggling family businesses. Long Range Planning, 38(6): 517-530.

Miller D, Le Breton-Miller I. 2014. Deconstructing socioemotional wealth. Entrepreneurship Theory and Practice, 38(4): 713-720.

Miller D, Le Breton-Miller I, Lester R H. 2011. Family and lone founder ownership and strategic behaviour: social context, identity, and institutional logics. Journal of Management Studies, 48(1): 1-25.

Miller D, Le Breton-Miller I, Lester R H. 2013. Family firm governance, strategic conformity, and performance: institutional vs. strategic perspectives. Organization Science, 24(1): 189-209.

Miller G A. 1956. The magical number seven, plus or minus two. Psychological Review, 63: 81-97.

Miller K D, Chen W R. 2004. Variable organizational risk preferences: tests of the March-Shapira model. The Academy of Management Journal, 47(1): 105-115.

Milliken F J. 1987. Three types of perceived uncertainty about the environment: state, effect, and response uncertainty. Academy of Management Review, 12(1): 133-143.

Milton L P, Westphal J D. 2005. Identity confirmation networks and cooperation in work groups. Academy of Management Journal, 48 (2): 191-212.

Mishra C S, McConaughy D L. 1999. Founding family control and capital structure: the risk of loss of control and the aversion to debt. Entrepreneurship Theory and Practice, 23(4): 53-64.

Mitchell J C. 1969. The Concept and Use of Social Networks in Urban Situations. Manchester: Manchester University Press.

Mitchell R K, Agle B R, Wood D J. 1997. Toward a theory of stakeholder identification and salience: defining the principle of who and what really counts. Academy of Management Review, 22(4): 853-886.

Mo S J, Ling C D, Xie X Y. 2019. The curvilinear relationship between ethical leadership and team creativity: the moderating role of team faultlines. Journal of Business Ethics, 154(1): 229-242.

Modi S B, Mabert V A. 2010. Exploring the relationship between efficient supply chain management and firm innovation: an archival search and analysis. Journal of Supply Chain Management, 46(4): 81-94.

Monfort A, Villagra N. 2016. Corporate social responsibility and corporate foundations in building responsible brands. Profesional de la información, 25: 767-777.

Montgomery W D. 1972. Markets in licenses and efficient pollution control programs. Journal of Economic Theory, 5(3): 395-418.

Morck R, Yeung B. 2003. Agency problems in large family business groups. Entrepreneurship Theory and Practice, 27(4): 367-382.

Morewedge C K, Giblin C E. 2015. Explanations of the endowment effect: an integrative review. Trends in Cognitive Sciences, 19(6): 339-348.

Morrison E W, Bies R J. 1991. Impression management in the feedback-seeking process: a literature review and research agenda. Academy of Management Review, 16(3): 522-541.

Morton S, Pencheon D, Bickler G. 2019. The sustainable development goals provide an important framework for addressing dangerous climate change and achieving wider public health benefits. Public Health, 174: 65-68.

Mosey S, Guerrero M, Greenman A. 2017. Technology entrepreneurship research opportunities: insights from across Europe. The Journal of Technology Transfer, 42(1): 1-9.

Mowery D C, Oxley J E. 1995. Inward technology transfer and competitiveness: the role of national innovation systems. Cambridge Journal of Economics, 19(1): 67-93.

Muller D, Judd C M, Yzerbyt V Y. 2005. When moderation is mediated and mediation is moderated. Journal of Personality and Social Psychology, 89(6): 852-863.

Muñoz P, Cohen B. 2017. Mapping out the sharing economy: a configurational approach to sharing business modeling. Technological Forecasting and Social Change, 125: 21-37.

Nahapiet J, Ghoshal S. 1998. Social capital, intellectual capital, and the organizational advantage. Academy of Management Review, 23(2): 242-266.

Nambisan S. 2017. Digital entrepreneurship: toward a digital technology perspective of entrepreneurship. Entrepreneurship Theory and Practice, 41(6): 1029-1055.

Nambisan S, Wright M, Feldman M. 2019. The digital transformation of innovation and entrepreneurship: progress, challenges and key themes. Research Policy, 48(8): 103773.

Narassimhan E, Gallagher K S, Koester S, et al. 2018. Carbon pricing in practice: a review of existing emissions trading systems. Climate Policy, 18: 967-991.

Narayanan K, Bhat S. 2011. Technology sourcing and outward FDI: a study of it industry in India. Technovation, 31(4): 177-184.

Nasiri M, Ukko J, Saunila M, et al. 2020. Managing the digital supply chain: the role of smart technologies. Technovation, 96-97: 102121.

Nason R, Bacq S, Gras D. 2018. A behavioral theory of social performance: social identity and stakeholder expectations. Academy of Management Review, 43(2): 259-283.

Nason R, Mazzelli A, Carney M. 2019. The ties that unbind: socialization and business-owning family reference point shift. Academy of Management Review, 44(4): 846-870.

Navis C, Glynn M A. 2010. How new market categories emerge: temporal dynamics of legitimacy, identity, and entrepreneurship in satellite radio, 1990-2005. Administrative Science Quarterly, 55: 439-471.

Neubaum D O, Dibrell C, Craig J B. 2012. Balancing natural environmental concerns of internal and external stakeholders in family and non-family businesses. Journal of Family Business Strategy, 3: 28-37.

Ngo V M, Quang H T, Hoang T G, et al. 2024. Sustainability-related supply chain risks and supply chain performances: the moderating effects of dynamic supply chain management practices. Business Strategy and the Environment, 33(2): 839-857.

Nieto M, Quevedo P. 2005. Absorptive capacity, technological opportunity, knowledge spillovers, and innovative effort. Technovation, 25(10): 1141-1157.

Nieto M J, Santamaría L. 2007. The importance of diverse collaborative networks for the novelty of product innovation. Technovation, 27(6/7): 367-377.

Nili Y, Kastiel K. 2016. In search of the absent shareholders: a new solution to retail investors' apathy. Delaware Journal of Corporate Law, 41: 55.

Nyilasy G, Gangadharbatla H, Paladino A. 2014. Perceived greenwashing: the interactive effects of green advertising and corporate environmental performance on consumer reactions. Journal of Business Ethics, 125(4): 693-707.

O'Brien J P, David P. 2014. Reciprocity and R&D search: applying the behavioral theory of the firm to a communitarian context. Strategic Management Journal, 35(4): 550-565.

Ocasio W. 1997. Towards an attention-based view of the firm. Strategic Management Journal, 18(S1): 187-206.

Odriozola M D, Baraibar-Diez E. 2017. Is corporate reputation associated with quality of csr reporting? Evidence from spain. Corporate Social Responsibility and Environmental Management, 24(2): 121-132.

Oehmichen J, Firk S, Wolff M, et al. 2021. Standing out from the crowd: dedicated institutional investors and strategy uniqueness. Strategic Management Journal, 42(6): 1083-1108.

Oliver C. 1991. Strategic responses to institutional processes. The Academy of Management Review, 16(1): 145-79.

Orbell J, Dawes R. 1981. Social dilemmas. Progress in Applied Social Psychology, 1: 37-66.

Orth U, Robins R W. 2014. The development of self-esteem. Current Directions in Psychological Science, 23(5): 381-387.

Osarenkhoe A. 2010. A coopetition strategy: a study of inter-firm dynamics between competition and cooperation. Business Strategy Series, 11(6): 343-362.

Ottati V, Wilson C, Lambert A. 2016. Accessibility, priming, and political judgment. Current Opinion in Psychology, 12: 1-5.

Ouyang Z, Xu J, Wei J, et al. 2017. Information asymmetry and investor reaction to corporate crisis: media reputation as a stock market signal. Journal of Media Economics, 30: 82-95.

Overeem P. 2005. The value of the dichotomy: politics, administration, and the political neutrality of administrators. Administrative Theory and Praxis, 27(2): 311-329.

Ozer M, Zhang W. 2015. The effects of geographic and network ties on exploitative and exploratory product innovation. Strategic Management Journal, 36(7): 1105-1114.

Ozmel U, Reuer J J, Gulati R. 2013. Signals across multiple networks: how venture capital and alliance networks affect inter organizational collaboration. Academy of Management Journal, 56(3): 852-866.

Pachur T, Scheibehenne B. 2012. Constructing preference from experience: the endowment effect reflected in external information search. Journal of Experimental Psychology: Learning, Memory, and Cognition, 38(4): 1108-1116.

Pachur T, Schulte-Mecklenbeck M, Murphy R O, et al. 2018. Prospect theory reflects selective allocation of attention. Journal of Experimental Psychology: General, 147: 147-169.

Pagani M, Pardo C. 2017. The impact of digital technology on relationships in a business network. Industrial

Marketing Management, 67: 185-192.

Palmer K, Oates W E, Portney P R. 1995. Tightening environmental standards: the benefit-cost or the no-cost paradigm?. Journal of Economic Perspectives, 9(4): 119-132.

Papacostas K J, Freestone A L. 2016. Latitudinal gradient in niche breadth of brachyuran crabs. Global Ecology and Biogeography, 25(2): 207-217.

Pasricha P, Singh B, Verma P. 2018. Ethical leadership, organic organizational cultures and corporate social responsibility: an empirical study in social enterprises. Journal of Business Ethics, 151(4): 941-958.

Patel P C, Chrisman J J. 2014. Risk abatement as a strategy for R&D investments in family firms. Strategic Management Journal, 35(4): 617-627.

Patton D, Elliott D, Lenaghan C. 1994. The environmental responsibility of small firms: investigating current awareness and practice. Journal of Small Business and Enterprise Development, 1(2): 22-28.

Patzelt H, zu Knyphausen-Aufseß D, Fischer H T. 2009. Upper echelons and portfolio strategies of venture capital firms. Journal of Business Venturing, 24 (6): 558-572.

Paulraj A, Chen I J, Blome C. 2017. Motives and performance outcomes of sustainable supply chain management practices: a multi-theoretical perspective. Journal of Business Ethics, 145(2): 239-258.

Payne G T, Moore C B, Griffis S E, et al. 2011. Multilevel challenges and opportunities in social capital research. Journal of Management, 37(2): 491-520.

Pearce D, Markandya A, Barbier E. 1989. Blueprint 1: for a Green Economy. London: Routledge.

Pedersen L H, Fitzgibbons S, Pomorski L. 2021. Responsible investing: the ESG-efficient frontier. Journal of Financial Economics, 142(2): 572-597.

Pekkarinen S, Harmaakorpi V. 2006. Building regional innovation networks: the definition of an age business core process in a regional innovation system. Regional Studies, 40(4): 401-413.

Peng H, Shen N, Liao H L, et al. 2020. Multiple network embedding, green knowledge integration and green supply chain performance: investigation based on agglomeration scenario. Journal of Cleaner Production, 259: 120821.

Penrose E T. 1959. The Theory of the Growth of the Firm. Oxford: Oxford University Press.

Pertusa-Ortega E M, Zaragoza-Sáez P, Claver-Cortés E. 2010. Can formalization, complexity, and centralization influence knowledge performance?. Journal of Business Research, 63(3): 310-320.

Pervan S, Al-Ansaari Y, Xu J. 2015. Environmental determinants of open innovation in Dubai SMEs. Industrial Marketing Management, 50: 60-68.

Petrova D, Traczyk J, Garcia-Retamero R. 2019. What shapes the probability weighting function? Influence of affect, numeric competencies, and information formats. Journal of Behavioral Decision Making, 32(2): 124-139.

Pettigrew T F. 1998. Intergroup contact theory. Annual Review of Psychology, 49(1): 65-85.

Pfeffer J. 1972. Interorganizational influence and managerial attitudes. Academy of Management Journal, 15(3): 317-330.

Pfeffer J. 1988. A Resource Dependence Perspective on Intercorporate Relations. Cambridge: Cambridge University Press.

Pfeffer J, Salancik G. 1978. The external control of organizations: a resource dependence perspective. New York: Harpercollins College Div.

Phelps C C. 2010. A longitudinal study of the influence of alliance network structure and composition on firm exploratory innovation. Academy of Management Journal, 53(4): 890-913.

Podsakoff P M, MacKenzie S B, Lee J Y, et al. 2003. Common method biases in behavioral research: a critical review of the literature and recommended remedies. Journal of Applied Psychology, 88(5): 879-903.

Polman E, Wu K. 2020. Decision making for others involving risk: a review and meta-analysis. Journal of Economic Psychology, 77: 102184.

Polzin F, Sanders M. 2020. How to finance the transition to low-carbon energy in Europe?. Energy Policy, 147: 111863.

Pontikes E G, Barnett W P. 2015. The persistence of lenient market categories. Organization Science, 26(5): 1415-1431.

Porac J F, Thomas H, Baden-Fuller C. 1989. Competitive groups as cognitive communities: the case of Scottish knitwear manufacturers. Journal of Management Studies, 26(4): 397-416.

Porter M E. 1980. Competitive Strategy: Techniques for Analyzing Industries and Competitors. New York: Free Press.

Porter M E, Linde C. 1995. Toward a new conception of the environment-competitiveness relationship. Journal of economic perspectives, 9(4): 97-118.

Porzio C, Salerno D, Stella G P. 2023. Retail investors' sensitivity to the development and promotion of CSR issues. Finance Research Letters, 53: 103642.

Poussing N. 2019. Does corporate social responsibility encourage sustainable innovation adoption? Empirical evidence from luxembourg. Corporate Social Responsibility and Environmental Management, 26(3): 681-689.

Preacher K J, Hayes A F. 2004. SPSS and SAS procedures for estimating indirect effects in simple mediation models. Behavior Research Methods, Instruments, Computers, 36(4): 717-731.

Pronin E, Olivola C Y, Kennedy K A. 2008. Doing unto future selves as you would do unto others: psychological distance and decision making. Personality and Social Psychology Bulletin, 34(2): 224-236.

Puffer S M, McCarthy D J, Boisot M. 2010. Entrepreneurship in Russia and China: the impact of formal institutional voids. Entrepreneurship Theory and Practice, 34: 441-467.

Puller S L. 2006. The strategic use of innovation to influence regulatory standards. Journal of Environmental Economics and Management, 52(3): 690-706.

Pulles N J, Ellegaard C, Veldman J. 2023. The interplay between supplier-specific investments and supplier dependence: do two pluses make a minus?. Journal of Management, 49(4): 1430-1459.

Purvis B, Mao Y, Robinson D. 2019. Three pillars of sustainability: in search of conceptual origins. Sustainability Science, 14(3): 681-695.

Pushpananthan G, Elmquist M. 2022. Joining forces to create value: the emergence of an innovation ecosystem. Technovation, 115: 102453.

Quental N, Lourenço J M, Silva F N D. 2011. Sustainable development policy: goals, targets and political cycles. Sustainable Development, 19(1): 15-29.

Rahinel R, Ahluwalia R. 2015. Attention modes and price importance: how experiencing and mind-wandering influence the prioritization of changeable stimuli. Journal of Consumer Research, 42(2): 214-234.

Rahul K, David P. 1996. Institutional investors and firm innovation : a test of competing hypotheses. Strategic Management Journal, 17(1): 73-84.

Raimondo C. 2019. The media and the financial markets: a review. Asia-Pacific Journal of Financial Studies,

48(2): 155-184.

Rajwani T, Lawton T, Phillips N. 2015. The "voice of industry": why management researchers should pay more attention to trade associations. Strategic Organ, 13(3): 224-232.

Ramanathan U, Gunasekaran A. 2014. Supply chain collaboration: impact of success in long-term partnerships. International Journal of Production Economics, 147: 252-259.

Rastad, M., Dobson, J. 2022. Gender diversity on corporate boards: Evaluating the effectiveness of shareholder activism. The Quarterly Review of Economics and Finance, 84, 446-461.

Rees W, Rodionova T. 2015. The influence of family ownership on corporate social responsibility: an international analysis of publicly listed companies. Corporate Governance: An International Review, 23(3): 184-202.

Ref O, Shapira Z. 2017. Entering new markets: the effect of performance feedback near aspiration and well below and above it. Strategic Management Journal, 38: 1416-1434.

Rehbein K, Logsdon J M, van Buren H J. 2013. Corporate responses to shareholder activists: considering the dialogue alternative. Journal of Business Ethics, 112(1): 137-154.

Rennings K, Ziegler A, Ankele K, et al. 2006. The influence of different characteristics of the EU environmental management and auditing scheme on technical environmental innovations and economic performance. Ecological Economics, 57(1): 45-59.

Revell A, Blackburn R. 2007. The business case for sustainability? An examination of small firms in the UK's construction and restaurant sectors. Business Strategy and the Environment, 16(6): 404-420.

Reverte C, Gómez-Melero E, Cegarra-Navarro J G. 2016. The influence of corporate social responsibility practices on organizational performance: evidence from eco-responsible Spanish firms. Journal of Cleaner Production, 112: 2870-2884.

Rezapour S, Farahani R Z, Fahimnia B, et al. 2015. Competitive closed-loop supply chain network design with price-dependent demands. Journal of Cleaner Production, 93: 251-272.

Rietveld J, Ploog J N, Nieborg D B. 2020. Coevolution of platform dominance and governance strategies: effects on complementor performance outcomes. Academy of Management Discoveries, 6(3): 488-513.

Roccapriore A Y, Pollock T G. 2023. I don't need a degree, i've got abs: influencer warmth and competence, communication mode, and stakeholder engagement on social media. Academy of Management Journal, 66(3): 979-1006.

Rohleder M, Wilkens M, Zink J. 2022. The effects of mutual fund decarbonization on stock prices and carbon emissions. Journal of Banking and Finance, 134: 106352.

Romano C A, Tanewski G A, Smyrnios K X. 2001. Capital structure decision making: a model for family business. Journal of Business Venturing, 16(3): 285-310.

Roper S, Tapinos E. 2016. Taking risks in the face of uncertainty: an exploratory analysis of green innovation. Technological Forecasting and Social Change, 112: 357-363.

Rosa J A, Porac J F. 2002. Categorization bases and their influence on product category knowledge structures. Psychology & Marketing, 19: 503-531.

Rosenberg M. 1965. Rosenberg self-esteem scale (RSE): acceptance and commitment therapy. Measures Package, 61(52): 18.

Rottenstreich Y, Hsee C K. 2001. Money, kisses, and electric shocks: on the affective psychology of risk. Psychological Science, 12(3): 185-190.

Roundy P T, Bradshaw M, Brockman B K. 2018. The emergence of entrepreneurial ecosystems: a complex adaptive systems approach. Journal of Business Research, 86: 1-10.

Roxas B, Coetzer A. 2012. Institutional environment, managerial attitudes and environmental sustainability orientation of small firms. Journal of Business Ethics, 111(4): 461-476.

Roy M, Khastagir D. 2016. Exploring role of green management in enhancing organizational efficiency in petro-chemical industry in India. Journal of Cleaner Production, 121: 109-115.

Rozin P, Royzman E B. 2001. Negativity bias, negativity dominance, and contagion. Personality and Social Psychology Review, 5(4): 296-320.

Rubashkina Y, Galeotti M, Verdolini E. 2015. Environmental regulation and competitiveness: empirical evidence on the Porter Hypothesis from European manufacturing sectors. Energy Policy, 83: 288-300.

Ruef M, Aldrich H E, Carter N M. 2003. The structure of founding teams: homophily, strong ties, and isolation among U S entrepreneurs. American Sociological Review, 68(2):195-222.

Rugman A, Nguyen Q, Wei Z. 2014. Chinese multinationals and public policy. International Journal of Emerging Markets, 9(2): 205-225.

Ryu S, Park J E, Min S. 2007. Factors of determining long-term orientation in interfirm relationships. Journal of Business Research, 60(12): 1225-1233.

Sabrina S, Thomas C. 2020. Business models for sustainability: choices and consequences. Organization & Environment, 33(3): 384-407.

Safiullah M, Alam M S, Islam M S. 2022. Do all institutional investors care about corporate carbon emissions?. Energy Economics, 115: 106376.

Sagristano M D, Trope Y, Liberman N. 2002. Time-dependent gambling: odds now, money later. Journal of Experimental Psychology: General, 131(3): 364-376.

Sahebjamnia N, Fathollahi-Fard A M, Hajiaghaei-Keshteli M. 2018. Sustainable tire closed-loop supply chain network design: hybrid metaheuristic algorithms for large-scale networks. Journal of Cleaner Production, 196: 273-296.

Salvadó J A, de Castro G M, López J E N, et al. 2012. Environmental innovation and firm performance: a natural resource-based view. London: Palgrave Macmillan.

Samad S, Nilashi M, Almulihi A, et al. 2021. Green supply chain management practices and impact on firm performance: the moderating effect of collaborative capability. Technology in Society, 67(2): 101766.

Samila S, Sorenson O. 2011. Venture capital, entrepreneurship, and economic growth. Review of Economics and Statistics, 93: 338-349.

Sammarra A, Biggiero L. 2008. Heterogeneity and specificity of inter-firm knowledge flows in innovation networks. Journal of Management Studies, 45(4): 800-829.

Samuelson W, Zeckhauser R. 1988. Status quo bias in decision making. Journal of Risk and Uncertainty, 1: 7-59.

Sancha C, Wong C W Y, Gimenez C. 2019. Do dependent suppliers benefit from buying firms' sustainability practices?. Journal of Purchasing and Supply Management, 25(4): 100542.

Sangle S. 2011. Adoption of cleaner technology for climate proactivity: a technology-firm- stakeholder framework. Business Strategy and the Environment, 20(6): 365-378.

Sanou F H, Le Roy F, Gnyawali D R. 2016. How does centrality in coopetition networks matter? An empirical investigation in the mobile telephone industry. British Journal of Management, 27(1): 143-160.

Santoro G, Vrontis D, Thrassou A, et al. 2018. The internet of things: building a knowledge management system for open innovation and knowledge management capacity. Technological Forecasting and Social Change, 136: 347-354.

Santos F M, Eisenhardt K M. 2009. Constructing markets and shaping boundaries: entrepreneurial power in nascent fields. Academy of Management Journal, 52: 643-671.

Saqib N U, Chan E Y. 2015. Time pressure reverses risk preferences. Organizational Behavior and Human Decision Processes, 130: 58-68.

Sariol A M, Abebe M A. 2017. The influence of CEO power on explorative and exploitative organizational innovation. Journal of Business Research, 73: 38-45.

Sarkis J, Gonzalez-Torre P, Adenso-Diaz B. 2010. Stakeholder pressure and the adoption of environmental practices: the mediating effect of training. Journal of Operations Management, 28(2): 163-176.

Sasidharan S, Padmaja M. 2018. Do financing constraints impact outward foreign direct investment? Evidence from India. Asian Development Review, 35(1): 108-132.

Saxenian A. 1994. Regional Advantage: Culture and Competition in Silicon Valley and Route 128. Cambridge: Harvard University Press.

Schallmo D, Williams C A, Boardman L. 2017. Digital transformation of business models: best practice, enablers, and roadmap. International Journal of Innovation Management, 21(8), 1740014.

Schaubroeck J M, Hannah S T, Avolio B J, et al. 2012. Embedding ethical leadership within and across organization levels. Academy of Management Journal, 55(5): 1053-1078.

Schmidt A, Ivanova A, Schäfer M S. 2013. Media attention for climate change around the world: a comparative analysis of newspaper coverage in 27 countries. Global Environmental Change, 23(5): 1233-1248.

Schnittfeld N L, Busch T. 2016. Sustainability management within supply chains: a resource dependence view. Business Strategy and the Environment, 25(5): 337-354.

Schoar A. 2002. Effects of corporate diversification on productivity. The Journal of Finance, 57(6): 2379-2403.

Scholes L, Hughes M, Wright M, et al. 2021. Family management and family guardianship: governance effects on family firm innovation strategy. Journal of Family Business Strategy, 12(4): 100389.

Schulze W S, Lubatkin M H, Dino R N. 2003. Toward a theory of agency and altruism in family firms. Journal of Business Venturing, 18(4): 473-490.

Schwartz B. 2005. The Paradox of Choice: Why More is Less. New York: Harper Perennial.

Schwarz N. 1990. Feelings as information: informational and motivational functions of affective states. Handbook of Motivation and Cognition: Foundations of Social Behavior, 2: 527-561.

Sekeris P G. 2010. Endogenous elites: power structure and patron-client relationships. Economics of Governance, 12(3): 237-258.

Seman N A A, Govindan K, Mardani A, et al. 2019. The mediating effect of green innovation on the relationship between green supply chain management and environmental performance. Journal of Cleaner Production, 229: 115-127.

Sen S, Bhattacharya C B. 2001. Does doing good always lead to doing better? Consumer reactions to corporate social responsibility. Journal of Marketing Research, 38(2): 225-243.

Seo Y J, Dinwoodie J, Roe M. 2016. The influence of supply chain collaboration on collaborative advantage and port performance in maritime logistics. International Journal of Logistics Research and Applications, 19(6): 562-582.

Seuring S, Gold S. 2013. Sustainability management beyond corporate boundaries: from stakeholders to performance. Journal of Cleaner Production, 56: 1-6.

Shah N, Soomro B A. 2021. Internal green integration and environmental performance: the predictive power of proactive environmental strategy, greening the supplier, and environmental collaboration with the supplier. Business Strategy and the Environment, 30(2): 1333-1344.

Sharma S. 2001. Different strokes: regulatory styles and environmental strategy in the North-American oil and gas industry. Business Strategy and the Environment, 10(6): 344-364.

Shen L, Wang Y, Teng W B. 2017. The moderating effect of interdependence on contracts in achieving equity versus efficiency in interfirm relationships. Journal of Business Research, 78: 277-284.

Shepherd D A, Patzelt H. 2011. The new field of sustainable entrepreneurship: studying entrepreneurial action linking "what is to be sustained" with "what is to be developed". Entrepreneurship Theory and Practice, 35(1): 137-163.

Sheppard L D, Aquino K. 2017. Sisters at arms: a theory of female same-sex conflict and its problematization in organizations. Journal of Management, 43 (3): 691-715.

Shi Q, Lai X D. 2013. Identifying the underpin of green and low carbon technology innovation research: a literature review from 1994 to 2010. Technological Forecasting and Social Change, 80(5), 839-864.

Shi V G, Koh S C L, Baldwin J, et al. 2012. Natural resource based green supply chain management. Supply Chain Management An International Journal, 17(1): 54-67.

Shi W, Connelly B L, Hoskisson R E, et al. 2020. Portfolio spillover of institutional investor activism: an awareness-motivation-capability perspective. Academy of Management Journal, 63(6): 1865-1892.

Shi X W, Liang X K, Ansari S. 2024. Bricks without straw: overcoming resource limitations to architect ecosystem leadership. Academy of Management Journal, 67(4): 1084-1123.

Shiller R J. 2000. Irrational exuberance. Philosophy and Public Policy Quarterly, 20(1): 18-23.

Shou Z G, Gong Q Y, Zhang Q. 2022. How boundary spanners' guanxi matters: managing supply chain dependence in China. International Journal of Operations and Production Management, 42(3): 384-407.

Shrum L J, McCarty J A, Lowrey T M. 1995. Buyer characteristics of the green consumer and their implications for advertising strategy. Journal of Advertising, 24(2): 71-82.

Shu C L, Zhou K Z, Xiao Y Z, et al. 2016. How green management influences product innovation in china: the role of institutional benefits. Journal of Business Ethics, 133(3): 471-485.

Siegel D S. 2009. Green management matters only if it yields more green: an economic/strategic perspective. Academy of Management Perspectives, 23(3): 5-16.

Silva M D, Howells J, Meyer M. 2018. Innovation intermediaries and collaboration: knowledge-based practices and internal value creation. Research Policy, 47(1): 70-87.

Simatupang T M, Sridharan R. 2008. Design for supply chain collaboration. Business Process Management Journal, 14(3): 401-418.

Simon H A. 1991. Bounded rationality and organizational learning. Organization Science, 2: 125-134.

Sine W D, Haveman H A, Tolbert P S. 2005. Risky business? Entrepreneurship in the new independent-power sector. Administrative Science Quarterly, 50(2): 200-232.

Sine W D, Lee B H. 2009. Tilting at windmills? The environmental movement and the emergence of the U S wind energy sector. Administrative Science Quarterly, 54(1): 123-155.

Singh H, Kryscynski D, Li X X, et al. 2016. Pipes, pools, and filters: how collaboration networks affect innovative performance. Strategic Management Journal, 37(8): 1649-1666.

Sinkula J M. 1994. Market information processing and organizational learning. Journal of Marketing, 58(1): 35-45.

Sirmon D G, Arregle J L, Hitt M A, et al. 2008. The role of family influence in firms' strategic responses to threat of imitation. Entrepreneurship Theory and Practice, 32(6): 979-998.

Sirmon D G, Hitt M A. 2003. Managing resources: linking unique resources, management, and wealth creation in family firms. Entrepreneurship Theory and Practice, 27(4): 339-358.

Sirmon D G, Hitt M A, Ireland R D, et al. 2011. Resource orchestration to create competitive advantage breadth, depth, and life cycle effects. Journal of Management, 37(5): 1390-1412.

Smith L G E, Postmes T. 2009. Intra-group interaction and the development of norms which promote inter-group hostility. European Journal of Social Psychology, 39(1): 130-144.

Soda G, Usai A, Zaheer A. 2004. Network memory: the influence of past and current networks on performance. Academy of Management Journal, 47(6): 893-906.

Song M L, Fisher R, Kwoh Y. 2019. Technological challenges of green innovation and sustainable resource management with large scale data. Technological Forecasting and Social Change, 144: 361-368.

Song P, Qi Y. 2017. The impact of donation behavior on environmental penalty: evidence from the industrial listed companies. Journal of Environmental Economics, 2(4): 93-106.

Song Y Z, Liang D P, Liu T S, et al. 2018. How China's current carbon trading policy affects carbon price? An investigation of the Shanghai emission trading scheme pilot. Journal of Cleaner Production, 181: 374-384.

Sorenson O, Stuart T E. 2008. Bringing the context back in: settings and the search for syndicate partners in venture capital investment networks. Administrative Science Quarterly, 53: 266-294.

Spithoven A, Teirlinck P, Frantzen D. 2012. Managing Open Innovation. Cheltenham: Edward Elgar Publishing.

Sprengel D C, Busch T. 2011. Stakeholder engagement and environmental strategy-the case of climate change. Business Strategy and the Environment, 20(6): 351-364.

Stark R, Bainbridge W S. 1980. Networks of faith: interpersonal bonds and recruitment to cults and sects. American Journal of Sociology, 85: 1376-1395.

Sternberg H S, Hofmann E, Roeck D. 2021. The struggle is real: insights from a supply chain blockchain case. Journal of Business Logistics, 42(1): 71-87.

Stigliani I, Elsbach K D. 2018. Identity co-formation in an emerging industry: forging organizational distinctiveness and industry coherence through sensemaking and sensegiving. Journal of Management Studies, 55(8): 1323-1355.

Stoelhorst J W. 2023. Value, rent, and profit: a stakeholder resource-based theory. Strategic Management Journal, 44(6): 1488-1513.

Stone R W, Wang Y, Yu S. 2022. Chinese power and the state-owned enterprise. International Organization, 76(1): 229-250.

Stonig J, Schmid T, Müller-Stewens G. 2022. From product system to ecosystem: how firms adapt to provide an integrated value proposition. Strategic Management Journal, 43(9): 1927-1957.

Stucki T. 2019. Which firms benefit from investments in green energy technologies?—The effect of energy costs. Research Policy, 48(3): 546-555.

Su J, He J. 2010. Does giving lead to getting? Evidence from Chinese private enterprises. Journal of Business Ethics, 93: 73-90.

Suchman M C. 1995. Managing legitimacy: strategic and institutional approaches. Academy of Management Review, 20(3): 571-610.

Sun Q Z, Gao Q, Wu B, et al. 2024b. Sellers and buyers with lower construal levels are more likely to reach second-hand transactions: the focus-separation effect between sellers and buyers. Acta Psychologica Sinica, 56(8): 1141-1156.

Sun Q Z, Huang J R, Jiang C M, et al. 2024a. Giving more or taking more? The dual effect of self-esteem on cooperative behavior in social dilemmas. Journal of Experimental Social Psychology, 115: 104660.

Sun Q Z, Lu J Y, Zhang H R. 2021a. Social distance reduces the biases of overweighting small probabilities and underweighting large probabilities. Personality and Social Psychology Bulletin, 47(8): 1309-1324.

Sun Q Z, Polman E, Zhang H R. 2021b. On prospect theory, making choices for others, and the affective psychology of risk. Journal of Experimental Social Psychology, 96: 104177.

Sun Q Z, Zhang H R, Zhang J, et al. 2018. Why can't we accurately predict others' decisions? Prediction discrepancy in risky decision-making. Frontiers in Psychology, 9: 2190.

Sun Y, Chen M M, Yang J, et al. 2022. Understanding technological input and low-carbon innovation from multiple perspectives: focusing on sustainable building energy in China. Sustainable Energy Technologies and Assessments, 53: 102474.

Surroca J, Tribó J A, Zahra S A. 2013. Stakeholder pressure on MNEs and the transfer of socially irresponsible practices to subsidiaries. Academy of Management Journal, 56(2): 549-572.

Sussan F, Acs Z J. 2017. The digital entrepreneurial ecosystem. Small Business Economics, 49(1): 55-73.

Swaen V, Demoulin N, Pauwels-Delassus V. 2021. Impact of customers' perceptions regarding corporate social responsibility and irresponsibility in the grocery retailing industry: the role of corporate reputation. Journal of Business Research, 131: 709-721.

Swann Jr, W B, Ely R J. 1984. A battle of wills: self-verification versus behavioral confirmation. Journal of Personality and Social Psychology, 46(6): 1287-1302.

Sweetin V H, Knowles L L, Summey J H, et al. 2013. Willingness-to-punish the corporate brand for corporate social irresponsibility. Journal of Business Research, 66(10): 1822-1830.

Swigart K L, Anantharaman A, Williamson J A, et al. 2020. Working while liberal conservative: a review of political ideology in organizations. Journal of Management, 46 (6): 1063-1091.

Taalbi J. 2020. Evolution and structure of technological systems-an innovation output network. Research Policy, 49(8): 104010.

Talbot D, Boiral O. 2015. Strategies for climate change and impression management: a case study among Canada's large industrial emitters. Journal of Business Ethics, 132(2): 329-346.

Tang M F, Walsh G, Lerner D, et al. 2018. Green innovation, managerial concern and firm performance: an empirical study. Business Strategy and the Environment, 27(1): 39-51.

Teece D J. 1992. Competition, cooperation, and innovation: organizational arrangements for regimes of rapid technological progress. Journal of Economic Behavior & Organization, 18(1): 1-25.

Teece D J. 2018. Profiting from innovation in the digital economy: enabling technologies, standards, and licensing models in the wireless world. Research Policy, 47(8): 1367-1387.

Teece D J, Pisano G, Shuen A. 1997. Dynamic capabilities and strategic management. Strategic Management Journal, 18(7): 509-533.

Teixeira T, Wedel M, Pieters R. 2012. Emotion-induced engagement in Internet video advertisements. Journal of Marketing Research, 49(2): 144-159.

Testa F, Iraldo F, Frey M. 2011. The effect of environmental regulation on firms' competitive performance: the case of the building & construction sector in some EU regions. Journal of Environmental Management, 92(9): 2136-2144.

Tether B S. 2002. Who co-operates for innovation, and why: an empirical analysis. Research Policy, 31(6): 947-967.

Thielmann I, Spadaro G, Balliet D. 2020. Personality and prosocial behavior: a theoretical framework and meta-analysis. Psychological Bulletin, 146(1): 30-90.

Thomas L D W, Autio E, Gann D M. 2022. Processes of ecosystem emergence. Technovation, 115: 102441.

Thompson T A, Purdy J M, Ventresca M J. 2018. How entrepreneurial ecosystems take form: evidence from social impact initiatives in Seattle. Strategic Entrepreneurship Journal, 12(1): 96-116.

Tidd J, Bessant J. 2009. Managing Innovation: Integrating Technological, Market and Organizational Change. 4th ed. Chichester: John Wiley.

Titman S, Wei C S, Zhao B. 2022. Corporate actions and the manipulation of retail investors in China: an analysis of stock splits. Journal of Financial Economics, 145(3): 762-787.

Todaro N M, Testa F, Daddi T, et al. 2021. The influence of managers' awareness of climate change, perceived climate risk exposure and risk tolerance on the adoption of corporate responses to climate change. Business Strategy and the Environment, 30(2): 1232-1248.

Torchia M, Calabrò A, Huse M. 2011. Women directors on corporate boards: from tokenism to critical mass. Journal of Business Ethics, 102(2): 299-317.

Tornikoski E T, Newbert S L. 2007. Exploring the determinants of organizational emergence: a legitimacy perspective. Journal of Business Venturing, 22(2): 311-335.

Triebswetter U, Hitchens D. 2005. The impact of environmental regulation on competitiveness in the German manufacturing industry: a comparison with other countries of the European Union. Journal of Cleaner Production, 13(7), 733-745.

Tripsas M. 2009. Technology, identity, and inertia through the lens of "the digital photography company". Organization Science, 20(2): 281-480.

Trope Y, Liberman N. 2010. Construal-level theory of psychological distance. Psychological Review, 117(2): 440-463.

Truong Y, Nagy B G. 2021. Nascent ventures' green initiatives and angel investor judgments of legitimacy and funding. Small Business Economics, 57(4): 1801-1818.

Tsai W, Ghoshal S. 1998. Social capital and value creation: the role of intrafirm networks. Academy of Management Journal, 41(4): 464-476.

Tseng M L, Wang R, Chiu A S F, et al. 2013. Improving performance of green innovation practices under uncertainty. Journal of Cleaner Production, 40: 71-82.

Tu Y, Lu X. 2013. How ethical leadership influence employees' innovative work behavior: a perspective of intrinsic motivation. Journal of Business Ethics, 116(2): 441-455.

Tu Y, Peng B, Wei G, et al. 2019. Regional environmental regulation efficiency: spatiotemporal characteristics and influencing factors. Environmental Science and Pollution Research, 26: 37152-37161.

Tushman M L, Anderson P. 1986. Technological discontinuities and organizational environments. Administrative Science Quarterly, 35(4): 439-65.

Tversky A, Kahneman D. 1992. Advances in prospect theory: cumulative representation of uncertainty. Journal of Risk and Uncertainty, 5(4): 297-323.

Uhlaner L M, Berent-Braun M M, Jeurissen R J M, et al. 2012. Beyond size: predicting engagement in environmental management practices of Dutch SMEs. Journal of Business Ethics, 109(4): 411-429.

Uzzi B. 1997. Social structure and competition in interfirm networks: the paradox of embeddedness. Administrative Science Quarterly, 42(1): 35-67.

Uzzi B. 1999. Embeddedness in the making of financial capital: how social relations and networks benefit firms seeking financing. American Sociological Review, 64(4): 481-505.

van Boven L, Loewenstein G, Dunning D. 2005. The illusion of courage in social predictions: underestimating the impact of fear of embarrassment on other people. Organizational Behavior and Human Decision Processes, 96: 130-141.

van de Vrande, Lemmens V C, Vanhaverbeke W. 2006. Choosing governance modes for external technology sourcing. R&D Management, 36(3): 347-363.

van Dijk E, Wilke H. 2000. Decision-induced focusing in social dilemmas: give-some, keep-some, take-some, and leave-some dilemmas. Journal of Personality and Social Psychology, 78(1): 92-104.

van Dijk T A. 2012. Structures of Discourse and Structures of Power. London: Routledge.

van Knippenberg D, Dahlander L, Haas M R, et al. 2015. Information, attention, and decision making. Academy of Management Journal, 58(3): 649-657.

van Knippenberg D, Schippers M C. 2007. Work group diversity. Annual Review of Psychology, 58: 515-541.

Venturelli A, Principale S, Ligorio L, et al. 2021. Walking the talk in family firms. An empirical investigation of CSR communication and practices. Corporate Social Responsibility and Environmental Management, 28(1): 497-510.

Villagra N, Monfort A, Méndez-Suárez M. 2021. Firm value impact of corporate activism: Facebook and the stop hate for profit campaign. Journal of Business Research, 137: 319-326.

Villalonga B, Amit R, Trujillo M A, et al. 2015. Governance of family firms. Annual Review of Financial Economics, 7: 635-654.

Vlaisavljevic V, Medina C C, van Looy B. 2020. The role of policies and the contribution of cluster agency in the development of biotech open innovation ecosystem. Technological Forecasting and Social Change, (155): 119987.

Vogel D. 2005. The Market for Virtue: The Potential and Limits of Corporate Social Responsibility. Washington DC: Brookings Institution Press.

Volberda H W, Khanagha S, Baden-Fuller C, et al. 2021. Strategizing in a digital world: overcoming cognitive barriers, reconfiguring routines and introducing new organizational forms. Long Range Planning, 54(5): 102110.

von Berlepsch D, Lemke F, Gorton M. 2024. The importance of corporate reputation for sustainable supply chains: a systematic literature review, bibliometric mapping, and research agenda. Journal of Business Ethics, 189(1): 9-34.

Voss G B, Sirdeshmukh D, Voss Z G. 2008. The effects of slack resources and environmentalthreat on product exploration and exploitation. Academy of Management Journal, 51(1): 147-164.

van de Vrande V, de Jong J P J, Vanhaverbeke W, et al. 2009. Open innovation in SMEs: trends, motives and management challenges. Technovation, 29(6/7): 423-437.

Waas T, Hugé J, Verbruggen A, et al. 2011. Sustainable development: a bird's eye view. Sustainability, 3: 1637-1661.

Wagner S M, Bode C, Peter M A. 2021. Financially distressed suppliers: exit, neglect, voice or loyalty?. International Journal of Logistics Management, 33: 1500-1523.

Walker H, di Sisto L, McBain D. 2008. Drivers and barriers to environmental supply chain management practices: lessons from the public and private sectors. Journal of Purchasing and Supply Management, 14(1): 69-85.

Wang D H, Su Z F, Guo H. 2019. Top management team conflict and exploratory innovation: the mediating impact of market orientation. Industrial Marketing Management, 82: 87-95.

Wang D, Feng T, Lawton A. 2017. Linking ethical leadership with firm performance: a multi-dimensional perspective. Journal of Business Ethics, 145(1): 95-109.

Wang R X, Wijen F, Heugens P P M A R. 2018a. Government's green grip: multifaceted state influence on corporate environmental actions in China. Strategic Management Journal, 39(2): 403-428.

Wang X L, Ren K J, Li L H, et al. 2024. How does ESG performance impact corporate outward foreign direct investment?. Journal of International Financial Management & Accounting, 35(2): 534-583.

Wang X W, Xing Y F, Wei Y N, et al. 2020. Public opinion information dissemination in mobile social networks: taking Sina Weibo as an example. Information Discovery and Delivery, 48(4): 213-224.

Wang Y G, Wang N, Jiang L, et al. 2016. Managing relationships with power advantage buyers: the role of supplier-initiated bonding tactics in long-term buyer-supplier collaborations. Journal of Business Research, 69(12): 5587-5596.

Wang Y P, Yan W L, Ma D, et al. 2018b. Carbon emissions and optimal scale of China's manufacturing agglomeration under heterogeneous environmental regulation. Journal of Cleaner Production, 176: 140-150.

Wang Y X, Shen T, Chen Y, et al. 2021. CEO environmentally responsible leadership and firm environmental innovation: a socio-psychological perspective. Journal of Business Research, 126: 327-340.

Wang Z, Li Z. 2023. Does minority shareholder activism enhance corporate innovation? Evidence from China. Finance Research Letters, 54: 1-10.

Wasserman S, Faust K. 1994. Social Network Analysis: Methods and Applications. New York: Cambridge University Press.

Watson R, Wilson H N, Smart P, et al. 2018. Harnessing difference: a capability-based framework for stakeholder engagement in environmental innovation. Journal of Product Innovation Management, 35(2): 254-279.

Wei Z L, Shen H, Zhou K Z, et al. 2017. How does environmental corporate social responsibility matter in a dysfunctional institutional environment? Evidence from China. Journal of Business Ethics, 140(2): 209-223.

Whited T M, Wu G. 2006. Financial constraints risk. Review of Financial Studies, 19(2): 531-559.

Whitley R D. 1991. The social construction of business systems in East Asia. Organization Studies, 12(1):

1-28.

Wijen F. 2014. Means versus ends in opaque institutional fields: trading off compliance and achievement in sustainability standard adoption. Academy of Management Review, 39: 302-323.

Wilcox K, Roggeveen A L, Grewal D. 2011. Shall I tell you now or later? Assimilation and contrast in the evaluation of experiential products. Journal of Consumer Research, 38(4): 763-773.

Williams L E, Stein R, Galguera L. 2014. The distinct affective consequences of psychological distance and construal level. Journal of Consumer Research, 40(6): 1123-1138.

Wiseman R M, Gomez-Mejia L R. 1998. A behavioral agency model of managerial risk taking. The Academy of Management Review, 23(1): 133-153.

Wolf J. 2014. The relationship between sustainable supply chain management, stakeholder pressure and corporate sustainability performance. Journal of Business Ethics, 119: 317-328.

Wong C W Y, Wong C Y, Boon-itt S. 2018. How does sustainable development of supply chains make firms lean, green and profitable? A resource orchestration perspective. Business Strategy and the Environment, 27(3): 375-388.

Wong J B, Zhang Q. 2022. Stock market reactions to adverse ESG disclosure via media channels. The British Accounting Review, 54: 101045.

Wry T, Lounsbury M, Glynn M A. 2011. Legitimating new categories of organizations: stories as distributed cultural entrepreneurship. Organization Science, 22: 339-463.

Wu B, Jin C F, Li L H, et al. 2024a. Institutional investor ESG activism and exploratory green innovation: unpacking the heterogeneous responses of family firms across intergenerational contexts. The British Accounting Review, 101324.

Wu B, Fang C H, Wang Q, et al. 2023a. Does managerial networking impinge our morality in Guanxi context? The moderating effect of corruption perception. Emerging Markets Review, 55: 101008.

Wu B, Fang H Q, Jacoby G, et al. 2022a. Environmental regulations and innovation for sustainability? Moderating effect of political connections. Emerging Markets Review, 50: 100835.

Wu B, Gu Q Y, Liu Z J, et al. 2023b. Clustered institutional investors, shared ESG preferences, and low-carbon innovation in family firm. Technological Forecasting and Social Change, 194: 122676.

Wu B, Jin C F, Monfort A, et al. 2021. Generous charity to preserve green image? Exploring linkage between strategic donations and environmental misconduct. Journal of Business Research, 131: 839-850.

Wu B, Liang H Y, Chan S F. 2022b. Political connections, industry entry choice and performance volatility: evidence from China. Emerging Markets Finance and Trade, 58(1): 290-299.

Wu B, Liang H Y, Shen Y. 2018a. Political connection, ownership and post-crisis industrial upgrading investment: evidence from China. Emerging Markets Finance and Trade, 54(12): 2651-2668.

Wu B, Liu Z J, Gu Q Y, et al. 2023c. Underdog mentality, identity discrimination and access to peer-to-peer lending market: exploring effects of digital authentication. Journal of International Financial Markets, Institutions and Money, 83: 101714.

Wu B, Monfort A, Jin C F, et al. 2022c. Substantial response or impression management? Compliance strategies for sustainable development responsibility in family firms. Technological Forecasting and Social Change, 174: 121214.

Wu B, Ren K J, Fu Y, et al. 2024b. Institutional investor ESG activism and green supply chain management performance: exploring contingent roles of technological interdependences in different digital intelligence contexts. Technological Forecasting and Social Change, 209: 123789.

Wu B, Wang Q, Fang C H, et al. 2022d. Capital flight for family? Exploring the moderating effects of social connections on capital outflow of family business. Journal of International Financial Markets, Institutions and Money, 77: 101491.

Wu C, Barnes D. 2015. An integrated model for green partner selection and supply chain construction. Journal of Cleaner Production, 112: 2114-2132.

Wu C H, Lin C J. 2017. The impact of media coverage on investor trading behavior and stock returns. Pacific-Basin Finance Journal, 43: 151-172.

Wu H Y, Li S H, Ying S X, et al. 2018b. Politically connected CEOs, firm performance, and CEO pay. Journal of Business Research, 91: 169-180.

Xiang X J, Liu C J, Yang M, et al. 2020. Confession or justification: the effects of environmental disclosure on corporate green innovation in China. Corporate Social Responsibility and Environmental Management, 27(6): 2735-2750.

Xie X, Huo J, Qi G, et al. 2016. Green process innovation and financial performance in emerging economies: moderating effects of absorptive capacity and green subsidies. IEEE Transactions on Engineering Management, 63(1):101-112.

Xie X M, Hoang T T, Zhu Q W. 2022. Green process innovation and financial performance: the role of green social capital and customers' tacit green needs. Journal of Innovation & Knowledge, 7(1): 100165.

Xie X M, Huo J G, Zou H L. 2019. Green process innovation, green product innovation, and corporate financial performance: a content analysis method. Journal of Business Research, 101: 697-706.

Xie X M, Wang H W. 2020. How can open innovation ecosystem modes push product innovation forward? An fsQCA analysis. Journal of Business Research, 108: 29-41.

Xing Y J, Starik M. 2017. Taoist leadership and employee green behaviour: a cultural and philosophical microfoundation of sustainability. Journal of Organizational Behavior, 38(9): 1302-1319.

Xiong Y C, Lam H K S, Hu Q X, et al. 2021. The financial impacts of environmental violations on supply chains: evidence from an emerging market. Transportation Research Part E: Logistics and Transportation Review, 151: 102345.

Xu K, Hitt M A. 2020. The international expansion of family firms: the moderating role of internal financial slack and external capital availability. Asia Pacific Journal of Management, 37(1): 127-153.

Xu L, Ou A Y, Park H D, et al. 2024. Breaking barriers or maintaining status quo? Female representation in decision-making group of venture capital firms and the funding of woman-led businesses. Journal of Business Venturing, 39(1): 106368.

Xu L, Yang S, Liu Y, et al. 2023. Seeing the forest and the trees: exploring the impact of inter-and intra-entrepreneurial ecosystem. Academy of Management Journal, 66(6): 1954-1982.

Xu X, Zeng S, Tam C. 2012. Stock market's reaction to disclosure of environmental violations: evidence from China. Journal of Business Ethics,107(2): 227-237.

Xu Y, Yang Z. 2023. Economic policy uncertainty and green innovation based on the viewpoint of resource endowment. Technology Analysis & Strategic Management, 35(7): 785-798.

Xu Z X. 2020. Economic policy uncertainty, cost of capital, and corporate innovation. Journal of Banking and Finance, 111: 105698.

Yalabik B, Fairchild R J. 2011. Customer, regulatory, and competitive pressure as drivers of environmental innovation. International Journal of Production Economics, 131(2): 519-527.

Yan B, Zhang Y, Shen Y, et al. 2018. Productivity, financial constraints, and outward foreign direct investment: firm-level evidence. China Economic Review, 47: 47-64.

Yang C S, Lu C S, Haider J J, et al. 2013. The effect of green supply chain management on green performance and firm competitiveness in the context of container shipping in Taiwan. Transportation Research Part E: Logistics and Transportation Review, 55: 55-73.

Yang H C, Li L S, Liu Y B. 2022. The effect of manufacturing intelligence on green innovation performance in China. Technological Forecasting and Social Change, 178: 121569.

Yao N C, Guo Q, Tsinopoulos C. 2022. The bright and dark sides of institutional intermediaries: industry associations and small-firm innovation. Research Policy, 51(1): 104370.

Yao S Y, Pan Y Y, Wang L, et al. 2023. Building eco-friendly corporations: the role of minority shareholders. Journal of Business Ethics, 182(4): 933-966.

Yawar S A, Seuring S. 2017. Management of social issues in supply chains: a literature review exploring social issues, actions, and performance outcomes. Journal of Business Ethics, 141(3): 621-643.

Yayavaram S, Ahuja G. 2008. Decomposability in knowledge structures and its impact on the usefulness of inventions and knowledge-base malleability. Administrative Science Quarterly, 53: 333-362.

Ye X H, Peng X X, Wang X W, et al. 2020. Developing and testing a theoretical path model of web page impression formation and its consequence. Information Systems Research. 31(3): 929-949.

Yin M, Choi H, Lee E J. 2022. Can climate change awaken ecological consciousness? A Neuroethical approach to green consumption. Sustainability, 14(22): 15007.

Yoo Y, Henfridsson O, Lyytinen K. 2010. Research commentary: the new organizing logic of digital innovation: an agenda for information systems research. Information Systems Research, 21(4): 724-735.

You D M, Zhang Y, Yuan B L. 2019. Environmental regulation and firm eco-innovation: evidence of moderating effects of fiscal decentralization and political competition from listed Chinese industrial companies. Journal of Cleaner Production, 207: 1072-1083.

Yu C H, Wu X Q, Zhang D Y, et al. 2021a. Demand for green finance: resolving financing constraints on green innovation in China. Energy Policy, 153: 112255.

Yu J, Shi X P, Guo D M, et al. 2021b. Economic policy uncertainty (EPU) and firm carbon emissions: evidence using a China provincial EPU index. Energy Economics, 94: 105071.

Yu W T, Ramanathan R, Nath P. 2017. Environmental pressures and performance: an analysis of the roles of environmental innovation strategy and marketing capability. Technological Forecasting and Social Change, 117: 160-169.

Yuan B L, Xiang Q L. 2018. Environmental regulation, industrial innovation and green development of Chinese manufacturing: based on an extended CDM model. Journal of Cleaner Production, 176: 895-908.

Yuan L, Qian X L, Pangarkar N. 2016. Market timing and internationalization decisions: a contingency perspective. Journal of Management Studies, 53(4): 497-519.

Zadeh L A. 1997. Toward a theory of fuzzy information granulation and its centrality in human reasoning and fuzzy logic. Fuzzy sets and systems, 90(2): 111-127.

Zaheer A, Bell G G. 2005. Benefiting from network position: firm capabilities, structural holes, and performance. Strategic Management Journal, 26(9): 809-825.

Zahra S A. 2003. International expansion of U. S. manufacturing family businesses: the effect of ownership and involvement. Journal of Business Venturing, 18(4): 495-512.

Zahra S A, George G. 2002. Absorptive capacity: a review, reconceptualization, and extension. The Academy of Management Review, 27(2): 185-203.

Zailani S, Govindan K, Iranmanesh M, et al. 2015. Green innovation adoption in automotive supply chain: the Malaysian case. Journal of Cleaner Production, 108: 1115-1122.

Zang J, Li Y. 2017. Technology capabilities, marketing capabilities and innovation ambidexterity. Technology Analysis & Strategic Management, 29(1): 23-37.

Zell E, Strickhouser J E, Sedikides C, et al. 2020. The better-than-average effect in comparative self-evaluation: a comprehensive review and meta-analysis. Psychological Bulletin, 146(2): 118-149.

Zellweger T, Kammerlander N. 2015. Family, wealth, and governance: an agency account. Entrepreneurship Theory and Practice, 39(6): 1281-1303.

Zhang C. 2017. Political connections and corporate environmental responsibility: adopting or escaping. Energy Economics, 68: 539-547.

Zhang D Y, Rong Z, Ji Q. 2019a. Green innovation and firm performance: evidence from listed companies in China. Resources, Conservation and Recycling, 144: 48-55.

Zhang G P, Duan H B, Zhou J H. 2017a. Network stability, connectivity and innovation output. Technological Forecasting and Social Change, 114: 339-349.

Zhang J, Li S, Wang Y. 2023. Shaping a smart transportation system for sustainable value co-creation. Information Systems Frontiers, 25(1): 365-380.

Zhang J M, Jiang H, Wu R, et al. 2019b. Reconciling the dilemma of knowledge sharing: a network pluralism framework of firms' R&D alliance network and innovation performance. Journal of Management, 45(7): 2635-2665.

Zhang J M, Liang G Q, Feng T, et al. 2020b. Green innovation to respond to environmental regulation: how external knowledge adoption and green absorptive capacity matter?. Business Strategy and the Environment, 29(1): 39-53.

Zhang L, Li D Y, Cao C, et al. 2018. The influence of greenwashing perception on green purchasing intentions: the mediating role of green word-of-mouth and moderating role of green concern. Journal of Cleaner Production, 187: 740-750.

Zhang P. 2013. End-of-pipe or process-integrated: evidence from LMDI decomposition of China's SO_2 emission density reduction. Frontiers of Environmental Science & Engineering, 7(6): 867-874.

Zhang W, Li J, Li G X, et al. 2020a. Emission reduction effect and carbon market efficiency of carbon emissions trading policy in China. Energy, 196: 117117.

Zhang Y, Li H Y. 2010. Innovation search of new ventures in a technology cluster: the role of ties with service intermediaries. Strategic Management Journal, 31(1): 88-109.

Zhang Y J, Peng Y L, Ma C Q, et al. 2017b. Can environmental innovation facilitate carbon emissions reduction? Evidence from China. Energy Policy, 100: 18-28.

Zhao J Y, Qu J, Wei J, et al. 2023. The effects of institutional investors on firms' green innovation. Journal of Product Innovation Management, 40(2): 195-230.

Zhao X, Sun B W. 2016. The influence of Chinese environmental regulation on corporation innovation and competitiveness. Journal of Cleaner Production, 112: 1528-1536.

Zhao X L, Zhao Y, Zeng S X, et al. 2015. Corporate behavior and competitiveness: impact of environmental regulation on Chinese firms. Journal of Cleaner Production, 86: 311-322.

Zhelyazkov P I. 2018. Interactions and interests: collaboration outcomes, competitive concerns, and the limits to triadic closure. Administrative Science Quarterly, 63(1): 210-247.

Zheng H, Fang Q, Wang C, et al. 2018. Updating China's input-output tables series using MTT method and its comparison. Economic Modelling, 74: 186-193.

Zheng M H, Zheng Q J, Chen J H, et al. 2023. Are non-competitors greener? The effect of consumer awareness differences on green food consumption. Frontiers in Psychology, 14: 1276261.

Zhong C, Hamzah H Z, Yin J, et al. 2023. Impact of environmental regulations on the industrial eco-efficiency in China: based on the strong porter hypothesis and the weak porter hypothesis. Environmental Science and Pollution Research, 30(15): 44490-44504.

Zhong S H, Xiong Y J, Xiang G C. 2021. Environmental regulation benefits for whom? Heterogeneous effects of the intensity of the environmental regulation on employment in China. Journal of Environmental Management, 281: 111877

Zhou C S, Wang S J, Wang J Y. 2019a. Examining the influences of urbanization on carbon dioxide emissions in the Yangtze River Delta, China: Kuznets curve relationship. Science of the Total Environment, 675: 472-482.

Zhou G, Liu W, Zhang L, et al. 2019b. Can environmental regulation flexibility explain the Porter Hypothesis? —An empirical study based on the data of China's listed enterprises. Sustainability, 11(8): 2214.

Zhou J, Tam O K, Yu P. 2013. An investigation of the role of family ownership, control and management in listed Chinese family firms. Asian Business & Management, 12(2): 197-225.

Zhou K Z, Gao G Y, Zhao H X. 2017. State ownership and firm innovation in China: an integrated view of institutional and efficiency logics. Administrative Science Quarterly, 62(2): 375-404.

Zhou K Z, Wu F. 2010. Technological capability, strategic flexibility, and product innovation. Strategic Management Journal, 31(5): 547-561.

Zhou X, Tang X, Zhang R. 2020. Impact of green finance on economic development and environmental quality: a study based on provincial panel data from China. Environmental Science and Pollution Research, 27, 19915-19932.

Zhou Z, Li Z, Du S, et al. 2024. Robot adoption and enterprise R&D manipulation: evidence from China. Technological Forecasting and Social Change, 200: 123134.

Zhu J M, Fan Y C, Deng X H, et al. 2019. Low-carbon innovation induced by emissions trading in China. Nature Communications, 10(1): 4088.

Zimmerman M A, Zeitz G J. 2002. Beyond survival: achieving new venture growth by building legitimacy. Academy of Management Review, 27(3): 414-431.

Zucker L G. 1986. Production of trust: institutional sources of economic structure, 1840-1920. Research in Organizational Behavior, 8(2): 53-111.

Zukin S, DiMaggio P. 1990. Structures of Capital: The Social Organization of the Economy. New York: Cambridge University Press.

Zybura J, Zybura N, Ahrens J P, et al. 2021. Innovation in the post-succession phase of family firms: family CEO successors and leadership constellations as resources. Journal of Family Business Strategy, 12(2): 100336.

Zyglidopoulos S C, Georgiadis A P, Carroll C E, et al. 2012. Does media attention drive corporate social responsibility?. Journal of Business Research, 65(11): 1622-1627.